国家文物局"考古中国"重大项目"川渝地区巴蜀文明进程研究"阶段成果

重庆市社科英才"重庆地区青铜时代文化——巴史的考古学研究"课题成果

重庆市文物局"三峡考古学文化序列研究"资助成果

重庆文物考古研究系列

文献·文物·文明：巴文化考古探索

（上册）

白九江　著

重庆市文物考古研究院
重庆文化遗产保护中心　编

科　学　出　版　社
北　京

内 容 简 介

本书是迄今为止最系统研究巴人、巴国、巴文化的学术专著，初步构建起巴文明发展演变的历史脉络。

全书以考古发现为经，以历史文献、文物标本、文化事象为纬，探究了巴文化的基础概念、文化谱系、文化分区、文化符号、精神信仰、原始工业，以及巴文明起源、发展、消融的宏阔进程。总体上看，巴文明是华夏文明的重要组成部分，与蜀文明共生互融，巴国与楚国长期共处而又充满斗争。巴文化在物质形态、人文个性、民间习俗等方面特质突出，巴文明具有高迁移、弱中心等特色，其政治形态经历了从神权到礼治与巫、武共存的阶段，其国家具有多部族、松散化等特点。

本书适合文博考古、历史文化等方面专业研究者、爱好者阅读、参考。

图书在版编目（CIP）数据

文献·文物·文明：巴文化考古探索：全二册 / 白九江著；重庆市文物考古研究院，重庆文化遗产保护中心编. -- 北京：科学出版社，2025. 1.
（重庆文物考古研究系列）. -- ISBN 978-7-03-080894-3

Ⅰ. K872.719

中国国家版本馆CIP数据核字第2024JU2601号

责任编辑：王光明 / 责任校对：邹慧卿
责任印制：肖　兴 / 封面设计：陈　敬

科学出版社 出版
北京东黄城根北街 16 号
邮政编码：100717
http://www.sciencep.com
北京中科印刷有限公司印刷
科学出版社发行　各地新华书店经销
*
2025年1月第　一　版　开本：787×1092　1/16
2025年1月第一次印刷　印张：50 1/2
字数：1 198 000
定价：528.00元（全二册）
（如有印装质量问题，我社负责调换）

自　序

　　1996年，笔者在读大学四年级时，完成了本科毕业论文《巴蜀虎形纹饰与虎崇拜》，后来经过修改，发表在重庆市博物馆编撰的《巴渝文化④》上。这篇习作是笔者研究巴文化的入门文章，虽然有些粗浅，但却使笔者对巴文化产生了浓厚兴趣。1998年，时任重庆市博物馆副馆长的杨铭申请了"土家族与古代巴人的历史文化渊源关系研究"课题，邀请笔者开展"土家族与巴人在宗教信仰方面的联系"子课题研究，该课题后来以《土家族与古代巴人》一书的形式出版。通过边学习边研究，笔者梳理了当时的巴文化青铜考古发现，进一步熟悉了古代巴人、巴国的历史文献，并深入了解了土家族的历史文化，这促成了笔者对巴文化流变相对系统的认知，提出了古代巴人图腾动物的系统演进模式。

　　1997年秋冬，重庆市文化局、北京大学考古系在重庆忠县哨棚嘴遗址、崖脚墓地举办"重庆市三峡库区田野考古培训班"。笔者参加了哨棚嘴遗址的发掘，第一次从考古角度接触了重庆地区夏商周时期考古学文化。培训期间，笔者阅读了川渝地区的先秦时期考古简报和报告，有幸受教于孙华先生等，增强了把握四川盆地先秦考古学文化序列的能力。1999年9月至2002年6月，北京大学考古系在重庆举办西南地区"考古学与博物馆学研究生班"，虽然没有开设专门的三峡考古或四川盆地考古的课程，但开设的"商周考古""中国古代青铜器"等课程，使笔者养成了从整体上把握和比较巴文化的意识。

　　笔者主持或参与发掘的巴文化考古项目不算少，对重庆地区的先秦考古接触体验有比别人更多的机会。1998年，笔者参与的重庆丰都石地坝遗址考古发掘（1999年度三峡库区抢救考古发掘任务），最后由笔者整理并撰写了考古简报，根据发掘收获，笔者提出了石地坝类型的概念。后来结合其他考古资料，笔者又专门撰成了《试论石地坝文化》一文。2000～2003年，笔者负责主持重庆巫山大溪遗址的考古发掘任务，其中2001年的发掘出土了一批商代晚期至春秋时期的考古遗存，通过研究，笔者将其分为三期：一、二期为巴文化遗存，三期为典型的楚文化遗存，发掘简报后来发表在《江汉考古》杂志。大溪遗址楚文化遗存的发现和发掘，促成了后来笔者对巴楚关系的一系列研究。2002～2004年，笔者又承担起重庆丰都玉溪遗址、玉溪坪遗址的考古任务，两遗址的收获主要是新石器时代遗存，但商周考古也有若干发现，特别是石地坝文化最早期遗存，弥补了这一阶段考古工作的空缺。在此期间，由于玉溪坪遗址遭到洪水和塌岸的影响，发掘面积难以完成，笔者在邻近的信号台遗址（此前相关考古单位的发掘显示为汉代墓地）进行了调查，从田坎边露出的2块陶片判断该遗址有石地坝文化阶段遗存，通过进一步钻探确定了遗址范围，随后进行的发掘发现了丰富的石地坝文化早期阶段的遗存。2006年，受重庆市文物考古所（2000年从重庆市博物馆分立，2006年初独立运行）指派，笔者负责因乌江彭水水电站建设将要淹没的重庆酉阳邹家坝遗址的发掘，发现了石地坝文化和瓦渣地文化阶段的遗存，特别是若干房址展示的商周时期小型聚落形态，在乌江流域属于突破性的发现。2007年，重庆市文物考古所发掘了重庆江津大土遗址，笔者对其中的试掘材料进行了整理，明确了该遗址三星堆文化的性质及其在三星堆文化中的发展阶段。2008年，重庆市文物考古所发掘了嘉陵江草街水电站合川境内的一系列商周遗址，笔者主动整理了猴清庙、菜蔬排等遗址的考古简报，后来汇集成《嘉陵江下游考古报告集》出版。正是在乌江流域和渝西长江、嘉陵江流域的发掘和整理工作，形成了笔者撰写（合作撰写）的3篇关于四川盆地东部各流域的先秦考古学文化序列的文章。2010年，重庆北碚区东阳街道在房地产建设中发现了巴文化墓葬，陈东作为实际负责人领导了庙嘴墓地的发掘，笔者作为领队给予了适当的指导，后来形成的简报又对分期部分进行了研究并执笔。此后，笔者基本没再参与田野考古一线的工作——特别是巴文化考古的工作。直到2020年底至2021年初，重庆市文化遗产研究院决定重启重庆地区的巴文化考古，笔者领队开展了重庆九龙坡冬笋坝墓地的考古，现场负责人是代玉彪，由于距上一次冬笋坝的发掘已近七十年，铜罐驿镇的建设已使墓地变得面目全非，寻找并确定发掘地点一时成为难题。笔者和范鹏等现场考察并确定了两个待发掘地点，其中一个地点在后来的发掘中出土了20多座战国秦汉墓葬，并在2021年底的考古勘探中明确其范围可以向东再延伸百余米。冬笋坝的考古发掘于2021年纳入国家文物局"考古中国"重大项目"川渝地区巴蜀文明进程研究"，成为开启巴文明进程研究的先声项目。

巴文化课题研究方面，除了上文提到的"土家族与巴人在宗教信仰方面的联系"课题外，2004年、2005年，笔者和方刚主力参与了重庆市博物馆新馆——重庆中国三峡博物馆"远古巴渝"基本陈列内容设计课题组，在刘豫川副馆长的带领下，我们共同编制了内容大纲，进一步梳理了巴文化社会生活、文化艺术等多方面内容，后来出版了名为《远古巴渝》的展览主题宣传小册子。2007年，笔者参与了北京大学李水城教授主持的国家文物局"指南针计划——中国古代盐业的创造发明与展示试点研究"项目，具体负责"三峡古代制盐遗物与遗迹的功能研究"子课题，正是在此课题基础上，形成了一系列关于中国内陆古代盐业技术的科研成果，其中一部分论文也收在本书中。此后，笔者还参与了"三峡文物保护总结性研究"，主持了"重庆三峡地区新石器文化序列研究"等课题，这些课题也涉及部分巴文化研究工作。2021年，国家文物局正式批准"川渝地区巴蜀文明进程研究"。同年，笔者主持了重庆市社科英才

"重庆地区青铜时代文化——巴史的考古学研究"项目。在这两个科研项目中，笔者主要组织了重庆市文物考古研究院（2021年由重庆市文化遗产研究院更名）相关专业人员开展了一系列巴文化遗址（墓群）考古发掘，开展了几条小流域的专项调查，自己也进一步做了一些巴文明进程、文明动力、文化事象、制度文化等方面的研究。

　　总结上述巴文化研究历程，自认为可以分为三个阶段。第一阶段是在2000年以前。主要处在积累资料和学习、熟悉阶段，撰写的巴文化方面文章还比较稚嫩，应该说还在摸索入门之路。第二阶段是2000～2016年。通过参与考古实作，接触文化实物，主动扩大学习面，笔者的知识体系中建立起了巴文化的物质文化序列，基本可以做到凭一组典型陶片判断巴文化遗物的文化内涵、文化因素和大体年代，这种摸陶片的功夫也是考古工作者的基本功，这一阶段也可以说是在门内打基础的阶段。第三阶段为2016年至今。2016～2018年底，笔者调任重庆市文物局工作。离开了考古一线，机关又缺少开展考古研究的条件，因此，这期间笔者极少有文章发表，但却有了相对宽裕的时间进行深度思考。在这三年间歇期，笔者阅读了一些社会学、文化人类学、文化地理学乃至哲学方面的书刊，这极大地开阔了眼界，提高了理论基础，掌握了更丰富的研究方法，具备了一点点跳出考古思考考古的能力，促成了笔者考古研究范式的某些转变。本书当中的近半文章，便是2019年笔者回到重庆市文化遗产研究院后才撰写的。

　　之所以拉拉杂杂描写这么多个人在开展巴文化考古、巴文化研究方面的事情，是因为本书就叫《文献·文物·文明：巴文化考古探索》，内容反映的也是笔者在巴文化和巴蜀文化研究道路上各时期的文章，体现了笔者在探索之路上前进和徘徊转折的过程，体现了文章观点正确与谬误交织的情景，以及不断著文自我否定和修正的学术历程。

　　正因为是探索之路，读者在阅读本书时需要注意以下问题：一是个别篇幅存在舛误，例如，在《重庆地区东周至汉初墓葬初论》一文中，不加辨析地引用了中坝遗址1997年发掘简报中的所谓"墓葬随葬品"，后《忠县中坝》考古报告明确为制盐作坊的卤水槽。二是针对同一对象在不同文章中观点不一致的情况，例如，关于三峡地区战国中期前后的楚文化墓葬具体年代问题，在《从三峡地区的考古发现看楚文化的西进》和《巴蔓子考辨》两篇文章中存在年代认知上的细微差异。三是材料反复使用的问题，由于是不同时期的文章汇集，各篇又独立成文，这种情况在本书中俯首可拾，这里就不一一列举了。四是存在同一问题反复讨论，例如，关于巴文化虎崇拜和白虎神的问题，在不同篇章中就多次出现，只是各有侧重罢了。五是存在主题不聚焦的问题，虽然本书是以巴文化为讨论对象，但部分文章却包括了蜀文化的内容，也有部分涵盖了后巴文化的内容。其余的小问题还有一些，此不一一说明。此外，本书当中还有一些内容缺陷。按照笔者的自拟计划，笔者理应深化三星堆文化峡江类型、瓦渣地文化、李家坝文化的考古研究，但由于这些工作需要耗费大量精力去收集资料、分析排队，以笔者现在的时间和精力，显然很难高质量完成了。另一个就是巴蜀文化中引人注目却又不能回避的巴蜀符号问题，已经有很多人做过研究，但要有创新性成果，需要深入思考和理论积淀，就放到以后的工作中去吧。

笔者记得南京大学张之恒师曾告诫我们，研究新石器考古，必须向上了解旧石器考古，向下熟悉夏商周考古。笔者在研究区域考古的实践中，切身感受到研究巴文化，当熟悉蜀文化、楚文化等周边文化，当把巴文化置于巴蜀文化、华夏文化的整体视野中去思考，当把巴文化置于新石器和汉以来历史发展不可分割的环节中去审视。我们既要研究巴文化的独特个性，也要研究当时社会的底层逻辑共性；既要实践出真知，也要善于用理论去触发新认知；既要坚持以考古学为主，也要善于多学科结合。如果问笔者在二十多年巴文化耕耘中有什么体会的话，以上司空见惯的感慨就是笔者的小答案。

最后，笔者还想呼吁一下：重庆地区的历史文化研究重近轻古的倾向十分明显，川渝地区的巴蜀文化研究重蜀轻巴的现象十分突出，独木难成林，希望社会各界共同重视巴文化、巴渝文化的研究，并在人才培养、项目支持、成果转化等方面给予更多的支持。

是为序。

白九江

2024年2月4日

目　　录

插图目录

插表目录

第一章　文化概论

　　文化的内涵包罗万象，主要是人类对环境和自身社会的适应及其创造。文明高于文化，但范围又远小于文化，重点强调的是对推动人类社会的重大制度性、技术性创造的集合，如通常讨论的文明四要素：文字、城市、国家、金属，就是早期文明的重要标志。

　　巴文化最初的概念包括在"巴蜀文化"的概念中，并随巴蜀文化概念的变迁而变迁。"巴蜀文化"的命题是由卫聚贤先生提出来的，其主办的《说文月刊》先后有两期皆名为《巴蜀文化专号》，其中，第3卷第4期（1941年10月15日上海出版）为该刊第一辑《巴蜀文化专号》，第3卷第7期（1942年8月15日重庆出版）为该刊第二辑《巴蜀文化专号》。按《说文月刊》中表述的巴蜀文化的含义，一是指卫聚贤文中所指的古蜀国、巴国的文化，即他的两篇《巴蜀文化》文章的内容；二是指巴蜀地区自古以来的文化，即两辑《巴蜀文化专号》文章所涵盖的内容。现今考古学、历史学通常所说的巴蜀文化，仍以卫氏文章所指为准。

　　按此原则，巴文化当然是指古代巴国的文化。但在研究实践中，不同的学者却又产生了若干分歧。例如，有的学者将"巴蜀文化"限于春秋战国时期的古代巴蜀地区的考古学文化（卫氏所见为东周巴蜀文化青铜器），而将以成都平原为中心的东周以前的文明称为"古蜀文化"或"古蜀文明"；而有的研究者将四川盆地东部东周时期与巴有关的考古学文化称为"晚期巴文化""晚期巴文明"，似乎暗含着之前的应称为"早期巴文化"。以上是时间方面的歧见，还有地域上的认知差异，特别是早期巴文化范围是否应包括陕南地区，不同学者之间看法殊异。当然，还存在第三个方面的问题，即考古学上研究巴文化，是应该先按考古学基本研究方法和考古学文化命名方法命名考古学文化，还是直接先入为主确定相关物质遗存为巴文化呢？

　　本章第一节主要讨论考古学上的巴文化概念及研究方法，并创造性地提出了抽象化的"巴文化族群""巴文化国家"的概念，并以此为基底重新审视巴文化的内涵与外延，以有效超越巴人、巴地、巴国的语义限制。在方法论上，还创新性地提出了"顺瓜摸藤"法，在系统研究考古学文化谱系基础上，科学分析文化因素，按照"由近及远、追末溯本"的方法探索考古学文化关系，或可厘清族属文化面貌。

　　本章第二节主要讨论了巴文化研究的简要历程，并回顾了近年来巴文化考古的发现，初步研究了以三峡考古发现为中心的巴文化地区考古学文化序列及其文化命名，同时讨论了有关巴文化研究的几个问题。由于这篇文章撰成较早，三峡以外地区的考古发现成果甚少纳入，问题讨论中的船棺等看法也只是阶段性认识，读者在阅读时，当以笔者的最新观点为准。

本章第三节讨论了当前巴蜀文化研究中呈现的本位主义、地方主义倾向，其中早期蜀文化研究中存在三星堆文化内涵认识的偏差，存在三星堆祭祀坑文化属性的误读，笔者提出建议：首先要严格按现行已经达成的考古学文化命名开展早期蜀文化的研究；其次如果实在要强调三星堆祭祀坑与三星堆文化的关联，或可将夏代晚期至商代中期的三星堆文化改称为此前曾经称呼过的"月亮湾文化"，而将十二桥文化改称为"三星堆文化"。关于巴文化，要加强城固洋县铜器群的文化性质和可能的族属研究，并且要注意历史学对早期巴国地望的研究成果。近年来，晚期巴文化研究中存在一股虚无主义倾向，究其原因，与个别研究者的方法论取向和蜀文化中心主义思想有关，相关研究应该在扎实的分区分期研究基础上，再来比较巴蜀文化的进退交融。

第一节　考古学视野下的巴文化：概念、问题与方法

"文化"是当代社会使用最频繁的术语之一，应用范畴极为宽泛，以致至今没有为学界和大众所公认的概念。总体上来看，文化的各种定义主要集中在以下四个方面：一是指人的精神活动及其产品，二是指人的行为及其规范，三是指人创造的各种物质遗存，四是指人创造的物质和非物质遗存的总和。

在这四方面内容中，前两种强调文化的形而上属性，是狭义的文化。第三种定义更加强调文化的形而下属性，但"物质实践由文化构成"，是人的行为的结果，蕴含了人的精神价值，也可称为中观形态的文化。第四种定义强调形而上和形而下的结合，注重文化的整体性和系统性，是广义的文化。

通常来说，对文化的学理研究和关注，主要存在于现象学、人类学、考古学、历史学领域。由于本文是在考古学框架下探讨历史上的巴文化，既包括历史上的文献记录，也包括历史上遗留下来的物质遗存，故我们倾向第四种概念。在这一概念下，我们关注文化作为历史的主体及其在时间序列上的呈现规律，注重文化的产生、发展、衰落、消亡以及其传播、收缩的过程，关注文化在发展中继承、整合前人和外来的多种因素，同时也探究文化复杂的、非线性的变化状态。

一、概念的多维度与抽象化

经过几十年的研究，学术界就巴文化的内涵和外延本应有大体一致的认识，但是，若干年来，人们发现关于巴文化的讨论、对话并不在一个层面，交集也并不总是存在。例如，个别历史学研究者在解读和引用巴文化考古发现时，对文化因素、遗存时代、文化性质不加辨析，不了解正确的文化谱系，或较为随意地用文物去解释文献，臆测文物功能等，其结论的科学性、可行性自然要打很大的折扣。例如，一篇文章写道："渝东（包括渝东北和渝东南）的青铜文化，特别是春秋战国时期的青铜文化，主要是在当地峡西新石器时代大溪文化—玉溪坪文化—中坝文化基础上发展起来的。但是，总的看来，渝东这些遗址'普遍具有文化堆积较薄，遗迹现象简单，遗迹不甚丰富等特点。'"[①]这不仅对渝东青铜文化的渊源认识出现了偏差，而且忽略了重庆地区商周遗存的丰富度，还建立了错误的新石器文化谱系序列，大溪文化的分布范围描述也完全相反[②]。类似的现象在不同领域、不同层面都或多或少存在。因此，必须科学理解并定义巴文化，才有学科探讨的共同基础。

学科层面上，巴文化有历史学意义上的巴文化、考古学意义上的巴文化、人类学意义上的巴文化、文化学（现象学）意义上的巴文化等。无论从哪个角度看，关于巴文化的探讨实际上都不能忽略以下根本问题：巴文化究竟是指巴人的文化还是巴国的文化？抑或是巴地的文化？或者取三者交集而有之？即使以上问题达成了共识，也还存在更深层次的问题：

（1）如何定义巴人？巴人是具有什么特性的人的集合？巴人是一个单一民族吗？如果是，他是否始终保持族群的纯洁性？如果不是，他是由哪些族群构成的？其中有没有占主导地位的族群？

（2）巴人在什么地方活动？巴人的活动范围等于巴国的活动范围吗？不同时代的巴人活动区域变动状况怎样？巴人有核心活动范围吗？

（3）巴人活动在什么时候？如何确认无文献记载时期的巴文化？巴国灭亡后或巴文化主体消亡后的巴人活动（如"白虎复夷""弜头虎子"）应纳入巴文化吗？

检视上述问题，有的可能永远没有答案，有的稍加研究不难回答。因此，从可探

---

① 谭继和：《巴文化论》，《中华文化论坛》2018年第9期。

② 大溪文化与玉溪坪文化、中坝文化是两个不同的文化系统，大溪文化主要分布在三峡东段、江汉地区、洞庭湖地区；玉溪坪文化、中坝文化分布于重庆大部和川东地区。重庆地区的春秋战国青铜文化也不是直接在新石器时代文化上生长起来的，这一地区有极为丰富的夏、商、西周遗址，其数量甚至不比东周遗存少。

索性角度，派生出三个维度的巴文化概念：

（1）狭义巴文化，即巴人的文化。"巴人"不易受空间和政治组织影响，其延续时间贯穿文化全过程，文化表征上具有较强的稳定性和纯净性，故这一范畴的文化易于定义和理解。但"巴人"概念在理论上虽然清晰，在实践上却难以准确把握，现实上予以准确辨别也不可能。

（2）广义巴文化，即古代巴地的文化。文化是在一定地域范围内的展开，巴国极盛时，"其地东至鱼复，西至僰道，北接汉中，南极黔涪"[①]，但"巴地"仍存在一些待厘清的问题：巴地是指巴人活动地域还是巴国活动地域？巴人、巴国活动导致巴地不同时代存在伸缩交替，一方面，当巴人巴国的活动脱离或一段时间脱离某一地方时，这一地区继之的文化是否属于巴文化？另一方面，巴文化在"巴地"范围的展开不能完全覆盖非巴人族群，这些非巴人族群创造的文化是否属于巴文化？

（3）中观巴文化，即巴人及与巴人密切相关的其他族群在其活动地域内共同创造的物质与非物质文化的总和。其他族群包括其属"濮、賨、苴、共、奴、獽、夷、蜑之蛮"[②]等。这一维度的定义，模糊了巴国疆域的变迁，摒弃了人的活动与疆域变化的不对应性，以人、人群的活动和创造这一本质来定义文化，同时兼顾了巴多元族群的宽泛性和空间的承载性。例如，上古时夔国、苴国之民众主体为巴文化族群，尽管其上层统治者分别是"楚熊绎玄孙"和其后代、"蜀王弟"，而其相关文化总体上仍应归入巴文化，虽然其纯洁性多少已经丧失一些。中观层面的巴文化从理论、实践层面都易于把握，我们认为这一概念是相对科学的、易操作的。

心理认同是存在同一文化主人集群的前提，民族概念存在的本身就是文化认同的结果，民族是一个"想象的共同体"。因此，在讨论巴人的民族问题时，单纯从文献角度讨论巴人自何时起源、从何地起源、哪一支人群属于巴人、巴族等问题的意义不大。从现象学看，把相同或相似的具有稳定组合意义的文化符号背后的主人，作为一个整体来研究才是讨论的基础。这些主人与历史记载的民族可能对应，也可能并不完全对应。因此，我们只能着力于文化现象、文化因子（包括物质元素和精神元素）的描述，然后归纳、抽象出重要特征、典型风格、代表精神、主要风俗等，并视这些现象、因素、特征等背后的若干族群为概念化的"巴文化族群"[③]，才是研究业已消失的、文献记录又不清晰的远古文化的根本途径。从现实层面看，巴文化族群所在的

---

① （晋）常璩撰：《二十五别史·华阳国志》，济南：齐鲁书社，2000年，第2页。

② （晋）常璩撰：《二十五别史·华阳国志》，济南：齐鲁书社，2000年，第3页。

③ 民族是一个现代概念。对于上古人类，族群概念应该更适合。当然还有一个人群的概念，但人群对应考古学中的聚落、聚落群或小环境单元的社群更合理一些。一个文化历史共同体究竟是民族还是族群，关键是看究竟有没有高级的宗教或文明，族群很少有自己的高级宗教（非民间宗教和原始宗教）或高级文明，甚至没有自己的文字。

地区存在相同或相近的考古学文化，这些族群总体上具有"尚勇武""崇巫鬼""喜歌舞""善工商"等共同传统。

　　造成巴文化研究多层面、理解多元化的原因，是由于巴文化具有不稳定性、迁移性、多中心性的缘故，当然这也是巴文化的主要特征。不稳定性主要是指包括巴人在内的，以及其属从或文化习俗相近的族群具有不稳定性。例如，巴人的源头有蛇巴、虎巴之说，分支有姬姓之巴、廪君之巴等认识，地域分布有丹山之巴、汉江之巴、清江之巴、江州之巴等看法，在巴人有据可考的两千余年历史长河中，不同部落、不同族群的分合、消融不曾间断，如"巴蛇食象"的成语暗示了以蛇为图腾的部族吞并了以象为图腾的部族。迁移性是指巴文化族群主体和政治中心因各种内外原因，存在从一个地方转移到另一个地方的现象。例如，廪君巴人原居"武落钟离山"，乃乘土船，"从夷水至盐阳"，最后"君乎夷城"①。如战国时期巴国"虽都江州，或治垫江，或治平都。后治阆中"②，迁徙成为巴文化族群的普遍现象。多中心性是指巴国政治中心具有去中心化的特征。以战国时期的巴文化重要遗址而言，就有涪陵小田溪、云阳李家坝、开州余家坝、九龙坡冬笋坝、宣汉罗家坝等遗址和墓地，这些遗址间等级差异小，中心性不强，缺少三星堆遗址、金沙遗址等蜀文化那样的超大型聚落。

二、文献与考古研究中的主要问题

　　历史、考古是巴文化研究最重要的阵地，从20世纪40年代初以来，巴文化研究取得了重大的突破和巨大的收获。但在研究方法上，当前也存在三个方面的主要问题。

　　第一个问题是历史学研究中的盲从倾向。由于有关巴人、巴国的文献材料少，可选择、可辨析的余地不多。这些材料又是后人根据传说整理而成，特别是早期巴人的传说，源出文献较杂，相互抵牾较多，一些研究不加辨析而轻易采信的情况较为常见。例如，甲骨文中共有三十九条"巴"的材料，除唐兰释为"巴"字外③，郭沫若释"儿"④，陈梦家释"印"⑤，郑杰祥释"抑"⑥，但在巴文化研究中，引用甲骨之"巴"不疑者尤多。在晚期巴人的研究中，也有轻易将各种蛮、夷归为巴人的。此外，有的古文献本身就含混不清或有错误，如《宋史·蛮夷传》就载"渝州蛮者，古

①　（宋）范晔撰，（唐）李贤等注：《后汉书》，北京：中华书局，1999年，第1918页。
②　（晋）常璩撰：《二十五别史·华阳国志》，济南：齐鲁书社，2000年，第9页。
③　唐兰：《天壤阁甲骨文存并考释》，上海：上海古籍出版社，2016年，第54页。
④　郭沫若：《殷契粹编》，北京：科学出版社，1965年，第660页。
⑤　陈梦家：《殷虚卜辞综述》，北京：中华书局，1988年，第284页。
⑥　郑杰祥：《商代地理概论》，郑州：中州古籍出版社，1994年，第320页。

板楯七姓蛮，唐南平獠"①，以致有的论者也跟着巴、獠不分。

又如，《华阳国志·巴志》提到武王伐纣后，"以其宗姬于巴"②，《左传·昭公十三年》又载楚共王夫人"巴姬密埋璧于大室之庭"③，一些学者因此推定周代巴国为姬姓巴国。但这一看法至少缺少过硬材料支撑。《尚书·牧誓》中记载武王伐纣有"庸、蜀、羌、髳、微、卢、彭、濮人"④，独不见巴（当然这中间有后来巴国的属民"濮人"）。巴国作为武王的宗室子弟或赐姬姓，在有关文王、武王或成王进行分封的备物典册中无史可考，《史记·周本纪》关于王室世系的记载见周武王有子十人，这十人或其后代中没有一个与宗姬巴国有关。《左传》记载的二十七个西周宗室诸侯国亦无巴国。因巴姬而推断"巴为姬姓"的依据也存在疑问。在上古时期，"姬"除了作为周室宗亲姬姓诸侯女子称呼外，也是地位尊崇的女性的统称，为"妇人美号"。笔者检索《左传》，其中女子名姬者达几十人，也有少数非姬姓诸侯女子以"姬"而称（如"越姬""赵姬""秦姬"等）。此外，在晚期巴国中，廪君蛮中有巴、樊、暉、相、郑五姓，廪君死后"巴氏以虎饮人血，遂以人祠焉"⑤。"巴氏祭其祖，击鼓为祭，白虎之后也。"⑥显见巴氏是巴国的首姓，拥有独家祭祀祖先神的权力，是世袭的统治者。直到秦灭巴后，秦仍以"巴氏为蛮夷君长"，而未见巴国首领"姬"姓之说。综上所述，目前无可靠证据证明周代巴子国为姬姓，历史上是否存在姬姓巴国尚可存疑。

第二个问题是考古学研究中的随意倾向。在一些研究中，存在不辨识考古学文化因素、不分辨遗存埋藏情况、不按考古学文化命名原则直接挂钩族属等现象。如在研究巴文化物质遗存时，动辄把重庆地区、鄂西地区的史前文化，乃至旧石器文化视作巴文化或巴文化源头，有的甚至追溯到200万年前的所谓"巫山猿人"。须知史前氏族部落和历史时期的民族具有不同的政治组织和社会结构，从史前到原史时期时间跨度以千年、万年计，人群移动、血缘变化和文化变迁剧烈，所以考古学不主张轻易将两者联系挂钩，除非有很硬的证据。

又如，有的学者将西陵峡及其以东地区的早期巴文化划分为前后相继的白庙类

① （元）脱脱等撰：《宋史》卷496，北京：中华书局，1977年，第14240页。

② （晋）常璩撰：《二十五别史·华阳国志》，济南：齐鲁书社，2000年，第2页。

③ （周）左丘明传，（晋）杜预注，（唐）孔颖达正义：《春秋左传正义》，北京：北京大学出版社，2000年，第1518页。

④ （汉）孔安国传，（唐）孔颖达疏：《尚书正义》，北京：北京大学出版社，1999年，第284页。

⑤ （宋）范晔撰，（唐）李贤等注：《后汉书》，北京：中华书局，1999年，第1918页。

⑥ （唐）樊绰撰，向达校注：《蛮书校注》卷10，北京：中华书局，1962年，第260页。

型、路家河类型和上磨垴类型①。而考古学界通常所说的"白庙遗存"是指三星堆文化进入前，鄂西地区与重庆地区中坝文化最末阶段的"老关庙遗存"、成都平原宝墩文化最末阶段的"鱼凫村遗存"大约同时代的遗存，而作者所说的"白庙类型"是三星堆文化扩张到鄂西地区后产生的一种文化或文化类型——朝天嘴文化，这在白庙遗址里几乎不见②。

第三个问题是文献材料和考古材料结合中的削足适履现象。有的研究者从文献角度出发，为了达到"证经补史"的目的，将考古材料生搬硬套去说明史学论点。当然，也有相反的情况，曲解文献本意解释考古材料的。《华阳国志》记载："（蜀）后有王曰杜宇，教民务农，……巴亦化其教而力务农。"③有的研究者便想当然地将巴蜀地区的农耕文化初始时代下延，并从一些遗址出土动物骨骼出发，认为早期巴文化渔猎经济占据了很大比重，而不是去认真研究遗址的动物考古、植物考古的成果。有的史学研究者指出："巴地文化包括川东、长江三峡和鄂西南的土著新石器文化，考古学上称为早期巴文化。"④作为考古工作者，我们知道这样的说法至少是不严谨的，部分考古工作者在这一问题上的学术不规范导致史学研究者的囫囵吞枣。

又如根据文献记载，学术界普遍认为，西周、春秋时期巴国中心位于陕南、鄂西北汉水上游地带，其政治中心大概在春秋晚期或春秋战国之交迁徙进入今四川盆地东部。为支持这一论点，有的研究者便认为："湖北襄阳山湾东周墓葬内出土的柳叶形剑、内上阴刻虎纹的戈、隆脊带血槽的柳叶形矛，以及荆门出土的'兵避太岁'戈等，均属典型的巴式器物。年代早于川东所出同类器物。湖北枝江、宜昌等地近年也出土巴式青铜器，尤其清江河谷发现大量巴式青铜兵器。从巴式器物的分布范围及其年代早晚关系，不难看出巴国文化从汉中之东南迁三峡地区的历史陈迹，这与文献的记载是基本吻合的。"⑤这些认识也许接近历史真相，但推演过程并不那么科学。且不

① 管维良：《三峡巴文化考古》，北京：中国言实出版社，2009年，第35～40页。
② 湖北宜昌地区博物馆、四川大学历史系考古专业：《湖北宜昌白庙遗址试掘简报》，国家文物局三峡工程文物保护领导小组湖北工作站：《三峡考古之发现》，武汉：湖北科学技术出版社，1998年，第265～270页；湖北省文物考古研究所：《1985～1986年宜昌白庙遗址发掘报告》，国家文物局三峡工程文物保护领导小组湖北工作站：《三峡考古之发现》，武汉：湖北科学技术出版社，1998年，第271～284页；三峡考古队：《湖北宜昌白庙遗址1993年发掘简报》，国家文物局三峡工程文物保护领导小组湖北工作站：《三峡考古之发现（二）》，武汉：湖北科学技术出版社，2000年，第449～463页。
③ （晋）常璩撰：《二十五别史·华阳国志》，济南：齐鲁书社，2000年，第27页。
④ 段渝：《巴蜀古代文明的时空构架》，《文史杂志》2000年第6期。
⑤ 段渝：《先秦巴文化与巴楚文化的形成》，《华中师范大学学报（人文社会科学版）》2004年第6期。

说襄阳山湾2号墓是否属于巴文化墓葬①，但仅凭几件器物的年代早晚关系就得出"巴国文化从汉中之东南迁三峡地区"的认识，在逻辑上并不严密，因为在三峡地区出土的早期巴文化铜器虽然少，但并不比襄阳山湾的时代晚②。再如，有的学者主张西周早、中期的彊国是由巴人建立的，并仅仅依据彊国墓地曾出土木盾牌，从而提出彊国解体后，"彊国巴人进入四川渠江流域，归流到巴人大家庭中。因其族以板楯为号，史书称为板楯蛮"③。

三、考古学文化与族属文化关系研究的基本方法及实践

当前，有必要从各学科的理论和方法上进一步规范巴文化研究。从考古学角度辨析巴文化，基本方法有两个：

（1）按考古学文化的方法梳理文化谱系，定义考古学文化，再探讨巴文化与考古学文化的关系，进而深入研究巴人、巴国的社会。考古学文化总体是客观的，把它与族属文化相联系则是一种主观认识，这样有利于主、客观相分离。

（2）按"由近及远、追末溯本"的方法，从已经比较清楚的晚期巴文化基本要素，研究其演变发展的可能路径，一步步倒追早期巴文化乃至其源头。这是基于文化传承有序，其形成、发展、演变存在逻辑关系，通过"顺瓜摸藤"的方式厘清其体系。

根据考古学惯例，当新发现具有共同特征的、在一个时间段内具有稳定性的、存在一定分布范围的遗存时，应将第一个遗址或典型遗址命名为考古学文化或文化类型（一个考古学文化下的次级文化集合体）。按照这一原理，在巴文化族群活动范围内，目前可以按鄂西长江流域、重庆及川东地区、陕南地区三大板块，构建新石器最末期至东周时期的考古学文化谱系。其中鄂西长江流域（主要是鄂西三峡地区及清江流域）经历了"白庙遗存—朝天嘴文化—路家河文化—楚文化"的文化序列。重庆及川东地区经历了"老关庙遗存—三星堆文化峡江类型—石地坝文化—瓦渣地文化—李家坝文化"的文化发展历程。陕南地区的考古发现主要集中于汉中盆地，文化序列尚

---

① 湖北省博物馆：《襄阳山湾东周墓葬发掘报告》，《江汉考古》1983年第2期。

② 如重庆忠县瓦渣地遗址1997年发掘的M1出土柳叶形铜剑和三角援铜戈各1件，据 14C年代和层位关系可早到西周晚期。参见北京大学考古学系三峡考古队、忠县文物保护管理所：《忠县瓦渣地遗址发掘简报》，重庆市移民局、重庆市文物局：《重庆库区考古报告集·1998卷》，北京：科学出版社，2003年，第649～678页。

③ 古人以木为盾是一种普遍现象，另外也见有以藤为盾的，以金属为盾极为罕见。参见赵炳清：《先秦时期巴文化的形成与演变研究》，重庆中国三峡博物馆、重庆博物馆：《长江文明（第二十六辑）》，长春：吉林文史出版社，2017年，第1～17页。

未完全构建起来，大致经历了"晚期龙山文化……宝山文化[①]—弜国墓地（关中平原西南部山前地带）—中期巴蜀文化？[②]—晚期巴蜀文化墓葬、秦墓、楚墓"的变迁。上述文化序列是抽象化的结果，实际情况比这复杂和生动得多。例如，在瓦渣地文化时代，从今奉节到秭归地区存在一种叫作"双堰塘遗存"的文化类型，其中就包含较多的楚文化因素[③]。又如，李家坝文化时期，约当战国中期偏晚至晚期偏早阶段，三峡地区长江干流忠县及以下普遍发现典型的楚文化墓葬，这与文献记载的楚大规模西渐可印证[④]。

上述地区与成都平原同时期文化参照，可以得到以下文化对应表（表1-1-1）。

考古学文化是一个时期在一定地域范围内的具有共同特征的物质文化，它既与文化主人的主动创造性有关，又与所处地域环境的适应性有关。因此，这些物质遗存具有很强的双重属性，其物质特性在一定地理单元内或相似地理单元间具有通用性。民族的活动范围、活动边界往往并不固定，且民族间还存在征服、同化问题，存在小聚居、大杂居等问题。从以上情况出发，可以得出考古学文化与族属文化存在以下几种对应关系：

（1）一个考古学文化对应或主要对应一个族属文化。如表1-1-1中的青羊宫文化就对应晚期蜀文化。

（2）一个考古学文化对应两个或两个以上的族属文化。如三星堆文化分布范围广泛，其地域范围内应当包括了除蜀人之外的其他多个民族。

（3）一个民族也有可能创造两种以上的考古学文化。如时间段上前后衔接的两种考古学文化（如新一村文化和青羊宫文化），也有同时存在两种及以上考古学文化（类型文化）的极端情况。

---

① 有的学者将以紫阳白马石遗址为代表的遗存称为"白马石遗存"，白马石遗存的分布范围大致与宝山文化重合，认为年代约当夏商时期。但由于白马石遗存的遗物较少且破碎，其所谓的第二期遗存既有相当于白庙遗存阶段的文化遗物，也有商代宝山文化的遗物，存在混合现象，其文化特征并不十分单纯。参见陕西省考古研究所、陕西省安康水电站库区考古队：《陕南考古报告集》，西安：三秦出版社，1994年，第358～387页。

② 2008年，重庆市文物考古所在重庆市城口县任河流域的旦坪遗址（城口县文物保护单位）采集到束颈大口厚胎花边圜底罐残片，其年代约当春秋至战国早期，是晚期巴文化的典型陶器。任河为重庆市境唯一流向盆地外的河流，经四川万源在陕西紫阳县入汉水，为汉水上游最大的支流。另外，位于关中与汉中之间的陕西凤县曾出土典型陶尖底罐。可见，在春秋至战国早期时，汉水上游很可能仍然为巴蜀文化的分布区。参见重庆市文物考古所：《城口几处遗址墓群复查及馆藏文物认证》（内部资料），2008年；刘启益、杨建芳：《凤县古文化遗址清理简报》，《文物参考资料》1956年第2期。

③ 白九江：《巴文化西播与楚文化西渐》，《重庆社会科学》2009年第10期。

④ 白九江：《从三峡地区的考古发现看楚文化的西进》，《江汉考古》2006年第1期。

表1-1-1　古代巴蜀地区考古学文化序列对应表

鄂西地区	陕南地区	重庆、川东地区	成都平原	绝对年代
白庙遗存	晚期龙山文化	老关庙遗存	鱼凫村遗存	约公元前2000～前1750年
朝天嘴文化	？	三星堆文化峡江类型	三星堆文化	约公元前1750～前1250年
路家河文化	宝山文化	石地坝文化	十二桥文化	约公元前1250～前950年
	强国墓地（关中盆地西南渭河南岸）			
楚文化	中期巴蜀文化?	瓦渣地文化	新一村文化	约公元前950～前650年
	晚期巴蜀文化墓葬、秦墓、楚墓	李家坝文化	青羊宫文化	约公元前650～前150年

　　注：1. 绝对年代参考孙华《四川盆地青铜文化初论》一文①，但略有修订。其年代主要展现的是川渝各考古学文化的绝对年代，其余地区的考古学文化与之相比，此处只做大致对应。

　　2. 强国墓地具有强烈的巴蜀文化特征，有学者认为是陕西汉中市城固、洋县铜器群主人部分北迁后的遗留，但更多学者认为与蜀文化有强烈关系，笔者认同后者。一是强国的弓鱼组合名暗示了与蜀鱼凫王朝的联系，二是出土的几件有铭铜器同样见于彭州竹瓦街铜器，三是出土的双手持物式铜立人与三星堆、金沙铜人类似，四是绳纹广肩深腹罐等与新一村文化陶器相同。

　　3. 陕南地区西周至春秋时期缺少考古发现，这一时期西部一度有褒国，东部一度存在庸国。按文献记载，巴国政治中心亦应在汉水上游。褒国或为后来的苴国，庸国为秦、楚、巴三国灭亡后巴分得的部分地区，加上早期褒、庸的文化面貌大体与巴文化相近，可以推知陕南地区大部应为中期巴文化的分布范围。同时考虑到蜀与苴国的特殊关系以及蜀与早期强国的密切联系，汉中盆地西部很可能也是蜀与中原交流的重要通道，其中位于关中与汉中之间的凤县曾出土蜀文化典型陶器尖底罐②，推测陕南西部应该也有蜀文化分布。

　　4. 陕南地区战国时期考古学文化较复杂。汉中地区早期主要为秦、蜀反复争夺，晚期则为秦、楚争夺之地；而安康及以东地区早期或归巴国，晚期亦为秦、楚争夺之地。陕南地区考古发现的战国早期遗存主要是巴蜀文化墓葬，晚期有少量秦文化、楚文化墓葬③。

　　考古学上一般不把史前文化与商周时期的民族文化前后联系。因此，宝墩文化鱼凫村遗存只能看作是古蜀文化的源头之一，而不能纳入蜀文化范畴。从文化发展的阶段性看，以成都平原为例，可把考古学文化对应的蜀文化分为三个大的阶段：早期蜀文化（三星堆文化、十二桥文化）、中期蜀文化（新一村文化）、晚期蜀文化（青羊宫文化）。

① 孙华：《四川盆地青铜文化初论》，孙华：《四川盆地的青铜时代》，北京：科学出版社，2000年，第2～46页。

② 陕西省文管会：《凤县古文化遗址清理简报》，《文物参考资料》1956年第2期。

③ 陕西安康水电站库区考古队：《陕西紫阳白马石巴蜀墓葬发掘简报》，《考古与文物》1987年第5期；杨亚长：《略论陕南地区的战国墓葬》，《考古与文物》1997年第4期。

以上是我们探讨的第一种方法。第二种"由近及远、追末溯本"的方法，关键是要把握考古学文化中的核心特征或主要特征。如晚期巴文化（李家坝文化）中圜底器和尖底器在器物群中所占比例较大，也最为显眼，可能暗示了巴文化存在某种形式的"二元结构"。其中，圜底器的器类有釜、鍪、罐等，尖底器有杯、盏、罐等。按照这些基本特征，可将晚期巴文化上溯至瓦渣地文化，并进而上溯至更早的路家河文化、宝山文化、石地坝文化。这样，至少可以把这两个阶段的四种文化确定为巴文化当无大谬。

再往上溯，三星堆文化峡江类型中不见圜底器，但可偶见尖底杯，由于数量太少，似与后期巴文化差异较大，应为三星堆王国统治下的、孕育少量巴文化因素的一种考古学文化。有的激进观点甚至认为："四川盆地在夏商周时代'有蜀无巴'。"[①] 当然这一认识颇为偏颇，至少忽略了巴国政治中心与巴人、巴文化是不同的概念，但这一看法对于我们认识峡江地区三星堆文化还是有裨益的。鄂西地区的朝天嘴文化既有大量三星堆文化因素，又有一些中原商文化的因素，还有较多以圜底器为代表的土著文化因素，虽然后者是晚期巴文化的重要元素，但由于不具备尖底器和圜底器的组合，故仍然不能简单对应为巴文化。朝天嘴文化后来向西扩张，圜底器文化主人和尖底器文化主人的汇流，才导致具有完整意义的巴文化的形成——宝山、路家河、石地坝构成的"早期巴文化群"[②]。同时，圜底器文化主人向西的过程中，也迫使部分尖底器文化主人向更西的地方迁移，进入三星堆文化核心区，从而导致了三星堆文化的崩溃（三星堆祭祀坑中出现了此前未见的尖底盏），并形成了十二桥文化。其中，路家

---

① 林向先生认为三星堆文化和十二桥文化时期，四川盆地"是以'蜀人'为核心的'古蜀文明'的范围"。他忽略了三星堆文化与十二桥文化在基底上的重要差异，而且这种差异很可能属于一种起源于鄂西、重庆地区的新兴文化向西扩张的结果。故"有蜀无巴"的论断用于三星堆文化时期尚可成立，但于十二桥文化时期的认识则值得商榷。石地坝文化/十二桥文化时期在重庆地区不一定存在巴国（当时的巴国或巴政治中心在汉水上游），但文化学意义上的巴文化则已经确立。参见林向：《四川盆地的文明化进程新探》，《中华文化论坛》2018年第11期。

② 笔者此前曾提出"十二桥文化圈"的概念。十二桥文化圈包括成都平原的十二桥文化、重庆地区的石地坝文化、鄂西地区的路家河文化和陕南地区的宝山文化。在十二桥文化圈内，各文化共有尖底器传统。但十二桥文化和其他三个考古学文化明显有一个重要差异，即基本不见圜底器（十二桥遗址仅发现ⅠT15⑫：65小口绳纹釜1件，且按简报说法，"中期"还有"菱形回字纹"，为新一村文化纹饰，故不能排除此件陶器为新一村文化的陶釜）。圜底器是后三个文化的共有特性，故笔者进一步提出由路家河、石地坝、宝山组成的"早期巴文化群"的认识，该文化群应该与巴文化有关，而十二桥文化则与蜀文化有关。这是巴、蜀文化的第一次正式分野。参见白九江、李大地：《试论石地坝文化》，李禹阶：《三峡考古与多学科研究》，重庆：重庆出版社，2007年，第67～90页；四川省文物管理委员会、四川省文物考古研究所、成都市博物馆：《成都十二桥商代建筑遗址第一期发掘简报》，《文物》1987年第12期。

河文化形成后，还向北进行了扩张，在陕南地区和汉水上游地区进一步与商文化接触后，产生了具有一定地域特色的宝山文化。宝山文化以辉煌的青铜器群闻名，即著名的"城固洋县铜器群"[①]，结合文献记载的巴国活动范围看，很可能这一时期的巴国政治中心就在陕南东部地区（图1-1-1）。

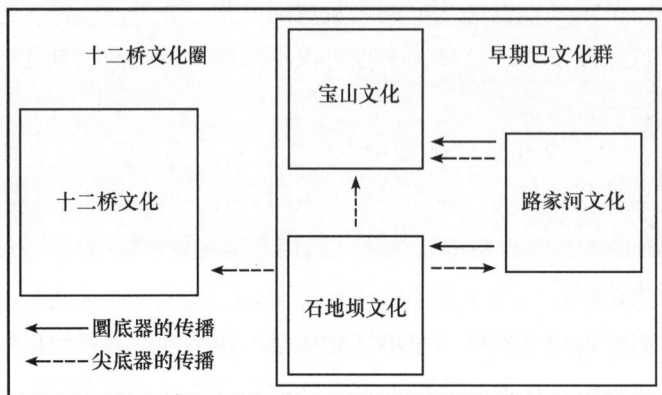

图1-1-1 十二桥文化圈圜底器和尖底器的传播示意图[②]
（圜底器传播至成都平原要到十二桥文化末或新一村文化时期）

我们知道，在考古学文化和族属文化的关系研究中，已经有一些成熟的案例可供借鉴。例如，考古学者将商王朝建立以来其控制地域内形成的具有共同特征的物质文化（大体包括考古学上前后相继的二里岗下层文化、二里岗上层文化、殷墟文化）称为商文化，而将商汤灭夏以前以商部落为主体的族群在发展和迁徙过程中创造的物质文化称为先商文化（大多数学者认为下七垣文化是先商文化）。考古学家以同样方法研究并命名了先周文化和周文化，则将周人迁居关中前关中地区的考古学文化称为前周文化。

因此，对于古代巴人活动过的地区的考古学文化，从族属文化的角度看，有构建"巴文化""先巴文化""前巴文化""后巴文化"概念的必要（图1-1-2）。所谓的先巴文化，是指巴文化正式确立前，巴文化族群先祖创造的物质与非物质遗存的总

---

① 曹玮：《汉中出土商代青铜器》，成都：巴蜀书社，2006年；赵丛苍：《城洋青铜器》，北京：科学出版社，2006年。

② 除圜底器和尖底器（在宝山文化中为小底尊形杯）两种基本器类外，还有一些典型器在十二桥文化圈内互相传播。例如，宝山文化的有鋬圈足尊在石地坝文化（忠县老鸹冲遗址）中也能见到，十二桥遗址的扁腹壶（水观音遗址）在宝山文化中也有相应器形。

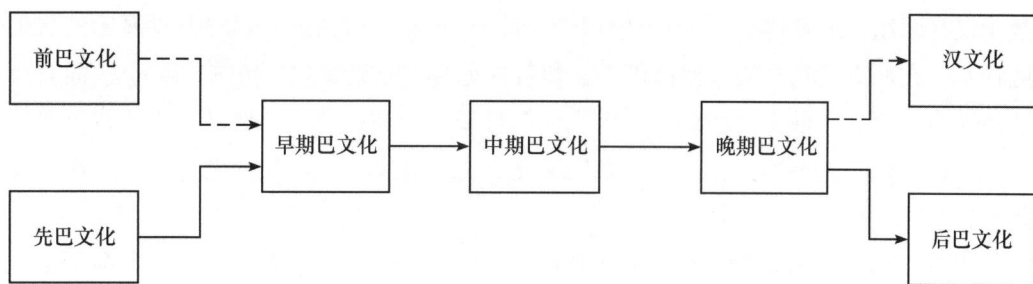

图1-1-2　与巴有关的几个文化概念关系示意图
（图中虚线表示弱传承关系，实线为强传承关系）

和，是巴文化的源头文化，两者在主体上是传承关系①。所谓的前巴文化，是指巴文化正式确立前，在巴文化分布地域内的、与巴文化没有明显传承关系的物质与非物质遗存的总和，两者之间总体上是替代关系。所谓的后巴文化，是指巴文化作为一个主体整体消失后，仍然在个别地区或当地汉文化中存留的少量巴人族群特征的物质与非物质文化因素。

　　按照上面的思路，大体可以在考古学文化与族属文化之间建立起紧密的联系。我们先看朝天嘴文化，由于具有较多后来巴文化的典型器——圜底器②，因此，它很可能是巴文化的重要来源，将其称为"先巴文化"可大略成立。再观三星堆文化峡江类型，其中的尖底杯虽然也是后来巴文化中尖底器的来源，但是目前发现的数量屈指可

---

　　① 在蜀文化研究中，已有学者进行过类似的思考，但到目前为止，蜀文化的概念体系并不完善。林向曾提出"先蜀文化"的概念，他的先蜀文化对应成都平原新石器晚期的宝墩文化。段渝、林向等还提出"古蜀文化"的概念，林向提出的古蜀文化主要是指三星堆文化和十二桥文化。段渝提出的古蜀文化时代含括夏商西周。近年来在四川史考考古界又有古蜀文明的提法，意在强调文化发展高度，深入研究文明进程的历史。参见林向：《"巴蜀文化"辨证》，《华中师范大学学报（人文社会科学版）》2006年第4期；段渝：《巴蜀古代文明的时空构架》，《文史杂志》2000年第6期。

　　② 朝天嘴文化的典型遗址是湖北秭归朝天嘴遗址和湖北宜昌中堡岛遗址。朝天嘴遗址夏商时期文化遗存出土过1件"尖底杯"，由于太残，尖底部分基本不存在，我们认为应该存疑。中堡岛遗址夏商时期遗存曾出土多件陶尖底杯，笔者检索了遗址地层关系，尖底杯均出土于夏商时期的偏晚地层，该期陶器还可细分为两期：一期出圜底器，二期既出圜底器又出尖底器。一期为夏代晚期至商代早期偏早，二期似为商代早期偏晚至商代中期。故可确定一期为朝天嘴文化，二期为路家河文化早期。参见国家文物局三峡考古队：《朝天嘴与中堡岛》，北京：文物出版社，2001年。

数（仅在云阳大地坪遗址①、万州中坝子遗址②、涪陵蔺市遗址③各发现1件厚胎角状尖底杯），在所有器物中所占比例极小，暂可以称为"前巴文化"（图1-1-3）。而对后续诸考古学文化，前文已明确其"巴文化"性质，但亦可分为早期巴文化（路家河文化、宝山文化、石地坝文化）、中期巴文化（瓦渣地文化）、晚期巴文化（李家坝文化）三个阶段④。

　　巴国虽然于公元前316年为秦国所灭，巴蜀地区亦"染秦化"，但由于秦仍尊巴氏为"蛮夷君长"，在秦的政治支持下，巴文化反倒得到加强，分布范围一度还得以扩大。汉帝国建立初期，巴文化逐渐式微，但在部分地区，"一依秦时故事"⑤，故仍然存在很强的地方性。至西汉武帝时期，巴文化基本融入汉文化，作为整体的巴文化彻底消失，这也是巴文化的年代下限。此后，从文献记载看，一些具有地域传统特征的巴文化族群仍然零星活跃在巴渝大地，其时代下限可至隋唐时期。如《华阳国志》记载的朐忍县"白虎复夷"⑥、巴东郡"㽞、獽、夷、蜑之蛮民"⑦、《水经注》等记载的武陵地区的"五溪蛮"⑧等，均为原巴国属民。从考古发现看，自西汉中期以后，巴制被"汉制"所取代，但在汉文化遗物中，仍能见到"立耳釜"等巴文化因素遗

---

① 重庆云阳县大地坪遗址出土厚胎角状尖底杯为最早期的地层。同时，根据论文提供的资料，还出土较多圜底器。笔者检索可对比的地层关系，发现其均不是最早期的地层出土，个别圜底器的时代甚至可下延到东周。另，该遗址的第Ⅳ、Ⅴ段还出土折肩的尖底杯（YDET1⑧：32）、尖底罐（YDET18④：3），这些都是路家河文化和石地坝文化的典型陶器。由此可见，大地坪遗址的夏商时期应分为三星堆文化和石地坝文化两个阶段，而不是只有三星堆文化一个阶段。其中第一个阶段只出厚胎角状尖底杯，不出圜底器、折肩尖底杯和尖底罐。参见栗林洪：《浅析重庆云阳大地坪遗址夏商时期文化遗存》，重庆中国三峡博物馆、重庆博物馆：《长江文明（第三十二辑）》，长春：吉林文史出版社，2018年，第1～18页。

② 西北大学考古队、万州区文物管理所：《万州中坝子遗址发掘报告》，重庆市移民局、重庆市文物局：《重庆库区考古报告集·1997卷》，北京：科学出版社，2001年，第347～380页。

③ 重庆市文物考古所、重庆市涪陵区博物馆：《涪陵蔺市遗址发掘简报》，重庆市移民局、重庆市文物局：《重庆库区考古报告集·1999卷》，北京：科学出版社，2006年，第786～806页。

④ 宋治民等将巴文化、蜀文化分为早期巴文化、早期蜀文化和晚期巴文化、晚期蜀文化。两阶段论在目前的巴蜀文化研究中占主流。类似的分期还有古蜀文化、古巴文化和晚期巴蜀文化等。从考古文化发展阶段看，分为三个大的阶段应该更合适。巴文化、蜀文化是一种族属文化，主要依托考古文化建立概念，因此，笔者主张分早、中、晚期较为合适。参见宋治民：《蜀文化与巴文化》，成都：四川大学出版社，1998年。

⑤ 《后汉书·巴郡南郡蛮传》："汉兴，南郡太守靳彊请一依秦时故事。"（宋）范晔撰，（唐）李贤等注：《后汉书》，北京：中华书局，1999年，第1919页。

⑥ （晋）常璩撰：《二十五别史·华阳国志》，济南：齐鲁书社，2000年，第12页。

⑦ （晋）常璩撰：《二十五别史·华阳国志》，济南：齐鲁书社，2000年，第11页。

⑧ （北魏）郦道元著，（清）王先谦校：《合校水经注》，北京：中华书局，2009年，第573页。

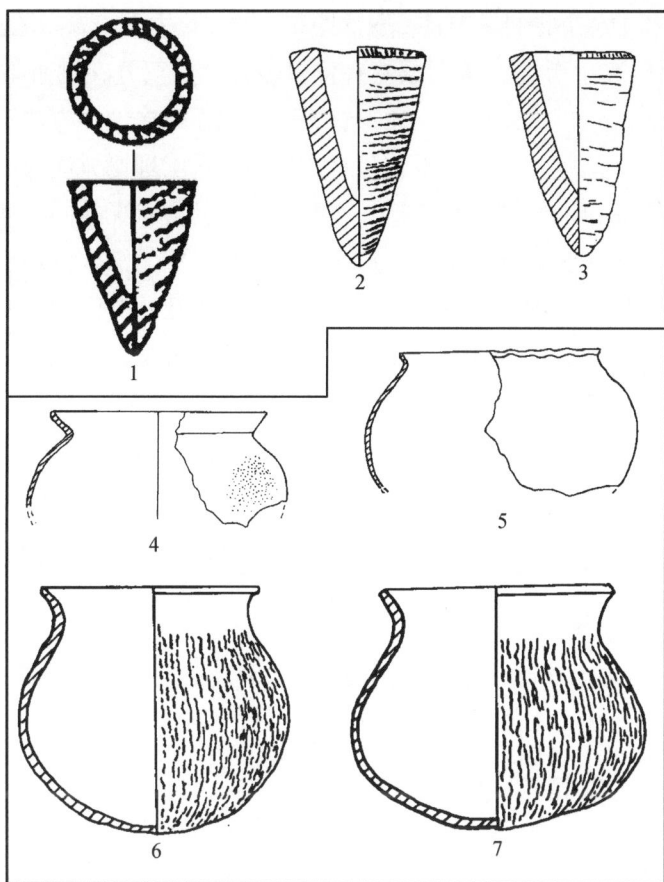

图1-1-3   三星堆文化时期重庆三峡地区、鄂西地区出土陶尖底杯和陶圜底器

1～3.陶厚胎尖底杯（重庆云阳大地坪遗址2005YDFT42⑦：18、重庆涪陵蔺市遗址T0803⑥：11、

重庆万州中坝子遗址H28：3）   4～7.陶圜底器（湖北秭归朝天嘴遗址T6⑥：47、湖北秭归朝天嘴遗址

T6⑥：50、湖北宜昌中堡岛遗址H17：3、湖北宜昌中堡岛遗址T0504⑦：24）

物，悬棺葬继续存于一些高山峡谷中，我们可将这类文化遗存称为"后巴文化"。宋元以来，一部分巴文化族群继续融入汉民族，一部分巴人与其他民族一道，逐渐向土家族方向演化，此后的文化就只能算土家族文化了。

四、结　　语

文化和民族都是现代人构建的概念，从考古学上审视巴文化，必须对巴文化的若干概念进行理论抽象。抽象后的巴文化创造者则不必仅在巴族、巴人这样的特定人群中打转，而应以巴文化族群重新进行定义。同理，亦可将巴国的概念升华为巴文化国家，巴文化国家包括最重要、最突出的巴国，但也可能当时还存在其他若干巴系小国家或诸侯。这有利于解决我们认知苴、夔这些政权的文化主人归属问题。

当前巴文化研究中历史、考古虽然有较多融合，但双方在理解彼此学科概念和内涵上还不够深入，运用彼此成果上还不够熟稔，因而许多论述方法不够科学，研究结论自然不够坚实。从考古学角度看，只有先按照考古学理论方法建立区域考古学文化和文化谱系，考察这一区域文化变迁、文明进程、社会状况等问题才有可对话的时空基础，然后才有进一步关联巴文化、定性巴文化的可能。深入发掘巴文化的内涵和外延，特别是研究巴文化的内涵嬗变、区域扩展与中心迁移等问题，必须结合历史文献，以考古学文化为基础，通过纵、横两个方向的对比分析，按照“由近及远、追末溯本”的方法，追索巴文化、寻踪巴文化，从而构建整体的巴文化概念体系，进而通过多方面的深化研究，逐步搭建并完善巴文化的学术体系。

第二节　巴文化研究与近年考古新发现

一、概念问题与研究回顾

（一）巴文化的概念与内涵

巴文化是中国古代一支重要的地域文化。自20世纪以来，由于巴、蜀两地山水相连、地理相邻、文化相近，故有“巴蜀文化”的统称。巴蜀文化的提出始于20世纪40年代初，当时有一批据传出土于成都白马寺的青铜器，因其兵器的形制、花纹不同于中原地区，卫聚贤首先提出了“巴蜀文化”的概念①。“巴蜀文化”的提出很快得到了当时云集西南地区的一批知名学者的响应，由此展开了巴蜀文化研究的一波热潮。20世纪50年代以来，在现重庆九龙坡区冬笋坝和四川广元昭化宝轮院发掘了两处船棺葬墓地②，从考古学的角度使巴蜀文化得到较广泛的认同。后来随着考古新发现和研究的深入，人们逐渐认识到巴和蜀在物质文化上既有非常密切的联系，又存在一定的区别，于是逐渐分化出了“巴文化”和“蜀文化”两个概念，而只是将巴蜀文化作为一个大的文化系统来看待。近年来，随着巴、蜀文化研究的发展，特别是三峡考古的大规模展开，以及成都平原一系列的重要考古发现，巴文化和蜀文化各自特征逐渐显现，两者分别单独命名已基本成为多数研究者的共识。

由于有关巴人的历史文献较少，学术界对于巴文化概念的具体界定尚未达成一

---

① 卫聚贤：《巴蜀文化》，《说文月刊》1941年第3卷第4期、1942年第3卷第7期。

② 四川省博物馆：《四川船棺葬发掘报告》，北京：文物出版社，1960年。

致。一般说来，巴文化有几个不同层面的含义：一是古代巴族的文化，二是指古代巴国的文化，三是古代有关巴地域范围内的文化。这三者之间的内涵既有交叉联系又有明显的区别。按照考古学文化的定义，考古学范畴的巴文化是指古代巴人及与巴人关系密切的部分其他族群所创造的，具有一定时间和空间范围，且有着鲜明自身特征的一批古代遗物和遗迹的总和。巴文化是一个动态的、变迁的过程，不同时期的巴文化，具有不同的文化要素组合，但其具有延续和继承的特点，总体特征并没有本质的改变。

巴文化的内涵极为丰富。巴文化研究需要对历史文献进行梳理，并结合考古发现的成果，着重了解巴文化的内涵、特征与性质，阐发巴文化起源、发展和消融的过程，以揭示古代巴人历史、文化演变的客观规律。巴文化研究的内容，主要包括巴人的起源、迁徙、分布及巴与周边民族的关系，巴国的建立与灭亡，巴的社会性质与政治、经济、文化状况，巴的宗教与生活习俗等多方面的内容。考古学上的巴文化研究，主要着重对巴文化遗存进行定性，建立巴文化的年代标尺，对巴文化发展的阶段进行分期，并对其分布地域进行分区，进而通过对巴文化遗存的研究，探索巴文化的起源、传承与消融，了解巴人的社会结构与性质、经济属性、精神文化等，并与周边的蜀、楚、秦等文化进行比较，以揭示他们的相互影响与文化交流，进而描述他们之间的关系。

（二）巴文化研究回顾

早在20世纪三四十年代，学术界就开始研究巴的历史与文化。五六十年代以来，由于重要考古发现的屡屡出现，有关巴文化的研究被提高到一个新的高度。特别是《四川船棺葬发掘报告》[①]的出版，引发了人们对巴文化族群葬俗、分布地域、物质文化、宗教特征、部族分支等的研究热情，由此使得巴文化的研究更加细化和深入。至20世纪80年代，一批研究巴文化的重要学术论文、专著相继问世。徐中舒先生的《巴蜀文化初论》[②]《巴蜀文化续论》[③]和蒙文通先生发表的《巴蜀史的问题》[④]等文章，都对巴文化的相关问题提出了自己的重要学术观点。1979年童恩正先生出版《古代的巴蜀》一书[⑤]，全面系统地考查了巴蜀文化，并使巴蜀文化这一研究课题得以系统化和规范化。20世纪80年代后期至90年代初，由于四川广汉三星堆遗址两个"祭祀

---

① 四川省博物馆：《四川船棺葬发掘报告》，北京：文物出版社，1960年。
② 徐中舒：《巴蜀文化初论》，《四川大学学报（哲学社会科学版）》1959年第2期。
③ 徐中舒：《巴蜀文化续论》，《四川大学学报（哲学社会科学版）》1960年第1期。
④ 蒙文通：《巴蜀史的问题》，《四川大学学报（哲学社会科学版）》1959年第5期。
⑤ 童恩正：《古代的巴蜀》，成都：四川人民出版社，1979年。

坑"的重大发现①，掀起了蜀文化研究的高潮，蜀文化研究渐趋繁荣。反观巴文化研究，却进入了一个相对平静的时期。此时，重庆本地的学者逐渐成为研究的主力。以邓少琴、任乃强、董其祥等先生为代表的一批本地学者在巴文化研究方面著述颇丰，先后结集出版了《巴蜀史迹探索》②《巴蜀史稿》③《四川上古史新探》④《巴史新考》⑤《巴史新考续编》⑥等书，对巴文化研究做出了卓越的贡献。如果说20世纪40年代一大批学者内迁，使重庆成了巴蜀文化研究的一个中心的话，那么，到了20世纪80年代，一批本地学者的努力，至少使巴文化研究的中心再一次转移到了重庆。

　　综观20世纪90年代中期以前的巴文化研究，其框架是以历史文献为主，以考古发现为辅，以考古佐证文献、以遗存补缺文献的方式而构筑起来的。这段时期的有关著作、论文基本构筑起了巴文化研究的系统，使人们对巴文化有了较多的了解。90年代中期以来，由于三峡工程的上马而随之开展的文物保护工作，三峡地区的考古发现层出不穷。这些考古发现在很大程度上改变了学者们有关巴蜀文化的印象，使未来的巴文化构架，面临着从以巴蜀文献研究为主向以巴蜀考古研究为主的转型。

　　近年来，随着重庆成为直辖市，以及三峡文物保护工作的深入，巴文化研究正逐渐成为学术研究的热点。西南大学、重庆师范大学、重庆中国三峡博物馆、重庆市文化遗产研究院等都有相关的机构和研究人员。近年来，巴文化研究的论文和论著大量涌现。2001年和2003年，在重庆、湖北分别召开了三峡文物考古学术研讨会，会后出版的论文集包括多篇研究巴文化的文章⑦，这些文章涵盖了巴文化的考古发现、文化变迁、与其他文化的关系等诸方面的内容，集中展现了巴文化考古研究的最新成果。此外，尚有大量论文散见于各类杂志和论文集，对巴文化的相关问题做了不同层面的研究。专著方面，管维良撰写的《巴族史》是一部对巴人历史进行全面梳理的力作⑧。杨铭编著的《土家族与古代巴人》一书全面深化了人们关于土家族主体源于巴人的观

---

①　四川省文管会、四川省文物考古研究所、四川省广汉县文化局：《广汉三星堆遗址一号祭祀坑发掘简报》，《文物》1987年第10期；四川省文物管理委员会，四川省文物考古研究所，广汉市文化局、文管所：《广汉三星堆遗址二号祭祀坑发掘简报》，《文物》1989年第5期。

②　邓少琴：《巴蜀史迹探索》，成都：四川人民出版社，1983年。

③　邓少琴：《巴蜀史稿》，重庆：重庆地方史资料组编（印刷本），1986年。

④　任乃强：《四川上古史新探》，成都：四川人民出版社，1986年。

⑤　董其祥：《巴史新考》，重庆：重庆出版社，1983年。

⑥　董其祥：《巴史新考续编》，重庆：重庆出版社，1993年。

⑦　重庆市文物局、重庆市移民局：《重庆·2001三峡文物保护学术研讨会论文集》，北京：科学出版社，2003年；湖北省文物事业管理局、湖北省三峡工程移民局：《2003三峡文物保护与考古学研究学术研讨会论文集》，北京：科学出版社，2003年。

⑧　管维良：《巴族史》，成都：天地出版社，1996年。

点，并对巴人的历史、宗教和文化着力进行了探讨①。重庆市博物馆编辑出版了四辑《巴渝文化》，体现了巴文化研究的整体实力和多方面研究成果。考古方面，宋治民的《蜀文化与巴文化》②、孙华的《四川盆地的青铜时代》③等书根据考古发现，较为全面地勾勒出了巴文化的序列、年代及其变化。白九江结合考古发现与文献研究，撰写了《巴人寻根：巴人·巴国·巴文化》④，以通俗易懂的语言描绘了巴文化特征、起源、迁徙与变迁历程。朱世学编著了《三峡考古与巴文化研究》⑤，分类别介绍了三峡考古中与巴文化有关的物质遗存。杨华《巴文化考古研究》对以三峡地区为中心的夏商周时期考古发现做了介绍，并结合文献对考古材料做了综合考释⑥。管维良的《巴蜀符号》全面收集了巴蜀青铜器上的各类符号，对其分类并尝试进行解读⑦。

二、考古发现与文化序列

近年来，随着三峡文物保护工作的展开，人们开始将巴文化研究的重点集中于这一地区的考古工作上，由于三峡是古代巴人活动、巴国疆域分布的主要地区，由此三峡文物考古也成为研究巴文化的关键所在。

通过十多年来的考古工作，三峡地区乃至整个四川盆地东部与巴文化有关的考古有了极大的收获。最为重要的是，三峡地区的夏商周三代时期考古学文化序列已经基本建立，为这一地区古代文化研究提供了时空坐标。考古文化是研究族属文化的重要基础，是族属文化的重要载体；三峡乃至四川盆地考古文化谱系的建立，对研究巴文化起源与流变有极为重要的价值。

（一）夏代晚期至商代早期

考古发现表明，相当于中原夏代早期时，渝东地区仍然延续着"中坝文化"（中坝文化晚期亦称"老关庙文化""老关庙遗存"）⑧，而鄂西峡江地区则属于"白庙遗

① 杨铭：《土家族与古代巴人》，重庆：重庆出版社，2002年。
② 宋治民：《蜀文化与巴文化》，成都：四川大学出版社，1998年。
③ 孙华：《四川盆地的青铜时代》，北京：科学出版社，2000年。
④ 白九江：《巴人寻根：巴人·巴国·巴文化》，重庆：重庆出版社，2007年。
⑤ 朱世学：《三峡考古与巴文化研究》，北京：科学出版社，2009年。
⑥ 杨华：《巴文化考古研究》，北京：中国言实出版社，2009年。
⑦ 管维良：《巴蜀符号》，重庆：重庆出版社，2011年。
⑧ 中坝文化也有的称老关庙文化。考古发现表明，老关庙遗存仅属中坝文化最晚期阶段的遗存。参见白九江：《重庆地区的新石器文化——以三峡地区为中心》，成都：巴蜀书社，2010年，第197~229页。

存"的分布范围，其年代下限可到公元前1750年左右，两者文化面貌总体上均应属于新石器时代末期。

自二里头文化三、四期开始（约相当于夏代晚期），三峡地区的文化面貌为之大变，正式跨入青铜时代门槛。在渝东地区，夏代晚期至商代早、中期属于三星堆文化的分布范围，这一地区普遍发现小平底罐、高柄豆、灯形器、高脚双耳杯、圈纽器盖、鸟头把勺、贯耳壶、盉等典型的三星堆文化陶器（图1-2-1），典型遗存有重庆云阳大地坪遗址①、万州中坝子②、忠县老鸹冲③、王家堡④、哨棚嘴⑤、中坝⑥、涪陵蔺市⑦等遗址，重庆地区三星堆文化的西界可到渝西江津区大土遗址⑧。与成都平原相比，重庆地区的同期遗存也存在一些自身文化特征，如鬶、单耳带流罐、双耳杯等在成都平原就少见或不见，此外，这一时期也出现了少量厚胎尖底杯等器物，表明一些后来的文化因素在这一阶段已经有所孕育。巫山大宁河流域还发现了青铜礼器——三羊三鸟尊⑨（图1-2-5，1），它与三星堆遗址两个器物坑的铜尊形制相似，时代相当。

夏代晚期至商代早期，鄂西地区考古遗存亦被有的学者称为"朝天嘴文化"⑩，典

① 栗林洪：《浅析重庆云阳大地坪遗址夏商时期文化遗存》，重庆中国三峡博物馆、重庆博物馆：《长江文明（第三十二辑）》，长春：吉林文史出版社，2018年，第1~18页。

② 西北大学文博学院：《重庆市万州区中坝子遗址第三次发掘简报》，《考古与文物》2002年第3期；西北大学考古队、万州区文物管理所：《万州中坝子遗址发掘报告》，重庆市文物局、重庆市移民局：《重庆库区考古报告集·1997卷》，北京：科学出版社，2001年，第347~380页；王建新、王涛：《试论重庆万州中坝子遗址夏商周时期文化遗存》，《江汉考古》2002年第3期。

③ 重庆市文物考古所、重庆市文物局：《忠县老鸹冲遗址（居址部分）发掘简报》，重庆市文物局、重庆市移民局：《重庆库区考古报告集·2000卷》，北京：科学出版社，2007年，第870~888页。

④ 资料存重庆市文物考古研究院，曾发表过部分三星堆文化器物照片。参见重庆市文物考古所、重庆文化遗产保护中心：《重庆文物考古十年》，重庆：重庆出版社，2010年，第57、58页。

⑤ 北京大学考古学研究中心、北京大学考古文博学院三峡考古队、重庆市忠县文物管理所：《忠县哨棚嘴遗址发掘报告》，重庆市文物局、重庆市移民局：《重庆库区考古报告集·1999卷》，北京：科学出版社，2006年，第530~643页。

⑥ 四川省文物考古研究所、忠县文物保护管理所：《忠县中坝遗址发掘报告》，重庆市文物局、重庆市移民局：《重庆库区考古报告集·1997卷》，北京：科学出版社，2001年，第559~609页。

⑦ 重庆市文物考古所、涪陵区文物管理所：《涪陵蔺市遗址发掘简报》，重庆市文物局、重庆市移民局：《重庆库区考古报告集·1999卷》，北京：科学出版社，2006年，第786~806页。

⑧ 白九江、邹后曦：《渝西地区先秦考古发现与考古学文化》，重庆市文物考古所、重庆文化遗产保护中心：《"早期中国的文化交流与互动——以长江三峡库区为中心"学术研讨会论文集》，北京：科学出版社，2012年，第1~23页。

⑨ 四川省文物管理委员会、四川省文物考古研究所、巫山县文化馆：《巫山境内长江、大宁河流域古遗址调查简报》，四川省文物考古研究所：《四川考古报告集》，北京：文物出版社，1998年，第9页。

⑩ 林春：《宜昌地区长江沿岸夏商时期的一支新文化类型》，《江汉考古》1984年第2期。

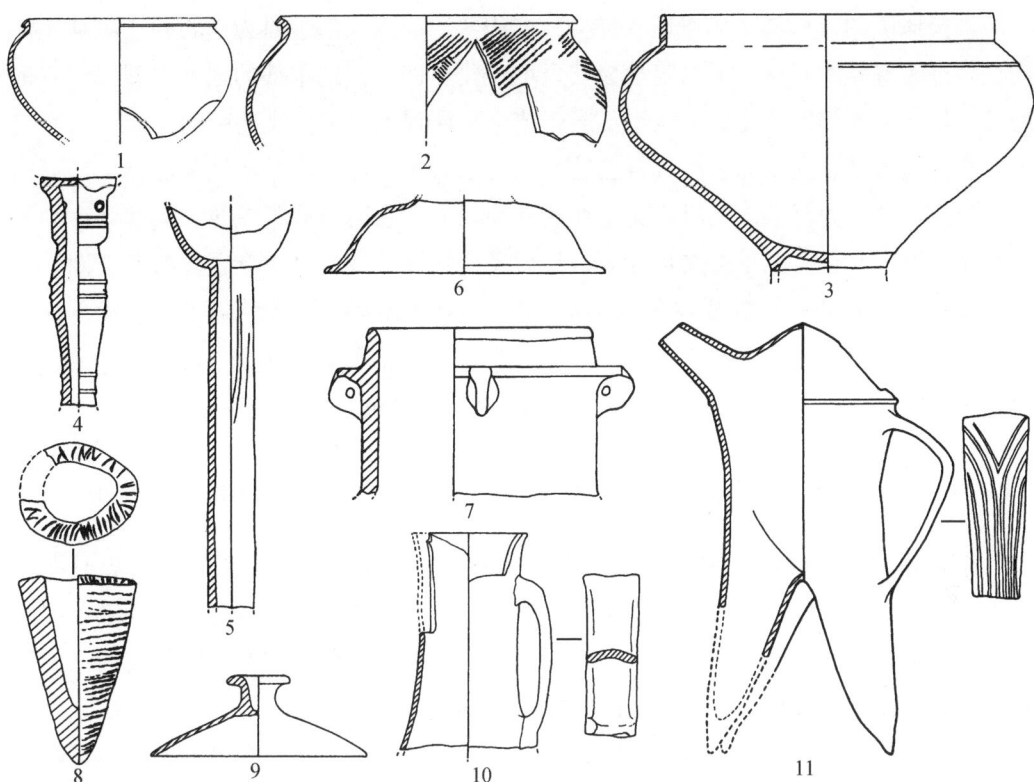

图1-2-1　重庆涪陵蔺市遗址1999年出土三星堆文化陶器

1、2. 小平底罐（ⅠT0703⑦：20、ⅠT0802⑥：19）　3. 圈足罐（ⅠT0802⑤：7）　4. 高柄豆（ⅣT0206⑦：21）
5. 灯形器（ⅠT0802⑤：60）　6. 豆座（ⅠT0802⑤：4）　7. 贯耳壶（ⅠT0802⑥：11）　8. 厚胎尖底杯
（ⅠT0803⑥：11）　9. 圈纽器盖（ⅣT0206③：26）　10. 鬶（ⅠT0802⑤：5）　11. 封口盉（ⅠT0803⑥：10）

型遗址有湖北秭归朝天嘴[①]、宜昌中堡岛[②]、三斗坪[③]等遗址，其文化因素表现出强烈的复杂性，既有受中原二里头、二里岗文化影响的器物，如深腹平底罐、封口盉、假腹豆等，也有部分本地文化因素，如素缘圜底釜、鬶、盆、大口缸等，其中有一些是当地新石器时代末期白庙遗存的因素，如大量的折沿弧腹平底罐、大口圜底釜等；还有较多三星堆文化的陶器。三种文化因素在不同的遗址中所占比例略有变化，大体上是越往东，三星堆文化因素的陶器比例逐渐减少[④]。从时代上看，三星堆文化因素以夏代晚期所占比例较高，而越往后三星堆文化的影响越弱。

---

① 国家文物局三峡考古队：《湖北秭归朝天嘴遗址发掘简报》，《文物》1989年第2期。
② 国家文物局三峡考古队：《湖北宜昌中堡岛遗址发掘简报》，《文物》1989年第2期。
③ 湖北省文物考古研究所：《1985～1986年三峡坝区三斗坪遗址发掘简报》，《江汉考古》1999年第2期。
④ 据何努统计，中堡岛遗址中的三星堆文化因素占36.8%。何努：《长江中游文明进程》，北京大学博士学位论文，2001年。

　　重庆地区的三星堆文化遗址数量少、堆积薄，与以成都平原为中心的三星堆文化核心分布区差异不明显，可以定性为三星堆文化在四川盆地东部的地方类型，与后来的巴文化缺少连续发展特征，应当不属于狭义上所说的早期巴文化范畴，或许与巴文化人群受到压制、尚未完全形成自己的文化体系有关（但已开始出现尖底器）。鄂西地区的情况则较为复杂，三星堆文化在这一地区的存在时间非常短暂，与其共存的还有大量二里头文化、二里岗文化因素，且后者的数量比例呈日益高企的状态。同时，这一地区始终存在一些圜底器传统。圜底器在四川盆地新石器晚期文化中找不到源头，而在鄂西地区的新石器文化中，是贯穿始终的文化现象，到了"朝天嘴文化"时期，圜底器依然盛行，这或许是稍后巴文化盛行圜底器的滥觞。

（二）商代中晚期至西周早期

　　渝东地区发现的商代中晚期至西周早期古遗址数量众多，主要有重庆忠县邓家沱[①]、哨棚嘴、丰都石地坝[②]、涪陵镇安[③]等遗址，出土的典型陶器有小平底罐、尖底盏、炮弹形尖底杯、角状尖底杯、"8"形捏瓣纽器盖、高柄器盖、折腹矮柄豆、高领壶、卷沿盆、船形杯、圜底釜、圜底罐等，其文化特征与成都平原的十二桥文化接近，但也存在一定的差异。角状尖底杯、母口尖底盏、船形杯、卷沿盆、花边圜底罐（釜）等有强烈的地方特征（图1-2-2），笔者认为，该类遗存应为十二桥文化圈下的一个地方类型，可以称之为"石地坝文化"[④]。石地坝文化在渝西地区也有分布，如重庆合川猴清庙遗址、河嘴屋基遗址、菜蔬排遗址[⑤]、沙梁子遗址[⑥]；向南可到乌江下

　　①　李锋：《忠县邓家沱遗址西周时期文化遗存的初步认识》，《重庆·2001三峡文物保护学术研讨会论文集》，北京：科学出版社，2003年，第99～106页。

　　②　重庆市文物考古所、丰都县文物管理所：《丰都石地坝遗址商周时期遗存发掘报告》，重庆市文物局、重庆市移民局：《重庆库区考古报告集·1999卷》，北京：科学出版社，2006年，第702～737页。

　　③　北京市文物考古研究所三峡考古队、重庆市涪陵区博物馆：《涪陵镇安遗址发掘报告》，重庆市文物局、重庆市移民局：《重庆库区考古报告集·1998卷》，北京：科学出版社，2003年，第850～894页。

　　④　白九江、李大地：《试论石地坝文化》，李禹阶：《三峡考古与多学科研究》，重庆：重庆出版社，2007年，第67～90页。

　　⑤　白九江、邹后曦：《渝西地区先秦考古发现与考古学文化》，重庆市文物考古所、重庆文化遗产保护中心：《"早期中国的文化交流与互动——以长江三峡库区为中心"学术研讨会论文集》，北京：科学出版社，2012年，第1～23页。

　　⑥　冯庆豪、陈丽琼：《合川沙溪沙梁子新石器时代遗址的调查》，重庆市文化局文物处、重庆市博物馆：《三江考古调查纪要》（印刷本），1987年；邹后曦：《合川市沙溪遗址发掘简况》，资料现存重庆中国三峡博物馆资料室；重庆市文物考古所、合川市文物保管所：《重庆合川市沙梁子遗址抢救性考古发掘简报》，《四川文物》2006年增刊。

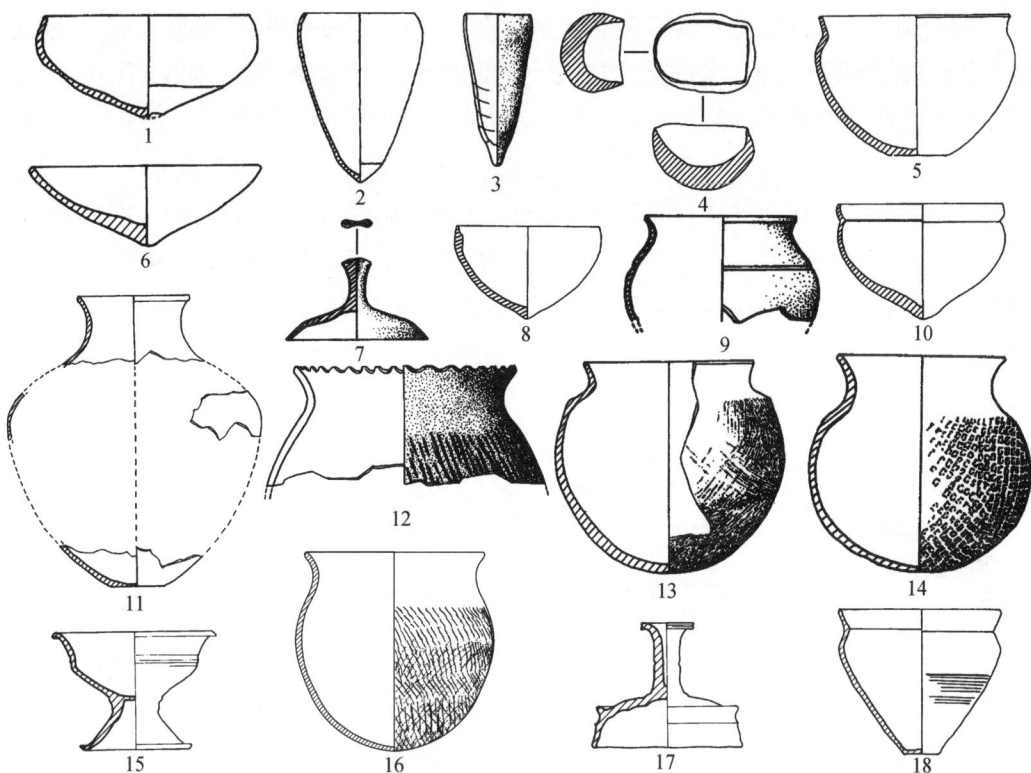

图1-2-2 石地坝文化典型陶器

1.敛口尖底盏（重庆丰都石地坝遗址T1231⑦B：6） 2.炮弹形尖底杯（重庆忠县哨棚嘴遗址T403⑥：3）

3.角状尖底杯（重庆忠县哨棚嘴遗址T115⑦：2） 4.船形杯（重庆丰都石地坝遗址T1331⑧：7） 5.耸肩平底罐（重庆忠县邓家沱遗址H42：1） 6.敞口尖底盏（重庆丰都玉溪坪遗址M22） 7."8"形捏瓣纽器盖（重庆涪陵镇安遗址H8：4） 8、10.母口尖底盏（重庆涪陵石沱遗址T0105⑤：1、重庆忠县邓家沱遗址H42：2）

9.圆肩平底罐（重庆涪陵镇安遗址H8） 11.高领壶（重庆丰都玉溪坪遗址M22） 12.花边圜底罐（重庆忠县哨棚嘴遗址T115⑦：9） 13.素缘圜底罐（重庆丰都石地坝遗址T1230⑧：4） 14.小口圜底釜（重庆丰都石地坝遗址T1231⑦B：9） 15.折腹矮柄豆（重庆合川河嘴屋基遗址H2：1） 16.大口圜底釜（重庆酉阳清源遗址H72：4） 17.高柄器盖（重庆合川河嘴屋基遗址T9⑤：1） 18.小平底罐（重庆合川菜蔬排遗址T2③：12）

游，如重庆酉阳清源遗址[①]、邹家坝遗址[②]，贵州沿河黑獭遗址[③]。

———————

① 重庆市文物考古所、重庆文化遗产保护中心、四川大学历史文化学院考古学系：《酉阳清源》，北京：科学出版社，2009年，第34~208页。

② 重庆市文物考古所、重庆文化遗产保护中心：《酉阳邹家坝》，北京：科学出版社，2011年，第68~147页。

③ 2006年乌江彭水电站库区文物发掘资料。另见王宁：《乌江及北盘江考古发掘显示"两江"水系新石器时代已形成文化通道》，《贵州日报》2006年9月18日。

　　鄂西地区发现的遗址主要有湖北宜昌路家河[①]、长阳香炉石[②]、秭归长府沱[③]等遗址。其典型陶器有圜底釜、高领罐、尖底罐、折腹尖底杯、大口缸、灯形器等（图1-2-3）。对于这类遗存，学界有"路家河文化""香炉石文化"等不同的称谓，其实两者间的区别主要是受商文化的影响程度不同。路家河文化在峡江东端受到商文化一定程度的影响，而在清江流域和其分布的西界，受商文化的影响极小。商文化陶器主要有分裆鬲、假腹豆、折肩罍等，它应与商文化深入南方地区，在长江中游建立盘龙城，并以此为据点扩散有关。商代中期，鄂西地区已经较多地出现大口折腹尖底杯、尖底罐、圜底罐等器物，或为后来四川盆地十二桥文化尖底器之发轫。路家河文化的分布西界或可到重庆奉节县，新浦遗址[④]即具有路家河文化特征。

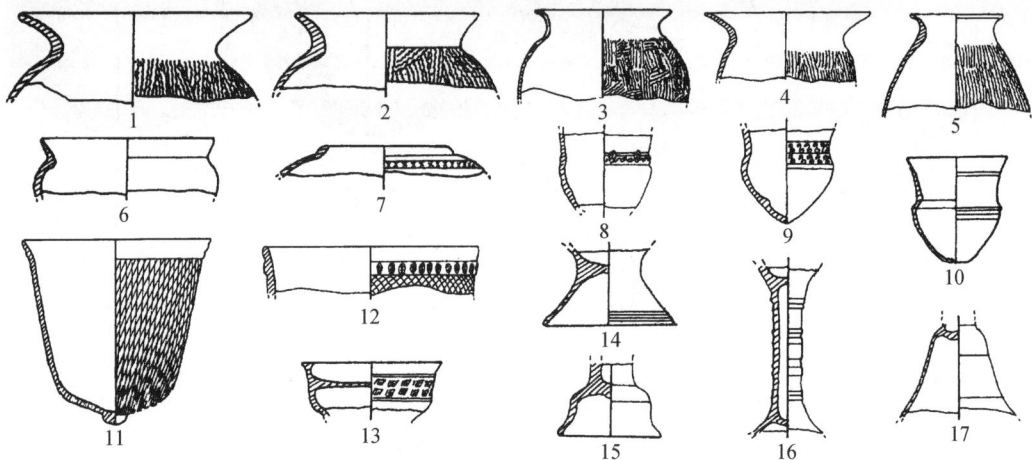

图1-2-3　湖北秭归长府沱遗址H9出土陶器（路家河文化）

1～3. 素缘圜底罐（H9：68、H9：173、H9：29）　4. 大口圜底釜（H9：73）　5. 溜肩圜底罐（H9：174）

6. 小平底罐（H9：190）　7. 瓮（H9：97）　8～10. 折腹尖底杯（H9：13、H9：12、H9：79）

11、12. 大口缸（H9：99、H9：201）　13. 假腹豆（H9：10）　14. 高圈足器（H9：15）

15、17. 豆座（H9：14、H9：98）　16. 高柄豆（H9：199）

① 长江水利委员会：《宜昌路家河——长江三峡考古发掘报告》，北京：科学出版社，2002年，第18～87页。

② 湖北省清江隔河岩考古队：《湖北清江香炉石遗址的发掘》，《文物》1995年第9期。

③ 宜昌市博物馆：《三峡库区秭归长府沱商代遗址发掘》，国家文物局三峡工程文物保护领导小组湖北工作站：《三峡考古之发现（二）》，武汉：湖北科学技术出版社，2000年，第400～421页；宜昌市博物馆：《三峡库区秭归长府沱遗址试掘简报》，国家文物局三峡工程文物保护领导小组湖北工作站：《三峡考古之发现（二）》，武汉：湖北科学技术出版社，2000年，第422～427页。

④ 吉林大学边疆考古研究中心、重庆市文物局：《奉节新浦遗址发掘简报》，重庆市文物局、重庆市移民局：《重庆库区考古报告集·2000卷》，北京：科学出版社，2007年，第632～646页。

陕南地区商代中晚期遗址有安康盆地的陕西紫阳马家营和白马石[①]、汉中盆地的城固宝山[②]等遗址，其典型陶器有高柄豆、高颈小平底尊、折腹尖底杯、高柄器座、大口深腹罐、圜底釜等。学界有"白马石类型"[③]"宝山文化"等称谓，或可以后者从之。著名的"城固、洋县铜器群"即属于宝山文化。宝山文化也受到商文化的强烈影响。

从上述情况看，石地坝文化、路家河文化、宝山文化三者间联系紧密，均有大量的圜底器和尖底器（或近尖底的小平底），应为一个具有亲缘关系的大的文化共同体，它们分别是"巴文化的不同类型"，使用它们的人群共同体，分别"应为巴人的一支"[④]。与成都平原的十二桥文化相比，十二桥文化圜底器较少（十二桥遗址早期仅1件）是主要区别，其中石地坝文化又与十二桥文化的关系相对接近一些，石地坝文化尖底器种类和数量均较多，圜底器非常发达，船形杯等器物不见于成都平原十二桥文化。从尖底器、圜底器的出现时间和发达情形看，显然峡江地区影响了成都平原。

但是，从考古学文化产生的时间看，路家河文化的起始年代可早至二里岗下层偏晚阶段，宝山文化起始年代约为二里岗上层时期（商代中期），石地坝文化的起始年代"应当不晚于殷墟一期，其上限或可到二里岗上层偏晚阶段"[⑤]。由此可见，如果上述年代判断无误的话，路家河文化的起源时间最早，其他二者出现稍晚，路家河文化很可能是石地坝文化和宝山文化的重要源头。《城固宝山——1998年发掘报告》也认为："宝山文化应来自以釜做炊器这一古老文化传统所在的鄂西地区，很可能是由路家河二期后段遗存（也就是路家河文化——笔者注）稍早时期分化出来的一种考古学文化遗存。"[⑥]笔者在一篇文章中也认为，石地坝文化、成都十二桥文化"尖底器、圜底器传播路线是由东向西的，峡江腹地起着承东启西的通道功能"[⑦]。由是观之，路家河文化可能是早期巴文化西播的源头，早期巴文化是由鄂西向四川盆地东部、陕南两个方向播迁的，并分别替代了这两个地方先前的文化，这与文献记载鄂西特别是清江流域是巴人起源地的传说能够呼应。也有推测认为，路家河文化是最可能与早期巴国挂钩的考古学文化。

---

① 陕西省考古研究所、陕西省安康水电站库区考古队：《陕南考古报告集》，西安：三秦出版社，1994年，第324~329、368、383页。

② 西北大学文博学院：《城固宝山——1998年发掘报告》，北京：文物出版社，2002年。

③ 王炜林、孙秉君：《汉水上游巴蜀文化的踪迹》，中国考古学会：《中国考古学会第七次年会论文集（1989）》，北京：文物出版社，1992年，第236~248页。

④ 西北大学文博学院：《城固宝山——1998年发掘报告》，北京：文物出版社，2002年，第183页。也有学者从城洋铜器群表现出的文化特征，认为宝山文化是蜀文化的一支。

⑤ 白九江、李大地：《试论石地坝文化》，李禹阶：《三峡考古与多学科研究》，重庆：重庆出版社，2007年，第67~90页。

⑥ 西北大学文博学院：《城固宝山——1998年发掘报告》，北京：文物出版社，2002年，182页。

⑦ 白九江、李大地：《试论石地坝文化》，李禹阶：《三峡考古与多学科研究》，重庆：重庆出版社，2007年，第67~90页。

（三）西周中期至春秋中期

渝东地区这一阶段的典型遗存有重庆忠县瓦渣地遗址[①]、中坝遗址、哨棚嘴遗址、玉溪坪遗址等，另外，渝东南乌江流域的重庆酉阳邹家坝遗址、渝西嘉陵江流域的重庆合川猴清庙遗址也有这类遗存。其典型陶器有早期传承下来的尖底盏、炮弹形尖底杯，另外，花边口圜底罐、花边口圜底釜、素缘圜底罐、素缘圜底釜等在十二桥文化中虽然也有，但此一阶段大量出现，且形态特征、施纹方式有所变化，新出现圜底钵等器类，角状尖底杯早期偶见，后期完全消失（图1-2-4）。这类文化遗存有的学者仍然将其归为十二桥文化、石地坝文化晚期，也有的学者主张将这一阶段的考古遗存剥离出来，将成都平原的此时期遗存命名为"新一村文化"，重庆三峡地区则称之为"瓦渣地文化"[②]。笔者赞同后者的看法。瓦渣地文化阶段，已经出现铜三角援戈（图1-2-5，2）、扁茎无格剑（图1-2-5，3）、弧刃钺（图1-2-5，4）、舌形钺（图1-2-5，5）等较为典型的巴文化青铜器。

鄂西地区西周中期至春秋中期的遗存数量较多，主要有湖北巴东黎家沱[③]、秭归官庄坪[④]、柳林溪[⑤]、渡口[⑥]、宜昌上磨垴[⑦]等遗址，文化面貌较复杂，总体上看，这时期的遗存可以分为三组：甲组有花边口圜底罐、素缘圜底罐、炮弹形尖底杯、折腹尖底杯、小底罐、圜底钵等器物，与渝东峡江地区的文化面貌相似，与传统的巴文化一脉相承；乙组以鬲、盂（盆）、豆、罐为典型器，具有强烈的楚文化风格；丙组有釜形鼎、方格纹大口圜底釜等，与沙市周梁玉桥同期遗存接近，应为江汉平原的土著文

① 北京大学考古学系三峡考古队、忠县文物保护管理所：《忠县瓦渣地遗址发掘简报》，重庆市文物局、重庆市移民局：《重庆库区考古报告集·1998卷》，北京：科学出版社，2003年，第649～678页。

② 孙华：《峡江地区的先秦文化》，北京大学中国传统文化研究中心：《国学研究（第6卷）》，北京：北京大学出版社，1999年，第501～515页。

③ 中山大学人类学系、巴东县博物馆：《巴东黎家沱遗址2000年度发掘简报》，国务院三峡工程建设委员会办公室、国家文物局：《湖北库区考古报告集·第一卷》，北京：科学出版社，2003年，第47～65页。

④ 湖北省博物馆：《秭归官庄坪遗址试掘简报》，《江汉考古》1984年第3期。

⑤ 湖北省博物馆江陵考古工作站：《一九八一年湖北省秭归县柳林溪遗址的发掘》，《考古与文物》1986年第6期；国家文物局、国务院三峡工程建设委员会办公室：《秭归柳林溪》，北京：科学出版社，2003年，第177～230页。

⑥ 宜昌博物馆：《秭归渡口遗址发掘简报》，国务院三峡工程建设委员会办公室、国家文物局：《湖北库区考古报告集·第一卷》，北京：科学出版社，2003年，第522～566页。

⑦ 湖北省文物考古研究所：《宜昌上磨垴周代遗址发掘简报》，国务院三峡工程建设委员会办公室、国家文物局：《湖北库区考古报告集·第一卷》，北京：科学出版社，2003年，第737～750页。

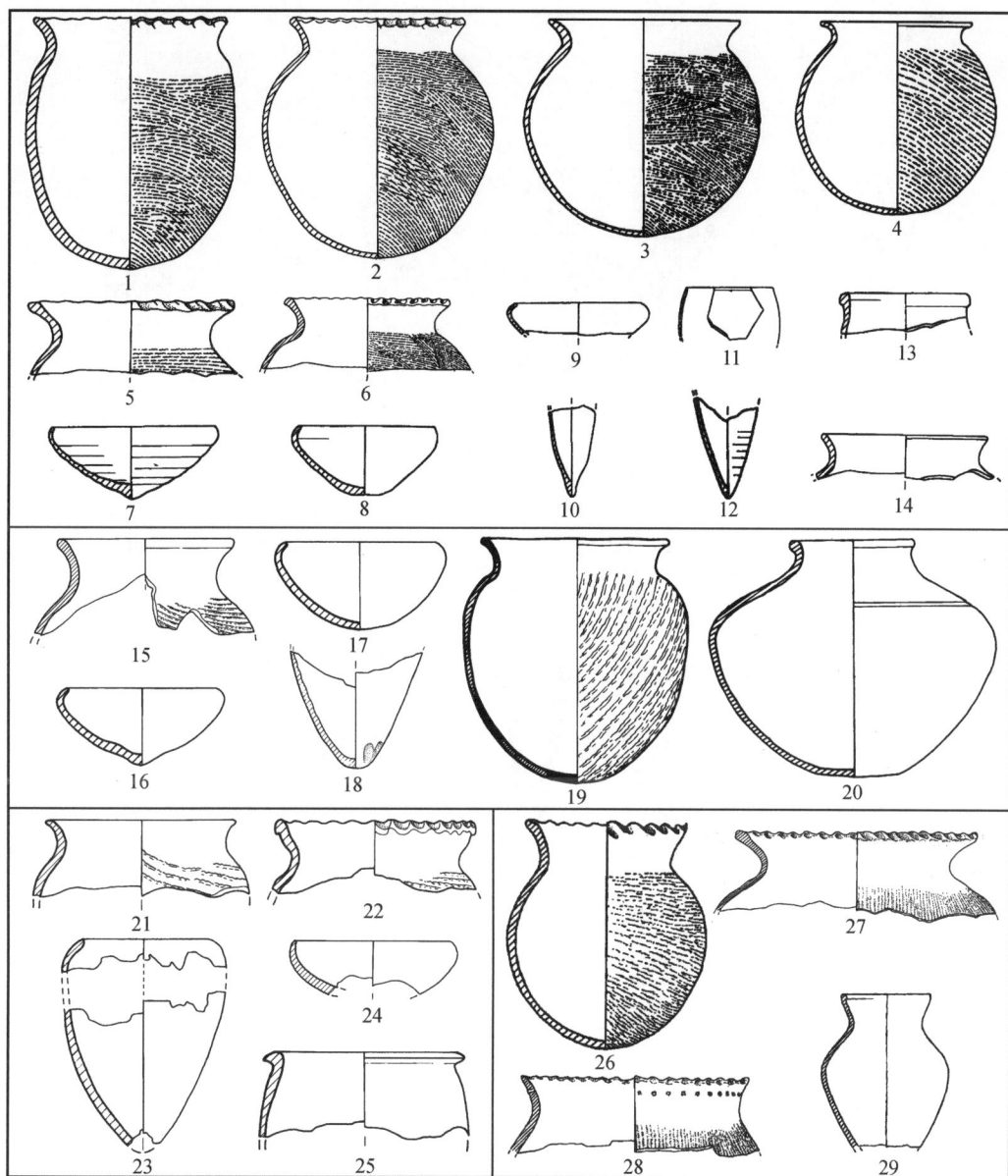

图1-2-4 瓦渣地文化典型陶器

1、5. 花边口圜底釜（T322⑧：14、T322⑧：45） 2、6. 花边口圜底罐（T322⑧：1、T322⑧：30）

3、4. 素缘圜底罐（T322⑧：75、T322⑧：3） 7. 尖底盏（T322⑧：17） 8、9. 圜底钵（T322⑧：4、

T322⑧：42） 10. 鬶足？（T322⑧：5） 11. 炮弹形尖底杯（T322⑧：7） 12. 尖底杯（T322⑧：5）

13. 矮领平底罐（T322⑧：20） 14. 侈口平底罐（T322⑧：36）（以上为重庆忠县瓦渣地遗址1998年出土）

15. 素缘圜底罐（F9：11） 16. 尖底盏（F6：3） 17. 圜底钵（F5：3） 18. 炮弹形尖底杯（F5：2）

19. 素缘圜底釜（F3：3） 20. 矮领平底罐（F9：15）（以上为重庆酉阳邹家坝遗址周代第一、二期）

21. 素缘圜底罐（T0605④B：6） 22. 花边口圜底罐（T0505④B：2） 23. 炮弹形尖底杯（T0605④A：13）

24. 圜底钵（T0605④A：6） 25. 卷沿平底罐（T0505④B：12）（以上为重庆酉阳邹家坝遗址周代第三期）

26. 花边口圜底罐（H34：18） 27、28. 花边口圜底釜（H34：17、T402④：15） 29. 中颈壶（T401③：19）

（以上为重庆忠县哨棚嘴遗址1997年第四期）

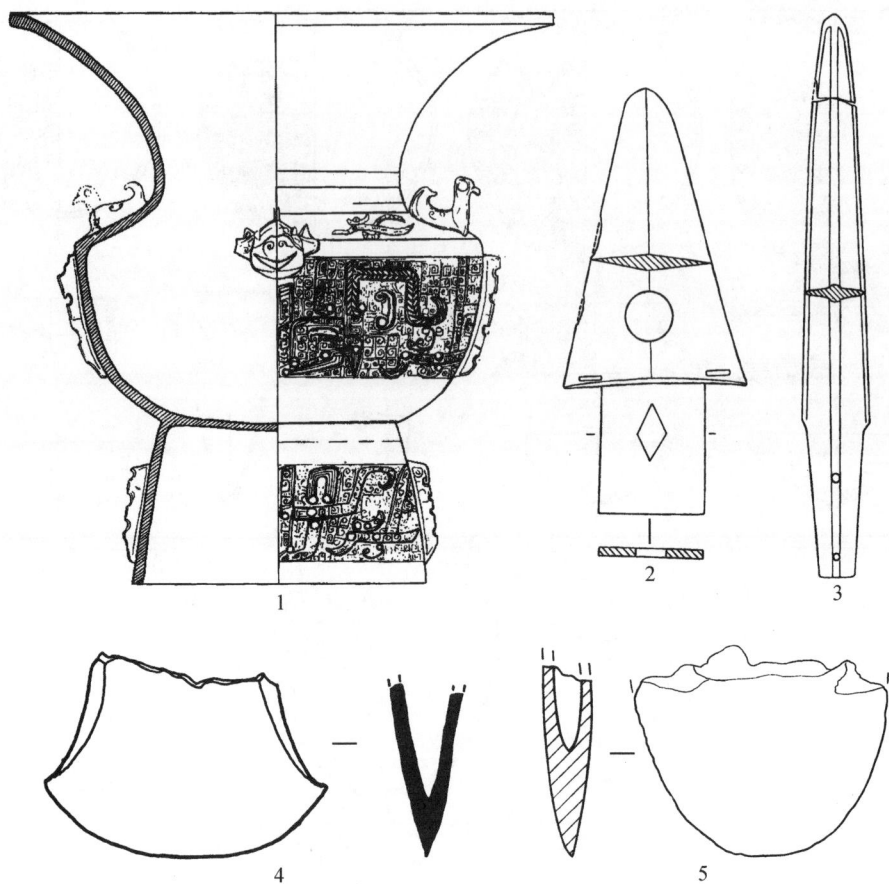

图1-2-5　重庆地区出土商代晚期至春秋中期铜器举例

1. 三羊三鸟尊（重庆巫山大昌东坝遗址B010）　　2. 三角援戈（重庆忠县瓦渣地遗址98M1：1）

3. 扁茎无格剑（重庆瓦渣地遗址98M1：2）　　4. 弧刃钺（重庆合川菜蔬排遗址T1③：4）

5. 舌形钺（重庆酉阳邹家坝T0606④A：2）

化。遗址中的各组文化因素，随时间早晚由东往西，呈现出甲组文化因素所占比例逐渐减少，丙组文化因素逐渐增长的状况。这类遗存向西分布可到重庆市巫山县双堰塘遗址（不见丙组文化因素）[①]，暂可以"双堰塘遗存"称之。

① 中国社会科学院考古研究所长江三峡工作队、巫山县文物管理所：《巫山双堰塘遗址发掘报告》，重庆市文物局、重庆市移民局：《重庆库区考古报告集·1997卷》，北京：科学出版社，2001年，第31～64页；中国社会科学院考古研究所长江三峡工作队、巫山县文物管理所：《巫山双堰塘遗址发掘报告》，重庆市文物局、重庆市移民局：《重庆库区考古报告集·1998卷》，北京：科学出版社，2003年，第102页；中国社会科学院考古研究所长江三峡工作队、巫山县文物管理所：《巫山双堰塘遗址发掘报告》，重庆市文物局、重庆市移民局：《重庆库区考古报告集·1999卷》，北京：科学出版社，2006年，第80～144页。

瓦渣地文化与成都平原的"新一村文化"①相比有极大差异，后者明显表现出传承的精进传统，花边口圜底器较少。显然巴文化和蜀文化的分化加剧，已经形成两个较大的不同文化体系。从考古学文化上定性，瓦渣地文化无疑应为典型的巴文化。但是巴文化不一定等同于巴国文化。"双堰塘遗存"也大量存在巴文化因素。双堰塘遗址的情况表明，早期楚文化并不占有主导地位，这个时候以典型巴文化的大口花边圜底罐、素缘圜底罐、圜底钵、尖底杯、尖底盏等为代表的器物群占有压倒性优势。

"双堰塘遗存""瓦渣地文化"这两类遗存之间的关系如何界定是学界探讨较多的问题。第一种意见认为两者同属一个巴国。因为两者所体现的文化面貌较为接近，只是双堰塘遗存带有一些楚文化因素而已。第二种意见认为"双堰塘遗存"为早期巴国的遗存②。第三种意见认为"双堰塘遗存"应属于夔国遗留。夔国普通民众属于巴文化意义上的土著民族，统治者则和楚人有密切的关系，这正是其表现出两种文化遗存相混杂的原因③。从目前的考古成果并结合文献看，笔者倾向第三种意见。

（四）春秋晚期至战国

这一时期属于晚期巴文化阶段，考古发现的遗址较少，墓葬较多。典型的巴文化遗址有重庆忠县中坝遗址、云阳李家坝遗址④、丰都秦家院子遗址⑤等，典型巴文

---

① 孙华：《四川盆地青铜文化初论》，孙华：《四川盆地的青铜时代》，北京：科学出版社，2000年，第2~46页。

② 但不否认瓦渣地文化为巴文化，可能是土著民族的遗存，属于广义上的巴人。

③ 白九江：《从三峡地区的考古发现看楚文化的西进》，《江汉考古》2006年第1期。

④ 四川联合大学历史系考古专业：《1994~1995年度四川云阳李家坝遗址的发掘》，四川大学考古专业：《四川大学考古专业创建三十五周年纪念文集》，成都：四川大学出版社，1998年，第374~422页；四川大学历史文化学院考古系、云阳县文物管理所：《云阳李家坝东周墓地发掘报告》，《重庆库区考古报告集·1997卷》，北京：科学出版社，2001年，第244~288页；四川大学历史文化学院考古系、云阳县文物管理所：《云阳李家坝巴人墓地发掘报告》，重庆市文物局、重庆市移民局：《重庆库区考古报告集·1998卷》，北京：科学出版社，2003年，第348~388页；四川大学历史文化学院、重庆市云阳县文物管理所、四川大学考古学系：《重庆云阳李家坝遗址2000年度发掘简报》，《江汉考古》2016年第6期。

⑤ 重庆市文物考古所、丰都县文物管理所：《丰都秦家院子遗址发掘报告》，重庆市文物局、重庆市移民局：《重庆库区考古报告集·2002卷》，北京：科学出版社，2010年，第1239~1282页。

化墓葬有重庆开州余家坝①、云阳李家坝、涪陵小田溪②、镇安③、万州中坝子④、曾家溪⑤、大坪⑥等，2010年，重庆市文物考古所在北碚庙嘴嘉陵江边亦发现了年代可上溯至战国晚期的墓葬群，四川宣汉罗家坝遗址也发现了33座战国早期至西汉初期的墓葬。这一时期的巴文化陶器主要有花边口圜底罐、侈口束颈圜底釜、大口圜底釜、单耳或双耳鍪、尖底盏、矮足盏形豆、釜甑等。铜器大量出现，铜容器有饰辫索纹耳的鍪、釜、釜甑等，兵器有柳叶形剑、柳叶形弓耳或弧耳矛、常饰虎纹的戈（包括三角援戈、双翼式戈等）、舌形钺和折肩束腰圆刃钺、镞等，工具有斧、斤、刀、凿、削、锯等，乐器有虎纽錞于，其他尚见巴蜀符号印章、璜形饰等（图1-2-6～图1-2-8）。

①　山东大学考古学系、重庆市文物局、开县文物管理所：《开县余家坝墓地发掘简报》，重庆市文物局、重庆市移民局：《重庆库区考古报告集·2000卷》，北京：科学出版社，2007年，第671～689页；山东大学考古系、重庆市文物局、开县文物管理所：《开县余家坝墓地2001年发掘简报》，重庆市文物局、重庆市移民局：《重庆库区考古报告集·2001卷》，北京：科学出版社，2007年，第1429～1448页；山东大学东方考古研究中心、开州区文物管理所：《开县余家坝墓地2002年度发掘简报》，重庆市文物局、重庆市水利局：《重庆库区考古报告集·2003卷》，北京：科学出版社，2019年，第720～734页。

②　四川省博物馆、重庆市博物馆、涪陵县文化馆：《四川涪陵地区小田溪战国土坑墓清理简报》，《文物》1974年第5期；四川省文物管理委员会、涪陵地区文化局：《四川涪陵小田溪四座战国墓》，《考古》1985年第1期；四川省文物考古研究所、涪陵地区博物馆、涪陵市文物管理所：《涪陵市小田溪9号墓发掘简报》，四川省文物考古研究所：《四川考古报告集》，北京：文物出版社，1998年，第186～196页；重庆市文物考古所、重庆市文物局：《涪陵小田溪墓群发掘简报》，《重庆库区考古报告集·2002卷》，北京：科学出版社，2010年，第1339～1375页；重庆市文化遗产研究院、重庆市涪陵区博物馆、重庆市文物局：《重庆涪陵小田溪墓群M12发掘简报》，《文物》2016年第9期，第4～27页。

③　北京市文物研究所三峡考古队、重庆市涪陵博物馆：《涪陵镇安遗址发掘报告》，重庆市文物局、重庆市移民局：《重庆库区考古报告集·1998卷》，北京：科学出版社，2003年，第851～894页；北京市文物研究所三峡考古队、涪陵区博物馆：《涪陵镇安遗址发掘报告》，重庆市文物局、重庆市移民局：《重庆库区考古报告集·1999卷》，北京：科学出版社，2006年，第747～785页；北京市文物研究所、重庆市文物局、重庆市涪陵区博物馆：《2001、2003年度涪陵镇安遗址发掘报告》，重庆市文物局、重庆市移民局：《重庆库区考古报告集·2001卷》，北京：科学出版社，2007年，第1930～1980页。

④　西北大学考古队、万州区文物管理所：《万州中坝子遗址东周时期墓葬发掘报告》，重庆市文物局、重庆市移民局：《重庆库区考古报告集·1998卷》，北京：科学出版社，2003年，第592～606页；西北大学考古队：《万州中坝子遗址第三次发掘简报》，重庆市文物局、重庆市移民局：《重庆库区考古报告集·1999卷》，北京：科学出版社，2006年，第235～252页。

⑤　肖梦龙：《重庆市万州区新田曾家溪墓地发掘收获与初步认识》，重庆市文物局、重庆市移民局：《重庆·2001三峡文物保护学术研讨会论文集》，北京：科学出版社，2003年，第128～135页。

⑥　重庆市文物局、重庆移民局：《万州大坪墓地》，北京：科学出版社，2006年，第6～57页。

对于这一阶段的考古文化，或有"冬笋坝文化""李家坝文化"之建议。

在这一阶段，与李家坝文化相对应的是成都平原的"青羊宫文化"。从出土的青铜器看，李家坝文化与青羊宫文化差异很小，很难准确区分各自的文化特征，说明巴、蜀文化的融合已经达到了很高的程度。从出土的陶器看，两者之间的差异较铜器稍大，例如，重庆地区经常可见直口花边小圜底罐，而在成都平原一带则极少见，这可能与某些特殊的生业模式有关。

此外，楚文化遗存在此阶段大量出现，深入渝东峡江腹地。春秋晚期至战国早期，重庆巫山地区完全为楚文化所占领。到了战国中期阶段，重庆奉节、云阳、万州、忠县等地的墓葬中发现了大量的随葬以鼎、敦、壶为基本组合的楚文化墓葬，代表性地点有重庆巫山瓦岗槽[①]、琵琶洲[②]、麦沱[③]、塔坪、奉节上关[④]、云阳平扎营、万州大丘坪[⑤]、忠县崖脚[⑥]等，呈现出较大规模的成片分布的特点，墓葬规模以小墓为主，也有少量的大、中型墓葬[⑦]。

从战国晚期起，由于秦国将楚国势力赶出了重庆峡江地区，秦人又对巴人实行了"秦、夷不犯"的羁縻政治策略，巴文化再次获得了复兴，并且再次向东发展，填补了楚人势力退出后留下的文化空白。部分墓地巴文化墓葬打破了此前的楚文化墓葬，

---

① 南京博物院考古研究所、重庆市博物馆、巫山县文管所：《巫山瓦岗槽墓地发掘报告》，重庆市文物局、重庆市移民局．《重庆库区考古报告集·1998卷》，北京．科学出版社，2003年，第148～171页。

② 中国社会科学院考古研究所三峡工作队：《巫山琵琶洲遗址发掘报告》，重庆市文物局、重庆市移民局：《重庆库区考古报告集·1998卷》，北京：科学出版社，2003年，第172～188页。

③ 重庆市文化局、湖南省文物考古研究所、巫山县文物管理所：《巫山麦沱古墓群第二次发掘简报》，重庆市文物局、重庆市移民局：《重庆库区考古报告集·1998卷》，北京：科学出版社，2003年，第119～147页。

④ 重庆市文物考古所：《奉节上关遗址发掘简报》，重庆市文物局、重庆市移民局：《重庆库区考古报告集·1998卷》，北京：科学出版社，2003年，第276～298页。

⑤ 彭学斌、向渠奎：《重庆万州大丘坪墓群考古发掘取得显著成果》，《中国文物报》2004年5月21日。

⑥ 北京大学考古文博学院三峡考古队、重庆市忠县文物管理所：《忠县崖脚墓地发掘报告》，重庆市文物局、重庆市移民局：《重庆库区考古报告集·1998卷》，北京：科学出版社，2003年，第680～730页；北京大学考古文博学院三峡考古队、重庆市文物局、忠县文物保护管理所：《忠县瓷井沟遗址群崖脚（半边街）墓地发掘报告》，重庆市文物局、重庆市移民局：《重庆库区考古报告集·2000卷》，北京：科学出版社，2007年，第905～963页；北京大学考古文博学院三峡考古队、重庆市忠县文物保护管理所：《忠县瓷井沟遗址群崖脚（半边街）墓地1999年度发掘报告》，重庆市文物局、重庆市移民局：《重庆库区考古报告集·2002卷》，北京：科学出版社，2010年，第1413～1483页。

⑦ 白九江：《从三峡地区的考古发现看楚文化的西进》，《江汉考古》2006年第1期。

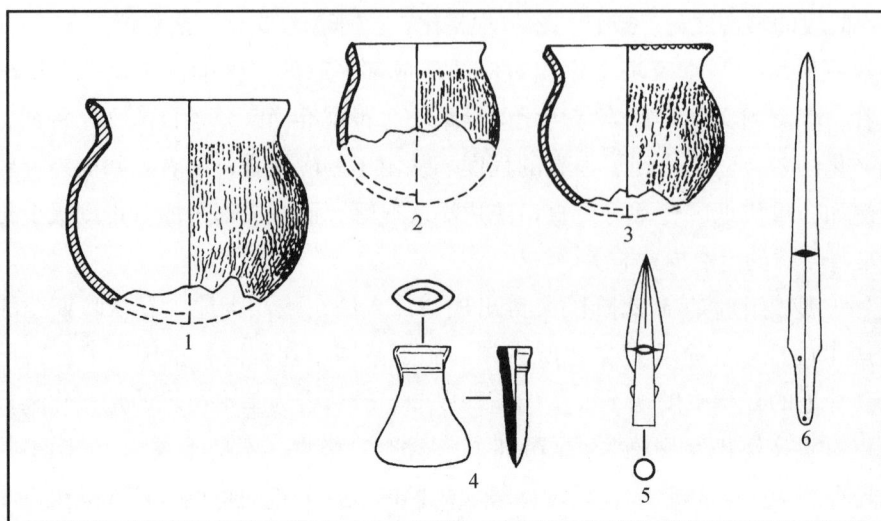

图1-2-6　重庆万州大坪墓群春秋末期墓葬出土陶、铜器（M89）

1～3.陶罐（M89：3、M89：2、M89：1）　4.铜钺（M89：4）　5.铜矛（M89：5）　6.铜剑（M89：6）

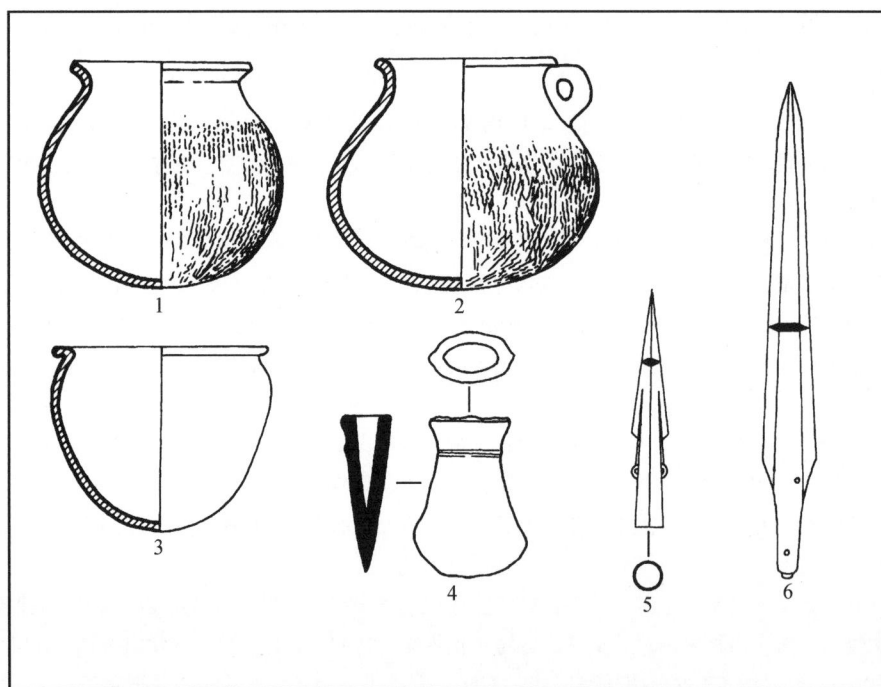

图1-2-7　重庆万州大坪墓群战国早期墓葬出土陶、铜器（M108）

1～3.陶罐（M108：7、M108：1、M108：6）　4.铜钺（M108：4）　5.铜矛（M108：2）　6.铜剑（M108：3）

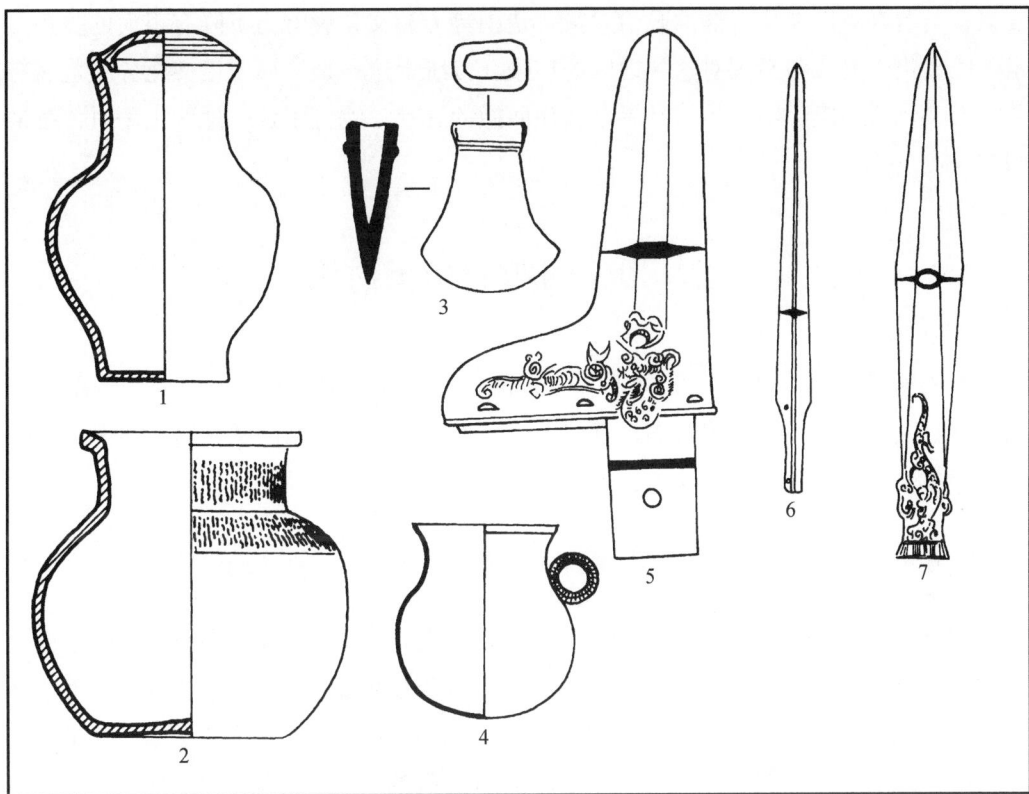

图1-2-8 重庆万州大坪墓群战国中期墓葬出土陶、铜器（M70）

1. 铜壶（M70：2） 2. 陶罐（M70：3） 3. 铜钺（M70：7） 4. 铜鍪（M70：5） 5. 铜戈（M70：12）
6. 铜剑（M70：10） 7. 铜矛（M70：11）

表明巴人重新回到原先被楚人控制的地区。例如，重庆忠县崖脚墓地就存在狭长形巴文化墓葬（BM2）打破长方形楚文化墓葬（BM4）的情况。重庆奉节永安镇在战国晚期早段及以前主要是楚文化墓葬，此后，开始出现以巴文化器物随葬的墓葬。巴文化墓葬甚至出现在鄂西地区的峡江东段，如湖北秭归庙坪遗址、宜昌前坪墓地均出现了随葬柳叶形剑、弓耳矛等巴式铜器的墓葬。

战国中期以后，重庆三峡地区的墓葬偶见越文化因素的遗物，当为楚灭越后带到巴地的结果。战国晚期至西汉初年，重庆地区也出现了一些中原文化因素，这一方面是秦灭三晋后，其文化因素也开始在巴地出现并逐渐生根，另一方面西汉统一全国后，自身的文化特征也在逐步形成，巴蜀地区不可避免地会卷入这一进程。

值得一提的是，战国晚期以来，巴文化遗存的分布范围空前扩大。湘西地区、陕南部分地区、鄂西北地区历年也都有一些巴文化器物和墓葬的出现，其中绝大多数的时代为战国晚期至秦代。巴文化中的部分文化因素有的也向外传播到其他地区，如在关中地区的战国晚期秦墓，就普遍出现了巴文化的铜鍪。巴文化在战国晚期和秦代的复兴，与秦人对巴文化族群的政治对策、楚国势力和文化影响力下降有很大的关系，也与巴文化族群参与秦国对这一地区的扩张，传统上这一地区属于巴文化分布范畴有关。巴文化的回流，不过是填补了楚文化回撤的真空，响应了这一地区土著对传统回归的呼唤而已。

三、相关问题的初步讨论

上面勾勒的重庆地区先秦文化序列的轮廓是探讨巴文化发生、发展和消融的基础，对这些遗存文化性质的甄别，有利于研究巴文化的多方面问题，以下简单试谈几个相关问题。

（一）巴文化研究的方法论

当前巴文化的研究，存在两个不好的倾向：一是历史研究中的盲从倾向。由于巴文化的文献材料少，可选择、可辨析余地不多，涉及巴或可能是巴的材料不加分析地拿来当作巴文化的研究对象。例如，甲骨文中的巴，与后来的巴究竟有多少关联？似乎关注的人就不多。二是考古研究中的随意倾向。例如，有的研究不按基本方法讨论巴文化的性质、特征，将出土于古代巴文化人群活动地区的商周遗物简单地归为巴文化。

我们认为，考古学方法研究巴文化，基本方法有三个：首先，还是应按考古学文化的方法梳理文化谱系，以典型遗址定义考古学文化，建构文化序列，再探讨巴文化、巴人等与考古学文化的关系。其次，应采取"由近及远、追末溯本"的方法，从已经比较清楚的晚期巴文化入手，研究其演变发展的可能路径，一步步倒追早期巴文化乃至其源头。最后，按照文化因素分析法的途径，科学辨析考古文化中各种不同的文化因素，确定巴文化的特征及其与其他文化的区别，在此基础上方可探讨物质层面以上的其他问题。

（二）巴文化源流问题

如果我们以东周时期的圜底器器物群、尖底器器物群为巴文化的"流"的话，上溯其"源"，在夏商时期的鄂西地区，就有一些圜底器了（如宜昌中堡岛遗址、秭归朝天嘴遗址等），三峡西部地区也出现了少量尖底器，这或许应为巴文化的发轫。以清江香炉石遗址[①]为代表的商（晚期）周遗址，所体现的文化面貌与重庆峡江地区的

---

① 　湖北省清江隔河岩考古队：《湖北清江香炉石遗址的发掘》，《文物》1995年第9期。

石地坝文化比较接近，且其地理、地貌与文献记载的巴人廪君部落所在地有许多相似之处，应是探索廪君部落活动和迁徙的重要地区。按照文献记载，春秋早、中期及以前，巴人还主要活动于汉水上游一带，与"秦、楚、邓为比"，后来由于巴人伐楚败于鄢，于是"巴国分远"①，西迁进入现重庆一带。从三峡地区的考古发现看，比较成规模的且有较多铜器出土的巴文化墓葬正是在春秋晚期开始出现，显示由于巴国的西迁，原峡江地区的社会及文明程度得到极大提高。战国晚期，秦灭巴后，并没有对巴文化带来太大的改变，巴文化并没有随之消失。

战国末期至汉初，峡江地区发现的一些墓葬中出现了随葬矮蹄足鼎、盒、壶为组合的陶器，明显属于中原文化因素。此一时期，巴文化、楚文化、秦文化、蜀文化仍多元共存，但到西汉中期后，随着大一统社会的推进，汉文化的勃兴，都逐渐消融到汉文化的大潮流里了。

（三）文化交流问题

从夏代晚期起，以三峡地区为中心的考古学文化就呈现出比较复杂的局面，外来文化的影响一直存在。重庆地区的三星堆文化与本地新石器末期文化缺少承继关系，在重庆地区的遗址也较为少见，相对于成都平原来说，它就是一种外来文化。此后的石地坝文化有部分与十二桥文化相同的因素，但其大量圜底器、尖底器的地方特征也非常明显，这与鄂西地区的路家河文化有较多的相似。同时，分布在长江沿岸的湖北路家河文化遗址，又有一些商文化的影子，其影响甚至可到达重庆奉节一带。瓦渣地文化阶段，巴文化遗存的自身特征非常浓厚，与以成都平原为中心的"新一村文化"差异较大；此时，峡江东段的"双堰塘遗存"中，早期楚文化因素浓厚。

春秋晚期至战国晚期巴文化阶段，重庆峡江地区的生产、生活类遗址出土陶器与成都平原的同期遗址差异大，而墓葬出土的巴文化铜器与蜀文化铜器难分彼此，这显示在社会上层、贵重物品以及精神层面上，两种文化的交流是非常深入的，而由于两地地理环境、生计经济、文化传统的差异，在文化基底层面的表现则差异明显。晚期巴文化时期，重庆峡江地区楚文化日益深入，比较大的西渐历程至少有两次，同时，楚人西进也带来了少量越文化器物，巴文化总体上呈向西退缩的态势。楚文化对峡江地区的巴文化影响极其深刻，从三峡地区巴文化墓葬的葬制、随葬品方面看，许多都带有楚文化的烙印。战国晚期秦并巴蜀后，巴文化再次空前繁荣，秦文化因素也在峡江地区出现，另外亦可见极少量中原三晋文化因素，这可能与秦并韩、赵、魏，移晋民入秦从事生产有关。

---

① （晋）常璩撰：《二十五别史·华阳国志》，济南：齐鲁书社，2000年，第3页。

（四）巴人葬俗问题

晚期巴文化考古在墓葬方面收获较大，从李家坝、余家坝、小田溪等三峡地区发现的战国时期巴文化墓葬看，其墓坑以长方形墓葬为主，葬具多为框架式木棺椁，这与过去人们认为巴人用船棺的认知相去甚远。目前重庆地区发现的船棺全部集中在重庆市西南郊的冬笋坝墓地。与船棺有一定联系的墓葬在三峡地区很少，一是云阳李家坝遗址发现一座独木棺墓，二是在小田溪和忠县崖脚墓地出现过很少的几例狭长形土坑墓，这类墓葬被认为是仿船棺墓，它在什邡县城关墓地[①]、九龙坡区冬笋坝墓地[②]均为继船棺墓后的遗留。2003年和2009年，四川东北部宣汉县罗家坝发掘了一批战国时期墓葬[③]，其中一座不晚于战国中晚期的墓葬K1（M33），其墓主和随葬品均似摆放于一具狭长船棺内，而其他较晚的墓葬均为长方形框架式木椁墓。到目前为止，考古所见船棺绝大多数分布在重庆主城以西地区，1999年在成都商业街发现了战国早期大型船棺葬墓地[④]，规格甚高，而且可能是蜀王的陵墓。因此，成都平原及周边地区的船棺最有可能是蜀人的一种葬俗，而嘉陵江和重庆西部的船棺可能与巴文化族群中的土著板楯蛮有关系。战国晚期至秦，部分板楯蛮人群向东移动进入三峡地区，并在那里留下了少量仿船棺墓。

战国晚期以前，巴文化墓葬中常见殉人。李家坝遗址东周墓群发现十多座殉人墓，一般仅有1或2个殉人，且多是相对较大的墓。对于殉人者的身份，推测可能既有墓主的妻妾或奴婢，也有战俘或被猎头者。宣汉罗家坝K1墓主旁边，亦可见3具殉人。《后汉书》中记有"廪君死，魂魄世为白虎。巴氏以虎饮人血，遂以人祠焉"的记载。李家坝、罗家坝东周殉人墓为战国时期巴人实行人牲人殉制度提供了重要实证。

①　四川省文物考古研究院、什邡市博物馆：《四川什邡城关战国秦汉墓地发掘报告》，四川省文物考古研究所：《四川考古报告集》，北京：文物出版社，1998年，第112～185页。

②　四川省博物馆：《四川船棺葬发掘报告》，北京：文物出版社，1960年。

③　四川省文物考古研究所、达州地区文物管理所、宣汉县文物管理所：《四川宣汉罗家坝遗址2003年发掘简报》，《文物》2004年第9期；四川省文物考古研究所、达州市文物管理所、宣汉县文物管理所：《四川宣汉罗家坝遗址1999年度发掘简报》，《四川文物》2009年第4期。

④　成都市文物考古研究所：《成都市商业街船棺、独木棺墓葬发掘报告》，成都市文物考古研究所：《成都考古发现（2000）》，北京：科学出版社，2002年，第78～131页；颜劲松：《成都市商业街船棺、独木棺墓葬初析》，《四川文物》2002年第3期。

（五）巴文化经济问题

文献记载清江流域"鱼盐所出"，为巴人重要的经济命脉。从考古发现看，重庆峡江地区商周时期遗存常有较多纺锤形陶网坠、凹腰形石网坠等出土，部分遗址中鱼骨堆积丰富，可见峡江的渔业比较发达，这已为不少学者研究证实。

但是，盐业经济在三峡地区历来研究薄弱，通过近年来的考古发现证实，三峡地区是我国最早人工制盐的地区之一，其起始年代至少可上推到新石器时代末期。进入夏商周时期后，三峡地区的制盐业空前繁荣和发达。忠县中坝遗址发现了单一的大体量制盐残陶器堆积，最深的可达12米，延续时间长，另外还发现了大量制盐的灶、作坊、畜卤池等遗迹。据研究，三峡地区商周时期制盐的主要器具经历了尖底杯制盐和圜底罐制盐两个大的阶段，从器形和众多遗迹看，当时制盐的标准化、专业化、规模化程度相当高，流程控制熟练，产盐量大，其盐产品已经成为重要的商品，应是巴人重要的经济命脉，对支撑巴人的经济和社会有重要作用。盐业生产在古代是财富的根源之一。在战国时期，巴人的盐卤资源和制盐产业甚至可能是导致楚文化西渐的重要原因。战国中期，距中坝制盐遗址不远的崖脚墓地，一度出现了大量的楚文化墓葬，或许就是楚人为控制三峡盐业西侵的结果。

可以说，三峡盐业促进了巴文化商品经济的发展。制盐器具不仅参与盐的制作，可能也参与盐的运输和贸易。作为制盐器具（盐模）的尖底杯和圜底罐，不但出现在制盐遗址，也出现在非制盐遗址。非制盐遗址出现的盐业器具，应是消费食盐的结果，是盐商品贸易的结果。食盐以及由此带动的其他商品贸易的发展，必然促进地区内文化的交流，强化文化的趋同性，从而加强文化的内聚力，这有利于促进文化内人群的凝聚。食盐作为稀缺的重要资源，它的大规模开发，促进了三峡地区财富的聚集和增加，对促进这一地区文明的进程有极为重要的作用，巴文化能够得到持续生长和发展，很大一部分应当归因于盐业资源的开发和利用。

四、结　　语

虽然巴文化的研究取得了重要的收获，但仍然有大量的问题亟须解决。巴文化与考古遗存的关系也还需要更进一步的解读，两者在时间、空间和文化内涵上并不必然存在一一对应关系；从考古上来看，目前已经取得了较大的进展，但如何更好地建立蜀文化与巴文化的区分标准显然还有很多工作要做；巴蜀符号与巴人的宗教及精神文化有非常密切的关系，对它们的认识显然不能仅仅停留在发现更多的资料上。当前的巴文化研究除文献材料外，已经进入到了主要依靠考古发现说话的阶段，但如何解读考古发现？如何将文献与考古材料紧密结合并处理好它们之间的关系，是研究巴的历史与文化中的难点和关键所在。

　　补记：本文初成于2007年，修改后刊于《庆贺徐光冀先生八十华诞论文集》，北京：科学出版社，2015年。本书收录时略有修改。

第三节　巴蜀青铜文化研究中的几个取向问题

　　宜宾市博物院举办的"花开并蒂——巴蜀青铜文明特展"，展现了青铜时代巴蜀文化的发展盛况，其内容按照"神秘古蜀""古老巴国""巴蜀并辉"进行设计，展现了巴、蜀文化始源独立，各自发展，最终汇流的历史进程。展览由宜宾市博物院来举办，是很合适的，因为宜宾历史上曾经是巴、蜀分界之处，近年来向家坝水电站等考古发掘又有许多重要收获，通过与巴、蜀文化的对比，能够加深我们对宜宾上古文化的理解。

　　本次展览是按照展览的科学语言组织的，是按照观众看得懂的方式陈列的，当然不能也不应该在纯学术的或尚处于争议的议题上着力。笔者作为巴蜀考古的专业工作者，借此机会，愿意就展览所不及的巴蜀文化中几个前沿性的、争议性话题做一介绍，为读者阅读展览画册提供一点深入的文化背景说明，以及向读者展示研究者视差造成的"不确定性"情况是怎么出现的。

一、引　　子

　　随着四川广汉三星堆遗址6座新的祭祀坑的发掘，当前巴蜀青铜文化的研究掀起了新高潮，出现了新格局，各种研讨会、讲座和新闻报道也接踵而至，形成了不同观点自由碰撞的学术场、舆论场。

　　在不同观点的交锋、交流和表达中，虽然绝大多数人都是本着求真求实的态度在表述自己的看法，但也存在着一些有意无意地逃避甚至模糊关键问题的情况，存在对文化命名、文化属性的确定依据的不同取向问题。例如，关于三星堆祭祀坑的年代问题，目前已经基本明朗，但关于其考古学文化属性问题，学术界似乎呈现欲言又止的状态。相似的情况也出现在早期巴文化的研究和近期出现的晚期巴文化虚无主义趋势上。究其原因，巴蜀青铜文化的研究群体仍然以川渝地区学者或与川渝地区有千丝万缕关系的学者为主，加之不同学者知识背景的不同，在学术研究上，部分学者免不了存在本位主义、经验主义，自然会显露出地方中心主义，学术之路呈现自我观点强化的反身性特点，形成了巴蜀文化叙事的某些偏差。

二、关于三星堆文化和三星堆祭祀坑

著名夏商考古专家许宏认为，"三星堆有十大困惑"，"学者有意无意地混着说，公众囫囵吞枣地混着听，导致迷雾重重、混沌不清"[①]。当然他所指的困惑并不都能成立，其中大多是事物认知过程中的阶段性现象和争鸣的必然反映。但是，关于三星堆文化的内涵与外延、三星堆祭祀坑与三星堆文化的关系，不同学者的研究取向差异较大，有必要进一步向社会廓清。

（一）三星堆文化内涵的偏差

陈显丹对三星堆遗址进行了分期研究，他提出三星堆遗址可分为四期：第一期为新石器时代晚期，年代约距今4740～4070年；第二期为夏至商代前期，年代约距今4070～3600年；第三期相当于商代中期；第四期大致在商末周初。陈显丹将上述遗存统称为"早蜀文化"[②]。近年来，考古工作者在三星堆又发现了新的遗存，提出了三星堆遗址"新四期"的概念[③]，这个"新四期"是"原四期"所不见的更早阶段遗存，但文化内涵仍与"原四期"相近，可归入三星堆"四期"遗存的不同阶段。

在陈显丹研究的基础上，人们提出了三星堆文化的概念，但其内涵与外延的认知偏差与校正，经历了三个阶段：第一阶段，有少量学者将三星堆遗址的考古发现等同于三星堆文化，即按照考古学文化以典型遗址命名的惯例，将陈显丹所称的"早蜀文化"改称为"三星堆文化"；第二阶段，部分学者认识到三星堆遗址第一期为新石器晚期遗存，应从三星堆文化中排除，但仍将三星堆遗址第二、三、四期作为三星堆文化；第三阶段，以孙华先生为代表，进一步指出三星堆遗址第二、三期是以小平底器、圈足器、高柄器、三足器为主的器物群，第四期遗存除前期部分遗物沿用外，出

① 许宏：《三星堆之惑》，郑州：郑州大学出版社，2022年，第1页。
② 陈显丹：《广汉三星堆遗址发掘概况、初步分析——兼论"早蜀文化"的特征及其发展》，四川大学博物馆、中国古代铜鼓研究学会：《南方民族考古（第二辑）》，成都：四川科学技术出版社，1990年，第213～232页。
③ 冉宏林：《再论三星堆祭祀坑的分期》，朱家可、阙显凤：《三星堆研究》第5辑《三星堆与世界上古文明暨纪念三星堆祭祀坑发现三十周年国际学术研讨会论文集》，成都：巴蜀书社，2019年，第63～68页。

现了尖底器、捏纽器盖等新类型，故三星堆遗址第二、三期应为三星堆文化，第四期为十二桥文化（孙华先生将三星堆遗址分为三期，主要是将其中第二、三期合并为一期3段）[①]。至此，三星堆遗址包括宝墩文化、三星堆文化、十二桥文化三个不同阶段遗存的看法为学界普遍认同（表1-3-1）。同时，随着夏商周断代工程的开展，以及川渝地区考古测年和考古研究的深入，学者进一步将宝墩文化的年代下限和三星堆文化的年代上限确定在距今3750年左右，将三星堆文化的年代下限确定在距今3250年左右。

但是，三星堆文化的年代下限可能还会面临调整。根据重庆江津梧桐土遗址2022年考古测年和《金沙遗址：祭祀区发掘报告（4）》的测年和研究结论[②]，十二桥文化的上限约在距今3400～3350年，这样看来，三星堆文化的年代下限可能还要往早提100～150年。

对于三星堆文化的阶段性认识，是基于材料发现和理论建设中的正常现象，对此，我们不能也不应该苛求前贤。但是，到最近为止，仍有几个现象值得注意：一是仍存在将三星堆遗址新石器遗存、商代晚期遗存分别称为三星堆一期文化、三星堆四期文化的个别现象，对社会公众认知三星堆文化造成了一定程度的困扰，对已经达成的宝墩文化、十二桥文化的命名共识形成了干扰。二是仍然存在将三星堆遗址第二、三、四期遗存视为三星堆文化的情况，并在川渝地区个别考古报告、考古研究中被应用，造成社会部分人士对三星堆文化的认知错乱。三是存在拉长三星堆文化的年代问题，如仍有学者认为三星堆文化的起始年代为距今约4000年前，下限为商周之际（距今3000余年前），而不是通常所认为的大约始于中原二里头文化二期或三期，终于中原二里岗文化上层或殷墟一期。

（二）三星堆祭祀坑的文化阶段误读

对于三星堆祭祀坑究竟属于三星堆文化还是十二桥文化，虽然明确质疑这一问题的学者不多，但绝大多数文章默认是将祭祀坑归为三星堆文化阶段的，或者选择避而不谈。也有的学者在研究三星堆遗址分期的时候，将一、二号祭祀坑的陶器划入三星堆遗址四期，归为十二桥文化，但后来又将祭祀坑铜器群仍然纳入三星堆文化，虽然铜器的生产、使用年限早于埋藏年限，但就这些铜器的年代上限而言，并未显著早于陶器所属文化的年代，这就存在一定的矛盾。也有的采用折中办法，认为祭祀坑铜器群可早到三星堆文化之末、十二桥文化之初，颇有削足适履、讨巧大众的意味。出现

① 孙华：《试论广汉三星堆遗址的分期》，四川大学博物馆、中国古代铜鼓研究学会：《南方民族考古（第五辑）》，成都：四川科学技术出版社，1993年，第10～24页。

② 成都文物考古研究院、成都金沙遗址博物馆：《金沙遗址：祭祀区发掘报告（4）》，北京：文物出版社，2022年，第1346、1347页。

这些问题的原因，是学者们不情愿将三星堆祭祀坑与三星堆文化脱钩，潜意识存在将作为青铜文化发展高峰的祭祀坑与三星堆遗址、三星堆文化等同的倾向。

笔者认为，现在到了挑明三星堆遗址祭祀坑铜器群属于十二桥文化论断的时候了。理由如下：从陶器上看，一号祭祀坑中已经出土了较多十二桥文化的典型陶器——尖底盏，其形制为敞口、浅曲腹，属于十二桥文化偏早阶段遗物（即三星堆遗址四期）；新发现的K5～K8也打破了出土尖底杯的第5层文化层；根据青铜文化专家的意见，一号祭祀坑的部分青铜礼容器被推断可早到中商晚期的殷墟一期，二号坑的部分青铜礼容器可早到殷墟一、二期之际或二期，似乎最早可以到商代中期末段，但以尊、罍为基本组合的中原文化铜礼器埋藏时间应该晚于流入三星堆遗址的时间，更晚于其生产时间；最关键的是，通过对三星堆祭祀坑成套器物的跨坑拼对及陶器器形分析，已明确K1、K2、K3、K4、K7、K8年代大致相当，并结合K4的测年结果（绝对年代大约距今3200～3000年）[1]，初步判断6个祭祀坑的时代为殷墟四期，根据打破关系，只有K5、K6的年代有可能略晚，或可到西周初期[2]；三星堆祭祀坑所在的阶段，相比三星堆文化，各文化要素发生了质变，新的陶器和陶器组合开始出现（表1-3-1），同步出现了大规模青铜器群（此前只有少数几件二里头文化铜牌饰），同时在第四期早段后，三星堆遗址的城墙也遭到了废弃，"大都无城"成为此后蜀文化政治中心的新传统，那种将三星堆文化年代下延以便将三星堆祭祀坑框定在三星堆文化内的简单处理办法，显然不能解释三星堆遗址中这些整体的、系统的变化。

基于三星堆祭祀坑铜器群与金沙铜器群的紧密联系，也有的学者从知识体系和价值体系取向，建议将成都平原的三星堆文化和十二桥文化合称为"三星堆-金沙文化"，以区别于此前的宝墩文化和此后的东周时期的巴蜀文化[3]。这个处理建议显然注意到三星堆铜器群、金沙铜器群的确属于同一个文化，但却仍将此前基本不出青铜器（仅见3件铜牌饰）、金器的三星堆遗址第二、三期拉在一起，也将此后少出尖底杯的新一村文化归入十二桥文化，以致"三星堆-金沙文化"延续时长可达上千年，这在三代考古中是没有的先例。正如笔者上文提到的那样，从陶器组合变化、铜器群出现、城墙的兴废、基层聚落数量（三星堆文化、新一村文化阶段成都平原的聚落较少，十二桥文化的聚落异常多）等角度看，这两个铜器群本来就是十二桥文化早、晚两个发展阶段的代表。虽然三星堆文化和十二桥文化存在精进的关系，但按照考古学文化命名

①　四川省文物考古研究院、国家文物局考古研究中心与北京大学考古文博学院考古年代学联合实验室：《四川广汉三星堆遗址四号祭祀坑的碳十四年代研究》，《四川文物》2021年第2期，第117～120页。

②　三星堆遗址祭祀区考古工作队、四川省文物考古研究院、北京大学考古文博学院等：《四川广汉市三星堆遗址祭祀区》，《考古》2022年第7期，第15～33页。

③　施劲松：《论三星堆-金沙文化》，《考古与文物》2020年第5期，第65～72页。

表1-3-1 三星堆遗址、金沙遗址分期、器物群与文化命名对应表

遗址分期		陶器群		铜器群		文化命名			
三星堆遗址	金沙遗址	三星堆遗址	金沙遗址	三星堆遗址	金沙遗址	方案1	方案2	方案3	方案4
一期		深腹罐、圈足豆、高领壶、镂孔圈足杯等				三星堆文化	宝墩文化	宝墩文化	宝墩文化
二期		带嘴高形器、封口盉、瘦体瓶、小平底盘、大圈足盘、细高柄豆、细高柄豆形器、圈顶器盖、鸟头柄勺等　另有部分二、三期沿用器形		铜牌饰3件		三星堆文化	三星堆文化		三星堆文化
三期		袋足封口盉、窄肩小平底罐、尖底盏、尖底杯、尖底罐、高柄豆盖、捏组器盖等		圆尊、方尊、罍、瓿、壶、盘、人面具、人头像、立人像、跪坐人像、兽面具、神树、神坛、眼形器、曲刃戈、铃、人身形牌饰、爬龙形器、鸟、鱼、鸡、蛇等				三星堆-金沙文化	
四期	一期		平底高领罐、圈足高领罐、敛口溜肩罐、圈足罐、球形器、尖底杯、簋形器、尖底罐、尖底盘、盆、尖底盏、圈足盆、平底组器盖、捏组器盖等		戈、钺、璋、铃、立人像、人面形器、眼睛形器、龙形器、璧、器、牛首、鸟、鱼形器、圆角方孔形器、圆环形器、喇叭形器、锥形器等				十二桥文化
	二期								
	三期								
	四期		尖底盏、尖底罐、平底盆、敛口溜肩罐、高领罐、簋形器、（重菱纹）、敛口广肩罐、敛口瓮等						新一村文化

注：金沙遗址可分为六期，依江章华意见，二期为西周早期，三期为商周之际，三期为西周早期，四期为西周晚期，五、六期为春秋时期，一至四期均为十二桥文化，第四期尖底杯基本消失，出现较多重菱纹广肩罐和圆底盆、圆底罐，应单独命名为新一村文化。依孙华意见[①]。

① 江章华：《金沙遗址的初步分析》，《文物》2010年第2期，第39~47页；周丽、江章华：《试论成都平原春秋时期考古学文化》，《考古》2020年第2期，第102~111页。

的原则，考古遗存的确在二者之间（三星堆遗址第三、四期之际）发生了质变，青铜器群的出现和以陶器组合为基准命名的新考古文化是大体耦合的，因此，不必因为三星堆祭祀坑在三星堆遗址而搞"三星堆-金沙文化"拉郎配式的文化命名建议。

笔者认为，鉴于三星堆遗址祭祀坑群的重要性，如果实在要强调其与三星堆文化的关联，倒不如将夏代晚期至商代中期的三星堆文化改称为此前曾经称呼过的"月亮湾文化"，而将十二桥文化改称为"三星堆文化"，庶几可解地方对文化品牌的保护渴望。

三、关于巴文化的问题

在巴文化研究中，也存在视域偏差和虚无主义问题。

（一）关于早期巴文化问题

三峡地区是古代巴文化族群、巴国活动的重要地区，巴文化遗存较为集中，考古界常将其视为探索巴文化起源和早期巴文化的重要中心。因为商代晚期青铜三羊三鸟尊的发现，三峡工程文物调查阶段编制的三峡文物保护规划报告曾将重庆巫山双堰塘遗址比喻为"巴墟"，反映了学者们在寻找早期巴文化都城方面面临的巨大社会压力。事实上，在后来的发掘中，虽然我们不能否认双堰塘遗址的重要性，但也没有出土青铜重器或其他遗物能够确认该遗址就是巴墟，所谓的"巴墟"也就成为一个学术泡沫。

这种无形的压力，贯穿三峡文物保护始终。曾负责组织重庆三峡文物保护抢救工作的王川平介绍，许多人都曾经询问过他，为什么三峡考古没有发掘出"三星堆"？笔者在负责重庆地区考古工作中，也曾遇到过类似的问题。

如果说社会人士提出上述问题，应该予以理解并耐心加以解释，那么许多专业工作者有意无意中在三峡地区发现早期巴文化文明中心的愿望，则可能属于视域的偏狭。这种偏狭体现在两个方面：一是地域方面，将早期巴文化文明中心限定在四川盆地东部或鄂西三峡地区；二是学科方面，考古界易忽略历史学在讨论早期巴方、巴国政治中心的既有成果。

历史学家蒙文通先生很早就系统地论述了巴在汉水上游的观点[①]，顾颉刚和章巽、邓少琴均分别考证商代巴方在汉水上游的黄金峡（今汉中市与安康市之间）附

---

① 蒙文通：《周秦少数民族研究》第三"南方民族之移动"，蒙文通：《蒙文通文集》第二卷《古族甄微》，成都：巴蜀书社，1993年，第100页。

近①，童书业也认为西周姬姓巴国"当近汉水上游"②。这么多历史学家将早期巴文化的政治中心指向汉水上游，考古工作者怎么能忽视这些信息呢？汉水上游西出黄金峡的汉中市城固、洋县交界一带，自20世纪50年代以来，陆陆续续发现了26批、700件左右的青铜器，器类极为丰富，有鼎、鬲、甗、簋、尊、罍、卣、瓿、壶、盘、瓠、爵、斝、觥等容器，有镰形器、璋形器等仪仗器，有三角援戈、曲内戈、直内戈、有胡直内戈、钺、矛、剑、镞等兵器，人形面具、兽形面具，有銎口斧、銎口锛等工具，兽目、鱼形饰、鸟形饰、尖顶易、空顶易等其他类铜器③。关于城洋铜器群的文化性质和族属，大体有以下几种说法较具影响：一是属于一种尚未被认识的青铜器群团体，二是属于早期巴蜀文化，三是属于早期蜀文化，四是属于殷商时期的巴方、巴人。笔者最近专门撰文讨论了城洋铜器群及其考古学文化背景、历史关联，认为城洋铜器群所在地为早期巴文化的政治和宗教中心，其创造者应该是早期巴文化族群之一④。陕西的商周考古工作者也大多持有类似的看法。

如果笔者和上述其他一些学者关于城洋铜器群的观点没有问题的话，是能够解释四川盆地东部缺少早期巴文化重要发现这一问题的，也有利于重新认识十二桥文化圈时期巴蜀青铜文化的整体结构。城洋铜器群出现时间比三星堆祭祀坑铜器群出现时间早，兴盛期几乎与后者同时，两者有许多相近的文化因素，即使不是早期巴文化族群的创造，也展现出若干与巴蜀文化不可分割的联系。但令人诧异的是，川渝地区的考古工作者此前基本没有人重视并研究城洋铜器群，不能不说是一大遗憾，这应该和川渝地区考古工作者的本土情结过浓导致的视野偏差有关吧。

（二）晚期巴文化

在晚期巴文化阶段，即传统认为的狭义"巴蜀文化"时期，也存在历史虚无主义的问题。

我们知道，春秋晚期或春秋战国之交，巴文化政治中心就已经转移了。孔颖达《春秋左传正义》提到"文十六年（前611年），与秦、楚灭庸。（巴）以后不

① 顾颉刚、章巽编著，谭其骧校订：《中国历史地图集》（古代史部分），北京：地图出版社，1955年，第2页；邓少琴：《巴蜀史迹探索》，成都：四川人民出版社，1983年，第9页。

② 童书业：《童书业历史地理论集·古巴国辨》，童书业：《童书业著作集》，北京：中华书局，2008年，第580页。

③ 曹玮：《汉中出土商代青铜器》，成都：巴蜀书社，2006年，第9～33页。

④ 白九江：《试论城洋铜器群的文化属性》，重庆中国三峡博物馆：《长江文明2022（3）》，成都：四川美术出版社，2023年，第1～16页。

见。"①但他认为"盖楚灭之"则是错误的。《华阳国志》认为公元前477年巴人伐楚失败，"是后，楚主夏盟，秦擅西土，巴国分远。故于盟会希"②。巴国政治中心迁移的目的地应该是四川盆地东部的巴辖地。

最近，有学者就认为四川宣汉罗家坝墓地是"来自于蜀地的武装力量由于世代驻屯于远离蜀地的川东北"的遗存，甚或认为罗家坝M33存在作为蜀王墓的可能性。对于2020年渠县城坝遗址发现的4座船棺墓，"当为秦灭巴蜀之后的蜀遗民墓，只是随葬了一些巴人贵族常用的铜器，它们或许是掠夺的战利品"③。而对于重庆城区西南郊的冬笋坝船棺墓地，此前则出现了其是秦灭巴蜀后的蜀移民的观点；而涪陵小田溪墓地由于出土"蜀守武"戈，也有个别声音认为可能是蜀文化墓地。

虽然学术讨论无禁区，多位学者的相关讨论也有助于深化巴文化和蜀文化交流、传播，以及巴蜀关系的研究，但也有若干认知明显存在先入为主、围绕靶的构建证据的问题，明显存在以研究者所擅长的蜀文化为标准去套巴文化的方法论取向问题。

在此，笔者就以《宣汉罗家坝墓地再研究》（以下简称《再研究》）④为代表的文章提出的几个主要问题简单说明如下：

（1）关于船棺葬俗的问题。《再研究》指出："罗家坝中可以明确的船棺仅有M45、M46。M46为战国晚期早段，M45被M41打破，也应当不晚于战国晚期早段。此前尚未在川东和峡江地区发现秦灭巴蜀前后的船棺。"必须指出的是，罗家坝遗址除了上述两座墓葬外，尚有较多棺木不存的两端上翘的狭长形船棺墓，另有一批可能属于仿船棺墓，其中最大的船棺墓是M33。凡是现场考察过M33的专业人士，均指出M33墓主葬具当为船棺葬，此外，也早有研究者撰文指出过这一点。而《再研究》一文将M33年代确定为战国中期早段偏晚，这就否定了作者关于川东地区船棺葬的最早年代为"战国晚期晚段"的认识。

笔者曾经撰文指出，战国时期的巴文化人群主要包括两大族群和若干小的部族。三峡地区主要分布着廪君蛮族群，受楚文化影响较深，文献有"其人半楚"的说法，葬俗以土坑箱式木椁墓为主，基本不见船棺葬；嘉陵江流域主要分布着板楯蛮族群，受外来文化影响相对少一些，葬俗既有船棺，也有部分狭长土坑木椁墓。在嘉陵江流域和重庆主城附近，先有20世纪50年代冬笋坝船棺的出土⑤，继有2002年后宣汉罗家坝

①　（周）左丘明传，（晋）杜预注，（唐）孔颖达正义：《春秋左传正义》，北京：北京大学出版社，2000年，第217页。

②　（晋）常璩撰：《二十五别史·华阳国志》，济南：齐鲁书社，2000年，第3页。

③　彭思宇：《宣汉罗家坝墓地再研究》，《四川文物》2022年第1期，第60～82页。

④　彭思宇：《宣汉罗家坝墓地再研究》，《四川文物》2022年第1期，第60～82页。

⑤　前西南博物院、四川省文物管理委员会：《四川巴县冬笋坝战国和汉墓清理简报》，《考古通讯》1958年第1期，第11～32页。

墓地一系列船棺墓的发现[①]，也有2019年渠县城坝遗址[②]、阆中彭城坝遗址多座船棺墓葬的揭露（后者系四川省文物考古研究院在一次学术交流会上介绍的情况），最大可能与巴文化板楯蛮人群有关（图1-3-1）。《再研究》一文指出"船棺是蜀人特有的葬具已经是学界共识"，罗家坝墓地"以M33墓主为代表的人群是'突入'的"等观点，显然有悖考古发现呈现的事实。笔者认为，船棺葬俗最早见于成都平原，并呈向四周扩散的态势，从川西南同心村墓地、川北宝轮院墓地和上述巴文化区发现的船棺情况看，船棺也是四川盆地内诸多土著民族共有的葬俗，不是区分巴文化、蜀文化的关键性因素，反倒可能是区分巴文化内部人群廪君蛮和板楯蛮的一个重要标志。

　　（2）关于腰坑葬俗。目前不仅见于宣汉罗家坝墓地，2019年所发掘的渠县城坝遗址M45也有腰坑，并出土大量青铜重器，其中的虎纽錞于、甬钟、钲还见于涪陵小

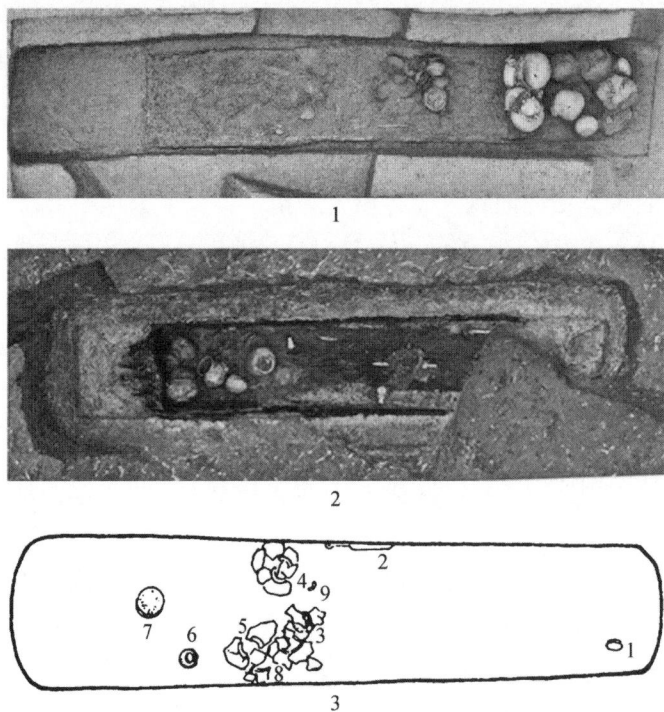

图1-3-1　巴文化船棺葬

1.四川渠县城坝遗址M45　2.重庆九龙坡冬笋坝M88　3.重庆涪陵小田溪M7

　　①　四川省文物考古研究院、达州市文物管理所、宣汉县文物管理所：《宣汉罗家坝》，北京：文物出版社，2015年。
　　②　陈卫东：《四川渠县城坝遗址2019年度考古发掘》，《大众考古》2020年第2期。

田溪[①]、奉节永安镇[②]、贵州松桃窖藏[③]等，是战国偏晚阶段典型的巴文化高等级墓葬随葬乐器组合，而不是《再研究》认为的只是蜀遗民随葬了一些巴人贵族常用的铜器（图1-3-2）。因此，腰坑只能说是四川盆地内船棺葬俗族群高等级贵族墓特有的葬俗，并不能一概而论归为蜀人所有。

（3）基于类型学提出的罗家坝墓地诸多器物与成都平原相近的情况。其中又分四种：

一是确与成都平原考古文化相近的因素，如铜双剑鞘、B型陶豆等，但将罗家坝墓地的类似因素看作是巴、蜀文化的区别还是巴文化中两大支系的区别？是文化交流、商品交换而来还是蜀人世代在此镇守带来？是值得深入思考的方法论问题。

二是外来文化因素不宜视为巴文化与蜀文化的差异，如A型陶罐、B型陶罐、分体三足铜甗等，均属楚文化因素的器物，其中A、B型彩绘陶罐，其更早的形态分别在三峡地区的忠县中坝（H485∶4）[④]、巫山大溪[⑤]等遗址中均可见，只不过表现为暗纹等；分体三足铜甗在三峡地区的巫山大溪遗址也有相似的陶器；另外，《再研究》也提到A、B型罐"造型不排除是在模仿铜罍，罍在蜀文化中有着极为特殊的意义"，事实上，战国时期的这类所谓罍，更接近楚文化的浴缶，在城坝遗址和三峡地区的永安镇遗址、小田溪墓地均有出土。

三是所谓一些类型器物在三峡地区不存在的情况，如《再研究》提到"罗家坝墓地B型钺的使用相对普及，而随葬A型钺仅限于随葬品较丰富的墓葬，也从侧面说明了罗家坝居民，特别是上层对于蜀文化的记忆与认同"，我们同意标准的A型钺在四川盆地东部的战国早中期属于高等级墓葬随葬的观点，而开州余家坝墓地等的低等级墓葬随葬的A型钺通常不到10厘米长，应为墓葬随葬专用的明器，当然不太标准。但罗家坝

① 四川省博物馆、重庆市博物馆、涪陵县文化馆：《四川涪陵地区小田溪战国土坑墓清理简报》，《文物》1974年第5期，第61～80页；重庆市文化遗产研究院、重庆市涪陵区博物馆、重庆市文物局：《重庆涪陵小田溪墓群M12发掘简报》，《文物》2016年第9期，第4～27页。

② 李伯谦：《中国出土青铜器全集（18）》，北京：科学出版社·龙门书局，2018年，第80、82、84、87、91、100、104页；重庆市文物考古所、重庆市文化遗产保护中心：《重庆文物考古十年》，重庆：重庆出版社，2010年，第65、67～69、73～75页。

③ 贵州省博物馆考古组：《贵州省松桃出土的虎钮錞于》，《文物》1984年第8期，第67、68页。

④ 重庆市文物局、重庆市水利局：《忠县中坝（二）》图八六五∶7，北京：科学出版社，2020年，第1252页。

⑤ 重庆市文化遗产研究院、巫山县文物管理所：《重庆巫山大溪遗址商周时期遗存发掘简报》，《江汉考古》2016年第2期。

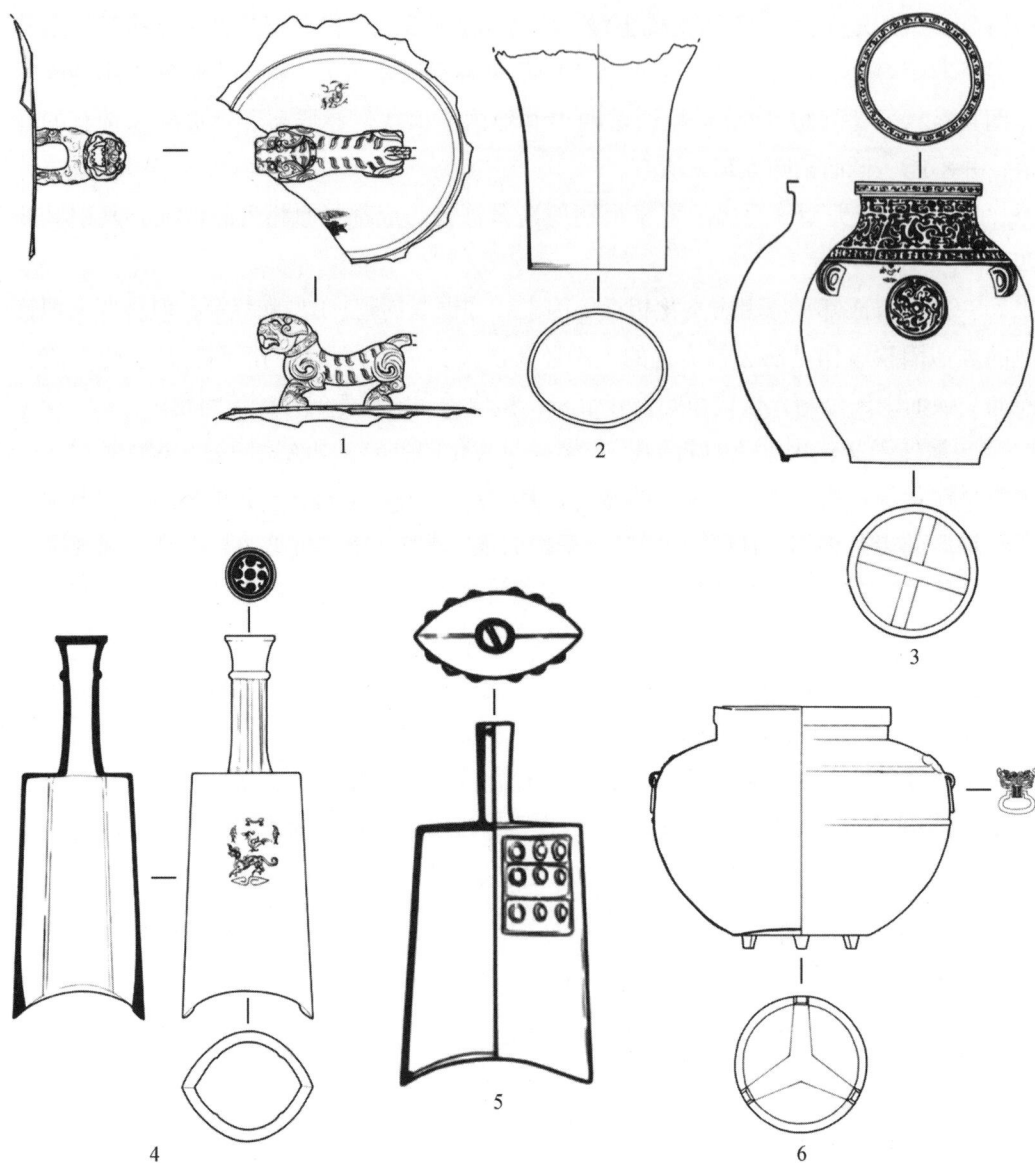

图1-3-2　城坝遗址采集青铜器（与涪陵小田溪墓群出土青铜器高度相似）

1. 虎纽錞于铜盖（01845）　2. 铜錞于器身（02224）　3. 铜尊缶（01873）　4. 铜钲（01123）

5. 铜甬钟（01762）　6. 铜罍（01132）

墓地的标准A型钺在三峡地区奉节永安镇遗址战国中期高等级墓葬M99中也有出土[1]，是否也属于"对于蜀文化的记忆与认同"？

四是所谓罗家坝墓地部分蜀式铜器的问题，《再研究》提出"自冯汉骥提出'蜀

_____

[1]　见本书第二章第一节《巴蜀青铜文化的结构——兼论青铜器群视角下巴蜀政治形态与政治中心的变迁》图2-1-18。

戈'这一命题后，巴蜀文化的三角形援戈及双胡戈属于'蜀戈'长期以来都是学界共识"。我们知道，双胡戈在三峡地区的万州大坪、云阳明月坝、开州余家坝均有出土（图1-3-3），三角援戈在汉中城洋铜器群中已大量出现，湖北长阳龙舟坪[①]、重庆忠县

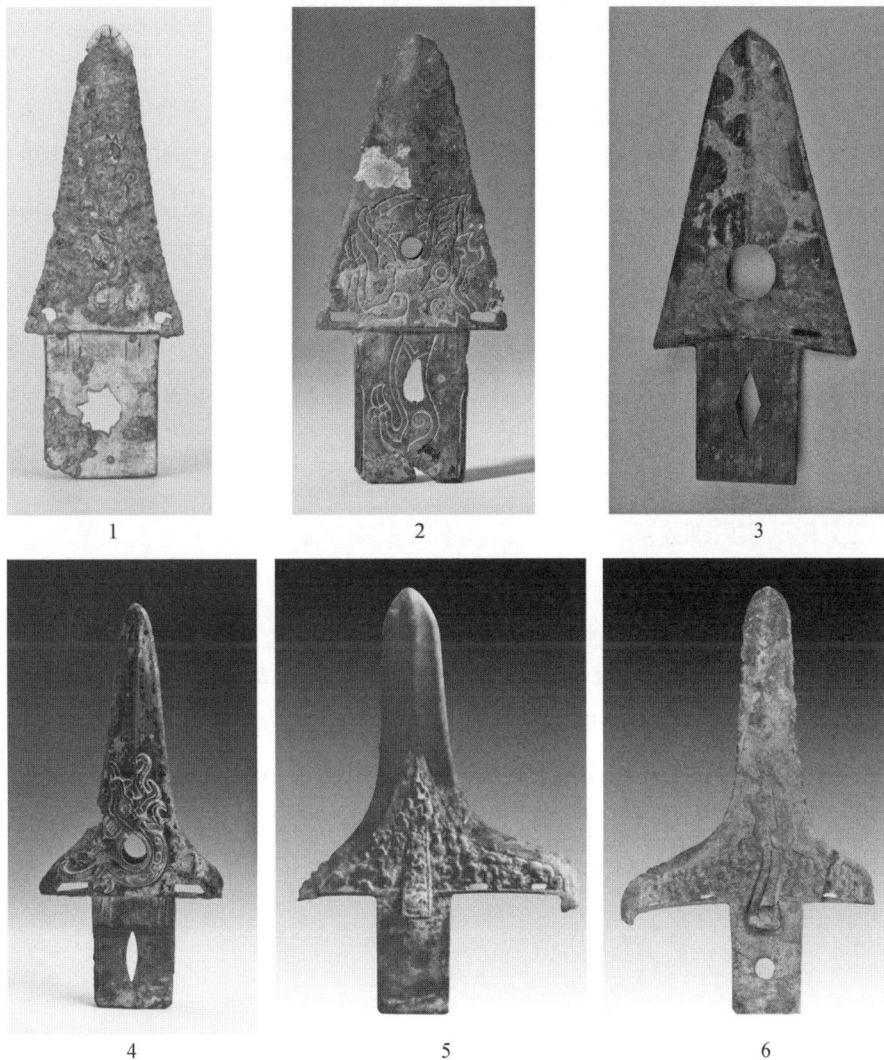

图1-3-3　巴文化分布区出土的战国三角援铜戈和双胡铜戈

1~3.三角援铜戈（开州余家坝遗址、云阳李家坝遗址、重庆中国三峡博物馆藏）　4~6.双胡铜戈（万州博物馆藏、云阳李家坝遗址、开州余家坝遗址）

---

①　湖北省清江隔河岩考古队、湖北省文物考古研究所：《清江考古掠影及出土文物图录》，北京：科学出版社，2004年，第52页。

瓦渣地遗址98M1[①]等均有出土，时代可到商代晚期和西周中晚期，而蜀文化区的三星堆祭祀坑、金沙遗址均不出三角援铜戈，只从西周时期的竹瓦街铜器群才开始出现，类似的情况在铜钺上也差不多。因此，从更长的时间尺度考察，三角援戈、钺等铜兵器在巴文化区域出现的时间不是更晚，反而更早，当前由于嘉陵江流域开展的考古工作少，而将类似铜器划归为蜀式器物显然是一种简单化思维。

《华阳国志》记载战国时期巴国疆域"巴子时虽都江州，或治垫江，或治平都。后治阆中"[②]。其辖地"东至鱼复，西至僰道，北接汉中，南极黔涪"[③]，历史地理专家蓝勇等从多方面讨论过巴蜀分界及其历时性变动[④]，但大体是沿川北米仓山南下越嘉陵江，沿川中丘陵地带中部略偏东方向分界，再南至宜宾南溪或江安一带。罗家坝墓地在传统认为的巴国疆域范围内，且在巴都之东的巴国腹地，如果是蜀人的某次单一短时间出征还可理解，但作为长期孤悬巴地的蜀人遗存，必然会有长时段的后勤保障和通信联系问题，在没有连线或连片通道的证据下（与西渐的楚文化相比，三峡忠县以东有沿江连片分布的楚文化墓葬发现），其何以世代屯居？而上述所谓"从考古学本位出发厘定巴文化，区分巴与蜀及巴与楚"的认知，在考虑考古学本位的实践上，既不顾巴文化国家内部族群文化差异，也不顾嘉陵江流域目前考古发现偏少的事实，不顾墓地中的独特的巴文化因素（如花边口罐，B、C、D型圜底釜，联体釜甑等），出现将四川盆地原生文化的普遍现象视为蜀文化的独特特质的视角，方法论上有明显缺陷（如将船棺墓地与非船棺墓地的余家坝、李家坝、大坪墓群比较墓坑长宽比。2022年罗家坝遗址新发掘一批战国晚期墓葬，大多数与三峡地区的墓葬——特别是万州中坝子遗址的墓葬长宽比较为接近，另外还出土战国早中期的陶花边圜底罐）[⑤]，证据上掌握不完全（主要是由于三峡地区考古发掘资料迄今未完全公布），取向上存在蜀文化中心主义，从而导致认知上的偏差和放大。

---

① 北京大学考古学系三峡考古队、忠县文物保护管理所：《忠县瓦渣地遗址发掘简报》，重庆市文物局、重庆市移民局：《重庆库区考古报告集·1998卷》，北京：科学出版社，2003年，第649～678页。

② （晋）常璩撰：《二十五别史·华阳国志》，济南：齐鲁书社，2000年，第9页。

③ （晋）常璩撰：《二十五别史·华阳国志》，济南：齐鲁书社，2000年，第2页。

④ 蓝勇、陈俊梁：《唐宋历史记忆与巴蜀分界线复原——兼论历史研究中的"后代记忆"的科学运用》，《四川师范大学学报（社会科学版）》2020年第2期，第155～166页。

⑤ 2023年3月，笔者参加四川省文物局开展的罗家坝遗址2022年度考古发掘验收时所见。

四、结　语

任何一个学者——包括笔者在内，在学术研究的道路上，都不可能没有知识盲点，不可能完全克服本位主义，不可能不带一丝一毫的地域情感。在巴蜀文化研究中，笔者所列的上述问题，虽然属于一孔之见，可能也存在偏差，但我们仍然要努力克服自身的狭隘视角和立场持论，尽量将客观真实的世界展现出来。

具体到三星堆文化和三星堆祭祀坑的问题，笔者认为坦承三星堆祭祀坑与三星堆文化、十二桥文化的关系，并不影响三星堆青铜文化的辉煌，反倒有利于深入研究古蜀文化的发展阶段性和青铜文化兴起的原因。至于早期巴的青铜文化和政治中心问题，尽管对于城洋铜器群文化属性的判断还会继续争议下去，但将视野放到更大的巴文化分布区的做法恐怕是不能回避的。关于嘉陵江流域和渝西地区晚期巴文化的争议问题——尤其是罗家坝墓地，尽管目前只是少数几个学者的看法，但这种根据不完整的所谓考古学文化因素，以及缺少文字记录佐证情况下的历史推测是相当冒险的。合适的研究路径是先建立这一地区的战国时期考古学文化时空框架，开展巴文化的分区分期研究，然后精准辨识文化因素的问题，再判断什么是巴文化、蜀文化，在明确不同文化因素的出现是文化传播、商品交换，还是人群移动的情况下，最后结合历史背景去做某些事件性的推论，才是可取之道。

补记：本文为宜宾市博物院举办的"花开并蒂——巴蜀青铜文明特展"出版的图录附文（宜宾市博物院：《花开并蒂——巴蜀青铜文明特展》，成都：四川美术出版社，2023年，第22～31页），本次收录时略有修改，并添加了图片。

第二章 文化谱系

考古学上探究巴文化、巴文明，首先应该研究清楚巴文化分布范围内的文化谱系。考古文化谱系包括一个地方在时间上的物质文化变化序列和在空间上的差异化展开，以及连接文化经纬所呈现出来的相互关系，这若干关系就是文化谱系的内核。

通过多年的努力，考古工作者已经初步建立起四川盆地东部、鄂西地区的比较完整的相当于中原夏商周三代及东周时期的考古学文化序列；同时，陕南汉中、安康一带的文化序列、湘西北地区的文化序列中比较重要的某些环节也已比较清楚。这一以三峡地区为参照，涵盖历史上巴文化族群、巴文化国家活动大部分地方的谱系，必将有利于推动巴文化起源、发展、迁移、扩散、融合、消融等诸多重大问题的研究，也将有利于推动巴文化与蜀文化、楚文化等周边文化之间的关系研究，有利于推动巴文化的文明化、华夏化进程研究。

本章第一节从青铜器群的视角，讨论了四川盆地（包括陕南地区）的文化格局及其变迁，其相关前提是，笔者认为城洋铜器群是早期巴文化人群创造的（具体论证见第四章第一节）。以重要青铜器群推导巴文化、蜀文化各自的政治中心，这是笔者的一次尝试。同时，通过研究青铜器群内涵的变化，笔者讨论了巴蜀政治与宗教的关系，以及内部随时间呈现出来的神王政治和礼乐制度的变化。通过政治中心的变迁，笔者还讨论了巴、蜀文明的兴衰、迁移，以及其与中原和周邻文化的关系。本节最重要的结论是分析巴文化青铜器群的时空变迁，阐述巴文化政治中心的高迁徙性和不稳定性。

本章第二节是按照传统考古学方法，从典型遗址入手，通过陶器的横向对比和层层扬弃，提出了石地坝考古学文化的概念，并对石地坝文化的发展、分期、年代等问题有了具体认识。按照笔者的设想，本应继续开展四川盆地东部三星堆文化、瓦渣地文化的考古专论，奈何时间和精力有限，只能留待以后或其他学者去详细研究了。

本章第三节是以墓葬随葬品为中心，讨论重庆三峡地区东周至汉代早期的文化序列，排除楚文化等外来文化因素，这一序列实际上就是李家坝文化的序列，也就是通常所谓的晚期巴文化的序列。在这篇文章中，笔者应用文化因素分析法，讨论了巴文化与楚文化、秦文化、越文化、汉文化的关系，指出了巴文化中汉文化因素的出现原因和巴文化因素的消融过程。此外，对战国时期的一些墓葬的复合文化现象也提出了解释。本篇文章撰成较早，其中，原简报将中坝遗址卤水坑定性为墓葬，笔者没有对其性质和年代进行审慎的辨识，其责任当在我自己。

第一节　巴蜀青铜文化的结构
——兼论青铜器群视角下巴蜀政治形态与政治中心的变迁

一、青铜器群：早期文明政治中心的重要象征

古代巴蜀文化的人群主要活动于夏商至西汉早期。其中，巴、蜀晚期政治中心（都城）在《华阳国志》等文献里有明确记载，早期蜀文化政治中心现在也大致清楚，变动范围不大。但早期巴文化的政治中心在什么地方？经历过什么变迁？判断的标准是什么？……这些问题在学术界很少讨论，缺少共识。例如，在20世纪90年代的三峡工程文物保护规划编制阶段，规划组认为巫山双堰塘遗址是早期巴人的一处重要政治中心，从而被誉为"巴墟"。

现代意义上的政治中心，是指一个社会中以行政管理为主要职能的，或政治活动重心所在的地方，一般意义上是指一个国家的行政首都所在的城市。在人类早期社会中，政治活动与宗教活动关系紧密，甚至存在"政教合一"的特点，故政治中心往往也是宗教活动中心，这为我们从宗教指征来判断政治中心提供了可能。在中国上古时代，"宗教活动"主要体现为对天地自然神和祖先神格的信仰及相关的祭祀活动。

对于无文献可征的青铜时代社会，城址是考古学上判断政治中心的重要指标；另一个指标是以青铜礼器为中心的青铜器群。文明起源的经典理论认为，青铜器是文明出现的重要标志，是亚欧大陆早期国家的主要特征之一。上古时期人们能够利用的铜矿不多，冶炼和铸造技术都属于高科技，故铜极为珍贵，堪称当时的奢侈品。《左传》说"国之大事，在祀与戎"[①]，中国古代以青铜铸造的器物，也自然集中反映到祭祀与军事上面。因此，青铜器与上层社会、权力中心有着独特而天然的关联。张光直指出："青铜礼器是明确而强有力的象征物：它们象征着财富，因为它们自身就是财富，并显示了财富的荣耀；它们象征着盛大的仪式，让其所有者与祖先沟通；它们象征着对金属资源的控制，这意味着对与祖先沟通的独占和对政治权力的独占。"[②]李伯谦等则从功能主义角度指出了青铜器"在政治领域成为别等级、明贵贱、表身份

[①]　（周）左丘明传，（晋）杜预注，（唐）孔颖达正义：《春秋左传正义》"成公十三年"，北京：北京大学出版社，2000年，第1509～1518页。

[②]　[美]张光直：《青铜挥麈》，上海：上海文艺出版社，2000年，第290页。

的象征"①。

青铜器是如何与政治、宗教权力中心建立起这种关系的呢？首先，青铜器的大规模生产意味着手工业的专门化。青铜器的生产，包括采矿、冶炼、运输、铸造等诸多环节，每一个环节都涉及专业知识、专门技术、组织管理等。中国上古时期青铜器的流通环节中，则涉及贡纳、分配、赏赐等政治关系，这不同于一般的普遍性社会行为。其次，无论是在中原还是南方，人们都选择将青铜器作为政治和宗教活动的重要工具。当青铜器的制造技术发展到能够铸造复杂、大型的器物时，青铜器就因为集合了贵重资源与复杂技术而不再是日常生活用品，而成为拥有者身份和地位的象征：一是意味着部分拥有青铜艺术品的人掌握了沟通天地、联系人神、敬奉祖先的手段，青铜器成为获取和维持政治、宗教权力的工具之一；二是统治阶层将对资源和青铜铸造技术的专控进一步发展为控制社会、整合社会、治理社会的手段，如商周王室常常将青铜赏赐给有功臣民。

张光直认为："青铜便是政治的权力。"②巫鸿等认为，中国在青铜发明之后，这种新的金属主要服务于非生产性目的，包括有些武器和车可能用于战争，但是其数量可观，并且运用了精巧的镶嵌工艺，或者形体巨大，可能也是在礼仪中使用的。而对于青铜钻、刀、凿和小型的铲子，有的可能是为商王室所控制的宗教活动制作的，有的是在与农业有关的仪式中所使用的礼器，有的可能是早期货币的原型③。总之，青铜器与生产的关系较远，或者说在生产领域中极少使用，这是中国青铜器的重要功能性特点。

考古发现揭示，中原系青铜器偏重礼仪活动，常作为随葬品出现在不同等级的墓葬中，铜器形成固定组合，使用变得制度化、等级化。在南方地区，青铜器主要用于宗教信仰（湖北黄陂盘龙城等商王朝在南方直接控制的地区除外），常常表现祭祀对象和祭祀场景，或制作成专门的祭祀器物，上层社会用以加强社会统治、增强社会凝聚力，这与北方地区青铜器的功用存在较大不同。同时，中原系青铜器主要随墓葬出土（有少量窖藏铜器），而南方早期青铜器在入地时更多地呈现非随葬的特征（江西清江大洋洲铜器群的发掘报告虽然定为墓葬，但一直存在祭祀坑的看法），只是到了西周中晚期以后，墓葬才成为南方青铜器的主要归属。

巴、蜀有悠久的文明历史，文献记载绵延的时代并不比中原地区晚。考古发现显示，蜀文化青铜器从商代一直延续到西汉早期（夏代晚期至商代早中期数量极少，仅

---

① 李伯谦、刘绪：《前言》，李伯谦：《中国出土青铜器全集（1）》，北京：科学出版社·龙门书局，2018年，第1页。

② ［美］张光直：《中国青铜时代》，北京：生活·读书·新知三联书店，1983年，第21页。

③ 巫鸿、郑岩：《对"中国青铜时代"的再思考》，《文艺研究》2006年第10期。

见镶嵌绿松石铜牌饰和鱼钩、镞等小件铜器）。而多年的三峡考古表明，这一地区整个夏商西周时期的青铜器都极为少见，大量的铜容器主要出现在战国至西汉早期，以致学者们普遍认为早期巴文化缺少政治中心，或至今仍没有发现早期政治中心。事实真的如此吗？

答案是否定的。我们认为，三峡可能仅仅是巴文化族群某个阶段的活动重心。笔者认为，探索巴文化政治中心的起源和变迁，应置于四川盆地及其周边地区青铜文化结构体系下来观察，应放在巴文化族群活动过的所有地域来考量，应结合文献与考古两方面资料来求证。

在开展具体论证之前，本文有几个概念需要说明。①政治中心：这一概念不同于早期国家的疆域或考古学文化分布范围，譬如我们在下文谈论的城洋铜器群所在的汉中盆地东部政治中心，并不表明其文化分布范围仅限于这一地区，实际有可能要广大得多。②巴文化族群：指拥有相同或相近文化，或文化具有亲缘关系的一系列人群，并不确指某一民族的人，既包括巴人（包括内涵并不明确的早期巴人，也包括国家形态较为明确的晚期巴人），也包括与巴人历史文化相近、物质文化相似的其他人群，如晚期巴人的属从"濮、賨、苴、共、奴、獽、夷、蜑之蛮"[1]。③巴文化政治中心：由于学界对巴人起源、巴国范围、巴国性质等问题存在争议，对历史上存在过几个巴国甚至同一时期有多个巴国等也有不同认识，本文并不打算就此进行深入论证，仅就考古所见，从文化的角度来确认这一族群的政治中心。巴文化政治中心可能是尚未建立早期国家形态的一群人的政治中心，也可能是一个国家的政治中心，还可能是多个国家的政治中心（某些地方政体或小国依附于这一中心，如文献记载的"苴"国）。

二、三星堆王国的兴起与宝山政治中心的出现
——夏代至商代中期的巴蜀文化格局

新石器时代末期，成都平原分布着宝墩文化，而重庆大部分地区分布着中坝文化，其年代下限均约为公元前1750年。与四川盆地古代文化有密切联系的陕南地区，此时为龙山文化（客省庄二期文化）分布区，鄂西长江流域为石家河文化与后石家河文化分布范围。宝墩文化和中坝文化关系密切，从陶器呈现的文化面貌看，两者存在较大的相似性，应该存在密切交流，具有最近的谱系关系。宝墩文化晚期和中坝文化晚期分别是"鱼凫村遗存""老关庙遗存"，这一时期，两地的这两类遗存差异逐渐

---

① 　（晋）常璩撰：《二十五别史·华阳国志》，济南：齐鲁书社，2000年，第3页。

拉大，共性逐渐减小。鄂西地区与"鱼凫村遗存""老关庙遗存"同时期的遗存有"白庙遗存"，陕南地区则为龙山晚期文化（客省庄二期文化）。

夏代晚期至商代中期（大致相当于中原二里岗上陈文化至殷墟文化一期，约公元前1400～前1250年），成都平原为三星堆文化分布区。三星堆文化的典型陶器有小平底罐、圈纽器盖、鸟头把勺、高柄豆、灯形器、封口盉等。从陶器呈现的文化面貌看，三星堆文化已形成自己的文化特色，但又与此前新石器文化中的鱼凫村遗存有一定的继承关系，同时还受到中原二里头文化、西北齐家文化等的影响，而与其他三个新石器末期文化的关系不大。这就说明三星堆文化在成都平原兴起后，向外进行了扩张，对此前四川盆地内的其他新石器文化进行了替代。

重庆峡江地区夏代晚期至二里岗上层时期也为三星堆文化分布区。至迟不晚于殷墟文化一期，重庆地区产生了石地坝文化，取代了原先的三星堆文化。石地坝文化以陶花边圜底器、尖底杯、尖底盏等为主要特征，但中原商文化因素较弱，圜底器、尖底器组合普遍而稳定的出现，是巴文化成熟的重要标志。三星堆文化阶段，四川盆地内的文化面貌高度一致，但重庆峡江地区的厚胎羊角杯、单耳罐等不见于三星堆文化，三足器中鬶较多而盉极少，这些细微差别并不影响文化属性的判断，这一时期四川盆地很可能处于同一个政治实体的统治之下。

鄂西长江流域发现的夏代晚期至商代早期遗存为"朝天嘴文化"[①]。这类遗存既有中原二里头文化、二里岗下层文化的因素；也有部分本地文化因素，本地文化中有一些继承了当地新石器时代末期白庙遗存的因素（如圜底釜）；此外，还有较多三星堆文化的典型陶器。三种文化因素在不同的遗址中所占比例略有变化，大体上是越往东，三星堆文化因素的陶器比例逐渐减少。从时代上看，三星堆文化因素以夏代晚期所占比例较高，而越往后三星堆文化的影响越弱。

鄂西地区商代中期时（本文特指二里岗上层至殷墟文化一期阶段），朝天嘴文化为路家河文化所取代，此时，鄂西三峡地区的朝天嘴文化演变为路家河文化（分布范围向西可至重庆奉节县新浦遗址下层）。路家河文化中已经出现较多尖底杯（鼓腹杯，实为小底）、鼓腹罐（应为圜底）等陶器，同时还存在一些三星堆文化遗留的陶灯形器等。由于路家河文化存在假腹豆、大口尊、分裆袋足鬲等中原文化陶器，故这类文化遗存的年代是比较明确的。以典型遗址路家河商代遗存为例，第二期晚段的第2

---

① 林春：《宜昌地区长江沿岸夏商时期的一支新文化类型》，《江汉考古》1984年第2期。

段相当于二里岗上层时期，或可到殷墟一期，第3段可到殷墟二期[①]。参考湖北长阳香炉石遗址的发现，路家河文化最晚的遗存在部分地区可延续到西周早期[②]。

陕南地区目前还没有发现明确属于夏代晚期的文化遗存。商时期遗址有安康盆地的紫阳白马石[③]、马家营[④]，汉中盆地的城固宝山[⑤]等遗址。学术界有"白马石类型"[⑥]"宝山文化"[⑦]等称谓，可以后者从之。宝山遗址的宝山文化从中原二里岗上层偏晚延续至殷墟第三期。宝山文化中既有一些商文化因素，又有一些三星堆文化晚期的因素，也有大量陶折腹尖底（小底）杯、大口深腹罐、圜底釜等南边路家河文化、石地坝文化的器物。对于陕南地区同时期考古学文化，过去曾有商文化、早期蜀文化、早期巴文化等不同认识，"因为主要器物圜底釜、高柄器座、小（尖）底杯等与宜昌路家河等遗址的同类器物相似，就不能不考虑该文化与三峡地区古文化的联系，文献上本有巴族起源于鄂西的记载，那么，宝山文化与早期巴人相关或为其一支的认识显然更接近事实，从而将使有关族属和文化来源方面的争议趋于平息"[⑧]。特别是这类文化遗存中的陶圜底釜、尖底（似尖底的小底）杯，为宝山文化的定性奠定了基础。

与宝山文化同时代、同分布范围的，在陕南地区有著名的"城洋铜器群"，城洋铜器群自20世纪50年代以来，陆陆续续发现了26批，分布在14个地点，出土铜器654件（一说443件）[⑨]。集中分布于湑水河和汉江两岸的东西约40千米，南北约10千米的地

① 《宜昌路家河——长江三峡考古发掘报告》将该遗址"路家河文化"的典型遗址路家河第二期晚段分为3段，第1段推测为二里岗下层时期；第2段因伴出假腹豆等，推定为二里岗上层时期；第3段参考[14]C测年推定为殷墟早期。笔者仔细阅读了报告，发现第1段基本不见尖底器，唯一一件有领尖底杯属于采集品。而第1段的"鼓腹杯"均为小平底形态，应当属于朝天嘴文化（含大量三星堆文化因素）向"路家河文化"的过渡形态，因此笔者偏向将第2、3段定义为"路家河文化"。参见长江水利委员会：《宜昌路家河——长江三峡考古发掘报告》，北京：科学出版社，2002年，第116~123页。

② 湖北省清江隔河岩考古队：《湖北清江香炉石遗址的发掘》，《文物》1995年第9期。

③ 陕西省考古研究所、陕西省安康水电站库区考古队：《陕南考古报告集》，西安：三秦出版社，1994年，第359~387页。

④ 陕西省考古研究所、陕西省安康水电站库区考古队：《陕南考古报告集》，西安：三秦出版社，1994年，第329~357页。

⑤ 西北大学文博学院：《城固宝山——1998年发掘报告》，北京：文物出版社，2002年。

⑥ 王炜林、孙秉君：《汉水上游巴蜀文化的踪迹》，中国考古学会：《中国考古学会第七次年会论文集（1989）》，北京：文物出版社，1992年，第246页。

⑦ 西北大学文博学院：《城固宝山——1998年发掘报告》，北京：文物出版社，2002年，第180页。

⑧ 张天恩：《打开早期巴蜀文化秘密的一把钥匙——评介城固宝山》，《四川文物》2005年第1期。

⑨ 曹玮：《汉中出土商代青铜器》，成都：巴蜀书社，2006年；赵丛苍：《城洋青铜器》，北京：科学出版社，2006年。

域内。埋藏地点多位于江河两岸的土台上，埋藏坑有长方形坑或圆形坑。推测主要与祭祀等宗教仪轨有关。城洋铜器群的时代可从商代中期延续到商代晚期，其中商代中期的青铜器主要有鼎、鬲、尊、罍、瓿、斝、簋、卣、壶、爵、觥、瓶、瓠、盘等礼容器，另有少量简化人面纹直内钺、直内戈等（图2-1-1），其中弦纹鬲等极个别器物年代可能到商代早期。

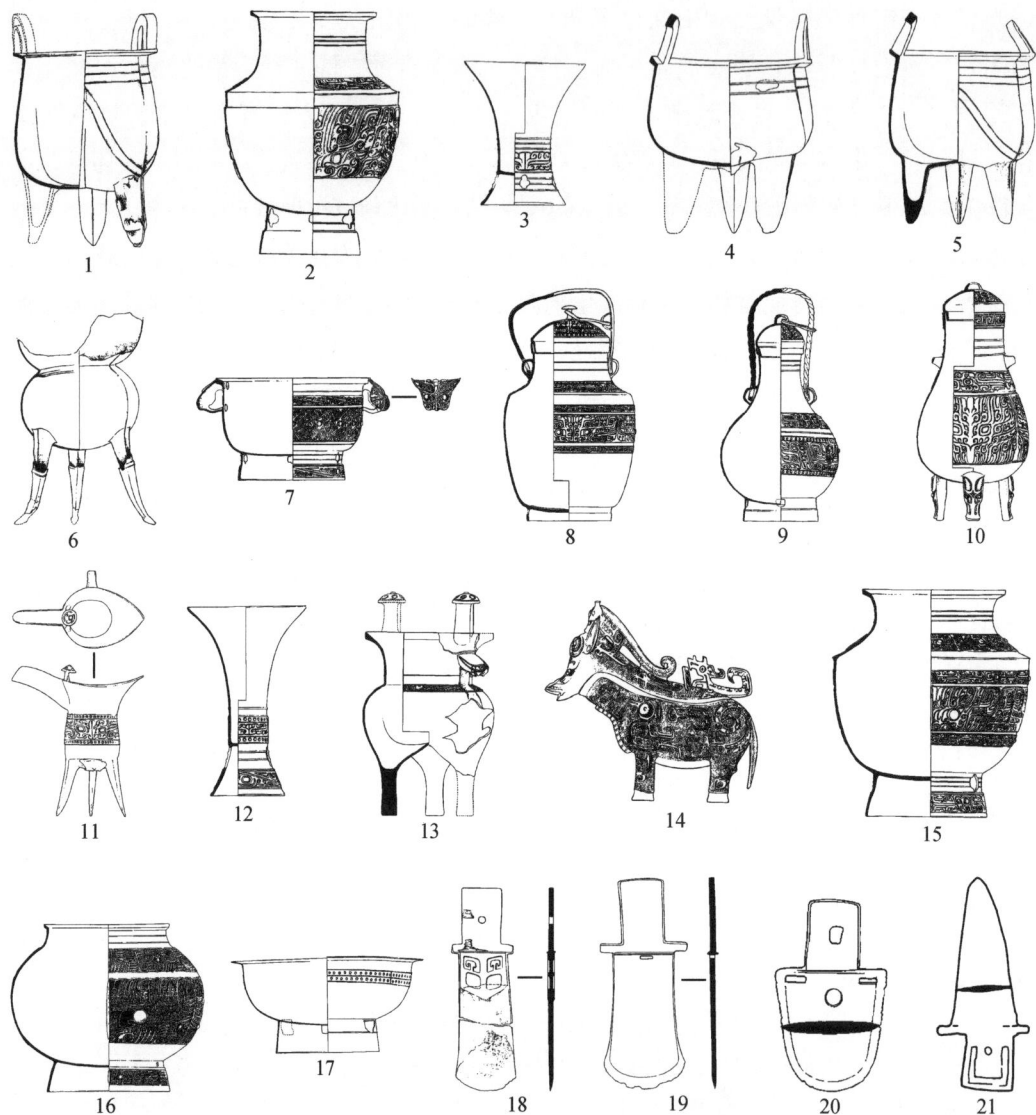

图2-1-1　陕西城固、洋县地区出土商代中期铜器

1、5.鬲（龙头村铜294、淯水村铜105）　2、15.罍（苏村CH71-2、龙头村铜71）　3、12.瓿（龙头村铜4-3、龙头村铜4-4）　4.鼎（五郎庙A九三182）　6.瓿（龙头村铜296）　7.簋（龙头村铜67）　8、9.卣（龙头村铜6、龙头村铜Q513）　10.壶（龙头村铜72）　11.爵（龙头村铜17）　13.斝（张村铜AON11）　14.觥（张村铜AON12）　16.瓶（张村AON1）　17.盘（苏村A九二89）　18~20.直内钺（范家坝十里原AON101、范家坝十里原AON102、范家坝十里原AON17）　21.直内戈（洋1）

从上述情况看，我们有以下一些基本认识。

（1）宝墩文化时期，在成都平原周边既有原始文化本底基础上，受江汉平原筑城技术的影响，成都平原已出现8座具有城壕、城墙的古城，形成了并存的多个政治实体，可能已经处于酋邦政治发展阶段[①]，但政治权力总体上呈"小集中、大分散"状态，这与酋邦的社会运行形式相吻合。宝墩文化末期（鱼凫村遗存时期），成都平原仅余温江鱼凫村古城和郫县古城村古城两座古城，其他古城则已废弃，表明成都平原在这一时期已经汇聚为两个对等的政治实体，统一的政治中心正在形成。到了三星堆文化早期，成都平原的政治中心发生了转移，北边的广汉三星堆遗址开始修筑城墙和台基式礼仪建筑，统一了整个成都平原，出现了一元化的政治中心，并将权力逐渐扩大到了整个四川盆地，鄂西地区亦受其强烈影响。从此，四川盆地开启了一个伟大的时代——国家出现了。

（2）三星堆文化时期，三星堆文化遗址在四川盆地数量较少，除三星堆遗址等级较高外，其他遗址面积小而简单，遗址间等级差异不明显，可见当时的社会分化程度有限。三星堆文化早期，除了二里头遗址、二里岗下层、盘龙城遗址出土一些铜礼器外，其余地方的考古学文化很少出铜礼器。三星堆文化中期，三星堆遗址除了极零星小件工具和镶嵌绿松石铜牌饰外（图2-1-2）[②]，未见其他青铜礼器出现。三星堆文化国家可能并不是经济发展和社会分化的自然结果，而很可能只是军事征服和扩展的结果。三星堆文化社会的统治者，通过对各地的征服和掠夺，建立了三星堆王国的政治和经济基础，导致了各地既有文化的衰落、中断，也导致了这一时期各地经济社会的衰败。

（3）重庆地区和鄂西地区，夏代晚期至商代早期已经萌芽了巴文化。从晚期巴文化的考古发现来看，其陶器中始终存在圜底器、尖底器两类颇具特色的陶器。圜底器和尖底器具有不同的文化传统来源。三星堆文化早期，鄂西地区的朝天嘴文化就已经存在较多的陶圜底器，而重庆地区则出现极少量的厚胎陶尖底杯。这样看来，早期巴文化在三星堆文化之初已经初露端倪，但被三星堆文化所压制而不太彰显（特别是重

①　段渝、陈剑：《成都平原史前古城性质初探》，《天府新论》2001年第6期。

②　目前有两处地点发现三星堆文化铜牌饰，一处是四川广汉三星堆遗址真武仓包包，一处是距三星堆遗址约10千米的广汉高骈遗址。参见四川省文物考古研究所三星堆工作站、广汉市文物管理所：《三星堆遗址真武仓包包祭祀坑调查简报》，四川省文物考古研究所：《四川考古报告集》，北京：文物出版社，1998年，第78～90页；敖天照、王有鹏：《四川广汉出土商代玉器》，《文物》1980年第9期。

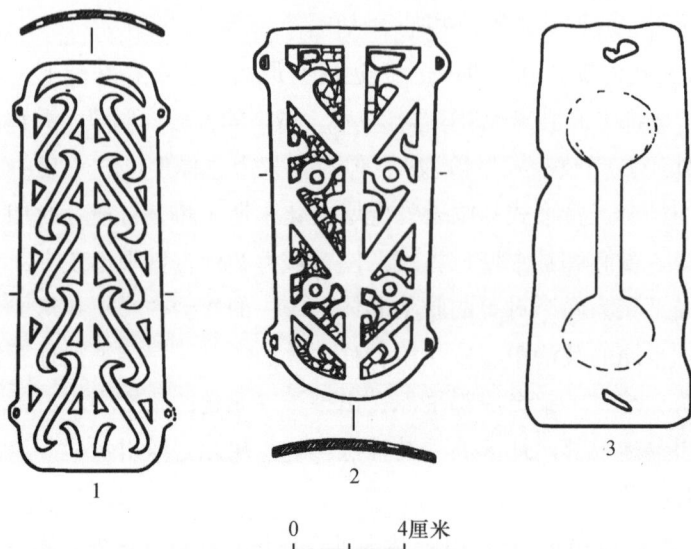

图2-1-2　四川广汉三星堆遗址出土三星堆文化时期铜牌饰

1. 仓包包87GSZJ：16　2. 仓包包87GSZJ：36　3. 仓包包87GSZJ：17

庆地区）。很可能创造这一地区文化的主人中已经隐含着一些早期巴文化族群[①]。

（4）往上追溯至新石器晚期，分布于重庆地区的老关庙遗存中存在大量尖底缸，这种尖底缸应该就是重庆地区三星堆文化时期的厚胎尖底杯的来源（虽然器形大小相差悬殊，但尖底缸与尖底杯都与制盐有关）。而鄂西长江流域从新石器早期以来，就一直存在圜底釜、罐类陶器，至新石器末期的白庙遗存阶段，圜底釜尤其发达，应该就是朝天嘴文化中圜底器的来源。

（5）朝天嘴文化存在较多本地文化因素（以中堡岛遗址夏商遗存为代表），可以称为"先巴文化"。但这一文化受到三星堆文化和峡外夏商文化（盘龙城与"荆南寺遗存"[②]）的挤压，特别是三星堆文化早期的影响尤烈，有学者认为其在政治上"从属于三星堆文化蜀王朝"[③]。到了中原二里岗上层文化时期，鄂西地区首先摆脱了三星堆文化的控制，最早出现了具有典型巴文化特征的路家河文化。路家河文化很可能向北、西两个方向进行扩散。二里岗上层偏晚阶段，这种文化首先到达了陕南地区，产

---

①　由于目前三峡地区考古发掘的三星堆文化时期遗址均位于长江干流或其支流近长江处，不排除在一些山地和支流深入的地方存在土著文化因素较为浓厚的情况。例如，处于重庆酉阳县的清源遗址，其商周时期遗存就混杂了三星堆文化的一些典型陶器和大量土著的尖底器、圜底器，^{14}C测年也显示年代可到三星堆文化阶段。参见重庆市文物考古所、重庆文化遗产保护中心、四川大学历史文化学院考古学系：《酉阳清源》，北京：科学出版社，2009年。

②　何驽：《荆南寺遗址夏商时期遗存分析》，北京大学考古系：《考古学研究（二）》，北京：北京大学出版社，1994年，第78～100页。

③　何驽：《长江中游文明进程》，北京大学博士学位论文，2001年，第272页。

生了宝山文化。至迟到殷墟一期阶段，路家河文化向西已经影响到重庆大部地区，并产生了石地坝文化。路家河、石地坝、宝山文化是早期巴的第一个文化分布范围，奠定了以后巴文化族群、巴国活动的文化空间。

（6）商代中期甚至更早，汉中东部出现了城洋铜器群。这一时期的铜器主要是各类青铜礼容器和少量兵器，其中青铜礼容器应该是从盘龙城遗址传播过来的，但是，其埋藏方式却属于南方青铜器祭祀埋藏性质。虽然城洋铜器群的创造者还有不同的看法，但它的分布范围、存在时间与宝山文化完全重合，可以认为城洋铜器群是宝山文化的主人创造的，而学者们普遍认为宝山文化的创造者为古代巴文化人群，笔者也曾专门撰文从多方面讨论城洋铜器群和宝山文化族属的问题。可以说，城洋铜器群尽管最初是在商文化的影响下形成的，是一种次生的文明，它晚于三星堆文化起源，但却早于三星堆祭祀坑，这就是最初的巴蜀文化铜器群，它的出现，也意味着巴文化早期政治和宗教中心的形成。

三、十二桥王国早期的兴盛与宝山政治中心的发展
——商代晚期的巴蜀文化格局

商代晚期，三星堆遗址出现了大量青铜器，均集中出土于三星堆遗址一号器物坑和二号器物坑，器类主要包括尊、罍、瓿、壶、盘等中原系青铜器（以尊、罍为主），以及人面像、立人像、跪坐人像、兽面像、神树、神坛、眼形器、曲刃戈等非中原系铜器（图2-1-3）[1]。这些铜器要么与礼仪活动有关，要么与宗教活动有关，进一步凸显了三星堆遗址在商代晚期四川盆地的政治中心地位。笔者在2018年重庆中国三峡博物馆"盛筵——史记中的大西南"展览开展期间做了与本文同题的讲座，做出三星堆遗址祭祀坑铜器群属于十二桥文化的论断，现结合最新发现，提出如下理由：

一是要区分三星堆遗址、三星堆文化、三星堆祭祀坑、三星堆国家四者之间的关系，它们是有交叉联系但完全不同的概念。根据研究，三星堆遗址文化遗存可分为四期（孙华先生分为三期，主要是将其中第二、三期合并为一期3段）[2]：一期为宝墩

---

①　四川省文物考古研究所：《三星堆祭祀坑》，北京：文物出版社，1999年。

②　陈显丹将三星堆遗址分为四期，第一期为新石器时代，第二至四期为夏商时期。孙华将三星堆遗址分为三期，其中第一期为新石器时代文化，第二期大致相当于陈文的第二、三期，为三星堆文化遗存，第三期大致相当于陈文第四期，为十二桥文化遗存。本文依孙华。参见陈显丹：《广汉三星堆遗址发掘概况、初步分析——兼论"早蜀文化"的特征及其发展》，四川大学博物馆、中国古代铜鼓研究学会：《南方民族考古（第二辑）》，成都：四川科学技术出版社，1990年，第213~232页；孙华：《试论广汉三星堆遗址的分期》，四川大学博物馆、中国古代铜鼓研究学会：《南方民族考古（第五辑）》，成都：四川科学技术出版社，1993年，第10~24页。

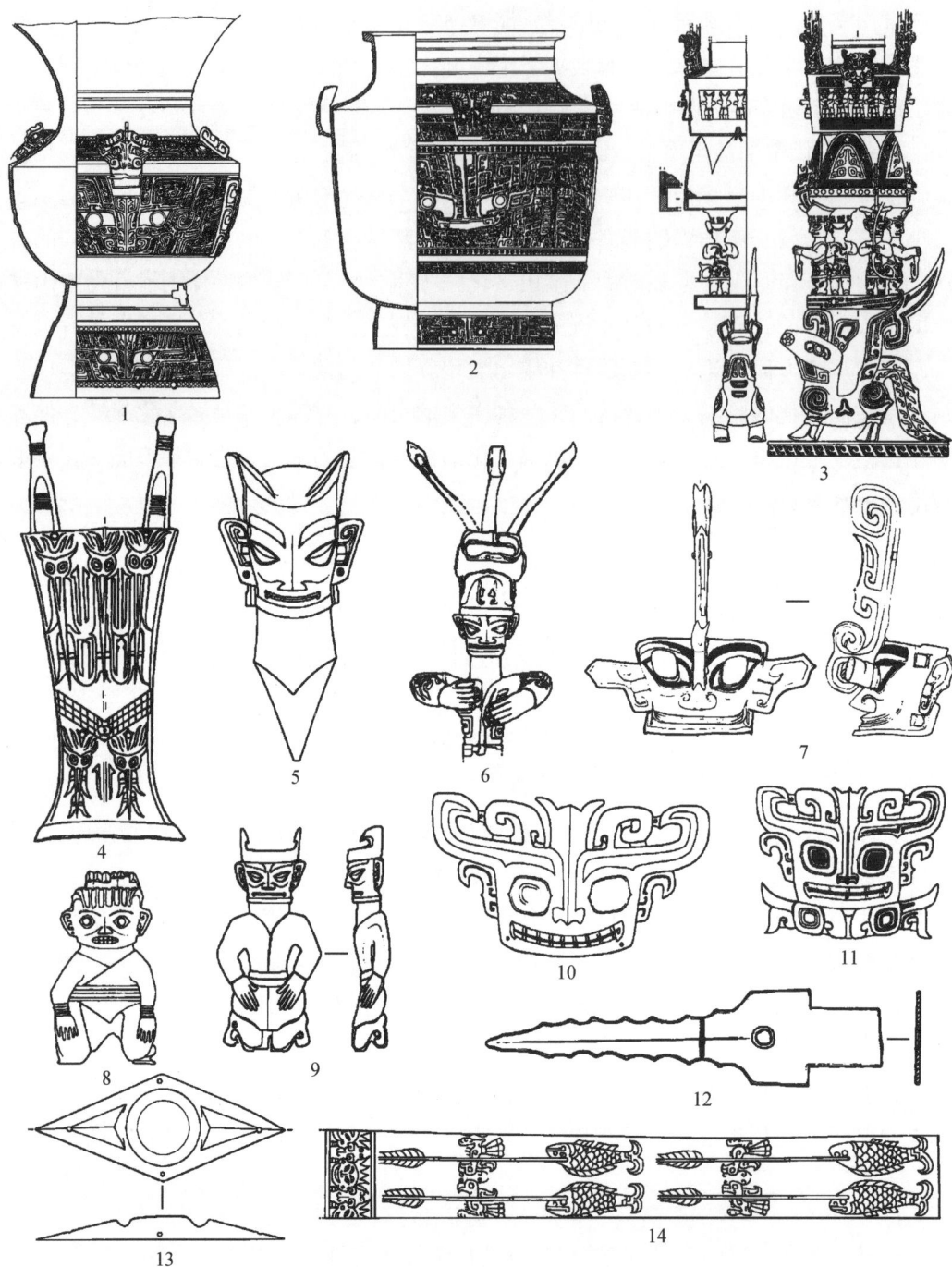

图2-1-3　四川广汉三星堆器物坑出土部分典型铜、金器

1.圆尊（K2：109）　2.圆罍（K2：70）　3.神坛（K2：292）　4.人身形牌饰（剑囊，K2：103-27）

5.人头像（K1：5）　6.兽首冠人像（K2：264）　7.人面具（K2：142）　8、9.跪坐人像（K1：293、K2：05）

10、11.兽面具（K2：228、K2：231）　12.曲刃戈（K1：198）　13.眼形器（K2：202）　14.金杖（K1：1）

（除注明质地者外，余均为铜器）

文化（约公元前2600～前1750年），二、三期为三星堆文化（约公元前1750～前1250年），四期为十二桥文化早期（约公元前1250～前1000年）。

二是一号祭祀坑中已经出土了较多十二桥文化的典型陶器——尖底盏，其形制为敞口，属于十二桥文化早期阶段。

三是根据青铜文化专家的意见，一号祭祀坑的部分青铜容器被推断可早到殷墟一期，二号坑的部分青铜礼容器可早到殷墟一、二期之际或二期，似乎可以早到商代中期晚段，但这批铜器的埋藏时间应该晚于生产时间和进入三星堆遗址的时间。

四是据发掘主持者冉宏林介绍，通过对三星堆K1、K2三件成套器物的成功跨坑拼对，推测K1和K2应为同时形成，这就使原先两坑时代的判断和分别在第5、6层下的地层关系很值得重新讨论。以此为线索，通过器物跨坑拼对及陶器器形分析，他认为K1、K2、K3、K4、K7、K8年代大致相当，并结合K4的测年结果，初步判断6个祭祀坑的时代为殷墟四期。K6打破K7，则K6及与之同组的K5年代较晚，可能年代稍晚[1]。

五是根据最新发现的四号坑进行的^{14}C年代研究显示，6个^{14}C年代数据样本，其埋藏年代有68.3%的概率落在距今3072～3003年（约公元前1120～前1050年），有95.4%的概率落在距今3148～2966年（约公元前1200～前1000年）的时间范围之内[2]，均属商代晚期，处于十二桥文化早中期。

六是各文化要素发生了质变，新的陶器和陶器组合开始出现，同步出现了大规模青铜器群，同时在第四期早段后，三星堆遗址的城墙也遭到了废弃，大都无城成为此后蜀文化政治中心的惯例，那种将三星堆文化年代下延以便将三星堆祭祀坑框在三星堆文化内的简单处理办法，显然不能解释三星堆遗址中这些整体的、系统的变化。

在川西南的大渡河中游雅安地区汉源县富林乡鸣鹿村背后山遗址，曾出土8件青铜器，均为兵器和工具，有椭圆銎折肩半圆形刃钺、直内弧刃镂空钺、直内长条形援戈、长身斧、凿等[3]，其中的直内弧刃镂空钺，孔为圆形，类似的钺在湖北盘龙城遗址楼子湾（M4：8）[4]、陕西淳化夕阳乡黑豆嘴村（M2）[5]均有出土，时代约当商代晚期。另銎口折肩半圆形刃钺、直内长条形援戈与下文所述的城固、洋县商代晚期同类器相似。

商代晚期，鄂西三峡地区仍然为路家河文化，重庆及川东地区仍为石地坝文化分布地区，但均未出现大规模的铜器群，重器仅见重庆巫山大昌凌家滩发现的商代铜

①　冉宏林：《关于三星堆祭祀区的三个猜想》，"重庆考古"微信公众号2022年1月24日。

②　四川省文物考古研究院、国家文物局考古研究中心与北京大学考古文博学院考古年代学联合实验室：《四川广汉三星堆遗址四号祭祀坑的碳十四年代研究》，《四川文物》2021年第2期。

③　岳润烈：《四川汉源出土商周青铜器》，《文物》1983年第11期。

④　湖北省博物馆：《一九六三年湖北黄陂盘龙城商代遗址的发掘》，《文物》1976年第1期。

⑤　姚生民：《陕西淳化县新发现的商周青铜器》，《考古与文物》1990年第1期。

尊①、湖北宜都王家渡发现的铜罍②、四川阆中彭城坝遗址江水冲刷出土的镂空虎纹铜钺③、湖北长阳官家冲出土青铜特磬④、长阳龙舟坪镇出土三角援铜戈⑤等，其他遗址偶见铜钩、镞等小件铜器（图2-1-4），说明这两个地区尚未出现政治中心。

商代晚期时，陕南地区仍然为宝山文化的分布区，与之对应的是"城固洋县铜器群"中的晚期铜器，数量较多，除了少量罍、瓶、鼎、甗、簋、尊、瓿、盘等商文化铜容器之外（图2-1-5），人形面具、兽形面具、直内三角援戈、长胡戈、尖顶易、空顶易、镰形器、璋形器、人面纹钺等大量出现，器物多异于殷墟铜器（图2-1-6）。

综上所述，还有以下几点可进一步说明。

（1）商代晚期，从江西新干大洋洲到湖南宁乡，再到四川广汉三星堆，均突然出现了大规模的青铜器群，城洋铜器群也出现了大量具有地方特征的青铜器。这一情况的出现，与商王朝在"南土"的大规模收缩有关，原先商人在长江畔的重要据点——盘龙城遗址——到殷墟一、二期（盘龙城遗址六期）之交时贵族墓葬已消失，遗址在七期后遭到废弃。盘龙城作为夏商王朝南方扩张的桥头堡和铜资源攫取、青铜器生产的据点，原先生活在此的工匠可能受周边逐渐崛起的"南蛮"邀请，四散到上述地区为新的地方统治者服务，其中一些商式铜器也被他们带了过去，如安徽阜南月儿河、四川广汉三星堆一号坑出土的构思和造型几乎相同的虎食人铜尊可做明证。同时，由于与中原殷商王朝之间的联系减弱，这些工匠及其传人，在上述地区又因地制宜地创造出了具有地域文化风格的青铜器。综上可以认为，虽然三星堆遗址一、二号器物坑的部分商文化风格的器物制造于殷墟一、二期（有可能是在盘龙城制造后流通到三星堆遗址），即三星堆文化末至十二桥文化初，但大量非中原系青铜器应该是在商代晚

① 四川省文物管理委员会、四川省文物考古研究所、巫山县文化馆：《巫山境内长江、大宁河流域古遗址调查简报》，四川省文物考古研究所：《四川考古报告集》，北京：文物出版社，1998年，第9页。

② 宜昌地区博物馆：《馆藏铜器介绍》，《江汉考古》1986年第2期；卢德佩：《鄂西发现的古文化遗存》，国家文物局三峡工程文物保护领导小组湖北工作站：《三峡考古之发现》，武汉：湖北科学技术出版社，1998年，第10～16页；湖北省清江隔河岩考古队、湖北省文物考古研究所：《清江考古掠影及出土文物图录》，北京：科学出版社，2004年，第51页。

③ 张启明：《阆中出土虎纹铜钺》，《四川文物》1984年第3期，第54页；李伯谦：《中国出土青铜器全集（18）》，北京：科学出版社·龙门书局，2018年，第10页；四川省文物考古研究院、南充市文化广电新闻出版局：《嘉陵江中游（阆中至仪陇段）先秦时期遗址调查简报》，《四川文物》2020年第3期。

④ 湖北省清江隔河岩考古队、湖北省文物考古研究所：《清江考古掠影及出土文物图录》，北京：科学出版社，2004年，第50页。

⑤ 湖北省清江隔河岩考古队、湖北省文物考古研究所：《清江考古掠影及出土文物图录》，北京：科学出版社，2004年，第52页。

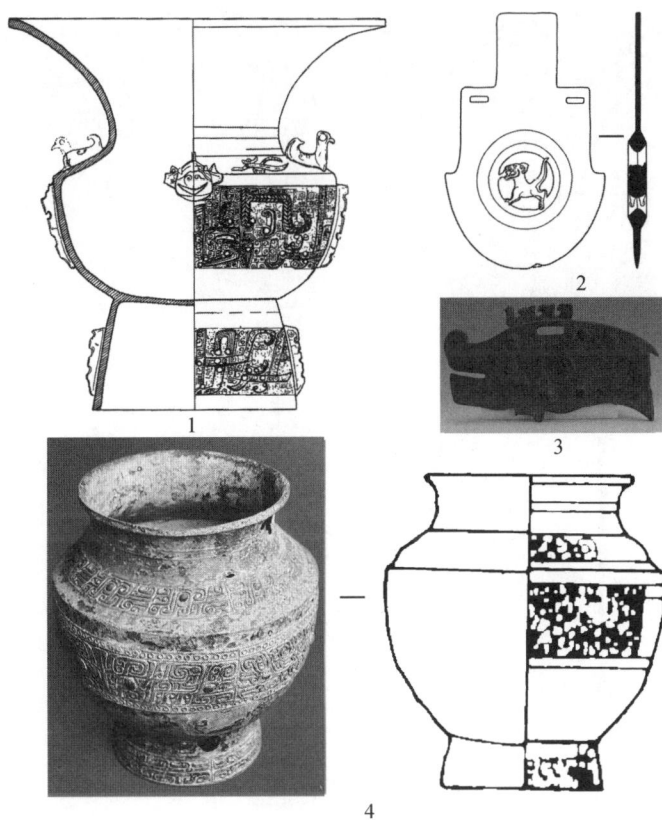

图2-1-4　四川盆地东部和鄂西地区出土商代晚期部分青铜器

1.三羊尊（重庆巫山大昌东坝B010）　2.虎纹钺（四川阆中彭城坝遗址征：1）　3.猪形特磬（湖北长阳磨市镇官家冲）

4.夔纹罍（湖北宜都王家渡遗址）

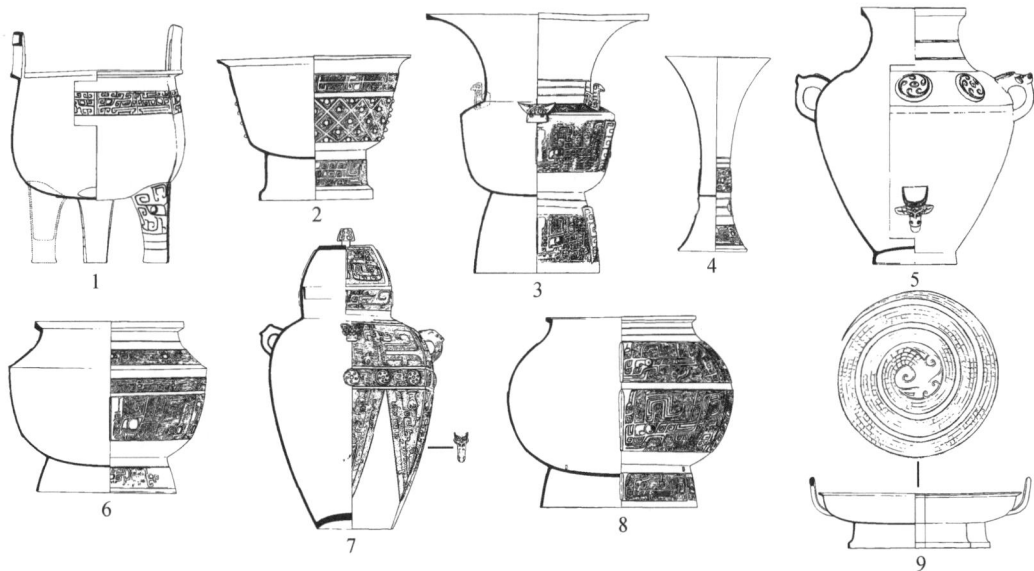

图2-1-5　陕西城固、洋县出土商代晚期部分铜容器

1.鼎（龙头村铜295）　2.簋（吕村CH63）　3.尊（苏村铜28-1）　4.觚（龙头村铜CH4-2）

5、7.罍（张村AON7、苏村铜1-1）　6、8.瓿（安家村AON3）　9.盘（柳林镇铜169）

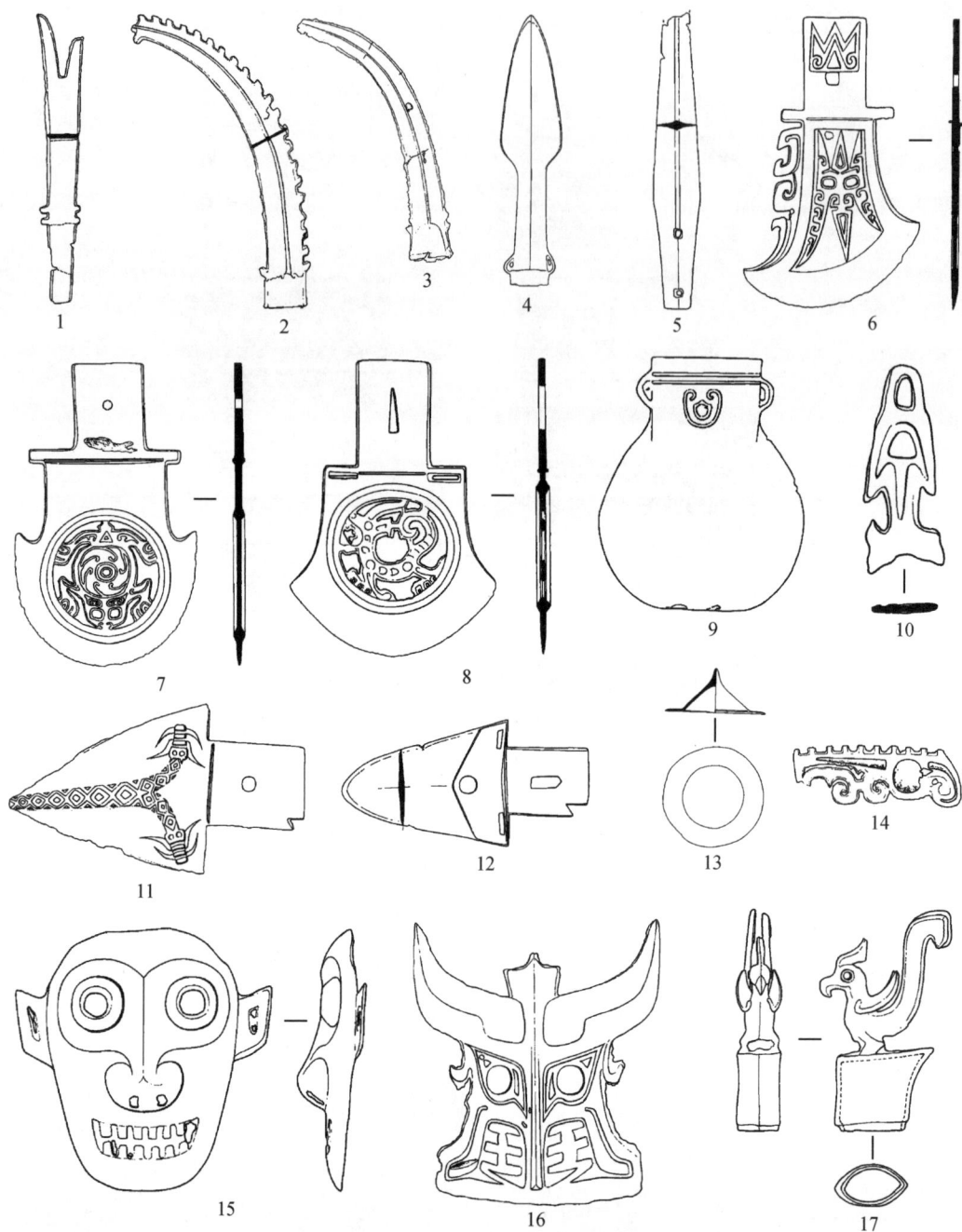

图2-1-6　陕西城固、洋县出土商代晚期铜兵器、面具与杂器

1. 璋形器（洋县谢村镇范家坝十里原）　　2、3. 镰形器（城固县龙头镇龙头村）　　4. 矛（城固县宝山镇苏村）

5. 柳叶形剑（城固县宝山镇苏村）　　6. 直内偏刃钺（洋县谢村镇范坝村）　　7. 蛙纹钺（洋县谢村镇范坝村）

8. 虎纹钺（城固县五郎乡）　　9. 銎口人面钺（城固县龙头镇龙头村）　　10. 鱼形饰（洋县谢村镇范家坝十里原）

11. 三角援双首龙纹戈（城固县五郎乡）　　12. 三角援戈（城固县宝山镇肖家村）　　13. 尖顶昜（城固县宝山镇苏村）

14. 兽目（洋县谢村镇范坝村）　　15. 人形面具（城固县宝山镇苏村）　　16. 兽形面具（城固县宝山镇苏村）

17. 鸟形饰件（洋县谢村镇范家坝）

期于本地制造的，最后埋藏于殷墟三、四期（十二桥文化早中期）。

（2）大概到了中原殷墟文化一、二期之交，成都平原的三星堆文化开始向十二桥文化转变，但城址在遗址第四期早段仍继续沿用，直到遗址第四期晚段才开始废弃。由于新出现的三星堆器物坑的年代下延问题，许多学者的处理办法是将三星堆文化的年代下限顺延，这是欠妥当的。第一，以湖北黄陂盘龙城遗址为例，包括了二里头文化、二里岗文化和殷墟文化早期，不能因为祭祀坑出现在三星堆遗址，而强行将之与三星堆文化挂钩。第二，三星堆遗址第二、三期（即三星堆文化阶段）基本未出青铜器（仅几件外来的铜牌饰），虽然已经进入国家阶段，但未真正进入青铜文化阶段。三星堆祭祀坑与金沙遗址铜器群前后紧密衔接，器物种类、风格特征、知识体系以及陶器本底均一脉相承，应该属于一个文化——十二桥文化[①]。

（3）在三星堆一号祭祀坑，出现此前从未见过的多件陶尖底盏，该类器形并不见于三星堆文化，且年代明显晚于路家河文化和宝山文化，也不早于石地坝文化。这类尖底器的出现意味着早期巴文化因素出现在了三星堆王国的政治中心，促进了三星堆文化向十二桥文化的转变。笔者曾经提出，圜底器是由路家河文化西传石地坝文化，尖底器是从石地坝文化西传十二桥文化的，可以设想，随着圜底器和尖底器的西渐，与巴文化部分人群西迁或文化向西传播的，很可能有一批商文化收缩后的盘龙城工匠到了三星堆遗址，一则他们带来了少量原先在盘龙城制造的青铜容器（如尊、罍），二则带来了三星堆急需的青铜铸造技术，从而催生了十二桥文化早期繁盛的青铜文化。

（4）汉源富林铜器群虽然数量极少，仅见7件兵器和1件工具，其中的3件铜钺暗示了这一地区可能存在一支不太大的政治势力。富林铜器群中的镂空铜钺和弧刃铜钺不见于三星堆祭祀坑和后来的金沙铜器群；与该铜器群所在的背后山遗址同时的还有汉源县的麻家山遗址、麦坪遗址，出土了十二桥文化阶段的尖底杯、花边罐等陶器，后者与四川盆地东部的石地坝文化更接近，推测富林铜器的主人与四川盆地东部也存在某种联系。徐中舒先生曾指出，古代四川丽水地区（今属云南）盛产黄金，这成为楚国向西移民的巨大动力，春秋中期，楚国曾在云南楚雄设官管理丽水黄金的开采，为此在青衣江地区的荥经设立代理总管——岷山庄王，负责黄金和铜的东向运输管

---

① 施劲松首先提出了"三星堆-金沙文化"的概念，认为三星堆文化、十二桥文化为一个文化，建议称为"三星堆-金沙文化"。但施劲松提出的三星堆-金沙文化，上接新石器时代的鱼凫村遗存，下接东周巴蜀文化，既未考虑三星堆文化与十二桥文化陶器的根本性变化，也未考虑三星堆遗址祭祀坑铜器群与三星堆文化的关系，还未考虑十二桥文化的年代下限问题。但他注意到两个青铜器群"拥有几乎完全相同的知识体系和价值体系"是非常值得重视的，因此，笔者在这里将三星堆祭祀坑铜器群、金沙铜器群均置于十二桥文化框架下，可以较好地解决上述学术争议。参见施劲松：《论三星堆-金沙文化》，《考古与文物》2020年第5期。

理①。三星堆-金沙铜器群中有大量黄金器，其黄金和铜料的来源很可能与丽水黄金及堂狼青铜有关，相关资源的北上运输和贸易需要管理，汉源便是这一川滇通道上的关键节点，而相关的采矿人员、管理人员不排除与四川盆地东部有密切联系。

（5）城洋铜器群是当时活动在这一带的人们出于某种信仰仪式需要的特殊埋藏，它和巫山大宁河铜尊、成都平原的三星堆、金沙和竹瓦街铜器群的埋藏形式接近，而与中原夏商西周铜器多出土于墓葬（极少数出土于窖藏）的情况明显不同，是一种与中原有别的文化传统，可能与南方的天地山川及祖先神格祭祀有关。这种文化传统，在东周时期巴文化地区仍然得以延续，如普遍习见在高山上、大河边埋藏青铜镎于、罍、甬钟、钲等的所谓窖藏坑。

（6）由于城洋地区靠近中原地区，在路家河、石地坝、宝山三个早期巴文化类型中，最易受商文化影响，产生了既有中原文化（如大量的铜容器）又有自身文化特点的青铜生产体系，并且其地域特征随时间变化越来越浓厚，由此奠定了它在早期巴文化中的政治中心地位。城洋晚期铜器群中的人面形面具、兽首形面具、璋、鱼、鸟等在三星堆祭祀坑、金沙铜器群中较为常见，只是面具的形态不如后者丰富；三角援戈、柳叶形剑②、方銎半圆刃人面钺③在后来的巴蜀文化中常见；直内镂空虎（龙）纹钺在四川阆中彭城坝有相似的器物发现；镰形器则为城洋铜器群独具特色的仪式用器。

（7）城洋铜器群时代从二里岗上层延续到商代末期，其出现的时间比三星堆器物坑铜器群早，消失的时间大体一致（十二桥文化早期），是与三星堆文化中晚期、十二桥文化早中期并存的一支青铜文化。城洋铜器群和三星堆祭祀坑铜器群中都有大量的商文化因素铜器，同时，关中西安老牛坡遗址发现较多商文化铜器（图2-1-7）④，也有汉中地区出土青铜人面具、牛首形饰、尖顶易等异质性文化的特色铜器，应该是

---

① 徐中舒：《试论岷山庄王和滇王庄跻的关系》，《思想战线》1977年第4期。

② 剑通常被认为最早出现于西周早期，城洋铜器群中的剑为柳叶形剑，茎部两孔在一条直线上，具有早期柳叶形剑的特点。三星堆遗址2号祭祀坑出土人身形铜牌饰（K2：103-27），倒置后观察实为装两柄柳叶形铜的剑囊（剑鞘），类似的可放两柄柳叶形剑的剑鞘在东周时期的蜀文化中有发现。三星堆祭祀坑也出土柳叶形穿孔玉剑。因此，城洋铜器群中出现商代晚期柳叶形剑并不奇怪。过去大多数研究者由于拿不准，有意识地将这柄剑排除在外。曹玮在《汉中出土商代青铜器》一书中将直柄剑收入其中是有远见的。参见王炜：《三星堆器物坑出土人身形铜牌饰辨析——兼论巴蜀地区柳叶形剑及剑鞘的起源》，《文物》2014年第4期。

③ 一是这种钺在后来的竹瓦街和东周时期的巴蜀铜器中常见；二是简化而抽象的人面形在金沙遗址中可见。

④ 保全：《西安老牛坡出土商代早期文物》，《考古与文物》1981年第2期；巩启明、西安半坡博物馆：《西安袁家崖发现商代晚期墓葬》，《文物资料丛刊（5）》，北京：文物出版社，1981年，第120、121页；刘士莪、岳连建：《西安老牛坡遗址第二阶段发掘的主要收获》，《西北大学学报（哲学社会科学版）》1991年第3期。

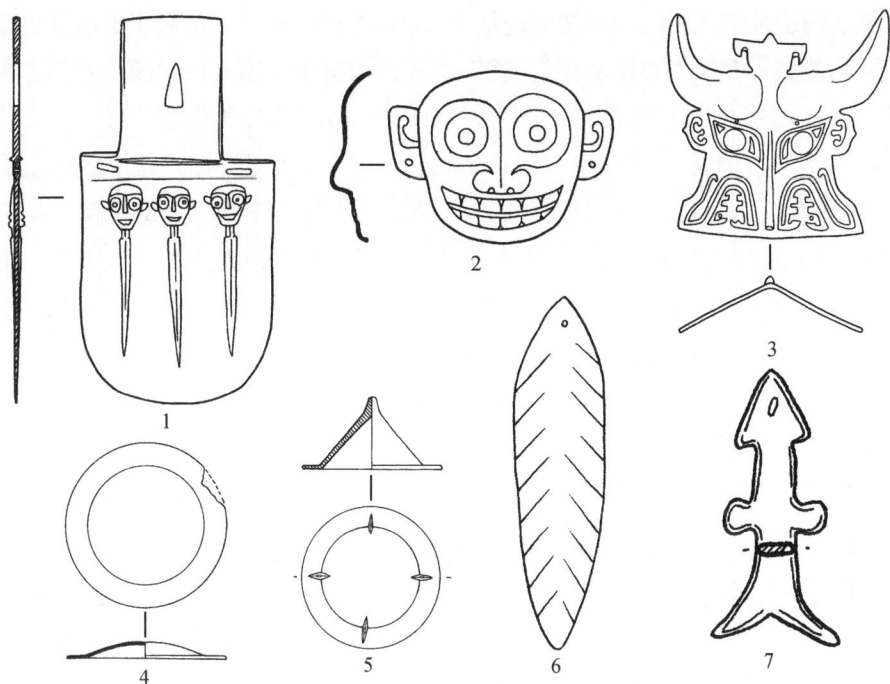

图2-1-7　西安老牛坡墓地出土部分具有巴蜀文化因素的铜器

1.钺（M41∶3）　2.人面具（M41∶51）　3.牛首形饰（M10∶28）　4、5.泡（易）（M41∶44、M41∶47）

6、7.鱼形饰（M41∶14、M11∶051）

受城洋铜器群影响的结果。由此可以判断，宝山文化是沟通三星堆文化和中原商文化的桥梁，是商文化向成都平原传播的中转站。进而可以认为，晚期城洋铜器群中与三星堆器物坑中相似但不相同的文化因素（如人面具、兽形面具、璋、鸟饰件、鱼饰件等），不能单纯理解为十二桥文化对宝山文化的影响，而只能理解为巴、蜀文化很早就存在亲缘关系，其铜器从商代晚期开始到汉初都难以全面有效区分。

　　宝山政治中心是当时的巴文化政治中心，还可以从甲骨文记录的巴的方位和距离上间接说明。商代甲骨卜辞中有关巴的记录有10多条[1]，大抵分为三类：一是记录商伐巴方，如"贞王从沚馘（盾戈）伐巴方"（《合集》93反）；二是记录商王将俘获的巴人献祭祖先，如"贞御巴于妣"（《合集》15114正）；三是记录至巴占卜，如"商（赏）于巴奠（甸）"（《屯南》1059）。当然，这些甲骨卜辞谈到的巴，具体位置应该是巴与商交界的边缘地带。《禹贡》以五服划分地域之远近和文明之高低，从内到外，依次为甸服、侯服、绥服、要服、荒服。甲骨卜辞中关于"巴甸"的记录，表明这时的巴是商王朝直接控制地区外的第一层属国，两者的边界应紧接。考古发现湖

----

　　① 关于甲骨文中的"巴"，目前大多数古文字学家并没有确认该字就是上古历史中的"巴"，这是读者在阅读本条说明时需要注意的。

北郧县店子河遗址发现单纯的商文化遗址[①]，据报道更西的郧县辽瓦店子遗址也发现二里岗下层到殷墟一期的商文化遗存[②]。按照巴在西南这个大体方位和商的西南方向边界位置推测，巴的东北界应大抵位于今汉水上游陕西白河县与湖北郧县交界一带。《山海经·海内南经》记载："夏后启之臣曰孟涂，是司神于巴，巴人讼于孟涂之所，其衣有血者乃执之，是请生。居山上，在丹山西。"[③]郭璞注："丹山，在丹阳南，丹阳巴属也。"这里的丹山，是指今丹江（汉水支流，在襄阳附近与汉水交汇）下游一带的山。另《史记·楚世家》记"（楚怀王）十七年春（前312年），与秦战丹阳"，《索隐》"此丹阳在汉中"[④]，虽不一定准确，但大致也在汉水上游一带。可见，早期巴方地域范围很可能毗邻丹江下游一带，应该就是巴方的东北界，后来随着商势力的扩张，才后退到今汉水陕、鄂交界一带。《史记·苏秦列传》司马贞《索隐》释巴："巴，水名，与汉水近。"[⑤]这个巴水，应该是上古时期巴方曾活动于此而留下的地名，这就进一步可将巴的主要分布地域确定在汉水上游地区。

从历史地理的角度考察，可将早期巴方的政治中心进一步确定到汉中盆地东部。蒙文通先生较早系统地论述了巴在汉水上游的观点[⑥]。按顾颉刚和章巽、邓少琴的考证，商代巴方在汉水上游的黄金峡附近[⑦]。黄金峡位于今汉中市和安康市之间，西出峡口即为宝山遗址和城洋铜器群分布地。《史记》苏代说燕王有"蜀地之甲，乘船浮于汶，乘夏水而下江，五日而至郢。汉中之甲，乘船出于巴，乘夏水而下汉，四日

① 武汉大学考古系、湖北省文物局南水北调办公室、郧县博物馆：《湖北郧县店子河遗址发掘简报》，《考古》2011年第5期。

② "商代灰坑37座，出土器物有鬲、甗、斝、罐、大口尊、假腹豆、簋等，器物个体大，制作精细，时代从二里岗下层到殷墟一期，其风格与典型的商文化如出一辙。遗址中出土的卜骨以龟甲和牛肩胛骨为原料，经过修整后钻圆孔。""遗址中出现一组以扁足鬲为代表的新文化类型，属商末或周初，分早、晚期，早期同殷墟一期的陶片共存，晚期的年代可到西周中期。"参见辽瓦店子考古队：《湖北郧县辽瓦店子遗址考古获重要发现》，《中国文物报》2008年1月9日第2版。

③ 方韬译注：《山海经》，北京：中华书局，2009年，第206页。

④ （汉）司马迁撰，（南朝）裴骃集解，（唐）司马贞索隐，（唐）张守节正义：《史记》，北京：中华书局，1999年，第1410页。

⑤ （汉）司马迁撰，（南朝）裴骃集解，（唐）司马贞索隐，（唐）张守节正义：《史记》，北京：中华书局，1999年，第1792页。

⑥ 蒙文通从汉水流域有巴的名称，以及巴与苴关系的角度论述这个问题说："巴子之国有苴蛮，苴在南郑，亦在汉域。谅巴之始国，惟在苴东。下逮春秋，巴东南下，春秋之末，巴楚且相拒于捍关也。"参见蒙文通：《周秦少数民族研究》第三"南方民族之移动"，蒙文通：《蒙文通文集》第二卷《古族甄微》，成都：巴蜀书社，1993年，第100页。

⑦ 顾颉刚、章巽编著，谭其骧校订：《中国历史地图集》（古代史部分），北京：地图出版社，1955年，第2页；邓少琴：《巴蜀史迹探索》，成都：四川人民出版社，1983年，第9页。

而至五渚"①的记载，《战国策·燕二》也有类似说法。这从一个侧面说明，战国中期的人们仍然知道汉中曾是巴国的政治、军事中心，可沿汉水而下直捣楚核心地区。曹玮认为，城洋铜器群的主人是巴文化人群，"他们从商代早期开始，间接地与商王朝接触；中期受影响较大；晚期既与商王朝有联系，又表现出高度的独立性"②。可能这时巴与商是时叛时服的关系，这从甲骨记载商多次伐巴方可得到证实。

四、由"神"入"礼"：巴蜀"向化"与政治中心的再迁移

商周之交，蜀文化的政治中心已从四川广汉三星堆遗址迁到今成都市区西北角的金沙一带，从陶器展现的考古学文化属于十二桥文化晚期③。十二桥文化的时代约当商代晚期至西周早期，其陶器特征主要表现为既有陶高柄豆、高柄灯形器、圈纽器盖、斜肩小平底罐等三星堆文化因素遗绪，又有较多炮弹形尖底杯、尖底盏、尖底罐等新的文化因素。十二桥文化晚期典型铜器群是金沙铜器群，沿袭了十二桥文化早期的相当大一部分铜器（也包括玉器）类别，只是大小和风格上有一些变化，有戈、钺、璋、铃、立人像、人面形器、眼睛形器、龙形器、牛首、鸟、鱼形器、璧环形器、圆角方孔形器、圆锥形器、喇叭形器以及各类挂饰等，另有鱼纹带、射鱼纹带、三角形器、"四鸟绕日"饰、盒、蛙形饰、面具等金器（图2-1-8）④。

成都平原继十二桥文化之后的考古学文化是新一村文化⑤，新一村文化的时代约当西周中期至春秋中期⑥，其陶器与十二桥文化相比，典型的三星堆文化风格的陶器基

---

① （汉）司马迁撰，（南朝）裴骃集解，（唐）司马贞索隐，（唐）张守节正义：《史记》，北京：中华书局，1999年，第1792页。

② 曹玮：《汉中出土的商代青铜器》，曹玮：《汉中出土商代青铜器》，成都：巴蜀书社，2006年，第44页。

③ 孙华：《四川盆地的青铜时代》，北京：科学出版社，2000年，第2~46、68~88页。

④ 成都市文物考古研究所：《成都金沙遗址Ⅰ区"梅苑"东北部地点发掘一期简报》，成都文物考古研究所、成都金沙遗址博物馆：《金沙遗址考古发掘资料集（一）》，北京：科学出版社，2013年，第69~141页。

⑤ 有相当多的学者不同意将新一村文化从十二桥文化中分离出来，认为两者间没有实质性的变化，仍然应该是一个考古学文化。本文无意论述是否单列新一村文化，这里使用新一村文化概念的主要目的是强调成都平原古文化发展的阶段性和时间序列。孙华首先使用了新一村文化的概念。参见孙华：《四川盆地的青铜时代》，北京：科学出版社，2000年，第2~46、91~115页。

⑥ 江章华认为，"十二桥文化的年代下限应推定在西周晚期、春秋之前"，他指出了成都平原春秋时期考古学文化与十二桥文化的特征不同，但并没有命名这种文化。笔者确定新一村文化与十二桥文化之间的区别系从陶器和铜器两个方面来划分的，并考虑统治阶层的变动和社会结构的变化。参见周丽、江章华：《试论成都平原春秋时期考古学文化》，《考古》2020年第2期。

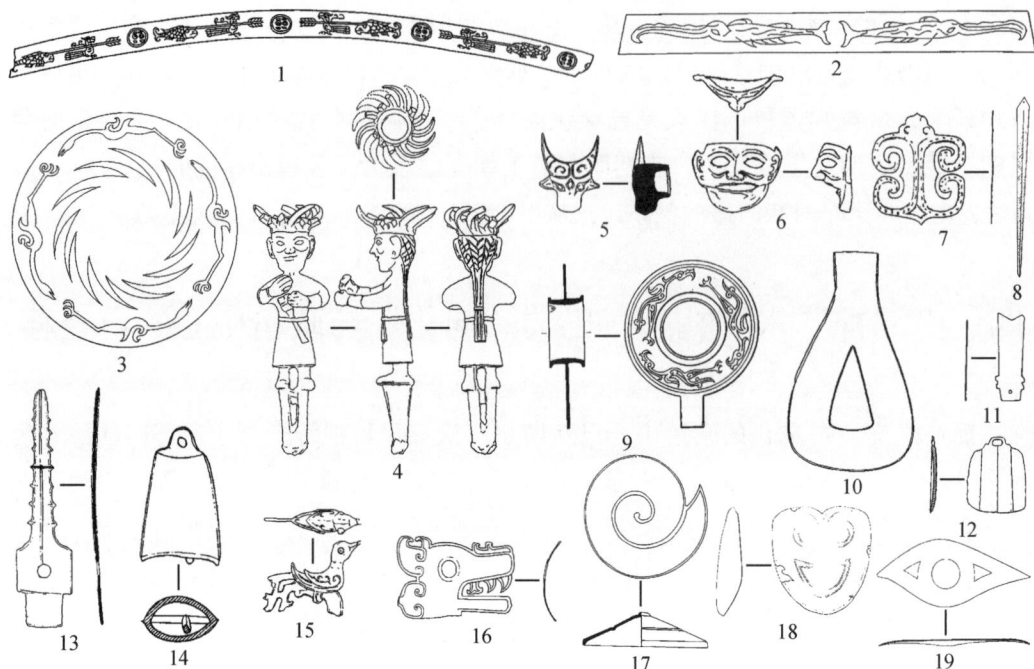

图2-1-8　四川成都金沙遗址典型铜器和金器

1. 射鱼纹金带（C：688）　2. 鱼纹金带（C：687）　3. "四鸟绕日"金箔饰（C：477）　4. 立人像（C：17）

5. 牛首（C：198）　6. 金面具（C：1399）　7. 蛙形金饰（C：215）　8. 鱼形器（C：1285）　9. 璧环形饰

（C：588）　10. 三角形金器（C：836）　11. 璋（C：713）　12. 圆角方形挂饰（C：140）　13. 戈（C：169）

14. 铃（C：44）　15. 鸟形饰（C：553）　16. 龙形饰（C：506）　17. 圆锥形器（C：542）　18. 人面形饰

（C：317）　19. 眼睛形饰（C：1272）

（均"梅苑"地点出土，除注明金器者外，余皆为铜器）

本消失，十二桥文化的尖底杯也基本消失（为圈足尖底杯替代），新出现了重菱纹装饰、腹饰绳纹的广肩深腹罐、小口绳纹圜底釜等器类，并出现船棺葬俗。新一村文化的典型铜器群是竹瓦街铜器群，该器物群为先后发现的两个窖藏出土，两次共出铜尊1、罍9、觯2、戈18、矛1、钺5、戟3、锛1，计40件（图2-1-9）[1]，特点为中原式的各类礼器与本地传统兵器的组合。竹瓦街铜器群包括三个时代的铜器：一是所出"覃父癸""牧正父己"铜觯，其铭文内容同样在陕西宝鸡竹园沟7号墓铜爵[2]，陇县韦家庄1号墓出土铜尊、铜盉、铜卣上有发现，徐中舒先生已讨论其为商代末期的铜器，可能

① 王家祐：《记四川彭县竹瓦街出土的铜器》，《文物》1961年第11期；四川省博物馆、彭县文化馆：《四川彭县西周窖藏铜器》，《考古》1981年第6期；冯汉骥：《四川彭县出土的铜器》，《文物》1980年第12期。

② 卢连成、胡智生：《宝鸡𢻪国墓地》，北京：文物出版社，1988年，第69页。

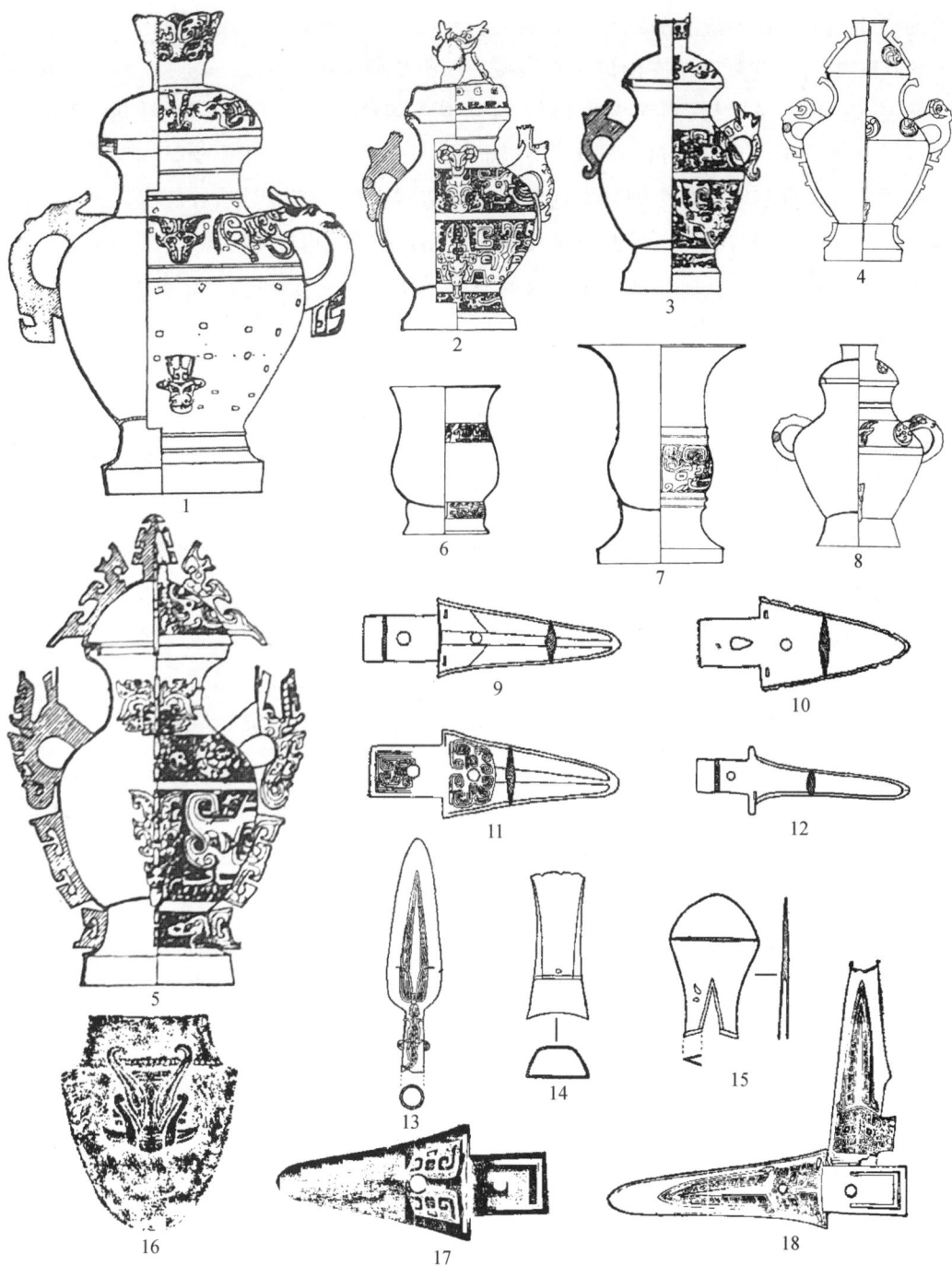

图2-1-9　四川彭州竹瓦街窖藏铜器

1～5、8.罍　6.觯　7.尊　9～12、17.戈　13.矛　14.锛　15、16.钺　18.戈戟

（1、3、6～8、16～18为2号窖藏出土，余为1号窖藏出土）

是蜀参与武王伐纣的战利品或周王颁赐的虏获物[①]。二是铜罍形式多样，其中牛纹罍（图2-1-12，1）与辽宁喀左山湾子村窖藏牛纹罍相似（图2-1-12，4）[②]、蟠龙盖饕餮纹罍（图2-1-12，3）与辽宁喀左北洞村2号窖藏（图2-1-12，5）[③]、湖北随州叶家山的2件铜罍（M111：19、M111：20）[④]相似（图2-1-12，2），上述铜罍时代均为西周早期偏早。从这批铜容器与全国其他地区出土相似器物看，应该是从外部流入，甚至可能是周王室统一铸造的。三是西周中期至春秋早期的部分铜兵器，除传统的戈外，新增加了矛、钺、镈、戟。竹瓦街铜器群既有十二桥文化也有新一村文化的铜器，但埋藏年代为新一村文化阶段。

在今四川东部和重庆地区，一直到西周早期仍然分布着石地坝文化。大约从西周中期至春秋中期，继起瓦渣地文化。瓦渣地文化陶器中花边圜底釜、花边圜底罐数量较多，并出现了圜底钵等器物，是区别于石地坝文化的主要特征。瓦渣地文化盐业发达，商品化程度高。瓦渣地文化目前尚未发现大规模铜器群，只在忠县瓦渣地一座墓葬（M1）出土西周中晚期柳叶形剑、三角援戈等青铜兵器[⑤]，酉阳邹家坝[⑥]、合川菜蔬排[⑦]等遗址偶出铜钺和小件渔猎铜器等（图2-1-10）。

在鄂西峡江地区和重庆巫山等地，商代晚期至西周早期仍然分布着路家河文化。到西周中期至春秋中期，替代路家河文化而起的是双堰塘遗存。双堰塘遗存具有瓦渣地文化所见的主要文化因素，同时又有早期楚文化的鬲、盆、豆、罐等陶器，很可能是古代夔国的文化遗存。

由于考古发掘工作开展较少，陕南地区西周时期至春秋中期的考古学文化面貌目前还不清楚。长期从事陕南考古工作的赵丛苍指出："两周文化遗存目前于此地仅

①　徐中舒：《四川彭县濛阳镇出土的殷代二觯》，《文物》1962年第6期。

②　喀左县文化馆、朝阳地区博物馆、辽宁省博物馆：《辽宁省喀左县山湾子出土的殷周青铜器》，《考古》1977年第12期。

③　喀左县文化馆、朝阳地区博物馆、辽宁省博物馆、北洞文物发掘小组：《辽宁喀左县北洞村出土的殷周青铜器》，《考古》1974年第6期。

④　湖北省文物考古研究所、随州市博物馆：《湖北随州叶家山M111发掘简报》，《江汉考古》2020年第2期。

⑤　北京大学考古学系三峡考古队、忠县文物保护管理所：《忠县瓦渣地遗址发掘简报》，重庆市文物局、重庆市移民局：《重庆库区考古报告集·1998卷》，北京：科学出版社，2003年，第649～678页。

⑥　重庆市文物考古所、重庆文化遗产保护中心：《酉阳邹家坝》，北京：科学出版社，2011年，第201页。

⑦　重庆市文化遗产研究院、合川区文物管理所：《合川区菜蔬排遗址发掘简报》，重庆市文化遗产研究院、重庆文化遗产保护中心：《嘉陵江下游考古报告集》，北京：科学出版社，2015年，第206页。

图2-1-10 重庆地区出土的瓦渣地文化铜器

1.扁茎无格剑（98忠县瓦渣地M1：2） 2.三角援戈（98忠县瓦渣地M1：1） 3.舌形钺（酉阳邹家坝
T0606④A：2） 4.弧刃钺（合川菜蔬排T1③：4）

有少量遗物的发现，资料显得薄弱。""西周时期，大一统的周文化虽然强有力地
辐射到该地区，但该地古文化仍然保留自身的传统，沿着自己的文明轨迹前进。"[1]
可见，从零星遗物看，陕南大部地区这一阶段很可能还是巴文化在主导。此外，在关
中平原西南角的宝鸡市秦岭北坡与渭水以南的清姜河两岸，存在一个弓鱼国墓地。弓鱼国
墓地由纸坊头、茹家庄、竹园沟墓地和居址组成，另在一些遗址点也发现相关遗物，
时代从西周初期一直延续到西周中期，其墓葬和灰坑中除出土青铜鼎、甗、罍、簋、
盘、卣、爵等周文化铜器外，还存在尖底罐、尖底盏、绳纹广肩深腹罐、绳纹鼓腹平
底罐等陶器和立人像、柳叶形剑、无胡戈等铜器（图2-1-11），具有典型的巴蜀文化特
征[2]。其中年代相对较早的竹园沟墓地15座墓葬在出土大量周式礼器的同时，必伴出铜
质的平底罐、尖底罐（茹家庄M1也出陶平底罐、尖底罐），成为竹园沟墓地共有的、

---

① 赵丛苍：《汉水上游早期文明进程初探》，《中国文物报》2006年4月21日第7版。

② 卢连成、胡智生：《宝鸡弓鱼国墓地》，北京：文物出版社，1988年。

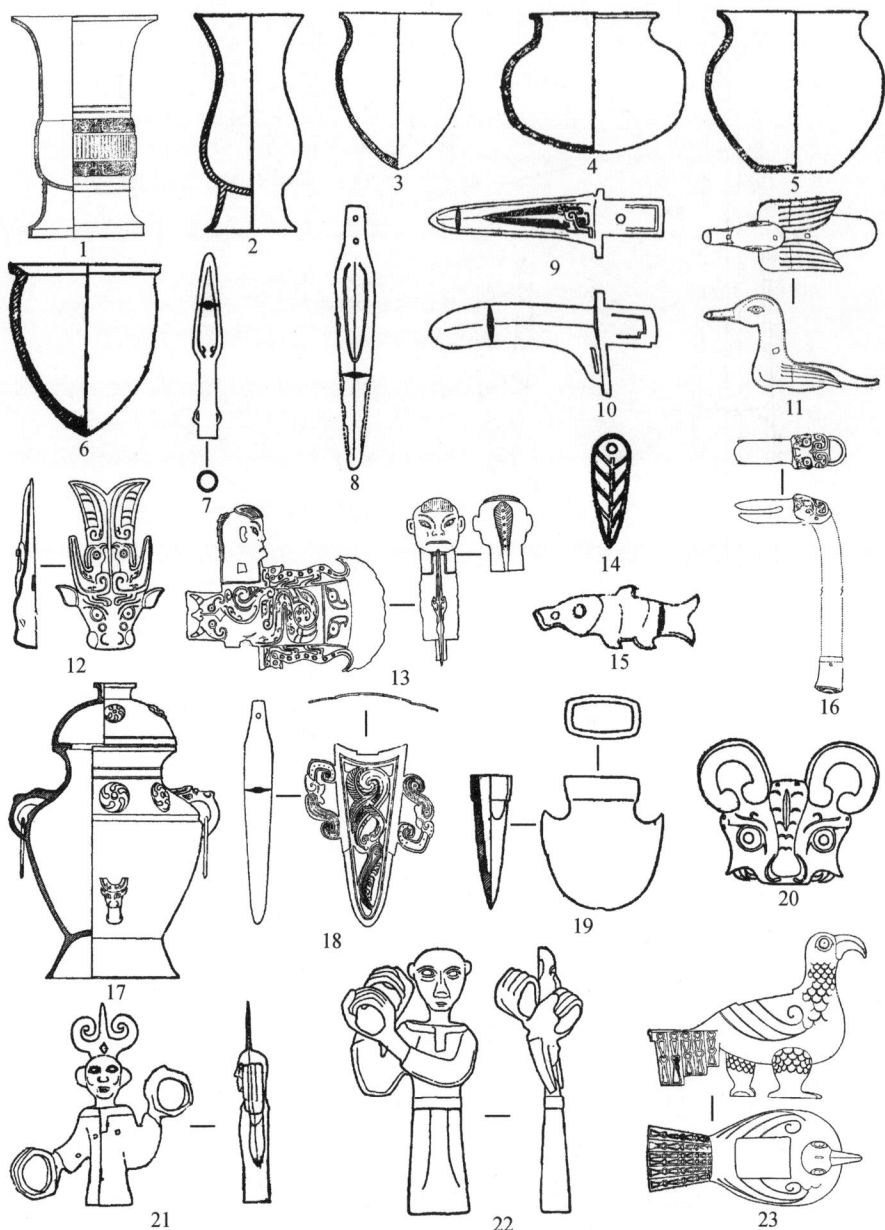

图2-1-11　陕西宝鸡強国墓地出土部分青铜器

1. 尊（BZM13：4）　2. 觯（BZM13：5）　3. 尖底罐（BZM13：71）　4. 釜（BZM13：108）

5. 平底罐（BZM13：70）　6. 盔（胄）（BZM13：107）　7. 矛（BZM13：29）　8. 柳叶形剑（BZM13：99）

9. 长条戈（BZM13：168）　10. 短胡戈（BZM13：166）　11. 鸭形饰（BZM13：223）　12. 牛首泡（BZM13：164）

13. 人头銎内钺（BZM13：169）　14. 榆叶形佩饰（BZM13：127）　15. 鱼形佩饰（BZM13：103）

16. 旄（BZM13：10）　17. 罍（BZFM1：13）　18. 剑鞘（BZM19：59）　19. 钺（BZM4：127）

20. 兽面冠（BZM13：128）　21、22. 立人像（BRM2：22、BRM1甲：233）　23. 大鸟尊（BRM1乙：24）

图2-1-12　四川彭州竹瓦街出土铜罍的年代比较图
1、3.四川彭州竹瓦街1号窖藏　2.湖北随州叶家山（M111：19、M111：20）　4.辽宁喀左山湾子村
5.辽宁喀左北洞村2号窖藏

富有鲜明地域特色的器物，说明这一墓地主人虽接受了周人礼器制度，但仍牢固保有自己的民族习俗。

依据上述对西周早期至春秋中期巴蜀文化区考古学文化分布情况的介绍，我们可以开展以下进一步的分析。

（1）金沙遗址群的发展历程可以分为六期，其中第三期为西周早期，第四期为西周晚期[①]，两期之间出现了明显的年代缺环，金沙铜器群、玉器群的时代主要是第三期及以前，第四期出现了船棺葬和一批新的陶器。金沙铜器群、玉器群中的部分器物

---

① 江章华：《金沙遗址的初步分析》，《文物》2010年第2期。

可早到商代晚期，应该是从三星堆遗址带过来的"传国秘器"。按照我们上面对文化阶段的划分，第三期及以前属十二桥文化，第四期及以后属新一村文化。因此可以认为，金沙遗址在第三、四期之间发生了文化质变，政治中心也再一次发生了转移。

（2）彭州竹瓦街铜器群的埋藏年代在新一村文化时期，从陶器看约当西周晚期至春秋初期，而铜容器的年代可到商末至西周早期。但金沙与竹瓦街两个铜器群存在很明显的差异。三星堆-金沙铜器群主要出土了大量人面、动物等像设，以及神树、权杖、金冠带、玉器等，这些都反映了当时"神""王"结合的政权特色，反映了地方宗教的神圣性。而自竹瓦街开始，成都平原诸铜器群不再能见到这类"神器"，只见罍、尊铜容器组合，并新出现觯，且尊演变为三段式尊，均为中原式礼器，而且盛行模仿周人"列鼎"的"列罍"制度。虽然铜尊、铜罍在三星堆遗址中也见，金沙铜器群中也很可能存在残件，但均不单独出。面具、像设、神坛等宗教气氛浓郁器物的消失，是古蜀文化"祛魅"而入世俗的过程。由此可见，以金沙、竹瓦街为界，蜀文化中的"神圣性"已经消失，"礼仪性"压倒"神圣性"开始单独出现，这是蜀文化的重大转折，标志着蜀文化国家形态可能出现了根本性的转变，即由神、王结合的政教合一的权力体系，转变为以王权为中心的权力体系。

（3）由"神"入"礼"是在什么背景下发生的？是由什么动力推动的？竹瓦街铜器群器物时代与埋藏时代的巨大落差或许给我们提供了答案。笔者认为，商末蜀国参与武王伐纣后，周出于对自己安全的考虑，对蜀实际上是有所顾忌的，很可能把参与伐纣的一部分有功蜀人封于王都附近的宝鸡"弦国"[①]，这些人是当时蜀国"鸟"和"鱼"政治联盟中"鱼"的一部分。这种行为，当然也有周从自身安全角度考虑，对蜀进行监视、分化的意图。弦国之外，原在广汉三星堆的上层贵族被迫迁往成都平原，但仍然维持着另一个政治实体——"鸟""鱼"两族联合执政的传统蜀国，由于周对弦国的支持，加上周公以来对世俗之礼的尊崇，这与蜀"未有礼乐"，以"神王"立国的思想严重冲突[②]，因此，周、蜀关系并不如一些学者设想得那么好。相反，周为向天下推行自己的礼乐政治理念和宗法治理体系，对蜀进行了持续打击，甚至进行征伐。《逸周书·世俘解》有武王"新荒命伐蜀"的记载[③]，可见蜀在参与武王伐纣后不久，双方的联盟关系就已经破裂[④]，并导致了古蜀

---

① 弦国墓地竹园沟BZM13：6曾出土覃父癸爵，彭州竹瓦街1号窖藏出土覃父癸觯，均为中原系青铜器，显示了弦国墓地主人和古蜀国的特殊关系，并都参与了中原事务，很可能就是伐商获得的赏赐。参见卢连成、胡智生：《宝鸡弦国墓地》，北京：文物出版社，1988年，第66页。

② 《蜀王本纪》记载早期蜀国"是时人椎髻左衽，不晓文字，未有礼乐"。（汉）扬雄撰，张震泽校注：《扬雄集校注》，上海：上海古籍出版社，1993年，第243、244页。

③ 佚名撰，袁宏点校：《逸周书》，济南：齐鲁书社，2000年，第40页。

④ 黄怀信：《逸周书校补注译》，西安：西北大学出版社，1996年，第215页。

王朝迁都金沙。在周原出土的西周早期甲骨文中，也有"伐蜀"（周原H11：68）[1]的文字，反映出周王朝与蜀已开始发生极为严重的冲突。

周、蜀冲突，可能导致了金沙王国统治集团联盟内部的分裂，出现一批新的亲周群体，他们对周"向化"之心强烈，这必然也在崇"礼"还是崇"神"之间产生意识形态的冲突和分裂。此时，来自南边朱提和江、岷一带的杜宇族的乘虚入侵[2]，终于导致金沙王国的最后消失，大约在西周中期，亲周人群与杜宇族建立了新的"杜宇"蜀国，金沙与神有关的"圣器"遭到抛弃，而与中原礼制相关的早期铜容器（尊、罍、觯）被保留并得到进一步重视和沿用。杜宇"教民"而推行周礼教化，模仿周的"列鼎制度"建立了"列罍制度"[3]，而且将蜀的政治地位校正到周礼中远方诸侯的应有位置——建立了"尚五"的社会秩序，故原先逃亡的"化民往往复出"。

（4）此时，金沙遗址群由十二桥文化转变为新一村文化，遗址群在西周中期出现了巨大的文化断层，意味着金沙作为都城遭到了放弃。此后，与強国墓地风格一致的一些陶器（绳纹鼓肩长腹平底罐）出现，船棺葬属的人群开始出现在金沙一带，意味着南边的朱提、江岷一带的杜宇族乘势而入，建立了新的王朝。新王朝将都城"移治郫邑"（今成都市西北面，大概距竹瓦街铜器窖藏不远的地方）[4]，金沙的地位因此衰落了。新王朝和亲周势力为表达对周的遵从，放弃甚至损毁了具有神性的本土青铜器（青铜兵器除外），而带走了反映礼制的中原系青铜器，并在新的祭祀活动或某些突发事件下，于西周晚期至春秋初期埋藏了竹瓦街这批铜器。

（5）对于宝鸡強国墓地的文化属性，一方面，大家均肯定该文化受周文化的强烈影响，但是对于具有強国独特特征的一批青铜器和陶器，学术界有蜀文化、巴文化等不同定性。正如上文所举相关证据，笔者认为強国墓地与古蜀王朝的关系更为紧密。

---

① 陈全方：《周原甲骨所见国名补释》，《考古与文物》编辑部：《考古与文物》丛刊第二号《古文字论集（一）》，西安市委党校印刷厂印，1983年，第113～115页。

② 《水经注》卷33《江水》引汉来敏《本蜀论》："望帝者，杜宇也，从天下；女子朱利，自江源出，为宇妻。"《太平御览》卷888《妖异部·变化下》引汉扬雄《蜀王本纪》："时蜀民稀少，后有一男子，名曰杜宇，从天堕，止朱提。有一女子名利，从江源地井中出，为杜宇妻。宇自立为王，号曰望帝，治汶山下邑郫，化民往往复出。"参见（北魏）郦道元著，（清）王先谦校：《合校水经注》，北京：中华书局，2009年，第523页；（宋）李昉等撰：《太平御览》，北京：中华书局，1960年，第3944页。

③ 在中原北方地区，罍一般出土1或2件，也有最多同出5件的，如辽宁喀左县平房子乡北洞村1号窖藏，出土了5件商末周初铜罍（同出瓿1），5件罍形制基本相同，这与蜀文化中大小不一有一定区别。蜀之尚五，应与蜀在周代诸侯国的地位相等。参见喀左县文化馆、朝阳地区博物馆、辽宁省博物馆：《辽宁喀左县北洞村出土的殷代青铜器》，《考古》1973年第4期。

④ 《华阳国志》卷3：（杜宇）"移治郫邑，或治瞿上。"（晋）常璩撰：《二十五别史·华阳国志》，济南：齐鲁书社，2000年，第27页。

强国墓地青铜器群主要以成组的周文化礼器为主，只有极少量铜立人像这类蜀文化中具有地域宗教文化特征的祀神像生器和铜尖底罐等生活用器，这表明强国上层意识形态总体上已经接纳周制，被周纳入礼乐体系内。

（6）此时，四川盆地东部和成都平原的考古文化面貌差异进一步加大，很可能与成都平原金沙王国衰落、杜宇王朝对盆地东部影响减弱、土著文化兴起有关，这一地区未发现与巴文化政治中心相关的迹象，其族群主要以百濮组成。但在更东的狭义三峡地区，以秭归、巫山为中心，分布着双堰塘遗存，这一遗存的上层统治者为楚人，根据文献记载，其底层人群亦应为巴文化族群中的一部分濮人①，虽然建立了夔国，但是受楚国控制的巴楚复合文化国家，也没有重要的铜器出土，故不是这一阶段巴文化的政治中心。

（7）陕南地区西周至春秋早期缺少考古发现。按照文献记载，这一时期汉中盆地一度有褒国，安康盆地以东、汉水以南一度存在庸国。此外，这一时期巴国政治中心亦应在汉水上游。历史学家童书业也认为姬姓巴国"当近汉水上游"②。褒国或说演变为战国时的苴（作国名时读bā，与褒音近）国，加上褒、庸的文化面貌大体与巴文化接近，可以推知陕南地区大部应为巴文化的分布范围。这个褒国或许就是不少学者推测的武王伐纣中西土八国中与巴文化关系密切的某个部族（因为后来的苴人为巴国属民）。同时考虑到蜀与苴国的特殊关系以及蜀与早期强国的密切联系，汉中盆地西部很可能也是蜀与中原交流的重要通道，其中位于关中与汉中之间的凤县曾出土蜀文化典型陶器尖底罐③，亦可作为证据。

（8）西周至春秋中期，陕南地区鲜少铜器群出土。但有一件铜器需要在此说明。1986年出土于安康王家坝西周遗址的铜器"史密簋"④，约为西周中期偏晚，内底铸铭文93字，内容大意是周王命师俗、史密带南方少数民族军队和齐师东征，然后南伐长必，俘获百余人。其中的少数民族有卢、虎、𤞤等。许多专家认为卢为《尚书·牧

---

① 濮与越一样，是商周时期南方内陆地区和沿海地区两大人群的统称，其内部分支极多，故又称"百濮"和"百越"。《国语·郑语》："夫荆子熊严生子四人：伯霜、仲雪、叔熊、季紃。"韦昭《注》云："熊霜之世，叔熊逃奔濮而从蛮俗。"又注"芈姓，夔、越不足命也"，并说："夔、越，芈姓之别国，楚熊绎六世孙曰熊挚，有恶疾，楚人废之，立其弟熊延。挚自弃于夔，其子孙有功，王命为夔子。"又曰："蛮芈，谓叔熊在濮从蛮俗。"可见，夔国主要是由百濮之一支构成的。从考古学文化上看，双堰塘遗存以广义巴文化遗存为大宗，推测这支濮人应为抽象概念意义上的"巴文化人群"。（周）左丘明撰，（吴）韦昭注：《国语》，《景印文渊阁四库全书》第406册，台北：台湾商务印书馆，1986年，第144~146页。

② 童书业：《童书业历史地理论集·古巴国辨》，童书业：《童书业著作集》，北京：中华书局，2008年，第580页。

③ 陕西省文管会：《凤县古文化遗址清理简报》，《文物参考资料》1956年第2期。

④ 李启良：《陕西安康市出土西周史密簋》，《考古与文物》1989年第3期。

誓》中武王伐纣之卢，西周时在汉水与丹江交界之西、荆山之东一带；虎是"虎为图腾的巴人的一个支族"[1]；㵼当时在陇南一带[2]。徐良高认为，"《史密簋》铭文所记载的内容可能就是巴国的贵族史密受命率领自己的家族武装和巴国所辖的一些部族武装参与对东方一些反叛部族的战争，围攻长必，最终获胜的历史事件"，"出土史密簋的陕西安康一带可能就是西周时期的巴国所在地。"[3]其说大体可从。

（9）西周至春秋中期，巴文化族群可能存在若干小的政治实体。但从文献看，这一时期最大的政治实体依然是巴国。从考古发现实证角度看，巴文化政治中心目前尚不明确，这与周王朝对自己安全的关注有关。周立国后，除了将参与伐纣蜀人中的部分强人迁封于宝鸡以裂蜀外，并新封属于巴文化族群的褒国于汉中咽喉之地以扼巴，从而在战略上屏蔽巴、蜀对周的威胁。周大概从商代晚期已经给汉中盆地的宝山文化主人形成了相当大的压力。赵丛苍的研究表明：城洋铜器群中时代越晚的青铜器，其地点越靠近汉中盆地最东部[4]。这说明宝山文化人群的政治宗教中心在不断东移，西周政权建立后，城洋铜器群亦彻底消失，正是周苦心孤诣的结果。到西周时期，从史密簋出土位置信息看，巴文化政治中心可能已进一步东移到安康盆地甚或沿汉水更靠东的地区。但西周时期周王朝对地方控制较商代加强，铜资源被进一步垄断，诸侯主要通过赏赐方式获得铜料；同时，由于周王朝对巴、蜀的防范意识较强，巴、蜀——特别是蜀被进一步封闭在盆地内陆，缺少与域外青铜文化交流的途径，所以我们极少看到这一时期的巴蜀文化铜器（特别是铜容器，竹瓦街青铜容器是一个特例，均为商末至西周早期的十二桥文化遗留），即使保留下来的兵器，也具有殷商至西周初期的风格，缺少时代变化和时代特征。如果说三星堆-金沙铜器群、城洋铜器群是巴蜀文化青铜发展阶段的"古典期"，那西周中期至春秋早期堪称巴蜀青铜文化的"空白期"[5]（表2-1-1）。

---

① 陈全方、尚志儒：《史密簋铭文的几个问题》，《考古与文物》1993年第3期。
② 张世超：《史密簋"甜"字说》，《考古与文物》1995年第4期。
③ 徐良高：《周之南土：巴国与巴文化刍议》，《四川文物》2018年第4期。
④ 赵丛苍：《城固洋县铜器群综合研究》，《文博》1996年第4期。
⑤ 江章华认为金沙遗址人防地点有几座属于春秋早期（均只出土铜剑），金沙遗址黄河地点M592（出土铜削、三角援戈、斤、剑）、M651为春秋中期（出土铜矛、剑）；杨振威等指出金沙遗址黄河地点M503出土青铜无穿柳叶形剑属春秋早期。这些发现极为零星、数量少、种类单一，主要是兵器，缺少十二桥文化时期的铜容器、像生器等，也和春秋晚期以后较多出现釜、鍪、釜甑和楚文化容器有较大区别。即使不考虑黄河地点M592、M651的铜器年代判断可能略微偏早这一因素，总体上仍可将新一村文化时期称为空白期。参见江章华：《金沙遗址的初步分析》，《文物》2010年第2期；周丽、江章华：《试论成都平原春秋时期考古学文化》，《考古》2020年第2期；杨振威、左志强、陈云洪：《成都金沙遗址"黄河"地点二层下墓葬年代及相关问题》，《四川文物》2017年第4期。

　　由于巴蜀文化青铜器群的"空白"，我们只能从文献中去寻找巴文化政治中心。西周时期巴文化政治中心应位于今陕南汉中东部至安康盆地。《左传》詹桓伯举周之疆域曰："及武王克商……蒲姑、商奄，吾东土也；巴、濮、楚、邓，吾南土也。"[①]其时，邓国处今河南邓州市至湖北襄阳北部一带，邻近汉水上、中游交界处[②]。成王分封先王功臣时，熊绎封于丹淅之地，立楚国都于丹阳（地在今河南省淅川县），后则逐渐南扩，抵汉水南北附近。濮当为"百濮"中处汉水者，位于楚之西、巴之东。由此观周之南土，巴、濮、楚、邓，自西而东一字排开，恰沿汉水上游下段成一线。这样看来，作为南土的巴国政治中心应在靠近周王朝政治中心南边不远处，最可能在汉中东部至安康盆地一带。西周时，汉水上游及以南地区还有若干小国，包括庸（陕西岚皋、镇坪以及湖北的竹山、房县一带）、麇（湖北郧阳、房州一带）、卢（今湖北南彰）、罗（今湖北宜城市西一带）等。除卢为西戎迁至汉水一带的民族外，庸、麇、罗应该都是"百濮"之民，故詹桓伯统称为"濮"[③]。濮民分布范围极广，大约在四川盆地中、东部至江汉平原一带。春秋时期，庸逐渐崛起为大国，麇次之，故古人不再以濮通称这些国家。春秋以来，濮则专指分布更南的"离居"濮人，按《左传》孔颖达《正义》描述"是濮为西南夷也。……濮夷无君长揔统，各以邑落自聚"[④]。《正义》就周初"巴、濮、楚、邓，吾南土也"释说："然则巴、楚、邓，中夏之国，唯濮为远夷耳。"[⑤]

　　从巴国分布地域看，虽然其上层统治者来由众说纷纭，但底层民众应该包括了大

①　（周）左丘明传，（晋）杜预注，（唐）孔颖达正义：《春秋左传正义》，北京：北京大学出版社，2000年，第1460页。

②　从湖北谷城县庙滩镇擂鼓台2座春秋早期墓出土的"邓子孙白"鼎、"邓子白"戈看，极盛时的邓国辖地曾跨越汉水向西南到达今襄阳市西北的谷城县。参看王先福：《考古学视域下的邓国地望新探》，《江汉考古》2021年第2期。

③　《左传》文公十六年（前611年）："麇人帅百濮聚于选，将伐楚。"《正义》解释："《牧誓》武王伐纣，有庸濮从之。孔安国云：'庸濮在江汉之南。'是濮为西南夷也。"参见（周）左丘明传，（晋）杜预注，（唐）孔颖达正义：《春秋左传正义》，北京：北京大学出版社，2000年，第649页。

④　《左传》文公十六年（前611年）："夫麇与百濮，谓我饥不能师，故伐我也。若我出师，必惧而归。百濮离居，将各走其邑。谁暇谋人？"《正义》："（百濮）是无君长统之。"《释例》："建宁郡南有濮夷。濮夷无君长揔统，各以邑落自聚，故称百濮也。"《左传》这段话及《正义》的解释，点明了濮人的社会特征。参见（周）左丘明传，（晋）杜预注，（唐）孔颖达正义：《春秋左传正义》，北京：北京大学出版社，2000年，第649页。

⑤　（周）左丘明传，（晋）杜预注，（唐）孔颖达正义：《春秋左传正义》，北京：北京大学出版社，2000年，第1460页。

量濮人，到战国时期，巴国的属民仍有"濮、赏、苴、共、奴、獽、夷、蜑之蛮"①。由此，巴、庸、麇、罗，加上上文所述的夔，应该都有"百濮"的本底。从物质文化上看，西周至春秋中期以前的鄂西和四川盆地东部，虽命名为不同考古文化，但总体上具有亲缘关系。汉水上游干流缺少这一时代的遗址发现，但在南侧支流腹地，考古揭露其具有巴、楚文化相混杂的状况。例如，湖北竹山县小府坪遗址、红花湾遗址，其"陶器具有浓郁的巴蜀文化特征"，应该是原庸国境内巴、楚文化的交汇带②。巴文化因素器物出现在汉水上、中游之交，也从一个侧面说明了汉水上游文化与鄂西、四川盆地东部具有较强的相似性，因底层濮民之故，均属于一个大的巴文化系统。故《华阳国志》记武王伐纣，巴人"前歌后舞"，而《尚书》记参与其事者有"庸、蜀、羌、髳、微、卢、彭、濮人"③，而独无巴，或因濮无统一国家，应该就是以濮代巴的结果吧。

巴、楚、邓三国的这种空间格局至少维持到春秋早中期。《左传》记桓公九年（前703年），"巴子使韩服告于楚，请与邓为好。楚子使道朔将巴客以聘于邓。邓南鄙鄾人攻而夺之币，杀道朔及巴行人。楚子使薳章让于邓，邓人弗受。夏，楚使斗廉帅师及巴师围鄾。邓养甥、聃甥帅师救鄾。三逐巴师，不克。斗廉衡陈其师于巴师之中，以战，而北。邓人逐之，背巴师，而夹攻之。邓师大败，鄾人宵溃"④。过去学者们对这一事件的解释倾向巴附庸于楚，与邓通商尚需征得楚的同意。笔者认为，春秋早期，楚国虽然开始逐渐强大，但尚未吞并江汉诸姬，到楚武王、楚文王时期仍"土不过同"⑤，古代方圆百里为一同，巴国不至于羸弱到需依附楚的地步。笔者认为，这一事件主要展示了巴、楚、邓的地理关系。春秋早期，楚国开始向南发展，蚡冒时"始启濮"⑥。童书业先生提出此时楚郢都在宜城⑦，石泉、张正明亦多有论证。笪浩波根据清华简《楚居》及相关考古材料，亦认为春秋早期（武王、文王）楚国中心区

①　（晋）常璩撰：《二十五别史·华阳国志》，济南：齐鲁书社，2000年，第3页。

②　湖北省文物考古研究所：《湖北十堰潘口水电站三处古遗址的发掘》，《江汉考古》2009年第4期。

③　（汉）孔安国传，（唐）孔颖达疏：《尚书正义》，北京：北京大学出版社，1999年，第284页。

④　（周）左丘明传，（晋）杜预注，（唐）孔颖达正义：《春秋左传正义》，北京：北京大学出版社，2000年，第216、217页。

⑤　《左传》昭公二十三年："……若敖、蚡冒，至于武、文，土不过同。"（周）左丘明传，（晋）杜预注，（唐）孔颖达正义：《春秋左传正义》，北京：北京大学出版社，2000年，第1657页。

⑥　"楚蚡冒于是乎始启濮。"（汉）司马迁撰，（南朝）裴骃集解，（唐）司马贞索隐，（唐）张守节正义：《史记·楚世家》，北京：中华书局，1999年，第1391页。

⑦　童书业：《春秋左传研究》，上海：上海人民出版社，1980年，第241～243页。

域在宜城平原一带①。加上始封地，此时的楚疆跨越汉水，大致包括淅川、丹江口、谷城、襄阳西、宜城市一带，其南部境域西不过沮水，东不过汉水。因此，巴国要与邓国交好（古代诸侯派使者见别国诸侯叫作"聘"，为诸侯之间邦交的礼仪），发展官方性质的交往与通商，必然要越过楚境，故需"告于楚"，由楚使带领过境，这也是从古至今国家间外交的通常惯例，同时也从侧面证明了巴的政治中心在楚之西的汉水上游地区。

春秋时期，周王室东迁，关中故地为秦所有。《华阳国志》："周之仲世，（巴）虽奉王职，与秦、楚、邓为比。"②关于"比"的意思，既有与秦、楚、邓大国比肩的意思，也有比邻之意。若是后者，巴与秦、楚、邓同时接邻（此时楚进一步向南、向东发展，汉水上游末段以北原丹阳故地部分区域已放弃，而庸等在汉水上游南侧，邓、巴、秦正好填补楚的真空，为三国接壤之原因），其北疆必然在汉水上游一带，并向东北发展至庸、麇的北侧，与庸、麇等国北部接壤。按《左传》记载，公元前676年，巴、楚联军曾伐申，后楚"惊其师"，巴因而叛楚，"而伐那处，取之"。楚守城大将阎敖因弃城逃跑而被杀，"（阎敖）其族为乱。冬，巴人因之以伐楚"。公元前675年，"楚子御之，大败于津"③，申在今河南南阳。那处一说在湖北荆门东南，一说在湖北钟祥西北，考虑春秋早中期之际楚之疆域，当以后说为是。津在湖北宜城南。结合上文巴楚联军所伐之鄾（在今湖北襄阳东北不远处），可见巴国军队的进军路线总是在今襄阳附近向东北攻打鄾和申，楚、巴反目后，巴军再自北而南，沿汉水中游而下，西向攻打楚国沿汉江中游的城邑。因此，我们推测，巴国军队应该是在汉水上游的楚国西北边，顺汉水而下，再反向攻打楚国东境的。巴国军队出发之地，自然也是巴国政治中心所在地。

五、从南土到南蛮：春秋战国时期的巴蜀

春秋中晚期以来，巴蜀青铜文化从"空白期"转向"新生期"（表2-1-1）。此时成都平原的考古文化为新一村文化，四川盆地东部为李家坝文化。这一阶段，除战国中期外，青铜器群遍地开花，数量繁多，铜器铸造焕发新活力。除巴文化中尚见部分铜镈于、甬钟、钲为"祭祀"性质埋藏外，其余重要青铜器群均为墓葬出土。此时，

---

① 笪浩波：《多维视野下的春秋早期楚国中心区域——清华简〈楚居〉之楚王居地考》，《长江大学学报（社科版）》2017年第4期。

② （晋）常璩撰：《二十五别史·华阳国志》，济南：齐鲁书社，2000年，第3页。

③ （周）左丘明传，（晋）杜预注，（唐）孔颖达正义：《春秋左传正义》"庄公十八年、十九年"，北京：北京大学出版社，2000年，第297、298页。

巴文化青铜器群、蜀文化青铜器群展现的文化差异逐渐减小甚至难以区分，考古学界多以"巴蜀文化"统称。

在成都平原及周边地区，晚期蜀文化的重大考古发现较多。春秋晚期至战国初的中小墓葬在成都金沙遗址"黄河"地点①、金沙遗址国际花园②、金沙遗址星河路西延线M2725（图2-1-13）③等部分墓葬中有少量铜器出土，铜器有柳叶形剑、双剑鞘、矛、三角援戈、削刀、斤、权杖饰等。

战国早期的蜀文化墓葬有成都青白江双元村M154④、成都无线电机械工业学校（图2-1-14）⑤、三洞桥青羊小区⑥；此外，成都商业街船棺墓地亦为战国早期，作为一处多棺合葬的大型土坑合葬墓，共有9具船棺和8具匣形棺，虽然因被盗只出土了20余件小件铜器，但仍然有163件精美的漆木器，因此推测是"开明王朝甚至蜀王本人的家族墓"⑦。

成都平原及周边地区数量较大、等级较高的战国中期铜器群，以1980年出土的新都马家乡九联墩战国中期偏早大墓为代表，该墓是一座有斜坡墓道的长方形土坑木椁墓，椁内棺室置一独木棺，底有方形腰坑，由于被盗，仅在腰坑内就出土188件青铜器，推测"墓主人为开明九世至十一世中的一世"⑧。该墓腰坑内出土铜器分为两套：一套是各类器物均为5件或一组（少数10件为两组），计有鼎5、豆形器5、壶10（分为二型，各5）、罍5、三足盘形器5、釜5、鍪5、甬钟5、匕5、剑10（中原式、巴蜀式各5）、刀5、戈30（分四型）、钺10（大、小各5）、矛5、斧5、斤5、曲头斤5、手锯5、削15（大、中、小各5）、凿20（大、小4套）、雕刀5；另一套是2件1组，计有甑釜形甗2、敦2、豆2、浴缶2、盘2、鉴2、匜2、勺2（图2-1-15）。1976年发掘的绵竹清道公社的一座战国中期船棺葬，出土150件铜器⑨。1965年发掘的成都百花潭中学战国

①　成都文物考古研究所：《成都市金沙遗址"黄河"地点墓葬发掘简报》，成都文物考古研究所：《成都考古发现（2012）》，北京：科学出版社，2014年，第177～217页。

②　成都文物考古研究所：《金沙遗址国际花园地点发掘简报》，成都文物考古研究所：《成都考古发现（2004）》，北京：科学出版社，2006年，第118～175页。

③　成都文物考古研究所：《金沙遗址星河路西延线地点发掘简报》，成都文物考古研究所：《成都考古发现（2008）》，北京：科学出版社，2010年，第75～140页。

④　成都文物考古研究院、青白江区文物保护中心、四川大学考古学教学示范中心：《四川成都双元村东周墓地一五四号墓发掘》，《考古学报》2020年第3期。

⑤　成都市博物馆：《成都出土一批战国铜器》，《文物》1990年第11期。

⑥　成都市文物管理处：《成都三洞桥青羊小区战国墓》，《文物》1989年第5期。

⑦　成都文物考古研究所：《成都商业街船棺葬》，北京：文物出版社，2009年，第131页。

⑧　四川省博物馆、新都县文物管理所：《四川新都战国木椁墓》，《文物》1981年第6期。

⑨　四川省博物馆：《四川绵竹县船棺墓》，《文物》1987年第10期。

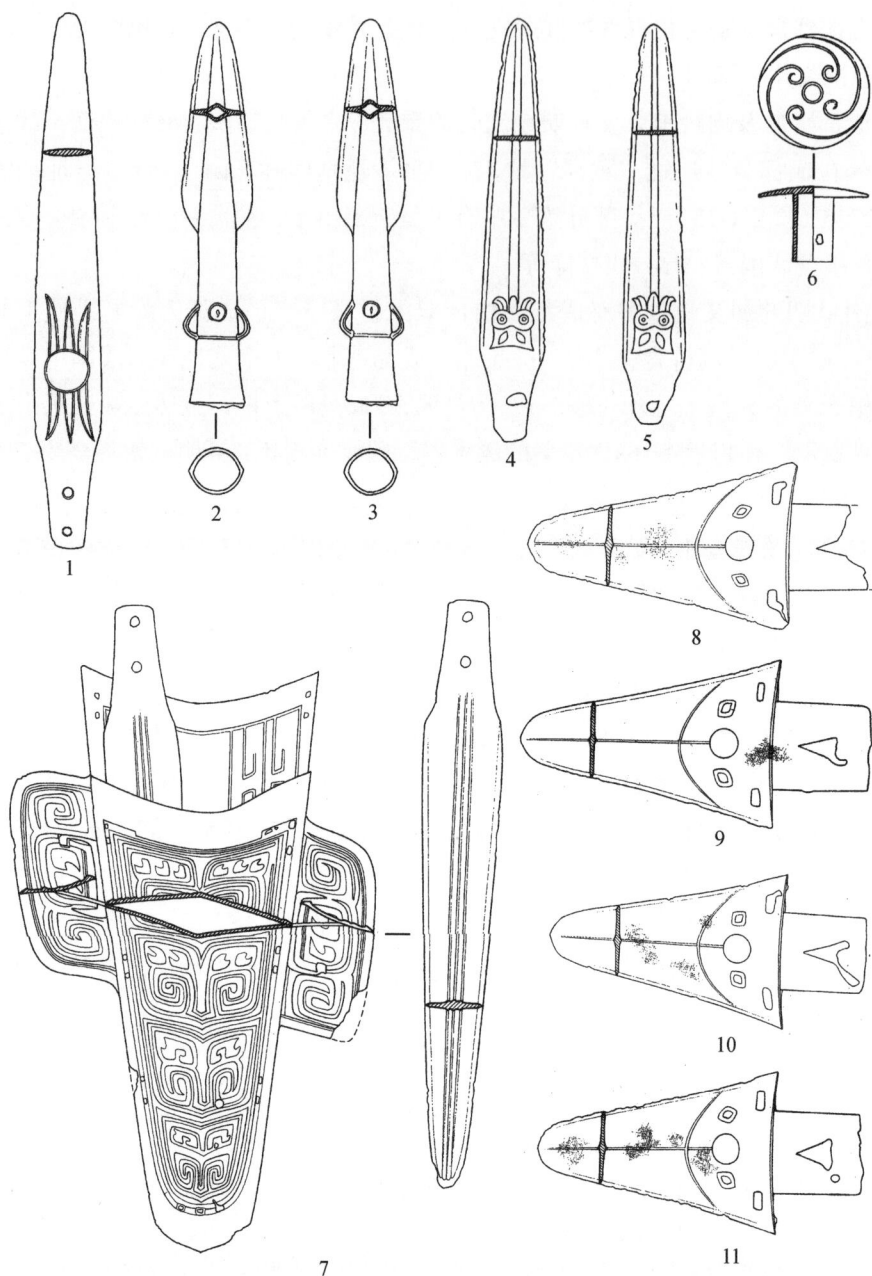

图2-1-13　四川成都金沙遗址星河路西延线地点M2725出土春秋末期铜器群

1、4、5.剑（M2725东：34、M2725东：17、M2725东：10）　2、3.矛（M2725西：1、M2725东：21）

6.剑镡（M2725东：14）　7.带鞘铜剑（M2725东：13）　8～11.戈（M2725东：5、M2725东：28、
M2725东：27、M2725东：8）

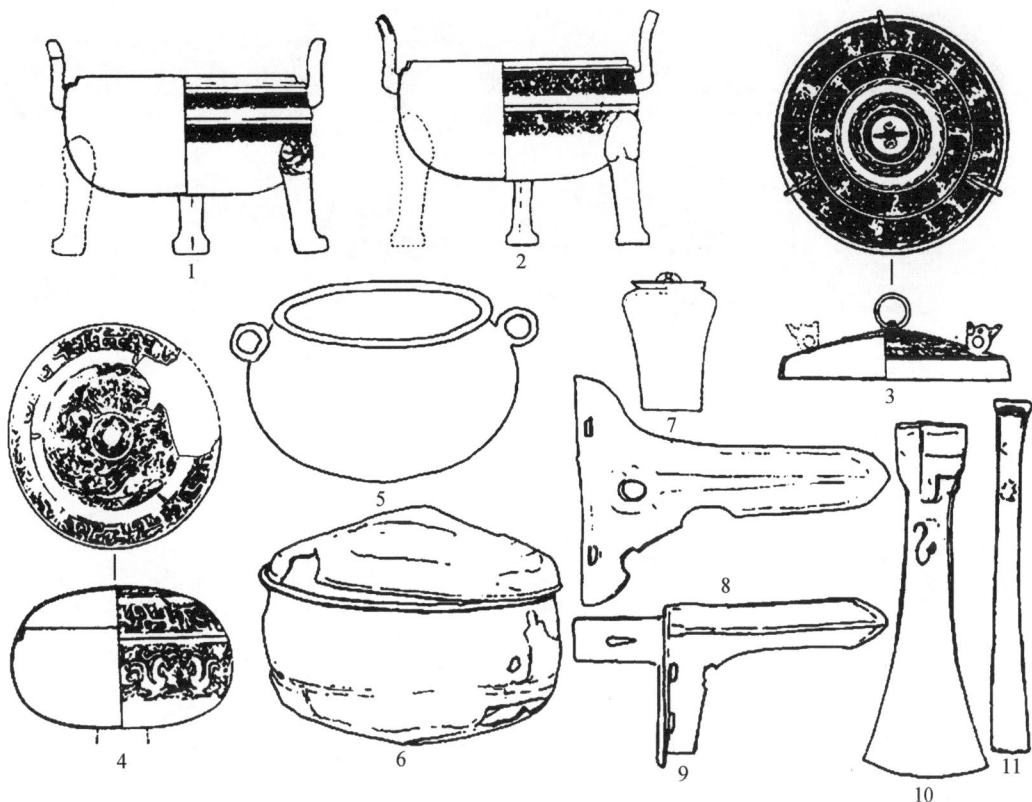

图2-1-14 四川成都无线电机械工业学校战国早期铜器群

1、2.鼎 3.鼎盖 4.盖豆 5.釜 6.尖底盒 7.錞于 8.三角援戈 9.中胡戈 10.斧 11.曲头斤

中期10号墓，共出土47件铜器[①]。

战国晚期的蜀文化青铜器群以成都十二桥遗址新一村M1出土铜器较为典型，该墓为船棺葬墓，共出土青铜器17件[②]，计有壶、鍪、釜、盘、甑、剑、戈、矛、钺、胄、凿、斧、锯、鸭头形饰（鸠杖首），其中剑、矛各2件（图2-1-16）。1955年发掘的成都羊子山172号战国晚期墓，出土53件铜器[③]。此外，1988年什邡城关发现一处战国秦汉墓地64座[④]，虽出土铜器较多，但单个墓葬铜器均较少。

在现重庆和川东的巴文化地区，这一时期铜器非常多，出土地点遍及长江、嘉陵江、乌江沿岸，有的深入二级或三级小流域，绝大多数为墓葬出土。较为重要的青铜

① 四川省博物馆：《成都百花潭中学十号墓发掘记》，《文物》1976年第3期。

② 成都市文物考古研究所：《成都十二桥遗址新一村发掘简报》，成都市文物考古研究所：《成都考古发现（2002）》，北京：科学出版社，2004年，第172～208页。

③ 四川省文物管理委员会：《成都羊子山第172号墓发掘报告》，《考古学报》1957年第4期。

④ 四川省文物考古研究院、德阳市文物考古研究所、什邡市博物馆：《什邡城关战国秦汉墓地》，北京：文物出版社，2006年，第112～185页。

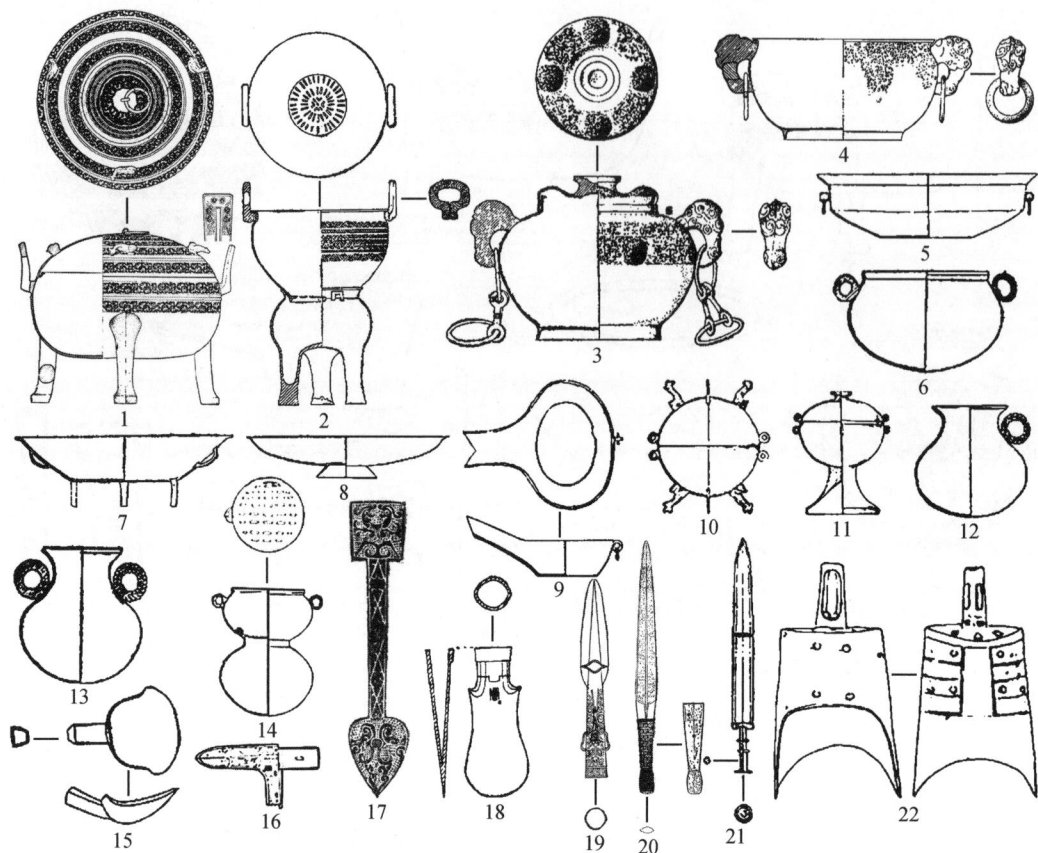

图2-1-15　四川新都马家九联墩大墓出土战国中期铜器群

1.鼎　2.甗　3.浴缶（罍）　4.鉴　5.盆　6.釜　7.三足盘形器　8.豆形器　9.匜　10.敦　11.豆
12、13.鍪　14.釜甑　15.勺　16.戈　17.匕　18.钺　19.矛　20、21.剑　22.甬钟

器群有四川宣汉罗家坝、重庆涪陵小田溪、奉节永安镇等。

　　罗家坝墓地49座墓出土铜器531件，时代从春秋战国之交延续到西汉初，包括礼器、生活工具、生产工具、兵器、服饰器及杂器等，有鍪、釜、盆、壶、敦、鼎、缶、簠、甗、罍、豆、鉴、匜、盒、箭镞、戈、矛、剑、钺、镦、斧、削刀、凿、斤、刻刀、锯、刀、器座、勺、匕、带钩、铃、印章、璜、镜、挂饰、鱼钩、练、瓶形饰、长方形饰件、装饰品、鸟头饰件等①。报告将该墓地分为六期，时代从春秋晚期延续至西汉中期。其中出土铜器较多的有春秋晚期至战国早期的M33，共131件，上述铜礼器绝大部分出土于该墓（图2-1-17）。另外战国早期的M2亦出土18件铜器，铜容器有敦、壶，以水陆攻战宴乐弋、射纹铜豆、狩猎纹铜壶较重要。其他墓葬以巴蜀式

———————————

①　四川省文物考古研究院、达州市文物管理所、宣汉县文物管理所：《宣汉罗家坝》，北京：文物出版社，2015年。

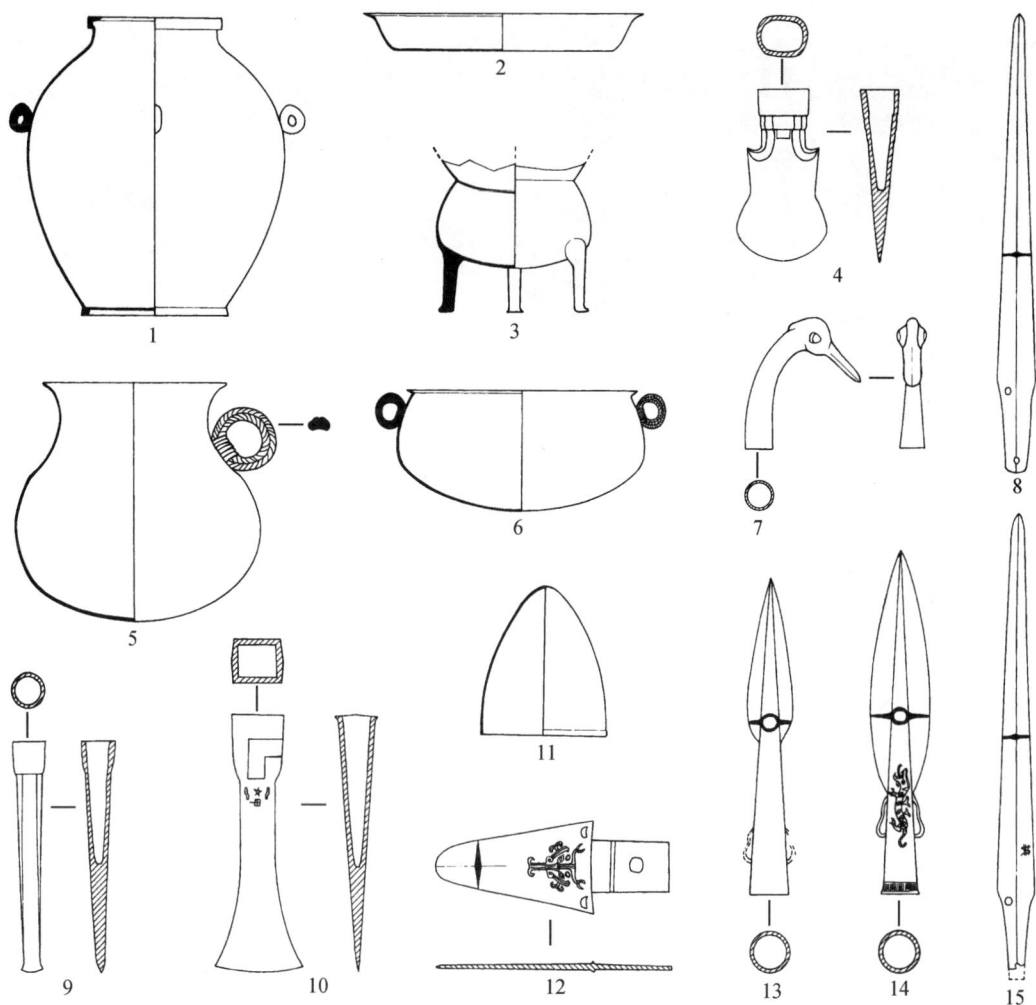

图2-1-16　四川成都新一村M1出土战国晚期铜器群

1.壶（M1∶24）　2.盘（M1∶9）　3.甑（M1∶91）　4.钺（M1∶10）　5.鍪（M1∶90）　6.釜（M1∶93）
7.鸭头形饰（M1∶11）　8、15.剑（M1∶14、M1∶15）　9.凿（M1∶8）　10.斧（M1∶12）　11.胄（M1∶3）
12.戈（M1∶13）　13、14.矛（M1∶4、M1∶5）

兵器、工具为主，偶见鍪、釜、釜甑生活用器，与普通巴蜀文化墓葬无异。

重庆奉节永安镇遗址发掘100多座战国至两汉时期墓葬，其中战国墓葬27座，出土礼器、生活用器、乐器、兵器、工具、车马、杂器等大量铜器。M99出土鼎、錞于、钲、勺、枓、樽、剑、戈、矛、钺、弩机、镞、斧、斤、凿、锯、带钩、包金铜泡、鎏金车軎、釦饰等数十件铜器（图2-1-18），M66出土罍（缶）、鼎、壶、敦、洗、簋、匜、提梁盉（鐎）、器盖、鎏金带钩、奁饰、错银铜车軎、车轭帽等约20件铜

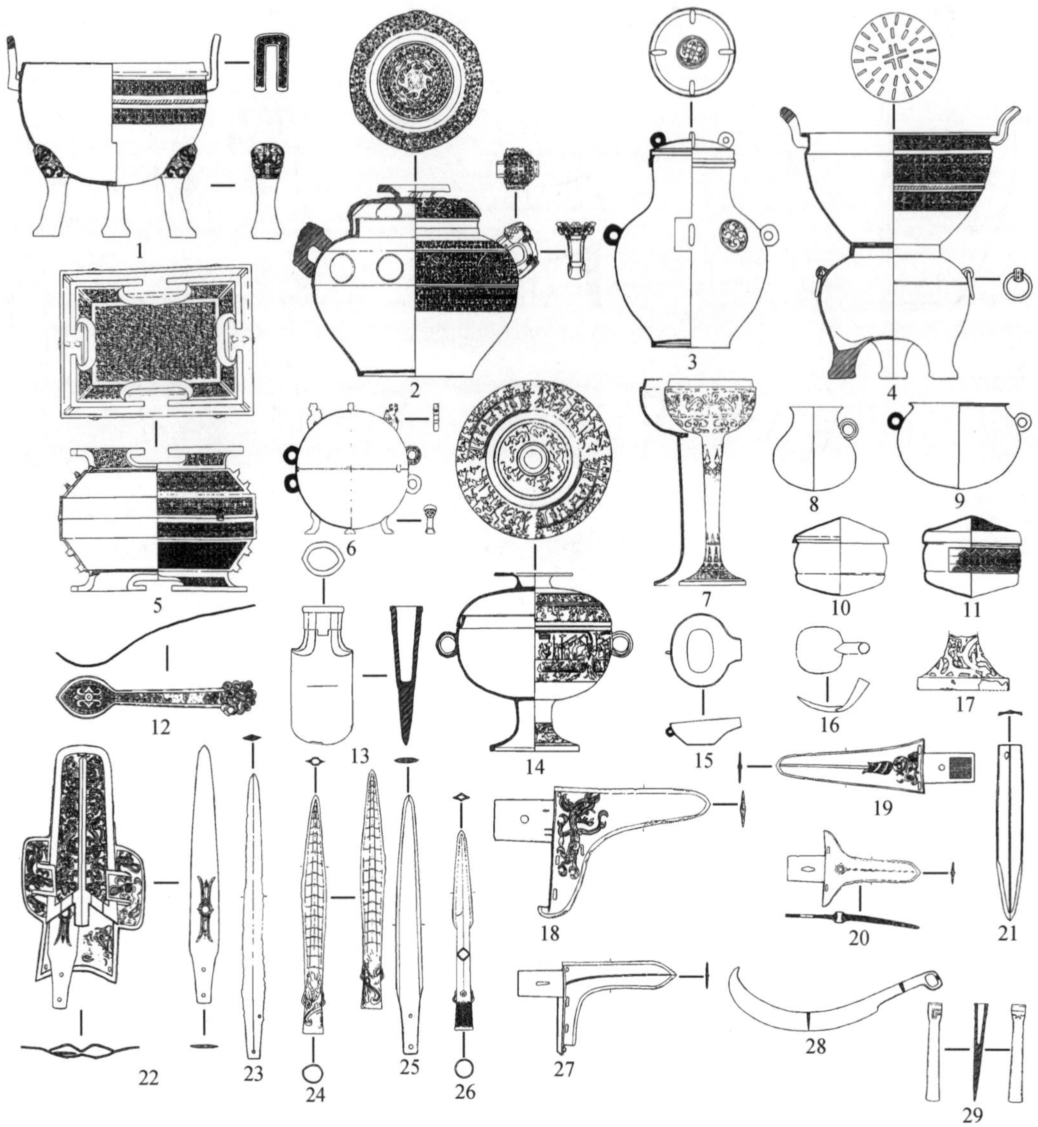

图2-1-17　四川宣汉罗家坝遗址M33出土战国早期铜器群

1.鼎（M33：197）　2.罍（M33：201）　3.尊缶（M33：200）　4.瓿（M33：199）　5.簠（M33：19）
6.敦（M33：50）　7、14.豆（M33：26、M33：18）　8.鍪（M33：22）　9.釜（M33：21）　10、11.尖底盒
（M33：202、M33：200）　12.匕（M33：126）　13.钺（M33：69）　15.匜（M33：128）
16.勺（M33：177）　17.器座（M33：12）　18、27.中胡戈（M33：100、M33：99）　19.条形援戈
（M33：103）　20.三角援戈（M33：153）　21.刻刀（M33：160）　22.剑及双剑鞘（M33：150）
23.剑（M33：117）　24、26.矛（M33：93、M33：92）　25.剑（M33：76）　28.刀（M33：28）
29.凿（M33：76）

图2-1-18 重庆奉节永安镇遗址M99出土部分战国中期青铜器和包金铜器群

器。M28出土鼎、提梁盉（鐎）、匜、箕、釜甑（三长足）等7件铜器[①]。渠县城坝遗址在2019年进行的第6次考古发掘中，首次揭露东周墓葬4座，这批墓葬均为狭长方形土坑墓，大型墓葬的葬具为船棺，墓主人均为屈肢葬或二次葬。其中M45规模较大，在墓室底部的一侧设置有器物坑，内放置11件青铜器。M45出土器物较多，主要包括

① 李伯谦：《中国出土青铜器全集（18）》，北京：科学出版社·龙门书局，2018年，第80、82、84、87、91、100、104页；重庆市文物考古所、重庆市文化遗产保护中心：《重庆文物考古十年》，重庆：重庆出版社，2010年，第65、67～69、73～75页。

铜器、陶器、玉器等70余件（套）。其中铜器主要包括浴缶、尊缶、錞于、甬钟、钲、瓠、匜、剑、鐎、釜、釜甑、印章、龟等，陶器主要为罐和豆，玉器主要是龙纹玉佩、玛瑙环、蜻蜓眼琉璃珠、料珠等装饰品[1]。

　　重庆涪陵小田溪墓地1972年[2]、1980年[3]、1983年、1993年[4]、2002年[5]、2005～2007年[6]共进行6次发掘，清理战国至汉代墓葬25座，出土铜礼器、乐器、生活用器、车马器、兵器、杂件等400余件/套（不含1983年涪陵博物馆清理M8出土铜器，下同），其中，出土铜器量最多的墓葬为M1（105件/套），出土铜器较多的有M2（21件/套）、M3（39件/套）、M9（46件/套）、M10（38件/套）、M12（48件/套）、M15（46件/套）等，出土少量铜器的有M4（9件/套）、M5（10件/套）、M20（9件/套）等。礼器有壶（锺）、鼎、罍、尊缶、浴缶、鸟形尊、盒、俎、豆、盘、鉴等，乐器有编钟（甬钟）、錞于、钲、铃等，生活用器有釜、鐎、釜甑、勺等，生产工具有削、锯、斤、斧等，兵器有戈、矛、剑、钺、戟、盔（胄顶）、镞、弩机等，另有车马器、服饰用器等。比较重要的铜器有14件/套铜编钟（M1）、甬钟（M1、M2、M12）、錞于（M2、M12）、钲（M1、M2、M12）、尊缶（M1）、浴缶（M1）、错银铜壶（M3、M12）、鸟形尊（M10）、玉具剑（M12）和铜俎、豆、夹组合（M1、M12）等（图2-1-19）。

①　陈卫东：《四川渠县城坝遗址2019年度考古发掘》，《大众考古》2020年第2期。

②　四川省博物馆、重庆市博物馆、涪陵县文化馆：《四川涪陵地区小田溪战国土坑墓清理简报》，《文物》1974年第5期。

③　四川省文物管理委员会、涪陵地区文化局：《四川涪陵小田溪四座战国墓》，《考古》1985年第1期。

④　四川省文物考古研究所、涪陵地区博物馆、涪陵市文物管理所：《涪陵市小田溪9号墓发掘简报》，四川省文物考古研究所：《四川考古报告集》，北京：文物出版社，1998年，第186～196页。

⑤　重庆市文物考古所、重庆市文物局：《涪陵小田溪墓群发掘简报》，重庆市文物局、重庆市移民局：《重庆库区考古报告集·2002卷·中》，北京：科学出版社，2010年，第1339～1375页；重庆市文化遗产研究院、重庆市涪陵区博物馆、重庆市文物局：《重庆涪陵小田溪墓群M12发掘简报》，《文物》2016年第9期，第4～27页。

⑥　2007年发掘的是小田溪附近的陈家嘴遗址，发现了46座战国晚期至秦代的小型竖穴土坑墓，主要出土巴文化遗物，也有靴式钺等越文化因素。陈家嘴遗址的墓葬可能是小田溪贵族墓地守陵人墓地。参见重庆市文物考古所、重庆文化遗产保护中心：《重庆文物考古十年》，重庆：重庆出版社，2010年，第64～67页。

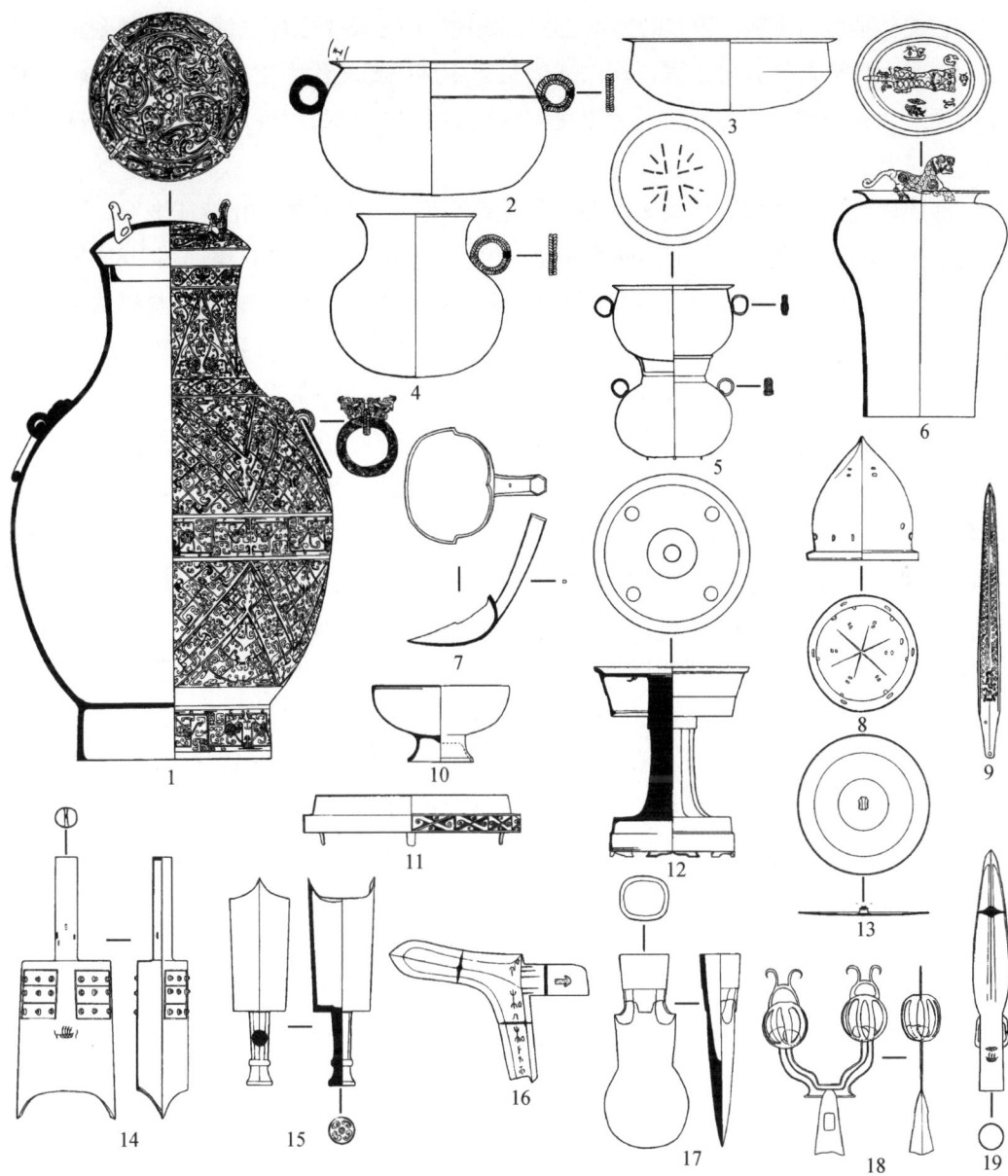

图2-1-19　重庆涪陵小田溪墓群M12出土铜器群

1.错银铜壶（M12∶71）　2.釜（M12∶69）　3.盆（M12∶93）　4.鍪（M12∶93）　5.釜甑（M12∶58、M12∶59）　6.錞于（M12∶36）　7.勺（M12∶139）　8.胄顶（M12∶72）　9.柳叶形剑（M12∶105）10.豆（M12∶57）　11.釦器（M12∶1）　12.俎（M12∶65）　13.镜（M12∶157）　14.甬钟（M12∶34）15.钲（M12∶33）　16.戈（M12∶37）　17.钺（M12∶51）　18.杈头銮铃（M12∶43）　19.矛（M12∶92）

　　巴文化地区出土铜器较多的地点还有三峡地区的云阳李家坝遗址[①]、开州余家坝墓地、万州大坪墓群等，出土铜器均以战国早、中期巴蜀文化为主。在重庆主城附近的冬笋坝墓地、庙嘴墓地和四川广元昭化宝轮院亦出土一批战国晚期至西汉的铜器，但单个墓葬出土铜器并不多。

　　在陕南地区，所发现的战国时期墓葬全系小型墓葬。根据文化特征来看，这些墓葬则分属于巴蜀、秦、楚三个不同的文化。巴蜀墓葬目前共发现11座。其中8座发现于紫阳县金川乡白马石村[②]，另有3座墓葬发现于汉中市周宅村北[③]。白马石村巴蜀墓葬形制为长方形竖穴土坑，墓向基本一致，半数出土随葬品，但随葬品种类单一，只有青铜兵器，且仅见戈、剑两种器形。戈均中胡三穿，其中一件在胡两面各铸有5个铭文，系"巴蜀图语"。另一件在戈内和援之间的两面各铸有一个虎纹，虎纹形态各异，一做侧身匍匐状，一做俯视的卧虎状，颇似"巴蜀图语"。铜剑均喇叭首，茎上有两道凸起的圆箍，与中原等地区战国时期同类剑无异。周宅村北3座战国中期墓葬均为东西向长方形竖穴土坑墓，随葬品以陶器最多，次为铜器。在所出土的27件陶容器中，除有圜底钵、豆各1件外，其余皆为陶圜底釜、圜底罐。7件随葬铜器中，计有銎2件，皆侈口圆腹圜底，颈部有一环形辫索耳；铜剑1件，器身呈柳叶形，扁茎无格；铜矛1件，呈尖叶状，基部两侧有一对弓形耳；铜钺1件，长身平肩束腰弧刃，椭圆形銎；铜斤1件，长身孤刃方銎；此外还有圆球首铜削1件（图2-1-20）。汉中市北郊杨家山[④]（随葬品主要有铜鼎4件、钫4件、銎2件、蒜头扁壶2件、甑1件、盘1件、弩机1件、镜1件，另有陶器茧形壶4件、圜底罐4件、彩绘钫1件，玉质印章1件，半两铜钱1246枚）曾发掘一批秦墓。安康市旬阳亦发现两批战国中期楚文化墓葬[⑤]。

———————

　　①　四川联合大学历史系考古专业：《1994～1995年度四川云阳李家坝遗址的发掘》，四川大学考古专业：《四川大学考古专业创建三十五周年纪念文集》，成都：四川大学出版社，1998年，第374～422页；四川大学历史文化学院考古系、云阳县文物管理所：《云阳李家坝东周墓地发掘报告》，重庆市文物局、重庆市移民局：《重庆库区考古报告集·1997卷》，北京：科学出版社，2001年，第244～288页；四川大学历史文化学院考古系、云阳县文物管理所：《云阳李家坝巴人墓地发掘报告》，重庆市文物局、重庆市移民局：《重庆库区考古报告集·1998卷》，北京：科学出版社，2003年，第348～388页；四川大学历史文化学院、重庆市云阳县文物管理所、四川大学考古学系：《重庆云阳李家坝遗址2000年度发掘简报》，《江汉考古》2016年第6期。

　　②　陕西省安康水电站库区考古队：《陕西紫阳白马石巴蜀墓发掘简报》，《考古与文物》1987年第5期。

　　③　何新成：《汉中市石英沙厂清理三座战国墓》，《文博》1987年第6期。

　　④　何新成：《汉中杨家山秦墓发掘简报》，《文博》1985年第5期。

　　⑤　旬阳县博物馆：《陕西旬阳发现战国楚墓》，《文物》1987年第5期；张沛：《旬阳又发现两座战国楚墓》，《文博》1991年第5期。

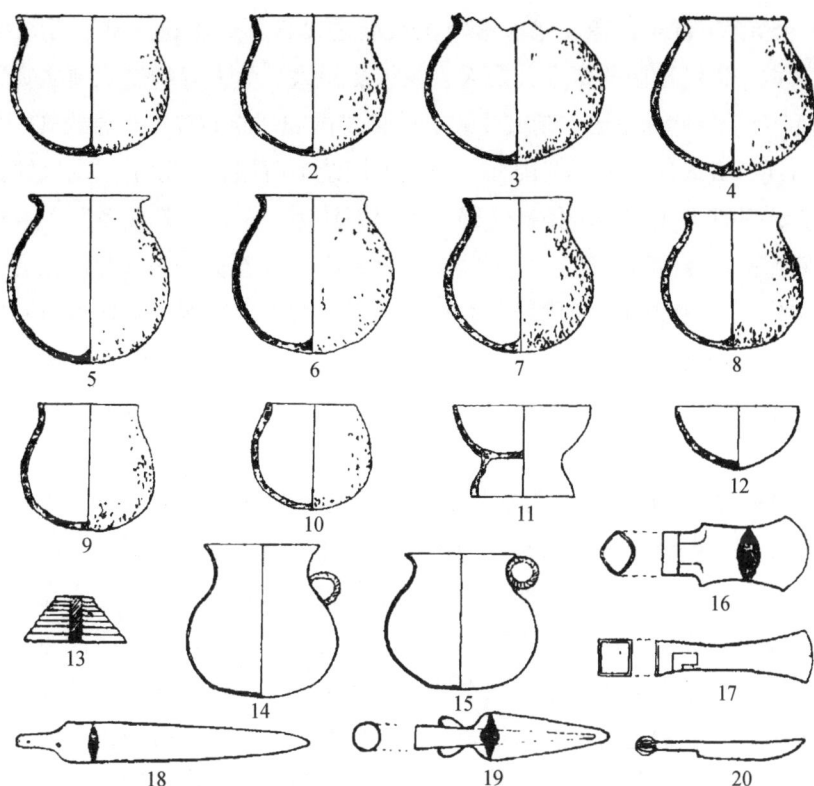

图2-1-20　陕西汉中周宅村北墓群出土战国陶、铜器

1、2、8～10.陶釜（M1：4、M3：1、M3：3、M1：2、M2：6）　3～6.陶圜底罐（M3：4、M3：2、M1：6、
M1：3）　7.夹砂陶罐（M2：5）　11.陶豆（M1：7）　12.陶钵（M3：5）　13.陶纺轮（M3：6）
14、15.铜鍪（M1：1、M2：4）　16.铜钺（M1：8）　17.铜斤（M2：3）　18.铜柳叶形剑（M2：1）
19.铜矛（M2：2）　20.铜削刀（M1：9）

在鄂西北汉水上游及豫西南汉水支流丹江，这一时期没有发现明确属于巴蜀文化
的墓葬。湖北郧县肖家河墓地M1[①]、河南淅川下寺春秋晚期晚段楚墓（M11）[②]都曾出
土春秋晚期扁茎柳叶形剑，汉水中、上游之交的襄阳山湾东周墓地M2曾出土春秋晚期
柳叶形剑1把、虎纹戈1件[③]，此后，这一地区再无巴文化因素的遗物发现。该批墓葬均
为典型的楚文化墓葬，这些具有巴文化因素的兵器，可能是巴东伐遗留下的，也有可
能是庸、麇等留下的，或楚人缴获的巴文化兵器。

根据上述重要青铜器群介绍，可以得到以下基本认识。

①　郧阳地区博物馆：《湖北郧县肖家河春秋楚墓》，《考古》1998年第4期。

②　河南省文物考古研究所、河南省丹江库区考古发掘队、淅川县博物馆：《淅川下寺春秋楚
墓》，北京：文物出版社，1991年，第306页。

③　湖北省博物馆：《襄阳山湾东周墓葬发掘报告》，《江汉考古》1983年第2期。

（1）公元前611年，楚、巴、秦三国灭庸之役，不但庸这一鄂西北汉水以南的大国遭到灭亡，这一地区的麇人、戎人、鯭人、儵人、鱼人等均遭灭顶之灾，百濮则"各走其邑"[①]。这些深受巴、楚文化影响的诸侯国和部族的解体，导致其一部分人群逐渐出走西迁，极大地冲击了蜀国杜宇王朝上层统治阶层，导致了"荆人鳖灵"开明王朝的建立，其都城先在郫（扬雄《蜀王本纪》认为"本治广都樊乡"），后九世开明尚"自梦郭移，乃徙治成都"[②]。这些西迁人群带去了当时的楚文化和以晋文化为代表的中原文化（以刻纹铜器为代表）因素。从考古发现看，战国中期偏早及以前，中原文化、楚文化主要逆汉水而上，再进入四川盆地，其中川东北罗家坝遗址是连接汉水和四川盆地的一个重要节点。战国中期偏晚阶段以来，三峡地区成为楚文化西渐的主通道。

（2）这一时期，巴蜀文化青铜器呈现三个特点：一是尚古倾向。如蜀文化中高等级墓葬出土双剑鞘就源自商周时期的传统；又如战国早中期的铜罍，保留了西周早中期的大致样式；此外，这一时期盛行的三角援戈、双翼式戈也具有商周时期的古朴形态。二是崇楚风尚。最高等级贵族墓葬除随葬巴蜀文化铜器外，往往还有一套鼎、敦、壶、盘、匜为组合的典型楚文化铜器；一般贵族墓葬则多出土鼎、敦、壶、豆或鼎、敦、壶或鼎、壶的楚文化礼器组合。三是创新精神。东周时期，巴蜀文化青铜器生动活泼，在纹样、形制、器形等方面均呈现新气象。青铜器特别是兵器上往往装饰所谓"巴蜀图语"和虎、鱼、鸟等动物图案，辫索纹的双耳釜、双（单）耳鍪、釜甑等炊器和柳叶形剑、烟荷包式钺等兵器颇具地域特色，蜀文化中盛行尖底盒（罗家坝、小田溪等巴文化墓地亦有少量发现），巴文化中较多见铜璜形器，由周式镈于改

---

① 《左传·文公十六年》："楚大饥，戎伐其西南，至于阜山，师于大林。又伐其东南，至于阳丘，以侵訾枝。庸人帅群蛮以叛楚。麇人帅百濮聚于选，将伐楚。于是申、息之北门不启。楚人谋徙于阪高。蒍贾曰：'不可。我能往，寇亦能往。不如伐庸。夫麇与百濮，谓我饥不能师，故伐我也。若我出师，必惧而归。百濮离居，将各走其邑。谁暇谋人？'乃出师。旬有五日，百濮乃罢。自庐以往，振廪同食。次于句澨。使庐戢黎侵庸，及庸方城。庸人逐之，囚子扬窗。三宿而逸，曰：'庸师众，群蛮聚焉，不如复大师，且起王卒，合而后进。'师叔曰：'不可。姑又与之，遇以骄之。彼骄我怒，而后可克，先君蚡冒所以服陉隰也。'又与之遇，七遇皆北，唯鯭、儵、鱼人实逐之。庸人曰：'楚不足与战矣。'遂不设备。楚子乘驲，会师于临品，分为二队，子越自石溪，子贝自仞以伐庸。秦人、巴人从楚师，群蛮从楚子盟，遂灭庸。"参见（周）左丘明传，（晋）杜预注，（唐）孔颖达正义：《春秋左传正义》，北京：北京大学出版社，2000年，第649~651页。

② （晋）常璩撰：《二十五别史·华阳国志》，济南：齐鲁书社，2000年，第27页。

变而来的虎纽镎于[①]则成为巴文化的重要象征。

（3）东周时期大量域外文化因素涌入巴蜀文化区，一方面改变了巴蜀文化铜器的传统组合形式，原先本地盛行的铜尊、罍酒器组合解体，高等级贵族墓葬为铜罍代替，同时受楚文化影响，新出现铜尊缶、浴缶的酒器组合（图2-1-21）；此时，蜀文化贵族墓常见铜甬钟（马家大墓见有粗劣仿制的、背面有支架的5件甬钟）的礼乐器[②]，巴文化则以铜镎于、甬钟、钲为乐器组合（小田溪M2、M12，城坝M45，永安镇M99，贵州松桃窖藏均见出土）；高等级墓葬食器主要是鼎、盘、豆组合，而巴文化中还见有俎、豆、夹（小田溪M1、M12）；炊器以釜、鍪、釜甑（战国中期以前为甗）为常规组合；兵器则形成了剑、矛、钺、戈、镞的固定组合。

另一方面，蜀文化进一步完善了原有的"尚五"制度，如新都马家大墓礼器及实用容器的数量多为5件和2件，兵器和工具的数量为5件或者5的倍数，结合蜀王以"青赤黄白黑"五色而称庙号，将军设"五丁力士"等，可知"五"在蜀礼制秩序中具有最高的象征身份。此外，根据铜礼器、实用容器、兵器及工具数量的不同，同时参照墓葬规模的大小，可以将随葬青铜器的巴蜀墓葬分为四个等级[③]，随葬品有四、三、二、一等不同套数，但这种级差并不稳定和清晰，表明当时尚未完全形成明晰的等级制度。

（4）巴、蜀文化一方面共享中原文化、楚文化的铜器，以及传统的铜釜、鍪、釜甑炊器和铜戈、矛、剑、钺等兵器，呈现出极大的共性；另一方面，巴、蜀文化在铜器上也呈现出一些区别，如蜀文化的铜尖底盒（盛）、三足盘形器等极少见于巴文化分布区，巴文化中的铜俎豆、镎于、钲、鸟形尊等不见于蜀文化铜器群。特别是礼乐器与蜀文化产生了根本区别，镎于、钟、钲形成的固定乐器组合，与《国语·晋语

---

① 镎于最早见于春秋时期的鲁南和江苏一带，后逐渐传播至以今重庆为中心的渝、鄂、湘、黔地区。早期镎于主要是环纽，后发展出虎纽、马纽等。巴文化分布区域所见镎于均为虎纽，据笔者在重庆、陕南、鄂西、湘西北、黔北等地所见，目前有上百件虎纽镎于出土（包括汉代），多为墓葬或坑状遗迹出土。成都无线电机械工业学校墓曾出土环纽镎于1件，该墓时代为战国早期。该器高仅7厘米，似为明器，不具实用功能。此外，成都平原地区再未见镎于出土，更是绝对不见虎纽镎于。参见成都市博物馆：《成都出土一批战国铜器》，《文物》1990年第11期。

② 商代中晚期，三星堆文化、宝山文化中既有自己的祭祀用器，也有来自中原的"尊、罍"礼器，并成为早期巴蜀文化礼制的一部分。西周中晚期，彭州竹瓦街铜器则见较多的罍而仅见1件尊，可见，尊的礼器地位在蜀文化中已大为下降。战国时期，新都马家大墓、成都三洞桥均见有罍、钟随葬，马家大墓印章上的"巴蜀符号"也见有罍、钟组合在一起的情况。川西高原牟托石棺墓及器物坑中多见有巴蜀文化的铜器，墓葬随葬铜容器则见有罍、钟随葬，表明了对巴蜀文化礼制的认同和向往。后者参见茂县博物馆、阿坝藏族羌族自治州文物管理所：《四川茂县牟托1号石棺墓及陪葬坑清理简报》，《文物》1994年第3期。

③ 袁艳玲：《东周时期巴蜀青铜器使用礼制研究》，《江汉考古》2013年第3期。

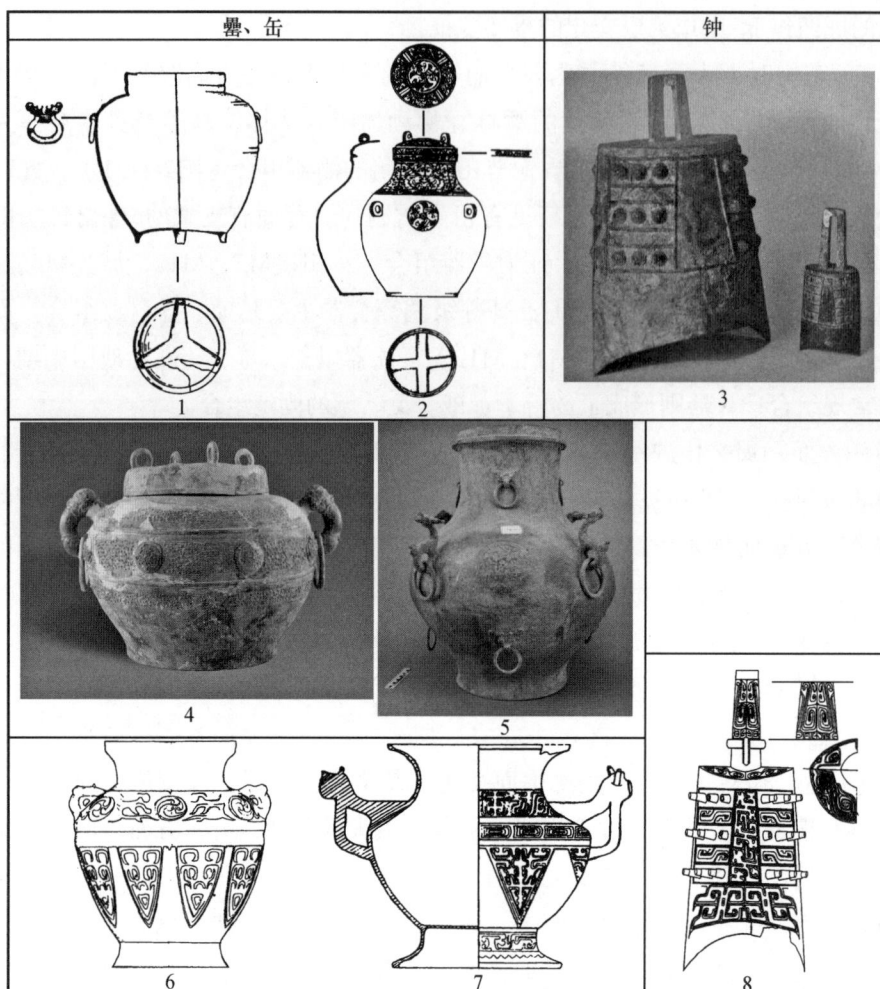

图2-1-21　川渝地区出土的部分战国铜罍、缶、钟

1、6、7. 罍（重庆涪陵小田溪墓群M1：78、四川成都百花潭、四川汶川牟托墓M1：A）　2、5. 尊缶

（重庆涪陵小田溪墓群M1：25、1978年重庆云阳巴阳镇出土）　3、8. 钟（重庆涪陵小田溪墓群M1：79-82、

四川汶川牟托墓M1：B）　4. 浴缶（重庆奉节永安镇M66：20）

五》"战以镎于、丁宁，儆其民也"的记载相合（韦昭注"丁宁，谓钲也"）[1]，也印证了巴文化人群尚武的习俗，是巴、蜀文化青铜礼器的重要区别。同时，从虎纽镎于的出土情况看，它不仅用于战争，也用于宴乐和祭祀。

（5）虽然已有的考古资料还很有限，但仍可看出陕南地区战国时期的巴蜀以及秦、楚墓葬均具有各自不同的文化特征。战国时期，陕南汉中地区主要是秦、蜀、楚

---

① （周）左丘明撰，（吴）韦昭注：《国语》卷18《楚语下》，《景印文渊阁四库全书》，台北：台湾商务印书馆，1986年，第114页。

相争之地，其中早、中期以秦、蜀争夺南郑为主，中、晚期则以秦、楚争夺整个汉中有关①。根据文献记载，汉中部分地区为"苴"的分布地，《华阳国志·巴志》记载苴人为巴的属民，但战国时"蜀王别封弟葭萌于汉中，号苴侯"，而"苴侯与巴王为好"②，可见苴人是巴文化系统人群，苴国在春秋乃至战国早期很可能一直尊巴，战国中期因巴国衰退，才完全归蜀所有，故有"周显王之世，蜀有褒汉之地"③的说法。这一时期，汉中地区在政治上虽然曾一度分属巴、蜀，但其考古出土的巴蜀文物仍具有巴文化特征。例如，汉中西乡县④、安康五里月河北部⑤等就曾出土虎纽錞于，这是巴文化族属特征的典型代表。

（6）今重庆和川东地区，春秋晚期至战国早期的巴文化墓葬目前只发现重庆云阳李家坝和四川宣汉罗家坝遗址，但大宗铜器和重要礼器均出土于罗家坝M33。战国中

---

① 按年代顺序，大约有以下10条。《史记·六国年表》：厉共公二十六年（前451年）"左庶长城南郑"；躁公二年（前441年），"南郑反"；周安王十五年（前387年），"蜀取我南郑"；《史记·秦本纪》：惠公十三年（前387年），"伐蜀，取南郑"；"孝公元年（前361年），河山以东强国六，……楚自汉中，南有巴、黔中。"又载："（秦惠文君更元）九年（前361年），司马借伐蜀，灭之。……十二年，……庶长疾攻楚汉中，取地六百里，置汉中郡。"《史记·楚世家》载："（楚怀王）十七年春（前312年），与秦战丹阳，秦人败我军，斩甲士八万，虏我大将军屈匄、裨将军逢侯丑等七十余人，遂取汉中之郡。……十八年，秦使使约复与楚亲，分汉中之半以和楚。……二十五年（前304年），怀王入与秦昭王盟，约于黄棘，秦复与楚上庸。……（楚顷襄王）十九年（前280年），秦伐楚，楚军败，割上庸、汉北地予秦。二十年，秦将白起拔我西陵。二十一年，秦将白起遂拔我郢，烧先王夷陵。楚襄王兵散，遂不复战，东北保于陈城。二十二年，秦复拔我巫、黔中郡。"《华阳国志·蜀志》："开明位号曰丛帝。丛帝生卢帝。卢帝攻［秦］，至雍。""周显王之世，蜀有褒、汉之地，因猎谷中，与秦惠王遇。""周慎王五年秋（前316年），秦大夫张仪、司马错、都尉墨等从石牛道伐蜀。蜀王自于葭萌拒之，败绩。王遁走至武阳，为秦军所害。"《水经注·沔水》："周显王之世（前368～前321年），蜀有褒汉之地，至六国，楚人兼之。怀王衰弱，秦略取焉。"参见（汉）司马迁撰，（南朝）裴骃集解，（唐）司马贞索隐，（唐）张守节正义：《史记》，北京：中华书局，1999年，第144、145、551、555、571、1414～1417页；（晋）常璩撰：《二十五别史·华阳国志》，济南：齐鲁书社，2000年，第27、29页；（北魏）郦道元著，（清）王先谦校：《合校水经注》卷34《沔水》，北京：中华书局，2009年，第453页。

② （晋）常璩撰：《二十五别史·华阳国志》，济南：齐鲁书社，2000年，第28页。

③ （北魏）郦道元著，（清）王先谦校：《合校水经注》卷34《沔水》，北京：中华书局，2009年，第453页。

④ 唐金裕：《汉水上游巴文化的探讨》，《文博》1984年第1期。

⑤ 徐信仰：《安康拣选的几件青铜器》，《考古与文物》1991年第3期。

期出土较多巴文化铜器的墓葬进一步扩张到重庆开州余家坝①、奉节永安镇、万州大坪墓群②等，战国晚期出土较多巴文化铜器的墓葬有重庆涪陵小田溪、九龙坡冬笋坝、北碚庙嘴墓地、四川广元昭化宝轮院等，其扩散大体呈由北向南、从东到西的态势，可能反映了巴国政治中心的迁移大态势。

（7）小田溪墓群出土大量体现墓主高等级身份的铜器、玉器，推测可能属于秦举巴蜀后"以巴氏为蛮夷君长"的廪君蛮君长和贵族的墓葬，也是《华阳国志》所谓"其先王陵墓多在枳"的重要旁证③。城坝遗址以前就曾采集到錞于和钲，2019年又出土铜錞于、甬钟、钲这类代表巴文化墓葬等级和特点的遗物，时代大约在战国中晚期至西汉初，考虑到该遗址曾为西汉的賨城④，因此可以推测，城坝遗址很可能是板楯蛮某些渠帅的中心城邑。

（8）春秋中期楚、秦、巴三国灭庸后，不但对蜀文化有较大影响，对巴文化的发展也有重大促进。由于巴、楚之间缺少了庸这一大国的缓冲，一方面，巴国的地缘形势也发生了重要变化，很可能获得了庸国一部分靠西的土地；另一方面，鄂西北地区的南部、四川盆地东部出现了政治真空，为巴国扩张或政治中心南迁创造了条件。《左传》孔颖达《正义》"文十六年，与秦、楚灭庸。（巴）以后不见"⑤，即公元前611年后，巴国开始经营南部疆域，很可能将关注重点转移到了南方。战国以前，四川

---

① 山东大学考古学系、重庆市文物局、开县文物管理所：《开县余家坝墓地发掘简报》，重庆市文物局、重庆市移民局：《重庆库区考古报告集·2000卷》，北京：科学出版社，2007年，第671～689页；山东大学考古系、重庆市文物局、开县文物管理所：《开县余家坝墓地2001年发掘简报》，重庆市文物局、重庆市移民局：《重庆库区考古报告集·2001卷》，北京：科学出版社，2007年，第1429～1448页；山东大学东方考古研究中心、开州区文物管理所：《开县余家坝墓地2002年度发掘简报》，重庆市文物局、重庆市水利局：《重庆库区考古报告集·2003卷》，北京：科学出版社，2019年，第720～734页。

② 益阳市文物管理处、重庆市文物局、重庆市文物考古所、重庆市万州区文物管理所：《万州大坪墓群2001年度发掘简报》，重庆市文物局、重庆市移民局：《重庆库区考古报告集·2001卷》，北京：科学出版社，2007年，第1322～1347页；重庆市文化遗产研究院、益阳市文物管理处、万州区文物管理所：《万州大坪墓群2003年度发掘简报》，重庆市文物局、重庆市水利局：《重庆库区考古报告集·2003卷》，北京：科学出版社，2019年，第1545～1584页；重庆市文化遗产研究院、益阳市文物管理处、万州区文物管理所：《万州大坪墓群2003年度第二次发掘简报》，重庆市文物局、重庆市水利局：《重庆库区考古报告集·2003卷》，北京：科学出版社，2019年，第2601～2604页。

③ 若小田溪的发现就是常璩所谓的巴先王陵墓，而且这种可能性极高，可以推断常璩是把"巴先王陵墓"和秦"以巴氏为蛮夷君长"的陵墓搞错了。参见（晋）常璩撰：《二十五别史·华阳国志》，济南：齐鲁书社，2000年，第9页。

④ 四川省文物考古研究院、渠县历史博物馆：《四川渠县城坝遗址》，《考古》2019年第7期。

⑤ （周）左丘明传，（晋）杜预注，（唐）孔颖达正义：《春秋左传正义》，北京：北京大学出版社，2000年，第217页。

盆地东部一般只见零星铜器出土，战国以来，铜器群在众多地点出现，就是这一情况的反映。百多年后（公元前477年），巴、楚再起冲突，在今襄阳附近发生战斗，"巴人伐楚，围鄾。……三月，楚公孙宁、吴由于、薳固败巴师于鄾"①，这是文献所记巴国军队沿汉水东出的最后一次记录，按《华阳国志》的说法，"是后，楚主夏盟，秦擅西土，巴国分远。故于盟会希"②，表明巴国的政治中心完全从陕南向南迁入四川盆地东部，从此不再过问中原事务。《墨子·兼爱下》云："君大夫远使于巴、越、齐、荆，往来及否未及否，不可识也。"③显见当时巴已被中原之人视作远方之邦。从鄂西北汉水上游山湾墓地、肖家河墓地等发现的春秋晚期巴文化兵器，可看出在春秋晚期巴文化人群仍活跃于汉水上游地区，此后，鄂西北汉水上游少见巴文化因素的遗物发现。此后，秦开始进入空虚的汉中一带，楚在汉中以东经营。战国时期，"巴子时虽都江州，或治垫江，或治平都。后治阆中"④，则大体反映了其政治中心从东往西的迁移历程。这些文献记载总体上与考古所见青铜器群分布规律相耦合。

（9）三峡考古和近年来嘉陵江流域考古表明，战国时期的巴文化区，按葬俗可以分为两大传统：一是土坑竖穴木椁墓区，分布于重庆主城（不含）以下的长江三峡及周边地区，除在重庆云阳李家坝遗址发现1座船棺（98M8号独木棺）⑤、忠县崖脚墓地发现一批狭长形木椁墓（仿船棺）⑥、涪陵小田溪M7⑦等少量葬式有所区别的墓葬外，余下要么是较为典型的楚文化墓葬，要么是长方形宽坑巴文化墓葬；二是船棺

---

① （周）左丘明传，（晋）杜预注，（唐）孔颖达正义：《春秋左传正义》"哀公十八年"，北京：北京大学出版社，2000年，第1959页。

② （晋）常璩撰：《二十五别史·华阳国志》，济南：齐鲁书社，2000年，第3页。

③ 辛志凤、蒋玉斌等：《墨子译注》，哈尔滨：黑龙江人民出版社，2003年，第96页。

④ （晋）常璩撰：《二十五别史·华阳国志》，济南：齐鲁书社，2000年，第9页。

⑤ 四川大学历史文化学院考古系、云阳县文物管理所：《云阳李家坝巴人墓地发掘报告》，重庆市文物局、重庆市移民局：《重庆库区考古报告集·1998卷》，北京：科学出版社，2003年，第364、365页。

⑥ 北京大学考古文博学院三峡考古队、重庆市忠县文物管理所：《忠县崖脚墓地发掘报告》，重庆市文物局、重庆市移民局：《重庆库区考古报告集·1998卷》，北京：科学出版社，2003年，第680～730页；北京大学考古文博学院三峡考古队、重庆市文物局、忠县文物保护管理所：《忠县瓦井沟遗址群崖脚（半边街）墓地1999年度发掘报告》，重庆市文物局、重庆市移民局：《重庆库区考古报告集·2002卷》，北京：科学出版社，2010年，第1413～1483页；北京大学考古文博学院三峡考古队、重庆市文物局、忠县文物保护管理所：《忠县瓦井沟遗址群崖脚（半边街）墓地发掘报告》，重庆市文物局、重庆市移民局：《重庆库区考古报告集·2000卷》，北京：科学出版社，2007年，第905～963页。

⑦ 四川省文物管理委员会、涪陵地区文化局：《四川涪陵小田溪四座战国墓》，《考古》1985年第1期。

葬区，主要分布在今嘉陵江流域，除重庆北碚庙嘴墓地没有船棺葬外，已经公布资料的有重庆九龙坡区冬笋坝墓地、四川宣汉罗家坝墓地，以及对于属于巴、蜀还有争议的广元昭化宝轮院墓地，另外就是新近发现尚未正式公布报告的四川渠县城坝遗址①、阆中彭城坝遗址②。由于嘉陵江流域与成都平原皆盛行船棺葬（同时存在一些非船棺墓，船棺墓后来也演变为仿船棺土坑墓、狭长形土坑墓，并最终消失），可以推测，这一区域的人群应该主要是土著，即文献记载的以"板楯蛮"为代表的众多巴国"属民"。而三峡地区由于靠近楚文化区，受楚文化影响强烈，与汉水上游地区的巴蜀文化墓葬比较接近。

（10）巴文化政治中心的南迁，与以板楯蛮为代表的船棺俗人群很可能存在一定的文化冲突。在文化事象的表征上，体现为廪君"死化白虎"，而板楯七姓则以"射白虎为业"。战国晚期以来，两大葬俗文化区之间的界限逐渐模糊，船棺葬经历仿船棺葬（狭长形竖穴土坑墓）到普通竖穴木椁墓（长方形、方形）的变化。例如，北碚庙嘴墓地均为长方形竖穴木椁墓，可能是三峡人群西迁或土著葬俗的演变结果（在冬笋坝和罗家坝均能观察到这种变化趋势）。而忠县崖脚墓地继楚文化墓葬而起的是仿船棺墓（狭长形土坑墓），后来又演变为普通的长方形土坑木椁墓，或许反映了秦人治下，楚人撤退后嘉陵江流域个别人群移动到此的结果。而在同期或稍晚的奉节永安镇遗址、涪陵镇安遗址③、万州中坝子遗址墓地④、大坪墓地则见不到船棺墓或仿船棺墓，可见忠县崖脚墓地的仿船棺葬俗是一种跳跃式点状存在，最大可能是从嘉陵江流域去的人群接收一度被楚占领的盐产重地，同时展现了秦对"其人半楚"的三峡巴文化人群某种程度的不信任。

---

①　陈卫东：《四川渠县城坝遗址2019年度考古发掘》，《大众考古》2020年第2期。

②　阆中彭城坝遗址发现船棺葬系2019年12月下旬在广汉举行的巴蜀文明进程学术报告会上四川省文物考古研究院介绍的，会上展示了船棺幻灯片，但资料尚未发表。

③　北京市文物研究所三峡考古队、重庆市涪陵博物馆：《涪陵镇安遗址发掘报告》，重庆市文物局、重庆市移民局：《重庆库区考古报告集·1998卷》，北京：科学出版社，2003年，第851～894页；北京市文物研究所三峡考古队、重庆市涪陵区博物馆：《涪陵镇安遗址发掘报告》，重庆市文物局、重庆市移民局：《重庆库区考古报告集·1999卷》，北京：科学出版社，2006年，第747～785页；北京市文物研究所、重庆市文物局、重庆市涪陵区博物馆：《2001、2003年度涪陵镇安遗址发掘报告》，重庆市文物局、重庆市移民局：《重庆库区考古报告集·2001卷》，北京：科学出版社，2007年，第1930～1980页。

④　西北大学考古队、万州区文物管理所：《万州中坝子遗址东周时期墓葬发掘报告》，重庆市文物局、重庆市移民局：《重庆库区考古报告集·1998卷》，北京：科学出版社，2003年，第592～606页；西北大学考古队：《万州中坝子遗址第三次发掘简报》，重庆市文物局、重庆市移民局：《重庆库区考古报告集·1999卷》，北京：科学出版社，2006年，第235～252页。

（11）巴文化政治中心的南迁，是四川盆地东部进一步文明化、国家化的标志，使这些地方进一步"华夏化"。除了战国中期楚文化大举西渐带来大量楚文化外，巴文化腹心地区在吸收中原文化、楚文化方面也未曾停止脚步。如更早的战国早期的罗家坝M33，就出土了攻战纹铜壶等具有中原文化因素的铜器，以及缶、罍、鉴、匜等具有楚文化特征的铜器。同时，巴文化在一定程度上还成了蜀文化与中原文化、楚文化联系的重要通道。但反过来，巴文化政治中心的南迁，也必须适应四川盆地东部既有的土著文化，在某些方面，这些地方性文化因素借助国家的力量，进一步得到彰显和强化，以致在华夏系国家看来，巴国政治中心南迁就是自我"蛮夷化"的过程，故"嫌其夷人"。这些地方性因素，从青铜器物上看，有铜釜、鍪、扁茎柳叶形剑、烟荷包式钺、錞于等；从装饰上看，普遍有"巴蜀符号"；从服饰上看，存在"虎皮衣盾""椎髻"等习俗，这些均为不同于华夏的文化。故秦灭巴后，仍视巴为蛮夷，"以巴氏为蛮夷君长"[1]。西汉初年，汉帝国中央仍视嘉陵江流域的土著为"板楯蛮""白虎复夷"。到西汉中期时，从考古发现所展现的物质文化面貌上看，原生活在四川盆地东部及附近地区的巴文化族群大多数已融合进了汉文化，整体上这一地区走完了"华夏化"的历史进程。但在局部地区，部分人群依然保有传统地方习俗和文化，如《后汉书》将东汉时的巴郡板楯蛮、巴郡和南郡的廪君蛮和巫蛮、黔中郡的武陵蛮仍归为蛮，并纳入南蛮范畴。《华阳国志》则记魏晋以来巴东郡仍有"奴、獽、夷、蜑之蛮民"[2]。直到宋元时期，这些巴文化人群与诸多其他人群混合，形成了延续至今的土家族。

六、结　　语

整体上看，古代巴蜀地区的青铜文化具有二元性：既始终存在中原文化、楚文化的若干元素，又一直存在大量具有地方特点的铜器。若进一步细分，巴蜀青铜器还可以分为巴和蜀两个子系统。成都平原地区的文化中心、政治中心出现较早，其生成机制是在基于本土文化基础上的，受外来文化影响、带动下的文明起源模式。新石器时代末期成都平原诸城址与江汉地区史前城址砌筑方式接近，应该是受江汉地区影响，在上古巴蜀地区率先产生的具有古城性质的酋邦。到了相当于中原夏代晚期时，成都平原在中原二里头文化、西北齐家文化的影响下，产生了具有早期国家性质的古蜀文明，三星堆文化迅速扩张到大部分巴蜀地区。从汉中地区的城洋铜器群看，这里最早

---

①　（宋）范晔撰，（唐）李贤等注：《后汉书》，北京：中华书局，1999年，第1919页。

②　（晋）常璩撰：《二十五别史·华阳国志》，济南：齐鲁书社，2000年，第11页。

的青铜器主要是中原商文化的，商代晚期出现大量地方性因素；而从宝山文化陶器看，与原先这一地区的龙山文化没有渊源，显然是受到鄂西和四川盆地东部文化扩张和迁移而兴起的，因此属于次生型的文明。成都平原和汉中地区的早期青铜文化虽然都有若干相似的地方性，但两者间还是存在较大的差异；到了东周时期，巴、蜀的青铜文化逐渐走向趋同，相似性远远大于差异性，但在礼乐器组合等方面仍然有很高的辨识度。

在巴文化和蜀文化区，青铜器的出现和发展阶段性并不同步。三星堆城址和三星堆国家虽然萌芽于二里头阶段，但其青铜器群却要晚到商代晚期的十二桥文化早期；宝山文化的城洋铜器群自二里岗上层阶段延续到商末，产生的年代比成都平原地区早，其发展高潮却同步——均在商代晚期。金沙铜器群主要是西周早期器（部分为从三星堆带过来商代晚期器物），此后，巴蜀地区青铜铸造进入了相对空白期（竹瓦街铜器时代为商末至西周早期，埋藏年代为西周晚期）（表2-1-1）。由于受周文化的强大影响，大概在西周中期之际，古蜀文化完成了从"神权国家"向"王权国家"的转型，神圣政治让位于礼仪政治。关于西周时期的巴文化国家，虽然考古学上还缺少发现，考虑到宝山神权政治中心在商代末期的消失，后期文献又记载周初封巴并赐姬姓，因此，可以推测巴文化国家大体经历了与蜀文化相似的转变历程。东周以来，巴国在历史上较为活跃，楚、秦、巴三国联合灭庸给巴蜀地区的政治格局和文化变迁带来了深刻影响，促进了古蜀开明王朝对杜宇王朝的轮替，为巴国南迁并经略四川盆地东部及周边地区创造了条件，也促使了楚文化的大举西渐，巴、蜀的青铜文化均受其强烈影响。

纵观巴蜀青铜文化的特点，大多数时候还是属于一个大的文化系统。虽然城洋铜器群与三星堆铜器群、金沙铜器群的相似性少一些，但迄今为止的研究者都不能否认其与后两者的诸多共性，两地之间的差异是早期巴文化、早期蜀文化两个子系统的区别，同时也是因为城洋铜器群更靠近中原的缘故，受商文化的影响更深，地方特征的彰显不那么明显。春秋时期的巴文化青铜器发现极少，或许是因为其政治中心由于靠近楚文化，楚文化因素占比较大而难以分辨导致的。战国以来，巴文化、蜀文化青铜器趋于发达繁荣，既深受楚文化的影响，又独具地方特性，因巴蜀"同囿"而使相互间更为趋同。在巴文化、蜀文化相向发展过程中，巴文化可能一直扮演着蜀文化与中原文化以及后来的楚文化联系的中介作用，对促进巴蜀地区华夏化进程起到了重要作用。

通过对巴蜀青铜器群的考察，结合相关文献，可以大体描述出巴、蜀文化政治中心的变迁情况。蜀文化政治中心在形成时期经历了从多元到一统，进入国家阶段后，经历了从广汉三星堆到成都金沙，再迁移到成都西边的郫等地，最后又回归到今成都市区，大体是围绕着成都在迁移，具有相对的稳定性，这为古蜀文化的持续发展创造

表2-1-1　巴蜀文化典型铜器群年代、分期与考古文化对照表

绝对年代	约前1750～前1250年		约前1250～前950年		约前950～前650年	约前650～前150年
成都平原考古文化	三星堆文化		十二桥文化		新一村文化	青羊宫文化
典型铜器群			三星堆祭祀坑铜器群	金沙铜器群		黄河花园地点M2725铜器群、无线电机械工业学校墓铜器群、九连墩大墓铜器群、百花潭中学M10铜器群、新一村M1等
			富林铜器	竹瓦街铜器群 →	竹瓦街窖藏	
				弜国墓地铜器群		
		城洋铜器群				罗家坝铜器群、李家坝铜器群、永安镇铜器群、城坝M45铜器、小田溪铜器群等
陕南地区考古文化		宝山文化				白马石、周宅村北巴蜀墓葬
四川盆地东部考古文化	三星堆文化峡江类型		石地坝文化		瓦渣地文化	李家坝文化
铜器群分期	萌芽期		古典期		空白期	新生期

了条件。虽然巴极盛时"其地东至鱼复，西至僰道，北接汉中，南极黔涪"[①]，巴文化也起源于川东、鄂西地区，但早期政治中心并不在四川盆地东部，而是更靠近中原的汉中盆地东部。从文献记载看，西周、春秋时期的巴文化政治中心应仍在汉中盆地东部到安康盆地乃至更东一带，与楚、邓等国政治中心大体沿汉水上游由西向东排列。春秋晚期开始，巴文化政治中心向南迁移到四川盆地东部，经历了由北向南、再由东向西的迁徙过程。从文献记录看，后期大体是以重庆为中心，不断在长江及其支流嘉陵江沿江地带游移，其政治中心具有高迁移性和不稳定性，这与巴文化所处地理环境不能大规模提供政治活动所需的经济资源有关，也与巴受到周、楚、秦等的国际压力有关。

---

① （晋）常璩撰：《二十五别史·华阳国志》，济南：齐鲁书社，2000年，第2页。

第二节　试论石地坝文化

重庆地区位于四川盆地东部，其地形主要有两个部分：西部属于川中丘陵地区，东部则为一系列平行岭谷构成的山地。长江自西向东流过重庆境内，横穿一系列东北—西南向的平行山脉，在渝东和鄂西地区形成蔚为壮观的大三峡，进而流入富饶的江汉平原。长江干流奠定了重庆地区东西向交通的大格局，也是古代重庆地区对外交流的主通道。长江在重庆沿途接纳了嘉陵江、乌江等重要支流，使其水系遍布全重庆，这些大的支流流向均与长江垂直，构成了这一区域内部的南北交通和文化走廊。

近年来，随着三峡地区文物保护的渐趋推进，三峡地区相当于中原夏、商、周三代时期的考古学文化逐渐明晰，已有一些学者对此撰文论述[①]。考古发现表明，三峡地区在夏代晚期至商代早、中期属于三星堆文化的分布范围，商代晚期至西周早期阶段属于一种与川西地区十二桥文化相近的考古学文化，西周中期以后，三峡地区的考古学文化开始与以成都平原为核心的考古学文化分野，逐渐形成具有地方特色的文化遗存。目前，三峡地区相当于十二桥文化阶段的遗存发现较多，对这一阶段的文化面貌、分期等的研究还做得不够。

重庆峡江地区相当于中原商周时期的考古学文化遗存，早在20世纪50年代就在忠县㽏井沟遗址群有所揭露[②]。随着成都平原以十二桥为代表的一批相当于商周时期遗址的发掘，十二桥文化得以正式命名；同时，鄂西地区由于葛洲坝工程库区等文物考古工作的开展，峡江东段的同期文化面貌亦逐渐显现。重庆峡江地区处于四川盆地东部，其商周时期文化应与东、西两面具有紧密的联系。这里的古代文化在具有自身特色的同时，也呈现出兼收并蓄的风貌。要把握峡江地区的商周时期考古学文化本质，应当从具有较强地域特征的典型遗址入手，了解峡江地区文化的内在特征后，再通过与鄂西和成都平原相关遗存的对比，来确定重庆峡江地区与其他地区的考古遗存在差异、联系、渊源和年代等方面的问题。

---

① 孙华：《峡江地区的先秦文化》，袁行霈：《国学研究（第六卷）》，北京：北京大学出版社，1999年，第501～515页。

② 忠县试掘工作组：《忠县㽏井沟新石器时代遗址试掘简况》，《文物》1959年第11期；四川省长江流域文物保护委员会文物考古队：《四川忠县㽏井沟遗址的试掘》，《考古》1962年第8期。

一、石地坝遗址的商周遗存

石地坝遗址位于重庆市丰都县高家镇关田沟村九社,长江南岸一级台地上。遗址面积约42000平方米,海拔155～175米,中心地理坐标为北纬30°1′48″、东经107°51′28″。冬季枯水时节,遗址高出长江水面约30米。

丰都县沿江两岸地势开阔,土质松软肥沃,气候温暖,为古人的生存及繁衍提供了良好条件。从丰都县高家镇旧镇至龙孔乡玉溪坪村,沿长江右岸的一级阶地地势平坦,由上游往下分别分布着大大小小近十个遗址,这些遗址多被流入长江的自然冲沟及伸向长江的山嘴所隔断,从而组成了一个相互间既密切联系又相对独立的遗址群,其时代从新石器时代早、中期一直延续到汉唐明清,文化内涵十分丰富。其中所发现的商周时期遗存非常丰富,分布在玉溪坪、玉溪、信号台(金刚背)、石地坝、秦家院子等遗址,尤以石地坝遗址的资料最全,下面就以石地坝遗址1999年度发掘材料为例予以分析[①]。

1999年,重庆市文物考古所第一次正式对该遗址进行了发掘,发掘面积达1025平方米。发掘区的地层可统一划分为11层。其中第6～10层(第7层又被划分为A、B两个亚层)为商代至东周时期遗存。第6层出土陶花边口圜底罐、角状尖底杯、网坠、纺轮、石镞范等。第7A层出土陶角状尖底杯、炮弹形尖底杯、尖底盏、各类盆、船形杯、敛口瓮等。第7B层出土陶角状尖底杯、炮弹形尖底杯、尖底盏、各类罐形器、船形杯、釜、瓮、缸等。第8层出土陶炮弹形尖底杯、角状尖底杯、尖底盏、各类罐、船形杯、纺轮、盘、钵、壶等。第9层的可辨陶器有尖底盏、炮弹形尖底杯、船形杯、小平底罐、圜底釜、缸等。第10层出土少量陶小平底罐、尖底盏等。从上述情况看,第7A～10层出土的遗物基本一致,与成都平原的十二桥文化有许多相近之处,时代应为商代晚期至西周早期,可以划分为第一期,第6层大体属于东周偏早阶段的遗存,可以划分为第二期。

石地坝遗址商周陶器的主要器类有尖底器、圜底器、平底器和三足器四种,圈足器少见。从上述描述可知,其器形有陶尖底盏、炮弹形尖底杯、角状尖底杯、素缘绳纹罐、花边罐、侈口罐、翻沿罐、小平底罐、圜底釜、船形杯、盆、瓮、壶、钵、盘、缸、碗、豆、器盖、网坠、纺轮、珠等,除船形杯、网坠、纺轮为生产用器外,余多为生活用陶器。

---

① 重庆市文物考古所、丰都县文物管理所:《丰都石地坝遗址商周时期遗存发掘报告》,重庆市文物局、重庆市移民局:《重庆库区考古报告集·1999卷》,北京:科学出版社,2006年,第702～737页。

　　通过对出土遗物的整理和研究，依据陶器器物组合关系的变化以及陶器颜色、质地、纹饰的差异，可以将石地坝遗址的第一期遗存分为2段，属于第1段的单位有第9、10层及H2、H38等，属于第2段的单位有第8、7B、7A三个地层及其相关遗迹。这两段的特征如下：

　　第1段的典型器有敛口尖底盏、炮弹形尖底杯、素缘绳纹圜底罐、大口小平底罐、圜底釜、卷沿深腹盆、高领壶、直口缸、折沿缸等，另外也有少量的角状尖底杯、船形杯。其中敛口尖底盏腹部较深，盏底呈乳突状。卷沿尖底盏口微内敛，尖唇外侈。釜饰方格纹，耸肩。小平底罐肩部多饰斜向绳纹。盆则只见卷沿深腹和鼓肩两种形式。直口缸胎较厚，沿外饰箍带，箍带上压印贝纹。船形杯口部显得略长，腹部略浅（图2-2-1）。

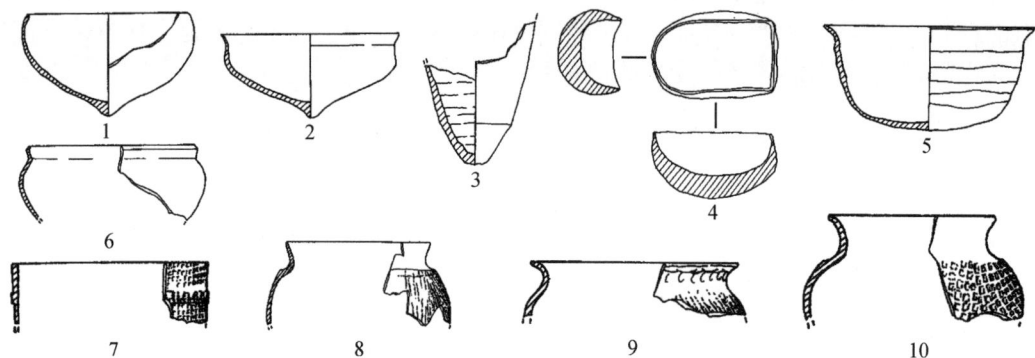

图2-2-1　重庆丰都石地坝遗址第一期第1段陶器（石地坝文化第四期早段）

1. 敛口尖底盏（T1231⑨：5）　2. 卷沿尖底盏（H38：3）　3. 炮弹形尖底杯（H2：10）　4. 船形杯（H38：5）
5. 卷沿圜底盆（H2：2）　6. 鼓肩罐（T1330⑨95）　7. 直口深腹缸（T1532⑨：13）　8、9. 素缘绳纹罐（T1330⑨：74、
T1331⑨：49）　10. 圜底釜（T1532⑨：12）

　　第2段，原有的器形继续得到沿用，新增了陶翻沿罐、侈口罐、卷沿尖底盏、卷沿盆、碗等。此期器物器口多素缘，但有少量器物有花边装饰，花边多系切削而成，有的绳切，有的系利用刀一类的薄刃器削剔而成，所以花边显得较浅而疏。此段各类尖底器特别发达，角状尖底杯数量大增，下部凸棱多不明显。炮弹形尖底杯口部微敛，肩部略鼓，腹部不太深，底部急收为尖底。敛口尖底盏腹部较浅，有的腹部已较斜直。卷沿尖底盏口内敛，唇外卷折。釜呈球腹，圜底。绳纹罐形态多样，有鼓腹、圆腹、椭腹等多种形态。卷沿盆敞口，圜平底，腹部有削痕。船形杯口部变短，腹部较深（图2-2-2）。

　　石地坝遗址所在的丰都县地处重庆峡江地区中部，地理上与东、西两大文化区距离适中，属于峡江地区的腹心地带，古代文化一向较少受到外来文化的影响，把这一地区的商周时期考古学文化视作峡江地区的本地因素，是最为恰当不过的。

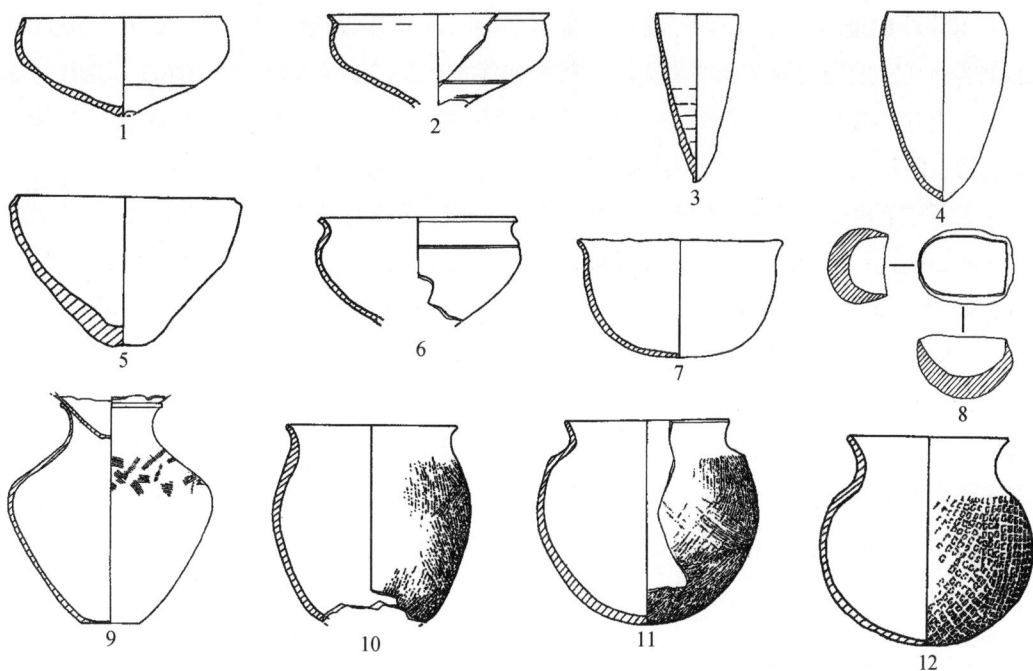

图2-2-2　重庆丰都石地坝遗址第一期第2段陶器（石地坝文化第四期晚段）

1. 敛口尖底盏（T1231⑦B：6）　2. 卷沿尖底盏（H54：1）　3. 角状尖底杯（T1129⑦A：9）

4. 炮弹形尖底杯（T1229⑦A：5）　5. 敛口尖底钵（T1330⑧：30）　6. 鼓肩罐（H55：3）　7. 卷沿圜底盆

（T1331⑧：50）　8. 船形杯（T1331⑧：7）　9. 高领壶（W1：1）　10、11. 素缘绳纹圜底罐（T1030⑦A：3、

T1230⑧：4）　12. 圜底釜（T1331⑦B：9）

二、相关遗存的发现与年代序列

有了石地坝遗址商周时期遗存的认识，我们再来考察峡江地区其他遗址的商周时期遗存，并将它与石地坝遗址进行比较和排序，力求整合出峡江腹心地区商周遗存大的期段来。

（一）玉溪坪遗址的商周遗存[①]

在丰都县高家镇遗址群中，玉溪、玉溪坪等遗址都有商周遗存发现。现着重介绍玉溪坪的商周遗存。

---

①　除2002年度资料已发表外，其余年度考古资料尚未发表。参见重庆市文化遗产研究院、丰都县文物管理所：《重庆市丰都县玉溪坪遗址2002年度发掘简报》，四川大学博物馆、四川大学考古学系、成都文物考古研究所：《南方民族考古（第十一辑）》，北京：科学出版社，2015年，第247～322页。

　　玉溪坪遗址现已经过4个年份的发掘，商周时期遗存收获颇丰，其中2002、2003两个年度分别发掘到商周时期的文化层、灰坑和墓葬。2003年度发掘的ⅡT0803⑤层出土尖底罐、炮弹形尖底杯等，陶片多素面，与石地坝第1段相近。ⅠH136出土大量素缘绳纹圜底罐、角状尖底杯、炮弹形尖底杯、敛口尖底盏等，与石地坝遗址第2段时代相当。

　　最重要的发现是2002ⅡM19和2002ⅡM22两座晚商时期墓葬。这两座墓葬墓口均位于第5B层下，打破第6层。其中第5层为商周层，可以分为A、B两个亚层，出土物与石地坝遗址第一期相近；第6层为新石器时代哨棚嘴文化遗存。从地层关系上看，M19、M22当不晚于石地坝遗址第一期。两墓均为土坑竖穴墓，墓口虽被第5层所破坏，部分出土物亦不完整，但M19出土小平底罐2件、敞口尖底盏1件。M22出土泥质黑皮陶小平底罐5件、敞口尖底盏1件、泥质灰陶高领瓮1件（图2-2-3）。参照四川广汉三星堆器物坑和成都十二桥遗址尖底盏的埋藏情况看，这种敞口尖底盏出在最早的地层，要早于敛口的尖底盏。这样，M19、M22排列在石地坝遗址的第一期之前应当没有问题。

（二）信号台（金刚背）遗址[①]

　　信号台遗址属于高家镇遗址群的一部分，南邻石地坝遗址，北望玉溪、玉溪坪遗址。2006年，重庆市文物考古所对其进行了发掘，发掘面积达2000平方米。

　　该遗址发现的商周时期遗存十分丰富，其中北部的一座陶窑和文化层内出土物最为丰富。陶器以泥质陶和沙泥陶为主，有一定的夹砂陶，陶器绝大多数为素面。器类有陶大口鼓肩小底罐、折肩小底罐、小口壶、船形杯、尖底罐、素缘圜底罐、"8"形捏瓣纽器盖、敞口折壁尖底杯、母口尖底盏等（图2-2-5）。从出土的折肩小底罐等看，信号台遗址陶窑内的商周遗存要晚于玉溪坪遗址的两座墓葬；而从船形杯、敞口尖底杯等看，又要明显早于石地坝遗址第一期。

（三）邓家沱遗址[②]

　　邓家沱遗址位于重庆市忠县新生镇，长江左岸的一级山前台地上，2001年郑州大学三峡考古队对其进行了发掘。

────────────

① 笔者2003年于该遗址发掘到商周时期遗存，资料未发表。

② 重庆市文物局、重庆市移民局：《忠县邓家沱遗址与渔洞墓群》，北京：科学出版社，2017年，第22～121页；李锋：《忠县邓家沱遗址西周时期文化遗存的初步认识》，重庆市文物局、重庆市移民局：《重庆·2001三峡文物保护学术研讨会论文集》，北京：科学出版社，2003年，第99～106页。

该遗址有下列一组地层与遗迹关系：

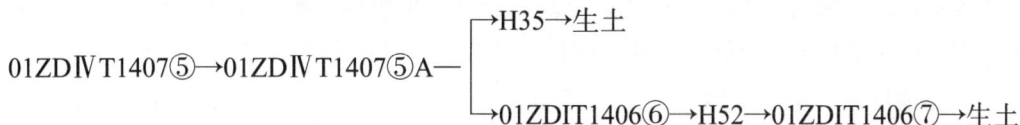

$$01ZD\text{Ⅳ}T1407⑤ \rightarrow 01ZD\text{Ⅳ}T1407⑤A - \begin{cases} \rightarrow H35 \rightarrow 生土 \\ \rightarrow 01ZDIT1406⑥ \rightarrow H52 \rightarrow 01ZDIT1406⑦ \rightarrow 生土 \end{cases}$$

发掘者将上述遗存划分为两期3段。第一期第1段以H52为代表（线图中还包括H42），器物组合为陶素卷沿细绳纹罐、尖底杯、耸肩平底罐、喇叭形豆柄、盘口器、尖底盏等。第一期第2段以01ZD\text{Ⅳ}T1407⑤A、H35为代表（线图中还公布了H50、Ⅳ T1309⑤A等单位），器物组合以陶尖底杯、船形杯、素卷沿中粗绳纹罐、耸肩罐、高领罐、尖底盏为代表。第二期第3段以01ZD\text{Ⅳ}T1407⑤为代表，器物组合以陶花边口粗绳纹罐、角状尖底杯为代表。

该遗址第一期第1段的盘口器（H52∶16）与石地坝遗址T1330⑧∶23相近，但盘口更明显，按照石地坝遗址同类器盘口由显到不明显的演变趋势，应早于石地坝第2段。母口尖底盏（H42∶2）的腹部较深，不见于石地坝遗址，但在玉溪坪遗址2000年发掘的商周遗存和信号台遗址中有发现，属于较早阶段的陶器。素缘绳纹罐均饰细绳纹，与石地坝遗址第1段形制相近。

第一期第2段所出夹砂陶尖底杯，口部大，外敞较厉害，器形不高，不若石地坝遗址同类器修长。该遗址出土船形杯，是三峡地区为数不多的发现船形杯的遗址。这种船形杯底部较平而略薄，器形不高，口部平面较长，整体较规整，而石地坝遗址的船形杯，底面弧度大而厚，器形较高，口部显得较短，捏制痕迹明显，后者要略晚于前者。与信号台遗址的船形杯相比，信号台遗址的底部更平，应当晚于信号台遗址。总体说来，邓家沱第1期第2段与石地坝第一期第1段可以前后衔接。

（四）哨棚嘴遗址第三期①

哨棚嘴遗址曾经过几次调查和试掘，其中1997年度发掘报告所划定的第三期遗存属于商周时期。发表4个单位的材料。从所提供的地层对应关系表可看出，还有早晚之别，即97ZGST431⑤要晚于T402⑤、T403⑥和T404⑩层，后面3个单位又要晚于

① 1999年发掘的哨棚嘴遗址第四期被定为三星堆文化，由于出土了母口尖底盏等陶器，实际上应为石地坝文化早期，而1997年和1999年的第五期则为石地坝文化晚期。参见北京大学考古文博院三峡考古队、重庆市三峡库区田野考古培训班、忠县文物管理所：《忠县耸井沟遗址群哨棚嘴遗址发掘简报》，重庆市文物局、重庆市移民局：《重庆库区考古报告集·1997卷》，北京：科学出版社，2001年，第610～657页；北京大学考古学研究中心、北京大学考古文博学院三峡考古队、重庆市忠县文物管理所：《忠县哨棚嘴遗址发掘报告》，重庆市文物局、重庆市移民局：《重庆库区考古报告集·1999卷》，北京：科学出版社，2006年，第530～643页。

T402⑥层。从T431⑤层出土的几件角状杯看，杯壁多斜直，夹角较小，杯尖底很薄，与其他单位所出略有区别，很可能是早晚的差异。但整体上看，早晚单位所出陶器差异不大，显示是在较短时间内形成的堆积，没有大的时间跨度。

与石地坝遗址相比，T431⑤：2敛口尖底盏，尖底不凸出，斜壁，整器较矮，与石地坝遗址的A型Ⅲ式、A型Ⅳ式盏接近；此外，T431⑤：6与石地坝遗址的Ⅳ式侈口罐接近；T431⑤：7与石地坝遗址T1130⑦A：54Ab型绳纹罐相似。说明T431⑤层陶器群大概与石地坝遗址第2段偏晚阶段的材料相当。地层关系属于稍早的T403⑥、T402⑤层等应与石地坝遗址第2段偏早阶段同时。

虽然哨棚嘴遗址第三期与石地坝遗址第一期第2段年代相当，但两者还是有一些不同，如前者陶器的素面比例较高，绳纹较少，器类中以尖底器为大宗。造成这些差异的原因可能与哨棚嘴遗址在商周时期的陶器工业有关，即可能存在专门烧造尖底杯的陶窑，该遗址发现的烧废后多个套接在一起的角状杯等迹象就是明证。

（五）石沱遗址①和镇安遗址②

类似石地坝遗址第一期遗存的还有涪陵区的石沱遗址。该遗址的早期文化遗存，出土小平底罐、尖底罐、母口尖底杯、折沿盆、壶、有柄器盖等陶器，总体风格上看，其时代比石地坝第一期略早，但T4006⑤层等少数单位出土的纺锤形网坠、尖底杯等似乎较晚，或许应当单独列为一个期别。

涪陵镇安遗址第一期文化遗存以H8为典型单位，该灰坑的器物群包含陶溜肩小平底罐、折沿盆、卷沿盆、高领壶、有柄的器盖、"8"形捏瓣纽器盖、折肩小平底杯、炮弹形尖底杯等。成都十二桥遗址第12层即出土多件"8"形捏瓣纽器盖③，所出束腰折肩小平底陶杯也与镇安遗址H8相近，但从各方面看，它们之间形态还略有差异，可能镇安遗址第一期略早。小平底罐与玉溪坪遗址出土的小平底罐相比，肩部不若其鼓，口部又较大；但这种溜肩小平底罐却又比信号台遗址的折肩小底罐早。此外，大口折壁小底杯也可能属于信号台遗址敛口尖底杯更原始的形式。镇安遗址第二期遗存有陶角状杯、炮弹形尖底杯、尖底盏、尖底罐、素缘绳纹罐、敞口卷沿盆、高领壶、圈纽器盖等，整体风格与石地坝遗址第一期第1段相似。

① 北京市文物研究所三峡考古队、涪陵区博物馆：《涪陵石沱遗址发掘报告》，重庆市文物局、重庆市移民局：《重庆库区考古报告集·1997卷》，北京：科学出版社，2001年，第713～757页。

② 北京市文物考古研究所三峡考古队、重庆市涪陵区博物馆：《涪陵镇安遗址发掘报告》，重庆市文物局、重庆市移民局：《重庆库区考古报告集·1998卷》，北京：科学出版社，2003年，第850～894页。

③ 四川省文物管理委员会、四川省文物考古研究所、成都市博物馆：《成都十二桥商代建筑遗址第一期发掘简报》，《文物》1987年第12期。

通过以上对重庆峡江腹心地区几个遗址的初步分析，我们可以基本上缀合起商代晚期到西周早、中期的年代序列。这几个遗址相关遗存的早晚关系可以排列成下面所示的框图：

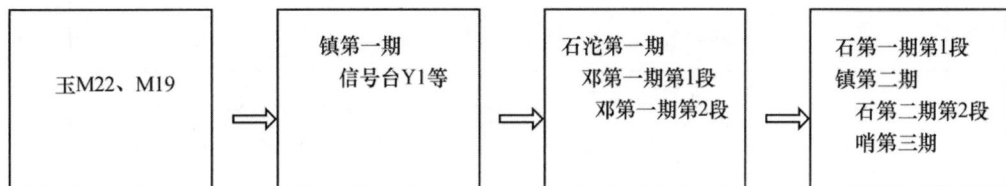

| 玉M22、M19 | ⇒ | 镇第一期
信号台Y1等 | ⇒ | 石沱第一期
邓第一期第1段
邓第一期第2段 | ⇒ | 石第一期第1段
镇第二期
石第二期第2段
哨第三期 |

（箭头代表由早到晚，同一框图内上下不整齐者，表示很可能存在一定的年代差异）

三、峡江腹心地区商周遗存的分期

由于资料所限，我们对于年代关系的描述还只是粗略的。但据此可以初步将峡江腹心地区的商代晚期至西周早期的文化分为四期。各期特征简单介绍如下。

第一期：目前仅见玉溪坪遗址M22、M19。

此期主要是泥质陶，夹砂陶数量不多。陶器中泥质灰黑陶、黑皮陶较多，绝大多数为素面，有少量陶器肩部饰凹旋纹。

器类以平底器为主，开始出现少量尖底器。器形比较简单，有鼓肩小平底罐、敞口尖底盏、泥质灰陶高领瓮、卷沿盆等。鼓肩小平底罐有三星堆文化同类器的遗风，但口沿极薄，尖唇，口部多抹光，与三星堆文化的小平底罐方唇不一致。尖底盏为敞口，斜壁，浅腹（图2-2-3）。

第二期：包括镇安遗址第一期（H8）、信号台遗址商周遗存。

此期陶器泥质陶占多数，有一定数量的夹砂陶。陶色以灰陶所占比例最高，次为褐陶、黑皮陶、黑陶等。绝大多数陶器为素面，有少量弦纹和绳纹。

此期仍以平底器为大宗，有一定数量的圜底器和尖底器。典型器物有溜肩小平底罐、折肩小平底罐、尖底罐、母口尖底盏、大口折壁小底杯、敞口尖底杯、高领壶、"8"形捏瓣纽器盖等。

本期又可分为早、晚两段，镇安遗址第一期（H8）为早段（图2-2-4），信号台商周遗存为晚段（图2-2-5）。两段间器物的变化主要体现在陶小平底罐和杯上。早段小平底罐溜肩、大口、领较矮、下腹壁略内收；晚段小平底罐折肩、领较高，下腹壁微弧。早段陶杯为直口，上腹壁微内收，折腹，下腹斜收，小平底，整器较矮，上腹短于下腹；晚段陶杯为敞口，腹壁外撇，折壁，下斜收，可能是接近尖底的小平底，整器较高，上腹高于下腹。此外，晚段还出现了母口尖底盏。

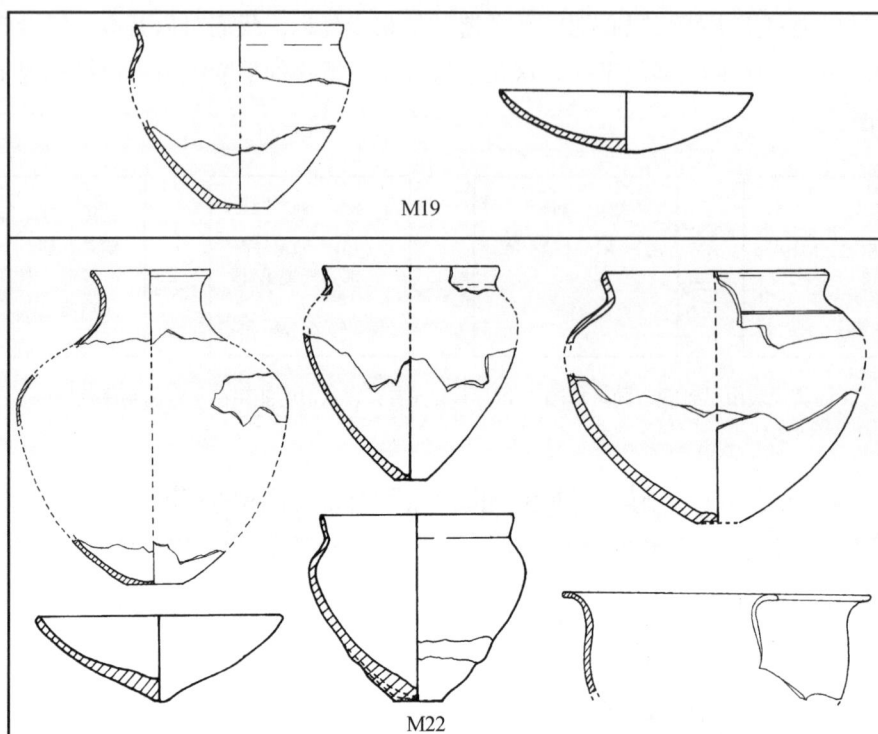

图2-2-3　石地坝文化第一期陶器（均重庆丰都玉溪坪遗址）

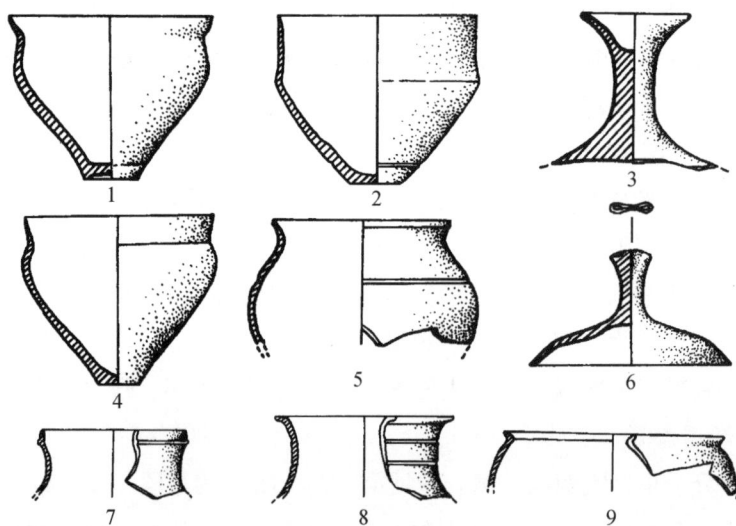

图2-2-4　石地坝文化第二期早段陶器（重庆涪陵镇安遗址第一期H8）

1、4.溜肩小平底罐　2.直口折壁杯　3.器盖　5.鼓腹小平底罐　6."8"形捏瓣钮器盖　7.盘口壶
8.高领壶　9.大口耸肩平底罐

图2-2-5　石地坝文化第二期晚段陶器（均重庆丰都信号台遗址）

1、3.折肩小平底罐（Y1：31、T0502⑤：1）　2.“8”形捏瓣纽器盖（T0502⑤：2）　4.鼓肩小平底罐

（Y1：8）　5.小口壶（Y1：29）　6.船形杯（T1104⑦：24）　7.折壁尖底杯（Y1：7）

第三期：包括石沱遗址第一期，邓家沱遗址第一期第1段和第2段。

该期泥质陶数量减少，夹砂陶占多数。其中夹砂红褐、灰褐等褐色陶最多，其他青灰陶、红陶数量不多；泥质陶中以黑皮陶为大宗。纹饰方面，大多数器物器表为素面，但带纹饰的陶器有较大增加。纹饰主要是细绳纹，另有少量方格纹、戳印纹等。主要器形有陶溜肩小平底罐、母口尖底盏、喇叭形豆柄、高领罐、炮弹形尖底杯、角状尖底杯、大口斜肩绳纹罐、卷沿深腹盆、船形杯等。其中，炮弹形尖底杯、角状尖底杯是此期新出现的器物，而母口尖底盏、素缘绳纹罐开始大量出现。

此期还可分为早、中、晚三段。早段以石沱遗址早期遗存为代表，器物特征具有第二期向第三期过渡的特征。早段陶器仍以素面为主，出现了炮弹形的尖底杯；母口尖底盏开始盛行，母口浅直，腹部较深。中段以邓家沱遗址第一期第1段为代表，开始较多地出现细绳纹，主要施于素缘绳纹罐上，绳纹罐、角状尖底杯从此段开始大量出现。角状尖底杯口部较敞，器身偏矮；母口尖底盏的唇部外弧，较深，而腹部开始变浅。晚段与中段相比差异较小，母口尖底盏腹部变得更浅，角状尖底杯底部较尖而凸出，船形杯开始较多地出现，器身较长，腹部较浅，口部面积较大，整器较规整（图2-2-6）。

　　第四期：包括哨棚嘴遗址第三期、镇安遗址第二期、石地坝遗址第一期第1段和第2段。

　　此期夹砂陶数量大增，除了哨棚嘴遗址可能是由于专业生产角状尖底杯等外，其他遗址泥质陶比例较低。夹砂陶中以褐陶系为大宗，次为红陶、黑陶等；泥质陶中主要是黑皮陶、灰陶和红陶等。素面仍然占一半以上。纹饰中绳纹占绝大多数，有少量的方格纹、箍带纹、弦纹、花边装饰等。绳纹又以中、粗绳纹为主，细绳纹减少。器类丰富，尖底器、圜底器为大宗，平底器次之，圈足器和三足器很少。主要器形有陶炮弹形尖底杯、角状尖底杯、敛口尖底盏、卷沿侈口尖底盏、素缘绳纹圜底罐、高领壶、瓮、盘口壶、圜底或近尖底的盆、船形杯等。其中敛口尖底盏、尖底钵等是属于此期开始大量出现的陶器；而小平底罐、母口尖底盏数量大大减少，甚至消失。

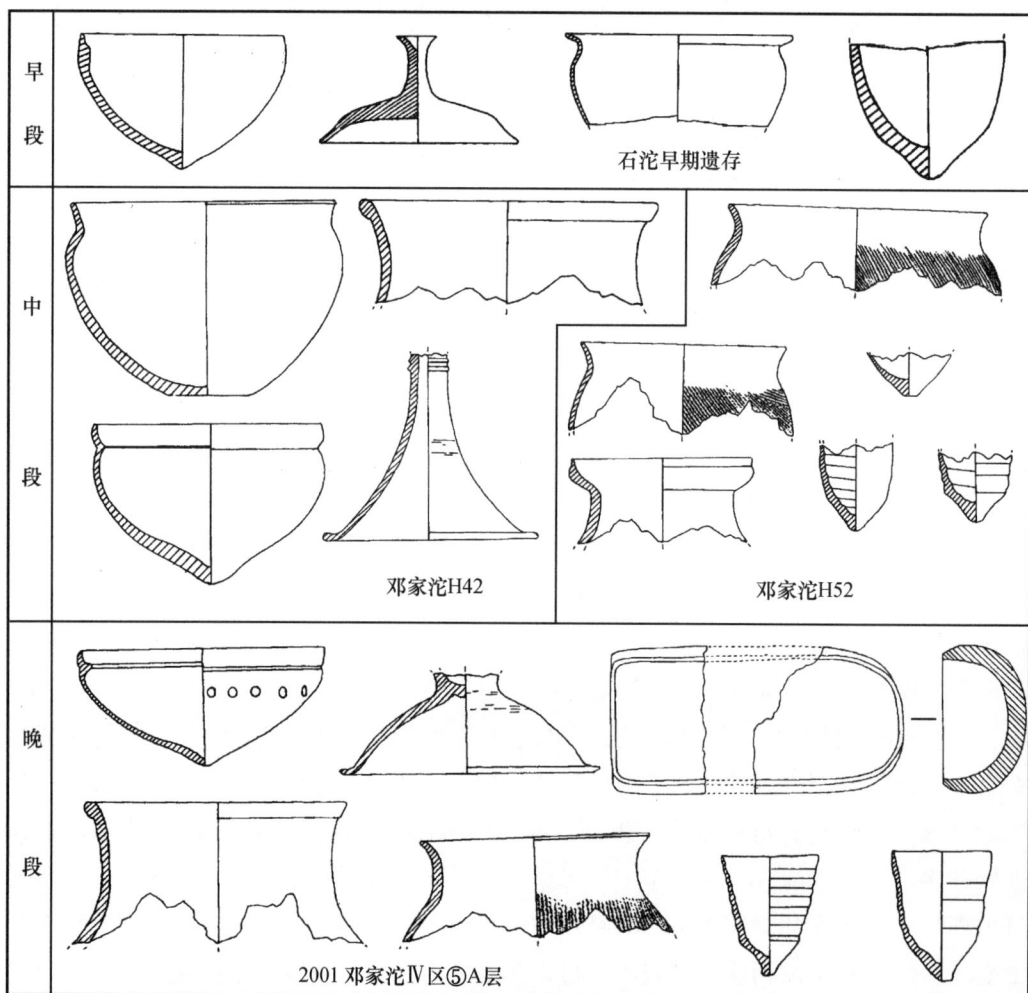

图2-2-6　石地坝文化第三期陶器

　　该期又可分为早、晚两段。早段以石地坝遗址第一期第1段、镇安遗址第二期为代表，晚段以石地坝遗址第一期第2段、哨棚嘴遗址第三期为代表。早、晚两段主要陶器的变化与石地坝遗址第一期第1、2段的变化相同（图2-2-7）。

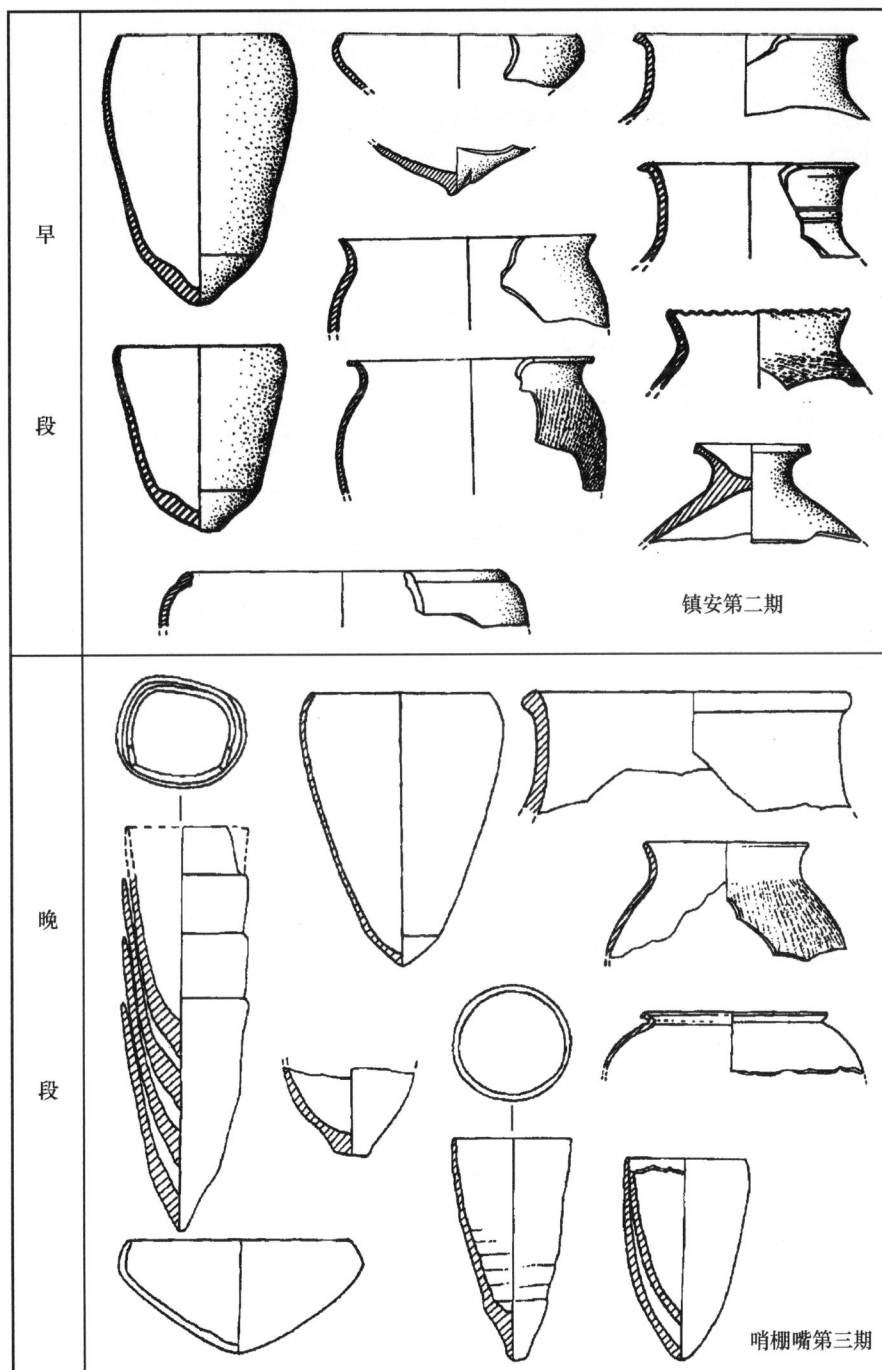

图2-2-7　石地坝文化第四期陶器

四、石地坝文化

（一）文化因素与石地坝文化的命名

以石地坝遗址第一期第1、2段遗存为代表的商周时期考古学文化，从总体风格上看，应当属于十二桥文化。十二桥文化以成都市十二桥遗址第10～13层为代表[①]，该类遗存以夹砂褐陶为主，其次为泥质灰陶和黑陶。陶器多素面，少部分饰弦纹、绳纹、附加堆纹、菱形回纹等。器类有陶小平底罐、尖底罐、高领罐、敞口罐、尖底杯、高把豆、盂、釜、尖底盏、瓠形器、捏瓣纽器盖、鸟头柄勺等。峡江腹心地区的同时期遗存与十二桥遗址相比，器物既有共同性，也有差异性，但共性似乎要大于差异性，所以将它归入十二桥文化是比较合理的。

但是，以石地坝遗址第一期为代表的这批遗存的特色也很明显。有的器物具有非常明显的地域性，如船形杯、角状尖底盏、母口尖底盏、卷沿圜底盆、素缘绳纹罐等；有的即使器形大体相似，但仍有局部的差异，如敞口尖底盏、炮弹形杯等；还有的数量上差异明显，如圜底釜在十二桥遗址中仅见1例，而在峡江腹心地区却数量较多。这些差异显然不能让我们忽略，必须对其进行整体的文化因素分析，以便进一步精确定性。

依据文化遗物在各地区的分布，以及其出现频率和早晚，可以将峡江腹心地区的商周遗存陶器主要分为四组。

甲组：耸肩小平底罐、尖底罐、炮弹形尖底杯、敞口尖底盏、敛口尖底盏、卷沿有领尖底盏、高柄豆、"8"形捏瓣纽器盖等，该组陶器多素面。

乙组：饰方格纹的圜底釜、素缘绳纹圜底罐、盘口壶、高领壶等，伴随这组的往往是中、细绳纹和方格纹。

丙组：主要有角状尖底杯、母口尖底盏、船形杯、卷沿圜底盆、直领瓮以及少量沿部饰稀疏花边的大口罐等。

丁组：大口深腹缸、鬶等。

甲组器物属于渝东峡江腹地、成都平原共有的陶器，但部分陶器在鄂西地区也有少量存在（如耸肩小平底盆、高柄豆）。乙组器物属于渝东峡江腹地、鄂西地区共有的陶器，但其中的绳纹圜底罐也见于成都平原，但数量和种类均很少。丙组器物属于渝东峡江腹地独有的陶器，或其他地区偶见。丁组陶器属于中原文化因素，但在渝东

---

① 四川省文物管理委员会、四川省文物考古研究所、成都市博物馆：《成都十二桥商代建筑遗址第一期发掘简报》，《文物》1987年第12期。

峡江腹地、鄂西地区都有分布。

从以上四组文化因素的划分结果看，峡江腹心地区的商周遗存不仅有着成都平原十二桥文化的基本要素，而且具有较强的地域特色。甲组陶器在一定程度上决定了这类遗存所属大的文化范畴。乙组陶器虽然分布不仅限于峡江腹心地区，但它区别于甲组陶器，分布范围有自身的区域性，仍可与丙组陶器一起被视为峡江腹地的特征性遗物。而丁组陶器中的大口深腹缸不见于成都平原，鬶则属于新石器时代晚期自山东一带向西南地区传播的结果，自夏代晚期就进入了峡江腹心地区，一定程度上已经被纳入了本地的文化传统，与成都平原盛行的盉形成呼应。

峡江腹地的商周遗存与典型十二桥文化的差异主要体现在：泥质陶占一定比例，以夹砂褐陶为主；纹饰相对较盛行，绳纹占有一定的比例；除了尖底器外，圜底器和平底器比较发达。而典型十二桥文化陶器以夹砂陶占绝大多数；陶色以灰陶为主，褐陶次之；陶器绝大多数为素面；器类主要以多样的尖底器和小平底器、圈足器最具代表性。就具体的器类而言，峡江腹心地区的商周遗存中一半以上遗物不见或少见于成都平原地区。

从以上两个方面来看，二者之间的差异是明显的，应当分属于同一文化圈下的不同亚文化。考虑到石地坝遗址的这类遗存目前看来最丰富，最有代表性，我们认为以"石地坝文化"来命名是比较恰当的，而"十二桥文化"的总体称呼不宜改变，或可以进一步将以成都平原为中心的商周时期遗存定性为"十二桥文化十二桥类型"，以与峡江地区的"石地坝文化"相区分。

对于渝东峡江腹心地区与典型十二桥文化的差异，有一些学者很早就注意到了。江章华曾将这类遗存称为"十二桥文化川东类型"，新近发表的石地坝遗址1999年度发掘简报则建议称为"石地坝类型"，而在《重庆库区1999年度考古综述》中[①]，则提出了"石地坝遗存"的动议。从考古文化的命名来看，"川东类型"这种以大地名称呼的方法不符合文化命名的惯例，而且行政地域变化后，"川东"的地域范围有较大变化，显得不合时宜。渝东峡江腹地相当于十二桥文化阶段的考古文化面貌已经基本清晰，内涵丰富且具有一定的地方特征，所以"石地坝遗存"的称呼也不能充分反映这一地区商周时期考古发现的现状。"石地坝文化""石地坝类型"则比较切合目前的实际，事实上，这两种命名本质上没有矛盾，是相通的。但考虑到直接以类型称呼一种文化，现在已不太提倡，故以"石地坝文化"作为统称，来指代以峡江腹地商周时期遗存为代表的、属于十二桥文化下的一个地方文化类型。

---

① 王川平、邹后曦、白九江：《重庆库区1999年度考古综述》，重庆市文物局、重庆市移民局：《重庆库区考古报告集·1999卷》，北京：科学出版社，2006年，第 i～iv 页。

（二）石地坝文化所属结构与分布范围

商代晚期至西周早期，以鄂西、重庆峡江地区、成都平原、陕南汉中盆地和安康盆地为中心的四大地理单元，属于一个大的文化圈，这个文化圈可以称为"十二桥文化圈"。在十二桥文化圈下，又分布着以四大地域为中心的四个亚文化，分别是以成都平原为中心的十二桥文化"十二桥类型"，以重庆峡江腹地为中心的"石地坝文化"，以长江三峡东段和清江流域为主的鄂西"路家河文化"，以汉中盆地和安康盆地为中心的"宝山文化"（或称"白马石类型"）。总体上看，石地坝文化和十二桥类型更接近一些，特别是石地坝文化早期，两者相似度较高；石地坝文化晚期，两者的文化发展方向开始分野，差异逐渐加大，至其后继文化的西周中、晚期，分别形成了两个各自独立的文化。鄂西地区的路家河文化和陕南的宝山文化，具有大量的十二桥文化因素，同时又深受商文化的影响，还具有非常强烈的地域特色，属于十二桥文化圈的边缘地区，受周边文化的交互作用比较大。成都平原的十二桥类型，由于具有三星堆遗址第四期和金沙遗址这样大型的、文化高度发达的都邑，无疑是十二桥文化在四川盆地内的中心；而陕南汉中的宝山文化，由于同一分布地域内、同一时间内存在城洋铜器群，应该是另一个重要的文化中心。

石地坝文化遗存广泛分布在以峡江腹地为中心的现重庆及周边地区。峡江东部地区，在石地坝文化第一、二期的时候，这里属于路家河文化的分布范围，如奉节新浦（铺）遗址下层[①]，其商周遗存还有早晚之分，其早期的陶器纹饰如带尾卷涡纹、圆形花瓣纹、雷纹、三角形戳印纹等具有中商文化特点的纹饰，就与湖北宜昌路家河[②]、秭归长府沱[③]的陶器纹饰完全相同，而这类纹饰基本不见于石地坝文化。石地坝文化第三、四期时，已经向东扩张，峡江东部的奉节、巫山地区已经处于其分布范围内，

① 吉林大学考古学系、奉节县白帝城文物管理所：《奉节新铺遗址发掘报告》，重庆市文物局、重庆市移民局：《重庆库区考古报告集·1997卷》，北京：科学出版社，2001年，第160～178页；吉林大学考古学系、奉节县白帝城文物管理所：《奉节新浦遗址发掘简报》，重庆市文物局、重庆市移民局：《重庆库区考古报告集·1998卷》，北京：科学出版社，2003年，第239～255页；吉林大学考古学系：《四川奉节县新浦遗址发掘报告》，国家文物局三峡工程文物保护领导小组湖北工作站：《三峡考古之发现（二）》，武汉：湖北科学技术出版社，2000年，第142～154页。

② 长江水利委员会：《宜昌路家河——长江三峡考古发掘报告》，北京：科学出版社，2002年，第18～87页。

③ 宜昌市博物馆：《三峡库区秭归长府沱商代遗址发掘》，国家文物局三峡工程文物保护领导小组湖北工作站：《三峡考古之发现（二）》，武汉：湖北科学技术出版社，2000年，第400～421页；宜昌市博物馆：《三峡库区秭归长府沱遗址试掘简报》，国家文物局三峡工程文物保护领导小组湖北工作站：《三峡考古之发现（二）》，武汉：湖北科学技术出版社，2000年，第422～427页。

如重庆巫山大溪遗址就发现有陶炮弹形尖底杯、素缘绳纹罐等石地坝文化偏晚阶段的遗存①。

近年来乌江下游地区的商周时期考古工作取得一些突破。重庆武隆盐店嘴遗址发现商代末期至西周早期的文化遗存②，属于石地坝文化偏晚阶段。重庆酉阳邹家坝、清源遗址在试掘过程中③，发现大量的商周遗存，出土陶炮弹形尖底杯、敛口尖底盏、母口尖底盏、素缘绳纹罐、高领壶等陶器，应属于石地坝文化第三、四期。酉阳县的大河嘴④、范家坝⑤等遗址，在调查和试掘阶段均发现大量的石地坝文化遗物。此外，乌江下游贵州省的沿河县黑獭遗址⑥，亦出土素缘绳纹罐、船形杯、炮弹形尖底杯等陶器，大体上应属于石地坝文化第三期。可见，石地坝文化至迟在第三期时已经遍布乌江下游地区了。

嘉陵江流域发现的十二桥文化遗存比较多，但经过正式发掘的遗址比较少。四川阆中彭家坝⑦、坪上⑧、兰家坝遗址⑨，南充缙佛寺⑩、渠县城坝遗址⑪、重庆合川沙梁

① 重庆市文化遗产研究院、巫山县文物管理所：《重庆巫山大溪遗址商周时期遗存发掘简报》，《江汉考古》2016年第2期。

② 李大地、白九江、袁东山、方刚：《渝东南地区先秦时期的考古发现》，重庆市文物考古所、重庆文化遗产保护中心：《"早期中国的文化交流与互动——以长江三峡库区为中心"学术研讨会论文集》，北京：科学出版社，2012年，第24～42页。

③ 重庆市文物考古所、酉阳县文物管理所：《重庆市酉阳县邹家坝、清源遗址试掘简报》，重庆市文物考古所、重庆文化遗产保护中心：《酉阳邹家坝》，北京：科学出版社，2011年，第348～367页。

④ 重庆市文物考古所、酉阳县文物管理所：《酉阳大河嘴遗址发掘简报》，重庆市文物考古所、重庆文化遗产保护中心：《酉阳邹家坝》，北京：科学出版社，2011年，第381～385页。

⑤ 重庆市文物考古所、涪陵区博物馆、酉阳县文物管理所：《酉阳县范家坝石器采集点发掘简报》，重庆市文物考古所、重庆文化遗产保护中心：《酉阳邹家坝》，北京：科学出版社，2011年，第367～376页。

⑥ 2006年乌江彭水电站库区文物发掘资料，笔者参观贵州省文物考古研究所时亲见，且有陶炮弹形杯、船形杯等石地坝文化典型器物。另见王宁：《乌江及北盘江考古发掘显示"两江"水系新石器时代已形成文化通道》，《贵州日报》2006年9月18日。

⑦ 四川省文物考古研究院、南充市文化广电新闻出版局：《嘉陵江中游（阆中至仪陇段）先秦时期遗址调查简报》，《四川文物》2020年第3期。

⑧ 陈卫东、周科华：《嘉陵江流域考古取得重要收获》，《中国文物报》2006年3月22日。

⑨ 重庆市博物馆：《四川嘉陵江中下游新石器时代遗址调查》，《考古》1983年第6期。

⑩ 重庆市博物馆：《四川嘉陵江中下游新石器时代遗址调查》，《考古》1983年第6期。

⑪ 四川省文物考古研究院：《渠江流域古遗址调查简报》，《四川文物》2005年第6期。

子①、猴清庙②、菜蔬排遗址③等，均发现十二桥文化的遗物。这些遗址出土的商代晚期至西周早期的文化遗物比较简单，主要有陶炮弹形尖底杯、卷沿有领罐、素缘绳纹罐等，其文化内涵难以准确判断，属于十二桥类型和石地坝文化的交界地带，但可能更接近石地坝文化。

从这些情况看，石地坝文化的分布范围东达巫山、东南越过乌江进入黔东北一带，西边可能涵盖了嘉陵江中下游的大部分地区。

（三）石地坝文化的源流

石地坝文化中的尖底器和圜底罐是构成其文化特色的两大主要器类。重庆峡江腹地的尖底器最早可以追溯到夏代晚期至商代早期。涪陵蔺市遗址1999年度发掘的乙组三星堆文化中④，就出土一件角状尖底杯（ⅠT0803⑥：11，图2-2-8），该尖底杯胎厚，敞口，斜壁，尖底，唇部压印花边，器身饰细绳纹。1997年度万州中坝子遗址一灰坑内亦出土一件厚胎角状尖底杯（H28：3，图2-2-8）。这种尖底杯应当是后来薄胎尖底杯的滥觞。

鄂西路家河文化中尖底器的出现也相当早。路家河遗址从二里岗下层开始大量出现陶敞口有领鼓肩小平底罐，到二里岗上层和殷墟早期阶段，就变为尖底了⑤。秭归长府沱遗址也出土较多陶有领鼓肩尖底罐，同时还出一种直口鼓肩的尖底杯，与这些尖底器共出的有假腹豆、大口尊、分裆袋足鬲等中原二里岗上层至殷墟文化第一期的商

① 冯庆豪、陈丽琼：《合川沙溪沙梁子新石器时代遗址的调查》，重庆市文化局文物处、重庆市博物馆：《三江考古调查纪要》，1987年；邹后曦：《合川市沙溪遗址发掘简况》，资料现存重庆中国三峡博物馆资料室；重庆市文物考古所、合川市文物保管所：《重庆合川市沙梁子遗址抢救性考古发掘简报》，《四川文物》2006年增刊。

② 重庆市文化遗产研究院、合川区文物管理所：《合川区猴清庙遗址发掘简报》，重庆市文化遗产研究院、重庆文化遗产保护中心：《嘉陵江下游考古报告集》，北京：科学出版社，2015年，第51～166页。

③ 重庆市文化遗产研究院、合川区文物管理所：《合川区菜蔬排遗址发掘简报》，重庆市文化遗产研究院、重庆文化遗产保护中心：《嘉陵江下游考古报告集》，北京：科学出版社，2015年，第189～211页。

④ 重庆市文物考古所、涪陵区文物管理所：《涪陵蔺市遗址发掘简报》，重庆市文物局、重庆市移民局：《重庆库区考古报告集·1999卷》，北京：科学出版社，2006年，第786～806页。

⑤ "路家河文化"的典型遗址路家河第二期晚段可分为三段，第1段推测为二里岗下层时期，第2段因伴出假腹豆等，推定为二里岗上层时期，第3段参考14C测年推定为殷墟早期。笔者仔细阅读了报告，发现第1段基本不见尖底器，唯一一件有领尖底杯属于采集品。而第1段的"鼓腹杯"均为小平底形态，应当属于朝天嘴文化（含大量三星堆文化因素）向"路家河文化"的过渡形态，因此笔者偏向将第2、3段定义为"路家河文化"。

峡江三星堆文化	石地坝文化

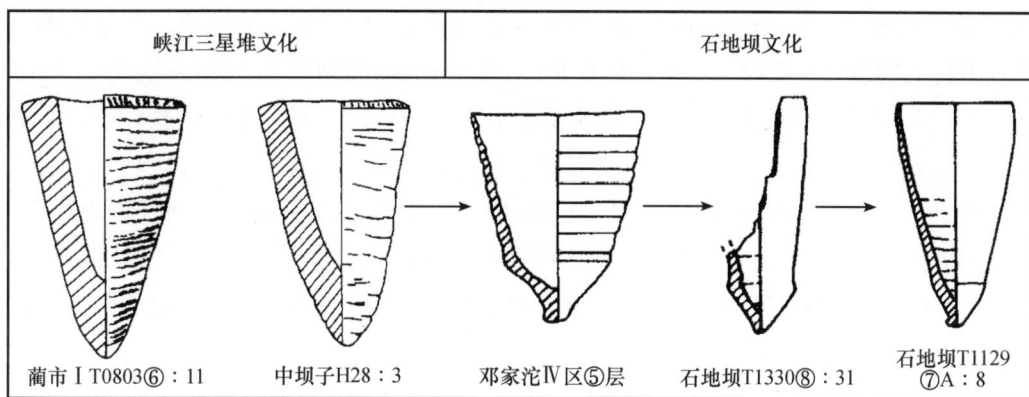

图2-2-8　陶角状尖底杯的起源和演变

（蔺市 I T0803⑥：11　　中坝子H28：3　　邓家沱Ⅳ区⑤层　　石地坝T1330⑧：31　　石地坝T1129 ⑦A：8）

文化陶器。从上述情况看，尖底器最早出现在峡江腹心地区，鄂西地区尖底器应该是受到三星堆文化峡江类型的影响而产生的，诞生时间可以追溯到商代中期。可以这样认为，十二桥文化尖底器的起源应当在三峡腹心地区，且一直沿用到战国；成都平原三星堆文化时期没有尖底器的传统，十二桥类型的尖底器应当是受到鄂西和峡江地区的影响而产生的。

石地坝文化晚期盛行陶素缘绳纹圜底罐，这种圜底罐是受鄂西地区的影响而产生的。清江香炉石遗址属于路家河文化的晚期遗存[①]，出土的素缘绳纹圜底罐与石地坝文化接近。路家河文化早期则有较多圜底釜和圜底罐，而这种圜底器是鄂西地区从新石器时代早期以来一直存在于鄂西地区的一种文化传统。而重庆峡江地区新石器时代晚期主要盛行平底器和圈足器，夏代晚期至商代早期属于三星堆文化的分布范围，基本不见圜底器。可见，十二桥文化的圜底器也是来自鄂西地区。由此可以认为，石地坝文化（包括十二桥类型）虽然继承了一些三星堆文化的传统（如小平底罐），但主要是受鄂西地区的影响而产生的。尖底器、圜底器传播路线是由东向西的，峡江腹地起着承东启西的通道功能。虽然我们说以成都平原为中心的十二桥类型的相当多的器物

①　鄂西地区商周时期考古遗存，现主要有"路家河文化"和"香炉石文化"两种称呼，这两种文化实质上是一个文化，路家河遗址的路家河文化从二里岗下层延续到殷墟早期，分为三期；香炉石遗址的"香炉石文化"早期与路家河第三期同时，但可延续到商末周初。这两个所谓的文化应是同一个文化的不同发展阶段，本文暂以"路家河文化"称呼。此外，香炉石遗址发掘简报认为第7层可早到夏代，第6层为早商，第5层为商代中晚期，第4层为商末西周时期。其实这批遗存的时代跨度并没有这么大，它们应在商代中、晚期至商末周初，理由如下：第7层出土的大量有领鼓肩平底罐、大圈足盘等遗物，应是白庙遗存的典型器物，同样的器物在第6层也有少量出土，所以这两层应是稍晚人类活动过程中破坏了早期遗存的缘故，当然也不排除发掘时文化层区分不细，把白庙遗存混合在一起发掘了。第4～6层出土的有领尖底杯等与鄂西地区的商代中晚期同类器相近，尖底罐、绳纹圜底罐等与石地坝文化器物相近，而第4层出土的折肩罍较矮，明显系模仿中原商代晚期至西周初年的铜罍而来。

风格来源于东边，但无意贬损十二桥类型在十二桥文化圈中的重要地位，近年来成都金沙遗址商周遗存的发掘，证明当时的中心邑聚仍然在成都平原地区。

石地坝文化的发展去向是非常明确的。石地坝遗址第二期、邓家沱遗址第二期都是紧接石地坝文化的，其间的缺环都不太大，可以认为是石地坝文化发展和演变的结果。此外，重庆忠县瓦渣地遗址第二期遗存[①]、中坝遗址的部分商周时期文化遗存[②]、万州塘房坪遗址的所谓"夏商遗存"中的主体部分[③]等，巫山双堰塘遗址的西周遗存[④]，与上述遗存的时代及文化属性一致，有研究者曾建议将这类遗存命名为"瓦渣地文化"[⑤]，它们之间也存在着早晚关系，其中瓦渣地遗址第二期遗存最接近石地坝文化晚期，是石地坝文化向"瓦渣地文化"过渡的典型遗存。总体来看，石地坝文化与"瓦渣地文化"一脉相承，后者在早期依然保留了大量的尖底器，但素缘绳纹罐开始减少。花边口圜底罐的数量和种类突然大增是"瓦渣地文化"确立及与石地坝文化分界的标志。

五、各期年代的确定

上述峡江腹心地区的商周遗存共分为四期8段，从器物群和器物的演变速率看，各期段之间基本能够衔接，应当说没有大的缺环，充分体现了这一类文化遗存的演变情况。

---

①　北京大学考古学系三峡考古队、忠县文物保护管理所：《忠县瓦渣地遗址发掘简报》，重庆市文物局、重庆市移民局：《重庆库区考古报告集·1998卷》，北京：科学出版社，2003年，第649～678页。

②　四川省文物考古研究所、重庆市文化局三峡办、忠县文物保护管理所：《忠县中坝遗址Ⅱ区发掘简报》，重庆市文物局、重庆市移民局：《重庆库区考古报告集·1998卷》，北京：科学出版社，2003年，第607～648页。

③　陕西省考古研究所、万州区文物管理所：《万州塘房坪遗址发掘简报》，重庆市文物局、重庆市移民局：《重庆库区考古报告集·1997卷》，北京：科学出版社，2001年，第469～500页。

④　中国社会科学院考古研究所长江三峡工作队、巫山县文物管理所：《巫山双堰塘遗址发掘报告》，重庆市文物局、重庆市移民局：《重庆库区考古报告集·1997卷》，北京：科学出版社，2001年，第31～64页；中国社会科学院考古研究所长江三峡工作队、巫山县文物管理所：《巫山双堰塘遗址发掘报告》，重庆市文物局、重庆市移民局：《重庆库区考古报告集·1998卷》，北京：科学出版社，2003年，第102页；中国社会科学院考古研究所长江三峡工作队、巫山县文物管理所：《巫山双堰塘遗址发掘报告》，重庆市文物局、重庆市移民局：《重庆库区考古报告集·1999卷》，北京：科学出版社，2006年，第80～144页。

⑤　孙华：《峡江地区的先秦文化》，《国学研究（第6卷）》，北京：北京大学出版社，1999年，第501～515页。

　　石地坝文化第一期遗存的陶尖底盏最能体现其年代。以玉溪坪遗址M22为例，该器敞口，斜壁，略具乳状尖底，这种尖底盏也见于成都平原。四川广汉三星堆遗址1982年发掘的Ⅰ区③层[①]和一号器物坑[②]中出土的尖底盏均为敞口尖底盏，成都十二桥遗址第13层和第11层也出土敞口尖底盏。三星堆遗址和十二桥遗址的敞口尖底盏可分二型，A型深腹，唇口外折；B型腹部较浅，口外侈。A型和B型敞口尖底盏在三星堆一号器物坑共存。玉溪坪遗址出土的敞口尖底盏更接近B型，与三星堆遗址一号器物坑的B型相比，腹更深，且下腹壁微弧（图2-2-9）；与十二桥遗址ⅡT4011∶16B型尖底盏相比，后者唇部上勾，已具有敛口尖底盏的一些特征，明显晚于玉溪坪遗址的尖底盏。此外，与三星堆遗址所出敞口尖底盏同划为三星堆遗址第四期的陶器还有大口窄肩的小平底罐，这种小平底罐与石地坝文化第二期早段（镇安遗址第一期）的同类器更接近，而与玉溪坪遗址所出的鼓肩或耸肩的小平底罐差异较大。另外，三星堆遗址第四期的折壁小底杯也和镇安遗址第一期的相近。由此看来，石地坝文化第一期遗存应比三星堆遗址第四期略早或相当。

　　关于石地坝文化第一期的绝对年代，属于三星堆遗址第四期的一号器物坑出土了多件中原系青铜器，分别有尊、罍、瓿、盘等，研究者将它们与中原同类器进行类型

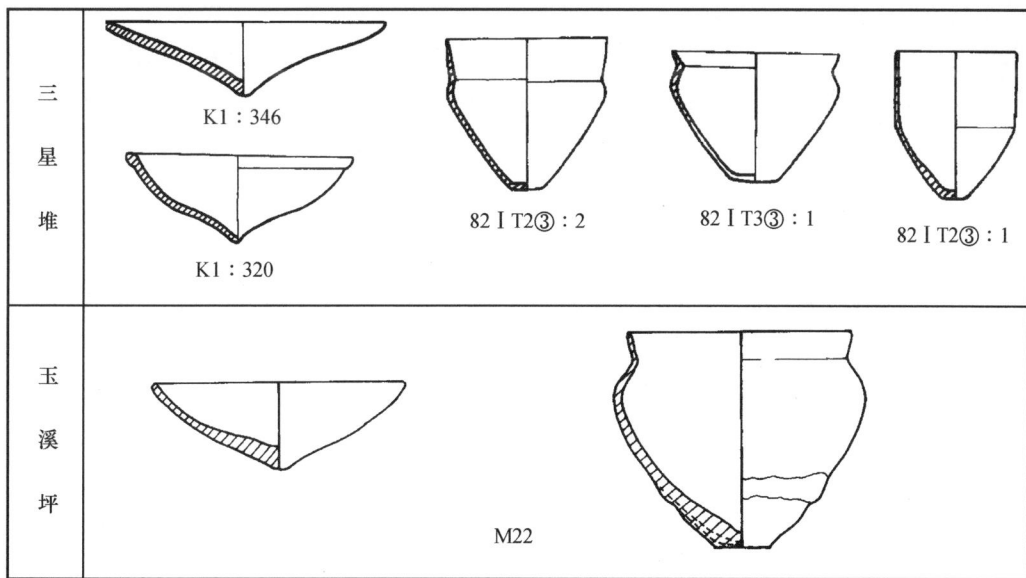

图2-2-9　石地坝文化第一期陶器与三星堆遗址第四期陶器的比较

　　①　陈显丹：《广汉三星堆遗址发掘概况、初步分析——兼论"早蜀文化"的特征及其发展》，四川大学博物馆、中国古代铜鼓研究学会：《南方民族考古（第二辑）》，成都：四川科学技术出版社，1990年，第213～232页。

　　②　四川省文管会、四川省文物考古研究所、四川省广汉县文化局：《广汉三星堆遗址一号祭祀坑发掘简报》，《文物》1987年第10期。

学研究后，多数都认为一号器物坑的青铜容器年代在殷墟一期偏晚阶段（埋藏年代可能还要略晚一点）。那么依据我们上面的推断，石地坝文化第一期的年代应当不晚于殷墟一期，其上限或可到二里岗上层偏晚阶段。

通过上文的比较，石地坝文化第二期早段的年代，我们大致推定应与三星堆遗址一号器物坑接近。石地坝文化第二期晚段出土的陶捏瓣纽器盖，纽缘捏成"8"形，纽柄较粗而矮，与早段的细高柄不同。这种器盖在十二桥遗址第12层出土两件，只是柄略显粗矮。虽然二者略有差异，但仍可视为大致同时。

孙华先生认为十二桥第12层当在殷墟三期阶段[①]，考虑到石地坝文化第二期晚段与十二桥遗址第12层相当，我们就可以将石地坝文化第二期早段定在殷墟第二期，晚段定在殷墟第三期。绝对年代方面，十二桥遗址第13层有两个 ^{14}C 测年数据，经树轮校正后分别为公元前2037～前1787年和公元前1878～前1641年，均在夏代的纪年范围内，偏差较大，不宜采用。

石地坝文化第三期缺乏可资比较的材料，暂时不能确定其具体年代。在此我们先确定第四期的年代，第三期自然就清楚了。第四期的尖底盏为敛口尖底盏，在成都十二桥遗址中出现于第10层。石地坝遗址的敛口尖底盏的变化趋势是由高到矮，腹由深变浅，底部由乳状尖底变为尖底。石地坝遗址第一期第2段的A型Ⅳ式盏与成都抚琴小区第4层所出的一件尖底盏相近，均为敛口，深腹，尖底近似乳突状，后者口径与器高之比约为2.1：1，按照石地坝遗址敛口尖底盏的变化趋势，应较A型Ⅳ式略晚；成都十二桥遗址第10层的三件敛口尖底盏，分别被定为5式和6式，与石地坝遗址第一期第2段的A型Ⅴ式接近；石地坝遗址的卷沿束颈尖底盏，与陕西宝鸡茹家庄[②]所出的H3：24盏相近，其年代为商末周初；而抚琴小区第4层[③]也出有此类盏，但该盏口已变直，略外侈，肩较宽，下底略内收，时代应比石地坝遗址的略晚；与四川新繁水观音遗址[④]所出的同类器（T13.3：1）相比较，水观音遗址所出盏微束颈，肩窄而直，下腹壁微鼓，底为近尖底的小平底，应为较之更早的形式；十二桥遗址ⅠT7⑩层出土的3式尖底盏，翻沿，领部较直，斜腹，与水观音遗址的器形非常相似，可以认为是石地坝卷沿束颈尖底盏的早期形式。石地坝文化第四期出土的炮弹形杯，下部转折明显。而抚琴小区第4层的炮弹形尖底杯也带有折痕。但在较早的十二桥遗址出土的炮弹形尖底杯

①　孙华：《成都十二桥遗址群分期初论》，四川省文物考古研究所：《四川考古论文集》，北京：文物出版社，1996年，第123～144页。

②　卢连成、胡智生：《宝鸡強国墓地》，北京：文物出版社，1988年，第6～11页。

③　王毅：《成都市区蜀文化遗址的新发现》，李绍明、林向、徐南洲：《巴蜀历史·民族·考古·文化》，成都：巴蜀书社，1991年，第295～309页。

④　四川省博物馆：《四川新凡县水观音遗址试掘简报》，《考古》1959年第8期。

（均在第11层及其下），则没有折痕，下部一般斜收为尖底。

由是观之，十二桥遗址第10层和抚琴台小区第4层约与石地坝文化第四期晚段相当。有的研究者认为抚琴台小区第4层的年代相当于殷墟四期末，而十二桥遗址第10层为"春秋早期至战国初期，尤以战国中晚期的可能性较大"，这种看法似乎夸大了两者的年代差距，而又对敛口尖底盏与敞口尖底盏之间的差异和缺环认识不足，将这类遗存放在西周早期是比较合适的。

根据目前的材料看，石地坝文化第四期的年代，基本上就是石地坝文化的年代下限，因此我们可以从紧接它的稍晚的重庆忠县瓦渣地遗址商周遗存的年代间接得出。瓦渣地遗址1997年度发掘的商周遗存分为两段，其中第1段陶器有素缘绳纹圜底罐、花边口圜底罐、角状尖底杯、尖底盏等。第2段出土了大量的陶素缘绳纹罐、花边口圜底罐、角状和炮弹形尖底杯、尖底盏、直口平底瓮等。第1段由于"堆积中含有较多尖底杯的现象"，我们推测可能属于石地坝文化（简报发表资料太少，故本文未做分析，但该段出土少量花边口罐，从花边较细小等情况分析，其时代应相当于石地坝文化第四期）。第2段包括第4和第5两个大层，可能是两次大规模烧造陶器的结果，并在两大层下埋有墓葬；该段埋藏景观与第1段有很大不同，主要是以大量陶圜底罐残片为主的堆积，器类中花边罐数量较多，花边形态粗放，多按捺而成；另外仍然保留部分尖底器，说明此段与第1段紧紧相连。能够说明第2段年代的一是M1，M1虽然没有直接的地层证据说明它与第2段的关系，但与此相似的其他4座墓葬却属于第2段，因此把它归入第2段还是比较妥当的。M1出土铜三角援无胡戈、扁茎无格柳叶形剑等。发掘简报通过与相似器类的对比，认为柳叶形剑不晚于西周前期，三角援无胡戈不晚于西周后期。二是属于第2段最下的小层的T322⑨层采集的3个木炭标本，经检测并校正后的年代分别为：公元前1000～前760年、公元前1020～前800年、公元前1130～前820年。这三个年代都大致在西周的纪年范围内，只有最后一个可早至商代晚期。如果考虑到木炭的年代一般要早于遗址形成的年代，再加上第9层从层位关系上要略早于以T322⑧层为代表的第2段（该段发表的材料主要是T322⑧层和T332⑧层），那么瓦渣地第二段的年代确定在西周中、晚期是比较合适的，这也与墓葬所出铜三角援戈的年代相吻合（铜柳叶形剑可能属于商末周初铸造，而使用到西周中、晚期）。由此，在瓦渣地第2段之前的石地坝文化第四期的年代，具体约为西周早期，其早段可定在西周早期偏早阶段，晚段可定在西周早期偏晚阶段。

这样，石地坝文化第二期和第四期的年代既已确定，那么处在两者间的第三期就应当相当于殷墟第四期。

补记：（1）本文定稿于2006年10月，发表在2007年重庆出版社出版的《三峡考古与多学科研究》一书[1]，本次收录时，为便于读者查询对照文献，在注释部分补充了一些2007年后发表的资料。

（2）本文判断"石地坝文化第一期的年代应当不晚于殷墟一期，其上限或可到二里岗上层偏晚阶段"的观点，得到2022年重庆江津区梧桐土遗址发掘的石地坝文化遗存测年证实，"根据第⑥层下遗迹采集植物种子六个碳样的测年数据，时代基本为1422～1199BC（树轮校正后）"[2]。

（3）本文"将石地坝文化第二期早段定在殷墟第二期，晚段定在殷墟第三期"。石地坝文化第二期遗存在2022年涪陵网背沱遗址有所发现。网背沱遗址H3出土陶片千余件，可辨器形有尖底杯、尖底罐、尖底盏、小平底罐、高领罐、圜底罐、船形杯等。"灰坑内采集两个碳样标本，时代为1323～1194BC、1304～1124BC（树轮校正后）"，与本文的推断大体接近[3]。

（4）本文推断石地坝文化"第三期就应当相当于殷墟第四期"。2017年出版的《忠县邓家沱遗址与渔洞墓群》一书，公布了邓家沱遗址H76和第5B层的^{14}C测年[4]，其中第5B层只有1个测年数据，约当夏末至二里岗下层时期，年代明显偏老；H76的三个测年数据校正后均在商末至周初，与本文对第三期的年代推定大致吻合。

第三节　重庆地区东周至汉初墓葬初论

重庆地区东周至汉初墓葬（本文不包括崖葬墓）的发现和研究，首先始于1954年重庆巴县冬笋坝墓群的第一次发掘，同年和1955年又进行了第二、三次发掘[5]，首次掀起了巴文化墓葬研究的热潮。此后，东周墓葬鲜有发现。直到20世纪70年代，重庆涪

① 白九江、李大地：《试论石地坝文化》，李禹阶：《三峡考古与多学科研究》，重庆：重庆出版社，2007年，第67～90页。

② 方刚、燕妮、陈东：《重庆"川渝地区巴蜀文明进程研究"重要收获》，《中国文物报》2022年10月21日第7版。

③ 方刚、燕妮、陈东：《重庆"川渝地区巴蜀文明进程研究"重要收获》，《中国文物报》2022年10月21日第7版。

④ 重庆市文物局、重庆市移民局：《忠县邓家沱遗址与渔洞墓群》，北京：科学出版社，2017年，第119页。

⑤ 沈仲常、王家祐：《记四川巴县冬笋坝出土的古印及古货币》，《考古通讯》1955年第6期；前西南博物院、四川省文物管理委员会：《四川巴县冬笋坝战国和汉墓清理简报》，《考古通讯》1958年第1期；四川省博物馆：《四川船棺葬发掘报告》，北京：文物出版社，1960年。

陵小田溪墓群的发掘再次将巴文化研究推向深入。小田溪墓群先后经过5次发掘[①]，共清理22座战国至西汉墓葬，出土数量众多、等级较高的珍贵文物，极大地促进了巴文化的考古学研究，在重庆的考古史上具有十分重大的意义。重庆地区东周墓葬发掘的第三次高潮是在1992年三峡工程上马后。这一时期发现的东周墓葬数量众多，分布广泛，不仅有大量巴文化墓葬被发现，而且发掘了数量极多的楚文化墓葬。

目前为止，见诸报道的东周墓葬发掘地点还有重庆巫山秀峰一中[②]、蓝家寨[③]、琵琶洲[④]、水田湾[⑤]、瓦岗槽[⑥]、麦沱[⑦]、塔坪，奉节上关[⑧]、老油坊[⑨]，云阳李家

① 四川省博物馆、重庆市博物馆、涪陵县文化馆：《四川涪陵地区小田溪战国土坑墓清理简报》，《文物》1974年第5期；四川省文物管理委员会、涪陵地区文化局：《四川涪陵小田溪四座战国墓》，《考古》1985年第1期；四川省文物考古研究所、涪陵地区博物馆、涪陵市文物管理所：《涪陵市小田溪9号墓发掘简报》，四川省文物考古研究所：《四川考古报告集》，北京：文物出版社，1998年，第186～196页；重庆市文物考古所：《重庆市涪陵区小田溪墓群发掘成果喜人》，《重庆历史与文化》（内刊）2003年第1期。

② 赵新平：《巫山秀峰一中墓地战国墓葬试析》，重庆市文物局、重庆市移民局：《重庆·2001三峡文物保护学术研讨会论文集》，北京：科学出版社，2003年，第124～127页。

③ 重庆市博物馆、湖南益阳市文物考古队、重庆巫山县文物管理所：《巫山蓝家寨遗址发掘报告》，重庆市文物局、重庆市移民局：《重庆库区考古报告集·1998卷》，北京：科学出版社，2003年，第103～118页；重庆市文化局、重庆市博物馆、湖南省益阳市文物考古队、重庆市巫山县文物管理所：《巫山蓝家寨遗址发掘报告》，重庆市文物局、重庆市移民局：《重庆库区考古报告集·1999卷》，北京：科学出版社，2006年，第1～25页。

④ 中国社会科学院考古研究所三峡工作队：《巫山琵琶洲遗址发掘报告》，重庆市文物局、重庆市移民局：《重庆库区考古报告集·1998卷》，北京：科学出版社，2003年，第172～188页。

⑤ 雷兴军、罗宏斌：《巫山东周两汉墓分期及分区》，重庆市文物局、重庆市移民局：《重庆·2001三峡文物保护学术研讨会论文集》，北京：科学出版社，2003年，第121～123页。

⑥ 南京博物院考古研究所、重庆市博物馆、巫山县文管所：《巫山瓦岗槽墓地发掘报告》，重庆市文物局、重庆市移民局：《重庆库区考古报告集·1998卷》，北京：科学出版社，2003年，第148～171页。

⑦ 重庆市文化局、湖南省文物考古研究所、巫山县文物管理所：《巫山麦沱古墓群第二次发掘简报》，重庆市文物局、重庆市移民局：《重庆库区考古报告集·1998卷》，北京：科学出版社，2003年，第119～14页。

⑧ 袁东山、白九江：《奉节上关遗址发掘获重要收获》，《中国文物报》1999年7月23日；重庆市文物考古所：《奉节上关遗址发掘简报》，重庆市文物局、重庆市移民局：《重庆库区考古报告集·1998卷》，北京：科学出版社，2003年，第276～298页。

⑨ 吉林大学考古学系、重庆市文化局、白帝城博物馆：《奉节老油坊遗址考古发掘报告》，重庆市文物局、重庆市移民局：《重庆库区考古报告集·1998卷》，北京：科学出版社，2003年，第256～265页。

坝①、故陵②，开州余家坝③，万州曾家溪④、中坝子⑤、大丘坪⑥，忠县崖脚⑦、哨棚嘴⑧、中坝⑨、老鸹冲⑩，丰都凤凰嘴，涪陵蔺市⑪、镇安⑫等。从这些地点看，几乎三峡库区的每个区县都有分布，由于这些墓葬资料发表得多较简单、粗疏，下面仅就报道比较详细的几个地点做初步分析。

---

　① 　四川联合大学历史系考古专业：《1994～1995年度四川云阳李家坝遗址的发掘》，四川大学考古专业：《四川大学考古专业创建三十五周年纪念文集》，成都：四川大学出版社，1998年，第374～422页；四川大学历史文化学院考古系、云阳县文物管理所：《云阳李家坝东周墓地发掘报告》，重庆市文物局、重庆市移民局：《重庆库区考古报告集·1997卷》，北京：科学出版社，2001年，第244～288页；四川大学历史文化学院考古系、云阳县文物管理所：《云阳李家坝巴人墓地发掘报告》，重庆市文物局、重庆市移民局：《重庆库区考古报告集·1998卷》，北京：科学出版社，2003年，第348～388页。

　② 　中国历史博物馆故陵考古队、云阳县文物管理所：《云阳故陵楚墓发掘报告》，重庆市文物局、重庆市移民局：《重庆库区考古报告集·1998卷》，北京：科学出版社，2003年，第389～415页。

　③ 　山东大学考古系：《四川开县余家坝战国墓葬发掘简报》，《考古》1999年第1期。

　④ 　肖梦龙：《重庆市万州区新田曾家溪墓地发掘收获与初步认识》，重庆市文物局、重庆市移民局：《重庆·2001三峡文物保护学术研讨会论文集》，北京：科学出版社，2003年，第128～135页。

　⑤ 　西北大学考古队、云阳县文物管理所：《万州中坝子遗址发掘报告》，重庆市文物局、重庆市移民局：《重庆库区考古报告集·1997卷》，北京：科学出版社，2001年，第347～380页；西北大学考古队、万州区文物管理所：《万州中坝子遗址东周时期墓葬发掘报告》，重庆市文物局、重庆市移民局：《重庆库区考古报告集·1998卷》，北京：科学出版社，2003年，第592～606页；西北大学文博学院：《重庆市万州区中坝子遗址第三次发掘简报》，《考古与文物》2002年第3期。

　⑥ 　彭学斌、向渠奎：《重庆万州大丘坪墓群考古发掘取得显著成果》，《中国文物报》2004年5月21日。

　⑦ 　北京大学考古文博学院三峡考古队、重庆市忠县文物管理所：《忠县崖脚墓地发掘报告》，重庆市文物局、重庆市移民局：《重庆库区考古报告集·1998卷》，北京：科学出版社，2003年，第680～730页。

　⑧ 　笔者1997年底在此参与考古发掘时发现1座。

　⑨ 　四川省文物考古研究所、忠县文物保护管理所：《忠县中坝遗址发掘报告》，重庆市文物局、重庆市移民局：《重庆库区考古报告集·1997卷》，北京：科学出版社，2001年，第559～609页。

　⑩ 　重庆市文物考古所、重庆市文物局：《忠县老鸹冲遗址（墓葬部分）发掘简报》，重庆市文物局、重庆市移民局：《重庆库区考古报告集·2000卷》，北京：科学出版社，2007年，第831～867页。

　⑪ 　重庆市文物考古所、涪陵区文物管理所：《涪陵蔺市遗址发掘简报》，重庆市文物局、重庆市移民局：《重庆库区考古报告集·1998卷》，北京：科学出版社，2003年，第813～833页。

　⑫ 　北京市文物考古研究所三峡考古队、重庆市涪陵区博物馆：《涪陵镇安遗址发掘报告》，重庆市文物局、重庆市移民局：《重庆库区考古报告集·1998卷》，北京：科学出版社，2003年，第850～894页。

一、典型墓葬分析

（一）忠县中坝遗址

中坝遗址1997年度发掘东周时期墓葬22座，其中土坑竖穴墓20座、瓮棺葬2座[①]。大多数土坑竖穴墓只发现零星人骨，均出土随葬品，以陶器为主，主要有花边圜底罐、尖底盏、圜底钵、平底钵几种器类，其中尤以圜底罐为大宗，部分墓葬伴出石器、骨器、铜器等。报告没有推断这批墓葬的具体年代，部分学者认为其年代应当在战国中期偏晚至战国晚期，下限或可至秦[②]。

笔者认为，从发表的部分资料看，由于M23出土了折腹平底钵，具有秦文化特征，时代很可能属于秦代。而以M28、M29、M11等为代表的一批墓葬，随葬品以圜底罐、尖底盏、圜底钵为基本组合，其时代应在春秋中晚期至战国早期（图2-3-1）。具体分析如下：

（1）花边口圜底小罐（图2-3-1，4、5），形态演变是从卷沿、侈口、束颈、鼓腹、胎略薄到大口、束颈、腹微鼓，再到直口、无颈、尖圜底、厚胎。中坝遗址东周墓随葬的花边口圜底罐属于后两种形态。1997年度忠县崖脚墓地发掘的战国中期楚墓填土中含有花边口圜底罐的残片，是以花边口圜底罐当不会晚于战国中期。

（2）M28随葬的尖底盏（图2-3-1，3），微敞口，浅腹，盏下壁斜收近平，尖底近平。在尖底盏的排序中，这种盏属于尖底盏最后的形态之一，但中坝遗址尚不见战国晚期矮柄盏形豆。

（3）中坝遗址出土楚文化因素的绳纹鬲腿、甗裆陶片，检索其已知的地层关系，不会早于公布的两座墓葬，如T0601⑰：17鬲腿和该层下的H137出土的甗裆不会早于叠压于T0601⑰层下的M11，更晚于叠压于T0601㉑层下的M28。总体上来说，峡江东部具有这种楚文化特征的鬲、甗的时代，目前基本可以定在春秋中、晚期到战国早期阶段，中坝遗址的楚文化遗物与巴文化遗物的地层关系表明，中坝发现的墓葬时代下限可定在战国早期，上限可能到春秋中晚期。

（4）中坝遗址T0601⑱：7的矮领暗纹瓮（图2-3-1，9），在大溪遗址2001年度发掘的比较单纯的楚文化遗存中有复原器，它与春秋中晚期的典型的楚式陶鬲、甗、豆、盂等共存。

---

① 该遗址的部分墓葬存有疑问，不排除是与制盐相关的遗迹。

② 江章华、颜劲松：《川东长江沿岸商周时期考古学文化变迁的初步分析》，湖北省文物事业管理局、湖北省三峡工程移民局：《2003三峡文物保护与考古学研究学术研讨会论文集》，北京：科学出版社，2003年，第211~218页。

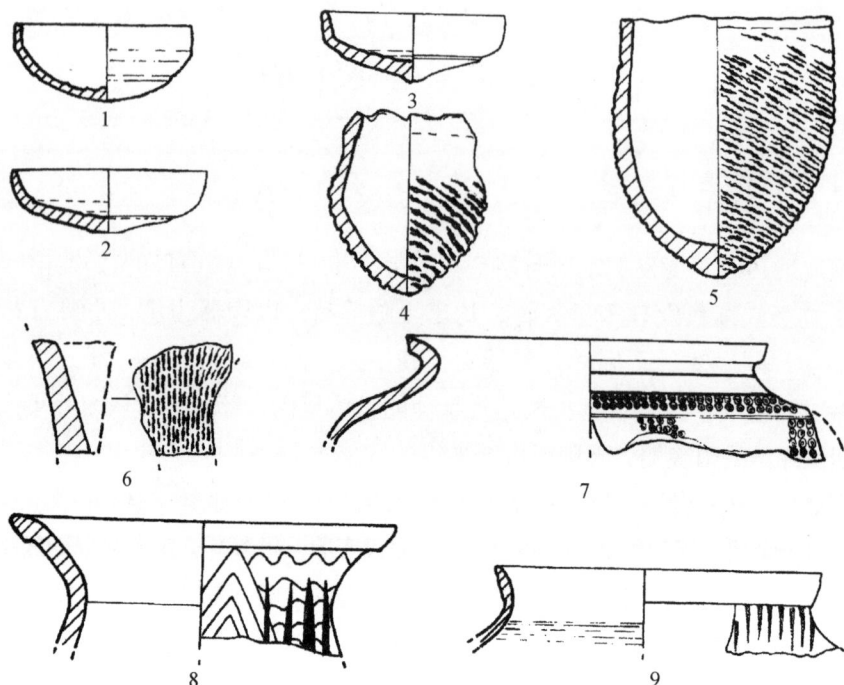

图2-3-1　重庆市忠县中坝遗址T0601内"墓葬"随葬品与文化层内部分遗物

1. 圜底钵（M28：4）　　2、3. 尖底盏（M28：2、M28：4）　4. 微束颈圜底罐（M28填土：1）　5. 直口圜底罐

（M11：2）　6. 鬲腿（T0601⑰：17）　7、9. 矮领瓮（T0601⑱：4、T0601⑱：7）　8. 高领瓮（T0601⑱：10）

［上为巴文化陶器（重庆峡江东周墓第一期），下为具有楚文化风格的陶器］

（二）李家坝遗址

　　云阳李家坝遗址分为四个区，东周墓葬主要分布在坝前缘的Ⅱ区，面积10000余平方米，至2002年共发掘310余座墓葬。公布材料的有1994～1995年两次试掘清理出的东周时期墓葬10座、1997年度发掘的东周墓葬40座（包括1座空墓），以及1998年清理的45座战国至汉初墓葬中的部分。这些墓葬之间的打破叠压关系较多，大多数呈南北向平行排列。

　　1997年的简报将墓葬分为三期4段。

　　第一期：陶器主要组合为罐、釜、豆，部分墓葬出鬲、甗，基本未见铜器[①]。可以进一步分段，年代在春秋晚期至战国早期。

---

　　① 1997年报告"分期与年代"一节中，将出有铜剑、矛、钺的97M24归入第一期，而在墓葬一览表中将其归入第二期早段。从发表的器物图看，单穿的柳叶形短剑、弧耳长骹矛、深腹矮柄暗纹盖豆等属于较早的形态，将97M24归入第一期可能更有道理。按：在楚文化中，这种豆的柄是由矮到高发展演变的，江陵雨台山楚墓有与97M24接近的豆，该墓被定为春秋晚期。参见湖北省荆州地区博物馆：《江陵雨台山楚墓》，北京：文物出版社，1984年，第62页。

　　第二期：可分为前、后两段。主要为罐、釜、盂、豆、壶，较第一期时新增加了壶，后段同时出现了鼎、敦、壶、豆的组合。铜兵器有剑、矛、钺，生活用具主要为鍪（带勺）。出现了带牙的中胡三穿戈，后段出现了铁器。前段年代约在战国中期偏早，后段约在战国中期偏晚。

　　第三期：陶器组合与第二期接近。铜兵器仍然是剑、矛、钺的组合，出现了有上下阑的无牙戈。年代范围可能在战国晚期前段。

　　笔者基本赞同报告对期段的划分，但将原属于第二期后段的97M43提早到第二期前段[①]。此外，为了进一步说明1997年第一期墓葬与中坝遗址随葬圜底罐墓葬的关系，可以举97M48：5大口花边圜底釜（图2-3-2上栏左上）和花边圜底罐为例，前者在李家坝第一期和万州麻柳沱遗址[②]（H15：76）都有出土（图2-3-2下栏左），其年代应接近。而后者在重庆万州麻柳沱遗址内（BT7③：67）也曾出土，并与中坝遗址的完全一致，而麻柳沱这两件器物的所属单位呈打破关系（H15→BT7③），具有明显的早晚关系，由此可进一步认识李家坝遗址第一期墓葬与中坝遗址的两座东周墓葬的相对年代（图2-3-2）。

　　1998年的发掘简报将开口于第5、6层下的墓葬划分为第一期，将大多数开口于第4层下的墓葬划分为第二期，将M1、M43等少数墓葬定为第三期，各期的时代与1997年略有不同。简报认为第一期墓葬的年代在战国早期，上限可至春秋战国之交；第二期上限可至战国中期晚段，下限为战国晚期；第三期因出土直颈的铜鍪和陶鼎、盒、壶的组合，所以定为秦至西汉早期。笔者以为，这三期的划分尚有可商榷处。第一期中的M4、M10、M11、M12等墓葬出土陶器与M8、M13等有较大差异，并且出土铜器也与1997年第二期的相似，故将这几座墓葬调整出来，划分为1998年第二期前段，而将原第二期划分为后段。检索已发表的材料，应当说1998年李家坝第二期早、晚段与1997年第二期早、晚段的墓葬材料基本相同，时代相当，分别相当于战国中期早段和晚段。第三期墓葬中的M1与97M10岩坑墓[③]都以陶鼎、盒、壶为基本组合，97M10报告分析有的遗物可能早至战国中晚期，但有的遗物应在西汉初，当以年代最晚者确定墓葬时代，且98M1中出矮领折肩圜底罐，这在峡江地区也是秦至西汉早期的典型器物。

────────────

　　①　该墓可能属于二期早段偏晚的墓葬。理由如下：97M43：1戈援上下平直，而晚段的97M23：1戈援略曲弧，应早于后者；97M43：5铜钺钺身呈弧刃方形，与同属于早段的97M32：7和97M28：3相近，而且钺身两侧更直，似乎较其略早，而与属于晚段的97M53：2束腰圆刃钺相去甚远。

　　②　上海大学文物考古研究中心、万州区文物管理所：《万州麻柳沱遗址发掘报告》，重庆市文物局、重庆市移民局：《重庆库区考古报告集·1997卷》，北京：科学出版社，2001年，第381～421页。

　　③　四川大学历史文化学院考古系、云阳县文物管理所：《云阳李家坝10号岩坑墓发掘报告》，重庆市文物局、重庆市移民局：《重庆库区考古报告集·1997卷》，北京：科学出版社，2001年，第289～299页。

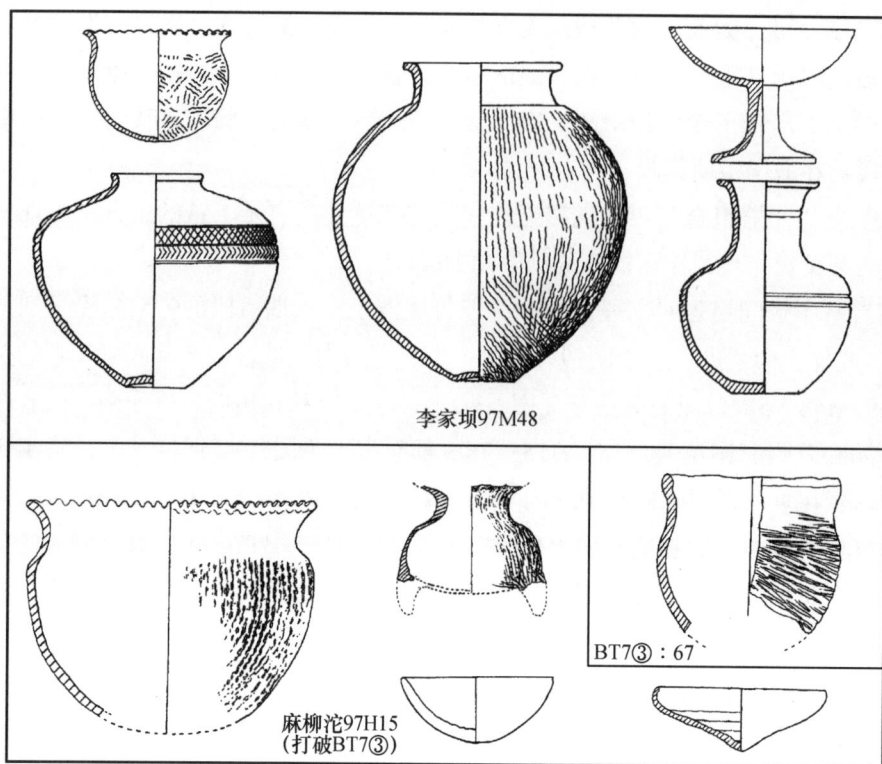

李家坝97M48

麻柳沱97H15
（打破BT7③）

BT7③：67

图2-3-2　重庆云阳李家坝遗址1997年墓葬第一期年代的比较

这样，我们就可以将李家坝遗址1997、1998两个年度所发表墓葬材料整合为5段，根据随葬品组合的差异，又可进一步归并为三期，其中第二、三期间还有较大缺环。具体见表2-3-1。

表2-3-1　云阳李家坝遗址墓葬（东周至西汉早期）分期表

分期	分段	1994、1995年度材料	1997年度材料	1998年度材料	时代
第一期	第1段	94M4、94M1等	第一期	第一期	春秋末期至战国早期
	第2段	94M7等	第二期前段	第二期前段	战国中期早段
第二期	第3段	94M6、95M1等	第二期后段	第二期后段	战国中期晚段
	第4段		第三期		战国晚期早段
第三期	第5段		97M10	第三期	西汉早期

（三）崖脚（半边街）墓地

崖脚墓地位于重庆市忠县瓮井沟口处，墓地坐落在长江北岸的山前坡状台地上，面积达48000平方米，由西南向东北依次可划分为A、B、C、D四大区。截止到2000

年，该墓地已清理墓葬107座，其中属于战国中期的墓葬41座[1]，集中分布在D区墓地中部，随葬品数件至十余件不等，青铜器有鼎、剑、矛、戈、钺、刀、镞、璜、铃、铎、铺首、笄等；仿铜陶礼器有鼎、敦、壶、豆、盆、罐，基本组合为鼎、敦、壶，也有鼎、豆、壶、盆，罐、盆、豆等组合；此外，还发现玉璧、漆器等。1997年发掘的19座土坑木椁墓，多为一棺一椁，一般椁底置放有横向垫木，棺有长方形实底棺和悬底长方形棺两种，与湖北江陵楚都纪南城附近的战国墓一致，据说在后来的发掘中也发现有悬底弧形棺，可确定为楚人墓无疑，墓主"当属于远征巴国的楚国军队将士"。

从墓葬随葬品的组合而言，属于战国中晚期楚墓中常见的组合（图2-3-3，1～5）。所出陶鼎鼎身扁圆，圜底，附耳，高蹄足外卷，其蹄足形态与江陵雨台山M231：1的鼎足[2]非常相似，后者为战国晚期早段（下限不过公元前278年）。所出陶敦呈整体略长的球形，"S"形足；壶为假圈足平底壶，器身长圆，颈部较高，整体修长，它们分别与当阳赵家湖楚墓中战国中期晚段的Ⅳ、Ⅴ式敦，B型Ⅲ、Ⅳ式壶相近[3]，可以作为崖脚墓地楚墓年代的参考。报告根据文献记载秦将白起拔郢后，楚人东移，估计在巴地的楚国军队也随之撤离，而初步推测"其年代的下限当不晚于公元前278年"，这和陶器的类型学对比所得结论基本吻合。

战国晚期晚段至汉初的墓葬发现3座。其中BM2为狭长形土坑墓，随葬侈口圆鼓腹釜2、矮柄盏形豆2（图2-3-3，6～9），从墓葬形制和随葬器物看，均为战国晚期中、晚段的典型巴文化墓葬。BM19随葬3件陶罐，2号陶罐领较高，圆折肩，垂腹，与涪陵镇安遗址1998年度M1、M8等秦、汉初墓葬所出同类器相近，时代可定在秦。此外，DM10墓葬形制虽与BM2相近，但墓坑转角转折明显，又有头龛，随葬品也是典型的楚文化器物，该墓应该是战国中期的楚文化墓葬，而不是报告所认为的战国晚期。

这样，以上墓葬就可以划分为二期3段。第一期为战国中期晚段到晚期早段墓，第二期早段为战国晚期中、晚段的BM2，晚段为秦至汉初的BM19（图2-3-3，10～12）。两期的文化性质不同，是一种文化（晚期巴文化）对另一种文化（楚文化）的替代。

---

①　朱萍：《楚文化的西渐——楚国向西扩张的考古学观察》，《重庆·2001三峡文物保护学术研讨会论文集》，北京：科学出版社，2003年，第175～188页；北京大学考古文博学院三峡考古队、重庆市忠县文物管理所：《忠县崖脚墓地发掘报告》，重庆市文物局、重庆市移民局：《重庆库区考古报告集·1998卷》，北京：科学出版社，2003年，第680～730页。

②　湖北省荆州地区博物馆：《江陵雨台山楚墓》图五十：9，北京：文物出版社，1984年，第63页。

③　湖北省宜昌地区博物馆、北京大学考古系：《当阳赵家湖楚墓》，北京：文物出版社，1992年，第102、104页。

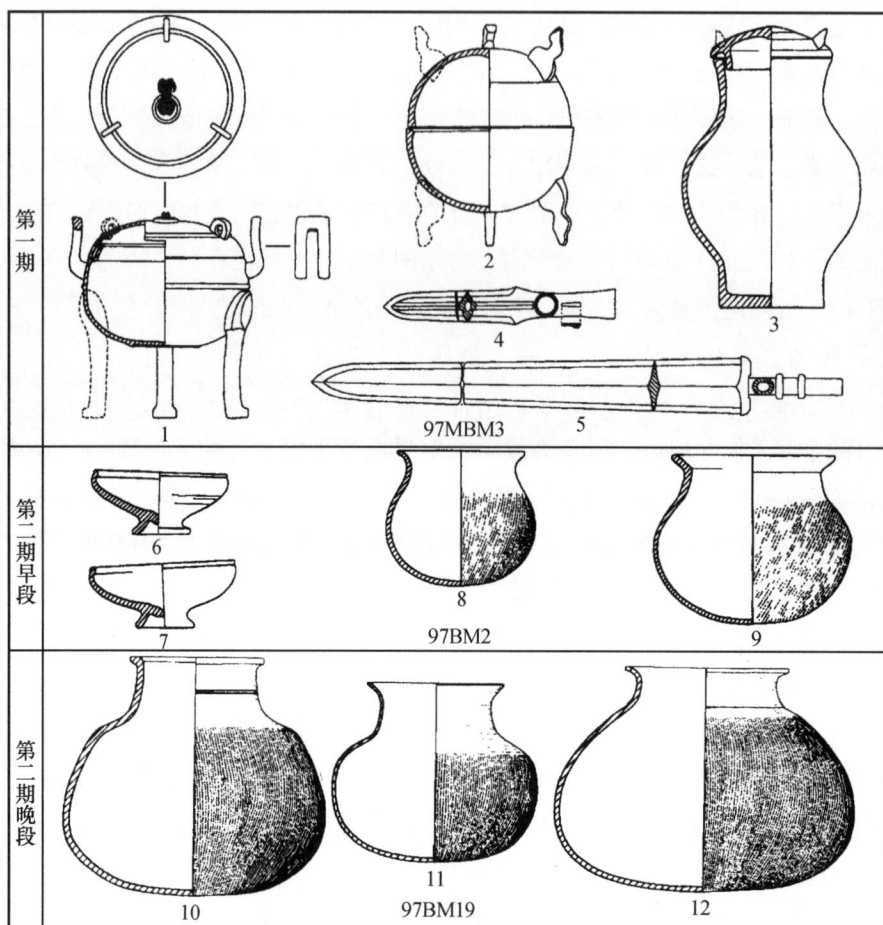

图2-3-3　重庆忠县崖脚墓地墓葬出土器物

1.铜鼎（BM3：4）　2.陶敦（BM3：3）　3.陶壶（BM3：2）　4.铜矛（BM3：12）　5.铜剑（BM3：14）
6、7.陶矮柄盏形豆（BM2：4、BM2：2）　8～12.陶釜（BM2：3、BM2：1、BM19：2、BM19：1、BM19：3）

（四）冬笋坝墓群

　　冬笋坝墓群在重庆市区西60千米处的长江北岸九龙坡区，曾进行三次发掘，清理战国至西汉墓葬81座。简报根据墓葬形制的差异，事实上将第二次发掘的墓葬划分为四期：第一期为狭长方形墓，葬具推测为船棺，在秦灭巴蜀前后；第二期为长方形土坑墓，时代略晚一些；第三期为短长方形墓，大约在秦或西汉初；第四期为方形土坑墓，约为西汉晚期。第三次发掘的墓葬分为三期：第一期甲型坑在战国末，第二期乙型坑在秦汉之际，第三期丙型坑已进入西汉。

　　第二次发掘的第一期墓葬未见线图发表，但从彩版及文字叙述中，可知钺为折肩束腰圆刃式，此期的M49出土带四钉足的套合式釜甑，另有带圈足的釜，有铁器出土，另有大半两、两锱钱等。由此判断其时代肯定已经进入秦灭巴蜀以后，不早于战国晚期，部分甚至晚到秦至汉初（如M49）。此期墓葬的基本组合是铜兵器剑、矛、钺，生活用具为铜釜甑和釜，陶器为罐、矮柄盏形豆组合。

第二次发掘的第二期墓葬除了墓坑形状与第一期有所不同外，依然出土大半两钱，其余出土器物组合基本一致，其时代没有大的差异。所出錾耳贴近颈部，中胡三穿戈为长内，援末曲弧较甚，折肩束腰圆刃钺銎部较长，刃部比肩部更大。以上特征都显示它们较李家坝东周墓晚。由此，可将第二次发掘的前两期大多数墓葬和第三次发掘的甲型、乙型长方形坑墓整合为一期，定为战国晚期晚段至秦，而将第二次发掘的第三期和第三次发掘的丙型长方形坑墓（出土大半两和四铢半两）合并为二期，定为西汉早期（表2-3-2）。

表2-3-2　九龙坡区冬笋坝墓地战国至西汉早期墓葬分期表

整合后期别	第二次发掘分期	第三次发掘分期	时代
第一期	第一、二期中的多数墓	甲、乙型长方形坑墓	战国晚期晚段至秦
第二期	第三期、M49等	丙型长方形坑墓	西汉早期

（五）小田溪墓群

涪陵小田溪墓群公布材料的有8座墓葬。按蒋晓春的研究[1]，可以分为两组，即M7狭长形竖穴土坑墓为第一组，时代为战国晚期晚段；其余墓葬为第二组，时代为秦代至秦汉之际。笔者在此补充几条意见：

（1）M1～M5、M9都有带四枚钉足的铜釜甑（图2-3-8，17）出土，这种形制的釜甑是较晚阶段才出现的，涪陵点易大队M1西汉初年墓就出有3套[2]。

（2）圆刃折腰钺（图2-3-8，18）主要流行在战国晚期及稍后，而M1、M9等出土的这种钺銎部出露较长，属于这种钺较晚的形态。

（3）虎斑纹剑及M3、M9出土的长胡四穿戈（图2-3-8，27），都是战国末及秦、汉初流行的铜兵器。

（六）中坝子遗址东周墓

万州中坝子遗址1997年度发掘东周时期长方形竖穴土坑墓7座，公布材料的仅有M3。1998年度又发掘了16座东周时期墓葬，报告将其分为三段：第1段的年代为战国早期，上限可能到春秋战国之际；第2段的年代为战国中晚期；第3段在战国末至汉

---

①　蒋晓春：《试论涪陵小田溪墓地的分期与时代》，《江汉考古》2002年第3期。

②　四川省文物管理委员会、涪陵县文化馆：《四川涪陵西汉土坑墓发掘简报》，《考古》1984年第4期。

初。2000年第三次发掘又清理了3座东周墓葬[①]。

笔者认为，1998年度中坝子遗址的报告分段是有问题的。首先，将大量出矮柄盏形豆（图2-3-4，8～11）的墓葬归入战国早期是错误的，这种豆在峡江地区目前只见于小田溪墓群、冬笋坝墓群等战国晚期及其稍后的墓葬中。中坝子遗址的豆盘较小而略深，与小田溪墓地属于战国晚期的M7所出豆相同，而与冬笋坝墓地秦至汉初的大豆盘有所区别。其次，归入一段的M29除出土较多矮柄盏形豆外，还有铜戈1枚（图2-3-8，10），戈为长胡四穿，援上斜，长方内，内上有长方形穿孔，形制与涪陵小田溪墓地M3出土的"廿六年"戈相近，故不会早于战国晚期。最后，M29出土的束颈折肩圜底罐（图2-3-4，6），属于战国晚期才出现的，与崖脚墓地的BM19所出相近。至于所谓的第2段墓葬，M15所出鼓腹平底罐等与李家坝遗址所出战国中期和晚期早段墓相近，将其放在战国中期晚段至晚期早段比较合适。

这样，我们就将中坝子遗址东周墓重新划分为三期（图2-3-4）。

第一期：战国中期晚段至晚期早段，包括98M15、98M16、98M19、98M25等。陶器组合有罐（平底）、细高柄豆，平底罐、细高柄豆、盆等几种组合，具有一定的楚文化特征，但亦伴出巴文化铜兵器（98M19）。

第二期：战国晚期中、晚段，包括97M3、98M17、98M18、98M23等，以及00M34、00M36。上述墓葬出土矮柄盏形豆、束颈折肩罐等陶器，以及长胡四穿戈、弓耳短骹矛等铜器，属于典型的晚期巴文化墓葬。

第三期：秦至汉初，包括97M8、98M27、00M32、00M35。97M8出土半两钱，但报告没有说明其形制；98M27为屈肢葬，出土翻沿矮领鼓肩凹底罐，深受秦文化的影响。

（七）涪陵镇安墓葬

涪陵镇安遗址共发现这一阶段的墓葬12座，均为长方形竖穴土坑墓，葬具以一棺为主，也有一棺一椁者。共有10座墓出土随葬品（M11、M12为空墓），报告将其划分为四段：第1段为秦统一六国前后，第2段在秦汉之交，第3段为汉文帝之前的西汉初年，第4段为文帝及其以后（图2-3-5）。除了第4段之外，各段墓葬均以侈沿束颈釜、小口圆折肩圜底罐、矮柄豆为基本组合，中间基本没有缺环。

---

① 西北大学文博学院：《重庆市万州区中坝子遗址第三次发掘简报》，《考古与文物》2002年第3期。

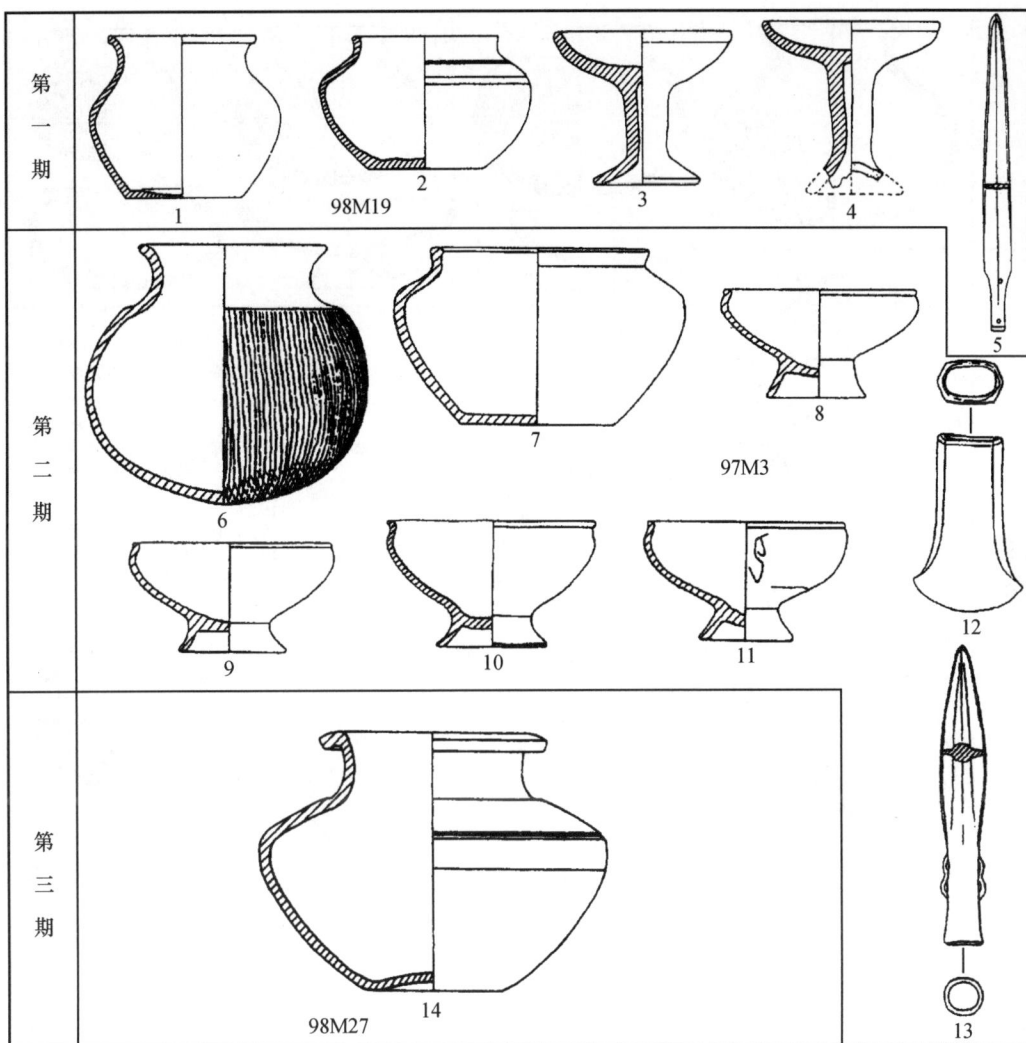

图2-3-4　中坝子遗址东周墓葬陶器分期图

1、2.平底罐（M19∶1、M19∶3）　3、4.细高柄豆（M19∶2、M19∶5）　5.铜柳叶形剑（M19∶4）

6.束颈圜底罐（M3∶2）　7.鼓肩平底罐（M3∶5）　8～11.矮柄盏形豆（M3∶7、M3∶4、M3∶8、M3∶3）

12.铜斤（M3∶1）　13.铜矛（M3∶5）　14.矮领鼓肩凹底罐（M27∶1）

（八）其他墓葬

巫山水田湾和瓦岗槽两处墓地，其东周至秦时期的墓葬可以分为三期4段。第一期：随葬品组合为陶鬲、盆、罐或鬲、盆、豆、罐，陶器具有楚式风格，年代大致属于春秋末期至战国初期。第二期：各墓均出土青铜兵器，如铜戈、剑、弩机等，多未见陶器，瓦岗槽墓群98M11随葬鼎、敦、壶陶器组合一套，时代不出战国中期至晚期早段。第三期：随葬品以仿铜陶礼器为主，器物组合有陶鼎、盒、壶和鼎、壶等，又

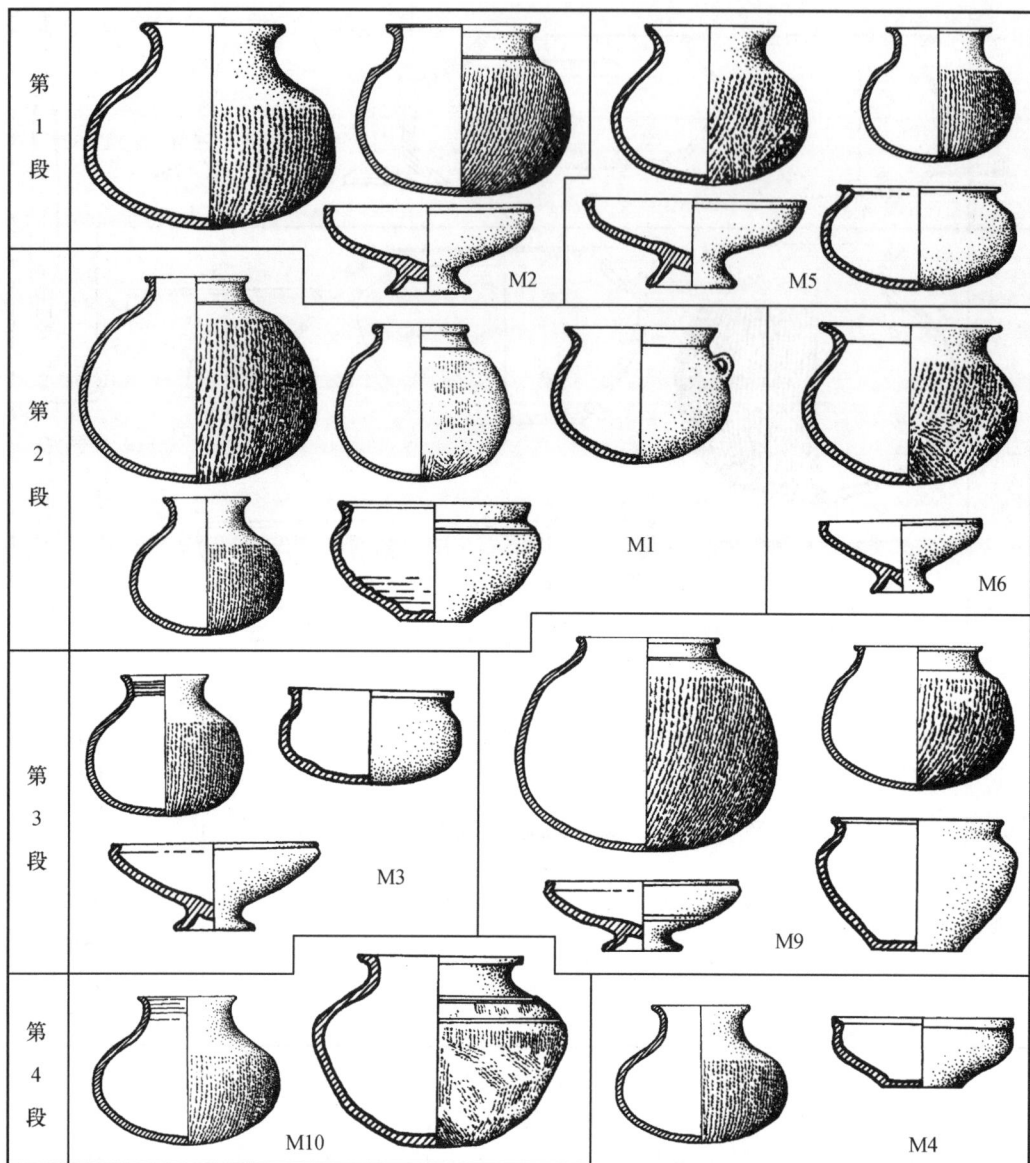

图2-3-5　重庆涪陵镇安遗址战国晚期至西汉早期墓葬分期图

可分为二段。早段的年代应在秦代前后，晚段的年代大致在西汉初期。

巫山秀峰一中2000年发现东周墓葬5座，其中M3随葬陶器组合为罐、豆、盂，墓葬填土中还有意葬入陶豆1件；M4的随葬陶器组合为鬲、豆、壶、盂。赵新平认为应不晚于战国早期。M5、M6出土物均以陶鼎、敦、壶为基本组合，其中M5还出有楚式剑、巴式矛2、巴式戈2等铜兵器，赵新平认为其时代应为战国晚期前段[①]。M10仅随葬

① 赵新平：《巫山秀峰一中墓地战国墓葬试析》，重庆市文物局、重庆市移民局：《重庆·2001三峡文物保护学术研讨会论文集》，北京：科学出版社，2003年，第124～127页。

绳纹陶釜1件，时代大致在战国晚期中、晚段至秦。

巫山麦沱墓地发现3座战国楚文化墓葬，铜器组合为鼎、壶（钫），鼎为附耳矮蹄足盆形，壶的圈足较高，饰铺首衔环，另有陶矮领鼓肩平底罐出土，报告认为时代为战国末期。

巫山琵琶洲遗址M5出土陶矮蹄足鼎、壶，M7出土陶鼎、盒、壶，无论其组合和器物形制都应在战国晚期之后，可将其定在秦代至西汉初年。

奉节上关遗址1998年度发掘发现6座战国墓，基本组合有陶鼎、敦、壶和鼎、壶两种，为典型的楚文化墓葬。M27出土的陶鼎，双耳高而外撇，六棱形足，这种多棱形鼎足在当阳赵家湖楚墓中属于陶鼎的较晚阶段，主要出现在战国晚期早段[1]。M27陶敦的盖、身相同，足外撇，亦不早于战国中期。M27陶壶的颈较短，溜肩，长身，平底圈足，同样是战国中晚期的形制。能说明该墓地时代的还有一件铜戈（M32：6）和铜剑（M32：4）。戈长胡四穿，援略上斜，长内；剑带格，半空茎，介于赵家湖楚墓A型Ⅱ式和Ⅲ式剑之间，Ⅲ式下限已经进入战国晚期早段。综上所述，上关遗址的战国墓时代应放在战国晚期早段比较合适。

余家坝战国墓葬，是长江三峡段支流中一处比较大的战国墓群。截至2002年，山东大学考古学系共发掘了130多座战国墓葬。目前只公布了9座墓的材料。均为长方形或近梯形竖穴小型土坑墓，有熟土二层台。墓葬皆有木质葬具，大多为一棺一椁，棺椁与二层台之间使用多少不一的白（青）膏泥。随葬品组合较为一致，基本为铜鍪和陶细柄豆，男性墓外加戈、矛、剑、钺等巴蜀式兵器，女性墓一般还有玉石质装饰品等。据报道，该墓地少数墓中也见陶鼎、壶和铜带格剑等。余家坝墓地的铜鍪、中胡带牙三穿戈、舌形钺、陶细柄豆等多与1997年李家坝第二期前段墓的随葬品相近，可将其时代定为战国中期早段。

云阳故陵楚墓发现4座战国楚文化墓葬，所出兵器为巴式，陶器组合则为鼎、敦、壶，其年代下限不晚于战国晚期早段。

万州曾家溪墓地位于万州新田，新田过去即以出土过战国青铜铭文戈而著名。从所发表照片看，M1出土高蹄足附耳带盖陶鼎，M12出土陶高柄豆、铜舌形钺，其时代大概在战国中期晚段至晚期早段。M2出土矮圈足盏形豆及秦"当两"半两钱等判断，应属于秦代。

涪陵蔺市遗址发现的3座土坑木椁墓，应为带有一定传统巴文化特色的西汉早期墓，而不是报告所认为的楚人墓，其依据的棺椁反映的是所谓"楚文化内涵"的论点，是站不住脚的，我们后面将要讨论这一问题。

---

① 湖北省宜昌地区博物馆、北京大学考古系：《当阳赵家湖楚墓》，北京：文物出版社，1992年，第97、99页。

二、分期及特征

以上简单分析了重庆地区发现的东周至汉初墓葬。由于三峡地区特别是近年来的抢救发掘如火如荼，新的墓葬层出不穷，据笔者截止到2003年底的不完全统计，重庆地区东周至西汉初的墓葬已经不少于700座，已发表比较详细材料的墓葬尚嫌不足，本文的分期只能是初步尝试，权作抛砖引玉。

（一）分期

根据各墓地墓葬的分期进行整合，考虑到墓葬呈现出来的文化发展阶段性变化，以及不同文化性质间的替代关系，我们将重庆地区的东周至西汉初年的墓葬划分为四期8段。列表如下（表2-3-3）。

表2-3-3　重庆峡江地区东周至汉初墓葬分期表

期段 / 墓葬	第一期	第二期		第三期		第四期		
	第1段	第2段	第3段	第4段	第5段	第6段	第7段	第8段
中坝遗址	M9、M11、M28等							
李家坝		第一期第1段	第一期第2段	第二期第3段	第二期第4段			第三期第5段
秀峰一中		M3、M4			M5、M6	M10		
水田湾、瓦岗槽		第一期		第二期			第三期早段	第三期晚段
余家坝		M2、M3、M4等						
中坝子				第一期		第二期	第三期	
曾家溪				M1、M12等			M2、M8、M18等	
崖脚				第一期		第二期早段	第二期晚段	
上关					M24、M27等			
故陵					M3、M4、M5			
麦沱						M43、M45、M48		
冬笋坝							第一期	第二期

续表

墓葬 ＼ 期段	第一期	第二期		第三期		第四期		
	第1段	第2段	第3段	第4段	第5段	第6段	第7段	第8段
小田溪						M7	M1～M6、M9	
镇安							第1段　第2段	第3段
琵琶洲							M2、M5、M7	
蔺市								M1、M3、M5

第一期：时代为春秋中晚期。仅包括第1段。该期墓葬陶器有圜底钵、尖底盏、花边圜底罐和一些楚文化风格的陶器，不同于以后诸段，具有强烈的自身特征，与战国时期文化有异。这一期的墓葬目前发现较少，仅见于中坝遗址。

第二期：春秋末期至战国中期早段。包括第2、3段。第2段为春秋末期至战国早期早段，第3段为战国早期晚段至战国中期早段。此期部分陶器和铜器虽然和后来诸期一脉相承，但陶鬲、甗等器类却主要出现于此期。该段墓葬目前多见于峡江东段。

第三期：战国中期晚段至晚期早段。包括第4、5段。第4段为战国中期晚段，其下限可以定在秦灭巴蜀，即公元前316年；第5段为战国晚期早段，年代下限可以定在公元前276年左右。第4、5段由于新出现了鼎、敦、壶等陶、铜器，故单列为一期。

第四期：战国晚期中、晚段至秦和汉初。包括第6～8三段。此期典型陶器与上期形制上存在一定的差异，陶器的组合差异明显，新的文化因素正在孕育和扩张之中。故合并为一期。

另外，我们从表2-3-3也可以看出，各期墓葬分布的重心是不一样的。第二期墓葬目前仅见于云阳及以东，第三期墓葬已经向西扩展到忠县了，第四期墓葬则主要分布在万州以西的峡西地区。造成这一现象的原因固然与各地考古工作和发现的偶然性有关，但亦不能排除这种分布有深刻的内在原因。

（二）文化因素的分析

目前重庆峡江地区发现的东周至秦代墓葬的文化性质比较复杂，呈现出多种文化因素共存的状况，且在不同时间段、不同地区，各文化因素所占比例不同，这就要求我们辨识各文化因素的特征，才能在此基础上开展更深入的探讨和研究。

重庆地区东周至汉初墓葬随葬品的文化因素主要划分为四组。

A组：巴文化因素。由于巴文化（特别是战国以来的晚期巴文化）与蜀文化之间的区别不大，所以学界有"巴蜀文化"的称谓。考虑到文献记载和地域的不同，在此我们明确重庆地区的东周巴蜀文化即巴文化。

陶器主要有花边口圜底罐（釜）、尖底盏、大口圜底釜、侈口束颈圜底釜、单耳或双耳鍪、矮足盏形豆、釜甑等。

铜容器有常饰辫索纹耳的鍪、釜、釜甑等，兵器有柳叶形剑、柳叶形双翼的弓耳或弧耳矛、常饰虎纹的戈（包括三角援戈、双翼式戈等）、舌形钺和折肩束腰圆刃钺、镟等，工具有斧、斤、刀、凿、削、锯等，乐器有虎纽錞于，其他尚见巴蜀符号印章、璜形饰等。

B组：楚文化因素。本组因素体现为两种情况：既有表现为非常单纯的楚文化遗物，也有受楚文化影响很深，经过改造了的具有楚文化风格的遗物，如李家坝遗址的部分釜形鬲、甗。

此组陶器主要是三足器、平底器和圈足器，器类有鬲、甗、细高足鼎、敦、壶、钫、鐎壶、平底鼓肩罐、细高柄豆、盂、盆、罍、缶等。

铜器有鼎、敦、壶、罍、缶、盘、盒、勺、豆、带格剑、编钟、钲等。

C组：秦文化因素。属于该组的遗物不多，主要有小口平底瓮、折腹平底钵、有领耸肩凹底罐、长胡四穿内刃戈、蒜头壶等。

D组：越文化因素。出土遗物不多，主要有不对称靴形钺、外撇细高足盆形鼎、横截面呈弧形的刮刀等（图2-3-7，28～30）。该组遗物很可能是楚灭越后楚人带入峡江地区的[①]。

E组：中原文化因素。这类文化因素主要以中原三晋文化为主，战国晚期以来亦普遍出现在秦、楚文化中，主要包括浅腹矮蹄足鼎、带盖盒、壶、矮领折肩罐、鸟形尊等（图2-3-8）。

上列五组文化因素是仅就陶器和铜器而言的，除此以外，我们还可以简要列举以下几点：①墓坑形状方面，如狭长形土坑墓就属于巴文化的独特葬制，而长方形土坑木椁墓的归属则比较复杂；带侧龛或头龛的墓在崖脚、中坝子、秀峰一中等墓地都有发现，带斜坡墓道的墓在崖脚、水田湾和瓦岗槽也有发现，它们应属于楚文化。②葬具中的船棺葬、仿船棺葬、独木棺葬应属于巴文化；分箱的方形框架式椁、悬底弧形棺、悬底方形棺应属于楚文化。③棺椁周围填白膏泥、青膏泥明显属于楚文化。④殉人等可基本认为是巴文化；屈肢葬则归入秦文化比较合适。

以上A、B、C、D、E五组文化因素既有单独存在于各个墓葬中，也有共存于一墓的情况。根据各文化因素在墓葬中的组合及数量比例，我们将重庆峡江地区这一时段的墓葬分为五类（表2-3-4）。

---

① 俞伟超：《关于三峡地区考古学文化的命名问题》，《重庆历史与文化》（内刊）2000年第1期。

表2-3-4 五类墓葬分地区、分期分布表

分区	区县	墓葬	第一期 第1段	第二期 第2段	第二期 第3段	第三期 第4段	第三期 第5段	第四期 第6段	第四期 第7段	第四期 第8段
峡江东部区	巫山	秀峰一中		乙类墓			乙类墓	甲类墓？		
		水田湾、瓦岗槽		乙类墓		乙类墓			丁类墓	丁类墓
		麦沱						丁类墓		
		琵琶洲								丁类墓
	奉节	上关					乙类墓			
峡江中部区	云阳	李家坝		甲、戊	甲、戊	甲、乙、戊	甲、乙、戊			丁类墓
		故陵					乙类墓			
	开州	余家坝			甲类墓					
	万州	中坝子				乙类墓		甲类墓	甲、丙类墓	
		曾家溪				甲、戊类墓			甲类墓	
	忠县	崖脚				乙类墓		甲类墓	甲类墓	
		中坝	甲类墓							
峡江西部区	涪陵	小田溪						甲类墓	甲类墓	
		蔺市								甲类墓
		镇安						甲类墓	甲类墓	
	九龙坡	冬笋坝						甲类墓		甲类墓

甲类墓：可以分为两种情况，一是仅包含比较单纯的A组文化因素；二是以A组文化因素为主，但亦有少量的B、C、D、E组文化因素。

乙类墓：可以分为两种情况，一是较单纯的B组文化因素；二是以B组文化因素占主导，辅以少量A组文化因素，有的也有少量D组文化因素。

丙类墓：以C组文化因素为主的墓葬。

丁类墓：以E组文化因素为主的墓葬。

戊类墓：A、B两组文化因素共存于一墓，但二者所占比例接近。其构成通常以B组陶器和A组铜器相结合，也有A组和B组陶器共存，不见或少见铜器的情况。

甲类墓我们可以统称为巴文化墓葬。目前所见甲类墓分布于各个时段。就地区而言，第一期仅见于忠县地区，但从重庆峡江地区所发现的同期遗址看，这类遗存广泛分布在云阳及其以西的峡江地区，奉节、巫山也有部分遗物发现，但奉节地区与楚文化共存，呈现复合文化现象，巫山地区则依附于楚文化而存在。第二、三期时，甲类墓目前只在忠县至云阳一带有发现，忠县以上基本不见。第四期时，甲类墓葬大量发现于万州及以西区域，而其下甚少见。

乙类墓可以明确称之为楚文化墓葬。第二、三期时的乙类墓只分布在忠县及以东地区，到第四、五期时，乙类墓从巫山地区发展到云阳一带。

丙类墓即秦文化墓葬。所出极少，以万州中坝子M27的屈肢葬墓为代表。

丁类墓为广义上的中原文化墓葬。战国晚期晚段至西汉早期开始零星出现，最早出现于巫山地区，然后沿江西上。

戊类墓性质较复杂，我们暂且称为"复合文化墓葬"。主要出现在第二、三期时的忠县及以东地区。

从表2-3-4我们可以看出，巫山、奉节主要是乙类墓的分布地区，丰都以西的地区全为甲类墓，而上述之间的云阳、万州、忠县则甲、乙两类墓都大量存在，而且具有复合文化特征的戊类墓也分布在这一区域。由此，可以按照上述的墓类分布情况将重庆峡江地区的东周至汉初墓分为三个较大的区域，即峡江东部区、中部区、西部区。这三个区的划分实际上也与峡江地区地理景观的变化相吻合。云阳小江以下的长江两岸，高山耸峙、江岸狭窄，小江以上至忠县，以中、低山为主，丰都以上至重庆，遍布丘陵和低山，地势开阔。

（三）各期特征

在上文期段划分、文化因素、文化结构的讨论基础上，我们将各期特征做如下粗略归纳。

第一期目前仅见甲类墓。多为小型竖穴土坑墓，另有少量的瓮棺葬。随葬陶器有花边口圜底罐、尖底盏、圜底钵三种。此期墓葬不见铜兵器和容器。随葬花边口圜底罐的习俗在以后的甲类墓葬中较少见（李家坝遗址M45随葬花边口圜底釜1件，但与中坝遗址的同类器相比器形上已发生较大变化）。

第二期目前有甲、乙、戊三类墓。第2段甲类墓、戊类墓主要分布在峡江中部区。乙类墓主要分布在巫山地区。甲、戊类墓以中型土坑墓为主，葬具盛行一椁，部分戊类墓还有2~3个殉人，乙类墓均为小型竖穴土坑墓，有的带头龛。甲类墓随葬陶器有侈口圆肩罐、鍪、釜等。乙类墓随葬陶器组合有鬲、盂、豆、壶（罐）；罐、豆、盂；鬲、盂、罐等几种。出土铜器有圆茎有格剑、带钩、镞等。戊类墓陶器方面主要是楚式陶器加上一些巴式陶釜。陶釜有大口浅腹和侈口束颈球腹（图2-3-6，1）两种。前者与春秋时期的一种陶釜一脉相承。三足器有陶鬴（图2-3-6，5）和圜底釜形鬲（图2-3-6，6）两种，前者若不带足的话，与战国中、晚期流行于川西和川东北地区的联体陶釜甑相似，二者之间的联系是一个应当注意的问题。

第二期第3段目前仅见甲类、戊类墓葬。甲类墓有的有一椁一棺，不见（如李家坝遗址M15）或少见陶器，余家坝墓地中有1~2件细高柄豆随葬。铜兵器有戈、剑、钺、矛，一般伴出铜鍪。戊类墓以小型土坑墓为主，有的墓有棺椁，少数墓葬有二层台。殉人的墓不多，减少至1~2个殉人。陶器组合有罐、盂、豆；罐、釜、盂；罐、盂、豆、壶等。铜兵器主要组合为剑、矛、钺，形制与甲类墓一致。鍪作为生活用器开始普遍出现在墓葬中（图2-3-6）。

第三期第4、5段中的甲类墓主要发现在峡江中部区，乙类墓突然大量出现在峡江东部和中部区。乙类墓葬中既有少量的大型土坑墓（如万州大坪墓地），也有众多的中、小型墓，墓坑平面多为长方形，有少数带有斜坡墓道，也有的有侧龛。一般都有一椁一棺，有的在椁外填塞白膏泥或青膏泥。棺多数为长方形盒形棺，有部分悬底弧

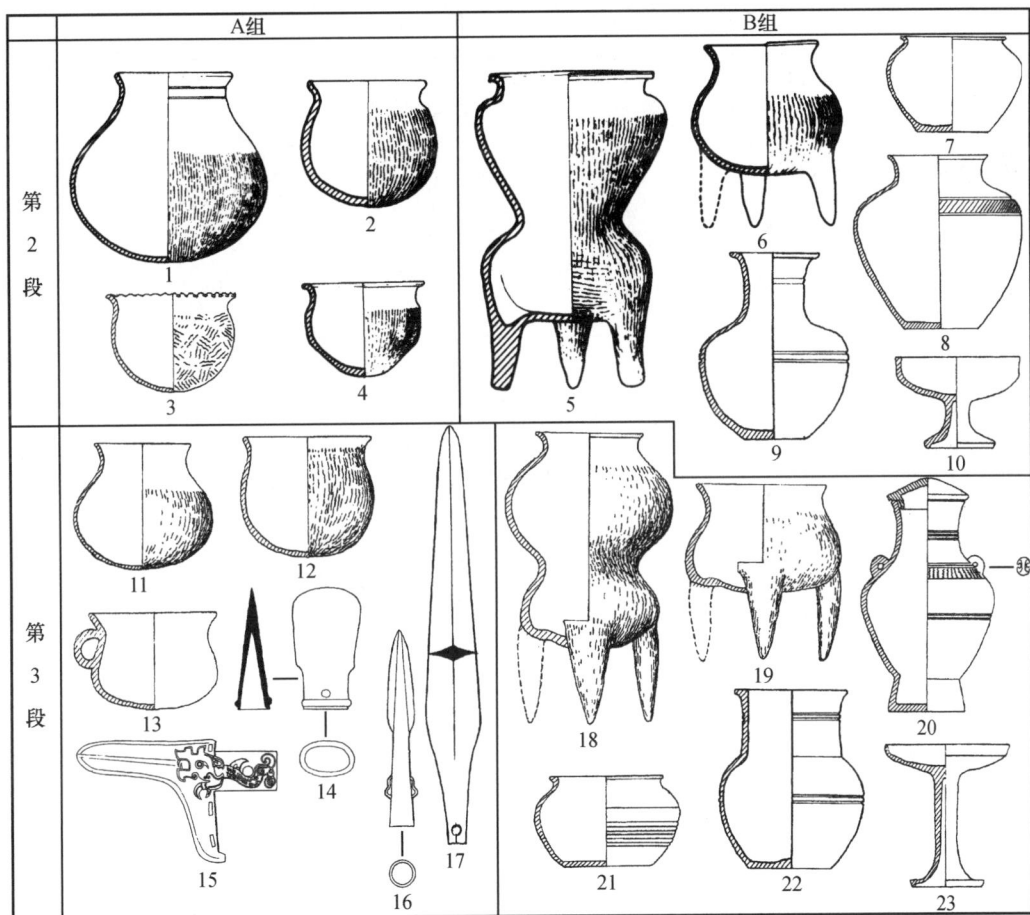

图2-3-6 重庆地区东周墓第二期随葬品分组

1、11. 小口釜（98M13：9、97M43：7） 2、4、12. 大口釜（98M8：6、98M13：2、97M41：4）

3. 大口花边釜（97M48：5） 5、18. 甀（98M8：4、97M43：8） 6、19. 鬲（98M8：1、97M43：9）

7、21. 盂（97M38：2、97M41：8） 8. 耸肩罐（97M19：2） 9、22. 高领罐（97M48：6、97M26：3）

10. 中柄豆（97M19：3） 13. 鍪（97M18：2） 14. 舌形钺（97M43：5） 15. 带牙中胡戈（97M43：1）

16. 弓耳矛（97M41：1） 17. 柳叶形剑（97M40：1） 20. 假圈足壶（97M40：2） 23. 细高柄豆（97M18：1）

（均李家坝遗址出土，14~17为铜器，余均为陶器）

形棺和悬底长方形棺。甲类墓主要随葬陶鍪、釜和巴式铜兵器。乙类墓随葬陶器以仿铜礼器的鼎、敦、壶和鼎、壶两种组合最常见。铜兵器有剑、矛、戈、刀、镞等，少数墓随葬鼎、壶等铜容器。剑多为楚式带格剑，有的也随葬少量巴式铜器。戊类墓葬随葬的楚式陶器与乙类墓相同，只是数量和种类较少。铜兵器的主要组合有剑、矛、钺、斧；剑、矛、钺、斧、戈等，其上常饰巴蜀符号。铜容器以鍪最常见（图2-3-7）。

第四期主要是甲类墓和丁类墓，有少量丙类墓。甲类墓除继续在峡江中部区有较多分布外，开始大量出现在峡江西部区，丁类墓开始出现，绝大多数集中在峡江东部区。

第6段甲类墓以狭长形和窄长方形竖穴土坑墓为主，有的狭长形土坑墓内以船棺作

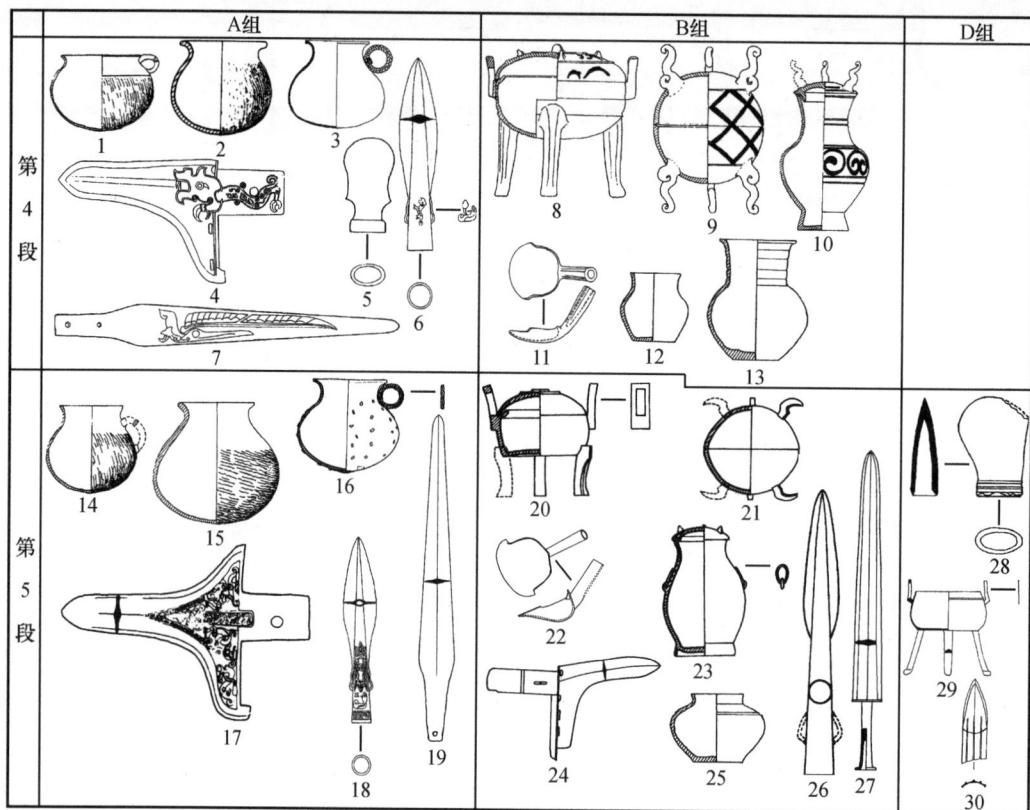

图2-3-7　重庆地区东周墓第三期随葬品分组

1、14. 鍪（97M13：3、97M21：1）　2、15. 小口釜（98M31：4、97M16：3）　3、16. 铜鍪（97M51：5、98M45：4）　4. 铜带牙中胡戈（97M23：1）　5. 铜圆刃舌形钺（97M53：2）　6、18. 铜弓耳矛（97M51：1、97M45：3）　7、19. 铜柳叶形剑（97M53：6、97M34：7）　8、20. 鼎（97M33：2、M27：1）　9、21. 敦（97M33：4、M27：3）　10. 假圈足壶（97M33：6）　11、22. 铜勺（97M33：5、M48：1）　12. 折肩罐（97M30：2）　13. 高领罐（97M17：3）　17. 铜双翼戈（98M45：10）　23. 圈足壶（M27：5）　24. 铜四穿戈（M32：2）　25. 罍（97M46：2）　26. 铜矛（M32：5）　27. 铜圆茎剑（M32：4）　28. 铜不对称钺（97M45：1）　29. 铜盆形鼎（97M25：1）　30. 铜刮刀（97M45：5）

（图中20～24、26、27为上关遗址出土，余均为李家坝遗址出土；图中除注明质地者外，余均为陶器）

葬具，有的为长方形木棺，后者可能是一种仿船棺墓。丁类墓均为长方形竖穴土坑，葬具为框架式椁。甲类墓随葬陶器主要是釜、豆组合。值得注意的是，有的墓葬内随葬大量单一的陶矮柄盏形豆。铜兵器组合依然是柳叶形剑、矛、戈、钺。但戈、钺的形制与此前变化较大。铜印章开始流行。丁类墓随葬陶器的基本组合是矮蹄足鼎、盒、壶。

第7段甲类墓以窄长方形土坑墓为主，船棺葬具已经消失，一般有盒形单棺。有一部分大型墓，随葬品极为丰富，且规格较高，至少是高级贵族墓，如小田溪墓地M1、M12[①]。也有大量的中、小型墓。丁类墓的墓坑和葬具与前相同。丙类墓葬出现于该段，但数量不多。甲类墓陶器以圜底罐、平底罐、釜、盏形豆等常见。另外出现了具有秦文化因素的大口浅腹釜。铜兵器有剑、钺、矛、戈、弩机、胄等。钺多为圆刃束腰折肩式。戈流行无牙长胡三穿或四穿戈。乐器有成套的编钟、钲、虎纽錞于。铜生活用器以釜甑、釜、鍪为基本组合，也常见壶、盆。铜璜、大半两钱较多出现。丁类墓保持了上段的随葬品组合，只是型式上略有变化。

第8段甲类墓主要集中于峡江西部区，主要是宽长方形土坑墓。丁类墓开始扩张到峡江中部区，以小型竖穴土坑墓为主，个别墓葬有头龛。甲类墓陶器仍以釜、罐、豆为主，但罐类器中平底器普遍增多，且多折肩。另外还有平底钵等。铜器数量较少，仍有釜甑、釜、鍪等。有的墓葬中出土四铢半两。铁器较多出现（图2-3-8）。

三、相关问题的探讨

（一）"巴文化"的嬗变与墓葬族属的推测

本文所说的"巴文化"，是指东周时期生活在四川盆地东部及其邻近地区的人群，创造的区别于周边地区的，且有自身鲜明特征的考古学遗存。创造巴文化的人群，并不仅仅包括巴族，按照《华阳国志·巴志》的记载，巴国"其属有濮、賨、苴、共、奴、獽、夷、蜑之蛮"[②]，此外，使用巴文化器物的可能还包括一些巴文化国家以外的族群。更重要的是，巴文化国家及其主体族群处于一种变迁的动态过程，这为我们从考古学上把握其本质带来了难度。

从纵向的时间范畴看，以A组遗物为代表的东周"巴文化"经历了至少三个大的发展阶段。第一阶段是在春秋战国之交以前，墓葬随葬品主要是口腹大小相若的花边

---

①　重庆市文物考古所：《重庆市涪陵区小田溪墓群发掘成果喜人》，《重庆历史与文化》（内刊）2003年第1期。

②　（晋）常璩撰：《二十五别史·华阳国志》，济南：齐鲁书社，2000年，第3页。

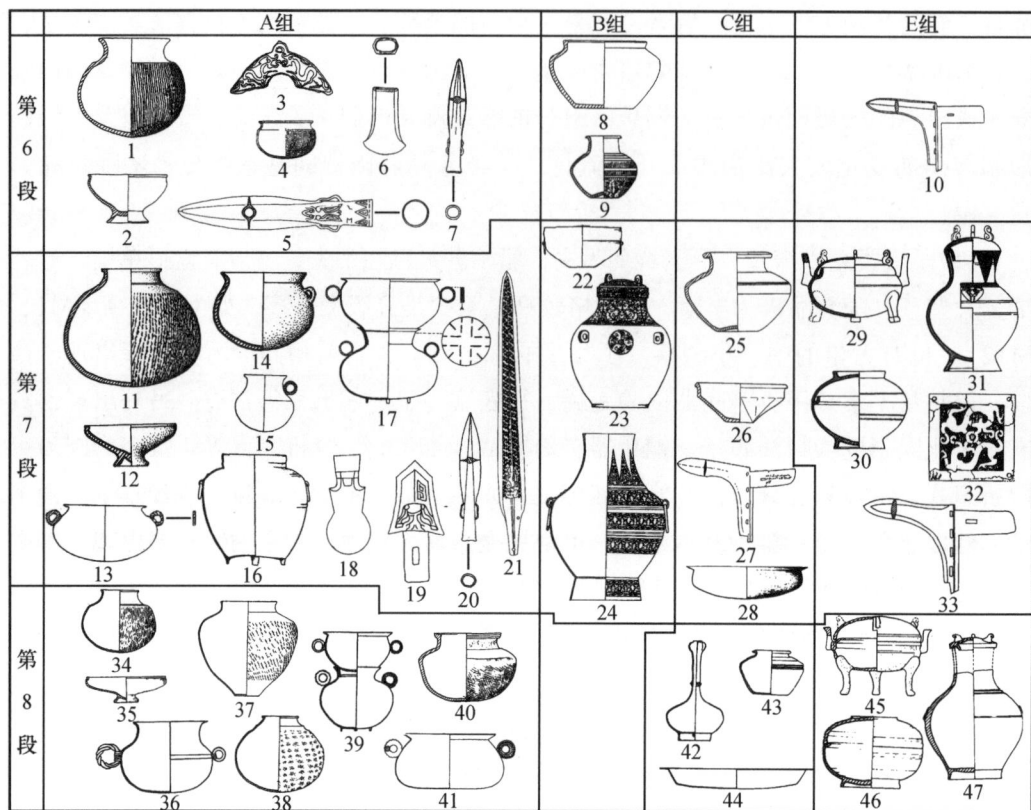

图2-3-8　重庆地区东周墓第四期随葬品分组

1、11、34、38.圜底罐（中坝子97M3：2、镇安M1：3、点易大队M2：32、点易大队M1：9）

2、12、35.矮柄盏形豆（中坝子97M3：8、镇安M6：1、点易大队M1：4）　3.铜璜形饰（中坝子98M22：1）

4.大口浅腹釜（中坝子98M29：1）　5、7、20.铜弓耳矛（中坝子98M17：2、中坝子97M3：5、小田溪M9：1）

6.铜斧（中坝子97M3：1）　8.盂（中坝子97M3：6）　9、25.凹圜底罐（中坝子98M17：5、中坝子98M27：1）

10、33.铜长胡四穿戈（中坝子98M29：5、小田溪M9：2）　13、41.铜釜（小田溪M4：8、点易大队M2：19）

14.单耳鍪（镇安M1：5）　15、36.铜鍪（小田溪M4：9、点易大队M2：18）　16.铜罍（小田溪M1：78）

17、39.铜釜甑（小田溪M4：12、点易大队M1：2）　18.铜圆刃折腰钺（小田溪M9：50）　19.铜三角援戈

（小田溪M9：7）　21.铜柳叶形剑（小田溪M9：9）　22.铜盒（小田溪M1：60）　23.铜尊缶（小田溪

M1：25）　24.铜壶（小田溪M4：11）　26.折腹平底钵（中坝23：1）　27.铜内刃长胡四穿戈（小田溪M3：1）

28、44.铜盆（小田溪M1：30、点易大队M2：9）　29、45.矮蹄足鼎（琵琶洲M7：1、李家坝98M1：1）

30、46.盒（琵琶洲M7：2、李家坝98M1：3）　31、47.壶（琵琶洲M7：3、李家坝98M1：7）

32.铜镜（小田溪M2：2）　37.罍（点易大队M2：22）　40.折肩圜底罐（李家坝98M1：5）

42.铜蒜头壶（点易大队M2：17）　43.折肩罐（点易大队M2：30）

（除标注质地者外，余均为陶器）

口圜底罐、直口或敛口的坦腹尖底盏、圜底钵等，这类陶器群在峡江地区广泛存在，且与周边的成都平原、鄂西地区的同时期遗存差异明显，具有十分鲜明的文化特征，它的主要盛行年代大约在春秋时期。第二阶段从春秋、战国之交到战国晚期早段，陶器以素缘绳纹釜、鍪等为典型器，铜器主要有兵器戈、矛、柳叶形剑、舌形钺以及容器鍪等，与上一阶段相比，文化发生了较大的变化。第三阶段从战国晚期中、晚段到西汉早期，典型的陶器有罐（釜）、矮柄盏形豆等；铜兵器与上一阶段相比，变化不大，主要体现在形制方面的变化；容器中新增带钉足的釜甑等，此外乐器也突然大量增加。

从参考文献的零星记载，我们推测第一阶段时生活在重庆峡江两岸的人群可能是以濮、蜑等为代表的土著民族。濮人曾参加武王伐纣的战争，被列为周的八个西方盟国之一，所以其地理位置应当在四川盆地及周边与蜀相去不远。濮与楚也很接近，春秋时期"楚蚡冒始启濮"、楚武王"开濮地而有之"①，这些记载是楚、濮接壤的有力证据。到春秋时，濮人的具体分布范围应主要集中在今峡江地区、嘉陵江流域、汉水上游地区，后世文献有"左绵巴赉，百濮所充"②"东有巴赉，绵亘百濮"的记载，在他们居住过的地方还有名叫"濮江"的水系，位于今重庆合川。

考虑到文化变化的程度，推测创造或使用第二阶段"巴文化"的人群不仅有濮人，而很可能增加了廪君巴人，他们在春秋时期活动于鄂西北至鄂西南一带，春秋、战国之交时西迁入峡江。这一阶段的甲类墓或许仍为土著的濮人等少数人群，但墓葬数量不多。此时的戊类墓既带有强烈的巴文化色彩，又有一些楚文化的因素，这种复合文化在峡江地区的大量出现，使我们很自然地联系到"廪君巴人"。我们可以试举以下三点证据：①第一阶段与第二阶段"巴文化"的变迁，正好与文献所反映的"巴人"西迁、南下时间基本吻合。春秋早、中期"巴人"频频活动于汉水中、上游地区，如公元前703年楚、巴伐邓国与鄾人；公元前676年、公元前675年楚、巴伐申及其相互间的战争；公元前611年的秦、楚、巴三国联合灭庸③。这些活动所涉地点有那处（今湖北荆门，或云在南漳县）、津（江陵）、鄾（襄阳）、申（河南南阳一带）等，均位于长江以北的汉水中、上游地区。然而到了春秋晚期以后，有关巴人的记载就再也不见于这一地带了，显示由于楚国的发展壮大，巴人已经西、南迁进入峡江地区了。这也正是峡江地区"巴文化"墓葬发生变化的时候。②戊类墓主要出现在峡江

---

① （汉）司马迁撰，（南朝）裴骃集解，（唐）司马贞索隐，（唐）张守节正义：《史记·楚世家》，北京：中华书局，1999年，第1391页。

② （清）高步瀛著，曹道衡、沈玉成点校：《文选李注义疏》，北京：中华书局，1985年，第924页。

③ 分别见《左传》桓公九年、庄公十八年、庄公十九年、文公十六年。（春秋）左丘明著，杨伯峻编著：《春秋左传注》（修订本），北京：中华书局，1990年，第209、210、617、619、1713页。

东、中部区，时代属于春秋、战国之交至战国晚期早段，其随葬陶器以B组楚文化因素
为主，且陶器总体风格与楚国核心地区相近，使我们可以认定使用这批陶器的人与楚
人有较密切的联系。同时我们注意到，戊类墓中亦有少量A组的釜、鍪等陶器，随葬青
铜器则以A组文化占绝大多数，一般说来，青铜器最能反映一群人的精神文化内核，
那么他们应是巴文化系统的民族。这样，满足上述两个条件的民族，在重庆峡江地区
最可能的是原活动于江汉平原西北部向西南迁徙到峡江地区的巴文化族群。③从甲类
墓和戊类墓所见的A组巴文化铜兵器看，普遍饰有虎形纹饰，装饰虎形纹饰并不能代
表一定是巴文化族群，但文献所记廪君死化白虎，说明廪君巴人崇拜虎是肯定的。此
外，李家坝遗址所见殉人和人牲墓葬，正好验证 "巴氏以虎饮人血，遂以人祠焉" 的
记载。

　　第三阶段的甲类墓主要分布在峡江中、西部地区，其文化构成以A组文化因素为
主，有少量B、C两组文化因素。此时重庆地区基本处于秦国灭巴后所辖范围。从甲类
墓的分布来看，主要集中在峡江西部地区，且其文化也显得比较发达繁荣，可见文化
的重心已经确定下来。根据文献记载，秦人以"巴氏"治巴，与秦人接触较多的还有
板楯蛮等，这些人群应当受到秦的较多庇护，在政治上具有相对较高的地位，他们在
文化上亦相应地会得到更多彰显的机会，把这一时段的重要墓葬（如小田溪墓群）与
他们相联系，应更为合理。至于"巴氏"以及板楯蛮与廪君巴人（五姓中亦有巴氏，
廪君即出于此姓）有多大的继承关系，目前不可妄测。

（二）巴文化的消融与汉文化的兴起

　　公元前316年的秦国灭巴，并没有使巴文化走向衰亡。由于秦在巴地采取了"秦、
夷不犯"的羁縻政策，巴文化仍具有较大的发展空间。在战国晚期，虽然秦文化对巴
文化也有一些影响，但巴文化对秦文化也并非仅处于被动接受的地位。体现出巴文化
和秦文化的互相影响，互相借鉴。如在战国中、晚期的秦文化中普遍出现了鍪这种陶
器，有的学者认为巴蜀文化中的鍪是秦文化影响下的产物。其实不然，我们只要考查
一下鍪的出现年代就知道，鍪在巴蜀地区普遍在战国早期就出现了，如成都京川饭店①
等战国早期墓就出土铜鍪，可见鍪在巴蜀地区的出现年代要早于秦，自然应当是由巴
蜀地区向秦国传播的了。秦拔江陵后，鍪进一步传播到楚地，在睡虎地秦墓中就有铜
鍪出土②。

　　至秦统一六国，秦文化对巴蜀地区的影响和渗透开始加深。一是典型秦文化的墓
葬开始少量出现；二是秦文化遗物在一些甲类墓中数量增多；三是大半两钱在墓葬中

---

① 　成都市博物馆考古队：《成都京川饭店战国墓》，《文物》1989年第2期。
② 　《云梦睡虎地秦墓》编写组：《云梦睡虎地秦墓》，北京：文物出版社，1981年，第12～58页。

普遍发现。大半两钱和"廿六年"铜戈等秦文化遗物的发现，反映出秦的货币制度、文字制度、"物勒工名"制度等开始在峡江地区生根发芽。

楚文化一度在战国早、中期对峡江地区产生了重大影响，并在一定范围内获得了相当大的优势，但随着楚国在战国晚期的衰落，峡江地区的巴文化一定程度上摆脱了楚文化的束缚，其自身的文化特色得到大大加强。

从战国末期至西汉初年，由于秦国的统一战争，以六国文化为主体的中原文化迅速向全国范围内拓展，峡江地区亦处于这一进程中，峡江地区的丁类墓正是这一进程的反映。从它们的分布地域看，最初出现在巫山地区，后来逐渐沿长江向上扩散，或许说明峡江地区的融入中原文化的过程首先是从峡江东部地区开始的。同时期的峡江西部地区则没有发现丁类墓葬，只在镇安遗址等发现汉式的矮领折肩罐，冬笋坝等墓地则较普遍地出土汉初的半两钱，显示这一地区只是某种程度上受到了中原文化的影响，其文化传统基本上得以保持。通过对东部与西部地区融入中原文化进程的比较，可以知道这一进程具有不平衡的特点：东部地区的来得更早、更直接、更全面，西部地区是间接的、部分的，融合的过程应当是由东向西推进的。

（三）楚文化的两次西进

从上文的分期结果以及对墓葬的类别划分可知，重庆峡江地区的东周墓葬呈现以巴文化为主，多种文化因素并存的复杂局面。外来的主要文化因素有楚文化、秦文化等，其中秦文化主要出现在秦灭巴蜀以后，总体来说影响有限。楚文化则是对巴蜀地区影响最深、范围最广的一种文化。总体说来，东周时期的楚文化对重庆峡江地区发挥较大的影响力共有两次[①]。

第一次是在春秋中晚期。在重庆峡江地区东部的巫山跳石遗址[②]、巫山大溪遗址[③]等都发现了非常典型而单纯的楚文化遗物，陶器器类有鬲、盆、罐、豆等，这些遗物与江汉平原春秋时期的楚文化面貌一致。同时，西边的奉节、云阳、万州、忠县等地

---

① 属于东周以前的巫山双堰塘遗址西周遗存也发现了一些楚式豆、鬲，并且占有较大比例。但通过近年的考古发掘，我们知道在西周时期楚文化对重庆地区的影响基本不过瞿塘峡以西地区。参见中国社会科学院考古研究所长江三峡工作队、巫山县文物管理所：《巫山双堰塘遗址发掘报告》，重庆市文物局、重庆市移民局：《重庆库区考古报告集·1997卷》，北京：科学出版社，2001年，第31~64页。

② 南京博物院考古研究所、巫山县文物管理所：《巫山跳石遗址发掘报告》，重庆市文物局、重庆市移民局：《重庆库区考古报告集·1997卷》，北京：科学出版社，2001年，第65~99页。

③ 邹后曦、白九江：《巫山大溪遗址再次发掘发现丰富遗存》，《中国文物报》2002年5月10日；重庆市文化遗产研究院、巫山县文物管理所：《重庆巫山大溪遗址商周时期遗存发掘简报》，《江汉考古》2016年第2期。

的一些遗址中，也或多或少发现了一些陶鬲、瓿等具有楚文化因素的遗物。通过文化因素的分析，可以认为，春秋时期巫山地区是楚文化的完全控制区域，奉节及其邻近地区是楚文化强烈影响的区域，而万州、忠县等地春秋至战国早期是楚文化较有影响的地区，丰都及以上区域楚文化基本没有影响。

笔者认为，这次楚文化的西进有以下三个原因。一是春秋中、晚期楚国已经兴起成为江汉地区的大国，具有自身特色的楚文化已经兴盛起来，其文化的辐射范围日益扩大。二是原先活动于汉水中上游的"巴"逐渐向西发展和迁徙，不可避免地要带来一些楚文化。三是巴、楚、秦三国于公元前611年灭庸。《左传·文公十六年》："楚大饥……庸人帅群蛮以叛楚，麇人帅百濮聚于选，将伐楚……又与之遇，七遇皆北，唯裨、鯈、鱼人实逐之。庸人曰：'楚不足与战矣。'遂不设备。……秦人、巴人从楚师，群蛮从楚子盟，遂灭庸。"[1]庸的政治中心在今湖北房县一带，大概裨、鯈、鱼人是其属民或附庸，按杜预注："鱼，庸邑，即鱼复。"也就是今天的奉节一带。史家多以为巴人从楚伐庸，得到了鱼邑。而奉节以东的巫山一带，原为夔国控制，后被楚国于春秋早、中期之交所灭，这正是春秋中、晚期巫山一带呈现典型楚文化面貌的原因。

第二次是在战国中期晚段至晚期早段，约在秦灭巴蜀或其后不久。此时在巫山、奉节、云阳、万州、忠县等地的墓葬中发现了大量的随葬以鼎、敦、壶为基本组合的楚文化墓葬，这种典型的楚文化墓葬是突然出现的，而且仅仅出现在战国中期晚段至晚期早段，可以说其消失也是比较快的。从其分布范围看，主要集中在沿长江干流一带，显示其对重要交通干线、资源出产地和军事地点的控制；而在长江支流内的李家坝墓群，则只发现了2座随葬鼎、敦、壶的墓葬，且都有巴文化器物同葬，显示其对较偏远地区并不注重实际控制。目前考古所见典型的战国时期楚文化墓葬分布最西边止于忠县崖脚墓群。

这次楚文化的西进应与楚、秦两国对巴地的数次直接争夺有关。首先是"楚威王时，使将军庄蹻将兵循江上；略巴、（蜀）黔中以西"[2]。秦、楚对巴地的争夺，还是由于秦灭巴蜀，使楚腹背受敌，秦进一步有借巴蜀伐楚的意图。就在巴蜀被灭的同一年，《华阳国志·巴志》记"司马错自巴涪水，取楚商於之地为黔中郡"，《蜀志》则记为公元前308年（周赧王七年）[3]。此后，按《史记·秦本纪》记载：公元前280年，秦昭王"又使司马错伐陇西，因蜀攻楚黔中，拔之"。公元前278年，白起大举攻

---

① （周）左丘明传，（晋）杜预注，（唐）孔颖达正义：《春秋左传正义》，北京：北京大学出版社，2000年，第649~651页。

② （汉）司马迁著，（宋）裴骃集解，（唐）司马贞索隐，（唐）张守节正义：《史记》卷116《西南夷列传》，北京：中华书局，1999年，第2282页。

③ （晋）常璩撰：《二十五别史·华阳国志》，济南：齐鲁书社，2000年，第3、29页。

楚，"取郢为南郡"，楚襄王败退陈城；公元前277年，秦再伐楚，"取巫郡，及江南为黔中郡"①。《史记·楚世家》记曰："秦复拔我巫、黔中郡。"②《战国策·燕二》："楚得枳而国亡，齐得宋而国亡。"③或可以认为，楚在公元前278年之前，曾经一度反攻夺回黔中郡。此后，楚人再度反攻。《史记·秦本记》秦昭王三十一年（前276年）"楚人反我江南"，《正义》曰"黔中郡反归楚"④。《楚世家》则载："襄王乃收东地兵，得十余万，复西取秦所拔我江旁十五邑以为郡，距秦。"⑤由此可见，秦、楚对黔中等地的反复争战是在秦灭巴蜀后的一段时期，这也正是本文推定的楚墓在重庆峡江地区东部突然大规模出现的时间，我们认为两者的契合绝非出于偶然，而是具有必然的因果关系。

（四）船棺葬及其族属问题

自20世纪50年代重庆巴县冬笋坝和四川广元昭华宝轮院船棺葬发现以来，人们首先提出了船棺葬是巴人葬俗的论点。后来逐渐在成都、郫县、绵竹、广汉、双流、新都、彭州等地又陆续发现了一些船棺葬，于是相应地提出了"巴人成蜀"的解释。有的学者注意到新的考古发现和上述观点的矛盾，认为船棺葬"应该属于与百越系统蛮蜑部落有关的古族的葬俗"，"川西平原所发现的大量的'船棺葬'的族属……应是与开明氏一起入蜀的群蛮之一"⑥。近年来，由于成都商业街大型船棺、独木棺墓和三峡库区考古发掘的成果，我们有理由认为船棺葬的族属就是蜀开明氏。

第一，近年来的考古发现显示，三峡库区涪陵以东地区罕见船棺葬⑦。我们知道，

① （汉）司马迁著，（宋）裴骃集解，（唐）司马贞索隐，（唐）张守节正义：《史记》，北京：中华书局，1999年，第152页。

② （汉）司马迁著，（宋）裴骃集解，（唐）司马贞索隐，（唐）张守节正义：《史记》，北京：中华书局，1999年，第1417页。

③ （汉）刘向编录，刘晓东等点校：《战国策》卷30《燕二》，济南：齐鲁书社，2000年，第340页。

④ （汉）司马迁著，（宋）裴骃集解，（唐）司马贞索隐，（唐）张守节正义：《史记》，北京：中华书局，1999年，第152、154页。

⑤ （汉）司马迁著，（宋）裴骃集解，（唐）司马贞索隐，（唐）张守节正义：《史记》，北京：中华书局，1999年，第1418页。

⑥ 沈仲常、孙华：《四川"船棺葬"的族属问题》，孙华：《四川盆地的青铜时代》，北京：科学出版社，2000年，第217~226页。

⑦ 涪陵小田溪仅见1座（M7）仿船棺葬制的狭长方形竖穴土坑墓。李家坝遗址1998年度发掘独木棺墓1座（98M8），后来的发掘据报道还发现少量船棺葬，由于材料暂未发表，所以无法分析。参见黄伟、白彬：《一九九八年全国十大考古新发现之二：廪君部落——云阳县李家坝遗址》，《文物天地》2003年第6期。

战国时期巴人主要活动于重庆地区，一向被认为是巴人王族墓葬的小田溪墓地（秦人治下的巴人首领）就没有实行船棺葬，这样一来，巴人不用船棺葬似可成立。

第二，船棺葬目前主要发现于四川地区，这与开明王国统治范围基本相符。被认为是所谓蜀王墓的新都马家公社战国墓，墓坑内虽然有庞大的椁室，但棺木则仍是整木剜成的独木棺[①]，独木棺与船棺本质上是一致的。成都商业街大型多棺合葬墓[②]中发现船棺9具、独木棺8具，虽然早年被盗，但仍出土大量战国早期大型漆器和一些陶器，"该墓葬很有可能就是一处极为罕见的古蜀国开明王朝和蜀王本人的家族墓地"。所发现的船棺均为二次葬，可能是一次大规模迁葬几代蜀王的墓葬，而独木棺皆一次葬，应为陪葬者。开明朝共12世，九世开明尚始移治成都，可能意味着商业街船棺、独木棺墓葬与古蜀国开明王朝的迁都有着某种联系[③]。以上发现显示，既然开明族王室用船棺，那么四川地区的众多船棺也应是开明蜀人的墓葬无疑。

第三，船棺葬不仅不是巴人的主要葬俗，而且受巴人等的西迁以及楚文化的西进等因素的冲击而消失。船棺葬俗的变化，以什邡县城关墓地最为清楚[④]，该墓地南距成都市约60千米，应为蜀文化墓地。该墓地船棺葬在所有葬制中不仅数量多，而且是最早出现和最早消失的墓葬形制之一。这里的船棺葬主要盛行于战国早、中期，而到战国晚期衰落，至战国末期已经消失。城关也发现狭长方形土坑墓，无论是在墓室的长宽尺寸以及长宽之比方面，还是在墓室的结构、随葬品的种类和放置情形方面与船棺墓极为相似。而狭长方形土坑墓恰巧在船棺葬逐渐消失的战国晚期最为盛行，这不能不说狭长方形土坑墓是船棺葬的补充和发展。显然狭长方形土坑墓在刻意模仿船棺墓。到战国末期至秦代，船棺葬和狭长方形土坑墓双双消失。而从重庆冬笋坝墓地观察，第二、三次发掘共有5座狭长方形土坑墓，报告推断均为船棺葬，从其文字描述看，不排除部分墓葬不是船棺葬制，而与什邡城关墓地的狭长形土坑墓为同一类仿船棺墓。涪陵小田溪墓地中最早的M7也是这种类型，而到了晚期，长方形土坑墓就完全取代了狭长方形土坑墓。我们认为，正是渝东地区实行长方形土坑墓葬制的人群向西的移动促成了船棺葬的衰落以至消失。而实行长方形土坑墓人群的族属正是巴人。巴人在战国晚期屡屡向西迁徙，所以《华阳国志·巴志》说："巴子时虽都江州，或治垫江，或治平都。后治阆中。先王陵墓多在枳。"[⑤]正是这一状况的真实反映。

---

① 四川省博物馆、新都县文物管理所：《四川新都战国木椁墓》，《文物》1981年第6期。

② 成都市文物考古研究所：《成都商业街船棺、独木棺墓葬发掘报告》，成都市文物考古研究所：《成都考古发现（2000）》，北京：科学出版社，2002年，第78～131页。

③ 颜劲松：《成都市商业街船棺、独木棺墓葬初析》，《四川文物》2002年第3期。

④ 四川省文物考古研究院、什邡市文物保护管理所：《什邡市城关战国秦汉墓葬发掘报告》，四川省文物考古研究所：《四川考古报告集》，北京：文物出版社，1998年，第112～185页。

⑤ （晋）常璩撰：《二十五别史·华阳国志》，济南：齐鲁书社，2000年，第9页。

　　补记：（1）本文初稿于2003年，2007年发表于李禹阶主编的《三峡考古与多学科研究》[①]一书。发表时，为避免大的改动，2003年后的有关资料未收录。收入本书时笔者仅对注释做了补充完善。

　　（2）涉及中坝遗址T0601内的所谓"墓葬随葬品"，相关说法系采用原报告的认识，后研究证实为制盐作坊的卤水槽，本文未加改动，这是读者阅读时需要特别注意的。

　　（3）鉴于中坝遗址遗存性质的变化，本文所推定的第一期遗存自然也就不成立，其时代判断因而存在偏颇，这类遗存的年代可从春秋延续到战国时期。

　　（4）关于船棺葬的族属，本文为阶段性认识，读者在阅读时应以笔者最新的观点为准（即嘉陵江流域和重庆主城附近的船棺主人为板楯蛮）。

---

　　①　白九江、李大地：《试论石地坝文化》，李禹阶：《三峡考古与多学科研究》，重庆：重庆出版社，2007年，第208～239页。

第三章 文化分区

文化越是古老，越是受地理条件、生态环境和自然资源的制约，越是显现出区域性和多样性。古代巴文化分布地区呈现"山环水绕、江峡相拥"的地理基底，具有"山林竹木、蔬果之饶"的物产资源，当然会生长出具有独特气质的巴文化。在这片区域内部，又可分为若干大的地理单元，包括川东平行岭谷区、川中丘陵区、陕南盆地平坝区。这些地理区域，由于山脉走向和川河流向导致的流域廊道作用，人们的生产生活交流又相对自成一系，又可进一步划分为长江三峡区、乌江下游区、川东北嘉陵江区、渝西长江干流区等更小的片区。

由于考古工作较为充分，三峡地区的先秦考古文化正成为其他区域巴文化研究的重要参照和标杆。这一地区的文化序列完整，文化因素的多样性充分展现出在沟通长江上游和中游之间的重要作用。三峡地区的先秦聚落规模并不大，但在一些遗址上，文化堆积在时序方面特别丰厚，展现了人类在居址选择方面的唯一性、聚落资源生产的单一性。三峡东部（即狭义三峡和鄂西地区）的考古文化受中原和江汉平原浸染较深，以商文化对这一地区的影响为例，可以见到大量中商文化的影子，直至西部的奉节新浦遗址，仍可见明显的商文化因素，大概随着盘龙城的衰退，殷墟文化二期以来，商文化的影响才显著减弱。而在三峡西部地区，文化面貌相对要单一得多，以中坝盐业生产遗址为代表，体现了这一区域文化发展动力的内生性，直到战国时期，盐业手工业生产又反倒成为环三峡列强诸侯逐鹿的目标。

渝西长江流域和嘉陵江下游地区、渝东南地区、川东北地区近年来考古收获取得较大进展。特别是渝西长江流域和嘉陵江下游地区的先秦文化序列轮廓初步显现，商周时期的江津大土遗址是川中丘陵地区罕见的三星堆文化中晚期遗址，相邻的梧桐土遗址则包括了三星堆文化和石地坝文化，2022年的试掘中，出土了残石璋、石钺范、铜小刀等，这是四川盆地内除三星堆祭祀坑、金沙遗址外的又一发现，很可能这一带是早期巴文化的重要高等级聚落分布地。此外，时隔70年重启发掘的九龙坡区冬笋坝墓地、2010年发掘的北碚庙嘴墓地，均属于战国晚期墓葬，对探讨巴文化融入汉文化的历史进程有重要价值。渝东南乌江下游地区的巴文化考古发现不多，酉阳清源遗址内发现部分三星堆文化因素和丰富的石地坝文化因素的遗存，但是发掘报告没有将两者区分开来，是由于三星堆文化遗物堆积较薄，早期即被石地坝文化的人们破坏，还是发掘阶段没有区分出不同的单位？尚待进一步研究，但可以肯定的是，由于地理位置的原因，三星堆文化扩展到这一地区的时间极为短暂，它是与石地坝文化早期的人共存还是前后替代，是一个饶有意味的话题。酉阳邹家坝遗址发现的瓦渣地文化小型聚落，展现了乌江流域巴文化聚落的结构、家户和社群规模。川东北地区三代时期的考古资料较少，但文化面貌大致介于三峡地区和成都平原之间，初步观察嘉陵江流域的巴文化特征相对强烈一些，涪江流域的蜀文化因素更丰富一些。这一地区战国时期的考古发现以四川宣汉罗家坝遗址、渠县城坝遗址较为突出，其对探索"巴国分远"后四川盆地东部的政治中心发展有重要意义。

　　容易被考古工作者忽略的是陕南和湘西北地区。陕南是早期巴文化的重要分布地，也是早期巴文化政治中心所在，除宝山文化的发现外，这一地区的考古发现严重不足。湘西北也是巴文化族群的重要分布地，发掘了永顺卜二门等遗址，但文化序列并不完整。

第一节　渝西地区先秦考古发现与考古学文化

　　渝西地区是指今重庆主城以西的重庆市境，在水系上，一是长江干流及除嘉陵江外的其他支流，二是长江上游流域面积最大的支流嘉陵江。长江干流区域在渝西地区的主要支流有南岸的綦江，长江继续向上则覆盖了四川盆地南部和西部，以及成都平原的大部。嘉陵江入重庆后有渠江、涪江交汇，向上则覆盖了四川盆地北部和西北部。嘉陵江是长江上游的最大支流，与长江相汇于重庆朝天门，向下即为广义上的三峡库区。由此可见，渝西地区是四川盆地内重要大江大河的主要汇聚之地，是古代四川盆地文化交流碰撞之地。

　　地形上，渝西地区东部是四川盆地东部的北东—南西向平行岭谷的一部分，但山岭多为中低山，众多中小河流顺山谷流向，岭谷间多为平坝或丘陵，土地肥沃，适宜人类生存。渝西地区西部为丘陵地带，处于四川盆地三大地理单元之一的川中丘陵南部。整体上看，这一地区的地形接近，气候环境大体相同，可以作为一个整体的文化单元对待。

　　渝西地区开展的考古工作不多，先秦时期的发现更是鲜少。近年来，随着一系列基本建设的开展，这一地区的先秦考古文化初步展现。本文拟就这一地区的先秦考古做一简单介绍，并就相关问题进行初步探讨，希能起到抛砖引玉的作用。

一、既往先秦考古发现

渝西地区在2000年之前的先秦考古主要有四项，工作基本上是围绕着考古调查和试掘工作开展的，但大规模的发掘则基本没有开展，各遗址的整体文化面貌不太明晰。

（一）王爷庙遗址

王爷庙遗址位于现重庆市江津区支坪街道花圃村，地处长江与綦江交汇处的三角形台地上，隔长江斜对岸即为九龙坡区冬笋坝墓群。1980年11月，重庆市博物馆在进行文物普查时发现该遗址，并于当年12月在靠近长江的台地上开了两个探方进行试掘。1992年，重庆市博物馆再次对该遗址进行试掘，出土了一定数量的文物标本。

目前发表的仅见第一次调查和试掘的材料[①]。其先秦遗物既有出土品也有采集品，但均未附出土层位。据介绍，该遗址的"新石器时代文化层"有两层，其中的第4层还可分A、B两个亚层。在遗址上采集和出土的石器有144件（其中出土53件、采集91件），陶器残片200余片。石器多为砾石石器，器形有"耜、锄、铲、刀、斧、锛、凿、球、网坠、矛、镞、匕、砍砸器、刮削器等类"。陶器夹砂者占一半以上，主要有泥质灰陶、夹砂红陶、夹砂灰陶、夹砂黑褐陶、夹砂橙黄陶等。器物的纹饰有"戳印纹、压印纹、附加堆纹、刻划纹、篮纹、弦纹、粗细绳纹、锯齿纹、水波纹等十种"。可辨器形有釜、碗、钵、碟、杯、罐、花边罐、瓮、盆、器盖、纺轮、珠等。

从发表的器物图看，王爷庙遗址所出遗物标本并不单纯，既有新石器时代晚期遗物，也有商周时期遗物，且后者数量似乎还超过前者。王爷庙遗址的试掘具有重要意义，它使渝西地区的先秦考古文化首次露出端倪，在整个四川盆地土著文化的探索中也算是较早的。

（二）燕坝遗址

燕坝遗址位于重庆市江津区白沙镇燕坝村，长江与羊溪河交汇处的一级阶地上。该遗址系在第二次全国文物普查中发现的。当时采集石器28件，均为砾石石器，有磨制和打制石器两种，器形有盘状砍砸器、石球、尖状器、刮削器、网坠、斧、锛、刀、耜、锄等。采集陶片20件，纹饰有刻划纹、绳纹、斜格纹等，可辨器形有平底

---

① 重庆市博物馆：《重庆市长江河段新石器时代遗址调查与试掘》，《考古》1992年第12期；陈丽琼、申世放：《江津王爷庙新石器时代遗址》，《几江》（内部资料）1981年第3期。

钵、敛口钵、圜底釜口沿等[①]，未见具体资料发表。

据介绍，燕坝遗址所采集遗物多数属于新石器时代。

（三）沙梁子遗址

沙梁子遗址位于重庆市合川区南津街道东津沱社区，地处嘉陵江右岸的二级阶地上，附近有大溪河注入长江。沙梁子遗址由重庆市博物馆在1987年初的三江考古调查中发现[②]，1989年冬至1990年春，重庆市博物馆、合川县文物保管所对该遗址进行了考古发掘[③]，1998年重庆市博物馆、合川市文物保管所对该遗址进行了第二次发掘[④]。

1987年调查阶段采集到石器24件、陶片107片。石器有"石耜、石锄、石镰、石斧、石锛、砍砸器、石球、网坠、石矛等。陶器可知器形有罐、釜、盆、钵、尖底器、平底器等"。从发表的线图看，尖底杯、釜等属于商周时期遗物，而卷沿罐等属于新石器时代遗物。

第二次发掘出土石制品27件，出土陶器残片90余块。陶器中夹砂陶占多数，陶色有红、灰等，泥质陶多有黑色陶衣。纹饰种类有"绳纹、线纹、弦纹、方格纹、小菱格纹、带状尖角纹等"。简报认为，这些遗物既有商周时期遗存，也有新石器晚期遗存。

（四）三江流域考古调查

三江流域是指重庆境内的嘉陵江、涪江和渠江所流经的地区，三江在重庆市合川城区附近交汇。1987年，在第二次全国文物普查中，重庆市举办"重庆文物普查培训班"，于嘉陵江干流地段调查发现9处石器采集点，于涪江沿岸地带发现6处石器采集点，渠江流域发现2处石器采集点[⑤]。这些采集点大多采集到各种打制石器，绝大多数应为先秦时期遗物。

---

① 《江津县志》编纂委员会：《江津县志》，成都：四川科学技术出版社，1995年，第715页。

② 冯庆豪、陈丽琼：《合川沙溪沙梁子新石器时代遗址的调查》，重庆市文化局文物处、重庆市博物馆：《三江考古调查纪要》（内部资料），1987年，第10～17页。

③ 邹后曦：《合川市沙溪遗址发掘简况》，资料现存重庆中国三峡博物馆资料室。

④ 重庆市文物考古所、合川市文物保管所：《重庆合川市沙梁子遗址抢救性考古发掘简报》，《四川文物》2006年增刊。

⑤ 重庆市博物馆：《三江流域的石器采集点》，重庆市文化局文物处、重庆市博物馆：《三江考古调查纪要》（内部资料），1987年，第4～9页。

二、渝西长江流域近年先秦考古收获

2006年12月至2007年4月，重庆市文物考古所为配合长江小南海水利枢纽建设工程规划工作，对渝西地区的长江干流河段及其部分支流沿岸开展了地毯式考古调查。调查共发现各类地下文物点170处。其中，可能属于新石器时代的遗址18处，商周时期的遗址17处。这些先秦文物点遍布长江干流和綦江支流。在随后的试掘工作中，发掘了4处先秦遗址，取得了较大收获。

（一）鼎锅浩遗址

鼎锅浩遗址位于重庆市江津区龙华镇龙华寺村，处于长江右岸边上一处斜坡地上。2007年2～3月，重庆市文物考古所对该遗址进行了100平方米的试掘，发现了新石器、商周、汉代和明代遗存。

新石器时代地层为遗址的第5～8层，另发现1座灰坑（H3）；此外，在晚期地层中亦出土大量的新石器时代陶片。新石器遗存中除发现大量的陶器残片外，还有部分石制品、动物残骨，以及零星的红烧土块、窑烧结块、窑渣等。发掘结果显示，该遗址在新石器时代是一处重要的窑场，但部分文化层早期已被扰乱。

新石器时代陶片分泥质陶及夹砂陶两大类。泥质陶占绝大多数（94.3%，以H3的统计为准，下同），夹砂陶数量很少（5.7%）。泥质陶中又以泥质灰陶（38.5%）、灰黄陶（30.1%）所占比例较大，次为泥质黑陶（13.0%），其他还有泥质灰黑、泥质红、泥质磨光黑陶。陶器中纹面陶（50.7%）和素面陶（49.3%）约各占一半。纹面陶中，又以绳纹（33.7%）所占比例最大，其次为菱格纹，其他还有弦断绳纹、弦断菱格纹、中菱格纹、细菱格纹、戳印纹、瓦沟纹、太阳纹、绳纹+箍带、菱格纹+箍带等纹饰。绳纹一般间距较大，显得疏朗。纹饰一般装饰于鼓腹罐、高领壶等陶器上。其中，旋断绳纹和太阳纹则多见于高领壶。施纹的方式上，箍带纹属于用泥条附加到器物上，再于箍带上面施绳纹。绳纹一般斜向分布，有拍印、压印两种。弦纹为刻划而成。太阳纹则为模印而成。盛行器底施纹。陶器的制作方法，多为泥条盘筑。器表多较光滑，有一部分施陶衣，还有少量的磨光陶。虽然陶器的初期制作均为手制，但从器表仍可观察到后期加工时可能属于轮修的痕迹。陶器的火候普遍较高，硬度较大。

陶器器类比较简单，可辨者均为平底器。主要有泥质折沿鼓腹罐、泥质卷沿鼓肩罐、泥质矮领罐、夹砂鼓腹罐、宽折沿盆、折腹盆、高领壶、瓮、敛口钵、带鋬陶器等，其中泥质折沿鼓腹罐、卷沿鼓肩罐、高领壶、敛口钵最为常见（图3-1-1）。

石器绝大多数为打制石器，只发现2件磨制石斧，且仅磨制刃部。器形除石斧外，

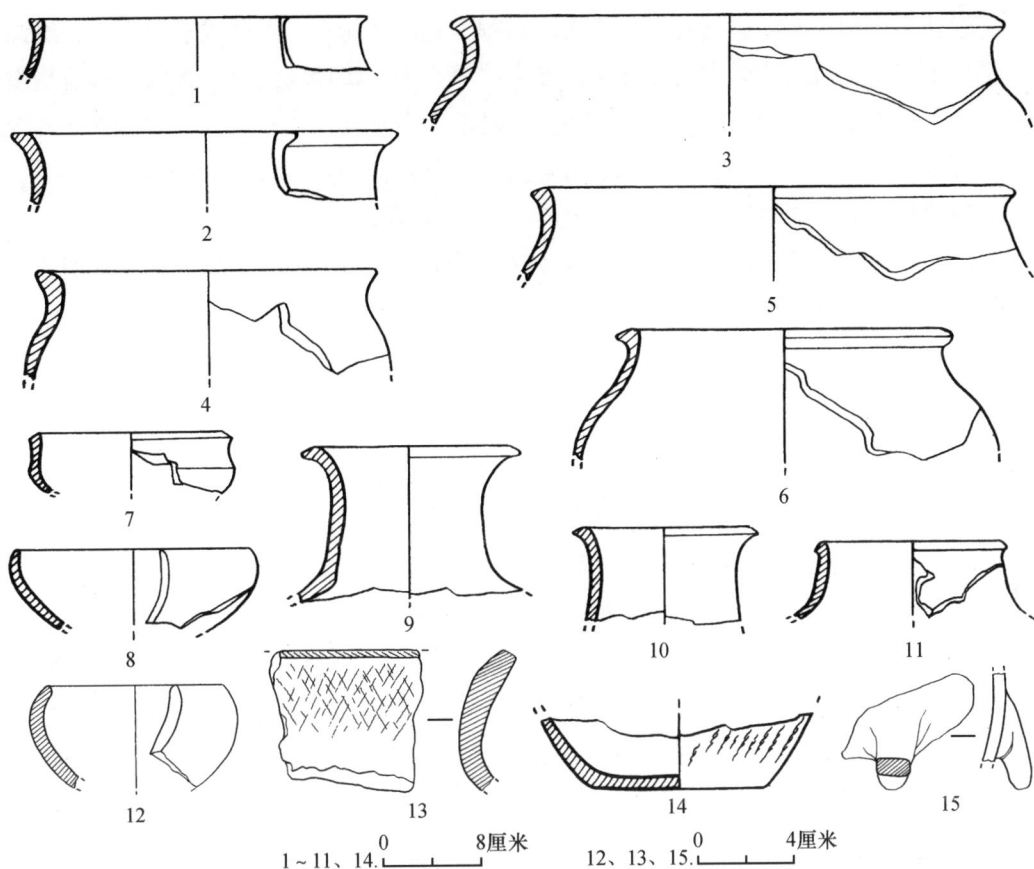

图3-1-1 重庆江津鼎锅浩遗址出土部分新石器时代陶器

1、2.泥质折沿鼓腹罐（H3：30、H3：35） 3~6.泥质卷沿鼓肩罐（H3：4、H3：19、H3：1、H3：36）

7.折腹盆（T1⑥：23） 8、12.敛口钵（T1⑥：16、G3：22） 9、10.小口高领壶（H3：38、H3：18）

11.瓮（G3：4） 13.夹砂卷沿鼓腹罐（H3：19） 14.器底（H3：16） 15.器鋬（H3：5）

还有石锛、双肩石锄、砍砸器等。

商周时期遗物出土极少，没有发现单纯的文化层和遗迹单位，只在汉代遗存中发现少量瓮肩罐、尖底杯、器耳等陶器。

鼎锅浩遗址发现的新石器遗存比较丰富，为渝西地区新石器文化研究增添了不可多得的重要材料。

（二）瓦厂沙坝遗址

遗址位于重庆市江津区龙华镇龙华寺村二社长江右岸的坡地上。该遗址于2007年2月，由重庆市文物考古所在小南海电站库区文物调查时发现，同年3月，重庆市文物考古所对瓦厂沙坝遗址开展了50平方米的试掘工作。试掘结果显示，该遗址是一处次生堆积，在古河漫滩砾石堆积层上发现一定数量的打制石器和陶片。

遗址出土陶片有泥质灰陶、灰黄陶、褐陶、夹砂褐陶等。陶片以素面为主，纹饰主要有绳纹、交错绳纹形成的菱格纹、方格纹等。出土陶片较破碎，难以辨认器物类型，但大致可分辨包括了新石器时代和商周时期两个阶段。新石器时代陶器有夹砂卷沿深腹罐、高领壶、泥质卷沿罐、敛口钵等，前者自沿外侧开始满饰菱格纹。

商周时期陶器主要是各种圜底罐或釜、小平底罐等。

出土石器均以砾石制成，除1件系磨制外，余均为打制。器形主要有锛、砍砸器、刮削器以及大量的石器毛坯等。

（三）江津区大土遗址

该遗址位于重庆市江津区油溪镇金刚社区，长江左岸的一级阶地上。该遗址由重庆市文物考古所于2007年2月发现，随后于3月进行试掘，并于4月正式进行了发掘。根据目前已经整理的试掘资料，该遗址第4、5两层为夏商时期文化层。

遗址试掘出土陶片分为泥质陶和夹砂陶两种，夹砂陶数量略多于泥质陶。夹砂陶以灰陶和褐陶为主，其次为黑皮陶、黄褐陶，另外还有少量红褐陶、黑陶和磨光陶。泥质陶以红褐陶、黄褐陶为主，其次为黑皮陶和磨光陶。陶器器表各部分往往陶色不一，颜色斑驳，陶胎内外颜色差异也较大。陶器有手制和轮制两种。陶片以素面陶为主，其比例约占陶片总数的86.3%，其次为绳纹，约占陶片总数的6%，另还有少量的凹弦纹、刻划纹、交错绳纹、橘皮纹、方格纹、麦穗纹、瓦棱纹等，也有一定数量的复合纹饰。

试掘出土陶片破损严重，复原器较少。以平底器、圈足器为主，可辨器形有耸肩小平底罐、鼓肩绳纹罐、侈口罐、束颈罐、翻沿罐、高领壶、长颈壶、盆、高柄豆、镂孔圈足豆、灯形器、折腹杯、袋足盉（鬶）、钵、圈纽器盖等，另有较多陶器口沿、器底、器足等附件（图3-1-2）。其中小平底罐、绳纹罐最为大宗。

（四）荔枝下坝遗址

该遗址位于重庆市江津区西湖镇水庙村，地处长江支流綦江右岸一级阶地上。2007年1月，重庆市文物考古所进行小南海库区文物调查时发现，同年3月进行了试掘。试掘面积150平方米。试掘探方地层共分为7层，其中第7层为东周文化层。

第7层出土陶器以夹砂陶为大宗（99.05%），偶见泥质陶（0.95%）。夹砂陶中又以夹砂灰褐陶、灰陶、褐陶为主，另有少量的红褐陶、红陶和黑陶。泥质陶则只见灰陶、黑陶。素面陶片相对较多（70.60%），也有部分施纹陶片。纹饰主要施于器物腹部，另有少量见于唇部和颈部。纹饰种类有粗绳纹、凹旋纹、镂孔、方格纹、戳印纹、划纹、重菱纹等。其中，绳纹是最常见的纹饰，又可分为粗绳纹（25.82%）和细

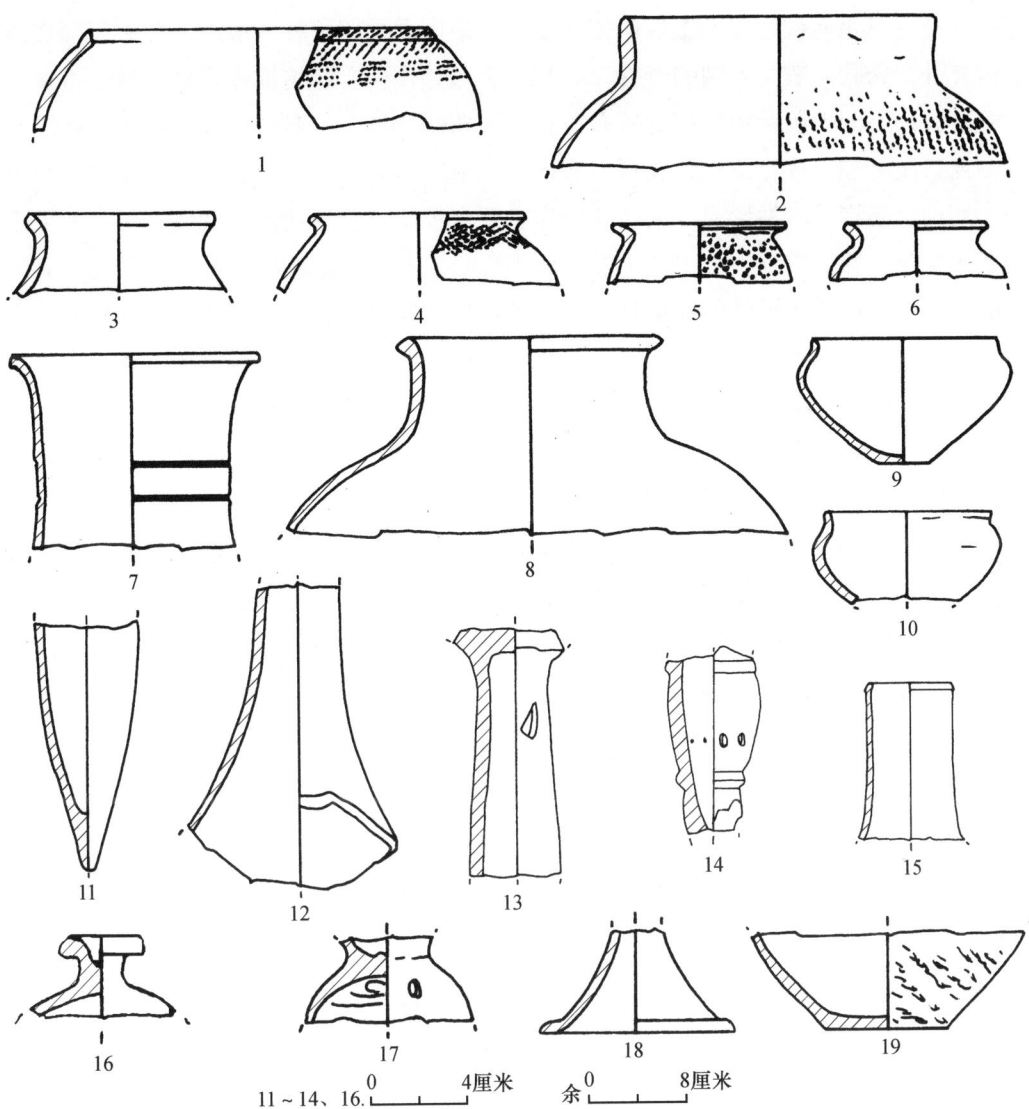

图3-1-2　重庆江津大土遗址出土部分夏商时期陶器

1、4、5. 鼓肩罐（T0204④：5、T0204④：4、T0205④：9）　2. 侈口罐（G1②：14）　3、6. 束颈罐
（T0204④：20、G1②：12）　7. 高领壶（T0206④：1）　8. 翻沿罐（G1②：3）　9、10. 耸肩小平底罐
（T0204④：40、G1②：9）　11. 盉足（T0204④：15）　12～14. 豆柄（T0204④：1、T0204④：35、
T0204④：32）　15. 长颈壶（T0204④：43）　16. 圈纽器盖（T0205④：20）　17. 镂孔圈足豆
（T0204④：39）　18. 圈足（G1②：15）　19. 器底（T0205④：8）

绳纹两种，以粗绳纹为主。施纹的方式主要有滚压和拍印两种。绳纹一般施于圜底罐上。此外，镂孔一般见于罐的颈部，起装饰和缀补作用。起装饰作用的一般未镂透，沿颈部装饰一圈。起补缀作用的镂孔，在断块两侧均见一一对应的缀补孔。一些圜底罐的器口还常加工成花边状，其形态有锯齿、荷叶等形状，均较粗犷，加工方法有捏塑、切削、挑剔等多种形式。陶器的制作主要有手制和轮制两种。圜底罐等一般采用泥条盘筑法，器物形制不甚规整，器壁厚薄不一，有的内壁有明显的施纹和加固时留下的垫具凹痕。圜底罐的颈部可见明显的黏接痕，表明口部和器身是分段制作的，有的则是颈部加厚留下的痕迹。平底器均为轮制法成器，器形规整，器壁较薄。陶器的烧成温度较高，但器表颜色多较斑驳。陶片断口较圆，磨蚀度较高。

　　陶器器形有圜底器、平底器、圈足器。器类有花边圜底罐、素缘圜底罐、鼓肩平底罐、折肩罐、中领罐、喇叭口壶、瓮、碗、高柄豆、纺轮、网坠等（图3-1-3）。

　　荔枝下坝东周遗存，是渝西地区有考古记录以来，首次发现的这一时段遗址。本次出土的小口束颈花边圜底罐，亦属于渝西地区首次发现，这类器物在重庆忠县中坝遗址曾大量出土，曾被认为与制盐业相关。显然，荔枝下坝遗址并不是制盐遗址，那么，这种陶器可能是专门装运食盐盐模，再由产地运输到各地交易的。

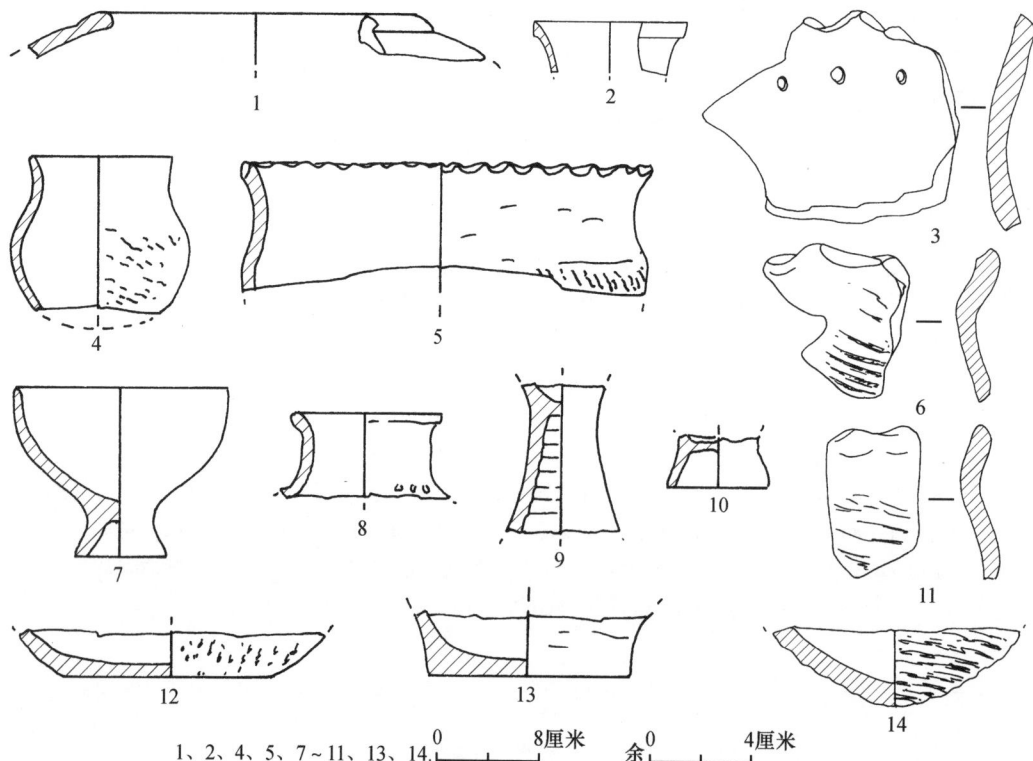

图3-1-3　重庆江津荔枝下坝遗址出土部分东周陶器

1、2、4、5、7~11、13、14.　0 ⎡⎯⎯⎯⎯ 8厘米　余 0 ⎡⎯⎯ 4厘米

1.瓮（T6⑦：55）　　2、8.壶（T6⑦：18、T3⑦：22）　　3、5.大口花边罐（T6⑦：27、T4⑦：12）
4.素缘小罐（T3⑦：14）　6、11、14.小口花边圜底罐（T6⑦：32、T3⑦：34、T6⑦：48）　7.碗（T6⑦：76）
9.豆柄（T4⑦：15）　10.圈足（T6⑦：65）　12、13.器底（T6⑦：36、T6⑦：42）

三、渝西嘉陵江流域近年先秦考古收获

2004年以来，随着嘉陵江梯级渠化和开发的推进，重庆市文物考古所对嘉陵江干流上的草街航电枢纽、利泽航电枢纽，涪江上的富金坝航电枢纽开展了全面的考古调查，发现了多处新石器至商周时期遗址。在其中的草街航电枢纽库区，共发现先秦遗址8处。2005年以来，我们对其中的6处已经开展了不同规模的试掘或正式发掘工作，目前还有2处正在进行发掘。

以下就上述发现中择要介绍如下。

（一）北碚区大土遗址

大土遗址位于重庆市北碚区澄江镇吴粟溪村，地处嘉陵江右岸坡地之上。2008年4~6月，重庆市文物考古所对大土遗址进行了小规模的考古发掘①。在遗址的A、C区发现了新石器时代遗存。

大土遗址新石器陶片以夹砂陶为大宗，泥质陶较少。夹砂陶主要为夹细砂陶，平底器的底部含砂量更大。陶器以褐色为主色，主要为红褐陶，也有少量灰褐陶。夹砂陶普遍施纹，素面极少。纹饰流行复合纹饰，主要为斜向交错滚印细绳纹构成的小菱格纹与凹弦纹搭配而成，斜向滚印绳纹为另一主要纹饰，小菱格纹和凹弦纹较发达。与小菱格纹一起搭配的还有戳印纹和少许的箍带纹形成的复合纹饰。同时也有大菱格纹、方格纹、细绳纹、瓦沟纹、划纹、凹弦纹等。陶器以泥条盘筑成形，有的经慢轮修整。罐类器一般口部、腹部和底部分别成形，然后再进行套接。

可辨器形均为平底器，器类较少，有夹砂折沿筒腹罐、折沿鼓腹罐、斜腹罐、内折沿钵、壶。罐类器口沿多饰锯齿状或绳索状花边，沿下即颈部可见戳印纹和箍带纹，腹部饰小菱格纹或斜绳纹，其间以凹弦纹搭配。内折沿钵沿外饰成组细瓦沟纹（图3-1-4）。

（二）牛黄坝遗址

牛黄坝遗址位于重庆市合川区钱塘镇湖塘村，地处嘉陵江左岸一级阶地。 2008年

---

① 重庆市文化遗产研究院、北碚区文物管理所：《重庆市北碚区大土遗址新石器时代遗存发掘简报》，《四川文物》2013年第2期。

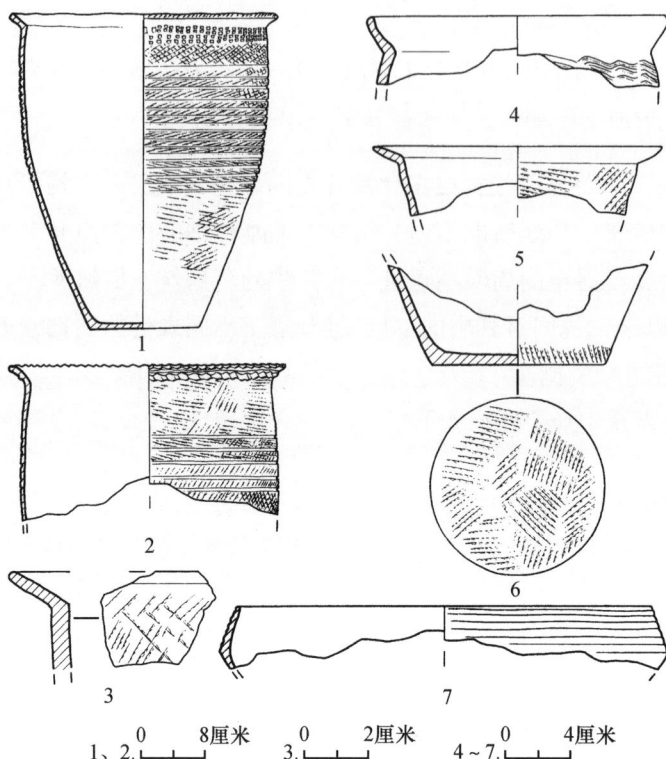

图3-1-4　重庆北碚大土遗址出土新石器时代陶器

1~3.夹砂折沿筒腹罐（T4②：1、T4②：2、T4②：6）　4.夹砂折沿鼓腹罐（T4②：5）　5.夹砂折沿斜腹罐
（T4②：4）　6.器底（T4②：9）　7.内折沿钵（T4②：8）

5~6月，重庆市文物考古所对该遗址进行了试掘[①]。清理新石器晚期窑炉1座，出土一批新石器时期陶片。

新石器时代窑炉平面呈马蹄形，残存火膛和排烟孔两部分。火膛平面呈圆角长方形，窑壁因用火受热程度不一形成内外二层，内层为深灰色硬面，外层为热辐射形成的烧土面。火膛壁一边直弧，一边斜弧呈袋状，壁面残留有明显的棍状加工痕迹。排烟孔位于火膛后部，共两个，平面近椭圆形，剖面呈带状，平底。窑内出土较多的夹砂陶和泥质陶片。窑通长160、宽100~143、残深40~50、壁厚0.4~0.5厘米。

陶器中夹砂陶占绝大多数，有细砂、粗砂之分，而以后者为主。夹砂陶中红褐陶数量最多，灰陶、灰褐陶次之。泥质陶数量较少，主要为灰陶和磨光灰陶、灰褐陶。器表普遍施以纹饰，素面较少，以斜向交错滚印细绳纹构成的小菱格纹多见，一般由

---

①　重庆市文化遗产研究院、合川区文物管理所：《合川区牛黄坝遗址发掘简报》，重庆市文化遗产研究院、重庆文化遗产保护中心：《嘉陵江下游考古报告集》，北京：科学出版社，2015年，第167~174页。

附加堆纹和菱格纹搭配形成纹饰组合。另有戳印纹、划纹、弦纹、瓦棱纹等。制作以泥条盘筑为主，然后经慢轮修整。部分器物底部和器身分段成形，再拼接为一体。宽沿器类沿下施以附加堆纹加固。泥质陶普遍使用打磨技术。

器类主要是陶容器，流行平底器，有少量圈足器，主要器类有泥质卷沿深腹罐、夹砂折沿鼓腹罐、折盘口罐、夹砂卷沿鼓腹罐、折沿斜腹罐、斜折沿缸、喇叭口壶、盆、钵、纺轮等。其中，罐是数量最多的器物，且形制多样（图3-1-5）。

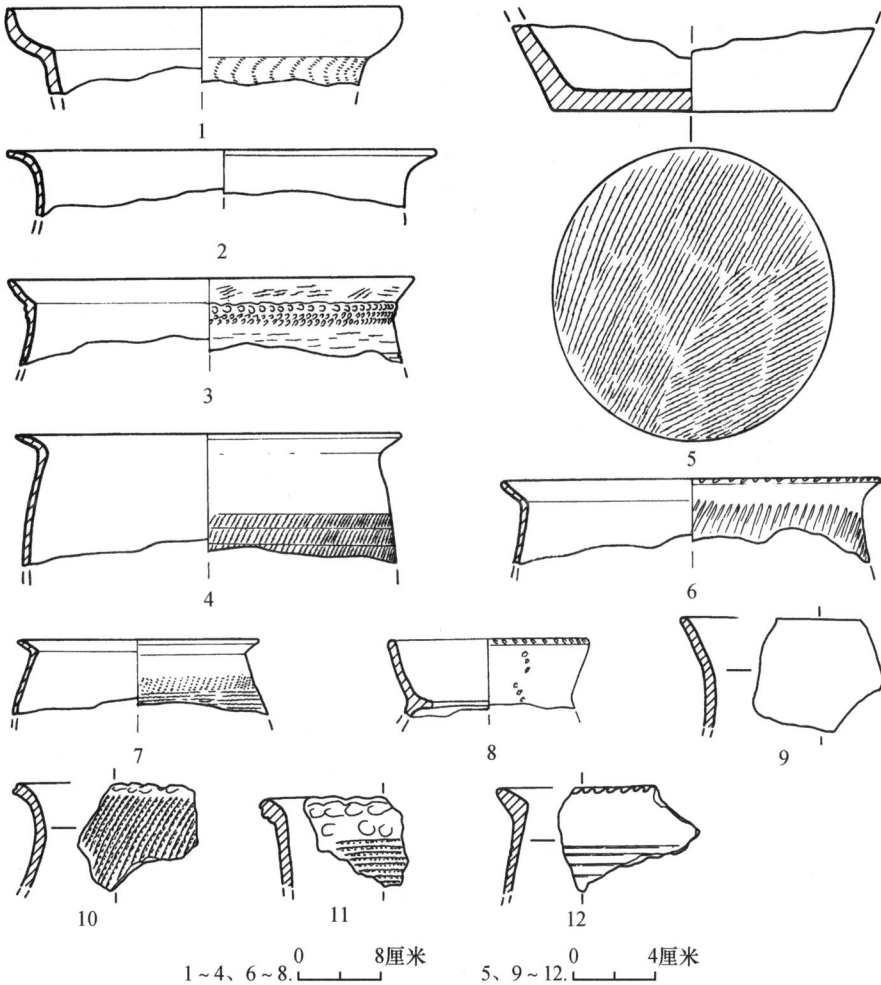

图3-1-5　重庆合川牛黄坝遗址出土部分新石器时代陶器
1.折盘口罐　2.泥质卷沿深腹罐　3、4、6、7、12.夹砂折沿鼓腹罐　5.罐底　8.器盖？　9.喇叭口壶
10.夹砂卷沿鼓腹罐　11.夹砂折沿斜腹罐

（三）老菜园遗址

老菜园遗址位于重庆市合川区大石镇沙沱村四社，地处嘉陵江右岸一级阶地。2008年5月，重庆市文物考古所对该遗址进行了首次发掘，发掘面积300平方米[①]。遗址的文化堆积集中在两个区域，新石器时代遗存主要分布在Ⅰ区，包括T1、T2的第5、6层。

新石器时代陶器中夹砂陶的比例居多，泥质陶次之。夹砂陶以红褐、灰褐陶为主。器物主要用泥条盘筑成形，有的器物口部加厚，泥质陶普遍使用打磨技术。纹饰方面，器物口部流行花边装饰，主要纹饰有绳纹、菱格纹、箍带纹、戳印纹等，另有少量弦纹、瓦棱纹。绳纹较细，菱格纹较小。纹饰一般从沿下开始施纹，一直施至器底，有的器物内、外底均施纹。

器类以平底器为主，器形较单一，以夹砂深腹罐为主，另有一定数量的泥质卷沿鼓腹罐、敞口钵、盘、盆、纺轮等。夹砂深腹平底罐分花边口、素口两种，又有卷沿、折沿之分。

此外，在地层中还发现较多的木骨泥墙红烧土块，可能与建筑有关。

（四）河嘴屋基遗址

河嘴屋基遗址位于重庆市合川区铜溪镇弯桥村，涪江右岸的阶地之上，阶地被涪江呈"几"字形环绕。该遗址在2004年底发现，2008年3～4月，重庆市文物考古所对其进行了勘探和发掘，发掘面积324平方米，清理商周时期沟2条、灰坑2个，出土了大量陶片[②]。

该遗址出土的陶器可以分为A、B两组，其中A组陶器属新石器时代，B组陶器属商周时期。A组遗物夹杂在B组遗物中，可能在商周时期已被破坏。A组新石器时代陶器不多，以泥质灰、灰褐陶为主，夹砂灰褐陶次之，另有一定量的泥质磨光黑陶。部分夹砂陶片内壁呈灰黑色。纹饰主要有细绳纹、交错绳纹、箍带纹、太阳纹，素面陶比例达44%。泥质陶素面一般均经磨光。可辨器形均为平底器、圈足器、尖圜底器，极个别器物底部不平整。具体有小口高领壶、泥质卷沿鼓腹罐、泥质卷沿矮领壶、夹

　　　① 　重庆市文化遗产研究院、合川区文物管理所：《合川区老菜园遗址发掘简报》，重庆市文化遗产研究院、重庆文化遗产保护中心：《嘉陵江下游考古报告集》，北京：科学出版社，2015年，第75～188页。

　　　② 　重庆市文化遗产研究院、合川区文物管理所：《合川区河嘴屋基遗址发掘简报》，重庆市文化遗产研究院、重庆文化遗产保护中心：《嘉陵江下游考古报告集》，北京：科学出版社，2015年，第1～34页。

砂折沿深腹罐、盘口罐、盆、镂孔圈足豆、尖圜底器等（图3-1-6）。其中一件小口高领壶口部近重唇口，双肩各有一件粘连的小杯。卷沿矮领壶底部不平整。

　　B组商周时期陶器较多。陶器以泥质陶和沙泥陶为主，夹砂陶次之。陶色以灰陶最多，褐陶、黑皮陶次之，红褐陶较少。器物多素面，纹饰主要有粗细绳纹、弦纹、戳印圆圈纹、菱形纹、镂孔等。陶器有圈足器、尖底器、圜底器和平底器四种，可辨器形有耸肩小平底罐、绳纹圜底罐、侈口罐、高领壶、长颈壶、瓮、尖圜底钵、角状尖底杯、炮弹形尖底杯、尖底盏、折腹豆、浅盘豆、折壁器盖、瓶、镂孔器座、大口缸、船形杯、纺轮、网坠等。部分器物造型颇具地方特色（图3-1-7）。

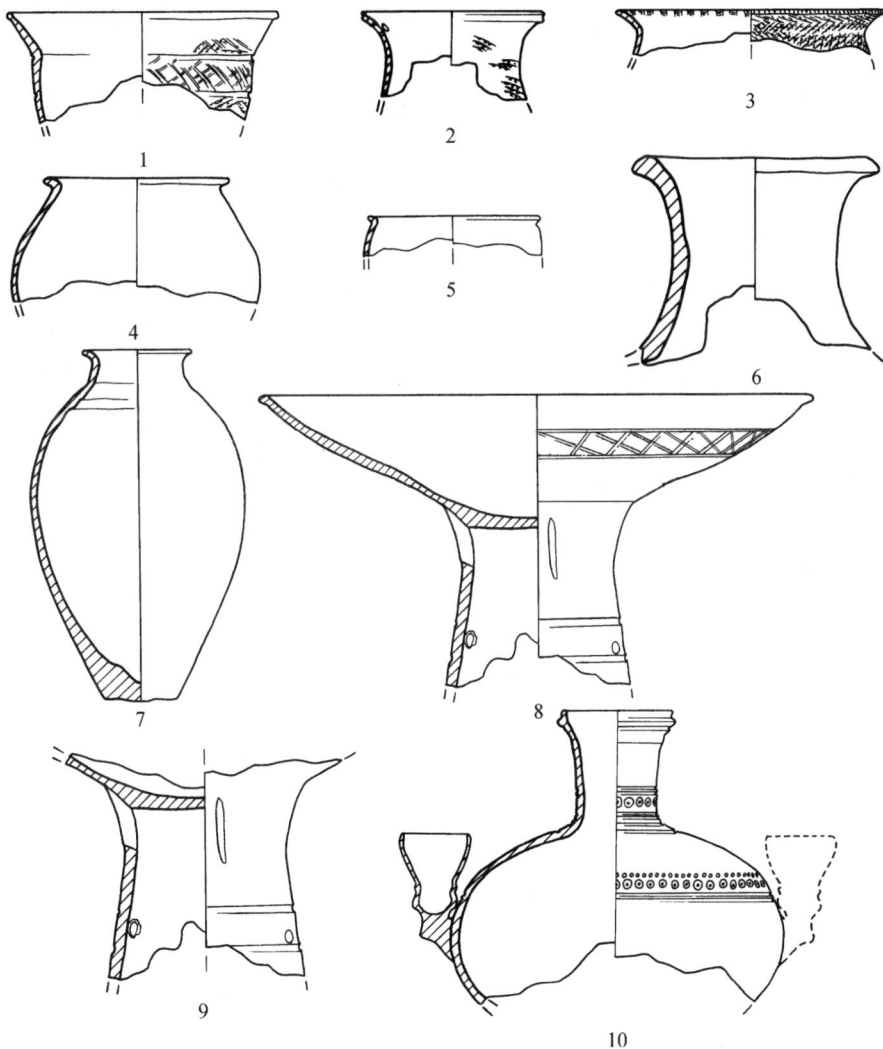

图3-1-6　河嘴屋基遗址A组陶器

1.折沿深腹罐（T9⑥：24）　2.盘口罐（T3⑤：2）　3.卷沿深腹罐（T9④A：2）　4、5.鼓腹罐（T9⑧：1、T2③：6）　6.小口高领壶（T5③：1）　7.卷沿矮领壶（T9⑤：33）　8、9.高圈足盘（T9⑥：15、T1⑥：1）
10.小口高领双杯壶（T9⑤：36）

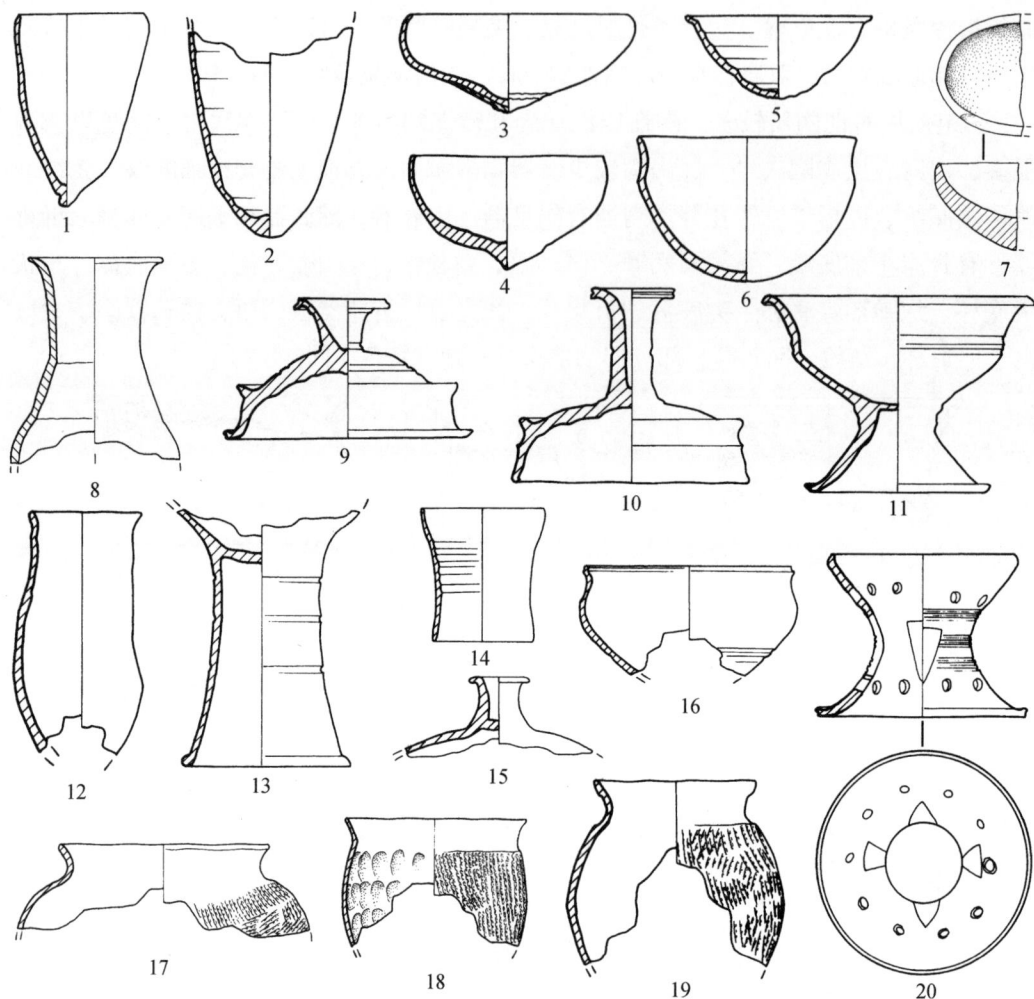

图3-1-7　河嘴屋基遗址B组陶器

1. 角状尖底杯（T1⑦：1）　2. 炮弹形尖底杯（T9⑤：30）　3、4. 敛口尖底盏（T9⑤：9、T9⑥：7）
5、6. 圜底钵（T3⑤：1、T9⑥：3）　7. 船形杯（G2：1）　8. 长颈壶（T9⑥：14）　9、10. 折壁器盖（H2：2、
　　　T9⑤：1）　11. 折壁深腹豆（H2：1）　12. 长颈小罐（T3②：1）　13. 圈足豆（T9⑤：28）
14. 筒形器座（T9⑤：26）　15. 圈纽器盖（T9⑤：25）　16. 耸肩小平底罐（T9⑥：10）　17. 素缘圜底罐
　　（T9⑥：19）　18、19. 绳纹圜底罐（T9⑥：17、T3③：1）　20. 镂孔亚腰器座（T9⑤：26）

　　河嘴屋基遗址商周时期文化堆积厚3.6米左右，且出土遗物十分丰富，这在众多的重庆地区商周遗存中并不多见，具有一定的典型性和代表性。

（五）猴清庙遗址

　　猴清庙遗址隶属重庆市合川区铜溪镇纱帽村二社，地处涪江与临渡河交汇处的二级阶地（涪江右岸）。该遗址于2004年重庆市文物考古所开展涪江调查时发现，目前正在对该遗址展开发掘①。据已经发掘的结果可知，猴清庙遗址的先秦遗存包括新石器和商周两个时期。

　　新石器遗存仅在部分探方有发现。堆积较薄，没有发现遗迹现象，出土遗物不多。陶片中夹砂陶（56.3%）稍多于泥质陶（43.7%）。夹砂陶中又以灰褐陶所占比例最高（18.3%），其余依次为黑褐（7.2%）、红褐（9.4%）、黄褐（8.9%）、灰陶（2.4%）。泥质陶中数量最多的亦为灰褐陶（14.8%），黑皮、红陶所占比例相同，为10.6%，其余依次为黄褐、灰、红褐等。纹饰的种类较多，有绳纹、菱格纹、箍带纹、刻划纹、戳印纹、网格纹、瓦纹、旋断绳纹等。其中绳纹又可分为粗、细两种。纹饰中以弦断绳纹所占比例最高（17.8%）；其次为绳纹（15.4%）、附加堆纹（8.9%）、菱格纹（8.3%）。陶器器形有夹砂折沿深腹罐、泥质卷沿鼓腹罐、高领壶、深腹盆等（图3-1-8）。

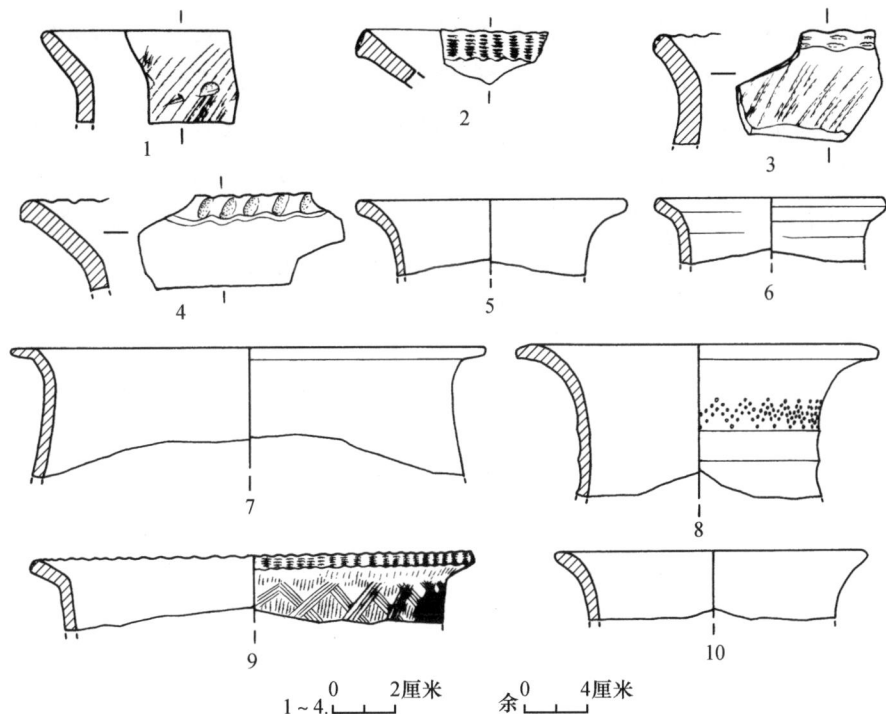

图3-1-8　重庆合川猴清庙遗址出土新石器时代陶器
1~4、6、9.折沿罐（T1409⑦：6、T1509⑦：4、T1409⑦：3、T1409⑦：4、T1509⑦：1、T1409⑦：2）
5、10.卷沿罐（T1509⑦：2、T1409⑦：7）　7.深腹盆（T1409⑦：5）　8.高领壶（T1409⑦：1）

　　① 重庆市文化遗产研究院、合川区文物管理所：《合川区猴清庙遗址发掘简报》，重庆市文化遗产研究院、重庆文化遗产保护中心：《嘉陵江下游考古报告集》，北京：科学出版社，2015年，第51~166页。

已发掘的商周时期遗迹有房址、灰坑、灰沟、灶坑、柱洞等。房址平面形状大致呈椭圆形，现存房基凹槽，长径320厘米。柱洞多以红烧土填埋，有规律者可看出为长方形房屋。

出土商周时期遗物有陶器、石器、铜器等，其中陶器数量大、器类多。据初步观察，陶色多为灰陶、红褐陶、灰褐陶，另外还有灰黑陶、黄褐陶、磨光黑衣褐陶等。纹饰以各种绳纹为主，另有凹弦纹、方格纹、篦点纹以及几何形划纹等。器类主要有圜底釜、圜底罐、尖底罐、矮领壶、瓮、盆、盘、炮弹形尖底杯、角状尖底杯、尖底盏、碗、豆、钵、器盖、纺轮等。其中以釜、罐、壶的数量较多（图3-1-9）。

（六）菜蔬排遗址

菜蔬排遗址位于合川区钓鱼城街道鱼城村四社，其地处嘉陵江左岸一级阶地上。2004年10月，重庆市文物考古所开展嘉陵江草街航电枢纽文物调查时发现。2008年9～10月，重庆市文物考古所进行了小规模发掘[①]，主要是晚商时期遗存。

菜蔬排遗址晚商遗存有陶器、石器、铜器三类。陶器以夹砂陶为主，泥质陶较少。夹砂陶以红褐、灰褐、灰、红占比较多，泥质陶以灰陶、黑陶为主。陶器多为素面，见少量绳纹、旋纹。陶器制作方法以轮制为主，仅见极个别为手制。器形主要以平底器为主，也有一定比例圜底器，另见部分尖底器，此外有少量圈足器等，可辨器类有溜肩罐、耸肩罐、圆肩罐、垂腹罐、花边口沿罐、矮领罐、瓮、盆、盘口壶、双耳壶、高领壶、矮领壶、尖底盏、尖底杯、船形杯、碗、鬶（盉）、灯形器、钵、器盖（图3-1-10）。铜器见1件铜弧刃钺。石器有少量石锛、石锄和少量石片等。

（七）庙嘴墓群

庙嘴墓地位于北碚区东阳街道黄桷社区，地处嘉陵江左岸一级台地。2010年10月，庙嘴墓地在黄桷社区还建房建设地基工程施工时被发现，整个墓地位于还建房2000平方米的建设基坑内，基坑已开挖深4～5米。同年10～11月，重庆市文物考古所对庙嘴墓地进行了抢救性考古发掘，发掘面积1000平方米，清理竖穴土坑墓17座，出土器物110余件，可分为铜器、铁器、陶器、漆木器，修复器物70余件。陶器器形有罐、釜、壶、豆、钵等。铜器器形有柳叶形剑、矛、印章、钱币、刀、环、削等。铁器器形有削、釜等。

---

① 重庆市文化遗产研究院、合川区文物管理所：《合川区菜蔬排遗址发掘简报》，重庆市文化遗产研究院、重庆文化遗产保护中心：《嘉陵江下游考古报告集》，北京：科学出版社，2015年，第189～211页。

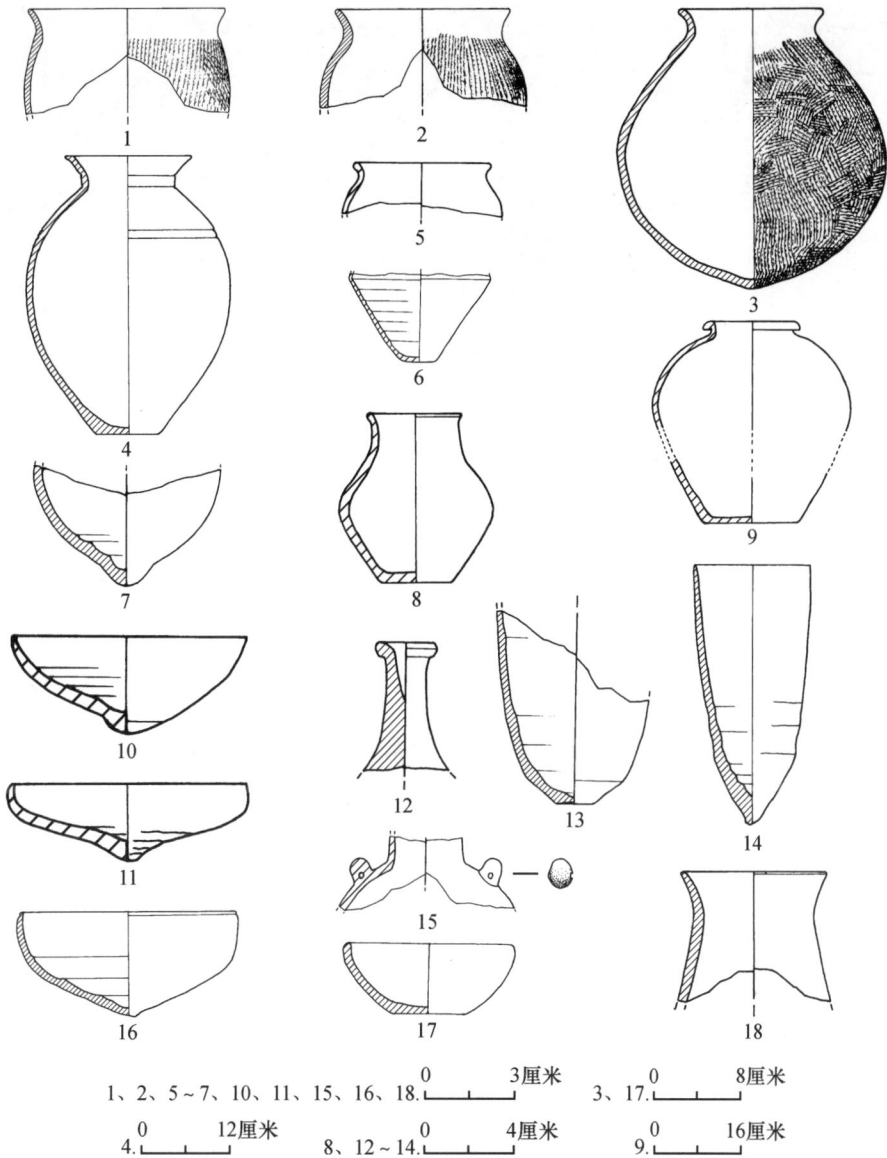

图3-1-9 重庆合川猴清庙遗址出土商周时期陶器

1、2. 圜底釜（T1007⑤：3、T1108⑤：1） 3. 尖圜底罐（T1409⑤：22） 4. 矮领壶（T1608⑤：1）

5、6. 小平底罐（T1008⑤：20、T1608⑤：2） 7. 尖底罐（T1409⑥：2） 8. 小罐（T0906⑤：8）

9. 瓮（T1409⑤：10） 10、11、16. 尖底盏（H14：2、H14：1、T0908⑤：16） 12. 器盖（T1409⑤：21）

13. 炮弹形尖底杯（T1008⑤：25） 14. 角状尖底杯（T1008⑤：23） 15. 双系罐（T1007⑤：13）

17. 平底钵（T1010⑤：1） 18. 器座（T1008⑤：40）

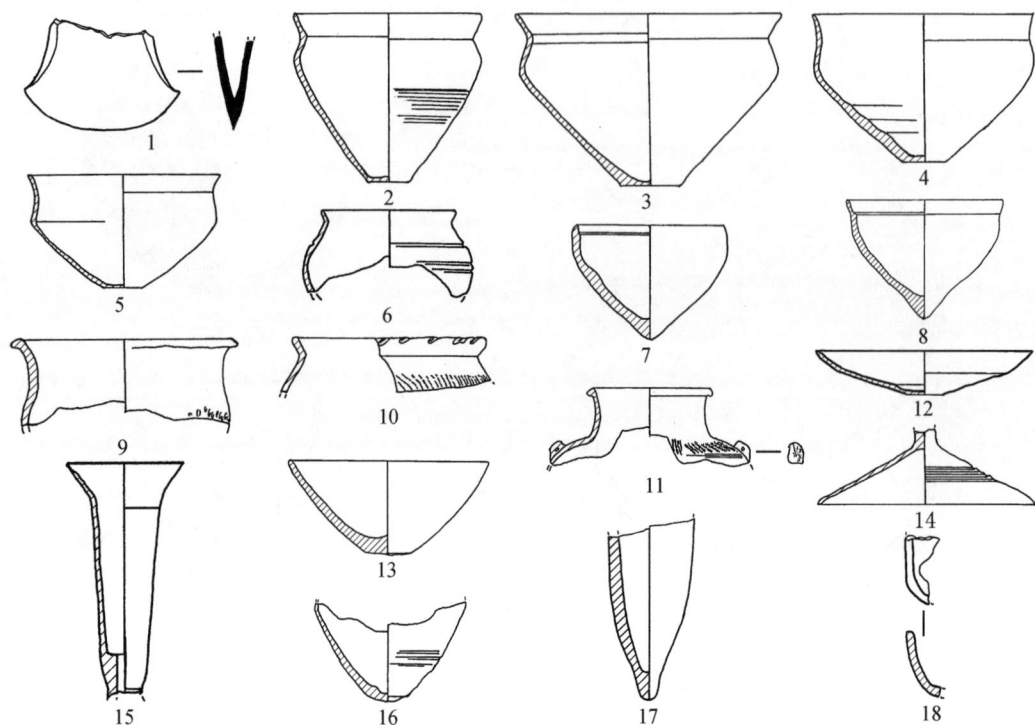

图3-1-10　重庆合川菜蔬排遗址出土晚商时期陶、铜器

1. 钺（T1③：4）　　2、3. 耸肩罐（T2③：12、T2③：5）　　4、5. 溜肩罐（T2③：6、T1③：60）　　6. 圆肩罐
（T1③：57）　　7、8. 母口尖底盏（T2③：10、T1③：6）　　9. 垂腹罐（T1③：44）　　10. 花边罐（T1③：14）
11. 双耳壶（T1③：46）　　12、13. 钵（T1③：5、T1③：9）　　14. 器盖（H1：14）　　15. 灯形器（H1：4）
16. 尖底杯（T2③：31）　　17. 鬶（盉）足（H1：7）　　18. 船形杯（T2③：44）

（除1为铜器外，其余均为陶器）

从墓口平面看，这批墓葬大致可以分为三类：第一类为窄长方形墓，墓口长宽比在2：1～2.65：1，共9座，分别是M2、M4、M7、M9、M11、M13、M14、M1、M17。第二类为宽长方形墓，墓口长宽比在1.4：1～1.8：1，共5座，分别是M5、M6、M8、M10、M16。第三类为方形墓，墓口长宽之比在1：1左右，共2座，分别是M1、M3。结合墓葬打破关系、出土器物形制、器物组合关系看，三类墓葬分别代表三期（图3-1-11）。

第
一
期

第
二
期

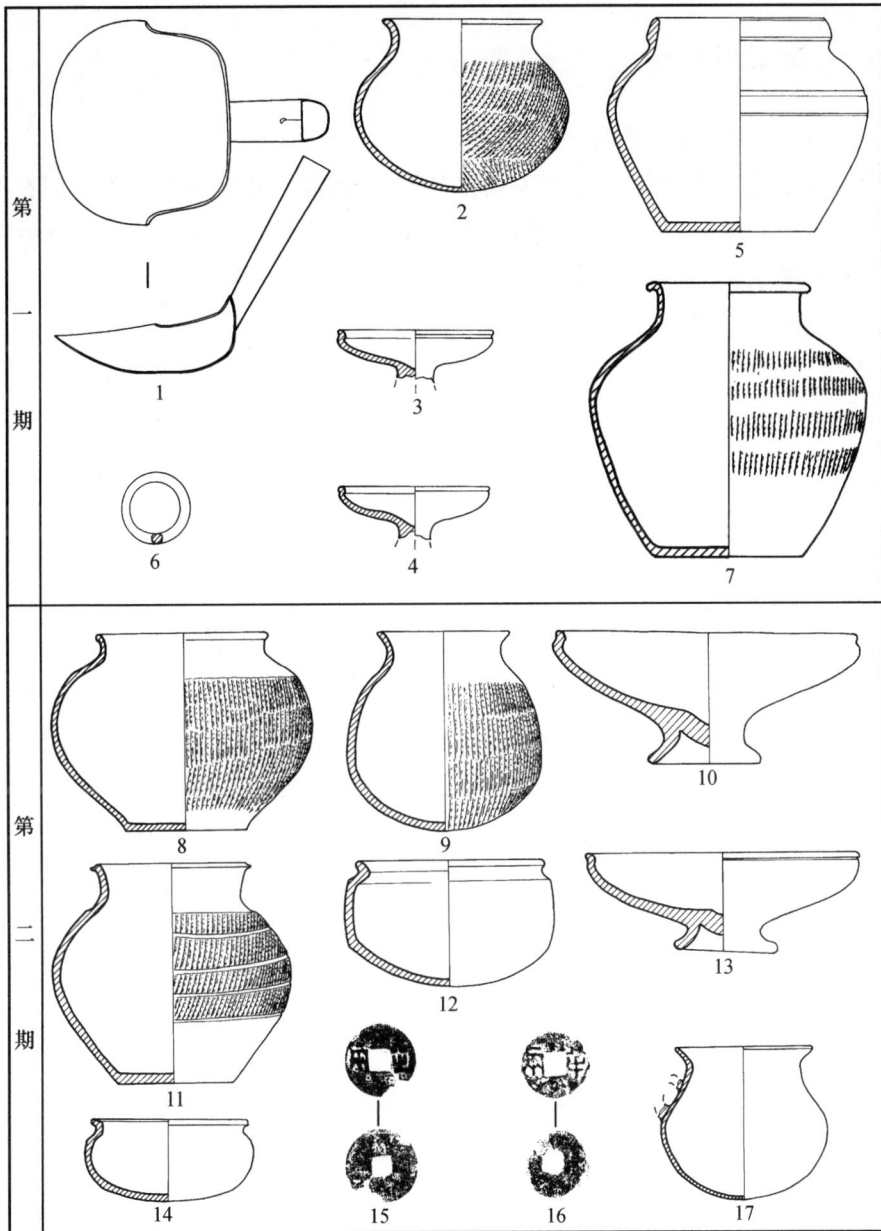

图3-1-11　重庆北碚庙嘴墓群第一、二期陶、铜器

1.铜匕（M4∶3）　　2、9、12、14.陶釜（M4∶11、MM8∶9、M8∶10、M8∶8）　　3、4、10、13.陶豆

（M4∶5、M4∶10、M8∶2、M8∶4）　　5、7、8、11.陶罐（M4∶4、M4∶9、M8∶5、M8∶7）

6.铜环（M4∶1）　　15、16.铜半两钱（M8∶11-1、M8∶11-2）　　17.陶鋞（M8∶6）

（1～7为M4出土，8～17为M8出土）

（八）唐家坝遗址

2003年9月，重庆市文物考古所在对渝武高速公路沿线进行文物调查时，在涪江边还发现了一处包含商周遗存的遗址——合川唐家坝遗址。遗址6米以下发现旧石器文化遗存[①]。2005年4～6月，重庆市文物考古所对其进行了试掘[②]。试掘发现商周时期的灶坑1座。出土部分陶器和石器。陶器以素面为主，纹饰有"粗绳纹、细绳纹、网格纹、菱格纹、波折纹、篮纹、弦断交错绳纹、弦断竖线纹、麦穗纹、凹线纹"。可辨器形较少，有钵、纺轮、花边口沿罐、壶、高领罐等。发掘简报认为唐家坝遗址早期陶器的时代属于商周时期遗物。从文字描述看，部分陶器可能早到新石器时代。

四、文 化 分 期

渝西地区各遗址内的文化分期是基本清楚的，参考三峡地区和成都平原已经构建起的文化发展序列，渝西地区各遗址间的整合分期可以分为以下六期，以下就各期特征、文化属性和年代问题分别做一简单探讨。

需要说明的是，本文对新石器阶段所提的文化命名和发展阶段性划分，是根据笔者已有的研究成果确定的。笔者将重庆峡江地区的新石器晚、末期文化分为"玉溪上层文化""玉溪坪文化""中坝文化"[③]，年代大致分别对应6200～5300a.BP、5300～4600a.BP、4600～3700a.BP。

（一）第一期

鼎锅浩遗址新石器时代遗存、河嘴屋基遗址A组新石器的多数遗存属于此一阶段。又可分为两段。

1. 第1段

为鼎锅浩遗址新石器时代遗存。该遗址发掘的新石器时代遗存出土了模印太阳

---

① 重庆市文物考古所：《渝南高速公路（重庆段）沿线考古调查勘探报告》，《四川文物》2006年增刊。

② 重庆市文物考古所、合川市文物保管所：《重庆合川市唐家坝遗址抢救性考古发掘简报》，《四川文物》2006年增刊。

③ 白九江、邹后曦：《重庆峡江地区新石器时代晚期文化》，中国考古学会：《中国考古学会第十次年会论文集（1999）》，北京：文物出版社，2008年，第11～49页。

纹陶片，这类纹饰在三峡地区较多见，具有强烈的地域特征。以前在湖北宜昌中堡岛遗址发掘的所谓屈家岭文化遗存[①]、2000年重庆巫山大溪遗址第四期B组[②]、忠县哨棚嘴遗址1999年发掘的新石器时代第一期2段[③]等地点均有发现，由此可见，这类纹饰主要盛行于相当于大溪文化至屈家岭文化阶段。但鼎锅浩遗址所见太阳纹陶片为泥质灰陶，与前述多为黑陶或黑皮陶有所区别，而与2004年发掘的丰都玉溪遗址南部陶窑内的陶片质地较接近。此外，弦断绳纹、弦断菱格纹陶片在2000年巫山大溪遗址第四期B组、丰都玉溪遗址玉溪上层偏早阶段均有发现，时代均相当于大溪文化中期阶段。

从陶系上来看，鼎锅浩遗址虽然也出土一些泥质黑陶、磨光黑陶陶片，与巫山大溪四期B组、哨棚嘴遗址1999年一期有相近之处，但遗址主要以泥质灰陶、灰黄陶为主的特征不同于玉溪坪文化，更不同于大溪文化，而与玉溪遗址上层遗存偏早阶段非常接近。同时，鼎锅浩遗址陶器器形比较简单，缺少玉溪坪文化、中坝文化常见的折沿或卷沿深腹罐、大口缸、盘口罐等陶器。而与玉溪上层文化的更接近。如高领壶、敛口平底钵的盛行。此外，该遗址出土的舌形器鍪在玉溪上层遗存中也较常见。而鼓腹罐更是重庆峡江地区新石器时代末期深腹罐的前身，其演变即由鼓腹到直腹再到敞口。

由此可见，鼎锅浩遗址的新石器时代遗存可归入玉溪上层文化，约当玉溪上层文化中期（第二期），推测绝对年代约5900～5600a.BP。

2. 第2段

河嘴屋基遗址A组新石器时代器物，可能包括了不同时代的新石器文化遗物。但小口高领壶、泥质卷沿鼓腹罐、泥质卷沿矮领壶、盆、镂孔圈足豆、尖圜底器等泥质陶器特征明显，应为玉溪上层文化遗物。河嘴屋基遗址的大量泥质磨光黑陶颇类巫山大溪遗址的2000年第四期B组的玉溪上层文化，所出泥质卷沿鼓肩罐在大溪遗址中也有出土。但与鼎锅浩遗址相比，鼓肩罐的沿面较窄，从其变化趋势看，应相对略晚一些。另外卷沿矮领壶底部不平整的风格，在峡江地区几乎不见，仅在玉溪坪遗址的折腹尊底部有类似发现。此外，河嘴屋基遗址的近重唇口小口高领壶壶口与1999年哨棚嘴遗址出土的一种重唇壶相似。

---

①　国家文物局三峡考古队：《朝天嘴与中堡岛》，北京：文物出版社，2001年。

②　重庆市文物考古所、重庆市文物局、巫山县文物管理所：《巫山大溪遗址勘探发掘简报》，重庆市文物局、重庆市移民局：《重庆库区考古报告集·2000卷》，北京：科学出版社，2007年，第424～480页。

③　北京大学考古学研究中心、北京大学考古文博学院三峡考古队、重庆市忠县文物管理所：《忠县哨棚嘴遗址发掘报告》，重庆市文物局、重庆市移民局：《重庆库区考古报告集·1999卷》，北京：科学出版社，2006年，第530～643页。

综合以上分析，河嘴屋基遗址A组的多数新石器遗物可归入玉溪上层文化，排在鼎锅浩新石器遗存后是比较合适的。年代约当玉溪上层文化晚期（第三期），推测绝对年代约5600~5300a.BP。

（二）第二期

包括江津瓦厂沙坝遗址新石器遗存、北碚大土遗址新石器遗存、合川牛黄坝遗址新石器遗存、老菜园遗址新石器遗存、猴清庙遗址新石器遗存、河嘴屋基遗址A组遗存中的部分遗物等。各遗存间还有早晚差异，据目前已整理和观察到的材料，可以分为四段。

1. 第1段

仅见江津瓦厂沙坝遗址。该遗址出土的新石器陶器中有1件夹砂深腹罐，卷沿，唇施花边，口沿外侧即饰细菱格纹。另有敛口陶钵、泥质卷沿鼓腹罐等，泥质陶所占比例相对较多。这些特征与1999年忠县哨棚嘴遗址第一期晚段比较接近。故瓦厂沙坝遗址新石器遗存应属于玉溪坪文化，从出土遗物看，可以认为是玉溪坪文化早期（哨棚嘴期）阶段遗存，但绝对年代应不晚于5300~5000a.BP。

2. 第2段

北碚大土遗址新石器遗存属于此段。该遗址出土的夹砂折沿筒腹罐，在忠县哨棚嘴遗址1999年度发掘的第二期早段有1件（99ZGST312⑪：2）与此基本相同，口沿下方饰戳印而成的窝纹数组，腹饰交错绳纹构成的小菱格纹，其间还有凹弦纹数道。此外，饰瓦棱纹的内折沿钵在哨棚嘴遗址二期早段中也较常见。由此可见，北碚大土遗址总体上与哨棚嘴遗址二期早段接近。但两者间也存在一定的区别，哨棚嘴遗址二期箍带纹较盛行，而北碚大土遗址弦纹较发达，说明它们的年代还稍有不同，可能大土遗址稍早于哨棚嘴遗址二期早段。

北碚大土遗址的新石器文化应属于玉溪坪文化系统，处于玉溪坪文化晚期偏早阶段，当5000a.BP左右。

3. 第3段

合川猴清庙遗址的新石器遗存属于此段。但该遗址的新石器发掘材料还未整理。从已出土的陶片观察，整体上应属于玉溪坪文化遗物，晚于北碚大土遗址的新石器时代遗存，而又要早于下文的合川牛黄坝、老菜园的新石器遗存。

4. 第4段

包括合川牛黄坝遗址、老菜园遗址的新石器时代遗存。

通过与周边遗址的对比，合川牛黄坝遗址与丰都玉溪坪遗址2002年发掘的第7层相近。第一，陶器中的菱格纹偏小，绳纹较细。第二，折盘口罐（折痕在口腹间）已经出现，它是中坝文化盘口罐（折痕在沿部）的前身。第三，器物沿面较宽。第四，小口高领壶的口部外侈较甚，呈喇叭口，属于较晚期的形态。第五，已经出现了斜折沿缸，但器壁较薄，与中坝文化直口或敞口的缸不同，且器表菱格纹较细，应是后来的大口筒腹缸的前身。综合来看，牛黄坝遗址的新石器遗存应属玉溪坪文化，处于玉溪坪文化的晚期偏晚阶段。推断其年代在4600a.BP左右。

合川老菜园遗址的新石器时代遗存与牛黄坝遗址接近。

此外，合川河嘴屋基遗址A组新石器遗存由于遭早期扰乱，初步观察发现，其新石器遗物有一些夹砂小菱格纹陶片，其间常饰有箍带纹，其主体应该属于玉溪坪文化。另外，在该遗址中还出土盘口罐残片，盘口的折棱在沿面外侧，与折棱在口与器身处的玉溪坪文化晚期折盘口罐不同，而与中坝文化偏早阶段盘口较深的特征相同，这说明河嘴屋基遗址中还有中坝文化阶段的遗物。

（三）第三期

只在江津区大土遗址有发现。江津大土遗址出土的器物不论从形制上还是组合上，均具有三星堆文化特点。如小平底罐、袋足盉（鬶）、长颈壶、高柄豆、镂孔圈足豆、灯形器、圈纽器盖等均为典型的三星堆文化陶器。但该遗址出土的折腹杯（推测应为小底）不见于成都平原的三星堆文化，满饰绳纹的陶罐在成都平原的三星堆文化中也极少见，表明它又具有一定的地方特征。

江津大土遗址的小平底罐口较大，耸肩，偏矮胖，在小平底罐的排序中，属于较晚阶段的陶器。出土的盉（鬶）袋足，有明显的实足跟，亦属于较晚阶段的盉（鬶）。镂孔圈足豆（簋形器）的形态演变，孙华先生认为是从足部壁面僵直到足部壁面较弧的方向发展[1]，大土遗址的镂孔圈足豆足部壁面比三星堆遗址第二期第2段（按孙文标准）的同类器更弧，应较其更晚。长颈壶应与三星堆遗址的广肩长颈壶相似，后者出现于三星堆文化晚期。另，该遗址已经开始出现折腹杯，也有了少量矮柄器盖。综合考虑，该遗址的夏商遗存约当三星堆文化晚期，相当于孙华先生对三星堆遗址分期的第二期第4段，大约相当于中原"二里岗上层后段至殷墟一期前后"。

---

[1]　孙华：《试论广汉三星堆遗址的分期》，四川大学博物馆、中国古代铜鼓研究学会：《南方民族考古（第五辑）》，成都：四川科学技术出版社，1993年，第10～24页。

（四）第四期

本期又可根据各遗存间的明显差异划分为早、晚两大段。

1. 第1段

包括合川河嘴屋基B组商周遗存和菜蔬排遗址晚商时期遗存。河嘴屋基以尖底器、圜底器、圈足器为大宗，角状尖底杯、炮弹形尖底杯、尖底罐、尖底盏等属于典型的十二桥文化。十二桥文化在四川盆地内可分为十二桥类型和石地坝文化类型[①]。遗址出土的折壁器盖、长颈小罐既不见于成都平原，也不见于三峡地区。而角状尖底杯、船形杯在三峡地区是比较习见的陶器，这表明河嘴屋基遗址商周遗存总体上与石地坝文化类型较接近，同时又具有一定的地方特征。

河嘴屋基商周遗存的年代有下列几点可说明：一是大型镂孔器座，在万州苏和坪遗址2000年度的发掘中有残片出土[②]，同出的还有尖底杯、母口形尖底盏等石地坝类型陶器，简报认为属于十二桥文化早期阶段。2001年发掘的万州巴豆林遗址[③]，亦出土与之相近的镂孔器座1件，与之共存的器物有高柄豆、灯形器、有柄器盖等陶器，其中灯形器杯身呈喇叭形，与三星堆文化的盘形、杯形灯形器不同，而与十二桥遗址早期的同类器相似[④]。二是角状尖底杯，仅少量出土（石地坝类型晚期大量出土），且较矮胖，其形态既不同于三峡地区三星堆文化的厚胎花边角杯，也不同于石地坝类型中偏晚阶段的细长角杯。三是船形杯，从其形态的演变特征看，至少要早于石地坝遗址西周早期的船形杯[⑤]。四是长颈壶，三星堆遗址中曾有类似器物出土，按陈显丹的划分，该器在三星堆第三、四期均有[⑥]，孙华先生则将其划归到三星堆文化晚期（三星堆遗址

① 白九江、李大地：《试论石地坝文化》，李禹阶：《三峡考古与多学科研究》，重庆：重庆出版社，2007年，第67~90页。

② 重庆市文物考古所、重庆市文物局、重庆市万州区博物馆：《万州苏和坪遗址第二次发掘报告》，重庆市文物局、重庆市移民局：《重庆库区考古报告集·2000卷》，北京：科学出版社，2007年，第689~708页。

③ 重庆市文物考古所、重庆市文物局、重庆市万州区博物馆：《万州巴豆林遗址发掘报告》，重庆市文物局、重庆市移民局：《重庆库区考古报告集·2001卷》，北京：科学出版社，2007年，第1409~1424页。

④ 四川省文物管理委员会、四川省文物考古研究所、成都市博物馆：《成都十二桥商代建筑遗址第一期发掘简报》，《文物》1987年第12期。

⑤ 白九江、邹后曦：《三峡地区的船形杯及其制盐功能分析》，《南方文物》2009年第1期。

⑥ 陈显丹：《广汉三星堆遗址发掘概况、初步分析——兼论"早蜀文化"的特征及其发展》，四川大学博物馆、中国古代铜鼓研究学会：《南方民族考古（第二辑）》，成都：四川科学技术出版社，1990年，第213~232页。

第二期第3、4段）①。这种器物的变化是口部由直变侈或敞，腹部变鼓，河嘴屋基的长颈壶口部比三星堆侈，应较其略晚。由此基本可以判断，河嘴屋基遗址的商周遗存大体处于十二桥文化偏早阶段。约当殷墟文化的第二、三期。

菜蔬排遗址的溜肩罐、耸肩罐时代特征较明显，这类器物在涪陵镇安遗址曾有出土②，其H8出土的"A型小平底盆"中的H8：1、H8：3分别与菜蔬排遗址"耸肩罐"中的2008HCT2③：12、2008HCT1③：40较为接近，镇安遗址"B型小平底盆"中的H8：2与菜蔬排遗址2008HCT2③：5耸肩罐有可比之处；而镇安遗址"C型小平底盆"与菜蔬排遗址中相对较完整的2008HCH1：29、2008HCT1③：57等圆肩罐从器形到肩部凹旋纹装饰都相近。菜蔬排遗址商周遗存还可与丰都信号台遗址出土的商周器物做比较③。菜蔬排遗址的"溜肩罐"在信号台遗址中较为常见，其中前者中2008HCT2③：6等A型溜肩罐与后者T0502⑤：1折肩小平底罐形态接近，唯后者形体较高，下腹壁略外弧；菜蔬排遗址2008HCT1③：58等C型溜肩罐与信号台遗址Y1：31折肩小平底罐非常接近。另外，信号台遗址亦出土薄胎船形杯。信号台遗址商周遗存为"石地坝文化第二期晚段"，年代约当"殷墟第三期"。此外，从总体上看，菜蔬排遗址商周遗存与涪陵镇安遗址、丰都信号台遗址的器物群是较为接近的，三者均不见或极少见坦腹敞口（敛口）尖底盏、尖底杯等；圜底器虽有一定数量，但所占比例极低；陶器纹饰多素面，与稍晚的石地坝遗址等相比较，少见饰绳纹的陶罐；陶灯形器在三星堆文化、十二桥文化早期较多，十二桥文化晚期后消失。综上所述，菜蔬排遗址商周遗存的具体年代应在商代晚期略偏晚，约当殷墟第三期阶段。

2. 第2段

此段遗存在多个遗址中有发现，但以合川猴清庙遗址最为丰富，而其他遗址遗物较少。

合川猴清庙遗址出土陶器与早段相比，夹砂陶的比例增大，绳纹是最常见的纹饰。器类中，素缘绳纹罐比例大增，角状尖底杯等较多出现。器形多与丰都石地坝遗

① 孙华：《试论广汉三星堆遗址的分期》，四川大学博物馆、中国古代铜鼓研究学会：《南方民族考古（第五辑）》，成都：四川科学技术出版社，1993年，第10～24页。

② 北京市文物考古研究所三峡考古队、重庆市涪陵区博物馆：《涪陵镇安遗址发掘报告》，重庆市文物局、重庆市移民局：《重庆库区考古报告集·1998卷》，北京：科学出版社，2003年，第850～894页。

③ 简报未发表，零星材料见白九江、李大地：《试论石地坝文化》，李禹阶：《三峡考古与多学科研究》，重庆：重庆出版社，2007年，第67～90页。

址1999年度①、忠县哨棚嘴遗址1997年发掘的第三期②相近。因此总体上应属于石地坝类型，年代约当商末至西周早期。

（五）第五期

第五期遗存仅见于江津荔枝下坝遗址。该期遗存盛行大口花边圜底罐、小口花边圜底罐、高柄豆、翻沿瓮等，陶器群总体上与重庆峡江地区的同期文化面貌接近，而与成都平原的差异较大，曾有学者建议将这类遗存命名为"麻柳沱文化"。

花边圜底罐属于重庆地区商周（含东周）时期的典型陶器，具有明显的地域特征。束颈小口花边圜底罐的演变情况比较清楚，其趋势是由束颈到直口的变化过程。荔枝下坝遗址虽然没有出土完整的这类陶罐，但从陶器残片来看，其侈口、束颈、鼓腹、尖圜底以及饰斜向粗绳纹等特征，在这类器物的演变过程中，应属于较早期的形制。与忠县哨棚嘴遗址1997年度发掘的第四期同类器相比，荔枝下坝遗址的口不若其外侈，颈部稍束，绳纹更粗，显然荔枝下坝遗址应略晚一些。与忠县中坝遗址1997年发掘的同类器比较③，中坝遗址的同类器颈部更直，花边作风更粗犷，器壁更厚，斜向绳纹更粗，而与1999年度的春秋时期的束颈花边罐相近④，但颈部又不如其收束厉害。这样看来，荔枝下坝遗址的时代应处于1997哨棚嘴四期与1997中坝东周遗存之间，与1999年度中坝遗址春秋时期的同类遗存年代相近而略晚。哨棚嘴遗址第四期大致处于"春秋中晚期"，中坝遗址的测年结果显示，其东周遗存最晚不出战国中期，其直口花边罐主要盛行于春秋末至战国早期，束颈花边罐盛行于春秋中晚期⑤，故大致将荔枝下坝遗址东周遗存定在春秋晚期是比较合适的，下限或可到战国初，约公元前600～前450年。

① 重庆市文物考古所、丰都县文物管理所：《丰都石地坝遗址商周时期遗存发掘报告》，重庆市文物局、重庆市移民局：《重庆库区考古报告集·1999卷》，北京：科学出版社，2006年，第702～737页。

② 北京大学考古文博院三峡考古队、重庆市三峡库区田野考古培训班、忠县文物管理所：《忠县㽏井沟遗址群哨棚嘴遗址发掘简报》，重庆市文物局、重庆市移民局：《重庆库区考古报告集·1997卷》，北京：科学出版社，2001年，第610～657页。

③ 四川省文物考古研究所、忠县文物保护管理所：《忠县中坝遗址发掘报告》，重庆市文物局、重庆市移民局：《重庆库区考古报告集·1997卷》，北京：科学出版社，2001年，第559～609页。

④ 四川省文物考古研究所、北京大学考古文博学院、美国UCLA大学、重庆市文物局、忠县文物保护管理所：《忠县中坝遗址1999年度发掘简报》，重庆市文物局、重庆市移民局：《重庆库区考古报告集·2000卷》，北京：科学出版社，2007年，第964～1057页。

⑤ 朱诚、郑朝贵、马春梅等：《长江三峡库区忠县中坝遗址地层古洪水沉积判别研究》，《科学通报》2000年第50卷第20期。所测T0102战国文化层有3个数据。

（六）第六期

第六期遗存主要见于九龙坡区冬笋坝墓地和北碚庙嘴群。这两处墓地均为战国晚期至西汉初，关于这类遗存，以前曾有学者命名为冬笋坝文化，后来也有根据三峡李家坝遗址的发掘提出命名为李家坝文化。

冬笋坝墓地的年代上限要早一些，时代可到战国晚期早段甚或战国中期偏晚阶段。冬笋坝墓地的墓葬明显呈现船棺墓葬—狭长方形墓葬—长方形墓葬的演变规律。庙嘴墓地三期墓葬均出土残铁器，其中第一期墓葬、第二期墓葬还见矮柄豆，参考其他地区的情况，前两期墓葬年代应在战国晚期至西汉初。同时，第二期墓葬M8出土大半两，可大致将其时代定在秦，下限不出西汉初年。那么，第一期墓葬的年代上限推测不早于秦灭巴蜀，很可能为战国晚期偏晚阶段，下限或可至秦初。第三期墓葬M1出土退化型蒜头壶，半两钱中既有大半两，也有小半两，从形制看，小半两可能是八铢半两，八铢半两始铸于吕后二年（前186年），故似可将第三期定为西汉前期。

上述各期段可以归结为表3-1-1。

表3-1-1　渝西地区先秦遗存分期排序表

分期		典型遗存	文化属性	推测年代
第一期	第1段	鼎锅浩新石器遗存	玉溪上层文化中期	约5900~5600a.BP
	第2段	河嘴屋基A组部分遗存	玉溪上层文化晚期	约5600~5300a.BP
第二期	第1段	瓦厂沙坝新石器遗存	玉溪坪文化早期	约5300~5000a.BP
	第2段	北碚大土新石器遗存	玉溪坪文化晚期	约5000~4600a.BP
	第3段	猴清庙新石器遗存		
	第4段	老菜园新石器遗存		
		牛黄坝新石器遗存		
		河嘴屋基A组部分遗存	玉溪坪文化、中坝文化	存在早晚不同的遗物，总体上不晚于4000a.BP
第三期		江津大土夏商遗存	三星堆文化	三星堆文化晚期，约当中原二里岗上层后段至殷墟一期（商代中期）
第四期	第1段	河嘴屋基B组晚商遗存 菜蔬排遗址晚商遗存	十二桥文化	相当于殷墟文化第二、三期
	第2段	猴清庙商周时期遗存 沙梁子商周时期遗存	十二桥文化"石地坝文化类型"	商代晚期至西周早期
第五期		荔枝下坝东周遗存	"中坝遗址东周遗存"（麻柳沱文化）	春秋晚期
第六期		冬笋坝墓地 庙嘴墓群第一、二期墓葬	"冬笋坝文化"（李家坝文化）	战国晚期至秦

五、几点认识

（1）就目前的考古发现看，渝西地区新石器时代晚期以来的先秦考古文化面貌已经可以勾勒出大致的轮廓，尽管其间还存在许多缺环。由于文化发展的连续性，以及相邻地区的考古成果可以参照，这些缺环的大致内容是可以预期的，并且随着考古工作的进一步开展，这些缺环会逐渐得以证实。

（2）渝西地区的先秦考古文化总体特征与三峡地区更相近，而与成都平原存在一定的差异。在四川盆地内，渝西地区与三峡地区是一个大的文化系统下的子系统。但在个别阶段，两者间文化特征存在较大的差异。如果对成都平原、重庆地区两者间的先秦遗存进行统合与差异性描述，那么可以明显看出，新石器时代两地间存在一定的差异，可以各自独立命名为不同的文化。三星堆文化阶段两者间考古文化的统一性最大，其次是十二桥文化时期。而西周中期至春秋时期，两地间的文化面貌差异最大，判然有别。

（3）渝西地区考古文化面貌的厘清，有助于探讨四川盆地内与文化传播相关的若干问题。如成都平原十二桥文化尖底器源头的探讨、盆地周边山地新石器文化与盆地内新石器文化的关系、三峡先秦文化与盆地西部先秦文化互动能否区分长江通道与嘉陵江通道、三峡新石器文化与川西高原间文化因素传播的方向问题等。

（4）渝西地区先秦考古文化的收获，有助于探讨四川盆地内东西两大文化或文化类型的分布范围。20世纪70年代，重庆市博物馆、南充地区文化局在嘉陵江南充地区河段调查发现兰家坝、涌泉坝、明家咀、淄佛寺等先秦遗址[①]，渝西嘉陵江流域由于地理上与其相近，其考古收获对于甄别这些遗址的年代、所属文化类型具有重要作用[②]。近年来，相关单位在渠江流域也开展了一系列工作。宣汉后河罗家坝遗址发掘有新石器时代遗存，发掘简报认为与三峡地区的新石器文化有联系[③]。2002年，在渠江流域又调查到21处先秦遗址和石器采集点，它们与"通江擂鼓寨、月亮岩及重庆江津王爷

---

① 南充地区文化局、重庆市博物馆：《嘉陵江南充地区河段考古调查纪实》（内部资料），1979年；董其祥：《嘉陵江南充地区河段考古调查纪实》，重庆中国三峡博物馆：《董其祥历史与考古文集》，重庆：重庆出版社，2005年，第299～345页；重庆市博物馆：《四川嘉陵江中下游新石器时代遗址调查》，《考古》1983年第6期。

② 蒋晓春、白九江、赵炳清：《川东北地区新石器时代考古学文化初探》，《西华大学学报（哲学社会科学版）》2008年第3期。

③ 四川省文物考古研究所、达州地区文物管理所、宣汉县文物管理所：《四川宣汉罗家坝遗址2003年发掘简报》，《文物》2004年第9期。

庙、峡江地区的新石器时代遗址均有一定联系"[1]。这样看来，四川盆地东部的先秦考古文化具有很高的相似性，这与这一地区的地理条件、生计经济等的相似程度有着很直接的关系，作为一个文化整体，这种关联度至少已经从新石器时代就已经开始了，而不是仅仅开始于后来巴人国家的建立。

补记：（1）本文2012年刊于《"早期中国的文化交流与互动——以长江三峡库区为中心"学术研讨会论文集》一书[2]。本次收录时，对部分后来发表的材料进行了补注。

（2）本次补充了后来发表的合川菜蔬排遗址晚商遗存的材料，补充了原文章阙如的战国晚期至秦的北碚庙嘴墓地的发掘材料，这两个材料在渝西地区较为典型。

第二节 渝东南地区先秦时期的考古发现

一、地 理 环 境

重庆市东南地区，主要包括原黔江地区下属的黔江、彭水、酉阳、秀山等区县，考虑到这一地区水系所涵盖的范围，本文所指还包括乌江所流经的武隆和涪陵部分地区。这一地区是一个相对独立的地理单元，历史上大多数时期也是一个相对统一的行政单位。渝东南地区介于四川盆地、贵州高原和洞庭湖区之间，是渝、黔、湘、鄂四省、市文化交流的重要通道。渝东南、黔东北、湘西北和鄂西南地区，地理环境相似，构成了一个有机统一的整体，在文化上具有高度的关联性和统一性，千百年来的族群成分相近，区域内族群间的交往密切，而与外界相比则显得相对较封闭。

渝东南地区属于山区，境内是一系列的北东—南西走向的山系，主要有方斗山余脉、齐曜山、广沿盖、毛坝盖等，属于渝、鄂、湘、黔隆褶带地质构造的一部分。区内河流众多，可划分为乌江水系和酉水水系，均为长江水系的构成部分。乌江发源于黔西北，从沿河县折向西北进入渝东南的酉阳县，流经渝东南的大部分地区，在涪陵汇入长江，长1037千米。酉水发源于鄂西南的宣恩县，流经重庆市酉阳县转入湘西北地区，在湖南沅陵县汇入沅水后直通洞庭湖，是沅水最大的支流。乌江流域所涵盖的范围包括渝东南大部分地区，而酉水水系只包括酉阳县东部和秀山县的大部。乌江和酉水两水的距离相距很近，这就为两水系所联系的四川盆地东部、云贵高原东北

---

① 四川省文物考古研究院：《渠江流域古遗址调查简报》，《四川文物》2005年第6期。

② 重庆市文物考古所、重庆文化遗址保护中心：《"早期中国的文化交流与互动——以长江三峡库区为中心"学术研讨会论文集》，北京：科学出版社，2012年。

部、洞庭湖区和鄂西南地区的文化交流提供了可能，也使渝东南地区成为这几个地方文化的汇聚之地。

二、考古工作

渝东南地区考古工作总体来说起步较晚，大致分为三个大的阶段。

第一阶段: 20世纪80年代及以前，主要是文物普查和配合乌江彭水电站立项工作开展的考古调查，发现的地下文物点较零星，且主要为汉代以后的遗存。

第二阶段: 20世纪90年代，为配合三峡工程建设开展的考古调查、试掘工作。在乌江流域发现了土坎、陈家嘴等一批商周时期的遗址和战国墓葬，并进行了小规模的试掘，纳入长江三峡工程淹没及迁建区考古发掘项目。

第三阶段: 自1999年以来，重庆市文物考古所为配合大型基本建设和三峡文物保护工作，在该地区陆续开展了一系列考古工作，发现了一大批先秦时期的遗址和墓葬，填补了这一地区先秦时期文化的空白。其中较重要的考古工作有以下几项。

1972年，重庆涪陵小田溪墓群发掘1~3号墓，出土错金铜编钟14件（套）、廿六年铭文铜戈、铜虎纽錞于、铜钲、铜尊缶、错银铜壶等珍贵文物[①]。

1980年、1984年、1993年，涪陵小田溪墓群进行了小规模的抢救性发掘[②]。

1999年，重庆芙蓉江江口水电站库区的考古调查，发现一处新石器时代遗址（板溪沟遗址）[③]。

2002年10月至2003年1月，三峡库区文物抢救发掘涪陵小田溪墓群，清理战国晚期至东汉墓葬13座[④]。

2003年5~6月，乌江彭水电站库区考古调查发现邹家坝、清源、长丘等近10处先

---

① 四川省博物馆、重庆市博物馆、涪陵县文化馆:《四川涪陵地区小田溪战国土坑墓清理简报》,《文物》1974年第5期。

② 四川省文物管理委员会、涪陵地区文化局:《四川涪陵小田溪四座战国墓》,《考古》1985年第1期; 四川省文物考古研究所、涪陵地区博物馆、涪陵市文物管理所:《涪陵市小田溪9号墓发掘简报》, 四川省文物考古研究所:《四川考古报告集》, 北京: 文物出版社, 1998年, 第186~196页。

③ 重庆市文化遗产研究院内部调查资料。

④ 重庆市文物考古所、重庆市文物局:《涪陵小田溪墓群发掘简报》, 重庆市文物局、重庆市移民局:《重庆库区考古报告集·2002卷》, 北京: 科学出版社, 2010年, 第1339~1375页; 重庆市文化遗产研究院、重庆市涪陵区博物馆、重庆市文物局:《重庆涪陵小田溪墓群M12发掘简报》,《文物》2016年第9期, 第4~27页。

秦时期的遗址和墓葬[①]。

2005年6～9月，乌江银盘水电站库区考古调查发现重庆武隆盐店嘴、庙嘴、黄草等11处新石器至商周时期的遗址[②]。

2005年11月至2006年1月，对乌江流域的涪陵陈家嘴遗址进行了2000平方米的考古发掘，清理新石器至战国时期的灰坑40余个，战国时期的平民墓葬15座、建筑遗迹2处[③]。

2006年3～5月，对乌江流域的武隆土坎遗址进行了2800平方米的考古发掘，清理战国至汉代墓葬25座、灰坑21个、沟8条，出土铜柳叶形剑、矛、鍪、釜、印章及陶釜、豆、罐等文物300余件[④]。战国巴文化人群墓葬的发现，将巴文化的分布范围从涪陵溯乌江而上延伸到武隆地区。

2006年4～5月，对乌江流域的武隆盐店嘴遗址进行了1570平方米的考古发掘，清理出新石器、商周、汉等多个时代的文化遗存[⑤]。其中，新石器时代遗存是该遗址最为重要的收获。

2005年和2006年，对酉水酉酬水电站和石堤水电站库区的地下文物进行了多次调查和复查，发现了酉阳笔山坝、牛角田、跃溪坝等8处新石器时代遗址和人口溪、下坪等2处商周遗址[⑥]。

2006年9～12月，对乌江流域的酉阳邹家坝[⑦]、清源等遗址[⑧]进行了大规模的发掘

---

①　重庆市文物考古所、彭水县文物管理所、酉阳县文物管理所：《乌江彭水水电站工程建设征地区（重庆市）文物调查勘探试掘简报》，重庆市文物考古所、重庆文化遗产保护中心：《酉阳邹家坝》，北京：科学出版社，2011年，第322～347页；重庆市文物考古所、酉阳县文物管理所：《重庆市酉阳县邹家坝、清源遗址试掘简报》，重庆市文物考古所、重庆文化遗产保护中心：《酉阳邹家坝》，北京：科学出版社，2011年，第348～367页。

②　重庆市文化遗产研究院内部调查资料。

③　重庆市文物考古所、重庆文化遗产保护中心：《重庆文物考古十年》，重庆：重庆出版社，2010年，第64～67页。

④　李大地：《武隆县土坎先秦遗址》，中国考古学会：《中国考古学年鉴（2007）》，北京：文物出版社，2008年，第399页。

⑤　林必忠、刘春鸿、于桂兰：《银盘水电站盐店嘴新石器时代至明清遗址》，中国考古学会：《中国考古学年鉴（2007）》，北京：文物出版社，2008年，第398页。

⑥　李大地：《酉水流域重庆段的考古调查》，中国考古学会：《中国考古学年鉴（2007）》，北京：文物出版社，2008年，第394页。

⑦　重庆市文物考古所、重庆文化遗产保护中心：《酉阳邹家坝》，北京：科学出版社，2011年，第1～208页。

⑧　重庆市文物考古所、重庆文化遗产保护中心、四川大学历史文化学院考古学系：《酉阳清源》，北京：科学出版社，2009年，第1～217页。

工作，清理出大量商周时期的遗迹和遗物，另有一批新石器时代文化遗存发现。

2007年，对酉阳笔山坝、牛角田、人口溪等遗址进行发掘、试掘工作。在笔山坝遗址清理出大溪文化的墓葬、灰坑、石器制造场等遗迹，出土大量大溪文化因素的陶、石器和少量玉器①。这是首次在重庆酉水流域发现大溪文化因素的遗存，对大溪文化的分布范围和传播线路的研究具有十分重要的意义。

渝东南地区先秦时期的考古发现，主要包括新石器、商周、东周三个时期，本文将以这三个时期的考古材料进行介绍。

三、新石器时代遗存

近年来，渝东南地区发现的新石器时代遗址数量较多，目前发现的14处遗址均位于乌江、酉水宽谷地带两岸的沙质台地上。其中以乌江流域盐店嘴遗址、酉水流域笔山坝遗址最为典型，代表了渝东南地区新石器时代文化。遗址不仅文化层堆积厚，发现遗迹较多，出土遗物较丰富，而且年代跨度较大，包含了新石器时代中期、晚期至新石器时代末期各阶段的文化面貌。本节主要以上面两个遗址的考古材料为基础，辅之其他遗址的考古发现，对渝东南地区新石器时代文化的时代及特征进行介绍。

（一）新石器时代中期

属于这一阶段的文化遗存数量少，盐店嘴遗址一期遗存可能属于此阶段，以该遗址T0707⑤、⑥层和T0606④层等单位为代表。目前只发现了石制品，未见陶器。石制品均以砾石为原料，以打制为主，仅有少数斧、锛类石器的刃部进行了磨制，且绝大多数刃部仅磨单面，另一面则利用了砾石的原始自然面成刃，不见通体磨光的石器。

石器剥片方法，打击时没有预制的人工台面，石器原料也缺少平整的自然台面（即零台面）；石片打击点一般位于石片一端略靠一侧处（未在中央），与打击点相对应的背面，常见打击时留下的崩疤；大多数石片属于宽长型（石片的长度小于宽度）；因此，石片的剥片方法应为锐棱砸击法，也有研究者认为是摔击法，即所谓的扬子技术。石核一般剥一次片，少数多次剥片，后者有集中于一面剥片和两面均打击剥片两种情况。

石制品分为砾石石器、石核石器、石片石器三类。砾石石器是在砾石上直接单向打制刃部，少数双向交互打击，保留较多的砾石自然面；石核石器是选取剥片后余

① 李大地：《酉阳县笔山坝新石器时代商周汉代墓地》，中国考古学会：《中国考古学年鉴（2008）》，北京：文物出版社，2009年，第350页。

下的石核，在其周缘从背面向正面单向加工成形；石片石器是选取打制剥取的石片，对其周缘进行简单修理而成，背面多为砾石自然面。石器种类较为丰富，有斧、锛、凿、砍砸器、石刀、石球等，这些石器多较厚重，体量偏大，绝大多数为打制石器，只有少量的斧、锛磨制刃部（图3-2-1）。

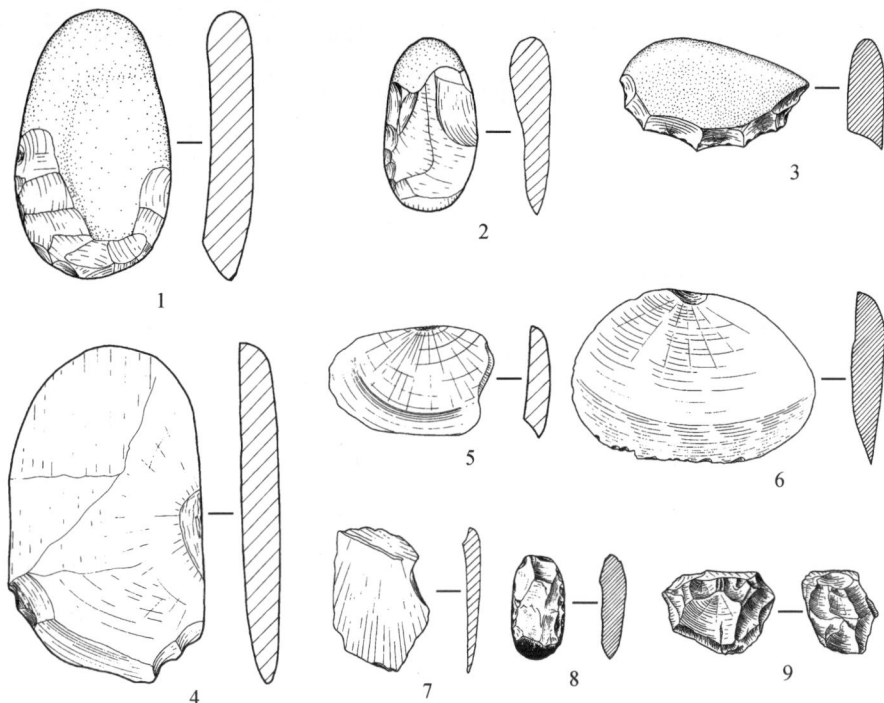

图3-2-1 重庆武隆盐店嘴遗址第一期石器
1. 石锛 2、4. 石斧 3. 石刀 5、6. 石片 7. 石叶 8. 小石斧 9. 小石核

　　盐店嘴遗址第一期石制品包括石器和大量石器加工过程中产生的副产品（如石片、砾石原料、石砧等），主要分布于遗址中部偏西的少数几个探方，其所处地层为黄褐色沙质土。石器及大量的原料、石片、断块、石砧等位于同一层面，由此推断该处遗存极可能是一处重要的石器制造场。虽未发现陶器，但在此遗址H3（打破石器制造场）中出土一件口部残片，领部及器身满饰细密竖向绳纹的陶釜残片，疑为破坏此单位原生文化层带入。

　　以武隆盐店嘴遗址第一期遗存为代表的渝东南新石器时代中期文化，与近年来三峡地区的丰都玉溪遗址下层遗存有许多相似之处，如剥片方法、石器加工和再加工手段、有少量磨制刃部的石器，以及石片的形态、石器的种类和形态等，且都具有一定的原始性，因此二者的时代应大体相同。但是两者间也存在一定的差异，如石器种类方面，后者不及前者丰富；石斧刃部特征，前者多较平，后者为半圆弧形。目前还不清楚两者间的这种差异是地域差异还是时代差异。

　　具体年代方面，由于没有遗址的测年数据，也没有陶器出土，玉溪下层文化的距今约7600～6300年或可作为参考。

（二）新石器时代晚期

　　渝东南地区发现这一时期的考古遗存主要有酉水流域酉阳笔山坝遗址第3层、第9层、M1～M7、石器加工场和乌江流域武隆盐店嘴遗址T1008④层。这一阶段的新石器文化带有浓厚的大溪文化因素，而不见峡江地区典型玉溪上层文化阶段的遗存。可分为三期。

　　第一期：以笔山坝遗址第9层为代表。陶器以夹砂褐陶为主，泥质磨光红陶次之，黑陶、灰陶罕见。主要器物形态以釜、罐、盘、钵为主，不见支座。釜、罐、钵等器类多为夹砂陶，流行器表满饰斜向细绳纹；圈足盘均为素面，器表施深红色陶衣，圈足上部隆起（外凸），圈足上装饰镂孔。石制品方面，均为形体较小的燧石石核、石片，以多台面石核为主（图3-2-2）。

　　圈足盘盘身较深（呈深弧腹）、圈足较高，圈足上部有折痕，盘与圈足相接处靠近器身的中部，圈足上流行"三角形""梯形""不规则形"镂孔装饰等，带有大溪

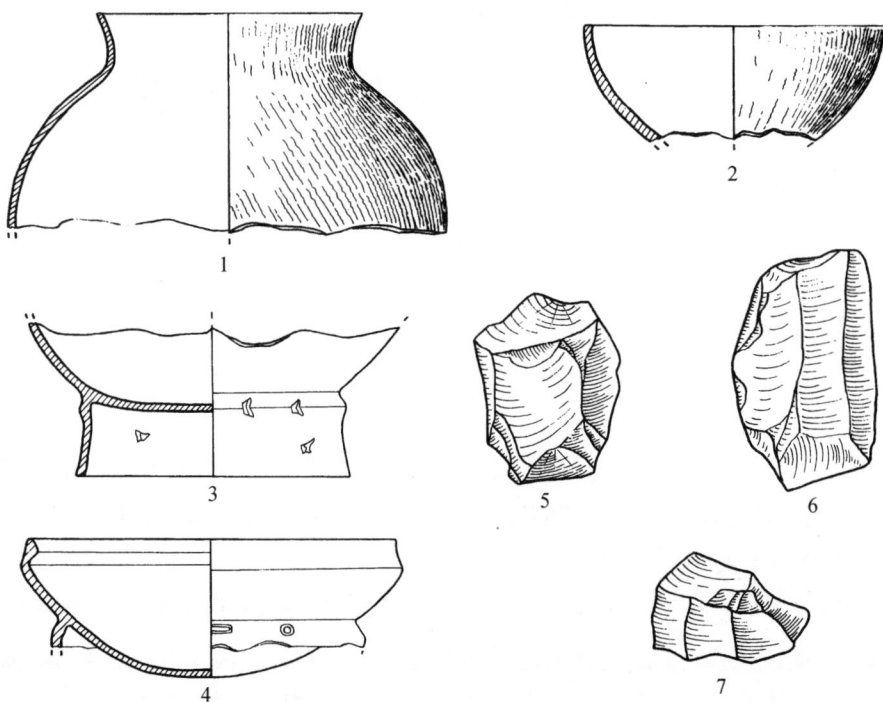

图3-2-2　重庆西阳笔山坝遗址第一期器物

1.陶罐（T0521⑨：12）　2.陶钵（T0520⑨：6）　3、4.陶盘（T0521⑨：13、T0520⑨：4）

5、6.小石核（T0521⑨：15、T0521⑨：16）　7.小石片（T0521⑨：17）

文化早期陶器的特征，与湖北公安王家岗遗址出土陶圈足盘（H3：4）[1]等的形态较为接近；同时，其石制品多为形体较小的燧石石核、石片，在丰都玉溪遗址上层遗存、玉溪坪遗址最早期遗存有此类石核、石片。由此推断本期年代与大溪文化早期大致相当，年代范围约距今6300～6000年。

第二期：以酉阳笔山坝遗址M2～M7及石器加工场层为代表。陶器以夹砂褐陶为主，泥质磨光红陶所占比例减小，有少量黑陶、灰陶出现。器类主要有釜、罐、盘等。釜、罐等器类均为夹砂陶，口沿下饰绳纹，少量器物上出现席纹。圈足盘均为敛口，素面，有A、B两型，A型圈足外撇，B型圈足上部隆起（外凸）。石制品方面，燧石石核、石片占相当比例，墓葬中出现了大量斧、锛、凿等磨制石器，石斧、石锛可分为长方形、长条形两种，发现两件有肩石锛，这在重庆地区极为罕见，与湖南地区大溪文化双肩石锛等相似。该期墓葬发现7座，平面呈圆角长方形，均屈肢葬。另外，清理出1处石器加工场，出土遗物丰富，既有成品（打制、磨制石器）、半成品、废料（断块、裂片），又有石核、砺石、石料，同时伴随的有陶器（图3-2-3）。

该阶段石制品中燧石石核、石片数量较前期有所减少，出现了一批磨制精湛的石斧、石锛、石凿；圈足盘盘身开始变浅（呈斜弧腹）、圈足逐渐变矮，盘与圈足相接处下移。墓葬形制及出土石器与重庆巫山大溪遗址发现的大溪文化中期墓葬极为接近。推断本期年代与大溪文化中期相距不远，年代跨度约距今6000～5600年。

第三期：以笔山坝遗址第3层、M1和盐店嘴遗址第二期遗存为代表。陶器分甲、乙两组，甲组陶器以夹砂褐陶为主，泥质红陶数量大大减少，黑陶、灰陶占相当比例。纹饰以绳纹为主，席纹数量明显增加，镂孔多呈圆形。器类以圜底器、圈足器为主，主要有釜、圜底罐、圈足盘等。釜、罐等器类流行器表满饰斜席纹（图3-2-4）。

乙组陶器以夹砂褐陶为主，泥质灰、黑陶次之。纹饰以细绳纹、小菱格纹为主，有少量戳印纹、花边装饰等。器类以平底器为主，主要有侈口深腹罐、盘口罐、直口平底盘、敞口圜底钵、侈口深腹盆、杯等（图3-2-5）。

石制品以武隆盐店嘴遗址第二期为代表（T1008④层），石器多小型化，有大量的石核、石片和细小石器，原料有燧石、砾石两种。燧石制品较丰富，有多台面锥形、三角形石核和石片、石叶等；从砾石上采用间接打击法剥下的小石片，有圆形、椭圆形、不规则形等多种（图3-2-6、图3-2-7）。

该期石器呈现小型化，燧石制品较丰富，在重庆三峡库区除丰都玉溪、玉溪坪遗址曾有所发现外，其他遗址鲜见这方面公开报道的材料。陶器方面，甲组器物明显具有大溪文化晚期陶器特征的因素；乙组器物盛行花边口，器表流行细菱格纹的装饰风格，以及夹砂的侈口、盘口深腹罐、敞口圜底钵，泥质的直口平底盘等，器物形态与

---

① 　湖北省荆州地区博物馆：《湖北王家岗新石器时代遗址》，《考古学报》1984年第2期。

峡江地区的玉溪上层文化末期、玉溪坪文化早期陶器极其相似。因此本期的年代应与大溪文化末期、玉溪坪文化初期年代相当，推测距今5300年左右。

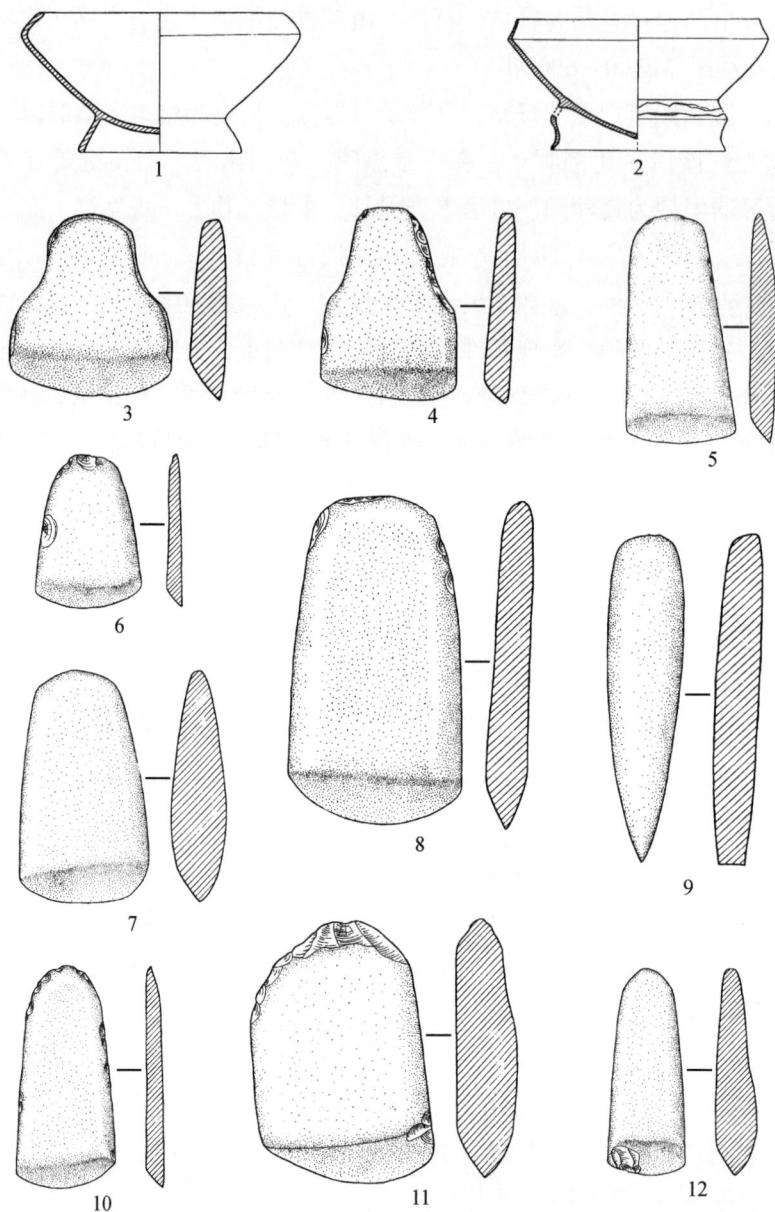

图3-2-3　重庆酉阳笔山坝遗址第二期器物

1、2.陶圈足盘（M2：8、M2：7）　3、4.有肩石锛（M2：5、M2：1）　5、10、12.长条形石锛（M2：3、M3：4、M3：5）　6、7.长方形石锛（M3：3、M3：2）　8、11.石斧（M2：2、M2：4）　9.石凿（M2：6）

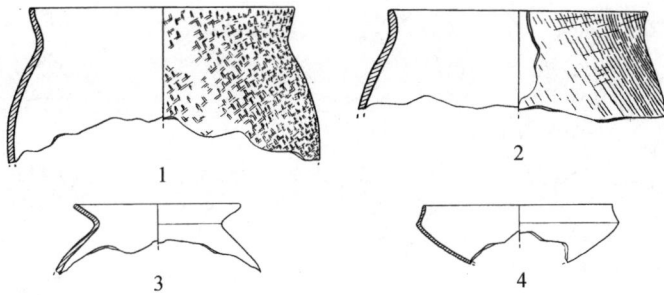

图3-2-4 重庆酉阳笔山坝遗址第三期甲组陶器

1、2. 圜底罐（T0521③：5、T0520③：9） 3. 釜（T0521③：6） 4. 圈足盘（T0521③：11）

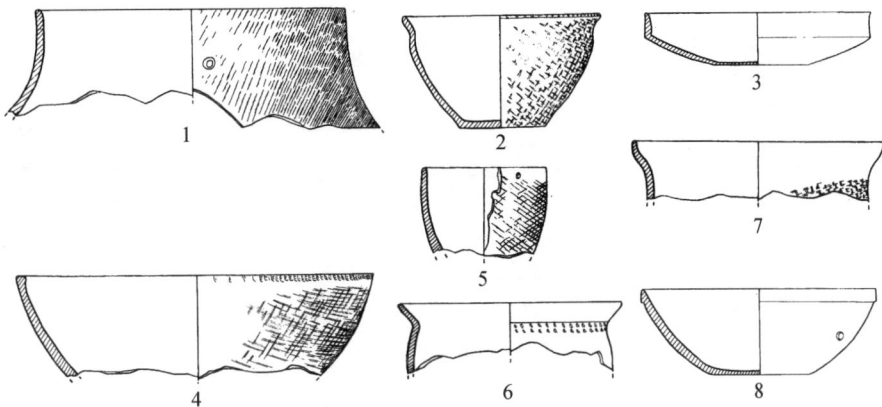

图3-2-5 重庆酉阳笔山坝遗址第三期乙组陶器

1. 侈口罐（T0521③：3） 2. 敞口平底盆（T0316③：1） 3. 折腹平底盘（T0416②b：4）
4、8. 钵（T0520③：8、T0416②b：6） 5. 小杯（T0521③：2） 6. 折沿罐（T0520③：6）
7. 盘口罐（T0520③：7）

（三）新石器时代末期

渝东南地区新石器时代末期，包括玉溪坪文化和中坝文化两个阶段，从目前发现的材料看只分布于乌江下游地区，与长江三峡地区相近。

1. 玉溪坪文化

玉溪坪文化阶段的遗存相对较多，可划分为两期。

第一期：以涪陵陈家嘴遗址H6为代表。此期陶器以夹砂红陶和红褐陶为主，器表盛行细绳纹以及由细绳纹交错形成的小菱格纹，而器物口沿上常见压印的绳纹。器类以平底器为主，器形主要是鼓肩深腹罐，多为卷沿，颈微束，肩部略鼓，纹饰从唇沿及底（图3-2-8）。

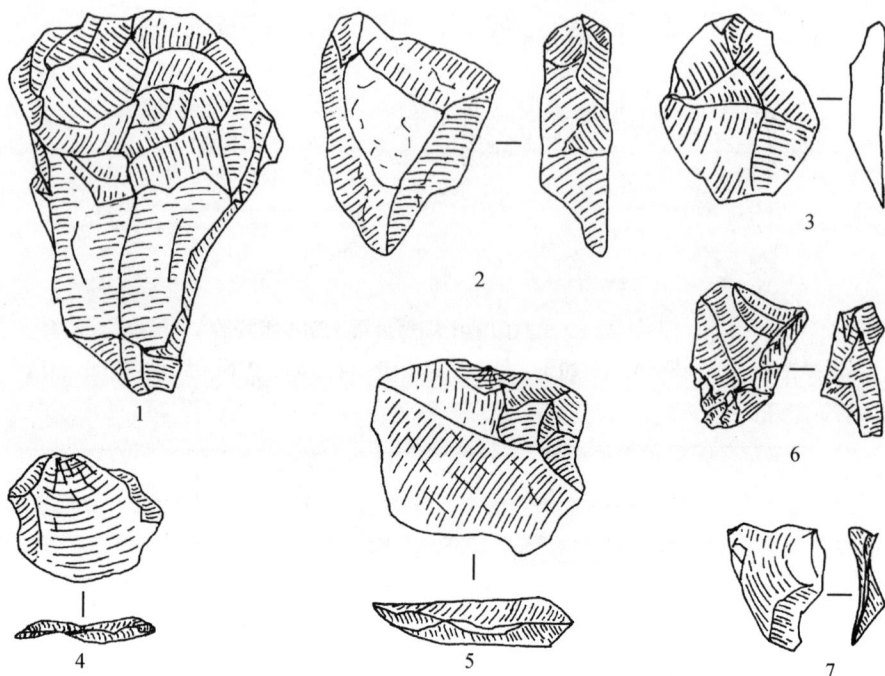

图3-2-6　重庆武隆盐店嘴遗址出土燧石制品

1~3、6.小石核（T1008④：17、T1008④：18、T1008④：19、T1008④：23）

4、5、7.小石片（T1003④：20、T1003④：22、T1003④：28）

此期陶器特征与忠县哨棚嘴遗址1999年度发掘的第一期晚段相似[①]，两者皆卷沿、鼓肩、饰细绳纹，从沿唇下即开始满饰细菱格纹、细绳纹。其年代大体相当于玉溪坪文化或屈家岭文化早期。

第二期：此期遗存包括武隆盐店嘴遗址第三期、酉阳邹家坝遗址H1和清源遗址第7、8层。又可进一步细分为早、晚两段（图3-2-9）。

早段：以盐店嘴遗址第三期早段为代表。该段材料较单薄，主要是折沿深腹筒形罐和束颈鼓腹罐。前者为夹砂红褐陶，罐口折沿，尖圆唇，沿面上折，外饰戳印纹，腹部较深，以细绳纹作底，饰非常密集的箍带纹和划纹。后者为泥质陶，尖唇、侈口。

晚段：以盐店嘴遗址第三期晚段、邹家坝遗址H1和清源遗址第7、8层为代表。此期陶器有折沿深腹罐、卷沿鼓肩罐、盘口罐、小口壶、钵等，器类较丰富。此段夹砂陶为大宗，但有一定比例的泥质陶。折沿深腹罐沿面微凹，箍带纹不若早段密集。卷沿鼓肩罐、壶、钵等均素面。

第二期遗存应属于玉溪坪文化晚期，大致相当于屈家岭文化中、晚期。

――――――――――

① 　北京大学考古学研究中心、北京大学考古文博学院三峡考古队、重庆市忠县文物管理所：《忠县哨棚嘴遗址发掘报告》，重庆市文物局、重庆市移民局：《重庆库区考古报告集·1999卷》，北京：科学出版社，2006年，第530~533页。

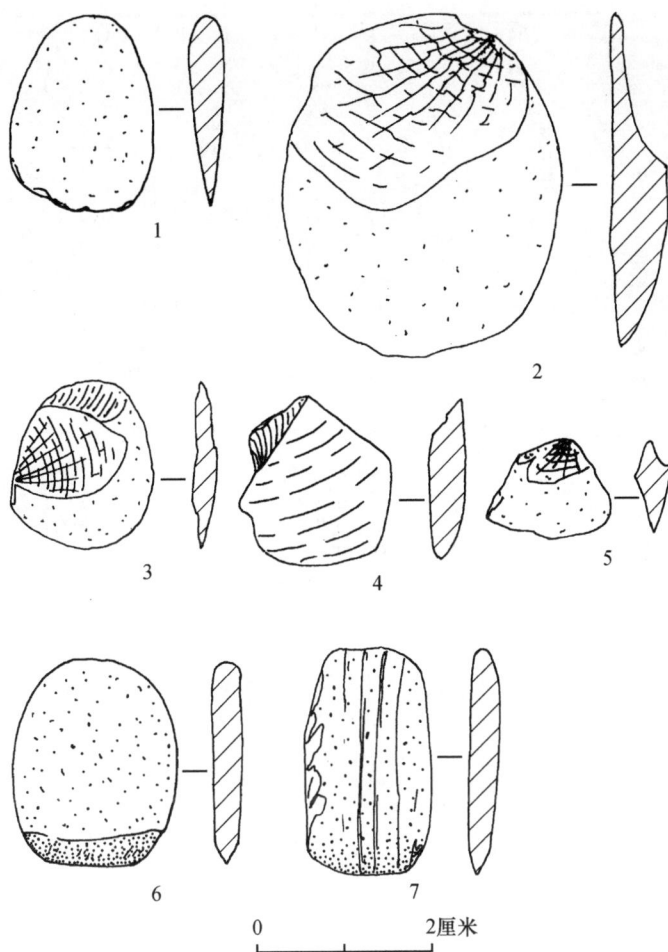

图3-2-7　武隆盐店嘴遗址出土小石片和小石器

1～5. 小石片（T1008④：10、T1008④：16、T1008④：11、T1008④：9、T1008④：12）

6、7. 小石锛（T1008④：1、T1008④：30）

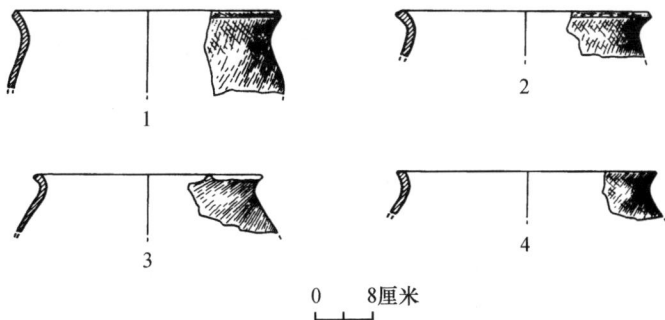

图3-2-8　渝东南地区玉溪坪文化第一期陶罐（均重庆涪陵陈家嘴遗址H6）

1. H6：3　2. H6：5　3. H6：8　4. H6：9

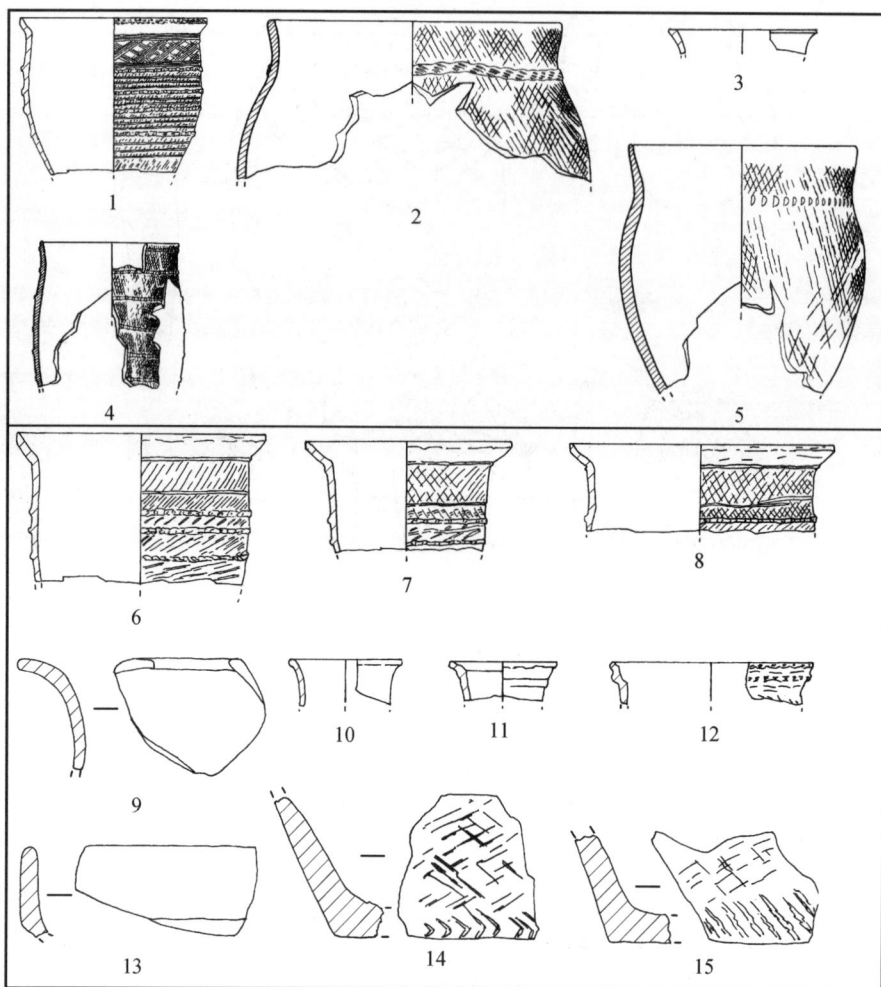

图3-2-9　渝东南地区玉溪坪文化第二期陶器（均重庆武隆盐店嘴遗址）

1. 折沿深腹罐（T0909⑥）　　2、4、5. 束颈鼓腹罐（T25④、T27⑦、T30⑧）　　3. 罐口残片（T0909⑥）

6～8. 折沿深腹罐　9. 卷沿鼓肩罐　10、11. 小口壶　12. 盘口罐　13. 折沿盘　14、15. 器底

（1～5为第三期早段，余为第三期晚段H3）

2. 中坝文化

目前只有武隆盐店嘴遗址第四期遗存、酉阳邹家坝新石器第三期能确认属于中坝文化（或称哨棚嘴文化）。盐店嘴遗址第四期以夹砂红褐陶为大宗，纹饰主要是绳纹、少量的划纹和戳印纹，但绳纹变得较粗而稀疏。器类有鼓肩罐、折沿大口罐、盘口罐等。此期折沿大口罐一般为直腹或上腹微敞，盘口罐唇沿上折，沿面外卷，口大于底或直口（图3-2-10）。这类文化遗存继承了玉溪坪文化的传统，与忠县哨棚嘴和中坝遗址发现的中坝文化遗存相一致，大概相当于石家河文化阶段。邹家坝遗址中坝文化以该遗址H5为代表，陶器以夹粗砂居多，夹细砂陶和泥质陶较少。陶色以灰陶、黄

褐和灰褐陶为主，陶器装饰以纹饰陶为主，其中交错绳纹和细绳纹数量最多，其他纹饰有水波纹、菱格纹、箍带纹等。典型陶器有曲盘口罐、钵、缸等（图3-2-11）。

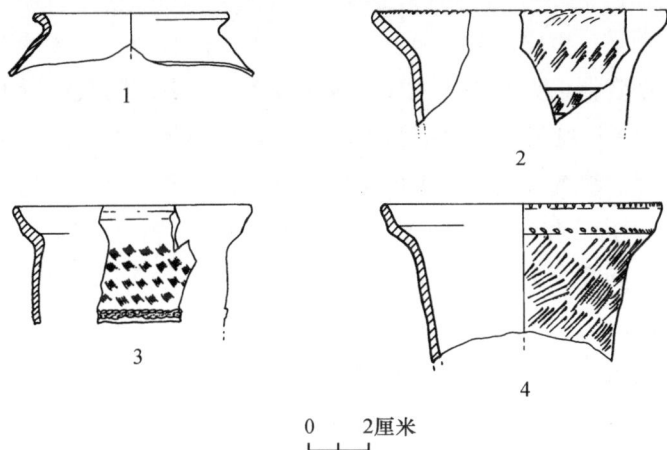

图3-2-10　重庆武隆盐店嘴遗址出土中坝文化陶器

1. 鼓肩罐（T0909④：39）　2. 折沿大口罐（T0909④：38）　3、4. 盘口罐（T0909④：35、T0909④：37）

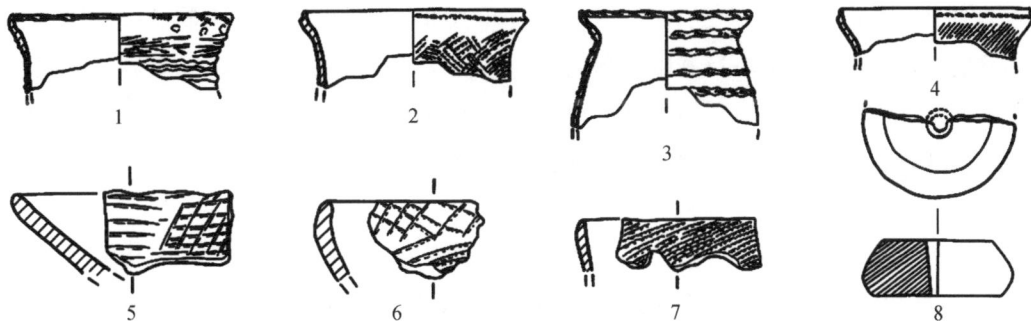

图3-2-11　重庆酉阳邹家坝遗址出土中坝文化陶器

1~4. 曲盘口罐（H5：3、H5：4、H5：5、H5：10）　5、6. 钵（H5：8、H5：16）　7. 缸（H5：7）
8. 纺轮（H5：2）

四、商周时期文化遗存

渝东南地区发现的商周时期遗址数量较多，共计15处（乌江流域13处、酉水流域2处）。其中，以乌江流域的酉阳清源遗址和邹家坝遗址最为典型，遗址保存状况良好，文化层堆积范围大，堆积厚，发现遗迹多，出土遗物丰富，代表了该地区商周时期的文化面貌。本节主要以上面两个遗址的考古材料为基础，对渝东南地区商周时期考古学文化进行介绍。

（一）清源遗址的商周遗存

清源遗址位于重庆市酉阳县清泉乡乌江右岸的一级台地上。遗址以商周时期的堆积为主。商周时期陶器以夹砂陶为主（占90%以上），泥质陶数量所占比例较低（不足10%）。夹砂陶中以红褐、灰褐等为大宗，红陶、黑陶次之；泥质陶中主要是黑皮陶、灰陶和红陶等。纹饰方面，一半以上的器物均为素面，纹饰中绳纹占绝大多数，有少量的方格纹、弦纹和花边装饰等。绳纹中又以中、粗绳纹为主，细绳纹数量较少。器类丰富，以圜底、尖底器为主，平底器次之，另有极少量的圈足器、三足器。主要器形有素口圜底罐、花边圜底罐、圜底釜、炮弹形尖底杯、角状尖底杯、敛口尖底盏、子母口尖底盏、高领壶、小平底罐、深腹缸、瓮、高柄豆、器盖、网坠、纺轮等。其中素口圜底罐的数量最多，形态最为丰富，有大、小两类，每一类按领部变化又可细分为高领、中领、矮领，按口部形态可分为喇叭口、敞口、侈口等；花边圜底罐、小平底罐、高柄豆的数量相对较少（图3-2-12）。

石制品较丰富，以细小石器为主，燧石制品相当发达，乌江流域的酉阳清源遗址、邹家坝遗址和酉水流域的酉阳笔山坝遗址等均有大量发现。燧石制品以细小的石核为主，石片次之。细小石器以打制剥下的小石片为料，或对刃部稍加磨制，或未做进一步加工，利用石片锋利的周缘作刃直接当刮削器；另有部分石斧和石锛等。骨器方面，以磨制的骨锥、骨针为主。清源遗址出土了大量的动物骨骼，其往往与陶片、石制品共存，种类有野猪、狗、獾、豹、牛、羊、鹿、虎、熊等20余种。

清源遗址发掘报告认为，遗址中商周遗存可分为三期：第一期遗存时代大致在殷墟晚期阶段，第二期遗存的年代大致在商末周初，第三期遗存的年代当不晚于西周中期[①]。笔者认为，清源遗址商周遗存主体应属于"石地坝文化"中晚期阶段，但并不完全单纯。遗址部分遗物的时代能早到三星堆文化晚期或石地坝文化早期（成都平原十二桥文化早期）。该遗址出土部分肩部带绳纹的小平底罐，应为较早阶段的形式。遗址出土的喇叭形高柄灯形器，在三星堆遗址三星堆文化晚段、十二桥遗址最早的第13层均能见到。遗址发现的封顶盉颇有特色，顶除了管流外，全封闭无孔，其中1件上面还有算珠形纽。封顶盉腹较瘦，瘦足，有实足跟和无实足跟两种。封顶盉盛行于三星堆文化和十二桥文化早期。清源遗址的部分鸟头柄勺（如Z1∶1）也具有早期特征。此外，遗址中还有一些西周晚期甚或可到春秋初年的遗存，如商周时期第三期遗存出土若干圜底钵、尖底盏，同时，该阶段遗存亦不见此前较盛行的角状尖底杯，与邹家坝遗址这一阶段的遗存颇相类。

---

① 重庆市文物考古所、重庆文化遗产保护中心、四川大学历史文化学院考古学系：《酉阳清源》，北京：科学出版社，2009年，第209页。

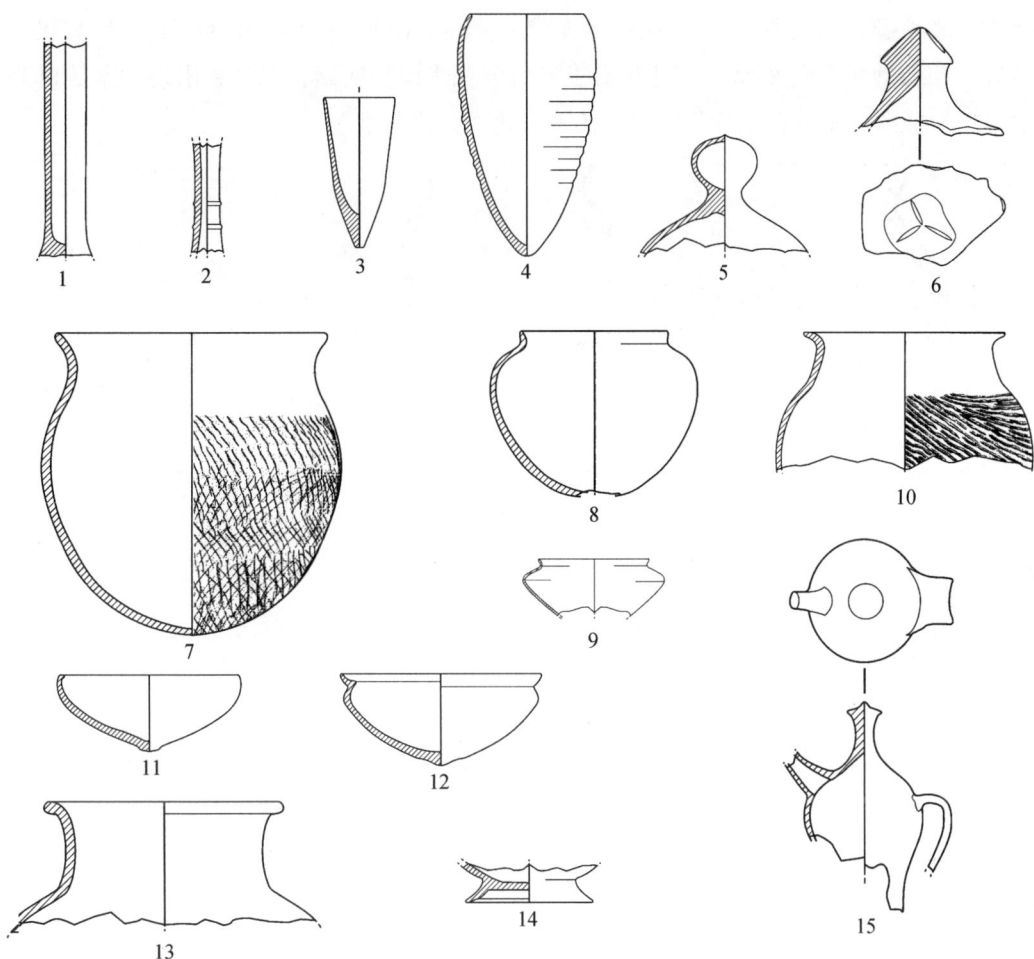

图3-2-12　重庆酉阳清源遗址出土商周时期陶器

1、2. 灯形器器柄（T28⑧：10、T30⑤：40）　3、4. 尖底杯（T14④：66、T14③：12）　5、6. 器盖（F8：98、

T14④：110）　7、10. 釜（H72：4、T27⑤：20）　8、9. 小平底罐（F8：35、F8：64）　11. 尖底盏（T27⑤：23）

12. 母口尖底盏（T14③：13）　13. 高领壶（T14④：82）　14. 圈足（F8：95）　15. 封顶盉（F1：6）

（二）邹家坝遗址西周中晚期遗存

邹家坝遗址与清源遗址相邻。其商周阶段遗存可以分为三期，其中第一、二期分别约相当于西周中、晚期，第三期遗存可到春秋早中期。

遗址第一、二期均以夹砂陶片最多，泥质陶片较少。从陶色看，黄褐陶占比最高，灰褐陶次之，灰陶又次之，黑褐陶也有一定数量，另有少量红褐陶等。从纹饰看，以素面陶比例较高，有纹陶约占三分之一强，其中有纹陶中又以粗绳纹最多，次为交错绳纹，另有细绳纹、方格纹、箍带纹、水波纹、凹弦纹、镂孔、划纹等。典型陶器有尖底盏、圜底钵、盆、盘口罐、花边口罐、卷沿侈口罐、鼓肩瓮、矮领瓮、高领壶、矮领壶、尖底杯、缸、网坠、纺轮等（图3-2-13）。整体上属于"瓦渣地文化"范畴，与石地坝文化相比，一是开始较多出现花边口圜底罐，二是新出现大量敛口圜底钵、橄榄形网坠等，三是角状尖底杯等石地坝文化典型陶器消失。

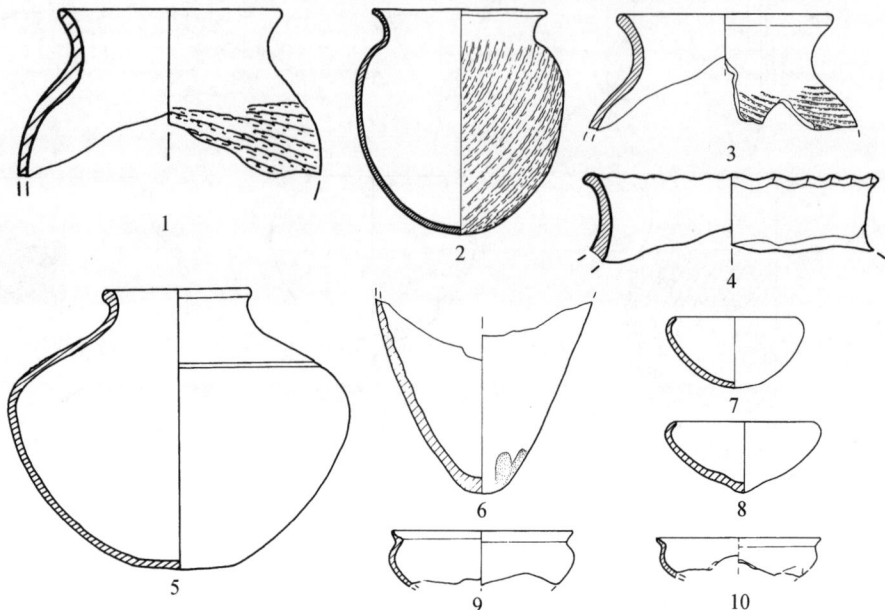

图3-2-13　重庆酉阳邹家坝遗址出土西周中晚期陶器

1~3. 卷沿侈口罐（T0605⑤B5、F3：3、F9：1）　4. 花边口罐（T0505⑤A：2）　5. 瓮（F9：15）

6. 炮弹形尖底杯（F5：2）　7. 圈底钵（F5：3）　8. 敛口尖底盏（T0807④C：10）

9、10. 卷沿尖底盏（F5：10、F6：9）

五、东周时期遗存

渝东南地区战国中期以前的文献资料记载较少。直到战国中晚期，秦国灭巴后，渝东南地处秦、楚两国边境，战争频仍，相关的文献资料才逐渐多了起来。

目前，该地区发现的东周时期遗存数量少（乌江流域4处、酉水流域1处），大体上可以分为春秋和战国两个时期。

（一）春秋时期遗存

目前能够确认有较单纯的春秋时期遗存仅见于酉阳邹家坝遗址。

邹家坝遗址第三期仍然属于瓦渣地文化晚期。其陶器总体特征与第一、二期接近，主要是器物形态上发生了较大的变化。此期花边口圜底罐数量大增，但型式多变为束颈的小罐。敛口尖底盏、敛口圜底钵口部明显变直、变敛或近直，腹部变浅（图3-2-14）。

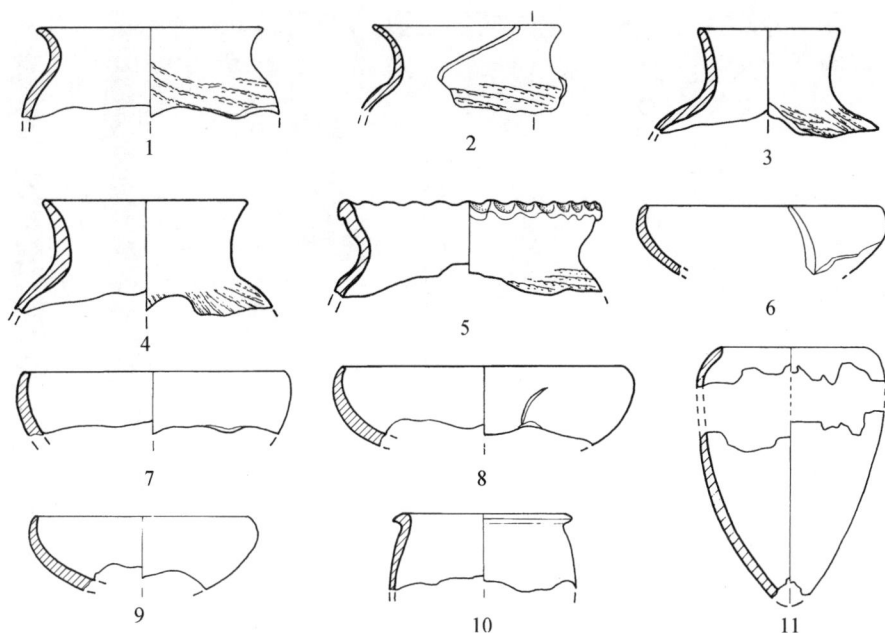

图3-2-14 重庆酉阳邹家坝遗址出土春秋早中期陶器

1、2、4. 卷沿侈口罐（T0505④B：6、T0908④C：4、T0504④B：1） 3. 小口壶（T0504④B：1）

5. 花边口罐（T0505④B：2） 6～9. 圜底钵（T0605④B：6、T0606④：9、T0605④B：5、T0605④A：6）

10. 深腹盆（T0505④B：12） 11. 炮弹形尖底杯（T060④A：13）

（二）战国时期遗存

战国时期遗存以墓葬为主，墓葬以乌江干流最下游的小田溪墓群和土坎墓群最为典型，代表了该地区战国晚期巴文化的文化面貌。

1. 贵族墓地

以涪陵小田溪墓群为代表。该墓群位于乌江下游的涪陵白涛镇，继1972年发现1～3号墓，出土错金编钟14件（套）、廿六年铭文戈等珍贵文物之后，1980年、1984年、1993年又进行了小规模的抢救性发掘。2002年首次进行大规模抢救发掘，清理战国晚期至西汉初期墓葬11座，出土金、银、铜、铁、玉、漆、骨角、石器共计283件。其中铜器180余件，以兵器为主，生活用器及礼器、乐器、车马器其次，种类有剑、戈、矛、钺、戟、镞、弩机、俎、豆、釜甑、鍪、壶、鼎、尊缶、浴缶、錞于、钲、甬钟、编钟、鸟形尊、銮铃、盖弓帽等；陶器有罐、釜、豆等；玉器有璧、环、佩、串饰等（图3-2-15）。

涪陵小田溪发掘的墓葬中以中型墓葬具有代表性，其规模、随葬品的等级和数量在重庆地区战国墓中罕见。其墓坑长宽往往在3～6米以内，一棺一椁结构；随葬品以

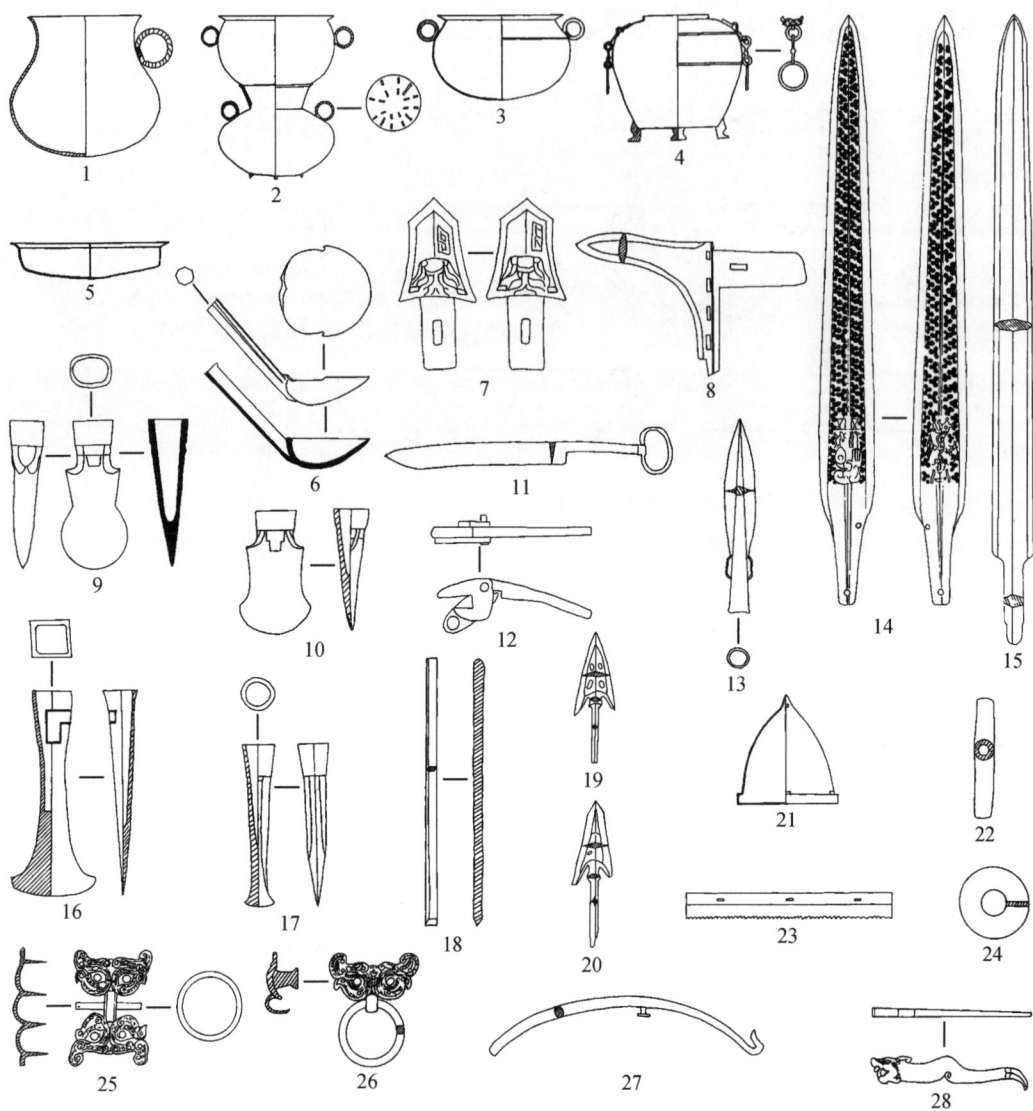

图3-2-15　重庆涪陵小田溪墓群M9出土部分随葬品

1. 铜鍪（M9：40）　2. 铜釜甑（M9：36）　3. 铜釜（M9：37）　4. 铜罍（M9：38）　5. 铜盘（M9：35）
6. 铜勺（M9：12）　7、8. 铜戈（M9：7、M9：2）　9、10. 铜钺（M9：50、M9：20）　11. 铜削（M9：47）
12. 铜弩机（M9：11）　13. 铜矛（M9：1）　14、15. 铜剑（M9：9、M9：8）　16、17. 铜斤（M9：21、M9：32）
18. 铜凿（M9：33）　19、20. 铜镞（M9：22、M9：24）　21. 铜胄（M9：49）　22. 绿松石管（M9：5）
23. 铜锯（M9：41）　24. 玉璧（M9：45）　25、26. 铜铺首衔环（M9：10、M9：19）　27. 铜带钩（M9：44）
28. 玉龙形饰（M9：43）

青铜器为主，陶器其次，另有少量玉器、金银器，青铜器的种类以礼器、兵器、生活用具为主，制作和装饰工艺简朴。以2002年发掘的M12为例，该墓是近年来重庆地区发现的规模最大、随葬品等级最高的巴文化墓葬之一。墓长7.6、宽5.9～6.1、残深1.4米；椁室长5.2、宽3、残深1.4米；墓内有单棺一具，棺木的木痕清晰，有9个铜铺首衔环；出土铜器、玉器、陶器、漆器、骨角器等150余件，铜器有礼器、兵器、乐器、车马器、生活用具、饰件等类，共计103件，玉器36件（含绿松石、彩石等）。其中错银铜壶、俎、玉具剑、龙形佩等十分珍贵。

2. 平民墓地

乌江下游的涪陵白涛镇陈家嘴遗址、武隆土坎镇土坎遗址发掘的41座墓葬，代表了这一时期渝东南地区晚期巴文化小型墓葬特征。墓葬规模不大，有长条形、长方形两类，长度在4米以内，随葬品数量较少，一般以陶器为主，出土少量铜兵器、饰件、石器等。

这类墓葬又有两种，一种墓长3～4米，随葬品数量较多，有铜兵器、玉器、饰件等较贵重随葬品。以土坎遗址M23为例，墓长3.4、宽1.3米；随葬品除了釜、罐、盆等陶器外，还有铁剑、铜钺、铜矛、铜镯、铜铃、指环、料珠管、坠饰等兵器及饰件。陈家嘴墓地M2墓长2.7、宽1.23米，一棺一椁，随葬品除了釜、罐、盆等陶器外，还有铜钺、铜带钩、玉佩等兵器及饰件。另一种墓长度在3米以内，随葬品数量很少，只有生活用陶器和石器，有的墓葬甚至没有任何随葬品。以陈家嘴遗址M9为例，墓长2.4、宽1米，仅随葬陶罐3件。

这一时期的聚落遗存在渝东南地区的发现较少，涪陵陈家嘴遗址、武隆土坎遗址、酉阳聚宝遗址虽然都发现战国时期的灰坑，陈家嘴遗址甚至还发现建筑遗存，但由于保存较差，很难为这一时期聚落考古研究提供有价值的资料。

六、结　　语

近年来，为配合重庆市大型基本建设工程项目，重庆市文物考古所在渝东南地区进行了大量考古工作，取得了重大收获，主要有以下几点。

（1）初步建立了渝东南地区新石器时代文化序列。该地区新石器时代大致经历了中期、晚期、末期三个大的阶段。中期文化遗存较零星，仅在乌江下游地区有所发现，文化面貌还不太清楚，从一些迹象看，可能与三峡西部地区的玉溪下层文化更接近。

新石器时代晚期遗存主要分布在酉水中上游地区，文化呈现多元性，以大溪文化因素为主，同时吸收了当地土著文化的东西（如大溪文化不见的席纹等），其晚段又受到玉溪坪文化的影响（大溪文化末期与玉溪坪文化初期器物共存）。这一时期的大溪文化受湖南地区影响较深，出现双肩石锛等洞庭湖区周边文化的特色器物。

新石器时代末期文化遗存在乌江流域大量出现，重庆三峡地区的玉溪坪文化和中坝文化沿乌江水系已经深入渝东南地区，表明玉溪坪文化、中坝文化相当繁荣，进入扩张期，渝东南地区已处于其文化扩张的范围之下。

（2）首次在渝东南地区发现了具有浓厚大溪文化因素的遗存，这对研究大溪文化的分布范围尤其是向西的扩展提供了新的材料。三峡考古发现的最西的大溪文化遗址，是位于渝东北巫山县瞿塘峡东口南岸的大溪遗址，由于瞿塘峡地势险峻，在很大程度上影响了古代峡东、峡西之间的文化交流，在考古工作者中曾有"大溪文化不过瞿塘峡"的说法。笔山坝遗址的发现表明酉水、乌江有可能是新石器时期大溪文化向西扩张的另一传播通道。

（3）渝东南地区的酉水、乌江流域均发现大量细、小石器制品，其延续时间长（从新石器时代晚期至商周时期）、文化跨度大，也是本地区文化的一大特点。

西南地区的旧石器时代晚期富林文化[①]发现的石器即具有细石器技术传统。川北的广元中子铺遗址[②]，其早期文化遗存是一处细石器制作工场，发现了上万件的黑色燧石石制品。汉源狮子山遗址[③]发现较多的细石核、细石叶等，绵阳边堆山遗址[④]亦发现少量的细石器和用间接法打击产生的小石片，这两个遗址均属于新石器时代末期。此外，最近发掘的石棉县三星遗址[⑤]新石器时代晚期至商周时期遗存中，也发现了一定数量的燧石细石器。雅安沙溪遗址[⑥]的商代晚期遗存亦包含细石器遗存。渝东南地区与相邻的湖南地区比较，彭头山遗址曾出土少量燧石石器，但总体上缺少细小石器的传统。因此，沿四川盆地西缘和南沿的川西北至渝东南可能同为一个具有使用细小石器

①　张森水：《富林文化》，《古脊椎动物与古人类》1977年第1期。

②　中国社会科学院考古研究所四川工作队：《四川广元市中子铺细石器遗存》，《考古》1991年第4期；王仁湘、叶茂林：《四川盆地北缘新石器时代考古新收获》，李绍明、林向、赵殿增：《三星堆与巴蜀文化》，成都：巴蜀书社，1993年，第257～265页。

③　马继贤：《汉源县狮子山新石器时代遗址》，中国考古学会：《中国考古学年鉴（1991）》，北京：文物出版社，1992年，第285页。

④　中国社会科学院考古研究所四川工作队：《四川绵阳市边堆山新石器时代遗址调查简报》，《考古》1990年第4期；王仁湘、叶茂林：《四川盆地北缘新石器时代考古新收获》，李绍明、林向、赵殿增：《三星堆与巴蜀文化》，成都：巴蜀书社，1993年，第257～265页。

⑤　陈卫东、周科华：《四川石棉三星遗址发掘取得重要收获》，《中国文物报》2006年8月4日。

⑥　四川省文物管理委员会、四川省文物考古研究所、四川省雅安地区文物管理所：《雅安沙溪遗址发掘及调查报告》，四川大学博物馆、中国古代铜鼓研究学会：《南方民族考古（第三辑）》，成都：四川科学技术出版社，1991年，第293～340页。

技术传统的文化圈。

（4）商周时期遗存在渝东南地区大量出现，遗址数量多、文化堆积较厚，遗物丰富。陶器以尖底、圜底器为大宗，以素口圜底罐、花边圜底罐、炮弹形尖底杯、角状尖底杯、尖底盏、高领壶、高柄豆（灯形器）为基本组合，不见湘西地区鼎、鬲、深腹罐等器类，而与三峡地区非常接近，属于四川盆地十二桥文化圈——石地坝文化的分布范围。

（5）东周时期遗存集中分布在乌江下游下端，文化面貌主要是以晚期巴文化墓葬为主，时间和空间范围都比较窄。战国中晚期活跃在这里的秦文化、楚文化，目前都没有文化遗存发现，从文献记载推测，相关遗迹主要是围绕军事用途的文化遗存。

渝东南地区的考古工作还刚刚起步，目前发现的一批先秦时期遗存多未发掘，即使已完成的发掘项目材料的整理工作也正在进行当中。因此，以上认识是初步的，难免以偏概全。就这一地区已经发现的先秦时期遗址而言，普遍具有文化堆积较薄、遗迹现象简单、遗物不甚丰富等特点，这是由于渝东南地区主要以山区为主的地理状况决定的，虽然水系较发达，但沿岸台地较少，古人的生存缺乏纵深，环境容量有限。

补记：（1）本文署名作者为李大地、白九江、方刚、袁东山，实际主要执笔者是李大地，笔者只贡献了清源遗址、邹家坝遗址和盐店嘴遗址的部分材料，并对文章的分期划段研究提出了意见，并对全文做了修改和统一。

（2）关于盐店嘴遗址等的发掘材料，发掘者并非笔者，笔者对其资料做过初步整理和观察，但整理深度不够，很可能目前的认识并不一定符合实际，本文所引材料及所持观点仅作参考，以以后发表时的简报或报告为准。

（3）本文本次收录时，笔者又对个别内容进行了修订，对注释进行了完善，补充了酉阳邹家坝东周遗存线图、涪陵小田溪M9出土器物线图。

（4）本文原刊于2012年出版的《"早期中国的文化交流与互动——以长江三峡库区为中心"学术研讨会论文集》[①]一书。

---

① 重庆市文物考古所、重庆文化遗址保护中心：《"早期中国的文化交流与互动——以长江三峡库区为中心"学术研讨会论文集》，北京：科学出版社，2012年。

第三节　川东北地区先秦时期考古发现与考古学文化

一、川东北地区先秦时期遗存考古工作简况

　　川东北地区在行政区划上大致包括四川省广元、南充、巴中、达州、广安五地市及绵阳地区的一部分。从地理位置上看，该区域地处汉水上游、三峡、川西高原之间，北靠大巴山、东依华蓥山，西部为山区、丘陵地带，嘉陵江及其支流渠江、涪江流经该区域，自古即有河流、道路与周边地区相通。

　　川东北地区的考古工作起步较早[①]，针对先秦时期遗存的考古工作则始于1979年。时年，重庆市博物馆等对南充嘉陵江沿岸进行了考古调查，发现四川阆中蓝家坝、南部涌泉坝、南部报本寺、南充明家嘴、南充淄佛寺等5处所谓"新石器时代遗址"[②]。1987～1990年，四川省文物考古研究所调查并发掘了巴中月亮岩遗址及通江擂鼓寨遗址[③]。1988～1991年，中国社会科学院考古研究所在广元、绵阳等地调查、发掘了广元张家坡遗址、绵阳边堆山遗址[④]、广元邓家坪、广元中子铺遗址[⑤]等。2002年，四川省文物考古研究所主持对渠江流域进行了考古调查，发现先秦时期遗址和石器采集点共20余处[⑥]。1999年、2003年四川省文物考古研究所等对宣汉罗家坝遗址进行了两

　　① 　［法］色伽兰著，冯承钧译：《中国西部考古记》，北京：中华书局，1955年，第1～67页；杨枝高：《四川崖墓略考》，成都华西大学文学院：《华文月刊》1942年第6期；郑德坤：《四川古代文化史》，成都：巴蜀书社，2004年，第180、200页；四川省博物馆：《四川船棺葬发掘报告》，北京：文物出版社，1960年。

　　② 　重庆市博物馆：《四川嘉陵江中下游新石器时代遗址调查》，《考古》1983年第6期；董其祥：《嘉陵江南充地区河段考古调查纪实》，重庆中国三峡博物馆：《董其祥历史与考古文集》，重庆：重庆出版社，2005年，第299～345页。

　　③ 　雷雨、陈德安：《巴中月亮岩和通江擂鼓寨遗址调查简报》，《四川文物》1991年第6期；四川省文物考古研究所、通江县文物管理所：《通江县擂鼓寨遗址试掘报告》，四川省文物考古研究所：《四川考古报告集》，北京：文物出版社，1998年，第41～58页。

　　④ 　西南博物院筹备处：《宝成铁路修筑工程中发现的文物简介》，《文物参考资料》1954年第3期；中国社会科学院考古研究所四川工作队：《四川绵阳市边堆山新石器时代遗址调查简报》，《考古》1990年第4期；王仁湘、叶茂林：《四川盆地北缘新石器时代考古新收获》，李绍明、林向、赵殿增：《三星堆与巴蜀文化》，成都：巴蜀书社，1993年，第257～265页。

　　⑤ 　王仁湘、叶茂林：《四川盆地北缘新石器时代考古新收获》，李绍明、林向、赵殿增：《三星堆与巴蜀文化》，成都：巴蜀书社，1993年，第257～265页；中国社会科学院考古研究所四川工作队：《四川广元市中子铺细石器遗存》，《考古》1991年第4期。

　　⑥ 　四川省文物考古研究院：《渠江流域古遗址调查简报》，《四川文物》2005年第6期。

次发掘，获得了一批重要资料①。

川东北地区地下文物埋藏丰富。据马幸辛介绍，20世纪80年代，原达县地区（包括今达州市、巴中市）发现了17处"新石器时代末期至殷商"遗址，除擂鼓寨、月亮岩外，还包括南江城东白鹤梁阳八台、渠县共和乡的渠江台地上多处地点、万源井溪乡穿心桠村等地②。第三次全国文物普查还有不少新发现，我们期待更多的考古材料公之于世。

作为川西高原、三峡、汉水流域的中间地带，川东北地区考古遗存的文化内涵、文化脉络及其与周边地区的文化交流等都具有十分重要的研究价值。但与周边地区的研究成果相比较而言，川东北地区的考古研究工作开展得较为薄弱，学术界对本地区的考古学文化面貌认识较为模糊，甚至停留在20世纪90年代初的认识水平上。本文借鉴目前成都平原和三峡地区的考古发现及科研成果，拟对川东北地区先秦时期考古学遗存进行系统梳理，并做初步研究。不妥之处，望方家指正。

二、典型遗址分析

川东北地区经过正式发掘、发表的先秦遗址有中子铺、擂鼓寨、张家坡、罗家坝、边堆山5处，邓家坪、鲁家坟、蓝家坝、淄佛寺、涌泉坝、报本寺、明家嘴等遗址也有零星介绍。下面对主要遗址进行简要分析。

（一）广元中子铺遗址

位于嘉陵江广元段的潜溪河支流南岸，面积约3万平方米。1990年、1991年中国社会科学院考古研究所分别进行了两次发掘，出土标本1万多件。

中子铺遗址是一处细石器制作场。1万件标本中，以石片、石叶、石屑最多，其次为石核，成形的细石器和二次加工的石器标本较少。石器制作主要采取间接的打片和压片技术，同时也有直接打击的。石核以楔形、锥形、漏斗形为主。与这些细石器共存的是夹砂绳纹红褐陶片，陶片残碎，制作粗糙，纹饰只有绳纹一种。可辨器形有三足器。处于"原生堆积"中的一组遗物被确定为新石器时代较早的文化遗存。在上层被扰乱的地层中，发现少量磨制石器和陶片。磨制石器有斧、锛、凿、刀、磨盘和磨棒等。陶器以平底居多，口沿多饰绳纹或齿状、绞索状花边，器身纹饰以绳纹为主，

① 四川省文物考古研究所、达州地区文物管理所、宣汉县文物管理所：《四川宣汉罗家坝遗址2003年发掘简报》，《文物》2004年第9期；四川省文物考古研究所、达州市文物管理所、宣汉县文物管理所：《四川宣汉罗家坝遗址1999年度发掘简报》，《四川文物》2009年第4期。

② 马幸辛：《川东北考古文化分期刍论》，《四川文物》1989年第6期。

个别饰戳印纹，夹砂红褐陶多饰附加堆纹，可辨器形有罐、碗、圈足器。上层的这组遗物被确定为新石器时代晚期的文化遗存。

中子铺遗址的文化遗存可以划分为两期："以细石器为代表的是遗址的主要内涵，我们已建议命名为中子铺文化。出土的夹砂红褐陶与细石器同时。而磨制石器和灰褐陶之类则是略晚的遗存。"①

（二）广元邓家坪遗址

位于广元东郊南河北岸。文化堆积集中分布于遗址西北角。出土遗物以夹砂灰褐陶为主，泥质灰陶的数量较少，还有少量的黑皮陶和个别泥质红陶。纹饰以绳纹和附加堆纹最为普遍，另有划纹、锥刺纹等，流行在口沿和唇部饰绳纹或花边波纹的作风。可辨器形有深腹罐、鼓腹罐、钵、碗、器盖等。石器多趋小型化，并有不少小石片，器形有斧、锛、凿、铲、刀以及个别细石器标本。

邓家坪遗址可分为两期：遗址下层（T2第5层和T8第6层）以泥质灰陶等细泥陶居多，夹砂陶较少。上层的泥质灰陶比例则大大减少，夹砂陶则占了绝大多数。上下层堆积出土遗物在器形、纹饰等方面也都有差异。

（三）通江擂鼓寨遗址

位于通江县春在镇擂鼓寨村。四川省文物考古研究所于1989年、1990年分别对该遗址进行了调查、发掘。遗址出土石器可分为细石器、打制石器、磨制石器三大类：细石器均为燧石，器形均为刮削器，包括长方形刮削器、不规则形刮削器、石核刮削器等；打制石器包括有肩石斧、有肩石锄、刮削器、砍砸器、尖状器等；磨制石器有斧、锛、凿、圭、镞、矛、石球、盘状器等；此外还有磨石。陶器以夹砂陶为主，陶色以灰黑陶为主，次为橙黄陶、褐陶，而红陶、黑陶、灰陶较少。从纹饰方面看，第1段纹饰较发达，有纹饰的器物占一半以上，多为复合纹饰，主要种类有划纹、方格纹、绳纹、波浪纹、附加堆纹、凹凸弦纹、戳印纹、篦点纹和镂孔等，流行将陶器口沿做成锯齿状或波浪状花边。陶器器形主要有斜折沿鼓腹罐、鼓肩罐、喇叭口壶、折沿盆、盘、碗、器盖、直腹杯、敛口瓮等，多为平底器，有少量的圈足器。

原报告把该遗址划分为三段：第9层为第1段，第8层为第2段，第7层为第3段。报告未讨论第6层。笔者认为，第6层虽然出土物较少，但与第7层的同类器物形制基本相同，因此可归入第3段。同时，第1段在文化面貌上与第2、3段差别较大，可视为擂鼓寨遗存的早段，是擂鼓寨遗存的繁荣期（图3-3-1）。第2、3段为晚段（图3-3-2）。

① 王仁湘、叶茂林：《四川盆地北缘新石器时代考古新收获》，李绍明、林向、赵殿增：《三星堆与巴蜀文化》，成都：巴蜀书社，1993年，第257~265页。

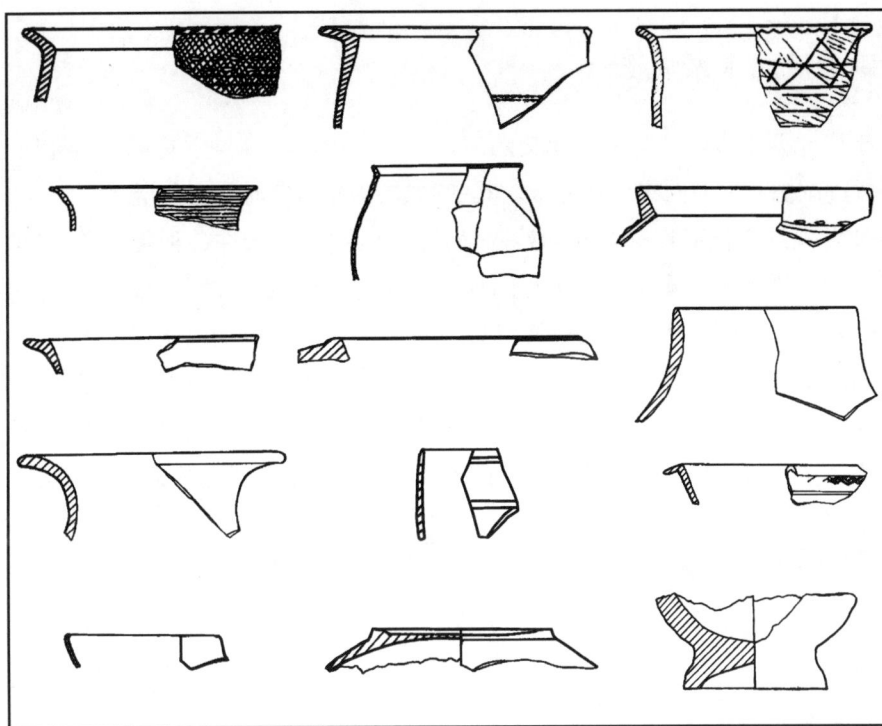

图3-3-1 四川通江擂鼓寨遗址早段器物残片（第9层）

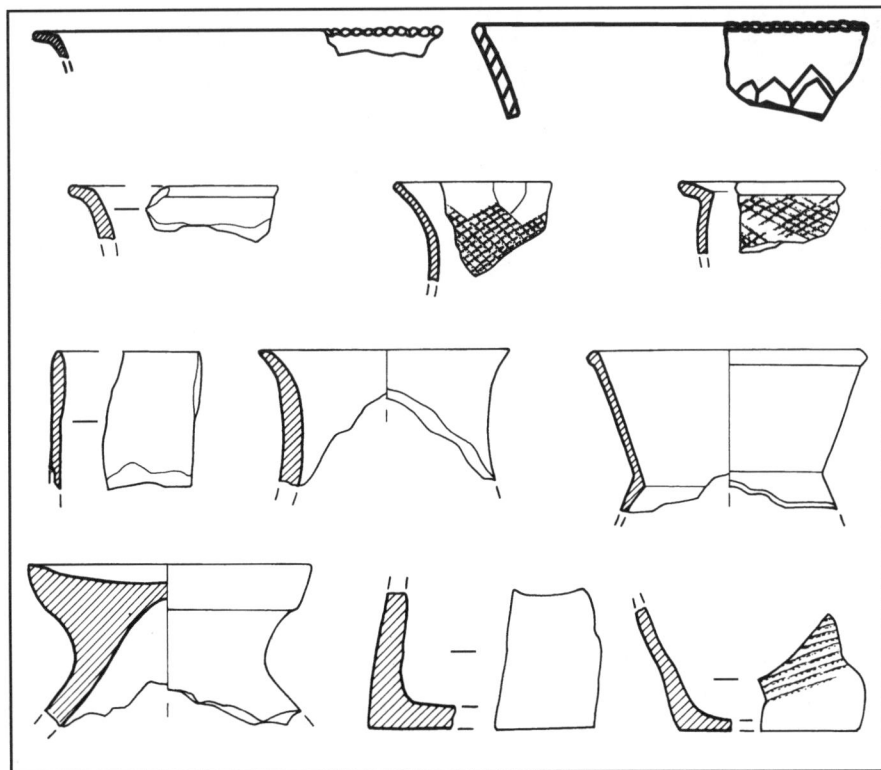

图3-3-2 四川通江擂鼓寨遗址晚段器物残片（第6～8层）

（四）广元张家坡遗址

位于广元西南嘉陵江与南河相交的河口对岸。中国社会科学院考古研究所曾对该遗址进行过试掘，试掘面积50平方米。其中第3层为新石器时代文化层。

遗址发现的文化遗物有石器和残碎陶片。石器有100余件，种类有斧、锛、凿及端刃刀、矛、杵、小砍砸器等。出土陶片数以千计，皆残损过甚，没有可复原器。陶质分夹砂陶和泥质陶两大类，夹砂陶又以夹细砂为多。陶色均以灰褐陶为主，多不纯正。纹饰简单，主要有绳纹、刻划纹、附加堆纹、凸弦纹等，以绳纹、堆纹及划纹为基本形式，其中绳纹使用最为广泛，口沿外多饰附加堆纹，个别口唇呈波浪状。器形有罐、钵、盆、圈足器、扁足器等，器底多见平底，圈足器偶有所见（图3-3-3）。

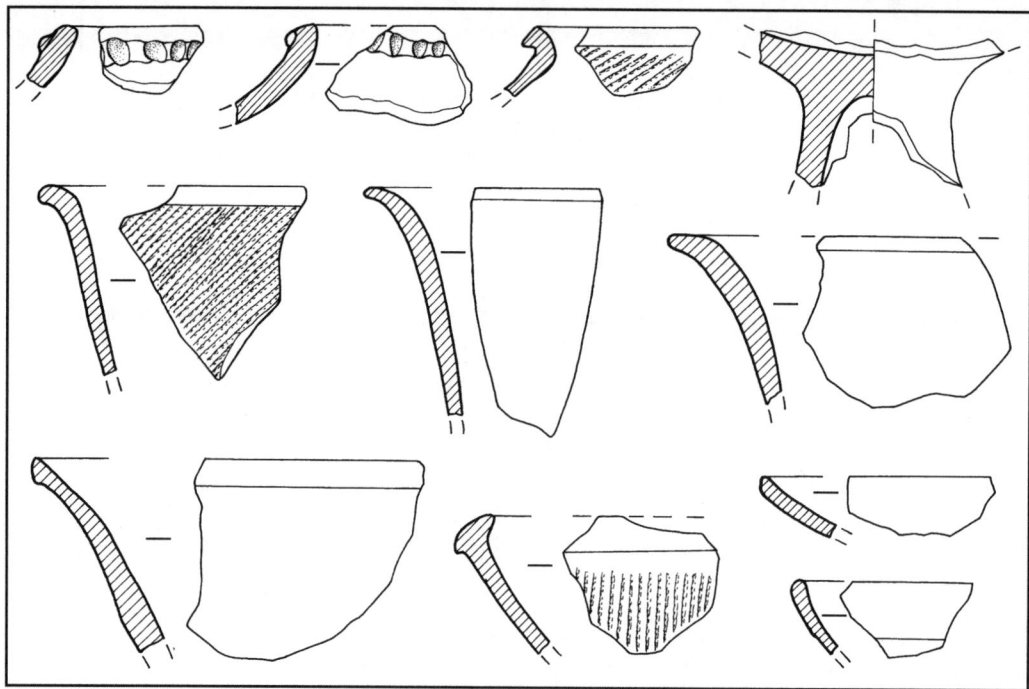

图3-3-3　四川广元张家坡遗址出土陶器残片

（五）绵阳边堆山遗址

位于绵阳市区新皂乡姜家湾安昌河畔。据何志国《绵阳边堆山文化初探》[①]一文介绍，1989年在边堆山遗址发掘面积约400平方米，获得陶、石标本数万件。遗址第3～5层为新石器时代文化层。陶器中泥质陶和夹砂陶大致各占一半，陶色以灰色和深浅不

---

① 何志国：《绵阳边堆山文化初探》，《四川文物》1993年第6期。

同的褐色为主，有少量的抹光黑陶。有纹饰陶约占23.2%，多为单一纹饰，以绳纹最多，偶见复合纹饰，口沿唇部"纹饰非常复杂"。器类可分为平底器和圈足器两种。平底器占大宗，略占89%，器形有盆、壶、罐等，壶有宽沿粗颈鼓腹平底壶和细颈斜肩平底壶两种，罐有大口小平底罐和深腹罐两种。圈足器有浅圈足豆。另有纺轮11件。

边堆山遗址的调查材料较少，采集到的陶片数量不多，夹砂和泥质陶大致各占一半，陶色多为深浅不一的褐色。有纹饰陶片约占50%，纹饰种类有绳纹、刻划纹、戳印纹、弦纹、附加堆纹等，其中绳纹最多。完整器仅有1件浅腹盘，其余陶片均过于残破，很难辨认器形，可能有长颈壶、侈口罐等（图3-3-4）。

从上述情况看，调查所获材料与发掘材料稍有不同，其时代可能存在一定的差异。

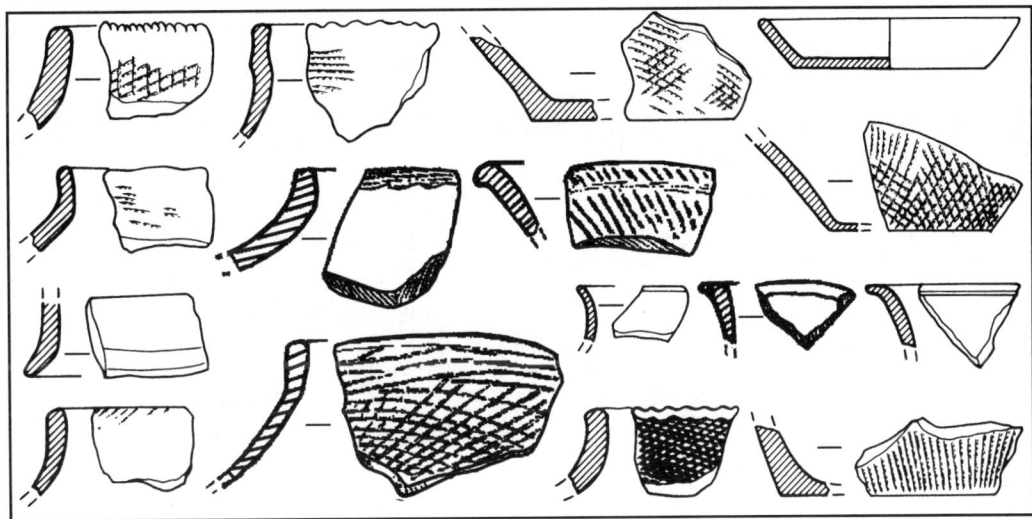

图3-3-4　四川绵阳边堆山遗址采集陶片

（六）宣汉罗家坝遗址

宣汉罗家坝遗址位于宣汉县普光镇进化村罗家坝渠江支流后河左岸的一级台地。1999年、2003年四川省文物考古研究所等两次发掘，共清理墓葬38座、灰坑50座、房屋基址1座、祭祀坑1座。综合两次发掘情况，罗家坝遗址的文化遗存可粗分为两组[1]。

---

① 马幸辛：《再论罗家坝遗存》，《达县师范高等专科学校学报》2004年第1期。文中提到罗家坝遗存可分三期，其中第二期时代大约在商周，出土器以生活器为主，陶器有罐、釜、钵、豆、盏、鬲、盆、网坠、纺轮和陶、玉、石饰件等，第三期是巴人墓葬，属春秋战国时期，可见马先生所说的商周是不包括东周的。但我们在两个年度的发掘报告中并未发现商周时期器物，倒是有不少马先生所列的豆、盏、釜之类的器物出自战国时期墓葬，鬲则根本未见。

　　A组　器物的器形多为折沿（有平折沿和斜折沿两种）深腹罐、侈口深腹罐、钵等，以平底器为主，未见盘口器。常在沿下和器腹饰附加堆纹，器身饰菱格纹，部分器物口沿有细小花边（图3-3-5）。

　　B组　器物多出自墓葬和"祭祀坑"。1999年报告公布了6座墓葬的全部材料，2003年报告仅公布了M5、M25的材料。典型陶器有浅腹釜、鼓腹罐、矮柄豆、尖底盏；铜器有柳叶形短剑、双弓形耳矛、钺、刻刀、单耳鍪等（图3-3-6）。

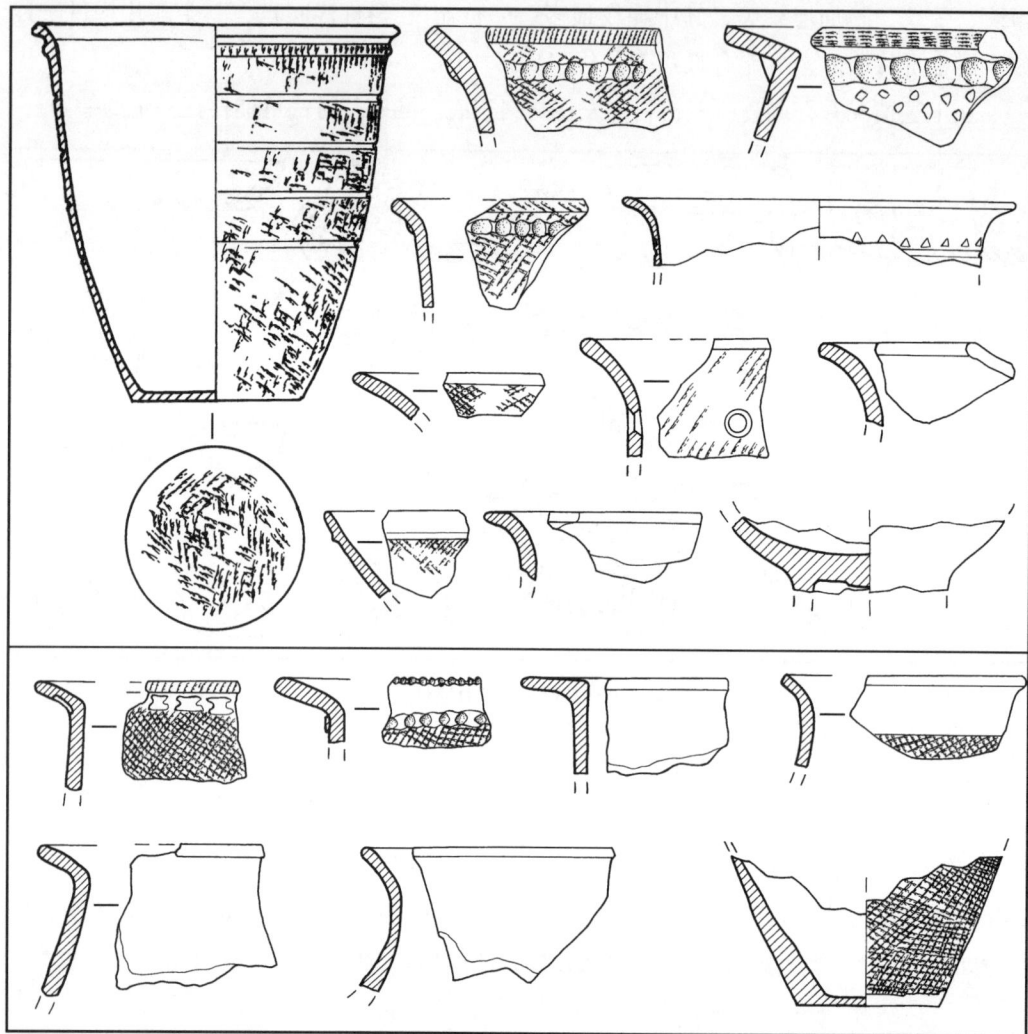

图3-3-5　四川宣汉罗家坝遗址A组器物

（上栏为1999年材料，下栏为2003年材料）

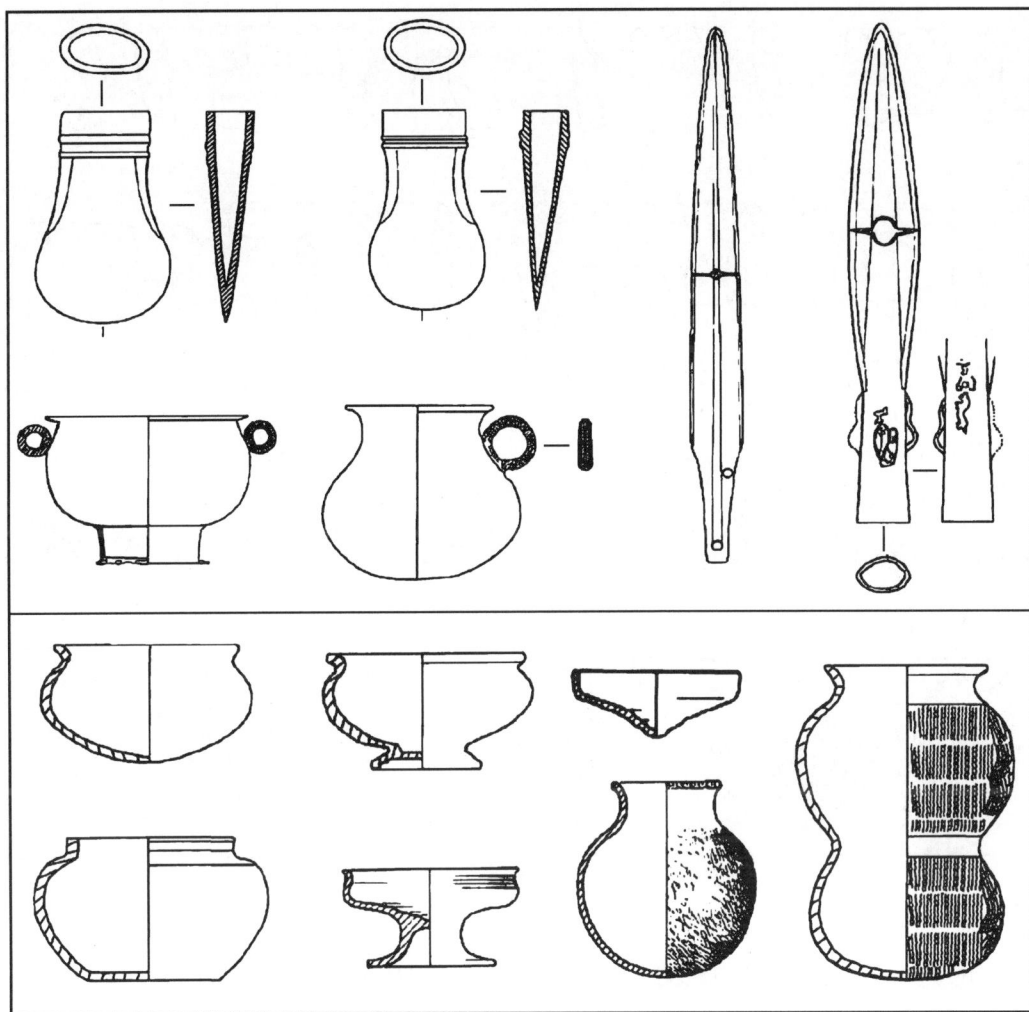

图3-3-6　四川宣汉罗家坝遗址B组器物
（上栏为铜器，下栏为陶器）

（七）广元鲁家坟遗址

目前发表的只有遗址的调查材料。采集遗物100多件，绝大部分是陶片。陶质分夹砂和泥质两大类，前者夹石英砂，有粗、细砂的差别，陶色主要有褐、灰褐、黑褐等；后者主要是灰、黑色陶。纹饰有绳纹、刻划纹、附加堆纹、戳印纹、弦纹等（图3-3-7）。器物的口沿主要是直口和敞口，口沿常见明显的波浪状，沿下的附加堆纹粗大，器底多平底，另有1件Ⅳ式器底足（调查报告图五，7），作者推测可能是豆类器，但从形态看也不排除为三峡地区较流行的柱足尖底缸。

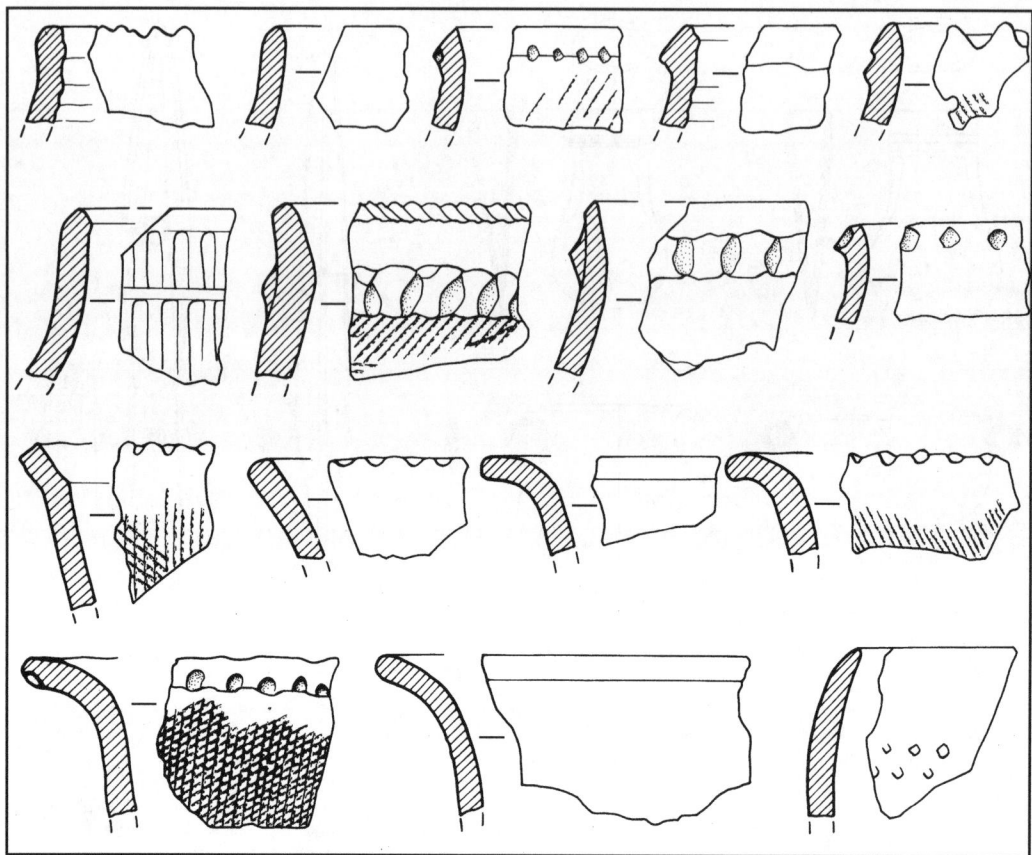

图3-3-7   四川广元鲁家坟遗址出土部分陶器

鲁家坟遗址出土的陶片多较破碎，难以准确辨认器形，部分器物的口部侈、敛情况与三峡地区、成都平原出土完整器不符，故这部分器物的线图所展示的器形有待商榷。

（八）巴中月亮岩遗址

位于巴中市渔溪区酒店乡三村。采集到的陶器分为夹砂和泥质两大类，以夹砂陶居多，且均为夹细砂；泥质陶胎厚薄均匀，火候极高，似硬陶。陶色有褐、黑、红、灰几种，以褐陶和黑陶为主，黑陶仅见于夹砂陶，灰陶仅见于泥质陶。大多数陶片表面饰有纹饰，纹饰种类有刻划纹、篮纹、绳纹、菱格纹、附加堆纹、戳印纹等，以刻划纹数量最多。陶器多为斜口沿，唇部流行锯齿纹和波状纹，呈花边状，底部仅见平底一种。陶片多碎小，能辨器形者不多，有罐、杯等。

（九）阆中蓝家坝遗址

位于阆中市城郊嘉陵江边的台地上。调查报告认为，该遗址有新石器时代和战国文化层。新石器时代陶器有泥质夹砂褐陶、泥质夹砂红陶和灰陶。可辨器形有敛口瓮、釜、带系罐、杯、尖底器等。陶片上有简单的凹凸旋纹和菱格纹。同时还采集有打制石杵、石铲、石斧、石片等。遗址采集的炮弹形尖底杯和带耳陶罐、瓶口器、小平底器等应属十二桥文化（或石地坝文化^①），时代为商周（图3-3-8）。

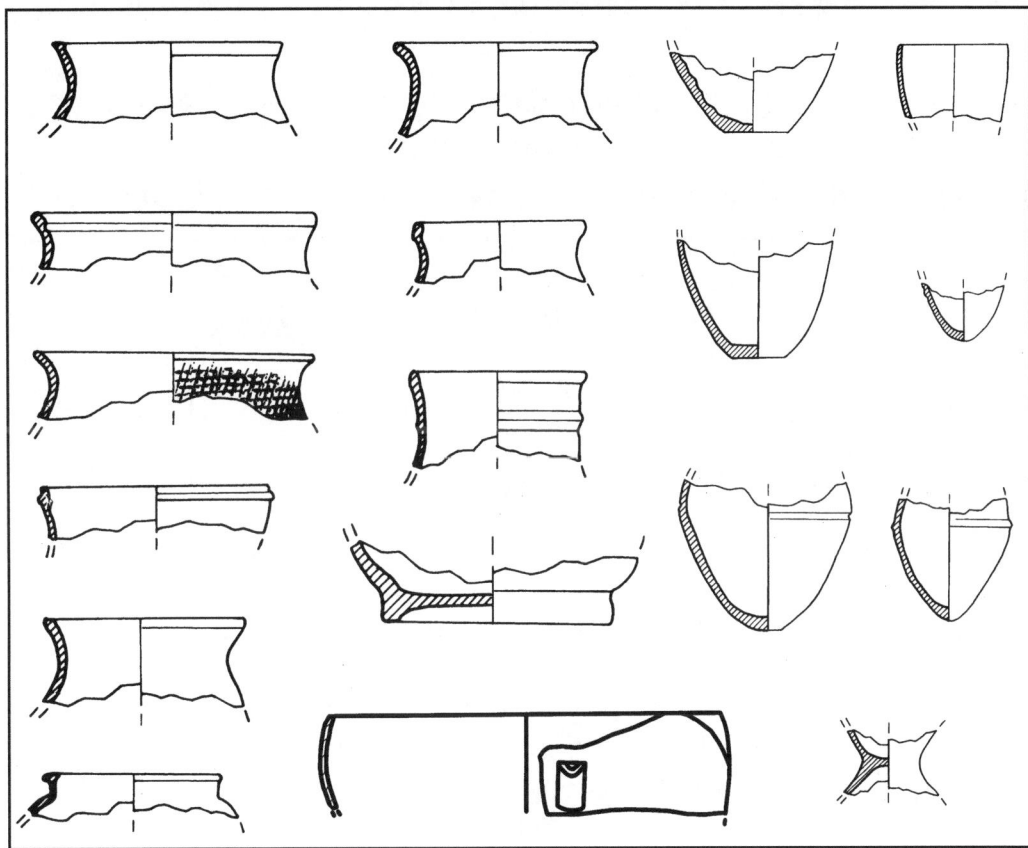

图3-3-8　四川南充蓝家坝遗址出土陶器残片

（十）南部报本寺遗址

位于南部县度门公社嘉陵江右岸台地上，调查仅采集到陶片，从器形看，有釜、盆、罐、敛口瓮、豆把、钵、圈足盘等。报告仅公布4件采集陶片，包括侈口罐1件、

---

① 白九江、李大地：《试论石地坝文化》，李禹阶：《三峡考古与多学科研究》，重庆：重庆出版社，2007年，第67~90页。

折沿直腹缸2件、卷沿长颈器1件。从这些简短的材料看，报本寺遗址包括两个时代的遗物。

A组　新石器时代遗物，包括报告公布的4件器物，可能还包括报告中所谓的钵。纹饰有不规则斜方格纹、刻划曲线纹等（图3-3-9）。

B组　夏商时期遗物，包括豆把和圈足盘等陶器。

（十一）南充淄佛寺遗址

位于南充市南郊的嘉陵江右岸台地，调查报告共发表9件采集器物的线图。可分为两组。

A组　新石器时代遗物，有折沿直腹罐（缸）、卷沿侈口折盘口罐、高领壶等。其中的折沿直腹罐（缸）饰水波和横向划纹，唇沿密饰花边。

B组　属夏商时期，有耸肩高领壶、细高柄豆、瘦长体瓶或壶（图3-3-10）。

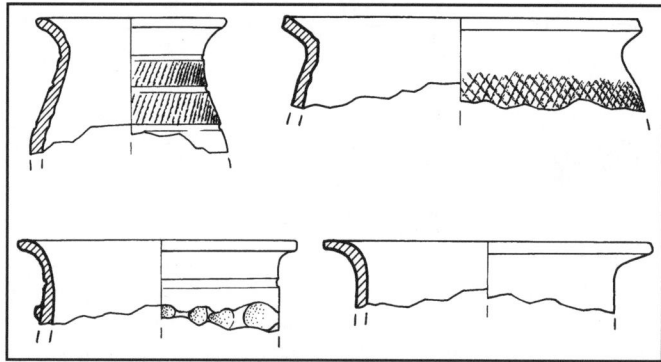

图3-3-9　四川南部报本寺遗址A组器物

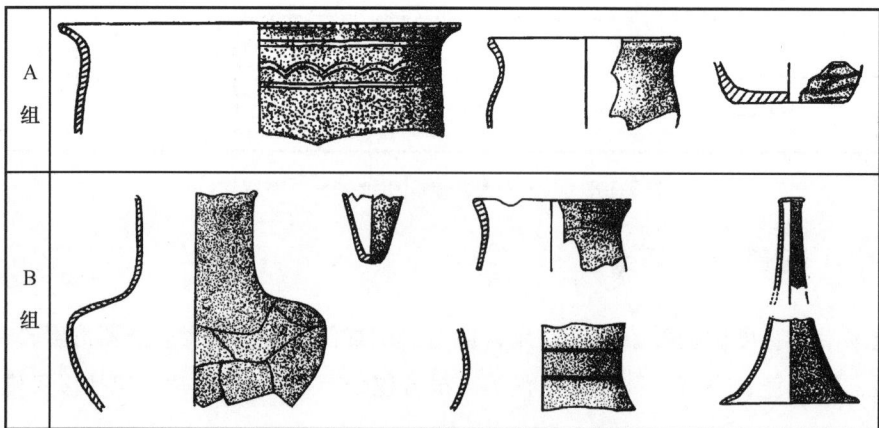

图3-3-10　四川南充淄佛寺遗址出土陶器

三、川东北先秦考古遗存的分期与年代

通过典型遗址的介绍和分析，可以清楚地看到，川东北地区先秦时期考古材料虽然不丰富，但其发展的阶段性特点是明确的，能够进行初步分期与断代。

（一）分期

根据遗存的自身特点，结合周边地区考古学文化面貌，可将川东北地区的先秦考古遗存划分为七期。

第一期：只在中子铺遗址下层有发现。该期文化遗物主要是细石器，极少见陶器。细石器原料以砾石层中分布很多的黑色燧石为主要原料，次为石英石。石器特点鲜明，其楔形石核，楔刃朝下，不同于其他地点。带刃小石片数量很多，颇具特征。长石叶最多，见到的器形有刮削器、尖状器和雕刻器等。陶器仅提到三足器的柱状小实足。发掘者建议将下层命名为"中子铺文化"，但笔者认为，中子铺下层出土陶器太少，目前只发掘了一个地点，文化面貌还不十分清晰，可暂以"中子铺下层遗存"来指代这类文化遗存。

中子铺遗址是在重庆市丰都县玉溪遗址[①]发掘以前四川盆地内发现的唯一的一处较早的新石器时代遗址，该遗址第一期遗存与玉溪下层一样，表现出了很大程度的原始性。两者间亦有很多相似的地方。如陶器均以夹砂红褐陶为主，纹饰也仅见绳纹一种，陶器在遗物的总量中很少，等等。两者间也存在很多差异，如中子铺以细石器为主的打制石器就不见于玉溪下层，中子铺的小三足器在玉溪下层中绝对不见等。小三足器在陕南的李家村等前仰韶文化遗址中有出土，应为李家村文化等的典型器。根据三足陶器、细石器等文化因素的差异，至少可以确认，玉溪下层文化与"中子铺下层遗存"各自应为不同的考古学文化。

第二期：广元邓家坪遗址下层可能属于此期。邓家坪遗址下层遗存陶器以泥质灰陶为主，夹砂陶较少，另有少量的泥质黑陶和个别泥质红陶。此外，还出土少量的细石器、小石片，由此推测邓家坪遗址下层可能与中子铺下层遗存具有时间或者文化上的某种连续性。

---

①　重庆市文物考古所：《丰都玉溪遗址勘探、早期遗存发掘简报》，重庆市文物局、重庆市移民局：《重庆库区考古报告集·1998卷》，北京：科学出版社，2003年，第745~765页；邹后曦、袁东山：《重庆峡江地区的新石器文化》，重庆市文物局、重庆市移民局：《重庆·2001三峡文物保护学术研讨会论文集》，北京：科学出版社，2003年，第17~40页。

　　邓家坪遗址下层遗存与三峡西部地区的玉溪上层文化相比，两者间有下列相同因素值得注意：一是以泥质灰陶系为主的陶器，也是玉溪上层文化的重要特点；二是黑皮陶和泥质红陶在玉溪上层文化晚期也较多见；三是遗址出土的少量细石器、普通石器出现小型化的趋势，在重庆丰都玉溪遗址、玉溪坪遗址[①]、武隆盐店嘴遗址[②]均有发现。由此可见，邓家坪遗址下层与玉溪上层文化有密切关系，不排除两者是一个文化的可能性。

　　第三期：陶器主要以夹砂褐陶为主，陶色偏红、偏黄。可细分为早、晚两段。

　　早段　通江擂鼓寨遗址第1段。该段陶器以夹砂陶为主，陶色以灰黑陶、橙黄陶、褐陶等为主，纹饰较发达，多见复合纹饰，主要有划纹、菱格纹、绳纹、波浪纹、附加堆纹、戳印纹、篦点纹等，绳纹、菱格纹多从唇外即施，陶器有斜折沿鼓腹罐、鼓肩罐、喇叭口壶、折沿盆、盘、碗、器盖、直腹杯、敛口瓮等，多为平底器，有少量的圈足器。

　　晚段　包括通江擂鼓寨遗址第2、3段、南部报本寺遗址A组、广元邓家坪遗址上层、宣汉罗家坝遗址A组、南充淄佛寺遗址A组等遗存。该期陶器与上段比较接近，器物纹饰和器物形制略有变化。陶器多夹砂褐陶，器表纹饰盛行绳纹、菱格纹、箍带纹、旋纹、瓦棱纹等，部分器物口沿有细小花边。器形有折沿（有平折沿和斜折沿两种）深腹罐、侈口深腹罐、泥质卷沿鼓腹罐、翻沿大口盆、高领壶、钵等，以平底器为主，未见盘口器。此段遗存可能还有早晚之别，但由于出土器物不多，发表资料较为零星，目前还不具备进行细分的条件。

　　第三期早、晚段遗存间一脉相承，文化面貌基本一致。从上文介绍的情况看，笔者认为，川东北地区的新石器晚期文化应该更接近三峡西部地区的玉溪坪文化[③]系统，与成都平原的宝墩文化差异明显。其理由如下：一是陶器质地均以夹砂陶为主，泥质陶的数量不多，这与玉溪坪文化近似。而宝墩文化明显与此相反。二是陶色以褐陶的

　　①　四川省文物考古研究所：《丰都县三峡工程淹没区调查报告》，四川省文物考古研究所：《四川考古报告集》，北京：文物出版社，1998年，第282～350页；邹后曦、袁东山：《重庆峡江地区的新石器文化》，重庆市文物局、重庆市移民局：《重庆·2001三峡文物保护学术研讨会论文集》，北京：科学出版社，2003年，第17～40页；白九江、邹后曦：《重庆峡江地区新石器时代晚期文化》，中国考古学会：《中国考古学会第十次年会论文集（1999）》，北京：文物出版社，2008年，第11～49页。

　　②　正式材料尚未发表，部分资料见李大地、白九江、袁东山、方刚：《渝东南地区先秦时期的考古发现》，重庆市文物考古所、重庆文化遗产保护中心：《"早期中国的文化交流与互动——以长江三峡库区为中心"学术研讨会论文集》，北京：科学出版社，2012年，第24～42页。

　　③　白九江、邹后曦：《重庆峡江地区新石器时代晚期文化》，中国考古学会：《中国考古学会第十次年会论文集（1999）》，北京：文物出版社，2008年，第11～49页。

数量占比最大，褐陶中以红褐、灰褐为主，其余黑陶、灰陶等虽有一定数量，但比例较低，与玉溪坪文化大体接近。而宝墩文化泥质灰白、灰黄陶一直占有较大比例，与川东北地区明显不同。三是纹饰的特征更接近玉溪坪文化，陶器装饰纹样较多，很少素面，而宝墩文化中素面陶比例却较高；纹饰种类方面，玉溪坪文化流行绳纹交错而成的菱格纹、旋断绳纹、刻划大方格纹、篦划纹、附加堆纹等纹饰。而宝墩文化中菱格纹较少，刻划大方格纹基本不见，附加堆纹很少出现。四是器类方面，川北地区新石器文化多平底器，也见少量圈足器，盛行折沿深腹罐、卷沿大口罐、高领壶、折沿大口盆、敛口钵、陶杯等器类，在玉溪坪文化中均能见到同类陶器。而折沿大口盆、陶杯等在宝墩文化中不见。五是石器中的有肩石斧、有肩石锄等在玉溪坪文化中较多见，而在宝墩文化中基本不见。

第四期：包括巴中月亮岩遗址、广元张家坡遗址、广元鲁家坟遗址、广元中子铺遗址晚期、绵阳边堆山遗址等。除边堆山遗址外，本期出土陶器多为夹砂褐陶，但颜色较第三期多偏灰、偏黑。纹饰较简单，多见绳纹、附加堆纹、刻划纹和凸弦纹等，菱格纹和附加堆纹较少出现，夹砂陶素面者增多。与三期相比，该期器物绳纹变粗，菱格纹多较大。器物形制虽多沿袭了三期器物特点，但罐类器更多地变成了直口和敞口。此外，本期还出现了盘口器和尖底器，圈足器数量增加较多。

嘉陵江和渠江流域的巴中月亮岩遗址、广元张家坡遗址、广元鲁家坟遗址，以夹砂陶为主，还可见部分沿下饰附加堆纹装饰，与三峡地区的中坝文化接近。此外，嘉陵江和渠江流域的此期遗存，较少见中坝文化[①]盛行的尖底器、盘口器等，这说明与玉溪坪文化时期相比，此时川东北地区的考古文化与三峡地区的差异逐渐拉大，或可视为同一文化下的不同文化类型。

涪江流域的绵阳边堆山遗址与嘉陵江和渠江流域的差异较大，而与宝墩文化更相似。前者夹砂陶和泥质陶比例相若，陶色以灰陶和深浅不同的褐陶为主，器物沿下基本不见附加堆纹，这正是宝墩文化的特征。这是由于边堆山遗址与成都平原距离较近，之间地理环境差异不太大，故两者更接近一些。

第五期：南充淄佛寺遗址B组、南部报本寺遗址B组属于此期。典型器物有耸肩长颈壶、细高柄豆、瘦长体瓶或壶。耸肩长颈壶与三星堆遗址1984西泉坎BaT1②：11颇相类[②]，细高柄豆也在三星堆遗址中比较典型。此期应与成都平原的三星堆文化时代相当，文化性质相同。

---

① 白九江：《重庆地区的新石器文化——以三峡地区为中心》，成都：巴蜀书社，2010年，第197～243页。

② 陈显丹：《广汉三星堆遗址发掘概况、初步分期》，四川大学博物馆、中国古代铜鼓研究学会：《南方民族考古（第二辑）》，成都：四川科学技术出版社，1990年，第213～229页。

第六期：仅见于阆中蓝家坝遗址商周遗存。该遗存盛行的炮弹形尖底杯在成都平原十二桥文化和重庆三峡地区石地坝文化中较常见，此外，高领的旋纹壶也是这一阶段习见的。但由于资料太少且属调查材料，该期文化遗存究竟与十二桥文化还是与石地坝文化更为接近，现在尚难判断。

第七期：仅见于宣汉罗家坝遗址B组。所发表的墓葬材料均为战国中、晚期，但据介绍未发表材料的K1出土的部分文物可到春秋晚期到战国早期。遗物中大量出现青铜器和玉器是此阶段的重要特征。铜器上常装饰巴蜀符号。本期墓葬应为典型的巴蜀文化墓葬。同时，也可见少量楚文化的影响因素。从罗家坝往东南，越过渠江水系与小江水系的分水岭不远，就是重庆余家坝遗址和李家坝遗址，这两个地方均发现了大量的巴文化墓葬。罗家坝遗址的东周墓葬整体上看，应归为大的巴文化系统。

（二）年代

第一期：以中子铺遗址下层为代表的考古学文化，与重庆三峡地区的玉溪下层文化有可比之处，又包含了陕南李家村文化的因素，其相对年代应大致属于新石器文化中期。中子铺下层的绝对年代经过^{14}C测定的有3个，分别是6730～6640a.BP（T6H1，木炭）、6390～5900a.BP（T2H2，木炭）、5939～5731a.BP（H4，木炭）。这些年代数据均是经过校正的，范围在6700～5700a.BP，而遗址的发掘者估计中子铺下层的年代应在7000～6000a.BP。

第二期：与重庆三峡地区的玉溪上层文化比较，其时代应大体接近。邓家坪遗址下层测得的一个^{14}C年代为距今5225年±180年（T8⑥层，木炭，经树轮校正），大致接近玉溪上层文化末期，推测约当距今5500～5300年。

第三期：可分为早、晚两段。

早段　陶器形态、器类等与三峡地区的玉溪坪文化早、中期接近。其中擂鼓寨遗址第1段出土的折沿深腹罐，口沿及唇部外侧均通饰菱格纹，肩部戳印多道条状坑点纹，与重庆忠县哨棚嘴遗址1999年发掘的第二期同类陶器相似；出土的折沿大口盆与三峡地区1999年哨棚嘴遗址第二期、涪溪口遗址第7层出土同类器形制接近。初步判断，应与三峡地区玉溪坪文化第四至六期相当，即玉溪坪文化第二阶段（玉溪坪期）偏早。擂鼓寨遗址第9层的^{14}C检测数据为距今4480年±120年，树轮校正为距今4995年±159年[①]。结合上述横向对比，本期早段的绝对年代推测大致为距今5000～4800年。

晚段　该段陶器与重庆三峡地区玉溪坪文化晚期有可比之处，如淄佛寺遗址A组的折沿直腹罐（缸）、卷沿侈口折盘口罐等，在三峡地区的同期遗存中是常见之物。

---

① 四川省文物考古研究所、通江县文物管理所：《通江县擂鼓寨遗址试掘报告》，四川省文物考古研究所：《四川考古报告集》，北京：文物出版社，1998年，第41～58页。

邓家坪遗址的另三个测年或许可作为此段测年的参考，如T2⑤层测得的年代为距今4760年±160年（地层为下层，测年与上层十分接近，可能是发掘中未将上层清理干净的标本）；T1③层测得的年代为距今4640±150年；T8③层测得的年代为距今4175年±180年[①]。上述年代均经过树轮校正，除T8③层与相同层位的其他测年年代明显偏晚，可以不考虑外，另外两个年代应当可以作为该遗址上层的真实年代。故推测晚段的年代大致为距今4800～4600年。

第四期：大致与三峡地区的中坝文化和成都平原的宝墩文化中、晚期相当。川北地区的该期遗存陶器多见斜壁敞口形态，有少量直沿，且流行大菱格纹。从陶质、陶色、纹饰和器形各方面看，与三峡地区新石器时代末期的中坝文化较接近。边堆山遗址与成都平原宝墩文化中晚期的时代接近（发掘材料与调查材料年代可能有差异，本文以相对丰富的调查资料为主）。从纹饰看，该遗址菱格纹较大，类似哨棚嘴1999年度第三期。但总体上看，这批遗存还缺少像重庆三峡地区中坝文化晚期的尖底缸等陶器，也不见宝墩文化第四期盛行的敛口鼓肩罐等典型陶器，其年代下限应比这两个文化的下限早。中坝文化和宝墩文化的年代大致分别为距今4600～3700年、4800～3700年。边堆山遗址有两个[14]C数据可供此期年代判断参考，标本分别取自第4层和第5层，测定年代分别是3690±255a.BP、4080±250a.BP，树轮校正后的年代分别为4020±260a.BP、4505±270a.BP。中子铺晚期遗存的T1Z1采集的[14]C标本，测年为距今4152～3928年（经树轮校正）。综上所述，初步推断川北地区此期遗存的年代在距今4600～4000年。

第五期：以南充淄佛寺遗址B组为代表，与典型三星堆文化接近，但由于材料太少，只能初步估计其时代约为夏代晚期—商代早中期。

第六期：以阆中蓝家坝遗址商周遗存为代表，按照十二桥文化和石地坝文化的年代，推测其年代大致相当于中原地区商代晚期—西周早期。

第七期：罗家坝遗址1998年M1出土的花边口沿罐与重庆三峡地区的战国早、中期墓葬圜底罐相似。2003年M5、M25出土的圈足豆与万州中坝子遗址1999年M34出土的矮圈足豆相似。罗家坝遗址的组合式陶甗则很可能是在李家坝遗址战国早期的陶甗基础上发展而来的。罗家坝遗址所习见的尖底盏盏口较直，腹壁较浅，与成都平原的战国中期墓葬所出陶盏近似。参考与之同期的遗存年代，已发表材料的罗家坝战国墓葬的年代应约当战国中、晚期（表3-3-1）。

---

① 　王仁湘、叶茂林：《四川盆地北缘新石器时代考古新收获》，李绍明、林向、赵殿增：《三星堆与巴蜀文化》，成都：巴蜀书社，1993年，第257～265页。

表3-3-1　川东北地区先秦考古遗存分期与年代对应表

时代	分期		典型遗存	相对年代	绝对年代
新石器时代中期	第一期		中子铺遗址早期	中子铺下层遗存（玉溪下层文化中晚期）	约7000~6000a.BP
新石器时代晚期	第二期		邓家坪遗址下层	玉溪上层文化晚期	约5500~5300a.BP
	第三期	早段	擂鼓寨遗址第1段	玉溪坪文化晚期早段	约5000~4800a.BP
		晚段	擂鼓寨遗址第2、3段，报本寺遗址A组，邓家坪遗址上层，罗家坝遗址A组，淄佛寺遗址A组	玉溪坪文化晚期晚段	约4800~4600a.BP
新石器时代末期	第四期		中子铺遗址晚期、张家坡遗址、鲁家坟遗址、月亮岩遗址、边堆山遗址	三峡中坝文化、成都平原宝墩文化（绵阳边堆山）	约4600~4000a.BP
夏商西周	第五期		报本寺遗址B组、淄佛寺遗址B组	三星堆文化	夏代晚期—商代早中期
	第六期		蓝家坝遗址	十二桥文化/石地坝文化	商代晚期—西周早期
东周	第七期		罗家坝遗址B组	晚期巴文化	战国中、晚期

四、结　语

通过对遗存的分析，我们将川东北地区先秦考古学材料分成七期，时代从新石器时代中期一直延续到战国。

大约在距今7000~6000年时，四川盆地的川北地区在陕南前仰韶时代文化，尤其是李家村文化的影响下首先迈入新石器时代。此后经过逐步发展，到距今5500~4600年的新石器时代晚期，川东北地区新石器时代文化进入一个较为繁荣的阶段，遗址数量显著增加，分布范围扩大。从文化面貌看，与三峡地区的玉溪上层文化晚期以及玉溪坪文化极为相似。

新石器时代末期，川东北地区的考古学文化呈现两种面貌，其中嘉陵江和渠江流域的文化面貌接近三峡地区的中坝文化，涪江流域的边堆山遗址文化面貌与成都平原的宝墩文化接近。后代巴、蜀的文化地理分野此时已经初露端倪，其分界大体以嘉陵江为界。

夏商周时期，四川盆地的考古学文化主要是三星堆文化和十二桥文化。这两支文化势力强大，影响波及陕南和鄂西。川东北地区此时遗存发现较少，原因尚不得而知，有待于将来开展更多的考古工作。

战国时期，川东北地区的考古材料较多，不过多属于战国中晚期，或与巴国受楚所逼，西迁阆中有关。

补记：（1）本文为与西华师范大学蒋晓春、赵炳清先生合作撰写文章，发表于《四川文物》2013年第2期。蒋晓春收集了全部资料并撰成初稿，笔者在此基础上，结合成都平原和重庆地区的考古发现，对遗址的年代进行了分析，并对这一区域的先秦考古文化进行了分期和定年工作，最后蒋晓春对文稿进行了统一。

（2）本次收录时，对文章中引用但当时未发表的部分注释进行了补充。

第四章 起源与消融

    巴文化起源、巴文明起源是两个不同但又相关的问题。考古学上观察巴文化起源，主要讨论的是代表巴文化一系列特征的物质文化的起源。笔者提出按照"顺瓜摸藤"的方法，从晚期巴文化向上倒追早期巴文化的起源和形成。研究表明，从陶器发展的谱系上看，尖底器和圜底器是巴文化的两大典型特征，其文化因素产生的源头，一个与鄂西地区有关，一个与重庆地区有关。到商代时，尖底器和圜底器两大文化传统汇流，率先在三峡东段（或鄂西地区）形成具有典型巴文化特征的路家河文化，并迅速扩散，向西形成三峡西段和四川盆地东部的石地坝文化，向北形成汉中盆地的宝山文化。

    文明起源晚于文化起源。在东方社会，从考古视角研究文明起源主要看两个指标：金属和国家。金属通常是指青铜器的大规模使用，这种使用又主要用在祭祀礼仪上；地方国家起源的判定实际上是很难的，主要是考察聚落分级情况和顶级聚落的规模，以及聚落内的公共建筑、防御遗迹、祭祀遗迹等情况。按照《华阳国志》的记载，"巴蜀同囿"，巴文明与蜀文明应当是差不多同时进入国家状态。以三星堆-金沙为代表的文化已经进入文明状态，多年以来，人们总是把寻找最早的巴文明的目光放在鄂西清江流域和四川盆地东部，然而经过三峡文物大考古后，这一地区除在文化脉络和晚期巴文明上取得了重大进展外，在早期巴文明上收效甚微。

    本章第一节重点讨论了汉中盆地城洋铜器群的创造者问题。关于城洋铜器群的创造者，几十年来颇有争议，笔者尝试从铜器群的文化因素分组与地方特征、宝山文化与铜器群的关系、宝山文化的文化属性和历史文献中关于早期巴文化政治中心的晚期记忆，从而得出城洋铜器群为早期巴文明孑遗的认识。考虑到大量的青铜器坑和宝山遗址的祭祀坑遗迹，可以初步得出城洋地区应该是商代的一个地域文明中心，这个地域文明正是巴文明。城洋铜器群文明属性的确立，是学术上构建完整巴文明序列的关键，有利于系统阐述巴文明起源、发展和消融的历史。

    巴文明的消失，以公元前316年秦灭巴为界标。此后，巴文化仍然在以四川盆地东部为中心的广大地域内存在，直到西汉中期，作为整体的巴文化才完全融入汉文化之中。巴文化融入汉文化的历史进程，在四川宣汉罗家坝遗址、重庆涪陵小田溪墓地、九龙坡冬笋坝墓地等都能观察到一些踪迹。本章第二、三节正是根据2020年冬笋坝墓地的最新考古发掘收获，所做的巴文化融入汉文化历史进程的初步勾勒。嘉陵江流域和渝西长江流域的巴文化葬俗和三峡地区的存在较大区别，可能代表了巴文化中的两大基本族群。三峡地区的巴文化更多地受到楚文化的影响，在融入汉文化的历史进程中呈现出更为复杂的历史景象。

第一节 消失的历史记忆：试论城洋铜器群的文化属性

在早期巴文化政治中心的研究中，陕南汉中地区的城固洋县铜器群（以下简称"城洋铜器群"）是一个充满争议但又绕不开的话题，因为这关系到早期巴文化的分布问题、发展高度问题和青铜文化的面貌问题，以及巴文化与商文化、早期蜀文化的互动关系问题，乃至所谓早期巴文化中心之谜的问题。如果不把这个问题说清楚、讲透彻，恐怕川渝等地的巴文化考古工作者会一直在四川盆地东部和鄂西地区打转，会出现寻找早期巴文化政治中心和青铜器群而不得的状况。

一、城洋铜器群及研究概况

城洋铜器群出土于陕西汉中盆地城固、洋县交界一带，自20世纪50年代以来，陆陆续续发现了26批，分布在14个地点，曹玮统计出土铜器654件[1]（赵丛苍统计有710件）。城洋铜器群集中分布于湑水河和汉江两岸的东西长约40、南北宽约10千米的地域内。埋藏地点多位于江河两岸的土台上，埋藏坑有长方形坑、圆形坑。由于铜器往往是雨水或河水冲刷而出，在发现铜器后，文物机构的人员才对现场进行清理，有的则是根据村民描述做出的推断，故这批铜器出土地点属于墓葬、窖藏，还是祭祀遗迹，并不能准确地予以回答。但按照一些简报的说法，这些铜器出土的土包或附近的土包，为人工堆积的土包，倾向与祭祀等宗教礼仪活动有关[2]。

城洋铜器群器类丰富，有容器、仪仗器、兵器、面具、工具、其他共六大类。其中容器有鼎、鬲、甗、簋、尊、罍、卣、瓿、壶、盘、瓠、爵、斝、觥（图4-1-1）；

①　曹玮：《汉中出土商代青铜器》，成都：巴蜀书社，2006年，第5页。

②　李烨、张历文在谈到安家、张村、范坝铜器群时认为，"其中安家铜器群，和其南50米的土冢（安家）有密切的关系。在湑水河西岸城固苏村、宝山、洋县马畅一带，共有五六个土包，其中小冢、塔冢在解放后均有殷商铜器出土……调查发现，这五个土包均为人工堆积，但没有夯土层，土层中夹杂史前或商代遗物……这批青铜器与土包应为同时期之物"。参见李烨、张历文：《洋县出土殷商铜器简报》，《文博》1996年第6期。

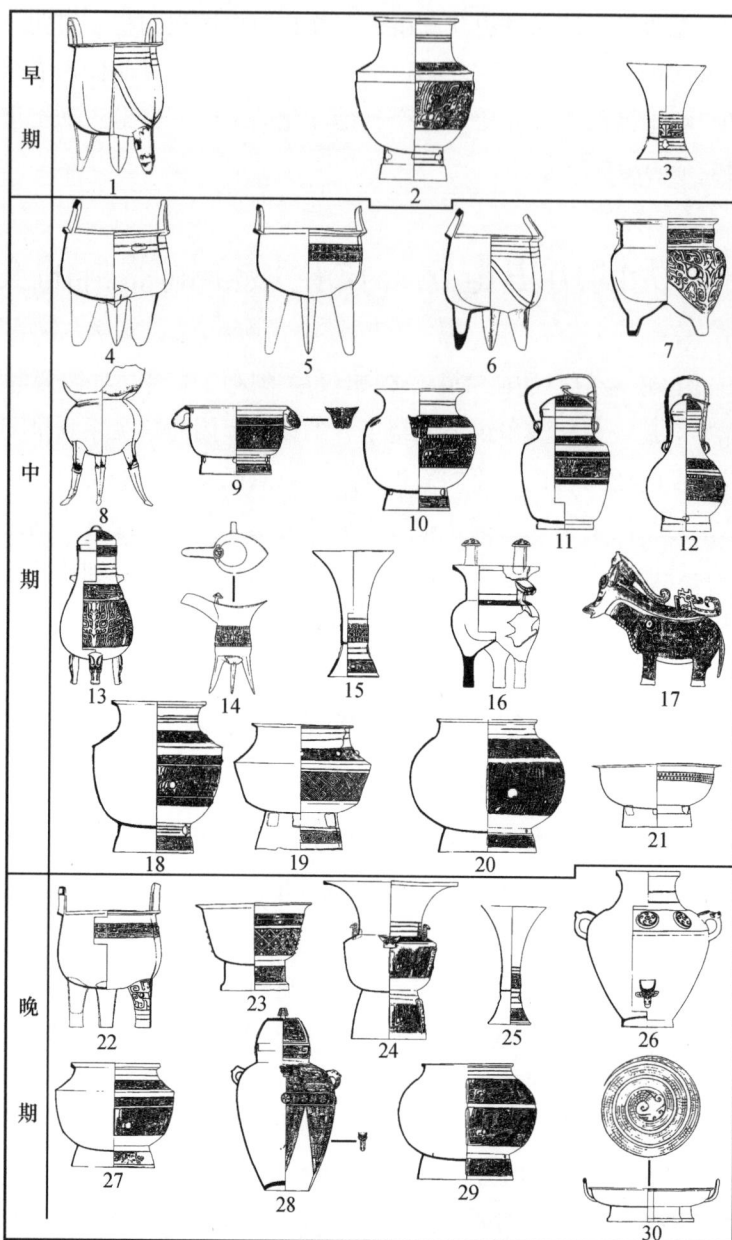

图4-1-1　城洋铜器群铜容器分期图

1、6、7.鬲（龙头村铜294、湑水村铜105、龙头村CH73）　　2、18、26、28.罍（苏村CH71-2、龙头村铜71、
张村AON7、苏村铜1-1）　　3、15、25.觚（龙头村铜4-3、龙头村铜4-4、龙头村铜CH4-2）　　4、5、22.鼎（五郎庙
　　A九三182、五郎庙铜22、龙头村铜295）　　8.甗（龙头村铜296）　　9、23.簋（龙头村铜67、吕村CH63）

　　10、24.尊（龙头村铜28、苏村28-1）　　11、12.卣（龙头村铜6、龙头村铜Q513）　　13.壶（龙头村铜72）

14.爵（龙头村铜17）　　16.斝（张村铜AON11）　　17.觥（张村铜AON12）　　19、20、27、29.瓿（五郎庙铜21-2、
　　张村AON1、杜家槽铜65、安家村AON3）　　21、30.盘（苏村A九二89、柳林镇铜169）

（依曹玮，笔者排版）

仪仗器有镰形器、璋形器；兵器有三角援戈、曲内戈、直内戈、有胡直内戈、钺、矛、剑、镞等；面具有人形面具、兽形面具；工具有銎口斧、銎口锛；其他类有兽目、鱼形饰、鸟形饰、尖顶昜、空顶昜等（图4-1-2）[①]。

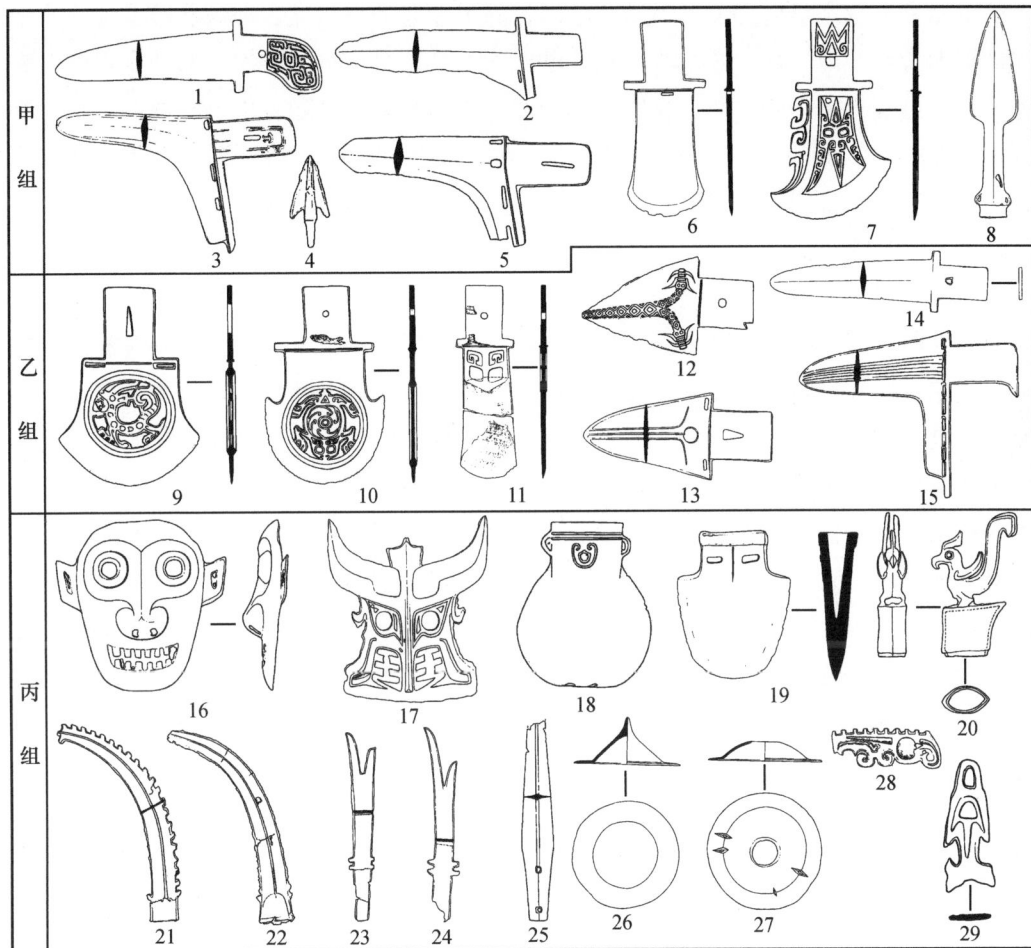

图4-1-2　城洋铜器群兵器与杂器文化因素分组

1. 曲内戈（五郎乡铜14）　2、3、5、15. 有胡直内戈（肖家村AON108、肖家村AON104、肖家村AON103、苏村铜61-3）　4. 双翼镞（五郎乡铜51）　6、11. 直内钺/戚（范家坝十里原AON102、范家坝十里原AON101）

7. 直内偏刃钺（范坝村AON15）　8. 双系矛（苏村铜20-1）　9. 虎纹钺（五郎乡铜13）　10. 蛙纹钺（范坝村NO：162）

12、13. 三角援戈（五郎乡铜10、肖家村AON79）　14. 直内戈（龙头村铜8-1）　16. 人形面具（苏村铜60-1）

17. 兽形面具（苏村铜19-11）　18、19. 銎口钺（龙头村铜3-1、城固9）　20. 鸟形饰（范家坝）　21、22. 镰形器（龙头村铜69-4、龙头村铜69-2）　23、24. 璋形器（范家坝十里原AON109、范家坝十里原AON112）

25. 柳叶形剑（文川镇铜280）　26. 尖顶昜（苏村铜57-13）　27. 空顶昜（苏村铜58-1）　28. 眼形器（范坝村洋县：12）　29. 鱼形饰（范家坝十里原AON118）

①　曹玮：《汉中出土商代青铜器》，成都：巴蜀书社，2006年。

参照盘龙城、殷墟等地点出土铜器的时代特点，可将城洋铜器群分为三期，大约与商代早期（绝大多数为晚段）、中期、晚期对应。早期的弦纹鬲可到二里岗下层，二里岗上层时期增加了宽体瓿、弦纹罍。中期约相当于郑州商城、殷墟一期阶段，出土的铜器种类较之早期有了大幅度的增加，除了原有的鬲、瓿、罍等器形以外，新增加的器形有鼎、甗、簋、卣、尊、瓶、盘、壶、爵、斝、觚等器物，部分直内铖、直内戈兵器可能也属于此时期。晚期相当于殷墟二期至商周之际，出土的青铜器除了有少量晚商的罍、瓿、鼎、甗、簋、尊、瓶、盘等铜容器之外，人形面具、兽形面具、直内三角援戈、长胡戈、尖顶易、空顶易、镰形器、璋形器、人面纹铖等大量出现，器物多异于殷墟铜器。

关于城洋铜器群的文化性质和族属，历来存在很多争议。唐金裕、王寿芝、郭长江在《陕西省城固县出土殷商铜器整理简报》中认为，陕南、汉中出土的铜器主人应是殷代羌人的一个部族[1]。1983年，李伯谦从文化因素方面入手，提出汉中铜器群"主要成分具有浓厚的地方色彩，不同或不完全同于商文化"的结论，并认为城洋铜器群是早期蜀文化的渊源，至少是来源之一[2]。1984年，唐金裕对汉中铜器群进行了探讨，首次提出这批铜器的主人是巴人，殷商之前迁到汉水上游，殷商时为殷的属国，后越过秦岭进入渭河流域[3]。1996年，赵丛苍对城洋铜器群进行了综合研究，认为城洋铜器群是早期巴蜀文化的一个类型[4]；他在后来的《城固宝山——1998年发掘报告》中，首次结合遗址的考古收获，进一步将城洋铜器群的文化属性明确为巴文化。1997年，李学勤对汉中铜器的年代、族属进行了讨论，认为其族属当是商代西南夷的一支[5]。2011年，孙华撰文认为，城洋铜器所代表的社群与四川盆地古蜀人关系密切，其族属"既不是蜀人，但也不可能是巴人，它的国别和族属还有待于进一步的研究"[6]。此外，王寿芝[7]、黄尚明[8]、曹玮[9]等均主张城洋铜器群的族属应为巴文化人群。

归纳以上关于城洋铜器群的文化性质和族属的观点，大体有以下几种说法较具影响：一是属于一种尚未被认识的青铜器群团体，二是属于早期巴蜀文化，三是属于早

---

① 唐金裕、王寿芝、郭长江：《陕西省城固县出土殷商铜器整理简报》，《考古》1980年第3期。

② 李伯谦：《城固铜器群与早期蜀文化》，《考古与文物》1983年第2期。

③ 唐金裕：《汉水上游巴文化的探讨》，《文博》1984年第1期。

④ 赵丛苍：《城固洋县铜器群综合研究》，《文博》1996年第4期。

⑤ 李学勤：《论洋县范坝铜牙璋等问题》，《文博》1997年第2期。

⑥ 孙华：《试论城洋铜器存在的历史背景》，《四川文物》2011年第3期。

⑦ 王寿芝：《陕西城固出土的商代青铜器》，《文博》1988年第6期。

⑧ 黄尚明：《城固洋县商代青铜器群族属再探》，《考古与文物》2002年第5期。

⑨ 曹玮：《汉中出土商代青铜器》，成都：巴蜀书社，2006年，第40～44页。

期蜀文化；四是属于殷商时期的巴方、巴人。笔者注意到，在这几种观点中，以持早期巴文化族群说法的学者最多；凡是对汉中历史和文献较熟悉的汉中本地学者或陕西学者，一般均持巴文化族群的看法，而外地学者则倾向早期巴蜀文化、早期蜀文化的看法，或较为谨慎地持暂不确定族属；此外，有许多前后持不同观点的学者，到后期多倾向城洋铜器群主人为巴文化族群。

二、与商、蜀文化的比较及关系

结合李伯谦先生的观点，笔者将城洋铜器群划分为三组文化因素。

甲组　代表性的器物有空锥足分裆鬲、鼎、簋、卣、尊、罍、瓿、盘、壶、觚、爵、斝、觥等礼器和曲内戈、斜胡直内戈、双系矛、直内钺、双翼镞等兵器。这些器物造型、纹饰与商文化同类器物几乎相同，是典型的商式铜器。其中双系矛在殷墟文化中少见，也可能属于本地文化因素。有学者认为，汉中盆地早中期青铜容器是由盘龙城沿汉水而上直接传入的[①]。

乙组　代表性的器物有三角援直内戈、长援直内戈、直长胡直内戈、弧刃直内镂空钺、眉目纹直内钺等。这类铜器虽然模仿了商文化器物的风格，但又有自己新的特点。例如，三角援直内戈，多数援脊有三棱，内上穿孔除圆形外，还有三角形、梯形、梭形等多种；长援直内戈，援末两侧有对称的三角形刺；长胡四穿戈，援脊亦有三棱，援与胡成直角，内尾下端出三角形尖；弧刃直内钺，刃部凸出呈圆弧状，这些均与商文化中者有明显区别。另外，三角援戈（原称戣）上的双头动物形纹、弧刃钺上的透雕虎纹（龙纹）、蛙纹也不见于中原商文化铜器。

丙组　代表性的器物有人脸形面具、兽形面具、銎口钺、銎口斧、镰形器、璋形器、柳叶形剑、尖顶易、空顶易、眼形器、鱼形饰、鸟形饰等，数量较多。绝大多数器物的造型、纹饰均不见于商文化，具有浓厚的地方特色。其中，圆刃方銎钺上饰人面纹（或称蝉纹，笔者有专文统称心形纹），镰形器有背齿和无齿两种。有的器物，如璋形器，铸造粗糙，基本为红铜制品，反映了与商文化铸造工艺上的差异。

城洋铜器群虽然出土了较多商文化的铜器，但它整体上明显不是商文化，可以归类为商时期的地方文化。王志友、赵丛苍指出，“城洋铜器群中的三角援戈、钺、人面饰、兽面饰、璋形器、弯形器（即镰形器）、矛、鸟形饰、尖顶泡（即尖顶易）、透顶泡（即空顶易）和少数具有地方特点的青铜礼器，是城洋铜器群中最有地方特色

的器物"[①]。其中，铜泡283件、人面与兽面饰48件，弯形器（即镰形器）79件，分别占历年出土青铜器（依赵文710件）的46.62%、11.13%，总量超过半数，可见城洋铜器群的主人应该只是与商有密切交往的地方文化人群。

李伯谦先生在讨论城洋铜器群时，还没有发现三星堆器物坑和金沙遗址铜器群。其所讨论到的乙组文化因素的确属于仿制的商器，同时也有很多地方文化的共性，如銎口钺、三角援戈往往有数条脊线，且到尾部敞开呈"八"字形。上述器物除长胡四穿戈等外，大部分是与四川盆地古文化有关的文化因素。

关于城洋铜器群与周边文化的比较，讨论最多的主要还是四川盆地内的早期蜀文化。在李伯谦先生有预见性的看法上，以及研究者通常提到的铜人面具、兽面具和铜尊、罍和三角援戈等外，笔者在此补充几点城洋铜器群与早期蜀文化的比较内容。

（1）城洋铜器群出土诸多铜牙璋，在三星堆2号器物坑和金沙遗址中多有玉牙璋出土。同时，三星堆遗址亦见有小铜人手捧铜牙璋进行祭祀的铜器（K2③：325）[②]。

（2）城洋铜器群出土1柄铜柳叶形剑，一般认为铜剑出现于西周早期，以宝鸡强国墓地铜柳叶形剑为最早，故不敢将城洋铜器群的这柄剑确认为商代。然而在三星堆遗址1号器物坑中曾出土1柄玉柳叶形剑（K1：280）[③]，同时，有学者还考证三星堆出土的人身形铜牌饰（K2③：103-27）实为剑鞘和两柄剑柄[④]，此外，金沙遗址亦出土可插入4枚剑的玉剑鞘。柳叶形剑在晚期巴蜀文化中极为流行，城洋地区和三星堆出土的柳叶形剑，当是后来我国类似铜剑的滥觞。

（3）城洋铜器群中见有1件带座子的铜鸟形器，类似的铜鸟形器在广汉三星堆器物坑（K2②：194-1铜立鸟）[⑤]、成都金沙遗址和宝鸡强国西周墓地均可见。

（4）城洋铜器群中见有铜鱼形饰2件，鱼形饰在三星堆、金沙遗址和强国墓地均可见，只不过有金、铜、玉等不同材质。鸟形器、鱼形饰可能都是神树上的挂件。

（5）城洋铜器群出土尖顶易、空顶易各数十件，虽然在西安老牛坡四期墓葬[⑥]和

①　王志友、赵丛苍：《论城洋铜器中青铜泡、人面与兽面饰及弯形器的用途》，《西部考古（第三辑）》，西安：三秦出版社，2008年，第91～103页。

②　四川省文物考古研究所：《三星堆祭祀坑》，北京：文物出版社，1999年，第232页，第247页图版八八：1、2，第235页图一三三。

③　四川省文物考古研究所：《三星堆祭祀坑》，北京：文物出版社，1999年，第96页，第97页图五〇，第100页图版二九：1。

④　四川省文物考古研究所：《三星堆祭祀坑》，北京：文物出版社，1999年，第182页，第185页图一二〇、拓片一三，第187页图版六五：3。

⑤　四川省文物考古研究所：《三星堆祭祀坑》，北京：文物出版社，1999年，第219页，第221页图一二二，第224页图版八三：1。

⑥　刘士莪：《老牛坡》，西安：陕西人民出版社，2002年，第300页。

淳化黑豆嘴1号墓葬[①]都出土了尖顶易，但仍以成都平原三星堆器物坑和金沙遗址出土的铜喇叭形器和金喇叭形器为最多。

（6）城洋铜器群有4件铜钺器表饰抽象人面纹，类似的纹饰在三星堆器物坑玉器[②]、青铜器和金沙遗址玉牙璋、金饰上均可见到，只不过在三星堆遗址被称为蝉纹。

单从上述比较看，我们很容易得出城洋铜器群与蜀文化有密切关系，甚至其主人就属于早期蜀文化人群的结论。但是，我们仔细审视城洋铜器群与蜀文化的异同，这个结论就未免显得简单化了。

第一，早期蜀文化不太可能同时存在两个中心。早期蜀文化先后经历了三星堆和金沙两个文明中心，但这两个地点作为中心的时间大体前后相继，如果在远离数百千米之外的汉中存在与三星堆-金沙文明接近、势均力敌的、并存的文明中心，早期蜀国则难以对其形成有效管理，因此，这种可能性难以成立。以强大的商文明为例，商王朝的政治中心虽然几度转移，但也始终只有一个大的文明中心。以早商时为例，从二里头末期到二里岗时期，虽然在南方的湖北黄陂盘龙城同时存在另一个青铜文明，但文化特征与商文化核心地区始终保持一致，明显与长江中游的其他青铜文化不一样，盘龙城也通常被认为是商王朝在南方的一个军事据点或铜器生产基地。而城洋铜器群虽然与三星堆-金沙铜器群有诸多相近的文化因素，但两者的文化面貌并不相同，始终存在大量风格相异的铜器。因此，城洋铜器群不大可能是三星堆-金沙文明的另一个中心的遗留。

第二，两者延续的时间不一致。三星堆文化约始于夏代晚期，止于商代晚期偏早。十二桥文化则为商末至西周早期。最新公布的《四川广汉三星堆遗址四号祭祀坑的碳十四年代研究》介绍，"K4埋藏时间的日历年代有68.3%的概率落在距今3072～3003（cal.BP）时间范围内，有95.4%的概率落在距今3148～2966（cal.BP）时间范围之内"[③]。以及"目前已经明确的K2、K3、K7、K8出土文物可以拼对复原的现象综合判断，K1、K2、K3、K4、K7和K8的年代为距今约3200年至3000年，大致相当于晚商殷墟四期，K5和K6年代稍晚，大致相当于西周早期"[④]。三星堆文化阶段三星堆遗址除仅见少量铜牌饰、玉器外，并不见大规模铜器群，而三星堆器物坑的时代应

---

① 淳化县文化馆（姚生民）：《陕西淳化县出土的商周青铜器》，《考古与文物》1986年第5期。

② 四川省文物考古研究所：《三星堆祭祀坑》，北京：文物出版社，1999年，第117页，第118页图六二：2，第124页图版三九：1、2。

③ 四川省文物考古研究院、国家文物局考古研究中心与北京大学考古文博学院考古年代学联合实验室：《四川广汉三星堆遗址四号祭祀坑的碳十四年代研究》，《四川文物》2021年第2期。

④ 四川省文物考古研究院：《三星堆遗址祭祀区：科学发掘保护同步展现灿烂古代文明》，国家文物局官网2022年2月25日。

该属于十二桥文化，盛行时间明显相当于城洋铜器群的晚期阶段，K5、K6和此后的金沙祭祀区的发现则更晚了。如果城洋铜器群和三星堆-金沙铜器群同为古蜀文化，就无法解释在古蜀文化的中心地带没有大规模的铜器生产和应用，而在另一个偏远或次中心，却率先出现了更能代表"祀与戎"的铜器群。

第三，城洋铜器群是商文化和蜀文化交流的中转站。在蜀文化中，存在一些商文化铜器。例如，大口圈足尊、直腹圆罍、瓿、盘等典型商文化礼器，这些铜器在城洋铜器群中同样存在，且类型更多，这与中原青铜文化在向外传播过程中，文化因素传播随距离远近、交通便利程度和经济社会交往频率递减的规律相符。城洋铜器群中存在的与三星堆-金沙文明中相同、相近的文化因素，只能表明两者具有某些密切联系，是在三星堆-金沙文明向外传播中形成的。由此，可以确定城洋铜器群的主人既有自己的文化特点，同时也具有商文化向西南地区辐射的桥梁作用，以及早期蜀文化与中原文化交流沟通的前沿区位意义。

第四，早期蜀文化、城洋铜器群与商文化的关系并不一致。早期蜀文化对商文化是有选择的吸收。仍以礼器为例，三星堆器物坑中以尊、罍为主，瓿、盘只在一号坑各发现1件。而城洋铜器群中有鼎、鬲、甗、簋、尊、罍、卣、瓿、壶、盘、觚、爵、斝、觥等商文化礼器，类型十分丰富，数量占比也更大一些，表明较全面地吸收了商文化的主要元素（早期也吸收了商文化的南方据点——盘龙城遗址青铜文化的因素）。即使考虑到前文提到的地理距离、交通便利等情况，两者对商文化的态度差异仍然十分明显。假如我们下文讨论的城洋铜器群主人就是巴文化族群的认识成立，或许可以解释武王伐纣有蜀而无巴的历史背景。

第五，城洋铜器群是与早期蜀文化有密切交流的独立文化体。城洋铜器群中的铜人面具、兽面具、璋形器、条形三角援直内戈（上下对称刺，图4-1-2，14）、尖顶易、平顶易等虽与三星堆器物坑中同类器相似，但并不相同。如三星堆-金沙文明中绝大多数为玉璋、玉戈，而城洋铜器群为铜璋、铜戈。又如人形铜面具两者风格差异极大，三星堆几乎没有城洋铜器群的那种近板状的人面具。再如城洋铜器群中的所谓人面纹饰（图4-1-2，18），与三星堆-金沙文明中的蝉纹差异不大，但两者的载体完全不同，前者主要是铜兵器——钺，后者则见于仪式用器——玉璋和小型玉佩饰等，其功能也应该有差异，且在中国青铜文化中，蝉纹并非这两个铜器群所独有的元素。此外，鸟形饰、鱼形饰可能与流传于古代中国南方——夏商周时期则逐渐缩小到以四川盆地为主的扶桑、若木、建木等萨满原始信仰体系中的宇宙神话知识有关，只是树在三星堆中以青铜的形式铸造出来了，而城洋地区很可能是采用的真实的树或木材加工的树（因易朽未保存下来）（图4-1-3）[①]，再在上面挂各类铜鸟形饰、鱼形饰等。还有璋这类祭祀用器，在新石器晚期和夏商时期的中国，用璋是普遍的行为，并不能简单解释为两者间的文化相同（2022年4月重庆市文物考古研究院在重庆江津梧桐土遗址发现商代的残石璋）。

第六，城洋铜器群有自己的独特文化因素。如弯形器（镰形器）、虎（龙）纹铜钺、蛙纹铜钺、方銎"人面纹"铜钺、眉目纹直内钺（或称戚）、双头蛇纹铜戈、直长胡戈、銎口钺、銎口斧等。人脸形铜面具、兽首铜面具等也有自己的文化传播范围，在陕西淳化、西安老牛坡等有完全相同的器形被发现。周原遗址先周遗存中也有宝山文化的典型器，如美阳铜器群中就曾见有铜高足杯，王家嘴残墓中也出土过陶高圈足杯[②]。城洋铜器群中，已经出现铜戈、矛、剑、钺、镞系列兵器，除铜剑只有1件外，其他已较为普遍，这与后来东周时期巴蜀文化戈、矛、剑、钺兵器组合一致；而

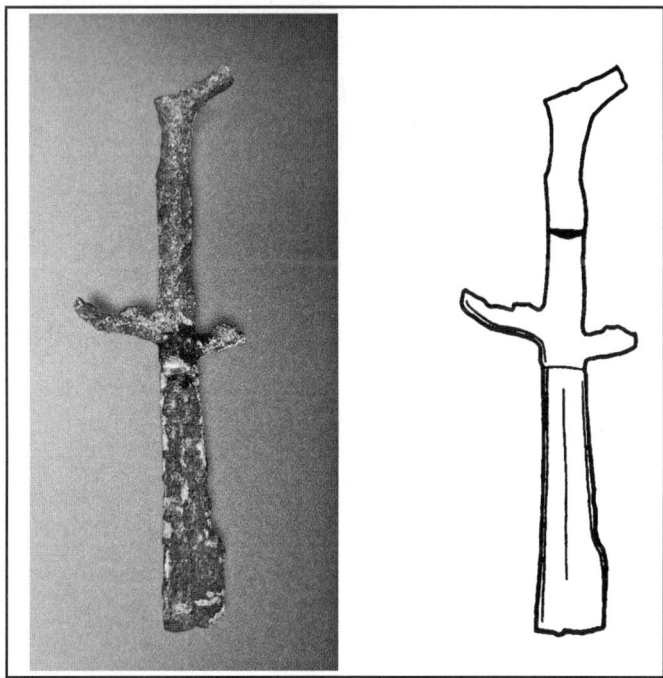

图4-1-3　城洋铜器群出土小型青铜残树形器

（城固县五郎庙b铜器地点1964CHWT：24）

---

① 1964年城固县五郎庙b铜器地点出土铜薄片状树形器1件（1964CHWT：24），该器上窄下宽，前端和中端出叉，形似树形，长13.5厘米。该器虽小，但可能暗示了城洋铜器群所在时代有更大的其他材质的神树存在。参见赵丛苍：《城洋青铜器》，北京：科学出版社，2006年，第54、57页。

② 张天恩：《打开早期巴蜀文化秘密的一把钥匙——评介〈城固宝山〉》，《四川文物》2005年第1期。

三星堆器物坑中虽也有1件剑，但材质为玉质，很可能是礼仪用器。最重要的是，城洋铜器群中数量较多的铜矛（26件）、铜钺（22件），在三星堆祭祀坑铜器群、金沙铜器群中完全不见，可见两者区别明显。

综上所述，城洋铜器群是与商文化存在密切联系，与蜀文化具有某些相似文化因素、同处一个大文化区的独立文化体。

三、城洋铜器群与宝山文化的主人相同

城洋铜器群是不是早期巴文化呢？仅就铜器而言，仍可以看出一些蛛丝马迹。例如，在今四川东部、重庆和鄂西地区，发现一些零星的商代铜器，如重庆巫山大宁河大昌凌家滩出土的三鸟三羊尊[①]（图4-1-4，10）、湖北宜都王家渡出土的夔龙纹圆罍[②]（图4-1-4，11）、湖北长阳龙舟坪镇胡口湾出土的三角援直内戈[③]（图4-1-4，14）等在城洋铜器群中都能见到相似的器物。以长阳三角援戈为例，与城洋铜器群中的一种带三根脊线的铜戈（图4-1-4，5）基本相似，这种戈在古蜀地区（包括稍晚的彭州竹瓦街）是见不到的。又以铜钺为例，四川阆中彭城坝遗址采集的商代镂空虎纹铜钺[④]（图4-1-4，12）具有城洋铜器群镂空虎（龙）纹钺（图4-1-4，3）相近的纹饰，又有蛙纹铜钺（图4-1-4，7）相似的外形，同时还吸收了长江中游盘龙城遗址铜钺镂空边缘弧凸的做法（杨家湾M11：32、H6：2）[⑤]；重庆酉阳邹家坝、合川菜蔬排遗址出土的

①　四川省文物管理委员会、四川省文物考古研究所、巫山县文化馆：《巫山境内长江、大宁河流域古遗址调查简报》，四川省文物考古研究所：《四川考古报告集》，北京：文物出版社，1998年，第9页。

②　卢德佩：《鄂西发现的古文化遗存》，国家文物局三峡工程文物保护领导小组湖北工作站：《三峡考古之发现》，武汉：湖北科学技术出版社，1998年，第10～16页。

③　湖北省清江隔河岩考古队、湖北省文物考古研究所：《清江考古掠影及出土文物图录》，北京：科学出版社，2004年，第52页。

④　张启明：《阆中出土虎纹铜钺》，《四川文物》1984年第3期，第54页；李伯谦：《中国出土青铜器全集（18）》，北京：科学出版社·龙门书局，2018年，第10页；四川省文物考古研究院、南充市文化广电新闻出版局：《嘉陵江中游（阆中至仪陇段）先秦时期遗址调查简报》，《四川文物》2020年第3期。

⑤　湖北省文物考古研究所：《盘龙城——1963～1994年考古发掘报告》，北京：文物出版社，2001年，第292页。

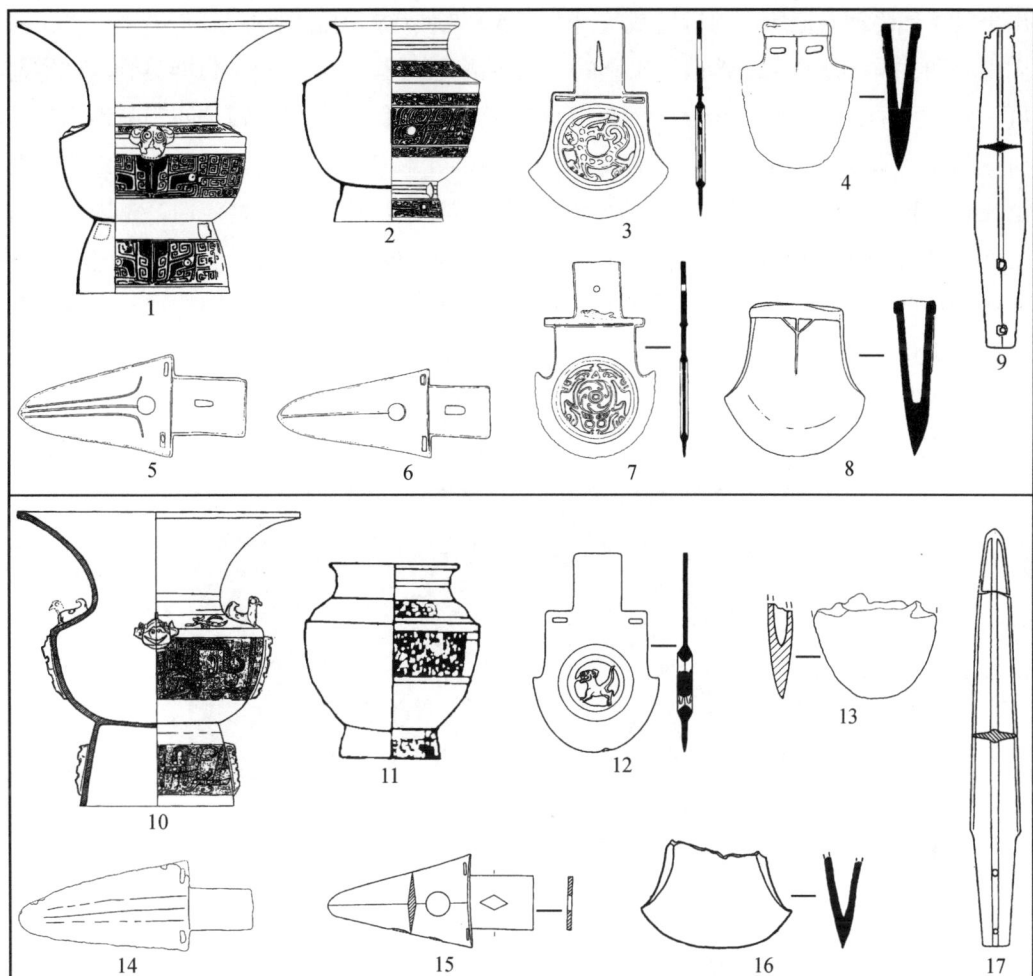

图4-1-4　城洋铜器群与四川盆地东部、三峡地区青铜器的比较

1、10. 尊（城固五郎庙CHWT：1、巫山大昌东坝B010）　　2、11. 罍（城固龙头村铜71、宜都王家渡遗址）

3、4、7、8、12、13、16. 钺（城固五郎乡铜13、城固9、范坝村NO：162、范坝村NO：168、阆中彭城坝征：1、

西阳邹家坝T0606④A：2、合川菜蔬排T1③：4）　　5、6、14、15. 三角援戈（城固苏村铜59-13、城固苏村铜59-3、

长阳龙舟坪镇胡口湾清江畔出土、忠县瓦渣地M1：1）　　9、17. 柳叶形剑（洋县文川镇铜280、忠县瓦渣地

M1：2）（长阳铜戈线图为笔者据彩图绘制）

（上栏为陕西城洋铜器群，下栏为四川盆地东部、三峡地区出土早期铜器。除15、17为西周中晚期外，

余为商代）

商代銎口舌形刃钺[1]（图4-1-4，13）和銎口弧刃钺[2]（图4-1-4，16）、江津梧桐土遗址

---

[1]　重庆市文物考古所、重庆文化遗产保护中心：《酉阳邹家坝》，北京：科学出版社，2011年，第201页。

[2]　重庆市文化遗产研究院、合川区文物管理所：《合川区菜蔬排遗址发掘简报》，重庆市文化遗产研究院、重庆文化遗产保护中心：《嘉陵江下游考古报告集》，北京：科学出版社，2015年，第206页。

出土的商代晚期石范所示的折肩钺[①]（图4-1-5）在城洋铜器群中均有相似器形。到了西周中晚期，重庆忠县瓦渣地遗址出土的三角援铜戈[②]（图4-1-4，15）仍能见到城洋铜器群三角援戈的影子，该遗址出土的扁茎柳叶形剑（图4-1-4，17）则是四川盆地内目前所见最早的青铜柳叶形剑，与城洋地区的扁茎柳叶形剑一脉相承。总体上，由于早期巴文化青铜器考古发现不多，我们可以设想，城洋铜器群之所以难定性，是因为它自己就是早期巴文化的创造，因而缺少足够对比材料。同时，城洋铜器群与三星堆-金沙文明的一些相似性文化因素，说明很可能就是早期巴、蜀文明的共同特征——这从晚期巴蜀文化的相似性可以进行反推。

当然，仅就铜器的比较而言，我们只能说城洋铜器群是与早期巴蜀文化有亲缘关系的一支青铜文化，还不能将它的主人十分明确地认定为巴文化族群。从这个意义上

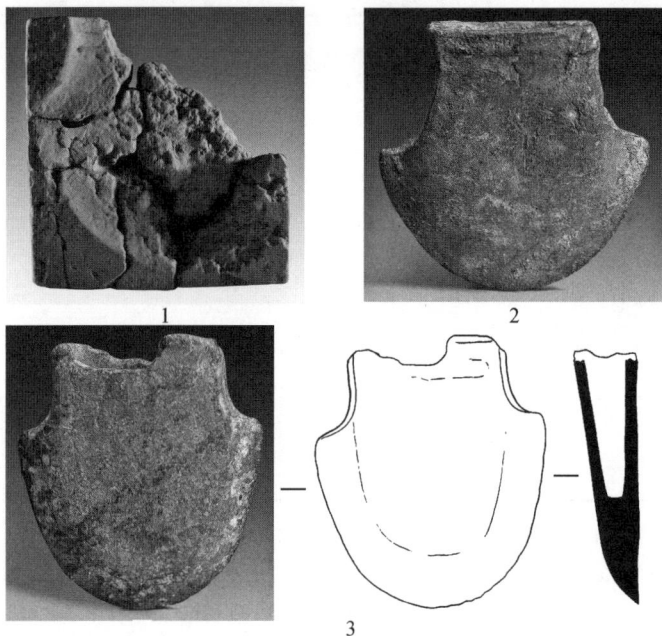

图4-1-5　陕西城固五郎乡出土铜钺与重庆江津梧桐土遗址出土石范上的钺形状对比
1. 重庆江津梧桐土遗址出土商代晚期石钺范（2022JYWTS36E19⑤：3）　2. 陕西汉中城固五郎乡出土铜銎口钺（铜114-1）　3. 陕西汉中城固五郎乡出土铜銎口钺（铜114-2）

---

① 重庆市文物考古研究院2022年8月在江津梧桐土遗址出土，根据[14]C测年和同出陶器群可知，年代当公元前1300年左右，相当于石地坝文化/十二桥文化早期。石范上的钺轮廓与赵丛苍划分的城洋铜器群Db型Ⅲ式、Db型Ⅳ式钺相似。参见赵丛苍：《城洋青铜器》，北京：科学出版社，2006年，第230页。

② 北京大学考古学系三峡考古队、忠县文物保护管理所：《忠县瓦渣地遗址发掘简报》，重庆市文物局、重庆市移民局：《重庆库区考古报告集·1998卷》，北京：科学出版社，2003年，第649～678页。

看，孙华先生主张暂不确定该铜器群的主人是有一定道理的。但与此同时，他又否定了城洋铜器群是早期巴文化族群的可能性，这就走向了另外一个方向。

笔者认为，要解决城洋铜器群的主人问题，必须从汉中地区的考古学文化入手，这是过去许多研究者所忽略的。我们知道，铜器——特别是商代铜器——通常是上层社会或开展特殊礼仪或开展宗教活动使用的器物，并不能完全反映一个地区社会基层大众的文化；而陶器是那个时代人人都要使用的器物，且由于易碎、廉价、易得的特性，成为更新换代极快的大众商品，反映着一个地区较为固定的、稳定的、深层的生产、生活方式和持久的审美情趣，因而是研究古代族属物质文化的最优工具。

宝山遗址位于陕西汉中城固县宝山镇宝山村，1990年西北大学文博学院考古专业在城固县做专题调查时发现，1998年、1999年进行了小规模发掘，揭露仰韶、龙山、商、汉四个时期的遗存，其中尤以商时期遗存最丰富。商时期遗存包括61座烧烤坑、烧土圈遗迹1个、房屋基址2座、铺石遗迹4个、陶器坑1个、墓葬8座、动物（鹿？）坑1个。该遗址出土陶器以高柄器和圈足器最多，圜底器、小平底器（近尖底）次之，平底器、三足器较少。陶器种类主要有圜底釜、高柄豆、高柄小底尊、小底尊形杯、高柄器座、大口深腹罐、扁腹壶、有柄尊、罍、簋、鬲、锥足鼎、瓬、圈足罐、高圈足尊形杯、细高柄尊形杯、有錾圈足尊、长颈圈足尊、小底钵、器盖、圆腹罐、尊形小罐、尊形双耳罐、筒形杯以及纺轮、圆环、匕等。其中，陶釜的数量最多，占26.35%，其次为高柄豆、小底尊形杯和高颈小平底尊，分别占18.45%、15.11%、10.48%[①]。宝山遗址出土商时期铜器数量较少，主要有铜弯形器（即报告的铜镰）、镞、器柄、串珠，骨角器有骨发饰、笄、铲、叉、锥、匕、签、镞等。石器有圭、斧、砧、锤、刮削器、砺石等，其他有圭形蚌器、取火石等。

因宝山遗址出土商时期遗物具有较强的地方特色，发掘报告将该类遗存命名为"宝山文化"。宝山文化的创造者与城洋铜器群的主人是一个人群共同体。理由如下：

一是宝山文化与城洋铜器群的时代大致相当。据发掘者研究，宝山文化约当中原二里岗上层晚期至殷墟三期，城洋铜器群约当中原二里岗至殷墟四期，两者时代大体相当。考虑到宝山遗址只发掘了小部分，或许还有一些时间段的空白没有发现，故可以认为两者时代是基本吻合的。

二是宝山文化与城洋铜器群的分布地域呈包含关系。城洋铜器群集中分布于湑水河和附近的汉江两岸的东西约40、南北约10千米的地域内。埋藏地点多位于江河两岸的土台上，埋藏坑有长方形坑和圆形坑。宝山遗址位于湑水河东北岸，往下约7千米即湑水与汉江交汇处，也有大量带有日常祭祀性质的烧烤坑。目前，汉江上游地区发现

---

① 西北大学文博学院：《城固宝山——1998年发掘报告》，北京：文物出版社，2002年，第77、78页。

的这一阶段遗址仅宝山一处，在安康紫阳白马石、阮家坝等遗址则发现较这一阶段略晚的遗址，与宝山文化存在较强的承继关系。据考古工作的一般规律看，以宝山遗址为中心，应该存在一系列的宝山文化遗址，其范围较城洋铜器群的分布范围广，城洋铜器群发现的地点，应该只是这一文化的政治和宗教的中心地带。

三是宝山文化与城洋铜器群存在相同或相似的文化内涵。《城固宝山——1998年发掘报告》指出："宝山SH51所出铜镞，与洋县范坝铜器点出土的有些铜镞标本的形制相同。SH26、SH64出土的青铜镰，与城洋商代铜器群中的镰形器形制风格近同。宝山出土的Ab型Ⅰ式陶罍，与城洋铜器群重要地点之一的城固龙头镇铜器点所出青铜罍形制颇为相似，当为此种铜罍而制作的陶礼器。宝山SH17出土的陶质钺类残器柄，可看出其为直内，身近阑处有大圆孔，城洋铜器群中就有同类器物的存在。宝山商时期遗存中有不少蛙纹，而其也见于城洋铜器群，如范坝铜器点出土钺的身中部，就透雕有一蛙纹图案。同时，在总体文化面貌上，二者皆是以地方性特色为主。"[1]当然，宝山遗址是带有一定居住性质的遗址，反映的是平民或日常生产生活的遗留；而城洋铜器群是人们进行重要祭祀或开展某种礼仪活动的遗留，是当时上层社会或神职人员从事某种特殊活动的结果，两者间遗物在质地、类别上仍然有较大的不同，但上述的联系，已经足以确认两者间的文化主人是同一个人群共同体。

四、宝山文化是早期巴文化群的地方类型

以上说明了城洋铜器群和宝山文化的关系问题，但还不足以说明这群人是什么文化的人的问题。宝山文化陶器可分为四组文化因素（图4-1-6）。

甲组　代表性的器物有高颈小平底尊、长颈圈足尊、罍、簋、鬲、锥足鼎、瓠等。该类文化因素有的是模仿商式铜器而来，有的与商文化的同类器相似，特别是圈足簋、圈足瓠上的"十"字纹镂孔，是二里岗上层文化和殷墟一期陶、铜器上的典型特点。

乙组　代表性的器物有高柄豆、高柄器座、细高柄尊形杯、扁腹壶、高颈尊形罐、小平底钵（罐）等。该类器物与三星堆文化、金沙文化中同类器相似。但陶高柄豆、高柄器座（灯形器）、细高柄尊形杯、小平底钵（罐）也广泛分布于同时期的鄂西、四川盆地东部的考古文化中，是三星堆文化向周边地区扩散的结果。而扁腹壶既

---

① 西北大学文博学院：《城固宝山——1998年发掘报告》，北京：文物出版社，2002年，第179页。

见于宝山遗址也见于四川新繁水观音遗址[①]，但前者的年代略早于后者，存在发展演变关系，所以也可归入以下的丁组文化因素。

　　丙组　　代表性的陶器有圜底釜、大口深腹罐、圆腹罐、小底尊形杯、尖（小）底钵、器盖（尖底盏，图4-1-6，14、15）等。主要是各类圜底器和尖底器（小底器），这类陶器广泛见于鄂西地区路家河文化和四川盆地东部的石地坝文化。

　　丁组　　代表性的器物有錾柄小底尊、有柄尊、高圈足尊形杯、有錾圈足尊、尊形双耳罐等。这类陶器是在丙组陶器基础上，在本地发展起来的。

　　从上述四组文化因素看，我们很难确定宝山文化的属性。但如果详加分析，除甲组外，乙组陶器起源于三星堆文化及其后继十二桥文化，三星堆文化的年代约当公元前1700～前1250年（三星堆器物坑的年代约当公元前1250～前1050年，已进入十二桥文化阶段），三星堆文化诞生后，便向外进行了扩散，在四川盆地、鄂西地区、陕南地区都有广泛分布，并在后三星堆文化时代，部分三星堆文化的典型陶器仍得以不同程度的保留。例如高柄豆、灯形器和小平底罐（盆），因此不能见到包含这类文化因素的陶器群就简单认定其为早期蜀文化。丁组陶器具有一定的独特性，但仔细研究，高柄小底尊、有柄尊都是在丙组尊形杯基础上添加柄而成，双錾圈足尊、单錾圈足尊、尊形双耳罐也是在丙组陶器基础上，结合西边的寺洼文化的特征而产生的新器形，同时，有錾圈足器的风格也反过来传播到今川渝地区，重庆忠县老鸪冲遗址[②]、王家堡遗址[③]就有三星堆文化时期的双錾高足杯、双錾高足盘、单耳罐等类似的陶器出土，四川广汉三星堆遗址1999年发掘的月亮湾地点也出土有双錾高足陶杯[④]。由此不难得出结论，宝山遗址的主体文化因素应该是丙组文化因素。

　　丙组文化因素中有部分陶器和南边四川盆地、三峡地区的陶器相近。如陶尖（小）底钵，在成都平原的十二桥文化、重庆及川东的石地坝文化、三峡东部地区（狭义）的路家河文化中都能见到；又如陶尖底盏（《城固宝山——1998年发掘报告》称为器盖）、陶折腹尖（小）底尊形杯（图4-1-6，19）常见于十二桥文化、石地坝文化，不见于路家河文化。不过，上述器类的数量在宝山文化中占比较低。

---

　　①　四川省博物馆：《四川新繁县水观音遗址试掘简报》，《考古》1959年第8期。

　　②　重庆市文物考古所、重庆文化遗产保护中心：《重庆文物考古十年》，重庆：重庆出版社，2010年，第57、58页。

　　③　重庆市文化遗产研究院、忠县文物管理所：《忠县王家堡遗址2002年发掘简报》，重庆市文物局、重庆市水利局：《重庆库区考古报告集·2003卷》，北京：科学出版社，2019年，第1327～1354页。

　　④　三星堆遗址1999年发掘的月亮湾地点出土双錾高足陶杯，目前陈列在广汉三星堆遗址博物馆展厅。

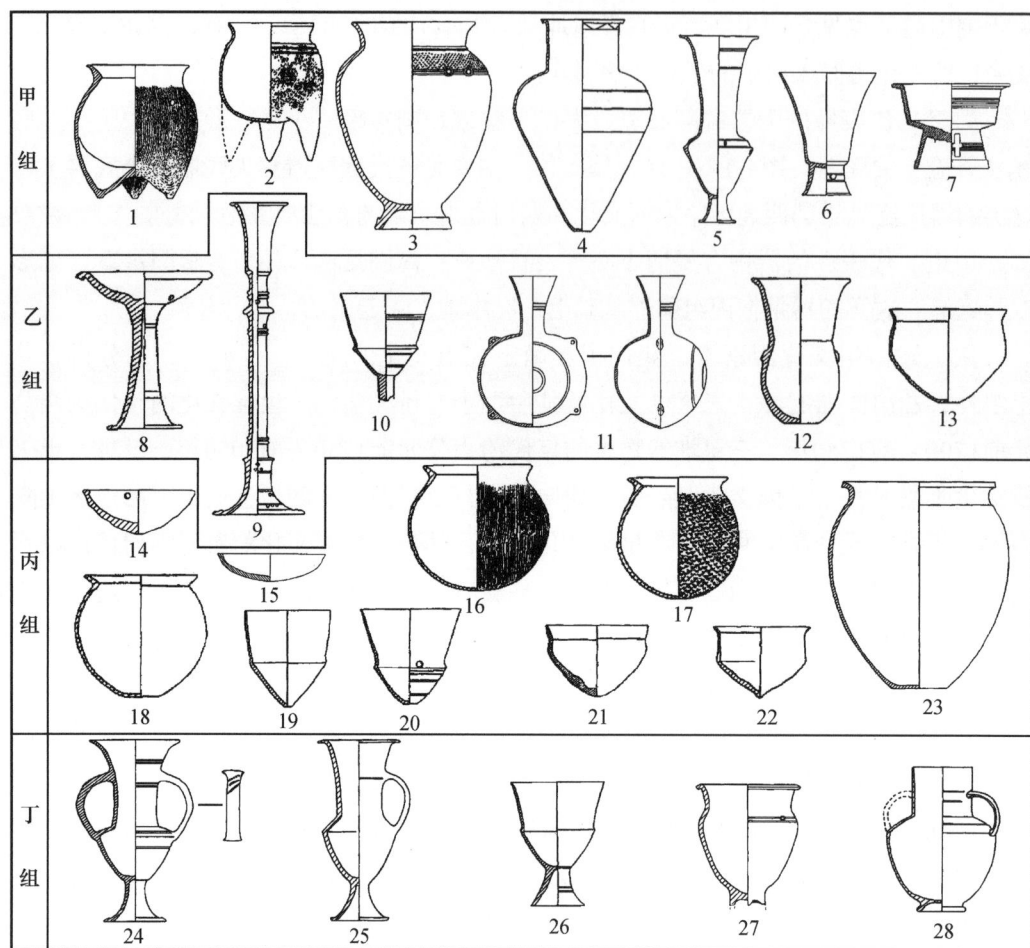

图4-1-6　陕西城固宝山遗址出土陶器文化因素分组

1.鬲（SH20：18）　2.锥足鼎（SH9：13）　3.罍（SH8：6）　4.高颈小底罐（SH19：15）　5.长颈圈足尊
（SH19：16）　6.觚（SH8：2）　7.簋（SH11：10）　8.高柄豆（SH19：41）　9.高柄器座（灯形器，SH8：28）
10.细高柄尊形杯（SH7：29）　11.扁腹壶（SH20：21）　12.高颈尊形罐（SH48：5）　13.小平底罐（SH27：19）
14、15.尖底盏（器盖，SH11：14、SH9：131）　16、17.釜（SH19：21、SH19：29）　18.圆腹罐（SH19：31）
19、20.小底尊形杯（SH12：3、SH5：14）　21、22.尖（小）底钵（SH3：6、SH3：8）　23.大口深腹罐（SH8：16）
24.双錾圈足尊（K01：1）　25.单錾圈足尊（K01：3）　26.高圈足尊形杯（SH9：116）　27.有柄尊（SH57：1）
28.尊形双耳罐（SH12：30）

　　宝山文化与三峡东部地区的路家河文化相比较，两者有大量相似的陶器。路家河文化是以湖北宜昌路家河遗址第二期后段遗存命名的考古学文化，该文化以西陵峡为中心分布，向西到重庆奉节新浦遗址下层仍可见到一些文化因素，向南到湖北清江流域，长阳县香炉石遗址中即有较多路家河文化的陶器。路家河遗址的路家河文化遗存可分为三个年代组，《宜昌路家河——长江三峡考古发掘报告》将其分别确定在二里岗下层、二里岗上层、殷墟早期[①]。笔者认为，该起讫年代整体应该下延，最晚可到殷墟晚期。路家河文化和宝山文化中，陶釜和小底尊形杯均占较大比例。路家河遗址的朝天嘴文化阶段（即遗址第二期前段），就已出现3件陶釜。路家河文化阶段（即遗址第二期后段），其Ⅰ、Ⅱ、Ⅲ段则出土了大量的陶釜，占出土陶器总数的42.5%、46.7%、近60%[②]。宝山遗址中的陶釜占26.35%，是数量最多的陶器器类。陶釜在四川盆地东部和重庆地区的石地坝文化中也是主要器类，经统计，石地坝遗址商周时期陶釜、圜底罐等的数量也占到各器类数量的50%以上[③]。而在成都平原的十二桥文化中，极少见到陶圜底器，以十二桥文化典型遗址十二桥遗址为例，仅出土1件陶圜底釜（ⅠT15⑫∶65），且该陶釜有领、垂腹，与宝山的陶釜有一定区别。川渝地区和三峡东段的陶釜，起源于三峡东段新石器时代的陶釜，一直延续到朝天嘴文化（与三星堆文化早中期大体同时），并在路家河文化和石地坝文化中发扬光大。另外，宝山遗址出土了大量的鼓腹小（尖）底尊形杯（图4-1-6，20），这种形态的小（尖）底杯目前仅见于路家河文化（图4-1-7，16、17）。《城固宝山——1998年发掘报告》还从陶质、陶色、纹饰方面比较了宝山文化和路家河文化的相似性，认为"两者的联系非一般意义的交流关系而有着直接的亲缘关系……很可能是由路家河二期后段遗存稍早时期分化出来的一种考古学文化遗存"[④]。

综上所述，宝山文化受到南面三星堆文化及其后的十二桥文化、石地坝文化的影响，但更多受到三峡东段的路家河文化影响，与路家河文化关系更为密切。

笔者在《试论石地坝文化》[⑤]《考古学视野下的巴文化：概念、问题与方法》[⑥]等文章中指出：追索巴文化、寻踪巴文化应该按照"由近及远、追末溯本"的方法，晚期巴文化中圜底器和尖底器在器物群中所占比例较大，也最为显眼，可能暗示了巴文化存在某种形式的"二元结构"。其中，圜底器的器类有圜底釜、鍪、圜底罐等，尖底器有尖底杯、尖底盏、尖底罐（钵）等。按照这些基本特征，可将晚期巴文化上溯

---

①　长江水利委员会：《宜昌路家河——长江三峡考古发掘报告》，北京：科学出版社，2002年，第116页。

②　孙民利：《宜昌路家河遗址夏商时期陶釜研究》，《江汉考古》2007年第3期。

③　重庆市文物考古所、丰都县文物管理所：《丰都石地坝遗址商周时期遗存发掘报告》，重庆市文物局、重庆市移民局：《重庆库区考古报告集·1999卷》，北京：科学出版社，2006年，第702~737页。

④　长江水利委员会：《宜昌路家河——长江三峡考古发掘报告》，北京：科学出版社，2002年，第182页。

⑤　白九江、李大地：《试论石地坝文化》，李禹阶：《三峡考古与多学科研究》，重庆：重庆出版社，2007年，第67~90页。

⑥　白九江：《考古学视野下的巴文化：概念、问题与方法》，重庆中国三峡博物馆、重庆博物馆：《长江文明2020（3）》，成都：四川美术出版社，2020年，第1~11页。

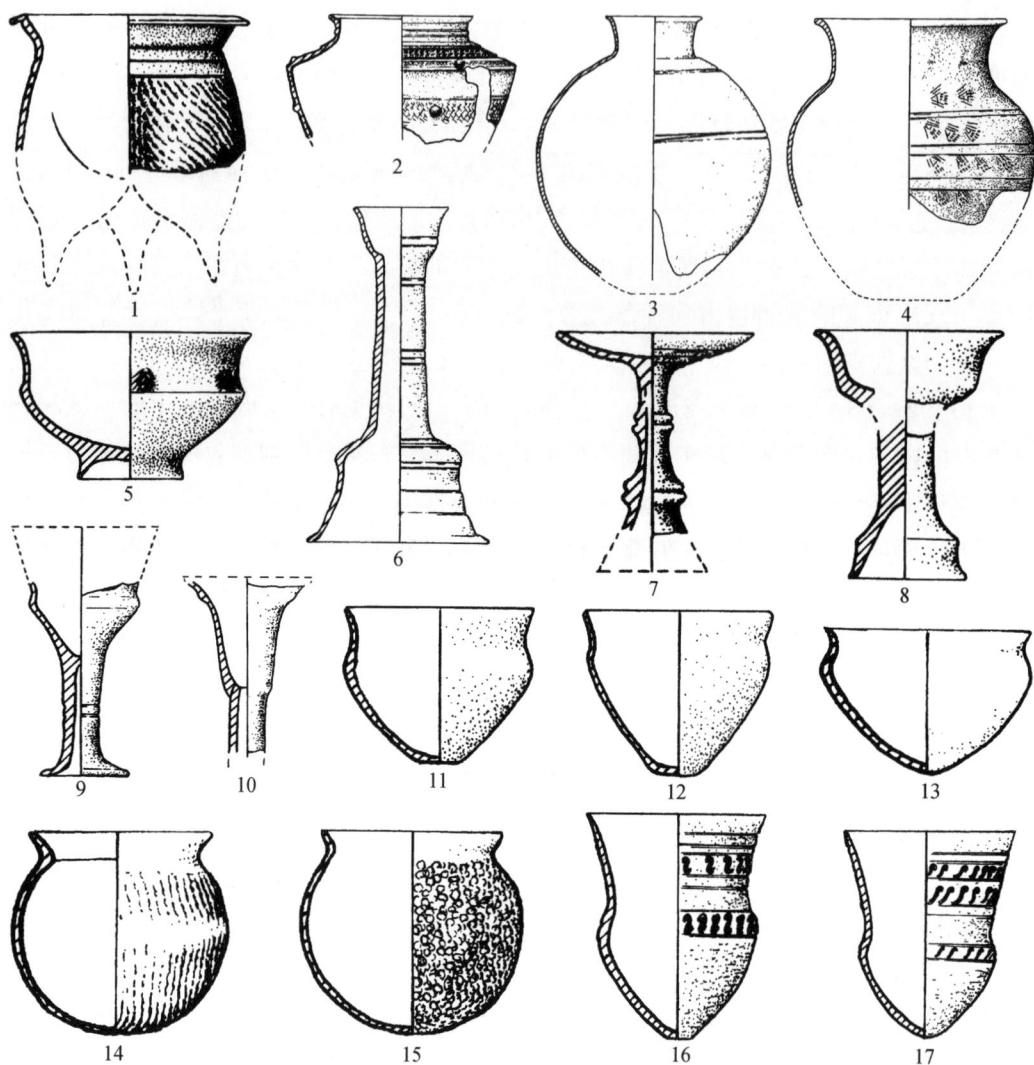

图4-1-7　湖北宜昌路家河遗址第二期后段出土与宝山文化相近的陶器

1.鬲（采：59）　2.罍（T1③：3）　3.高领罐（T5⑤：2）　4.瓮（T9⑨：2）　5.簋（T1③C：3）

6、10.灯形器（T3③：1、采：253）　7.高柄豆（T5扩：40）　8.中柄豆（T5扩：14）　9.高柄杯（T1④：1）

11、12.小平底罐（杯，T7⑤：1、T5扩：1）　13.尖底罐（采：279）　14、15.釜（T48④：91、T8④：1）

16、17.鼓腹杯（T5⑤：43、T5③：8）

至瓦渣地文化，并进而上溯至更早的路家河文化、宝山文化、石地坝文化，这三者均应是早期巴文化的不同地方类型，可以称之为"早期巴文化群"。"早期巴文化群"与十二桥文化明显有一个重要差异，即后者基本不见圜底器[①]。正如《城固宝山——

① 十二桥遗址的1件小口绳纹釜，按简报说法，"中期"还有"菱形回字纹"，菱形回字纹为新一村文化才出现的典型陶器纹饰，故不能排除此件陶器为新一村文化陶釜的可能。

1998年发掘报告》指出的那样："路家河二期后段遗存和宝山文化，各为巴文化的不同类型。使用宝山文化的人类共同体，应为巴人的一支。"[1]

五、陕南地区是早期巴文化族群的分布地

城洋铜器群和宝山文化分布的汉中盆地东部，以及更东的安康盆地直到丹江入汉水附近，属于汉水上游和中游的起首部分，从文献上看，曾长期属于巴文化族群的分布地，曾是早期巴文化的政治与宗教中心。

一是从传世文献上早期巴的方位看。《山海经·海内南经》："夏后启之臣曰孟涂，是司神于巴，……居山上，在丹山西。"[2]郭璞认为丹山在湖北秭归一带，而从《史记·楚世家》记"（楚怀王）十七年春（前312年），与秦战丹阳"（《索隐》"此丹阳在汉中"[3]）看，可知孟涂司巴的丹山大致在汉水上游至上中游交界一带。《山海经》又记川西北、陇南高原山地之"牦马"："在巴蛇西北，高山南。"[4]东周时，四川盆地东部的巴国与牦马之间间隔着蜀国，而只有陕南西部地区与牦马相近，该段记录反映的应该是早期巴文化政治中心与牦马关系的记忆，即早期巴文化政治中心很可能在陕南。

二是从甲骨文记录的巴和考古发现商文化的交界看。商代甲骨卜辞中有关巴的记录有30多条，如"贞王从沚馘（盾戈）伐巴方"（《合集》93反）、"贞御巴于妣"（《合集》15114正）、"商（赏）于巴奠（甸）"（《屯南》1059）等。当然，这些甲骨卜辞谈到的巴，具体位置应该是巴与商交界的边缘地带。《禹贡》以五服划分各地与中原王朝国家地域之远近和文明之高低，甲骨卜辞中的"巴甸"的甸服，表明了巴与商王朝的边界应紧接。考古发现湖北郧县店子河遗址有单纯的商文化遗存[5]，郧县

① 长江水利委员会：《宜昌路家河——长江三峡考古发掘报告》，北京：科学出版社，2002年，第183页。

② 方韬译注：《山海经》，北京：中华书局，2009年，第206页。

③ （汉）司马迁撰，（南朝）裴骃集解，（唐）司马贞索隐，（唐）张守节正义：《史记》，北京：中华书局，1999年，第1410页。

④ 方韬译注：《山海经》，北京：中华书局，2009年，第207页。

⑤ 武汉大学考古系、湖北省文物局南水北调办公室、郧县博物馆：《湖北郧县店子河遗址发掘简报》，《考古》2011年第5期。

辽瓦店子遗址也发现二里岗下层到殷墟一期的商文化遗存①，这些汉水上游下段的遗址应该是商文化极盛时的西南边界。曹玮认为，城洋铜器群的主人是巴文化人群，"他们从商代早期开始，间接地与商王朝接触；中期受影响较大；晚期既与商王朝有联系，又表现出高度的独立性"②。按照巴在西南的大体方位和商文化的西南方向边界位置推测，巴的东北界应大抵位于今汉水上游陕西白河县与湖北郧县交界一带，巴的政治中心或许应在更西的汉水上游中段。

三是从陕南地区与巴有关的历史地名看。陕南地区有许多历史上留下来的带巴字的地名。《山海经·海内经》："西南有巴国。……有巴遂山，渑水出焉。"③这里的"渑水"，即《水经注》中的"沔水"④。古代汉水上游也称"沔水"，今汉中有勉县，为沔县更名而来。《史记·苏秦列传》司马贞《索隐》释巴："巴，水名，与汉水近。"⑤这个巴水，应该是上古时期巴方曾活动于此而留下的地名，这就进一步可将早期巴文化族群曾活动在汉水上游地区确定下来。而"巴遂山"就是汉中、安康盆地南侧之山，今名大巴山。大巴山在《水经注》中又称"巴山""巴岭"。《水经注》卷二〇"漾水、丹水"有"东水口，水出巴岭""水西北出南郑县巴岭"、难水"水出东北小巴山"的记载。卷二七《沔水上》则有"容裘溪水注之，俗谓之洛水也。水南导巴岭山，东北流"、汉阴城"有廉水出巴岭山，北流迳廉川，故水得其名矣""磐余水，水出南山巴岭上"、西乡县"汉水又东合蓬蔱溪口。其水南流迳巴溪戍西""洋水导源巴山，东北流迳平阳城"等记载⑥。上述巴遂山、巴山、小巴山、巴岭山、巴岭、巴水、巴溪等，均在今汉中及其周边地区，应为早期巴文化政治中心在此而遗留下来的地名。但也有学者认为，这些地名均在汉水南岸，巴山之得名，是因

① 据新闻报道，辽瓦店子遗址"商代文化堆积也很丰富，发现5座墓葬和数十座灰坑，墓葬形制与夏代差别不大，都是小型竖穴土坑墓，随葬品很少。器物多出自灰坑，这一时期的夹砂和夹云母的灰陶器数量增加，主要纹饰种类包括绳纹、交错绳纹、弦纹、附加堆纹，也有不少器物为素面。主要器类有鬲、甗、斝、罐、豆、簋、圈足盘、大口尊等，器物个体大，制作精细，时代从二里岗下层到殷墟一期，其风格与典型的商文化如出一辙"。参见百度百科"湖北郧县辽瓦店子遗址"。
② 曹玮：《汉中出土的商代青铜器》，曹玮：《汉中出土商代青铜器》，成都：巴蜀书社，2006年，第44页。
③ 方韬译注：《山海经》，北京：中华书局，2009年，第275页。
④ （北魏）郦道元著，（清）王先谦校：《合校水经注》卷34《沔水》，北京：中华书局，2009年，第450页。
⑤ （汉）司马迁撰，（南朝）裴骃集解，（唐）司马贞索隐，（唐）张守节正义：《史记》，北京：中华书局，1999年，第1792页。
⑥ （北魏）郦道元著，（清）王先谦校：《合校水经注》，北京：中华书局，2009年，第451～471页。

后来战国四川盆地之巴国北部界山而来①。然而，同在《水经注》"漾水、丹水"条，却记载汉中盆地北侧的山为秦岭，可见，当时是视秦国南山为秦岭、巴国（政治中心）南山为巴岭的。若以战国巴国北界而言巴岭（战国巴境"北接汉中"，说明不包括汉中），何以大巴山西段不被称作"蜀岭"呢？这显然是说不通的。

四是从晚期巴国活动地点向上反推商代巴方。《左传》詹桓伯举周之疆域曰："及武王克商……巴、濮、楚、邓，吾南土也。"②其时，邓国处今河南邓州市至湖北襄阳北部一带；成王封楚熊绎于丹淅之地；濮当为处于今湖北竹山、房县一带的庸和处于今郧阳、房州一带的麇，以及处于今宜城市西一带的罗等"百濮"系方国。由此观周之南土，濮、楚、邓大致呈自西而东一字排开，沿汉水上游及中游前段两侧成一线，巴、濮、楚、邓应该是按由西而东的方位顺序在描述周南土方国，则西周巴国政治中心应在靠近周王朝政治中心南边不远处，最可能在汉中东部至安康盆地一带。春秋时期，《华阳国志》记载"（巴）虽奉王职，与秦、楚、邓为比"③，其既有与秦、楚、邓相近的政治军事实力，也有比邻而居的邻国的意思。这一时期，《左传》曾记载巴国先后多次与申、邓、楚、庸国交战，地点均在汉水中上游及附近地区。可见，在春秋晚期以前，巴国的政治中心一直在汉水上游地区，直到春秋晚期才逐步迁到四川盆地东部。战国时，《史记》苏代说燕王有"蜀地之甲，乘船浮于汶，乘夏水而下江，五日而至郢。汉中之甲，乘船出于巴，乘夏水而下汉，四日而至五渚"④的记载，《战国策·燕二》也有类似说法⑤。可见，战国中期的人们仍然知道汉中曾经是巴国的政治、军事中心，可沿汉水而下直捣楚核心地区。

关于早期巴文化政治中心所在，许多历史学家也曾做过研究。蒙文通先生较早系统地论述了巴在汉水上游的观点⑥。按顾颉刚和章巽、邓少琴的考证，商代巴方在汉水

①　孙华：《试论城洋铜器存在的历史背景》，《四川文物》2011年第3期。

②　（周）左丘明传，（晋）杜预注，（唐）孔颖达正义：《春秋左传正义》，北京：北京大学出版社，2000年，第1460页。

③　（晋）常璩撰：《二十五别史·华阳国志》，济南：齐鲁书社，2000年，第3页。

④　（汉）司马迁撰，（南朝）裴骃集解，（唐）司马贞索隐，（唐）张守节正义：《史记》，北京：中华书局，1999年，第1792页。

⑤　（汉）刘向编录，刘晓东等点校：《战国策》卷30《燕二》，济南：齐鲁书社，2000年，第340页。

⑥　蒙文通从汉水流域有巴的名称，以及巴与苴关系的角度论述这个问题说："巴子之国有苴蛮，苴在南郑，亦在汉域。谅巴之始国，惟在苴东。下逮春秋，巴东南下，春秋之末，巴楚且相拒于捍关也。"参见蒙文通：《周秦少数民族研究》第三"南方民族之移动"，蒙文通：《蒙文通文集》第二卷《古族甄微》，成都：巴蜀书社，1993年，第100页。

上游的黄金峡附近[①]。历史学家童书业也认为西周姬姓巴国"当近汉水上游"[②]。黄金峡位于今汉中市和安康市之间，西出峡口即为城洋铜器群和宝山遗址分布地，可见二者的创造者的确为早期巴文化族群。

六、结　语

多年来，学者们为城洋铜器群的创造者聚讼不休。研究城洋铜器群的主人，既要看到它与商文化、巴蜀文化的关系，也要注重其创造者所拥有的反映本底特色的陶器特征，还要结合文献探索。只有在"二重证据法"乃至多重证据下，整体地、系统地、立体地考察其文化属性，才有可能获得接近历史真相的认识。

城洋铜器群的时代从早商延续至晚商，铜器的风格特点经历了从引进到模仿，到地方特征的产生，反映了该铜器群主人与商文化、早期蜀文化的密切联系，可能是二者之间文化交流的中间纽带，而其自身特征的彰显，又说明了其与商、蜀的区别。结合宝山文化的分布地域和时代，可以确定城洋铜器群和宝山文化的创造者是一个。宝山文化与南边的巴蜀文化关系十分密切，它属于早期巴文化群的重要组成部分，尤其受路家河文化的影响较深。从文献记载的早期巴文化政治中心的方位、巴文化与商文化分界的位置、陕南地区有关巴的历史地名，并从西周、春秋时期巴国活动地域向上反推，基本上可以认为：陕南大部分地方在商时期为巴文化族群的分布区，城洋铜器群所在地为早期巴文化的政治和宗教中心，其创造者应该是早期巴文化族群之一。

补记：原文刊载于重庆中国三峡博物馆：《长江文明2022（3）》，成都：四川美术出版社，2023年。

---

① 顾颉刚、章巽编著，谭其骧校订：《中国历史地图集》（古代史部分），北京：地图出版社，1955年，第2页；邓少琴：《巴蜀史迹探索》，成都：四川人民出版社，1983年，第9页。

② 童书业：《童书业历史地理论集·古巴国辨》，童书业：《童书业著作集》，北京：中华书局，2008年，第580页。

第二节　2020年度冬笋坝遗址发掘的几点意义
——在冬笋坝遗址考古成果专家座谈会上的发言

冬笋坝遗址的考古工作做得很出色，有三大方面的意义。

一、考古学史的意义

冬笋坝遗址考古发掘特别是对于川渝地区考古学史的研究很重要（表4-2-1）。冬笋坝是巴蜀文化从概念到实证的第一个考古遗址，最早一次是由著名考古学家冯汉骥先生带队做的发掘，这个遗址在20世纪50年代中期的发掘为川渝地区培养了王家祐、沈仲常、袁明森、董其祥等一大批考古骨干和专家。以冬笋坝和宝轮院出土的墓葬后来整合变成《四川船棺葬发掘报告》[①]，其主要观点和结论至今仍有很强的生命力，推动了巴蜀文化研究的第二波高潮（第一波是抗战时期巴蜀文化概念的提出）。

表4-2-1　冬笋坝遗址历次发掘情况表

第次	开始时间	清理墓葬/座	出土器物/（件/套）
第一次	1954年7月	39（船棺葬14）	702
第二次	1954年11月	13（船棺葬6）	285
第三次	1955年6月	29	498
第四次	1957年6月	4（船棺葬1）	738
第五次	2020年9月	39（船棺葬4）	462

五次考古发掘共清理墓葬124座，其中船棺葬25座，出土器物2685件/套

二、工作方面的意义

通过这次考古发掘（图4-2-1），有利于促进"川渝地区巴蜀文明进程研究"课题纳入"考古中国"重大项目；对于重启重庆巴文化考古与研究是一个重要推手；有利于增加一批巴文化文物藏品，助力地方博物馆建设；对落实巴蜀文旅走廊建设在考古上具有添砖加瓦的贡献。

---

① 四川省博物馆：《四川船棺葬发掘报告》，北京：文物出版社，1960年。

图4-2-1　重庆九龙坡冬笋坝墓群2020年船棺发掘现场

（代玉彪供图）

三、学术方面的意义

第一，巴文化类型方面。冬笋坝遗址是巴文化的典型墓地，三峡地区也有以小田溪为代表的巴文化墓地，两者是巴文化不同类型的重要代表。一是族群可能不同，在巴的文献记载中，有两支重要人群：一个是廪君蛮，另一个就是板楯蛮。通过近年来的三峡考古、嘉陵江流域考古以及冬笋坝的考古工作，我们觉得三峡地区的巴文化可能主要是廪君蛮的遗存，葬俗方式更接近楚文化一些，随葬品也有不少楚文化的因素；而在嘉陵江流域，通过近年来北碚庙嘴、现在发掘的冬笋坝，以及四川省文物考古研究院在宣汉罗家坝、渠县城坝、阆中彭城坝的发掘，这块的文化面貌——特别是丧葬习俗——在战国时期明显不同于三峡地区，两者间最大的区别就是船棺葬，从罗家坝到冬笋坝（图4-2-2），从彭城坝到城坝，都有船棺的发现，那么我们可以说，结合文献记载，在嘉陵江流域以及重庆主城以西的部分长江流域的船棺葬主人，其主体很大可能是战国时期的板楯蛮族群，这些船棺葬与成都平原的蜀人船棺葬曾经共存了很长时间。二是文化内涵有一定区别。例如，冬笋坝戈、矛的放置位置是有讲究的，

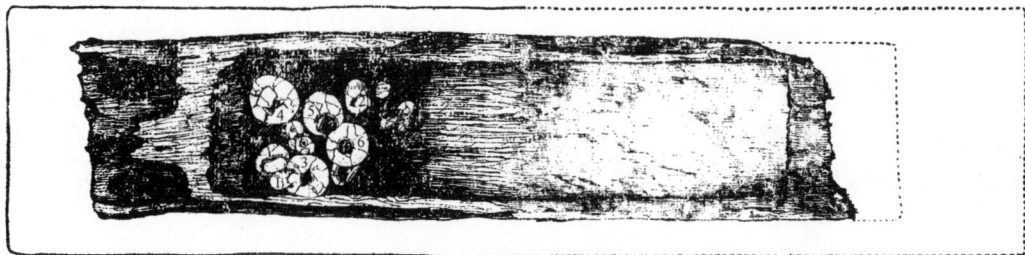

图4-2-2　重庆九龙坡冬笋坝墓群1954年发掘12号船棺墓平面图

1. 铜甑　2. 铜鍪　3. 陶四耳壶　4～6. 陶罐　7. 陶盂　8～21. 陶豆

腹部还放置铜盘或漆盘，这在三峡地区一般不见或极少见。

第二，冬笋坝是巴文化的典型墓地，是巴蜀文明中巴文明向汉文明、汉文化演变的典型标本。墓葬本身形制的变化、葬俗的变化、随葬器物的变化、典型的扁茎柳叶形铜剑向圆茎有格的铜剑，以及后来向铁剑的转变，对于进一步明确巴人板楯蛮族群的葬俗演变和融入汉文化有非常重要的意义。冬笋坝发现的兵器主要是剑、矛、钺、戈（图4-2-3），笔者曾经统计云阳李家坝遗址1997年发掘随葬兵器的墓葬大概是48%，按照冬笋坝遗址出现的一一对应的墓葬，可能存在的夫妻家庭关系，进一步暗示出土兵器墓葬的墓主人是巴文化人群的男子，具有尚武的习俗，这与文献记载是相吻合的。

第三，对推动下一步的考古工作有着学术意义。本次冬笋坝墓群的考古发掘，进一步明晰了渝西地区巴文化墓葬或者西汉以前墓葬的分布规律，三峡地区曾发现大量东周至西汉早期的墓葬，渝西地区罕见，只是在北碚庙嘴等地有少量发现，通过这次工作可以揭示某种规律：三峡地区的这一时期墓葬大都在二级台地上，冬笋坝的墓葬在三级台地上（图4-2-4）。冬笋坝为什么会在三级台地？我们在三峡地区看到二级台地多是沙地，这里的二级台地大体也是沙地，冬笋坝人为了保存尸体或其他丧葬观念的原因选择的三级台地，全是黏土，有利于保水；葬俗上看，大量使用白膏泥，三峡

图4-2-3 重庆九龙坡冬笋坝墓地20世纪50年代发掘出土铜兵器
（现藏重庆中国三峡博物馆）

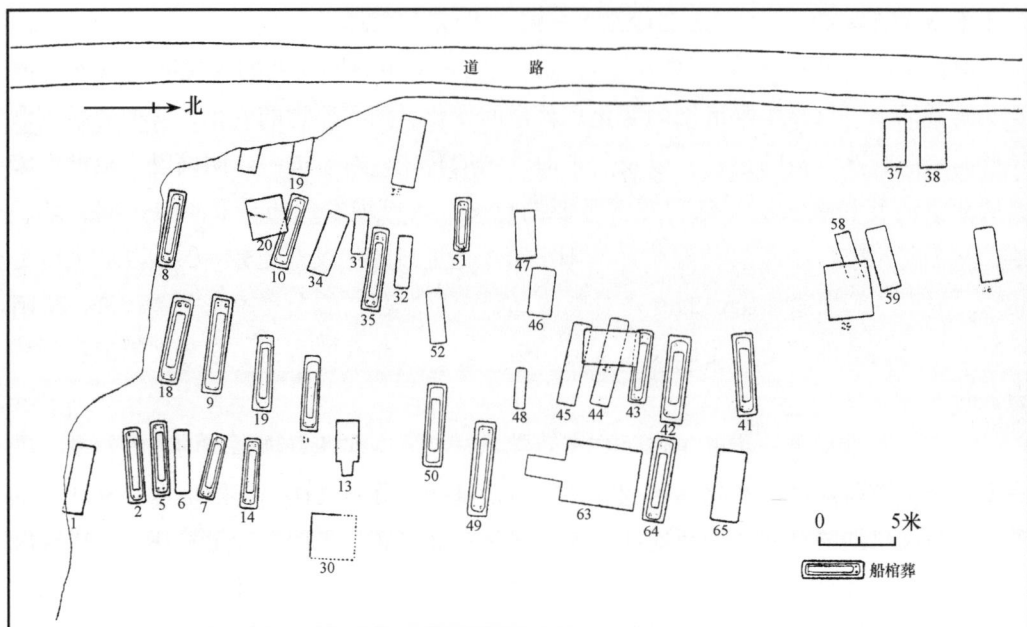

图4-2-4　重庆九龙坡冬笋坝墓地20世纪50年代发掘中区土台墓葬分布图
（笔者摹绘）

地区除了楚文化墓葬使用青膏泥，其他巴文化墓葬很少使用青膏泥，只有高等级贵族墓葬用白膏泥、青膏泥，使用膏泥是保墎的体现。我们以后要更加重视对渝西地区三级台地和黄黏土地带的调查。过去通常认为在黄黏土里面都是生土，现在通过冬笋坝的发掘可能会改变我们的认识，对以后的考古工作具有重要指导意义。

第四，聚落考古方面。一方面，《华阳国志》记载，巴人曾"立市于龟亭北岸"[①]，龟亭就在冬笋坝下游几千米的长江小南海，不排除当时巴人立市的管理人员及其相关人群死后逆流而上葬于冬笋坝的可能（图4-2-5）；另一方面，冬笋坝遗址正对綦江入长江的入口处，即僰溪口，南齐永明五年江州县自郡城移理僰溪口，且在僰溪口的王爷庙遗址曾发现战国到西汉时期遗存，是否可能与冬笋坝遗址存在关系？笔者认为，这种关联是不能排除的。虽然是在较晚阶段才将江州县迁至僰溪口，但正是其作为战略据点或者人口密集的地方，一定存在了好多年，因此才有可能迁至此处的基础。冬笋坝遗址是否与綦江口存在关联，也是需要考察的。

---

① （晋）常璩撰：《二十五别史·华阳国志》，济南：齐鲁书社，2000年，第9页。

图4-2-5　重庆九龙坡冬笋坝墓地20世纪50年代发掘出土部分铜印

1～5、9.巴蜀符号铜印　6.“中仁”铜印　7.“万岁”铜印　8.“亭”铜印

四、下一步工作

　　要做好遗址的保护，一是切割，至少切割两座船棺墓，汉代砖室墓具有特殊的价值和意义，在九龙坡也是罕见的，可以进行异地复建展陈。二是汉代砖窑，因为这种形制在既往重庆考古中少有发现，主城江北石马河小岩头曾有发现，但形制与三峡地区接近，本次发现的砖窑形制特殊，是五个烟道、两个火膛、窑室是横长方形，价值和意义很大，建议切割搬迁。三是加强文物保护，加快资料的整理与研究，加强巴蜀文明进程研究的规划，加强遗址本身的管控和管理，在建设工程之前要及时开展考古勘探和发掘，向市文物局和国家文物局进行报批。四是强化科技考古和科技保护，要审慎提取文物标本（图4-2-6、图4-2-7），开展实验室微考古，弥补田野考古在微观观

图4-2-6　重庆九龙坡冬笋坝墓地铜鍪（2020M88：16）修复保护过程中发现的竹编器
（顾来沅供图）

图4-2-7　重庆九龙坡冬笋坝墓地2020年发掘出土陶罐内的朱砂（初步检测硫化汞含量达90%以上）
（顾来沅供图）

察和信息提取上的不足，对出土遗物开展再研究；要按照科技保护的要求，强化文物保存现状的评估研究，全面提取文物保护信息，实施科技保护，针对该批文物的脆弱性制定科学合理的保护计划。

第三节 巴文化融入汉文化进程的考古实证
——重庆冬笋坝墓群考古发掘取得重要收获

冬笋坝墓群地处长江左岸的三级阶地上，文物核心区分布面积约10000平方米，是我国最早确认并发掘的巴文化墓地。1954年、1955年、1957年，西南博物院、四川省文物管理委员会等单位对该墓地进行了四次考古发掘，共清理战国至汉代墓葬81座，以船棺葬为代表的一批战国至西汉墓葬对探索巴文化发展与演变具有重要价值。

为推动"川渝地区巴蜀文明进程研究"考古中国重大项目立项，落实成渝地区双城经济圈巴蜀文化旅游走廊建设关于文物保护利用的要求，经国家文物局批准，2020年9月上旬至2021年1月底，重庆市文化遗产研究院、九龙坡区文物管理所组成联合考古队，对冬笋坝墓地开展了主动性考古发掘。本次工作是继西南博物院等单位20世纪50年代进行抢救性考古发掘后，近70年来首次对冬笋坝墓地开展科学系统的考古和研究工作，具有一定的纪念意义。

发掘之前，考古队开展了口述史调查，研判了20世纪60～70年代的航片，对基本建设中文物的出土地点进行走访与踏勘，基本掌握了历次考古发掘的区域、范围，明确了墓地现存规模和埋藏状况。结合本次考古发掘的研究目标，我们选取了原罐头厂运输队职工宿舍区域进行试掘，发现了较为密集的墓葬分布区，墓葬保存整体较好。本次考古工作注重科技手段的综合运用、出土文物的预防性保护、遗存信息的全面系统提取、重要遗迹的现场保护。在考古发掘过程中，分别邀请重庆中国三峡博物馆、四川省文物考古研究院、成都文物考古研究院、贵州省文物考古研究所、重庆师范大学历史和社会学院的考古专家和文保专家就考古成果、文物现场保护、墓地后续保护与工作规划进行了研讨、论证。

本次发掘共清理墓葬28座、砖窑1座。其中土坑墓27座、砖室墓1座，土坑墓中又有船棺葬4座、狭长方形墓葬1座、长方形墓葬21座、近方形墓葬1座。墓葬时代涵盖了战国晚期、秦、西汉早期、新莽时期等几个阶段。

船棺葬 4座。墓圹均为狭长方形，头向均向东（朝向长江），有熟土二层台，船棺四壁及底部有青膏泥，从船棺内淤积青膏泥判断，棺顶亦应有青膏泥。随葬品除墓主人随身佩带的铜矛（头端）、铜钺（头端、腰间）、铜剑（腰间）、铜削刀（腰间）、铜带钩（腰间）外，在胸部均放置1件铜盘或漆盘，炊器、盛器和容器均位于脚端。M88，狭长方形竖穴船棺葬，是本次工作中船棺保存最好和出土铜器数量最多的墓葬。现存口部长4.74、宽1.14～1.24米，有熟土二层台，船棺长4.34、宽0.88、现存棺体高0.36～0.4米，脚端上翘，船棺四壁及底部有青膏泥，未发现棺盖。随葬品主要分为随身佩带的武器（铜钺、铜剑、铜矛）、工具（铜削刀）、铜带钩和脚端的容器（陶罐、陶豆）、炊器（铜釜、铜鍪、铜甑、陶釜），在胸部还发现一件覆置的铜盘。人骨已不存，从铜矛、剑、钺及容器和炊器的摆放规律推测，头向东，方向95°（垂直于长江）（图4-3-1、图4-3-2）。

　　狭长方形墓　1座。编号为M118，被长方形墓M117打破。墓圹呈狭长方形。墓向84°（朝向长江），长4.6、宽1.12、墓深0.62～0.72米。头端和脚端有熟土二层台，宽0.26、高0.28米。因头端大部分被打破，仅在脚端发现较多随葬品，随葬品有铜鍪、铁

图4-3-1　重庆九龙坡冬笋坝墓地M88

图4-3-2　重庆九龙坡冬笋坝墓地M88脚端随葬品

釜、陶釜、陶豆等。

　　长方形墓　21座。头向均向东（朝向长江），有熟土二层台，大多数葬具外底和四周有青膏泥，除部分置于棺盖的随葬品较为散乱外，棺内的放置位置与船棺葬相似。此类墓葬中有3组墓葬南北并行排列，时代接近，规格相当，随葬品组合呈现出较为明确的性别指征，可能为夫妻异穴并葬墓。如M98、M99，为南北并列的长方形竖穴土坑墓，均有熟土二层台，葬具四周及底部有青膏泥。未发现人骨，从铜矛、铜剑、铜钺及容器和炊器摆放位置分析，头向东（垂直于长江），在脚端发现较多容器和炊器。M98发现料珠项饰1组、1件陶纺轮，另有铜钺1件，不见其他兵器；M99出土铜剑、铜矛等兵器，另发现铜印1方。从出土随葬品推测，M98墓主人可能为女性，M99墓主人可能为男性，二者可能为夫妻异穴并葬墓（图4-3-3、图4-3-4）。

图4-3-3　重庆九龙坡冬笋坝墓地M98、M99

图4-3-4　重庆九龙坡冬笋坝墓地M98出土铜釜甑

砖室墓　　1座。编号为M91，墓向237°（与长江平行）。由墓室、封门和短墓道组成。整体长4.1、宽2.8～3.08米，墓室长2.48、宽2.34米，墓室被盗扰，仅出土货泉、大泉五十、大布黄千等三组货币；在墓门处发现1组3件带盖陶罐，东侧靠近墓道处发现1件陶罐。

砖窑　　1座。编号为Y1。由操作面、火门、火膛、窑室、窑床、烟道等部分构成。火膛由相距约0.6米的并列双火膛组成，窑室呈横长方形，长3.2、宽1.54～1.62米。烟道位于窑室尾部，5个烟道一字排开。窑床上还存留未取走的墓砖，纹饰与M91使用墓砖完全一致。

出土器物有铜器、陶器、铁器、琉璃器四大类，另见漆器残痕若干。铜器62件，包含了剑、矛、钺、鍪、釜、甑、盘、削、钱币。陶器291件，器类有罐、釜、豆、甑、钵等。琉璃器2件，为珠形饰。铁器14件，有剑、削和锸等。

此外，我们还清理了1座20世纪50年代发掘的墓葬，从墓葬所处位置、形制、尺寸、方向等信息分析，结合口述史调查，基本确定为1954年发掘的M12。以 M12为基点，对既往考古发掘的墓葬分布图与本次考古发掘墓葬进行匹配，对冬笋坝墓地遗迹进行整合，将有助于对整个墓地开展更深入细致的研究。

本次发掘具有重要的历史、考古价值，主要表现在以下几个方面。

（1）为研究晚期巴文化及其融入汉文化的历史进程提供了考古实证。一是进一步厘清了渝西地区晚期巴文化的内涵特点，文化因素以巴文化为主体，陶器以圜底罐、釜、豆为主，铜兵器以柳叶形剑、钺和弓耳矛为主，铜炊器主要为釜、鍪、釜甑，在墓主人胸部随葬1件铜盘或漆盘，除了少量剑、钺等兵器具有异质性文化因素外，其余均为典型的晚期巴文化器物群；较早阶段墓葬以船棺葬、狭长方形土坑墓为主；墓底和葬具四周均涂抹青膏泥；墓主人均头东脚西，头向与长江垂直，为头向水脚蹬山。二是获取了晚期巴文化逐步融入汉文化历史进程的实证材料。四类墓葬从战国晚期经秦、西汉直到新莽时期连续发展，文化面貌上从战国晚期基本不见或少见其他文化因素的较为单纯的巴文化发展到秦、西汉早期秦文化、楚文化、汉文化因素逐步增多，再到新莽时期全为汉文化的墓葬形制和随葬品，再现了晚期巴文化逐步融入汉文化的历史景观。三是发现了夫妻异穴并葬的新材料。墓地排列有序显示了严密的规划性，同一时期墓葬南北向成排排列，特别是在成排的墓葬中发现了3组两两对应的墓葬，左侧墓葬出土兵器，右侧墓葬基本不出土兵器，其中2座右侧墓葬还出土纺轮，这种更小的墓组可能体现的是男左女右的夫妻异穴并葬。

（2）为研究嘉陵江流域及渝西巴文化船棺葬族属提供了新的资料。冬笋坝墓地出土的巴文化遗存是嘉陵江流域及渝西地区的重要代表，与重庆三峡地区巴文化墓葬区别明显。如船棺葬及狭长方形墓葬数量较多，而在三峡地区仅有零星发现；文化因素以巴文化为主，基本不见或少见其他文化因素，而渝东三峡地区则有着较多楚文化、中原文化因素；墓底和葬具四周普遍涂抹青膏泥，也与渝东三峡地区只有部分墓葬涂抹青膏泥存在差别。类似的发现近年在四川渠江流域的罗家坝、城坝等墓地都有呈现，因此，以冬笋坝为代表的嘉陵江流域、渝西地区与渝东三峡地区巴文化，从墓葬形制、丧葬制度、随葬品组合、文化因素构成等方面都有一定的差异，表明二者可能属于巴人不同的族群，结合文献推测，前者可能与以板楯蛮为主的族群关系较大，后者与以廪君蛮为主的族群有明显联系。

（3）出土了汉代墓地营建机制的重要材料。本次考古发掘清理了1座汉代砖窑，编号为Y1，形制结构完整，为双火道、宽长方形倒焰窑，共有5条烟道，窑床上还残存有墓砖，墓砖形制与发现的砖室墓相同，表明该窑是为营建砖室墓而设，为研究这一地区汉代墓葬的营建机制提供了新的实物资料。

（4）深化了新莽时期丧葬礼仪的认识。本次考古发掘清理了1座砖室墓，编号为M91，从墓葬形制、随葬陶器、钱币分析，应为新莽时期，是重庆地区时代最早的砖室墓之一，是研究土坑墓向砖室墓转变的重要资料。墓门外短墓道内的3件带盖陶罐和东南角发现的1件陶罐，应为墓葬埋葬封门后举行祭祀活动的遗存，对于这一时期的丧葬礼仪有研究价值。

补记：本文为笔者担任领队、范鹏任执行领队、代玉彪任现场负责人的冬笋坝墓地2020年度考古发掘初步成果报道，原刊于《中国文物报》2021年12月3日第8版，署名代玉彪、白九江、范鹏，代玉彪为执笔人，笔者主要从价值认知方面给予了指导。

第五章 华夷之间

　　讨论巴文化的发展进程，要注重两个着眼：一个着眼文化本体的内涵变迁；一个着眼外延以及其与外部环境的互动，从整体的、系统的角度把握巴文化。从外部视角观察巴文化，必须考量巴文化和蜀文化的关系，必须考量巴蜀文化与西南夷文化的联系，必须考量巴文化与华夏文化的互动。

　　巴文化在起源和早期发展过程中，本土因素在其中始终占据着主导作用，另外，中原文化的多频次碰撞是导致其文明产生的重要诱因。这中间包括了王湾三期文化对白庙遗存和中坝文化晚期（也称老关庙文化）的冲击，二里头文化对三星堆文化和朝天嘴文化的冲撞，二里岗文化对路家河文化、宝山文化的撞击。正是在这些外力的一次次作用下，巴文明诞生了。从这个角度看，巴文明——还有蜀文明——都是一种次生文明，即在中原文明的影响下产生的。

　　当然，巴文明也存在二元性，这是早期华夷关系的重要实例。在早期青铜器群中，中原商文化的因素甚为浓厚，并且形成了尊、罍为组合的，既是商文化铜器又具有地方配套特色的礼器。此外，还有青铜磬这类乐器和石璋等祭器。在陶器中，鬲、罍、簋等商文化陶器在宝山文化、香炉石文化中也较为常见。二元结构的另一元即文化本底的土著因素，这是在本地原有新石器文化基础上，在三星堆文化阶段吸收三星堆文化基础上茁壮萌出的一些文化因素，包括圜底釜、圜底罐和尖底杯、尖底盏为主要组合的陶器。

　　东周时期，巴蜀文化均受到楚文化的浓烈熏染。先是巴蜀社会的贵族阶层尤尚楚风，各高等级墓葬中多出土带有楚文化风格的青铜器、漆器和玉器，到战国中期时，许多平民墓地也能见到楚文化仿铜陶礼器了。这可能与开明氏西迁蜀地和"巴国分远"政治中心迁入四川盆地东部有关。在这种情况下，巴文化的华夏化进程步入高峰阶段，相关礼仪制度与中原和楚的日益接近。例如，高等级墓地中通常有尊缶、浴缶和罍的酒器组合，以及錞于、钟、钲的乐器组合，靠近楚文化的一般墓地中较多出现鼎、敦、壶、豆的陶礼器组合；器物套数方面，新都马家大墓有5件为一套的制度，涪陵小田溪墓地出现14件为一套的编钟，7柄为一套的青铜短剑等。

　　秦灭巴蜀后，巴蜀地区进入了快速华夏化的阶段，但巴地的变化要慢于蜀地。秦在巴地根据不同的部族施策，成功推行了中国最早的羁縻制度。到西汉中期，原巴文化地区虽然仍存在一些民族性较强的地方，但总体上完成了汉化的历程，从中华边地的多元变成了华夏一体的一部分。此时，华夏与蛮夷的边界，也彻底推进到更远的西南夷地区了。

第一节　中心与边缘的交互：巴文化与中原文化的关系及其"华夏化"进程

"中华民族多元一体格局"是费孝通先生于1988年提出的民族理论，用于指导研究现代中华民族的多民族、多层次问题[①]。该文依托于考古学和历史学的证据，描述了中国境内各民族从"多元的起源"，到形成"地方性的多元一体"，再到形成"南农""北牧"两个"初级统一体"，最后发展为"中华民族多元一体"的历史进程。在费孝通先生正式提出"多元一体"理论前后，考古学家苏秉琦主动将"多元一体"理论用于指导中华文化和中华民族形成的考古探究，目前已成为中国考古学界描述中华文明形成和发展进程的重要指导思想之一[②]。

巴文化是中国西南地区古代文明的一朵奇葩，她具有开启历史早、延续性好、地方性强等特点，同时又始终与中华文明保持着紧密的联系。自新石器时代末期以来，中国的文化趋势逐渐形成以中原为中心的态势，而作为僻处西南的巴文化，她在中华文明中处于什么样的位置？怎么与中原文化发生交互？又是怎么纳入华夏体系的？她在中华民族多元一体格局中有什么样的地位？这些都是巴文化研究必须回答的问题。

一、中心与边缘：巴文化与中原文化、华夏文化的交互

要了解巴文化与中华文明的关系及其在中华文明中的地位，必须知晓中华文明"多元一体"格局的演变。早在新石器时代，中华大地原始文化已是"满天星斗"，争奇斗艳。从约1.5万～1万年前陶器在湘、赣、桂、粤的南岭周边兴起，到距今五六千年前中原仰韶文化崛起并向周边扩散，此后中华大地带有酋邦性质的古文化遍地开花，在吸收周边文化养料的基础上，新石器时代末期以中原为中心的文化趋势日渐形成[③]，中华文化主根系日渐壮大。夏商周时期，中原地区率先出现了成熟的文字、金属

---

① 费孝通：《中华民族多元一体格局》，北京：中央民族大学出版社，1999年，第3～39页。

② 苏秉琦：《迎接中国考古学的新世纪》，《华人·龙的传人·中国人——考古寻根记》，沈阳：辽宁大学出版社，1994年，第233～250页。

③ 赵辉：《以中原为中心的历史趋势的形成》，《文物》2000年第1期。

冶铸和早期国家，中原文化成为中华文明的主径流和主方向，周边的支流不断汇入，中原文化对周边的辐射能力不断增强，中华大部分地区都与中原建立了某种形式的联系，中华文明处于从"多元"到"一体"的历史进程。秦汉时期，中华主体实现了统一，郡县制代替分封制，中央集权不断加强，国家治理能力达到新高度，中华文明基本实现了"一体"化，完成了从王国到帝国的重大历史转变。笔者认为，秦汉时期也是中华文明"多元一体"内涵转向的关键节点，即中华内部仍然存在局部的、次级的和多元的差异，但周边世界已对华夏世界形成整体概观和整体称呼、整体把握，这构成了中华文明对内"多元"、对外"一体"的新格局。

早期中华文明在地理上以中原文化为中心，在内涵上以华夏文化为主体，具有向心凝聚与向外圈层扩散的特征，由此呈现中心文化与周缘文化的交互。王明珂在民族史研究领域构建了一套从"华夏边缘"的形成、扩张和变迁的角度，来理解"华夏"乃至"中国"之形成历史的新叙事①。巴文化的孕育、发展、繁荣和消融有其独有的历史进程，但她是处于中华地域范围内的、与中华文明中心区域相通的、与同时期诸地域文化有频繁交流的远古文化，这注定了她处于中华文明"多元一体"格局下，具有"中心—边缘"的差序格局，而且以历时性的线性变化和共时性的空间展开形成动态关系。

需要说明的是，本文所指中原文化是指分布在晋中南、河南、关中等为核心地域的广义的中原文化，中原文化整体上属于华夏文化，华夏文化的范围则广于中原文化，如楚文化通常也被视为华夏文化的重要部分。

考古学上，中原考古文化的扩展与收缩，与前巴文化、巴文化之间一直发生着不同规模、不同深度的交互，其中经历了几次大的碰撞。早在新石器时代末期至夏代早期，中原王湾三期文化晚期就沿江汉平原西侧南下，进入三峡东端的宜昌一带。白庙遗址发现高领瓮、敛口钵、深腹罐、大圈足盘、细柄豆、小罐、假圈足碗、觚形杯、单柄杯等陶器，这些均属王湾三期文化典型陶器或其变体。白庙遗存（也称"乱石滩文化"）的一些遗址中除了本地传统的文化因素外，也有一些盘口罐、花边缸、夹砂卷沿鼓腹罐、折沿直腹罐、贴边罐、翻沿盘等陶器，属于三峡西端至重庆一带的中坝文化最晚期——老关庙遗存（约距今4000～3700年）的文化因素。这是前巴文化与中原文化的一次交互。双方碰撞的结果，王湾三期文化晚期的器盖（假圈足碗）、大圈足盘、敛口钵等文化因素，深入三峡西端，多个遗址都能见到这类陶器的身影（图5-1-1），而老关庙遗存在峡东地区则呈现越往东影响越弱的局面，并被遏止在了宜昌一带②。

---

①　王明珂：《华夏边缘：历史记忆与族群认同》（增订本），杭州：浙江人民出版社，2013年。

②　白九江：《重庆地区的新石器文化——以三峡地区为中心》，成都：巴蜀书社，2010年，第230～234页。

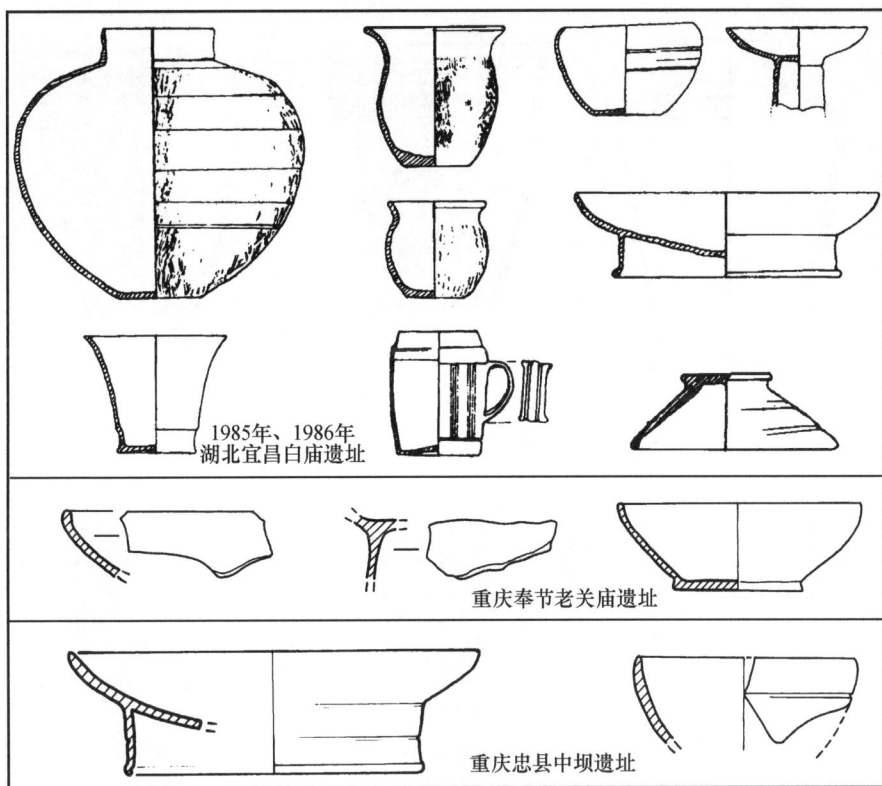

图5-1-1　三峡地区新石器末期遗存中的王湾三期文化因素

在北边的汉中盆地，新石器末期文化主要是龙山晚期文化分布区，它与关中地区的客省庄二期文化相比，缺少鬲、斝等典型陶器。陕南龙山文化受河南龙山文化的影响，同时与四川盆地的考古文化保持着交流，两地从仰韶文化中、晚期阶段就建立起的联系一直未曾中断，而且少量相近的器物在各自文化中的演进趋势是大致相近的。但是总体说来，在龙山文化晚期阶段，陕南地区考古文化由于自身已呈衰落的趋势，文化的辐射力减弱，对四川盆地的影响较前明显变小，反而豫西及豫西南地区对三峡地区的影响强烈，同时四川盆地东部对陕南的影响则日益强烈（图5-1-2）。这种状况的形成，与龙山晚期河南、晋南地区的文化日益强大，逐渐变成最为重要的文化中心，并在此最早催生出早期文明有关[1]。

二里头文化时期，四川盆地处于三星堆文化的控制之下，三星堆文化早期东进三峡地区，与峡外的江陵荆南寺等二里头文化遗址之间存在密切的文化交流。这一时

---

[1]　白九江：《重庆地区的新石器文化——以三峡地区为中心》，成都：巴蜀书社，2010年，第236、237页。

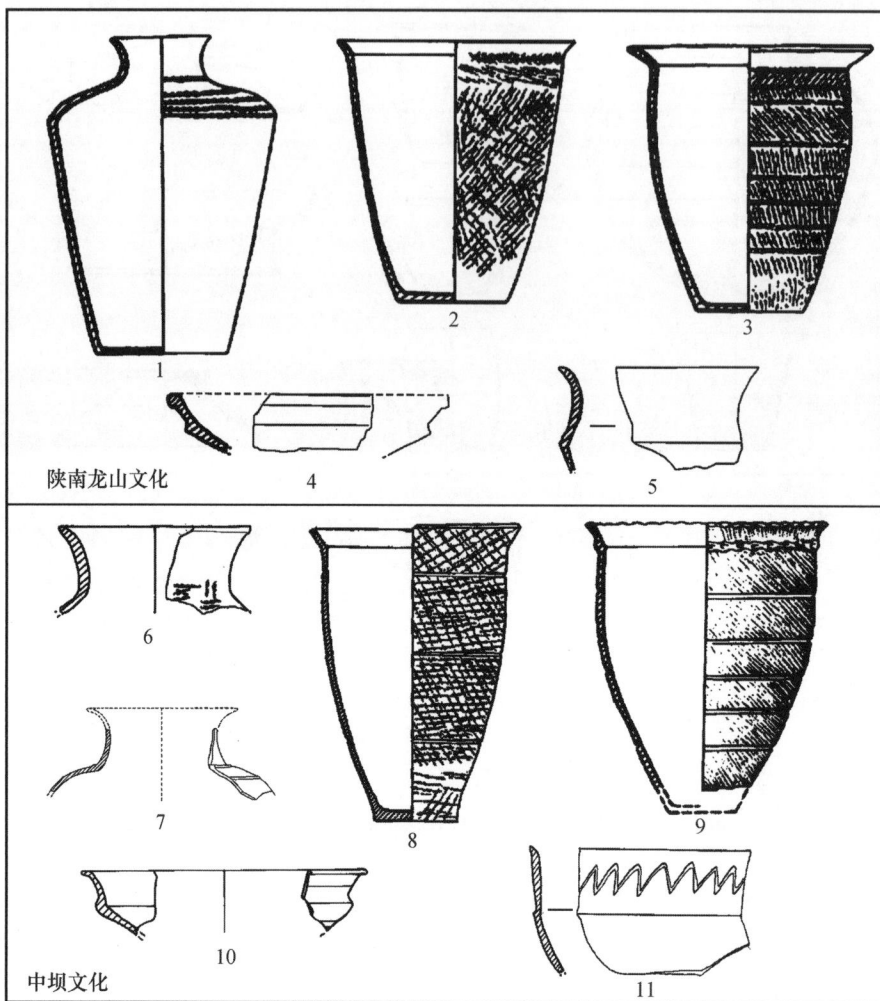

图5-1-2　陕南龙山文化与重庆中坝文化陶器的比较

1.陕西西乡李家村遗址60W1：1　2.陕西西乡李家村遗址60W3：1　3.陕西西乡李家村遗址60W3：2
4.陕西西乡何家湾遗址T17②：4　5.陕西西乡何家湾遗址T57②：5　6.重庆奉节老关庙遗址T4④：25
7.重庆忠县哨棚嘴遗址97T403⑨：？　8.重庆中坝遗址H283：1　9.重庆忠县哨棚嘴遗址94T1⑩：1
10.重庆巫山大溪遗址ⅠT0503⑩A：115　11.重庆奉节老关庙遗址T4④：3

期，三峡东部为朝天嘴文化分布区①。该文化既有三星堆文化的影子，也有一些二里头文化的影响，还存在少量先巴文化的因素。但这一时期尚未发现单纯的巴文化遗存，故中原文化对巴文化的影响并不能阐述清楚明白。

中原文化与巴文化的第二次大规模交互是在商代。这一时期巴文化的主体性逐渐

① 林春：《宜昌地区长江沿岸夏商时期的一支新文化类型》，《江汉考古》1984年第2期。

确立，形成了鄂西峡江地区的路家河文化[①]、四川盆地东部的石地坝文化[②]、陕南地区的宝山文化[③]三个类型。在稍早的朝天嘴文化晚期和稍后的路家河文化中，可以见到较多假腹豆、鬲、鬶、罍、簋、大口缸等商文化陶器，这与二里岗文化和殷墟文化早期向南方的扩张有关。但我们注意到，在清江流域的香炉石遗址，商文化的因素却较少，这表明商文化主要沿长江干流拓展，或许与贸易活动节点有关系。同时，商文化对地处巴文化腹地的石地坝文化影响极小，陶器中几乎极少见到商文化的影子。商文化对巴文化影响最大的是汉中盆地的宝山文化（图5-1-3）。宝山文化主要是路家河文化、石地坝文化（还包括四川盆地内三星堆文化晚期、十二桥文化早期的部分因素，以及陇东寺洼文化的少量因素）北上与商文化交互的产物，其中的陶尖底钵（盏）、小（尖）底杯、圜底釜等为路家河文化、石地坝文化的典型器，高柄豆、高柄器座、

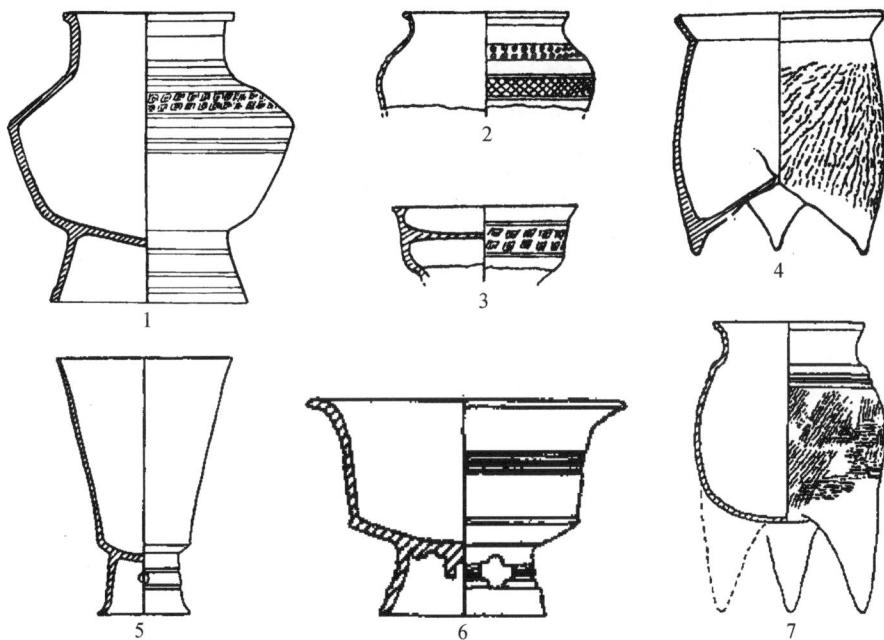

图5-1-3　商代巴文化区域出土部分商文化因素陶器

1、2.罍（湖北长阳香炉石遗址T24④：62、湖北秭归长府沱遗址H8：2）　3.假腹豆（湖北秭归长府沱遗址H9：10）
4.鬲（湖北秭归长府沱遗址G3：1）　5.觚（陕西城固宝山遗址SH9：38）　6.簋（陕西城固宝山遗址SH8：57）
7.锥足鬲（陕西城固宝山遗址SH9：23）

①　长江水利委员会：《宜昌路家河——长江三峡考古发掘报告》，北京：科学出版社，2002年，第122页。

②　白九江、李大地：《试论石地坝文化》，李禹阶：《三峡考古与多学科研究》，重庆：重庆出版社，2007年，第67~90页。

③　西北大学文博学院：《城固宝山——1998年发掘报告》，北京：文物出版社，2002年，第180页。

扁腹壶为三星堆、十二桥文化的因素，陶鬲、罍、簋、瓿、圈足尊等源自商文化；同时期的城洋铜器群发现铜鼎、簋、鬲、尊、罍、瓿、壶、盘、瓿、爵、斝、觥等礼器①，与中原郑州商城、殷墟遗址和长江中游的盘龙商城等出土同类器相同或极相似，而铜人面形面具和兽面形面具亦影响到关中的老牛坡商文化②。虽然陕南在龙山文化和宝山文化之间目前还缺少考古发现，存在巨大的文化差异和年代缺环，但已经显示出巴文化的扩张和北进态势。由于铜器群的出现，可以认为在汉中盆地东部率先出现了政治中心。而此时，典型的商文化已经沿汉水深入到鄂西北边缘的郧县辽瓦店子遗址（发现有二里岗下层到殷墟一期的商文化遗存）一带③，巴文化与商文化发生直接的接触、交流，应该是顺理成章的事，双方的交互从而催生了城洋铜器群这样的文明。同时，城洋铜器群很可能也是商文化与三星堆文化晚期交流的重要中介。

第三次交互是在东周时期。由于四川盆地、陕南地区的西周时期考古发现不足，从考古上难以对巴文化与西周文化的关系做出清晰描述。春秋晚期以来，巴文化中主要见有中原文化和楚文化的大量铜器，如四川宣汉罗家坝遗址中有水陆攻战宴乐弋射纹铜豆、狩猎纹铜壶等中原文化铜器④，宣汉罗家坝、重庆奉节永安镇⑤、云阳

① 赵丛苍：《城洋青铜器》，北京：科学出版社，2006年。

② 西北大学历史系考古专业：《西安老牛坡商代墓地的发掘》，《文物》1988年第6期。

③ 据报道，辽瓦店子遗址"商代文化堆积也很丰富，发现5座墓葬和数十座灰坑，墓葬形制与夏代差别不大，都是小型竖穴土坑墓，随葬品很少。器物多出自灰坑，这时期的夹砂和夹云母的灰陶器数量增加，主要纹饰种类包括绳纹、交错绳纹、弦纹、附加堆纹，也有不少器物为素面。主要器类有鬲、甗、斝、罐、豆、簋、圈足盘、大口尊等，器物个体大，制作精细，时代从二里岗下层到殷墟一期，其风格与典型的商文化如出一辙"（参见百度百科"湖北郧县辽瓦店子遗址"）。此外，这类商文化遗存在相距不远的郧县店子河遗址也有发现。参见武汉大学考古系、湖北省文物局南水北调办公室、郧县博物馆：《湖北郧县店子河遗址发掘简报》，《考古》2011年第5期。

④ 四川省文物考古研究院、达州市文物管理所、宣汉县文物管理所：《宣汉罗家坝》，北京：文物出版社，2015年，第56、144页。

⑤ 李伯谦：《中国出土青铜器全集（18）》，北京：科学出版社·龙门书局，2018年，第80、82、84、87、91、100、104页；重庆市文物考古所、重庆市文化遗产保护中心：《重庆文物考古十年》，重庆：重庆出版社，2010年，第65、67～69、73～75页。

李家坝①、涪陵小田溪②等见有鼎、罍、敦、壶、盘、缶、簠、瓶、鉴等楚文化铜器
（图5-1-4）。笔者认为，此一时期中原文化与巴文化的交流主通道是自南阳而下，溯
汉水而上，再沿渠江而入川，并通过这一通道深入成都平原及周边地区（成都百花潭
M10、绵竹船棺葬均见有水陆攻战纹、狩猎纹铜器），其时间主要是春秋晚期至战国
早期。楚文化与巴文化的交互，在春秋至战国早中期亦有上述的"汉江道"，但战国

图5-1-4　重庆奉节永安镇M28出土战国楚文化铜器（三足釜除外）组合
（袁东山供图）

---

①　四川联合大学历史系考古专业：《1994～1995年度四川云阳李家坝遗址的发掘》，四川大
学考古专业：《四川大学考古专业创建三十五周年纪念文集》，成都：四川大学出版社，1998年，第
374～422页，1998年；四川大学历史文化学院考古系、云阳县文物管理所：《云阳李家坝东周墓地发
掘报告》，重庆市文物局、重庆市移民局：《重庆库区考古报告集·1997卷》，北京：科学出版社，
2001年，第244～288页；四川大学历史文化学院考古系、云阳县文物管理所：《云阳李家坝巴人墓地
发掘报告》，重庆市文物局、重庆市移民局：《重庆库区考古报告集·1998卷》，北京：科学出版
社，2003年，第348～388页。

②　四川省博物馆、重庆市博物馆、涪陵县文化馆：《四川涪陵地区小田溪战国土坑墓清理简
报》，《文物》1974年第5期，第61～80页；四川省文物管理委员会、涪陵地区文化局：《四川涪陵
小田溪四座战国墓》，《考古》1985年第1期，第14～17、32页；四川省文物考古研究所、涪陵地区
博物馆、涪陵市文物管理所：《涪陵市小田溪9号墓发掘简报》，四川省文物考古研究所：《四川
考古报告集》，北京：文物出版社，1998年，第186～196页；重庆市文物考古所、重庆市文物局：
《涪陵小田溪墓群发掘简报》，重庆市文物局、重庆市移民局：《重庆库区考古报告集·2002卷》，
北京：科学出版社，2010年，第1339～1375页；重庆市文化遗产研究院、重庆市涪陵区博物馆、重庆
市文物局：《重庆涪陵小田溪墓群M12发掘简报》，《文物》2016年第9期，第4～27页。

以来，愈来愈倚重长江的"峡江道"，其时间越往后此道愈重要。战国中期偏晚至晚期偏早，楚文化沿峡江道西渐进入重庆忠县①，与巴文化形成对峙之势。大约在春秋晚期至战国早期，巴式柳叶形剑、巴式戈等也出现在湖北襄阳、荆门等域外区域。但总体来看，这次交互主要体现在中原文化、楚文化等对巴文化的单向影响，巴文化处于全面收缩中，这与巴文化政治中心南迁入四川盆地东部有关，也与华夏文化输出能力持续扩大有关。这次交互也是全方位的，中原文化、楚文化铜器（陶礼器）在巴文化的腹心地区——四川盆地东部均可见，巴文化的社会、文化开始全盘受"华夏"熏染。

第四次交互是秦至西汉时期。从考古发现看，秦文化——特别是秦帝国建立后，半两铜钱、蒜头壶、扁壶、盘、汉字铜印等在四川盆地东部频繁出现。西汉初期以来，矮蹄足鼎、罐、钵、甑、灶、动物形灯等汉文化陶器开始出现（图5-1-5）。从战国中期至秦、西汉早期，在原巴文化分布的广大范围内，普遍出现了铜錞于、钲、钟等乐器，特别是錞于、钲在墓葬和窖藏内通常同出，已形成固定组合（图5-1-6）。錞于和钲（有的还有钟、建鼓）在中原地区春秋早期已同出，"周文化区域可能不仅是钲、錞于的起源地，而且还应是钲、錞于、鼓组合使用最早的地区"②。这种制度大概在战国中期传播到巴文化地区，并延续到两汉时期，成为巴文化乐器制度的一个特色。汉代早期，汉式鼎、盒、壶以及丧葬习俗等"汉制"在巴文化落地生根，到西汉中期，巴文化总体上走完了"华夏化"的历程，中华文明在原巴地实现了一体化。此后，中华的西南"边缘"被进一步推进到西南夷地区。

总结四次巴文化与中原文化、华夏文化的交互，以巴文化为视点，具有从东面发展到东北面两线交互的趋势，从互有进退到巴文化全面退守四川盆地东部的特点，交互的深度具有从两线（三峡线、汉水线）到全面交互的现象，"边缘"被不断地向更外的方向变化。中原文化、华夏文化对巴文化大多数时候呈主动的、拓展的、强势的姿态，是文化融合、社会整合的主推手。巴文化对华夏文化则以向心式、接纳式相处，与华夏文化虽存在反哺关系，但其主体性、地方性却被不断地削弱，最终与其他诸地域文化一道，逐步被卷入中华文明命运共同体。

---

① 白九江：《从三峡地区的考古发现看楚文化的西进》，《江汉考古》2006年第1期。

② 马今洪：《钲、錞于与鼓》，上海博物馆：《上海博物馆集刊（第12期）》，上海：上海书画出版社，2012年，第155～164页。

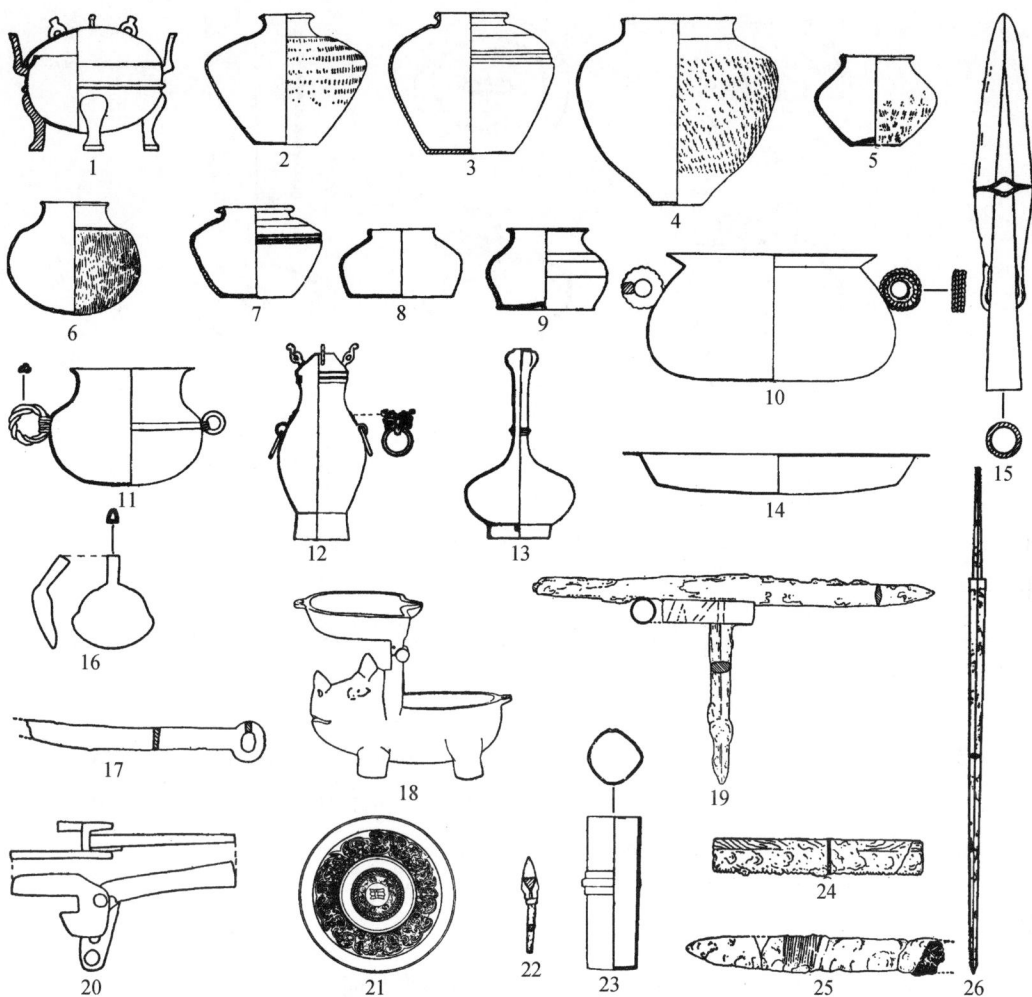

图5-1-5　重庆涪陵点易大队M2出土巴文化、秦文化、汉文化随葬品（西汉早期）[①]

1.铜鼎（M2：4）　　2、3、7～9.陶平底罐（M2：24、M2：23、M2：30、M2：29、M2：28）　4.陶瓮（M2：22）
5.陶凹底罐（M2：27）　6.陶釜（M2：32）　10.铜釜（M2：19）　11.铜鍪（M2：18）　12.铜钫（M2：16）
13.铜蒜头壶（M2：17）　14.铜盘（M2：9）　15.铜矛（M2：11）　16.铜勺（M2：35）　17.铁环首刀（M2：37）
18.铜牛灯（M2：13）　19.铁戟（M2：12）　20.铜弩机（M2：10）　21.铜镜（M2：21）　22.铜镞（M2：5）
23.铜镈（M2：6）　24.铁锯（M2：20）　25.铁刻刀（M2：4）　26.铁剑（M2：34）

① 四川省文物管理委员会、涪陵县文化馆：《四川涪陵西汉土坑墓发掘简报》，《考古》1984年第4期。

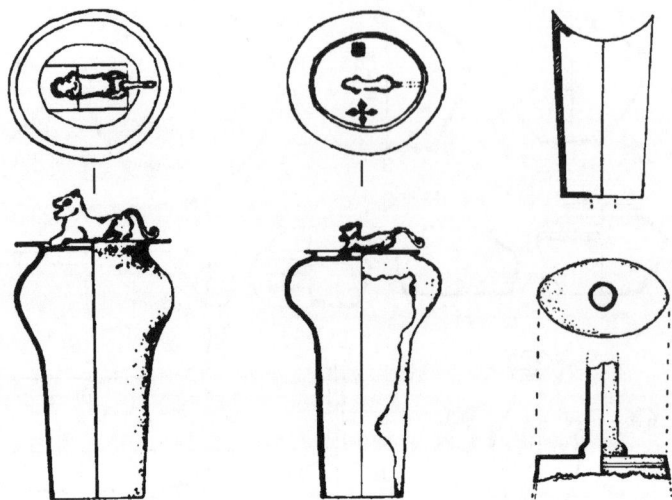

图5-1-6　贵州松桃出土铜錞于、钲、钟组合[1]

二、巴文化: 作为中华文明"多元一体"不可或缺的"一元"

费孝通认为, 中华民族形成"多元一体格局"有一个从分散到多元结合成一体的过程, 在这个过程中必须有一个起凝聚作用的核心。高层次的认同并不一定取代或排斥低层次的认同, 不同层次可以并存不悖, 甚至在不同层次的认同基础上, 可以各自发展原有的特点, 形成多语言、多文化的整体。我们认为, "多元一体"理论视角下的中华文明, 虽然产生于中原地区, 鼎足于华夏文化, 但她是在多元共生基础上逐渐形成的, 是在多样性交融基础上凝练出来的。在相当长时间内, 中华文明的各"元"既独自存在, 又相互依存, 逐渐统一为不能分割的整体。巴文化是中华文明不可或缺的重要"一元", 为丰富中华文明的内涵做出了独特的贡献。

前巴文化时代, 重庆及川东地区发现了"鱼复浦遗存—玉溪下层文化—玉溪上层文化—玉溪坪文化—中坝文化"这一连绵不绝的新石器文化序列, 其起始年代最迟不晚于距今约8000年。迄今为止的考古发现表明, 川西横断山区的新石器文化能早到仰韶文化中晚期, 成都平原周边地区至少在距今约5000年前就已出现"桂圆桥文化"[2], 成都平原腹心地区的宝墩文化不早于距今4600年[3], 可见, 四川盆地东部的新石器文化序列是西南地区迄今最早、最完整的, 它与成都平原的考古发现, 共同构建了中国史

①　贵州省博物馆考古组:《贵州省松桃出土的虎钮錞于》,《文物》1984年第8期。

②　万娇、雷雨:《桂圆桥遗址与成都平原新石器文化发展脉络》,《文物》2013年第9期。

③　江章华、王毅、张擎:《成都平原先秦文化初论》,《考古学报》2002年第1期。

前文化几大区系类型中近年来的新区系，丰富了苏秉琦的中国考古学文化区系类型的内涵①。其中鱼复浦遗存、玉溪下层文化与江汉平原的同时期文化更为接近，而玉溪上层文化、玉溪坪文化、中坝文化、桂圆桥文化、宝墩文化则与内陆西部地区的考古文化共性更大。四川盆地东部绵延不绝的人群生存发展史，为西南地区史前人群的开拓和资源的开发输送了不竭动力，为巴文化的繁荣发展奠定了基础。

夏商周时期是巴文化生长、发展和繁荣的时期。夏代晚期至商代早期，重庆、川东地区为三星堆文化分布区。三星堆文化是在原宝墩文化晚期（也称鱼凫村遗存、鱼凫村文化）基础上，受中原二里头文化、西北齐家文化影响下兴起的考古文化。在三峡地区的三星堆文化中，已经出现了少量后来巴文化的重要传统——尖底器（图5-1-7）。此外，鄂西长江流域分布着受三星堆文化和中原文化共同影响形成的朝天嘴文化，该文化中则存在后来巴文化的重要传统——圜底器。同时，三星堆文化峡江类型、朝天嘴文化也有较多的自身特色，与成都平原三星堆文化相比较，这一地区极少陶封顶盉（多为开口盉），流行陶鬶（成都平原不见）、厚胎尖底杯，有的遗址也见单耳罐等。

大约相当于中原二里岗上层时期甚至更早，鄂西三峡地区出现了路家河文化。路家河文化具备巴文化的两大基本要素：丰富多样的圜底器和尖底器（或近尖底）——这是后来巴文化陶器中一直坚守的传统，这象征着巴文化正式登上了历史舞台。早期巴文化形成后，向周边地区迅速扩张，继而在四川盆地东部产生了石地坝文化，在陕南地区出现了宝山文化。与此稍晚，成都平原的三星堆文化末期出现了少量尖底器——应该是石地坝文化西进的结果，并在此基础上促成了三星堆文化向十二桥文化的转型。

重庆和川东地区的考古文化在西周中期至春秋中期发展为瓦渣地文化②。瓦渣地文化与石地坝文化具有精进关系，大体保持了尖底器、圜底器的组合特色，但圜底器——特别是花边圜底器的类型和数量大增，地域特性进一步强化。此外，在巫山及以东的三峡地区，存在双堰塘遗存，其文化本底为土著巴文化，同时出现较多具有早期楚文化因素的陶器。春秋晚期至战国时期，四川盆地东部的瓦渣地文化进一步演变为李家坝文化③。与此前相比，李家坝文化除增加了较多中原文化、楚文化的因素外，尖底器减少是其重要特征（尖底杯消失，尖底盏依然有所保留）。

① 苏秉琦、殷玮璋：《关于考古学文化的区系类型问题》，《文物》1981年第5期。

② 孙华：《峡江地区的先秦文化》，袁行霈：《国学研究（第6卷）》，北京：北京大学出版社，1999年，第508页。

③ 罗二虎：《晚期巴文化李家坝类型初论》，《四川大学学报（哲学社会科学版）》2004年第5期。

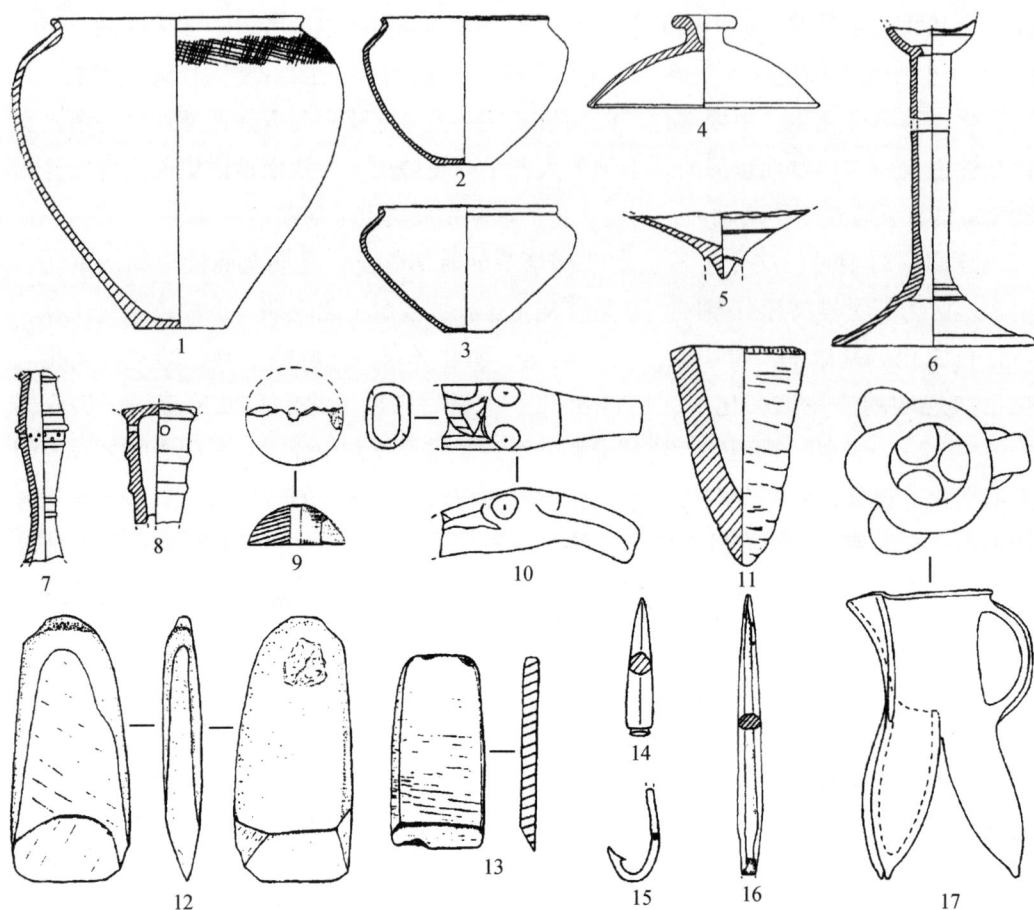

图5-1-7　重庆万州中坝子遗址出土三星堆文化器物①

1. 陶鼓肩小平底罐（H4：4）　　2、3. 陶宽肩小平底罐（M7：4、M7：6）　　4. 陶器盖（H4：3）

5. 陶豆盘（T0803④：71）　　6、7. 陶灯形器（T0803④：6、H16：4）　　8. 陶豆柄（T0605⑤：7）

9. 陶纺轮（T0804⑤：6）　　10. 陶鸟头勺柄（T0704④：110）　　11. 陶厚胎尖底杯（H28：3）

12、13. 石锛（M7：2、M7：3）　　14. 铜镞（H30：5）　　15. 铜鱼钩（T0804④：1）　　16. 骨锥（H28：6）

17. 陶鬶（T0704④：81）

　　从物质特征看，巴文化陶器因其浓烈的尖底器和圜底器组合特征，在中华文化的诸地域构成中堪称独树一帜，地方特征十分鲜明（图5-1-8）。从铜器的特征看，很可能属于早期巴文化的城洋铜器群，除大量中原殷商文化特征的铜器外，发现人面形面具、兽面形面具、虎纹铜钺、人面纹钺、三角援戈、弯形器（镰）、璋形器、尖顶泡、透

①　西北大学考古队、万州区文物管理所：《万州中坝子遗址发掘报告》，重庆市文物局、重庆市移民局：《重庆库区考古报告集·1997卷》，北京：科学出版社，2001年，第347～380页；西北大学考古队：《万州中坝子遗址第三次发掘简报》，重庆市文物局、重庆市移民局：《重庆库区考古报告集·1999卷》，北京：科学出版社，2006年，第235～252页。

罐

| 花边圜底罐 | 束颈圜底罐 | 敛口圜底罐 |

C(99DT0201㉛: 23)

B(99DT0201⑱: 25)

AII(02BT0101⑮: 2)

BaII(99AT0301㉔: 2)　Bc(99DT0301㉔: 1)
Bb(99BT0504⑳: 4)　C(00DT0604⑳: 46)

AI(99DT0301⑱: 2)　AIII(02BT0201⑬: 11)　BII(99DT0201㉓: 4)
AII(02CT0101⑰: 12)　BI(99DT0301㉒: 10)

AI(02CT0101⑱: 22)　AII(99DT0201⑲: 9)

BaI(99AT0301㉜: 9)

Ab(99DT0301㉚: 34)

AaIII(99DT0201㉝: 4)

AaII(99DT0301㉝: 4)

AaIb(99DT0301㉝: 3)
AaIa(98AT0103㉚: 1)　C(99AT0201㉓: 55)

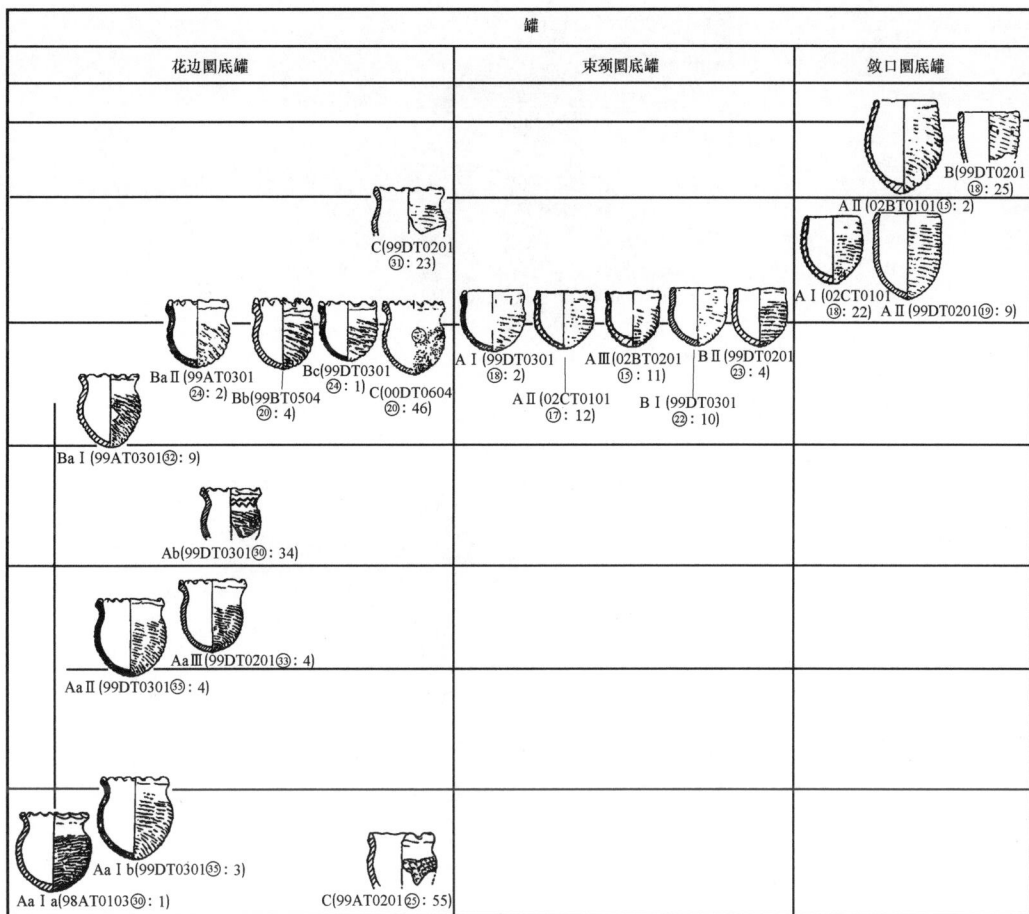

图5-1-8　重庆忠县中坝遗址陶花边圜底小罐（瓦渣地文化至李家坝文化）演变图
（选自《忠县中坝》[①]图九五六-2）

顶泡等[②]，展现出大量与中原文化不同的特征；东周以来，巴文化青铜器与蜀文化一道，既有形制上颇有特色的柳叶形剑、三角援戈、烟荷包式钺、釜、鍪（图5-1-9）、甑、尖底盒、桥形璜、虎纽錞于、鸟形尊（图5-1-10）等铜器，也有至今尚未得到解读的巴蜀符号，这些巴蜀式青铜器有的被中华文明中的其他地域文化所吸收，如鍪就成为后来秦文化的重要元素之一，它们自身也构成了博大精深的中华青铜文明的重要样式，丰富了华夏文化的"多元"成分。

① 重庆市文物局、重庆市水利局：《忠县中坝》插页卷，北京：科学出版社，2020年。

② 唐金裕、王寿芝、郭长江：《陕西省城固县出土殷商铜器整理简报》，《考古》1980年第3期。

图5-1-9　重庆涪陵小田溪墓群出土带盖铜鏊（M15∶9、M15∶10）

（方刚供图）

0　　4厘米

图5-1-10　重庆涪陵小田溪M10出土铜鸟形尊（M10∶35）

（选自《涪陵小田溪墓群发掘简报》[①]图一六）

①　重庆市文物考古所、重庆市文物局：《涪陵小田溪墓群发掘简报》，重庆市文物局、重庆市移民局：《重庆库区考古报告集·2002卷·中》，北京：科学出版社，2010年，第1339～1375页。

宝山、路家河、石地坝、瓦渣地、李家坝这些文化是当时中国范围内诸多地域文化中的一部分，是中华夏商周时期诸多地域文化中最具特色的地方文化之一，是中华文明从"多元"汇聚为"一体"中的重要"一元"，是长江文明的重要一环，是巴蜀文化的组成对子。秦至西汉中期，中原文化因素在原巴文化区域日渐茁壮，巴文化逐渐消融于中原文化中，直至大多数地方基本被汉文化取代，巴文化走完了从"多元"到"一体"的历程，而仍然存在一定地域文化特征的部分地区，则可视为中华文化"一体"下的次级"多元"。

物质文化的地方特征反映一个地方的经济社会本底。巴文化中尖底陶器、圜底陶器的盛行和长久不衰与该地区制盐产业有关。三峡地区是中国古代内陆地区规模化制盐最早的地区之一，在距今4600年左右已经出现工业化煎盐技术，并出现了制盐用尖底陶缸。三峡地区盐业的出现与宝墩文化史前古城的起源时间的耦合，应该不是偶然，而是人口大规模聚集对盐品需求的必然结果。而到了商周至战国时期，制盐工具先是尖底杯，继而为大小相若的花边圜底罐所替代，这两类器物是盐业生产的主流，自然确定了巴文化的本底特色，由此也可见先秦三峡盐业在长江上游地区文明化进程中的重要地位和巨大支撑作用。此外，一般的生活用圜底陶釜、圜底陶鍪、陶釜甑则与山地生活和生活的流动性有密切关联；而巴蜀符号中各类动物符号则与巴蜀内部多族群或族群演进过程中的复杂崇拜有关；嘉陵江流域盛行船棺葬离不开这一地区的水环境；数量极多的虎形纹饰大概率与廪君种首领务相死化白虎的传说脱不了干系。可见，从考古学文化构建中华文化的多元性，其内核实质是中华大地不同区域的生态环境、生业形态、生活习俗的反映，这些正是中华文明多样性的实证。

三、华夏化进程：巴人、巴国与中原王国、帝国关系的演进

中华文明多元一体的历史进程，其中华夏文化是"一体"形成的主要支撑。文献记载巴人的祖先与华夏同源，按照《华阳国志·巴志》的说法，巴为国"肇于人皇"，至五帝以来，又是"黄帝、高阳之支庶"[1]。《山海经·海内经》则称："西南有巴国。太皞生咸鸟，咸鸟生乘厘，乘厘生后照，后照是始为巴人。"[2]太皞即伏羲，或说为炎帝部落和黄帝部落的共同祖先。传说巴与早期华夏有密切联系，大禹时，"（禹）娶于涂山……今江州涂山是也"，"（禹）会诸侯于会稽，执玉帛者万国，巴蜀往焉"[3]。记录这些世系传承关系和禹迹分布的文献形成时代比较晚，其可信度

①　（晋）常璩撰：《二十五别史·华阳国志》，济南：齐鲁书社，2000年，第2页。

②　方涛译注：《山海经》，北京：中华书局，2009年，第275页。

③　（晋）常璩撰：《二十五别史·华阳国志》，济南：齐鲁书社，2000年，第2页。

要打很大的折扣。其中的祖源传说可能是战国、秦汉时的巴文化人群因对华夏正统的仰慕而附会的历史记忆，目的是通过假借华夏祖源而使自己成为华夏正统；而禹迹传说，也有借助传说对外表达自己的先天华夏属性的意图。这种主动建构"集体记忆"和选择性"结构失忆"的表现，正是上古时期"边缘"地区构建连接华夏"中心"的一种常见范式。

但由于巴地处"华阳之壤、梁岷之域"，蛮夷之气甚重。华夏政权也常常主动对巴方开展交流、扩展势力，试图将巴方进一步纳入"华夏"体系。《山海经·海内南经》载："夏后启之臣曰孟涂，是司神于巴，巴人讼于孟涂之所。"[①]《今本竹书纪年》也载："（帝启）八年，帝使孟涂如巴莅讼。"[②]上述情况展现了早期巴国与中国最古老的王朝——夏朝之间存在的方国与王国关系，即华夏王朝通过派遣司法人员，将先进的中原法治体系传播于巴，使巴进一步向华夏体系靠拢。商代，中原王朝视巴方为其"甸服"[③]，并行赏赐；同时，商王及其妻子妇好将军又经常"伐巴方"，掳掠其人口为牺牲，暗示了两者之间的宗主关系，以及巴一度对商的不满和反叛，展示了巴在以中原为中心的华夏"五服"差序格局中的地位。从宝山文化和城洋铜器群的器物构成看，陶器以反映地方特征的为主，而铜器以反映殷商礼仪制度的铜容器为主，这种上层贵族与下层民众间意识形态的"二元性"，凸显出地域性方国与华夏王朝间"和而不同"的关系。

西周时期，巴国从政治上开启了"华夏化"的历史进程。首先，《华阳国志》谓巴国参与武王伐纣后，周以其"宗姬封于巴"，笔者曾疑"姬巴"的可靠性，任乃强先生亦早有此论，疑为冒荫[④]。但巴方被视为周"宗姬之戚亲"则似乎是很可能的，并被"爵之以子"，这等于巴承认周王的统治权威，接受周王朝的册封政治体系。其次，巴国被视为周之南土。《左传·昭公九年》记詹桓伯辞于晋，曰："我自夏以后稷，魏、骀、芮、岐、毕，吾西土也。及武王克商，蒲姑、商奄，吾东土也；巴、

---

①　方韬译注：《山海经》，北京：中华书局，2009年，第206页。

②　王国维：《今本竹书纪年疏证》，《古本竹书纪年》附四，济南：齐鲁书社，2000年，第51页。

③　《屯南》1059："商（赏）于巴奠（甸）。"按《尚书·禹贡》记载夏朝的甸、侯、绥、要、荒"五服"制度，称"五百里甸服"，孔颖达疏称"甸服去京师最近"。若以商代巴文化政治中心在汉中东部，而湖北郧县辽瓦店子发现典型的商文化遗存，紧邻陕西，巴与商的确已经很近而且很可能接壤。参见（汉）孔安国传，（唐）孔颖达疏：《尚书正义》，北京：中华书局，1999年，第167页。

④　任乃强先生认为："按常氏原意，谓因有宗姬在巴，而予巴以子爵。非谓封宗姬于巴……巴既助伐纣有功，则何能更封宗姬夺其君位哉？抑或是巴冒姬姓往，武王以为宗姬也。"（晋）常璩著，任乃强校注：《华阳国志校补图注》，上海：上海古籍出版社，1987年，第4页。

濮、楚、邓，吾南土也；肃慎、燕、亳，吾北土也。"①表明巴已纳入周"封邦建国，以屏周室"的封建领土体系，并成为周王畿的拱卫者。最后，西周时期，周王室一度任命巴人史密率军队征伐南方叛乱的少数民族②。春秋时期，巴频频参与华夏事务和诸侯盟会，与邓、楚、秦等国间既合作交流，又频繁发生战争。巴国与周王室则仍保有政治上的从属关系。《华阳国志》提到巴"班侔秦、楚，示甸、卫也"③。甸和卫均为周代"九服之一"，处于"蛮夷要服，戎狄荒服"之前④。足见从商代的甸服到西周的南土，直至春秋的甸、卫，巴国在"中国"眼中，政治上是属于华夏这一大系统的。但文化交互的特点是双向认同和主观认同。以楚国为例，司马迁认为楚人先祖至穴熊"其后中微，或在中国，或在蛮夷"⑤，似在华、夷之间。然而楚人在春秋及以前，自称"我蛮夷也，不与中国之号谥"⑥。可见，在文化上还并不完全认同华夏。从文化上看，春秋时巴应当与楚的认同相近，她与华夏之间是"融而未合"的关系。

　　巴文化政治中心南迁加速了四川盆地东部和周边地区的"华夏化"⑦。春秋晚期以前，巴文化的政治中心位于陕南从汉中盆地东部到安康盆地或略偏东一带，虽然四川盆地东部也属于巴文化的分布地，但姬姓巴国是否有效控制这一地区，目前还不清楚，也许还有其他不知名的政治实体控制着⑧。大概从公元前611年楚、秦、巴三国灭庸后，政治中心在汉水上游的巴国可能已经开始向南经营巴文化腹心地区了。公元前

---

　　①　（周）左丘明传，（晋）杜预注，（唐）孔颖达正义：《春秋左传正义》，北京：北京大学出版社，2000年，第1459、1460页。

　　②　李启良：《陕西安康市出土西周史密簋》，《考古与文物》1989年第3期。

　　③　（晋）常璩撰：《二十五别史·华阳国志》，济南：齐鲁书社，2000年，第14页。

　　④　《周礼·夏官司马·职方氏》称周代"王畿"之外分为侯、甸、男、采、卫、蛮、夷、镇、藩九服。一般认为"蛮夷要服，戎狄荒服"，即认为五服中的"要服"和"荒服"是"蛮夷"和"戎狄"等少数民族居住地区。参见（清）王先谦撰：《荀子集解》卷18《正论篇》，北京：中华书局，1988年，第329、330页。

　　⑤　（汉）司马迁撰，（南朝）裴骃集解，（唐）司马贞索隐，（唐）张守节正义：《史记》，北京：中华书局，1999年，第1387页。

　　⑥　《楚世家》楚武王曾对随人也说："我蛮夷也。今诸侯皆为叛相侵，或相杀。我有敝甲，欲以观中国之政，请王室尊吾号。"参见（汉）司马迁撰，（南朝）裴骃集解，（唐）司马贞索隐，（唐）张守节正义：《史记》，北京：中华书局，1999年，第1391页。

　　⑦　本文之所以用巴文化政治中心而不用巴国政治中心，是考虑到我们还不能明确西周时期巴文化分布范围内是否只有巴文化一个国家？是否存在多个政治实体（如同时至少有苴国、夔国）？但文化圈的政治中心可以从铜器群大体可以判断。

　　⑧　周制以爵位高低给予封地。《礼记·王制》："天子之田方千里，公侯田方百里，伯七十里，子男五十里。"这种小方国的情况，在西周时期大体坚持得比较好，故巴子国不太可能将疆域有效扩张到四川盆地东部。参见（汉）郑玄注，（唐）孔颖达疏：《礼记正义》，北京：北京大学出版社，1999年，第388页。

477年，"巴人伐楚，围鄾。……三月，楚公孙宁、吴由于、薳固败巴师于鄾"①。《华阳国志》认为"是后，楚主夏盟，秦擅西土，巴国分远。故于盟会希"②。巴文化政治中心从此迁入四川盆地东部，华、夷间的边界由此向南同步推进，各种势力的跟进使四川盆地成为中华西南部"以夏变夷"的主场地。巴文化内部的统一也为华夏化创造了政治条件。战国时期，楚国已从文化上成为"中国"的一部分③，楚与巴的文化交互也成为"华夏化"的组成部分。从考古发现看，这一地区的战国墓葬普遍出现铜器，并新出鼎、敦、壶、豆、缶、簠、甗、罍、鉴、匜等陶、铜礼器，具有明显的中原文化和楚文化特征，蜀文化由于先后受到庸国解体和巴国政治中心南迁的影响，也从"椎髻左衽，……不晓文字，未有礼乐"（主要是以华夏文化为参照的礼乐）过渡到"始立宗庙，以酒曰醴，乐曰荆，人尚赤"④。

　　秦灭巴蜀至秦统一六国，是巴文化经济、社会、文化多维层面"华夏化"的过程。秦灭巴蜀，一方面因"戎伯尚强，乃移秦民万家实之"⑤。从重庆忠县老鸹冲（图5-1-11）、万州中坝子遗址发现的战国晚期墓葬中有部分秦文化墓葬看⑥，这些秦移民有相当部分到了巴地，使巴文化与外来文化间的交流更直接、更畅快。秦统一六国后，中原移民迁至巴蜀地区的更多，如扬雄的先祖从中原先迁巫山，后居江州；两湖地区罪犯和六国反秦贵族亦有大量被迁到巴郡"输巴县盐"⑦。另一方面，"秦昭王开巴蜀"⑧，在巴蜀地区"初为田，开阡陌"⑨，将辕田制在巴蜀广大地区推行。《华

---

① （周）左丘明传，（晋）杜预注，（唐）孔颖达正义：《春秋左传正义》，北京：北京大学出版社，2000年，第1959页。

② （晋）常璩撰：《二十五别史·华阳国志》，济南：齐鲁书社，2000年，第3页。

③ 《史记·天官书》："五星分天之中，积于东方，中国利；积于西方，外国用（兵）者利。"此处称西方为外国，东方为中国。又说"秦遂以兵灭六王，并中国"。可知，文中所说西方当主要指秦国，所说东方当主要指韩、赵、魏、楚、燕、齐之东方六国（六王），所说"中国"，无疑是指东方六国，当也包括楚国。《张仪列传》记载，义渠君朝于魏说"中国无事"，张守节《正义》认为"中国谓关东六国"。参见（汉）司马迁撰，（南朝）裴骃集解，（唐）司马贞索隐，（唐）张守节正义：《史记》，北京：中华书局，1999年，第1143、1157、1813页。

④ （晋）常璩撰：《二十五别史·华阳国志》，济南：齐鲁书社，2000年，第27页。

⑤ （晋）常璩撰：《二十五别史·华阳国志》，济南：齐鲁书社，2000年，第29页。

⑥ 西北大学考古队、万州区文物管理所：《万州中坝子遗址东周时期墓葬发掘报告》，重庆市文物局、重庆市移民局：《重庆库区考古报告集·1998卷》，北京：科学出版社，2003年，第592～606页。

⑦ 陈松长：《岳麓书院藏秦简（五）》，上海：上海辞书出版社，2017年，第43、44、201页。

⑧ （汉）班固撰，（唐）颜师古注：《汉书·地理志下》，北京：中华书局，1964年，第1641页。

⑨ 《史记·秦始皇本纪》记载："（昭襄王）立四年，初为田开阡陌。"参见（汉）司马迁撰，（南朝）裴骃集解，（唐）司马贞索隐，（唐）张守节正义：《史记》，北京：中华书局，1999年，第204页。

图5-1-11 重庆忠县老鸹冲墓地带壁龛的秦文化墓葬（BM24）

（方刚供图）

阳国志》记载秦昭王与板楯蛮订立盟约，"复夷人顷田不租，十妻不算"[①]。段渝先生认为，所谓"顷田不租"，是指在秦的"一夫百亩（一顷）"爰田制下本应按户征税，现予不征；所谓"十妻不算"，是指本应按户按口征收人头税（算赋），现予不征[②]。这些措施，使巴蜀地区经济社会发生了翻天覆地的变化。《华阳国志》在谈到巴蜀地区因移民而风尚大变时，总结"原其由来，染秦化故也"[③]。

秦汉时期，巴蜀地理上"然四塞"，但通过加强与关中地区的交通，使"栈道千里，无所不通"[④]，大大促进了巴蜀地区与中原的交流。秦统一全国后，"使黔首自实田"[⑤]，进一步瓦解了巴的田亩制度。汉早期，除部分巴地保留秦创设的羁縻之治外，汉中央政府在巴、蜀、汉中"不封藩王"[⑥]，深入推进郡县制，新增不少县级基层政府机构。而文翁治蜀时，巴、汉"亦立文学"，践行华夏传统的"有教无类"思想，从

① （晋）常璩撰：《二十五别史·华阳国志》，济南：齐鲁书社，2000年，第4页。

② 段渝：《论秦汉王朝对巴蜀的改造》，《中国史研究》1999年第1期，第23～35页。

③ （晋）常璩撰：《二十五别史·华阳国志》，济南：齐鲁书社，2000年，第33页。

④ （汉）司马迁撰，（南朝）裴骃集解，（唐）司马贞索隐，（唐）张守节正义：《史记·货殖列传》，北京：中华书局，1999年，第2467页。

⑤ 《史记·秦始皇本纪》三十一年，《集解》"徐广曰：使黔首自实田也"。参见（汉）司马迁撰，（南朝）裴骃集解，（唐）司马贞索隐，（唐）张守节正义：《史记·秦始皇本纪》，北京：中华书局，1999年，第178页。

⑥ （晋）常璩撰：《二十五别史·华阳国志》，济南：齐鲁书社，2000年，第16页。

而促进了巴地的教化。武帝时，全面加强中央集权，促进盐铁国家专卖，大力推进儒家思想，巴文化基本融入汉文化，除个别地区外，总体上完成了华夏化的历史进程，实现了中华在政治和文化上的"大一统"。这一点，我们从司马迁著《史记》、西南地区编《西南夷列传》而不列巴蜀可以看出来，并强调"此皆巴蜀西南外蛮夷也"[①]。此后，范晔著《后汉书》录"巴郡南郡蛮""板楯蛮"，实已变为"一体"之下的次级"多元"民族观。

四、小　　结

巴文化与中原文化、华夏文化的交互是动态的、复杂的，总体上呈现逐渐扩大和深入的态势，体现了中原文化的巨大向心力和华夏文化的强大辐射力。巴文化和中原文化、华夏文化的交互历史，也是华、夷之界不断南移的过程，是巴蜀地区日渐华夏化的过程。巴文化所在的四川盆地是中华大地上独特的地理板块，在此基础上呈现出来的文化适应和能动性创造，注定了巴文化在中华诸地域文化中的独特性和代表性，足以构成中华文明的重要"一元"，丰富中华文明的多样性。巴人、巴国还积极参与华夏事务，从早期的政治文化交流，到南土和甸、卫地位的确立，再到一统入秦、汉帝国，体现了巴文化对中华的向化之心，体现了中华文明从"多元"到"一体"的历史必然性。

第二节　怀柔远人：秦国羁縻巴蜀的内涵与比较

中国古代处理中央与边疆地区少数民族聚居人群的关系时，大多实行羁縻治理策略，即在少数民族地区设立特殊的行政单位，保持或基本保持少数民族原有的社会组织形式和管理机构，承认其酋长、首领在本民族和本地区中的政治统治地位，任用少数民族地方首领为地方官吏，除在政治上隶属中央王朝、经济上有朝贡的义务外，其余事务由少数民族首领自己管理。羁縻之治萌芽于战国晚期，形成于秦汉，完善于唐宋羁縻州制度，鼎盛于元明清土司制度，终于清代的改土归流。

秦灭巴蜀后，在原巴、蜀地区首推"以夷治夷"之策，以达到"因俗而治"的目的。但只有在原巴地的自治策略推行较为成功，所积累的成功经验，为统一后的秦汉帝国推行羁縻之治打下了基础。

---

①　（汉）司马迁撰，（南朝）裴骃集解，（唐）司马贞索隐，（唐）张守节正义：《史记·西南夷列传》，北京：中华书局，1999年，第2281页。

一、因俗而治：秦在巴地羁縻的背景和具体内涵

巴文化分布地区除嘉陵江中下游"土地山原多平"外，其余地区"滨江山险"，以山地为主，间隔小块盆地、平地，缺少连续农业带和聚居带，不利于产生大型聚落，故不同的族群呈小聚居、大分散状态，相互联系交流相对较少，故其大姓、邑落、族群较多。《华阳国志》谓巴国属民有"濮、賨、苴、共、奴、獽、夷、蜑之蛮"①。这些族群内部，由于各自离居，往往缺少强力的统治者，部落间互不统率。具体有以下两种情况。

一种是分布广泛，以小聚居的形式散居各地的人群。此类人群以百濮最为典型。百濮是上古时期广泛分布于从江汉平原到四川盆地的一个人群。周以来，楚从蚡冒"始启濮"到武王"于是始开濮地而有之"②，庸、夔等国民众亦以濮民为主。巴国濮人甚众，左思《蜀都赋》李善注引扬雄《蜀都赋》说"东有巴賨，绵亘百濮"③。他们"无君长揔统，各以邑落自聚"④，其社会具有散居的特征。

另一种是有一定分布地域，呈大聚居、小群落特点的人群。巴地这类人群较多，但又以嘉陵江流域的板楯蛮和江州以东长江流域的廪君蛮为主。虽然这类人群有相对固定的范围，但各部落有自己的统领，板楯蛮有渠帅"罗、朴、昝、鄂、度（庹）、夕、龚七姓"⑤，廪君蛮的君长则号为廪君。直到汉代，原巴蜀一些地方仍然存在众多"白虎夷王""夷王""邑君""邑长"等，就是各地部落种姓的头人。重庆梁平区汉《浮兰碑》曾"刻汉时官属及白虎夷王及时民等姓名"⑥。汉《繁长张禅等题名》录有"王""君""长"首领名姓十六人，其中的"白虎夷王谢节""白虎夷王资

---

① （晋）常璩撰：《二十五别史·华阳国志》，济南：齐鲁书社，2000年，第3页。

② （汉）司马迁撰，（南朝）裴骃集解，（唐）司马贞索隐，（唐）张守节正义：《史记·楚世家》，北京：中华书局，1999年，第1391页。

③ （清）高步瀛著，曹道衡、沈玉成点校：《文选李注义疏》，北京：中华书局，1985年，第924页。

④ 《左传》文公十六年（前611年）："百濮离居，将各走其邑。谁暇谋人？"《正义》："（百濮）是无君长统之。"《释例》："建宁郡南有濮夷。濮夷无君长揔统，各以邑落自聚，故称百濮也。"《左传》这段话及《正义》的解释，点明了社会特征。（周）左丘明传，（晋）杜预注，（唐）孔颖达正义：《春秋左传正义》，北京：北京大学出版社，2000年，第649、650页。

⑤ （晋）常璩撰：《二十五别史·华阳国志》，济南：齐鲁书社，2000年，第2页。

⑥ （明）曹学佺：《蜀中广记》卷23《梁山县》，《景印文渊阁四库全书》第591册，台北：台湾商务印书馆，1986年，第290页。

伟"，当为从巴地迁往蜀道的"夷王"①。东汉末至三国时期，"巴夷王杜濩、朴胡、袁约"还被魏武王封为三巴太守②，《三国志·魏武帝纪》更明确朴胡为巴"七姓夷王"，杜濩为"賨邑侯"③，应为战国至汉初板楯蛮后裔中部分部族的首领。汉《巴郡大守张纳碑》提到东汉末巴郡仍有"胸忍蛮夷"④，是为部分少数民族仍存在的明证。中国国家博物馆藏清代奉节县甲高双河口（与云阳县交界）出土"汉归义賨邑侯"羊纽金印（图5-2-1），是汉代"賨邑侯"存在的重要物证。这些统率不同人群的首领，说明地方族群社会势力仍较强大。故蒙文通先生认为，古代巴蜀地区"有百多个小诸侯"，"古时的巴蜀，应该只是一种联盟，巴蜀不过是两个霸君，是这些诸侯中的雄长"⑤。

　　秦在统一中国的过程中，对西周以来的政治制度进行了重大改革，摒弃了"封建亲戚，以藩屏周"⑥的分封制，全面实行"郡县制"，即将原来的分权贵族制改为君主专制，原来的"世侯世卿"被中央政府任命的"流官"所代替，行政层面由贵族政治转为官僚政治，故《史记·李斯列传》说："使秦无尺土之封，不立子弟为王、功臣为诸侯。"⑦

图5-2-1　　"汉归义賨邑侯"金印

---

① （宋）洪适撰：《隶释隶续》，北京：中华书局，1985年，第429、430页。

② 《汉中志》：建安五年，张鲁"率巴夷杜濩、朴胡、袁约等叛"。建安二十年，张鲁投魏，"魏武以巴夷王杜濩、朴胡、袁约为三巴太守"。参见（晋）常璩撰：《二十五别史·华阳国志》，济南：齐鲁书社，2000年，第18页。

③ （晋）陈寿撰，陈乃乾校点：《三国志》，北京：中华书局，1959年，第46页。

④ （宋）洪适撰：《隶释隶续》，北京：中华书局，1985年，第61、62页。

⑤ 蒙文通：《巴蜀史的问题》，《四川大学学报（社会科学版）》1959年第5期。

⑥ （周）左丘明传，（晋）杜预注，（唐）孔颖达正义：《春秋左传正义》"僖公二十四年"，北京：北京大学出版社，2000年，第480页。

⑦ （汉）司马迁撰，（南朝）裴骃集解，（唐）司马贞索隐，（唐）张守节正义：《史记·李斯列传》，北京：中华书局，1999年，第1982页。

　　秦举巴蜀是统一中国进程中最早的，实际上在分封与郡县之间有一个长期的探索过程。秦灭巴后，巴地的邑落社会依然存在，如何管理巴蜀地区的"蛮夷"及其众多"夷王""邑君"，避免激化矛盾，以免引起大的反抗，成为秦国治理原巴国的头等大事。

　　在巴地，秦国创新治理之策，根据因俗而治的原则，创造性采用羁縻之策，实行"郡县"与"分封"的双轨治理办法，取得了良好的效果。所谓"郡县"，即以原巴、蜀两国范围分立巴郡、蜀郡，下设若干县级行政建制，以流官管理地方军事、贡赋、盐铁及农业特产等。所谓分封，即承认原贵族的地方领地权、社会治理权、宗族领导权、宗教控制权。郡县与分封两者相结合，形成中央与地方既统一领导又有效分权，同时给予地方特殊优惠财税、赋予地方有限自治的羁縻之治。

　　秦对巴地两大主要族群实行羁縻的过程和具体情况如下。

　　对于江州以下的禀君部族，《后汉书》在叙及其缘起后说：

　　　　及秦惠王并巴中，以巴氏为蛮夷君长，世尚秦女，其民爵比不更，有罪
　　得以爵除。其君长岁出赋二千一十六钱，三岁一出义赋千八百钱。其民户出
　　幏布八丈二尺，鸡羽三十鍭。[①]

这里有几个名词需要解释。一是"不更"。不更为秦爵名，秦、汉二十等爵制之第四级。《左传·成公十三年》："秦师败绩，（晋）获秦成差及不更女父。" 杜预注："不更，秦爵。"[②]《商君书·境内》："公爵，自二级以上至不更，命曰卒。"[③]《汉书·百官公卿表上》："爵：一级曰公士，二上造，三簪袅，四不更……"颜师古注："言不豫更卒之事也。"[④]"其民爵比不更"，即参照四级等爵享受不服更卒的待遇。二是"幏布"。《后汉书》李贤注引《说文》："幏，南郡蛮夷赍布也。"左思《魏都赋》"赍幏积壕"，李善注引《风俗通》："槃瓠之后，输布一匹二丈，是为赍布。禀君之巴氏出幏布八丈。"[⑤]三是"鸡羽"和"鍭"。鸡羽即野鸡羽毛，古人用以平衡箭矢尾部之用；鍭，郑玄认为"鍭犹候也，待物而射之也"。

　　① （宋）范晔撰，（唐）李贤等注：《后汉书》，北京：中华书局，1999年，第1919页。
　　② （周）左丘明传，（晋）杜预注，（唐）孔颖达正义：《春秋左传正义》"成公十三年"，北京：北京大学出版社，2000年，第874页。
　　③ 石磊译注：《商君书》，北京：中华书局，2009年，第161页。
　　④ （汉）班固撰，（唐）颜师古注：《汉书》，北京：中华书局，1964年，第739页。
　　⑤ （清）高步瀛著，曹道衡、沈玉成点校：《文选李注义疏》，北京：中华书局，1985年，第1376、1377页。

　　从上述文献看，秦羁縻巴主要是从政治上仍然承认当地统治者的"君长"地位，以世代和亲通婚的形式来维系双方上层间"一家亲"的文化联系。在社会义务上，赐予廪君蛮百姓享受"不更"四等爵位待遇，即可免充更卒（轮流服役的兵卒）。在违法犯罪上，对犯罪者给予免受秦律处罚的特权（可能按当地原有制度或部落的习惯法处理）。在税赋贡纳方面，对君长确定了较轻的税赋（具有地方递解中央税赋的性质），普通百姓只需缴纳一定的幏布、鸡羽这类地方特产就能完成任务。

　　秦统一六国前后，实行重徭厚赋制度，"收泰半之赋，发闾左之戍"①，高峰时，人们收入的近三分之二要交税，全国劳役、兵役征调人数约为适龄平民的一半。应当说，秦对廪君蛮的怀柔政策是比较优厚的。但是也要看到，羁縻之治下的廪君蛮民众实际上仍要负担对地方夷王、君长的赋税和兵役。如公元前308年，"司马错率巴、蜀众十万，大船舶万艘，米六百万斛，浮江伐楚，取商於之地为黔中郡"②。如果按照羁縻制的规定，巴蜀民没有服兵役的义务，司马错何以能率巴蜀众十万呢？这十万人应该包括士兵和从事后勤服务的人员，推测不是秦政府直接征派的，而是通过巴蜀的"君长"派来的。这种部族首领仍拥有地方武装，民众仍有向首领缴税、服劳役的义务也是后来历代羁縻制下的定制和常态。

　　从秦举巴蜀之年到公元前276年，秦国至少四次领巴蜀众伐楚，巴蜀民众除了要打仗之外，还要承担军粮、舟船的义务，实际上巴蜀民众的负担仍然较沉重。故到秦昭襄王时（前306～前251年在位），巴地一些民众在原巴国贵族的带领下，进行了一次巨大的军事反抗行动。《后汉书·南蛮西南夷列传》记载：

　　　　秦昭襄王时有一白虎，常从群虎数游秦、蜀、巴、汉之境，伤害千余人。昭王乃重募国中有能杀虎者，赏邑万家，金百镒。时有巴郡阆中夷人，能作白竹之弩，乃登楼射杀白虎。昭王嘉之，而以其夷人，不欲加封，乃刻石盟要，复夷人顷田不租，十妻不算，伤人者论，杀人者得以倓钱赎死。盟曰："秦犯夷，输黄龙一双；夷犯秦，输清酒一锺。"夷人安之。③

①　（汉）班固撰，（唐）颜师古注：《汉书》，北京：中华书局，1964年，第1126页。
②　（晋）常璩撰：《二十五别史·华阳国志》，济南：齐鲁书社，2000年，第29页。
③　（宋）范晔撰，（唐）李贤等注：《后汉书》，北京：中华书局，1999年，第1920页。

《华阳国志·巴志》也有类似的记载①。从情理上讲，自然界的成年虎喜独居，其活动范围也达不到秦、蜀、巴、汉这么广的范围，能伤害千余人也非老虎所能，政府也没必要以"邑万家，金百镒"这种高官、侯王才能得到的赏赐来募人杀虎。从白虎的隐喻上讲，《后汉书》有"廪君死，魂魄世为白虎。巴氏以虎饮人血，遂以人祠焉"②的记载，白虎在大多数情况下是巴人廪君蛮首领或"白虎复夷"等崇虎部族的代称。因此，这里的白虎当为领兵而起反叛的原巴国贵族，并攻占了多地，致秦廷震动，所以才重赏与廪君蛮非一族的板楯蛮进行镇压，意图分化瓦解原巴国内部人群。

　　借这次镇压，秦王朝以公开的盟约形式确定了与板楯蛮结盟的法律关系，给予较廪君蛮更加丰厚的优待：每户免除顷田以内的田税和十口女眷内的人头税③，约定了板楯蛮伤人、杀人犯罪的处罚和以钱、货赎罪方式，确定了秦中央政权与地方政治实体间互不相犯、互不干涉各自权限内事务的政策，深化了羁縻自治的内容，完善了法律保障。通过以上措施，一方面使"夷人安之"，稳定了巴地的形势；另一方面为秦统一六国创造了安宁祥和的后方环境。

　　许多研究者曾认为，"以巴氏为蛮夷君长"是指巴氏作为原巴国的全体"君长"，笔者并不认同这种看法。从《后汉书·南蛮西南夷列传》的叙事结构看，巴郡南郡蛮（廪君蛮）、板楯蛮两者在该书中均属南蛮，是并列关系，且秦对两者之间的治理策略存在一些差异：一个强调"有罪得以复除"，一个强调"伤人者论，杀人得以倓钱赎死"；一个强调"君长岁出赋……三岁一出义赋……，其民户出幏布……鸡羽……"；一个强调"顷田不租，十妻不算"。试想，如果在同一个君长之下，应该不会出现这些明显的差别对待。此外，笔者注意到原巴王仍被执归于秦国，新设巴国"君长"还不如利用原巴王。因此，我们可以推断，"以巴氏为蛮夷君长"是指利用原廪君蛮中的部族领袖巴氏为整个部族的"君长"。考虑到秦在原巴国设巴郡，推断这两大部族集团在名义上又统归郡守管辖是可以成立的。

----

　　①　《华阳国志·巴志》："秦昭襄王时，白虎为害，自（秦）［黔］、蜀、巴、汉患之。秦王乃重募国中：'有能煞虎者邑万家，金帛称之。'于是夷胊忍廖仲、药何、射虎秦精等乃作白竹弩于高楼上，射虎，中头三节。白虎常从群虎，瞋恚，尽搏煞群虎，大吼而死。秦王嘉之曰：'虎历四郡，害千二百人。一朝患除，功莫大焉。'欲如（要）［约］，王嫌□其夷人，乃刻石为盟要：复夷人顷田不租，十妻不算；伤人者，论；煞人雇死，倓钱。盟曰：'秦犯夷，输黄龙一双。夷犯秦，输清酒一锺。'夷人安之。汉兴，亦从高祖定秦，有功。高祖因复之，专以射白虎为事，户岁出赍钱口四十。故世号白虎复夷。一曰板楯蛮，今所谓'弜头虎子'者也。"参见（晋）常璩撰：《二十五别史·华阳国志》，济南：齐鲁书社，2000年，第3、4页。

　　②　（宋）范晔撰，（唐）李贤等注：《后汉书》，北京：中华书局，1999年，第1918页。

　　③　所谓"顷田不租"，是指在秦的"一夫百亩（一顷）"爰田制下本应按户征税，现予不征；所谓"十妻不算"，是指本应按户按口征收人头税（算赋），现予不征。

　　从考古发现上看，涪陵小田溪墓群、渠县城坝遗址可能是上述两大巴文化部族集团在战国晚期至秦时的政治中心。小田溪墓群1972年[①]、1980年[②]、1983年、1993年[③]、2002年[④]、2005～2007年[⑤]共6次发掘，清理战国至汉代墓葬25座，出土铜礼器、乐器、生活用器、车马器、兵器、杂件等，共400余件（不含1983年涪陵博物馆清理M8出土铜器，下同），其中，礼器有壶（锺）、鼎、尊缶、浴缶、鸟形尊、盒、俎、豆、鉴等，乐器有编钟（甬钟）、錞于、钲、铃等，生活用器有釜、鏊、釜甑、盘、勺等，生产工具有削、锯、斤、斧等，兵器有戈、矛、剑、钺、戟、盔（胄顶）、镞、弩机等，另有车马器、服饰用器等，此外还出土较多玉器。这些器物中，14件（套）铜编钟（M1，图5-2-2）、铜甬钟（M1、M2、M12）、铜錞于（M2、M12，图5-2-3）、铜钲（M1、M2、M12）、铜尊缶（M1）、铜浴缶（M1）、错银铜壶（M3、M12）、铜鸟形尊（M10）、玉具剑（M12）和铜俎、豆、夹组合（M1、M12）等都是体现墓

图5-2-2　重庆涪陵小田溪墓群出土铜编钟（M1）

　　①　四川省博物馆、重庆市博物馆、涪陵县文化馆：《四川涪陵地区小田溪战国土坑墓清理简报》，《文物》1974年第5期。

　　②　四川省文物管理委员会、涪陵地区文化局：《四川涪陵小田溪四座战国墓》，《考古》1985年第1期。

　　③　四川省文物考古研究所、涪陵地区博物馆、涪陵市文物管理所：《涪陵市小田溪9号墓发掘简报》，四川省文物考古研究所：《四川考古报告集》，北京：文物出版社，1998年，第186～196页。

　　④　重庆市文物考古所、重庆市文物局：《涪陵小田溪墓群发掘简报》，重庆市文物局、重庆市移民局：《重庆库区考古报告集·2002卷》，北京：科学出版社，2010年，第1339～1375页；重庆市文化遗产研究院、重庆市涪陵区博物馆、重庆市文物局：《重庆涪陵小田溪墓群M12发掘简报》，《文物》2016年第9期。

　　⑤　2007年发掘的是小田溪附近的陈家嘴遗址，发现了46座战国晚期至秦代的小型竖穴土坑墓，主要出土巴文化遗物，也有靴式钺等越文化因素。陈家嘴遗址的墓葬可能是小田溪贵族墓地守陵人墓地。参见重庆市文物考古所、重庆文化遗产保护中心：《重庆文物考古十年》，重庆：重庆出版社，2010年，第64～67页。

图5-2-3　重庆涪陵小田溪墓群虎纽錞于
（M12：36）

主高等级身份的，玉具剑和M22出土玉器等与下文的“蜀守斯离”墓出土物相近，表明其等级大致相当，推测可能属于秦举巴蜀后“以巴氏为蛮夷君长”的廪君蛮君长和贵族的墓葬，也是《华阳国志》所谓“其先王陵墓多在枳”[①]的重要旁证。渠县城坝遗址在2019年进行的第6次考古发掘中，首次揭露东周墓葬4座，这批墓葬均为狭长方形土坑墓，大型墓葬的葬具为船棺，墓主人均为屈肢葬或二次葬。其中M45规模较大，在墓室底部的一侧设置有器物坑，内放置11件青铜器。M45出土器物较多，主要包括铜器、陶器、玉器等70余件（套）。其中铜器主要包括浴缶、钫、錞于、甬钟、钲、鈲、匜、剑、鍪、釜、釜甑、印章、龟等；陶器主要为罐和豆；玉器主要是龙纹玉佩、玛瑙环、蜻蜓眼琉璃珠、料珠等装饰品[②]。城坝遗址以前就曾采集到錞于和钲，2019年又出土铜錞于、钲、甬钟这类代表巴文化墓葬等级和特点的遗物（图5-2-4），时代大约在战国中晚期至西汉初，考虑到该遗址曾为西汉的賨城[③]，因此可以推测，城坝遗址很可能是板楯蛮某些渠帅的中心城邑。上述考古发现，从一个侧面证明了战国晚期至秦代，原巴国统辖地仍然存在两支较大的、保有传统文化因素的、等级极高的部族“君长”（“邑君”“邑长”），是秦对原巴国实行羁縻的有力见证。

从以上情况看，秦对原巴国不但以夷制夷，而且对其不同部族亦精准施策。总体原则是不改变原部族统治者地位，不直接改造当地社会，以特殊政策笼络和怀柔当地人民，实行轻徭薄赋，保持地方法和习惯法的指导地位，同时又以郡县行政体制进行控制系联，建立秦夷间行政上隶属管辖、军事上互不相犯的央地关系。这些政策基本上囊括了后世羁縻制度的主要方面，是在秦中央政权因地制宜、因俗而治的整体制度设计下，在原巴地各族群的配合支持下，上下勠力同心推进的制度创新，

① 若小田溪的发现就是常璩所谓的巴先王陵墓，而且这种可能性极高，可以推断常璩是把“巴先王陵墓”和秦“以巴氏为蛮夷君长”陵墓搞错了。参见（晋）常璩撰：《二十五别史·华阳国志》，济南：齐鲁书社，2000年，第9页。

② 陈卫东：《四川渠县城坝遗址2019年度考古发掘》，《大众考古》2020年第2期。

③ 四川省文物考古研究院、渠县历史博物馆：《四川渠县城坝遗址》，《考古》2019年第7期。

图5-2-4　四川渠县城坝遗址出土铜钲、錞于、甬钟（均M45）

奠定了中国边疆民族治理延续近两千年的政策基调，是巴文化、秦文化对中华文明的重大贡献。

二、治理有效与失效：秦国羁縻巴、蜀的比较

秦国的羁縻之策之所以能在具有尚武精神的巴地治理有效，离不开郡县制与羁縻制的良好配套推进，离不开吸取蜀地羁縻的治理失效经验。

秦灭巴后，取消了巴王、巴侯一级的政体，代之以巴郡，下设六县。郡县制是以地缘为基础的行政管理体制，而分封制是以人群集团为中心的管理体制，两者本来有一定冲突，但由于巴郡及其辖县境域广大，巴地大姓、豪强和夷王繁多，管辖地域大多不跨县域，其政治利益几乎不受影响，展现出巴地郡县制对羁縻制的强大包容性。同时，由于不征租赋或轻租赋，不敛兵役劳役，土官与流官职责较为明确，流官的主要作用恐怕还是监督巴地自治，服务秦军出巴伐楚的后勤保障。这样，秦既把巴地各部族纳入统一的郡县体制之内，又稳定了巴地的社会秩序，因而收到了良好成效。

秦灭蜀后，最初也曾采取了与巴地相似的治理策略。《华阳国志·蜀志》记：

周赧王元年（前314年），秦惠王封子通国为蜀侯，以陈壮为相。置巴郡，以张若为蜀国守。戎伯尚强，乃移秦民万家实之。三年（前312年），分巴、蜀置汉中郡。六年（前309年），陈壮反，杀蜀侯通国。秦遣庶长甘茂、

张仪、司马错复伐蜀，诛陈壮。七年（前308年），封子恽为蜀侯。……赧王十四年（前301年），蜀侯恽祭山川，献馈于秦（孝文）［昭襄］王，恽后母害其宠，加毒以进王。王将尝之，后母曰："馈从二千里来，当试之。"王与近臣，近臣即毙。（文）王大怒，遣司马错赐恽剑，使自裁。恽惧，夫妇自杀。秦诛其臣郎中令婴等二十七人。蜀人葬恽郭外。十五年（前300年），王封其子绾为蜀侯。十七年（前298年），闻恽无罪冤死，使使迎丧入葬（之）郭内。……三十年（前285年），疑蜀侯绾反，王复诛之。但置蜀守。张若因取笮及其江南地也。[①]

《史记》对这段历史有零星记载，但相互抵牾较多[②]。如《秦本纪》记秦惠王后元十四年（前311年），"丹、犁臣，蜀相壮杀蜀侯来降……"次年，"诛蜀相壮……伐义渠、丹、犁"。另一处又说陈壮杀通国为周赧王四年（前311年），诛陈壮在周赧王五年（前310年）。又如通国，《秦本纪》作"通"，《六国表》却作"鲦通"。从《华阳国志》的字面意思看，这些蜀侯似为秦公子。但《史记》记周赧王元年，秦惠文王"贬蜀王更号曰侯，而使陈壮相蜀"[③]，似以蜀王子为蜀侯。任乃强指出"蜀相壮杀蜀侯来降"，蜀侯若为秦公子当难圆其说的疑点[④]。蒙文通分析了相关事件和各人物关系，指出了其中的若干矛盾，并根据秦汉的制度和闽粤的事例，认为蜀侯只能是蜀的子孙而非秦人[⑤]，其说可从。

秦国在灭蜀后三封三杀蜀侯，其间二次定蜀，最后废蜀侯，"但置蜀守"，显然其治蜀初期试图采取羁縻之策并不成功。笔者认为，主要原因有以下几点。

第一，虽然以蜀太子为原蜀国最高统治者，保留了原有官僚体系，也保留了蜀相，但相位和其他重要职位却为秦人把持，兼之又另置"蜀国守"，这种错综复杂的管治模式，背离了以夷制夷的初衷，故其治理是失效的。

第二，原统治者形式上虽然为蜀地最高首领，但降王为侯，同时保留的大量贵族的政治主体性没有获得提升，必然招致土著贵族对流官的不满，易在秦、蜀之间产生信任危机，以致产生蜀相杀蜀侯这样的忤逆之事，土、流之间难以形成"共谋"关

①　（晋）常璩撰：《二十五别史·华阳国志》，济南：齐鲁书社，2000年，第29、30页。

②　（汉）司马迁撰，（南朝）裴骃集解，（唐）司马贞索隐，（唐）张守节正义：《史记》，北京：中华书局，1999年，第149、150、1800页。

③　（汉）司马迁撰，（南朝）裴骃集解，（唐）司马贞索隐，（唐）张守节正义：《史记》，北京：中华书局，1999年，第1800页。

④　（晋）常璩著，任乃强校注：《华阳国志校补图注》，上海：上海古籍出版社，1987年，第128页。

⑤　蒙文通：《巴蜀古史论述》，成都：四川人民出版社，1981年，第56~64页。

系。反观巴国，巴王被执归秦地，原巴国最上层统治集团很可能不再集体保留，而代之以巴郡，其下提拔原廪君巴氏治理五姓巴人，对"天性劲勇""不欲加封"的板楯蛮签平等相待的盟约，各部族自治体与巴郡之间是垂直关系，但互相之间的权力边界又极为清晰，这就极大地激发了基层部族对秦的信任。

第三，秦未对蜀采取笼络之策，未见有免除兵役、租赋和免除罪罚等怀柔政策，相反却在赋、役上多有索取。这可以从秦灭蜀之前，司马错谏言"其国富饶，得其布帛金银，足给军用"，"得其地足以广国，取其财足以富民缮兵"①可以看出其伐蜀的本来目的。秦灭巴蜀后，"司马错率巴、蜀众十万，大舶船万艘，米六百万斛，浮江伐楚，取商於之地为黔中郡"②。其中，"米六百万斛"应主要出自粮仓蜀中。汉高祖时，"自汉中出三秦伐楚，萧何发蜀、汉米万船而给助军粮"③，亦见蜀对秦、汉征伐的后勤保障之重要。故秦并不愿意真正推行羁縻。度过入蜀初期的艰难后，秦"但置蜀守"，去除了怀柔的伪装。

第四，秦移民入蜀者多，在蜀推行《为田律》④，"初为田""开阡陌"⑤，"使黔首自实田"⑥的推行似乎较在巴地更急、更彻底，社会改造较为深入，青川发现的"成亭"漆器、咸阳出土的"十九年蜀守斯离造"铜鉴⑦和小田溪"廿六年蜀守武造"铜戈⑧等，显示蜀的官营手工业生产和民间商业极为繁盛，社会日益向开放型、地缘型转变，羁縻存在的土壤破坏较厉害，中央直接治理较羁縻自治可能更为有效。

第五，侯国与郡县制的不同步、不配套削弱了蜀地羁縻制的治理成效。笔者注意到，秦"贬蜀王更号曰侯"的时候，同时设置了巴郡，但并没有设置蜀郡，只是设

---

① （汉）司马迁撰，（南朝）裴骃集解，（唐）司马贞索隐，（唐）张守节正义：《史记》，北京：中华书局，1999年，第1800页。

② （晋）常璩撰：《二十五别史·华阳国志》，济南：齐鲁书社，2000年，第29页。

③ （晋）常璩撰：《二十五别史·华阳国志》，济南：齐鲁书社，2000年，第31页。

④ 四川省博物馆、青川县文化馆：《青川县出土秦更修田律木牍——四川青川县战国墓发掘简报》，《文物》1982年第1期。

⑤ 《秦本纪》记孝公"为田开阡陌"。《秦始皇本纪》记："（昭襄王）立四年，初为田开阡陌。"参见（汉）司马迁撰，（南朝）裴骃集解，（唐）司马贞索隐，（唐）张守节正义：《史记》，北京：中华书局，1999年，第146、204页。

⑥ 《史记·秦始皇本纪》三十一年，《集解》"徐广曰：使黔首自实田也"。参见（汉）司马迁撰，（南朝）裴骃集解，（唐）司马贞索隐，（唐）张守节正义：《史记·秦始皇本纪》，北京：中华书局，1999年，第178页。

⑦ 陕西省考古研究院：《陕西西咸新区坡刘村秦墓发掘简报》，《考古与文物》2020年第4期；许卫红、张杨力铮：《"十九年蜀守斯离"考》，《考古与文物》2020年第4期。

⑧ 四川省博物馆、重庆市博物馆、涪陵县文化馆：《四川涪陵地区小田溪战国土坑墓清理简报》，《文物》1974年第5期。

置了"蜀国守"，这就使羁縻制失去了郡县的牵制，以致历代蜀侯仍存复国幻想，百姓仍对蜀侯而不是秦王心存认同。从蜀侯绾"闻恽无罪冤死，使使迎丧入葬（之）郭内。丧车入城北门，忽陷入地中。蜀人因名北门曰咸阳门。为蜀侯恽立祠"[①]的记载看，蜀侯绾无视秦廷权威，胆敢迎蜀侯恽（《史记》做"煇"）入葬郭内，且蜀人将丧车所陷的北门改名为咸阳门，公然影射恽为秦廷所害，并立祠祭祀之，体现了蜀民对蜀王侯的情感认同和对秦的拒斥心理。此外，关于"蜀国守"和"蜀守"的问题，据"（秦昭襄王）十九年（前288年）蜀守斯离"铜鉴（图5-2-5）和《史记》"（秦昭襄王）二十三年（前284年），尉斯离与三晋、燕伐齐，破之济西"[②]的记载，从斯离先任蜀国守，后任都尉（郡尉）的变化可知，斯离时已设置蜀郡（郡一般设郡守、郡尉），因此推测大约在蜀侯恽死后（昭襄王六年）才开始设蜀郡。蜀郡设立后，秦就不太需要蜀侯国了。若干年后，秦干脆以疑罪之名，直接诛杀蜀侯绾，不再保留蜀侯及其官僚系统，"但置蜀守"了。

　　羁縻之治的关键在于权责明确，以怀柔、笼络为要。中央政府管"包"、管整体，自治政治体承认和尊重中央权威和主权，履行必要的义务。秦对蜀的羁縻，流官对地方干预太多，基于自身利益索取太多，加之担心"戎伯尚强"，大量进行移民，是为"三封三杀"、羁縻失效的根本原因。因此部分学者并不认为秦在蜀地推行了羁縻制度。将治理对象"打包"。包内实行地方自治、以夷制夷；包外在

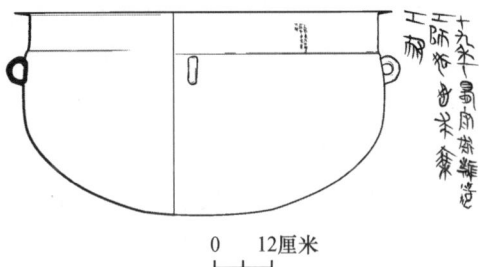

图5-2-5　"十九年蜀守斯离造"铜鉴及铭文

三、羁縻之治的确立和发展

　　秦在巴地推行羁縻之治前，已经做过一些探索。其积累的经验主要来自与义渠戎国的关系。义渠戎国本为秦西北的大国，两国间长期征战。公元前352年，秦国派兵攻打义渠，并平定义渠内乱，义渠便臣服于秦。此后双方时战时和。到秦惠文王十一年（前327年），"县义渠。……义渠君为臣"[③]，义渠正式成为秦国属地。这种置县未

① （晋）常璩撰：《二十五别史·华阳国志》，济南：齐鲁书社，2000年，第30页。
② （汉）司马迁撰，（南朝）裴骃集解，（唐）司马贞索隐，（唐）张守节正义：《史记》，北京：中华书局，1999年，第152页。
③ （汉）司马迁撰，（南朝）裴骃集解，（唐）司马贞索隐，（唐）张守节正义：《史记》，北京：中华书局，1999年，第147页。

废其君的做法，堪称羁縻制的先声。由于当时秦尚未发展出一套完整的羁縻制度，义渠与秦的关系出现反复，后来秦多次伐义渠，最后以宣太后与义渠戎王淫乱，"诈而杀义渠戎王于甘泉"①而最终灭之。

秦灭六国建立统一的帝国后，将在原巴地的羁縻实践进一步总结上升为国家治理的系列政策。主要内容：一是中央设立"典客""典属国"专门处理边地部族事务的机构和官员②。二是在三边民族聚居地区设"道"，《后汉书·百官志》："凡县主蛮夷曰道。公主所食汤沐曰邑，县万户以上曰令，不满为长。侯国为相。皆秦制也。"③三是通过地方君长对少数民族进行间接统治，云梦秦简中，有"臣邦君长""臣邦君公"等自治首脑；秦国统一闽粤后，"闽粤王无诸及粤东海王摇，其先皆粤王句践之后也，……秦并天下，废为君长，以其地为闽中郡"④。这与巴地的治理相似。四是减轻租赋，区别刑罚，如云梦秦简《法律答问》："真臣邦君公有罪，致耐罪以上，令赎。""臣邦真戎君长，爵当上造以上，有罪当赎者，其为群盗，令赎鬼薪鋈足……"五是通过秦与地方君长联姻巩固央、地关系，云梦秦简有"臣邦父、秦母谓殴（也）"⑤。应当说，上述政策在秦统一六国前的巴地大多已经实施，只是进一步深化和规范，并形成国家制度，羁縻制度因此得以正式确立。

秦在巴地开创的羁縻之治生命力强大，影响深远。后世中央政府在治理少数民族上，多沿用此策。

汉朝建立后，沿用并发展了秦的羁縻制度。汉帝国在巴、蜀、汉中"以帝业所兴，不封藩王"⑥，但在局部，仍然行羁縻之实。如对廪君蛮，"汉兴，南郡太守靳彊请一依秦时故事"⑦，即仍沿行羁縻。对板楯蛮，因从高祖定秦有功，"秦地既定，乃遣还巴中，复其渠帅罗、朴、昝、鄂、度（庹）、夕、龚七姓，不输租赋，余户乃岁入賨钱，口四十"⑧。不但恢复大姓渠帅统领地位，还免其租赋，一般家户也只缴人头税而不交田赋。而对黔中郡的武陵蛮，"岁令大人输布一匹，小口二丈，是谓賨

① （汉）司马迁撰，（南朝）裴骃集解，（唐）司马贞索隐，（唐）张守节正义：《史记》，北京：中华书局，1999年，第2209页。

② 《汉书》卷19《百官公卿表》："典客，秦官，掌诸归义蛮夷"，"典属国，秦官，掌蛮夷降者。"参见（汉）班固撰，（唐）颜师古注：《汉书》，北京：中华书局，1964年，第730、735页。

③ （宋）范晔撰，（唐）李贤等注：《后汉书》，北京：中华书局，1999年，第2473页。

④ （汉）班固撰，（唐）颜师古注：《汉书》，北京：中华书局，1964年，第3859页。

⑤ 云梦秦简竹简整理小组：《云梦秦简释文（三）》，《文物》1976年第8期，第31、33页。

⑥ （晋）常璩撰：《二十五别史·华阳国志》，济南：齐鲁书社，2000年，第26页。

⑦ （宋）范晔撰，（唐）李贤等注：《后汉书》，北京：中华书局，1999年，第1919页。

⑧ （宋）范晔撰，（唐）李贤等注：《后汉书》，北京：中华书局，1999年，第1920页。

布"①。其分类纳赋的做法与战国秦时的廪君蛮"君长""民户"相近。重庆云阳县旧县坪遗址出土"蛮夷邑长"铜印（图5-2-6，1）、"巴郡朐忍令景云"石碑以及底有"朐"的陶钵和"□君"的封泥②，相隔不远的李家坝遗址亦出土"朐忍丞印"封泥（图5-2-6，2）③，一个遗址内同出邑长印和县令碑，加之不远处又出土县丞封泥，正是汉代仍实行郡县和羁縻制相结合的反映。

至唐代，中央政府在历代羁縻政策基础上确立了"怀柔远人，义在羁縻"的民族

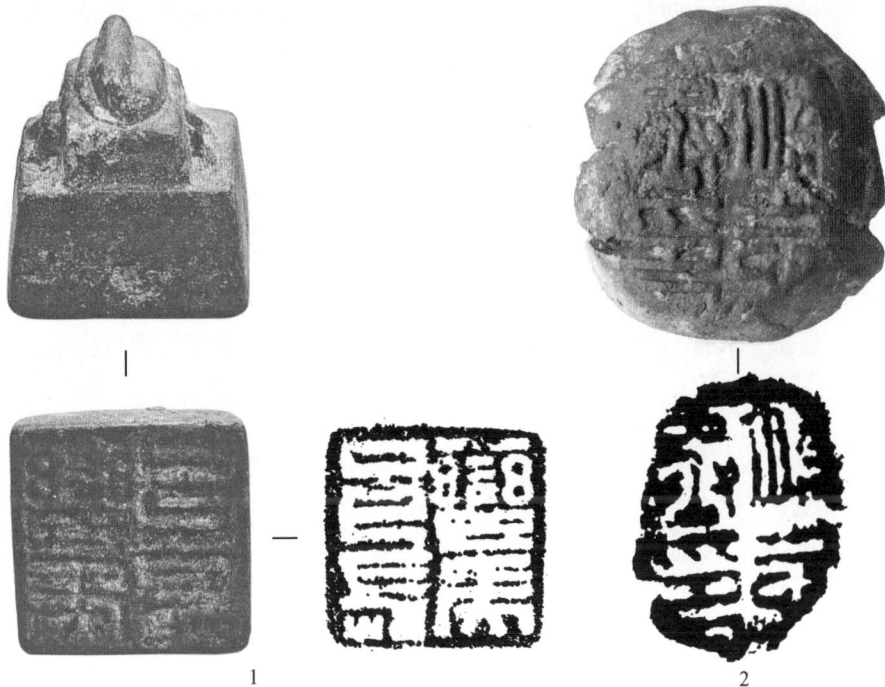

图5-2-6　重庆云阳出土"蛮夷邑长"印和"朐忍丞印"封泥

1. "蛮夷邑长"铜印（旧县坪遗址）　2. "朐忍丞印"封泥（李家坝遗址）

---

① （宋）范晔撰，（唐）李贤等注：《后汉书》，北京：中华书局，1999年，第1912页。

② 云阳博物馆：《朐忍风华——云阳文物精粹》，成都：巴蜀书社，2020年，第128、129、149页；重庆市文物局：《三峡文物珍存——三峡工程重庆库区地下文物卷》：北京：北京燕山出版社，2003年，第80～83页。

③ 许多画册和文章想当然地将"朐忍丞印"封泥归为旧县坪遗址出土，这是错误的。参见四川联合大学历史系考古专业：《1994～1995年度四川云阳李家坝遗址的发掘》，四川大学考古专业：《四川大学考古专业创建三十五周年纪念文集》，成都：四川大学出版社，1998年，第374～422页；陈剑：《朐忍考略》，四川大学考古专业：《四川大学考古专业创建三十五周年纪念文集》，成都：四川大学出版社，1998年，第423、424页。

治理策略，使"遐荒绝域、刑政殊于函夏"的羁縻府州制度得以推行①。"其大者为都督府，以其首领为都督、刺史，皆得世袭。"②在巴蜀地区，"巴、蜀酋长子弟，量才授任，置之左右。外示引擢，实以为质"③。从而对酋长形成羁縻。宋代摄唐制并使羁縻政策更加完善，"大者为州，小者为县，又小者为峒"④。在以巴文化人群后裔为主组成的少数民族地区，先后设置了80余处羁縻州县，"树其酋长，使自镇抚"⑤，且订立盟誓，刻于铜柱（如溪州铜柱）或石柱上⑥。羁縻政策成为宋王朝统治西南少数民族地区的一项极为重要的政策。元朝时，羁縻州逐渐演化为土司制度。明清时期，今土家族地区设有宣慰司、宣抚司、安抚司、长官司等各级土司，土司的统治往往延续数百年，跨多个朝代而不换，土司制度臻于完善。

巴地早期羁縻制度是古代秦国与巴文化人群共同智慧、相互合作的产物。在秦国统一华夏建立帝国的过程中，秦一方面加强了中央集权，强化了国家治理能力；另一方面又因时因地因俗而变，以"一统多元"的包容思维，创新"一国两制"，使羁縻制与郡县制有机融合，将国家统一治理措施与发挥地方主体性相结合，逐步改造当地经济社会，促进了大部分巴地的华夏化，实现了平稳有序发展，为后世提供了丰富的治理经验。

① （宋）王钦若等：《册府元龟》卷170《帝王部·来远》（《四库全书》影印本第905册），上海：上海古籍出版社，2000年，第106页。

② （宋）欧阳修、宋祁撰：《新唐书》卷43下《地理七·羁縻州》，北京：中华书局，1975年，第1119页。

③ （宋）司马光编，（元）胡三省注：《资治通鉴》卷188《唐纪四》，北京：中华书局，1975年，第6238页。

④ （宋）范成大撰，严沛校注：《桂海虞衡志校注》十三《志蛮》，南宁：广西人民出版社，1986年，第115页。

⑤ （元）脱脱等撰：《宋史》卷493《蛮夷·西南诸溪峒诸蛮》，北京：中华书局，1977年，第14171页。

⑥ "又有溪州刺史彭士愁等以溪、锦、奖州归马氏，立铜柱为界。"参见（元）脱脱等撰：《宋史》卷493《蛮夷·西南诸溪峒诸蛮》，北京：中华书局，1977年，第14172页。

第六章　其人半楚

　　"江州以东，滨江山险，其人半楚，姿态敦重；垫江以西，土地平敞，精敏轻疾。上下殊俗，情性不同。"[1]《华阳国志·巴志》对巴郡风土性情的记载，已被考古发掘大体证实。其人半楚，从字面理解，有以下两层意思：一是约一半的人都属于楚人或具有楚文化遗风的人；二是风俗性情上，人们既具有巴文化的特点，又具有楚文化的特点。

　　从当时的国际关系看，巴、楚关系比巴、蜀关系还重要得多，巴、楚之间的交流、交往也比巴、蜀之间的频繁。早在西周时期，巴国就"与秦、楚、邓为比"了。春秋时期，巴国与楚国既合作攻打第三国，互相之间也频频发生战争。战国以来，楚国沿峡江不断蚕食西进，江州以东，丧失泰半。但两国间也有合作，如春秋时，巴姬联姻于楚，战国时巴"尝与楚婚"；周之仲世，巴国内乱，楚亦派军平乱。在双方的非对称互动中，楚强巴弱，巴国其人半楚也就是顺理成章的事了。

　　本章第一节讨论考古所见楚文化西渐的问题。两周时期峡江地区呈现多种文化因素并存的复杂局面，特别是战国时期的外来文化较多，但只有楚文化是对巴蜀地区影响最深、范围最广的一种文化。楚文化自形成以来对峡江地区发挥较大的影响力共有三次：西周晚期至春秋早期、春秋中晚期、战国中期晚段至晚期早段。随着时间的推移，峡江地区发现的楚文化遗存越来越多，范围越来越大，楚文化呈现向西的扩张势头，迄今发现典型楚文化墓葬群的分布可到重庆忠县。比较单纯的楚文化遗存主要发现于长江干流，特别是在战国中期及以后，而长江支流较少发现。

　　本章第二节从文献角度讨论巴、楚关系。从后期文献描述的西周早期巴楚关系看，巴楚间是一种平等的、和平的关系。春秋时期，《左传》对楚、巴关系记载较详尽，双方进入了一个既依附合作，又时有对抗的时代。战国早、中期，巴弱楚强的格局进一步确立，巴楚之间的战略联盟关系瓦解；战国晚期，秦、楚在巴地反复征战，巴、楚关系属于秦的地方自治实体与楚国国家之间的关系，并受制于秦、楚关系。此外，文献记载的楚子灭巴问题，很可能灭的是秦国治下的作为蛮夷君长的巴，而所谓的"巴子五都"也是这一时期的巴都。

　　本章第三节从考古文化视角讨论巴文化与楚文化分布范围在时空上的进与退、扩

---

① 　（晋）常璩撰：《二十五别史·华阳国志》，济南：齐鲁书社，2000年，第7页。

展与收缩关系。其中，巴文化的重心发生过多次变迁，主要呈现向西播迁的趋势，只有到了战国晚期以后，这一趋势才有所反转。这一趋势的形成，主要与楚文化及楚国的强大有关，楚文化向西扩展和收缩的历程是中、晚期巴文化进退的主要根源。

第一节　从三峡地区的考古发现看楚文化的西进

考古学范畴内的楚文化，是指古代楚人及与楚人关系密切的部分其他人群所创造的一种具有一定时间和空间范畴，且有着鲜明自身特色的一批古代遗物和遗存。不同时期的楚文化，具有不同的文化组合，但楚文化的总体特征并没有本质的改变，这正是我们既得以界定其文化性质，又可以把握文化发展阶段性的根据。部分楚文化因素大概在二里岗下层时期已开始萌芽，约在西周早、中期之际，长江中游的本地文化结合了大量周文化因素而正式形成楚文化[1]。随着楚国的逐渐强大，楚文化在东周时期文化特征日益明显，它向外的扩张和影响也愈益扩大。目前对于楚文化向北、东、南三个方向的扩张已有一定的认识，对于楚文化的西进问题，已有文章做了一些研究和探讨，但对此尚未形成系统的认识和全局性的理解[2]。本文拟就三峡地区近年来考古发现中所见楚文化西进问题试作初步探讨。

一、西周中、晚期至春秋早期

鄂西地区这一时期的遗存数量较多，主要分布在湖北巴东、秭归、宜昌等地。在巴东黎家沱遗址[3]、秭归官庄坪遗址[4]、柳林溪遗址[5]、渡口遗址[6]、宜昌上磨垴遗

---

① 俞伟超：《关于楚文化形成、发展和消亡过程的新认识》，中国历史博物馆考古部：《中国历史博物馆考古部纪念文集》，北京：科学出版社，2000年，第154页。

② 朱萍：《楚文化的西渐——楚国向西扩张的考古学观察》，重庆市文物局、重庆市移民局：《重庆·2001三峡文物保护学术研讨会论文集》，北京：科学出版社，2003年，第175～188页。

③ 中山大学人类学系、巴东县博物馆：《巴东黎家沱遗址2000年度发掘简报》，国务院三峡工程建设委员会办公室、国家文物局：《湖北库区考古报告集·第一卷》，北京：科学出版社，2003年，第47～65页。

④ 湖北省博物馆：《秭归官庄坪遗址试掘简报》，《江汉考古》1984年第3期。

⑤ 湖北省博物馆江陵考古工作站：《一九八一年湖北省秭归县柳林溪遗址的发掘》，《考古与文物》1986年第6期；国家文物局、国务院三峡工程建设委员会办公室：《秭归柳林溪》，北京：科学出版社，2003年，第177～222页。

⑥ 宜昌博物馆：《秭归渡口遗址发掘简报》，国务院三峡工程建设委员会办公室、国家文物局：《湖北库区考古报告集·第一卷》，北京：科学出版社，2003年，第522～562页。

址[①]等的周代遗存中（不包括春秋中期及以后）都有这一阶段的遗物。总体上看，这时期的遗存可以分为三组：甲组有花边口罐、素缘圜底罐、鼓腹尖底杯、小底罐、圜底钵等器物，与峡江西部地区的文化面貌相似，可能属于早期巴文化；乙组以鬲、盂（盆）、豆、罐为典型器，具有强烈的楚文化风格；丙组有釜形鼎、方格纹大口圜底釜等，与沙市周梁玉桥同期遗存接近，或许应为江汉平原的土著文化（图6-1-1）。

　　按照上述三组文化因素的划分，可以看到有以下三个方面的特征：①靠西的遗址，甲组文化因素较浓，而丙组因素极少，如黎家沱遗址就发现了富有峡西特色的花边口罐和圜底钵；相反地，靠东的遗址丙组文化因素有所增长，而甲组文化因素虽然仍有一定的比例，但与峡西地区相比，具有一定的自身文化特征，如上磨垴遗址的鼓腹尖底杯，与峡西地区的尖底杯就有一些差异。②乙组文化因素在西周中期时，所占比例较低；到西周晚期时，比例大增；春秋早期，乙组文化因素基本上已占绝对优

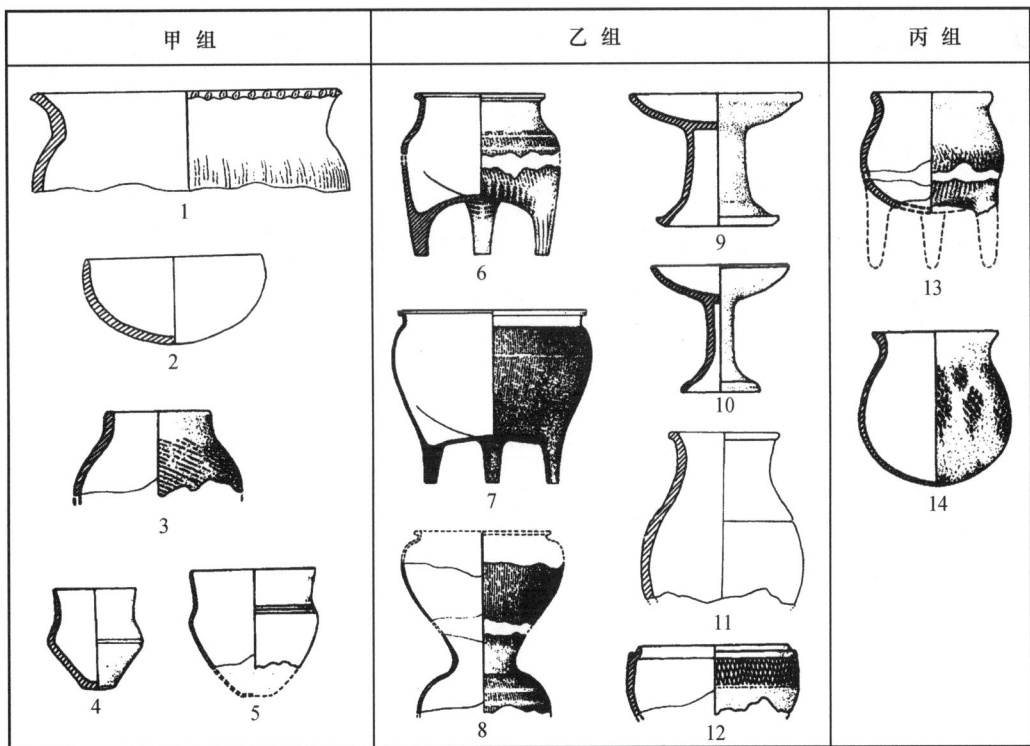

图6-1-1　鄂西地区西周晚期至春秋早期陶器分组

1、2、11.湖北巴东黎家沱遗址（H1②：40、H1②：65、H1②：68）　3～10、12～14.湖北宜昌上磨垴遗址（T4⑥：5、T14⑥：1、T22⑥：2、T22⑥：7、T2⑤：2、T4⑤：13、T19⑥：1、T4⑤：11、T21⑤：22、T21⑤：39、T2⑤：1）

———————————

　　①　湖北省文物考古研究所：《宜昌上磨垴周代遗址发掘简报》，国务院三峡工程建设委员会办公室、国家文物局：《湖北库区考古报告集·第一卷》，北京：科学出版社，2003年，第737～750页。

势。③就目前的考古发现看，秭归地区发现的此期遗址数量较多，显示其可能曾作为一个较重要的中心而存在过。

峡江西部地区西周中晚期的文化遗存以花边口圜底罐、素缘圜底罐、尖底杯、尖底盏器物群为主，这些遗物呈现一种精进的文化传统，属于土著的文化遗存，应与早期的巴文化相关，分布于整个重庆峡江地区，而尤以瓦渣地遗址最为典型①。此时，楚文化尚处于形成和发展阶段。

重庆巫山双堰塘遗址②是西周时期巫峡以西的重庆峡江地区唯一可以确认的具有较多楚文化因素的遗址。原报告认为双堰塘遗址为大宁河流域重要的巴文化遗存，并认为刮棱鬲足等也属于典型的巴文化因素。笔者认为，该遗址的西周文化遗存可以分为两组（图6-1-2）。甲组器物有花边口圜底罐、素缘绳纹罐、炮弹形尖底杯、尖底盏等，乙组器物有绳纹包足鬲、细柄豆、盆等。甲组器物占主导地位，与重庆忠县瓦渣地遗址青铜时代第2段比较接近，应属于重庆峡江地区的土著文化。乙组遗物数量不多，不是该遗址的主体遗存。这类遗存与上述鄂西地区的乙组遗存比较近似，应属于早期楚文化。

双堰塘遗址的陶鬲口沿多为尖圆唇、折沿、侈口，鬲足以柱状高实足跟（包足）最多，具有早期楚文化的特征。楚式鬲是探讨早期楚文化的焦点之一，这种鬲的基本特征是："器体腹底由里向外穿过底壁，外壳部分略呈空心圆锥体，从器体外面紧紧地裹住核心部分的圆锥体，整个器足犹如从器体里面穿透腹壁的'螺钉'，加上从外面再套上去的'螺母'，两部分从器体的内外两面牢牢地粘着在腹壁；足间裆部实际就是器体的腹底；空足很浅，有的甚至若有若无。"③楚式鬲有大口和小口两种，这种鬲在西周晚期至春秋初年，多作卷沿有颈、圆鼓腹、联裆，有较高的锥足或截锥足（柱足），裆也相应较高。双堰塘遗址鬲的基本特征与上文的标准符合，无疑应为较早的楚式鬲。豆柄径较大，呈喇叭状，与春秋中、晚期的细柄豆有差异，也与三星堆文化和十二桥文化的竹节形豆等明显不同。双堰塘遗址的大口花边罐，很少见于西周早期以前的十二桥文化，表明它的时代不会早于西周早期。同时，素缘圜底罐较细竖

① 北京大学考古学系三峡考古队、忠县文物保护管理所：《忠县瓦渣地遗址发掘简报》，重庆市文物局、重庆市移民局：《重庆库区考古报告集·1998卷》，北京：科学出版社，2003年，第649～678页。

② 中国社会科学院考古研究所长江三峡工作队、巫山县文物管理所：《巫山双堰塘遗址发掘报告》，重庆市文物局、重庆市移民局：《重庆库区考古报告集·1997卷》，北京：科学出版社，2001年，第31～64页；中国社会科学院考古研究所长江三峡工作队、巫山县文物管理所：《巫山双堰塘遗址发掘报告》，重庆市文物局、重庆市移民局：《重庆库区考古报告集·1998卷》，北京：科学出版社，2003年，第102页。

③ 苏秉琦：《从楚文化探索中提出的问题》，《江汉考古》1982年第1期。

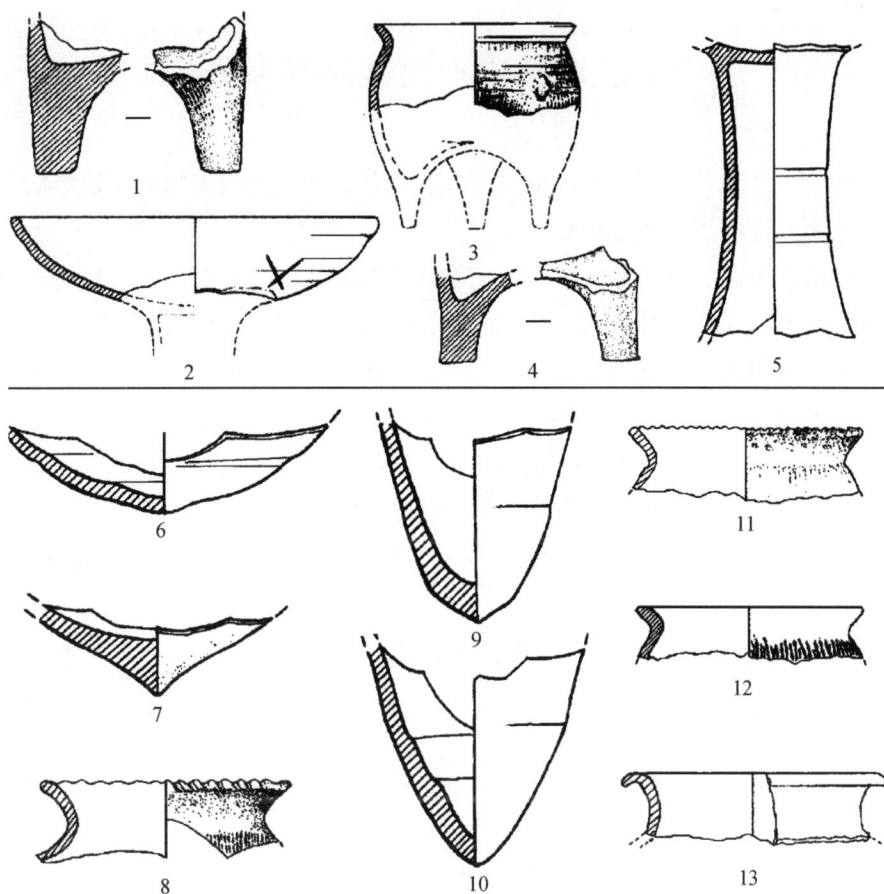

图6-1-2　重庆巫山双堰塘遗址出土的甲、乙两组陶器

1~5.乙组（T326④：014、T322②：4、T112②：05、T330④：012、T326④：01）　6~13.甲组（T112②：19、
T365④：026、T339④A：10、T365④：027、T375④：023、T339④A：11、T328④A：15、T338：06）

向绳纹与东周时期的横向或斜向粗绳纹也不同，该遗址亦不见东周时期非常流行的小口束颈花边圜底罐和直口花边圜底罐，此外，该遗存仍有少量尖底盏和炮弹形尖底杯，其形态与东周时期有差别，由此可以判定其年代下限不会晚于春秋。由上可知，将双堰塘遗址的这类遗存定在西周中、晚期是非常合适的。

　　双堰塘遗址的西周中、晚期遗存表明，楚文化已经影响到了瞿塘峡以东的重庆地区，但这一时期的文化主体依然以土著文化为主，楚文化并没有直接控制这一地域，仅仅表现为间接的渗透和影响。在鄂西地区，楚文化遗物与甲组遗物共生，表明楚文化尚处于形成、发展之中，但西周晚期以后，楚文化已完全占有主导地位，成为主流文化。

二、春秋中期至战国早期

　　春秋时期的楚文化遗物在峡江地区有较多发现，根据这些遗物分布地域的不同，可以瞿塘峡为界将其分为两大片区。

　　根据现有的资料，鄂西地区此时已完全成为楚文化的分布范围，发现的典型遗存有湖北宜昌上磨垴遗址第4层、秭归柳林溪遗址周代文化遗存第二、三期[①]等。墓葬发现不多，主要有湖北秭归庙坪遗址M3[②]、巴东西瀼口墓群M1[③]、宜昌后坪墓地[④]等地点。庙坪遗址M3报告认为时代在春秋中期偏后，其长颈平底陶罐为楚文化陶器，但出土的铜剑具有巴文化风格。西瀼口墓群M1、后坪墓地清理的战国早期墓葬，随葬品的组合为鼎、簠、壶，均为典型而单纯的楚文化墓葬。

　　瞿塘峡以东巫山地区发现的春秋时期楚文化遗存主要有重庆巫山跳石[⑤]、蓝家寨[⑥]、大溪[⑦]等地点。

　　巫山跳石遗址位于巫峡内。该遗址的周代遗存以G1、H28、H22等单位为代表（图6-1-3）。出土的陶器有鬲、罐、豆、钵、盘、壶、瓮、缸等。鬲口有沿面微凹和

　　① 国家文物局、国务院三峡工程建设委员会办公室：《秭归柳林溪》，北京：科学出版社，2003年，第177～222页。

　　② 湖北省文物考古研究所三峡考古队：《秭归庙坪遗址1995年试掘简报》，国务院三峡工程建设委员会办公室、国家文物局：《湖北库区考古报告集·第一卷》，北京：科学出版社，2003年，第274～282页。

　　③ 鄂西自治州博物馆：《巴东西瀼口古墓群发掘简况》，国家文物局三峡工程文物保护领导小组湖北工作站：《三峡考古之发现》，武汉：湖北科学技术出版社，1998年，第357～360页。

　　④ 宜昌市文物管理处、湖北省博物馆：《宜昌市前、后坪古墓1981年发掘简报》，国家文物局三峡工程文物保护领导小组湖北工作站：《三峡考古之发现》，武汉：湖北科学技术出版社，1998年，第374～381页。

　　⑤ 南京博物院考古研究所、巫山县文物管理所：《巫山跳石遗址发掘报告》，重庆市文物局、重庆市移民局：《重庆库区考古报告集·1997卷》，北京：科学出版社，2001年，第65～99页；南京博物院考古研究所、重庆市文化局、巫山县文物管理所：《巫山跳石遗址第二次发掘报告》，重庆市文物局、重庆市移民局：《重庆库区考古报告集·1998卷》，北京：科学出版社，2003年，第27～57页。

　　⑥ 重庆市博物馆、湖南益阳市文物工作队、重庆巫山县文物管理所：《巫山蓝家寨遗址发掘报告》，重庆市文物局、重庆市移民局：《重庆库区考古报告集·1998卷》，北京：科学出版社，2003年，第103～118页。

　　⑦ 邹后曦、白九江：《巫山大溪遗址再次发掘发现丰富遗存》，《中国文物报》2002年5月10日第3版；重庆市文化遗产研究院、巫山县文物管理所：《重庆巫山大溪遗址商周时期遗存发掘简报》，《江汉考古》2016年第2期。

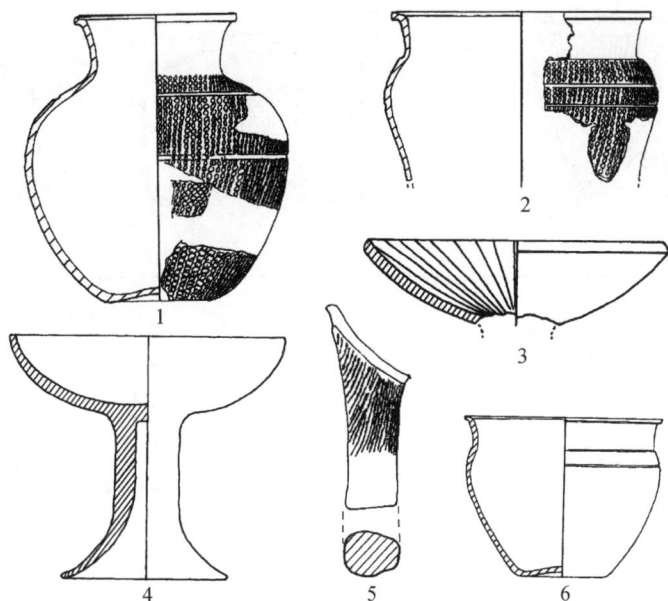

图6-1-3　重庆巫山跳石遗址的楚文化陶器
1. H18：1　2. G1：3　3. H22：标9　4. H28②：2　5. H7：1　6. G1：6

斜折沿两种，多方唇；豆为敞口，敞腹，柄径略细，有的豆盘内压印有放射线；盆多有颈部，深腹，凹底；高领罐口微侈，颈、肩之间有转折，鼓肩，凹圜底。上述器类均为典型的楚文化遗物，与鄂西地区的宜昌朱其沱①、小溪口②等东周遗址出土遗物相似，但该遗址仍有一定数量的侈沿绳纹罐、高领陶壶等巴文化遗物，文化内涵并不十分单纯，其楚文化遗物也还具有一些较早阶段的特征，其时代应在春秋中期。跳石遗址的东周遗存"文化面貌与周围同期文化存在密切联系，尤其是与鄂西联系更密切，虽有本区特色的遗物，但总体特征，仍属楚文化范畴"③。跳石遗址是楚文化沿峡江西渐的一个重要据点。

　　巫山蓝家寨遗址1998年度发掘了一批灰坑，出土遗物绝大多数为较典型的楚文化遗物。典型陶器主要有束颈联裆高足鬲、矮领鼓腹凹圜底罐、折沿束颈凹圜底盆、高柄浅盘豆等（图6-1-4）。陶器中"鬲多为柱足，亦有少量锥形足，绳纹陶罐为椭长鼓腹，盆多为凹圜底、深腹短颈。豆有高柄和深盘矮柄等特征。这些特征均是鄂西、湘

---

　　①　三峡考古队：《宜昌朱其沱遗址发掘简报》，国家文物局三峡工程文物保护领导小组湖北工作站：《三峡考古之发现（二）》，武汉：湖北科学技术出版社，2000年，第464～468页。

　　②　湖北省文物考古研究所：《宜昌县小溪口遗址发掘简报》，国家文物局三峡工程文物保护领导小组湖北工作站：《三峡考古之发现》，武汉：湖北科学技术出版社，1998年，第332～336页。

　　③　邹厚本：《试析巫峡峡区先秦时期考古学文化》，重庆市文物局、重庆市移民局：《重庆·2001三峡文物保护学术研讨会论文集》，北京：科学出版社，2003年，第57、58页。

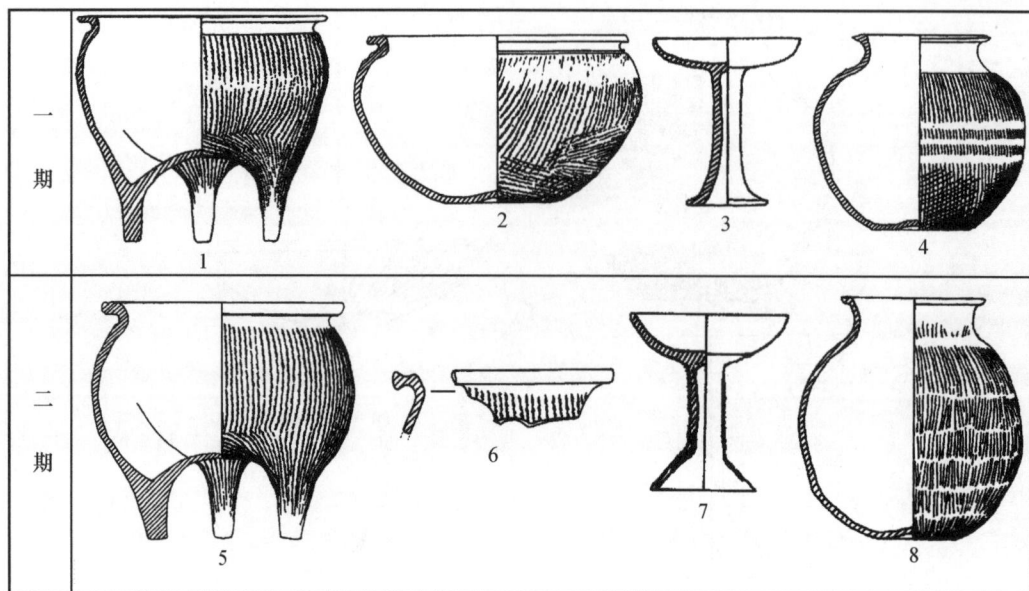

图6-1-4　重庆巫山蓝家寨遗址的楚文化陶器

1. G4∶7　2. G4∶14　3. G4∶19　4. G4∶11　5. H2∶1　6. H2∶4　7. H2∶3　8. H4∶1

北楚文化遗存中常见的"[1]。报告将蓝家寨东周遗存分为两期，两期器物之间的变化是鬲腹变鼓，足变矮；凹圜底罐变高，最大腹径下移。但总的说来，这两期之间的变化不太大。与跳石遗址的同类陶器相比，鬲口为宽平沿，变得更平；有领罐变矮，变胖；盆变得更坦，更大；豆圈足的喇叭部分由下弧变得上弧。从以上的情况来看，蓝家寨遗址的时代应稍晚于跳石遗址的同类遗存。《巫山蓝家寨遗址发掘报告》认为该遗存时代应为春秋晚期前后，下限不晚于战国早期。蓝家寨遗址"应属于楚族文化占主体的楚文化遗存"[2]。

　　巫山大溪遗址近年来的考古发现显示，楚文化遗存在该遗址也有分布，且相当单纯。2001年发掘了一座深4米左右的灰坑，出土了大量的陶器，陶片多为夹砂陶，纹饰以竖向的弦断绳纹为主，其器物组合为折沿束颈联体瓿、束颈联裆鬲、折沿束颈凹圜底盆、细柄豆、高领罐等，巴文化遗物很少见，楚文化遗存的比例占绝大多数，其特征与蓝家寨遗址的楚文化遗存相近，时代为春秋晚期。大溪遗址是目前所见典型、单纯的楚文化遗存在春秋时期分布最西端的一个点。

---

① 湖南省益阳文物考古工作队：《大昌蓝家寨遗存与鄂西、湘北楚文化的关系》，"重庆·2001三峡文物保护学术研讨会"提交论文。

② 重庆市文物考古所、湖南省益阳市文物考古队、重庆市文物局等：《巫山蓝家寨遗址发掘报告》，重庆市文物局、重庆市移民局：《重庆库区考古报告集·2000卷》，北京：科学出版社，2007年，第1~24页。

　　上述遗址都属于生活址，此外，瞿塘峡以东的重庆巫山地区还发现这一时期的楚文化墓葬。这些墓葬包括水田湾第一期[①]，秀峰一中M3、M4[②]，蓝家寨[③]，塔坪等地点的墓葬。这些墓葬均为小型竖穴土坑墓，墓坑较窄，有的有头龛；大多随葬陶器，陶器的基本组合是鬲、盆、豆、罐或罐、豆、壶，有少数墓葬随葬带格的楚式剑等铜器。这些墓葬无论形制还是随葬品等都属于典型的楚文化墓葬。

　　瞿塘峡以西地区基本没有发现单纯的春秋中、晚期至战国早期楚文化遗存，但部分地点仍有一些楚文化遗物发现。重庆奉节新浦（铺）遗址上层[④]遗存中，楚文化遗物占有较大比例，主要有鬲、盆、豆、罐等。同时，与这些遗物共存的还有大花边口罐、素缘溜肩罐、广肩罐等，应属于传统的土著巴文化遗物。类似情况的遗址还有重庆奉节老油坊遗址[⑤]等地点。

　　重庆云阳县李家坝[⑥]、旧县坪[⑦]等遗址也发现少量鬲、甗等遗物，这些遗物的时代主要属于春秋战国之交至战国早期。李家坝墓地发掘的97M38、97M43和98M8、

①　雷兴军、罗宏斌：《巫山东周两汉墓分期及分区》，重庆市文物局、重庆市移民局：《重庆·2001三峡文物保护学术研讨会论文集》，北京：科学出版社，2003年，第121～123页。

②　赵新平：《巫山秀峰一中墓地战国墓葬试析》，重庆市文物局、重庆市移民局：《重庆·2001三峡文物保护学术研讨会论文集》，北京：科学出版社，2003年，第124～127页。

③　湖南省益阳文物考古工作队：《大昌蓝家寨遗存与鄂西、湘北楚文化的关系》，"重庆·2001三峡文物保护学术研讨会"提交论文。

④　吉林大学考古学系、奉节县白帝城文物管理所：《奉节新铺遗址发掘报告》，重庆市文物局、重庆市移民局：《重庆库区考古报告集·1997卷》，北京：科学出版社，2001年，第160～178页；吉林大学考古学系、奉节县白帝城文物管理所：《奉节新浦遗址发掘简报》，重庆市文物局、重庆市移民局：《重庆库区考古报告集·1998卷》，北京：科学出版社，2003年，第39～255页；吉林大学考古学系：《四川奉节县新浦遗址发掘报告》，国家文物局三峡工程文物保护领导小组湖北工作站：《三峡考古之发现（二）》，武汉：湖北科学技术出版社，2000年，第242～255页。

⑤　吉林大学考古学系、重庆市文化局、白帝城博物馆：《奉节老油坊遗址考古发掘报告》，重庆市文物局、重庆市移民局：《重庆库区考古报告集·1998卷》，北京：科学出版社，2003年，第256～275页。

⑥　四川联合大学历史系考古专业：《1994～1995年度四川云阳李家坝遗址的发掘》，四川大学考古专业：《四川大学考古专业创建三十五周年纪念文集》，成都：四川大学出版社，1998年，第374～422页；四川大学历史文化学院考古系、云阳县文物管理所：《云阳李家坝东周墓地发掘报告》，重庆市文物局、重庆市移民局：《重庆库区考古报告集·1997卷》，北京：科学出版社，2001年，第244～288页；四川大学历史文化学院考古系、云阳县文物管理所：《云阳李家坝巴人墓地发掘报告》，重庆市文物局、重庆市移民局：《重庆库区考古报告集·1998卷》，北京：科学出版社，2003年，第348～388页；四川大学历史文化学院、重庆市云阳县文物管理所、四川大学考古学系：《重庆云阳李家坝遗址2000年度发掘简报》，《江汉考古》2016年第6期。

⑦　黑龙江省文物考古研究所：《云阳县旧县坪遗址发掘报告》，重庆市文物局、重庆市移民局：《重庆库区考古报告集·1998卷》，北京：科学出版社，2003年，第16～453页。

98M13等墓葬出土物大体可以分为两组（图6-1-5），以陶鬲、甗、高领凹底罐、高领平底罐、豆、盂等器物为一组，具有浓厚的楚文化特征；以陶束颈侈口圜底釜、大口圜底釜，铜戈、柳叶形剑、双耳矛、舌形钺等为另一组的器物具有极强的巴文化特征。由此可见，李家坝墓地战国早期及以前的墓葬文化属性较复杂，陶器主要以具有楚文化特征的遗物为主，有少量巴文化遗物；铜器则基本上属于巴文化遗物。但李家坝墓地的陶鬲、甗底部绝大多数为圜底，腹呈釜形，整器似为釜或釜甑加三足而成，这与楚文化中大多为瘪裆有所不同，显示其与典型的楚文化有一定的差异。李家坝遗址1998年发掘的第二期前段（以H1、H48等较典型）为代表的春秋至战国早期遗存，也出土较多的鬲、甗、豆等带有楚文化特征的遗物，它们与陶花边口罐、陶圜底釜等巴文化遗物共存。由此可以推断，李家坝墓地战国早期及以前的东周墓应属于受楚文化强烈影响而产生的。

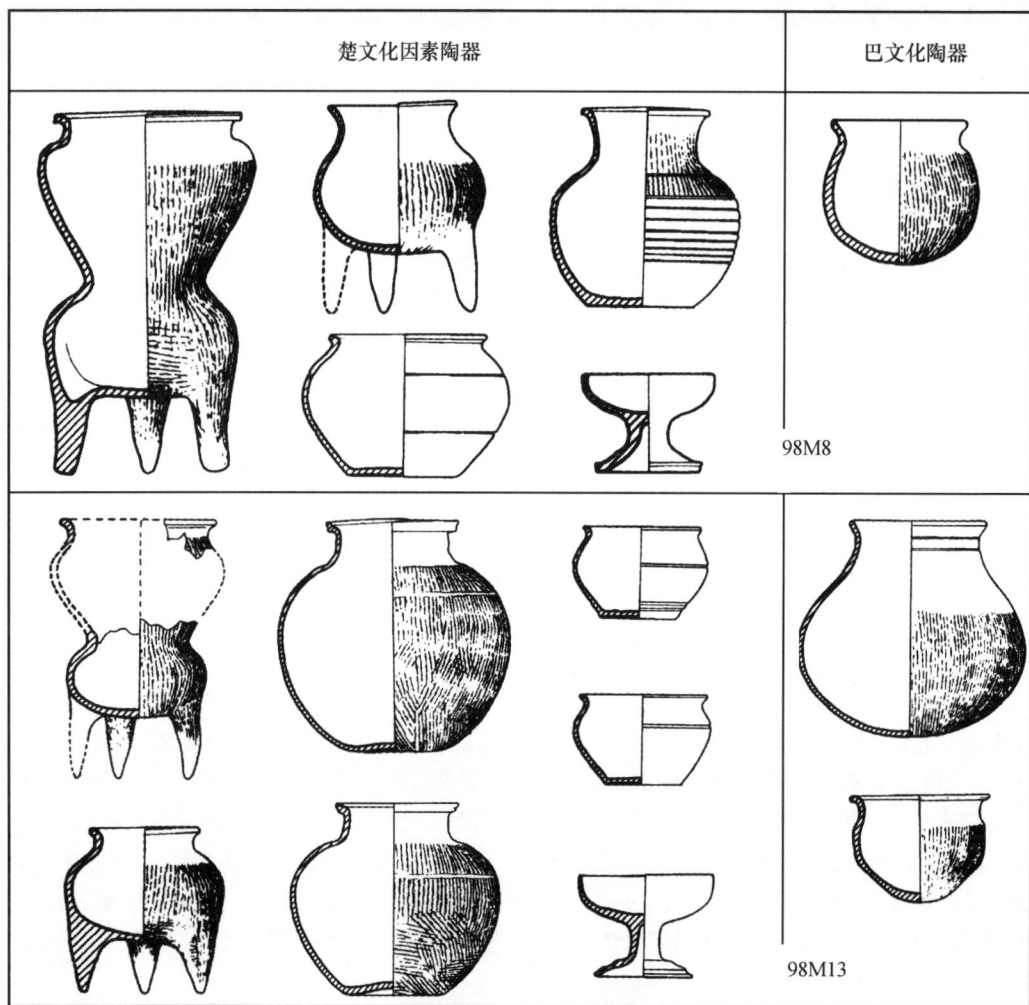

图6-1-5　重庆云阳李家坝遗址春秋末期至战国早期墓葬随葬陶器举例

重庆万州麻柳沱遗址[①]发现数量不多的鬲、甗等陶器，这些陶器不属于传统的土著文化，应与楚文化相关，但其腹部平底和圜底的形态又与典型的楚式鬲有显著的不同，可以视为当地制造的带有楚文化印痕的陶器。与这批陶器共存的有大量的花边口沿罐、素缘圜底罐、大口浅腹釜、尖底盏、圜底钵等巴文化陶器，同时，巴文化陶器的种类和数量都远多于具有楚文化特征的陶器，由此可见，这一时期楚文化对万州地区的影响较小，巴文化占有主导地位。

万州以西地区极少见楚文化的踪迹。重庆忠县中坝遗址的东周遗存[②]有少量暗纹陶豆、折沿盆、暗纹束颈鼓腹瓮等带有楚文化特征的陶器；重庆丰都玉溪坪遗址、秦家院子等遗址出土极少量的春秋至战国早期的鬲腿等带有楚文化特征的遗物。这些地点的带有楚文化因素的遗物，所占分量极小，绝大多数为巴文化遗物，楚文化遗物基本可以忽略不计。

综上所述，瞿塘峡以西地区的楚文化遗物多与土著文化共存，且表现为越往西其影响越弱的趋势。万州以下的长江沿岸，为楚文化强烈影响的地区；万州及其以上的地区，楚文化的影响逐渐变小。

三、战国中、晚期

战国中、晚期峡江地区的考古材料主要是墓葬类，目前见诸报道的发掘地点近30个。这些墓葬分布于整个峡江地区。楚文化因素在部分墓葬中有反映，具体情况有以下两种。

一是楚文化为该墓葬的主导因素。从随葬品方面看，陶器主要有细高足鼎、敦、壶、钫、镶壶、平底鼓肩罐、中柄或细高柄豆[③]、盂、盆、罍、缶等，铜器有鼎、敦、壶、罍、盘、盒、勺、豆、带格剑、编钟、钲等。楚文化在其发展过程中，曾不断地受到周围其他民族文化的影响。如少数墓葬中出土的不对称形铜钺、外撇细高足盆形铜鼎等，应属于越文化因素。楚国在公元前306年灭越，随后，一些越文化的器物也传

---

①　上海大学文物考古研究中心、万州区文物管理所：《万州麻柳沱遗址发掘报告》，重庆市文物局、重庆市移民局：《重庆库区考古报告集·1997卷》，北京：科学出版社，2001年，第381～421页；重庆市博物馆、万州区文管所、复旦大学文博系等：《万州麻柳沱遗址发掘报告》，重庆市文物局、重庆市移民局：《重庆库区考古报告集·1998卷》，北京：科学出版社，2003年，第539～559页。

②　四川省文物考古研究所、忠县文物保护管理所：《忠县中坝遗址发掘报告》，重庆市文物局、重庆市移民局：《重庆库区考古报告集·1997卷》，北京：科学出版社，2001年，第568～575页。

③　目前所见巴式豆为矮足盏形豆，主要见于战国晚期及以后，更早的属于东周土著文化的陶豆甚少见。矮足盏形豆可能来源于将尖底盏加一器座形圈足而成，而尖底盏到战国晚期已基本消失。

入楚地，并由楚人带进峡江地区[①]。随葬品的基本组合是鼎、敦、壶或鼎、壶。从墓葬形制方面看，这类墓葬大多数为长方形竖穴土坑，有的带侧龛或头龛；也有的带斜坡墓道。葬具主要是分箱的方形框架式椁、悬底弧形棺、悬底方形棺等。许多墓葬棺椁周围填白膏泥或青膏泥。

二是楚文化因素只是墓葬中的部分构成要素。这类墓葬发现较多。主要表现两种或多种文化因素共存一墓，尤以巴文化和楚文化因素的组合最为常见，这种组合中常见的巴文化因素有陶花边口圜底罐（釜）、大口圜底釜、侈口束颈圜底釜、单耳或双耳鍪、矮足盏形豆、釜甑等；铜容器有鍪、釜、釜甑等，兵器有柳叶形剑、柳叶形弓耳矛、常饰虎纹的戈（包括三角援戈、双翼式戈等）、舌形钺和折肩束腰圆刃钺、镞等，工具有斧、斤、刀、凿、削、刀、锯等，乐器有錞于、钲、钟，其他尚见印章、璜形饰等。

第一种情况的墓葬与楚国腹心地区的典型楚墓几乎没有什么差异，无疑应属于楚墓。第二种情况根据不同文化因素在墓葬中的比重，有不同的定性，最常见的是以楚文化的容器与巴文化的铜兵器以及釜、鍪相组合，两种文化因素比重较均衡，可以称为"复合文化墓葬"；对于楚文化因素只占很小一部分，以巴文化因素为主的墓葬，仍然可以与那些单纯的巴文化墓葬一样定性为巴墓。

鄂西地区长江沿岸发现的这一时期楚文化墓葬有湖北宜昌前坪墓地、后坪墓地，秭归卜庄河遗址[②]等几个地点。

重庆峡江地区战国中期以后的楚墓在巫山瓦岗槽墓群、琵琶洲墓群、麦沱墓群、塔坪遗址、奉节上关墓地等均有分布，这些地方发现了较大规模的成片分布的楚文化墓葬群；墓葬规模以小墓为主，也有少量的大、中型墓葬。奉节上关墓地1998年度发掘的M48，墓口平面达42平方米，墓深9米，南北两侧各有2座同时期较小的墓葬围合。巫山塔坪遗址发现的中型楚墓周围一般也有几座小型楚墓。云阳平扎营墓群发掘中亦发现3座大墓。万州大丘坪墓群发掘的一座战国时期的大型双重台阶式竖穴土坑墓，现存墓室长11.2、宽9.4、深9.5米，墓壁修整极规整，并有两层台阶和11米长的斜坡墓道，墓底有棺椁痕，该墓是迄今为止重庆发现的最大的战国中晚期大型楚墓。忠县崖脚墓地1997年度共发现15座战国时期的楚墓。另有少数几座巴文化墓葬和复合文化墓葬，从打破关系和随葬品看，时代均为战国晚期偏晚阶段及以后，明显晚于这批典型的楚墓。云阳李家坝墓群的发掘则又显示出另外一种景观，该墓群除M33等极少

① 俞伟超：《关于三峡地区考古学文化的命名问题》，《重庆历史与文化》（内刊）2000年第1期。

② 宜昌地区博物馆、秭归屈原纪念馆：《秭归卜庄河古墓发掘》，国家文物局三峡工程文物保护领导小组湖北工作站：《三峡考古之发现》，武汉：湖北科学技术出版社，1998年，第351～356页。

数墓葬随葬品基本为楚文化遗物外，余多以复合文化墓葬和巴文化墓葬为主。余家坝也基本上是巴文化墓葬和复合文化墓葬。

从这一时期楚文化因素对峡江地区发挥影响的角度来看，可以分为战国中期晚段至战国晚期早段、战国晚期早段以后两个时期。

（1）战国中期晚段至战国晚期早段。从发现的这一时期的楚墓随葬品看，峡江地区楚墓随葬品多为鼎、敦、壶或鼎、壶组合，以这种组合为基础的墓葬有重庆巫山瓦岗槽墓群98M11，奉节上关墓地M27、M32等（图6-1-6），云阳故陵墓群M3，忠县崖脚墓地BM3，云阳李家坝遗址M33等。据笔者的研究[①]，这批墓葬的具体时代大多集中

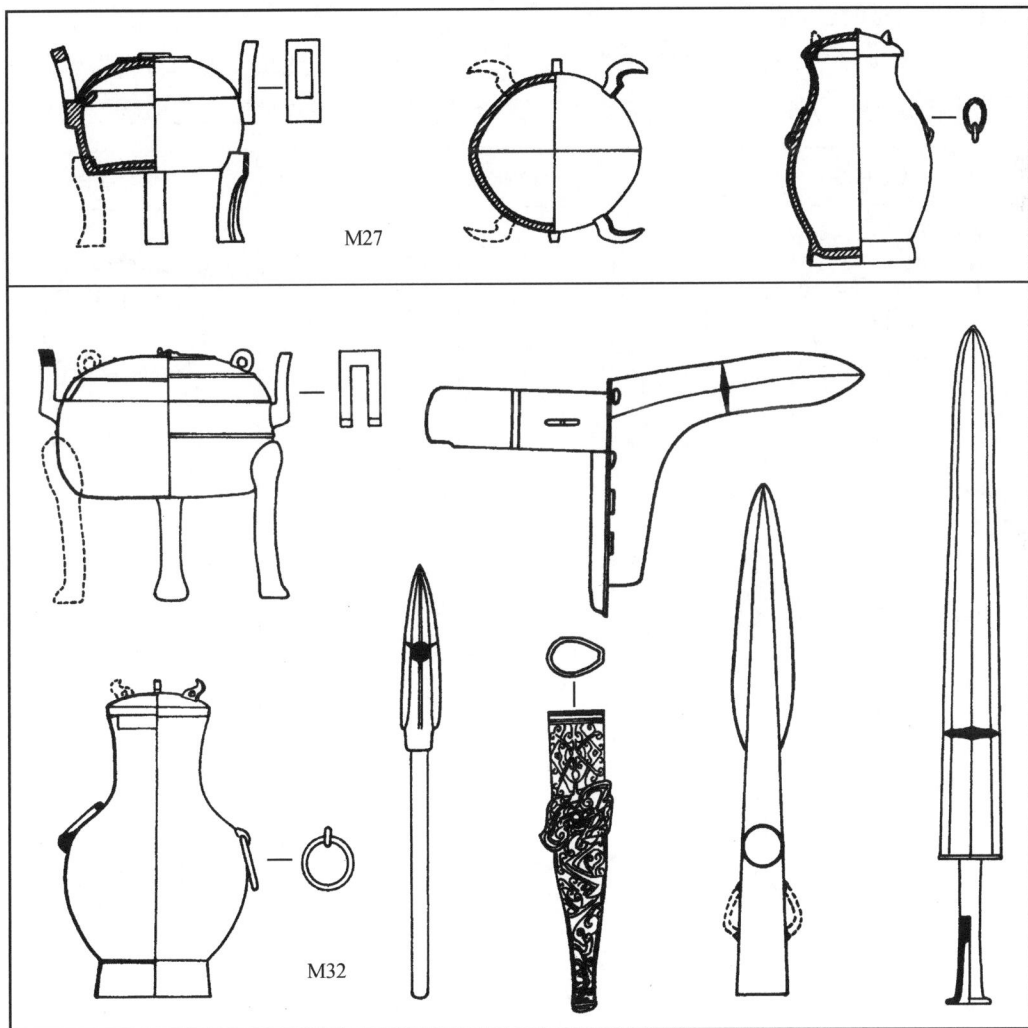

图6-1-6　重庆奉节上关墓地楚文化墓葬随葬品

---

① 白九江、邹后曦：《重庆地区东周至汉初墓葬初论》，李禹阶：《三峡考古与多学科研究》，重庆：重庆出版社，2007年，第208～239页。

在战国中期晚段至战国晚期早段，即秦灭巴蜀前后。从它们的分布地域看，均集中分布于长江干流沿线，且忠县以西地区基本不见这类墓葬分布。

鄂西地区的秭归卜庄河墓地M4随葬敦、豆、罐，由于被破坏，推测其器物组合大体与重庆峡江地区相近。

"复合文化墓葬"也多属于这一时段，云阳李家坝的复合文化墓葬较多（图6-1-7），且比例较大，其构成情况一般可以表现为"较多的楚文化陶器+较少的巴文化陶器+巴文化铜兵器"。这一时段的"复合文化墓葬"主要分布于较重要的长江支流上，从本质上说仍为受楚文化强烈影响的巴人墓葬，因为最能体现文化内核的青铜器及其上的花纹均为典型的巴式兵器。

此时带少量楚文化因素的巴墓发现不多，重庆余家坝墓地从发表的材料看，出土随葬品多为铜双弓耳矛、带牙的三穿戈、舌形钺、釜、鍪等典型巴文化遗物，只有一

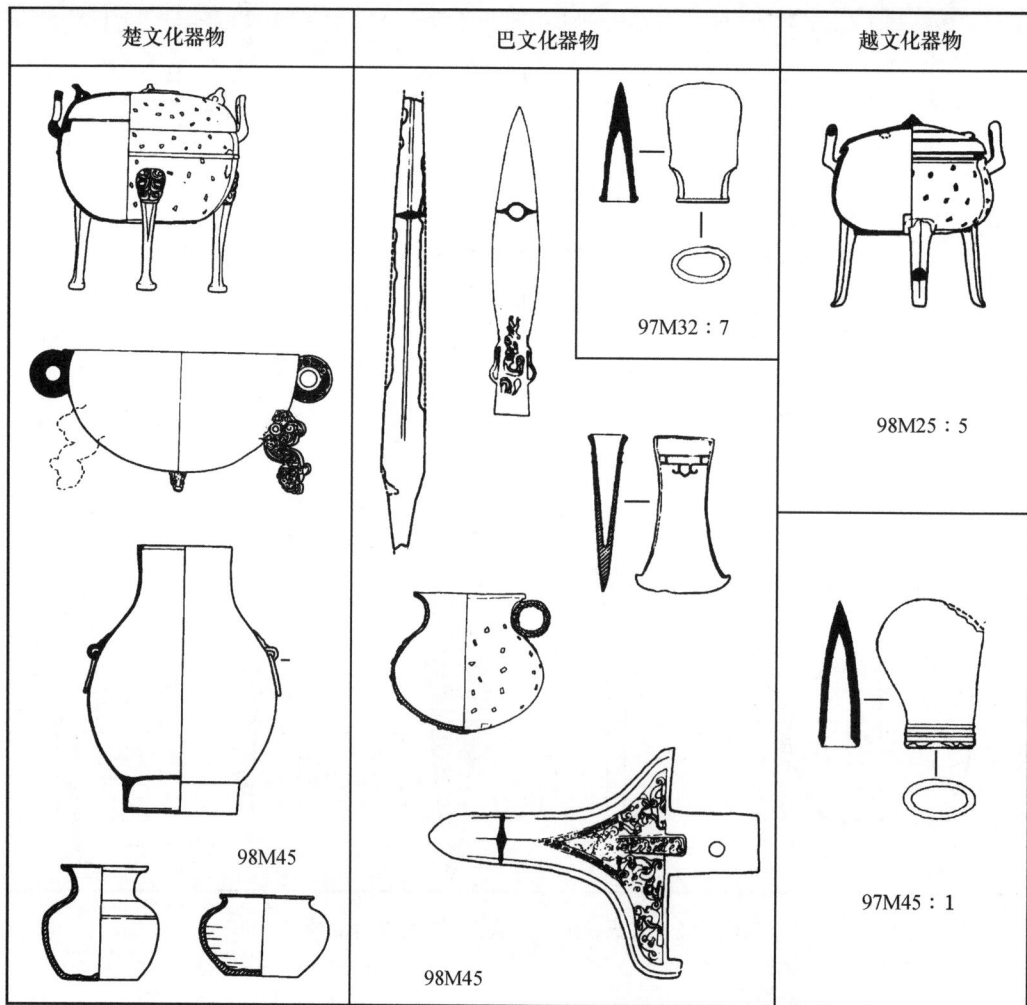

楚文化器物	巴文化器物	越文化器物

图6-1-7　重庆云阳李家坝遗址战国中期至战国晚期早段墓葬随葬品分组

种细高柄豆具有楚文化风格。

（2）战国晚期早段以后。这一时期重庆峡江地区基本不见单纯的楚文化墓葬，但楚文化器物仍在一些墓葬中可以见到，如忠县崖脚墓地DM10，该墓为典型的战国晚期狭长形巴墓，在墓圹外一小坑内置放两件楚式的陶盆和陶高柄豆，推测应为楚遗民墓或巴人使用了楚人的器物[①]。万州中坝子遗址[②]发现的东周墓葬多数属于这一时段，其随葬品多为巴文化遗物，但葬制、随葬品等也体现了一些秦文化和楚文化的因素，随葬品中的细高柄豆、鼓肩平底罐、高领凹底罐等有较强烈的楚文化遗风。楚文化在峡西地区的一些高等级墓葬中也可见一些影响。涪陵小田溪墓地M1出土的14件（套）编钟、铜罍（浴缶）等，应属于受楚文化遗风影响所致[③]。

四、楚文化的三次西进

通过上文的分析，我们认识到随着时间的推移，峡江地区发现的楚文化遗存越来越多，范围越来越大，楚文化呈现向西的扩张势头。比较单纯的楚文化遗存主要发现于长江干流，特别是在战国中期及以后，而长江支流较少发现。

虽然两周时期峡江地区呈现多种文化因素并存的复杂局面，特别是战国时期的外来文化较多，如楚文化、秦文化、越文化等，但只有楚文化是对巴蜀地区影响最深、范围最广的一种文化。综合以上分析，楚文化自形成以来对峡江地区发挥较大的影响力共有三次。

第一次是在西周晚期至春秋早期。这时候在湖北秭归及其以东地区楚文化色彩浓重，而巴东地区稍弱一些。在重庆巫山大宁河内则开始出现了一些带有楚文化因素的陶器，显示楚文化已经影响到了巫山地区。但是巫山双堰塘遗址的情况同时表明，楚

---

① 北京大学考古文博学院三峡考古队、重庆市忠县文物管理所：《忠县崖脚墓地发掘报告》，重庆市文物局、重庆市移民局：《重庆库区考古报告集·1998卷》，北京：科学出版社，2003年，第680～730页；北京大学考古文博学院三峡考古队、重庆市文物局、忠县文物保护管理所：《忠县眢井沟遗址群崖脚（半边街）墓地2000年度发掘报告》，重庆市文物局、重庆市移民局：《重庆库区考古报告集·2000卷》，北京：科学出版社，2007年，第905～963页。

② 西北大学考古队、云阳县文物管理所：《万州中坝子遗址发掘报告》，重庆市文物局、重庆市移民局：《重庆库区考古报告集·1997卷》，北京：科学出版社，2001年，第347～380页；西北大学考古队、万州区文物管理所：《万州中坝子遗址东周时期墓葬发掘报告》，重庆市文物局、重庆市移民局：《重庆库区考古报告集·1998卷》，北京：科学出版社，2003年，第592～606页；西北大学文博学院：《重庆市万州区中坝子遗址第三次发掘简报》，《考古与文物》2002年第3期。

③ 四川省博物馆、重庆市博物馆、涪陵县文化馆：《四川涪陵地区小田溪战国土坑墓清理简报》，《文物》1974年第5期。

文化并不占有主导地位，这个时候以大口花边罐、素缘圜底罐、尖底杯、尖底盏等为代表的器物群占有压倒性优势，这种文化因素应是当地的土著文化。

根据历史文献记载，这一时期重庆巫山地区属于夔国。夔国很可能即殷商时期的归国。其地在秭归。《汉书·地理志》载："秭归，归乡，故归国。"①《后汉书·郡国志》载："秭归，本（归）国。"李贤注"杜预曰夔国"②。《水经注》引宋衷说："归即夔，归乡，盖夔乡矣。"③到了西周时期，楚国的熊挚做了夔国的国君。《左传》孔颖达《正义》："（楚）熊绎玄孙曰熊挚，有疾，楚人废之，立其弟熊延。熊挚自弃于夔，子孙有功，王命为夔子。"④这便是历史上的夔国。夔国的治所先在巫山（《路史》释"夔"引《寰宇记》："夔之巫山县，夔子熊挚治。"⑤）后在秭归。夔国的涵盖范围约从瞿塘峡（至今瞿塘峡有"夔峡"的别称）到今湖北秭归一带。夔国的统治者和楚人有密切的关系，但普通民众仍然是生活在当地的土著民族。由于地理环境的相似，他们应当与整个峡江地区的其他人群的文化（广义巴文化）相近。双堰塘遗址面积较大，文化内涵丰富，附近曾出土铜尊（时代约在殷墟一、二期），在三峡文物保护的规划阶段，曾被认为可能是"巴墟"所在。现在看来，该遗址为巴墟的可能性不大，而更可能是一处十分重要的夔国聚落中心，或可与其先治巫山有关。在西周晚期以前，楚人主要是沿着汉水向南、沿长江向东发展的。楚都迁郢以后不久，夔国也向东移治秭归，其时应在两周之交。

但西周时的楚国国力尚不够强大，无力南向，其主要精力在北边和汉东，故鄂西地区尤其是渝东大宁河内文化仍以土著为主导。由上述情况看，夔国是与楚国有较密切联系的国家，所以其文化表现出一定的楚文化因素。

第二次是在春秋中、晚期。在鄂西和重庆巫山地区都发现了非常典型而单纯的楚文化遗存。同时，西边的重庆奉节、云阳、万州、忠县等地的一些遗址中，也或多或少发现了一些鬲、甗等具有楚文化因素的遗物。通过文化因素的分析，可以认为，春秋中、晚期的鄂西、巫山地区是楚文化的完全控制区域，奉节、云阳及其邻近地区是楚文化强烈影响的区域，而万州、忠县等地春秋至战国早期是楚文化略有影响的地

---

① （汉）班固撰，（唐）颜师古注：《汉书》卷28《地理志上》，北京：中华书局，1964年，第1566页。

② （宋）范晔撰，（唐）李贤等注：《后汉书·郡国志四》，北京：中华书局，1999年，第2371页。

③ （北魏）郦道元著，（清）王先谦校：《合校水经注》卷34《江水二》，北京：中华书局，2009年，第533页。

④ （周）左丘明传，（晋）杜预注，（唐）孔颖达正义：《春秋左传正义》"僖公二十六年"，北京：北京大学出版社，2000年，第497页。

⑤ （宋）罗泌撰：《路史》卷26《国名纪三》，《景印文渊阁四库全书》第383册，台北：台湾商务印书馆，1986年，第296页。

区，丰都及以上区域楚文化很少影响。

笔者认为，这次楚文化的西进有以下三个因素。

一是春秋中、晚期楚国已经兴起成为江汉地区的大国，已经有能力参与中原的争霸活动，并灭掉了大量江汉平原的小国，国势日盛；在文化上，具有自身特色的楚文化也已经兴盛起来，其文化的辐射范围日益扩大。

二是原先活动于江汉平原西北的"巴"逐渐向西发展和迁徙，不可避免地要带来一些楚文化。春秋早、中期，"巴人"频频活动于汉水中游地区，并与楚人有非常强的联系。按《华阳国志·巴志》所说："周之仲世，（巴）虽奉王职，与秦、楚、邓为比。"①公元前703年楚、巴两国还曾联合伐邓国与鄾人；公元前676年、公元前675年楚、巴伐申及其相互间的战争，这些活动所涉地点有邓（今河南邓州市）、那处（今湖北荆门，或云在南漳县）、津（江陵）、鄾（襄阳）、申（河南南阳一带）等，均位于长江以北的汉水中游地区。然而到了春秋中、晚期以后，有关巴人的记载就很少见于这一地带了，显示由于楚国的发展壮大，巴人已经西迁进入峡江地区了。《华阳国志·巴志》认为，公元前477年，巴人伐楚"败于鄾"②，这场战争失利后，导致"是后，楚主夏盟，秦擅西土，巴国分远。故于盟会希"③，巴国已迁入峡江腹地了。由于巴人与楚的长期接触，其西迁不可避免地要带来一些楚文化，这也正是峡江奉节以上地区具有一定楚文化因素的原因。

三是楚国开始将注意力转向西部，先后灭掉了夔、庸等西边靠近峡江地区的一些国家。楚国向西扩张的第一个目标就是他的子国——夔国。公元前634年，楚以"夔国不祀祝融与鬻熊"为由，于是"楚人让之，对曰：'我先王熊挚有疾，鬼神弗赦而自窜于夔。吾是以失楚，又何祀焉？'秋，楚成得臣与斗宜申帅师灭夔，以夔子归"④。成得臣就是楚国令尹子玉，斗宜申就是司马子西。《史记·楚世家》也载："灭夔，夔不祀祝融、鬻熊故也。"⑤楚成王熊恽以夔子不祀楚国始祖祝融与鬻熊为借口，灭掉了夔国，把夔子俘回郢都，将夔国的封地并入了楚国，并命"令尹子玉城夔"⑥。巫山、秭归一带正是古代夔国的辖地，这样，现巫山等地也就完全被楚国所控制了。夔国灭亡

---

① （晋）常璩撰：《二十五别史·华阳国志》，济南：齐鲁书社，2000年，第3页。

② （晋）常璩撰：《二十五别史·华阳国志》，济南：齐鲁书社，2000年，第3页。

③ （晋）常璩撰：《二十五别史·华阳国志》，济南：齐鲁书社，2000年，第3页。

④ （周）左丘明传，（晋）杜预注，（唐）孔颖达正义：《春秋左传正义》，北京：北京大学出版社，2000年，第432页。

⑤ （汉）司马迁撰，（南朝）裴骃集解，（唐）司马贞索隐，（唐）张守节正义：《史记》卷40《楚世家》，北京：中华书局，1999年，第1393页。

⑥ （北魏）郦道元著，（清）王先谦校：《合校水经注》卷34《江水二》，北京：中华书局，2009年，第534页。

后，楚国又紧接着在公元前611年联合巴、秦两国灭掉了庸。《左传·文公十六年》：
"楚大饥，戎伐其西南，至于阜山，师于大林。……庸人帅群蛮以叛楚。麇人帅百濮
聚于选，将伐楚……使庐戢黎侵庸，及庸方城。……又与之遇，七遇皆北，唯裨、
鯈、鱼人实逐之。庸人曰：'楚不足与战矣。'遂不设备。楚子乘驲，会师于临品，
分为二队，子越自石溪，子贝自仞以伐庸。秦人、巴人从楚师，群蛮从楚子盟。遂灭
庸。"①庸的政治中心在今湖北竹山县一带，大概裨、鯈、鱼人是其属民或附庸，按杜
预注："鱼，庸邑，即鱼复。"也就是今天的奉节一带。史家多以为巴人从楚伐庸，
得到了鱼邑。而楚国通过这一次战争，不仅控制了原属庸国的鄂西北与渝东北交界的
广大地区，更加强了对现今瞿塘峡以东的三峡地区的控制和统治，并修筑了城池，这
正是春秋中、晚期巫山一带呈现典型楚文化面貌的原因。

　　第三次是在战国中期晚段至晚期早段，约在秦灭巴、蜀或及其后不久。此时在重
庆巫山、奉节、云阳、万州、忠县等地的墓葬中发现了大量的随葬以鼎、敦、壶为基
本组合的楚文化墓葬，这种典型的楚文化墓葬出现得比较突然，消失得也比较快，其
时间集中在战国中期晚段至战国晚期早段。从分布范围看，它主要集中在沿长江干流
一带，显示其对重要交通干线、资源出产地和军事要塞的控制；而在长江支流内的李
家坝墓群，则只发现了两座随葬鼎、敦、壶的墓葬，且都有巴文化器物同葬，说明其
对较偏远地区并不注重实际控制。目前考古所见典型的战国时期楚文化墓葬分布最西
边止于忠县崖脚墓群。

　　这次楚文化的西进应与楚、秦两国进入巴地并数次发生直接冲突有关。

　　首先，"楚威王（前339～前329年）时，使将军庄蹻将兵循江上；略巴、（蜀）
黔中以西"②，楚国兵锋西指，进一步拓展西部的势力。对于庄蹻将兵循江西上的路
线，人们还有争议。但无论如何，在沿途应有一些楚文化的影响。

　　其次，大概在秦灭巴之前不久，楚国曾出兵峡江地区助巴平乱。《华阳国志·巴
志》云："周之季世，巴国有乱。将军蔓子请师于楚，许以三城。楚王救巴。巴国既
宁，楚使请城。蔓子曰：'藉楚之灵，克弭祸难。诚许楚王城，将吾头往谢之，城不
可得也。'乃自刎，以头授楚使。王叹曰：'使吾得臣若巴蔓子，用城何为！'"③楚
国军队在巴国平乱后，是否得到巴国三城并不清楚，但我们可以设想楚国是不会轻易
放弃峡江地区的，其军队很可能并没有撤出巴国。况且，巴国内乱刚平，也需要楚国
继续驻军，以保持稳定。

---

　　①　（春秋）左丘明著，杨伯峻编著：《春秋左传注》（修订本），北京：中华书局，1990年，
第617、619页。

　　②　（汉）司马迁著，（宋）裴骃集解，（唐）司马贞索隐，（唐）张守节正义：《史记》卷
116《西南夷列传》，北京：中华书局，1999年，第2282页。

　　③　（晋）常璩撰：《二十五别史·华阳国志》，济南：齐鲁书社，2000年，第3页。

　　最后，秦、楚对于巴地的争夺，还是由于秦灭巴蜀，使楚腹背受敌，秦进一步有借巴蜀伐楚的意图。就在巴、蜀被灭的同一年，"司马错自巴涪水，取楚商於之地为黔中郡"①。秦国在巴蜀地区开始直接与楚国正面交锋。秦占领黔中以后不久，可能楚国又反攻收回了失地。到了公元前280年，秦昭王"又使司马错伐陇西，因蜀攻楚黔中，拔之"②。公元前278年，白起大举攻楚，拔郢，楚襄王败退陈城。公元前277年，秦"伐楚，取巫郡，及江南为黔中郡"③。《战国策·燕二》："楚得枳而国亡，齐得宋而国亡。"④据此可以认为，楚在公元前278年之前，曾经一度反攻夺回黔中郡。此后，楚人再度反攻。《史记·秦本记》秦昭襄王三十一年（前276年）"楚人反我江南"，《正义》曰"黔中郡反归楚"⑤，《楚世家》则载："襄王乃收东地兵，得十余万，复西取秦所拔我江旁十五邑以为郡，距秦。"⑥由此可见，秦、楚对黔中等地的反复争战⑦是在秦灭巴蜀后的一段时期，这也正是本文推定的楚墓在重庆峡江地区东部大规模突然出现的时间，我们认为两者的契合绝非偶然，而是具有必然的因果关系。

　　当然这中间也还有一些更深层的原因。首先，三峡地区具有非常重要的战略地位。司马错指出：巴蜀"水通于楚，有巴之劲卒，浮大舶船以东向楚，楚地可得。得蜀则得楚，楚亡，则天下并矣"⑧。事实上，秦国对楚国的战争多数是从巴蜀地区发起的。从巴蜀地区伐楚主要有两条路线：一是沿长江干流顺水而下，二是自现涪陵转入"巴涪水"（乌江），进入"楚商於之地"而与楚发生正面交锋。其次，三峡地区的资源对于秦、楚有重要意义。三峡地区最重要的资源是盐卤。考古发现表明，三峡的

---

①　（晋）常璩撰：《二十五别史·华阳国志》，济南：齐鲁书社，2000年，第3页。

②　（汉）司马迁著，（宋）裴骃集解，（唐）司马贞索隐，（唐）张守节正义：《史记》卷5《秦本纪》，北京：中华书局，1999年，第152页。

③　（汉）司马迁著，（宋）裴骃集解，（唐）司马贞索隐，（唐）张守节正义：《史记》卷5《秦本纪》，北京：中华书局，1999年，第152页。

④　（汉）刘向编录，刘晓东等点校：《战国策》卷30《燕二》，济南：齐鲁书社，2000年，第340页。

⑤　（汉）司马迁著，（宋）裴骃集解，（唐）司马贞索隐，（唐）张守节正义：《史记》卷5《秦本纪》，北京：中华书局，1999年，第152、154页。

⑥　（汉）司马迁著，（宋）裴骃集解，（唐）司马贞索隐，（唐）张守节正义：《史记》卷40《楚世家》，北京：中华书局，1999年，第1418页。

⑦　在湖南西北部发现这一时期秦人的墓葬。如澧水上游的张家界三角坪墓地1987年发掘的M68，出有秦式铜矛和秦篆"廿七年蜀守若西工帀（师）乘□□□□□□"铭文铜戈。该墓陶器甚破且组合不全，不见楚式兵器。墓主显系地位不低的秦人武士。蜀守若即蜀守张若，为秦昭襄王时人，"廿七年"应为昭襄王年号，即公元前280年。参见贺刚：《楚黔中地及其晚期墓葬的初步考察》，楚文化研究会：《楚文化研究论集（第四集）》，郑州：河南人民出版社，1994年，第282～301页。

⑧　（晋）常璩撰：《二十五别史·华阳国志》，济南：齐鲁书社，2000年，第28、29页。

盐卤资源可能在新石器时代晚期就已经得到了开发；商周时期，三峡地区广泛发现尖底杯、花边口圜底罐等制盐器具[①]。与忠县崖脚墓地相邻不远的忠县中坝遗址发现了为数众多的盐灶（龙窑）、蓄卤池、作坊、制盐器具等，亦表明当时的盐业生产已经具有非常庞大的规模。食盐作为人们日常生活的必需品，是一项十分重要的战略资源，所以盐在中国古代是作为政府专卖的。三峡地区遍布可以开采的盐卤资源，著名的古代盐井遗址主要分布在今重庆巫山宁厂、云阳云安、忠县㿿井等地区，且位于长江的支流内。如果我们观察重庆三峡地区成规模的战国楚墓群的分布范围就会发现，这些墓群多数就在出产盐卤的支流的入江口，说明楚人并不直接涉及盐业的生产，但却控制了盐业运输和流通的关键之地。综上所述，楚人在峡江地区的存在主要可以归结为三个目的：一是可以实现对三峡对外交通的控制，二是对战略要地的控制（如奉节上关楚墓群），三是对盐卤等资源出产地的控制（如崖脚楚墓群）。

补记：原文发表于《江汉考古》2006年第1期。本次收录时，完善了相关注释。

第二节　巴、楚关系的探讨

一、西周时期的巴楚关系

巴与楚都是我国古老的民族。在商代的时候，巴人就曾生活在江汉西北地区。商代的甲骨文中，就有关于"巴方"的记载[②]。对于巴人的源起，有很多人认为是三苗的一部分。三苗指的就是蛮、濮、巴三个民族[③]。三苗很早以来就是江汉平原的土著。按文献记载，楚人的来源可溯源于祝融，祝融属于东夷集团，但他们中的一支很早就西迁了。到楚先祖季连的时候，他们可能已迁徙到河南南部一带。季连也是第一个能与"楚"这一名称直接相联系的楚人先祖，《大戴礼记·帝系》说："季连者，楚氏也。"[④]楚人虽是外迁民族，但他们在南方生活久了，已完全融合进蛮夷的文化

①　孙华、曾宪龙：《尖底陶杯与花边陶釜——兼说峡江地区先秦时期的鱼盐业》，重庆市博物馆：《巴渝文化④》，重庆：重庆出版社，1999年，第59～78页。

②　如《殷契粹编》1230："壬申卜，争，贞令妇好从沚盾戈伐巴方，受有又。"《殷墟文字丙编》313："□□卜，□，贞王佳妇好令沚盾戈伐巴方，受有又。贞王勿佳妇好从沚盾戈伐巴方，弗其受有又。"但是甲骨文中的"巴"有多种释法，释"巴"仅为其一。

③　顾铁符：《楚国民族述略》，武汉：湖北人民出版社，1984年，第41页。

④　（汉）戴德撰，（北周）卢辩注：《大戴礼记》，《景印文渊阁四库全书》第128册，台北：台湾商务印书馆，1986年，第474页。

中，大概与巴等民族非常接近了。故其亦自称"我蛮夷也"①。到了商末周初，楚祖鬻熊迫于殷商的压力，迁居丹阳（《世本》："鬻熊居丹阳。"②），并举族投周。至周成王时，因鬻熊曾孙熊绎"举文、武勤劳之后嗣"而"封熊绎于楚蛮，封以子男之田，姓芈氏，居丹阳"③，成为周王朝在南方的一个重要封国。较此稍早的时候，巴也登上了历史舞台。按《华阳国志》的记载，巴人曾参与武王伐纣的战争，"武王既克殷，以其宗姬于巴，爵之以子"④。这样，巴、楚两国作为周王朝的重要属国，成为周在南方的屏藩。在周王室眼里，巴与楚还没有太大的区别，常常是一种并列关系，都与周王朝有贡纳关系，接受周王朝的分封。所以有"武王克商……王使詹桓伯辞于晋曰：……巴、濮、楚、邓，吾南土也"⑤的记载，而《正义》解释道："巴、楚、邓，中夏之国，唯濮为远夷耳。"由此可见，在西周早期，巴、楚关系尚是一种平等的关系，两者之间应不会有太大的实力差距。

西周中、晚期，楚国筚路蓝缕，辛勤开发，逐渐勃兴，并开始走上对外扩张的道路。楚国发迹于丹、浙之地，后向睢山、荆山发展，即沿丹水而下，逐步至汉水流域。这一带杂居着群蛮、百濮等方国和部落，其中就有巴人。楚人在扩张过程中，为了站稳脚跟，对群蛮百濮等方国部落采取笼络政策，甚得人心，"蛮夷皆率服"⑥。这一时期，由于楚人采取了有节制的开疆拓土，大概与巴还能和平相处。

从近年来鄂西地区的考古发现看，西周中、晚期的文化主要有三类因素：一类是花边口罐、素缘圜底罐、鼓腹尖底杯、小底罐、圜底钵等器物，属于早期巴文化；第二类是以鬲、盂（盆）、豆、罐为典型器，具有强烈的楚文化风格；第三类有釜形鼎、方格纹大口圜底釜等，应为江汉平原的土著文化⑦。这三类文化因素具有共存关系，其中楚文化和巴文化所占比例接近，由此显示楚人在这一地区的影响还并不强大，巴文化和楚文化都各有一席之地。

---

① 《楚世家》："（武王）三十五年，楚伐随。随曰：'我无罪。'楚曰：'我蛮夷也'……"参见（汉）司马迁著，（宋）裴骃集解，（唐）司马贞索隐，（唐）张守节正义：《史记》卷40《楚世家》，北京：中华书局，1999年，第1391页。

② （汉）宋衷注，（清）王谟辑，周谓卿点校：《世本》，济南：齐鲁书社，1999年，第60页。

③ （汉）司马迁著，（宋）裴骃集解，（唐）司马贞索隐，（唐）张守节正义：《史记》卷40《楚世家》，北京：中华书局，1999年，第1389页。

④ （晋）常璩撰：《二十五别史·华阳国志》，济南：齐鲁书社，2000年，第2页。

⑤ （周）左丘明传，（晋）杜预注，（唐）孔颖达正义：《春秋左传正义》，北京：北京大学出版社，2000年，第1460页。

⑥ （汉）司马迁著，（宋）裴骃集解，（唐）司马贞索隐，（唐）张守节正义：《史记》卷40《楚世家》，北京：中华书局，1999年，第1391页。

⑦ 白九江：《从三峡地区的考古发现看楚文化的西进》，《江汉考古》2006年第1期。

二、春秋时期的巴楚关系

春秋时期，楚、巴关系进入了一个转折期，进入了一个既依附合作，又时有对抗的时代。

楚国经过楚武王、楚文王、楚成王等的治理，国势日盛，先后灭掉了权、息、邓、弦、黄、英、随等江汉地区的小国，走上了武力扩张的道路，并依靠强大的武力和国力，称霸中原。

春秋早期，巴国主要位于鄂西北和陕南地区，"周之仲世，（巴）虽奉王职，与秦、楚、邓为比"[①]，即与秦、楚、邓三国交界。这时巴作为楚的近邻，在强大的楚国面前，曾一度沦为楚的附庸。春秋早期，巴国为了与邓国交好，还不得不请示楚国。《左传·桓公九年》记其事道："巴子使韩服告于楚，请与邓为好。楚子使道朔将巴客以聘于邓。邓南鄙鄾人攻而夺之币，杀道朔及巴行人。楚子使薳章让于邓，邓人弗受。夏，楚使斗廉帅师及巴师围鄾。邓养甥、聃甥帅师救鄾。三逐巴师，不克。斗廉衡陈其师于巴师之中，以战，而北。邓人逐之，背巴师，而夹攻之。邓师大败，鄾人宵溃。"[②]桓公九年，即公元前703年。从这次战争的经历来看，有两点启示：

（1）巴国与邓交好，需要向楚请示，征得楚国的同意，并要由楚使带领。巴国的外交已完全被楚国控制，外交权力基本丧失，楚国完全以巴的宗主面目出现。

（2）在军事上，虽然表面上双方是一种合作关系，实际上是巴国出兵必须要有楚国军队的参与，或者可以理解楚国出兵，他们可以要求巴师配合与协助。此外，两国联军的指挥权也完全掌握在楚国手中。所谓的巴、楚联军，巴国军队在其中可能处于不平等的地位，待遇也不平等，所以才有公元前676年"及文王即位，（楚人）与巴人伐申而惊其师"[③]的事情见载。

春秋中期随着楚国的日益强盛，楚国对巴形成了强有力的压力，巴的生存空间更加受到挤压。巴在与楚的交往中对这种不公平的地位愈发感到不满。就在公元前676年楚惊巴师后，"巴人叛楚而伐那处，取之，遂门于楚"，逼得楚将"阎敖游涌而逸"，为楚文王所杀，导致阎敖之族作乱。同年冬天，巴人趁楚内乱而再次伐楚

---

① （晋）常璩撰：《二十五别史·华阳国志》，济南：齐鲁书社，2000年，第3页。

② （周）左丘明传，（晋）杜预注，（唐）孔颖达正义：《春秋左传正义》，北京：北京大学出版社，2000年，第216、217页。

③ （周）左丘明传，（晋）杜预注，（唐）孔颖达正义：《春秋左传正义》"庄公十八年、十九年"，北京：北京大学出版社，2000年，第297页。

（"冬，巴人因之以伐楚"①），显示了巴国连续出兵的强劲实力。到第二年春，"楚子御之，大败于津"②。津一说今湖北枝江西，一说江陵南，即沙市。楚文王被巴国军队打败后，在返回郢都时，楚大阍（大阍，官名，楚人称为大伯。杜注"若今城门校尉官"）鬻拳拒绝败军入城。楚文王不得已转而伐黄，并于同年六月返国途中，至湫（今湖北宜城东南）病逝。由此可见，巴国在与楚的对抗中有时还占有优势。经此一战，春秋中期后，巴人一定程度上扭转了对楚的弱势，楚国对巴的策略也转变为联合了。

此时，巴国虽然战胜了楚国，但其实力仍不及楚。为了保持对楚的政治均势，巴人采用了亲秦的策略，巧妙地借秦的力量，达到维持秦、楚、巴三国之间平衡的目的。公元前632年，晋国联合秦、齐、宋诸国在城濮大败楚军③。巴人乘此机会向秦致贡④，显然是想拉拢秦对付楚，但由于不久以后秦、楚继续修好，所以巴、楚的关系似乎也一度缓和下来。但是，巴人毕竟是一个能征善战的尚武民族，巴国仍然具有一定的政治、军事实力。环顾楚的邻国，只有巴国未遭其主动进攻。楚人是极其看重巴人的军事实力的，也常倚重巴国军队，双方常常组成联军。在春秋时期，文献记载巴、楚组成联军就至少有三次。除了上文提到的巴、楚联合伐邓之外，他们还先后联合起来灭庸、攻申。其中，巴、楚、秦三国灭庸的事《左传·文公十六年》是这样记载的：

> 楚大饥，戎伐其西南，至于阜山，师于大林。又伐其东南，至于阳丘，以侵訾枝。庸人帅群蛮以叛楚。麇人帅百濮聚于选，将伐楚。于是申、息之北门不启。楚人谋徙于阪高。蒍贾曰："不可。我能往，寇亦能往。不如伐庸。夫麇与百濮，谓我饥不能师，故伐我也。若我出师，必惧而归。百濮离居，将各走其邑。谁暇谋人？"乃出师。旬有五日，百濮乃罢。自庐以往，振廪同食。次于句澨。使庐戢黎侵庸，及庸方城。庸人逐之，囚子扬窗。三

① （周）左丘明传，（晋）杜预注，（唐）孔颖达正义：《春秋左传正义》"庄公十八年、十九年"，北京：北京大学出版社，2000年，第297页。

② （周）左丘明传，（晋）杜预注，（唐）孔颖达正义：《春秋左传正义》"庄公十八年、十九年"，北京：北京大学出版社，2000年，第298页。

③ （汉）司马迁著，（宋）裴骃集解，（唐）司马贞索隐，（唐）张守节正义：《史记》卷39《晋世家》，北京：中华书局，1999年，第1371～1373页。

④ 《史记·商君列传》："赵良曰：（百里奚）相秦六七年，而东伐郑，三置晋国之君，一救荆国之祸。发教封内，而巴人致贡；施德诸侯，而八戎来服。"参见（汉）司马迁著，（宋）裴骃集解，（唐）司马贞索隐，（唐）张守节正义：《史记》卷68《商君列传》，北京：中华书局，1999年，第1767、1768页。

宿而逸，曰："庸师众，群蛮聚焉，不如复大师，且起王卒，合而后进。"
师叔曰："不可。姑又与之，遇以骄之。彼骄我怒，而后可克，先君蚡冒
所以服陉隰也。"又与之遇，七遇皆北，唯裨、儵、鱼人实逐之。庸人曰：
"楚不足与战矣。"遂不设备。楚子乘驲，会师于临品，分为二队，子越自
石溪，子贝自仞以伐庸。秦人、巴人从楚师，群蛮从楚子盟，遂灭庸。①

文公十六年为公元前611年，许多研究者认为，巴人参与楚人灭庸分得了庸属鱼邑（今
奉节）。楚庄王灭庸服群蛮、百濮，进一步巩固了自己的后方，并加强了与巴、秦的
联系，可以全力北上图霸。顾栋高认为："灭庸而楚内乱夷矣，连巴秦而楚之外援固
矣。"②所以这时的楚巴关系应是一种战略联盟的关系。

春秋晚期，楚国把主要精力放在中原和东部的吴、越等国身上，争霸中原，无
暇西顾。所以继续维持与西边巴国的战略结盟关系，双方基本相安无事，维持了相当
长的和平共处时间。这时楚、巴之间的联盟，可能还通过婚姻关系得以维系。楚共王
（前590年～前560年）的一个宠妃就叫"巴姬"，姬为周封巴国之姓，巴姬应为巴
人。楚共王为选定继嗣，曾与巴姬"密埋璧于大室之庭"③，使其五子祭拜而确定王
位继承人。楚尚巴女的这种巴、楚通婚方式，在中国古代维持国与国之间的某种特殊
关系时是经常采用的。直到春秋末期的公元前477年，巴国趁楚国白公胜争权失利，楚
元气受到一定损害之际，再次伐楚，"巴人伐楚，围鄾。……三月，楚公孙宁、吴由
于、薳固败巴师于鄾"④。鄾也就是《左传》桓九年中之鄾，为邓国南部边邑，楚灭邓
后成为楚国的城邑（今湖北襄阳市东北）。这场战争，巴国受到重创，再也无力与楚
抗衡了。此后，巴国为避楚锋芒，从此西、南迁，进入今四川盆地东部了。《华阳国
志·巴志》说："巴人伐楚，败于鄾。是后，楚主夏盟，秦擅西土，巴国分远。故于
盟会希。"⑤巴人退守四川盆地东部，只能凭借险要地形与楚相抗拒。

① （周）左丘明传，（晋）杜预注，（唐）孔颖达正义：《春秋左传正义》，北京：北京大学
出版社，2000年，第649～651页。

② （清）顾栋高撰：《春秋大事表（下）》卷180，《景印文渊阁四库全书》第80册，台北：
台湾商务印书馆，1986年，第299页。

③ 《左传·昭公十三年》："初，共王无冢适。有宠子五人，无适立焉。乃大有事于群望，
而祈曰：'请神择于五人者，使主社稷。'乃偏以璧见于群望曰：'当璧而拜者，神所立也，谁敢违
之。'既乃与巴姬密埋璧于大室之庭。"参见（周）左丘明传，（晋）杜预注，（唐）孔颖达正义：
《春秋左传正义》，北京：北京大学出版社，2000年，第1518页。

④ （周）左丘明传，（晋）杜预注，（唐）孔颖达正义：《春秋左传正义》"哀公十八年"，
北京：北京大学出版社，2000年，第1959页。

⑤ （晋）常璩撰：《二十五别史·华阳国志》，济南：齐鲁书社，2000年，第3页。

春秋中晚期，由于楚人先后灭掉了夔和庸，楚人的势力基本控制了瞿塘峡以东的三峡地区。考古工作者在湖北宜昌市上磨垴[①]、秭归县柳林溪[②]等遗址，以及重庆市巫山县跳石[③]、蓝家寨[④]、大溪[⑤]等遗址都发现了这一时期的楚文化遗物，除了有极少量巴文化遗物与之共存外，其陶器为非常典型的楚文化鬲、盆、豆、罐组合，非常单纯，这正是对楚人进入三峡地区的明证。

三、战国时期的巴楚关系

巴人向西、南迁移后，文献就很少提到巴国之事了。战国早、中期，巴弱楚强的格局进一步确立，巴楚之间的战略联盟关系瓦解。战国时期的巴、楚关系，可以秦灭巴蜀的公元前316年为界，分为两个阶段。

战国以来，巴楚之间的实力对比进一步倾向楚国。四川盆地位于秦、楚两国的南面和西面，战略地位十分重要。"如果巴、蜀归楚国所有，楚就将江汉地区和巴蜀地区连成一块，进攻时可以兵分两路——西路出蜀陇，沿嘉陵江而上，顺渭水而下，威胁秦国的雍都故地；北路出武关，沿丹水而上，顺灞水而下，进逼秦都咸阳；反之，如果巴、蜀为秦所有，秦国就控制了楚国的上游，进攻时也可以兵分两路——西路'蜀地之甲，轻船浮于汶，乘夏水而下江，五日而至郢'；北路'汉中之甲，乘船出于巴，乘夏水而下汉，四日而至五渚'。"[⑥]秦、楚两国都十分重视巴蜀这一战略要

---

① 湖北省文物考古研究所：《宜昌上磨垴周代遗址发掘简报》，国务院三峡工程建设委员会办公室、国家文物局：《湖北库区考古报告集·第一卷》，北京：科学出版社，2003年，第737～750页。

② 湖北省博物馆江陵考古工作站：《一九八一年湖北省秭归县柳林溪遗址的发掘》，《考古与文物》1986年第6期；国家文物局、国务院三峡工程建设委员会办公室：《秭归柳林溪》，北京：科学出版社，2003年，第177～230页。

③ 南京博物院考古研究所、巫山县文物管理所：《巫山跳石遗址发掘报告》，重庆市文物局、重庆市移民局：《重庆库区考古报告集·1997卷》，北京：科学出版社，2001年，第65～99页；南京博物院考古研究所、重庆市文化局、巫山县文物管理所：《巫山跳石遗址第二次发掘报告》，重庆市文物局、重庆市移民局：《重庆库区考古报告集·1998卷》，北京：科学出版社，2003年，第27～57页。

④ 重庆市博物馆、湖南益阳市文物工作队、重庆巫山县文物管理所：《巫山蓝家寨遗址发掘报告》，重庆市文物局、重庆市移民局：《重庆库区考古报告集·1998卷》，北京：科学出版社，2003年，第103～118页。

⑤ 邹后曦、白九江：《巫山大溪遗址再次发掘发现丰富遗存》，《中国文物报》2002年5月10日第3版；重庆市文化遗产研究院、巫山县文物管理所：《重庆巫山大溪遗址商周时期遗存发掘简报》，《江汉考古》2016年第2期。

⑥ 孙华、沈仲常：《楚国灭巴考》，《贵州社会科学》1984年第6期。

地。楚威王（前339～前329年）就认识到："寡人之国西与秦接境，秦有举巴蜀、并汉中之心。"①故在秦灭巴蜀之前，楚国就开始兵指巴蜀，扩张西南了。这一时期，大概巴与楚曾经多次交战，故《华阳国志·巴志》说："巴楚数相攻伐，故置扞关、阳关及沔关。"②但毕竟以巴一国之力，难以拒楚。此时，大概蜀也认识到，巴、蜀唇齿相依，巴亡蜀必危，两国必须联合起来对付楚国。为改变巴屡屡受楚侵凌的被动局面，公元前377年，巴、蜀两国联合起来倾全力向楚国发动了一次重大的军事攻势。《史记·楚世家》记："肃王四年，蜀伐楚，取兹方。于是楚为扞关以拒之。"③兹方在今湖北松滋市，这里距楚国国都郢（今江陵北10里的纪南城）已经很近了。文献记载虽没有明言巴也曾参与伐楚，但许多学者都认为，应为巴蜀联军伐楚④。笔者认为，巴蜀联军的可能性很大，其一，蜀与楚间隔有巴，蜀越巴而伐楚，实不可能；其二，蜀无单独出兵伐楚的动机，蜀弱楚强，蜀不联合巴国，是无法与楚国相抗衡的；其三，扞关在今长阳县清江流域⑤，或说在奉节，蜀与此相距甚远，楚何以拒之？只能是拒巴。松滋之战的规模很大，是举巴、蜀两国之力，以期击败长期凌驾于其上的楚国，多少带有孤注一掷的色彩，楚国也受到了相当大的震动。但毕竟楚国国力强大，松滋之战以巴、蜀两国失败而告终。自此而后，巴国无力再向楚国挑战，楚国则不断西逼，而巴步步败退。

　　巴国外邻强敌，内部亦不断爆发内乱。《华阳国志·巴志》说："周之季世，巴国有乱。将军蔓子请师于楚，许以三城。楚王救巴。巴国既宁，楚使请城。蔓子曰：'藉楚之灵，克弭祸难。诚许楚王城，将吾头往谢之，城不可得也。'乃自刭，以头授楚使。王叹曰：'使吾得臣若巴蔓子，用城何为！'乃以上卿礼葬其头。巴国葬其身，亦以上卿礼。"⑥这段故事中，巴蔓子在守信与守土两难之间，断头壮烈牺牲。但从中我们应该看到，巴国已无力自平内乱，而不得不请师于楚；楚王应允出师平叛的强大力量以及在楚王要城时巴亦无力抵御。正是在这次平乱过程中，楚国看到了巴国的虚弱，也看到了自己的机会，很可能乘机占领了巴国的大片土地。《史记·秦本

---

①　（汉）司马迁著，（宋）裴骃集解，（唐）司马贞索隐，（唐）张守节正义：《史记》卷69《苏秦列传》，北京：中华书局，1999年，第1785页。

②　（晋）常璩撰：《二十五别史·华阳国志》，济南：齐鲁书社，2000年，第9页。

③　（汉）司马迁著，（宋）裴骃集解，（唐）司马贞索隐，（唐）张守节正义：《史记》卷40《楚世家》，北京：中华书局，1999年，第1407页。

④　童恩正：《古代的巴蜀》，成都：四川人民出版社，1979年，第25页。

⑤　《太平寰宇记》卷147《长阳县》："废巴山县在县南七十里，本偍山县地，即古扞关，楚肃王拒蜀之处。"参见（宋）乐史撰，王文楚等点校：《太平寰宇记》，北京：中华书局，2007年，第2865页。

⑥　（晋）常璩撰：《二十五别史·华阳国志》，济南：齐鲁书社，2000年，第3页。

记》说："孝公元年，河山以东强国六，……楚自汉中，南有巴、黔中。"①孝公元年即公元前361年，"巴、黔中"应为"巴黔中"，指巴国的黔中，相当于今天重庆市的彭水、黔江、酉阳、秀山等地。巴国为平内乱，请师于楚，终至引狼入室，丧失了汉中、黔中等地的大片国土，使楚形成了"西包巴蜀"的有利形势。到楚威王时，楚国进一步向西南用兵。《史记·西南夷列传》说："楚威王时，使将军庄蹻将兵循江上；略巴、（蜀）黔中以西。"②巴国更加虚弱。

此时，随着楚国的西进，巴、楚之间的民间交往和文化交流日益频繁，两族之间也有了一些融合。巴国的一部分人到了楚国，带去了一些巴地的文化。《文选·对楚王问》就记载有楚都中的巴人："客有歌于郢中者，其始曰《下里》《巴人》，国中属而和者不过数千人。其为《阳阿》《薤露》，国中属而和者数百人。其为《阳春》《白雪》，国中属而和者不过数十人。"③可见，巴国的《下里》《巴人》在楚国是颇受欢迎的。与此同时，巴人也开始受到楚人的同化，"江州以东，滨江山险，其人半楚"④，正是这种状况的真实写照。一方面，暗示有相当多的楚人进入了巴人传统居住的地方；另一方面，说明巴人深受楚风的影响，具有相当多楚人的特征。重庆云阳李家坝遗址发现的战国墓葬⑤，具有浓厚的巴文化色彩，但是许多墓葬出土相当多的鬲、甗以及鼎、敦、壶等楚文化陶器和铜器，显然三峡地区确已受到楚文化的深刻影响。

在楚国开始经营西南的时候，秦国则对巴蜀地区蓄谋已久。公元前316年，趁巴、蜀交战之机，秦起兵伐蜀，"贬蜀王更号为侯，而使陈庄相蜀"⑥。同年，秦又"贪

① （汉）司马迁撰，（南朝）裴骃集解，（唐）司马贞索隐，（唐）张守节正义：《史记》，北京：中华书局，1999年，第145页。

② （汉）司马迁著，（宋）裴骃集解，（唐）司马贞索隐，（唐）张守节正义：《史记》卷116《西南夷列传》，北京：中华书局，1999年，第2282页。

③ （梁）萧统编，（唐）李善注：《文选》卷45《对楚王问》，《景印文渊阁四库全书》第591册，台北：台湾商务印书馆，1986年，第777页。

④ （晋）常璩撰：《二十五别史·华阳国志》，济南：齐鲁书社，2000年，第7页。

⑤ 四川联合大学历史系考古专业：《1994～1995年度四川云阳李家坝遗址的发掘》，四川大学考古专业：《四川大学考古专业创建三十五周年纪念文集》，成都：四川大学出版社，1998年，第374～422页；四川大学历史文化学院考古系、云阳县文物管理所：《云阳李家坝东周墓地发掘报告》，重庆市文物局、重庆市移民局：《重庆库区考古报告集·1997卷》，北京：科学出版社，2001年，第244～288页；四川大学历史文化学院考古系、云阳县文物管理所：《云阳李家坝巴人墓地发掘报告》，重庆市文物局、重庆市移民局：《重庆库区考古报告集·1998卷》，北京：科学出版社，2003年，第348～388页。

⑥ （汉）司马迁撰，（南朝）裴骃集解，（唐）司马贞索隐，（唐）张守节正义：《史记》，北京：中华书局，1999年，第1800页。

巴、苴之富，因取巴，执王以归"①，巴国灭亡了。但是，秦人在原巴国地区的统治基本上是采取的羁縻政策，而与蜀有所区别，即仍然保留巴国原统治者，不变更其政治体制，以巴治巴，而且采取秦人与巴上层统治者通婚的办法，来安抚巴人。《后汉书·南蛮西南夷列传》："及秦惠王并巴中，以巴氏为蛮夷君长，世尚秦女，其民爵比不更。"②巴王则成为秦国治下享有较大自治权的地方名义首脑，其国虽灭，尚不绝祀。

四、楚灭巴与巴子五都

下面着重讨论一下所谓"楚灭巴"的问题。《太平御览》引唐《十道志》说："故老云：楚子灭巴，巴子兄弟五人流入黔中，汉有天下，名曰酉、辰、巫、武、沅等五溪，为一溪之长，故号五溪（蛮）。"③《太平寰宇记》卷一二〇也说："五溪。谓酉、辰、巫、武、沅等五溪。古老相传云楚子灭巴，巴子兄弟五人流入五溪，各为一溪之长。"④这就是"楚灭巴"问题的由来。孙华、沈仲常二位先生据此首先提出了楚国灭巴的观点⑤，其主要论点有以下几个方面。

（1）指出"楚国据有巴地只可能在怀王以前，不可能在怀王以后"，楚怀王在位时间为公元前328～前299年。并根据对"周显王七年（前362年），楚自汉中，南有巴、黔中"⑥这一文献记载的不同句读断法（即"巴黔中"和"巴、黔中"），而推测"楚国灭巴的事件当发生在这时（前362年）"。

（2）楚国灭巴以后，"对巴地似乎也……采取的羁縻政策，即利用巴王这个傀儡来统治巴人……巴王依然存在"。

（3）"楚国占据了巴、黔中之地以后，巴国的宗支就逃到四川东北靠近秦、蜀的阆中一带，另建了一个巴国。"

（4）"秦人将巴王执归阆中，分明秦灭之巴即建都于阆中之巴，而不是建都于江州之巴。"

① （晋）常璩撰：《二十五别史·华阳国志》，济南：齐鲁书社，2000年，第3页。

② （宋）范晔撰，（唐）李贤等注：《后汉书》，北京：中华书局，1999年，第1919页。

③ （宋）李昉等撰：《太平御览》，北京：中华书局，1960年，第835页。

④ （宋）乐史撰，王文楚等点校：《太平寰宇记》卷120《黔州》，北京：中华书局，2007年，第2396、2397页。

⑤ 孙华、沈仲常：《楚国灭巴考》，《贵州社会科学》1984年第6期。

⑥ （汉）司马迁撰，（南朝）裴骃集解，（唐）司马贞索隐，（唐）张守节正义：《史记》，北京：中华书局，1999年，第145页。

（5）廩君之属为原依附于楚人的巴族的一支，"也随着秦人的东进和楚人的败退而迁徙到了楚地五溪一带，成为后世的所谓'五溪蛮'……以巴氏为首的'五姓'，疑即流入黔中的'巴子兄弟五人'，他们在楚灭巴以后迁入楚地"。

上述观点，涉及本文讨论的巴、楚关系问题，需要加以注意。笔者认为，楚灭巴并无其事，理由如下。

（1）关于楚灭巴的文献记载都在唐代及以后，距所谓"楚灭巴"之事已近千年，而且有的是根据古老相传的，其说不可信。"楚灭巴"这样重大的历史事件不见于早期文献，显然是不可信的。

（2）楚宣王九年，"楚自汉中，南有巴、黔中"，这里的巴黔中，只能理解为巴国的黔中，而不能断为"巴、黔中"。因为黔中原即为巴的属地，如果楚国灭掉了巴，就不会将巴与其属地并列于此，就像我们不能将商於之地与楚并列一样。再则，此处用"有"，就很能说明楚只是占领了巴的一部分土地，而不是灭掉了巴国的问题。楚国在占领巴国东南部后，曾命王孙袖为楚监，受命监管这一地区。湖南常德市曾收集到一件虎纹铜戈，其上就铸有"伯命曰：献与楚监王孙袖"的铭文[①]。

（3）楚威王（前339～前329年）曾说："寡人之国西与秦接境，秦有举巴蜀、并汉中之心。"[②]楚威王在位时，秦尚未灭巴亡蜀，楚国认识到秦有"举巴蜀、并汉中之心"，说明这时及此前巴、蜀并不属于楚。

（4）据《舆地纪胜》卷一五九引《益部耆旧传》："楚襄王灭巴子，封庶子于濮江之南，号铜梁侯。"[③]楚襄王在位时间为公元前298～前263年，这时巴早已被秦所灭，自然就不存在楚灭巴了。

（5）廩君本出于清江流域[④]。据近年来清江流域的考古发现表明[⑤]：商周时期，以湖北长阳香炉石遗址第4～6层为代表，出土了各种形式的尖底杯、圜底釜、圜底罐等陶器，基本上与重庆峡江地区的土著文化相近，应与早期的巴文化相关。而且香炉

---

①　高至喜、熊传新：《楚人在湖南的活动遗迹概述》，《文物》1980年第10期。

②　（汉）司马迁著，（宋）裴骃集解，（唐）司马贞索隐，（唐）张守节正义：《史记》卷69《苏秦列传》，北京：中华书局，1999年，第1785页。

③　（宋）王象之撰：《舆地纪胜》卷159《合州》之"铜梁山"，北京：中华书局，1992年，第4321页。

④　《后汉书·南蛮西南夷列传》引《世本》说："巴郡南郡蛮，本有五姓：巴氏、樊氏、瞫氏、相氏、郑氏。皆出于武落钟离山。其山有赤、黑二穴，巴氏之子生于赤穴，四姓之子皆生黑穴。未有君长，俱事鬼神……又令各乘土船，约能浮者，奉以为君……唯务相独浮。因共立之，是为廩君……廩君于是君乎夷城，四姓皆臣之。廩君死，魂魄世为白虎。巴氏以虎饮人血，遂以人祠焉。"参见（宋）范晔撰，（唐）李贤等注：《后汉书》，北京：中华书局，1999年，第1918页。

⑤　湖北省清江隔河岩考古队、湖北省文物考古研究所：《清江考古》，北京：科学出版社，2004年，第196～384页。

石遗址还出土了这一时期的陶印章和大量的卜骨，显示那里可能是早期巴人活动的一个重要中心。到了春秋战国时期，清江流域的长阳南岸坪、外村里等遗址都发现了鬲、凹圜底罐、中柄豆、凹圜底盆等陶器，为非常典型且相对单纯的楚文化遗存，这表明在东周时期，清江流域基本属于楚文化的分布区。以上可以说明廪君活动在清江流域的时间只能是在商、周时期，而不可能在东周，廪君只能是巴人的源头之一，而五溪蛮却是巴人的流，他们之间不能简单地画等号；以巴氏为首的五姓，不可能是"楚灭巴"流入黔中的"巴子兄弟五人"。

那么，"楚灭巴"是否就一点不可信了呢？笔者认为，楚人灭巴还是有可能的，只不过灭的不是秦灭巴之前的"巴"，而是秦人治下的具有一定自治政府意味的"为蛮夷君长"的巴。

在此有必要回顾一下秦灭巴、蜀前后，秦、楚对巴地的争夺过程。秦、楚对巴地的争夺，到了秦灭巴、蜀后，日趋激烈。秦据巴、蜀，进一步有借巴、蜀伐楚的意图；而楚国则腹背受敌，必须加强在巴、蜀地区的存在，将防线扩张到国门以外。首先在巴、蜀被灭的公元前316年，"司马错自巴涪水，取楚商於之地为黔中郡"[1]，另一说为公元前308年蜀侯恽受封之年，"司马错率巴蜀众十万，大船舶万艘，米六百万斛，浮江伐楚，取商於之地为黔中郡"[2]。从这次战争开始，秦国在巴蜀地区开始直接与楚国正面交锋。秦国占领黔中以后不久，可能楚国又反攻收回了失地。到了公元前280年，秦昭王"又使司马错伐陇西，因蜀攻楚黔中，拔之"[3]。公元前278年，白起大举攻楚，拔郢，楚襄王败退陈城。公元前277年，秦再"取巫郡，及江南为黔中郡"[4]。《史记·楚世家》记曰"秦复拔我巫、黔中"[5]，《战国策·燕二》苏代："楚得枳而国亡，齐得宋而国亡。"[6]据此可以认为，楚在公元前278年之前，曾经一度反攻夺回黔中郡。此后，楚人再度反攻。《史记·秦本记》秦昭襄王三十一年（前276年）"楚人反我江南"，《正义》曰"黔中郡反归楚"[7]。《楚世家》则载："襄

①　（晋）常璩撰：《二十五别史·华阳国志》，济南：齐鲁书社，2000年，第3页。

②　（晋）常璩撰：《二十五别史·华阳国志》，济南：齐鲁书社，2000年，第29页。

③　（汉）司马迁著，（宋）裴骃集解，（唐）司马贞索隐，（唐）张守节正义：《史记》，北京：中华书局，1999年，第152页。

④　（汉）司马迁著，（宋）裴骃集解，（唐）司马贞索隐，（唐）张守节正义：《史记》，北京：中华书局，1999年，第152页。

⑤　（汉）司马迁撰，（南朝）裴骃集解，（唐）司马贞索隐，（唐）张守节正义：《史记》卷40《楚世家》，北京：中华书局，1999年，第1417页。

⑥　（汉）刘向编录，刘晓东等点校：《战国策》卷30《燕二》，济南：齐鲁书社，2000年，第340页。

⑦　（汉）司马迁撰，（南朝）裴骃集解，（唐）司马贞索隐，（唐）张守节正义：《史记》，北京：中华书局，1999年，第152、154页。

王乃收东地兵，得十余万，复西取秦所拔我江旁十五邑以为郡，距秦。"由此可见，秦、楚对黔中等地的反复争战①是在秦灭巴、蜀后的一段时期。这一系列事件在三峡地区是有迹可寻的，奉节、云阳、万州、忠县均发现了战国中期至战国晚期偏早阶段的楚墓群，这些墓群多沿长江干流分布，而且不乏大型墓葬。目前所见最西的楚墓群（崖脚）位于重庆忠县县城附近②，是楚人深入峡江地区的见证。

从上面所述的争夺过程看，楚国灭"巴"很可能就是在公元前280～前278年。在这次战争中，楚国不仅夺回了黔中郡，而且占领了枳（即今重庆涪陵）。楚"国亡"是指公元前278年秦将白起占领楚国国都郢之事，楚得枳当在这一事件之前。楚国的这次西征，恰逢秦准备攻楚前，其注意力和主要兵力都放在北路，西南地区比较空虚，所以楚很快就打到了枳。枳为巴国重镇，先王陵墓所在地，很可能楚就在这里打败了为"蛮夷君长"的巴王。其时正是楚襄王在位的时候，他为了抵消秦在巴地扶持的地方势力，于是仿照秦"贬蜀王更号为侯"和"以巴氏为蛮夷君长"的做法，封巴庶子于"濮江"（今重庆合川附近），号称铜梁侯，以利用其抵挡秦的势力。所以文献有"楚襄王灭巴子，封庶子于濮江之南，号铜梁侯"③的记载。这很可能就是"楚灭巴"故事的由来。

秦灭巴以后，巴与楚的关系可以概括为秦的地方自治政权与楚国的关系。秦虽灭巴，但巴的名义都城还存在。《华阳国志·巴志》记载："巴子时虽都江州（今重庆市市区），或治垫江（今重庆合川），或治平都（今重庆丰都）。后治阆中（今四川阆中）。其先王陵墓多在枳。"④这里所说的几个都，或许是秦灭巴以后的巴都。有以下几条理由可以说明。

首先，从上文中秦、楚对巴的几次直接争夺情况看，楚曾在巴地四次反攻秦，巴都也从江州四迁，这应当不是偶然现象，而是配合战事的需要，秦国需要巴人将其

① 在湖南西北部发现这一时期秦人的墓葬。如澧水上游的大庸市三角坪墓地1987年发掘的M68，出有秦式铜矛和秦篆"廿七年蜀守若西工帀（师）乘□□□□□"铭文铜戈。该墓陶器甚破且组合不全，不见楚式兵器。墓主显系地位不低的秦人武士。蜀守若即蜀守张若，为秦昭襄王时人，"廿七年"应为昭襄王年号，即公元前280年。参见贺刚：《楚黔中地及其晚期墓葬的初步考察》，楚文化研究会：《楚文化研究论集（第四集）》，郑州：河南人民出版社，1994年，第282～301页。

② 北京大学考古文博学院三峡考古队、重庆市忠县文物管理所：《忠县崖脚墓地发掘报告》，重庆市文物局、重庆市移民局：《重庆库区考古报告集·1998卷》，北京：科学出版社，2003年，第680～730页；北京大学考古文博学院三峡考古队，重庆市文物局，忠县文物保护管理所：《忠县瓦井沟遗址群崖脚（半边街）墓地发掘报告》，重庆市文物局、重庆市移民局：《重庆库区考古报告集·2000卷》，北京：科学出版社，2007年，第905～963页。

③ （宋）王象之撰：《舆地纪胜》卷159《合州》之"铜梁山"，北京：中华书局，1992年，第4321页。

④ （晋）常璩撰：《二十五别史·华阳国志》，济南：齐鲁书社，2000年，第9页。

首都前迁或后撤。过去，研究者常以楚强巴弱，巴都西迁，而简单排列出平都—江州—垫江—阆中这样一个巴都迁徙的顺序来。这种排列，忽略了原文的时间意义。笔者以为，上述巴子时的首都是秦灭巴后巴的都城。"巴子时虽都江州"，意味着秦灭巴后巴人上层贵族以江州为都，后由于楚的进犯，而迁平都，以加强对楚作战前线的威力，抵消楚的兵锋，减小楚国对所占领的部分巴地的影响。后来，由于楚国的进一步进攻，占领了枳①，平都在枳的东面，自然亦为楚国所有。楚占领枳后，扶持"巴庶子"（嫡子为秦所封）在濮江之南另建新都，直接与秦对抗，这就是垫江作为巴都的由来。阆中在秦灭巴之前就是巴都了，它与现合川相隔不远，秦人当然不愿就此罢休，于是再次扶持"蛮夷君长"于阆中，形成互相对峙的局面。但不久楚国在与秦的对抗中失利，再也无力西进。垫江作为都城昙花一现，而阆中则继续存在下去，所以形成"后治阆中"的局面。

其次，《华阳国志》说巴"先王陵墓多在枳"，这些"先王"，究竟是秦灭巴之前的巴王呢，还是其后的巴王呢？笔者认为后者的可能性比较大。20世纪70年代以来，重庆涪陵小田溪墓群先后经过5次发掘②，共发现22座战国至西汉初年墓葬，出土数量众多、等级较高的珍贵文物。很多研究者都相信，小田溪墓群就是文献记载的巴国王陵所在地。小田溪墓群按多数研究者的看法③，其时代主要集中在战国晚期至秦，少部分可到西汉初年。如果小田溪为巴先王陵墓所在地无误的话，那么从其所属时代基本可以肯定应为秦灭巴后的巴王陵墓。由此可进一步推导平都、江州、垫江等巴都就是这一时期的都城。

最后，从近年来的考古发现看，在三峡地区的云阳、开州、万州等地发现了大量的巴文化墓葬，显示这些地方很可能曾是巴文化的中心地带。但这些墓葬多集中在春秋末期至战国早、中期④，而战国晚期的墓葬却较少，显示峡江中部地带在战国中期之

---

①　忠县崖脚墓地发现战国中期至晚期偏早阶段的墓葬，而在战国晚期偏晚阶段，又出现了巴文化墓葬，说明楚人在争夺中失利，又退出了峡江地区。参见北京大学考古文博学院三峡考古队、重庆市忠县文物管理所：《忠县崖脚墓地发掘报告》，重庆市文物局、重庆市移民局：《重庆库区考古报告集·1998卷》，北京：科学出版社，2003年，第680～730页。

②　四川省博物馆、重庆市博物馆、涪陵县文化馆：《四川涪陵地区小田溪战国土坑墓清理简报》，《文物》1974年第5期；四川省文物管理委员会、涪陵地区文化局：《四川涪陵小田溪四座战国墓》，《考古》1985年第1期；四川省文物考古研究所、涪陵地区博物馆、涪陵市文物管理所：《涪陵市小田溪9号墓发掘简报》，四川省文物考古研究所：《四川考古报告集》，北京：文物出版社，1998年，第186～196页。

③　可主要参看蒋晓春：《试论涪陵小田溪墓地的分期与时代》，《江汉考古》2002年第3期。此外，2002年重庆市文物考古所发掘的13座墓葬，其时代也不超出战国晚期至西汉初年。

④　白九江、邹后曦：《重庆地区东周至汉初墓葬初论》，李禹阶：《三峡考古与多学科研究》，重庆：重庆出版社，2007年，第208～239页。

后文化的中心发生了转移。与此同时，在三峡地区西部，重庆忠县老鸹冲遗址①、涪陵小田溪墓群、镇安遗址②、九龙坡冬笋坝墓地③等却发现了大量的战国晚期至汉初的巴文化墓葬，这说明战国晚期以来，巴文化的中心地带已经向西转移了，这些墓葬的大量出现，很可能与巴政治中心的迁移相关，即平都、江州、垫江等地应为这一时期的巴都。

综上所述，巴、楚关系总体上呈现出对抗的态势，其间又有一定的合作。巴、楚关系的主动权掌握在楚人手中，楚强巴弱是其根本原因。巴国能与楚国长期共存，而不被其所灭，依靠的是巴人尚武、人民强悍，具有较强的军事实力。

补记：（1）本文原刊于《重庆师范大学学报（哲社版）》2005年第6期。本文发表时，限于篇幅，对原文有较多删减。本次收录的为原文，并补充完善了部分注释。

（2）关于公元前377年"蜀伐楚，取兹方"④之事，昔论者多以为巴、蜀联合伐楚，本文以为乃巴伐楚之误记。现在看来，关键是确定兹方和捍关的位置所在。笔者认为，捍关为战国时的通用名。除今湖北长阳县和重庆奉节县为古捍关外，《盐铁论》记载："楚自巫山起方城，属巫、黔中，设扞关以拒秦。"⑤这里的方城，大约在今汉水上游的湖北西北部的房县、竹山县一带，即春秋时的庸方城。战国早中期，巴国政治中心从汉水上游南迁入四川盆地东部，其地"北接汉中"，表明巴国已经放弃了汉中故地。而同一时期，秦、蜀、楚势力乘虚进入汉中，文献对秦、蜀、楚争夺襃汉、南郑、上庸等地多有记载。此外，蜀在汉水上游也曾向下延伸短暂控制了房陵。《史记·秦始皇本纪》："（灭嫪毐后），其舍人……夺爵迁蜀四千余家，家房陵。"⑥可见，房陵的确曾为楚、蜀交边之处。"蜀伐楚，取兹方"之谜似可迎刃而解。

---

① 重庆市文物考古所、重庆市文物局：《忠县老鸹冲遗址（墓葬部分）发掘简报》，重庆市文物局、重庆市移民局：《重庆库区考古报告集·2000卷》，北京：科学出版社，2007年，第831~869页。

② 北京市文物考古研究所三峡考古队、重庆市涪陵区博物馆：《涪陵镇安遗址发掘报告》，重庆市文物局、重庆市移民局：《重庆库区考古报告集·1998卷》，北京：科学出版社，2003年，第850~894页。

③ 沈仲常、王家祐：《记四川巴县冬笋坝出土的古印及古货币》，《考古通讯》1955年第6期；前西南博物院、四川省文物管理委员会：《四川巴县冬笋坝战国和汉墓清理简报》，《考古通讯》1958年第1期。

④ （汉）司马迁著，（宋）裴骃集解，（唐）司马贞索隐，（唐）张守节正义：《史记》卷40《楚世家》，北京：中华书局，1999年，第1407页。

⑤ 王利器校注：《盐铁论校注》卷9《险固》，北京：中华书局，1992年，第526页。

⑥ （汉）司马迁撰，（南朝）裴骃集解，（唐）司马贞索隐，（唐）张守节正义：《史记》，北京：中华书局，1999年，第162页。

第三节　巴文化西播与楚文化西渐

三峡文物考古工作开展以来，有关巴、楚文化的考古发现层出不穷，三峡地区呈现出巴、楚文化交汇、交错的局面，有的学者参考巴蜀文化，甚至提出了"巴楚文化"的概念，有的地方城市也提出了挖掘"巴楚文化"内涵的建议。可见，三峡考古发现已经在某种意义上大大改变了人们对巴文化的印象，也大大提升了人们对巴、楚关系的认识。近年来，有关巴、楚关系和楚文化西渐的研究逐渐热烈起来，许多学者提出了不少有创见的新认识。笔者在此就巴文化的西播、楚文化西渐、巴楚关系等方面的问题谈一点浅见，不当之处，请方家指正。

一、早期巴文化：形成与西播

巴文化的概念在不同学科中有不同的认知。总体说来，古代巴文化有几个不同的所指：一是指古代巴族的文化；二是指古代巴国的文化；三是指古代巴地范围内的文化。这三者之间的内涵既有交叉联系又有明显的区别。考古学范畴的巴文化是指古代巴人及与巴人关系密切的部分其他人群所创造的一种具有一定时间和空间范围，且有着鲜明自身特征的一批古代遗物和遗迹的总和。不同时期的巴文化，具有不同的文化组合，但文化的总体特征并没有本质的改变，并具有延续性。就目前看来，巴文化可以分为早、中、晚三个大的发展阶段。其中，早期阶段又可分为早、晚两小段。

（一）早期巴文化早段：巴文化因素的出现

根据文献记载，巴人起源于鄂西清江流域，早期巴人的活动范围达到汉水上游（汉水分别以襄阳、钟祥为界分为上、中、下游）、三峡一带，大体包括了现渝东、鄂西、陕南地区。这一地区的考古发现情况如下。

夏代晚期至商代早期，就考古发现情况看，渝东地区发现的这一时期的重要遗址有云阳丝栗包[①]，万州中坝子[②]，忠县老鸹冲[③]、王家包、哨棚嘴[④]、中坝[⑤]，涪陵蔺市[⑥]等遗址，出土文化遗物主要有鼓肩小平底罐、耸肩小平底罐、高柄豆、灯形器、高脚双耳杯、圈纽器盖、鸟头把勺、鬶等，与成都平原的同期文化非常接近，是典型的"三星堆文化"。

鄂西地区发现的夏代晚期遗址有秭归朝天嘴[⑦]、宜昌中堡岛[⑧]、三斗坪[⑨]等遗址，其文化因素表现出强烈的复杂性，既有受中原二里头文化影响的器物，如深腹平底罐、盉等，也有部分本地文化因素，如圜底釜、鬶、盆、大口缸等，还有较多三星堆文化的陶器。三种文化因素在不同的遗址中所占比例略有变化，大体上是越往东，三星堆文化因素的陶器比例逐渐减少[⑩]。鄂西地区的此期考古遗存亦被有的学者称为"朝

①　罗二虎：《云阳县丝栗包新石器时代至唐代遗址》，中国考古学会：《中国考古学年鉴（2005）》，北京：文物出版社，2006年，第310~312页。

②　西北大学文博学院：《重庆市万州区中坝子遗址第三次发掘简报》，《考古与文物》2002年第3期；西北大学考古队、万州区文物管理所：《万州中坝子遗址发掘报告》，重庆市文物局、重庆市移民局：《重庆库区考古报告集·1997卷》，北京：科学出版社，2001年，第347~380页；王建新、王涛：《试论重庆万州中坝子遗址夏商周时期文化遗存》，《江汉考古》2002年第3期。

③　重庆市文物考古所、重庆市文物局：《忠县老鸹冲遗址（居址部分）发掘简报》，重庆市文物局、重庆市移民局：《重庆库区考古报告集·2000卷》，北京：科学出版社，2007年，第870~888页。

④　北京大学考古文博学院三峡考古队、重庆市三峡库区田野考古培训班、忠县文物管理所：《忠县瓦井沟遗址群哨棚嘴遗址发掘简报》，重庆市文物局、重庆市移民局：《重庆库区考古报告集·1997卷》，北京：科学出版社，2001年，第610~657页；北京大学考古学研究中心、北京大学考古文博学院三峡考古队、重庆市忠县文物管理所：《忠县哨棚嘴遗址发掘报告》，重庆市文物局、重庆市移民局：《重庆库区考古报告集·1999卷》，北京：科学出版社，2006年，第530~643页。

⑤　四川省文物考古研究所、忠县文物保护管理所：《忠县中坝遗址发掘报告》，重庆市文物局、重庆市移民局：《重庆库区考古报告集·1997卷》，北京：科学出版社，2001年，第559~609页；四川省文物考古研究所、重庆市文化局三峡办、忠县文物保护管理所：《忠县中坝遗址Ⅱ区发掘简报》，重庆市文物局、重庆市移民局：《重庆库区考古报告集·1998卷》，北京：科学出版社，2003年，第607~648页。

⑥　重庆市文物考古所、涪陵区文物管理所：《涪陵蔺市遗址发掘简报》，重庆市文物局、重庆市移民局：《重庆库区考古报告集·1999卷》，北京：科学出版社，2006年，第786~806页。

⑦　国家文物局三峡考古队：《湖北秭归朝天嘴遗址发掘简报》，《文物》1989年第2期。

⑧　国家文物局三峡考古队：《湖北宜昌中堡岛遗址发掘简报》，《文物》1989年第2期。

⑨　湖北省文物考古研究所：《1985~1986年三峡坝区三斗坪遗址发掘简报》，国家文物局三峡工程文物保护领导小组湖北工作站：《三峡考古之发现（二）》，武汉：湖北科学技术出版社，2000年，第477~496页。

⑩　据何努统计，中堡岛遗址中的三星堆文化因素占36.8%。何努：《长江中游文明进程》，北京大学博士学位论文，2001年。

天嘴文化" [1]。

陕南地区目前尚无能确指属于这一时期的考古遗存发现，但在一些遗址中发现少量三星堆文化晚期的高柄豆等陶器。

从上述考古现象推测，渝东地区的考古学文化应当不是巴文化，巴人或许尚未进入这一地区。而鄂西地区则较为复杂，许多学者认为，此时由于三星堆文化的出现，表明蜀文化控制了这一地区，政治上"从属于三星堆文化蜀王朝" [2]，是一种中心与边缘的关系。

就考古学上观察，巴文化较为盛行圜底器和尖底器。圜底器的传统在四川盆地新石器晚期文化中找不到源头，而三星堆文化陶器特征主要是平底器和圈足器，与巴文化判然有别，也肯定不是巴文化的源头。但是，在鄂西地区的新石器文化中，圜底器是贯穿始终的文化现象，到了"朝天嘴类型文化"时期，已经蕴含了巴文化的一些因素，圜底器依然盛行，它应当是巴文化的重要源头，这为巴人起源于鄂西地区说增添了有力的证据。

（二）早期巴文化晚段：巴文化的西播

渝东地区发现的商代中晚期至西周早期古遗址数量众多，主要有忠县邓家沱 [3]、哨棚嘴，丰都石地坝 [4]，涪陵镇安 [5] 等遗址，出土的典型陶器有鼓肩小平底罐、尖底盏、尖底杯、"8"捏瓣纽器盖、高领圆肩罐、船形杯、圜底釜、侈口圜底罐等，其文化特征与成都平原的十二桥文化接近，但又有许多地方特征。学者认为，该类遗存应为十二桥文化下的一个地方类型，可以称之为"石地坝文化" [6]。

① 林春：《宜昌地区长江沿岸夏商时期的一支新文化类型》，《江汉考古》1984年第2期。

② 何努：《长江中游文明进程》，北京大学博士学位论文，2001年，第272页。

③ 李锋：《忠县邓家沱遗址西周时期文化遗存的初步认识》，重庆市文物局、重庆市移民局：《重庆·2001三峡文物保护学术研讨会论文集》，北京：科学出版社，2003年，第99～106页。

④ 重庆市文物考古所、丰都县文物管理所：《丰都石地坝遗址商周时期遗存发掘报告》，重庆市文物局、重庆市移民局：《重庆库区考古报告集·1999卷》，北京：科学出版社，2006年，第702～737页。

⑤ 北京市文物考古研究所三峡考古队、重庆市涪陵区博物馆：《涪陵镇安遗址发掘报告》，重庆市文物局、重庆市移民局：《重庆库区考古报告集·1998卷》，北京：科学出版社，2003年，第850～894页。

⑥ 白九江、李大地：《试论石地坝文化》，李禹阶：《三峡考古与多学科研究》，重庆：重庆出版社，2007年，第67～90页。

鄂西地区发现的遗址主要有宜昌路家河^①、秭归长府沱^②、长阳香炉石^③等遗址。其典型陶器有圜底釜、高领罐、尖底罐、折腹尖底杯、大口缸、灯形器等。对于这类遗存，学界有"路家河文化""香炉石文化"等不同的称谓，其实两者间的差异不大，或可以前者从之。路家河文化的分布西界可到重庆奉节县，新浦（铺）遗址即具有路家河文化特征^④。路家河文化在峡江东端受到商文化一定程度的影响，而在清江流域和其分布的西界，基本未受商文化影响。

陕南地区商代中晚期遗址有安康盆地的紫阳白马石、马家营^⑤，汉中盆地的城固宝山^⑥等遗址，其典型陶器有高柄豆、高颈小平底尊、折腹尖底杯、高柄器座、大口深腹罐、圜底釜等。学界有"白马石类型"^⑦"宝山文化"^⑧等称谓，可以后者从之。著名的"城固、洋县铜器群"^⑨即属于宝山文化。宝山文化也受到商文化的强烈影响。

从上述情况看，石地坝文化、路家河文化、宝山文化三者间联系十分紧密，均有大量的圜底器和尖底器（或近尖底的小平底）是他们共同的特征。而与成都平原十二桥文化相比，后者缺少圜底器是主要区别，其中石地坝文化又与十二桥文化的关系相

---

① 长江水利委员会：《宜昌路家河——长江三峡考古发掘报告》，北京：科学出版社，2002年，第18～87页。

② 宜昌市博物馆：《三峡库区秭归长府沱商代遗址发掘》，国家文物局三峡工程文物保护领导小组湖北工作站：《三峡考古之发现（二）》，武汉：湖北科学技术出版社，2000年，第400～421页；宜昌市博物馆：《三峡库区秭归长府沱遗址试掘简报》，国家文物局三峡工程文物保护领导小组湖北工作站：《三峡考古之发现（二）》，武汉：湖北科学技术出版社，2000年，第422～427页。

③ 湖北省清江隔河岩考古队：《湖北清江香炉石遗址的发掘》，《文物》1995年第9期。

④ 吉林大学考古学系：《四川奉节县新浦遗址发掘报告》，国家文物局三峡工程文物保护领导小组湖北工作站：《三峡考古之发现（二）》，武汉：湖北科学技术出版社，2000年，第142～154页；吉林大学考古学系、奉节县白帝城文物管理所：《奉节新铺遗址发掘报告》，重庆市文物局、重庆市移民局：《重庆库区考古报告集·1997卷》，北京：科学出版社，2001年，第160～178页；吉林大学考古学系、奉节县白帝城文物管理所：《奉节新浦遗址发掘简报》，重庆市文物局、重庆市移民局：《重庆库区考古报告集·1998卷》，北京：科学出版社，2003年，第239～255页。

⑤ 陕西省考古研究所、陕西省安康水电站库区考古队：《陕南考古报告集》，西安：三秦出版社，1994年，第329～345、368～386页。

⑥ 西北大学文博学院：《城固宝山——1998年发掘报告》，北京：文物出版社，2002年，第25～167页。

⑦ 王炜林、孙秉君：《汉水上游巴蜀文化的踪迹》，中国考古学会：《中国考古学会第七次年会论文集（1989）》，北京：文物出版社，1992年，第36～248页。

⑧ 西北大学文博学院：《城固宝山——1998年发掘报告》，北京：文物出版社，2002年，第180页。

⑨ 曹玮：《汉中出土商代青铜器》，成都：巴蜀书社，2006年；赵丛苍：《城洋青铜器》，北京：科学出版社，2006年。

对接近一些。看来，这三者间应为一个具有亲缘关系的大的文化共同体，它们分别是"巴文化的不同类型"，使用它们的人群共同体，分别"应为巴人的一支"①。

但是，从考古学文化产生的时间看，路家河文化的起始年代在二里岗下层时期（商代前期早段），宝山文化起始年代约为二里岗上层时期（商代前期晚段），石地坝文化的起始年代"应当不晚于殷墟一期，其上限或可到二里岗上层偏晚阶段"②。由此可见，如果上述年代判断无误的话，路家河文化的起源时间最早，其他二者出现稍晚，路家河文化很可能是石地坝文化和宝山文化的重要源头。《城固宝山——1998年发掘报告》也认为："宝山文化应来自以釜做炊器这一古老文化传统所在的鄂西地区，很可能是由路家河二期后段遗存（也就是路家河文化——笔者注）稍早时期分化出来的一种考古学文化遗存。"③笔者在《试论石地坝文化》一文中也认为，石地坝文化、成都十二桥文化"尖底器、圜底器传播路线是由东向西的，峡江腹地起着承东启西的通道功能"。由是观之，路家河文化可能是早期巴文西播的源头，早期巴文化是由鄂西向四川盆地东部、陕南两个方向播迁的，并分别替代了这两个地方先前的文化，这与文献记载鄂西特别是清江流域是巴人起源地的传说能够呼应。也有推测认为，路家河文化是最可能与早期巴国挂钩的考古学文化。

二、中期巴文化：巴国地望的探讨及楚风西渐

渝东地区相当于西周中期至春秋中期的典型遗存有忠县瓦渣地④、中坝，酉阳邹家坝⑤等遗址。其典型陶器既有早期传承下来的尖底盏、尖底杯，也有开始大量出现的花边口釜和花边口罐。这类文化遗存有的学者称之为"瓦渣地文化"⑥。

① 西北大学文博学院：《城固宝山——1998年发掘报告》，北京：文物出版社，2002年，第183页。

② 白九江、李大地：《试论石地坝文化》，李禹阶：《三峡考古与多学科研究》，重庆：重庆出版社，2007年，第67~90页。

③ 西北大学文博学院：《城固宝山——1998年发掘报告》，北京：文物出版社，2002年，第182页。

④ 北京大学考古学系三峡考古队、忠县文物保护管理所：《忠县瓦渣地遗址发掘简报》，重庆市文物局、重庆市移民局：《重庆库区考古报告集·1998卷》，北京：科学出版社，2003年，第649~678页。

⑤ 重庆市文物考古所、重庆文化遗产保护中心：《酉阳邹家坝》，北京：科学出版社，2011年，第68~147页。

⑥ 孙华：《峡江地区的先秦文化》，袁行霈：《国学研究（第6卷）》，北京：北京大学出版社，1999年，第508页。

　　鄂西地区西周中期至春秋早期的遗存数量较多，主要有巴东黎家沱①，秭归官庄坪②、柳林溪③、渡口④，宜昌上磨垴⑤等遗址，文化面貌较复杂，总体上看，这一时期的遗存可以分为三组：甲组有花边口罐、素缘圜底罐、尖底杯、小底罐、圜底钵等器物，与渝东峡江地区的文化面貌相似，与传统的巴文化一脉相承；乙组以鬲、盂（盆）、豆、罐为典型器，具有强烈的楚文化风格；丙组有釜形鼎、方格纹大口圜底釜等，与沙市周梁玉桥同期遗存接近，或许应为江汉平原的土著文化。遗址中的各组文化因素，由东往西，呈现出甲组文化因素所占比例逐渐减少，丙组文化因素逐渐增长的状况。这类遗存向西分布可到重庆市巫山县双堰塘遗址（不见丙组文化因素）⑥，暂可以"双堰塘遗存"称之。

　　从考古学文化上定性，瓦渣地文化无疑应为典型的巴文化。但是巴文化不一定是巴国文化。"双堰塘遗存"也大量存在巴文化因素，双堰塘遗址的情况表明，楚文化并不占有主导地位，这个时候以大口花边罐、素缘圜底罐、尖底杯、尖底盏等为代表的器物群占有压倒性优势，属典型的巴文化。双堰塘、瓦渣地这两类遗存之间的关系如何界定是学界探讨较多的问题。

　　第一种意见认为两者属一个巴国。因为两者所体现的文化面貌较为接近，只是双堰塘遗存带有一些楚文化因素而已。

　　① 中山大学人类学系、巴东县博物馆：《巴东黎家沱遗址2000年度发掘简报》，国务院三峡工程建设委员会办公室、国家文物局：《湖北库区考古报告集·第一卷》，北京：科学出版社，2003年，第47～65页。

　　② 湖北省博物馆：《秭归官庄坪遗址试掘简报》，《江汉考古》1984年第3期。

　　③ 湖北省博物馆江陵考古工作站：《一九八一年湖北省秭归县柳林溪遗址的发掘》，《考古与文物》1986年第6期；国家文物局、国务院三峡工程建设委员会办公室：《秭归柳林溪》，北京：科学出版社，2003年，第177～230页。

　　④ 宜昌博物馆：《秭归渡口遗址发掘简报》，国务院三峡工程建设委员会办公室、国家文物局：《湖北库区考古报告集·第一卷》，北京：科学出版社，2003年，第522～566页。

　　⑤ 湖北省文物考古研究所：《宜昌上磨垴周代遗址发掘简报》，国务院三峡工程建设委员会办公室、国家文物局：《湖北库区考古报告集·第一卷》，北京：科学出版社，2003年，第737～750页。

　　⑥ 中国社会科学院考古研究所长江三峡工作队、巫山县文物管理所：《巫山双堰塘遗址发掘报告》，重庆市文物局、重庆市移民局：《重庆库区考古报告集·1997卷》，北京：科学出版社，2001年，第31～64页；中国社会科学院考古研究所长江三峡工作队、巫山县文物管理所：《巫山双堰塘遗址发掘报告》，重庆市文物局、重庆市移民局：《重庆库区考古报告集·1998卷》，北京：科学出版社，2003年，第102页；中国社会科学院考古研究所长江三峡工作队、巫山县文物管理所：《巫山双堰塘遗址发掘报告》，重庆市文物局、重庆市移民局：《重庆库区考古报告集·1999卷》，北京：科学出版社，2006年，第80～144页。

第二种意见认为"双堰塘遗存"为早期巴国的遗存①。

有的学者认为，这种早期楚文化因素是当时楚、巴等受到周王朝分封国家所共有的文化特征，"巴文化与楚文化一样，都带有强烈的陕西关中一带的周文化的因素，其主要日用生活器皿的种类与周文化基本相同，只是在器物形态上与典型的周文化有一些差别"。"楚文化，尤其是早期楚文化，不仅仅是楚国一个国家的遗存，还应该包括了巴国及江汉地区的诸多小国的遗存。在这种情况下，西周后期西进至三峡的巫峡一带的早期楚文化，完全可能是来自江汉地区的巴国的遗存，是从北方地区南下的，楚文化本身也是周文化南下结合土著文化产生的，所以双堰塘表现出的楚文化因素不一定和楚人有关，包括更晚时期在这一地区的相对较单纯的楚文化因素，应当是巴国的遗存。"而且，从文献上看，西周到东周时期的巴文化族群应处在渝东峡江地区和鄂西峡江地区，这样才能解释巴文化人群何以频繁现身于鄂西北这一历史现象②。

第三种意见认为"双堰塘遗存"应属于夔国遗留。夔国普通民众属于巴文化意义上的土著民族，统治者则和楚人有密切的关系，这正是其表现出两种文化遗存相混杂的原因③。

夔国很可能即殷商时期的归国，其地在秭归。《汉书·地理志》载："秭归，归乡，故归国。"④《后汉书·郡国志》载："秭归，本（归）国。"⑤《水经注》引宋衷说："归即夔，归乡，盖夔乡矣。"⑥到了西周时候，楚国的熊挚做了夔国的国君。"（楚）熊绎玄孙曰熊挚，有疾，楚人废之，立其弟熊延。熊挚自弃于夔，子孙有功，王命为夔子。"⑦这便是历史上的夔国。夔国的治所先在巫山，后在秭归。夔国的涵盖范围约从瞿塘峡（今瞿塘峡有"夔峡"的别称）到今湖北秭归一带。夔国的统治者和楚人有密切的关系，但普通民众仍然是生活在当地的土著民族。由于地理环境的

①　《三峡文物保护规划报告》提出双堰塘遗址一带为"巴墟"，暗示了其曾为巴国政治中心之一的重要地位。本文不否认瓦渣地文化为巴文化，可能是土著民族的遗存，属于广义上的巴人。

②　孙华：《何时揭开巴国之谜——谈三峡考古重要学术课题之进展》，《中国三峡建设》2006年第2期。

③　白九江：《从三峡地区的考古发现看楚文化的西进》，《江汉考古》2006年第1期。

④　（汉）班固撰，（唐）颜师古注：《汉书》卷28《地理志上》，北京：中华书局，1964年，第1566页。

⑤　（宋）范晔撰，（唐）李贤等注：《后汉书·郡国志四》，北京：中华书局，1999年，第2371页。

⑥　（北魏）郦道元著，（清）王先谦校：《合校水经注》卷34《江水二》，北京：中华书局，2009年，第533页。

⑦　（周）左丘明传，（晋）杜预注，（唐）孔颖达正义：《春秋左传正义》"僖公二十六年"，北京：北京大学出版社，2000年，第497页。

相似，他们应当与整个峡江地区的其他人群的文化（广义巴文化）相近。双堰塘遗址面积较大，文化内涵丰富，附近曾出土铜尊（时代约在殷墟一、二期）①，在三峡文物保护的规划阶段，曾被认为可能是"巴墟"所在。现在看来，该遗址为巴墟的可能性不大，而更可能是一处十分重要的夔国聚落中心，或可与其先治巫山有关。而西周时楚国都，按《史记》的记载，就在丹阳②，到楚武王时的春秋初年，才迁徙到郢。《世本·居篇》云："鬻熊居丹阳，武王徙郢。"③丹阳所在，史学界众说纷纭，但以枝江说者较多，枝江在鄂西地区，楚文化影响到距离不远的大宁河流域应属正常。在西周晚期以前，楚人主要是沿着长江向东发展的。楚都迁郢以后不久，夔国也向东移治秭归，其时应在两周之交。由于其更靠近楚国，且楚原先的都城距此不远，所以秭归一带表现出很浓厚的楚文化特征。

从文献上看，巴人至迟在西周时期已经立国，且受到周人分封。但关于巴国的地望还未有共识。但从早期巴国与早期楚国均属于西周王朝的"南土"④，是"中夏之国"的记载分析，那时的巴国不大可能处在奉节及其以西的地区。如果承认廪君巴人是早期巴国的主体，其时代大体也与此相当，那么第二种意见倒是可以考虑的，巴文化中有较多楚文化因素（也可理解为关中周文化在江汉平原落地生根的一个特殊阶段）也是可以解释的。但是如果鄂西峡江一带和重庆巫山一带为巴国疆域，则有一个无法绕开的解释难点：西周时的楚国都在丹阳，春秋初年才迁徙到郢。丹阳所在一说在枝江，那么在不大的一片地域，同时并存巴、楚两个政治中心似乎不太可能。看来，考古发现虽然出现了若干新线索，但离解决巴国地望、楚都地望还有一段距离。

①　四川省文物管理委员会、四川省文物考古研究所、巫山县文化馆：《巫山境内长江、大宁河流域古遗址调查简报》，四川省文物考古研究所：《四川考古报告集》，北京：文物出版社，1998年，第9页。

②　"熊绎当周成王之时，举文、武勤劳之后嗣，而封熊绎于楚蛮，封以子男之田，姓芈氏，居丹阳。"参见（汉）司马迁撰，（南朝）裴骃集解，（唐）司马贞索隐，（唐）张守节正义：《史记》，北京：中华书局，1999年，第1389页。

③　（汉）宋衷注，（清）王谟辑，周谓卿点校：《世本》，济南：齐鲁书社，1999年，第60页。

④　（周）左丘明传，（晋）杜预注，（唐）孔颖达正义：《春秋左传正义》"昭公九年"，北京：北京大学出版社，2000年，第1460页。

三、晚期巴文化：楚文化的西渐与巴文化的进退

（一）楚文化的第一次西渐

此次是在春秋晚期至战国早期。

根据现有的资料，鄂西地区此时已成为典型楚文化的分布范围，发现的典型遗址有宜昌上磨垴第4层[①]，柳林溪周代文化遗存第二、三期[②]等，墓葬有秭归庙坪M3[③]、巴东西瀼口M1[④]、宜昌后坪[⑤]等地点。瞿塘峡以东巫山地区发现的春秋时期楚文化遗存主要有巫山跳石[⑥]、蓝家寨[⑦]、大溪[⑧]等地点。

跳石遗址位于巫峡内，出土陶器有鬲、罐、豆、钵、盘、壶、瓮、缸等，均为典

---

①　湖北省文物考古研究所：《宜昌上磨垴周代遗址发掘简报》，国务院三峡工程建设委员会办公室、国家文物局：《湖北库区考古报告集·第一卷》，北京：科学出版社，2003年，第737～750页。

②　国家文物局、国务院三峡工程建设委员会办公室：《秭归柳林溪》，北京：科学出版社，2003年，第177～222页。

③　湖北省文物考古研究所三峡考古队：《秭归庙坪遗址1995年试掘简报》，国务院三峡工程建设委员会办公室、国家文物局：《湖北库区考古报告集·第一卷》，北京：科学出版社，2003年，第274～282页。

④　鄂西自治州博物馆：《巴东西瀼口古墓群发掘简况》，国家文物局三峡工程文物保护领导小组湖北工作站：《三峡考古之发现》，武汉：湖北科学技术出版社，1998年，第357～360页。

⑤　宜昌市文物管理处、湖北省博物馆：《宜昌市前、后坪古墓1981年发掘简报》，国家文物局三峡工程文物保护领导小组湖北工作站：《三峡考古之发现》，武汉：湖北科学技术出版社，1998年，第374～381页。

⑥　南京博物院考古研究所、巫山县文物管理所：《巫山跳石遗址发掘报告》，重庆市文物局、重庆市移民局：《重庆库区考古报告集·1997卷》，北京：科学出版社，2001年，第65～99页；南京博物院考古研究所、重庆市文化局、巫山县文物管理所：《巫山跳石遗址第二次发掘报告》，重庆市文物局、重庆市移民局：《重庆库区考古报告集·1998卷》，北京：科学出版社，2003年，第27～57页。

⑦　重庆市博物馆、湖南益阳市文物工作队、重庆巫山县文物管理所：《巫山蓝家寨遗址发掘报告》，重庆市文物局、重庆市移民局：《重庆库区考古报告集·1998卷》，北京：科学出版社，2003年，第103～118页。

⑧　邹后曦、白九江：《巫山大溪遗址再次发掘发现丰富遗存》，《中国文物报》2002年5月10日第3版；重庆市文化遗产研究院、巫山县文物管理所：《重庆巫山大溪遗址商周时期遗存发掘简报》，《江汉考古》2016年第2期。

型的楚文化遗物，与鄂西地区的宜昌朱其沱[①]、小溪口[②]等东周遗址出土遗物相似，"文化面貌与周围同期文化存在密切联系，尤其是与鄂西联系更密切，虽有本区特色的遗物，但总体特征，仍属楚文化范畴"[③]。跳石遗址是楚文化沿峡江西渐的一个重要据点。蓝家寨遗址出土遗物绝大多数为较典型的楚文化遗物。典型陶器主要有束颈联裆高足鬲、矮领鼓腹凹圜底罐、折沿束颈凹圜底盆、高柄浅盘豆等。陶器"特征均是鄂西、湘北楚文化遗存中常见的""应属于楚族文化占主体的楚文化遗存"[④]。大溪遗址近年来的考古发现显示，楚文化遗存在该遗址也有分布，且相当单纯。2001年发掘了一座深4米左右的灰坑，出土了大量的陶器，陶片多为夹砂陶，纹饰以竖向的弦断绳纹为主，其器物组合为折沿束颈联体甗、束颈联裆鬲、折沿束颈凹圜底盆、细柄豆、高领罐等，巴文化遗物很少见，楚文化遗存的比例占绝大多数，其特征与蓝家寨遗址的楚文化遗存相近，时代为春秋晚期。大溪遗址是目前所见典型、单纯的楚文化遗存在春秋时期分布最西端的一个点。瞿塘峡以东的巫山地区还发现这一时期的楚文化墓葬。这些墓葬包括巫山水田湾第一期[⑤]，秀峰一中M3、M4[⑥]，蓝家寨、塔坪等地点的墓葬。这些墓葬均为小型的竖穴土坑墓，墓坑较窄，有的有头龛；大多随葬陶器，陶器的基本组合是鬲、盆、豆、罐或罐、豆、壶，有少数墓葬随葬带格的楚式剑等铜器。这些墓葬无论形制、随葬品等都属于典型的楚文化墓葬。

　　瞿塘峡以西地区基本没有发现单纯的春秋晚期至战国早期楚文化遗存，但部分地

　　① 三峡考古队：《宜昌朱其沱遗址发掘简报》，国家文物局三峡工程文物保护领导小组湖北工作站：《三峡考古之发现（二）》，武汉：湖北科学技术出版社，2000年，第464～468页。

　　② 湖北省文物考古研究所：《宜昌县小溪口遗址发掘简报》，国家文物局三峡工程文物保护领导小组湖北工作站：《三峡考古之发现》，武汉：湖北科学技术出版社，1998年，第332～336页。

　　③ 邹厚本：《试析巫峡峡区先秦时期考古学文化》，重庆市文物局、重庆市移民局：《重庆·2001三峡文物保护学术研讨会论文集》，北京：科学出版社，2003年，第57、58页。

　　④ 湖南省益阳文物考古工作队：《大昌蓝家寨遗存与鄂西、湘北楚文化的关系》，"重庆·2001三峡文物保护学术研讨会提交论文"。

　　⑤ 雷兴军、罗宏斌：《巫山东周两汉墓分期及分区》，重庆市文物局、重庆市移民局：《重庆·2001三峡文物保护学术研讨会论文集》，北京：科学出版社，2003年，第121～123页。

　　⑥ 赵新平：《巫山秀峰一中墓地战国墓葬试析》，重庆市文物局、重庆市移民局：《重庆·2001三峡文物保护学术研讨会论文集》，北京：科学出版社，2003年，第124～127页。

点仍有一些楚文化遗物发现。奉节新浦（铺）遗址上层①遗存中，楚文化遗物占有一定
比例，主要有鬲、盆、豆、罐等。同时，与这些遗物共存的还有传统的土著巴文化遗
物。类似情况的遗址还有奉节老油坊②等地点。云阳县李家坝③、旧县坪④、万州麻柳
沱⑤等遗址也发现部分楚文化遗物。但李家坝墓地的陶鬲、甗底部绝大多数为圜底，腹
呈釜形，整器似为釜或釜甑加三足而成，这与楚文化中大多为瘪裆有所不同，显示其
与典型的楚文化有一定的差异。万州以西地区极少见楚文化的踪迹。忠县中坝遗址的
东周遗存⑥有少量暗纹陶豆、折沿盆、暗纹束颈鼓腹瓮等带有楚文化特征的陶器；丰都
玉溪坪遗址、秦家院子等遗址出土极少量春秋至战国早期的鬲腿等带有楚文化特征的
遗物。这些地点的带有楚文化因素的遗物，所占分量极小，绝大多数为巴文化遗物，
楚文化遗物基本可以忽略不计。

---

①　吉林大学考古学系：《四川奉节县新浦遗址发掘报告》，国家文物局三峡工程文物保护领
导小组湖北工作站：《三峡考古之发现（二）》，武汉：湖北科学技术出版社，2000年，第142～154
页；吉林大学考古学系、奉节县白帝城文物管理所：《奉节新铺遗址发掘报告》，重庆市文物局、重
庆市移民局：《重庆库区考古报告集·1997卷》，北京：科学出版社，2001年，第160～178页；吉林
大学考古学系、奉节县白帝城文物管理所：《奉节新浦遗址发掘简报》，重庆市文物局、重庆市移民
局：《重庆库区考古报告集·1998卷》，北京：科学出版社，2003年，第239～255页。

②　吉林大学考古学系、重庆市文化局、白帝城博物馆：《奉节老油坊遗址考古发掘报告》，
重庆市文物局、重庆市移民局：《重庆库区考古报告集·1998卷》，北京：科学出版社，2003年，第
256～265页。

③　四川联合大学历史系考古专业：《1994～1995年度四川云阳李家坝遗址的发掘》，四川大
学考古专业：《四川大学考古专业创建三十五周年纪念文集》，成都：四川大学出版社，1998年，
第374～422页；四川大学历史文化学院考古系、云阳县文物管理所：《云阳李家坝东周墓地发掘报
告》，重庆市文物局、重庆市移民局：《重庆库区考古报告集·1997卷》，北京：科学出版社，2001
年，第244～288页；四川大学历史文化学院考古系、云阳县文物管理所：《云阳李家坝巴人墓地发掘
报告》，重庆市文物局、重庆市移民局：《重庆库区考古报告集·1998卷》，北京：科学出版社，
2003年，第348～388页。

④　黑龙江省文物考古研究所：《云阳县旧县坪遗址发掘报告》，重庆市文物局、重庆市移民
局：《重庆库区考古报告集·1998卷》，北京：科学出版社，2003年，第16～453页。

⑤　上海大学文物考古研究中心、万州区文物管理所：《万州麻柳沱遗址发掘报告》，重庆市
文物局、重庆市移民局：《重庆库区考古报告集·1997卷》，北京：科学出版社，2001年，第381～421
页；重庆市博物馆、万州区文管所、复旦大学文博系：《万州麻柳沱遗址发掘报告》，重庆市文物
局、重庆市移民局：《重庆库区考古报告集·1998卷》，北京：科学出版社，2003年，第539～559页。

⑥　四川省文物考古研究所、忠县文物保护管理所：《忠县中坝遗址发掘报告》，重庆市文物
局、重庆市移民局：《重庆库区考古报告集·1997卷》，北京：科学出版社，2001年，第559～609
页；四川省文物考古研究所、重庆市文物局三峡办、忠县文物保护管理所：《忠县中坝遗址Ⅱ区发掘
简报》，重庆市文物局、重庆市移民局：《重庆库区考古报告集·1998卷》，北京：科学出版社，
2003年，第607～648页。

　　综上所述，瞿塘峡以东地区基本为楚文化所完全控制，巴文化基本退出了这一地区；瞿塘峡以西地区的楚文化遗物多与巴文化共存，且表现为越往西其影响越弱的趋势。

　　此时，出现楚文化西渐这一状况的原因主要是楚国开始将注意力转向西部，先后灭掉了夔、庸等西边靠近峡江地区的一些国家。楚国向西扩张的第一个目标就是他的子国——夔国。公元前634年，楚以"夔国不祀祝融与鬻熊"为由，于是"楚成得臣与斗宜申帅师灭夔，以夔子归"①，将夔国的封地并入了楚国，巫山、秭归一带正是古代夔国的辖地。夔国灭亡后，楚国在公元前611年又联合巴、秦两国灭掉了庸②。楚国通过这一次战争，不仅控制了原属庸国的鄂西北与渝东北交界的广大地区，更加强了对现今瞿塘峡以东的三峡地区的控制和统治，并修筑了城池，这正是春秋中、晚期巫山一带呈现典型楚文化面貌的原因。

　　此外，巴国政治中心向西南的发展和迁徙，不可避免地要带来一些楚文化。特别是公元前477年，巴人伐楚"败于鄾"，这场战争失利后，导致"是后，楚主夏盟，秦擅西土，巴国分远。故于盟会希"③。巴国已迁入峡江腹地了。由于巴人与楚的长期接触，其西迁不可避免地要带来一些楚文化，这也正是峡江奉节以上地区具有一定楚文化因素的原因。

（二）楚文化的第二次西渐

　　此次是在战国中期至晚期偏早阶段。此时在巫山、奉节、云阳、万州、忠县等地的墓葬中发现了大量的随葬以鼎、敦、壶为基本组合的楚文化墓葬，这种典型的楚文化墓葬出现得比较突然，消失也比较快。重庆峡江地区战国中期以后的楚墓在巫山瓦

---

　　①　（周）左丘明传，（晋）杜预注，（唐）孔颖达正义：《春秋左传正义》"僖公二十六年"，北京：北京大学出版社，2000年，第494、496、497页。

　　②　《左传·文公十六年》："楚大饥，戎伐其西南，至于阜山，师于大林。……庸人帅群蛮以叛楚。麇人帅百濮聚于选，将伐楚……使庐戢黎侵庸，及庸方城。……又与之遇，七遇皆北，唯裨、鯈、鱼人实逐之。庸人曰：'楚不足与战矣。'遂不设备。楚子乘驲，会师于临品，分为二队，子越自石溪，子贝自仞以伐庸。秦人、巴人从楚师，群蛮从楚子盟，遂灭庸。"参见（周）左丘明传，（晋）杜预注，（唐）孔颖达正义：《春秋左传正义》，北京：北京大学出版社，2000年，第649～651页。

　　③　（晋）常璩撰：《二十五别史·华阳国志》，济南：齐鲁书社，2000年，第3页。

岗槽[①]、琵琶洲[②]、麦沱[③]、塔坪，奉节上关[④]，云阳平扎营，万州大丘坪[⑤]，忠县崖脚[⑥]等地均有分布，这些地方发现了较大规模的成片分布的楚文化墓葬群。墓葬规模以小型墓为主，也有少量的大、中型墓葬。

　　忠县崖脚墓地发现大量年代集中于战国中期的楚人墓葬；墓葬中楚文化因素非常单纯，整个战国中期阶段（有的可晚到战国晚期早段）墓葬的形制特征、随葬品风格都保持着很强的楚文化特征，当地文化因素极其少见，是目前已知位置最偏西、规模最大、文化因素最单纯的楚文化墓地。该墓地普遍使用悬底弧形棺、悬底长方形棺和长方盒形棺，墓葬中的随葬品多为陶器，器类有鼎、敦、壶、豆、盂、匜、盆、长颈罐等；也有部分铜器，如子母口式高蹄足鼎、西瓜敦、一字格剑、矛、戈、镦等。均为典型的楚文化葬制和器物。有人认为，这些墓葬很少随葬兵器，墓主应非楚国军人，可能是"楚国占领巴地后大举移民于忠县进行盐业生产"[①]的结果。

　　云阳李家坝墓群的发掘则又显示出另外一种景观，李家坝遗址的文化面貌始终是以当地土著文化因素为主，战国中期晚段时情况突然发生了巨大的变化：新出现的典型楚式陶器成为该遗址主要的日常生活用器；墓葬中出现了楚文化最具特色的鼎、敦、壶陶铜器组合，同时，这些新的考古学文化的墓葬在墓地中打破了早期墓葬，学

　　① 南京博物院考古研究所、重庆市博物馆、巫山县文管所：《巫山瓦岗槽墓地发掘报告》，重庆市文物局、重庆市移民局：《重庆库区考古报告集·1998卷》，北京：科学出版社，2003年，第148～171页。

　　② 中国社会科学院考古研究所三峡工作队：《巫山琵琶洲遗址发掘报告》，重庆市文物局、重庆市移民局：《重庆库区考古报告集·1998卷》，北京：科学出版社，2003年，第172～188页。

　　③ 重庆市文化局、湖南省文物考古研究所、巫山县文物管理所：《巫山麦沱古墓群第二次发掘简报》，重庆市文物局、重庆市移民局：《重庆库区考古报告集·1998卷》，北京：科学出版社，2003年，第119～147页。

　　④ 袁东山、白九江：《奉节上关遗址发掘获重要收获》，《中国文物报》1999年7月23日；重庆市文物考古所：《奉节上关遗址发掘简报》，重庆市文物局、重庆市移民局：《重庆库区考古报告集·1998卷》，北京：科学出版社，2003年，第276～298页。

　　⑤ 彭学斌、向渠奎：《重庆万州大丘坪墓群考古发掘取得显著成果》，《中国文物报》2004年5月21日。

　　⑥ 北京大学考古文博学院三峡考古队、重庆市忠县文物管理所：《忠县崖脚墓地发掘报告》，重庆市文物局、重庆市移民局：《重庆库区考古报告集·1998卷》，北京：科学出版社，2003年，第680～730页。

　　① 朱萍：《楚灭巴，秦灭巴？——巴楚历史关系再认识》，《中国三峡建设》2006年第2期。

者们认为是"外族的大规模入侵"①，他们的到来不仅带来了大量典型楚文化因素，还打断了当地文化的正常发展轨迹，侵占了土著巴人的居址及墓地，在安排墓葬位置时也不再遵循巴人原有的墓地规划，出现了打破巴人墓葬的情况。

目前所见本次西进考古所见楚文化墓葬分布最西边止于忠县。

总体说来，这次楚文化的西渐应与楚、秦两国进入巴地并数次发生直接冲突有关。首先，"楚威王（前339~前329年）时，使将军庄蹻将兵循江上；略巴、（蜀）黔中以西"②。其次，大概在秦灭巴之前不久，楚国曾出兵峡江地区助巴平乱。《华阳国志·巴志》云："周之季世，巴国有乱。将军蔓子请师于楚，许以三城。楚王救巴。巴国既宁，楚使请城。蔓子曰：'藉楚之灵，克弭祸难。诚许楚王城，将吾头往谢之，城不可得也。'乃自刎，以头授楚使。王叹曰：'使吾得臣若巴蔓子，用城何为！'"③楚国军队在巴国平乱后，是否得到巴国三城并不清楚，但我们可以设想楚国是不会轻易放弃峡江地区的，其军队很可能并没有撤出巴国。况且，巴国内乱刚平，也需要楚国继续驻军，以保持稳定。最后，秦灭巴后，秦、楚展开了多次对巴地的争夺，文献有"楚得枳而国亡，齐得宋而国亡"④的记载。

这两次楚文化的西渐，影响深远，在成都平原的许多蜀文化墓葬中，都能见到楚文化的踪影。随着楚向西的步步紧逼，巴文化愈益向西退却。公元前316年后，即使有秦的庇护，巴人带有自治性质的政治中心——"都"，亦屡屡向西迁徙。

（三）巴文化的复兴与多元文化的交融

从战国晚期中段起，由于秦国将楚国势力彻底赶出重庆峡江地区，秦人又对巴人实行了"羁縻自治"的政治策略，巴文化再次获得了复兴。从战国晚期中段到秦代，巴文化再次向东发展，填补了楚人势力退出后留下的文化空白。

---

① 朱萍认为："结合文献记载以及墓葬年代，这次外族入侵就是楚以助巴平蜀国之祸为由出兵入巴、就势克巴的历史事件。"朱萍：《楚灭巴，秦灭巴？——巴楚历史关系再认识》，《中国三峡建设》2006年第2期。

② （汉）司马迁著，（宋）裴骃集解，（唐）司马贞索隐，（唐）张守节正义：《史记》卷116《西南夷列传》，北京：中华书局，1999年，第2282页。

③ （晋）常璩撰：《二十五别史·华阳国志》，济南：齐鲁书社，2000年，第3页。

④ （汉）刘向编录，刘晓东等点校：《战国策》卷30《燕二》，济南：齐鲁书社，2000年，第340页。

　　首先，此阶段巴文化墓葬数量空前增多。涪陵镇安[①]、小田溪[②]，万州中坝子[③]、曾家溪[④]等多处地点都发现了大量的巴文化墓葬，而此前重庆峡江地区发现的巴文化墓葬地点不多，数量也较少。

　　其次，部分墓地巴文化墓葬打破了此前的楚文化墓葬，表明巴人重新回到原先被楚人控制的地区。如忠县崖脚墓地就存在狭长形巴文化墓葬（BM2）打破长方形楚文化墓葬（BM4）的情况。奉节永安镇在战国晚期早段及以前主要是楚文化墓葬，此后，开始出现以巴文化器物随葬的墓葬。巴文化墓葬甚至出现在鄂西地区的峡江东段，如秭归庙坪遗址、宜昌前坪墓地均出现了随葬柳叶形剑、矛等巴式铜器的墓葬。

　　最后，巴文化遗存的分布范围空前扩大。湖南湘西北地区、陕南部分地区、鄂西北地区历年都有一些巴文化器物和墓葬的出现，其中绝大多数的时代为战国晚期至秦代。巴文化中的部分文化因素有的也向外传播到其他地区，如在关中地区的战国晚期秦墓，就普遍出现了巴文化的铜鍪。

　　巴文化在战国晚期和秦代的复兴，与秦人对巴人的政治对策、楚国势力和文化影响力下降有很大的关系，也与巴人参与秦国对这一地区的扩张，传统上这一地区属于巴文化分布范畴有关。巴文化的回流，不过是填补了楚文化回撤的真空，响应了这一地区土著对传统回归的呼唤而已。

　　但是，战国晚期早段以后，楚文化以国家势力整体西进的情况虽已不存在，但是楚文化在重庆峡江地区的零星存在却一直延续到了汉初。

　　这一时期重庆峡江地区单纯的楚文化墓葬很少见，但楚文化器物和葬制仍在一些墓葬中可以见到。如崖脚墓地DM10，该墓为典型的战国晚期狭长形巴墓，在墓圹外

　　① 北京市文物研究所三峡考古队、重庆市涪陵区博物馆：《涪陵镇安遗址发掘报告》，重庆市文物局、重庆市移民局：《重庆库区考古报告集·1998卷》，北京：科学出版社，2003年，第850~894页。

　　② 四川省博物馆、重庆市博物馆、涪陵县文化馆：《四川涪陵地区小田溪战国土坑墓清理简报》，《文物》1974年第5期；四川省文物管理委员会、涪陵地区文化局：《四川涪陵小田溪四座战国墓》，《考古》1985年第1期；四川省文物考古研究所、涪陵地区博物馆、涪陵市文物管理所：《涪陵市小田溪9号墓发掘简报》，四川省文物考古研究所：《四川考古报告集》，北京：文物出版社，1998年，第186~196页；重庆市文物考古所：《重庆市涪陵区小田溪墓群发掘成果喜人》，《重庆历史与文化》（内刊）2003年第1期。

　　③ 西北大学文博学院：《重庆市万州区中坝子遗址第三次发掘简报》，《考古与文物》2002年第3期；西北大学考古队、万州区文物管理所：《万州中坝子遗址发掘报告》，重庆市文物局、重庆市移民局：《重庆库区考古报告集·1997卷》，北京：科学出版社，2001年，第347~380页；王建新、王涛：《试论重庆万州中坝子遗址夏商周时期文化遗存》，《江汉考古》2002年第3期。

　　④ 肖梦龙：《重庆市万州区新田曾家溪墓地发掘收获与初步认识》，重庆市文物局、重庆市移民局：《重庆·2001三峡文物保护学术研讨会论文集》，北京：科学出版社，2003年，第128~135页。

一小坑内置放两件楚式的陶盆和陶高柄豆，推测应为楚遗民墓或巴人使用了楚人的器物。此外，崖脚墓地还具有鲜明楚文化特征的长方形土坑竖穴木椁墓，长颈罐、盂、豆的组合形式在崖脚墓地中占有一定比例，甚至直至秦代还发现楚文化因素的陶器。对于这一部分墓葬，有的专家认为是楚遗民墓。主要理由是这些陶器的演变规律已偏离典型楚器的演变规律。说明他们是在楚国势力退出这一地区后，与楚中心地区失去了文化上的联系导致的这一结果。

除了楚文化外，重庆地区还有一些秦文化因素存在。万州中坝子遗址发现的东周墓葬多数属于这一时段，其随葬品多为巴文化遗物，但葬制、随葬品等也体现了一些秦文化的因素，如侧身屈肢葬、仰身屈肢葬、二次葬等葬制，并不是四川盆地特有的葬俗。中坝子、小田溪等地出土的折腹平底陶钵、长胡四穿文字铜戈、大口浅腹铜盆、蒜头壶等器物，也具有秦文化特征。峡江地区的秦文化应是秦军东征或被秦迁往当地的秦移民带来的。

晚期蜀文化与巴文化从器物上难以区分，但是在葬制上的差异近年来似乎逐渐明朗。由于成都商业街船棺葬和什邡等地普通蜀文化墓地的发现，现在可以明确地说，船棺应为蜀文化重要特征。近年来三峡考古发现表明，巴文化墓葬中基本不见船棺。从这一点上回头看冬笋坝发现的部分船棺墓，很可能是蜀人的墓葬。船棺墓或仿船棺墓在重庆以下很少发现，只有小田溪M7属于仿船棺墓。船棺墓在重庆地区的出现，可能是秦灭巴蜀后，部分蜀人东迁或秦用蜀人治巴的结果。

重庆峡江地区战国晚期后这种以巴文化为主，楚文化、秦文化、蜀文化多元共存的文化现象，到西汉早中期后，随着大一统社会的推进，汉文化的勃兴，都逐渐消融到汉文化的大潮流里了。

四、几点简单认识

（1）整体上看，巴文化的起源应始于鄂西，发展高潮有两次，第一次是从商代晚期到西周，第二次是在战国晚期及以后。巴文化兴盛期间，文化分布面积广大，与文献"东至鱼复，西至僰道，北接汉中，南极黔涪"[1]的记载基本相合。

（2）巴文化的文化重心发生过多次变迁，主要呈现向西播迁的趋势，只有到了战国晚期以后，这一趋势才有所反转。这一趋势的形成，主要与楚文化及楚国的强大有关，楚文化向西扩展和收缩的历程是中、晚期巴文化进退的主要根源。

（3）楚文化的西渐总共有三次。第一次是在西周中晚期至春秋中期，主要表现为

---

① （晋）常璩撰：《二十五别史·华阳国志》，济南：齐鲁书社，2000年，第2页。

文化影响。第二次在春秋晚期至战国早期，基本控制了瞿塘峡以东地区。第三次在战国中期至晚期偏早阶段，楚文化长驱直入，深入到了巴文化的中心地带。后两次楚文化的西进是随楚国的西渐进行的，表现为巴、楚文化边界不断向西摆动。楚文化三次西进的考古发现与文献记载能够挂钩，一定程度上证实了文献记载的真实性。

（4）就现有的发现而言，考古学上界定的巴文化，特别是早、中期巴文化，还难以解决早期巴国的历史问题，这些发现，只能说为推测早期巴国的地望、范围提供了可参考的资料。早、中期巴文化几大类型或许对认识早期巴人的几大支系有一定作用，同时，鄂西、陕南地区的商代巴文化受到商文化的强烈影响，对理解商代巴国的存在和文献中巴与商的关系提供了线索。

（5）三星堆文化时期，蜀文化与早期巴文化因素的差异明显，进入商代中期后，可能受到巴文化的影响，三星堆文化逐渐完成了向十二桥文化的转变，巴、蜀文化之间的差异缩小。晚期巴文化阶段，巴蜀之间的文化特征进一步趋同，特别是墓葬的随葬品方面非常接近，但在葬具上双方可能存在较大的差异，在遗址内出土的日用陶器上，也表现出明显的不同。过去那种巴蜀不分的历史认识，正在得到改变。巴蜀之间的文化联系确实比较紧密，但双方的历史联系，并不如巴、楚间那么深，故"巴楚文化"的提出是有一定道理的。

补记：（1）本文原刊于《重庆社会科学》2009年第10期。

（2）本文关于商、西周时期巴国地望的探讨，应以笔者新近撰写的《巴蜀青铜文化的结构——兼论青铜器群视角下巴蜀政治形态与政治中心的变迁》等文章观点为准（见本书第二章第一节）。

（3）关于早期楚都丹阳的问题，本文倾向枝江说。但根据近些年的研究，笔者现在更倾向"丹淅之会"，即现豫西南地区。后楚国疆域日益扩大，政治中心逐渐南迁，楚都亦沿汉水西侧屡次南迁，但历代楚郢都均不应在秭归。

第七章　工业与文明

　　农业和畜牧业是人类利用自然界的动植物进行驯化，并伴随其生长而投入劳动的一种行业，工业则是人类利用自然界已有的材料和农牧业生产出来的原料，投入劳动进行加工和再生产的一种行业。工业产生的历史比农牧业还早，打制石器等工具产生的那一刻，注定工业就已经诞生了。工业不仅生产人类所需要的食品（粮食的再加工），还生产生活用品和生产工具，其范围远远大于采集狩猎、农业和畜牧业。只不过人类工业史的大部分进程，属于个体、家庭、作坊式的小规模手工业。大规模工业化的时代——工业革命——则是近代以来的事情。

　　早期传统手工业的重要地位和作用，通常易受到研究者的忽视，绝大多数研究更倾向工业制成品，如青铜器、玉器、漆器、陶器的造型、技艺、艺术、功能的描述，而对于传统手工业在当时经济中的份额和地位，对当时社会结构的形塑和社会发展的影响等，往往易受到有意无意的忽略。人们在研究、评判早期文明发展时，通常也倾向将农耕文明的成就作为评判所有地区社会发展的唯一标准，事实上，手工业的创造性成就和对社会潜移默化的改造，大多数时候才是决定性的。从第一件石器到第一件陶器，从第一件铜器到第一件铁器，从地动仪发明到蒸汽机出现，人类社会的每一次巨大变革，都有赖于工业文明的关键性突破。

　　巴文明正是基于工业立国的这样一种独特文明。巴文化分布的大多数地区，可供农业耕作的面积小且地块破碎，难以发展出高度组织化、分层化的社会，在农业基础上难以产生出早期文明。但在这一地区，物产丰饶，资源丰富，特别是盐铁和丹砂在四川盆地内独树一帜且易于开采，盐铁又是当时社会的主要消费品，并成为国家财富的重要来源，因此，其在四川盆地内的经济社会发展中发挥了极为重要的促进作用，同时也为巴文明的诞生发挥了支撑作用。

　　本章重点讨论了巴文化盐业生产的技术、工艺流程和社会化生产的问题。尖底杯是从器物微观层面研究三峡盐业生产技术的典型标本，其堆积景观在考古遗址中极为罕见，生产使用痕迹透露出其独特的生产技术，它在盐业生产中扮演着盐模的角色。类似的器物还有花边小圜底罐，这是一种继尖底杯之后的盐模器具，同时兼具烤盐的作用。此外，以盐灶为中心，笔者从长时间尺度研究了四川盆地古代的制盐工艺，讨论了盐灶的时代变化，指出了盐业生产工艺持续改进的最终目的都是节约并充分地、高效地利用燃料。盐业生产发展的历史就是社会化不断扩大的历史。巴文化盐业生产与运销催化了早期社会的分化，促进了地域文明和国家的产生，同时推动了地区国际秩序的再造。

　　三峡地区铁器的出现和使用在中国南方地区是最早的之一，但也是受到楚文化的影响而产生的。同时，这一地区铁器在发展过程中产生了具有地方特点的"巴系铁器"。第三次全国文物普查表明，大巫山地区的铁矿资源很可能在东周时期已经得到开发，为巴、楚铁器生产的重要原料供应地。

第一节　社会化生产
——巴盐对区域文明的构造和影响

　　盐是人类必不可少的物质，由于受盐资源的限制，盐的大规模生产只能集中在少数资源富集之地。而每一个人都是盐的消费者，盐是早期人类社会最具广域性的产品，且涉及生产、分配、运输、交换、贡纳、税赋等诸多关系，会把不同地域、不同阶层、不同政治实体、不同文化的人牵扯进来，形成由盐构建的社会网络。人与盐的关系本质上是人与人的关系，是一条盐的社会化进程之路，也是人类从蒙昧走向文明之路的催化剂。因此，盐业是研究古代生产社会化的典型标本。

　　生产社会化理论是马克思经济学理论的重要组成部分，其核心是把生产社会化理解为生产集中化和大型化。同时，"生产的社会化"是与"生产个人化""生产分散化"相对的，马克思确认资本主义生产力发展的主要的、区别于以前一切社会生产的特征，就在于生产的社会化及其发展：从简单协作到工场手工业、再到机器和大工业的发展，这是一个生产社会化不断发展的过程[①]。一般来说，产品交换的程度越高，生产的社会性也就越强，而生产的社会化程度越高，商品交换也就越发达。如果我们将"生产社会化"限定为生产发展的一种动态过程，即从"非社会的"变成"社会的"、从自然的变成人类社会的、从个人和家庭的变成集体的、地域的乃至社会共同的过程，那么人类生产的"社会化"理论适用范围可以延伸到早期文明阶段的某些领域。

　　马克思认为生产社会化包括三个相互联系的方面：第一，生产资料使用的社会化，即生产资料从单个人分散使用变为大批人共同使用；第二，生产过程的社会化，即生产过程从一系列的个人行动变为一系列的社会行动；第三，产品的社会化，即生产出的产品通过交换供应整个社会。这三方面内容用于先秦的盐业社会化生产研究，

---

　　①　马克思：《资本论》，北京：人民出版社，2004年，第374～578页。

可转化为规模化和集中度、产业链、商品化三个问题。

以下就以我国考古发现工业化生产时代最早的巴文化盐业（以下简称巴盐）为例，阐述盐业社会化生产是如何构建地域文明的。需要说明的是，本文主要讨论的是三峡地区陶器制盐时代的盐业问题，由于这一地区在商周时期主要是巴文化分布的范围，故将这一地区的盐业统称为"巴盐"。

一、早期盐业的社会化

三峡地区有目前东亚地区考古发现最早的、规模化生产的盐业遗址群，其中又以忠县中坝遗址的发掘和研究成果最为重大。这些遗址以围绕盐业生产的上下游链条为主，已经脱离家庭手工业生产阶段，具有专业人员、专业场地、专业工具、专业技术、专业市场等特点，进入了工场手工业发展时期。同时，这一地区盐业起步早、规模大、技术早熟，深深地融入了地方经济社会，对地域文明的发生、发展和当时的区域国际形势影响巨大，是讨论上古时期盐业社会化生产的重要案例。

（一）规模巨大的工业化制盐工场

三峡地区多有天然盐泉在地表出露，如重庆巫溪县白鹿盐泉、彭水县飞水井等，盐泉附近一般都有一些先秦遗址。盐泉往往并不能完全满足生产需要，所以这些遗址还通过凿井生产盐。重庆忠县中坝遗址主要是由制盐遗物堆积形成的，从新石器时代晚期（约距今4600年前）延续到近代，其主体堆积为先秦时期，"出土遗迹和遗物之丰富，在中外已经发掘过的遗址中都是极为罕见的"[1]。中坝遗址生产规模巨大，估算原面积达50000平方米，堆积最厚达12.5米，地层最多达79层，考古发掘8000平方米，揭露房址、灰坑、墓葬、灰沟、窑、灶、地面、路、墙、窖、卤水池等遗迹1414个。考古工作者对中坝遗址核心区DT0202下部连续35层堆积物进行了筛选，在1米×1米采样区间内，共采集到134265件陶片[2]。考虑到遗址有相当大一部分未发掘到底，

---

① 孙智彬、左宇、黄健：《中坝遗址的盐业考古研究》，《四川文物》2007年第1期。

② 简报和相关论文未说明这些陶片是采样区还是整个探方出土数量。在其中一篇文章中，付罗文谈道："第三阶段是大量的圜底罐，仅在DT0202一个探方就出土了几十万片。"而且90%都是花边圜底罐。由此推测134265件陶片为采样区陶片数量。参见傅罗文、朱继平、王昌燧、陈伯桢、罗泰、孙智彬、李水城：《中国早期盐业生产的考古和化学证据》，李水城、罗泰：《中国盐业考古（第三集）——长江上游古代盐业与中坝遗址的考古研究》，北京：科学出版社，2013年，第240～253页；吴小红、付罗文、李水城、罗泰、孙智彬、陈伯桢：《重庆忠县中坝遗址的碳十四年代》，《考古》2007年第7期，第80～91页。

按照50000平方米粗略估算，遗址废弃陶片应达数十亿片，陶器还原数量理论上可达4亿多件①。

　　这些陶器中，直接参与制盐的陶器占废弃陶器总量的比例很高②。其中新石器时代的敞口深腹陶缸约占该时期陶器总数的68.2%，商代晚期到西周早期的尖底陶杯约占该时期陶器总数的89.23%，西周中晚期至战国时期的花边圜底陶罐占该时期陶器总量的86.32%③（图7-1-1）。遗址单一堆积的特性非常明显，部分层位陶器比土壤和其他堆积物的密度还高。由于商周堆积为遗址的主体堆积，以占比稍低的86.32%的比例测算，那么在遗址1400余年间的陶器制盐时代，估计共使用了约3.5亿件制盐陶器。每件制盐陶器平均容量以较小的战国花边圜底小罐830立方厘米计算（中坝

---

　　①　DT0202的35个地层1平方米采样区出土134265件陶片。该探方共有68层，第1～17层为秦汉层，另第18层及以下还有21个亚层，考虑到遗址Ⅱ区深近2米，文化层有20余层，并不是每处都有该方的地层数量和堆积深度，故现有采样量大致可作为遗址的平均标准采样量。新石器晚期的主要器物大口深腹缸器形较大，损坏后的残片较多，该遗址至今未拼对出1件完整者；而商周至战国时期的主体器物尖底杯、花边圜底罐器形较小，且后者壁厚不易碎成小片。由此可推导遗址理论上存在6713250000片陶片。从修复经验可知，一般大型陶器碎裂后可达数十、近百碎片（不包含小于0.6毫米×0.6毫米筛眼的碎片，下同），中等陶器10余至数十片，小型陶器约数片至10余片。由于遗址主要出土小型尖底杯和较小且壁厚的圜底罐，我们按平均每件陶器破碎约15片计算，可获得447550000件陶器的理论推测数据。DT0202资料参见四川省文物考古研究所、北京大学考古文博学院、美国UCLA大学、重庆市文物局、忠县文物保护管理所：《忠县中坝遗址1999年度发掘简报》，重庆市文物局、重庆市移民局：《重庆库区考古报告集·2000卷》，北京：科学出版社，2007年，第964～1057页。

　　②　目前还不清楚三星堆文化时期该遗址使用哪类陶器制盐，且揭露的该遗址三星堆文化遗存堆积也较薄。在三峡地区的巫山大水田遗址三星堆文化末期墓葬里，可以见到小平底陶罐与绳纹陶釜的组合，后者具有炊煮功能，当然也可以用于煮盐。参见重庆市文化遗产研究院、重庆文化遗产保护中心：《重庆文物考古十年（二）》，成都：四川人民出版社，2020年，第54、55页。

　　③　在《中坝遗址的盐业考古研究》一文中，提到花边束颈圜底罐"经春秋战国时，已多到占出土陶器总量的95.98%以上"。参见孙智彬：《中坝遗址的性质与环境关系研究》，《科学通报》2008年第53卷增刊Ⅰ，第52～65页。

97H143：2）①，则可出产盐品2905亿立方厘米（尖底杯、花边罐兼作盐模，故可按其实际容量满算）。考虑到上古时期的盐为板结细密的巴盐（花盐出现时代较晚），按盐的晶体密度2.165克/立方厘米测算，可达6.29亿千克盐品，年产量约449286千克，与北宋忠州岁产578240千克盐产量接近②。现代中国人均每天摄入食盐10～13克，由于上古时期食盐较为珍贵，按世界卫生组织推荐每人每天6克标准，中坝遗址每天生产的盐至少可供205153人食用。按西汉元始二年（公元2年）巴郡50余万人，蜀、广汉、犍为、巴四郡共261万余口③，先秦时期巴蜀地区的人口数远低于此，应该不过百万。同时，商周时期重庆巫溪宁厂、云阳云安、彭水郁山等地的盐泉资源均已得到不同程度开发，考虑到当时底层老百姓多"淡食"，这些地区的盐产足以满足东周时巴国乃至整个四川盆地的盐品需求。当然，由于受发掘资料的限制，中坝遗址先秦时期产盐总量只是笔者基于假设基础上的蠡测，并不一定等于实际的盐产量，但为我们评估其规模化和财富提供了一个参考。

---

①　哨棚嘴遗址复原的1件敞口深腹陶缸，口径38、底径11.2、通高64.8厘米，去掉陶器厚度，容积约37190立方厘米。尖底杯，按法国考古专家巴盐的测量，哨棚嘴遗址、瓦渣地遗址尖底杯的平均口径5.9、高度11.5厘米，去掉陶器壁，平均体积约92立方厘米。花边圜底罐早期略大，束颈，晚期颈略直。瓦渣地遗址为专为制盐生产圜底罐的陶窑区，其西周至春秋早期的花边圜底罐体量最大（从线图上可以看出来，但未测量尺寸）。中坝遗址春秋时期圜底罐次之，1997年Ⅱ区发掘的一件口径11.2、腹径14、高14.8厘米，容积约1436立方厘米。而战国时期的花边圜底罐最小，中坝遗址97H143：2初步测得容积为830立方厘米。本处估算以最小的战国花边圜底罐为估算标准。参见北京大学考古文博院三峡考古队、重庆市三峡库区田野考古培训班、忠县文物管理所：《忠县㽏井沟遗址群哨棚嘴遗址发掘简报》，重庆市文物局、重庆市移民局：《重庆库区考古报告集·1997卷》，北京：科学出版社，2001年，第635页；巴盐：《尖底杯：一种可能用于制盐的器具》，李水城、罗泰：《中国盐业考古（第一集）——长江上游古代盐业与景观考古的初步研究》，北京：科学出版社，2006年，第270页；四川省文物考古研究所、忠县文物保护管理所：《忠县中坝遗址发掘报告》，重庆市文物局、重庆市移民局：《重庆库区考古报告集·1997卷》，北京：科学出版社，2001年，第568～575页。

②　《续资治通鉴长编》卷103记北宋仁宗时，"忠州盐井三场，岁出三十六万一千四百余斤，近岁转运司复增九万三千余斤"，总计约合今制578240千克。《舆地纪胜》卷182记云安监岁产盐346000斤（约合今553600千克）。1488～1505年（明弘治年间），云安监岁办盐1249吨，比宋代增加2倍多。之所以以宋时的盐产量拿来与先秦时比，是考虑到都是采用植物燃料制盐（明代开始采煤制盐），云安军、忠州的盐井也一直是大口井，产盐效率应该变化不大。参见（宋）李焘撰：《续资治通鉴长编》卷103"仁宗天寿三年八月"，北京：中华书局，1985年，第2386页；（宋）王象之撰：《舆地纪胜》卷182《云安县》，北京：中华书局，1992年，第4666页。

③　（汉）班固撰，（唐）颜师古注：《汉书》卷28《地理志下》，北京：中华书局，1964年，第1596～1598、1603页。

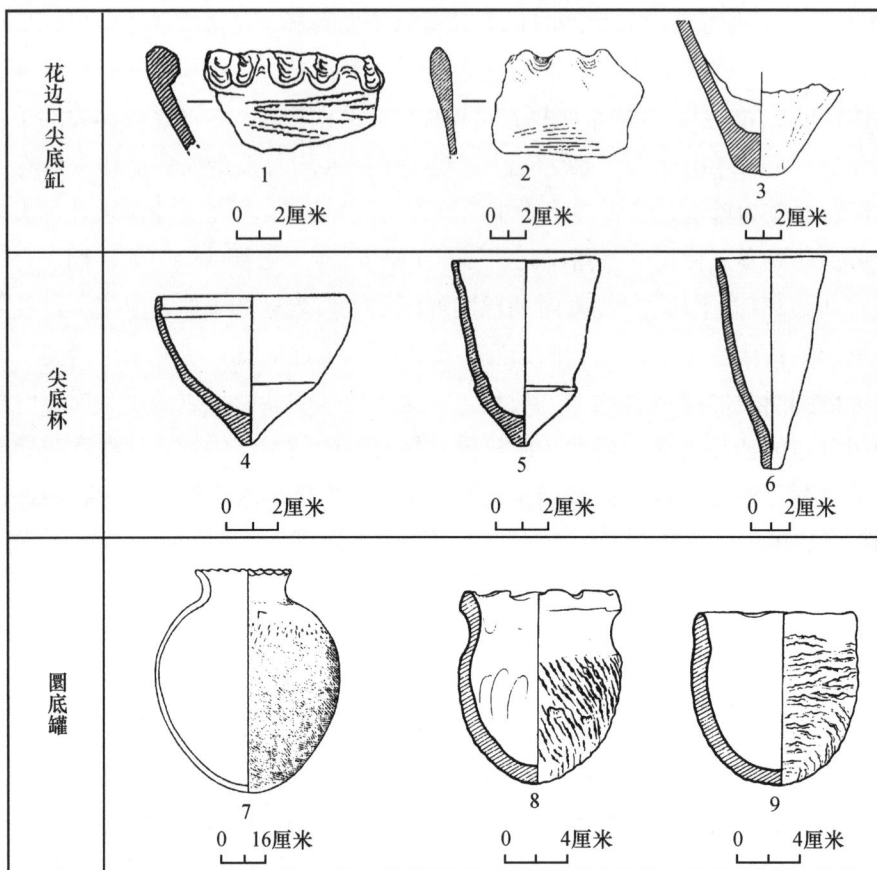

图7-1-1　中坝遗址出土的三种制盐陶器

（采自李水城、罗泰：《中国盐业考古（第三集）——长江上游古代盐业与中坝遗址的考古研究》，北京：科学出版社，2013年，第244页图一）

　　从集中度方面看，新石器时代晚期时（前2600～前1750年），四川盆地只在重庆忠县瞥井沟沿岸、奉节老关庙[①]、巫山魏家梁子[②]等三峡地区的极少几个遗址可能存在制盐工业。奉节老关庙和巫山魏家梁子遗址发现有史前制盐陶器，但均非制盐遗址，而很可能与距离较近的奉节臭盐碛、巫溪白鹿盐泉的盐业生产相关，为盐品运输或消费遗址。忠县瞥井河沿岸发现的史前制盐遗址包括哨棚嘴遗址和中坝遗址。哨棚嘴遗址位于瞥井河入长江处，曾发现少量涂黄泥的新石器时代卤水坑，应用的也是瞥井河

　　① 吉林大学考古学系：《四川奉节老关庙遗址第一、二次发掘》，《江汉考古》1999年第3期，第7～13页；吉林大学考古学系、四川省文物考古研究所：《奉节县老关庙遗址第三次发掘》，四川省文物考古研究所：《四川考古报告集》，北京：文物出版社，1998年，第11～40页。

　　② 中国社会科学院考古研究所长江三峡考古工作队：《四川巫山县魏家梁子遗址的发掘》，《考古》1996年第8期，第1～18、48页。

运输出来的卤水[1]。推测应该是为就卤水之故，后来整体集中到了与之相隔近几千米的中坝遗址。

商周时期，重庆巫山双堰塘遗址[2]、云阳李家坝[3]、彭水郁山[4]、忠县上油坊[5]、湖北长阳香炉石[6]等地发现制盐陶器，附近的白鹿盐泉、白兔井、飞水井、涂井、温泉井已得到煎煮，制盐规模和分布地域日渐扩大，但仍局限于长江三峡、乌江下游和清江流域。陶器制盐时代，涉及的生产设施也较一般生活和生产场所复杂，包括但不限于盐井、输卤或运卤设施、储卤池、摊场、澄滤坑、浓卤池、盐灶、烘烤场、仓储设施、工棚等；涉及的生产工具则包括陶器、竹器、木器等，盐锭模具大多属于一次性产品，煎盐陶罐（有的与盐模合一）折损量也非常大（古代的井盐因含钙、硫等杂质，为坚硬的板结盐，取出时易导致损坏），相关的修造、维护、管理等都需要大量

---

① 北京大学考古文博院三峡考古队、重庆市三峡库区田野考古培训班、忠县文物管理所：《忠县凼井沟遗址群哨棚嘴遗址发掘简报》，重庆市文物局、重庆市移民局：《重庆库区考古报告集·1997卷》，北京：科学出版社，2001年，第610～657页。

② 中国社会科学院考古研究所长江三峡工作队、巫山县文物管理所：《巫山双堰塘遗址发掘报告》，重庆市文物局、重庆市移民局：《重庆库区考古报告集·1997卷》，北京：科学出版社，2001年，第31～64页；中国社会科学院考古研究所长江三峡工作队、巫山县文物管理所：《巫山双堰塘遗址发掘报告》，重庆市文物局、重庆市移民局：《重庆库区考古报告集·1998卷》，北京：科学出版社，2003年，第58～102页；中国社会科学院考古研究所长江三峡工作队、巫山县文物管理所：《巫山双堰塘遗址发掘报告》，重庆市文物局、重庆市移民局：《重庆库区考古报告集·1999卷》，北京：科学出版社，2006年，第80～144页。

③ 四川联合大学历史系考古专业：《1994～1995年度四川云阳李家坝遗址的发掘》，四川大学考古专业：《四川大学考古专业创建三十五周年纪念文集》，成都：四川大学出版社，1998年，第374～422页。

④ 重庆市文化遗产研究院内部资料。另郁江入乌江处略往下游的彭水徐家坝遗址出有与盐业生产和消费相关的陶船形杯、尖底杯、花边直口圜底小罐等，参见重庆市文化遗产研究院、重庆文化遗产保护中心：《重庆文物考古十年（二）》，成都：四川人民出版社，2020年，第136页。

⑤ 广州市文物考古研究所、重庆市文物局、忠县文物保护管理所：《忠县上油坊遗址发掘报告》，四川大学博物馆、四川大学考古学系、成都文物考古研究院：《南方民族考古（第十二辑）》，北京：科学出版社，2016年，第149～213页。

⑥ 湖北省清江隔河岩考古队：《湖北清江香炉石遗址的发掘》，《文物》1995年第9期，第4～28页。

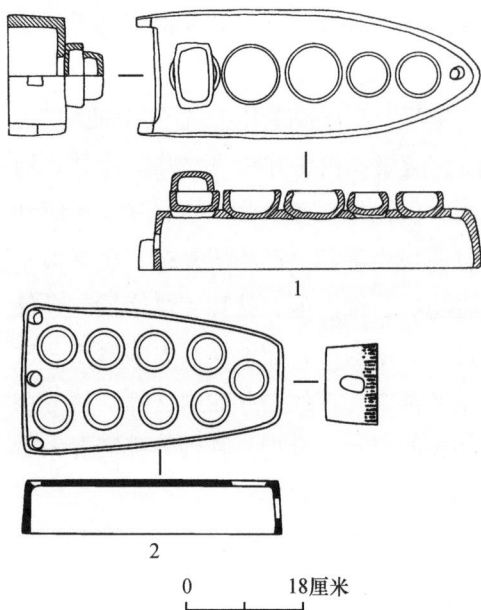

图7-1-2　重庆忠县乌杨墓群将军村墓地和巫山
麦沱墓地盐灶模型

1. 乌杨墓群08M72：1　2. 麦沱墓地97M40：78

协作。从重庆巫山麦沱[①]、忠县乌杨[②]等墓地出土的西汉盐灶模型看[③]（图7-1-2），盐灶只出土于盐业工场附近的少数人墓葬。《华阳国志》记临江县（即今忠县及丰都、万州等的一部分地区）："有盐官，在监（即甾溪）、涂二溪，一郡所仰。其豪门亦家有盐井。（又）严、甘、文、杨、杜为大姓。"[④]可见，当时盐业生产资料已向少数人集中，盐业或已被少数大姓、豪强垄断。总之，以中坝遗址为代表的先秦盐产十分专业化，具有规模大、集中度高的特点，生产资料应该已远远摆脱以个体或家庭为单位的生产使用阶段，雇佣或参与的社会人员庞杂，社会化程度已极为复杂、组织化程度非常高。

（二）盐产业链与社会协作

食盐的工业化生产需要复杂的生产协作。以先秦四川盆地陶器制盐为例，包括打井、提卤、运卤、储卤、淋灰、澄滤、上灶（入温锅、入煎锅）、舀渣、点盐、入模、烘烤、入仓等十多道工序[⑤]。其间诸多工序还可以细分，譬如淋灰，就需要备灰（草木灰）、摊灰、浇卤、刮灰、淋滤、澄滤、转卤等工序；在煎盐环节，需要火

①　湖南省文物考古研究所、巫山县文物管理所：《巫山麦沱汉墓群发掘报告》，重庆市文物局、重庆市移民局：《重庆库区考古报告集·1997卷》，北京：科学出版社，2001年，第113、114页。

②　乌杨墓群先后两批次西汉盐灶模型：一是2003年度花灯坟出土2件；二是2008年乌杨墓群花二包墓地、甘蔗丘墓地出土5件。参见重庆市文化遗产研究院、常德博物馆：《忠县花灯坟墓群2003年度发掘简报》，重庆市文物局、重庆市水利局：《重庆库区考古报告集·2003卷（五）》，北京：科学出版社，2019年，第3357～3384页；白九江、邹后曦：《制盐龙灶的特征与演变——以三峡地区为例》，《江汉考古》2013年第3期。

③　白九江、邹后曦：《制盐龙灶的特征与演变——以三峡地区为例》，《江汉考古》2013年第3期，第90～101页。

④　（晋）常璩撰：《二十五别史·华阳国志》，济南：齐鲁书社，2000年，第10页。

⑤　白九江：《考古学视野下的四川盆地古代制盐技术——以出土遗迹、遗物为中心》，《盐业史研究》2014年第3期，第15～35页。

工，有专人舀卤入温锅，余温蒸发过程中要不停添加卤水，到一定程度转入煎锅，添加提纯添加剂（历史时期用鸡蛋清、豆汁等），然后舀渣，加盐母以加速结晶，舀盐入模（有的煎盐和入模合并为一个陶器），最后另择地烘干成为古人所谓的"形盐"，即盐锭。这些工作流程长，需要的人员多，协作程度高，远非家庭手工业能够胜任。巫山麦沱墓地出土的西汉双排陶龙形盐灶和6件盐工雕塑（图7-1-3），身披劳动着装，形态和动作各异，似乎是在从事盐业生产过程中不同的劳作场景，生动地展现了生产的繁忙和协作状况[①]。

图7-1-3　重庆巫山麦沱墓地出土盐工陶俑（均97M40）

在复杂的分工协作中，中坝、瓦渣地等盐业遗址出现了管理人员。瓦渣地遗址T363发现商至西周的龟甲36件[②]。中坝遗址DT0202筛选出土182件卜甲骨（307块甲骨残片拼合而成，另有几百件无火卜痕的龟壳残片），出土层位从新石器时代延续至秦代（图7-1-4）。中坝遗址卜骨统计发现有453个卜符，可能代表人们曾进行了453次占卜，"反映了社会中的一批特定成员——控制仪式活动或在某种程度掌控盐业生产的人——通过占卜预测未来。这些拥有管理特权的贵族在更大的社会体系中扮演着重要角色。……中坝、瓦渣地遗址的甲骨似乎暗示，专业占卜师参与了盐业生产，因为他

————————

① 湖南省文物考古研究所、巫山县文物管理所：《巫山麦沱汉墓群发掘报告》，重庆市移民局、重庆市文物局：《重庆库区考古报告集·1997卷》，北京：科学出版社，2001年，第113、114页。

② 黄蕴平、朱萍：《忠县瓦渣地遗址T363动物遗骸初步观察》，重庆市文物局、重庆市移民局：《重庆·2001三峡文物保护学术研讨会论文集》，北京：科学出版社，2003年，第273～278页。

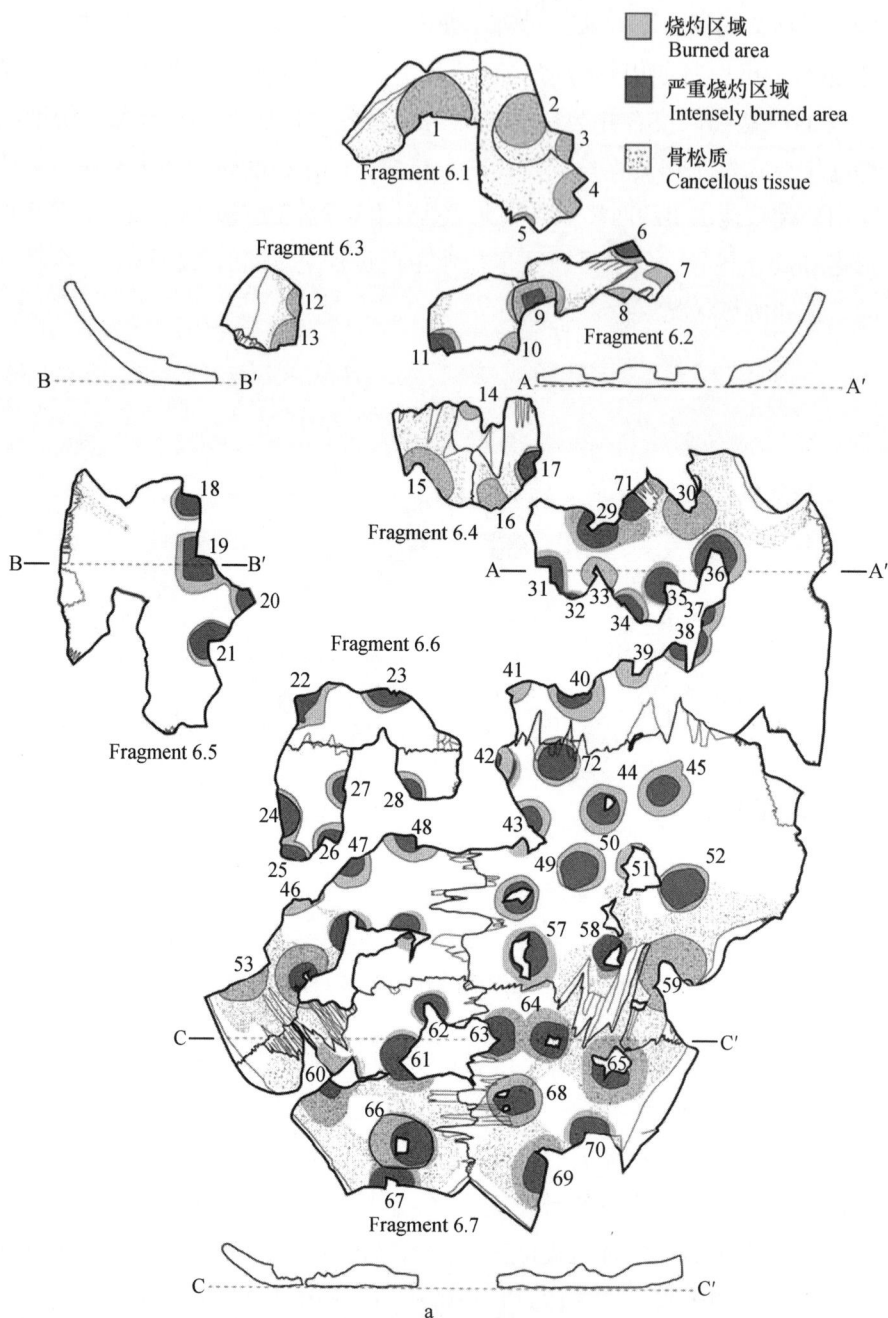

图7-1-4　重庆忠县中坝遗址99ZZDT0202㉝：6卜甲

（该件卜甲由7件残片、72个卜符组成。采自李水城、罗泰：《中国盐业考古（第三集）——长江上游古代盐业与中坝遗址的考古研究》，北京：科学出版社，2013年，第314页图五）

们与生产管理层存在联系，抑或管控盐的贵族本身即为占卜者"[1]。

社会化生产还将域外的人卷入巴地盐业。岳麓秦简013～018简、309～310简分别有"巴县盐多人""谨将传输巴县盐……已论输巴县盐"的简文[2]，输盐者为已定罪的囚犯和六国反秦贵族[3]，当时盐业生产被视作"难忘其所苦作"。论者以为"巴县盐"是指巴郡朐忍、临江、涪陵三县的盐官（"巴"指巴郡，"县盐"指巴郡所辖县的盐或盐官。"输巴县盐"指流放、迁输到上述盐官处并由其管理，从事盐业生产劳作）[4]。这种"输巴县盐"的做法一直延续到西汉，湖北张家山汉简《奏谳书》记载："敖悍，完为城旦舂，铁须其足，输巴县盐。"[5]这些材料反映了秦、西汉前期，巴郡的盐产规模仍然在四川盆地占主流，生产工人需求量大；另外，巴郡盐业生产影响大，将现湖南、湖北等地的社会都卷进了巴盐生产，不仅解决了巴郡盐官治下的劳动力问题，也是严惩、控制罪犯和六国反秦贵族的一个重要手段。

上古时期，盐业的上下游产业链延伸领域极为宽广。

首先，最大的产业配套是陶器生产。上文我们分析，中坝遗址约使用了数亿件制盐陶器。考古已发现至少两处大窑场。其中一处是生产尖底陶杯的忠县邓家沱遗址。该遗址位于㽏井河入长江口下游10余千米处的长江岸边，出土的器物中，尖底杯所占比例最大。其中，在一个面积不足60平方米、体积约20立方米的单位中集中出土2万余枚尖底杯，而其他类型的器物则不足百件。在这2万余枚尖底杯的堆积中，废弃堆积厚度在40厘米左右，从上到下看不出有层次之别，只是在错乱的堆积中有上层多碎片、下层多完整器之感，而且近三分之一是完整的，有不少完整器是2个、3个相套叠在一起废弃的，显然是陶器生产过程中的残次品[6]。另一处是生产陶尖底杯和陶花边圜底罐的瓦渣地遗址。瓦渣地遗址位于㽏井河入长江口上游近1千米处，范围约15000平方

① 傅罗文：《中坝甲骨：早期盐业遗址中的占卜证据》，李水城、罗泰：《中国盐业考古（第三集）——长江上游古代盐业与中坝遗址的考古研究》，北京：科学出版社，2013年，第266～309页。

② 陈松长：《岳麓书院藏秦简（五）》，上海：上海辞书出版社，2017年，第43、44、201页。

③ "故赵将军乐突弟、舍人招等廿四人，皆当为城旦，输巴县盐。请输招……御史言巴县盐多，人请嫁不当收者，比故魏、荆从人之轮输其完城旦。"参见陈松长：《岳麓书院藏秦简（五）》，上海：上海辞书出版社，2017年，第201页。

④ 庄小霞：《秦汉简牍所见"巴县盐"新解及相关问题考述》，《四川文物》2019年第6期，第49～53页。

⑤ 张家山二四七号汉墓竹简整理小组：《张家山汉墓竹简【二四七号墓】》（释文修订本），北京：文物出版社，2006年，第192页。

⑥ 李锋：《忠县邓家沱遗址西周时期文化遗存的初步认识》，重庆市文物局、重庆市移民局：《重庆·2001三峡文物保护学术研讨会论文集》，北京：科学出版社，2003年，第99～106页。

米，堆积厚2～3米，几乎全是制盐陶器残次碎片[①]。该遗址除发现少量新石器遗存外，商代末期至春秋中期的遗存极为丰富，可以划分为连续的三个阶段：第一阶段为西周前期（上限可以到商代末期）的尖底杯堆积；第二阶段为西周后期的花边圜底罐；第三阶段为春秋前期或稍后的花边圜底罐，这种罐较第二阶段的略微偏小[②]。春秋中期以后，该遗址的制陶业（这里指为熬盐烧制的专用容器）停业，以后再没有恢复。由于遗址只发现陶窑而没有制盐遗迹[③]，大体可以确定这是一处为中坝制盐作坊配套的窑业遗址。

其次，燃料业的配套规模也非常大。在制盐过程中，煎盐的燃料主要是各类植物，带余温的草木灰可以烘烤盐模，最后收集起来可做淋灰用的原料。因此，燃料在先秦盐业中具有十分重要的地位。中坝遗址先秦地层发现大量灰烬层，应为当时煮盐、烤盐、淋灰过程中遗留下来的。孢粉分析显示，新石器时代晚期，中坝遗址所在地区森林植被已经遭到破坏，遗址附近的河谷形成疏林草地景观。商、西周时期，尽管气候变干，但人类活动仍很频繁。东周时期，气候较为温暖湿润，制盐产业和农垦活动规模扩大，森林分布范围缩小，草坡广泛分布[④]。这一景观正是人们大量需要燃料而大肆砍伐周边林木的结果。类似的情况在历史时期的盐场周边非常普遍。如重庆武隆区之"咸泉"："距白马津东三十余里，江岸有咸泉。……乃于忠州迁井灶户十余家，教以煮盐之法。未几，有四百余灶，由是两山林木芟薙，悉成童山。"[⑤]明代中期，四川各盐场"昔年近井皆柴木与石炭也，今皆突山赤土"[⑥]。同样的情况在两淮江浙地区，煎盐主要使用芦苇等湿地植物，燃料来源地称为"草荡"，后来还从"灶户"中专门分化出了靠卖草谋利的"草户"。

最后，以盐为中心的运输形成了密布的网络。盐业运输包括原料、陶器、燃料等

① 北京大学考古学系三峡考古队、忠县文物保护管理所：《忠县瓦渣地遗址发掘简报》，重庆市文物局、重庆市移民局：《重庆库区考古报告集·1998卷》，北京：科学出版社，2003年，第649～678页。

② 孙华：《四川盆地盐业起源论纲——渝东盐业考古的现状、问题与展望》，《盐业史研究》2003年第1期，第16～22页。

③ 四川省长江流域文物保护委员会文物考古队：《四川忠县𣲘井沟遗址的试掘》，《文物》1962年第8期，第416、417页。

④ 李宜垠、赵风鸣、李水城、崔海亭：《中坝制盐遗址的孢粉分析与古植被、古环境》，李水城、罗泰：《中国盐业考古（第三集）——长江上游古代盐业与中坝遗址的考古研究》，北京：科学出版社，2013年，第388～403页。

⑤ （宋）王象之撰：《舆地纪胜》卷174《涪州》之"咸泉"，北京：中华书局，1992年，第4528页。

⑥ （明）刘大谟、杨慎等纂修：《（嘉靖）四川总志》卷16《盐法》，北京：书目文献出版社，2000年，第306页。

的运输，以及盐品外销中的运输业。巫溪宁厂白鹿盐泉地势狭窄，不利于生产，商周时期卤水需运输到60多千米外的今巫山大昌双堰塘遗址，汉代则又运到近百千米外的今巫山县城，早期可能用船转载卤水，至迟不晚于汉代，通过在大宁河沿岸崖壁上架设笕槽（管）输送卤水，形成了当时世界上最长的输卤系统[1]。忠县涂井河（也称汝溪河）内发现东周至汉代上油坊制盐业遗址，宋人洪适《隶续》卷四记载有"广汉长王君治石路碑"，孙华先生考证该碑为汉代忠州人广汉县令"王君"回家乡所治运盐石路[2]。2022年夏，重庆市文物考古研究院牛英彬在观察现藏于重庆中国三峡博物馆的龙滩唐代造像时，发现了被造像破坏的碑刻剩余文字，证实了孙华考证的正确性。该碑记载"冲路危险，硖石凿岩……又从涂口𪉻平□□□井，间道至别盐，得去危就安"，即修建从涂井口（涂井河与长江交汇处）至涂井的正路和间道，耗费"功夫九百余日"，才"成就通达"，可见当时工程颇为浩大。盐品的运输又分为水运和陆运，先秦时期，人们多居住在江河水附近，水运的重要性要大于陆运，陆运主要解决销区末端的问题。历史时期的水、陆结合运输，在四川盆地内和周边盐岸形成了遍布广大城乡的盐道。当然，盐道并不仅仅运输盐，往往出去的是盐，回来的是粮食和山货等。

　　盐产业自身工序复杂，分工细致，涉及的产业链长、范围宽、地方大，加上税收、贡纳等政治因素，相关的社会都被自觉不自觉地卷了进来，已经变成了重要而不可少的社会行动，成为先秦时期社会整合功能最强大的产业之一。

（三）作为商品的巴盐

　　新石器时代早中期的盐品多通过互惠、礼物等形式交换，交换的范围从亲属逐渐扩大到部落或周边小社会。新石器晚期以来，盐品以商品形式进行交换成为主要的流通渠道，交流范围日益扩大到区域社会、跨文化社会。当然，新石器晚期可能也还存在小规模的互惠、贡纳等补充交换形式。

　　作为商品交换的证据，一是因为生产规模宏大，任何非商品交换形式要完成大规模的物品流通都很难长期维持和管理。二是制盐陶器的标准化是商品的重要特征。先秦时期，我国的盐就有形盐和散盐之分。《周礼》有"宾客共（供）其形盐"[3]的记

　　①　白九江：《考古学视野下的四川盆地古代制盐技术——以出土遗迹、遗物为中心》，《盐业史研究》2014年第3期，第15～35页。

　　②　孙华：《广汉长王君治石路碑文跋——东汉一则有关盐道文献的索隐辨正》，自贡市盐业历史博物馆：《川盐文化圈研究：川盐古道与区域发展学术研讨会论文集》，北京：文物出版社，2016年，第106～113页。

　　③　（汉）郑玄注，（唐）贾公彦疏，（唐）陈德明音义：《周礼注疏》卷6《盐人》，《景印文渊阁四库全书》第90册，台北：台湾商务印书馆，1986年，第108页。

载，这里的形盐，就是指制成一定形状的盐。形盐需要模具才能制成。新石器时代的大口深腹缸可能是盛装盐浆，并将其自然晾干或人工烤干的器具，盐因而也就有了自身形状。随着盐交易的发展，商周时期，人们意识到小型盐块更便于交易，于是发展出了尖底杯、花边圜底罐等陶器，以便制作固定形状的盐锭①。李水城指出了中坝遗址在商周时期角杯占比递增的现象，后又被大口短身尖底杯替代，到东周时期厚胎花边口圜底罐逐渐成为埋藏主流的规律②。同一时期使用同一种大小相同的盐模器具，其目的就是原料供应统一化、生产标准化和销售单元化，更是买卖过程中计量等值化的需要。唐代樊绰《蛮书》"蛮法煮盐，咸有法令。颗盐每颗约一两二两，有交易即以颗计之"③即为明证。以东周时期的花边圜底小罐为例，由于其特征鲜明，考古发现标准的花边圜底小罐可南到重庆酉阳邹家坝遗址④，西至綦江下游的江津荔枝下坝遗址⑤、嘉陵江中游的合川张家湾遗址⑥，北进至汉水南侧支流的重庆任河流域旦坪遗址⑦，应该是部分盐模随盐品以商品形式交易到上述地区的结果，且具有距盐业中心遗址越远、数量越少的特点。

　　盐在以物易物的时代，往往被当作交换的中介。在某些时候、某些地点它进一步被货币化。在拉丁语和英语中，薪水一词（Salary）就是由盐（Salt）派生出来的。在一些交通不便的山地居民中，历史时期可见到许多以盐为币的情况。例如，马可·波罗记云南建都州："至其所用之货币，则有金条，按量计值，而无铸造之货币。其小货币则用盐。……每八十块值精金一萨觉（Saggio），则萨觉当是盐之一定分量。其通行之小货币如此。"⑧《云南图经志书》记武定府"风俗"："交易用盐，土人懋迁有

　　①　白九江：《考古学视野下的四川盆地古代制盐技术——以出土遗迹、遗物为中心》，《盐业史研究》2014年第3期，第15～35页。

　　②　李水城：《近年来中国盐业考古领域的新进展》，《盐业史研究》2003年第1期，第9～15页。

　　③　（唐）樊绰撰，向达校注：《蛮书校注》卷10，北京：中华书局，1962年，第190页。

　　④　重庆市文物考古所、重庆文化遗产保护中心：《酉阳邹家坝》，北京：科学出版社，2011年，第185～190页。

　　⑤　重庆市文物考古研究院、江津区文管所：《江津区荔枝下坝遗址试掘报告》图三：5、6，重庆市文物考古研究院、重庆文化遗产保护中心：《渝西长江流域考古报告集》，北京：科学出版社，2022年，第220页。

　　⑥　重庆市文物考古研究院2022年发掘资料。

　　⑦　重庆市文化遗产研究院：《城口几处遗址墓群复查及馆藏文物认证》（内部资料），2008年，第5页。

　　⑧　冯承钧译：《马可·波罗行纪》第116章《建都州》，上海：上海书店出版社，1999年，第235页。

无，惟以盐块行使，不用海贝。"[①]中坝遗址的盐在商品化发展过程中，不能排除也曾兼有货币功能的可能。前文提到过尖底杯有从角杯发展为大口短身杯的趋势，而吴小红等列出了三种不同层位的花边圜底罐，总体上呈现由大变小的趋势[②]。这种同一器物随时间逐步变小的现象，正是商品标准化、等值化过程中，因为信任而不计重，商人们为谋取更多利润或降低成本而逐渐使商品减重的历史通用规律，这在后来半两钱、五铢钱等计重货币的发行中广泛存在。

二、巴盐与区域文明

盐既是古代社会的必需品，也是古代国家必须掌握的重要资源，是各级政府财赋的主要来源之一。盐催化了早期社会的分化，在许多方面，人们通过盐把相关社会成员和群体按照新的秩序组织起来，对早期社会进行整合，与其他新的生产内容一道，共同促进了文明和国家的产生。刘莉、陈星灿[③]和方辉[④]分别指出，在公元前2千纪末和公元前1千纪初中原和华东诸侯国的形成时期，海盐和内陆的湖盐为新兴的国家提供了重要的资源。事实上，巴盐在巴蜀文明的发展过程中起到了至关重要的作用，并深刻影响了当时的区域"国际关系"。

三峡盐业是巴文明出现的重要催化剂，是巴国繁荣发展的主要财富源。盐业的兴盛必然涉及社会组织、社会分工、产业配套、资源控制、交通运输、分配贡纳、交换贸易等诸多促使远古社会复杂化的内容，有利于文明的诞生。在三峡地区的巫溪，因有宁厂白鹿泉盐卤，五帝时代已产生巫咸、巫载两个早期原始国家，其中"巫载民盼姓，食谷，不绩不经，服也；不稼不穑，食也。爰有歌舞之鸟，鸾鸟自歌，凤鸟自舞。爰有百兽，相群爰处。百谷所聚"[⑤]，学者们多以为是因盐致富故能不绩不经、不稼不穑。巴人廪君蛮所处时代有盐水神女，其地"盐阳"乃"鱼盐所出"，后廪君

① （明）陈文等撰：《景泰云南图经志书》卷2《武定军民府》，《续修四库全书》编撰委员会：《续修四库全书》第六八一"史部·地理类"，上海：上海古籍出版社，2002年，第51页。

② 吴小红、付罗文、李水城、罗泰、孙智彬、陈伯桢：《重庆忠县中坝遗址的碳十四年代》，《考古》2007年第7期。

③ 刘莉、陈星灿：《中国早期国家的形成——从二里头和二里岗时期的中心和边缘之间的关系谈起》，北京大学古代文明研究中心、北京大学中国考古学研究中心：《古代文明（第1卷）》，北京：文物出版社，2002年，第71~134页。

④ 方辉：《商周时期鲁北地区海盐业的考古学研究》，《考古》2004年第4期。

⑤ 方韬译注：《山海经》，北京：中华书局，2009年，第241页。

"射杀之（盐水神女）"，因盐而就近"君乎夷城"①。商周时期，巴文化政治中心位于汉水上游，春秋晚期南迁四川盆地东部后，面对这一区域山水相间、地形破碎、农业落后，各种小规模人群分割的现实，能够迅速立足并将其整合成一个整体，成为"东至鱼复，西至僰道，北接汉中，南极黔涪"②的区域大国，其中一个重要原因应该是控制了三峡地区丰富的盐产，具有支撑区域大国的雄厚财富。

三峡盐业还造就了长江上游的早期"世界体系"。世界体系理论认为，世界体系是资本主义生产内在逻辑充分展开的结果，当今国际事务、国家行为和国际关系都是这一逻辑的外在表现③。世界体系理论是在马克思主义理论上的扩大和升华，与马克思生产社会化理论都是讨论资本主义生产的，是生产社会化理论运用到跨文化、跨国家关系的结果。盐作为各国的必需品，可以说是国之命脉，虽然与现代商品主动寻求市场扩张有所不同，但销区网络的展开和对财富的控制欲望，使其具有了上古社会世界体系的基本特征。已有学者从世界体系理论观点下讨论过以盐为核心的巴楚关系④，某种程度上说，还可以进一步认为，巴盐就是构建巴、蜀、楚、秦"世界体系"发展逻辑的深层结构。

首先，我们探索一下蜀文化与巴盐的关系是如何展开的。约距今4600年前，成都平原史前城址和三峡地区史前制盐业几乎同时突然兴起，使我们很难相信这仅仅是一种巧合。俞伟超指出成都平原古城与江汉平原古城的砌筑方式相似⑤，应与《史记·五帝本纪》所载"（舜）放驩兜于崇山，以变南蛮；迁三苗于三危，以变西戎"⑥有关。考古发现屈家岭文化晚期和石家河文化有部分文化因素经过三峡地区到达了成都平原（图7-1-5），或许这一过程促进了中坝盐业资源的工业化开采，并支撑了成都平原史前古城的繁荣⑦。鉴于宝墩文化和中坝文化间是有一定差异的亲缘文化，我们推

①　（宋）范晔撰，（唐）李贤等注：《后汉书》卷86《南蛮西南夷列传》，北京：中华书局，1999年，第1918页。
②　（晋）常璩撰：《二十五别史·华阳国志》，济南：齐鲁书社，2000年，第2页。
③　[美]伊曼纽尔·沃勒斯坦著，郭方等译：《现代世界体系》，北京：社会科学文献出版社，2013年。
④　陈伯桢：《世界体系理论观点下的巴楚关系》，成都：四川大学博物馆、四川大学考古学系、成都文物考古研究所：《南方民族考古（第六辑）》，北京：科学出版社，2010年，第41～68页。
⑤　俞伟超：《三星堆蜀文化与三苗文化的关系及其崇拜内容》，《文物》1997年第5期。
⑥　（汉）司马迁撰，（南朝）裴骃集解，（唐）司马贞索隐，（唐）张守节正义：《史记》，北京：中华书局，1999年，第22页。
⑦　在距今5000多年前，江汉地区出现原始的城址，约距今4600年前，原来几乎无人居住的成都平原（沼泽湿地），突然开始出现少量城址（排涝是重要功能），这些城址的砌筑方法和江汉平原的非常接近，应该是受后者影响产生的。江汉地区的考古学文化在三峡地区也能见到一些踪迹，在忠县中坝遗址附近的哨棚嘴遗址，甚至还能见到屈家岭文化的彩陶壶等。在这一由东向西的文化交流过程中，很可能人们已经认识到中坝的盐业资源。

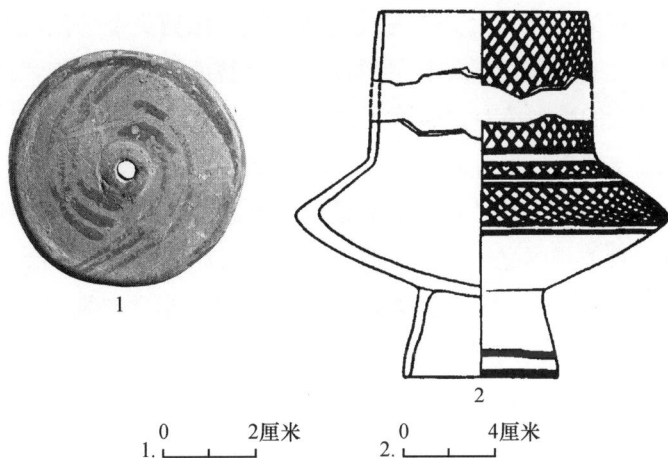

图7-1-5 三峡地区出土屈家岭文化、石家河文化彩陶
1. 重庆奉节老关庙遗址采集彩陶纺轮　2. 重庆忠县哨棚嘴遗址出土彩陶壶形器99ZGST320⑪：4

测当时两地间是通过平等贸易方式交换盐产品的。到三星堆文化时期，该文化一统三峡地区，很可能三星堆文化上层阶层直接控制了中坝盐业资源，双方之间存在不对等的"殖民"输送关系，中坝遗址三星堆文化时期遗存堆积薄，至今尚难明确这一时期的制盐陶器，或许与自发的市场规则遭到破坏，从而引发遗址的生产萧条有关。商代晚期至春秋中期，三峡地区的考古文化摆脱了成都平原的控制，先后形成了石地坝文化、瓦渣地文化，但缺少可以抗衡的国家政治实体，与以成都平原为核心的周边地区可能是一种贡纳贸易关系，某些时候可能还比较紧张。笔者曾提出，正是由于三峡地区尖底器人群的西进，促成了三星堆文化的崩溃，使其上层阶层将政治中心转移到了今成都市区西北，并对十二桥文化的发生发展产生了影响[1]。我们知道，这一时期三峡地区的制盐陶器有羊角形尖底杯和炮弹形尖底杯（前者多后者少），而同时期成都平原地区主要是精美的炮弹形尖底杯，体现了古代通常使用精美艺术品、宗教用品、奇珍异宝、特产和精美包装输送贡纳的一般特征。春秋晚期至战国，由于巴文化政治中心从汉水上游南迁四川盆地东部，巴国强化了对三峡盐业的控制，使蜀国对巴盐的需求受到较大抑制，表现在国家关系上双方日益紧张，故"巴、蜀世战争"[2]。秦灭巴蜀后，蜀守李冰"识察水脉，穿广都盐井、诸陂池，蜀于是盛有养生之饶焉"[3]，蜀地才开始大规模产盐，逐渐摆脱了对巴盐的依赖。

其次，我们看一下楚是如何围绕盐与巴文化发生关系的。西周中期至春秋早中期

① 白九江：《考古学视野下的巴文化：概念、问题与方法》，重庆中国三峡博物馆、重庆博物馆：《长江文明2020（3）》，成都：四川美术出版社，2020年，第1~11页。
② （晋）常璩撰：《二十五别史·华阳国志》，济南：齐鲁书社，2020年，第2页。
③ （晋）常璩撰：《二十五别史·华阳国志》，济南：齐鲁书社，2020年，第31页。

之交，今瞿塘峡以东的三峡地区分布着瓦渣地文化双堰塘类型，该类型既有同时期典型的巴文化因素，也有一些楚式风格的器物，应为楚熊绎玄孙熊挚"自弃于夔，子孙有功，王命为夔子"的夔国遗存。夔国西部一带正是宁厂盐的产地。公元前634年，楚以夔国"不祀祝融与鬻熊"为由灭夔，并"以夔子归"①，楚国直接控制了巫盐。历史上，楚国主食海盐，佐以巫盐。海盐需要借助吴、越而食，耗费大量社会财富，因此楚国大约在楚威王大败越国之年，"尽取故吴地至浙江，北破齐于徐州"②后（前377年），才开始设置专门机构直接"煮盐于海"③。春秋中期楚取巫盐后，还进一步直接控制了鄂西南长阳清江温泉的巴盐，这些地方考古发现此后均为较单纯的楚文化所分布。楚国在吞并这一地区后建立了巫郡，巫郡的西部边界后来长期成为巴、楚的分界线。战国时，"巴楚数相攻伐，故置扞关、阳关及沔关"④。这些攻伐很可能与楚欲西进进一步夺取当时三峡最大的盐产地——溎井盐泉（忠县中坝遗址）有一定关系。考古上发现的战国中期至晚期偏早阶段的楚文化大规模西渐，虽然有多种多样的解释⑤，但成规模的楚文化墓葬群（崖脚墓地）仅止步于溎井河口（图7-1-6）⑥，这使我们不能不相信溎井盐业也是楚国的战略目标之一⑦。

秦国对巴盐财富进行掠夺，但又进一步开发了巴蜀盐业。秦国长期食今宁夏境内的池盐，陇东南亦产崖盐。秦与巴蜀之盐的关系较晚。公元前316年，秦惠文王遣张仪、司马错伐蜀，灭之。"仪贪巴、苴之富，因取巴，执王以归，置巴、蜀及汉中郡。"⑧巴国辖境物产虽饶，但能称富者，无外乎盐、丹。秦灭巴后，楚仍据有三峡溎井、云安白兔井以及乌江的郁山等巴盐，秦、楚在这一带持续进行了长达近40年的反复鏖战，最后才被秦国长期占领。秦国充分认识到巴蜀盐业的重要性，在三峡产盐地区置县，并设立盐官专门管理盐业生产，另在成都等消费地同样设"盐、铁、

---

①　（周）左丘明传，（唐）孔颖达正义：《春秋左传正义（上）（十三经注疏）》，北京：北京大学出版社，1999年，第432页。

②　（汉）司马迁撰，（南朝）裴骃集解，（唐）司马贞索隐，（唐）张守节正义：《史记》卷41《越王勾践世家》，北京：中华书局，1999年，第1429页。

③　包山楚简记有"陈悬、宋献为王煮盐于海，受屯二担之食，金圣二圣。将以成收"。参见湖北省荆沙铁路考古队：《包山楚简》，北京：文物出版社，1991年，第147页。

④　（晋）常璩撰：《二十五别史·华阳国志》，济南：齐鲁书社，2000年，第9页。

⑤　白九江：《巴蔓子考辨》，四川大学博物馆、四川大学考古学系、成都文物考古研究院：《南方民族考古（第二十三辑）》，北京：科学出版社，2021年，第177~190页。

⑥　北京大学考古文博学院三峡考古队、重庆市忠县文物管理所：《忠县崖脚墓地发掘报告》，重庆市文物局、重庆市移民局：《重庆库区考古报告集·1998卷》，北京：科学出版社，2003年，第679~734页。

⑦　白九江：《从三峡地区的考古发现看楚文化的西进》，《江汉考古》2006年第1期。

⑧　（晋）常璩撰：《二十五别史·华阳国志》，济南：齐鲁书社，2000年，第3页。

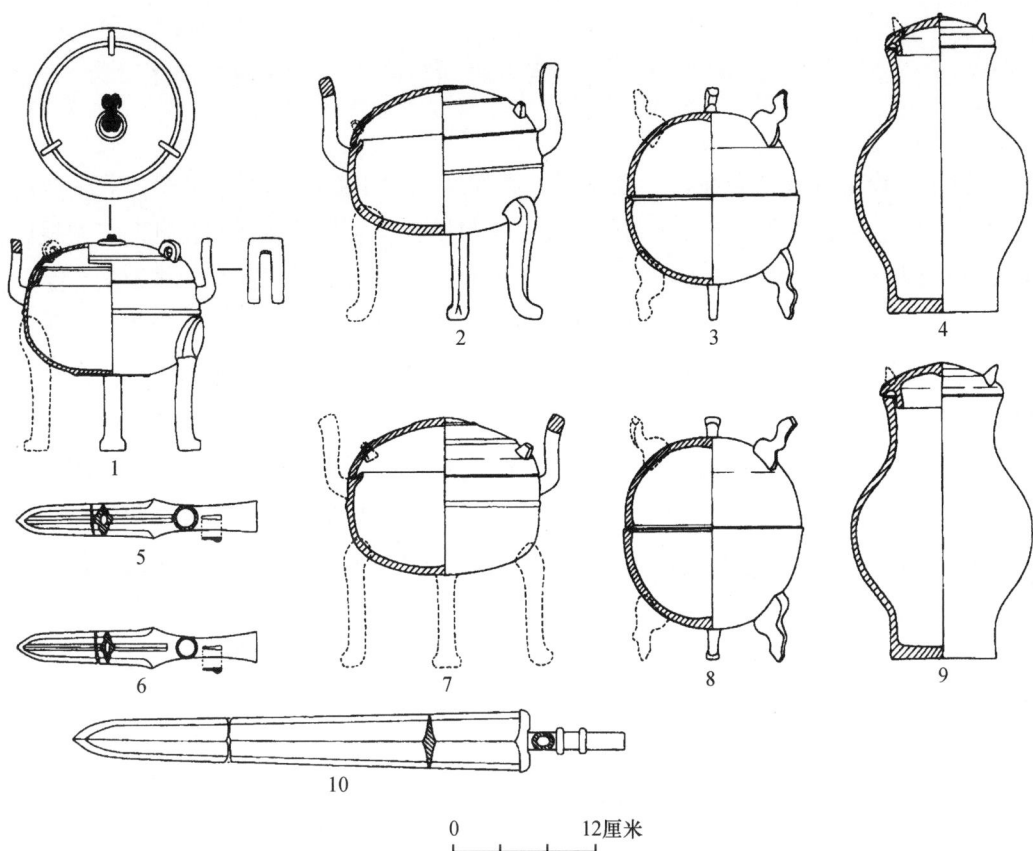

图7-1-6　重庆忠县崖脚墓地楚文化墓葬随葬品（97BM3）

1.铜鼎（BM3：4）　2、7.陶鼎（BM3：1、BM3：5）　3、8.陶敦（BM3：3、BM3：10）
4、9.陶壶（BM3：2、BM3：9）　5、6.铜矛（BM3：12、BM3：23）　10.铜剑（BM3：14）

市官"[①]，管理盐品贸易，形成一套盐业管理制度，直到西汉时仍得以沿袭。秦国蜀守李冰出生于山西池盐产地解池附近，他利用自己的盐业知识，在川西地区穿广都盐井，在巴蜀地区大力发展井盐生产，巴蜀地区的盐业产地迅速从三峡地区扩展到巴蜀全境。《华阳国志》描述："然秦惠文、始皇，克定六国，辄徙其豪杰于蜀，资我丰土，家有盐铜之利，户专山川之饶，居给人足，以富相尚。"[②]巴蜀地区经济社会的发展进入了新境界、新阶段。

---

① （晋）常璩撰：《二十五别史·华阳国志》，济南：齐鲁书社，2000年，第30页。

② （晋）常璩撰：《二十五别史·华阳国志》，济南：齐鲁书社，2000年，第32、33页。

三、结　语

　　盐并不天生具有社会性，它在参与人类发展过程中影响了人。早期盐业生产的社会化，就是人的社会性不断扩大的过程，是早期社会发展的重要催化剂。三峡地区是早期中国古代井盐生产的杰出范例，其工业化制盐具有启动时间早、规模大、生产复杂、产业链条长等特点，是先秦时期少有的、影响巨大的工场手工业门类，深刻改变了这一地区的远古社会。傅罗文、罗泰等指出："在中国南部国家形成的复杂过程中，来自中坝的盐的确起到了至关重要的作用。"[①]巴盐不但促进了巴文明的形成，而且具有跨文化的整合作用，特别是对成都平原先秦文明的发展不可忽视。同时，秦、楚等国也先后加入了对巴盐资源的争夺和控制，巴盐最终完成了社会化的最高形式——早期的中华西南部世界体系。秦汉时期，巴盐——还有新发展起来的蜀盐——的交换网络为巴蜀地区融入统一的国家，开启了新的社会整合：通过由中央主导的盐业等经济领域的生产管理、贸易和税收制度的推行，巴蜀地区的经济社会进一步华夏化。

第二节　考古学视野下的四川盆地古代制盐技术
——以出土遗迹、遗物为中心

　　根据盐的来源，中国古代的盐可分为海盐、湖盐、井盐、岩盐等类，每一类盐的生产工艺可能存在一些不同。四川盆地内的盐主要以井盐形式存在，另有少量的岩盐。四川盆地的井盐生产历史悠久，从考古发现看，目前至少可以追溯到距今4500年的新石器时代晚期[②]，历史悠久，是古代煎盐技术的杰出代表。

---

　　① 　傅罗文、朱继平、王昌燧、陈伯侦、罗泰、孙智彬、李水城：《中国早期盐业生产的考古和化学证据》，李水城、罗泰：《中国盐业考古（第三集）——长江上游古代盐业与中坝遗址的考古研究》，北京：科学出版社，2013年，第240～253页。

　　② 　吴小红、付罗文、李水城、罗泰、孙智彬、陈伯桢：《重庆忠县中坝遗址的碳十四年代》，《考古》2007年第7期；孙智彬、左宇、黄健：《中坝遗址的盐业考古研究》，《四川文物》2007年第1期。

近年来，考古工作者先后在重庆市忠县中坝遗址[①]、云阳县云安盐场遗址[②]、彭水县中井坝遗址[③]开展了考古发掘，在四川省蒲江县[④]、邛崃市[⑤]、盐源县[⑥]、重庆市郁江流域[⑦]等开展了一系列盐业考古调查和试掘，此外，在这些盐业遗址周边的其他地点，也有一些和古代盐业相关的考古发现。这一系列工作取得的重要成果，将四川盆地井盐开发的历史大大往前推进了一步，基本厘清了古代特别是先秦时期的制盐工艺流程，将古代井盐技术史的研究推进到了一个新的高度。

以下，我们将围绕考古发现的制盐遗迹、制盐器具，分析和重建古代——特别是先秦时期——四川盆地的制盐技术。

① 四川省文物考古研究所、忠县文物保护管理所：《忠县中坝遗址发掘简报》，重庆市文物局、重庆市移民局：《重庆库区考古报告集·1997卷》，北京：科学出版社，2001年，第559～609页；四川省文物考古研究所、重庆市文物局三峡办、忠县文物保护管理所：《忠县中坝遗址Ⅱ区发掘简报》，重庆市文物局、重庆市移民局：《重庆库区考古报告集·1998卷》，北京：科学出版社，2003年，第604～678页；四川省文物考古研究所、北京大学考古文博学院、美国UCLA大学、重庆市文物局、忠县文物保护管理所：《忠县中坝遗址1999年度发掘简报》，重庆市文物局、重庆市移民局：《重庆库区考古报告集·2000卷》，北京：科学出版社，2007年，第964～1057页。

② 高健斌：《重庆云安镇东大井区宋代至民国制盐遗址的发掘及相关研究》，李水城、罗泰：《中国盐业考古（第三集）——长江上游古代盐业与中坝遗址的考古研究》，北京：科学出版社，2013年，第78～115页；中国国家博物馆、福州市文物考古工作队、云阳县文物管理所：《云阳云安盐场遗址2002年度发掘简报》，重庆市文物局、重庆市水利局：《重庆库区考古报告集·2003卷》，北京：科学出版社，2019年，第942～969页；重庆市文化局三峡文物保护工作领导小组办公室：《重庆库区2001年度考古综述》，重庆市文物局、重庆市移民局：《重庆库区考古报告集·2001卷》，北京：科学出版社，2007年，第xii页。

③ 重庆市文化遗产研究院、重庆彭水县文物管理所：《重庆彭水县中井坝盐业遗址发掘简报》，《南方文物》2014年第1期。

④ 成都市文物考古研究所：《成都市蒲江县古代盐业遗址考古调查简报》，李水城、罗泰：《中国盐业考古（第一集）——长江上游古代盐业与景观考古的初步研究》，北京：科学出版社，2006年，第126～145页；龙腾：《蒲江县盐井附近摩崖造像考察》，李水城、罗泰：《中国盐业考古（第一集）——长江上游古代盐业与景观考古的初步研究》，北京：科学出版社，2006年，第146～161页。

⑤ 北京大学考古系、加州大学洛杉矶分校考古研究所、成都市文物考古研究所、阿拉巴马大学人类学系：《1999年盐业考古田野调查报告》，李水城、罗泰：《中国盐业考古（第一集）——长江上游古代盐业与景观考古的初步研究》，北京：科学出版社，2006年，第30～113页。

⑥ 四川成都文物考古研究所、四川凉山州博物馆：《四川盐源县古代盐业与文化的考古调查》，《南方文物》2011年第1期。

⑦ 李小波：《重庆市彭水县郁山镇古代盐井考察报告》，《盐业史研究》2001年第2期；重庆市文化遗产研究院、重庆彭水县文物管理所：《重庆彭水县中井坝盐业遗址发掘简报》，《南方文物》2014年第1期。

一、技术核心：龙灶的演变与功能

中国古代制盐技术先盛行煮盐而后才逐渐普及晒盐。在四川盆地井盐发展历史中，煮盐是一以贯之的主要技术。浓卤是制盐的核心工艺，而熬煮又是浓卤的主要手段，盐灶则是观察煮盐技术的中心环节。

（一）盐灶类别

从文献资料和民俗学调查材料看，盐灶丰富多样：就形状而言，有独锅灶、条灶、牛尾灶、梅花灶、长灶、"T"形灶、楼灶、垄灶、田灶、窑灶、塔炉灶等；从燃料成盐的类型分，有炭花灶、炭巴灶、火花灶、火巴灶等；从灶上锅的数量分，有单锅灶、双锅灶、三锅灶、四锅灶、五锅灶……，我们查到资料最多的有十七锅灶。

独锅灶适合小规模的家庭盐业生产，但由于节能效率低下，为满足规模化产盐的需要，各地发展出了多种多样的高效盐灶，其中主要有三种扩充方式：一是将小型独锅灶扩大，增加火门扩大烧火面，最典型者如宋元时期熬制海盐的盐盘灶；二是从独锅灶向周边扩充，形成或圆形或扇形或方形的团灶，典型者如梅花灶①；三是将灶加长，形成长条形，如条灶、牛尾灶、长灶、窑灶等，这类灶因与烧制陶瓷的龙窑有近似之处，笔者将其统称为龙灶②。

（二）龙灶的演变

龙灶是盐灶中分布最广、热效最高、变化形式最多、延续时间最长、最为常见的盐灶。从考古发现来看，四川盆地的龙灶主要经历了以下变化。

1. 单火道单排龙灶：从平底到斜坡

目前四川盆地考古发现的盐灶均为龙灶及其变体。迄今发现最早的龙灶是重庆市忠县中坝遗址"新石器时代晚期和西汉"时期的"龙灶"，其中新石器时代有4座、西

---

① 梅花灶，制盐灶具。a. 云南井矿盐制盐灶具。灶四周置锅六口，中间放冷水锅一口，形似梅花。灶门一个，燃放48小时，可取盐六锅。铁锅每口重20～25千克。b. 四川井盐灶具。中置千斤锅一口，周围置温锅四口，形似梅花。参见宋良曦、林建宇、黄健、程龙刚：《中国盐业史辞典》，上海：上海辞书出版社，2010年，第479页。

② 白九江、邹后曦：《制盐龙灶的特征与演变——以三峡地区为例》，《江汉考古》2013年第3期。

汉时期有8座[①]。

从底部形态看，中坝遗址新石器时代的龙灶为平底。西汉时期龙灶由火门、火膛、火道、烟道等几部分组成，底为斜坡底，但倾斜度因分段结构不同而有明显差异，最大的倾斜度来自"火膛""窑膛"接合部，温度通常可达70℃以上（图7-2-1）。

中坝遗址未发现商周时期的龙灶。但山东寿光双王城遗址[②]、东营南河崖遗址[③]

图7-2-1　重庆忠县中坝遗址正在发掘的西汉龙灶

（邹后曦供图）

---

①　孙智彬、左宇、黄健：《中坝遗址的盐业考古研究》，《四川文物》2007年第1期；四川省文物考古研究所、忠县文物保护管理所：《忠县中坝遗址发掘简报》，重庆市文物局、重庆市移民局：《重庆库区考古报告集·1997卷》，北京：科学出版社，2001年，第559～609页；四川省文物考古研究所、重庆市文物局三峡办、忠县文物保护管理所：《忠县中坝遗址Ⅱ区发掘简报》，重庆市文物局、重庆市移民局：《重庆库区考古报告集·1998卷》，北京：科学出版社，2003年，第607～648页；四川省文物考古研究所、北京大学考古文博学院、美国UCLA大学、重庆市文物局、忠县文物保护管理所：《忠县中坝遗址1999年度发掘简报》，重庆市文物局、重庆市移民局：《重庆库区考古报告集·2000卷》，北京：科学出版社，2007年，第964～1042页。

②　山东省文物考古研究所、北京大学中国考古学研究中心、寿光市文化局：《山东寿光市双王城盐业遗址2008年的发掘》，《考古》2010年第3期。

③　山东大学考古系、山东省文物考古研究所、东营市历史博物馆：《山东东营市南河崖西周煮盐遗址》，《考古》2010年第3期。

2008年均发掘有西周时期盐灶，以双王城遗址YZ1为例，该灶亦为平底，为增加抽力，两侧和后部共设3个烟道，其总长度达到了13米（BZY1）。或许可作为这一时期四川盆地龙灶的参考。

综合中坝遗址和双王城遗址的龙灶，可以认为早期龙灶的发展经历了由平底到斜坡底的变化，这应当与增加龙灶的抽力有关。即使同为平底龙灶，稍晚出现的山东西周盐灶也通过多达3个烟道来增加抽力。

目前发现的早期制盐龙灶遗迹均不完整。考古发现的汉画像砖中，成都市郊羊子山和邛崃市花牌坊出土的东汉盐业生产画像砖，画面内容相近，均为一长条形龙灶（图7-2-2）[1]。幸运的是，近年在重庆市忠县乌杨汉墓群发现盐灶模型的实物。这些盐灶模型由火门、观火孔、灶台、灶孔、烟道孔等组成，其中灶孔数量有5、8、9、10、12个不等（图7-2-3）[2]。这些盐灶画像砖和盐灶模型弥补了早期龙灶遗迹上部和顶部结构不明的遗憾。

图7-2-2　四川成都羊子山出土东汉画像砖上的制盐龙灶（右下角）

---

① 高文：《四川汉代画像砖》，上海：上海人民美术出版社，1987年，第10页。
② 资料现存重庆市文物考古研究院。

图7-2-3　重庆忠县乌杨墓群出土西汉龙灶模型（M86：5）

（李大地供图）

2. 龙灶的组合：从单火道到多火道

前面介绍的龙灶均为单火道单排灶，以此为基础，龙灶在发展过程中，为提高热效，各地在不同时期出现了多种龙灶组合。

单火道双排龙灶　重庆巫山麦沱墓地出土4件九眼龙灶模型[1]，这类灶有1个单火道火门，灶台前端凿一个灶孔，其后平行排列两行4个共8眼灶孔，后端横置3个小烟道孔（图7-2-4）。单火道双排龙灶有利于更好地利用热能，3烟道设计可以加大抽力，使灶内热量分布更均匀[2]。单火道双排龙灶一直到清代仍可见，下文述及的云阳八锅田灶就属于这种类型，该灶较汉代麦沱墓地的盐灶有所不同，增加了后部炉田部分。

单火道多排龙灶　2013年4～6月，重庆市文化遗产研究院在重庆巫山县陈家包墓

---

① 湖南省文物考古研究所、巫山县文物管理所：《巫山麦沱汉墓群发掘报告》，重庆市文物局、重庆市移民局：《重庆库区考古报告集·1997卷》，北京：科学出版社，2001年，第113、114页。

② 巫山麦沱墓地的制盐龙灶，可能与将巫溪县宁厂白鹿盐泉卤水运输至巫山县城制盐有关。光绪《大宁县志·食货志》卷3引《舆地广记·图经》："汉永平七年，尝引此泉（指宝源山咸泉）于巫山，以铁牢盆盛之。"光绪《巫山县志·古迹》卷30："石孔，沿宁河山峡俱有。唐刘晏所凿，以引盐泉。"参见（清）高维岳：《大宁县志》卷3《食货》之"盐茶"，《中国地方志集成》编辑工作委员会：《中国地方志集成·四川府县志辑（52）》，成都：巴蜀书社，1992年，第91页；（清）连山：《巫山县志》卷30《古迹》，《中国地方志集成》编辑工作委员会：《中国地方志集成·四川府县志辑（52）》，成都：巴蜀书社，1992年，第483页。

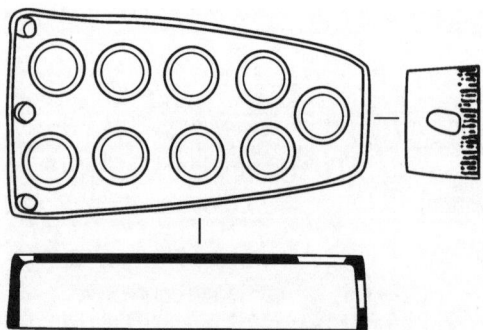

图7-2-4　重庆巫山麦沱墓地出土西汉龙灶模型
（M40：78）

地发掘中，于其中一座西汉时期土坑墓中出土一件单火道龙灶，该龙灶台面上布置有12眼圆形灶孔，分为3排，每排4眼，灶孔上均置有小平底钵，与"文献"所记牢盆之形状相似①。

双火道双排龙灶　《益州记》称南朝时四川地区"官有两灶二十八镬，一日一夜，收盐四石，如霜雪也"②。两灶二十八镬应该就是两座各十四眼并列在一起的双火道双排龙灶。清代大宁盐场的龙灶可能是单火道，据文献记载，道光二年（1822年）大宁盐场设灶201座，每灶煎锅3口，岁产盐1152万斤③。而巫溪大宁盐厂的现代车间则为双火道双排龙灶，宁厂盐灶3号车间盐灶每排各6口锅④，排间距离较大，每排有自己独立的火道，火道后部有一方形"炉田"，炉田可起盛卤、浓卤的作用（图7-2-5）。近代云南民间熬盐，仍可见这种双火道双排龙灶，每排各3锅。双火道双排龙灶通过加长烟道、并排共用隔墙的方法，有利于减少热量损失。

多火道多排龙灶　中坝遗址发现了排列有序的8座唐代盐灶，组成一个三列三排的窑群⑤，这类盐灶推测应为多火道多排龙灶（图7-2-6）。自贡燊海井现在仍在使用的圆锅灶（瓮笼灶），其前排盐灶均有独立的火道，后排盐灶与前排盐灶相连通，但比前排高，通过抽火、抽烟利用前者的余热，同时，最后排盐灶间又通过一条长烟道互相连接，这样就构成了三列四排的龙灶。重庆云安盐场东大井区制盐遗址D区7号"多下

---

① 资料现存重庆市文物考古研究院。

② 《太平寰宇记》卷85"陵洲·贵平县"条引《益州记》。参见（宋）乐史撰，王文楚等点校：《太平寰宇记》，北京：中华书局，2007年，第1694页。

③ （清）高维岳：《大宁县志》卷3《食货》之"盐茶"，《中国地方志集成》编辑委员会：《中国地方志集成·四川府县志辑（52）》，成都：巴蜀书社，1992年，第92页。

④ 每排现存5口锅，后部灶孔已填平。据1999年的调查报道说，5口锅后还有1孔未放置盐锅，应为6孔。参见北京大学考古系、加州大学洛杉矶分校考古研究所、成都市文物考古研究所、阿拉巴马大学人类学系：《1999年盐业考古田野调查报告》，李水城、罗泰：《中国盐业考古（第一集）——长江上游古代盐业与景观考古的初步研究》，北京：科学出版社，2006年，第30～113页。

⑤ 四川省文物考古研究所、北京大学考古文博学院、美国UCLA大学、重庆市文物局、忠县文物保护管理所：《忠县中坝遗址1999年度发掘简报》，重庆市文物局、重庆市移民局：《重庆库区考古报告集·2000卷》，北京：科学出版社，2010年，第964～1042页。

图7-2-5 重庆巫溪宁厂土锅熬盐场景复原照
（黎明供图）

图7-2-6 重庆忠县中坝遗址唐代盐灶
（孙智彬供图）

洞盐灶"[①]，时代为清代中叶至民国时期，残存4条灶前操作遗迹。多火道多排龙灶发展的极致可有十多个龙灶并排在一起，形成壮观的盐灶工厂，我们调查到的1985年停产的重庆市彭水县郁山盐场遗址就是采用这类龙灶的典型，新近发掘的彭水县郁山镇中井坝盐业B型盐灶就属于典型的多火道多排龙灶[②]（图7-2-7）。

图7-2-7　重庆彭水县中井坝遗址盐灶（Z9、Z1、Z2、Z3、Z5、Z6）

（牛英彬供图）

3. 龙灶余热利用：从淋灰法到淋土法

中国古代浓卤大都采用过淋灰法浓缩卤水。淋灰法在明代以前的海盐生产和井盐生产中均有广泛应用。明清以来，由于四川地区井盐生产开始普遍使用煤炭做燃料（使用天然气地区除外），采用淋土技术浓缩卤水的方法得到迅速发展。淋土法使用泥、炭等原料制成"土砖""土壳"，放置在盐灶上烧红，不时以卤水浸浇，达到一定盐含量后，便成冰土。将冰土捣碎入桶（池）融化，取汁沥出即成高浓度卤水。冰

---

① 高健斌：《重庆云安镇东大井区宋代至民国制盐遗址的发掘及相关研究》，李水城、罗泰：《中国盐业考古（第三集）——长江上游古代盐业与中坝遗址的考古研究》，北京：科学出版社，2013年，第78～115页。

② 重庆市文化遗产研究院、重庆彭水县文物管理所：《重庆彭水县中井坝盐业遗址发掘简报》，《南方文物》2014年第1期。

土是普遍使用煤作为熬盐燃料后，针对煤的少焰多烟的特性，高效利用余热和炭渣的一种技术创新，在四川盆地的彭水、云阳、大宁、南阆、绵阳、三台等地区多采用此种技术。淋土法可能与北方山西一带池盐技术有联系，元代陈椿《熬波图》记浙江场海盐制卤，除摊灰法外，亦用摊泥法，当为淋土法之发轫。四川地区采用淋土法的灶型主要有以下几种。

垄灶　《云阳县志》《云安盐场志》均载云安盐场有垄灶。云安盐场的垄灶是清乾隆二十四年（1759年），为适应烧煤的需要，灶户王天渭、陶正帮从彭水县郁山盐场学习"烧垄法"引进的，灶身为长条形，一灶四锅[①]。盐锅的后面，用卤拌土制成泥砖，垒成"垄"形，表面铺上煤渣，利用余热浇卤浓缩，提高产量。云安盐场遗址2003年曾发掘出垄灶遗迹多座，4号灶上部有炭渣和泥砖在一起的垄[②]。彭水郁山镇中井坝遗址的A型灶可能是垄灶向"泼炉印灶"（见下文）的过渡形态，该遗址共发现4座，其后部火道两壁由黄色黏土构筑，可能是烧垄时防渗的需要，此外，在火道南部平铺有土球，这又有泼炉印灶的特征。

泼炉印灶　重庆市彭水县中井坝遗址发掘的B型灶是多火道多排龙灶的典型，但又有所发展。该盐灶8个灶并排在一起[③]，形成宽大的灶台，灶内后端周壁置"土壳"，熬盐时每隔一段时间，便要往炉上印水（即泼卤水）一次，盐水受热蒸发，结成的白色晶体叫"盐骨头"，结于泥内的叫"咸气"，即"冰土"。每烧一段时间，就要拆灶另修，并将挖出的"冰土"锤细，通过撼桶滤入锅内再煎熬[④]。同治本《彭水县志》把这种做法叫作"泼炉印灶"，"灶以黄泥筑砌，一灶五锅，井水入锅不能成盐，以之浸渍于灶，咸水皆入灶泥之内"[⑤]。《涪陵地区盐业志》中复原的旧式泼炉印灶则为

① 云阳县志编撰委员会：《云阳县志》，成都：四川人民出版社，1999年，第312页。

② 中国国家博物馆、福州市文物考古工作队、云阳县文物管理所：《云阳云安盐场遗址2002年度考古发掘简报》，重庆市文物局、重庆市水利局：《重庆库区考古报告集·2003卷》，北京：科学出版社，2019年，第942～969页。

③ 重庆市文物考古研究院内部资料。

④ 同治《彭水县志》卷3："取卤沃灶泥，日数次至十六昼夜乃取泥浸水煮成盐，一锅昼夜可得盐六七十斤至百斤不等，灶泥则随掘随砌。""咸水皆入灶泥之内，次日则掘此灶土，浸水煎熬五日，而灶掘尽。又另行作灶，浸之掘之亦如前法。"（清）张锐堂等：（同治）《彭水县志》卷3《食货》，彭水苗族土家族自治县档案局：《彭水珍稀地方志史料汇编》，成都：巴蜀书社，2012年，第136、258页。

⑤ 同治《彭水县志》记载："郁井盐灶之异在于泼炉印灶，灶以黄泥筑砌，一灶五锅，井水入锅不能成盐，以之浸渍于灶，咸水皆入灶泥之内。"参见（清）张锐堂等：（同治）《彭水县志》卷3《食货》，彭水苗族土家族自治县档案局：《彭水珍稀地方志史料汇编》，成都：巴蜀书社，2012年，第258页。

一灶双排6锅，后部有炉田和"甑子"[1]。带甑子的盐灶在三台县民国初年的三台场曾见用（图7-2-8）。

田灶　田灶是在垄灶基础上发展起来的。田灶改浇卤为灌卤，即用泥砖在原"垄"的位置上改成田畦形，上铺盐泥，中间砌埂隔为四格，田前有进火道，把余火引到田下，田内灌卤浓缩，田后开出烟孔[2]，一定时间后将"田畦土"挖出浸泡沥出得卤。与泼炉印灶相比，田灶减少了浇卤的工作量。云安盐场遗址[3]、云阳东大井遗址[4]发掘出多座清代中叶至民国时期的该类盐灶遗迹的实物。

灌灶　四川绵阳场有"灌灶"，其制卤之法有五：灌灶、灌炉、晒灰、沥水、取

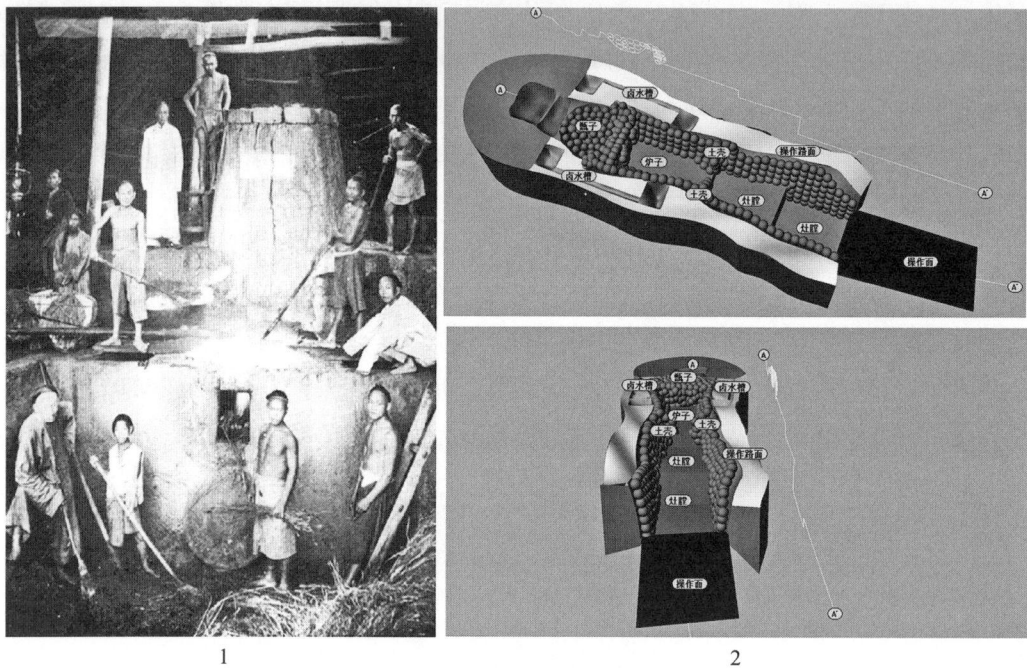

1　　　　　　　　　　　　　　　　　　　　　　　　2

图7-2-8　泼炉印灶实物与遗迹模型

1.四川遂宁三台县三台场盐灶（摄于1910年，摘自《四川盐政史图册》）　2.重庆彭水中井坝遗址2号盐灶三维复原图（牛英彬供图）

<hr/>

① 四川省盐业公司涪陵分公司编写组：《涪陵地区盐业志》，成都：四川人民出版社，1991年，第33页。

② 刘卫国：《渝东古盐灶向现代真空制盐技术的演进》，《盐业史研究》2006年第3期。

③ 资料存重庆市文物局三峡办。零星报道如重庆市文化局三峡文物保护工作领导小组办公室：《重庆库区2001年度考古综述》，重庆市文物局、重庆市移民局：《重庆库区考古报告集·2001卷》，北京：科学出版社，2007年，第xii页。

④ 高健斌：《重庆云安镇东大井区宋代至民国制盐遗址的发掘及相关研究》，李水城、罗泰：《中国盐业考古（第三集）——长江上游古代盐业与中坝遗址的考古研究》，北京：科学出版社，2013年，第78～115页。

咸。其做法是在长灶上架锅五六口至十余口，两锅之旁凿以方坑，不时以盐水注入，使火烘干，卤气浸入灶土，至半月后将土挖出以盐水浸泡沥出，卤水便成[①]。灌灶与田灶的原理相近。

另外，据调查，重庆市忠县涂井盐场砌"泥柱"，反复浇卤到一定含盐量后，再拆掉泥柱融卤。这种泥柱无疑具有冰土的作用，又具有早期塔炉灶的功能[②]。四川乐至场过去将水、泥、炭屑做成泥团，堆在炉上烘干，以水沃之，名为碱头泥，再将其融化沥卤，注锅煎盐[③]，是淋土法的另一种表现形式。

（三）龙灶功能分区

就常理推断，龙灶的功用无非是尽最大可能利用热能。即使在川南、川北一些用"火井"之气做燃料的地方，龙灶也比较常见。与川南、川北地区不同的是，重庆所在的四川盆地东部古代煮盐的燃料主要依靠柴薪，即使采取多种措施浓缩盐卤，要将卤水加热结晶为盐，仍然需要大量的燃料。在文献记载中，重庆地区的巫溪宁厂[④]、彭水郁山[⑤]、开州温汤等产盐地区，周边山坡因过度砍伐而成为"童山"[⑥]。在这种情况下，单灶煮盐因热量浪费较大，人们选择龙灶提升热能利用效率显然是必然之举。

龙灶不同部位的功能是不一样的，而这种不同又主要取决于龙灶火力的分布情况。相对于烧制陶瓷器的龙窑而言，制盐龙灶中后部不能投柴，窑床坡度较小，所以火力分布不均。各种龙灶的结构虽有不同，但单体龙灶大体是由火门、火膛、火道、烟道等部分组成，热量最为集中的部分就是火膛，故火膛上面往往置盛盐的煎锅。火膛之后为尾焰和灶烟通行处，热量较小，卤水蒸发慢，且越往后热能越递减，往往置"温锅"。煎锅的数量通常只有一口，根据灶型差异，也有两口的。温锅的数量，根

---

① 宋良曦、林建宇、黄健、程龙刚：《中国盐业史辞典》，上海：上海辞书出版社，2010年，第592页。

② 北京大学考古系、加州大学洛杉矶分校考古研究所、成都市文物考古研究所、阿拉巴马大学人类学系：《1999年盐业考古田野调查报告》，李水城、罗泰：《中国盐业考古（第一集）——长江上游古代盐业与景观考古的初步研究》，北京：科学出版社，2006年，第30～113页。

③ 宋良曦、林建宇、黄健、程龙刚：《中国盐业史辞典》，上海：上海辞书出版社，2010年，第456页。

④ （清）严如熤《三省边防备览》卷13《策略》、明嘉靖《四川总志》卷16《盐法》均有记载。

⑤ （清）庄定域：（光绪）《彭水县志》卷4《艺文志》之"祀四井前记""祀四井后记"，《中国地方志集成》编辑委员会：《中国地方志集成·四川府县志辑（49）》，成都：巴蜀书社，1992年，第282～286页。

⑥ （宋）王象之撰：《舆地纪胜》卷174《涪州》之"咸泉"，北京：中华书局，1992年，第4528页。

据灶的长短而定。

就锅形而言，煎锅和温锅有时候没有差异，但大多数时候则有明显差异——大小是差异的主要表现形式。如四川资中场、金李场置锅煎盐，所设之牛尾灶、丁丁灶，其上置一口或两口大锅，另外还置三口小锅，前锅盛盐，后锅温卤。云南场有一种专门的温锅叫作桶锅，桶锅煎盐时放在蒸发锅旁，利用灶上煎卤制盐的余热预热卤水[1]。考古发现的云安盐场遗址田灶，前部有一圆形大灶膛，后部分出两条小火道和烟巷，与文献记载相似。据《云阳县盐厂志》介绍：田灶每灶置圆锅6口或8口。6锅的灶膛安大回锅（即煎锅）1口，紧接烟巷安小锅（即温锅）5口，排列成一行形成"一条河"；8锅的灶膛安大圆锅2口，紧挨烟巷分岔成两排形成"两条河"，每排安小锅3口（图7-2-9）[2]。考古发现的当为8锅大灶。这种一口大锅分出两排锅的形式，早在汉代巫山就出现了。麦沱墓群的九眼双排灶，最前面的独锅当为煎锅，后面的平行锅当为温锅。即使非龙灶的团灶中，这种温锅和煎锅也有分得很明显的。以梅花灶为例，民国初年资中罗泉井灶，"中置一千斤锅，周围四温锅或六温锅"[3]。

早期盐灶也不是灶口上所有的锅均是熬盐的。以保存较好的山东东营南河崖遗址Y4为例，该窑平面形状略呈"Y"形，中部束腰明显。由灶口、灶室、烟道三部分组成，其中灶室中部设有两个土台，将其一分为二，灶室前部空间宽大，灶室后部由于与两个烟道相连，长、宽空间均较窄。从出土的盔形器制盐陶器看，全部位于灶室后部，而灶室前部未见盔形器。笔者认为，该窑应该是在灶室前部以大型器物煎盐（前部底部有圆洞遗迹4个，可能是起支撑熬盐锅作用的），后部以小盔形器利用余热制作

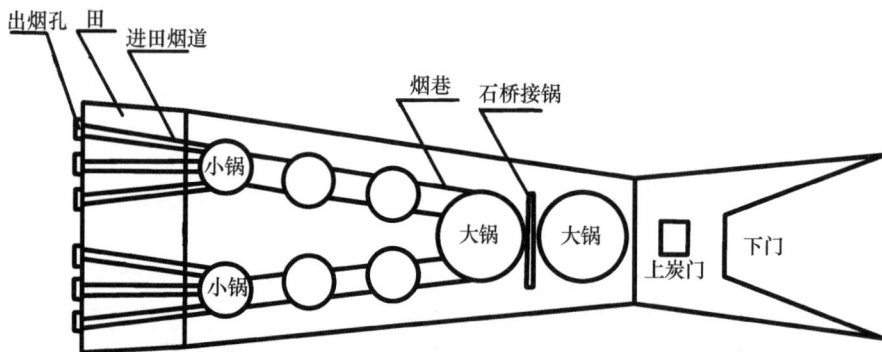

图7-2-9 重庆云阳云安盐场的田灶及大回锅、小锅示意图

① 宋良曦、林建宇、黄健、程龙刚：《中国盐业史辞典》，上海：上海辞书出版社，2010年，第479页。

② 四川省云阳盐厂：《云阳县盐厂志》，重庆市文化遗产研究院：《渝东盐业史志辑稿》，北京：科学出版社，2019年，第51、52页。

③ 林振翰：《川盐纪要》，上海：商务印书馆，1916年，第257页。

盐模[①]。

文献记载的盐锅也分煎锅和温锅。如《四川盐法志》记"正锅旁别置一锅，曰温锅，先入水于内，俟沸，乃舀入正锅。"[②]《四川通志》记彭水盐井"十四眼，煎锅一百五十八口，温水锅一百零一口"[③]。在许多文献材料中，统计各地灶口和锅的时候，将大锅、中锅、小锅分开统计，因为这关系到征税问题。例如，民国初期《川盐纪要》有"锅大者曰千金锅……次者曰温锅，曰牛头锅。小者曰金盆锅"[④]的记载，射蓬场熬盐"大灶置大平锅二口、二平锅一口；中灶置大平锅、二平锅各一口；小灶置大平锅一口或二平锅两口"[⑤]。按大小分类的方法，一是可能确实因灶之大小而锅的体积有所区别，另外一个很重要的原因就是煎锅和温锅往往有差异。

煎锅、温锅的大小差异也与龙灶的结构有关：火膛部分往往较宽大，目的是使锅尽最大可能接触热量；后部通常窄而长，是为了收束余焰和灶烟，加大抽力。此外，温锅的具体使用上，通常是从最后一锅的卤水逐渐往前锅转移，越靠前的温锅，卤水浓度越高，直至进入煎锅。为了使锅经久耐用，也有的煎锅、温锅轮换着用，称为"转水锅"，即在熬盐时，于灶上设大锅若干口，自火门由前至后排列。若首日用甲锅熬盐，乙、丙锅煎卤；则次日改用乙锅熬盐，甲、丙锅煎卤，按日循环使用[⑥]。

二、制盐流程中的其他遗迹

与盐业相关的考古遗迹较多，这里着重介绍以下四类。

（一）取卤遗迹

四川盆地的盐矿储量非常丰富，东到重庆万州、石柱，西至四川洪雅、盐源，北到仪陇、阆中、江油，南到四川长宁、重庆江津等区市县都有盐盆分布，可分为川

---

① 山东大学考古系、山东省文物考古研究所、东营市历史博物馆：《山东东营市南河崖西周煮盐遗址》，《考古》2010年第3期。

② （清）丁宝桢等撰：《四川盐法志》卷2《井厂二·炭火煮盐图·煮花盐》，上海：上海古籍出版社，1995年，第76页。

③ （清）常明、杨芳灿等纂修：《四川通志》卷68《食货》，成都：巴蜀书社，1984年，第2318页。

④ 林振翰：《川盐纪要》，上海：商务印书馆，1916年，第214页。

⑤ 林振翰：《川盐纪要》，上海：商务印书馆，1916年，第21页。

⑥ 宋良曦、林建宇、黄健、程龙刚：《中国盐业史辞典》，上海：上海辞书出版社，2010年，第21页。

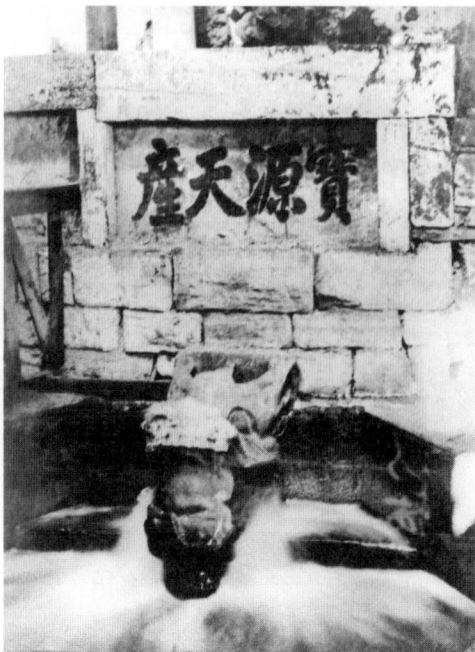

图7-2-10　重庆巫溪宁厂宝源山白鹿盐泉

东、川中、川西三大盐盆，这些盐盆就是制盐原料的主要来源地。古代四川盆地人们利用盐资源的方式包括天然盐泉、凿井汲卤、煮石取卤三种。做过考古调查或发掘工作的只有前两种。

四川盆地东部天然盐泉出露较多，据南宋王象之《舆地纪胜》所记，就有夔州路涪州武隆县乌江边上的"咸泉"、黔州彭水县的"盐泉"、南州军盐井江岸的"盐泉"、大宁监宝山的"咸泉"。现存比较著名的有重庆市巫溪县宁厂镇的白鹿井和彭水县郁山镇的飞水井，均是从崖壁流出。天然盐泉要为人所用，一般也需加以约束，如白鹿井出口处砌有龙头，卤水自龙头吐出，注入蓄卤池（龙池），故又称"龙井"（图7-2-10）。飞水井下有人工砌筑的小池，当为积卤以便筏输船运之用。

天然盐泉应是古人最早利用的对象，其中有的易受洪水影响，人们在泉眼周围用泥石筑成小围子，以隔开淡水，这应当就是人工井的萌芽。重庆奉节县臭盐碛盐场位于长江滩涂上，冬出夏没，至少在宋代人们已围木砌井，断续采煎[1]，传言著名的八阵图或与此相关[2]。重庆市武隆区白马镇的天然盐泉在枯水季节从乌江出露，但到丰水季节，盐泉被江水淹没，后来人们逐渐围泉造井，形成了"洈江"盐井（图7-2-11）。重庆市忠县涂井乡红赤村境内的高井，处在汝溪河右岸枯水线以上不到1米的位置，经常处于被洪水浅淹的状态，人们就用石料打制成一个直径约60、高约70、厚约10厘米的

---

① 《太平寰宇记》卷148引《荆州图副》："八阵图下东南三里有一碛，东西一百步，南北广四十步。碛上有盐泉井五口，以木为桶，昔常取盐，即时沙壅，冬出夏没。"又光绪《奉节县志》卷16《盐茶》："县治东南八阵碛下，旧有盐井四口。龙脊滩南亦有盐井二口，冬出夏没，年久淤塞。咸丰初年，乡民淘井试煎，产盐极旺，于是每岁水落之时，编茅砌灶，比屋鳞次，蒸气成云，熬波出雪，县民无不食碛井之盐矣。"清末至民国初年，奉节设盐务委员，管理奉节场等盐场。参见（宋）乐史撰，王文楚等点校：《太平寰宇记》，北京：中华书局，2007年，第2874页。（清）曾秀翘修，杨德坤等纂：《光绪奉节县志》卷15《盐法》，《中国地方志集成》编辑委员会：《中国地方志集成 · 四川府县志辑（52）》，成都：巴蜀书社，1992年，第643页。

② 刘卫国：《奉节鱼复浦上的八阵图与盐灶》，《盐业史研究》2004年第1期。

图7-2-11　重庆武隆白马溇江盐井遗址

（牛英彬摄）

圆圈，安放在盐泉出口的周围，有的研究者将这种井称为雏形井[①]。

　　凿井汲卤分为两个发展阶段。文献记载从战国末年李冰在成都平原开凿盐井始，至北宋中期，四川盆地一直采用的是大口浅井。大口浅井主要是围绕自然盐泉围井，或是利用浅层的盐卤浅挖大井。成都羊子山和邛崃花牌坊出土的东汉画像砖上，清晰地描绘了当时大口浅井取卤的场景。四川盆地东部的重庆地区，由于盐卤资源多在地表出露或埋藏不深，一直到近代绝大多数仍然使用大口浅井。大口井中最大者当属四川省仁寿县陵井，“纵广三十丈、深八十余丈”[②]，并使用牛皮囊提卤。早期大口井用木板箍井，文献记载奉节臭盐碛、万州长滩井均是“以木为桶”[③]。重庆市云阳县白兔井在大口井中颇为罕见，自汉代以来一直得到沿用。目前经过考古发掘的盐井有多

----

　　① 刘卫国：《试论渝东古盐泉向人工井的演进》，《盐业史研究》2002年第10期。

　　② （唐）李吉甫撰，贺次君点校：《元和郡县图志》卷33《剑南道下》“陵井”，北京：中华书局，1983年，第862页。

　　③ 《太平寰宇记》卷148引《荆州图副》：“八阵图下东南三里有一碛，……井五口，以木为桶。”《水经注》记南浦县（今万州）西“溪硖侧（有）盐井三口，相去各数十步。以木为桶，径五尺，烧煮不绝”。参见（宋）乐史撰，王文楚等点校：《太平寰宇记》，北京：中华书局，2007年，第2874页；（北魏）郦道元著，（清）王先谦校：《合校水经注》卷33《江水》，北京：中华书局，2009年，第529页。

座，云阳县云安盐场的诸多盐井均以木板箍井①。其中云安盐场遗址2004年发掘的J1内边长130厘米，壁厚40厘米，四壁的筑法为先掏挖土坑，以三合土抹面，后层层搭建木板，木板间相互咬合连接，木板外侧抹三合土使之与土坑壁的三合土壁间形成空隙，内填小块毛石，再层层填筑而成。清代以来大口井多以石条砌井，考古发掘过的重庆云安毗盐井、忠县官井和四川省蒲江县白云乡盐井沟的1号盐井②，三座盐井均石砌井圈。盐井的形状多为方形和圆形，但也有八边形，多者可达十二边形。井框箍成后，上面一般要建井房，四面敞开，楼楣悬以方形或八方形的木盘，以备制盐灶户安装汲卤设备之用。大口浅井主要采汲浅层卤水。

北宋中期后，四川南部地区出现了小口深井，也称"卓筒井"，卓筒井采用圜刃锉和冲击式钻头方式凿井，可利用地球深层的卤水资源。小口深井在川南、成都平原和川中地区均有大量分布。深井钻凿工艺复杂，技术难度极高，钻、凿、汲、治都有全套专用工具，这一技术至清代发展到顶峰。道光十五年（1835年），四川自贡盐区钻成了世界上第一口超千米的深井——燊海井（图7-2-12）。小口深井在重庆地区分布极少，清代以来，在彭水郁山等地区开始陆续出现小口井③，至今犹存部分井口。

图7-2-12　四川自贡燊海井井口
（笔者摄）

煮石取卤并不多见。《水经注》卷三二《汤水》引王隐《晋书·地道记》记朐忍县（今重庆市云阳县）汤口："入汤口四十三里，有石，煮以为盐。石大者如升，小者如拳，煮之，水竭盐成。"④《后

①　中国国家博物馆、福州市文物考古工作队、云阳县文物管理所：《云阳云安盐场遗址2002年度考古发掘简报》，重庆市文物局、重庆市水利局：《重庆库区考古报告集·2003卷》，北京：科学出版社，2019年，第942～969页。

②　成都市文物考古研究所：《成都市蒲江县古代盐业遗址考古调查简报》，李水城、罗泰：《中国盐业考古（第一集）——长江上游古代盐业与景观考古的初步研究》，北京：科学出版社，2006年，第126～145页。

③　（清）张锐堂等：（同治）《彭水县志》，彭水苗族土家族自治县档案局：《彭水珍稀地方志史料汇编》，成都：巴蜀书社，2012年，第255页。

④　（北魏）郦道元著，（清）王先谦校：《合校水经注》，北京：中华书局，2009年，第529页。

汉书·南蛮西南夷列传》载汶山（今四川省汶川县）"地有咸土，煮以为盐"[1]。晚清至近代以来，有的盐场开始利用盐矿石制卤。

（二）输卤设施

一般用天车和云盘提取盐井中的卤水。天车是在绞盘车基础上发展而来的，利用畜力转动大型轮盘，再带动滑轮提卤，适用于小口深井，在四川自贡盐区至今可见。云盘是一种简易的滑轮装置，在汉代即已出现。云盘用人工拉拽提卤，适用于大口浅井，从一井一架发展到一井几架，云安盐场白兔井最多可以安装20架[2]。

晚近以来人工盐井卤水的分配管理权主要为投资者所有，一般按井总投资额、总股数、总滑轮架数，股权由盐井主权人分摊。天然盐泉的分配管理是一个很有意思的问题。宋淳化年间，大宁知监雷说设计出分卤板来分配白鹿井卤水，这个分卤板上最早有30个卤孔[3]，后来逐渐增加到68个卤孔[4]，避免了因争卤而时发的纠纷，这既是引卤方法的一大改进，更是卤水管理办法的一大进步。

卤水提取出来后，输送到作坊一般用管道。文献记载和早期盐业调查的照片均显示，这些管道主要是用楠竹或斑竹通节逗榫后，用竹篾箍扎，外挂油灰，互相连通形成竹"笕管"。也有的使用木头挖空为凹形木槽，俗称"笕槽"。笕管、笕槽易损，一般需定期更换。清代晚期以来，开始用铁管代替竹笕。云安盐场遗址发现两段残竹管，用毛竹制成，其中大管内壁附着盐结晶，一端削成薄壁，可能用于管道接合。

架设输卤管道一般采用竹、木捆绑形成支架，在汉代制盐画像砖上就已经有类似的形象了。但在山区和绝壁地带，往往用"栈道"的形式架设卤管。连接重庆市巫溪县、巫山县的大宁河南段栈道就是典型的输卤遗迹[5]，这些栈孔共有6888个，近水平排列，按一定的坡度逐渐下降，绵延近80千米，其始凿年代甚至可能不晚于东汉[6]，现代

---

①　（宋）范晔撰，（唐）李贤等注：《后汉书》卷76《南蛮西南夷列传》，北京：中华书局，1999年，第1931页。

②　云阳县志编撰委员会：《云阳县志》，成都：四川人民出版社，1999年，第312页。

③　《舆地纪胜》："本朝淳化中，知监雷说见人户汲泉，强弱相凌，多抵于讼，乃于穴傍创为石池以渚之，外设横板三十孔，承以修竹，谓之笕筒。"参见（宋）王象之撰：《舆地纪胜》卷181《大宁监·官吏人物》，北京：中华书局，1992年，第4660页。

④　巫溪县志编纂委员会：《巫溪县志》，成都：四川辞书出版社，1993年，第624页。

⑤　光绪《巫山县志》卷30："石孔，沿宁河山峡俱有。唐刘晏所凿，以引盐泉。"参见（清）高维岳：《大宁县志》卷3《食货》之"盐茶"，《中国地方志集成》编辑委员会：《中国地方志集成·四川府县志辑（52）》，成都：巴蜀书社，1992年，第91页。

⑥　重庆市文物局、重庆市移民局、西安文物保护修复中心：《三峡古栈道（下）》，北京：文物出版社，2006年，第199页。

的研究者亦多方论证其应为古代输卤遗迹[1]。我们在调查重庆市彭水县郁山镇制盐遗迹时，在多个盐井附近发现了安放笕槽支架的柱洞，从楠木井到中井坝制盐遗址间分布有下水沱、莲花岩、皮虎沱、王家沱4处输卤笕道遗迹，在鸡鸣井至后灶坝之间有黄泥泉、井房、后灶坝、岩上4处输卤笕道遗迹。四川省蒲江县白云乡盐井沟也发现输卤笕槽遗迹，共分两类，一类是安放笕槽支架的柱洞，另一类是安放笕槽支板的基槽[2]。

为了解决竹笕转弯和卤水压力过大的问题，人们还发明了"别支"（亦称"笕窝"）装置，即在起始位置、转弯处和坡度较大的地方置木（石）盆，竹笕就可以任意转向。考古发现重庆忠县的官井旁有蓄卤小池一座，池壁多年积淀灰白色钙化物，当为输卤石盆。为解决笕管过江问题，文献记载宋代嘉定元年（1208年），盐官孔嗣宗为解决大宁盐场卤水过江的问题，开始使用竹篾绞织成碗口粗的牵藤，绷紧固定在两岸，然后将竹笕吊在上面，一藤一笕为一虹，连缀至数十百根，谓之"过篊"[3]。

也有使用人工运输卤水的。在一些产量较小的井和家庭作坊，往往卤水汲出来后，用挑或背的方式输卤。在一些交通不便的地方，也使用船运卤水。彭水县郁山镇飞水井曾以船载卤，文献载其"隶籍于井者，以小舟泊飞水"[4]。

（三）蓄卤遗迹

卤水输送到盐场后，需要暂时先存储起来。文献记载和晚近时期有用大木桶者，考古调查发掘所见均剩蓄卤池。

重庆市忠县中坝遗址发现各类坑壁涂抹黄黏土的坑槽遗迹，时代从新石器晚期延续到战国时期。中坝遗址各时代的储卤遗迹有一些区别：新石器时代的蓄卤坑在坑壁和底部敷2.3～3.5厘米厚的黄黏土，底部置一定数量的石块，口径1～2米，底小，高1米多；商周时期的蓄卤坑也在坑壁及底敷黄黏土，但较新石器时期的小，有的坑内还用缸、瓮等残器为内壁进行使用，这些器物的内壁，常常发现灰白色的钙化物。东周时期的蓄卤池多为长方形，坑壁用黄黏土加工，亦常有灰白色钙化物痕迹（图7-2-13）。

① 冉瑞铨：《大宁河古栈道初探》，《四川文物》1989年第2期；任桂园：《宁河栈道与煮盐铁盆刍论》，《盐业史研究》2002年第4期。

② 成都市文物考古研究所：《成都市蒲江县古代盐业遗址考古调查简报》，李水城、罗泰：《中国盐业考古（第一集）——长江上游古代盐业与景观考古的初步研究》，北京：科学出版社，2006年，第126～145页。

③ （宋）王象之撰：《舆地纪胜》卷181《大宁监》，北京：中华书局，1992年，第4657、4660页。

④ （清）张锐堂等：（同治）《彭水县志》卷11《艺文志》，彭水苗族土家族自治县档案局：《彭水珍稀地方志史料汇编》，成都：巴蜀书社，2012年，第673页。

图7-2-13　重庆忠县中坝遗址战国时期蓄卤槽及陶花边圜底罐

　　笔者曾参与重庆市忠县哨棚嘴遗址1997年度的发掘，在发掘中发现新石器晚期遗存中，也见有与中坝遗址新石器晚期相近的灰坑，坑壁涂抹黄黏土[①]。现在哨棚嘴遗址一带并不出产盐卤，考虑到附近瓦渣地遗址等出土大量两周时期的制盐遗物[②]，所以不排除该遗址附近早期有盐卤存在的可能，当然也不排除其卤水来源于㙝井河内的中坝，㙝井河入长江口就在哨棚嘴遗址旁。

　　四川盐源县黑盐井的调查中，发现有人工砌筑的方形卤水池，周围还残留少量木桩[③]。重庆市云阳县云安镇东大井遗址发现宋代（池56）、宋元时期、明代至清代中叶、清代中期至民国共4个时期的多座"卤水澄滤池"，坑壁往往涂抹黏土，也有的有灰白色钙化物[④]。

---

　　① 遗憾的是，哨棚嘴遗址的简报并未详细报道这部分灰坑抹黄黏土的细节。见北京大学考古文博学院三峡考古队、重庆市三峡库区田野考古培训班、忠县文物管理所：《忠县㙝井沟遗址群哨棚嘴遗址发掘简报》，重庆市文物局、重庆市移民局：《重庆库区考古报告集·1997卷》，北京：科学出版社，2001年。

　　② 北京大学考古学系三峡考古队、忠县文物保护管理所：《忠县瓦渣地遗址发掘简报》，重庆市文物局、重庆市移民：《重庆库区考古报告集·1998卷》，北京：科学出版社，2003年，第649~678页。

　　③ 四川成都文物考古研究所、四川凉山州博物馆：《四川盐源县古代盐业与文化的考古调查》，《南方文物》2011年第1期。

　　④ 高健斌：《重庆云安镇东大井区宋代至民国制盐遗址的发掘及相关研究》，李水城、罗泰：《中国盐业考古（第三集）——长江上游古代盐业与中坝遗址的考古研究》，北京：科学出版社，2013年，第78~115页。

对部分遗址出土灰白色钙化物进行科学检测，可以确认卤水池内的钙化物应为卤水中所含钙、镁、磷等杂质沉淀聚集的结果。而坑壁普见的黄黏土，其主要作用是防渗、防漏。中井坝遗址盐灶上的卤水沟、A型泼卤印灶后部炉底往往也可见到黄黏土，这应当与泼卤制盐技术有关，同样意在防渗。中井坝盐业遗址木柱柱洞周围也往往以黄黏土填充，表明黄黏土还具有防腐蚀的作用。此外，在使用土壳与土砖浓缩卤水的地方，黄黏土是制冰土的原料之一，清代以来使用煤为燃料的制盐作坊，黄黏土也是制作煤球的重要屡合料。重庆巫溪大宁盐场在20世纪40年代时，每年需黄土40万斤，用以调和灰炭，可见制盐规模之大。

蓄卤遗迹还可以按制盐流程分为两大类：一是原卤池，盛放从卤源地运输而来的卤水，如郁山中井坝遗址发现的H1位置最高，当为原卤池，可能直接承盛飞水井等笕输而来的卤水，再顺势入灶淋浸"土壳"；二是浓卤池，盛放经过浓卤工艺后的卤水，如经过淋煎后的卤水等，如郁山中井坝遗址发现的H2，该池池底在所有卤水池最低，可能就是盛放从淋卤坑（H3、H4）浓缩后流来的卤水，这应当是卤水在池中的最后一道工序。云安盐场遗址2004年度发掘的14号池，先掘竖穴土坑，在坑周用厚5厘米的木条做壁，抹以5厘米厚的三合土，近口部以长短不一的小石条砌筑四周，周壁内有5~7厘米厚的卤水结晶层，为使用过程中形成，该坑应为存储浓缩后的卤水之用。此外，无论是哪种类型的蓄卤池，大多数情况下它们也都同时兼有风晒功能，以进一步提高卤水浓度。

（四）淋卤遗迹

制盐的核心是浓缩卤水。在正式熬煎之前，人们会采用各种方法尽量使卤水浓度变高，以减少熬煎时间，节约利用能源。宋元以来，除海盐等开始用晒畦法浓卤外，井盐仍主要采用淋煎法浓卤。

淋煎法浓卤包括至少两种方法：淋灰法和淋土法。淋灰法是将含盐的卤水淋浸到草木灰，或将草木灰布撒到含盐土上，使草木灰的含盐量提高，再淋卤溶解沉淀，得到较高浓度卤水的一种方法[①]。淋灰法是将盐灶内柴草等燃料燃烧后的二次利用。之所以使用草木灰，一是它本身有余热，淋卤过程中有利于卤水的蒸发；二是草木灰含有氯化钾、氯化钠等大量盐分；三是其中的一些化学成分可将卤水中的氯化钠固化下来，进一步提高浓度，然后再通过摊晒、自然阴干等方法，淋卤汁得到高浓度卤水。淋土法大多是将黏土、煤炭灰等调和，制成土砖、土球和泥板等，置于盐灶的相应部位，利用煎盐的余热，将土砖等加热，并不断以卤水淋浸之，使卤水蒸发，氯化钠等

---

① 元代陈椿《熬波图》、明代宋应星《天工开物·作咸》均有记载。另参见王青：《淋煎法海盐生产技术起源的考古学探索》，《盐业史研究》2007年第1期。

就凝结在内，取出土砖等再淋卤汁溶解，提高卤水浓度的方法。

淋灰法在明以前的海盐和四川盆地的井盐生产中是比较常见的浓卤方法，清代使用煤炭做燃料后，淋土法得到广泛应用。文献记载淋灰法与淋土法在溶解时，均需使用深、浅二坑，明徐光启《天工开物·作成》记："凡淋煎法，掘坑二个，一浅一深。……深者深七八尺，受浅坑所淋之汁，然后入锅煎炼。"[①]（图7-2-14）

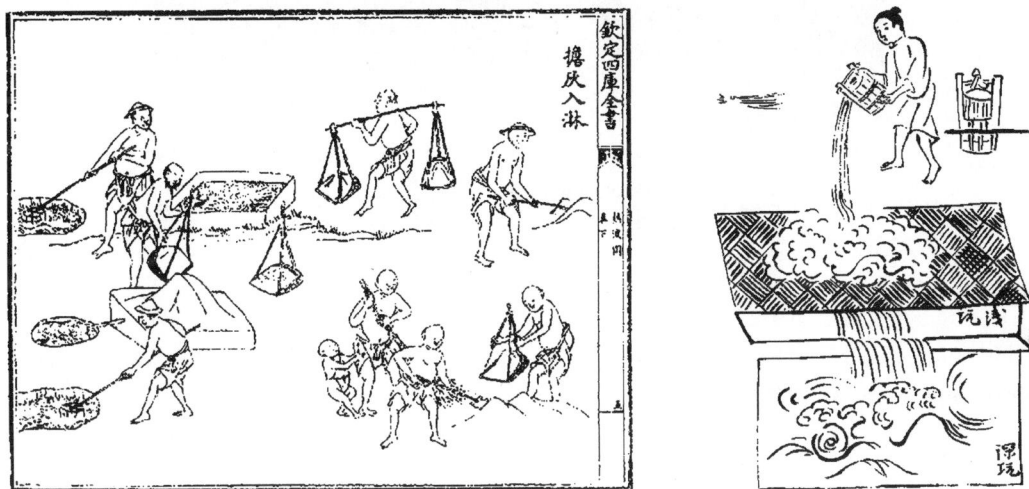

图7-2-14 元《熬波图》（左）和明《天工开物》（右）中制盐中的深坑与浅坑

淋灰法至少从新石器时代晚期以来就已经产生。中坝遗址有的坑内堆积有深厚的灰烬土，可能就是淋灰法浓卤留下的淋卤坑。这些坑内堆积往往上层为灰土，下层为灰烬土，厚约40厘米。这种坑应是溶解淋灰的土坑，也可能是盛放淋灰后得到的高浓度卤水，坑底的石块，是在舀卤过程中，为防止下部沉淀物沉渣泛起而放置的石头（图7-2-15）。此外，中坝遗址新石器晚期至商周时期的蓄卤坑深、浅坑均可见，虽资料未明示两种坑的位置关系，但想必与《天工开物》所记相似。

云安东大井遗址发现多座宋至明代"卤水澄滤池"，其中多数应为淋卤遗迹。这些卤水澄滤池有二池（坑）、三池（坑）成组两种形式，池（坑）间以小孔或筒瓦接制的管道相连通。二池一组如宋代的池57、H4和池53、池54，清代中叶至民国时期的池8、池11，池（坑）间均高低落差，高池（坑）底部有孔或管道与低池（坑）口部相连。三池一组的如宋代的池51、池52、池58，池51、池52之间存在叠压关系，实为高池二次维修改造的结果。

中井坝盐业遗址H3、H4号蓄卤池均为深、浅两坑相连，其中H3隔墙底部仍见孔

① （明）宋应星著，潘吉星译注：《天工开物》卷3《作咸》，上海：上海古籍出版社，2013年，第50页。

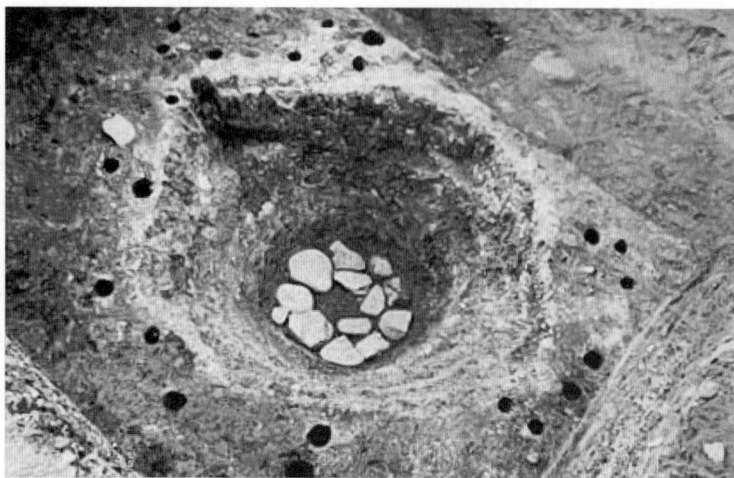

图7-2-15　重庆忠县中坝遗址新石器晚期淋卤坑（H292）

洞相通，且坑内堆积包含较多的煤渣及少量的草木灰，其深坑底部往往还有更深的小坑，当起承接沉淀物的作用。由此可以推断，这种两坑相连的池，其浅坑当为淋煎冰土之池，深坑则"受浅坑所淋之汁"，并起沉淀作用。

　　四川蒲江县白云乡盐井沟1号井也有类似的发现。该井附近发现盐池，建在盐井上方的基岩上，用石板砌置而成，中部用石板相隔，将卤池分为两个方形小池，或许其功能亦当为淋煎之用。重庆云阳云安盐场遗址发现了多种类型的盐池，其中2004年发掘的A型池、B型池由2～4座池组合而成，共有6组，B型池全部或部分可以互通，部分水池内有浅坑。报告推测A型池用途为浸泡"垄土"或"冰土"的浸泡池，B型池是用来澄滤成品盐的澄滤池。笔者认为这类遗迹均为淋卤坑。

（五）作坊建筑

　　从考古发现和现存作坊看，制盐作坊通常以盐灶为中心布置相关建筑。这些作坊建筑在重庆忠县中坝、彭水中井坝、云阳云安等遗址都有一定的发现，而以中坝遗址发现最多，据称有"数以百计"。

　　中坝遗址的作坊建筑大多有一定的分布范围，呈长方形或方形。作坊的地面很难有全部平整一致的，它们大都四周略高，中间略低，有的甚至分布在斜坡上呈倾斜状。地面往往有灰白色硬面，且随时间推移逐渐变硬，至战国时，变得硬如岩石（图7-2-16）[①]。在房址范围内，往往发现用火痕迹，但这些痕迹都有别于灶或火塘类遗迹。

---

　　① 孙智彬、左宇、黄健：《中坝遗址的盐业考古研究》，《四川文物》2007年第1期。

图7-2-16　重庆忠县中坝遗址商周时期制盐作坊（F15）

中坝遗址还有一些"柱洞"遗迹值得注意。一种是在作坊建筑的地面范围内，柱洞排列没有规律，至今未发现一例封闭呈一定形状的，而且，这部分地方很密集，人在其中，活动不便。另一种是在作坊建筑外，从新石器晚期至春秋战国都有一定分布范围，但分布的规律极不明显。其中新石器时代晚期的柱洞分布范围不大，柱洞也相对较稀疏，经夏、商发展到商末周初时，分布范围越来越广泛，密度越来越大，在9米×9米的探方范围内，大小不等的"柱洞"有上千个（图7-2-17）。西周中晚期至战国，柱洞密集程度逐渐减小。

中坝遗址作坊建筑应是盐业生产的作坊。其中白色硬面的来历较为复杂：四川盆地东部的盐和卤水中的主要杂质是镁、钙和钾、碳酸根等离子或离子团[1]，这些物质与草木灰中的碳酸钠或碳酸钾等发生化学反应，生成难溶性的碳酸钙或碳酸镁，同时析出更多的氯化钠，这就进一步提高了含盐量。中坝遗址的X射线荧光分析试验表明：作坊（F270、F198、F226）和卤水槽（M75）等生产遗迹的土壤，与非生产遗迹（T0202第20层）的土壤相比，它们的钙、镁含量特别高[2]。碳酸钙或碳酸镁会在成盐过程中沉

---

① 孙智彬：《忠县中坝遗址的性质——盐业生产的思考与探索》，《盐业史研究》2003年第1期。

② 傅罗文等：《中国早期盐业生产的考古和化学证据》，《法国汉学》丛书编辑委员会：《考古发掘与历史复原》（《法国汉学（第十一辑）》），北京：中华书局，2006年，第23～35页。

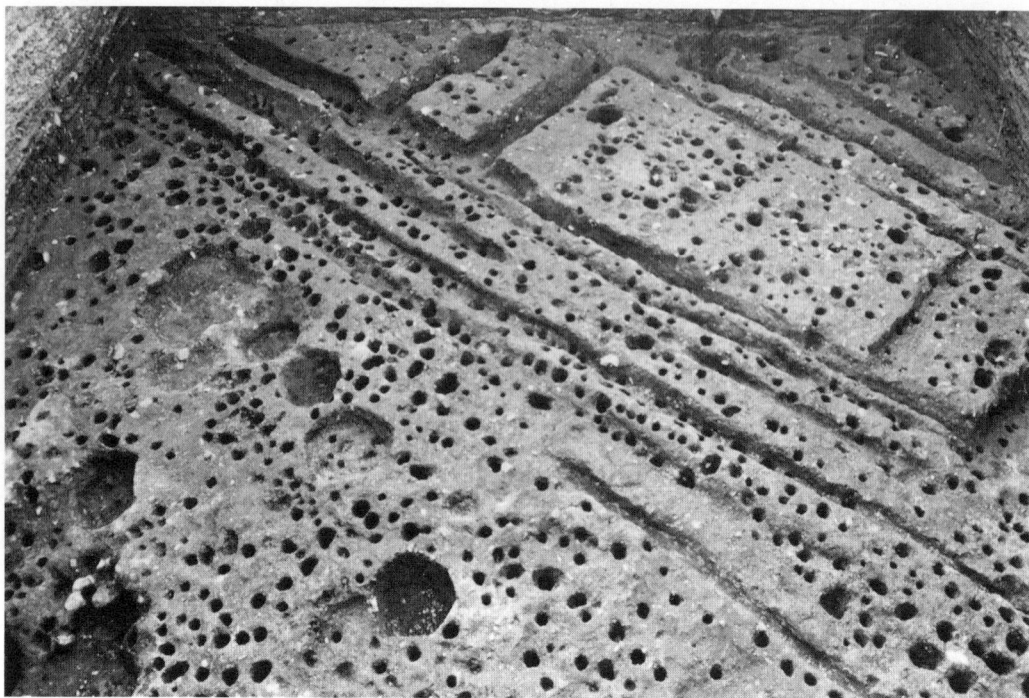

图7-2-17　重庆忠县中坝遗址探方内的商周时期"柱洞"

淀或析出，附着在器具等表面，大多数时候也被捞出丢弃在作坊等地面，从而形成钙化物硬层。

中坝遗址室内的所谓用火遗迹，主要是各类灰烬，或为用淋灰法浓卤，以及下文将要提到的盐模余热后的灰烬。关于室内外的大量"柱洞"，我们将结合下文器具的讨论对其功用予以说明。

三、制盐遗物

制盐遗物主要分为熬盐器具与盐模器具，同时也存在一些辅助工具，如中井坝遗址发现铁耙、云安盐场遗址发现一些青花瓷碗，但不能区分其具体功能，且数量较少。

（一）盐锅

盐锅有温锅和煎锅之分，但一般除有大小、厚薄差异外，同时期的形状和质地多数没有区别。研究者提出过多种四川盆地先秦盐灶上的各种熬盐锅意见，但多偏向尖底杯等小型的陶容器。小型陶容器如用于煮盐，其受热面窄，卤水容量小，成盐量极低，熬制过程中需频繁添加卤水，这些不利于提高劳动效率。先秦时期四川盆地与盐有关的小型陶器有尖底杯、小口圜底罐，可能还包括尖底盏等，这类器具很可能并不是熬盐器具，而是盐模用具（详见下文）。笔者认为，在四川盆地当时已经普遍使用较大的陶釜、陶罐等作为炊煮用具的时候，先民没有理由仍然使用热效和劳动效率极低的小型器具煎盐。从龙灶的结构看，从新石器时期到晚近时期，功能延续性是很明显的，因此我们倾向在先秦时期也使用较大型的陶器煎盐。

1. 煎盐陶器

在陶器制盐的时代，煎盐器具应像炊煮器具一样，通常都倾向圜底器或三足器。重庆地区新石器时代晚期缺少大型圜底器和三足器，不排除使用平底器、尖底器的可能。有学者认为，深腹缸可能是新石器时代末期的熬盐器具（图7-2-18，1）[①]。法国国立科学研究院的盐业考古专家顾磊（Pierre Couletquer）在参观考察中坝遗址后指出，深腹缸的底部部分，与他在非洲看到的盐业生产工具十分相像[②]。日本绳文时代晚期有一种制盐陶缸[③]，大口、直壁、小平底，与三峡地区的深腹缸器形很接近，只是相对更小一些，器壁更薄一些（图7-2-18，2）。明清及民国时期，甘肃盐场煎盐用铁锅，口

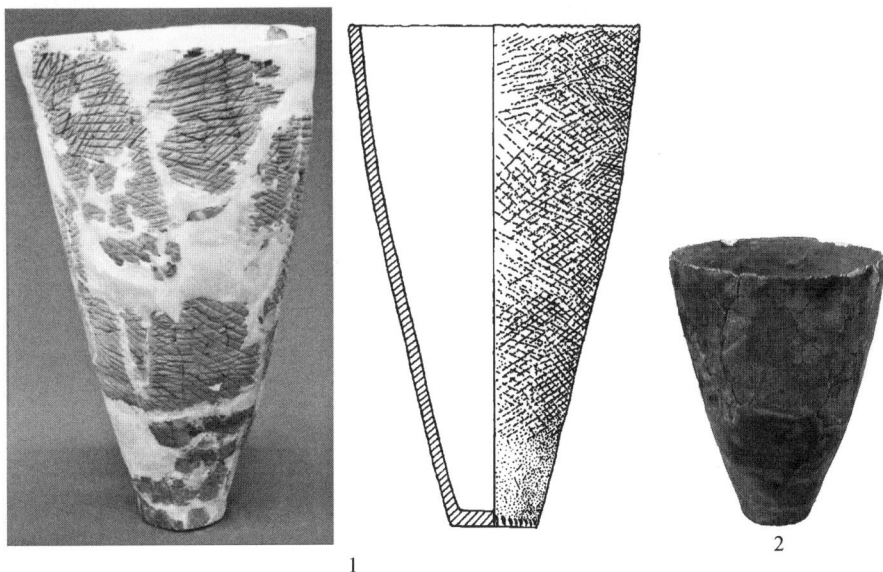

图7-2-18　三峡地区新石器时代大口陶缸与日本福岛地区出土绳纹时代制盐陶缸的比较
1. 重庆忠县哨棚嘴遗址出土大口陶缸（97ZGSH57：5）　2. 日本福岛博物馆藏制盐陶缸（笔者摄）

---

① 孙华：《渝东史前制盐工业初探——以史前时期制盐陶器为研究角度》，《盐业史研究》2004年第1期。

② 孙智彬、左宇、黄健：《中坝遗址的盐业考古研究》，《四川文物》2007年第1期。

③ 近藤义郎著，陈伯桢译：《陶器制盐的研究》，《盐业史研究》2003年第1期。

图7-2-19　重庆巫山双堰塘遗址出土陶大口花边圜底釜

大、底尖、略呈喇叭状①，其外形与重庆地区新石器晚期的深腹缸（该类器形由小平底发展到尖底）颇有相近之处，或可为深腹缸是熬盐锅的说法提供印证。

商代至战国时期，重庆地区普见陶大口圜底罐、陶大口圜底釜，一般底部烟炱痕明显，其主要用途是炊器。但在一些盐业遗址里，它主要起熬盐作用。这类陶器在中坝遗址数量较多，一般为大花边口、束颈、鼓肩、深腹、圜底，器身满饰绳纹，胎较厚，含粗砂，器壁内灰黑，是煎盐的理想器具（图7-2-19）。

船形杯是一种有争议的制盐工具。船形杯主要盛行于商代晚期至西周早期，有认为其应为炼铜坩埚的②，也有认为其是煎盐工具的③，也有的倾向可能属于制盐模用途的④。与船形杯相类似的器物在世界其他盐业遗址中有发现⑤，虽然中坝遗址迄今未见船形杯资料公布，但在同时期与制盐相关的一些遗址中有零星发现。忠县乌杨墓群西汉时的龙灶模型上，其中一件陶灶的第一孔灶眼上，可见两件互相扣合的似船形杯的器具，为其煎盐功能说增添了新证据⑥。

2. 牢盆

《史记·平准书》有"愿募民自给费，因官器作煮盐，官与牢盆"⑦的记载。牢

①　宋良曦、林建宇、黄健、程龙刚：《中国盐业史辞典》，上海：上海辞书出版社，2010年，第560页。

②　重庆市文物考古所、丰都县文物管理所：《丰都石地坝遗址商周时期遗存发掘报告》，重庆市文物局、重庆市移民局：《重庆库区考古报告集·1999卷》，北京：科学出版社，2006年，第702～737页；杨小刚、邹后曦、赵丛苍等：《重庆彭水徐家坝遗址出土商周时期的船形杯功能研究》，《文物保护与考古科学》2012年第1期。需要说明的是，徐家坝遗址出土的船形杯发现时内壁附近有一块商周时期的小铜块。

③　孙华：《渝东史前制盐工业初探——以史前时期制盐陶器为研究角度》，《盐业史研究》2004年第1期，第3～13页；陈伯桢：《中国盐业考古的回顾与展望》，《南方文物》2008年第1期，第40～47页。

④　白九江、邹后曦：《三峡地区的船形杯及其制盐功能分析》，《南方文物》2009年第1期。

⑤　[法]奥利维、[英]科瓦希克、张颖、彭鹏：《法国洛林de la Seille的制盐陶器Briquetage：欧洲铁器时代盐的原始工业生产》，《南方文物》2008年第1期，第34～39页。

⑥　白九江、邹后曦：《制盐龙灶的特征与演变——以三峡地区为例》，《江汉考古》2013年第3期。

⑦　（汉）司马迁撰，（南朝）裴骃集解，（唐）司马贞索隐，（唐）张守节正义：《史记》，北京：中华书局，1999年，第1211页。

盆的形状为"底锐、似半瓮状"①。从考古发现看，四川蒲江县五星镇出有汉代铁盆，为深腹平底盆形器，口稍大于底，口径131、底径100、高57、壁厚3.5厘米，重400余斤。该盆内壁还铸有隶书"廿五石"3字②，在宋人洪适《隶续》中有相同记载，应是当时牢盆的统一容量③。此外，宋代巫山县廨有重达"三百五十斤"的"巴官铁盆"牢盆，黄庭坚《盆记》记其为汉永平年间，宋赵明诚、洪适、陆游均对该牢盆有考证④，《舆地广记·图经》也记汉代曾将宁厂盐泉引至巫山，"以铁牢盆盛之"煎盐。从重量看，巫山县廨牢盆与文献所载"巴官铁盆"为"三百五十斤"（自铭），蒲江牢盆重量与之虽略轻，但考虑经过两千余年锈蚀，其原始重量应之相当。这样看来，汉代"官与牢盆"系统一铸造，其形制、重量、大小基本上是一致的。

牢盆还见于成都市郊羊子山和邛崃市花牌坊出土的东汉盐业生产画像砖，两者均有一长条形龙灶，其中羊子山者上承圆形牢盆5口，而花牌坊者灶身残缺，仍余牢盆2口⑤。牢盆的实物模型在忠县乌杨墓群⑥和巫山陈家包墓群龙灶上看得很清楚，灶在出土时上面就叠置有"钵形器"，钵形器恰好能平置在灶孔上。钵形器形状为圆形，敞口或微敛口，平底，腹较深，底小于口，显然就是文献中记载的"牢盆"模型，与蒲江县汉代铁盆实物也非常接近。日本古坟时代后期至奈良时代早期，盛行船冈式制盐陶器，其中一种大口平底钵，除体量较牢盆小得多之外，其形态亦颇与牢盆相近⑦。

结合乌杨墓群西汉龙灶模型上"牢盆"互相紧靠、布满整个灶面的情况分析，其反映的5孔灶实物长度至少不低于650厘米，12孔灶不低于1560厘米；那么，中坝遗址西汉龙灶上应可置5～10口不等的牢盆（据已经公布的长度推测）。

---

① 陆游《入蜀记》载："（巫山）县廨有故铁盆，底锐，似半瓮状，极坚厚，铭在其中，盖汉永平中物也。"但"底锐"与"半瓮状"的记述自相矛盾，考虑到该器曾用来植"莲芡"，疑底锐实为底钝之误。参见（宋）陆游著，蒋方校注：《入蜀记校注》，武汉：湖北人民出版社，2004年，第231页。

② 龙腾、夏晖：《蒲江县出土汉代牢盆考》，《盐业史研究》2002年第2期。

③ 《隶续》卷14"修官二铁盆款识"，所附铭文有"廿五石""廿五石廿年修官作"。参见（宋）洪适：《隶续》，《景印文渊阁四库全书》第681册，台北：台湾商务印书馆，1986年，第841页。

④ （宋）赵明诚：《金石录》卷14"汉巴官铁量铭"，《景印文渊阁四库全书》第681册，台北：台湾商务印书馆，1986年，第250页；洪适：《隶续》卷3"巴官铁盆铭"，《景印文渊阁四库全书》第681册，台北：台湾商务印书馆，1986年，第773页；（宋）陆游著，蒋方校注：《入蜀记校注》，武汉：湖北人民出版社，2004年，第231页。

⑤ 高文：《四川汉代画像砖》，上海：上海人民美术出版社，1987年。

⑥ 白九江、邹后曦：《制盐龙灶的特征与演变——以三峡地区为例》，《江汉考古》2013年第3期。

⑦ 岸本雅敏：《古代日本盐的流通》，李水城、罗泰：《中国盐业考古（第二集）——国际视野下的比较观察》，北京：科学出版社，2010年，第124页。

3. 镬、盐盘、镶锅、圆锅、平底锅及其他

南北朝时，四川盆地熬盐可能使用镬。《益州记》"官有两灶二十八镬"的记载是明证[①]。在四川盆地东汉至六朝时期常出土一种铁釜，是当时一般家庭较为常见的炊煮器，而镬当为大釜。宋代时，镬在一些地区的家庭制盐作坊中使用较多。《建炎以来朝野杂记》记宋代淮浙有"镬子盐，亭户小火，一灶之下，无虑二十家，家皆有镬，一家通夜必煎两镬，得盐六十斤"[②]。明《天工开物·作咸·井盐》记：盐水"入于釜中煎炼，只用中釜，不用牢盆，顷刻结盐，色成至白"[③]。宋代大宁盐场亦用镬煮盐，《太平寰宇记》："山南东道夔州路大宁监，本夔州大昌县前镇煮盐之所也。在县西南山岭峭壁中，有盐泉，置镬煮盐，开宝六年置监，以收课利。"[④]云安盐场2003年度曾发掘出一宋代铁器，敞口、斜壁、底近圜，可能就是当时的熬盐器具——镬[⑤]。

唐宋元时期，海盐熬煮的器具普遍改为盐盘。宋代徐度《却扫编》始记，元代陈椿《熬波图》亦载。关于盐盘的形状，明代李时珍、宋应星均有记载[⑥]，为平底、浅腹、大口之器，由多块铁片组合而成。铁制盐盘称"盘铁"，也有编竹为盘，涂蛎灰或石灰的。盘铁在江浙沿海一带多有发现。四川蒲江白云乡盐井沟灰沙嘴遗址出土"铁锅"残片2件，时代为唐宋时期，内壁黏附较多盐渣，外壁有烧结的炭渣，底厚0.9～1.3厘米，推测"应属平底铁锅类"[⑦]。但究竟属于牢盆、镬、还是盘铁？似难定论。

清代时，四川自贡场煎制巴盐用镶锅。镶锅铁制，一般用一个锅肚安在中央，周围用八至十二块铁板拼镶，四周砌锅边，外圈泥墙，中留对宽空隙，使火焰从中流

① 《太平寰宇记》卷85"陵洲·贵平县"条引《益州记》。参见（宋）乐史撰，王文楚等点校：《太平寰宇记》，北京：中华书局，2007年，第1694页。

② （宋）李心传撰，徐规点校：《建炎以来朝野杂记》甲集卷14"淮浙盐"，北京：中华书局，2000年，第296页。

③ （明）宋应星：《天工开物》卷上《作咸》，杭州：浙江人民美术出版社，2013年，第107页。

④ （宋）乐史撰，王文楚等点校：《太平寰宇记》卷148《夔州》之"大宁监"，北京：中华书局，2007年，第2877页。

⑤ 现存重庆市云阳县文物管理所。

⑥ 李时珍《本草纲目》引宋代苏颂《图经本草》："煮盐之器，汉谓之牢盆……横丈深尺，平底，置于灶背，谓之盐盘。"宋应星《天工开物》："其盆周阔数丈，径亦丈许。以铁钉打成叶片，铁钉拴合。其底平如盂，其四周高尺二寸。"（明）宋应星著，潘吉星译注：《天工开物》卷3《作咸》，上海：上海古籍出版社，2013年，第50页。

⑦ 成都市文物考古研究所：《成都市蒲江县古代盐业遗址考古调查简报》，李水城、罗泰：《中国盐业考古（第一集）——长江上游古代盐业与景观考古的初步研究》，北京：科学出版社，2006年，第126～145页。

转。一锅烧四天，盐成后拆锅毁灶，将盐块撬出后，再重复进行上述操作①。镶锅与盘铁相近，或为盘铁的孑遗。

盘铁大而重，每角用铁二千余斤，私人鼓铸不起，又需要多人"团煎"，旧盘损坏后，官府又不能及时修补，明中叶以后，"兴锅镢、废盘铁"，轻便的锅镢渐渐取代了笨重的盘铁，从而也导致了团煎制的瓦解。

明清时期，煎盐器具各地名称各异，淮南谓镢，长芦、广东称锅，山东、浙江叫盘，福建名釜，四川、云南称釜或锅。四川盆地的盐锅，清代有千斤锅、镶锅、双七锅、大盐锅、牛头锅、小金锅、金圆锅、金盆锅等②。千斤锅是一种大盐锅，锅底呈圆形，直径约为四尺、深七寸，边厚一寸，底心厚十五寸。煎熬时，先于锅四围用十二块高九寸、重二十斤、上薄下厚的铁块镶成锅沿，以盐和泥涂填缝隙，再注卤煎烧成盐③。清后期熬制巴盐的双七锅（大元坦锅）重1400斤，形坦如盘，直径约六尺，厚约二寸，深约四寸，可盛卤水二千余斤，锅沿亦架铁卤边④。清《雍乾之际井盐产销画卷》之《井养不穷》图⑤，灶房内有一龙灶，灶上书"煎盐灶""锅七口"字样，其锅的形状应为圆口坦底。民国初年林振翰在记述四川井盐锅的情况时说："锅大者曰千金锅，径四尺，因厚重不能铸深，煎时旁围铁块十二，高可一尺，是曰卤边。"不能铸深，说明的确是浅盘坦底。他在自贡自流井沙湾河边拍摄到的熬盐新锅和废弃熬盐锅，照片显示为圆口、浅盘、近平底⑥。从相关资料看，千斤锅、双七锅应当是圆口、浅腹、圜底近坦的大锅，可统称为圆锅。

民国时期，四川盆地又开始出现一种平底锅，这种锅一般为圆口，浅直腹，锅边上立，平底。《川盐纪要》记射蓬场据灶不同用"大平锅""二平锅"⑦，或许就是这种平底锅。从四川自贡燊海井1999年的调查材料看，燊海井用的是圆口平底铁锅，锅口直径为102、深28厘米，而自贡冲潭村盐场1940年以前也使用的是圆口平底锅，直径

① （清）丁宝桢等撰：《四川盐法志·井厂二·炭火煮盐图·煮巴盐》，上海：上海古籍出版社，1995年，第77、78页。

② 唐仁粤：《中国盐业史·地方编》，北京：人民出版社，1997年，第638页。

③ （清）丁宝桢等撰：《四川盐法志·井厂三·器具图说·盐锅》，上海：上海古籍出版社，1995年，第104页。

④ 宋良曦、林建宇、黄健、程龙刚：《中国盐业史辞典》，上海：上海辞书出版社，2010年，第111页。

⑤ 画卷照片现藏于英国剑桥李约瑟研究所。参见吴天颖：《两种清代井盐图籍述评》，彭泽益、王仁远：《中国盐业史国际学术讨论会论文集》，成都：四川人民出版社，1991年，第251～262页。

⑥ 林振翰：《川盐纪要》，北京：商务印书馆，1916年，附《自流井沙湾河边堆放熬盐新锅摄影》图。

⑦ 林振翰：《川盐纪要》，北京：商务印书馆，1916年，第214、218页。

为150厘米[①]。笔者于2013年9月在日本东北松岛盐灶神社考察时，亦曾见到类似的平底锅，其历史有上百年之久。据了解，圆口平底锅很可能是从日本传入天津长芦盐场，后再引入四川的。

从20世纪40年代开始，一种新型的方形平底锅开始逐渐出现，并在各大盐场逐渐盛行。20世纪70～80年代以来，因为方形平底锅生产量减少，部分仍采用较为传统制盐工艺的盐场，逐渐改为普通的家用圆口圜底锅，直至倒闭。

总体来讲，由于卤水中杂质往往较多，古代即使采用了各种方法提纯[②]，在熬煮过程中，依然会有很多杂质混合在盐分中，有的容易板结在锅底，为了便于铲除盐锅巴，同时，也为有利于受热均匀，自铁器产生以后，熬盐锅一般多倾向使用浅圜底或平底。

（二）盐模器具

先秦时期，我国的盐就有形盐和散盐之分。《周礼》有"宾客共（供）其形盐"[③]的记载。这里的形盐，就是指制成一定形状的盐。形盐需要模具才能制成，四川盆地考古发现的先秦时期的一些陶器，就应当是这类模具。

1. 深腹缸

正如上文所言，新石器时代晚期的敞口深腹缸很可能是煎盐器具。像深腹缸这类大型器具，结合下文对中坝遗址"柱洞"的理解，同时也不排除兼具盐模器具的功能。

作为盐模器具的分析有以下几点理由：其一，深腹缸在中坝遗址出土数量巨大。据介绍，这类器物约占出土的同时期陶器总数的68.2%[④]。另外，考古工作者对中坝遗址DT0202第65层的1平方米内进行了抽样统计，共出土了3600片陶缸的残片，其中125

---

① 笔者2010年参观燊海井时，已改用普通的圆口圜底锅。1999年的调查材料参见北京大学考古系、加州大学洛杉矶分校考古研究所、成都市文物考古研究所、阿拉巴马大学人类学系：《1999年盐业考古田野调查报告》，李水城、罗泰：《中国盐业考古（第一集）——长江上游古代盐业与景观考古的初步研究》，北京：科学出版社，2006年，第30～113页。

② 据卤水成分的不同，各地创造了不同方法来提纯卤水，如自贡燊海井在煎锅中加入豆浆，卤水表面会较为集中出现一层泡沫，再将这层泡沫捞出即可提纯，而云阳盐场使用生石灰去除杂质。参见北京大学考古系、加州大学洛杉矶分校考古研究所、成都市文物考古研究所、阿拉巴马大学人类学系：《1999年盐业考古田野调查报告》，李水城、罗泰：《中国盐业考古（第一集）——长江上游古代盐业与景观考古的初步研究》，北京：科学出版社，2006年，第30～113页。

③ （汉）郑玄注，（唐）贾公彦疏，（唐）陈德明音义：《周礼注疏》卷6《盐人》，《景印文渊阁四库全书》第90册，台北：台湾商务印书馆，1986年，第108页。

④ 孙智彬：《中坝遗址的性质与环境关系研究》，《科学通报》2008年第53卷增刊Ⅰ。

片为口沿残片。根据这些口沿残片的残高统计，其中最多有5个完整器。陶缸在中坝遗址新石器遗存中随时间亦呈现稳定增长趋势[①]。大量的、单一的器类堆积，只有在一定规模的工业化生产的情况下才可能出现，而且通常是作为易损的盐模器具出现。单纯的熬盐器具，由于多数情况下可以反复使用，所以往往并不见这种堆积（除熬盐、制模两步工艺合一外）。其二，深腹缸从东起重庆市巫山县（甚至鄂西峡江地区）、西至重庆市合川区、南至重庆市酉阳县的广大范围内，均有这类陶器。作为熬盐器具，一般来说，主要存在于盐业生产遗址里。深腹缸能够在广阔范围内传播，正是因为制盐模具参与了盐的运输和销售的结果。同时，我们也观察到，深腹缸距盐业生产遗址距离越远，考古发现的数量越少，在该遗址中同时期陶器的比例越低[②]，这也正是销售边缘效应递减的结果。其三，深腹缸的形态有利于其兼具盐模。深腹缸以夹粗砂红褐陶为主，器外壁饰绳纹，唇部多饰绳纹且纹痕很深、呈花边或锯齿状，底部多呈小平底或柱状与尖底。缸的体量都较大，一般口径在30厘米，高度在50厘米左右，其早期形态底径在3～5厘米，晚期演变为尖底后，根部直径在1～2厘米。总体来看，深腹缸的稳定性极差，因此很可能是与遗址所谓的"柱洞"配合使用的，而在下文的讨论中，我们会看到"柱洞"与盐模制作工艺有关。

但是，缸作为大型盐业器具参与盐的烘烤或作为盐品模具，仍有许多难以解释的问题存在，关于这方面的探讨，还需要更多的直接证据。

2. 尖底杯

商代至西周早期，尖底杯成为中坝遗址普见的堆积和器物。尖底杯是一种圆锥形、直口、尖底的陶质容器。目前学界大多数同意尖底杯是一种与盐业生产相关的器具，但至于它在其中扮演的角色是什么，究竟有何种功能？仍未有统一意见。大体说来，主要可以分为两种观点：一种认为尖底杯是制盐工具，制盐的具体方式又有晒盐[③]和煮盐[④]之分歧；另一种认为尖底杯不是直接生产盐的工具，而是制作盐模的器物[⑤]。

---

① 傅罗文著，吕红亮译：《专业化与生产：若干基本问题以及中坝制盐的讨论》，四川大学博物馆、四川大学考古学系、成都市文物考古研究所：《南方民族考古（第六辑）》，北京：科学出版社，2010年，第11～40页。

② 新石器遗址中，除中坝遗址外，重庆市奉节县老关庙遗址也很可能是一个与制盐相关的重要遗址，因为该处遗址附近就是历史上很有名的且得到一定开发利用的臭盐碛（旱八阵），故老关庙遗址的深腹缸数量多而比例高。

③ 孙华、曾宪龙：《尖底陶杯与花边陶釜——兼说峡江地区先秦时期的鱼盐业》，重庆市博物馆：《巴渝文化④》，重庆：重庆出版社，1999年，第59～78页。

④ 无专门文章论及尖底杯煮盐，但李锋等开展的尖底杯熬盐试验，似乎说明他们是以其为熬盐器具作前提的。

⑤ 白九江：《尖底杯在古代制盐工艺流程中的功能研究》，《盐业史研究》2010年第2期。

忠县中坝遗址是出土尖底杯数量最多的遗址之一，在该遗址商周时期文化堆积中，尖底杯也是该时期数量最多的一类器物。据1999年发掘的DT0202中1米×1米采样区统计，从第56层开始出现角状尖底杯。但直至第51层，其总量仅占该层陶器的5%，第50层增至23%，第49B层激增至75%以上，第49A层时锐减至7%强，取而代之的是此前仅占5%左右的大口短身尖底杯，第49A～48层，后者跃升至25%，此后迅速回落并走向消亡。巨大的尖底杯堆积景观也出现在忠县邓家沱遗址，在一个面积不足60平方米、体积约20立方米的单位中集中出土2万余枚，而其他类型的器物则不足百件[①]。对于尖底杯（包括下文的小圜底罐）曾有两种流行认识：一是晒盐，二是煮盐。但其实这两种认识都有偏差，无论是从气候、劳动效率、热效率、产盐量、其他对比资料还是大规模商品化生产盐来看，尖底杯不可能是熬煮器具。

笔者观察过大量尖底杯上的微痕[②]，发现许多尖底杯杯身上下颜色、火候有明显差异，分界总是出现在器身上下部，有很强的规律性，应当是二次过火造成的结果。同时，可以判定二次过火是在还原焰条件下形成的，因为尖底杯上下颜色差异主要表现为下部颜色较深，上部颜色较浅，应当是杯底受火的氛围与杯身不同造成的。由此，我们可以判定，尖底杯应当不是直接放置在"盐灶"上使用的，因为作为盐灶，熬盐时需要多次投柴，无法封闭，是形成氧化焰的理想场所，也就无法形成尖底杯下部的灰黑色痕迹。因此，综合下文要谈到的情况看，笔者倾向尖底杯是制作盐模的工具，尖底杯颜色上下的差异，是尖底杯在"柱洞"或插入灰烬中时，灰烬余热渗碳所致。

3. 小口圜底罐

圜底罐是重庆地区青铜时代的一种重要陶器，从口沿看，有素口和花边口两种；从体积看，有大口圜底罐和小口圜底罐两种。在盐业遗址里，大口圜底罐可能充当熬盐器具，小口圜底罐则充当盐模器具。

小口圜底罐的变化序列明显，主要盛行时代在东周时期。在盐业遗址中，其堆积特征与尖底杯相似。仍以忠县中坝遗址DT0202为例，从第49A层开始，厚胎花边口圜底罐逐渐成长起来，代替了尖底杯堆积，自第49A～35B层，大小不甚匀称的花边口圜底罐成为主流，比例占50%～80%[③]。

研究者们检测了中坝遗址出土的两个圜底罐（分别出自H457、H509），并与四川自贡发现的一个有着2000年历史的煮盐平底锅（YG2）的残留物以及2002年在重庆云

---

①　李锋：《忠县邓家沱遗址西周时期文化遗存的初步认识》，重庆市文物局、重庆市移民局：《重庆·2001三峡文物保护学术研讨会论文集》，北京：科学出版社，2003年。

②　白九江：《尖底杯在古代制盐工艺流程中的功能研究》，《盐业史研究》2010年第2期。

③　李水城：《近年来中国盐业考古领域的新进展》，《盐业史研究》2003年第1期。

阳一家现代盐业生产地的生石灰废料场收集到的残留物进行对比，发现它们具有相同的物相，且所有碳酸钙的衍射峰都与文献中报道的一致[①]，这充分说明中坝遗址圜底罐是与制盐有关的器具。

小圜底罐与菲律宾保和岛[②]等地区近现代制盐陶器类似，菲律宾保和岛土法制盐在灶前部置一口平底铁锅，内盛放盐水，以便快结晶时转装到灶后部一个个的盐罐中（图7-2-20）。这个例子证明即使小圜底罐在盐灶上，它的主要功能仍然是制作盐锭，置于盐灶上不过是为了直接利用余热进行结晶和干燥而已。

1

2

图7-2-20　菲律宾当代民间制盐流程中的金属方形平底煎锅和陶圜底罐

1.菲律宾阿尔巴柯克空陶圜底罐　2.菲律宾保和岛圣达菲洛美纳用陶罐结晶盐的场景（前侧为煎锅）

（李水城、罗泰：《中国盐业考古（第二集）——国际视野下的比较观察》彩版九，北京：科学出版社，2010年）

---

①　孙智彬：《忠县中坝遗址多学科综合研究多实践与探索》，中国考古学会：《中国考古学会第十次年会论文集》，北京：文物出版社，2008年，第50～70页；傅罗文等：《中国早期盐业生产的考古和化学证据》，《法国汉学》丛书编辑委员会：《考古发掘与历史复原》（《法国汉学（第十一辑）》），北京：中华书局，2006年，第23～35页。

②　安德烈·严科夫斯基：《传统技术和古代器物：菲律宾中部保和（Bohol）岛的制盐业和陶器生产的民族考古学研究》，李水城、罗泰：《中国盐业考古（第二集）——国际视野下的比较观察》，北京：科学出版社，2010年，第160～181页。

4. 尖底盏

在三峡地区广泛流行的尖底盏也可能是一种重要的盐模用具。尖底盏从商代晚期一直到战国时期都存在，变化序列明显，口大、腹浅、尖底，主要有两种类型：一种口沿部分呈双唇形态，另一种为单唇。以后者贯穿始终，且数量最多。尖底盏在中坝遗址也有较多出土，但在不同遗址可能存在不同用途。

四、盐锭生产与煎盐流程

（一）盐锭生产

盐在制作过程中有一些特殊的物理特性。卤水蒸发水分后，析出固体盐，含固体盐的料浆须经干燥，才能得到成品盐。干燥过程中如果盐浆流动性小，盐就易形成块状。同时，为了不使熬盐器具因盐成块而受到损坏，古人往往就顺势将盐块做成一定形状。其具体做法就是在卤水成为盐浆后，就将其舀出，倒入盐模中，经晾干或烘烤后使盐浆结晶成为盐锭。

尖底杯、小口圜底罐、尖底盏最有可能就是当时的盐模。在国外的考古发现中，盐业遗址中熬盐器具通常为大锅熬煮，再用小陶器装盐浆并进而形成盐锭。前面所述的菲律宾保和岛制盐就是典型例子。日本九州福冈市海之中道遗址的制盐陶器，一种为厚壁、缸形陶器，用来煮卤水；另一种形体较小，呈手榴弹形，用于烘制盐（盐模）。后者被用于运输经二次加工、形状标准的盐饼。同样的情况也出现在大阪府南町田山遗址，出土的大型圜底缸形制盐陶器和小型陶器，表明当时对煮卤水和制盐饼有着明确划分[①]。

从世界其他地区看，即使使用小型陶容器煮盐，这些小型陶容器往往也兼具盐模的作用，即煮盐与盐饼生产两道工序是合二为一的。最重要的是，为了支撑并稳定这些小型陶容器（往往是尖底或圜底），国外的这类陶器底部通常有支脚或柄。例如，美洲伯利兹Paynes Creek玛雅文化煮盐遗址，其圜底罐、深腹盆（罐）、浅腹盘等均可作煮盐陶器，但这些器物之间有垫具互相间隔，底部则以3个支脚相支撑[②]。同样的情

---

① 岸本雅敏：《古代日本盐的流通》，李水城、罗泰：《中国盐业考古（第二集）——国际视野下的比较观察》，北京：科学出版社，2010年，第114页。

② 海瑟·麦基洛普：《水下玛雅：中美伯利兹Paynes Creek盐场制盐陶器和木构建筑的空间分析》，李水城、罗泰：《中国盐业考古（第二集）——国际视野下的比较观察》，北京：科学出版社，2010年，第348～372页。

况在非洲尼日尔曼嘎地区[①]、德国施瓦比哈尔[②]等地区广泛存在。从四川盆地的考古发现看，一直没有与制盐陶器相关的支脚、器柄等遗物发现，这从反面可证实四川盆地发现的尖底杯、小口圜底罐、尖底盏等小型陶器不应当是煮盐用陶器。

《水经注·江水一》记载今云阳县云安镇盛产盐，"粒大者方寸，中央隆起，形如张伞，故因名之曰伞子盐。有不成者，形亦必方，异于常盐矣"[③]。伞子盐与倒扣的尖底盏形状很接近，应当不仅是巧合所能解释的了。这种伞子盐应当就是盐模做成的盐锭。将盐用盐模制成盐锭，直到近现代的土法制盐中仍可以见到大量实例（图7-2-21）。

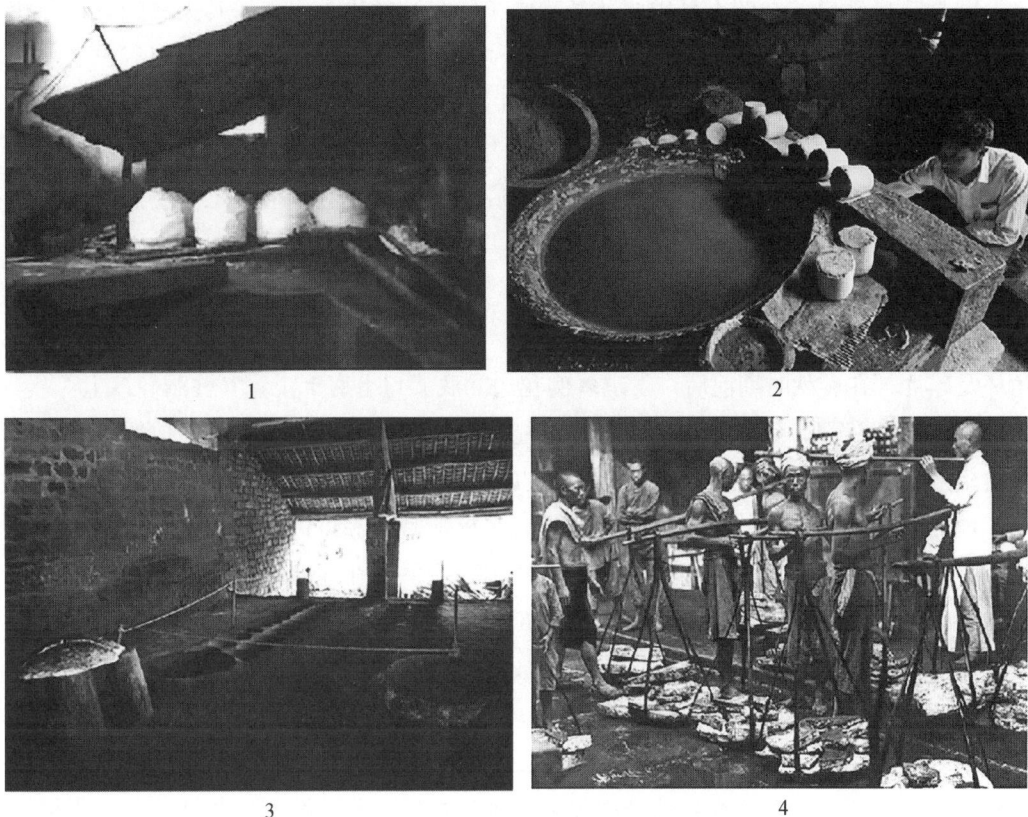

图7-2-21　近现代盐场和市场上的井盐盐模和盐块
1.四川自贡冲潭村盐厂盐饼　2.云南诺顿土法制盐与盐模　3.云南黑井盐灶上的煮盐与烘盐（右下白色花盐盐块）功能分区照片　4.四川遂宁射洪三台盐市称花盐盐块
（西德尼·戴维·甘博摄于1917年）

---

① 李水城、罗泰：《中国盐业考古（第二集）——国际视野下的比较观察》，北京：科学出版社，2010年，图版一、图版二。

② 马丁·赫斯：《德国西南部的史前盐业生产》，李水城、罗泰：《中国盐业考古（第二集）——国际视野下的比较观察》，北京：科学出版社，2010年，第218～237页。

③ （北魏）郦道元著，（清）王先谦校：《合校水经注》，北京：中华书局，2009年，第529页。

　　中坝遗址的考古发现表明，各个时期的尖底杯、小口圜底罐虽然有所不同，但在同一时期，多数尖底杯、小口圜底罐的大小和容量却比较统一。这反映了制盐陶器的标准化及最佳化的倾向。标准化的情形常发生在制盐的陶模或直接熬煮成块的陶器之上。学者们认为很主要的一个诱因在于均一大小的盐块可以作为很好的贸易交换单位，甚至权充货币。但新石器晚期的深腹缸由于体积较大，与现代一些手工盐厂生产出来的盐锭接近，其所制作出的盐锭并不一定充当交换单位，可能仅仅是为了便于运输的需要。

　　几种盐模器具的底部不是尖底就是圜底（深腹缸经历了小平底到尖底的变化，相对于其巨大的口部和较高的器身，小平底也可以视为尖底）。德国Saale河谷里遗址的小型制盐容器即被认为是在用大口陶锅熬煮后将尚未全干的结晶盐刮取置放在这些小型容器中再用慢火烤干，这些小型陶器倾向为尖底（或近乎尖底的小平底）或圜底。盐模器具的这种倾向可能具有其功能性。尖底的陶器可能利于插入土中熬煮而不需额外的支架，而圜底的陶器则可能具有受热面积大易于蒸发的优点[①]，且易于置放在灰烬上。

　　中坝遗址发现的大量"柱洞"，据介绍，"在商周之际的柱洞内，发现有较多的角杯及碎片；在春秋时期前后，发现多例花边圜底罐口上底下正置'柱洞'口上"[②]。这一现象提醒我们，尖底器和圜底器很可能就是搁置在"柱洞"上的。放置在柱洞上的盐模器具既可以采用晾干的方法，也可以采用烘烤的方法获得盐块。在中坝的房址内，地面上往往有很厚的灰烬层，这些灰烬在熬盐后，除可以作为"淋灰法"浓缩卤水时的原料外，也可以趁着余温用来放在柱洞内或平铺在地面（上面插尖底器或放圜底器）以烘烤盐模。灰烬的这些用途，充分节约了燃料，提高了制盐的效率。

　　笔者观察过尖底杯上的遗痕，发现多数有或明或暗的上下分界线，下部的颜色灰黑，有明显的渗碳迹象，应是烧成后的二次过火痕，或是将尖底杯插入柱洞或平铺的炭灰中烘烤盐模的结果[③]。作为盐锭的模具，在盐锭做好后，盐模有的取出后还可以二次利用，有的打烂后就丢弃在遗址内，有的则随盐锭一起被贩卖到各地，后者很可能就是为什么不产盐的遗址也会出现盐模器具的原因。

---

　　① 陈伯桢：《由早期陶器制盐遗址与遗物的共同特性看渝东早期盐业生产》，《盐业史研究》2003年第1期。

　　② 孙智彬、左宇、黄健：《中坝遗址的盐业考古研究》，《四川文物》2007年第1期。

　　③ 白九江：《尖底杯在古代制盐工艺流程中的功能研究》，《盐业史研究》2010年第2期。

（二）制盐流程

不同地区不同时代的制盐流程有一些差异，但主要流程是比较接近的，下面试对古代井盐制盐的一般流程进行描述。

卤水从产地提取出来，到达制盐作坊后，首先进入的是蓄卤池。蓄卤池的作用一是储存备用，二是进行澄滤，三是利用风吹日晒进行自然蒸发。

第二步就是人工制卤。由于原卤浓度较低，这就需要进行人工浓缩卤水。近代盐场在卤水提取出来后，有的先使用枝条架进行初步浓缩。主要的人工浓卤方法有三种：淋灰法、淋土法和直淋法。淋灰法在明清以前较为盛行，淋土法盛行于明清及以后，而直淋法是通过对塔炉、火管等进行加热，直接将卤水淋于其上，使水分蒸发进行浓卤，该法盛行于近现代。经过高度浓缩的卤水其浓度可以达到10波美度以上。

卤水经过浓缩后，由于包含草木灰或炭渣等杂质，往往需要进行沉淀或过滤。在四川盆地，往往是通过蓄卤池进行沉淀，晚期的蓄卤池底部往往有一小坑，应具有集聚盐卤杂质的作用。过滤工艺在菲律宾、尼日尔的现代制盐民俗调查中有实例，但在四川盆地目前还没有考古发现。

第四步就是煎盐，这道工序也称为"伏火"。伏火所用燃料，有草木、天然气、煤炭三种。柴草做燃料不晚于新石器晚期，迄明代仍是主要的燃料。中坝遗址先秦地层发现大量灰烬层，应为当时熬盐所留。要将卤水熬成结晶盐，需要大量的柴草，以致盐场附近都成了童山，如武隆区白马津"东三十余里，江岸有咸泉。……乃于忠州迁井灶户十余家，教以煮盐之法。未几，有四百余灶，由是两山林木芟薙，悉成童山"[1]。在两淮江浙地区，煎盐主要使用芦苇等湿地植物，燃料来源地称为"草荡"，后来还从"灶户"中分化出了专靠卖草谋利的"草户"。四川盆地使用天然气的历史或许与凿井取卤的时间相距不远，因为天然气往往与井矿盐伴生。最早使用天然气熬盐应不晚于魏晋时期，地点大概在四川临邛一带，因文献记载其有"火井"，并可煮盐[2]。为了控制天然气，自贡一带的盐场还发明了康盆。使用煤炭为燃料不晚于明代，主要在没有天然气资源的地区，以替代柴草。明代中期，大宁盐场"昔年近井皆柴木与石炭也，今皆突山赤土，所谓柴木与石炭者，不但五六十里之外，且在深崖大菁之

---

[1]　（宋）王象之撰：《舆地纪胜》卷174《涪州》之"咸泉"，北京：中华书局，1992年，第4528页。

[2]　（晋）张华《博物志》："临邛（今四川邛崃市）火井一所，纵广五尺，深二三丈，井在县南百里，昔时人以竹木投以取火。诸葛丞相往视之，后火转盛。执盆盖井上煮盐，得盐。人以家火即灭，今不复燃矣。"（晋）张华撰，范宁校证：《博物志校证》卷2《异产》，北京：中华书局，1980年，第26页。

中矣"[①]。清初，重庆地区的彭水郁山盐场、云阳云安盐场都纷纷开始使用煤炭做熬盐燃料。

煎盐过程中，通常要对卤水提纯。最简单的处理方法是在煎煮过程中，不断撇出浮于表面的泡沫。现代盐业生产案例中，往往使用生石灰处理卤水中的可溶性杂质。清代四川井盐生产"白巴、花老鸦巴者，煮盐功及半，用豆汁提精锅面盐渣，故上白而下黑"[②]。自贡燊海井、冲潭村盐场的卤水在煎煮时则多次添加豆浆以使其更纯净[③]。

因煎盐方法不同，井盐盐品大抵有花盐和巴盐两种：花盐是随结晶、随捞出、随洗涤，再晾干而成的散粒盐；巴盐则是熬干锅内卤水而成的块状饼盐。实际上，由于盐分中含有易板结的杂质，古代又无现代制盐中添加松散剂的工艺，无论是花盐、巴盐都要形成大块的"形盐"。花盐无非是在熬煎过程中多次提纯，将处于结晶状态的盐液捞出，置于模具（如尖底杯）中，待盐干后，自然形成盐锭，其特点是结构松散，硬度较低；而巴盐是在煎锅中反复添加卤水，熬煎过程中没有或很少提纯，熬成一锅大块的块盐（或熬花盐过程中底部的板结盐），熬盐器具同时兼具盐模的功能，由于杂质多，盐块的致密度、硬度较高，成色不佳。

盐在快结晶时，一般要下"母子盐"，以提高卤水浓度，加快结晶。盐锭（块）形成后，为了提高成色，有的要用较纯净的卤水、胆水或石灰水进行浇淋，使盐品更纯净洁白。之后通过晾晒或烘烤，除干盐品中的水分，就可以进行储藏了。根据市场需要，有的盐锭（块）还会被分成更小的等分或进行粉碎，最后再进入消费者手中（图7-2-22）。

五、总结与认识

中国盐业史的研究工作开展得早，研究工作很透彻，文献资料异常丰富。但是也存在一些需要加强的地方，特别是在盐业技术、早期盐业、交流发展方面还有大量的工作要做，而盐业考古则是通过实物研究古代盐业的一门分支学科，有自己独特的方法和途径，在这方面具有不可替代的作用，故近年来发展迅猛，工作开展较多，取

①　（明）刘大谟、杨慎等纂修：（嘉靖）《四川总志》卷16"盐法"，北京：书目文献出版社，2000年，第306页。

②　张茂炯等：《清盐法志》卷244"四川一·场产门"，铅印本，1920年。

③　北京大学考古学系、加州大学洛杉矶分校考古研究所、成都市文物考古研究所、阿拉巴马大学人类学系：《1999年盐业考古田野调查报告》，李水城、罗泰：《中国盐业考古（第一集）——长江上游古代盐业与景观考古的初步研究》，北京：科学出版社，2006年，第66～70页。

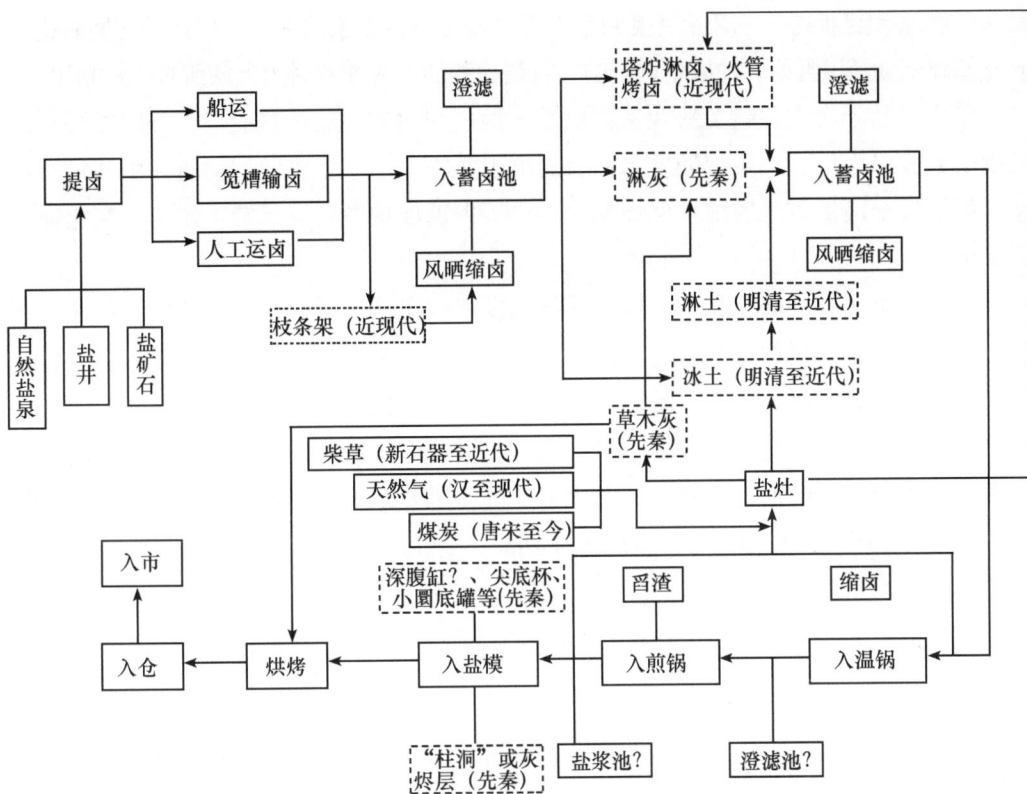

图7-2-22　四川盆地古代井盐制盐技术流程图

得了一些重要成果。经过近十多年的考古调查、发掘，四川盆地古代制盐技术更加清楚，许多技术细节日益展现。

第一，制盐技术的产生至少可以早到新石器时代末期，忠县中坝遗址的大量实物例证为目前国内新石器制盐技术所仅见。

第二，以盐灶为中心的考古工作，较为充分地揭示了盐场的整体构架，对研究制盐流程，复原古代特别是先秦时期的制盐工艺有重要价值。

第三，盐灶的发展变化是制盐技术进步的主要体现，以龙灶为代表的盐灶演变情况反映了人们在当时条件下对高效利用热能的极致追求。

第四，盐业考古揭示的细节补充和完善了文献研究的不足，如黄黏土的使用、陶质盐模的发现、早期淋灰法的产生等。

第五，科技手段的介入使传统的盐业研究进入了新阶段，考古方法的介入本来就使盐业研究更加注重实证，科技检测手段的应用则使盐业研究进入更为微观的层面，使各类研究结果更具说服力。

第六，盐业考古更加注意国内外交流对比，更加注意多学科研究的整合，使盐业史的研究进入了世界对话的层面。国际上开展盐业考古的历史悠久，我国的盐业考古是从三峡地区起步的，一开始就受到了世界盐业考古界专家的关注，因此而开展的比较研究基础充分，田野的、民族学调查的、科技检测的多方面资料为大家所吸收和利用。

第七，盐业考古促进了盐业文化遗产的保护和研究，三峡盐业考古开展以来，一大批研究成果面世，以中坝遗址为代表的出土文物进入了重庆的博物馆，中井坝盐业遗址得以较全面揭露并实施了原址保护，宁厂古镇保护被列入后续三峡历史文化遗产完善项目。

盐是人类生存的必需品，由这一需要出发产生了盐文化，盐文化的核心是人工制盐，同时形成了完整的盐产业链，盐的财富价值一直是人类分配问题上的重要内容，盐税是古代国家财政的重要来源之一，国家对盐业的控制很严，盐业与社会的经济、政治、军事以至文化的发展都有密切关系。四川盆地盐业遗迹十分丰富，井盐的生产技术一直居于世界前列，因此，加强盐业考古的研究，对认识古代社会，促进考古学相关问题的扩展和深化都有十分重要的价值。

补记：本文原刊于《盐业史研究》2014年第3期。本次收录时，补充了全部图片。

第三节　尖底杯在古代制盐工艺流程中的功能研究

一、尖底杯的发现与研究简述

尖底杯是一种圆锥形、直口、尖底的陶质容器，主要分布于四川盆地内，在邻近的鄂西、陕南也有不同形式的尖底杯存在。这种陶容器首先出现于重庆地区的三星堆文化[①]，盛行于十二桥文化和石地坝文化阶段，衰落于四川盆地东部的"瓦渣地文化"阶段，但在东周文化遗存中也还有少许残留。

尖底杯发现时代较早。早在1957年，四川省博物馆在调查川东长江沿岸古遗址时，就在忠县瞀井沟遗址（位于瞀井河入长江口处，包括今哨棚嘴、瓦渣地等遗址）采集到3件这种陶器，并在随后的调查报告中，将其正式命名为"尖底杯"[②]。1958

[①] 涪陵蔺市遗址1999年度发掘的乙组三星堆文化中，就出土1件尖底杯（ⅠT0803⑥：11），1997年度万州中坝子遗址一灰坑内亦出土1件（H28：3），两者均属于三星堆文化阶段。早期尖底杯胎厚，敞口，斜壁，尖底，唇部压印花边，器身饰细绳纹，应为薄胎角状尖底杯的前身。

[②] 四川省博物馆（杨有润）：《川东长江沿岸新石器时代遗址调查简报》，《考古》1959年第8期，第393～397页。

年，在配合三峡水库建设开展的文物调查中，再次于濬井沟遗址中采集到尖底杯[1]。此后，四川盆地内开展的一些考古发掘中，陆续发现了大量的尖底杯。1997年三峡文物保护工作正式启动后，大量的商周遗址中普遍发现了尖底杯。从目前的情况来看，三峡重庆库区凡是具有商代至西周遗存的遗址，绝大多数都或多或少有尖底杯存在。近几年的考古发现表明，在三峡库区以外的重庆地区，也有尖底杯出土，如乌江下游的酉阳县清源遗址[2]、邹家坝遗址[3]，嘉陵江下游的合川沙梁子遗址[4]，涪江下游的合川河嘴屋基遗址[5]、猴清庙遗址[6]，说明尖底杯广泛分布在以重庆地区为重心的四川盆地。

由于尖底杯在中国其他地区基本不见，具有非常强烈的地域特色，所以引起了很多人的注意，除在一些考古报告中对尖底杯开展了类型学分析外，近年亦有专门的文章研究尖底杯。在考古报告中对出土尖底杯介绍较多的有四川成都十二桥遗址[7]、雅安沙溪遗址[8]、重庆丰都石地坝遗址[9]，但局限在于仅限于本遗址。专门的研究文章有孙华、曾宪龙先生的《尖底陶杯与花边陶釜——兼说峡江地区先秦时期的鱼盐业》[10]，以

①　四川省博物馆（杨有润）：《四川省长江三峡水库考古调查简报》，《考古》1959年第8期，第398～403页。

②　重庆市文物考古所、重庆文化遗产保护中心、四川大学历史文化学院考古学系：《酉阳清源》，北京：科学出版社，2009年，第79～217页。

③　重庆市文物考古所、重庆文化遗产保护中心：《酉阳邹家坝》，北京：科学出版社，2011年，第34～208页。

④　冯庆豪、陈丽琼：《合川沙溪沙梁子新石器时代遗址的调查》，重庆市文化局文物处、重庆市博物馆：《三江考古调查纪要》（内部资料），1987年，第10～17页；重庆市文物考古所、合川市文物保管所：《重庆合川市沙梁子遗址抢救性考古发掘简报》，《四川文物》2006年增刊。

⑤　重庆市文化遗产研究院、合川区文物管理所：《合川区河嘴屋基遗址发掘简报》，重庆市文化遗产研究院、重庆文化遗产保护中心：《嘉陵江下游考古报告集》，北京：科学出版社，2015年，第1～34页。

⑥　重庆市文化遗产研究院、合川区文物管理所：《合川区猴清庙遗址发掘简报》，重庆市文化遗产研究院、重庆文化遗产保护中心：《嘉陵江下游考古报告集》，北京：科学出版社，2015年，第51～166页。

⑦　四川省文物管理委员会、四川省文物考古研究所、成都市博物馆：《成都十二桥商代建筑遗址第一期发掘简报》，《文物》1987年第12期。

⑧　四川省文物管理委员会、四川省文物考古研究所、四川省雅安地区文物管理所：《雅安沙溪遗址发掘及调查报告》，四川大学博物馆、中国古代铜鼓研究学会：《南方民族考古（第三辑）》，成都：四川科学技术出版社，1991年，第293～340页。

⑨　重庆市文物考古所、丰都县文物管理所：《丰都石地坝遗址商周时期遗存发掘报告》，重庆市文物局、重庆市移民局：《重庆库区考古报告集·1999卷》，北京：科学出版社，2006年，第702～737页。

⑩　孙华、曾宪龙：《尖底陶杯与花边陶釜——兼说峡江地区先秦时期的鱼盐业》，重庆市博物馆：《巴渝文化④》，重庆：重庆出版社，1999年，第59～78页。

及巴盐先生的《尖底杯：一种可能用于制盐的器具》[①]两篇文章。前者主要从类型学角度对尖底杯进行了研究，后者主要根据尖底杯的尺寸、底部形态进行了分类，均取得了较大的收获和新认识。

就重庆峡江地区发现的尖底杯看，形态丰富多样，但最常见者有两种：一种是含大量细沙的沙泥质、多为红陶的尖底杯，因形似羊角，学界称为羊角杯或角状尖底杯；另一种是细泥质抹光的、多为黑色或灰黑色的尖底杯，因形似炮弹学界称其为炮弹形尖底杯。

目前学界大多数同意尖底杯是一种与盐业生产相关的器具，但至于它在其中扮演的角色是什么？究竟有何种功能？仍未有统一意见。大体说来，主要可以分为两种观点：一种认为尖底杯是制盐工具，制盐的具体方式又有晒盐和煮盐之分歧；另一种认为尖底杯不是直接生产盐的工具，而是制作盐模的器物。

本文拟从堆积景观、器物使用痕迹、功能推测三个方面对尖底杯展开研究，以略抒管见，希望起到抛砖引玉的作用。

二、生产、使用与消费：尖底杯的三种堆积景观

三星堆文化时期的尖底杯为厚胎饰绳纹的尖底杯，迄今只在重庆极个别遗址有发现，且数量也仅见两件，是角状尖底杯的前身，目前尚难以从堆积景观上对其做出判断。

十二桥文化（四川盆地东部石地坝文化）和瓦渣地文化时期，尖底杯开始大量出现。在各遗址中其出土情况有较大不同。任何事物都有产生、发展和消亡的过程，尖底杯与此相对应的分别是生产、使用和消耗三个过程。虽然各过程的目的、手段不同，但相应的各阶段均会产生相应的副产品堆积，由此形成三种堆积景观：生产型、使用型、消费型。三种堆积景观中，尖底杯的埋藏在前两者中呈集中型分布，后者呈散点状分布。

（一）生产型堆积景观

生产型堆积景观就是生产尖底杯过程中产生的相关堆积，一般与窑业生产相关，并以陶窑为中心，堆积了较深厚的单一的尖底杯废品。目前主要见于重庆忠县瓦渣地

① 巴盐：《尖底杯：一种可能用于制盐的器具》，李水城、罗泰：《中国盐业考古（第一集）——长江上游古代盐业与景观考古的初步研究》，北京：科学出版社，2006年。

遗址①、哨棚嘴遗址②。生产型堆积景观与使用型堆积景观相距一般较近，便于向其输送产品。

瓦渣地遗址位于长江左岸的二级阶地上，遗址东临长江，北隔选溪河与㽆井河口的哨棚嘴遗址相望，范围约15000平方米，海拔145～165米。遗址表面散布大量以花边口沿的绳纹圜底釜残件为主的陶（瓦）片，故名。该遗址主要有新石器时代晚期和商周时代两种不同的考古学文化遗存。商代末期至春秋中期的遗存是以大量中口釜、尖底杯的陶片堆积为代表，这一时期的遗存目前已经划分为连续的三个阶段，第一段为西周前期前后（上限可以到商代末期），第二段为西周后期左右，第三期为春秋前期或稍后③。春秋中期以后，该遗址的制陶（这里指为熬盐烧制的专用容器）业停止，以后再也没有恢复。

忠县瓦渣地遗址是一处"堆积深厚，陶片层层垒叠的具有独特埋藏景观的遗址"。1997年和1998年，北京大学在发掘该遗址时，在早期"冲沟"内，发现了大量商周时期陶器碎片，其文化堆积几乎是以这些陶片堆积起来的（图7-3-1）。其中的第7大层，可辨陶器主要是角状尖底杯，简报怀疑是沟两侧附近的专门烧制这类器物的陶窑，将烧残的器物遗留在沟内所致。

事实上，考古工作者在该遗址发现了陶窑的残迹：地面上有红烧土硬面。其实，早在1959年，四川省长江流域文物保护委员会文物考古队在忠县㽆井沟遗址汪家院子地点（即今瓦渣地遗址）的试掘中就发现一座陶窑，在窑中出土了"角杯"200余件④。据有关文献介绍，在后来的发掘中，还发现"有圆形的窑灶一类遗迹"。

哨棚嘴遗址在2001年的发掘中，也清理出一座烧制尖底杯的陶窑（Y3），窑灶内装有角状尖底杯上百个（图7-3-2），这个陶窑及附近地上散布着成层的尖底杯残品，说明这些窑灶绝不是为了提供日常生活用陶器的陶窑，而是某种工业遗址的遗存。

① 北京大学考古学系三峡考古队、忠县文物保护管理所：《忠县瓦渣地遗址发掘简报》，重庆市文物局、重庆市移民局：《重庆库区考古报告集·1998卷》，北京：科学出版社，2003年，第649～678页。

② 北京大学考古文博院三峡考古队、重庆市三峡库区田野考古培训班、忠县文物管理所：《忠县㽆井沟遗址群哨棚嘴遗址发掘简报》，重庆市文物局、重庆市移民局：《重庆库区考古报告集·1997卷》，北京：科学出版社，2001年，第610～657页；北京大学考古学研究中心、北京大学考古文博学院三峡考古队、重庆市忠县文物管理所：《忠县哨棚嘴遗址发掘报告》，重庆市文物局、重庆市移民局：《重庆库区考古报告集·1999卷》，北京：科学出版社，2006年，第530～643页。

③ 孙华：《四川盆地盐业起源论纲——渝东盐业考古的现状、问题与展望》，《盐业史研究》2003年第1期。

④ 四川省长江流域文物保护委员会文物考古队：《四川忠县㽆井沟遗址的试掘》，《文物》1962年第8期。

图7-3-1　重庆忠县瓦渣地遗址地层堆积景观

图7-3-2　重庆忠县哨棚嘴遗址陶窑

（二）使用型堆积景观

使用型堆积景观就是利用尖底杯作为工具，生产产品（盐）过程中产生的堆积。此类景观中以盐灶和其他生产设施为中心，堆积了大量单一的尖底杯。以中坝遗址最为典型。

忠县中坝遗址位于忠县㽏井河中游的㽏井镇佑溪村。该遗址曾于20世纪50年代末做过试掘，1997年以来，四川省文物考古研究所进行了连续8年的大规模发掘，发现了自新石器时代至明清时期的大量的古代遗存[①]。目前研究的结果表明，该遗址是一处古代制盐工业遗存[②]。

先秦遗存是该遗址的主体堆积。忠县中坝遗址是出土角状尖底杯数量最多的遗址，在该遗址商周时期文化堆积中，尖底杯也是该时期数量最多的一类器物。据1999年发掘的DT0202中取1米×1米采样区统计，尖底杯有下列堆积现象。

（1）从第56层开始出现角状尖底杯。但直至第51层，其总量仅占该层陶器的5%，第50层增至23%，第49B层激增至75%以上。

（2）角状尖底杯的衰退亦极其迅速，第49A层时锐减至7%强。取而代之的是此前仅占5%左右的大口短身尖底杯，第49A～48层后者跃升至25%，此后迅速回落并走向消亡。

（3）与尖底杯衰退的同时，厚胎花边口圜底罐逐渐成长起来。到第49A～35B层时，大小不甚匀称的花边口圜底罐成为主流，比例占50%～80%[③]。

该类堆积往往数量大，遗物类型单一。同时，由于生产工具的变革，新的器具出现后，只要一被大量使用，很快便替代了原先的生产器具，但堆积的特征并没有根本改变。

忠县邓家沱遗址可能也属于此类遗存。该遗址隶属重庆市忠县新生镇邓家村第二村民组，处于长江左岸河床边上的一块一级山前台地。2001年以来，郑州大学三峡考古队对其进行了多次正式发掘，发现了新石器、商周、秦汉、唐宋和明清等五个时期的文化遗存。其中，商周时期文化遗存最为丰富，而且颇具特色，具有较高的研究价值[④]。

该遗址2001年发掘的商周堆积主要分布在三角形台地的右腰附近，堆积比较厚，一般堆积厚度在60～110厘米，遗迹遗物丰富。出土的器物中，尖底杯所占比例最大。其中，在一个面积不足60平方米、体积约20立方米的单位中集中出土2万余枚，而其他

①　四川省文物考古研究所、忠县文物保护管理所：《忠县中坝遗址发掘报告》，重庆市文物局、重庆市移民局：《重庆库区考古报告集·1997卷》，北京：科学出版社，2001年，第559～609页；四川省文物考古研究所、重庆市文物局三峡办、忠县文物保护管理所：《忠县中坝遗址Ⅱ区发掘简报》，重庆市文物局、重庆市移民局：《重庆库区考古报告集·1998卷》，北京：科学出版社，2003年，第607～648页；四川省文物考古研究所、北京大学考古文博学院、美国UCLA大学、重庆市文物局、忠县文物保护管理所：《忠县中坝遗址1999年度发掘简报》，重庆市文物局、重庆市移民局：《重庆库区考古报告集·2000卷》，北京：科学出版社，2007年，第964～1057页。

②　孙智彬、左宇、黄健：《中坝遗址的盐业考古研究》，《四川文物》2007年第1期。

③　李水城：《近年来中国盐业考古领域的新进展》，《盐业史研究》2003年第1期。

④　重庆市文物局、重庆市移民局：《忠县邓家沱遗址与渔洞墓群》，北京：科学出版社，2017年，第22～121页。

类型的器物则不足百件（图7-3-3）。在这2万余枚尖底杯的堆积中，废弃堆积厚度在40厘米左右，从上到下看不出有层次之别，只是在错乱的堆积中有上层多碎片、下层多完整器之感，而且近三分之一是完整的，有不少完整器是或二或三相套叠在一起废弃的。其次，从废弃形式看，尖底杯以集中废弃为主。前述2万余枚尖底杯这种一次性集中废弃如此众多的单一器皿，在三峡地区罕见。发掘者认为，"忠县邓家沱遗址西周时期的文化遗存应该是制盐产业废弃后遗留下来的遗存"[①]。

2003年的发掘，考古工作者在邓家沱遗址又成功地剔剥出西周时期生产废弃堆积场面，层面上有大量废弃的红烧土块、尖底杯、船形杯、陶罐等，展示出当时宏大的生产场景[②]。

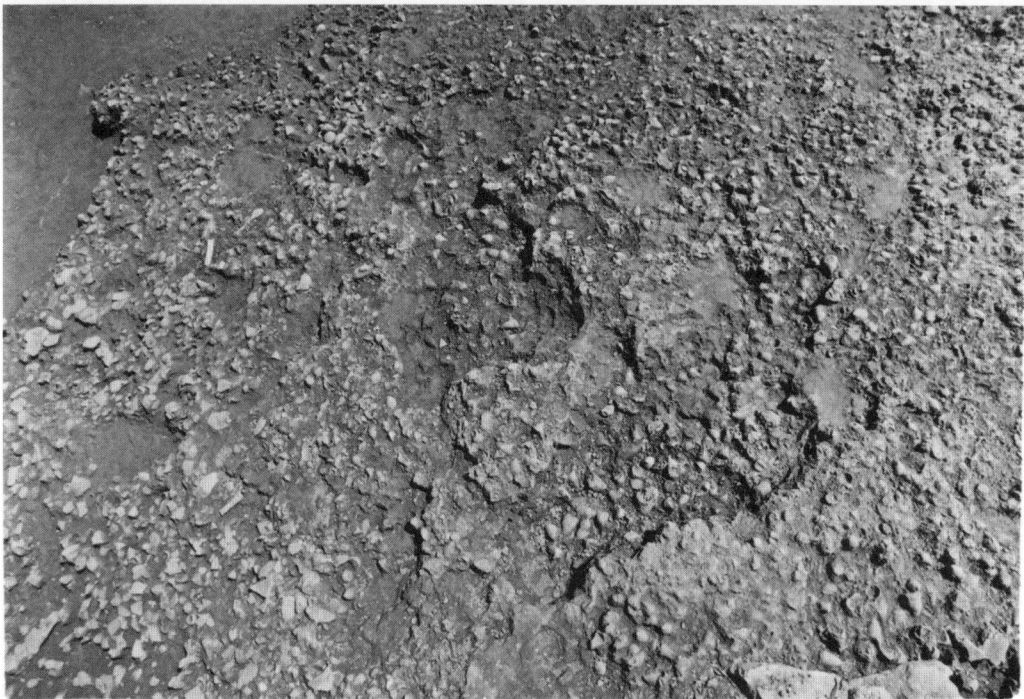

图7-3-3　重庆忠县邓家沱遗址2001年发掘H16尖底杯出土场景

（李锋供图）

---

① 李锋：《忠县邓家沱遗址西周时期文化遗存的初步认识》，重庆市文物局、重庆市移民局：《重庆·2001三峡文物保护学术研讨会论文集》，北京：科学出版社，2003年。

② 邹后曦、杨小刚、谭京梅：《重庆库区文物保护》，中国三峡建设年鉴编纂委员会：《中国三峡建设年鉴·2002》，宜昌：中国三峡建设年鉴社，2002年。

（三）消费型堆积景观

消费型堆积景观就是消费尖底杯及其产品过程中产生的废弃堆积，是一个具有完整生命链尖底杯的最后阶段。消费型堆积景观是最常见的一种堆积状态。

消费型堆积景观由于属于消费的尖底杯及其产品只是日常消费的一部分，所以不像前两种堆积中尖底杯单一而数量庞大，而是仅为众多生活陶器中的一部分，也不见窑炉和制盐遗迹。

一般发现一定数量尖底杯的遗址属于此类堆积景观。从盐的角度看，丰都县石地坝遗址即为典型消费型遗址[①]。石地坝遗址位于丰都县高家镇长江右岸，系一处十分重要而典型的商周聚落遗址，1999年度发掘发现了可以辨认的尖底杯个体至少141件，在该遗址商周遗存中数量居第二位。尖底杯的埋藏主要散布在当时的地表活动面与部分灰坑中，与大量的圜底罐、尖底盏等共存。发现的尖底杯均为残器，部分可以复原，无完整器。

由于盐消费是一种普遍的行为，所以各地的商周遗址均普遍发现尖底杯。但是三峡制盐遗址主要采用角状尖底杯，可以通过角状尖底杯的分布范围来确认其行销范围。在峡江地区，几乎大多数商周遗址都发现一定数量的角状尖底杯；在乌江流域的下游地区，考古工作者在重庆酉阳邹家坝遗址、清源遗址也发现了角状尖底杯；嘉陵江流域的合川沙梁子遗址和近年来发掘的猴清庙遗址均发现角状尖底杯。虽然成都平原等地也发现一定数量的尖底杯，但均未见角状尖底杯，由此看来，三峡盐业商周时期的行销范围主要在重庆峡江地区、乌江下游地区和嘉陵江下游地区。

三、经验的偏差：尖底杯非晒盐、熬盐器具

如果尖底杯是制盐器具的推测无误的话，那么它究竟是怎样发挥作用的呢？前面曾介绍过目前的两种流行认识：一是晒盐，二是煮盐。但其实这两种认识都有偏差。

晒盐说认为将尖底杯插于沙滩上，既有利于器物放置的稳定性，又可利用峡江地区夏季丰富的热能使盐卤蒸发，得到盐晶[②]。但是晒盐说的漏洞是非常明显的。首先，

---

① 重庆市文物考古所、丰都县文物管理所：《丰都石地坝遗址商周时期遗存发掘报告》，重庆市文物局、重庆市移民局：《重庆库区考古报告集·1999卷》，北京：科学出版社，2006年，第702～737页。

② 孙华、曾宪龙：《尖底陶杯与花边陶釜——兼说峡江地区先秦时期的鱼盐业》，重庆市博物馆：《巴渝文化④》，重庆：重庆出版社，1999年，第59～78页。

三峡地区不具备晒盐的气候条件。虽然从气温上来说，三峡地区属温湿的中亚热带气候，年均气温在长江流域较高，甚至接近岭南地区。但是三峡的"高温"并不是日照带来的。这里除了秋季天多晴日，云淡天高外，其余季节多阴天。峡谷内"朝云暮雨"，变化无常的天气是人所共知的。即使在难得一见的艳阳天，由于峡谷深邃，谷底接受日照的时间也是非常短的，多年气象观测表明，冬季仅中午前后两三个小时可见阳光，夏季日照也仅五六个小时。要想在这样短的时间内晒盐，又缺少风力蒸发，是难以想象的。其次，尖底杯体量小。炮弹形尖底杯内口径8～10、内高10～15厘米，可以装水0.9～1.4千克；角状尖底杯内口径4～6、高6～10厘米，可以装水0.4～0.7千克。以地下卤水一般的浓度，这样的容量只能晒出极微量的盐，难以大规模生产。如果在晒制过程中不停地添加卤水，虽可得到较多的盐分，但极大地增加了劳动量，添水的效率极其低下，增加了晒盐的时间，从生产的角度看，难以维持。此外，尖底杯放在沙地上，虽然能解决稳定问题，亦能增大与沙粒的接触面积，有利于热传导。但有过沙地生活经验的人都知道，阳光下沙地表面的沙粒温度可以很快升高，但下面的沙粒温度却并不高。由此看来，深插沙底的尖底杯很难得到足够的热量。而尖底杯腹较深、口径小，它们得到阳光眷顾的面积亦十分有限，难以晒盐。另外，从文献记载来看，我国采用晒盐技术的时代偏晚，且一般不借助陶容器，而是利用大块的平地做盐田。池盐的制作是我国最早采用"晒盐"技术的，山西解湖的池盐最早就是利用风力和日照制盐的，但在先秦以前，这种技术一直处于十分原始的状态。唐代以来，垦畦营种法（晒制池盐的方法）的成熟才使晒盐技术真正成熟和大规模生产成为可能。

　　煮盐说认为尖底杯及稍晚的花边圜底小罐均为煮盐器具。但是煮盐说遇到的难题是：尖底杯如何放置在盐灶上？曾宪龙等参照国外的考古发现提出了以栅格形式支撑的尖底杯熬盐技术。但尖底杯熬盐具有一些效率上的问题。第一，如果在一个盐灶上放置几十上百枚尖底杯，古人何不直接置一大陶罐？从容量上看还要更大一些。第二，从技术层面上看，放置多枚尖底杯显得十分繁复，不如一个或几个大陶罐来得简单；况且，多枚尖底杯底部局部出露的受热面小，加上互相之间的空隙，受热面远远不及大型陶器的底部。第三，单个尖底杯内的熬盐量十分有限。按通常3～4波美度的卤水计算，角状尖底杯一杯卤水的含盐量不过几克，即使经过浓缩后的卤水，含盐量也是很少的。据中坝遗址采用比尖底杯容量大几倍的小圜底罐所做熬盐实验显示，一罐卤水并经数次添加后烧煮结晶出的盐也不过8克[①]。显然，熬一次盐需要非常多的程序（生火、架杯、添卤、刮盐等），这种方法的效率极低。如果反复加卤，杯的容量有限，也是徒然浪费人力的。与使用大型陶容器相比，其效率显然难以满足商品化生产的需要。第四，国外使用栅格或支撑棒的制盐遗址，均能见到粗糙的棒形陶条，而

---

　　① 　孙智彬、左宇、黄健：《中坝遗址的盐业考古研究》，《四川文物》2007年第1期。

中坝遗址及三峡相关的商周制盐遗址没有发现任何类似的遗物（2014年浙江温州洞头九亩丘遗址发掘出宋代海盐制盐器具的盐棒——笔者补注）。

在民族志材料中有一些使用小型容器熬盐的例子，但均为自产自销。而重庆以中坝遗址为代表的古代制盐遗址，尖底杯和圜底罐的堆积数量惊人，且其容量大小在同时期显得比较一致，这说明商品化、标准化生产是非常明显的。德国Saale河谷的制盐遗址里，考古发现在青铜时代晚期（1000a.BC）开始的600年左右的时间里，遗址内有大量的与制盐有关的小型容器，但非直接熬盐器具[①]。

尖底杯作为直接熬盐的器具在考古中缺少证据。相反，以大容量容器熬盐的证据却更充分。中坝遗址发现多座"龙窑"，这种"龙窑"与成都羊子山、邛崃花牌坊汉画像砖上的窑灶极其相似（图7-3-4）。羊子山画像砖上的熬盐器具为大型容器，一灶五孔，每孔一器。中坝发现的"龙窑"时代多数属汉代，最早可上溯到新石器时代末期。商周时期由于种种原因未发现"龙窑"，但这一传统应当未中断，其制盐方式很

图7-3-4　四川邛崃花牌坊出土制盐汉画像砖拓片

---

① 陈伯桢：《由早期陶器制盐遗址与遗物的共同特性看渝东早期盐业生产》，《盐业史研究》2003年第1期。

可能和汉代差不多：即使用大型容器，只是材质方面与其（特别是东汉铁牢盆）有所不同罢了。

这样看来，尖底杯作为直接熬盐的器具的认识显然缺少证据支持。

四、微痕证据：尖底杯使用残痕观察

目前，学界对尖底杯的形态、制作技术的研究比较重视，而对于器物的生产和使用过程中遗留下来的残痕的研究有所忽略。笔者1999年在发掘重庆丰都石地坝遗址时，就发现使用残痕可能对确定尖底杯的功能具有关键作用。李锋先生在发掘邓家沱遗址时也注意到了这一问题。近年来，笔者实地观察了重庆忠县中坝、丰都县石地坝、涪陵区镇安①、酉阳县清源、合川区猴清庙等遗址出土的部分尖底杯标本，获得了一些粗浅认识。具体观察结果如下。

炮弹形尖底杯从微痕上观察，主要体现在颜色差异上，有下列痕迹值得注意。

一是大多数器物内、外底有灰黑色痕，与器身上部比，颜色分界分明，且下部颜色深。如镇安遗址1件尖底杯（G1：11），器身上部呈灰黄色，局部有小块灰斑，下部为浅灰黑色，内壁亦有对应的颜色分界线。但是也有极少数的炮弹形尖底杯，上部颜色深，下部颜色浅。如石地坝遗址T1131⑧：21，上部为黑色，下部为褐色，有少量黑色斑块，交界线笔直。

二是器物上下颜色分界处，大部分有一条色带，色带的颜色较浅，一般呈褐色。色带的宽度一般较窄而直，与上下颜色均有较大差异，且仅见于外壁。如清源遗址出土的1件尖底杯（H39：2），泥质灰黑陶，外壁近底处呈深黑色，内壁下部同样高度以下也为深黑色。外壁颜色分界处，有一道宽度不等的褐色色带，将上下截然分开，而内壁则无此色带（图7-3-5）。这种情况的尖底杯在中坝遗址、哨棚嘴遗址、瓦渣地遗址、镇安遗址、石地坝遗址均有出土（图7-3-6）。

三是部分器物外壁在颜色分界处，有少量偏红的部分向上伸出。如清源遗址T1442③：12，该器物内底同时还保留部分灰白垢痕（图7-3-7）。

角状尖底杯则有下列特征。

一是绝大多数器表常见起层现象，有的最上层呈灰黄色，极易与胎芯脱落。

二是部分保存较好的尖底杯，可以观察到杯身尖底及其附近区域，陶色多呈灰色或灰褐色，而上部颜色多呈红色或红褐色；中坝遗址出土的一件角状尖底

---

①　北京市文物考古研究所三峡考古队、重庆市涪陵区博物馆：《涪陵镇安遗址发掘报告》，重庆市文物局、重庆市移民局：《重庆库区考古报告集·1998卷》，北京：科学出版社，2003年，第850~894页。

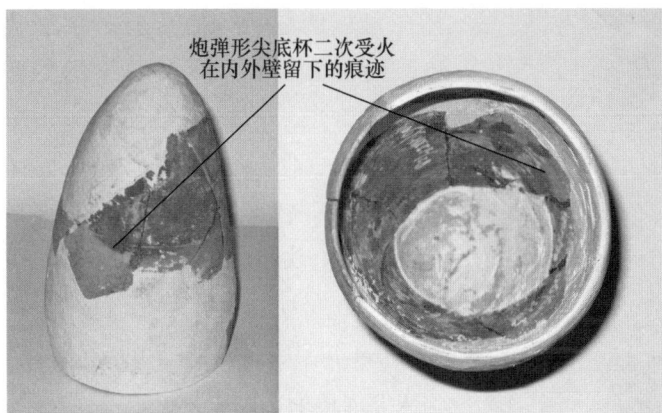

图7-3-5 重庆酉阳清源遗址出土炮弹形尖底杯（H39：2）内外壁上下异色的情况
（笔者摄）

图7-3-6 重庆忠县中坝遗址、涪陵镇安遗址、酉阳清源遗址炮弹形尖底杯（从左至右）下部的色带

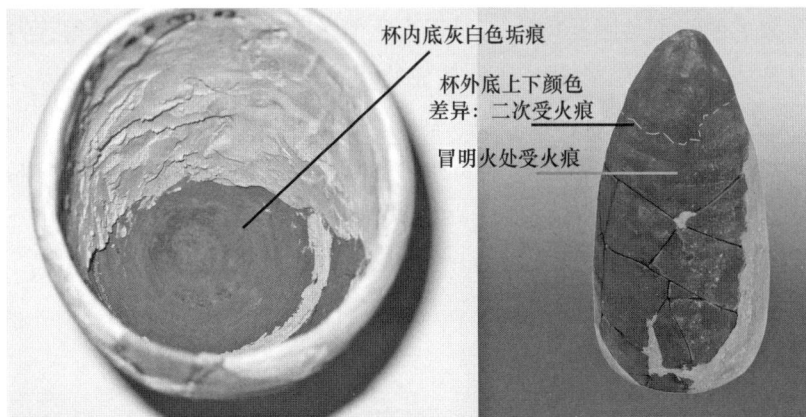

图7-3-7 重庆酉阳清源遗址炮弹形尖底杯（T1442③：12）内的白垢痕和外壁的红色

图7-3-8　重庆忠县中坝遗址出土角
状尖底杯底外壁的上下颜色差异
（孙智彬供图）

杯，可以明显看到底部有一层黑色的似烟炱的痕迹，而与上部和"烟炱"下的器底本色差异明显（图7-3-8）。

三是一般下半部火候较高，保存完好，上半部火候较低不易保存。

通过对尖底杯上微痕的观察，可以得到以下初步认识。

（1）尖底杯杯身上下颜色、火候的差异应当是二次过火造成的结果。

一般说来，陶器在烧制过程中受火不均，产生的颜色斑驳现象不具有尖底杯的两个特征：一是大多数颜色差异明显，二是分界总是出现在器身上下部，有很强的规律性。李锋先生也注意到了这一现象，他认为"这种现象难以用烧制过程中摆放位置不同来解释。因为无论如何摆放都无法达到大部分器物一半呈还原焰一半呈氧化焰的烧制效果。这种现象很有可能是在盛有液体的情况下再经火烧后形成的"[①]。

（2）尖底杯上下颜色、火候的差异应当是在二次过火时还原焰条件下形成的。

尖底杯上下颜色差异主要表现为下部颜色较深，上部颜色较浅。造成这种现象的原因，应当是杯底受火的氛围与杯身不同造成的。其中炮弹形尖底杯绝大多数通体呈灰黑色，应是在第一次烧制时即使用还原焰形成的结果，而下部颜色偏黑、偏灰，则是在二次过火时进一步受还原气氛加深的结果。角状尖底杯上部和下部胎芯多偏红，应是在第一次烧制时使用氧化焰形成的，而下部颜色偏灰黑，则是在二次过火时受还原气氛加深颜色的结果（图7-3-9）；至于上下颜色差异不明显的大量角状尖底杯，则是由于受器表易脱落，而二次过火不深造成的。

（3）尖底杯应当不是直接放置在"盐灶"上使用的。因为作为盐灶，熬盐时需要多次投柴，无法封闭，是形成氧化焰的理想场所，也就无法形成尖底杯下部的灰黑色痕迹。

（4）尖底杯底的灰白垢痕，应是制盐过程中，盐分中的杂质残留所致。

---

① 李锋：《忠县邓家沱遗址西周时期文化遗存的初步认识》，重庆市文物局、重庆市移民局：《重庆·2001三峡文物保护学术研讨会论文集》，北京：科学出版社，2003年，第99～106页。

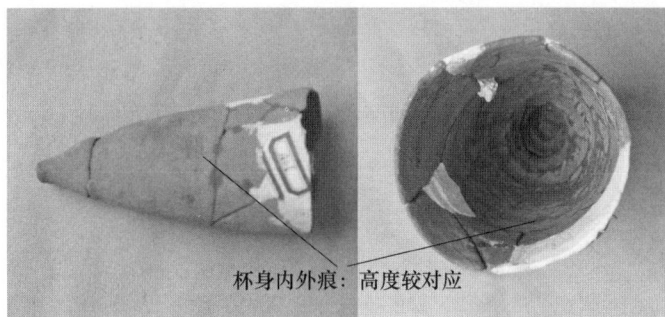

图7-3-9　重庆丰都石地坝遗址出土角状尖底杯内外颜色分界的对比
（笔者摄）

五、盐锭的模具：尖底杯在盐业中的功能推测

尖底杯既非晒盐、熬盐的器具，那么它究竟是作为什么用的呢？结合尖底杯的使用残痕看，我们认为它是制作盐模的器具。

盐在制作过程中有一些特殊的物理特性。制盐过程中，卤水蒸发水分后，析出固体盐，含固体盐的料浆（现代称盐浆）需经脱水和干燥两道工艺，才能得到成品盐。脱水和干燥都是为了脱去湿盐中的水分，但操作原理是不同的。脱水和干燥过程中，如果盐浆流动性小，盐通常形成块状。现代制盐工艺为解决盐易成块的问题，均要添加松散剂——亚铁氰化钾，并根据需要的颗粒大小，进行粉碎。

因此，古代未除杂质的卤水在熬盐过程中，为了不使熬盐器具因盐成块而损坏，一般在卤水成为盐浆后，就要将其舀出，倒入盐模中，经晾干或烘烤后使盐浆结晶成为盐块。模子可大可小，材质不限于陶器，从考古学及民族志的例子来看，陶器、木制的模子及植物叶编的容器都有。如大洋洲的新几内亚Baruya部落在制盐时，将盐浆放在模子中夯实，最后形成非常结实的盐块。东非Kibiro人将锅放在石支架上熬煮，当盐开始析出时便捞出放在圆锥状容器中，这些锥状的盐干了以后变得很硬，可以运到市场交换农产品[①]。但考古遗址中一般仅有陶器能被发现。

我们认为尖底杯就是当时的盐模。在国外的考古发现中，盐业遗址中熬盐通常为大锅熬煮，再用小陶器装盐浆。前述德国Saale河谷遗址的小型制盐容器即被认为是在用大口陶锅熬煮后将尚未全干的结晶盐刮取置放在这些小型容器中再用慢火烤干。用来做盐模的小型陶器倾向为尖底（或近乎尖底的小平底）或圜底。陈伯桢认为：这种倾向可能具有其功能性。尖底的陶器可能利于插入土中熬煮而不需额外的支架。而圜

---

① 　傅罗文、陈伯桢：《新几内亚、乌干达及西罗马帝国的盐业生产、交换及消费——重庆地区先秦时期盐业生产的比较研究》，《盐业史研究》2003年第1期。

底的陶器则可能具有受热面积大易于蒸发的优点[①]。此外，相关的考古发现和民族志资料表明，盐模用具一般内壁还比较粗糙，在晾晒时可以使水分尽快蒸发。有的盐模一端还有一些特殊的形状，以便打碎或折断器具，从一端向另一端顶出盐块。角状尖底杯亦具有上述特征，一般较粗糙，内壁常保留明显的、粗大的轮制拉坯旋痕，底部多有凸棱或转折，考古发现中常见底部部分。

《水经注·江水一》记载今重庆云阳县云安镇盛产盐，"粒大者方寸，中央隆起，形如张伞，故因名之曰伞子盐。有不成者，形亦必方，异于常盐矣"[②]。虽然说的是很晚的事了，但我们怀疑这里保留了一些原始的制盐方法，仍在采用尖底器（不一定是陶质的）或与船形器（另一种盐模器具）[③]近似的器物制作盐模，依盐模的形状故有伞子盐之称。

中坝遗址的考古发现表明，各个时期的尖底杯虽然有所不同，但在同一时期，多数尖底杯（包括圜底罐）的大小和容量却比较统一。这反映了制盐陶器的标准化及最佳化的倾向。标准化的情形常发生在制盐的陶模或直接熬煮成块的陶器之上。学者们认为很主要的一个诱因在于均一大小的盐块可以作为很好的贸易交换单位，甚至权充货币。

我们上述的功能推测如无问题，那么尖底杯又是怎样放置的呢？在中坝遗址的"房址"（可能是制盐作坊）内，发现大量"柱洞"。在其中一个9米×9米的探方内，共有1200余个（图7-3-10），可见其密度之大。很难想象这些是真正的柱洞。据介绍，"在商周之际的柱洞内，发现有较多的角杯及碎片；在春秋时期前后，发现多例花边圜底罐口上底下正置'柱洞'口上"[④]。这一现象提醒我们：尖底杯很可能就是搁置在"柱洞"上的。

放置在柱洞上的尖底杯既可以采用晾干的方法，也可以采用烘烤的方法获得盐块。在中坝的房址内，地面上往往有很厚的灰烬层，这些灰烬在熬盐后有两种作用：一是可以趁着余温用来放在柱洞内或平铺在地面（上面插尖底杯或放圜底罐）以烘烤盐模；二是可以作为"淋灰法"浓缩卤水时的原料。灰烬的这些用途，充分节约了燃料，提高了制盐的效率。

我们前面从尖底杯上的残痕判断，尖底杯普遍有二次过火痕，这正是烘烤盐模的结果。

尖底杯在还原气氛下过火，目前分析有两种可能。

①　陈伯桢：《由早期陶器制盐遗址与遗物的共同特性看渝东早期盐业生产》，《盐业史研究》2003年第1期。

②　（北魏）郦道元著，（清）王先谦校：《合校水经注》，北京：中华书局，2009年，第529页。

③　白九江、邹后曦：《三峡地区的船形杯及其制盐功能分析》，《南方文物》2009年第1期。

④　孙智彬、左宇、黄健：《中坝遗址的盐业考古研究》，《四川文物》2007年第1期。

图7-3-10　中坝遗址02DT0101出土的"柱洞"

（采自《忠县中坝（四）》图版六七：2[①]）

　　一是尖底杯套烧，哨棚嘴遗址和瓦渣地遗址均有多个套烧的尖底杯出土。但被套住部分因氧化不足而呈黑色或灰色。但是从尖底杯上下颜色分界处看，其直径往往并不与器口大小一致，且分界有的呈斜线或不规则，另外，内壁的上下分界处与外壁基本上在一个高度，如果套烧的话，应当内部整体供氧不足而呈黑色或灰色。故该种情况是不成立的。

　　二是在二次过火时将尖底杯直接插入带火星的草木灰中，或插入盛有草木灰的"柱洞"中，尖底杯受热甚至被部分渗碳形成这种灰黑色。因为这种情况下，一般因供氧不足，而形成还原气氛。显然这种情况是最符合尖底杯残痕的。

　　此外，少量尖底杯底部颜色的分界处，自此向上常有一团红色灼火痕，应当是带余温的草木灰偶尔因氧气充足重燃明火时形成的。带状分界处的带状色带，应是尖底杯放入洞中时，与洞口接触处形成的颜色差异。在色带以下，由于部分灰烬的余温较高，发生还原反应，故底部为黑色。色带处由于温度较高，但与洞口接触，与土壤间发生化学反应，形成了特有的颜色。色带以上部分，由于露出地面，所以颜色变化不

---

　　①　重庆市文物局、重庆市水利局：《忠县中坝（四）》，北京：科学出版社，2020年。

大。对于温度不高或直接插入灰烬中的尖底杯，则缺少色带，甚至上下颜色的差异不明显。角状尖底杯的表层易脱落，则是由于制盐过程中，盐分渗入胎壁，热胀冷缩造成的结果。

尖底杯作为盐锭的模具，在盐锭做好后，有的取出后还可以二次利用，有的打烂后就丢弃在遗址内，有的则随尖底杯一起被贩卖到各地，后者很可能就是为什么不产盐的遗址也会出现尖底杯的原因。

对于以成都平原为中心的广大的四川盆地内发现的众多尖底杯，我们推测也与制盐存在某种联系。文献记载成都地区至迟在汉代就已经有了发达的制盐业，而且利用天然气煮盐。成都羊子山、邛崃花牌坊均出土汉代煮盐画像砖。这一地区的盐业突然到汉代时显得很发达，应当有更悠久的历史，或许可以上推到尖底杯盛行的商周时期，那里不排除是与三峡地区并列的重要的制盐中心，并且制盐技术在两地间有极大的相似性；另一种可能是消费的三峡地区的盐品，其盐品来源于贸易或其他渠道。

补记：原文刊载于《盐业史研究》2010年第2期。本次收录时，补充了部分注释，对个别文字进行了修改，为不与相关文章冲突，对个别图片做了替换。

第四节　船形杯及其制盐功能初步探讨

一、船形杯的考古发现

近年来，由于三峡地区盐业考古所取得的进展，船形杯逐渐引起了学者的重视，相关研究中对其有了更多的关注。但是，关于船形杯的系统介绍却并不多，笔者拟在此做一简单介绍和研究，以就教于方家。

船形杯是重庆地区特有的一种陶器类型。这种陶器最早发现于重庆市丰都县高家镇石地坝遗址，在1999年的考古发掘中出土了一批该类陶器。笔者参加了该次发掘工作，由于这种陶器的形状颇似古代的木船，于是将其定名为"船形杯"。同年，石地坝遗址考古发掘领队袁东山先生将这种陶器带到了在重庆万州区召开的三峡文物保护工作会上，向大家介绍了其考古发现，船形杯逐渐为参与三峡考古的学者所熟知。在2001年重庆召开的三峡文物保护学术研讨会上，李锋先生在介绍邓家沱遗址的考古发现时，也使用了船形杯这一名称[①]。后来笔者撰写的石地坝遗址1999年度考古发掘简

---

① 李锋：《忠县邓家沱遗址西周时期文化遗存的初步认识》，重庆市文物局、重庆市移民局：《重庆·2001三峡文物保护学术研讨会论文集》，北京：科学出版社，2003年，第99~106页。

报，则正式使用了船形杯这一名称①。当然，有的学者对船形杯也有不同的称呼，如孙华先生就把它叫作"船形陶匜"②，有时也称"船形器"③。

绝大多数陶质船形杯的基本形状是：口部平面呈"拱门"形，两长边较直，短边一端较直，一端呈弧形，一般直端略低于弧端。口部侧视的线条多呈弧线，中部较高，两端略低。器壁底部较厚，由口至底逐渐变厚。椭圆形底。船形杯均为夹砂陶，砂粒较多较粗，颜色绝大多数呈红、红褐或褐色，陶质较粗疏。

目前，在三峡地区的多个遗址中有发现船形杯的报道。据不完全统计，已知在8个遗址中出土了船形杯，在三峡以外的地区，也有4处遗址有发现。这些遗址均处于江河岸边。从出土船形杯的地点看，它的分布范围起于重庆市最东端的巫山县，西止于重庆市主城北边的合川区，在长江、嘉陵江支流涪江④、乌江⑤均有发现，覆盖范围较广泛，但主要集中于重庆市的忠县、丰都一带的三峡西部地区。现将这些遗址及其发现的船形杯介绍于下。

石地坝遗址　位于重庆市丰都县高家镇官田沟村，该遗址以商周时期遗存堆积为主。1999年以来，重庆市文物考古所先后四次发掘该遗址，出土了多件船形杯及其残片。仅据第一次⑥和第四次⑦发掘的资料统计，该遗址共出土了34件，其中完整和修复完整者12件，是迄今所知重庆地区出土船形杯最多的遗址。石地坝遗址中出土的船形杯体量较小，口部长边略内敛，短边直端略内收，腹部较深，底部两端上翘较甚。一

①　重庆市文物考古所、丰都县文物管理所：《丰都石地坝遗址商周时期遗存发掘报告》，重庆市文物局、重庆市移民局：《重庆库区考古报告集·1999卷》，北京：科学出版社，2006年，第702~737页。

②　孙华：《渝东史前制盐工业初探——以史前时期制盐陶器为研究角度》，《盐业史研究》2004年第1期，第3~13页。

③　孙华：《四川盆地盐业起源论纲》，《盐业史研究》2003年第1期，第16~22页。

④　嘉陵江流域目前有嘉陵江干流的合川菜蔬排遗址、嘉陵江支流涪江合川河嘴屋基遗址各发现1件，年代均为商代。前者为本文写成发表后所见资料。

⑤　2009年11~12月，重庆市文物考古所与西北大学联合发掘彭水县徐家坝遗址时，发现船形杯1件，与尖底杯等商周时期文化遗物共存。资料现存重庆市文物考古所，未发表。贵州省黑獭遗址亦可能有船形杯。该遗址位于乌江下游的一处台地上，隔江与重庆市酉阳县相望。2006年笔者在参观贵州省文物考古研究所标本室的黑獭遗址出土物时，发现了一件似船形杯中部的陶器，胎较厚，底部有一孔，但由于该器较残，难以肯定其为船形杯。资料现存贵州省文物考古研究所，未发表。

⑥　重庆市文物考古所、丰都县文物管理所：《丰都石地坝遗址商周时期遗存发掘报告》，重庆市文物局、重庆市移民局：《重庆库区考古报告集·1999卷》，北京：科学出版社，2006年，第702~737页。

⑦　重庆市文物考古所、重庆市文物局、丰都县文物管理所：《丰都石地坝遗址发掘简报》，重庆市文物局、重庆市移民局：《重庆库区考古报告集·2001卷》，北京：科学出版社，2007年，第1613~1626页。

般口部长9~11、口宽5~7、高4.5~6.5厘米（图7-4-1，1~3；图7-4-2，5）。

玉溪坪遗址　位于重庆市丰都县龙孔乡玉溪村，与玉溪、石地坝、信号台遗址紧邻。该遗址经过五次发掘，发现的新石器、商周、唐代遗存尤其丰富。在2001年度的发掘中，于ⅡT0612⑦层中出土船形杯，同出的还有角状尖底杯等陶器。在ⅡT0606⑥层中，发现一件近似船形杯的陶器，与船形杯不同的是，该器没有船形杯的弧端，弧端口部有两道戳印花边（图7-4-2，6）[①]。

玉溪遗址　位于重庆市丰都县高家镇金刚村玉溪河汇入长江的交汇处，北与玉溪坪遗址相连，南接信号台遗址。重庆市文物考古所在1998年的首次发掘中，于H30内出土了一件"龟形锅"[②]，该器"泥质外红内灰陶，口沿内外皆灰色，器内有一层白色涂料，口沿饰戳印花边，器形呈龟甲状，壁下厚上薄"。从该器的形状看，应与船形杯功能相近，可能是另一种形制的船形杯（图7-4-1，4）。

信号台遗址　位于重庆市丰都县高家镇金刚村的长江右岸一级台地。2006年，重庆市文物考古所发掘了该遗址。在其中的T1104⑦、T0904⑥商周文化层中，各发现了1件残船形杯，其中一件可复原，复原残长约24、宽约11.5、高6.1厘米

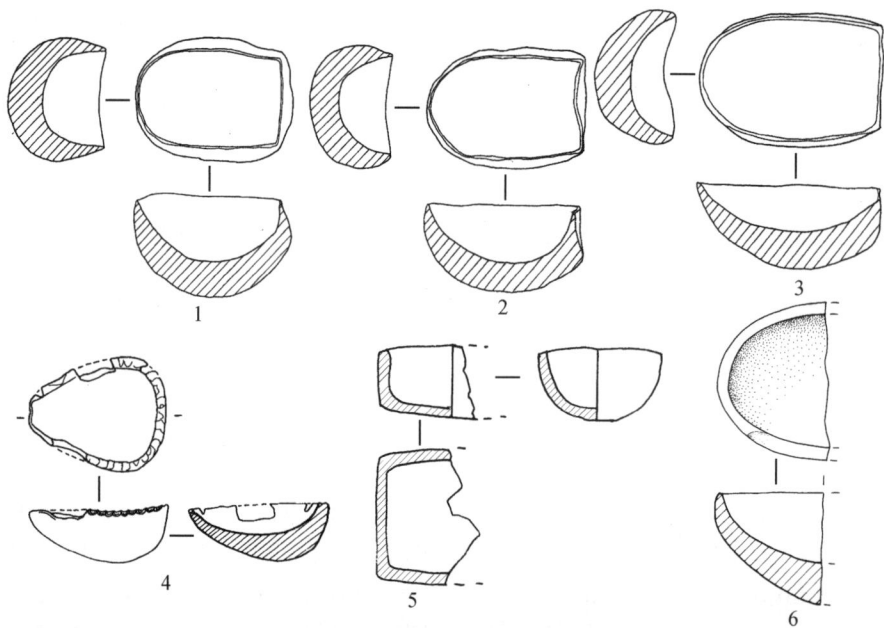

图7-4-1　部分遗址发现的船形杯

1~3.重庆丰都石地坝遗址（T1331⑧：7、T1030⑦A：2、T1431⑦B：75）　4.重庆丰都玉溪遗址（H30：3）

5.重庆丰都信号台遗址（T0904⑥：2）　6.重庆合川河嘴屋基遗址（G2：1）

①　资料现存重庆市文物考古研究院，未发表。

②　重庆市文物考古所：《丰都玉溪遗址勘探、早期遗存发掘简报》，重庆市文物局、重庆市移民局：《重庆库区考古报告集·1998卷》，北京：科学出版社，2003年，第745~765页。

（图7-4-1，5；图7-4-2，2）^①。该器狭长，口部长边外敞，底平直。

忠县邓家沱遗址　位于重庆市忠县新生镇邓家村，长江左岸的山前一级台地上。2001年，郑州大学三峡考古队对其进行了发掘。在遗址的所谓西周文化层中，出土了部分船形杯。目前已经披露的有4件船形杯残片，均为ⅣT1309⑤A层出土（图7-4-2，3、4）^②。从复原情况看，邓家沱遗址的船形杯较长、略宽，口部长边略内敛，短边直端外斜，底部较平直。

忠县哨棚嘴遗址　位于重庆市忠县忠州镇红星村，㽏井河汇入长江的右岸。2001年，北京大学考古文博学院在遗址的发掘中，发现了一个椭圆形的窑灶，窑（灶）室内的陶器残片相当单纯，基本上都是船形陶杯^③。这些船形陶杯与邓家沱遗址的相同，

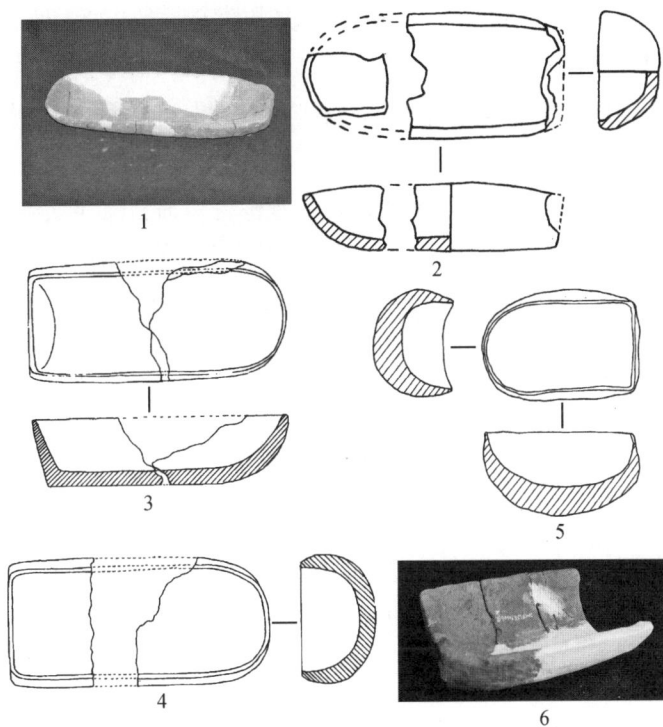

图7-4-2　A、C型船形杯

1. A型Ⅰ式（重庆云阳丝栗包遗址）　2. A型Ⅱ式（重庆丰都信号台遗址T1104⑦：24）　3、4. A型Ⅲ式（重庆忠县邓家沱遗址ⅣT1309⑤A：6、5，ⅣT1309⑤A：4、3）　5. A型Ⅳ式（重庆丰都石地坝遗址H38：5）
6. C型（重庆丰都玉溪坪遗址ⅡT0606⑥：2）

---

① 资料现存重庆市文物考古研究院，未发表。

② 李锋：《忠县邓家沱遗址西周时期文化遗存的初步认识》，重庆市文物局、重庆市移民局：《重庆·2001三峡文物保护学术研讨会论文集》，北京：科学出版社，2003年，第99～106页。

③ 孙华：《渝东地区新发现的新石器晚期文化——忠县哨棚嘴遗址的发掘》，徐光冀：《永不逝落的文明：三峡文物抢救纪实》，济南：山东画报出版社，2003年，第36～43页；孙华：《渝东史前制盐工业初探——以史前时期制盐陶器为研究角度》，《盐业史研究》2004年第1期，第3～13页。

都属于体量较大、器壁较薄的一类。此外，在重庆中国三峡博物馆"远古巴渝"展览中，展出的一件出土于哨棚嘴遗址的船形杯，体量较大，据笔者目测长度应接近40、宽度约20厘米，相较于其体量而言，陶胎偏薄（图7-4-6）。

　　丝栗包遗址　位于重庆市云阳县双江镇群益村，该遗址是由四川大学考古系发掘的。在2003年的发掘中，在夏商遗存中发现船形杯，目前所知有3件较完整[①]。丝栗包遗址出土的船形杯腹较浅，口壁外敞，胎壁较薄，底部较平直，口、底部的厚度变化不大[②]，整器较石地坝遗址的大而长（图7-4-2，1）。

　　大溪遗址　位于重庆市巫山县大溪乡大溪村，长江出瞿塘峡与大溪河的交汇处。该遗址主要以新石器时代遗存为主，也有少量的商周遗存。2000年，重庆市文物考古所在发掘遗址北部的Ⅰ区T0403时，在其中的第8层发现残船形杯1件（图7-4-7，3）。该残片为一船形杯的弧端，夹粗砂，灰褐色，口薄底厚，器形较石地坝遗址的略大。大溪遗址出土的船形杯与炮弹形尖底杯、素口绳纹圜底罐等同出，年代初定为商代末期[③]。

　　河嘴屋基遗址　位于重庆市合川区铜溪镇弯桥村，临嘉陵江支流涪江左岸。2008年3月，重庆市文物考古所对其进行了小规模发掘，发现了丰富的商周时期遗存。在编号为G2的遗迹内，发现残船形杯1件，系船形杯弧端一侧的残片，夹砂红陶，胎芯呈黑色（图7-4-1，6）[④]。

二、船形杯的形制、年代与使用痕迹

　　对于船形杯的形制，孙华先生曾做过简单分析[⑤]。重庆地区考古出土的船形杯资料大多未发表，详细研究的条件目前并不具备。在地层关系上，仅有石地坝遗址出土的船形杯具有早晚关系，但由于其器物形态变化很小，反映的是短时间尺度的序列，缺少参考意义。故只能根据各遗址的伴生器物，或许可以建立船形杯的演变序列。根据笔者收集到的资料，大约可将船形杯分为三型。

---

① 参见《三峡文物通讯》2004年第2期（内部资料）。

② 这两件船形杯常年在重庆中国三峡博物馆"远古巴渝"展览中展出。

③ 资料现存重庆市文物考古研究院，未发表。

④ 重庆市文化遗产研究院、合川区文物管理所：《合川区河嘴屋基遗址发掘简报》，重庆市文化遗产研究院、重庆文化遗产保护中心：《嘉陵江下游考古报告集》，北京：科学出版社，2015年，第1~34页。

⑤ 孙华先生将船形杯分为二式。见孙华：《渝东史前制盐工业初探——以史前时期制盐陶器为研究角度》，《盐业史研究》2004年第1期，第3~13页。

A型　口部平面呈"拱门"形，口部短边一端为直边，一端为弧形。目前可粗略分为四式[①]。

Ⅰ式：腹壁较坦，整器狭长，长边两侧壁外敞，底部较平，器壁较薄。以云阳丝栗包遗址出土船形杯为典型代表（图7-4-2，1）。

Ⅱ式：腹壁较浅，整器较长，长边两侧壁外敞，底部略圜，器壁较厚。以丰都信号台遗址出土船形杯为典型代表（图7-4-2，2）。

Ⅲ式：腹壁较深，整器偏长，长边两侧壁略内敛，底部较圜，器壁较厚。以忠县邓家沱遗址出土船形杯为典型代表（图7-4-2，3、4）。

Ⅳ式：深腹，整器较短，长边两侧壁内敛，底部甚圜，器壁较厚。以丰都石地坝遗址出土船形杯为典型代表（图7-4-2，5）。

A型船形杯的总体变化趋势：腹壁由浅变深，器形由狭长逐渐变短，底部沿长径方向由平变弧，口部长边由外敞向内敛，器壁由薄变厚，体量总体上由大变小，演化趋势明显。

B型　口部平面近椭圆形。该型目前仅见玉溪遗址"龟形锅"一例（图7-4-1，4）。

C型　口部平面呈"门"形，腹壁仅三面，未全面围合。如玉溪坪遗址出土的一件（图7-4-2，6）。

目前所见船形杯绝大多数为A型，A型中又以Ⅳ式发现数量最多。

各遗址出土船形杯一般与尖底杯、尖底盏等器物共存，时代大体可确定为商周时期。

A型Ⅰ式船形杯出土于云阳丝栗包遗址，该遗址主要发现新石器和夏商遗存。与船形杯同出的夏商时期的陶器有盉、鬶、灯形器、小平底罐、篦形器、长柄器盖等，大多数为三星堆文化的典型陶器，但也有一些自身的特征，如盉不封口。从盉、鬶的较长的实足跟看，属于较晚的形态，故推测其时代应为三星堆文化晚期，约当中原商代中期，下限不晚于殷墟一期。

出土A型Ⅱ式船形杯的丰都信号台遗址，与船形杯共存的陶器有鼓肩小平底罐、小口壶、尖底罐、素缘圜底罐、"8"形捏瓣纽器盖、敞口折壁尖底杯、双唇尖底盏、灯形器等，属于较典型的十二桥文化石地坝文化类型[②]。其中的敞口折壁尖底杯属于炮弹形尖底杯的早期形态，部分小平底罐底部极小，双唇尖底盏腹较浅，在石地坝文化类型中属于较早的遗存，年代约当中原殷墟文化二期至三期偏早。

出土A型Ⅲ式船形杯的忠县邓家沱遗址，据发掘者研究，其商周遗存可以分为二

---

① 本型未将哨棚嘴遗址出土的一件大体量船形杯纳入分式范围，因该器的中部系想象复原，整器长短难以真实把握。

② 白九江、李大地：《试论石地坝文化》，李禹阶：《三峡考古与多学科研究》，重庆：重庆出版社，2007年，第67～90页。

期3段。公布的船形杯材料属于第一期第2段，"器物组合以尖底杯、船形杯、素卷沿中粗绳纹罐、耸肩罐、高领罐、尖底盏等为代表"，时代"约相当于西周早期偏晚"①。但这一年代判断略显保守，笔者在《试论石地坝文化》一文中曾认为其年代约当殷墟四期②，最近承蒙李锋先生见告，该遗址所测商周遗存的四个¹⁴C年代大都在商代晚期，基本印证了笔者的看法。

A型Ⅳ式船形杯主要出土于丰都石地坝遗址。该遗址第7A～10层出土的遗物基本一致，又可以进一步划分为两段，但两段间差异不大。典型器物除船形杯外，还有敛口尖底盏、角状尖底杯、炮弹形尖底杯、素缘绳纹圜底罐、大口小平底罐、釜、卷沿深腹盆、高领壶、直口缸等。从上述大多数器物形态看，均属于这类遗存（十二桥文化石地坝类型）的晚期，其年代应属西周早期③。

由此看来，船形杯出现于三星堆文化晚期，盛行于十二桥文化（石地坝类型）时期，其发生、发展过程与流行于峡江地区的尖底杯有相似之处，均属于具有地方特色的典型陶器。

目前，在船形杯的研究和描述中，过于强调器物形态，而缺少制作和使用痕迹的描述。笔者观察了石地坝遗址1999年度发掘出土的其中7件船形杯（分别是T1330⑧：105、T1130⑦B：10、T1231⑦：7、H3：1、T1431⑦：7以及暂无法辨别出土单位的两件），它们有下列一些共同特征。

（1）均夹砂，砂粒大多偏粗。很适合烧灼。

（2）部分船形杯内底有不太明显的垢痕，垢痕较薄，呈灰白色。其中尤以玉溪遗址的龟形锅最明显。

（3）船形杯的外壁底部一般为红色，较其他部分明显更鲜艳。应为明火高温烧灼氧化所致。

（4）船形杯的外壁口沿下，多有一道不太明显的非连续带状色斑，色斑呈灰黑色

① 李锋：《忠县邓家沱遗址西周时期文化遗存的初步认识》，重庆市文物局、重庆市移民局：《重庆·2001三峡文物保护学术研讨会论文集》，北京：科学出版社，2003年，第99～106页。

② 白九江、李大地：《试论石地坝文化》，李禹阶：《三峡考古与多学科研究》，重庆：重庆出版社，2007年，第67～90页。

③ 关于石地坝遗址商周遗存的年代，笔者在1999年度发掘简报中曾认为"第一段的年代可能相当于殷墟晚期""第二段则定在商代末期至西周早期比较合适"。后来，笔者在专门研究石地坝类型文化的文章中，将其修正为"西周早期"。当以后说为是（白九江、李大地：《试论石地坝文化》，李禹阶：《三峡考古与多学科研究》，重庆出版社，2007年，第67～90页）。孙华先生认为石地坝遗址的船形杯在公元前900～前500年的后段，与一种束颈花边圜底小罐同时（孙华：《渝东史前制盐工业初探——以史前时期制盐陶器为研究角度》，《盐业史研究》2004年第1期）。石地坝遗址一期（第1、2段）极少出土花边圜底罐，所出的有限几件也与孙华先生所划分的B型Ⅲ式花边罐明显不同，倒是在石地坝第二期中有少量这种圜底罐，而第二期却不出船形杯。故孙先生的估计明显偏晚。

或黑色。

（5）外壁底部与口沿间常见炸裂的细小表面裂缝。可能是由于口部与底的厚度不一致导致的膨胀系数不同、盐分中的微量元素渗入、又经多次高温灼烧的结果。

这些特征，对我们下文推断船形杯的功能有很大参考作用。

三、船形杯与制盐关系分析

船形杯发现以后，即有学者试着探讨它的功能究竟是什么，目前，比较集中的观点有两种。

一是冶炼坩埚说。

石地坝遗址1999年度发掘简报认为：船形杯"数量相当多，质地为夹粗砂，器壁较厚，器底较红，似经火灼烧，应为炼铜用具。从其器形看，非常适合作炼铜时用的坩埚"①。此外，在该遗址中发现两件石质镞范，出土过少量铜片和铜器，亦是支持船形杯可能是炼铜坩埚的证据。

二是制盐器具说。

孙华先生首次明确提出船形杯"可能与熬制盐有关"。在1999年的一篇文章中，他指出了尖底杯、花边釜是三峡地区制盐陶器的两种基本类型②。2003年，他进一步提出了船形器也是制盐陶器的观点③。2004年，他又在上述基础上增加了新石器时代的陶缸为制盐陶器的认识④。制盐器具说近来得到了学界越来越多的认同。如陈伯桢在《中国盐业考古的回顾与展望》一文中，提到三星堆文化与十二桥文化时期三峡的制盐器具，就将"船形小杯"与尖底器并列⑤。

对于第一种说法，船形杯才发现不久的时期，认同者还是比较多的。随着后来更大的、胎较薄的船形杯的出现，有人开始质疑船形杯的薄胎不适合做坩埚。此外，从一般的炼铜坩埚和铜器外范看，由于受高温铜液的炙烤，其内壁与铜液接触处均被还

①　重庆市文物考古所、丰都县文物管理所：《丰都石地坝遗址商周时期遗存发掘报告》，重庆市文物局、重庆市移民局：《重庆库区考古报告集·1999卷》，北京：科学出版社，2006年，第702～737页。

②　孙华、曾宪龙：《尖底陶杯与花边陶釜——兼说峡江地区先秦时期的鱼盐业》，重庆市博物馆：《巴渝文化④》，重庆：重庆出版社，1999年，第59～78页。

③　孙华：《四川盆地盐业起源论纲》，《盐业史研究》2003年第1期，第16～22页。

④　孙华：《渝东史前制盐工业初探——以史前时期制盐陶器为研究角度》，《盐业史研究》2004年第1期，第3～13页。

⑤　陈伯桢：《中国盐业考古的回顾与展望》，《南方文物》2008年第1期，第40～47页。

原成黑色，而船形杯内壁呈红色或红褐色，有的还不同程度地附着灰白的沉垢，与炼铜工具留下的痕迹明显不同，故赞同此说者越来越少。

对于制盐器具说，有三条理由似乎可以作为支撑。

第一，在国外的制盐遗址中，发现类似的制盐陶器。

陈伯桢在一篇文章中曾提到法国Loire Atlantic区Pays de Retz出土的方形小陶杯。这种小陶杯是由泥质的陶土平铺成片后折卷而成，一般此类陶杯的长宽高均在5厘米以内[①]。这种小陶杯与三峡地区晚期的船形杯比较接近。曾先龙在一篇盐业生产工艺的文章中，也曾提到他与法国国立科学院研究员顾磊、魏井仁先生的交流中，对方向他介绍了法国东部的一个山谷中，发掘出土了300万件的制盐陶器残片[②]，器形主要是尖底器和船形器。尖底器和船形器在制盐时，置于盐灶顶部以树枝和泥做成的栅格孔洞中[③]。这里所说的船形器，应当就是陈伯桢所说的方形小陶杯。

正是由于国外的考古成果，提示一些学者开始重新思考船形杯的真正用途。

第二，船形杯往往与大量尖底陶杯同出，而后者已被许多学者认为是制盐用陶器。因此，船形杯的用途或许与制盐有联系。在忠县哨棚嘴遗址2001年的发掘中，发现了一个椭圆形的窑灶，窑（灶）室内的陶器残片相当单纯，基本上都是船形陶杯。这些船形陶杯属于体量较大、器壁较薄的一类。在这座窑的旁边，还有一座装满陶尖底杯的窑灶，窑灶周围也散布着许多尖底杯的残件[④]。孙华先生认为，如果这两种窑灶和两类不同寻常的陶器是用作制盐的话，它们之间应当在制盐工艺流程上有着不同的功用。

第三，船形杯的结构适合制盐的需要。早期船形杯杯底较平，器身较坦，与后来盛行于铁器时代的制盐"牢盆"一样，有利于增大受火面。即使晚期的船形杯腹部变深了，但椭圜结构的底也比普通陶器乃至圜底器大。重庆忠县乌杨镇将军村M72西汉墓出土的陶五眼盐灶模型，灶的平面形状即呈船形，灶首第一孔眼为上下相扣的两件"似船形器"，后四孔眼为平底圆牢盆形钵，表明到了西汉，船形杯已经演变为具有煎

---

① Tessier M. The Protohistoric Salt-Making Sites of the Pays de Retz. 1975: 52-56. 转引自陈伯桢：《由早期陶器制盐遗址与遗物的共同特性看渝东早期盐业生产》，《盐业史研究》2003年第1期，第31～38页。

② 曾文中所说的法国东部制盐河谷，应为法国洛林的塞尔（Seille）河谷。据权威文章的介绍，300万件制盐陶器应为"出土的'制盐容器'体积在三百万立方米上下"。罗泰：《研究项目的背景和目的》，李水城、罗泰：《中国盐业考古（第一集）——长江上游古代盐业与景观考古的初步研究》，北京：科学出版社，2006年，第10～27页。

③ 曾先龙：《中坝龙窑的生产工艺探析》，《盐业史研究》2003年第1期，第46～50页。

④ 孙华：《渝东史前制盐工业初探——以史前时期制盐陶器为研究角度》，《盐业史研究》2004年第1期，第3～13页。

锅性质的大长方形平底锅了（图7-4-3）。

不论是冶炼坩埚说，还是制盐器具说，其支撑证据均属于假说和间接推理，缺少直接的证据。因此，船形杯的具体功用，似乎还难以定论。

但是，历史文献中的有关记载或许能为我们带来一点新认识。《后汉书·南蛮西南夷列传》引《世本》说，"巴郡南郡蛮，本有五姓：巴氏、樊氏、曋氏、相氏、郑氏。皆出于武落钟离山。其山有赤、黑二穴，巴氏之子生于赤穴，四姓之子皆生黑穴。未有君长，俱事鬼神，乃共

图7-4-3　重庆忠县乌杨镇将军村墓群西汉墓出土五眼陶盐灶（M72：1）模型上的船形煎锅（李大地供图）

掷剑于石穴，约能中者，奉以为君。巴氏子务相乃独中之，众皆叹。又令各乘土船，约能浮者，当以为君。余姓悉沉，唯务相独浮。因共立之，是为廪君"[①]。在其他的文献中，"乘土船"的情节前又增加了"以土为船"的故事。《太平御览》引《世本·世系篇》："廪君名务相，姓巴。与樊氏、晖（曋）氏、相氏、郑氏五姓俱出，皆争神，以土为船。雕文画之而浮水中，其船浮因立为君。他船不能浮，独廪君船浮，因立为君。"[②]一般认为，巴人廪君的时代约为商周时期。有学者认为，土船是经过了火处理的一种"陶船"[③]。

关于土船的记载让我们不能不联想到考古发掘出土的船形杯，这两者间的契合或非偶然。此外，在《后汉书》中的这段有关早期巴人的文献，紧接着还有如下一段记载，"乃乘土船，从夷水至盐阳。盐水有神女，谓廪君曰：'此地广大，鱼盐所出，愿留共居。'廪君不许。盐神暮辄来取宿，旦即化为虫，与诸虫群飞，掩蔽日光，天地晦冥。积十余日，廪君伺其便，因射杀之，天乃开明。廪君于是君乎夷城，四姓皆臣之"[④]。这就说明，土船还与巴人的盐业相关。清江古代又称盐水，盛产鱼盐，至今还有一条被称为"咸池河"的支流。或许我们可以这样理解，廪君所造土船就是一种与制盐工业相关的器具，因其在制盐业中的特殊作用或解决了某个技术难题而被推举为首领，只是由于历史久远才被后人误解成了可以乘坐的船！

从船形杯的使用残痕看，它作为制盐工具是完全可能的。部分船形杯内壁的灰白

①　（宋）范晔撰，（唐）李贤等注：《后汉书》，北京：中华书局，1999年，第1918页。

②　（宋）李昉等撰：《太平御览》卷37，北京：中华书局，1960年，第176页。

③　王绍荃：《四川内河航运史》，成都：四川人民出版社，1989年，第6页。

④　（宋）范晔撰，（唐）李贤等注：《后汉书》，北京：中华书局，1999年，第1918页。

色垢痕，应与盐卤中的杂质有关。据忠县中坝遗址盐业考古的已有盐业成果可知，盐业遗址中的"房址"、卤水槽等遗迹，以及盛卤用的缸、瓮等遗物内壁，往往结有很厚的灰白色"钙化物"①。这种钙化物的形成，是因为卤水中除含有大量氯化钠外，还含有一些钙、镁、硫酸根等杂质，在制盐过程中，这些杂质极易沉淀并附着于器表。船形杯内的灰白色沉垢，很可能就是盐卤中的杂质。但这种沉垢极薄，有的甚至不易观察到，可能与船形杯在制盐过程中扮演的角色不同，接触盐卤的时间较短有关。

如果船形杯是制盐器具的推论是正确的，按照哨棚嘴遗址窑灶内的出土情况及窑灶的形状，它很可能与法国洛林的窑灶上安放栅格，再于其上置船形杯的摆放方式一致。法国塞尔（Seille）河谷内的盐业生产被分为两个步骤：第一步是从盐泉或盐井汲取卤水，再倒入大陶盆放到炉灶上加热，产出盐膏；第二步是将这些盐膏进一步加工成盐锭，在盐灶上将烧好的陶棒黏结成栅格，用于支撑煮盐的模具并最终将盐膏烘干②。就船形杯的体量而言，不太像生产盐膏的器具，而适宜制作盐锭。船形杯底部的灼烧痕迹和周边的烟熏痕，表明它是受到支撑后，再于器底以明火加热形成的（图7-4-4）。笔者认为，船形杯与尖底杯都是制作盐锭的器具，但两者制作盐锭时的受热方式不一致，可能代表当时并存的两种技术途径。尖底杯是插在还有较强余温的草木灰中（或置于填有草木灰的孔洞上）制盐锭（笔者将另有专文论述），而船形杯应当是在盐灶上制作盐锭。

从中外盐业考古的情况来看，古代制盐遗址内的制盐器具往往数量庞大，而船形杯的数量较少，其堆积景观与已知的制盐器具差异甚大，或许是由于船形杯可反复使用（船形杯底表面裂缝是明证，且船形杯的形状有利于将盐锭倾倒出来）的缘故，而尖底杯是一次性工具，所以造成了两者数量的悬殊。

虽然如此，船形杯与制盐业的关系中还有许多无法解释的问题。现在出土的船形杯多与大量的尖底杯同出，如邓家沱遗址的地层中，尖底杯所占比例极大。"其中，在一个面积不足60平方米、体积约20立方米的单位中集中出土2万余枚，而其他类型的器物则不足百件"③。哨棚嘴遗址及邻近的瓦渣地遗址历年出土大量的尖底杯，历次发掘也发现了烧陶器的陶窑。这些遗址（包括石地坝遗址）虽然周边均有盐卤资源，但与盐卤出产地存在一定的距离，本身也不是制盐遗址，而很可能是为盐业遗址生产制盐陶器的。相反，在公认的著名制盐遗址——中坝遗址（与哨棚嘴遗址相距约8千米）

---

① 孙智彬、左宇、黄健：《中坝遗址的盐业考古研究》，《四川文物》2007年第1期，第39~47页。

② ［法］奥利维、［英］科瓦希克、张颖、彭鹏：《法国洛林de la Seille的制盐陶器Briquetage：欧洲铁器时代盐的原始工业生产》，《南方文物》2008年第1期，第34~39页。

③ 李锋：《忠县邓家沱遗址西周时期文化遗存的初步认识》，重庆市文物局、重庆市移民局：《重庆·2001三峡文物保护学术研讨会论文集》，北京：科学出版社，2003年，第99~106页。

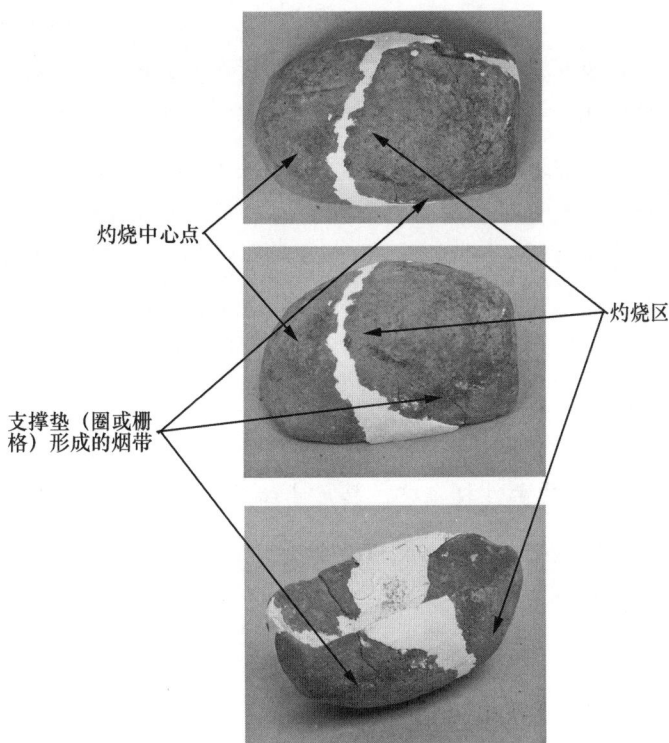

图7-4-4　船形杯上的使用痕迹观察
（实物为重庆丰都石地坝遗址出土，笔者摄）

中却不见船形杯，船形杯为制盐器具说显然还存在诸多困惑，这有待于将来新的考古发现来检验。

　　补记：（1）本文原文以《三峡地区的船形杯及其制盐功能分析》的题目发表在《重庆师范大学学报（哲学社会科学版）》2008年第6期。后受《南方文物》盐业考古专栏主持人邀稿，虽说明刊载情况，但情义难却，以现名转发于《南方文物》，这是需要说明和交代的。

　　（2）笔者在石地坝遗址发掘简报中，曾提出船形杯是炼铜坩埚的认识。2012年，杨小刚等撰写的《重庆彭水徐家坝遗址出土商周时期的船形杯功能研究》一文，通过科技检测，提出其用途可能与熔炼手工业有关[①]。笔者在本文中提出的船形杯作为制盐器具的新观点，同时也认识到"船形杯为制盐器具说显然还存在诸多困惑"，相关论点并非定论，这是读者在阅读本文时需要特别注意的。文章发表后，近年来，笔者又

---

　　①　杨小刚、邹后曦、赵丛苍、郑行望、金普军：《重庆彭水徐家坝遗址出土商周时期的船形杯功能研究》，《文物保护与考古科学》2012年第1期。该件船形杯出土时压有一件小铜块。

仔细观摩了部分小型船形杯，有极个别杯身可见铜一类冶炼留下的金属残痕［以徐家坝遗址出土船形杯较为明显（图7-4-5），丰都石地坝遗址也有一件隐约可见］，船形杯作为冶炼、铸造用小型坩埚是最具可能性的。此外，笔者再次仔细观摩了在重庆中国三峡博物馆展厅里的忠县哨棚嘴遗址和云阳丝栗包遗址A型Ⅰ式大型船形杯，胎均较薄，也无明显灼烧痕，内底和内壁有较多稀松的小孔；经查询馆藏档案资料，获得忠县哨棚遗址灰褐陶船形杯的尺寸为长43、宽24.5厘米（图7-4-6），丝栗包遗址的两件红陶船形杯尺寸分别为长25.5、宽11.4厘米和长28、宽11.7厘米，体量如此巨大，胎又较薄，结合乌杨墓群西汉盐灶上的船形器，初步判断其更像是煮盐器具。因此，船形杯的功能应分两类，较大型者为盐业器具，较小型者或许为炼铜坩埚。

（3）据2017年出版的《忠县邓家沱遗址与渔洞墓群》发掘报告，笔者统计公布的船形杯共有11件[①]。其中两件较完整，其尺寸如下：①ⅣT1110④B：1，口长24.4、宽9.6～11.2、高6.4～6.8厘米（图7-4-7，1）；②ⅣT1110④B：2，口长24.4、宽10、高5.6～6.8厘米（图7-4-7，2）。与论文集公布的ⅣT1309⑤A中的两件船形杯相比，约略有一些差异，如器身更瘦长一些，可能还存在时间上的早晚变化。

（4）《忠县邓家沱遗址与渔洞墓群》披露，邓家沱遗址03ZDⅠT1312H76（原H18）和03ZDVT1112⑤B两个单位中采集到4件木炭测年标本。经北京大学科技考古

图7-4-5　重庆彭水徐家坝遗址出土陶船形杯
（杨小刚供图）

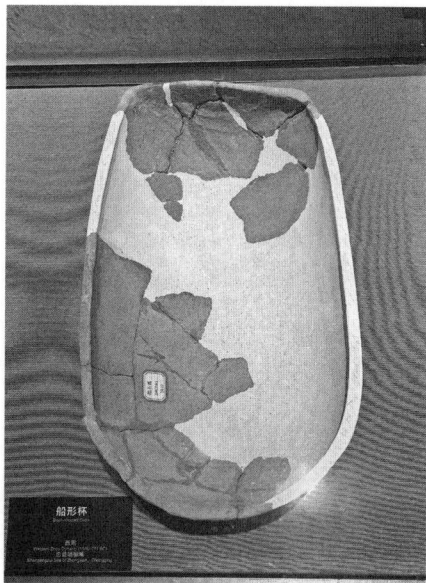

图7-4-6　重庆忠县哨棚嘴遗址出土的
大型陶船形杯

[①]　重庆市文物局、重庆市移民局：《忠县邓家沱遗址与渔洞墓群》，北京：科学出版社，2017年，第22～121页。

与文物保护实验室检测，H76三个标本的^{14}C年代分别为距今2955年±50年、2960年±50年、2980年±45年，树轮校正后的年代分别为1270BC（62.5%）1110BC与1320BC（93.4%）1010BC、1270BC（65.8%）1110BC与1320BC（92.8%）1010BC、1300BC（68.2%）1120BC与1320BC（89.3%）1050BC；03ZDVT1112⑤B标本的^{14}C年代为距今3275年±40年，树轮校正后的年代分别为1610BC（68.2%）1500BC与1640BC（95.4%）1440BC。除03ZDVT1112⑤B标本年代略老外，其余年代范围基本相当于中原地区的商代晚期。这对本文的年代判定和石地坝文化的年代研究都是有价值的。

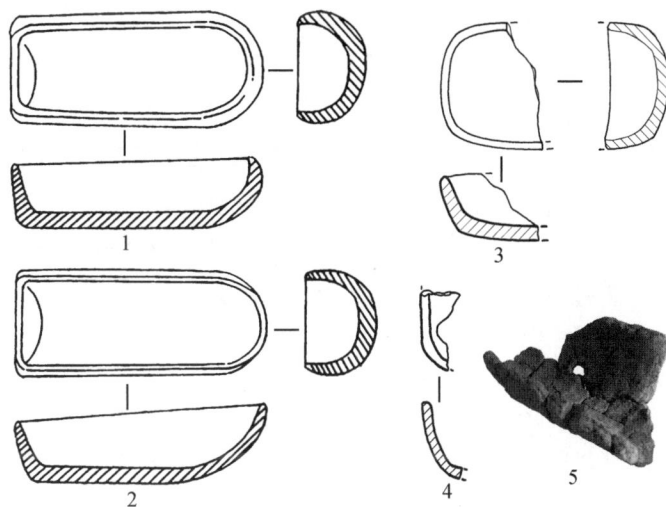

图7-4-7 巴文化地区出土的陶船形杯补充图

1. 重庆忠县邓家沱遗址ⅣT1110④B：1 2. 重庆忠县邓家沱遗址ⅣT1110④B：2 3. 重庆巫山大溪遗址
ⅠT0403⑧：1 4. 重庆合川菜蔬排遗址2008HCT2③：44 5. 贵州沿河黑獭遗址出土陶船形杯

第五节 三峡地区东周至六朝铁器的考古发现及相关问题的初步探讨

一、三峡地区东周至六朝铁器的考古发现与研究概况

本文所指的三峡地区，是在三峡库区概念基础上，扩展而出的广义的三峡地区。广义的三峡地区指东起湖北宜昌，西迄重庆，长650多千米的长江沿岸地带。三峡地区在先秦时期的铁器考古研究中，对楚国乃至南方铁器的起源和发展、铁器及冶铁技术向西南的传播等，有着重要的、不可替代的作用。

三峡地区考古发现的东周至六朝铁器，据已发表资料和笔者所收集的部分未发表资料统计（截至本文撰写时的2008年），约有878件，考虑到尚未公布的发掘资料，总量应较此还要多。纵观这一地区东周至六朝铁器的考古发现，大约可以分为三个大的阶段。

第一阶段：1949年前。此阶段属于零星发现时期。1938年3月，美籍学者、华西大学博物馆馆长葛维汉在重庆市区曾家岩求精中学校内清理砖室墓4座，出土包括少量铁器在内的随葬品，这是三峡地区第一次考古发掘出土的铁器[①]。紧接着在1940年春，内迁学者卫聚贤、郭沫若、常任侠等在重庆市江北培善桥附近调查、清理砖室墓11座，亦有部分铁器出土[②]。

第二阶段：1949～1992年三峡工程文物保护工作启动前。此阶段属于少量发现时期。其中1954年、1955年巴县冬笋坝发现战国至两汉铁器46件[③]，堪称峡江西部早期铁器的重要发现，对于研究巴蜀铁器具有重要意义。而峡江东部地区以湖北秭归柳林溪遗址的春秋铁器[④]、湖北宜昌前坪的战国至两汉铁器[⑤]为代表的考古发现，对于研究楚国早期铁器的起源和三峡东部铁器的使用情况具有重要作用。

第三阶段：1992年三峡工程文物保护工作启动至今（2008年）。此阶段属于铁器大量发现时期。比较重要的发现有湖北宜昌上磨垴[⑥]、重庆巫山蓝家寨[⑦]、万州大

[①]　Graham D C. Excavation of a Han Dynasty Tomb at Chungking，《华西边疆研究学会杂志》1938年第5期，United Church of Canade Mission Press，第185页。

[②]　郭沫若：《关于发现汉墓的经过》，《说文月刊》1941年10月3卷4期，第35页；另见《重庆江北汉墓之发掘》，《图书季刊》1940年新2卷3期，第509页。

[③]　四川省博物馆：《四川船棺葬发掘报告》，北京：文物出版社，1960年，第64、65页；前西南博物院、四川省文物管理委员会：《四川巴县冬笋坝战国和汉墓清理简报》，《考古通讯》1958年第1期。

[④]　湖北省博物馆江陵考古工作站：《一九八一年湖北省秭归县柳林溪遗址的发掘》，《考古与文物》1986年第6期；国家文物局、国务院三峡工程建设委员会办公室：《秭归柳林溪》，北京：科学出版社，2003年，第191～193页。

[⑤]　湖北省博物馆：《宜昌前坪战国两汉墓》，《考古学报》1976年第2期；长江流域第二期文物考古人员训练班：《1973年宜昌前坪古墓的清理》，国家文物局三峡工程文物保护领导小组湖北工作站：《三峡考古之发现》，武汉：湖北科学技术出版社，1998年，第415～423页；宜昌地区博物馆：《1978年宜昌前坪汉墓发掘简报》，《考古》1985年第5期；宜昌市文物管理处、湖北省博物馆：《宜昌市前、后坪古墓1981年发掘简报》，《江汉考古》1985年第2期。

[⑥]　湖北省文物考古研究所：《湖北宜昌县上磨垴周代遗址的发掘》，《考古》2000年第8期。

[⑦]　重庆市博物馆、湖南益阳市文物工作队、重庆巫山县文物管理所：《巫山蓝家寨遗址发掘报告》，重庆市文物局、重庆市移民局：《重庆库区考古报告集·1998卷》，北京：科学出版社，2003年，第103～118页；重庆市文化局、重庆市博物馆、湖南省益阳市文物考古队、重庆巫山县文物管理所：《巫山蓝家寨遗址发掘报告》，重庆市文物局、重庆市移民局：《重庆库区考古报告集·1999卷》，北京：科学出版社，2006年，第1～25页；重庆市文物考古所、湖南益阳市文物考古队、重庆市文物局、巫山县文物管理所：《巫山蓝家寨遗址发掘报告》，重庆市文物局、重庆市移民局：《重庆库区考古报告集·2000卷》，北京：科学出版社，2007年，第1～24页。

坪①、忠县老鸹冲②等地点。这一阶段发现的铁器不仅数量多，而且种类丰富，时代和地区分布也较广泛。

迄今为止，三峡地区东周至六朝铁器的研究还处于起步阶段，学界重视不够，显得比较薄弱。专论这一地区铁器的文章极少，在部分文章和报告中，则散见一些论述。总体上看，缺少系统的、全面的研究。

早在宋代，黄鲁直（庭坚）、陆游等已就巫山县廨内的"底锐，似半瓮状，极坚厚，铭在其中"的汉代铁盆分别做过记述，并就其上的铭文做了辨识和研究③。后洪适在《隶续》中又对这件"大盐盆"做了精当的考释④，这是所见前人对早期铁器（牢盆）最早的个案研究。

1976年，黄展岳先生在《关于中国开始冶铁和使用铁器的问题》中提出："最早冶铁和使用铁器的地区很可能是在楚国。"⑤在这篇文章和后来的《试论楚国铁器》⑥一文中，作者论述了包括鄂西三峡等地区出土的早期铁器。现在看来，文中的一些认识虽有偏差，但仍不失为三峡铁器探索文章的重要篇章。

杨权喜在《试论楚国铁器的使用和发展》一文中⑦，探讨了楚国最早使用铁器的地区，并详细介绍了三峡西部地区早期铁器的考古发现情况。他认为，楚国最早发现的铁器在今鄂西，开始使用的铁器主要为农具。文中所讨论的鄂西，主要就是指今以西陵峡为中心的地区。

2004年，蒋晓春在一篇有关三峡地区两汉时期农业的文章中⑧，对两汉时期的铁质农业生产工具进行了介绍，并分析了各农具的具体功用。

有关三峡地区铁器的专论文章极少。杨华在《三峡地区春秋战国时期冶铁业的考

————————————

①　重庆市文物局、重庆市移民局：《万州大坪墓地》，北京：科学出版社，2006年，第47、127～130页。

②　重庆市文物考古所、重庆市文物局：《2000年忠县老鸹冲遗址（墓葬部分）发掘简报》，重庆市文物局、重庆市移民局：《重庆库区考古报告集·2000卷》，北京：科学出版社，2007年，第831～869页。

③　（宋）陆游著，蒋方校注：《入蜀记校注》，武汉：湖北人民出版社，2004年，第231页。

④　（宋）洪适：《隶续》卷3《巴官铁盆铭》，《景印文渊阁四库全书》第681册，台北：台湾商务印书馆，1986年，第773页。

⑤　黄展岳：《关于中国开始冶铁和使用铁器的问题》，《文物》1976年第8期。

⑥　黄展岳：《试论楚国铁器》，湖南省博物馆、湖南省考古学会：《湖南考古辑刊（第2集）》，长沙：岳麓书社，1984年，第164～179页。

⑦　杨权喜：《试论楚国铁器的使用和发展》，《江汉考古》2004年第2期。

⑧　蒋晓春：《三峡地区两汉时期农业发展状况初探》，《四川大学学报（哲学社会科学版）》2004年第5期。

古发现与研究——兼论楚国对巴蜀地区冶铁业的影响》一文中[①]，详细介绍了三峡东部和西部地区铁器的发现情况，对楚国与三峡地区铁器的关系做了初步思考，探讨了三峡巴人的冶铁技术。

三峡铁器铸造技术的研究是一个薄弱环节。专家们曾对湖北秭归县庙坪遗址M8出土的战国中晚期铜格铁剑进行了金相分析，结果表明这柄铁剑已经石化。后德俊认为，该剑与湖南和湖北其他地区出土的铜格铁剑是相同的，为楚人制造和使用的铁剑。他并认为，该剑是以块炼铁为原料、经过反复锻打后制造而成的[②]。

二、三峡地区东周至六朝铁器的发展与特征

三峡地区东周至六朝时期的铁器，从宜昌至重庆市主城区的沿江各地均有发现（图7-5-1）。铁器的种类丰富，可以分为农业生产工具、手工工具、兵器、饮食炊煮器、日用杂器等多类，中国其他地区所能见到的大多数铁器在三峡都有发现。铁器的数量庞大，在中国其他地区少见。其中铁器数量随时代变化的总体趋势呈抛物线，铁器出土数量最多的是西汉至东汉早期阶段（图7-5-2）。

综合考察三峡地区东周至六朝铁器的发展历程，可以明显地划分为三个大的发展阶段。

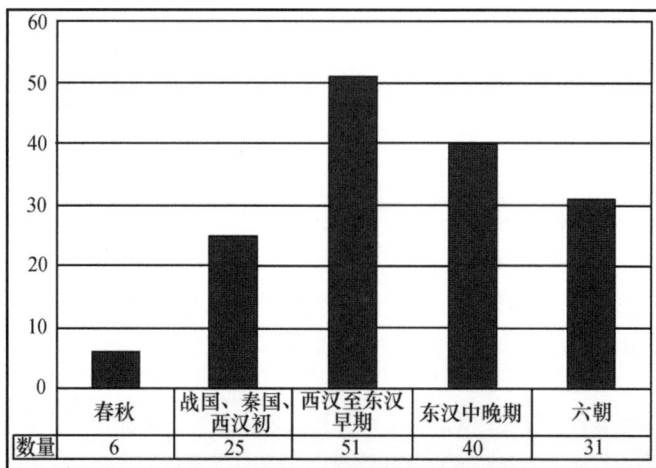

	春秋	战国、秦国、西汉初	西汉至东汉早期	东汉中晚期	六朝
数量	6	25	51	40	31

图7-5-1　三峡铁器发现地点数量分时统计图
（注：一处地点发现多个时代铁器者，分别统计）

---

① 杨华：《三峡地区春秋战国时期冶铁业的考古发现与研究——兼论楚国对巴蜀地区冶铁业的影响》，《重庆师范大学学报（哲学社会科学版）》2005年第4期。

② 后德俊：《庙坪遗址M8出土铁剑试析》，湖北省文物事业管理局、湖北省三峡工程移民局：《秭归庙坪》，北京：科学出版社，2003年，第319～322页。

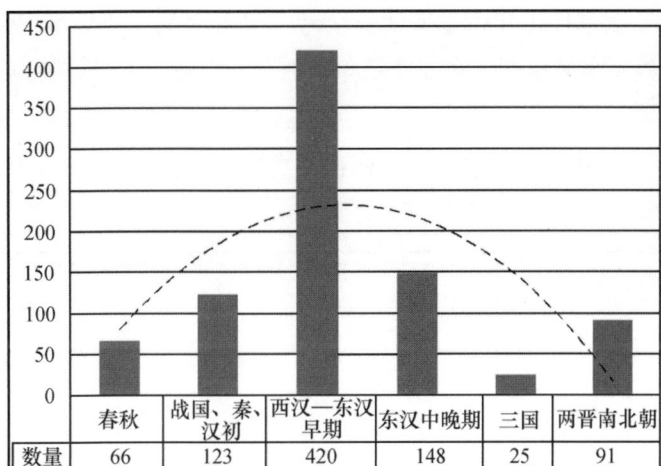

图7-5-2　三峡地区东周至六朝铁器分时数量统计图
（图中未统计时代不明确者；虚线为趋势线）

　　第一阶段为春秋中期至西汉初年。这是三峡地区铁器起源和初步发展的阶段。此一阶段又可以分为春秋、战国至西汉初年两小段，分别对应着楚系铁器和巴系铁器的起源和发展时期。

　　春秋时期，三峡地区的铁器数量少，种类单调，仅有锸、镢、铲、犁铧、斧、锛、凿、削、刀、匕首、镞等几种，其中，农业生产工具占大部分。战国至西汉初年，铁器的种类略有增加，鍪、鼎、罐等铁容器的出现则是一个新的现象。此时，铁器的数量较前大增，多处地点均有铁器发现。铁器的构成方面，铁农具比例有所减少，而手工工具增加比较明显。

　　第二阶段为西汉至东汉早期。这一阶段是三峡地区早期铁器发展的鼎盛时期。基本奠定了此后农耕社会铁器生产和应用的基础。

　　这一阶段铁器的数量猛增，在考古发现的铁器中，比其他任何一个时期的铁器都要多。这与西汉武帝时期开始，冶铁业由国家垄断有关，导致铁器的推广更为迅速。政府也专门在这一地区设立了铁官。

　　此期铁器的种类几乎涵盖了社会生产和生活的各个领域，主要有农业生产工具锸、镢、锄、铲、镰，手工工具斧、锛、凿、削、锯、刻刀，武器刀、剑、矛、戟、匕首、镞，饮食炊煮器釜、鍪、罐、灶、支架，其他有钱币、带钩等。和第一阶段比较，农业生产工具所占比例减小，兵器、饮食炊煮器比例渐增。

　　第三阶段为东汉中晚期至两晋南北朝时期。此期是三峡铁器的平稳发展时期，又可以进一步划分为东汉中晚期、六朝两个小段。

　　东汉中晚期，铁器的数量不如第二阶段多（可能与墓葬葬制有关），但铁器的种类略有增加，特别是以剪刀、温炉等新出现的器形为代表，表明日常生活中使用铁器日益普遍。此时，武器所占比例上升明显。考古发现六朝农业生产工具很少，武器则占到了所有铁器约一半的比例。在女性墓葬中随葬铁剪成为一种较普遍的现象。

从上述发展趋势看，农业生产工具、手工工具在考古发现中所占比例逐渐减少，而武器、日用杂器则呈现增多的现象，饮食炊煮器的发展顶峰是在两汉时期，但自战国以来相对比较稳定（图7-5-3）。

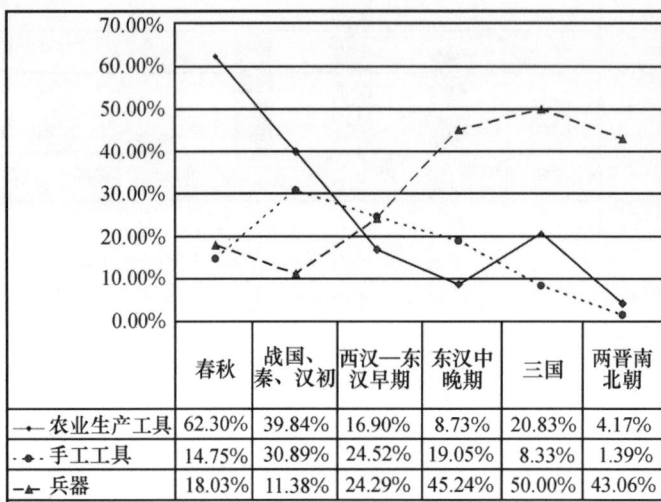

	春秋	战国、秦、汉初	西汉—东汉早期	东汉中晚期	三国	两晋南北朝
农业生产工具	62.30%	39.84%	16.90%	8.73%	20.83%	4.17%
手工工具	14.75%	30.89%	24.52%	19.05%	8.33%	1.39%
兵器	18.03%	11.38%	24.29%	45.24%	50.00%	43.06%

图7-5-3　三峡地区三类主要铁器百分比时代变化图
（图中未统计时代不明确者）

三、三峡铁器的起源与传播：楚国早期铁器和巴系铁器

铁器考古和研究表明，中国的人工冶铁术是由西亚、中亚传入中国新疆的，再经新疆向中原流布[1]。新疆铁器出现的时代早、发现多，至迟在西周早期，已开始人工冶铁。而中原地区则要到春秋时期才开始人工冶铁（此前均为陨铁）。冶铁术传入中原后，在已经十分发达的青铜冶炼技术的基础上，很快发明了冶铸生铁，从此中国的冶铁术开始领先西方。

春秋时期，楚国铁器在多处地点均有发现。江苏六合[2]、河南淅川[3]、长沙杨家

---

① 郭物、刘煜：《第六届世界冶金史大会综述》，《中国文物报》2006年10月20日第7版；刘学堂：《中国冶铁术的起源》，国学网站之中国经济史论坛。

② 南京博物院：《江苏六合程桥二号东周墓》，《考古》1974年第2期。

③ 河南省丹江库区文物发掘队：《河南省淅川县下寺春秋楚墓》，《文物》1980年第10期。

山[①]、长沙识字岭、长沙龙洞坡[②]、湖南常德[③]等地屡有发现。但是这些铁器的时代上限最早不过春秋中期。而靠近新疆的关中地区发现的铁器可到春秋早期。这表明，楚国的人工冶铁术应是从中原地区传入的。但楚国铁器的较多使用几乎与中原同时，且春秋时期的中国铁器多发现于楚国地区。这说明，楚国是中国当时铁器生产和使用的一个重要中心。

除了以前湖北秭归柳林溪遗址第3层发现的铁器外，近年来，随着三峡地区文物保护工作的推进，三峡东部地区春秋时期铁器的发现日益增多（图7-5-4）。

湖北宜昌上磨垴遗址[④]曾出土6件铁器，包括锸、铲、削、刀等。秭归柳林溪遗址[⑤]出土锸、犁铧、刀等31件铁器。在发掘简报和一些论文中，该遗址出土铁器的第5层被定为西周晚期至春秋中期。据报道，湖北秭归张家坪遗址[⑥]发现20余件春秋铁器，种类有锸、斧、锛、镞、刀、削、匕首等，秭归茅寨子湾[⑦]也发现春秋时期的铁器。

重庆巫山地区近年亦有多处地点发现了这一阶段的铁器。大宁河内的蓝家寨遗址自1998年以来，已出土4批东周铁器，其中属于春秋时期的有锸、镬、凿、刀、镞等共15件铁器（其中一座墓葬内出土凿、刀2件）。2000年，巫山上阳村遗址[⑧]出土锸、斧、削、带钩等共6件铁器。同年，巫山培石遗址[⑨]亦出土铁刀1件。

三峡地区目前发现的早期铁器，最早可以达到春秋中期偏晚阶段。这些铁器主要集中在瞿塘峡以东的三峡地区，从发现点的文化性质看，均属比较典型的楚文化。三峡地区发现的春秋铁器（66件），占已发现楚国春秋铁器数量的多半，可见，三峡地区又是楚国早期铁器生产最重要的中心。杨权喜认为："西陵峡地区是目前唯一在遗

①　长沙铁路东站建设工程文物发掘队：《长沙新发现春秋晚期的钢剑和铁器》，《文物》1978年第10期。

②　中国科学院考古研究所：《长沙发掘报告》，北京：科学出版社，1957年，第66页。

③　湖南省博物馆：《湖南常德德山战国墓葬》，《考古》1959年第12期。

④　湖北省文物考古研究所：《湖北宜昌县上磨垴周代遗址的发掘》，《考古》2000年第8期。

⑤　湖北省文物考古研究所：《一九八一年秭归县柳林溪遗址的发掘》，《考古与文物》1986年第6期。

⑥　杨华：《三峡地区春秋战国时期冶铁业的考古发现与研究——兼论楚国对巴蜀地区冶铁业的影响》，《重庆师范大学学报（哲学社会科学版）》2005年第4期。

⑦　杨权喜：《试论楚国铁器的使用和发展》，《江汉考古》2004年第2期。

⑧　重庆市文物考古所、益阳市文物考古队、重庆市文物局、巫山县文物管理所：《巫山上阳村遗址发掘报告》，重庆市文物局、重庆市移民局：《重庆库区考古报告集·2000卷》，北京：科学出版社，2007年，第109～124页。

⑨　南京博物院考古研究所、重庆市文物局、巫山县文物管理所：《巫山培石遗址第二次发掘报告》，重庆市文物局、重庆市移民局：《重庆库区考古报告集·2000卷》，北京：科学出版社，2007年，第49～83页。

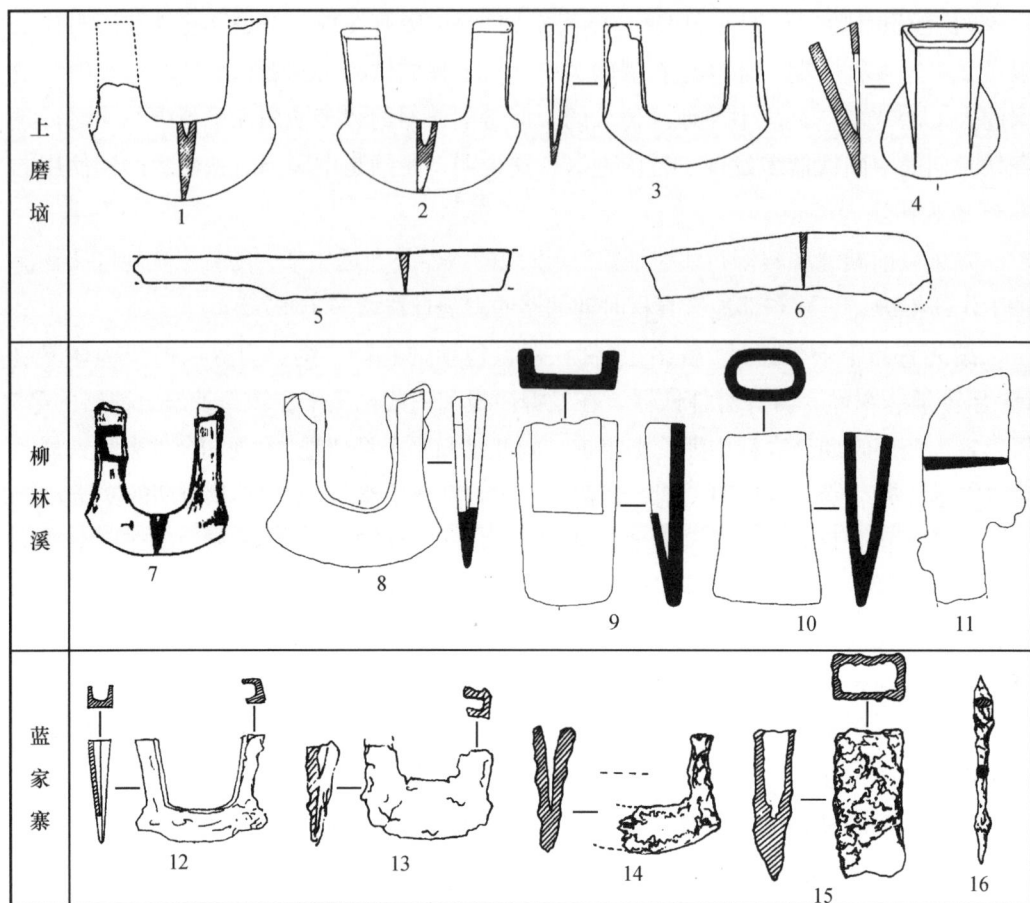

图7-5-4　三峡东部地区部分遗址出土的春秋时期铁器

1～3、7、8、12～14.锸（湖北宜昌上磨垴遗址T13④：2、T12⑤：1、T13①B：2，湖北秭归柳林溪遗址
T3③：3、F1①：6，重庆巫山蓝家寨遗址T44③：1、T33③：7、T10③：2）　4.铲（湖北宜昌上磨垴遗址
T11⑤：3）　5.削（湖北宜昌上磨垴遗址T11④：2）　6、11.刀（湖北宜昌上磨垴遗址T11④：3、湖北秭归
柳林溪遗址T1817③：1）　9、10.斧（湖北秭归柳林溪遗址H18：2、H18：1）　15.镶（重庆巫山蓝家寨遗址
G4：1）　16.镞（重庆巫山蓝家寨遗址T18③：3）

址的春秋战国层中较普遍发现冶铁用铁遗存的地区，这个地区可能是楚国最早冶铁和
使用铁器的地区，也可能是我国最早将铁器应用于农业生产的地区。"有一点是可以
确定的，楚国是当时长江流域乃至南方地区最早使用铁器的国家。南方其他地区铁器
的使用，都或多或少受到了楚的影响。可以说，楚国是长江流域和南方地区铁器传统
的源头。

　　三峡西部地区的铁器，最早出现于战国中期阶段。西部地区战国铁器目前发现的

主要地点有重庆奉节上关[①]、云阳李家坝[②]、万州大坪、万州麻柳沱[③]、忠县崖脚[④]、涪陵镇安[⑤]、九龙坡冬笋坝等。三峡西部地区铁器的产生和使用源头应当有两个：楚国和秦国。以奉节上关等为代表的墓地楚文化因素浓厚，是楚文化西进的结果，楚人的势力向西深入峡江地区，带来了铁器以及冶铁技术，它极大地促成了三峡西部地区铁器的产生和使用。此外，公元前316年，秦灭巴蜀，也从北方地区带来了自己的铁器及炼铁技术。峡江通道和北方通道这两条铁器的传播路线在三峡地区交汇，促成了三峡西部地区铁器的产生和发展。但从整体上看，在三峡西部地区铁器出现之初，楚文化的影响更明显一些，是主线；而秦文化主要促成了川西地区冶铁业的繁荣，再进而影响到三峡地区，多系间接传播，其对三峡地区的影响比较微弱，处于辅助地位。

　　三峡西部地区的铁器，多数与秦楚等国的形制相近或相同。但是，经过长时期的发展，它也结合了自身的一些文化传统，形成了一定的地方特色。这类铁器，我们暂

①　重庆市文物考古所：《奉节上关遗址发掘简报》，重庆市文物局、重庆市移民局：《重庆库区考古报告集·1998卷》，北京：科学出版社，2003年，第276~298页。

②　四川联合大学历史系考古专业：《1994~1995年度四川云阳李家坝遗址的发掘》，四川大学考古专业：《四川大学考古专业创建三十五周年纪念文集》，成都：四川大学出版社，1998年，第374~422页；四川大学历史文化学院考古系、云阳县文物管理所：《云阳李家坝东周墓地发掘报告》，重庆市文物局、重庆市移民局：《重庆库区考古报告集·1997卷》，北京：科学出版社，2001年，第244~288页；四川大学历史文化学院考古系、云阳县文物管理所：《云阳李家坝巴人墓地发掘报告》，重庆市文物局、重庆市移民局：《重庆库区考古报告集·1998卷》，北京：科学出版社，2003年，第348~388页；四川大学历史文化学院、重庆市云阳县文物管理所、四川大学考古学系：《重庆云阳李家坝遗址2000年度发掘简报》，《江汉考古》2016年第6期。

③　上海大学文物考古研究中心、万州区文物管理所：《万州麻柳沱遗址发掘报告》，重庆市文物局、重庆市移民局：《重庆库区考古报告集·1997卷》，北京：科学出版社，2001年，第381~421页；重庆市博物馆、万州区文管所、复旦大学文博系：《万州麻柳沱遗址发掘报告》，重庆市文物局、重庆市移民局：《重庆库区考古报告集·1998卷》，北京：科学出版社，2003年，第539~559页。

④　北京大学考古文博学院三峡考古队、重庆市忠县文物管理所：《忠县崖脚墓地发掘报告》，重庆市文物局、重庆市移民局：《重庆库区考古报告集·1998卷》，北京：科学出版社，2003年，第680~730页；北京大学考古文博学院三峡考古队、重庆市文物局、忠县文物保护管理所：《忠县瞢井沟遗址群崖脚（半边街）墓地发掘报告》，重庆市文物局、重庆市移民局：《重庆库区考古报告集·2000卷》，北京：科学出版社，2007年，第905~964页。

⑤　北京市文物研究所三峡考古队、重庆市涪陵区博物馆：《涪陵镇安遗址发掘报告》，重庆市文物局、重庆市移民局：《重庆库区考古报告集·1998卷》，北京：科学出版社，2003年，第850~894页；北京市文物研究所三峡考古队、重庆市涪陵区博物馆：《涪陵镇安遗址发掘报告》，重庆市文物局、重庆市移民局：《重庆库区考古报告集·1999卷》，北京：科学出版社，2006年，第747~782页；北京市文物研究所、重庆市文物局、重庆市涪陵区博物馆：《2001、2003年度涪陵镇安遗址发掘报告》，重庆市文物局、重庆市移民局：《重庆库区考古报告集·2001卷》，北京：科学出版社，2007年，第1930~1980页。

且将其称为"巴系铁器"（图7-5-5）。

　　巴系铁器主要有双耳鍪、单耳鍪、束颈釜、双耳釜、璜形饰、烟荷包式斧（钺）、柳叶形剑等（图7-5-5）。这些铁器，一般是从巴蜀文化中的同类铜器中演变而来，具有比较强烈的巴文化色彩。巴系铁器主要见于战国至西汉，数量并不太多，它一般与中原系铁器共存。

　　此外，有的铁器虽然也见于其他地区，但形态特征有一些细微的变化（图7-5-6）。如三峡西部地区西汉时期盛行条形锄，在其他地方一般数量较少。这种条形锄呈窄长形，可以起到镢的功能，是适应这一地区山地地形和土壤较硬的客观情况的。条形锄

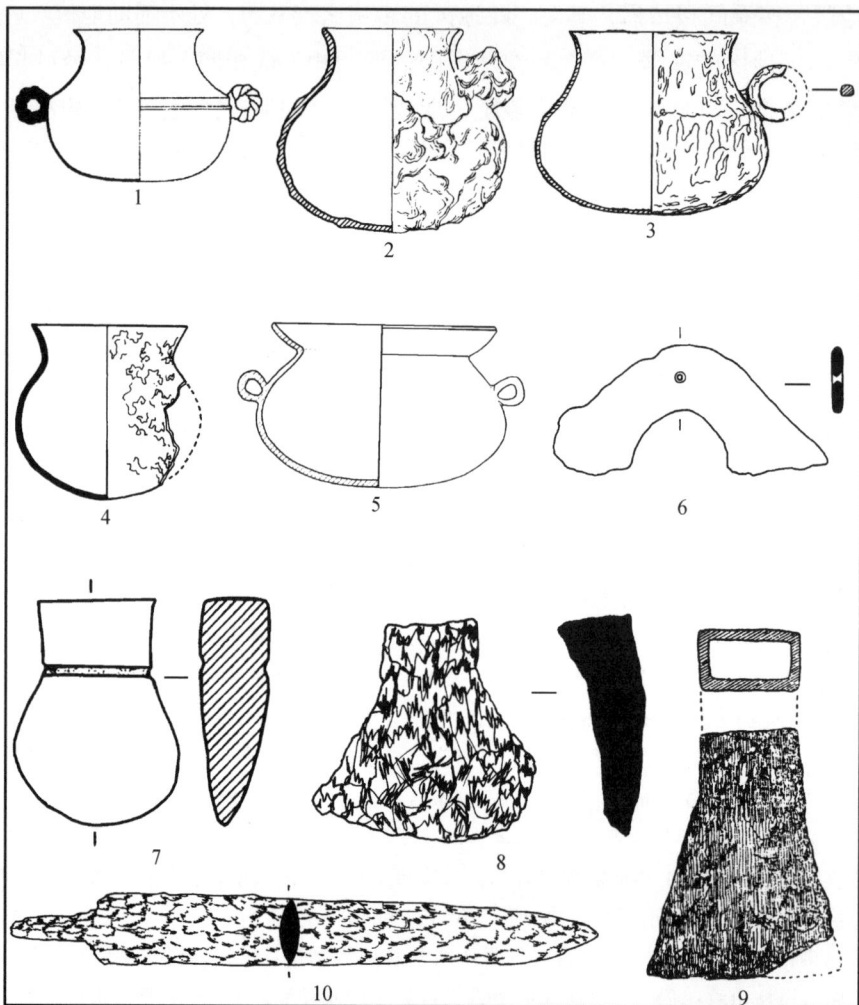

图7-5-5　巴系铁器典型器物

1~3.鍪（重庆巫山麦沱墓地M32：4、重庆涪陵镇安遗址M15：3、重庆忠县老鸹冲遗址M30：2）　4.圜底釜（重庆万州大坪墓地M40：5）　5.双耳釜（重庆忠县杜家院子遗址M1：17）　6.磬形器（湖北秭归庙坪遗址M68：3）　7.烟荷包式钺（重庆巫山涂家坝遗址T1637⑧：1）　8.不对称形钺（重庆丰都迎宾大道沿线墓地M2：33）　9.斧（重庆九龙坡冬笋坝墓地M55：5）　10.柳叶形剑（重庆丰都玉溪遗址T33④：2）

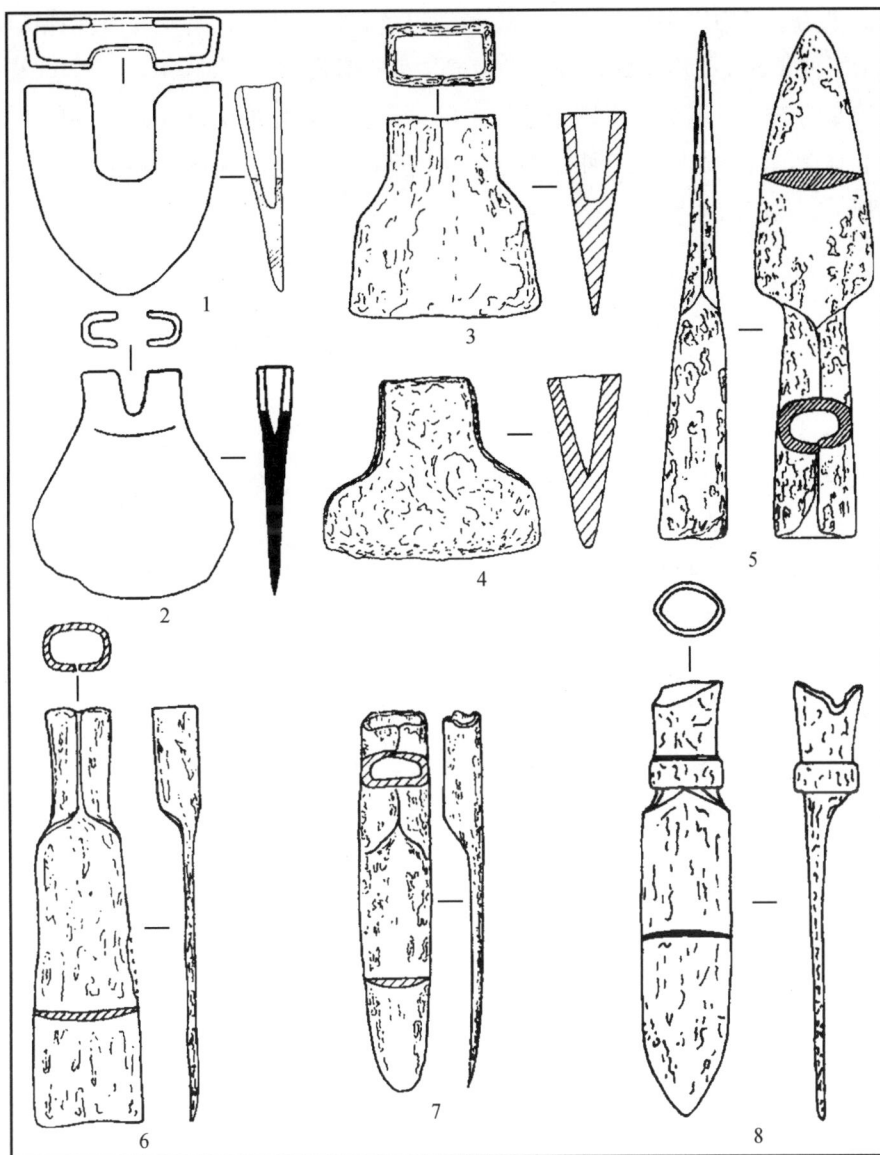

图7-5-6　三峡地区出土的具有一定地方特色的铁器

1.凹口尖刃锸（重庆忠县杜家院子遗址M11：13）　2.直銎式弧刃宽锄（重庆巫山双堰塘遗址TG801-3⑤：4）

3、4.双肩直銎式直刃宽锄（重庆忠县老鸹冲遗址AM25：17、重庆巫山张家湾遗址T511④：9）　5.宽叶矛（重庆忠县老鸹冲遗址AM25：17）　6.直銎式凹刃条锄（重庆忠县老鸹冲遗址AM13：35）　7.直銎式弧刃条锄（重庆忠县老鸹冲遗址AM25：19）　8.直銎式尖刃条锄（重庆丰都汇南墓群M27：11）

又可分为平刃、弧刃、尖刃三种，弧刃和尖刃更有利于钻地，是三峡西部地区特有的器形。为了便于起土，有的凹口锸也被做成尖刃的形状。

另有部分铁器，其分布呈现出地域上的差异，如六角形横銎式锄，只见于三峡东部的湖北宜昌前坪、秭归卜庄河[1]等地点；而双肩宽刃锄则只见于三峡西部地区，这些无疑体现了文化上的差异。

四、铁器组合的差异与变化

三峡地区的东周至六朝时期铁器，主要发现于墓葬中，部分遗址中有少量分布。但在春秋至战国早期，大多数铁器发现于遗址中；此后，多数铁器发现于墓葬中，遗址中出土的铁器数量较少。

春秋时期各遗址出土铁器几乎都少不了锸，铁器的常见组合为锸、斧（锛）、削、刀。但锸约占这时期铁器总量的近一半，其次是刀，约占10%强（图7-5-7）。

战国至西汉初期，瞿塘峡以东三峡地区出土的铁器仍以锸为主，此外，斧、削也是比较常见的铁器。三峡西部的重庆奉节、云阳出土铁器主要以斧、锛为主。而重庆万州至涪陵一带，多数墓葬中要么随葬锸，要么随葬刀或削；重庆主城西边的冬笋坝墓地则有两种，一些墓出削，一些墓出斧，据统计，发现的此阶段12座出土铁器的墓

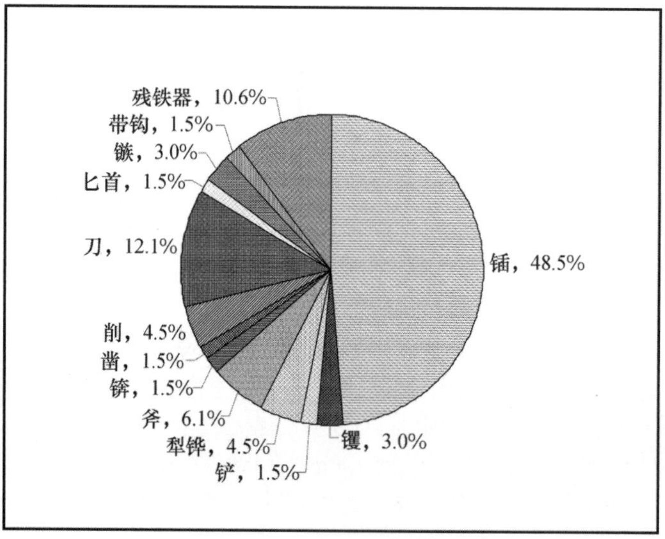

图7-5-7　三峡地区春秋时期铁器数量百分比图

（因四舍五入，数据之和不为百分百）

---

① 宜昌地区博物馆、秭归屈原纪念馆：《秭归卜庄河古墓发掘》，国家文物局三峡工程文物保护领导小组湖北工作站：《三峡考古之发现》，武汉：湖北科学技术出版社，1998年，第351~356页。

葬中，其中7座只出削，4座只出斧，只有1座既出斧又出削。可见，两者基本上不同出是可以肯定的。

西汉至东汉早期，峡江东部的湖北宜昌前坪墓地与上期的重庆九龙坡冬笋坝墓地随葬品组合情况相同，或许暗示了两者间的某种联系；而重庆巫山地区墓地的墓葬，有削、剑、鍪三种铁器随葬的情况，且多数情况下，三者不同出一墓中。峡江西部地区随葬铁器的组合多样，各墓地也不完全相同。重庆奉节、云阳、万州一带的墓葬，随葬铁器有刀（削），鍪，刀（削）和鍪三种基本组合。重庆忠县、石柱一带的墓葬，出土铁器比较丰富，种类也较多，常见锄、斧、削、剑、釜等铁器；峡江西端的九龙坡冬笋坝墓地常见的组合是削、鍪；渝中临江支路墓地[①]主要随葬釜；而丰都汇南墓地[②]则有削和削、剑两种基本组合。

东汉中晚期，墓葬中铁鍪基本消失，各墓地中随葬刀、剑等武器成为突出的特征。但在三峡东部地区，墓葬中很少出土铁釜，如湖北宜昌前坪墓地有削和削、刀两种基本组合。重庆巫山一带墓地，一些墓主要随葬削，一些墓则主要随葬刀或剑。而在三峡西部地区，一些墓葬主要随葬釜，另一些墓葬主要随葬刀或剑。

三国时期，重庆忠县涂井崖墓随葬品以刀、釜为主，而丰都汇南墓群则以刀为主。

到两晋南北朝时，墓葬中主要随葬铁刀，有的随葬铁剪，只有少数墓葬既随葬刀又随葬剪，刀和剪在不同墓葬中出现，可能与墓葬主人的性别有关。

总体上看，三峡地区铁器的组合有下列特点。

（1）虽然各地甚至同一墓地内铁器组合都不尽相同，但铁器组合随时代存在差异和变化却是不争的。

（2）同一墓地内同时期的铁器组合也存在一定的差异，一般有两种不同的主要组合，多数情况下，可能代表着不同性别的墓葬。

（3）在地区差异上，直到东汉中期以前，铁器组合及随葬习俗多数时候可以划分为几个小区，即湖北宜昌、秭归、巴东；重庆巫山；重庆奉节、云阳、万州；重庆忠县、石柱；重庆丰都、涪陵；重庆主城一带六个区，各区间距离差不多，这说明文化的细微差异，每隔一定距离就会彰显出来。到了东汉中晚期，则大体只能以瞿塘峡为界，分为三峡东、西部两区了；六朝时期，这种差异基本消失，说明文化的统一一直处于加速的过程中。

①　重庆市博物馆：《重庆市临江支路西汉墓》，《考古》1986年第3期。

②　四川省文物管理委员会等：《丰都县汇南两汉—六朝墓发掘简报》，《四川文物》1996年增刊；四川省文物考古研究所、丰都县文管所：《丰都汇南墓群发掘简报》，重庆市文物局、重庆市移民局：《重庆库区考古报告集·1997卷》，北京：科学出版社，2001年，第689~712页；四川省文物考古研究所、丰都县文物管理所：《丰都汇南墓群发掘报告》，重庆市文物局、重庆市移民局：《重庆库区考古报告集·1998卷》，北京：科学出版社，2003年，第766~812页。

五、三峡农业与铁农具

三峡地区的铁农具主要有以下几类（图7-5-8）。

锸：是数量最多的一种农具，系直插式挖土工具。约占所有已发现铁器的13.4%，占农具的57.4%。三峡地区的锸主要是凹口锸，中原地区常见的一字形锸极少见。凹口锸有平刃、弧刃、尖刃三种。重庆忠县涂井崖墓中出有持锸的陶俑。

镬：一种横斫式整地农具，主要用于深掘。约占所有已发现铁器的4.3%，占农具的18.6%。三峡地区出土的铁镬有两种，一种是与斧相似的直銎式空首镬，一种是横銎式镬。直銎式镬占绝大多数，可能装弯曲木柄。重庆忠县涂井崖墓①中出土手持横銎式镬的陶俑，但考古发掘中只见两例实物。

铲：是一种直插式的农具，既有整土作用，也可用于中耕。三峡地区极少出土，只在湖北宜昌上磨垴、重庆巫山林家码头②、重庆奉节毛狗堆③等遗址有少量出土。

锄：是一种中耕耘田的横斫式农具。三峡地区出土的锄较多，大体可以分为宽锄和条锄两种。宽锄又可分为六角形横銎式、双肩直銎式两种。条锄也有直銎和横銎两种，前者的功能可能兼有镬的作用。双肩锄和直銎条锄应当装曲木柄，才能起到锄的作用。此外，有部分较长的锸亦可兼锄的作用。

犁：是一种耕地的农具。三峡地区出有5件犁铧和铧冠。湖北秭归柳林溪遗址出土春秋时期三角形犁铧，重庆巫山双堰塘遗址出土1件东汉犁铧④，丰都冉家路口墓群也出有1件六朝时期的铧冠⑤。值得注意的是，1999年度重庆丰都玉溪遗址出土了1件汉、六朝时期的石犁⑥，可能是用于翻模的。

---

①　四川省文物管理委员会：《四川忠县涂井蜀汉崖墓》，国家文物局三峡工程文物保护领导小组湖北工作站：《三峡考古之发现》，武汉：湖北科学技术出版社，1998年，第508～534页。

②　中山大学人类学系、重庆市文物局、巫山县文物管理所：《巫山林家码头遗址2001年发掘报告》，重庆市文物局、重庆市移民局：《重庆库区考古报告集·2001卷》，北京：科学出版社，2007年，第88～146页。

③　中国文物研究所、重庆市文化局、奉节县文物管理所：《奉节毛狗堆遗址第一次发掘简报》，重庆市文物局、重庆市移民局：《重庆库区考古报告集·1999卷》，北京：科学出版社，2006年，第180～188页。

④　中国社会科学院考古研究所长江三峡考古工作队、巫山县文物管理所：《巫山双堰塘遗址发掘报告》，重庆市文物局、重庆市移民局：《重庆库区考古报告集·1998卷》，北京：科学出版社，2003年，第58～102页。

⑤　重庆市文物局、重庆市移民局：《丰都镇江汉至六朝墓群》，北京：科学出版社，2013年，第83页。

⑥　重庆市文物考古所1999年发掘资料。

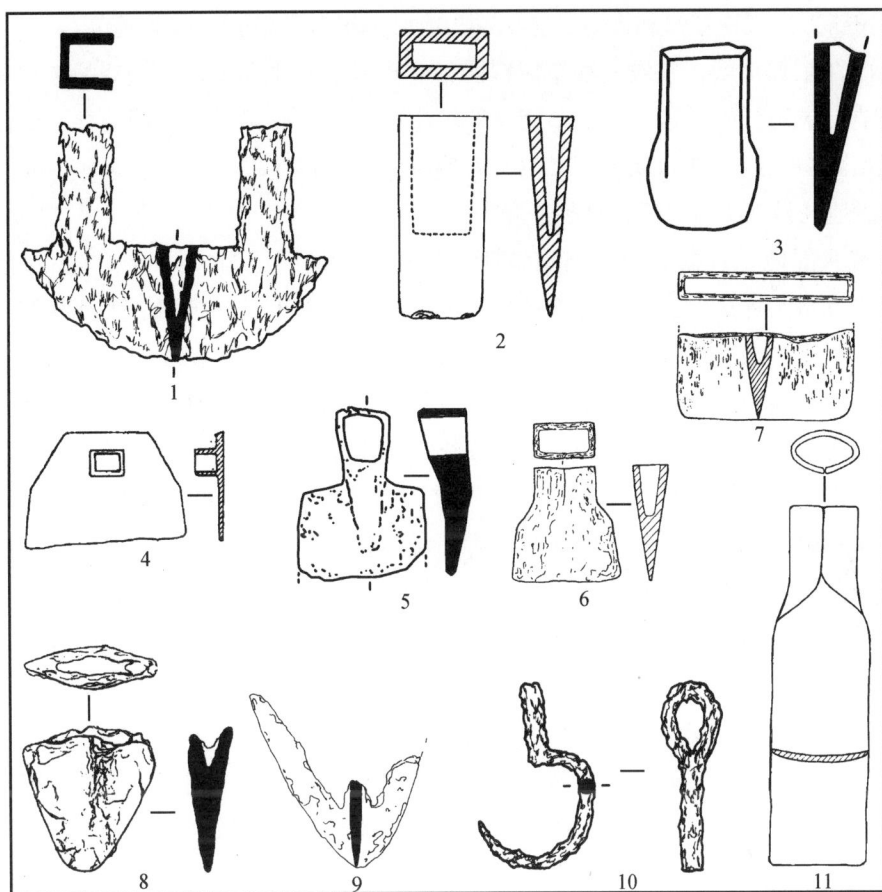

图7-5-8　三峡地区出土的各类铁农具

1.锸（重庆巫山大溪村墓地ⅡT9）　2.镢（重庆奉节老油坊遗址G1下：9）　3.铲（重庆巫山林家码头遗址

T1348⑦：9）　4.六角形横銎式锄（湖北秭归卜庄河墓地M2：1）　5.横銎式条锄（重庆云阳旧县坪遗址

ET1208⑤：6）　6.双肩直銎式宽锄（重庆忠县老鸹冲遗址AM25：17）　7.“一”字形锸（重庆忠县老鸹冲遗址

AM9：1）　8.犁铧（重庆巫山双堰塘遗址M702：01）　9.铧冠（重庆丰都冉家路口墓群TM2：11）

10.镰刀（重庆巫山大溪村墓地ⅢM14：5）　11.直銎式条锄（重庆忠县杜家院子遗址M1：14）

镰：收获用具。三峡地区共发现5件铁镰，可以分为曲尺形和半圆形两种，有的为
锋刃，有的为齿刃。

杵臼：粮食等其他作物的加工工具，只在重庆忠县崖脚墓地发现一例。此外，不
少汉墓中出土陶碓房模型，但未见铁质实物。

从上述农具的种类和数量看，三峡地区主要使用锸做起土工具，锄可能也兼具
这一功能，而犁却很少见。这种情况应当与该地区多山地有关，农业用地多旱地，土
地的坡度大，不适合牛耕，一般以手工翻地为主。《齐民要术》引崔寔《政论》按：
“长辕耕平地尚可，于山涧之间则不任用，且回转至难、费力。”[①]重庆巫山双堰塘和

————————————

① （后魏）贾思勰著，缪启愉校释：《齐民要术校释》，北京：中国农业出版社，1998年，第
50页。

丰都冉家路口发现铁犁铧和铧冠，应与这些地方有相对平坦的小块平地有关。

在峡江东部地区，铁农具在东周铁器中一直就占有主导地位，铁器的生产是紧紧围绕农业需求进行的。这一地区早期铁器产生的原因，一是早期楚国的核心地区就处于包括西陵峡在内的鄂西地区，必然率先使用代表先进生产力的铁农具；二是三峡东部及附近地区是铁矿富集区，且易于开采[①]。

三峡西部地区铁器始于战国中晚期，在战国中晚期至西汉初年，除重庆涪陵镇安遗址、万州大坪墓地出土少量铁锸外，其余多为手工工具。镇安、大坪等墓地出土铁农具，年代均在秦代或稍早，可能与秦灭巴蜀后，在当地推行农业生产有一定的关系。但由于秦在原巴国实行的是"自治"政策，巴地多数地方可能仍然过着渔猎和较原始的农业生产生活，铁农具和先进农业仍然属于个别地方的苗头。三峡西部铁农具的大量出现，一直要到西汉早期以后。据重庆忠县老鸦冲遗址的考古发现[②]，该遗址西汉早期开始出现铁器，西汉中期及以后，包括各式铁农具在内的铁器大量出现，表明农业经济得以真正确立和生产力发展水平的质的飞跃。在文化面貌上，西汉早期及以前，基本上仍为较典型的巴蜀文化，此后，巴蜀文化因素迅速消失，中原汉文化兴起。铁农具的大量出现、经济的变化与文化转变间的时间同步，绝不是偶合。故该报告作者认为："这一变化是中原文化向周边地区传播的反映，也是三峡地区的经济由渔猎经济向农业经济逐渐转化的体现。"此外，西汉以来，中央政府实行重农政策，采取了一系列的措施发展农业生产，自然对三峡地区产生了较大影响，使铁农具的制作和使用更加广泛。即使如此，铁农具也未完全推广，《盐铁论·水旱》曰："盐铁价贵，百姓不便，贫民或木耕手耨土擾。"[③]就是说的这一现象。此时，发现最多的地点集中在重庆忠县一带，大概和这里有发达的采盐业，人民相对较富裕有关（图7-5-9）。

西汉以后，三峡地区出土的铁农具日益减少，而各种武器和饮食炊煮器有较多增加。这种情况，一方面反映了人们丧葬观念的变化；另一方面，或许暗示了生产关系的巨大改变。除西汉晚期外，西汉至东汉早期，授田和限田的制度坚持得较好，农业生产中的自耕农比较多，许多农民拥有自己的土地和生产工具，死后随葬生前一直使用的铁农具是理所当然的。而东汉中晚期，豪强大族巧取强夺，土地进一步向地主阶级集中，许多农民沦为佃客、布曲、奴婢等，遭受奴役，农业生产工具不再为自己所有。同时，私人武装开始膨胀，社会动荡不安，随葬武器之风自然开始兴盛。

---

① 据相关地方志材料介绍，巴东县已探明铁矿储量达32057万吨。秭归县有铁矿床5个、铁矿点5个。恩施土家族苗族自治州铁矿保有储量10多亿吨。巫山县的桃花铁矿直到21世纪还在开采。

② 重庆市文物考古所、重庆市文物局：《2000年忠县老鸦冲遗址（墓葬部分）发掘简报》，重庆市文物局、重庆市移民局：《重庆库区考古报告集·2000卷》，北京：科学出版社，2007年，第831～869页。

③ 王利器校注：《盐铁论校注》，北京：中华书局，1992年，第430页。

图7-5-9　重庆忠县将军村墓群西汉墓葬出土铁农具组合之一
（李大地供图）

六、结　语

　　三峡地区是世界上少有的经过较全面考古发掘的区域，抢救出了大量的包括铁器在内的古代遗存。三峡铁器具有出现早、延续长、数量大、种类全、分布广的特点，对于铁器研究而言，这一地区拥有得天独厚的优势，具有进一步深入研究的条件和需要。

　　但是，三峡地区的铁器数量虽多，但发现的冶铸遗迹不多。目前为止，所知仅有以下6处可能与冶铁业相关的考古发现。①湖北宜昌上磨垴遗址：发现冶铸遗迹，但基本被破坏。在第4层的局部，发现一些烧土面，并伴有较多的草木灰、炉渣、铜渣、铁渣。②湖北宜昌前坪（王家沟）古墓群：西部的东周文化层中发现两处炼铁遗迹，文化层中发现较多的铁矿渣[1]。③重庆巫山县龙溪遗址：在第5层（东周早期）中发现一些铁渣和铜渣[2]。④重庆巫山张家湾遗址[3]：在第10层普遍发现铁渣，出土了较多包

　　①　杨华：《三峡地区春秋战国时期冶铁业的考古发现与研究——兼论楚国对巴蜀地区冶铁业的影响》，《重庆师范大学学报（哲学社会科学版）》2005年第4期。

　　②　郑若葵：《巫山县龙溪刘家坝东周遗址》，中国考古学会：《中国考古学年鉴（1995年）》，北京：文物出版社，1997年，第226页。

　　③　南京大学历史系考古专业、重庆市博物馆、巫山县文管所：《巫山张家湾遗址第二次发掘报告》，重庆市文物局、重庆市移民局：《重庆库区考古报告集·1999卷》，北京：科学出版社，2006年，第38、39页。

括农具在内的铁器，年代属新莽至东汉时期。⑤重庆云阳县旧县坪遗址：发现制作陶范的黄沙层料场，还有制范取土的深坑，烘范的窑，另外还出土与冶铸相关的鼓风部件、耐火砖、铸范、母范①。遗址内出土的铁器有镢、刀、锄、镢等，以及大量铜器，说明有可能是一处以炼铜为主的、兼具冶铁的一处战国—汉代的冶铸作坊区。⑥重庆丰都玉溪坪遗址：南部探方发现少量的铁渣、烧结的陶片、鼓风管、坩埚等遗物，陶鼓风管、坩埚等均含有草筋②（图7-5-10），为汉—六朝的铸铁遗物。仅就上述考古发现看，缺少保存比较好的冶铁窑炉，难以完整复原该地区古代冶铁业的工艺技术。

　　另外，在矿源调查和矿冶遗址的发现上，目前还几乎为零，更显研究的薄弱。据现代矿产资源调查和开采情况可知，三峡地区的铁矿虽然储量不大，但分布比较广泛。如湖北巴东县已探明铁矿储量达32057万吨，秭归县有铁矿床5个、铁矿点5个，恩施土家族苗族自治州铁矿保有储量10多亿吨。重庆巫山县的桃花铁矿约有1.5亿吨铁矿储量。此外，重庆石柱、武隆、涪陵、巴南、綦江、南川、万盛等县、区均发现丰富的铁矿。我们知道，古人对于铁矿的储量并不十分重视，重要的是资源的占有，以及怎样以最适合的方式进行开采、运输、冶铸和分销。但是，这些铁矿在古代是否得到开采利用，以及由此产生的相关遗存的研究还需要进一步开展工作，这也是三峡古代铁器研究的一个重要方向。

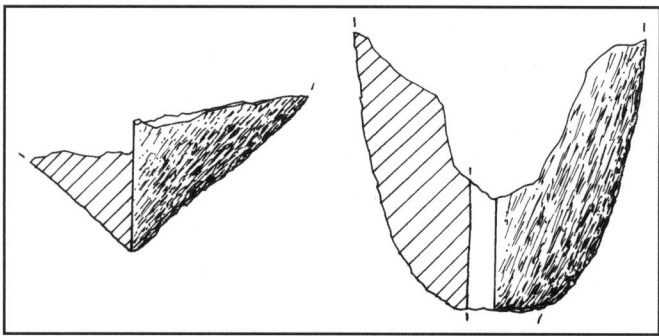

图7-5-10　重庆丰都玉溪坪遗址出土冶铸遗物

　　补记：本文原发刊于《江汉考古》2008年第3期。笔者在撰写本文时，尚有大量的三峡考古资料未发表，《重庆库区考古报告集》仅出版至1999卷，故本文关于三峡地区东周至六朝铁器的统计数据只是阶段性的，相关认识难免也有局限和不成熟的地方。

---

　　①　重庆市文物局：《三峡文物珍存——三峡工程重庆库区地下文物卷》，北京：北京燕山出版社，2003年，第80～83页；吉林省文物考古研究所、重庆市文物局、云阳县文物保护管理所：《云阳旧县坪遗址发掘报告》，重庆市文物局、重庆市移民局：《重庆库区考古报告集·2000卷》，北京：科学出版社，2007年，第647～670页。
　　②　重庆市文物考古所2003年发掘资料。

国家文物局"考古中国"重大项目"川渝地区巴蜀文明进程研究"阶段成果

重庆市社科英才"重庆地区青铜时代文化——巴史的考古学研究"课题成果

重庆市文物局"三峡考古学文化序列研究"资助成果

重庆文物考古研究系列

文献·文物·文明：巴文化考古探索

（下册）

白九江　著

重庆市文物考古研究院
重庆文化遗产保护中心　编

科学出版社
北京

内 容 简 介

本书是迄今为止最系统研究巴人、巴国、巴文化的学术专著，初步构建起巴文明发展演变的历史脉络。

全书以考古发现为经，以历史文献、文物标本、文化事象为纬，探究了巴文化的基础概念、文化谱系、文化分区、文化符号、精神信仰、原始工业，以及巴文明起源、发展、消融的宏阔进程。总体上看，巴文明是华夏文明的重要组成部分，与蜀文明共生互融，巴国与楚国长期共处而又充满斗争。巴文化在物质形态、人文个性、民间习俗等方面特质突出，巴文明具有高迁移、弱中心等特色，其政治形态经历了从神权到礼治与巫、武共存的阶段，其国家具有多部族、松散化等特点。

本书适合文博考古、历史文化等方面专业研究者、爱好者阅读、参考。

图书在版编目（CIP）数据

文献·文物·文明：巴文化考古探索：全二册 / 白九江著；重庆市文物考古研究院，重庆文化遗产保护中心编. -- 北京：科学出版社，2025. 1.（重庆文物考古研究系列）. -- ISBN 978-7-03-080894-3

Ⅰ. K872.719

中国国家版本馆CIP数据核字第2024JU2601号

责任编辑：王光明 / 责任校对：邹慧卿
责任印制：肖　兴 / 封面设计：陈　敬

科学出版社 出版
北京东黄城根北街 16 号
邮政编码：100717
http://www.sciencep.com
北京中科印刷有限公司印刷
科学出版社发行　各地新华书店经销
*
2025年1月第 一 版　开本：787×1092　1/16
2025年1月第一次印刷　印张：50 1/2
字数：1 198 000
定价：528.00元（全二册）

（如有印装质量问题，我社负责调换）

目　　录

插图目录

插 表 目 录

第八章 占卜与祭祀

在"家为巫史"的时代，预言和祭祀几乎是任何一个早期社会的主要宗教活动。自"绝地天通"后，社会上层独占公共占卜权和祭祀权，而基层民众只能就自己的小社会、家庭和个人进行算卜和祭祀。占卜、祭祀是观察上古社会原始信仰的窗口，也是窥探社会结构和意识形态的重要切口。

卜骨的起源很早，新石器时代中期就已经出现卜骨了，但是直到商代晚期，卜骨才大规模地应用于王室占卜，并为后世提供了观察有关商朝社会情况的重要窗口。西周以来，卜骨上的文字书写日益减少，西周中期后卜骨更是日益稀少。但是在边地社会，卜骨传统却得到继续使用，成为观察这些地区文化小传统的重要材料。

巴蜀地区目前多发现有卜骨，但巴文化地区发现卜骨较蜀文化地区早，且延续时间长，消失时间晚。可见，使用卜骨是巴文化社会的一个重要传统和特征。目前考古发现的巴文化卜骨可上溯到新石器末期，西周、东周时期在不同遗址均有发现，中坝遗址则发现了与盐业生产管理相关的卜骨序列。汉至唐代，三峡地区个别地方仍有出土，与杜甫、刘禹锡的诗文记录吻合。

巴文化卜骨有几个重要特征：一是卜骨上没有文字；二是材料选择上，既有龟甲和牛骨，也有数量较多且极具特色的鱼鳃骨；三是使用场景上，盐业生产管理是最重要的应用场景，如湖北长阳香炉石、重庆巫山双堰塘、忠县中坝遗址等发现的甲骨；四是延续时间晚，且与三峡山地农业烧畲求雨以及其他日常生产生活有关。巴文化卜骨还在墓葬中有所发现，如湖北长阳香炉石遗址东北面崖墓、重庆酉阳清源遗址商代墓葬就发现卜骨。新近的重要发现是四川宣汉罗家坝遗址，有8座墓葬发现了龟甲、鹿角等与占卜、巫术相关的文物。

岩画是研究古代社会的重要图像资料，巴文化地区的岩画过去长期未受到重视。以云阳巴阳峡为中心的长江滩涂岩石上多发现岩画，迄今见诸各种报道的岩画有6处，时代大约从史前延续到战国、两汉。巴阳岩画的内容包括人物、鹿、鱼、蛇、船、建筑、旗帜、眼睛、生殖器、手印、足印、树等，大体反映了生殖崇拜、水上祭祀等活动。

本章介绍了大梁岩画A、B和巴阳岩画丙三幅岩画。经过辨识和对比研究，大梁岩画A包括肋骨船、出脊式建筑、巫觋、小艇、仓、錞于、鱼旗、鸟等文化符号，相关信息多指向水上送魂、水上祭祀，时代约当战国至汉代。大梁岩画B的内容表达的是女性及女阴，是远古生育崇拜在岩壁上的投射，时代约为商周时期。巴阳岩画丙包括肋骨式船、梅花鹿、竖目、人面、巫师、鸮鸟、蹄印、巨鱼尾、树、亭等文化符号，可能是一幅兼具反映动物丰产和水上祭祀的岩画，年代约当商周时期（亭类建筑较晚）。巴阳岩画的发现、确立和研究，丰富了中国岩画——特别是南方岩画的内容，是研究古代巴文化宗教世界的重要图像，展现了与西南系岩画不同的、独树一帜的、自成体系的巴文化岩画面貌。

第一节　试论三峡地区出土古代巴、楚甲骨

《江汉考古》2005年第4期发表了蒋刚的《重庆、鄂西地区商周时期甲骨的类型学研究》一文（以下简称《类型》）[①]，该文深入探讨了重庆、鄂西地区的甲骨形态，并与中原、江汉平原、成都平原的甲骨进行了类型学的比较研究，探讨了这一地区占卜的地方特色，无疑具有重要的意义。但该文对重庆地区的资料收集并不完整，也没有涉及古代巴人占卜习俗等方面的内容。笔者近年来也一直在收集三峡地区的甲骨资料，在此愿意就该文未涉及的一些问题做补充。

一、三峡地区考古发现的甲骨

这一地区从20世纪50年代末期开始就发现了甲骨，随着近年来三峡文物保护工作的推进和深入开展，甲骨的材料日益增多。《类型》一文收集的材料只有5个地点，显得有所不足。本文共收集了12个地点13批次的发掘材料，这些发现基本上遍布三峡地区，并且延续时间堪称中国境内最长。

1. 长阳香炉石遗址

1987年开始，湖北省清江隔河岩考古队对长阳县香炉石遗址连续进行了3次发掘，发现了40枚甲骨。其中第6层发现3枚，第5层13枚，第4层17枚，采集到7枚。甲骨的材料有龟腹甲、鱼鳃盖骨、牛肩胛骨，而以前两者为主。第6、5层的甲骨钻孔以圆形、椭圆形为主，第4层甲骨钻孔以长方形为主。凿槽呈条形，位于孔内中央，与长边平行。多数可见明显的灼痕，有的有清晰的兆枝（图8-1-1）[②]。此外，1993年在发掘香炉

---

① 蒋刚：《重庆、鄂西地区商周时期甲骨的类型学研究》，《江汉考古》2005年第4期。

② 湖北省清江隔河岩考古队：《湖北清江香炉石遗址的发掘》，《文物》1995年第9期。

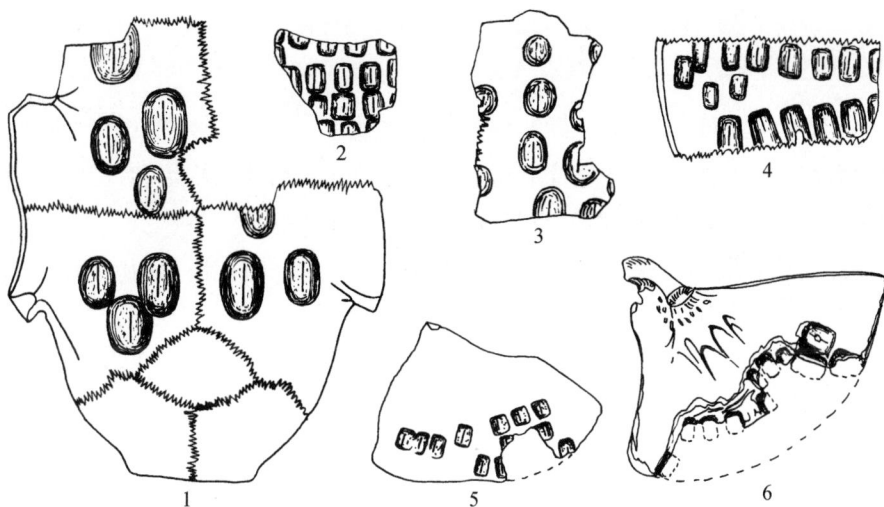

图8-1-1　湖北长阳香炉石遗址出土的部分龟卜甲和鱼卜骨

1. T26⑥：8　2. T25⑤：59　3. T25⑤：53　4. T8④：52　5. T10④：205　6. T10④：222

（1~4为龟甲，5、6为鱼鳃骨）

石东北面的崖墓时，亦发现牛肩胛骨制作的卜骨一件（图8-1-3，1；图8-1-4）[①]。

　　发掘简报将第6层定为商代早期，第5层为商代中晚期，第4层为西周。但许多考古学家认为，香炉石遗址的延续时间没有那么长，第6、5层大约应当在商代晚期。而第4层的争议最大，既有传统的第5、6层的具有巴文化因素的圜底器和尖底器，又出现了一些楚文化风格的陶器。或许发掘过程中对地层划分不细是主要原因。总体上看，从方格纹陶釜的盛行，到折肩三段式陶尊的出现，该层大多数遗物应属于西周早中期。

2. 宜昌朱家台遗址

　　1986年，湖北省博物馆三峡考古队发掘了湖北宜昌朱家台遗址，在该遗址的第3层发现了2件卜骨，材料系鱼鳃骨。其中一件（T1③：14）在腮盖内面靠近侧缘处有两排长方形钻孔，上排3孔，下排5孔，孔呈口大底小的方斗形。以铜刻刀凿槽[②]。

　　该遗址的第3层出土鬲、盆等较典型的楚文化遗物，同时也有部分素缘陶釜等具有巴文化特征的陶器。从陶器特征看，时代应为春秋早中期。

[①]　湖北省清江隔河岩考古队、湖北省文物考古研究所：《清江考古》，北京：科学出版社，2004年，第291页。报告认为属于早商时期，从相关遗物看，这类遗存在峡江地区应属于晚商。

[②]　鄂博三峡考古队第三组：《宜昌县朱家台遗址试掘》，《江汉考古》1989年第2期。

3. 秭归大梁尾遗址

2001年，宜昌博物馆发掘了湖北秭归大梁尾遗址，在一座灰坑（H3）中发现2件龟腹甲，另在T21③层出土1件龟背甲。上面均有钻孔，钻孔为圆形和近圆形，其中腹甲上的钻孔中央施条形凿槽，有的有兆枝[①]。

该遗址与甲骨同出的罐、釜、壶等，器表饰有绳纹，时代应为商晚期，下限或可到西周早期。

4. 秭归鲢鱼山遗址

1960年，中国科学院考古研究所长江三峡工作组在西陵峡区的湖北秭归鲢鱼山遗址进行试掘，在2条探沟内"出土了数片方凿卜甲，凿的排列较整齐，灼痕不显"[②]。这里所说的凿，应当是卜甲上的钻孔。

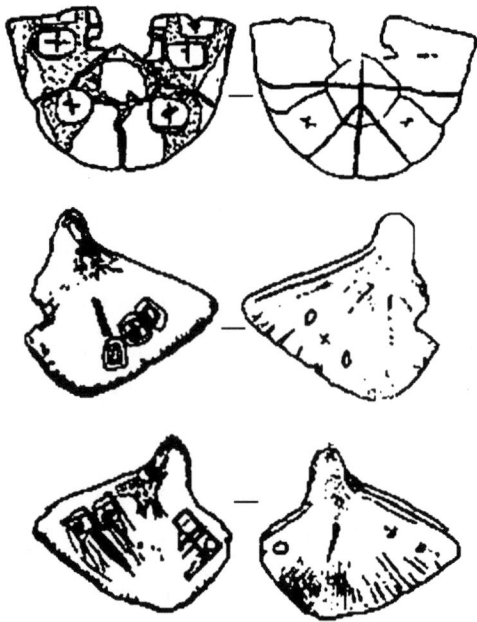

与卜甲同出的有方格纹陶釜、"S"纹陶片、盘、豆、鬲足（也可能是鼎足）等。时代可能属于西周中晚期。

5. 秭归石门嘴遗址

2000年，吉林大学考古学系发掘了湖北秭归石门嘴遗址。在一个编号为H10的灰坑内，发现了21枚甲骨，其中鱼鳃盖骨15枚、龟腹甲6枚。甲骨钻孔有圆形、圆角长方形和长方形，其中尤以圆角长方形占大多数。钻孔内凿槽均位于中央，呈细长条形，且与钻孔的短边平行。有的经过烧灼，兆纹明显，多呈横笔不贯通的"十"字形（图8-1-2）[③]。

图8-1-2　湖北秭归石门嘴遗址出土龟卜甲和鱼卜骨

发掘简报认为，石门嘴遗址H10年代属于西周晚期偏晚至春秋早期偏晚阶段。

① 宜昌博物馆：《秭归大梁尾遗址发掘简报》，国务院三峡工程建设委员会办公室、国家文物局：《湖北库区考古报告集·第一卷》，北京：科学出版社，2003年，第563～578页。

② 中国科学院考古研究所长江队三峡工作组：《长江西陵峡考古调查与试掘》，《考古》1961年第5期。

③ 吉林大学边疆考古研究中心、湖北省文物考古研究所：《湖北秭归石门嘴遗址发掘》，《考古学报》2004年第2期。

6. 巫山双堰塘遗址

1999年，中国社会科学院考古研究所第三次发掘重庆巫山双堰塘遗址，发现了1块龟甲板、4枚龟卜甲。卜甲均为龟腹甲残片，有钻、凿，但无灼。钻孔位于腹甲内壁，有圆形、圆角方形和方形三种。部分钻孔内有条形凿槽（图8-1-3，2～5）[①]。

与卜甲同出的有卷沿鬲、粗柄豆、尖底杯、花边口圜底大罐、圜底钵等，均为较典型的西周中晚期楚文化与巴文化遗物。

7. 云阳明月坝遗址

1994年，四川大学考古队在重庆云阳县试掘了明月坝遗址，在文化层中出土了3件龟腹甲，甲上施有圆形的钻孔，大小不一，有的有灼，有的无灼，正面有兆枝，但未见卜辞（图8-1-5、图8-1-6）[②]。

明月坝遗址所出卜甲的文化层属于唐代，这是我国目前考古所见年代最晚的甲骨。

8. 云阳塘坊遗址

2004年，四川大学历史文化学院考古系对重庆云阳县塘坊遗址进行了发掘，在该遗址唐代灰坑H15的上部东侧填土内，出土一块大卜甲，出土时已散乱，呈五大块相互叠压之状，卜甲之下的灰土中散布着零碎的鱼骨片，卜甲附近有泥质灰陶盆碎片。该卜甲（H15∶1）为背甲，甲壳经过简单修治，内侧密闭钻孔，多数有占卜后留下的灼痕。现存钻孔366个，呈不完全对称分布。最长26.1、最宽16.2厘米（图8-1-7）[③]。

9. 万州麻柳沱遗址

1998年和1999年，上海大学考古队与复旦大学考古队分别发现了两批甲骨。1998年发现的均为龟腹甲，上面的钻孔有圆角长方形、长方形、圆形三种，孔内有条形凿槽，有的有灼痕。凿均位于孔内中央，长方形孔内的凿多与短边平行。1999年既发现龟甲又发现鱼卜骨。卜甲上多为长方形钻孔，条形凿槽与短边平行（图8-1-3，8）。鱼

①　中国社会科学院考古研究所长江三峡工作队、巫山县文物管理所：《巫山双堰塘遗址发掘报告》，重庆市文物局、重庆市移民局：《重庆库区考古报告集·1999卷》，北京：科学出版社，2006年，第80～144页。

②　四川大学历史系考古专业：《云阳县明月坝遗址试掘简报》，四川省文物考古研究所：《四川考古报告集》，北京：文物出版社，1998年，第91～111页。

③　四川大学考古文博学院、重庆市文物局、云阳县文物管理所：《重庆云阳塘坊南朝唐宋遗址》，四川大学博物馆、四川大学考古学系、成都文物考古研究院：《南方民族考古（第二十二辑）》，北京：科学出版社，2021年，第61～102页。

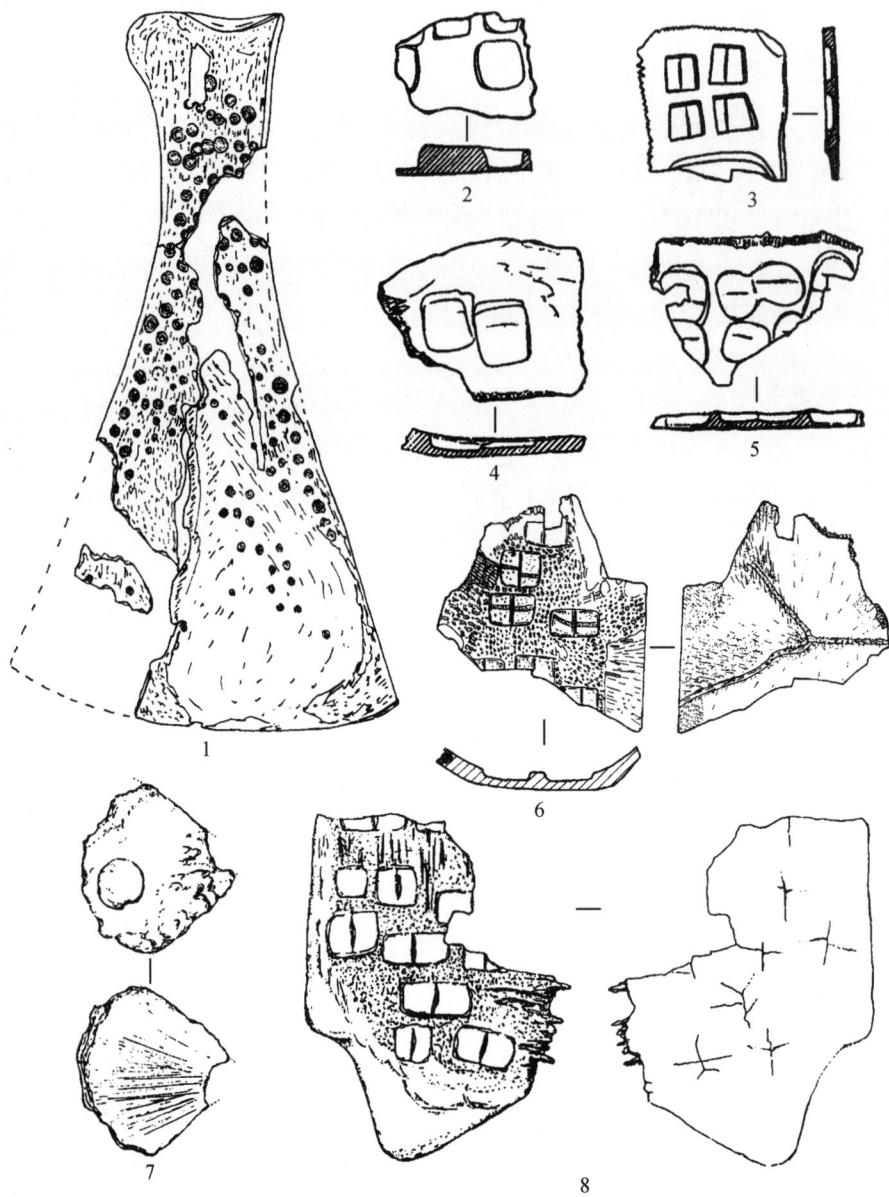

图8-1-3　三峡地区出土的部分古代巴、楚甲骨

1. 湖北长阳香炉石遗址东北面崖墓（M6：2）　2～5. 重庆巫山双堰塘遗址（T477⑤A：27、T429⑤：19、

T439⑤：27-1、T439⑤：27-2）　6. 重庆忠县中坝遗址（DT040118：7）　7、8. 重庆万州麻柳沱遗址

（T126⑤：09、H6：38）

（1、6为牛骨，2～5、8为龟甲，7为鱼鳃骨）

卜骨上的多为圆形钻孔（图8-1-3，7；图8-1-8）[①]。

麻柳沱遗址与甲骨同出的有直口圜底小罐、浅腹尖底盏、鬲（甗）、中柄豆等，其年代应在春秋末期至战国中期。

10. 忠县瓦渣地遗址

1959年7~8月，四川省长江流域文物保护委员会文物考古队与四川大学历史系在今重庆忠县瞫井沟遗址进行试掘，在"汪家院子"区的3、4号探方发掘出卜骨3件，均残，"能看出钻孔和灼过的痕迹"[②]。由于没有详细的文字说明和图片，我们无法知道更多的情况。

汪家院子即后来在三峡文物考古工作中发掘的"瓦渣地遗址"。该遗址1997年度发掘时分为两期，第一期为新石器时代，第二期有3个^{14}C测年数据，基本都在西周时期的年代框架内[③]。由此可以推测，1959年发掘的卜骨不排除属于西周的可能性。

11. 忠县中坝遗址

1997年，四川省文物考古研究所在重庆忠县中坝遗址发掘出土了3枚卜骨，发表的2枚均以牛骨作材料，上面的钻孔有长方形和方形两种，凿槽均位于孔中央，长方形孔的槽与短边平行。有的有兆纹[④]（图8-1-3，6）。

中坝遗址与卜骨同出土的陶器有直口圜底小罐、浅腹尖底盏，其年代应为春秋末期至战国中期。

图8-1-4　湖北长阳香炉石
遗址东北面崖墓出土卜骨
照片（M6∶2）

① 重庆市博物馆、万州区文管所、复旦大学文博系：《万州麻柳沱遗址发掘报告》，重庆市文物局、重庆市移民局：《重庆库区考古报告集·1998卷》，北京：科学出版社，2003年，第539~559页；重庆市博物馆、复旦大学文博系：《万州麻柳沱遗址发掘报告》，重庆市文物局、重庆市移民局：《重庆库区考古报告集·1999卷》，北京：科学出版社，2006年，第498~524页。

② 四川省长江流域文物保护委员会文物考古队：《四川忠县瞫井沟遗址的试掘》，《考古》1962年第8期。

③ 北京大学考古学系三峡考古队、忠县文物保护管理所：《忠县瓦渣地遗址发掘简报》，重庆市文物局、重庆市移民局：《重庆库区考古报告集·1998卷》，北京：科学出版社，2003年，第649~678页。

④ 四川省文物考古研究所、忠县文物保护管理所：《忠县中坝遗址发掘报告》，重庆市文物局、重庆市移民局：《重庆库区考古报告集·1997卷》，北京：科学出版社，2001年，第559~609页。

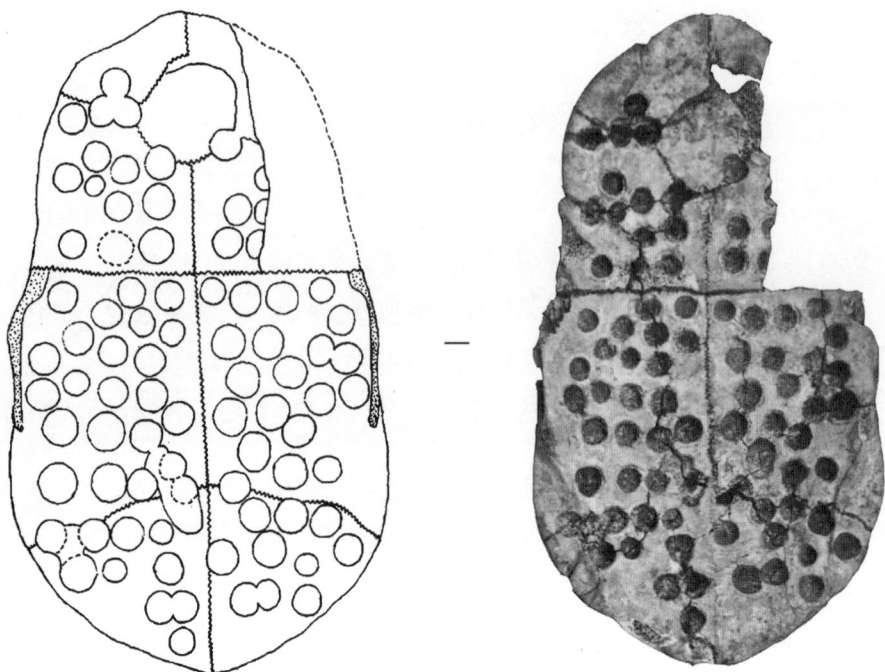

图8-1-5　重庆云阳明月坝遗址出土唐代卜骨（T2⑤：5）

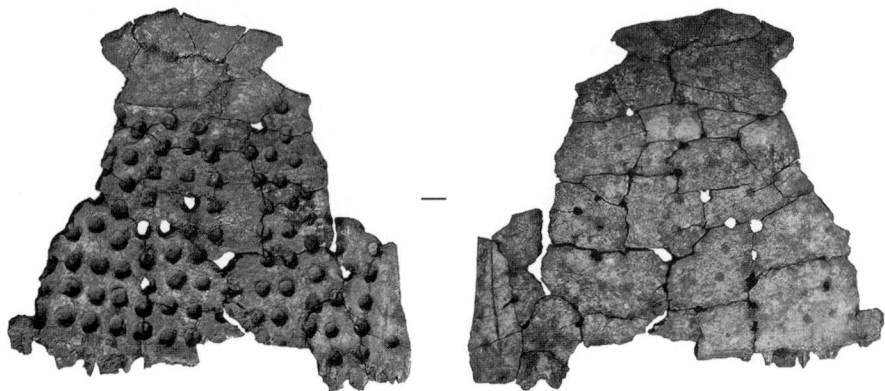

图8-1-6　重庆云阳明月坝遗址出土唐代卜甲之二正、背面

12. 丰都旧县城遗址

　　2006年，武汉大学考古队发掘了丰都旧县城遗址，出土了多枚甲骨。材料均系龟腹甲。钻孔绝大多数为圆形，但亦见有方形和三角形。部分钻孔已钻透，圆形钻孔中央有条形凿（图8-1-9）[①]。

――――――――――――

① 重庆市文化局三峡办内部资料。

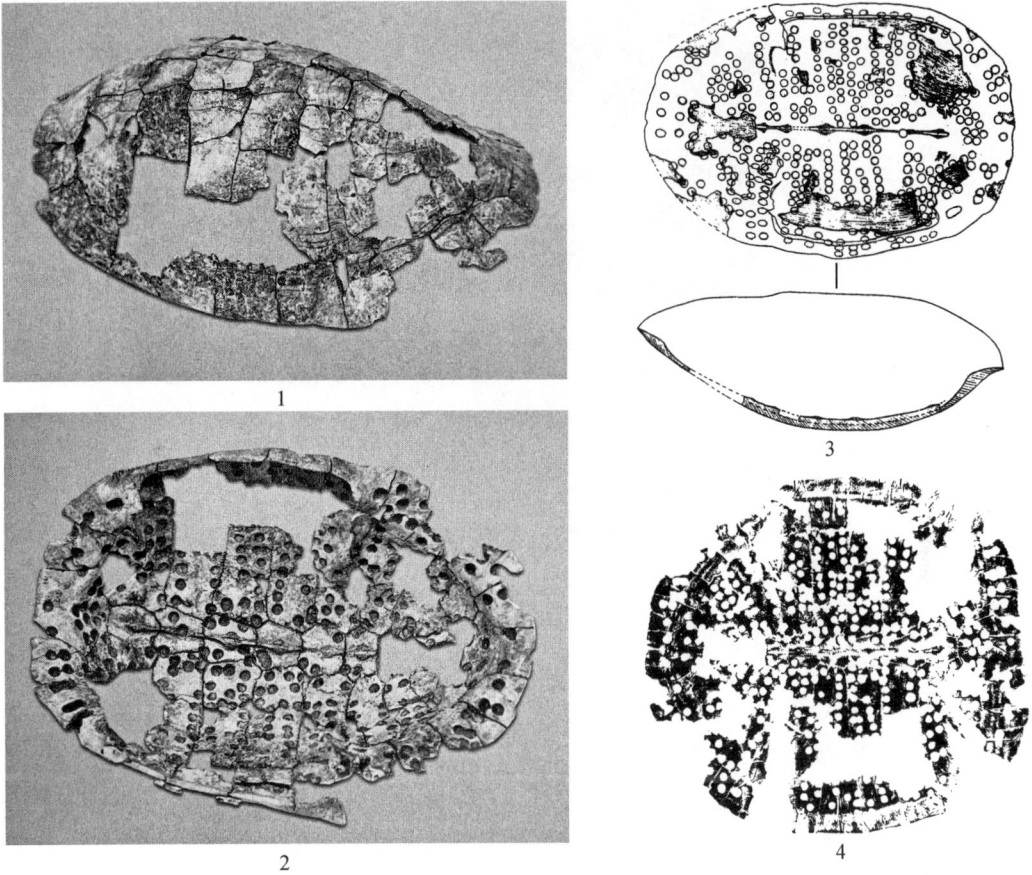

图8-1-7 重庆云阳塘坊遗址出土卜甲（H15：1）
1. 卜甲背面照 2. 卜甲腹面照 3. 卜甲平、剖面图 4. 卜甲腹面拓本

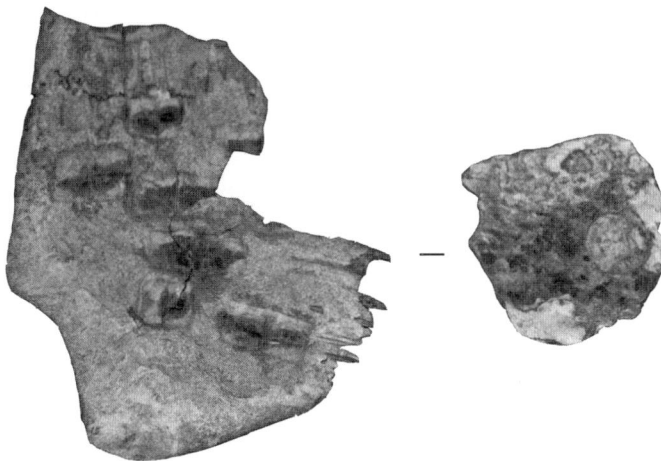

图8-1-8 重庆万州麻柳沱遗址出土鱼卜骨

图8-1-9　重庆丰都旧县城遗址出土卜甲

　　丰都旧县城遗址内的卜甲出土于灰坑中，该遗址发现大量的灰坑，灰坑内出土了大量的泥质灰陶器，均为较典型的汉代遗物，故这些卜甲应为汉代。

　　此外，湖北秭归王家坝遗址亦出土龟甲，但发掘简报没有文字描述，图也不太清楚[①]。该龟甲表面有许多圆形和椭圆形凹窝，不排除是钻孔的可能。该遗址所划分的乙组陶器有罐、釜、角状尖底杯等，时代应为商代晚期至西周早期。

二、三峡地区古代甲骨的特点

　　从上面的叙述看，三峡地区考古发现的甲骨有以下主要特点。

　　（1）从选料看，既有龟腹甲也有牛肩胛骨，还有鱼鳃骨。龟甲、牛骨是中原地区以及周边其他地区甲骨的重要特点，而鱼鳃盖骨只见于三峡地区，不见于其他地区。

　　事实上，宗教祭祀活动中使用这些材料在三峡地区具有悠久的传统。重庆巫山大溪新石器时代遗址中就发现以龟随葬的墓葬。在2001年的发掘工作中，又发现了2个埋龟的坑状遗迹，并发现了1个埋牛头的灰坑，以及1个埋整头牛的坑[②]。这些埋龟、牛的坑均穿插于密集的墓葬间，很可能是当时祭祀活动的结果。

---

　　① 　湖北省文物考古研究所：《秭归王家坝遗址发掘简报》，国务院三峡工程建设委员会办公室、国家文物局：《湖北库区考古报告集·第一卷》，北京：科学出版社，2003年，第719～736页。

　　② 　笔者主持了该遗址的发掘，资料正在整理中。

　　鱼是三峡地区重要的动物资源，也是人们的重要食物。在重庆丰都玉溪遗址距今7000多年前的玉溪下层文化，地层中就发现了以鱼骨为主体的各种骨渣堆积，这样的堆积在较深的地方达到3米多厚。巫山大溪遗址的大溪文化地层中也包含了极其丰富的鱼骨渣，而且考古发掘中发现了多座以鱼随葬的墓，并发现了数以百计的鱼骨坑。可见，鱼对于三峡先民的生存具有极为重要的意义，它在宗教祭祀活动中也扮演着重要角色。由于以上原因，加上取料的方便性，商周时期以鱼骨占卜充分印证了"三王不同龟，四夷各异卜"[①]的记载。

　　（2）钻孔形态多样。《类型》一文将三峡地区的商周甲骨钻孔区分出了圆形、椭圆形、圆角长方形和长方形、正方形和近方形四种。但是就商周至汉唐这个长时段而言，还有三角形的钻孔。在商周时期，钻孔的形态总体上由圆形、椭圆形向长方形、正方形演变。从目前的材料看，椭圆形钻孔盛行于商代晚期，而圆形钻孔从早到晚一直存在。从西周开始，出现了长方形（含圆角长方形）和方形钻孔，并一直沿用到战国。长方形钻孔的出现与中原西周的甲骨占卜影响有关。但方形钻孔的出现时间与《类型》一文认为的出现于东周并不一致，而是在西周时就出现了。汉代以后，三峡地区的甲骨钻孔主要是圆形，仅见一例三角形。

　　就钻孔形态的发展而言，三峡地区出土的古代巴、楚甲骨可以分为三个大的阶段。第一阶段：商代晚期，钻孔形态以圆形和椭圆形为组合；第二阶段：西周至战国，钻孔形态组合为圆形、长方形（含圆角长方形）、方形（含近方形）；第三阶段：汉代至唐，钻孔形态以圆形为主，有极少量的方形和三角形。

　　（3）凿槽呈细条形，位于钻孔中央，基本不见偏于一侧者，绝不见凿槽在钻孔外的。正如《类型》一文指出的，这"可能是重庆、鄂西地区乃至长江流域的古代占卜传统"。

　　（4）甲骨整体上与中原相比，还显得比较单一、原始。如缺少双联的钻孔，凿槽形态单一，布局比较随意，灼痕和兆纹没有固定形状，缺少对兆纹的有意识控制等。

三、甲骨占卜习俗在三峡地区的传播

　　三峡地区目前所见最早的甲骨出土于湖北长阳香炉石、秭归王家坝、大梁尾这三个地点，堪称这一地区甲骨占卜习俗的肇始。香炉石遗址第5、6层的甲骨钻凿形态，基本上是圆形和椭圆形，与中原殷墟的甲骨相同。或许是受到了商文化的影响而产生

---

　　①　（汉）司马迁撰，（南朝）裴骃集解，（唐）司马贞索隐，（唐）张守节正义：《史记》卷130《太史公自序》，北京：中华书局，1999年，第2507页。

的。但就陶器而言，在这两层中基本没有发现商文化因素，说明商文化在这一带的影响甚微。实际上，在商代末期，商文化在整个长江流域的影响均已式微。然而在二里岗上层（商代早期偏晚）至殷墟早期，商文化的影响却是巨大的。湖北黄陂长江边上的盘龙城遗址，就是商人南下，为获取南方的铜矿资源而直接在南方建立的军事据点，该遗址就属于二里岗上层阶段。此后，在殷墟早期（一、二期阶段），商文化对长江流域的影响仍然甚为强大。在鄂西地区，以秭归长府沱遗址为例[①]，发现了这一阶段的陶假腹豆、陶罍、陶锥足分裆鬲、陶缸等大量的商文化因素的陶器。另外在湖北秭归、重庆巫山等地发现的铜罍、铜尊等礼器[②]，也与商文化存在非常密切的联系。由此可以推测，鄂西、重庆峡江地区的甲骨占卜习俗，很可能就是在殷墟早期时传入的。香炉石第5、6层不见长府沱遗址习见的高柄灯形器、壶等三星堆文化流传下来的传统，尖底杯的形态也较其略晚，大概应相当于殷墟三、四期的商代末期。王家坝和大梁尾遗址的遗存也早不过这一阶段。虽然目前还没发现比香炉石遗址这两层更早的甲骨，但可以推测，重庆、鄂西地区应当还有更早的甲骨源头，而这个源头是在与商人接触中受其影响下产生的。

香炉石发现的甲骨一直延续到西周早期。继此之后，西周中、晚期一直到春秋早、中期，除了重庆忠县㙦井沟遗址目前我们尚不太清楚时代的甲骨外，几乎所有的甲骨均发现于瞿塘峡以东的三峡地区，表明这一地区甲骨占卜习俗的兴盛，也很可能说明了当时的上层宗教活动重心在这一带。考古发现表明，从西周中期开始，瞿塘峡以东的三峡地区考古学文化因素比较复杂，一直属于巴、楚文化交汇之地。重庆巫山双堰塘遗址的遗存主要属于西周中、晚期，那里以具有早期巴文化特征的遗物为主，亦有部分楚文化遗物。而在鄂西地区，西周中期到春秋早期的考古学文化，楚文化因素的比例稍大一些，呈现越往东楚文化越占优势的趋势。春秋中期及以后，楚文化基本控制了瞿塘峡以东的三峡地区，但仍然存在一定的巴文化遗物。根据文献记载，西周时期巴人是周南方重要的方国，与楚国、邓国比肩，很可能那时的巴人先祖从清江

①　宜昌市博物馆：《三峡库区秭归长府沱商代遗址发掘》，国家文物局三峡工程文物保护领导小组湖北工作站：《三峡考古之发现（二）》，武汉：湖北科学技术出版社，2000年，第400～421页；宜昌市博物馆：《三峡库区秭归长府沱遗址试掘简报》，国家文物局三峡工程文物保护领导小组湖北工作站：《三峡考古之发现（二）》，武汉：湖北科学技术出版社，2000年，第422～427页。

②　四川省文物管理委员会、四川省文物考古研究所、巫山县文化馆：《巫山境内长江、大宁河流域古遗址调查简报》，四川省文物考古研究所：《四川考古报告集》，北京：文物出版社，1998年，第1～10页。

流域走进了长江三峡甚至更靠北的广阔地区，成为周的"南土"[①]，巴人的甲骨占卜习俗也被带到了这里。由于这一带与楚国相邻，甚至部分土地就属于楚国，所以具有楚文化因素的遗物被频频发现。到了春秋早、中期，文献记载巴国频繁活动于汉水中游，与楚国的交往也十分频繁。春秋晚期后，"巴国分远"[②]，他们开始向西南迁徙，瞿塘峡以东的三峡地区的甲骨止于这时或许正是这一状况的反映。

春秋晚期至战国中期早段的甲骨，目前均发现于重庆峡江地区的中段。这一地区的遗存，主要以巴文化为主，有少量的楚文化遗存。忠县中坝遗址、万州麻柳沱遗址均发现了鬲、甗、暗纹瓮等具有楚文化因素的陶器。在战国中期晚段以前，楚文化并没有成规模地深入峡江腹地，这些楚文化因素的陶器，与典型的楚文化有一定的区别，如鬲、甗的腹呈釜形，应只是受楚文化的影响所致。这很可能是巴国西迁后，由于巴与楚关系颇深，带进来的一些楚文化因素。这一时期峡江中段的甲骨，时间上承接西周中期至春秋中期，地域上连接瞿塘峡以东的峡江东部地区，应当与巴国政治中心的迁移相关。

三峡地区商周时期甲骨占卜习俗的传播，与巴人活动中心的变化相关。除了上面提到的文献和考古学的间接证据外，最直接的证据就是其他地区绝无仅有的鱼卜骨。鱼卜骨在清江流域、瞿塘峡以东的三峡地区、重庆峡江中段都有发现，而且时间上环环相扣，地域上能连成一条线，清晰地展示了传播的时间和路线。更为重要的是，虽然三峡地区鱼类资源丰富，但商周时期，我国其他地方也不乏鱼资源丰富的地区，但只有古代巴人生活过的三峡地区才发现了鱼卜骨，说明了这一地区不同地点发现的甲骨具有传承的亲缘关系。

四、甲骨占卜习俗的变迁

三峡地区发现的甲骨，就其在社会生活中的地位和占卜者及占卜内容而言，在2000余年的历程中，发生了巨大的变化。

最早的湖北长阳香炉石遗址的甲骨，以发现的数量大而闻名。此外，该遗址还发现大量的陶、石文物，以及海贝、印章和精美的各种骨器。鉴于该遗址在早期巴文化考古中的重要发现，以及其与历史传说相关联的特殊的地理环境，有的学者认为：香

---

① 《左传·昭公九年》："武王克商……（周景）王使詹桓伯辞于晋曰：……巴、濮、楚、邓，吾南土也。"参见（周）左丘明传，（晋）杜预注，（唐）孔颖达正义：《春秋左传正义》，北京：北京大学出版社，2000年，第1460页。

② 《华阳国志·巴志》："巴人伐楚，败于鄾。是后，楚主夏盟，秦擅西土，巴国分远。故于盟会希。"参见（晋）常璩撰：《二十五别史·华阳国志》，济南：齐鲁书社，2000年，第3页。

炉石很可能就是廪君所都的夷城。

甲骨与香炉石遗址的特殊地位应当是相关的。在商代的中原，甲骨占卜是国家政治生活中的重要事项，事无大小，都要通过占卜，以预测吉凶，决定行止。商代有很多的卜人、贞人，就专管占卜事务，他们均属于一个相当庞大的以巫为首的巫职机构，是政治上的一股重要力量。1993年，考古人员在香炉石遗址附近发掘了"东北面崖墓"，其中的6号人骨保存完好、身材高大。该人骨随葬1件商时期的大型卜骨和1件精致的大型骨匕。卜骨出自死者头部左侧，系牛的左肩胛骨，全长42厘米，是我国目前发现最大的卜骨（图8-1-4）。卜骨两面及周边均经打磨和修整，背面中脊已基本削平，上面凿有100多个大小不等的圆孔。较厚的部位钻孔较大，较薄的部位钻孔较小，整个钻孔呈横向与斜向排列，部分钻孔有灼痕。结合文献有关巴人赤、黑穴的传说，能够葬入崖穴的人应当是巴人的首领兼巫师，并且这些巫师兼具对部族重大事项进行甲骨占卜职能，所以才会出现以甲骨随葬的墓葬。这也对《世本》中记载的"廪君之先，故出巫诞"和"俱事鬼神"的含义有了新的理解[①]。

早期巴人巫师的存在是明确的，譬如更早的"灵山十巫"的传说。香炉石遗址曾出土一件有刻划符号的红陶器底。符号呈圆形排列成整齐的一圈。器底的上方，是一个"十"字形符号，两旁各对称分列三个"十"符号，这个符号与商代甲骨文中"巫"字的写法一模一样，应是还没有创造出自己文字的巴人借用中原的文字。"巫"符号和甲骨的同时出土，显示了两者之间的密切关系。

西周中晚期到春秋早期，甲骨主要发现在巫山和秭归地区（不计瓦渣地时代不明的甲骨）。根据历史文献记载，此时这一地区属于夔国[②]。夔国的涵盖范围约从瞿塘峡（至今瞿塘峡有"夔峡"的别称）到今湖北秭归一带。夔国的国君来源于楚国，但这一地区的民众却多属于巴人系统，所以考古文化上呈现巴、楚文化混杂的局面。夔国的治所先在巫山，后在秭归。巫山双堰塘遗址面积较大，文化内涵丰富，附近曾出土铜尊（时代约在殷墟一、二期），在三峡文物保护的规划阶段，曾被认为可能是"巴墟"所在。现在看来，该遗址为巴墟的可能性不大，而更可能是一处十分重要的夔国聚落中心，或可与其先治巫山有关。楚都迁郢以后不久，夔国也向东移治秭归，其时应在两周之交，那么以石门嘴遗址为代表的遗存或许与夔国政治中心东移有关。由此看来，考古发现的这一时期甲骨，仍然与巴人（即使不是巴国）的上层政治活动相

①　（宋）范晔撰，（唐）李贤等注：《后汉书》，北京：中华书局，1999年，第1919页。

②　《汉书·地理志》载："秭归，归乡，故归国。"《后汉书·郡国志》载："秭归，本（归）国。"《水经注》引宋衷说："归即夔，归乡，盖夔乡矣。"参见（汉）班固撰，（唐）颜师古注：《汉书》卷28《地理志上》，北京：中华书局，1964年，第1566页；（宋）范晔撰，（唐）李贤等注：《后汉书》"郡国志四"，北京：中华书局，1999年，第2371页；（北魏）郦道元著，（清）王先谦校：《合校水经注》卷34《江水二》，北京：中华书局，2009年，第533页。

关，是上层宗教活动的产物。

东周以来，甲骨占卜在中原政治生活中的地位显著下降，东周也是甲骨占卜习俗发生显著变化的时期，是甲骨占卜由上层精英走进普通大众的转折点，从事龟卜已经成为普通人谋生的一种职业。

重庆地区发现的东周甲骨也充分证明了这一进程。多年来的考古发现表明，重庆忠县中坝遗址是渝东地区一处十分重要的盐业址[①]，其制盐历史至少从商代延续到战国。在这里发现了大量的水槽、龙窑、各种"柱"洞遗迹等，以及尖底杯、圜底罐等制盐器具。说明远古时期这里的盐业十分繁盛，然而该遗址所处的地理位置十分狭窄，且环境容量有限，缺少成为政治中心的条件。那么，中坝发现的甲骨很可能就与盐业生产有密切关系，可能是对生产过程中出现的某些问题占卜的结果。

重庆万州麻柳沱遗址在历年的发掘中，出土了一定数量的东周时期铜钺、刀削、镞、鱼钩等小件铜器。而1999年该遗址发现了为数不少的东周石范，这些石范往往与出土的铜器能够契合，显示麻柳沱遗址的铜器是本地制造的，而且铸铜工业曾延续过相当长的时间，应当还能满足周边地区对铜器的需求。由此可以推断，麻柳沱发现的甲骨与中坝遗址一样，也是与当时的手工业生产相关的。

进入汉唐以后，重庆地区发现的甲骨均为龟甲。汉代施行龟卜者多为早期道教的相关人员。汉成帝时，成都有位叫严君平的隐士，以著龟卜筮于市，受到大众的爱戴。丰都旧县城遗址发现了大量汉代人群居住的遗迹，应是汉代平都县所在地。据文献记载，丰都汉代有一些隐士在此活动，著名的阴长生、王方平的传说就发源于这里。在这样的背景下，不排除丰都的卜甲与这些隐士有关。

重庆云阳明月坝遗址历年考古发掘中，曾出土了大量的唐代莲花纹瓦当、瓷器以及佛教石刻造像等，并挖出了大型寺庙建筑、路基等，在当时极为繁荣。另外，明月坝遗址恰好处在云安盐销往开州、通州方向的必经之路上，是在汤溪河和小江之间进行转运时必经的陆路口岸。明月坝遗址出土的龟甲占卜或许与江河运输的安全相关。云阳塘坊遗址位于长江巴阳峡北岸的台地上，巴阳峡浪急滩险，历来是长江航行的高风险江段，峡内见有与航行相关的题刻和远古岩画，因此，不能排除塘坊甲骨与航运祭祀、占卜相关的可能性。

但是，在唐宋时期的三峡，龟卜更多地与畬田有关。刘禹锡曾经写道："钻龟得雨卦，上山烧卧木。"描写的就是三峡人为求得播种的最佳时机，钻龟占卜求雨的情景[②]。畬田，是古代峡江地区山地农业的一种。人们在春季放火烧山，利用草木灰做肥

① 孙智彬：《忠县中坝遗址的性质——盐业生产的思考与探索》，《盐业史研究》2003年第1期。

② 这种风俗一直延续到宋代，李复《夔州旱》"夔人耕山灰作土，散火满山龟卜雨"。参见上彊邨民编，蔡义江解：《宋词三百首全解》，上海：复旦大学出版社，2008年，第224、225页。

料，挖坑点种。经过一年的耕种后，地力耗尽，人们放弃这块地方，来春又去烧新的畲田。畲田烧山时，最好是在雷雨来临前一天，这是很关键的一步。因为伺雨下种，种子可以在暖灰中迅速发芽生长，提高收成。这种时候，巫师们正好发挥其长处，钻龟求卦以确定上天何时普降甘霖。在唐代三峡地区，下层民众普遍比较穷困，龟卜比较费钱，下层民众于是用瓦来占卜，杜甫诗云："瓦卜传神语，畲田费火声。"[①]说的就是这个意思。可见，不论是龟卜还是瓦卜，在三峡地区求雨卦是其常见的内容。关于这方面的问题，杭侃先生写有《龟卜与畲田》[②]的小文，可以参阅。

由此可见，重庆、鄂西地区的甲骨占卜习俗，与全国其他地区一样，同样经历了由上层走向普通大众，由占卜国家、部族大事转向手工业、运输、农业等与下层人民生产生活相关的变迁。

五、结　语

从上述情况看，三峡地区出土的古代甲骨虽然数量不多，但分布范围较广，时代跨度大。以鱼鳃骨作为制作甲骨的重要原材料，是三峡地区的一大特点，可能和渔猎在当时经济、社会生活中的地位密切相关；在钻凿上，三峡地区发现的甲骨也具有一些较强的地方特点。

三峡地区占卜用甲骨的出现，可能和中原商王朝向南的影响有关。总体上看，发现早期甲骨的地点主要盛行巴文化，同时也有部分楚文化因素，这些甲骨的主人应属于与楚人接触较密切的巴文化人群。根据文献记载，随着楚人的日益强大，巴文化人群不断西迁，三峡地区出土的早期甲骨的传播路线，在时间和空间分布上大体反映了这一状况。

三峡地区发现的早期甲骨，可能和早期巴文化族群中的巫觋相关，这些巫觋在巴人的政治和宗教生活中具有很高的地位。那时的甲骨，和中原地区一样，主要用于上层宗教活动以及占卜国家和社会中的重要事务。东周以降，发现的甲骨多集中在一些大的手工业遗址，说明甲骨占卜习俗已经走入普通大众，占卜的内容也发生了很大的改变，日常生产、生活成为占卜的一个重要方面。三峡地区发现的汉、唐甲骨也十分重要，反映了这一地区占卜活动的延续性和地方文化小传统的顽固性。

---

① 杜甫：《戏作俳谐体遣闷二首》，中华书局编辑部点校：《全唐诗》卷231，北京：中华书局，1999年，第2538页。

② 杭侃：《龟卜与畲田》，《中国文物报》2002年7月22日。

补记：（1）本文原刊于2007年云南民族大学编撰的《民族学报（第五辑）》①。本次收录时，补充了一些甲骨照片。

（2）本文发表时，中坝遗址的甲骨只发表了1997年的材料。后来在发掘99ZZDT0202时，对发掘单位做了全面的筛选，发现了307块甲骨残片和几百件无火卜痕的龟壳残片。经过拼合，在地层单位出土甲骨标本182件。经对部分甲骨的分析，傅罗文等发现了453个卜符。按照傅罗文的介绍："中坝最早的火卜证据来自一块灼烧的龟甲碎片（99ZZDT0202㊼：42），它出自第一期三段末尾（约前2000～前1750年）。这也是第二期（约前1630～前1210年）以前唯一的证据。然而，从第二期开始到第三期（约前1100～前200年）结束，每个期段都发现有甲骨。"因此，本文关于三峡甲骨占卜习俗传播的认识，只能算是阶段性认识，读者务必慎察。

（3）四川宣汉罗家坝遗址，2019～2000年进行了第五、六次发掘，在清理的75座战国至西汉墓葬中，有8座墓葬（包括最大的M83）发现了龟甲、鹿角等与占卜、巫术相关的文物，发现的最大的龟甲有40厘米长、30厘米宽，小的也有10厘米见方。

第二节　送魂与祭祀：比较视角下的云阳大梁岩画

在重庆中国三峡博物馆"壮丽三峡"展厅，陈列着两块有刻划图案的礁石，说明牌上介绍为"大梁岩画"。大梁岩画为线刻类岩画，较大的一幅画面刻痕较宽，断面呈深"V"形，较小的一幅画面线条窄而浅，它们与西南地区普遍盛行的涂绘岩画不同，更接近我国东部沿海和北方地区的大多数岩画，可谓独树一帜。由于重庆地区甚少岩画的发现与研究，本文拟就该岩画的地点、内涵、时代等问题进行初步考察。

一、大梁岩画与牛尾石岩画的关系

各类文献记录的大梁岩画出土地点互有差异。按《重庆晨报》2005年3月3日《神秘岩画复活巴人部落》②一文报道，大梁岩画发现于长江三峡重庆云阳段南岸一个名叫"大梁"的礁石岩窝里，但没有说明具体地点。报道引述切割亲历者胡泓的回忆，切割时间是2003年3月下旬，当时正值三峡特大枯水期。

据《重庆市志·文物志》记载："牛尾石岩画，原位于盘石镇马岭村西北约800

---

① 白九江：《试论三峡地区出土甲骨——兼论古代巴人占卜习俗》，云南民族大学：《民族学报（第五辑）》，北京：民族出版社，2007年，第1～13页。

② 李晟等：《神秘岩画复活巴人部落》，《重庆晨报》2005年3月3日。

米处长江南岸的石壁上……2002年被切割，2006年5月被安置于现址（即云阳县三峡文物园——笔者注）……该处原存两幅岩画，另一幅岩画亦同时被切割。于2005年6月被移往重庆中国三峡博物馆收藏（亦称大梁岩画）。"相关条目由云阳地方文物机构撰写，也就是说，撰写者认为大梁岩画就是牛尾石岩画的一部分。然而，新近出版的《镌刻的峡——三峡石刻研究与保护（研究卷）》之"重庆市各区县石刻保护方式和完成情况表"中介绍：牛尾石岩画位于云阳县凤鸣乡马岭村长江右岸岩壁之上，地理坐标北纬30°55′05″，东经108°44′30″，切割搬迁完成时间也是2002年①，该书的著者是三峡石刻保护规划专家李宏松，其提供的信息应当说是可信的。笔者查询百度百科显示：牛尾石岩画由陕西文保中心于2002年3月6日开始施工，4月30日切割完成。而按照《重庆四大岩画——岩壁上的远古密码》一文介绍②，"牛尾石岩画"（但该文所示内容为大梁岩画——笔者注）也位于云阳县凤鸣乡马岭村西北约800米长江南岸石壁上。

　　从以上情况看，存在三个问题需要解决：一是大梁岩画和牛尾石岩画切割时间是不是同时？二是牛尾石岩画究竟是在盘石镇还是凤鸣镇？三是大梁岩画和牛尾石岩画是不是同一处？

　　由于大梁岩画是由重庆市博物馆胡泓亲自主持切割的，并且提到是在水位最枯的季节；而牛尾石岩画是由陕西文保中心施工的，因此，可以肯定两者不是同时切割的，也不是由一家单位切割的。虽然牛尾石岩画位置有盘石镇、凤鸣乡两个说法，但两者均指向今云阳县城双江镇以下靠近奉节县的马岭村，查阅今云阳县地名，马岭村的确属于云阳县凤鸣乡（今为凤鸣镇），而马岭村西北800米，大约处于盘石镇、凤鸣镇交界处。所谓"盘石镇马岭村"当为"凤鸣乡马岭村"的笔误。马岭村西北800米归属何乡镇？据盘石镇地方人士发表的网上博文，提到牛尾石属于盘石镇，笔者推测由于地处江滩和两乡镇交界处，地方政府并未明确礁石的行政隶属，故导致争议不断。

　　那么，大梁岩画和牛尾石岩画究竟是不是同一处岩画呢？1999年的调查显示，牛尾石岩画共计两组。第一组分布在长8、高1.4米的岩壁上，共有15个图案；第二组分布在长7.3、宽约2米的峡石表面，共有29个图案。牛尾石岩画题材内容有人物（巫师）、大角鹿（？）及大量的象征性图案，象征图案"现无法明确其含义"③，但从图形形态上看，象征性图案以螺旋对结纹、蛇头流线纹、生育神纹出现频率较高，雕刻的线条浅、窄且模糊，题材与大梁岩画完全不同。

　　① 中国文化遗产研究院（李宏松）：《镌刻的峡——三峡石刻研究与保护（研究卷）》，北京：文物出版社，2020年，第206、287页。

　　② 张芊、李晶、张新旗、阿蛮：《重庆四大岩画——岩壁上的远古密码》，《城市地理》2015年第1期，第96～101页。

　　③ 中国文化遗产研究院（李宏松）：《镌刻的峡——三峡石刻研究与保护（研究卷）》，北京：文物出版社，2020年，第207、208页。

由此看来，牛尾石岩画和大梁岩画并不是一处的两组，这可从以下三方面理解：一是岩画的内容、数量两者并不相同，大梁岩画的主体内容并不见上述描述的内容。二是如果两者是一处的话，在率先切割"牛尾石岩画"时，当不会舍弃画面更具观赏性的大梁岩画而选择极为模糊的现牛尾石岩画。三是据《神秘岩画复活巴人部落》报道："2003年初，长江三峡库区出现十年一遇的特大枯水期。3月中旬，市文物局副局长王川平获得信息，云阳县南岸江边有一幅很有观赏价值的岩画露出水面。3月下旬，文物局工作人员赶到云阳，在当地文物部门配合下，进入了紧张的搜寻之中。工作人员冒着瓢泼大雨，从早上一直找到下午。'我们细看每一块石头，但岩画始终没有出现。到下午5点钟时，我们只有把希望寄托在剩下的唯一一堆礁石上。没想到，岩画就躲在这礁石的岩窝里。'胡泓兴奋地说。"显然，如果两者是同一处岩画，在曾经切割过、面积又只有100余平方米的地方，要再次找到牛尾石的另一组岩画，应该是比较简单的，这只能说明两者不是同一处岩画。

笔者询问云阳县博物馆馆长温小华先生，他表示大梁岩画在长江云阳段巴阳峡内。从温小华先生提供的照片以及笔者从网上收集到的岩画照片看，历史上巴阳峡内还有多幅岩画，其中已切割搬迁至云阳县三峡文物园的太公沱岩画（也称六缸石岩画），位于今云阳县城双江镇上游的巴阳峡出口北岸，刻划鱼纹（4条）、树纹、船纹、水草。巴阳峡另有5处不知具体地点的未命名岩画："巴阳岩画甲"（笔者自行编码）雕刻手印纹、凹坑纹（可能代表女阴）、动物纹；"巴阳岩画乙"雕刻数量较多、巨大的男根纹；"巴阳岩画丙"雕刻鹿纹、动物脚印、船纹、人头纹、巨鱼尾（天梯）等；"巴阳岩画丁"雕刻十多人刺大鱼的场景；此外，就是本文所研究的大梁岩画。除"巴阳岩画丁"笔者未见外，其余均见过照片，其中，大梁岩画在《我的家在巴阳》《记忆中的巴阳峡》两篇网文中均有照片刊布，故可以确定大梁岩画地处巴阳峡中。巴阳峡古称"龙盘石"，是川江的一段水道，位于重庆市万州区东约21千米的万州与云阳交界地段，包括万州区小周镇、黄柏乡和云阳县巴阳镇的长江段，流域从万州小周镇下岩纤背至云阳县巴阳镇站溪沟鸭蛋窝，有10余千米，最险处也有8.2千米。

综上所述，大梁岩画和牛尾石岩画切割者、切割时间均不同，两者表现的内容完全不同，也不在同一个地点。以最近的巴阳峡出口至马岭村测量，大梁岩画与牛尾石岩画沿江相距也可达15千米。笔者之所以要详细考证大梁岩画的地点，是由于地理环境、相关岩画等背景对其的形成和性质研究有重要意义。

二、关于大梁岩画的既往认识

陈列在重庆中国三峡博物馆的大梁岩画共有两幅，虽然同出于一处地方，但两者内容有较大差异。其中一幅画面较大而复杂，本文将其编号为"大梁岩画A"（图8-2-1、图8-2-3）；另一幅画面较小而较简单，将其编号为"大梁岩画B"（图8-2-2；图8-2-12，1）。

关于大梁岩画A的表现内容，《神秘岩画复活巴人部落》一文认为：画面正中表现的是远古部落聚集地，有两个旌旗，一高一低。左边是两层楼房，最上面有一地平线；右边有一飞鸟掠过，左旁有一张大网张开。中间有一条长横线贯通，用短竖线连缀，似篱笆围墙将村落隔开。篱笆间以梯相连，大大小小的房屋依次分布。第二道篱笆上立有两根杆状物体，它们的顶端上都穿着一条似鱼非鱼的动物。而根部则插于两个刻有大小一致圆形饰纹的方形物体之间。篱笆里还有一位手拿法器而舞的巫师。巫师两旁各有一人，双手倒立，随着巫师的指挥舞蹈。

切割者胡泓认为：从这幅岩画所表现的内容来看，两根杆及杆的底座组合而成的图案，应是男性生殖器艺术处理的结果，是当时巴人的生殖图腾。而两只鱼身、鱼凫头组合而成的动物和张网捕鸟的画面，显示出了当时巴人以渔猎为主的生产方式。篱笆里，持杖而舞的巫师，表现的是巫术活动场面。

巴文化研究专家管维良则对两个高高矗立的杆状物体有着不同的看法。他认为：

图8-2-1　重庆云阳大梁岩画A照片
（笔者摄）

图8-2-2　重庆云阳大梁岩画B照片
（笔者摄）

篱笆上的两根杆及杆上漂浮的物品，是古巴人的聚落鱼形旗帜，当时巴人靠江生活，以渔猎为主要生产活动，巴人因此崇鱼，以鱼为图腾，创造了鱼形旗作为聚落的标志。这两个杆状物体，正是当时聚落里高高飘扬的图腾旗帜。

《重庆市志·文物志》对大梁岩画进行了简单的客观描述："画面单线阴刻有房屋、篱笆、高杆、动物等内容，造型质朴粗犷，亦可能为聚居部落记事性图画。"[①]

关于大梁岩画B，目前尚无人就此发表看法。

笔者认为，关于大梁岩画A是远古部落聚居地或部落记事性图画的说法属于直觉性的经验看法，相关观点并不能很好地解释整幅画面的寓意。研究岩画，应该从岩画本体图像构成、纵横对比、制作方式、空间位置、时代背景、地理环境、关联遗存等方面进行全面比较、系统研究，深入勾勒、复原其当时的情景，还原其思维结构等，才有可能得出接近历史真实的认知。

三、大梁岩画A的题材比较

（一）神秘的肋骨式船

大梁岩画A中，最重要的是确定所谓"篱笆"表征的是什么？因为这关系到目前普遍流行的该岩画为"巴人聚落"的看法。从图上看，该岩画的两道长弧线图案上面，均有垂直的短竖线。笔者认为，短竖线之间缺少纬线连接，也没有互相交叉，与通常所见的篱笆完全不一样；如果作为篱笆，其稳定性也是一个问题。从"篱笆"纹的形状看，其中间部位近平，两端翘起，这类图案应该是船的形象。

大梁岩画A中船的典型特征主要体现在船身上的短竖线，这种短竖线有无可能是作为船上设施的抽象表达？例如船桨（汉代称"櫂"）。在我国浙江、福建、广东、广西、贵州、云南一带（以下简称"南方地区"），战国至汉代的铜鼓、铜提筒、铜靴形钺等器物上的羽人竞渡纹常见有规律排列的短桨，如云南江川李家山墓地出土的M24：42a铜鼓船纹（图8-2-7，3）[②]，初看似与大梁岩画A中的"篱笆"纹比较接近，但细审这些船纹，会发现船上的桨数量少，且有划船的羽人，因此两者间应该没有关系。从与大梁岩画所在地域的巴蜀文化看，东周至汉代青铜器上也常见船的符号。例如，具有巴文化传统特征的汉代铜錞于，盘上往往有船和船櫂，但櫂系长桨，数量少且排列不均匀（图8-2-4，8～12），与大梁岩画的短竖线区别极大，缺少必要的联系。

---

① 重庆市文物局：《重庆市志·文物志》，重庆：西南师范大学出版社，2019年，第321页。

② 云南省博物馆：《云南江川李家山古墓群发掘报告》图三九：中，《考古学报》1975年第2期，第134页。

图8-2-3　重庆云阳大梁岩画A及残缺部分线图

（右下为大梁岩画A的网络照片，线图右侧部分是笔者根据网络照片添加）

又如，战国至西汉初的巴蜀符号中，常见一种被称为"栅栏纹"的图案（图8-2-4，3～7），大多出土于巴文化区，受一部分下部的椭圆形图案的误导，过去通常不被认为是船，其实也应该是另一种船纹[1]，但该类船纹的船桨绝大多数为交叉的双桨或少量斜向排列的桨，与大梁岩画A的短竖线明显有别。

与大梁岩画A短竖线船纹最接近的巴蜀文化船纹，当属四川广汉三星堆遗址2号祭祀坑出土的玉边璋上的图案（K2③：201-4）[2]。该边璋前后两幅图案对称，每幅图案又分上、下两段，上、下段图案均以人居上，其下为山，"下段两山之间有船形符号，船中似有人站立"（图8-2-4，1、2），该船纹上的"人"与大梁岩画短竖线接近，

---

①　"栅栏纹"船体上均饰"网格纹"，实际上是互相连接或分离的"×"形符号，一般是3～5个，这种"×"形符号，往往不越出船体，所以通常被认作网格或栅栏。但古越阁收藏的1件铜戈内上的"栅栏纹"（图8-2-4，4），"×"形符号明显伸出了船体外，"×"形符号的交叉点更靠上，且存在叠压关系，像是船上的一副副双桨，加上船尾艄上似"舵"的线条，使我们可以判断，"栅栏纹"就是船纹。珍秦斋藏战国铜印符号上的栅栏形船纹（图8-2-4，5），可看到不交叉的、并排排列的斜向单桨。

②　四川省文物考古研究所：《三星堆祭祀坑》图197，北京：文物出版社，1999年，第358、361页。

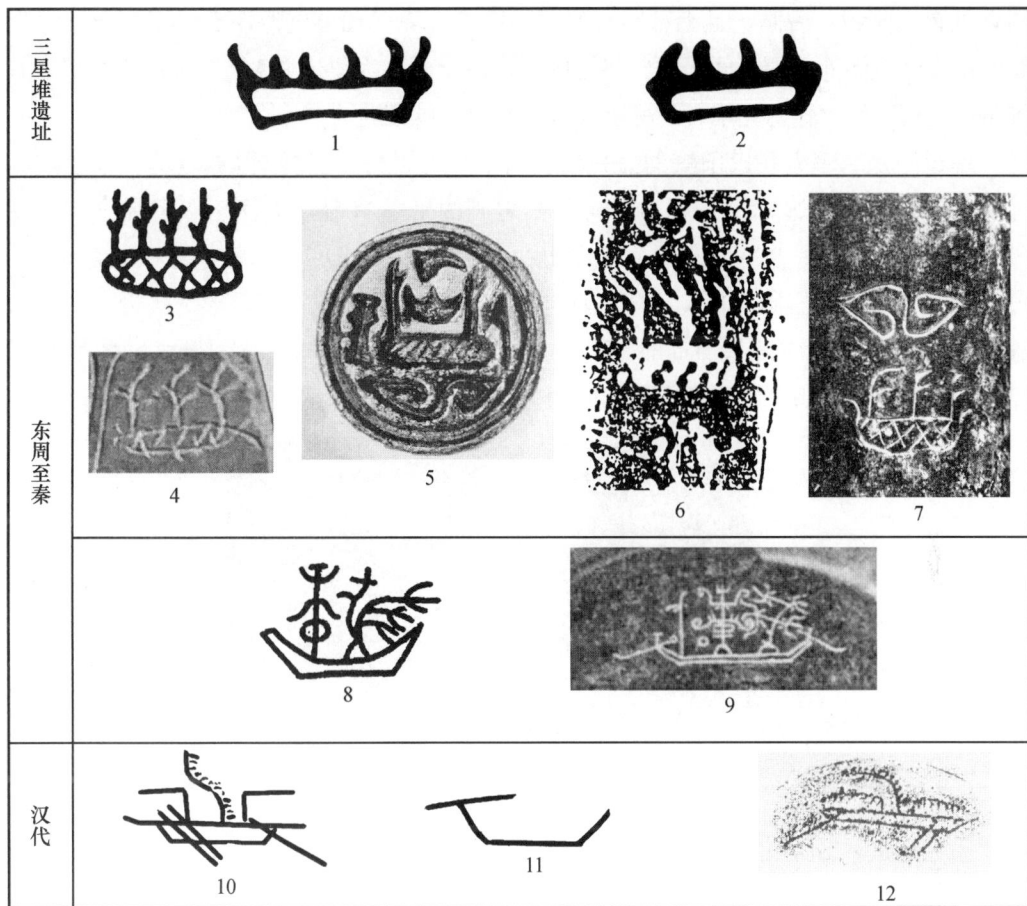

图8-2-4　巴蜀文化青铜器、玉器上的船纹

1、2.四川广汉三星堆遗址玉边璋（K2③：201-4）　3.四川蒲江县飞龙村盐井沟采集铜矛（2006CPH采：4）船纹[①]
4.古越阁藏青铜戈内部船纹[②]　5.珍秦斋藏战国铜印（159号）巴蜀符号[③]　6.重庆九龙坡冬笋坝墓群采集铜矛
（0：4）[④]　7.重庆涪陵小田溪墓地铜矛（M12：92）[⑤]　8.四川大学博物馆藏錞于船纹　9.湖南省博物馆藏常德
市采集青铜錞于船纹[⑥]　10.湖南龙山县白羊公社窖藏出土錞于船纹　11.《小校经阁金石文字》著录东汉錞于船纹
12.湖南省博物馆藏东汉錞于船纹[⑦]

────────────────

①　成都文物考古研究所、蒲江县文物管理所：《蒲江县飞龙村盐井沟古墓葬》，成都文物考古研究所：《成都考古发现2011》，北京：科学出版社，2013年，第367页。

②　李学勤：《有珍奇符号的巴蜀铜戈》，《中国文物世界（第124期）》，北京：中国文物世界杂志社，1996年，第96～105页。

③　严志斌、洪梅：《巴蜀符号集成》，北京：科学出版社·龙门书局，2019年，第749页。

④　四川省博物馆：《四川船棺葬发掘报告》图五一：8，北京：文物出版社，1960年，第53页。

⑤　重庆市文化遗产研究院、重庆市涪陵区博物馆、重庆市文物局：《重庆涪陵小田溪墓群M12发掘简报》图四〇：3，《文物》2016年第9期，第18页。

⑥　湖南省博物馆（蔡季襄）：《介绍几件从废铜中检选出来的重要文物》，《文物》1960年第3期，第75页。

⑦　王子初：《中国音乐文物大系Ⅱ·湖南卷》图1.8.19，郑州：大象出版社，2006年，第178页。

明显可看出前倾、后倾，且上部略有弯曲的特点，除了船体的厚薄有一定差异、短竖线的密集度不同外，两者间是非常接近的。可以推断，大梁岩画A的短竖线船纹与三星堆祭祀坑玉器船纹一脉相承，只是已经简化和更趋抽象化。

幸运的是，笔者在巴阳峡的另一幅岩画中发现了与大梁岩画A相近的两幅船纹。《我的家在巴阳》显示的一幅岩画（巴阳岩画丙），有船、人面、双竖眼纹、鹿纹等，其中的两艘船一上一下排列，薄板船底呈弧线，上面有密集的短竖线（图8-2-5）。巴阳岩画丙与大梁岩画相比，由于人面与三星堆遗址祭祀坑人面具形态接近，单独的眼睛为竖眼，推测应该是商周时期的岩画，是三星堆文化与大梁岩画之间的船纹形象。由于这类船的短竖线形似船舶的内肋骨架，故一般称作"肋骨式船"。

图8-2-5　重庆云阳巴阳峡内的商周时期肋骨船岩画（巴阳岩画丙）

船在原始岩画中也是多见的母题图像，国内如黑龙江牡丹江岩绘画、江苏连云港嘴山岩刻、镇江大伊山的船刻、广东珠海宝镜湾藏宝洞岩刻、广西左江花山岩画等，都有各种类型的船画。但肋骨式船在国内目前仅见澳门寇娄岛卡括湾岩画；国外的肋骨式船较多，如俄罗斯西伯利亚北部楚科奇佩格特的梅利河岩画、西伯利亚南部沙洛博利诺岩画、芬兰阿斯图万萨尔米岩画、埃及尼罗河与红海之间的沙漠干谷岩画、马来西亚尼阿山洞窟岩绘画、加拿大哥伦比亚河流域岩画中的船纹都比较典型。

西伯利亚新石器晚期至铁器时代早期的岩画中有肋骨式船的形象，大体又可分为无（矮）舷船和独木舟船两种。独木舟在西伯利亚北极圈内的楚科奇佩格特梅利河两岸以及黑龙江流域常见，船舷较高，船形较短，首尾两端上翘，有的配备有桨和舵，船上常见短细竖线纹（图8-2-6，1），与三星堆玉边璋上的船纹较为接近。另一种无（矮）舷船底近平，无船舷或船舷极矮，两端略弧收，船体较长，船上有高粗竖线纹（图8-2-6，2、4），在西伯利亚南部的沙洛博利诺等地较为常见[①]，与巴阳峡的肋骨船接近。仔细审视西伯利亚岩画船体上的这些竖线，高矮大体一致，距离差不多相等，从船头到船尾满布，短竖线顶部变大，颇似人的头部。根据岩画专家的研究，这类肋

①　重庆市文化遗产研究院、重庆文化遗产保护中心：《穿越西伯利亚——2017年中俄联合考古》，北京：科学出版社，2020年，第67页。

骨式船被认为是船棺水葬仪式或祭祀仪式所用船，短竖线则是人简化后的形象。与肋骨船相配合的图案通常可见巫师（萨满）、死亡的人、岸上的动物等。

　　埃及尼罗河与红海之间沙漠的哈姆玛特干谷、阿贝德干谷、贝莱米亚干谷存在大量的船岩画，其年代始于公元前四千纪晚期，据研究可能是首批从两河流域进入埃及的外来者留下的。这些干谷处于尼罗河支流的最上游，至今仍偶尔被间歇性洪水淹没。这些岩画中常常能见到一种垂直的船首和向内弯曲的、镰刀式船尾的大船，船首往往为动物头状，大多数大船载有船员、女巫或跳舞的人物。其中有一艘船上有28根短竖线，上面立有一名高大的巫师，巫师前侧置一中央仓或神室（图8-2-6，7），此类船当为典型的肋骨式船[①]。

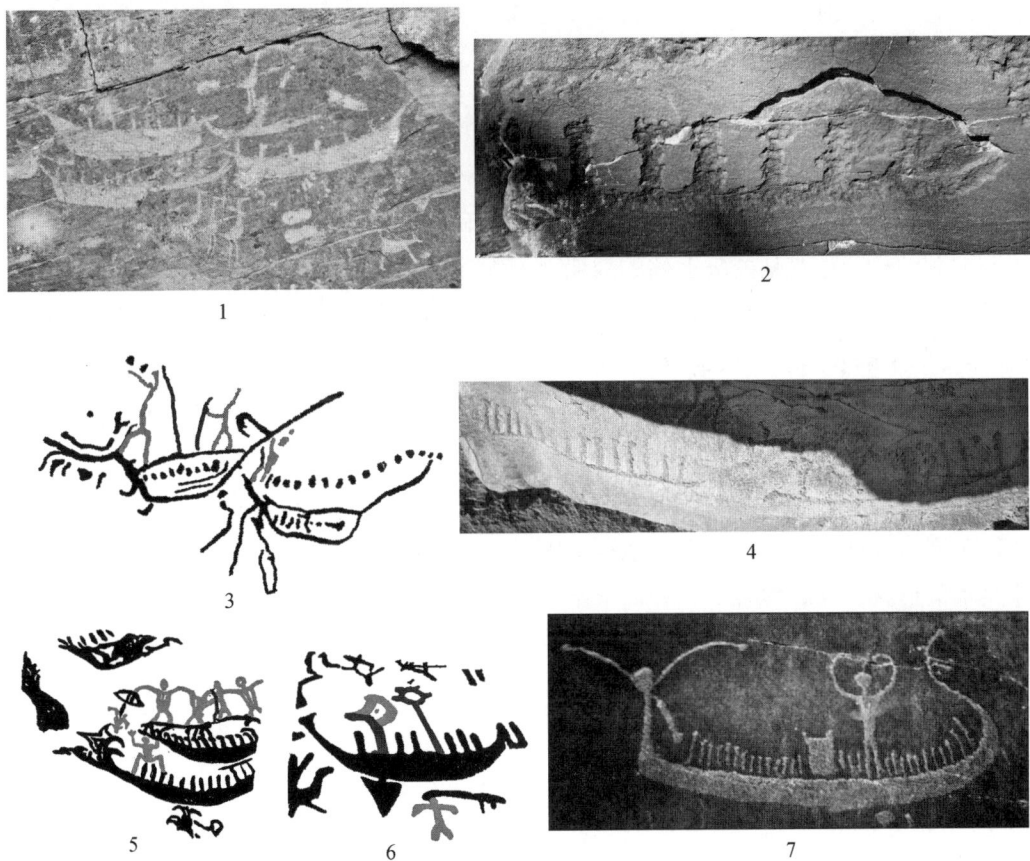

图8-2-6　世界各地的肋骨式船岩画

1.西伯利亚楚科奇佩格特梅利河船形岩画　2、4.西伯利亚沙洛博利诺"船棺水葬"岩画　3.澳门凼娄岛卡括湾的船与人岩画　5.马来西亚尼阿山洞窟岩绘画　6.加拿大哥伦比亚河流域岩画　7.埃及沙漠干谷WB-4岩画

---

① ［英］戴维·罗尔著，李阳译：《传说——文明的起源》，北京：作家出版社，2000年，第265～281页。

环太平洋地区的史前岩画中也有大量肋骨式船题材。澳门寇娄岛卡括湾岩画是以船为主题的岩画，可以见到2艘船前后相继，上船身描绘若干短竖线，船上立2人，1人向前站立，两脚分开，手前举，后一人手持杖侧立，两人之间立一高杆；下船船外上部绘若干短竖线（图8-2-6，3）[①]。马来西亚尼阿山洞窟岩绘画画面中心也是2艘船，两只船体上绘有14根肋骨一样的线条（图8-2-6，5）。上船是站在船上的4个人体，第一人似在提锚，其余3人双足叉开站立，联手并排，其中第2人头向后靠在最后一人上；下船船首立一蹲踞状人，双手上举，当为巫师形象[②]。加拿大哥伦比亚河流域沿岸的圣劳伦斯河及大熊湖、大奴湖等河湖的边缘地带，尤其是在潮汐线上见有多处岩画，其中一幅岩画的船上有6个肋骨式短竖线，船上有旗帜，其后立一杆，杆顶装饰太阳纹，船下侧立一人（图8-2-6，6），或许也是巫师形象[③]。

（二）变异的鹢鸟船

我们再来考察一下大梁岩画A中船的首尾形状。两船船首均有方形物体，上船在船台下面，下船在船台上面，且下船尾附近似有鸟形尾的图案。在中原地区，文物上可观察到的舟船主要是两头上翘的战船。青铜器上刻划的战船首见于中原三晋地区，并已形成固定的程式。巴蜀地区的成都百花潭中学青铜壶[④]、达州宣汉罗家坝遗址青铜豆[⑤]等器物上的水陆攻战纹画像（图8-2-7，1），其战船与中原及三晋地区的几乎没有差别，应该是从中原地区传播过来的，且为固定的程式化图案。大梁岩画A的船与出土水陆攻战画像的罗家坝遗址同处巴文化区，但两者差异甚大，应该不是一类。

南方地区早期舟船往往会做成动物的形式，船首通常饰以鸟头、龙首等，船尾（舳）则饰以鸟羽、龙尾。南方地区战国至六朝时期盛行的船纹，船首一般上下张开呈鸟嘴的形状，嘴后均有一个表达眼睛的圆圈图案，以象征鸟首；舳部有的做出鸟尾羽的形状。《淮南子·本经训》："龙舟鹢首。"高诱注："鹢，大鸟也，画其像于

---

① 李洪甫：《太平洋岩画——人类最古老的民俗文化遗迹》图96，上海：上海文化出版社，1997年，第251页。

② 李洪甫：《太平洋岩画——人类最古老的民俗文化遗迹》，上海：上海文化出版社，1997年，第288页。

③ 李洪甫：《太平洋岩画——人类最古老的民俗文化遗迹》图172，上海：上海文化出版社，1997年，第429、431页。

④ 四川省博物馆：《成都百花潭中学十号墓发掘记》，《文物》1976年第3期，第40～46页；杜恒：《试论百花潭嵌错图像铜壶》，《文物》1976年第3期，第51页。

⑤ 四川省文物考古研究院、达州市文物管理所、宣汉县文物管理所：《宣汉罗家坝》图一三四、图一三五，北京：文物出版社，2015年，第142、144、145页。

船首。"[1]这种鹢首船，被专家们认为就是鹢鸟船。从现行文物看，鹢鸟船主要盛行于从浙江到两广，再到云贵高原一带（贵州非长江水系），考古发掘出土的广东南越王墓铜提筒（B59）羽人竞渡纹（图8-2-7，2）[2]、云南江川李家山铜鼓（M24：42a）鼓身羽人划船图（图8-2-7，3），人们划船方向一侧的船首均呈展开的鸟嘴状，并在鸟首上画重圈纹，圈心有一实心点。此外，鹢鸟船两端通常都刻划大鸟和巨鱼图案。

　　贵州省长江支流习水的习水县良村区三叉河乡岩上墓群，曾发现5座崖墓。5号崖墓墓口上有《捕鱼图》岩画，画面为一只"鱼舟"（图8-2-7，5），舟旁刻巨鱼、大鸟，舟中竖两片"长羽"，舻部（船首）、舳部均伸出一长斜船台，舳部向后伸出系船的长绳，尾端系于一棵小树上；舻部船台上有一近方形图案，图案中间绘一圆点[3]，代表鸟眼，该方形图案应理解为鹢鸟首的异化。类似图案在习水泥坝乡飞龙山村1号崖墓上也有发现[4]，船头鹢鸟形象更写实生动，船下侧同样刻一巨鱼，墓口左上雕刻一大鸟，船尾长绳系于矮柱上（图8-2-7，4），与三叉河岩上M5画像题材相近。

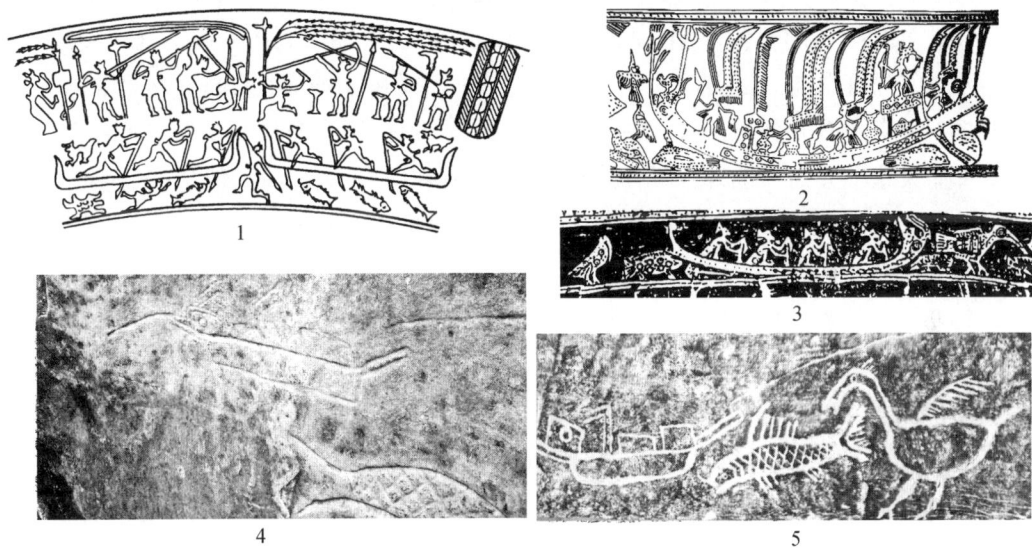

图8-2-7　各地的战船与鹢鸟船
1.四川宣汉罗家坝遗址铜豆水陆攻战纹局部（M33：18）　2.广东广州南越王墓铜提筒羽人竞渡纹（B59）
3.云南江川李家山铜鼓（M24：42a）鼓身羽人划船图　4.贵州习水泥坝乡飞龙山村1号崖墓鹢鸟船
5.贵州习水良村区三叉河乡岩上5号崖墓鹢鸟船

————————

① 何宁撰：《淮南子集释》，北京：中华书局，1998年，第592页。

② 广州市文物管理委员会、中国社会科学院考古研究所、广东省博物馆：《西汉南越王墓》图三七、图三八，北京：文物出版社，1991年，第50、54页。

③ 黄泗亭：《贵州习水县发现的蜀汉岩墓和摩崖题记及岩画》，《四川文物》1986年第1期，第67~69页。

④ 李飞：《崖上阴宅：习水崖墓调查记》，贵州省博物馆：《贵博论丛（第一辑）》，桂林：广西师范大学出版社，2020年，第72~95页。

　　我们注意到，大梁岩画A中的肋骨船，两端上翘，其中一端平齐，应为船首。上船舻部下有一个小的方形图案①，下船舻部平台上有一方形"房屋建筑"图案，尾端处有似鸟尾羽的若干线条。这种船应该是鹢鸟船的进一步简化版。从台北古越阁收藏的一件巴蜀文化铜戈内上的船形图案看②，该船舻部甲板平伸形成船台，船台上有一两面坡小型建筑，船尾膨大似鸟羽（图8-2-8，1），与大梁岩画A下部的船形态十分接近。综上所述，鹢鸟船从南方往北，在贵州西北部长江支流地区已简化，特别是鸟兽已变成方形或近方形，但还保留了鸟眼；而至三峡地区则异化颇甚，已经难以辨识其形状了。笔者认为，可能刻划大梁岩画A的人们已不知鹢鸟首的具体内涵和意义，故省略了鸟眼，仅留下变形的方形鸟首，甚至使用楼房代替鸟首了。

（三）独特的楼船

　　大梁岩画A中有多处房屋建筑，按屋顶形态可以分为三型。

　　A型　屋脊向上斜伸出椽板。共有8座，其中最上一船有紧挨一起的高、矮2座；下船船身前部有紧挨一起的高、矮2座，舻部有一座矮屋（即前文分析鹢鸟之眼部）；下船之下又有左右分列的2座，其中1座残剩屋顶。根据历史照片，在现画面右侧，与现上部船大致平齐处，也有1座房屋的残屋顶，另有1座不太能辨识清楚。上述房屋的共同特征是沿屋顶正脊、垂脊或博脊顶部均伸出一排排斜向或交叉斜向的线条。该类房屋又可分为二亚型。

　　Aa型　重檐斜山顶，较高。共5座。其中4座正脊伸出斜向交叉线条。

　　Ab型　单檐悬山顶，两面坡，较矮。共3座。除1座在下部船舻部外，另2座均紧靠Aa型房屋旁，似乎是大房屋的配套建筑。

　　B型　硬山干栏式建筑。共2座。又可分为二亚型。

　　Ba型　尖圆顶，圆形屋身。1座。在上部大船的舳部（尾部），底部有2支柱，应为干栏建筑的吊脚。

　　Bb型　"帽"形顶，帽顶形成短正脊，屋面斜率较大。1座。在下部大船前部。该房屋未见直接置于甲板上，疑为干栏式建筑。

　　C型　三角形窝棚式建筑。1座。位于上部大船以上，立于一条长长的横线上，横

----

　　①　船首（舻部）往往有孔，系绳穿孔而下悬碇（锚）。广州先烈路陶船模型所见碇，呈"Y"字形，且未紧贴船身，与此处的方形物形状、位置均不一样，故两者并不是同一类东西。参见广州市文物管理委员会、广州市博物馆：《广州汉墓（下）》图二六八，北京：文物出版社，1981年，第430页。

　　②　李学勤：《有珍奇符号的巴蜀铜戈》，《中国文物世界（第124期）》，北京：中国文物世界杂志社，1996年，第96～105页。

线当为河流的岸线。该窝棚式建筑可见搭建的斜向交错板状物。

Aa型建筑为楼阁式建筑。楼阁式建筑在考古发现的秦、汉陶船或画像上较多见。该亚型建筑与古越阁铜戈船纹上的楼房接近，特别是屋顶正脊较高，屋面均能看到沟垄。Ab型与贵州习水三岔河崖墓鹢鸟船上的两个方形建筑相似。

A型建筑最大的特点是脊上的出脊橡板，相关建筑实物模型目前仅见于云南石寨山、李家山等滇文化墓地出土的青铜屋宇模型。晋宁石寨山墓地出土3件"人物屋宇"青铜模型（图8-2-8，4、6）[①]，屋宇均为悬山式顶，用交叉的宽板条橡覆盖，屋脊山尖高翘斜出，形成若干个"V"形脊饰。易学钟认为此类脊饰形如笮桥，当谓之"笮"[②]。大梁岩画A中的A型建筑与滇文化青铜屋宇的相似性，表明两者间存在某种形式的联系。

Ba型建筑目前缺少对比的画像。但该建筑的形象与仓储模型器十分接近，类似的建筑在中原地区汉代墓葬中出土较多，三峡地区的尖顶干栏式圆仓在湖北宜昌前坪西汉墓（图8-2-9，2、3）[③]、重庆巫山麦沱西汉墓地（图8-2-9，4、5）[④]等都有出土，且这类仓上均开1或2窗，为粮食通风和进、出仓用，有的还有爬进仓库的梯子，大梁岩画A的Ba型建筑上的方框和斜向线条或即此。古代舫船上往往设仓，《史记·张仪列传》："秦西有巴蜀，大船积粟，起于汶山，浮江已下，至楚三千余里。舫船载卒，一舫载五十人与三月之食，下水而浮，一日行三百余里，里数虽多，然而不费牛马之力，不至十日而距扞关。扞关惊，则从境以东尽城守矣，黔中、巫郡非王（指楚怀王）之有。"[⑤]按"一舫载五十人与三月之食"，据居延汉简记载，士兵一个月的口粮大约3石3斗，五十人三月之食需要5～10吨粮食，参照船旁人像大小比例，Ba型仓大概能装下接近上述数量的粮食。

Bb型建筑顶上与大梁岩画附近的云阳县杨沙沱墓群出土陶船上的楼房形态接近，后者为重檐四阿顶悬山式建筑，从上到下逐层变大，屋平面为正方形（图8-2-8，5），应为船工用房[⑥]。

① 云南省博物馆：《云南晋宁石寨山古墓群发掘报告》，北京：文物出版社，1959年，第92～94页。

② 易学钟：《石寨山三件人物屋宇雕像考释》，《考古学报》1991年第1期，第23～44页。

③ 湖北省博物馆：《宜昌前坪战国两汉墓》，《考古学报》1976年第2期，第115～148页。

④ 湖南省文物考古研究所、巫山县文物管理所、重庆市文物局：《重庆巫山麦沱汉墓群发掘报告》，《考古学报》1999年第2期，第153～178页。

⑤ （汉）司马迁撰，（南朝）裴骃集解，（唐）司马贞索隐，（唐）张守节正义：《史记》，北京：中华书局，1999年，第1804页。

⑥ 云阳博物馆：《胸忍风华——云阳文物精粹》，成都：巴蜀书社，2020年，第99页。

图8-2-8　各地发现的船上建筑和模型建筑

1~3.古越阁藏青铜戈内部正面船纹、内部背面鹿纹、胡部棘纹　4.云南晋宁石寨山M6：22青铜屋宇模型

5.重庆云阳杨沙沱墓群出土陶船模型　6.云南晋宁石寨山M13：259青铜屋宇模型

　　C型建筑有专家认为是网罟，内容为张网捕鸟。笔者认为该建筑不是网罟而是窝棚式建筑，结合笔者在下文分析的"巫师、小艇和乐器"的结论，应为巫师的临时居所。这是因为古代巴阳峡一带滩险流急（直到20世纪90年代初，巴阳峡仍不能夜行），过往船只需要举行祭祀等仪式，作为镇江的职业巫师，需要长期驻守江边以应不时之需。

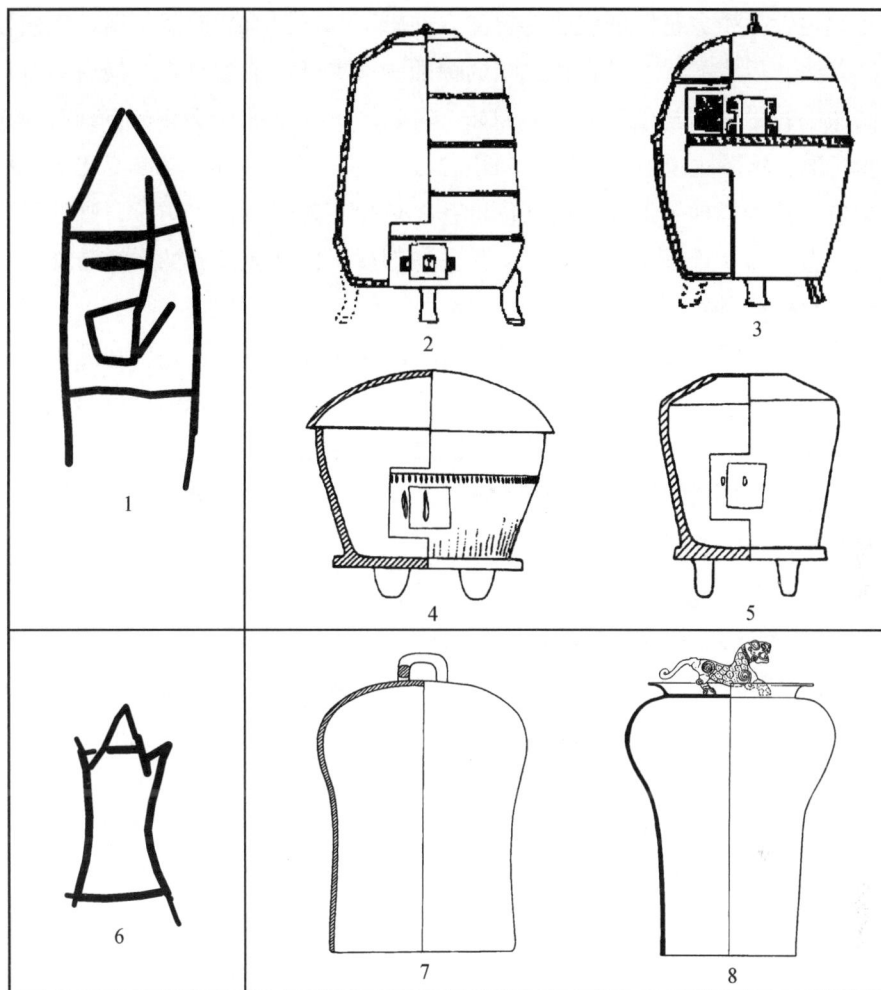

图8-2-9　重庆云阳大梁岩画A的仓、錞于图案与出土文物的比较

1.重庆云阳大梁岩画A中的仓图案　2、3.湖北宜昌前坪墓地出土陶仓（M9∶1、M15∶40）　4、5.重庆巫山
麦沱墓地出土陶仓（M40∶82、M40∶24）　6.重庆云阳大梁岩画A中的錞于图案　7.陕西韩城梁带村青铜錞于
（M27∶3981）[①]　8.重庆涪陵小田溪墓群出土青铜錞于（M12∶36）

（四）罕见的鱼形旗

大梁岩画A上部船头有一高一低两根杆状物，两杆形状接近，杆身较粗，杆顶呈三角形，杆顶向船首一端飘扬"鱼"形软物，"鱼"头部向后上方斜伸出两根须状物。关于两杆的性质，一说是男性生殖的象征，一说是巴人部落的图腾旗。

---

①　陕西省考古研究所、渭南市文物保护考古研究所、韩城市文物旅游局：《陕西韩城梁带村遗址M27发掘简报》，《考古与文物》2007年第6期，第9、10页。

关于"男性生殖象征"的说法，首先，前旗下部并没有后旗的所谓"生殖器"式的底座。其次，后旗的底座是古代旗帜的标配——夹杆石或配重石。最后，枪形旗杆在其他画像中较常见，与生殖无关，例如，古越阁铜戈上的船头一侧也刻有建鼓和高杆旗，旗杆顶、建鼓柱顶均呈枪头形（图8-2-8，1）。关于该鱼旗为鱼凫巴人图腾的说法，一是鱼凫作为早期蜀地民族的某代世系，至少不晚于商代，与该岩画的时代为战国至汉代左右（后文论证）不相符；二是鱼凫部属于巴文化部族的看法与文献和绝大多数专家的看法不相符。

大梁岩画A上部船头共有两个旗幡，这种情况在远古时代是比较常见的。宣汉罗家坝遗址出土水陆攻战图中左侧战船船头立一建鼓、一长尾旗，建鼓和旗杆顶上分出2尾细长横条旄旗（图8-2-7，1）。东周至汉初的巴蜀文化青铜器上的"栅栏纹"船，船上通常有2～3根树枝状物件，最多的达5根，每根上部分2～3支权，"支权"绝大多数吹向一侧偏离，应该也是短条形帜。

上述船纹绝大多数为一鼓、一杆，栅栏式船纹上个别有二"旗"，但呈一头一尾分布，与大梁岩画船纹在船头树两根旗不一样。而习水三叉河乡岩上5号崖墓、泥坝乡飞龙山村1号崖墓上的船纹，船头一侧立二旗，一旗较高，一旗略低，旗杆顶部饰条形旗，均偏向船头一侧，除了旗帜的形状与大梁岩画船旗不同外，旗的布局、数量、高矮和向船头一侧飘扬的表现形式均一致（图8-2-7，4、5）。上古至中古时期官方的旗按长宽、颜色以及旗上的飘带（旒）数、不同动物表示等级，以动物为例，有龙、鸟、熊、龟蛇四种，并不见鱼旗。大梁岩画A的鱼形旗，既与战旗的布局不一样，也不见于文献记载，而与崖墓鹬鸟船上的旗纹更接近，应该属于民间用旗、祭祀用旗。

大梁岩画A鱼形旗上的鱼较长、大，按峡江一带的大鱼，成年中华鲟和胭脂鱼分列第一、第二大，长度可达1～2米。大梁岩画A的鱼形旗鱼头部夸张地长出两支长须，现实中，鲇形目、鲤形目的鱼均长有长须，其中胭脂鱼属鲤形目，且背部在背鳍起点处特别隆起，鱼形旗的鱼很大可能是胭脂鱼的形象写照。

胭脂鱼在峡江地区又被老百姓称为"黄鱼"。按《巴阳峡：长江曾经的奇观》网文介绍，巴阳峡一带又呼胭脂鱼为"黄排"（作者写为黄鲱），当地老百姓说，历史上捕到的大黄鱼重可达500斤，现已基本绝灭。早在唐代已有黄鱼的记载，杜甫《黄鱼》诗："日见巴东峡，黄鱼出浪新。脂膏兼饲犬，长大不容身。筒桶相沿久，风雷肯为神。泥沙卷涎沫，回首怪龙鳞。"[①]传说鲤鱼跳过水急的龙门，即可变为神——龙，杜甫在此诗中表达了大黄鱼未能越过巴阳峡激流，被土人捕获喂犬，不能变为江神的惋惜之情。《杜诗详注》注《黄鱼》引《杜臆》："夔州上水四十里有黄草峡，

---

① 杜甫：《黄鱼》，中华书局编辑部点校：《全唐诗》卷231，北京：中华书局，1999年，第2548页。

出黄鱼，大者数百斤。"①杜甫所见黄鱼当为奉节赤甲山（古亦称黄草山）附近的黄鱼。《尔雅》释"鳣"："大鱼。……肉黄，大者长二三丈，今江东呼为黄鱼。"又引郭机"鳣，出江海，三月中从河下头来上。……纵广四五尺。……大者千余斤"②。黄鱼是洄游鱼类，奉节县古名鱼复，其得名即与此有关。明代夔州通判何宇度所著《益部谈资》释"鱼复"："即夔地，谓鳇鱼至此复回不上也。"③鳇鱼分布在黑龙江、乌苏里江、松花江一带，何宇度所谓"鳇鱼"，当为黄鱼之发音的误记。在奉节、云阳一带，黄鱼的洄游后来与神话故事进一步联系在一起④。巴阳峡黄柏、太公沱为三峡水库蓄水前峡江地区少有的鱼类产卵场，巴阳峡段江面极窄（枯水季节最窄处约80米），是长江上极为知名的险滩，对行船构成严重威胁，大黄鱼不惧水急浪高，溯游而上产卵，故被当时的人视为江神，从而将其形象作为船旗悬挂，以镇江之用。巴阳峡的商周肋骨船岩画中（巴阳岩画丙），见有一条巨大的似巨鱼尾的岩画（其中一条紧邻肋骨船），应该表现的是巨鱼在江中兴风作浪露出鱼尾的场景（图8-2-10，1、2）。《记忆中的巴阳峡》一文还提到，巴阳峡中"长石梁"上有数十人刺大鱼的岩画（巴阳岩画丁）。巴阳峡内的太公沱岩画（亦称六岗石岩画，切割搬迁至云阳县三峡文物园内），上刻4条大鱼，长度与旁边的独木舟比肩。因此，有理由认为，当地存在历史悠久的以巨鱼为对象的江神崇拜，大梁岩画A的鱼形旗就是这种崇拜的反映。

将旗帜做成鱼形，让我们很容易联想到日本的著名男孩节悬挂的鲤鱼旗（图8-2-10，3、4），其形成风俗始于江户时代，原是农历端午节的风俗，其来源与中国古代的鲤鱼跳龙门的故事有关，笔者颇怀疑鲤鱼旗始于中国，只是传到日本后，直至江户时代才成为风俗，其源头或可以大梁岩画为见证。

综此，我们可以推测，大梁岩画中的鱼形旗与江神有关，起着厌水的作用。

---

① （清）仇兆鳌注：《杜诗详注》卷16《黄鱼》，《景印文渊阁四库全书》第1070册，台北：台湾商务印书馆，1986年，第354页。

② （晋）郭璞注，（宋）刑昺疏：《尔雅注疏（十三经注疏）》卷9《释鱼》，北京：北京大学出版社，1999年，第327页。

③ （明）何宇度：《益部谈资（下）》，《景印文渊阁四库全书》第592册，台北：台湾商务印书馆，1986年，第753页。

④ 传说战国时期，爱国诗人屈原因楚国被秦国侵吞，悲愤至极，便投湖南汨罗江而死。汨罗江有一条神鱼，十分同情屈原，它张开大嘴吞入屈原的尸体，从汨罗江游经洞庭湖，然后进入长江，再溯江而上，送往屈原的故乡秭归。当神鱼游到秭归时，百姓们拥到江边，失声痛哭。神鱼越发受到感动，也跟着淌下泪来。泪水模糊了神鱼的视线，它早已游过秭归，还在继续往上游，直到撞着了瞿塘峡的滟滪堆，才猛然醒悟。神鱼急忙掉头往回游，将屈原的遗体送到了秭归，就这样人们将神鱼从滟滪堆往回游的地方，叫作"鱼复"。云阳的故事内核与此相近，只是将地点改到了云阳，说的不是屈原。

1a

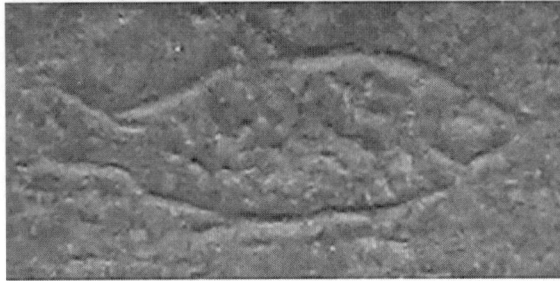

1b

2

3

4

图8-2-10　重庆云阳巴阳岩画中的巨鱼与现代日本鱼旗

1a. 云阳太公沱巨鱼（下）与船（上）岩画　1b. 云阳太公沱巨鱼岩画　2. 巴阳峡岩画丙巨鱼尾岩画

3、4. 现代日本鱼旗

（五）巫师、小艇与乐器

大梁岩画A上部船与江河岸线之间，有一组被认为是"手拿法器而舞的巫师"和巫师两旁"倒立的舞蹈的人"。我们先来看一下"手拿法器而舞的巫师"图案，该人物头部呈扇形，双腿微屈，站立于尖头椭圆形物体上，正面立一矮柱，双手侧向执一长杖，上部贯穿一长方形物体，物体两侧垂旒。澳门寇娄岛卡括湾上的肋骨式小船上的巫师（萨满）均手持有杖（8-2-6，3），马来西亚尼阿山洞窟岩绘画（8-2-6，5）、加拿大哥伦比亚河流域岩画上的大肋骨船（8-2-6，6）旁边均站立有蹲踞式巫师（萨满），埃及沙漠干谷WB-4岩画上的肋骨式船上也站有一个似巫师的人形（8-2-6，7），芬兰阿斯图万的萨尔米岩画左半部分和中央岩画左侧的两艘肋骨式船也站有高大的人形，其后还有尾巴，当为巫师（萨满）无疑[1]。因此把大梁岩画A上的人形图案确定为巫师（萨满）是可以成立的。

此外，巫师（萨满）所站立的船形图案，让我们首先想到巴文化铜錞于盘上常见的"羽人建鼓小艇图"，这种小艇往往仅够容一鼓、一羽人（图8-2-4，8），个别还可见一旗（图8-2-4，9），而羽人形象较为抽象，表现的是正在击建鼓的情景。在中原文化中，战船上可见到击建鼓的普通士兵，在表现生活场景方面，如山西潞城潞河战国墓攻战画像纹匜建鼓柱下部还斜置一铜钲[2]。那么，为什么巫师（萨满）不站在大船上呢？从古越阁铜戈上的画像、广西花山岩画等看，在祭祀类等宗教场景中，大船旁边布置单独的巫师乘用小艇是当时的普遍现象，可能和大船、小艇的不同功能有关。大梁岩画A中的小艇可见船舱板，其方向与巴文化羽人建鼓图中的侧向船方向不一样，为艇首正面画面，其创作意图是表达正在向这批大船中的首船（画有船旗、粮仓的上部船）驶来，而其来处很可能就是我们上文分析的C型建筑。

巫师两旁"倒立的舞蹈人"，前文笔者已论证了巫师左侧之尖圆顶图案是搁置在船尾的，应该是粮仓。至于巫师右侧之图案，又分上下两部分，两者并不相连，对比俄罗斯西伯利亚赫热勒咯哈亚岩画中代表死者的倒立画像（图8-2-11，4）[3]，可以肯定它不是倒立的人。该图案上部有一空三角形，似起悬挂作用，而顶部两侧线条高于中央部分，呈盘状，腰部收束，其形状与青铜錞于一致。錞于盛行于春秋至汉代，

① ［苏联］萨瓦捷耶夫：《芬兰岩画》，陈弘法编译：《亚欧草原岩画艺术论集》，北京：中国人民大学出版社，2005年，第275页。

② 山西省考古研究所、山西省晋东南地区文化局：《山西省潞城县潞河战国墓》图二〇：3，《文物》1986年第6期，第9页。

③ 重庆市文化遗产研究院、重庆文化遗产保护中心：《穿越西伯利亚——2017年中俄联合考古》，北京：科学出版社，2020年，第53页。

早期多为环形纽（图8-2-9，7），战国中期传至巴文化区域后，以虎纽较为常见（图8-2-9，8），成为巴文化的典型器。从云南晋宁石寨山贮贝器上的雕塑看（图8-2-11，3）①，錞于既可抱于怀中击打，也可悬纽击打。"倒立人"的下部，是由两个竖立的短线和一根横线组成的外框，横线中间向下垂一圆形物。观察南方地区铜器上的羽人竞渡纹，其船上一般均有这么一个悬挂大鼓等乐器的架子或栅台（神宫），有的栅台

1

2

3

4

图8-2-11　各地的栅台、鼓架与"倒立人"

1. 云南广南1919年出土铜鼓船纹栅台②　2. 越南玉缕出土1号铜鼓船纹栅台及铜鼓③　3. 云南晋宁石寨山贮贝器上的装饰（M12∶26）　4. 俄罗斯西伯利亚赫热勒咯哈亚岩画中的倒立人

---

① 云南省博物馆：《云南晋宁石寨山古墓群发掘报告》，北京：文物出版社，1959年，第75页。

② 文山壮族苗族自治州文化局（黄德荣）：《文山铜鼓》，昆明：云南人民出版社，2004年，第25页。

③ 李昆声、黄德荣：《中国与东南亚的古代铜鼓》，昆明：云南美术出版社，2008年，第193页。

两端还向上伸出旗帜，还有的架子顶上另搁有物品，或站立一巫师（图8-2-11，1、2）。晋宁石寨山贮贝器上的錞于和铜鼓就悬在双柱架上。所以我们推测，大梁岩画A栅台上悬挂的是鼓一类的器物。

此外，关于河流岸线上窝棚式建筑旁的图案，笔者同意这是一只鸟的判断。正如我们前文所介绍的，汉墓壁画、青铜器上的鹬鸟船等图案都有鸟的图案，这在类似图案中已形成标配。

四、大梁岩画B的题材比较

大梁岩画B内容较简单。从经验角度看，大梁岩画B可能表现的是网鱼的场景，三角形为渔网，内侧图案为被网住的大鱼，网外的为小鱼，但小鱼为尚未刻划完成的半成品。有过三峡水库蓄水前生活经验的人都知道，使用长竿悬挑渔网在长江中舀鱼的景象在以前很常见，长竿渔网就呈倒三角形。但是，如果比较此"鱼"的形状，它与太公沱等地的岩画表达形式完全不同，即此鱼的构成图案是抽象的，而巴阳峡中的其他岩画鱼均是写实的。此外，古越阁等巴蜀文化青铜器上的鱼、贵州习水崖墓岩画上的鱼、南方青铜器上船纹旁边的鱼、中原青铜器上水陆攻战画像上的鱼均是写实的，由此可见，大梁岩画B表达的内容应该更为隐晦。

仔细观察，大梁岩画B画幅内容可分解为一个倒三角形、两条"鱼"形图案，其中小"鱼"图案为未尽之作（图8-2-12，1）。"鱼"图案由一个完整的菱形和两个被叠压的大、小菱形构成。在西伯利亚沙洛博利诺的早期岩画中，三角形内靠近锐角部分会刻划一条粗短线，其中正三角形加上部粗短线象征男性（图8-2-12，6），倒三角形加下部粗短线象征女性（图8-2-12，5），在后来的发展中，进而普遍将正、倒三角形抽象为男、女性别三角区的象征。从这个角度看，大梁岩画B的倒三角形应该象征着女性。

至于三角形内外的叠压菱形组合，可以从另一些稍晚的岩画中得到启发。例如，阴山岩画中就以近菱形的重环纹象征女阴（图8-2-12，2）[1]，云南它克岩画中则以标准的重环纹象征女阴，只是在中间增加了一个小点（图8-2-12，3、4）[2]。大梁岩画B菱形纹虽然是局部叠压表达方式，但更接近具象的女阴，且倒三角形内的菱形纹周遭还有短线，正是女性性成熟的标志，而倒三角形外的菱形纹，可能代表着未成年女性。

---

① 盖山林：《阴山岩画》图1222，北京：文物出版社，1986年，第300、301页。
② 转引自王政：《稚拙的符号：中国生殖岩画美学探索》图13，《南方文物》1996年第2期，第94页。

图8-2-12　重庆云阳大梁岩画B与相关生育崇拜岩画的比较

1.大梁岩画B线描图　2.宁夏阴山岩画象征女阴的岩画　3、4.云南元江县它克岩画中的菱形图案
5.西伯利亚沙洛博利诺倒三角形和女阴组合岩画　6.西伯利亚沙洛博利诺正三角形和男根组合岩画

因此，笔者认为，大梁岩画B的内容表达的是女性及女阴，是远古生育崇拜在岩壁上的投射。正如上文所提到的，同在巴阳峡内，还存在一定数量的男根岩画，这也可间接解释此幅岩画的生育崇拜性质。

五、年代与性质

（一）年代

关于大梁岩画的年代，《神秘岩画复活巴人部落》报道："有专家认为它产于商朝末期，是用青铜器雕刻。也有专家认为，它'有可能是一万多年前刻划的'。甚至还有一种看法认为，它是明清时期的工匠兴起之作。"各种看法差距较大。由于大梁岩画本身没有文献记录，我们只能从雕刻方式和对比材料来讨论其年代。

古代的岩画，按作画材料分，可分为涂绘法和刻制法两种。涂绘法在我国主要分布于西南山地（含广西花山岩画，以及近年来发现的湖北巴东天子岩手印岩画），刻制法分布于北方大部和沿海地区。按平面表达方式分，岩画又有轮廓型、剪影型两类，前者以线条表达，后者以减地法或满涂法表达，当然也有在轮廓内以不同密度的凿点表达的。具体来说，刻制法又分三类不同的刻制方法，第一类是磨刻法，用一种仔细磨光的、约1厘米宽的"V"字形深槽状石质工具制作，然后用砂子或专门磨尖的坚硬石头磨光，特点是轮廓线不规则、断断续续，用磨刻法制作的岩画通常时代较早。第二类是敲凿法，用尖状器或其他石器在岩皮上琢出由若干坑点构成的图像轮廓，或者整体减地磨平，晚期也用金属工具辅助作画，这种方法制作的岩画也较早，但晚期也有少量敲凿法岩画。第三类是划刻法，也称"擦刻式"，即用金属工具的刃部或尖锋在岩石表面刻出细线条，这种方法刻出的线条往往呈连续的较规矩的长线，线条比较优美，该类岩画时代较晚，已进入青铜和铁器时代[①]。

对照上述标准，大梁岩画应为划刻法岩画，已进入金属时代，即夏商及以后时代的产物。其中大梁岩画A刻槽较深而宽，应该使用铁制工具划刻后再打磨才能达到此效果；大梁岩画B的刻槽浅而细，或许要比大梁岩画A的年代要早。

从前文的比较情况看，大梁岩画A中的部分内容对具体年代判定有意义。

（1）肋骨式船，埃及沙漠诸干谷的肋骨式船岩画约当距今6000～5000年，西伯利亚的肋骨式船为新石器至青铜时代早期，考古发掘马来西亚尼阿山洞窟岩绘画所在洞穴内的遗存和遗物显示为新石器时代，三星堆遗址玉边璋上的肋骨式船为商代晚期，巴阳峡内另一处肋骨式船大约与三星堆遗址祭祀坑时代相近，但该岩画较大梁岩画肋骨式船画面简单。

（2）楼船，《越绝书》说春秋末期已有楼船，具体形象见于战国，特别是汉代南方的越国，秦汉时期，高大的楼船在官方和军事作战中已较为普遍。

（3）鹢鸟船，图案在战国时期即已出现，盛行于两汉至六朝，而饰标准鹢鸟船纹的铜鼓均属于早期铜鼓（此后也有少量变形船纹），年代约当战国至东汉早期。

（4）干栏式圆仓在战国晚期、秦时的中原、北方地区已出现，三峡地区主要盛行于西汉。

（5）云阳县杨沙沱墓群出土陶船属于汉代，但究竟属于西汉还是东汉，尚待考古资料发表。

（6）巴文化青铜錞于主要流行于战国中期（奉节永安镇墓群战国中期墓葬有虎纽錞于出土）至东汉中期，而"巫师、建鼓与小艇"图案主要出现在巴文化青铜錞于盘面，但西汉晚期至东汉的虎纽錞于上的类似图案已进一步简化和变异，一般已看不到

---

① 盖山林：《阴山岩画》，北京：文物出版社，1986年，第244～246页。

建鼓图案。

（7）云南晋宁石寨山墓地出土青铜出脊式屋宇建筑院落的墓葬为西汉早中期。

（8）古越阁藏铜戈为典型的巴蜀文化铜戈，其援本部至胡部两面均刻有竖排四个"棘"纹（即学界所称棘戈），内部的"栅栏式"船纹、三角云纹（或称横"S"形纹、眼形纹）、鱼纹、楼船由小到大依次排列（图8-2-8，1～3），显然是有意识地一次性布局设计，楼船与其他典型巴蜀符号应该同时刻就，"棘"戈是典型的战国中晚期至秦时的巴蜀文化铜戈[①]。

（9）贵州习水三叉河乡5号崖墓旁之M2墓口右侧有"章武三年七月十日，姚立从曾意买大父曾孝梁右一门，七十万，毕。知者：廖诚、杜六。葬姚胡及母"的题刻，章武为刘备称帝后的正式年号，章武三年（223年）也是蜀汉后主刘禅建兴元年[②]，该崖墓群1、2号墓为1组，间隔一定距离后，3～5号墓为另一组，当为题记提到的"门右"墓葬，则5号墓当早于章武三年，大体属于东汉末期。

从以上情况可以判定，大梁岩画A的时代大致为东周至西汉中期，不排除其下限到东汉、蜀汉时期。

与大梁岩画B相对比的材料，一是西伯利亚沙洛博利诺的性别岩画为新石器至青铜时代早期；二是阴山岩画可分四个不同时期，但菱方形图案属于第一期的旧石器时代晚期至青铜时代中期；三是它克岩画时代有距今3000年之说，也有根据蹲踞式巫师的形象认为属于战国至汉代。结合上文笔者对大梁岩画A、B的制作方式和它们之间早晚关系的推测，以及巴阳峡其他岩画的时代综合考虑，大梁岩画B的时代放在商周时期是比较合适的。

（二）性质

在前文的对比研究中，对大梁岩画的性质已有少量论述。在此仅做部分补充。理解大梁岩画A，关键是要知道以船为中心的图案内涵。

第一，肋骨式船是远古"X"射线图案的表达，"X"透射图案遍布旧石器时代至新石器时代的旧大陆和新大陆，而肋骨式船只是肋骨式人、肋骨式动物等众多类似图案中的一种，这类图案通常与原始宗教特别是萨满教有关。张光直指出："这种图像

---

① 该戈属于巴文化铜戈的可能性较高。一是大船及其上的楼橹，成都平原显然不如长江、嘉陵江上更适合航行这类船；二是船上的小船纹（栅栏纹），按洪梅等的统计，出现在巴人区的频率较高。参见洪梅、严志斌：《宣汉罗家坝墓地出土巴蜀符号探析》，《中国国家博物馆馆刊》2019年第4期，第72～86页。

② 章武为刘备称帝后的年号。刘备逝世于章武三年四月，五月，刘禅继位，改元建兴，八月，刘备入葬于成都南郊惠陵。三叉河2号崖墓题记记时为七月十日，当为蜀汉新旧年号共用时期。

自旧石器时代晚期便在旧世界出现，后来一直延展到新大陆。"①它是一种典型的与萨满巫师有关的艺术传统②。

埃及在法老陵墓旁考古出土过多艘太阳船，被认为是乘载要复活的法老和太阳神一起穿越天堂并复活的仪式船，肋骨式船比太阳船还早，其功能大概与此接近。西伯利亚肋骨式船被认为与水葬有关，船在西伯利亚文化中属于通人和神的器物，人去世以后，以船为棺，实行水葬，人棺顺河而下。鄂温克族认为：河流的上游为天，是神之所在，中游为人的世界，下游为阴，属于逝去的灵魂。按《太平洋岩画》一书的介绍，在印度尼西亚的一些土著民族中，用肋骨预示人体和灵魂，马来西亚尼阿山洞窟岩绘画肋骨式船上装载的正是死者的灵魂和遗体，画面上的人当是部落里的送葬人以及巫师（蹲踞式人像），他们在启动灵魂之舟的航行，把死者送往另一个理想的所在。

商周时期，我国的肋骨船兼具有祭祀河流的性质。三星堆遗址器物坑出土玉璋"祭山图"，按《周礼·春官·典瑞》载"璋邸射以祀山川"③，《周礼·考工记·玉人》也有类似的表述，说明璋还有祭川的作用。那么三星堆玉璋上部的船应是祭川的工具，其下部山顶的3名蹲踞式人物，则是主祭的巫师，船上的"肋骨"，则是祭祀河流用的人牲或其灵魂。巴阳峡岩画中的肋骨式船，其所在岩画上还有两个人头像、双竖眼、一条巨鱼尾、若干肋骨船、若干梅花鹿，推测肋骨式船也是祭祀江川、江神的仪式用船。

第二，鹢鸟船的性质有海葬船、龙舟竞渡、祭祀水神等说法，笔者赞同水上祭祀说。张衡《西京赋》有"浮鹢首，翳云芝"语，李善注"鹢首"："船头象鹢鸟，厌水神。"④《晋书·束皙传》："凭鹢首以涉洪流。"⑤《晋书·王濬传》："画鹢首怪兽于船首，以惧江神"⑥，王濬在今四川地区造楼船，后顺江而下，过三峡而伐东吴，王濬在巴蜀地区造鹢首船，应该受到了更早的文化传统的影响。可见，鹢首船是厌江神、水神的。鹢首船上的物品及活动，则与人们迎神、娱神、祭神有关，这些神当然就是江河的水神。从南方铜鼓船纹中可以看到，船上多有羽幢、栅台、鼓乐等，还有的船纹有羽人手执斧钺砍杀人牲的场面，无不昭示其水上祭祀的性质。至于后来出现的龙舟竞渡，则是水上祭祀活动发展的副产品，本身还蕴含着娱神的意义。唐许

①　张光直：《考古学专题六讲》，北京：文物出版社，1986年，第6页。

②　Campbell J. The Way of the Animal Powers. London: Sumenfield Press, 1983: 132.

③　（汉）郑玄注，（唐）贾公彦疏，（唐）陈德明音义：《周礼注疏》，《景印文渊阁四库全书》第90册，台北：台湾商务印书馆，1986年，第377、756页。

④　（清）高步瀛著，曹道衡、沈玉成点校：《文选李注义疏》，北京：中华书局，1985年，第436页。

⑤　（唐）房玄龄等撰：《晋书》，北京：中华书局，1974年，第1428页。

⑥　（唐）房玄龄等撰：《晋书》，北京：中华书局，1974年，第1208、1428页。

浑《送客南归有怀》"瓦尊迎海客，铜鼓赛江神"一诗①，指出了竞渡的真正目的是赛江神。

鹢鸟船也有将死者送往天界的意义。贵州习水的两处鹢鸟船纹岩画，船旁边刻出大鱼，一端牵出长绳系于柱或树上，崖墓口部两侧刻有双阙画像，墓葬、画像石棺、鎏金棺饰等上面的双阙，通常代表着天门。飞龙山崖墓左侧阙下还凿刻有开明兽，进一步强化了双阙的性质。而这两处崖墓、岩画与下侧小河的高差极大，但距离很近，船纹显然是在表达将墓主送入天界、停靠在天门外的情景。

第三，大梁岩画A中船纹的插双旗模式，笔者前文已指出，鱼旗之鱼大概就是当时当地人所奉之江神，具有镇江的作用。在后来的文献中，双旗也与迎神有关。《武陵竞渡略》记载："船中两旗，方幅各尺五寸，以布为之……风波之此，亦迎神之物也。"②可见，鱼旗已被布旗取代，转向迎神作用了。《武陵竞渡略》还记载："船人无不习水善游，惟头旗鼓拍四人不必善水，则皆寄命桡手，是日划船悉顶巫师符箓，及制黄赤小旗，取鹭鸶毛插鬓间，压胜物也。"③可见，即使在明代武陵地区的竞渡习俗中，巫师的作用仍然十分重要，那么，对于更早的同出一脉的大梁岩画A水上祭祀，巫师自然更不可或缺。此外，大梁岩画A的錞于和鼓，在上古时期它们是配套的乐器，《周礼·鼓人》就说"金錞和鼓"④。晋宁石寨山贮贝器上有錞于和鼓同悬的情况，巴渝地区的鼓大概是木鼓，目前尚未见有考古发现。錞于在古代战争中起指挥进退作用，也是宴飨娱乐的乐器。但从巴文化地区的考古发现看，錞于除少量发现于墓葬外，绝大多数埋藏于各类荒野山郊，或单独（有的一组）出土，或与钲、钟配套出土，明显还具有山川祭祀作用。

第四，大梁岩画A中的A型橼出脊屋宇，与《诗经·小雅·斯干》描述的"如跂斯翼，如矢斯棘，如鸟斯革，如翚斯飞，君子攸跻"⑤屋面相合，特别是屋橼出脊交叉形如"矢棘"非常形象，应该是一种神圣建筑。石寨山墓地出土的类似建筑中井干房屋

---

① （唐）许浑：《送客南归有怀》，中华书局编辑部点校：《全唐诗》卷530，北京：中华书局，1999年，第6109页。

② （明）杨嗣昌著，梁颂成辑校：《杨嗣昌集》附录二《武陵竞渡略》，长沙：岳麓书社，2005年，第1477页。

③ （明）杨嗣昌著，梁颂成辑校：《杨嗣昌集》附录二《武陵竞渡略》，长沙：岳麓书社，2005年，第1473页。

④ （汉）郑玄注，（唐）贾公彦疏，（唐）陈德明音义：《周礼注疏》，《景印文渊阁四库全书》第90册，台北：台湾商务印书馆，1986年，第229页。

⑤ （宋）朱熹撰：《诗经集传》，《景印文渊阁四库全书》第72册，台北：台湾商务印书馆，1986年，第827页。

的人物雕塑，被认为是与猎头祭祀①或祖先崇拜②、驰祖尸祭③有关，因而，出脊式房屋绝非普通的生产生活空间。结合大梁岩画A其他画面内容判断，A型建筑应该是供奉江神或者因航行灾难死者灵魂的屋宇。

　　关于仓形建筑，四川简阳市鬼头山3号汉画像石棺上的干栏式建筑旁题有"大苍"二字④；河南许昌市郊画像砖天门阙旁有干栏建筑，旁题"上人马食太仓"⑤；山东嘉祥宋山墓葬祭祀石室第二八画像石右侧有"此中人马皆食太仓，饮其江海"的题刻⑥。有学者认为，类似的题材与早期道教的源头信仰有关，在后来的《太平经》中，太仓之粟代表着不死药，而太仓则是升仙之所⑦。由此可以认为，大梁岩画A的仓形建筑是为死者亡魂或江神准备的。

　　第五，大梁岩画A所在的巴阳峡，是在地层上形成的一座大石槽，长江水就在石槽中流过，水道窄而深，民谚说川江"浅莫过洛碛，深莫过巴峡"。在洪水季节，江水淹没"龙盘石"，《水经注》称"有磐石，广四百丈，长六里，阻塞江川，夏没冬出"⑧，航行十分险恶，历代多有舟船在此倾覆，历史上留下了大量的题刻和镇江遗迹，除古代岩画外，晚近的有"善溢江津""佑觊灵长""水府三官"等古迹、神像，意在保佑"商民上下而无风波之虞"。古人刻划岩画，一般是在举行重要的宗教活动之后，选择人迹罕至之处进行刻划，以告神灵（不是给当时的人观看），使岩画传达的内容发挥持久的效力。大梁岩画A选择在极低枯水位才露出的滩涂岩石上划刻（2003年三峡段江水大枯时才出露），不但人类的足迹难以接近，而且显然是为了拒

---

　　① 冯汉骥：《云南晋宁石寨山出土铜器研究——若干主要人物活动图像试释》，《考古》1963年第6期，第319~329页。

　　② 汪宁生：《"滇"人的经济生活和社会生活——晋宁石寨山文物研究之一》，《云南青铜器论丛》编辑组：《云南青铜器论丛》，北京：文物出版社，1981年，第42~67页。

　　③ 尸祭即以活人（通常是小孩）扮神祖，端坐台、堂等上面不动，接收大家祭拜的一种仪式。参见易学钟：《石寨山三件人物屋宇雕像考释》，《考古学报》1991年第1期，第23~44页。

　　④ 内江市文管所、简阳县文化馆：《四川简阳县鬼头山东汉崖墓》，《文物》1991年第3期，第20~25页。

　　⑤ 黄留春：《许昌汉砖石画像》，郑州：河南美术出版社，1994年，第48页。

　　⑥ 中国汉画像石全集编辑委员会：《中国汉画像石全集2·山东汉画像石》图一〇八，济南：山东美术出版社，2006年，第100、101页。

　　⑦ 杨爱国：《"此上人马皆食太仓"解》，中国社会科学院考古研究所、陕西省考古研究院、西安市文物保护考古所：《汉长安城考古与汉文化》，北京：科学出版社，2008年，第547、548、568页；姜生：《汉代天厨贻食信仰与道教施食炼度科仪之起源》，《中国道教》2016年第2期，第45~49页。

　　⑧ （北魏）郦道元著，（清）王先谦校：《合校水经注》卷33《江水一》，北京：中华书局，2009年，第529页。

绝不相干的人参观，是一个阻止渎神者闯入的神圣空间①。大梁岩画A刻划自然成熟，绝不是随意和娱乐之作，应该与镇江厌神或江神祭祀有关。

在战国至汉代的中原和楚文化社会，人们也信奉河神，只不过将其人格化为河伯、冯夷等。屈原《九歌·河伯》："灵（即河伯）何为兮水中？乘白鼋兮逐文鱼。"②王逸注："大鳖为鼋，鱼属也。"可见河伯与大鱼是二而一的关系，均为河神。当时的人们还定期祭祀河神，并用活人坐在易沉物上，随河水漂流沉没以祭河伯，以便遏制江河灾害的发生，这大概也是大梁岩画A所要表达内涵的根本出发点。

综上所述，大梁岩画A的各要素信息多指向水上送魂、水上祭祀两个方面，但这两个方面并不冲突，均与江神有关。考虑到大梁岩画所在的峡谷水势等环境，"水上送魂"应该送的是那些因巴阳峡水况恶劣而死亡的人，由于江中事故尸体往往难以找到，故以肋骨船、鹢鸟船的形式送其亡魂去往天上，这也可视为安抚因水神作乱而举行的安葬仪式。而"水上祭祀"则以江神为对象，肋骨式船意味保留着古老的人祭（短竖线代表死人或其灵魂）仪式，以人（魂）祭神、迎神，目的还是使江水不危害航行及活人。

六、相关认识

上面，我们确定了大梁岩画A中的所谓"篱笆纹"其实是船的形象，从该幅画面上看，可以明确有两艘相对完整的船。而下部还有两个与上部两船上相似的楼房顶部图案，可以推测它们是另一条船上的建筑。此外，从大梁岩画A的原位照片看，在现存画面的左侧，还残存两处建筑屋顶，由于其他部位风化脱落，难以完全判定其性质，但大体也应该是船上的建筑。这样，我们可以说，大梁岩画有两艘完整的船，另存在两艘船上的建筑物局部。此外，按照整个画面的构图情况和对称原理推测，不排除在右侧下部还有1~2艘已风化剥落的船纹的可能。

大梁岩画A是以船为中心的岩画，其中上部船最大，船上布置最复杂，插有双鱼旗，刻划线条较他船粗而深，坐小艇的巫师也面对该船，该船应该是船队的核心。大梁岩画A现存两艘船均为肋骨式船，而巴阳峡画丙上的船，两艘为肋骨式船，一艘为普通船，由此可以推测，其余仅剩屋顶的船纹不一定是肋骨式船。也就是说，这是一个有梯次等级的船队，左上肋骨式船为首船，其次为下部的肋骨式船，再其次为残存局

---

①　王良范、罗晓明：《中国岩画·贵州》，北京：中国国际广播出版社，2010年，第91页。

②　（战国）屈原等撰，（宋）朱熹集注：《楚辞集注》卷2，北京：人民文学出版社，1953年，第43页。

部屋顶的船。大梁岩画A是罕见的肋骨式船、鹳鸟船、楼船三合一的古代岩画，具有十分重要的价值。其中，肋骨式船是目前中国境内所见时代最晚的，是原始萨满教向历史时期延伸的孑遗。

　　大梁岩画A和B展现了远古社会文化心理的某些固定结构。大梁岩画A肋骨式船和鹳鸟船均为跨文化的文化现象，肋骨式船和巫师（萨满）、鹳鸟船和大鱼通常形成固定搭配，暗含祭祀与死亡、水神（大鱼）与镇水（食鱼鸟）等多重相互关联的文化功能。战国以来，船旗、大小相配的房屋、乐器等则成为另一批新的固定构图元素，既出现在岩画上，也出现在墓葬岩画、青铜器图案上，显示出独特的时代特征。而大梁岩画B的三角形和菱形元素，则展示了岩画编码的通用性，体现出底层文化的普世性和隐喻表达的抽象化。

　　大梁岩画还展现了多元文化汇聚景观。大梁岩画A的肋骨式船更接近西伯利亚风格，而鹳鸟船的传统来自南方，出脊式房屋建筑形式与滇文化相似，而四阿顶帽檐式房屋、羽人和小艇等图案形式在本地均可找到传统。大梁岩画B的倒三角形可以见到西伯利亚的影子，菱形则在我国境内的商周岩画中有类似图案。大梁岩画展现的文化多元性，与三峡地区作为我国南北地理中心、长江沟通东西的区位优势有莫大关系，也与古代三峡地区多元族群共生、人群频繁变迁密切相关。

　　三峡工程建设以来，巴阳峡两岸发现黄柏溪新石器遗址、大地坪新石器至商周遗址、东阳子商周遗址，以及大量战国两汉时期的遗址、墓群，峡内及附近的古老岩画，应该就是这些人群留下的作品。巴阳峡内的岩画，延续时间长、特征鲜明，结合考古发掘发现的文化遗物属性，这批岩画大致可以归为巴文化系统人群或其后裔的杰作。

　　大梁岩画与西南地区广泛存在的涂绘法岩画不一样。考虑到云阳牛尾石、太公沱和巴阳峡内的其他几处划刻岩画，以及重庆江津四面山灰千岩敲凿法岩画，可以认为，重庆地区的远古岩画在西南地区独成一系。当然，这种差异可能既有文化系统上的差异，也有年代上的差异。例如，同在三峡地区的巴东天子岩手印岩画则为涂绘岩画，其原因就在于它是唐宋以后的岩画。古代巴文化系统的岩画在《水经注》中也有记载，郦道元在写到今渝鄂交界的西陵峡一带的"人滩"时，引袁山松的话说："人滩水至峻峭，南岸有青石，夏没冬出，其石嵚崟，数十步悉作人面形，或大或小，其分明者，须发皆具，因名曰人滩也。"[①] 秭归东门头遗址采集的太阳人石刻[②]，或即人滩岩画损毁后所遗留。从巴阳峡和人滩两处岩画的环境看，均具有峡谷特征，长江滩

①　（北魏）郦道元著，（清）王先谦校：《合校水经注》卷34《江水二》，北京：中华书局，2009年，第535页。

②　国务院三峡工程建设委员会办公室、国家文物局：《秭归东门头》图四九，北京：科学出版社，2010年，第73、75页。

险流急，两岸还具备一定的人类生产生活空间，岩画应有相同的功能。

除大梁岩画外，巴阳峡内的其他岩画和云阳牛尾石、江津灰千岩的岩画，岩画内容既有北方系统岩画盛行的动物、人物，也有少量我国东南系统岩画盛行的抽象符号，但岩画内容、制作方式总体上更接近北方系统。岩画既与当地的文化传统有关，也与当地的生产生活有关。考古表明，除部分地区的盐业手工业外，三峡地区先秦时期的生业经济主要以渔猎为主，旱作农业为辅，兼之以少量稻作农业为点缀。三峡地区的动物岩画正是这一情况的反映，它既盛行北方的动物，也有大量反映地方特点的鱼类岩画。

补记：本文于2022年2月25日撰成后，2022年9月30日，陕西"陈华春砖刻馆"微信公众号发表"土公陈华春"的短文《陈华春砖刻馆藏品——重庆云阳画像石拓片》（图8-2-13、图8-2-14），文中公布了大梁岩画A的拓片和原石黑白照片。该文将大梁岩画称为"重庆云阳画像石"拓片，并注明在三峡大坝未建成的枯水季节抢救所制，制作时间为2003年。作者还提到拓片为朋友所赠。

图8-2-13　重庆云阳大梁岩画A拓片（2003年）

图8-2-14　重庆云阳大梁岩画A照片（2003年）

第三节　重庆云阳"巴阳岩画丙"的初步研究

一、发 现 经 过

　　重庆市云阳县长江巴阳峡内存有多幅岩画，笔者在《送魂与祭祀：比较视角下的重庆云阳大梁岩画》中对其有初步编号[①]，其中的"巴阳岩画丙"即为本文研究对象。

　　由于三峡工程水库蓄水，除切割搬迁了大梁岩画、六岗石岩画外，巴阳峡内的其他岩画均已沉入水底，因此只能依靠一些间接资料开展研究。笔者所知道的巴阳岩画丙，最早是于2021年11月3日，由云阳县文物管理所的温小华先生提供的网络照片得以确认的（图8-3-1）。该照片上有"远古先民图语"的字样，经笔者在网上搜检，发现该照片系2018年1月18日从一个"远古（巴氏）文化图腾"的社交群上截图而来（以下简称"照片A"），因像素较低，许多细节不清楚，但由于岩画的内容引人入胜，刻划

---

　　① 白九江：《送魂与祭祀：比较视角下的重庆云阳大梁岩画》，宁夏文物保护中心（岩画研究中心）：《岩画研究2022》，银川：宁夏人民出版社，2023年，第15～40页。

十分精美，保存状况较好，具有很高的研究价值，故引起了笔者的极大兴趣。照片A画面有10只鹿（其中1只在画幅内仅露出头的一部分，中央4只为两两并行，前侧鹿刻划清晰，后侧刻划出鹿的背部轮廓线）、2只竖目、1个蹲踞人（不明显）、2个蹄印、1条船、1条巨鱼尾（或天梯）。

　　笔者在进一步追踪该岩画过程中，发现一篇《我的家在巴阳》的网络文章，其上刊载有与巴阳岩画丙照片A相关的另一幅岩画（以下简称"照片B"），该岩画标识有"云阳微发布"，应该是从新媒体公众号上截图而来，故像素也较低，细节模糊（图8-3-2）。照片B画面有2个人头像、1个人（不明显）、2只竖目、1条巨鱼尾/天梯、8只鹿（含上文提到的4只并排行走的鹿）、1个蹄印、1座亭、1只鸟（含站立的平台）、5条船（其中3条只出露部分）。通过与照片A对比，可以明确竖目、巨鱼尾/天梯等为同一画面，因此两者是同一幅岩画的不同部分，且存在交叉，但合并拼接后该岩画画面仍不完整。

图8-3-1　重庆云阳县巴阳岩画丙照片A
（温小华供图）

图8-3-2　重庆云阳县巴阳岩画丙照片B
（网络图）

　　就在笔者为巴阳岩画丙苦苦搜寻相关资料时，2022年3月29日，重庆摄影艺术家彭世良先生与笔者在重庆市文物考古研究院见面，他送给笔者一套他编著的《三峡·永恒的家园》画册[①]。该画册分上、中、下三篇，虽然笔者早已知道这套以记录三峡老城镇、旧文物为对象的图书，但见到实物还是惊喜不已。笔者询问彭世良先生可曾拍摄过巴阳峡岩画，彭世良先生当场指出在该书中篇有相关照片1张（以下简称"照片C"）。从发表的照片看，巴阳岩画丙刻在一处陡直的崖面上，崖岩面呈宽长方形，壁面光洁，应该是靠近水面经常被冲洗所致。崖面表面部分崩塌，导致画面不完整。照片C共有14条船、19只鹿、2个人头像、2个人（不明显）、2只竖目、2个蹄印、1只鸟、1条巨鱼尾/天梯、1棵树、1个亭（图8-3-3），完全包括了照片A、照片B的内容。

---

① 彭世良摄影：《三峡·永恒的家园（中篇）》，重庆：重庆出版社，2010年，第295页。

图8-3-3　重庆云阳县巴阳岩画丙照片C

（彭世良摄）

至此，巴阳岩画丙的画面内容已基本完整。

虽然巴阳岩画丙照片A、B、C的内容属于整体与局部的关系，但从相关照片看，照片A、C与照片B的画面方向是相反的。笔者参考国内外类似岩画的动物群头向，推测应该是照片B的方向与现实一致。考虑到照片C画面较完整，动物方向主要与当时刻工的左、右利手存在更多的联系，故仍以照片C作为以下研究的参照。

二、岩画构成

为便于描述，笔者对岩画进行了线描，并对诸构成要素进行了编号（图8-3-4）。编号原则是用英语字母小写代表类别，阿拉伯数字代表该类别下的序数；具体操作按从左到右、从上到下进行编号。

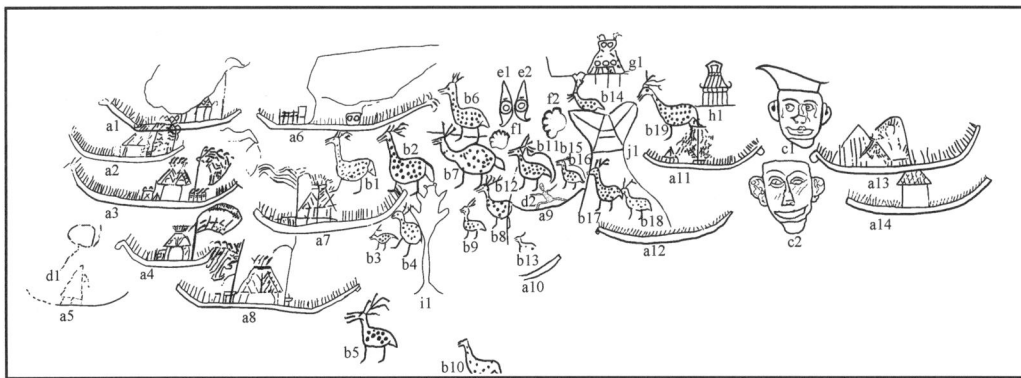

图8-3-4　巴阳岩画丙照片C线描图及编号

（朱雪莲、白九江绘）

（一）船（a）

共有14艘船，其中有3艘因岩壁表面崩塌而不完整。

1. 船体

按照船体刻划形状，可分为二型。

A型　单阴线船。2艘。船底略平，两侧上翘。其中a5位于画面左下侧，因漫漶而可见一半多，船上似站立一人；a9在画面中心，略向左侧倾斜，船上隐约立一半蹲踞人形。

B型　双阴线船。12艘。a10因岩壁表面污染，只能观察到右侧一小部分。该型船上大都有建筑，部分有旗帜。又分为二亚型。

Ba型　船上有短竖线。11艘。其中8艘船上有旗杆（a1～a4、a7、a8、a11、a13），10艘船上有建筑（a1～a4、a6、a7、a8、a11、a13、a14），7艘船首下有横线（a1、a3、a4）、弧线（a6）、小方块（a8、a11～a13）；弧线可能为鹚鸟船的简化形，小方块当为船碇（锚）。a12为鱼尾（天梯）下的1艘船，线图上虽然只有船体和短竖线，但细察照片，仍隐约可见旗杆和建筑的一部分。

Bb型　1艘（a10）。船上无短竖线。位于树形图案下，由于污染严重，可明确观察到船的小部分，从其他隐约痕迹看，原船应该是完整的，也有旗杆和建筑。

2. 船上建筑

Ba型船上大多有建筑，绝大多数应为船舱及其附属建筑。依据建筑立面外观，共分三型。

A型　近三角形窝棚式建筑。2座（a11、a13），其中1座漫漶不全。立面可见斜坡屋顶，屋面斜伸至船身短竖线处。短正脊，脊上有出脊椽。

B型　悬山式建筑。7座，其中2座屋顶被上船遮蔽（a2、a14），2座略微漫漶不清（a1、a6），2座建筑（a3、a4）左侧似有附属矩形建筑1座。由悬山式屋顶和矩形墙面构成。斜坡屋顶，檐口斜伸出山墙。正脊较短，脊上有出脊椽。

C型　矩形建筑。1座。在画面上部左侧船上中部（a6），为横长方形建筑，较矮，内部有2个横排的小圆点。

3. 船旗

共有9条船旗（a1～a4、a6～a8、a11、a13），其中2处因崖壁表面剥落不完整（a1、a6）、2处因污染等原因局部漫漶不清（a2）。旗帜飘扬方向既有向左（a7、 a8、a13），也有向右的（a3、a4），也有向下垂的（a11）；有的旗帜呈飘扬时的波浪形态（a7），有的旗帜较宽，有的旗帜上端镶有齿状花边饰（a3）。

（二）鹿（b）

共19只，集中分布于画面中段。其中最下1只在照片中露出部分（b10），中间1只隐约能看出局部（b13），有2只仅露出背部轮廓（b11、b15），亦有部分鹿的个别线条（特别是头部的角）不十分清楚。这些鹿有大有小，呈行走状，身上均见斑点，尾短，头朝向左侧方向。

鹿类动物在动物学分类上隶属脊索动物门脊椎动物亚门哺乳纲真兽亚纲偶蹄目反刍亚目鹿科动物。世界上有40多种鹿，中国现存的鹿科动物共计9属、16种，其中鹿亚科7种，鹿亚科鹿属有3种，包括梅花鹿、马鹿、白唇鹿。鹿亚科是中、大型的鹿类，幼鹿身上多有花斑，大多数科属成年后消失，或仅见于尾部，梅花鹿则终生保留。巴阳岩画丙中的鹿身均有斑点，可以确定均为梅花鹿。

梅花鹿是一种中型鹿，体长140～170、肩高85～100厘米，成年体重100～150千克。雄鹿（牡鹿）有角，一般分四叉。雌鹿（牝鹿）无角。从巴阳岩画丙中能够清晰辨认的鹿头部分叉状角图案看，这批鹿均为雄性梅花鹿。

（三）人头像（c）

2个。位于画面右侧。可分二型。

A型　戴冠（c1）。上侧人面头戴斜顶冠，冠顶向两侧斜外伸，冠下沿平齐，略小于头。脸较方。弧眉，圆眼，鼻已残。阔嘴，嘴两角上翘。弧形耳。下颌近方。头下刻划短颈。

B型　平顶（c2）。下侧人面脸较方。平头。弧眉，梭形眼，长三角形鼻。阔嘴，嘴两角上翘。弓形耳，上侧近半圆形，下有耳垂（也可能戴玦），耳垂上有耳洞。头下刻划短颈。

（四）巫觋（d）

2个。画面最左下部的a5单阴线船上，似站立一人，头较大，一手上举，一手下垂，但线条不全。在"巨鱼尾/天梯"的左侧A型单阴线船上（a9），隐约立一半蹲踞人形，该人物两手向两侧平身，双足半蹲。类似人物在岩画中一般被确定为巫觋。

（五）竖目（e）

2只。位于画面中部上侧。两眼竖向背立，e1略低于e2。眼眶似两片叶子，上、下两端尖角，下端向外侧弯曲较甚，眼眶内有双圈眼仁和瞳孔。

（六）蹄印（f）

2个。分别位于竖目左下侧、右下侧。均减地雕刻，内底随蹄掌和趾印形状呈弧形，底深、沿浅，底面打磨光滑。f1蹄印六趾，一趾相对较大，蹄掌较小。f2蹄印五趾，一趾相对略小，趾间张开，蹄掌较大。

巴阳岩画丙的蹄印一为五趾，一为六趾。六趾蹄印只在个别畸形动物中可见，故可将其作为五趾蹄印对待。梅花鹿足有四趾，第三和第四趾发达，支撑身体重量，其余两趾退化变小，其蹄印通常呈双偶蹄状，故可以否定作为鹿蹄印的可能。常见的五趾动物有灵长目动物（如人、猕猴、猩猩、长臂猿）、熊科动物和猫科动物，还有刺猬、穿山甲、食蚁兽等也是五趾。从巴阳岩画丙的蹄掌、趾形、趾列等看，为老虎类的大型动物的可能性最大。

（七）鸮（g）

1只。位于岩画上部中间略靠右处。鸮立于一干栏式简易架上，架子的底座上有三短柱，其上为一横线构成的平台或横杆，左侧上收。鸮头顶部有两个凸起，似为高耳鸮、矮耳鸮的耳状羽毛。双眼眶明显，尖嘴。体呈近梯形，腹有一排3个圆形图案，下部似为鸮爪。

该图案与妇好墓铜鸮尊（M5：785）[1]和山西石楼县二郎坡村出土铜鸮卣[2]上的鸮形象相似。其中妇好墓铜鸮尊鸮头部就有二耳状羽毛（图8-3-5，4），石楼鸮卣的耳状羽毛虽未凸起，但以图案形式铸在头上（图8-3-5，5）。巴阳岩画丙鸮图案腹部的三圆环也大致在上面列举的两鸮找得到影子，两铜鸮腹部两侧均以圆环纹代表鸮的两只翅膀，其中妇好墓铜鸮尊的圆环中间还饰有蝉纹，可能是岩画鸮形象的后期演变。

鸮形目中的鸟一般也被叫作猫头鹰，总数超过130余种。该目鸟类头宽大，嘴短而粗壮，前端成钩状，头部正面的羽毛排列成面盘，部分种类具有耳状羽毛。

---

① 中国社会科学院考古研究所：《殷墟妇好墓》图三六，北京：文物出版社，1980年，第55页。

② 李伯谦：《中国出土青铜器全集（3）》，北京：科学出版社·龙门书局，2018年，第78、79页。

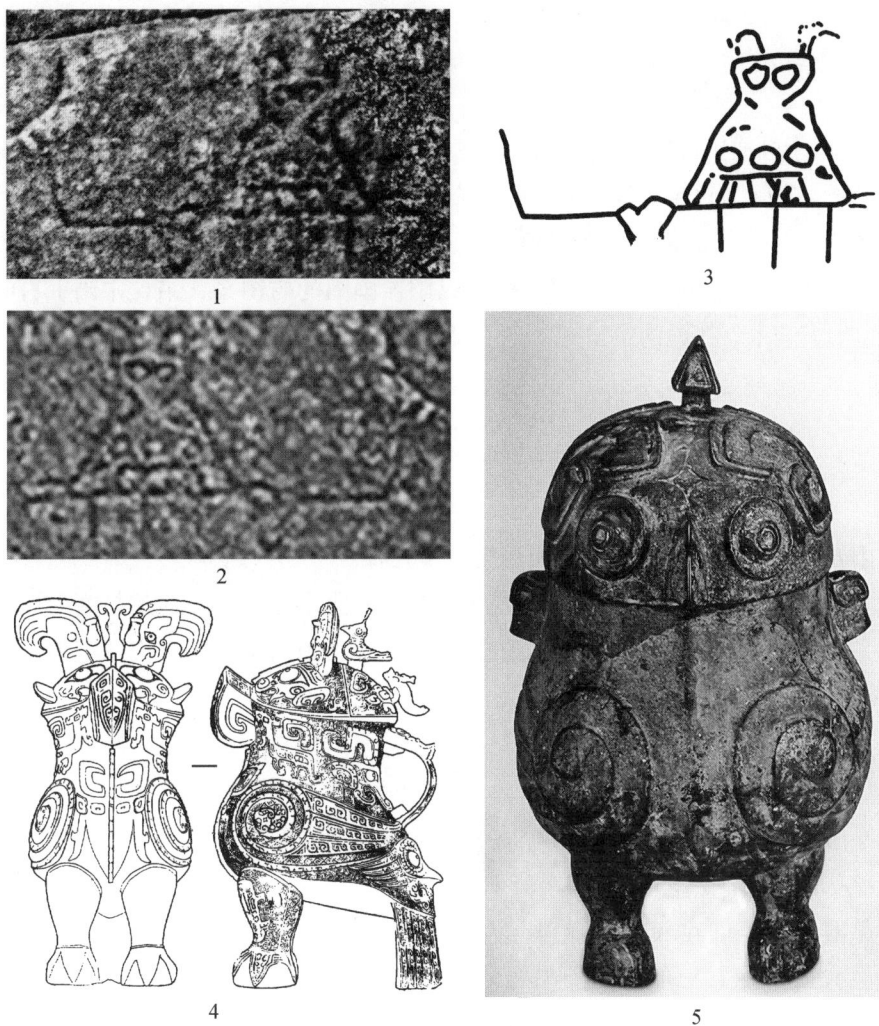

图8-3-5 巴阳岩画丙鹗鸟及其对比

1.照片C中的鹗 2.照片B中的鹗 3.巴阳岩画丙鹗鸟线图 4.妇好墓铜鹗尊（M5：785） 5.山西石楼县二郎坡村出土铜鹗卣（两鹗相背而立）

（八）亭（h）

1座。位于画面左侧上部，人面旁边。该亭立于一横线上，横线两端略翘。此亭为单檐圆亭，攒尖顶，顶上雷公柱较大，屋面坡度较大，可见瓦垄线条，檐角起翘，亭身可见六根檐柱（或金柱）。

（九）树（i）

1棵。位于画面中部略偏左b2梅花鹿下。树干中间大，两端小，树座呈喇叭形。树冠较大，向左右两侧各伸出两层树枝，每层两枝，顶部斜平，两侧各伸出一果。

（十）巨鱼尾/天梯（j）

1个。位于画面中部略偏右处。上部整体呈燕尾形，似一架梯子。又像从鱼尾分出左右两尾鳍，中间为鱼尾，下部为鱼身，不对称，鼓凸一面或为腹部一侧。

笔者在《送魂与祭祀：比较视角下的云阳大梁岩画》一文中，根据该图案形状和巴阳峡巨鱼传说将其拟定为巨鱼尾。但从巴阳岩画丙的树图案，结合中国上古时代的天柱和建木、若木、扶桑的宇宙观，也不排除该图案是天梯或天柱的可能。

三、工艺与年代

巴阳岩画丙的画面制作方式，可分为以下几种。

一是磨刻法，即通过石器或金属器在岩石表面凿出轮廓，再通过打磨的形式形成线条，一般凿痕较深而宽，凿痕斜面较光滑。巴阳岩画丙中的船、梅花鹿外轮廓的线条大多数都是通过此方法凿制（图8-3-6，1、3）。

二是线刻法，即用石器或金属器刻制线条，但不加打磨。巴阳岩画丙中部分船纹上的短竖线采用此法（图8-3-6，2），线条边缘较粗糙。

三是敲凿法，即用石器或金属器在岩面凿出不规则圆点。巴阳岩画丙中的梅花鹿身上的斑点即通过此法凿出（图8-3-6，4）。

四是减地法，即在预设轮廓内，通过敲凿的形式形成整体下凹效果。在巴阳岩画丙中，减地法又有减地后不磨平和磨平两种，前者见于上侧人面的眼睛（图8-3-6，5），后者普遍见于船上舱房正面门框和动物蹄印。其中动物蹄印则形成凹弧面（图8-3-6，6），而舱房门框内减地后一般磨为水平面（图8-3-6，7）。

巴阳岩画丙各构图元素之间，存在以下打破或叠压关系。

（1）巨鱼尾/天梯（j1）打破了一头梅花鹿的腿（b14）、一头梅花鹿的嘴（b17）、一条A型单阴线船的一端（a9）；

（2）树（i1）打破了一头梅花鹿的尾（b4）、一头梅花鹿的腿（b2）；

（3）一头梅花鹿（b14）打破了鸮鸟站立的台架（g1）；

（4）竖目左侧的上下两头梅花鹿，上部鹿的后腿（b6）打破了下部鹿的背（b7）；

（5）右侧上部一艘船的旗幡（a11）打破了一头梅花鹿的后腿和尾（b19）；

（6）左侧第二排上部船（a6）打破了其下面梅花鹿的角（b1）；

（7）左侧上部靠下的船上旗幡（a2）打破了最上侧的船身（a1）；

（8）左侧下部靠下的船上旗幡（a8）打破了其上侧的船身（a4）；

图8-3-6　巴阳岩画丙凿刻痕迹放大图

1. a3船尾图　2. a2船首图　3. a6船中部栅台图　4. b2梅花鹿图　5. c1人面图　6. f2蹄印图　7. a8船中部舱房图

（9）树左侧斜上的两只鹿（b1、b2）打破了其下的船的旗幡和船尾的短竖线（a7）；

（10）最右侧上部的船（a13）打破了下部的船（a14）。

上述打破关系中，有两组岩画存在连续两个打破关系：①i1→b2→a7；②j1→b14→g1。具体是神树打破梅花鹿，梅花鹿打破肋骨船；巨鱼尾/天梯打破梅花鹿，梅花鹿打破鸮台架。由此可见，神树、巨鱼尾/天梯的时间最晚，这从二者较梅花鹿、船刻划更粗糙也可以看出来。而鸮及其台架线条模糊，风化严重，又处于打破关系的最底层，其年代应该最早。

剩余的均为一个打破关系，共有10组，其中梅花鹿打破船的关系有1组、船打破梅花鹿的关系有2组、船之间互相打破者有3组、梅花鹿之间互相打破者有1组。由此可见，梅花鹿之间、船与船之间、梅花鹿与船之间也存在早晚关系，这可以从船上旗幡飘扬的方向不同进一步得到验证。一般来说，一次性刻就的船，考虑到风向问题，应该朝向一个方向，这是岩画刻划者应遵循的基本逻辑。但是，考虑到梅花鹿、船的线条、雕刻技法较为一致，我们仍可将它们划入一个大的时间段，而其间打破关系展现出的少量早晚关系，应视为短期的时间关系。同时，虽然人头像、蹄印、竖目等未与其他岩画发生打破关系，但在空间布局上与梅花鹿和船构成了整体，雕刻技法也相同，故也应该属于同一个大的时段。

此外，鉴于亭（h）的线条在岩画中最为精细，一般认为，这种成熟的亭类建筑出现时间不会早于东周时期，故我们认为它的时代最晚。

综合上文分析得到的结果，我们可将岩画分为四大组：第一大组为鸮鸟及台架，应该是年代最早者；第二大组包括梅花鹿、船、人头像、竖目、蹄印，年代略晚，其间部分岩画之间又有一些早晚之别；第三大组包括巨鱼尾（天梯）、树，线条稍显粗糙；第四大组仅见亭，线条精致细浅，它的年代最晚。

从数量和类别上看，第二大组是巴阳岩画丙的主体内容，以下我们重点考察该组岩画的年代。具体有以下几点可说明。

（1）考虑到第四大组亭类建筑的时代，第二大组岩画的年代应不晚于东周时期。

（2）第二大组的肋骨船在大梁岩画A中也有出现。两相比较，前者的肋骨船线条更细、更浅、更短；宽展的旗帜也与后者的鱼形旗不一样；前者船上的舱房脊部形式只斜出单面椽，而后者斜出交叉双面椽；前者舱房正面门窗以整体减地磨平为主，与后者线刻形式不同；前者船身多呈较均匀的弧线，后者船底略显平阔。因此，可以认为，巴阳岩画丙第二大组的时代要早于大梁岩画A，笔者已讨论确定后者的时代大致为东周至东汉时期。

（3）Ba型肋骨式船船体双线勾勒，从而形成一定高度的船舷，这与大梁岩画A的单线肋骨式船明显不同，而与三星堆玉边璋上的早期肋骨式船更接近，但其船舷高度又不如三星堆边璋上的船高，而船体又较其显得更修长一些，应该还有一定的年代差异。

（4）两个人头像，方颐、阔嘴，上承肖家屋脊文化（后石家河文化）神面玉器[①]，下与三星堆祭祀坑出土青铜人头像有相似之处（详见下文）。肖家屋脊文化玉神面头顶冠帽为近平的尖顶，三星堆祭祀坑铜器虽有类似的神面，但与此相似的神面均为平顶，因此推测巴阳岩画丙的神面大约为二者间的过渡形式。

（5）树形岩画与新近发掘的三星堆三号坑玉琮上的神树纹（K3qw：236）形态接近（详见下文）[②]，但其枝丫又略有差异，推测两者间时代相当而略有早晚。

（6）竖目是最能精确判断第二大组年代的岩画，其勾云形形态、双目反向并排形式，竖目方向与河南偃师二里头遗址陶器上的双竖目接近一致，也是目前唯一可以

①　湖北省荆州博物馆、湖北省文物考古研究所、北京大学考古学系石家河考古队：《肖家屋脊》图二五一：2、3，北京：文物出版社，1999年，第315、316页。

②　四川省文物考古研究院、上海大学文化遗产与信息管理学院：《三星堆遗址祭祀区三号坑出土神树纹玉琮》，《四川文物》2023年第1期，第99～106页。

做比较的实例。二里头遗址ⅣT22⑥：11的双竖目纹[①]，上下眼角均向外出头（图8-3-10，6），而巴阳岩画丙仅下侧呈勾云形态（图8-3-10，7），稍晚的重庆涪陵镇安遗址商代晚期陶豆上的单竖目则上下皆尖（图8-3-10，8）[②]。因此，可以推测巴阳岩画丙的竖目时代应介于二里头文化一期至十二桥文化之间。

综上所述，结合横目纹、竖目纹向四川盆地的传播情况，并考虑到第二大组图像间还存在早晚关系，可将巴阳岩画丙第二大组年代放大到二里头文化至二里岗文化阶段，即夏代晚期至商代中期。

巴阳岩画丙的整体风格写实，牡鹿、船、人头像、亭、鸮鸟等均摹写具体参照物。巨鱼尾/天梯、竖目具有象征意义，通过局部来表达整体意象，但局部对象依然写实。岩画制作多种方法结合，磨刻法、线刻法、敲凿法、减地法运用熟练，其中又主要以线条形式进行制作，线条生动流畅，手法娴熟。

巴阳岩画丙各组成要素间打破关系不多，现有的打破关系也仅有极少量空间的重叠，可见画面空间有简单的规划。巴阳岩画丙以一块平整崖面起稿，画面整体呈长方形布局，内容疏密有致，体现出作画者的空间把控能力。画面以船为基底，在崖面左中右和上下皆有分布，其中又以右侧为重心，整体又似一前后相随的船队；牡鹿集中于画面中段，方向一致，具有集体行走的动感；鸮鸟、蹄印和人头像、竖目等位于画面中段偏上，与其表达的神性对象有关；树、巨鱼尾/天梯则位于画面中段靠下，也与下文我们论证的该类岩画功能有关；上述基于功能的空间布局，反映了岩画制作者植根于某种原始宗教的深层思想。

四、题材内涵

总体上看，巴阳岩画丙是一幅以船、鹿、人头像、竖目等为主题的岩画。

（一）肋骨式船

根据笔者在《送魂与祭祀：比较视角下的云阳大梁岩画》一文中的分析，巴阳岩画丙中的船纹应为一种肋骨式船，这种船从埃及、阿塞拜疆、瑞典、芬兰、西伯利亚到太平洋沿岸的广阔地带的岩画中均有发现。肋骨式船的意义大概有以下三方面：一是从东南亚地区到印度、阿塞拜疆、古埃及一带，肋骨式船上装载的是死者的灵魂和

---

① 中国社会科学院考古研究所：《偃师二里头——1959～1978年考古发掘报告》图22：1，北京：中国大百科全书出版社，1999年，第48页。

② 三峡工程文物保护调查试掘出土，现存重庆市涪陵区博物馆。

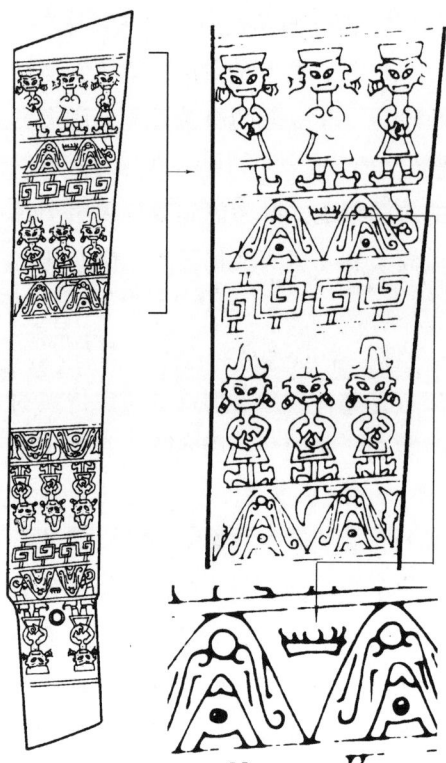

图8-3-7　四川广汉三星堆遗址玉边璋祭山图上的肋骨式船（K2③：201-4）

遗体，肋骨式船相当于航行的灵魂之舟，目的是把死者送往天国世界。二是肋骨式船是祭祀山川的仪式用船，三星堆遗址器物坑出土玉璋上的"祭山图"（图8-3-7）[①]，其下部山侧刻有牙璋，山顶站立着尖顶冠帽3人；上层两山间空悬肋骨式船，山顶上站立戴平顶冠者3人（边璋柄部端为2人），从整个图式所要表达的内容看，肋骨式船应该是送魂工具，肋骨式船上的"人"是祭祀河流用的人牲或其灵魂。三是最初与捕获动物有关，芬兰学者希克拉在研究芬兰岩画的船形母题时指出，"弯曲的水平线上带有一些向上的标记，这些标记有些像船员。船形母题的观念最初无疑是和乘船捕获动物有关的。垂直线大概表示参加狩猎的猎人"[②]。但是，他也进一步指出：稍晚在芬兰发现的船形母题，大概是对超自然界代表的象征描述，表示通往超自然世界的交通工具。

（二）梅花鹿

关于梅花牡鹿，结合肋骨式船和巫觋、竖目来看，基本可以否认该岩画中的鹿与狩猎、放牧或丰产有关的传统观点。从狩猎角度看，巴阳岩画丙的鹿形象与阴山、贺兰山还有西伯利亚地区的持弓者射鹿的岩画不一样；同时，全部是牡鹿的岩画与放牧或丰产的表达对象也不同。笔者认为，应该寻找第三种理论来解释巴阳岩画丙中的牡鹿。

在欧亚草原地带，发现极多的鹿石，典型鹿石因为有线刻或凹雕的鹿纹而得名。鹿石上的鹿纹分为具象的鹿、鸟首（鸟喙状鹿嘴）鹿身形鹿，且均有鹿角（图8-3-8，1）。有的鹿石顶部刻有人头图案。鹿石多竖立在"克列克苏"（一种带围墙的石筑祭祀建筑，通常为墓上建筑）或者墓葬旁边，盛行于青铜时代。王博认为："鹿石可能

[①]　四川省文物考古研究所：《三星堆祭祀坑》图197，北京：文物出版社，1999年，第358、361页。

[②]　［芬兰］安娜-莉娜·希克拉著，卢晓辉译：《芬兰岩画、动物祭祀仪式与萨满教世界观》，《民族艺术》1997年第1期，第181页。

是用来表现沟通天、地与人联系的立状石刻，将它立于墓地除有崇拜纪念意义外，还能起到巫术的作用。"①殷墟高等级贵族墓葬中，也普遍发现玉鹿等雕刻。商代铜鼎等礼器上盛行兽面等动物纹，现在普遍认为"铸鼎象物"具有协助沟通天地的意义，其中也有少量的鹿纹。例如，殷墟遗址西北冈王陵出土的鹿方鼎，四面中央饰牡鹿兽面，四足饰带角鹿头纹（M1004：R1751）②，牡鹿在该鼎装饰的位置和数量暗示了其不同寻常的意义。

在东周时期的楚文化墓葬中，见有带角的卧鹿漆器出土，另外镇墓兽的头顶和飞鸟的腰部往往也插有一对或两对鹿角，此外还发现大量单独随葬的鹿角（应为镇墓兽漆器朽烂不存后留下的）（图8-3-8，2～4）。罗运兵等对这些鹿角进行了鉴定，认为绝大多数为梅花鹿角，少量为麋鹿角③。这些鹿和鹿角一方面和随葬者的等级有关，另一方面由于牡鹿角具有季节性脱落并再生的特点，因此人们认为牡鹿及其鹿角具有引导死者灵魂升天再生的能力。

古人早已认识到牡鹿解角的特点。《说文》："麚，牡鹿，以夏至解角。"现代科学研究发现，完全骨化的鹿角在春天从角柄（pedicle）脱落，耗时10天左右；随后新茸从愈合的角柄处开始再生，90余天能完全长出新的完整鹿角。研究发现，鹿角的再生，有赖于PMC4细胞群中的再生基因。研究人员分别将不同阶段的鹿茸组织移植到裸鼠模型中，裸鼠在45天后形成了类似鹿角的软骨组织④。这项研究解释了鹿角再生的秘密，鹿角再生能力被古人作为一种神圣力量加以崇拜也就说得过去了。

古人将再生神力纳入人类的死而复生信仰，而复生的场景通常体现在升天信仰中。民间传说中，"鹿角通天"是人界与天界沟通的典型神话母题之一。在中国东北和西伯利亚地区，鹿角被认为是萨满庇护神的储藏所，是萨满灵魂上行的凭借物。在鄂伦春族《鹿神的传说》中，鹿神卧在遥远的天边，它那多枝的鹿角，一直伸展到天上，人们循着鹿的巨大的角，能到天上过美好的生活⑤。北方民族的萨满装束，鹿角是较为常见的一种神帽。在赫哲族等少数民族，神帽鹿角叉数分6级，萨满的品级则以神帽鹿角叉数的多寡而分高低⑥。考古发现许多重要的史前遗址均见有鹿角，四川宣汉

① 王博：《新疆鹿石综述》，新疆文物考古研究所：《新疆阿勒泰地区考古与历史文集》，北京：文物出版社，2015年，第398页。

② 中国青铜器全集编辑委员会：《中国青铜器全集·第二卷·商（二）》，北京：文物出版社，1997年，第43页。

③ 罗运兵、李刚：《楚墓出土鹿角新观察》，《江汉考古》2017年第4期。

④ Qin T, Zhang G K, Zheng Y, et al. A population of stem cells with strong regenerative potential discovered in deer antlers. Science, 2023, 379: 840-847.

⑤ 莫宝凤说唱、孟淑珍记译整理：《鹿神的传说》，王士媛：《黑龙江民间文学（第18辑）》，1986年。

⑥ 王松林、田佳训：《萨满文化与中华文明（五）》，《群文天地》2013年第5期，第37、40页。

罗家坝遗址2021年发掘也有鹿角和卜甲同葬一墓的情况。三星堆遗址新近发现的祭祀坑和成都金沙遗址均出土了大量鹿角，经研究可能和祭祀活动有关。汉代川渝地区的一些陶摇钱树座和石阙上，盛行一种仙人骑鹿升天的图案（图8-3-8，5、6）。在道教中，升仙者往往骑龙、虎、鹿三蹻升天，其中尤以鹿为多。

由此可见，在古人眼中，牡鹿或牡鹿角具有引导灵魂升天、魂魄复生的意义。

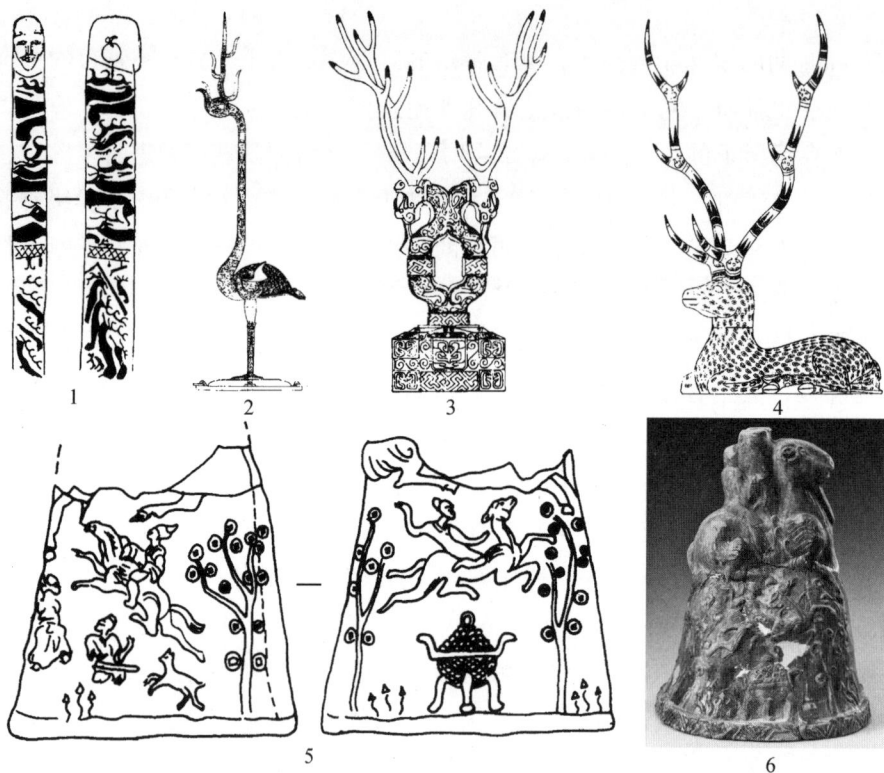

图8-3-8　鹿石、楚文化鹿漆器、摇钱树上仙人骑鹿纹

1.蒙古国乌仕金·乌韦尔第14号鹿石[①]　2.湖北曾侯乙墓鹿角立鹤（E.37）[②]　3.湖北江陵雨台山墓地鹿角镇墓兽（M174∶10）　4.湖北曾侯乙墓漆鹿与鹿角（E.113）[③]　5.重庆忠县花灯坟墓地陶摇钱树座的仙人骑鹿（M3∶4）[④]　6.重庆忠县老鸹冲墓群绿釉摇钱树座仙人骑鹿纹（下部）[⑤]

---

①　转引自冯恩学：《俄国东西伯利亚与远东考古》图73，长春：吉林大学出版社，2002年，第320页。

②　湖北省博物馆：《曾侯乙墓》图一四七，北京：文物出版社，1989年，第2511页。

③　湖北省博物馆：《曾侯乙墓》图二三八：1，北京：文物出版社，1989年，第381页。

④　重庆市文化遗产研究院、忠县文物管理所：《忠县花灯坟墓群2002年度发掘简报》图三八：1，重庆市文物局、重庆市水利局：《重庆库区考古报告集·2003卷（二）》，北京：科学出版社，2019年，第1453页。

⑤　重庆市文物考古所、重庆文化遗产保护中心：《重庆文物考古十年》，重庆：重庆出版社，2010年，第84页。

（三）蹄印

动物蹄印在我国北方草原地区、沿海地区、西南的贵州地区都有分布，但像巴阳岩画丙这样清晰的足印还不多见。

动物的各种蹄印，北魏郦道元在《水经注》中曾提到，在今青海、陕西、山东、四川等省有马迹；内蒙古、河南等地有鹿迹；湖南有狗迹等。动物蹄印岩画通常被视为与狩猎、丰产巫术、生殖崇拜、女阴、祖先崇拜有关。巴阳岩画丙上的鹿类均为雄性梅花鹿，蹄印所代表的老虎一类动物不可能仅去捕获单一的雄鹿。从足迹类型看，老虎类动物在自然界本来就不多，也不属于人类狩猎和豢养的对象，该类足迹不太可能与动物丰产、增殖有关。女阴说的主要依据是大多数动物蹄印与女阴有某些近似之处，而这类蹄印往往是偶蹄类食草动物，巴阳岩画丙的蹄印非常写实，属于奇蹄类动物，形状上难以与女阴联系。关于祖先崇拜说，参照中国上古时期的"履迹感孕"神话看，其主要是表达"天命神授"一类的思想观念，这也与巴阳岩画丙整体呈现的内涵不匹配。

汤惠生考虑到动物蹄印图案在岩画中与象征太阳和天的凹穴、同心圆，以及象征巫师或神的人面像等图案一起出现的结构性情景，认为动物蹄印是一种通天的图案或符号[1]。虽然从文献记载的晚近动物蹄印和民间习俗看，动物蹄印在不同场景下具有不同的内涵表达，不宜以单一模式进行解释，但是结合巴阳岩画丙的具体场景、蹄印所代表的猛兽，笔者仍然赞同它与通天有关。研究表明，在萨满世界中，灵性动物助手是萨满神圣力量的来源；在萨满文化所表达的上、中、下三层世界中，只有动物助手才能轻松穿越不同世界的屏障，承载萨满到处旅行。"出神状态中呈现的动物助手与现实中的动物原型关系密切，动物原型能力越高，动物助手的力量就越大。"[2]在商文化青铜器中，既有各种虎的造型，也有以虎首为原型的多种抽象兽面，许多研究者都曾讨论过兽面具有承载巫觋沟通天地的意义。从这个角度看，巴阳岩画丙中的虎蹄印，应该是表达神性动物带着巫师已经离开地面去往或到达天界的意思。

（四）竖目

与"神"有关的岩画，是两只竖目构成的一对眼睛。考古发现的陶铜器上的独立目纹可分两类：一类是横目或斜目，一类是竖目。

陶器上的横目纹、斜目纹发现较多。河南偃师二里头遗址二里头文化二期的1件

---

① 汤惠生：《玦、阙、凹穴以及蹄印岩画》，《民族艺术》2011年第3期。

② 刘晓霞、纳日碧力戈：《萨满文化中的动物助手研究》，《贵州民族研究》2021年第6期。

陶侈口尊肩部饰有勾云形眼（图8-3-9，1）[①]。湖北江陵荆南寺遗址出土的夏至早商时期的陶罍肩部有所谓的"臣"字纹，实为斜向的勾云形目纹（图8-3-9，2）[②]。湖北宜昌路家河遗址发现路家河文化阶段的两件勾云形目纹（T8④：80、T3③：59）[③]，见于泥质陶罐或瓮类器上（图8-3-9，3、6）。湖北长阳香炉石遗址第4层出土的1件陶罐（可能为罍）肩部亦有勾云形横目纹（图8-3-9，7）[④]。陕西城固宝山遗址的3件高颈小平底尊（SH9：72、SH9：142、SH9：42）之肩部见有勾云形横目（图8-3-9，4、5），其中1件的眼仁为方形（SH9：42），另两件为圆圈形[⑤]。四川广汉三星堆遗址1980年发掘的1件高柄豆喇叭状圈足上有一勾云形横目纹（80BaT1②：36），属于三星堆文化二期[⑥]；邱诗萤、郭静云提供了另一件高柄豆上的勾云形横目纹照片（86GSDAT2②：36），然而其所提供注释与此件不符[⑦]。铜器上的横目纹目前仅见于四川广汉三星堆遗址祭祀坑（商代晚期）铜器。三星堆铜神坛小人（图8-3-9，11）、青铜神坛中部的操蛇四力士像（K2③：296）、另一座青铜神坛顶端跪坐人像（图8-3-9，10）等雕塑上均可见菱形眼、杏眼，其中前两者均位于双腿外侧，构成一对斜目纹[⑧]。三星堆遗址和金沙遗址出土凸目、眼泡和独立的眼形饰（图8-3-9，8、9、12~14），其中后者又可分为菱形眼和勾云形两大类[⑨]，这些与横目纹、斜目纹表达的

①　中国社会科学院考古研究所二里头工作队：《偃师二里头遗址1980~1981年Ⅲ区发掘简报》图五：2，《考古》1984年第7期，第587页。

②　荆州地区博物馆、北京大学考古系：《湖北江陵荆南寺遗址第一、二次发掘简报》图七：11，《考古》1989年第8期，第684页。

③　简报认为T8④层为路家河文化第一年代组，时代为二里岗下层，T3③层为路家河文化第二年代组，时代为二里岗上层，整体年代判断略偏早。长江水利委员会：《宜昌路家河——长江三峡考古发掘报告》图一三：14、图一四：11，北京：科学出版社，2002年，第23、24页。

④　简报认为第4层为西周时期，从出土器物群看，为典型的路家河文化，年代大体应属于商代中晚期。湖北省清江隔河岩考古队：《湖北清江香炉石遗址的发掘》图三二：10，《文物》1995年第9期；湖北省清江隔河岩考古队、湖北省文物考古研究所：《清江考古掠影及出土文物图录》图二二八：4，北京：科学出版社，2004年，第304页。

⑤　宝山遗址的A型目纹只出现在第一期第Ⅱ段，报告认为年代当为二里岗上层晚段或稍晚。西北大学文博学院：《城固宝山——1998年发掘报告》图九五：9~11、彩版八：1，北京：文物出版社，2002年，第93页。

⑥　四川省文物管理委员会、四川省博物馆、广汉县文化馆：《广汉三星堆遗址》图一三：16，《考古学报》1987年第2期。

⑦　邱诗萤、郭静云：《商国、虎国和三星堆文化"神目"形象的来源流变》图4-2，《民族艺术》2022年第4期。

⑧　四川省文物考古研究所：《三星堆祭祀坑》，北京：文物出版社，1999年，第233、234页。

⑨　成都市文物考古研究所：《成都金沙遗址Ⅰ区"梅苑"地点发掘一期简报》图六二：1~3，《文物》2004年第4期，第25页。

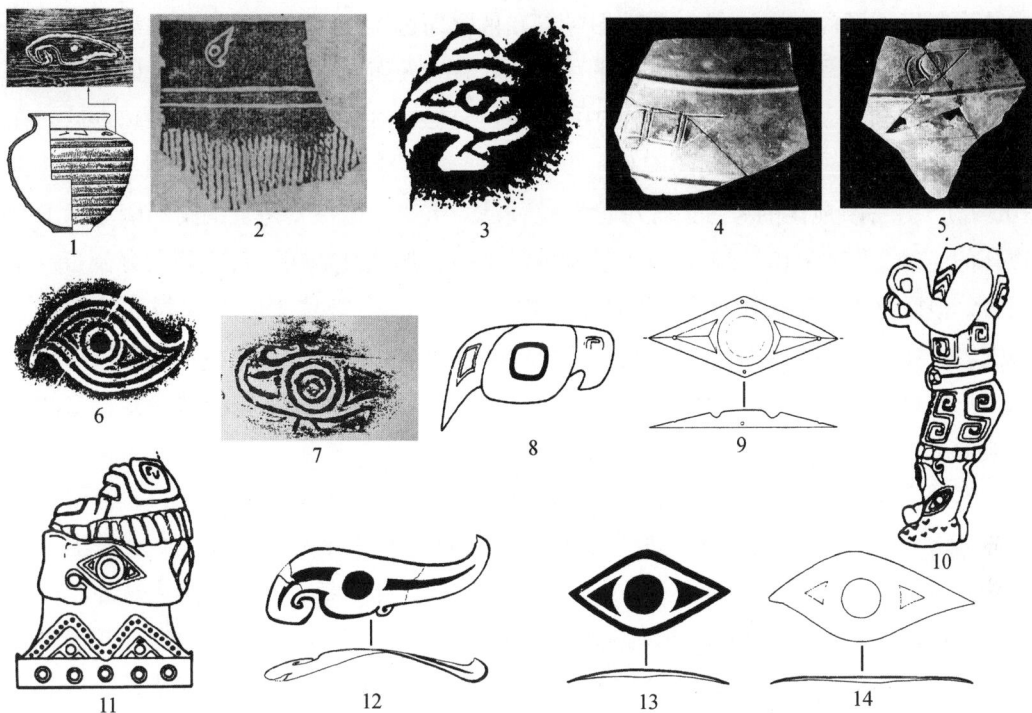

图8-3-9　各地出土横目纹

1. 河南偃师二里头遗址（81ⅢT22⑤∶2）　2. 湖北江陵荆南寺遗址　3、6. 湖北宜昌路家河遗址（T8④∶80、
T3③∶59）　4、5. 陕西城固宝山遗址目纹陶片（SH9∶72、SH9∶42）　7. 湖北长阳香炉石遗址（T24④∶71）
8、9. 四川广汉三星堆遗址眼形饰（K2③∶214-2、K2③∶202）　10、11. 四川广汉三星堆遗址铜神坛
铜人上的眼形饰（K2②∶143-1、K2③∶296-1）　12～14. 四川成都金沙遗址"梅苑"地点出土铜眼形饰
（2001CQJC∶393、2001CQJC∶692、2001CQJC∶1272）

意蕴有强烈的关联。从上述情况看，陶器上的勾云形横目纹年代主要集中在夏代晚期
至商代早中期，铜器上的横目纹时代晚至商代晚期至西周早期，它们很可能是从二里
头文化传播到三星堆文化、十二桥文化的，路线一是沿长江三峡进入成都平原，另一
种可能是沿汉水流域进入成都平原。

　　竖目纹发现不多，但历史更悠久。双竖目最早见于河北易县北福地遗址距今约
7000多年前的祭祀遗存中的陶假面，假面的眼睛周边形成外"八"字形[①]，具有竖目纹
的雏形（图8-3-10，1）。甘肃秦安大地湾遗址二期（仰韶文化早期半坡类型）的彩陶
钵（H235∶7）上装饰有杏形竖目（图8-3-10，3）[②]。此后，马家窑文化彩陶上也见有

————————

①　河北省文物研究所（段宏振）：《北福地——易水流域史前遗址》图七一，北京：文物出版
社，2007年，第111页。

②　甘肃省文物考古研究所：《秦安大地湾——新石器时代遗址发掘报告》图九七：4，北京：
文物出版社，2006年，第127页。

水珠形竖目（图8-3-10，2）。水珠形竖目在俄罗斯远东地区的岩画和奥库涅夫文化、卡拉科尔文化、马雷舍沃文化的石柱、石板墓上的人面画，以及沃兹涅先诺夫卡的陶器上也能见到①。内蒙古地区的岩画中亦见有竖目纹（图8-3-10，4、5）②。之后，在河南偃师二里头遗址第一期的陶片（ⅣT22⑥：11）上出现独立的双竖目纹（图8-3-10，6）③。三峡地区的考古遗址中也发现竖目，重庆涪陵镇安遗址的高柄陶豆柄上有镂孔的竖目（图8-3-10，8），只不过是单眼。镇安遗址高柄陶豆目前还没有公布发掘报告，但后续考古发掘显示，该遗址最早的遗存年代为石地坝文化偏早阶段④。就以上情况看，竖目的出现历史悠久，进入夏商时期后，遵循独立横目、斜目的传播路线进入了三峡地区。巴阳岩画丙的竖目上尖下勾，具有二里头遗址与镇安遗址竖目之间的过渡形态，明显是受二里头文化影响而来。

竖目总是让我们联想到文献中的"纵目"。文献记载蜀人始祖为纵目，扬雄《蜀王本纪》："蜀王之先，名蚕丛，后代名曰柏濩，后者名鱼凫。"⑤常璩《华阳国志·蜀志》："有蜀侯蚕丛，其目纵，始称王。死，作石棺、石椁，国人从之，故俗以为石棺椁为纵目人冢也。"⑥《路史·前纪四》："（蜀山氏）其始蚕丛、柏濩、鱼凫，各数百岁。……蚕丛，纵目，王瞿上。"⑦这些均谈到蜀始祖为蚕丛，竖目为其特异之处。俞伟超先生认为，三星堆二号祭祀坑出土的3件凸目兽面具，"具有纵目特征"，有着特殊地位，是蜀人的祖先神⑧。追究"纵"字的原始含义，《广韵》"横，纵横也"，《诗·齐风》记"衡从（纵）其亩"，《类篇》认为"东西曰衡，南北曰从（纵）"⑨。可见，纵是与横相垂直的方向。在三维空间中，与横垂直的方向，无外

---

① 肖波、A.Л.扎伊卡：《亚洲北部地区"水珠形"眼睛人面像岩画年代研究》，《北方文物》2017年第1期。

② 转引自肖波、A.Л.扎伊卡：《亚洲北部地区"水珠形"眼睛人面像岩画年代研究》图一：1、2，《北方文物》2017年第1期。

③ 中国社会科学院考古研究所：《偃师二里头——1959～1978年考古发掘报告》图22：1，北京：中国大百科全书出版社，1999年。

④ 北京市文物考古研究所三峡考古队、重庆市涪陵区博物馆：《涪陵镇安遗址发掘报告》，重庆市文物局、重庆市移民局：《重庆库区考古报告集·1998卷》，北京：科学出版社，2003年，第850～894页；白九江、李大地：《试论石地坝文化》，李禹阶：《三峡考古与多学科研究》，重庆：重庆出版社，2007年，第67～90页。

⑤ （汉）扬雄著，张震泽校注：《扬雄集校注》，上海：上海古籍出版社，1993年，第244页。

⑥ （晋）常璩撰：《二十五别史·华阳国志》，济南：齐鲁书社，2000年，第27页。

⑦ （宋）罗泌撰：《路史》，上海：商务印书馆，1936年，第16页。

⑧ 俞伟超：《三星堆蜀文化与三苗文化的关系及其崇拜内容》，《文物》1997年第5期。

⑨ （宋）司马光：《类篇》，《景印文渊阁四库全书》第225册，台北：台湾商务印书馆，1986年，第259页。

图8-3-10　各地发现的竖目纹

1.河北易县北福地遗址竖目纹陶假面（F2：1）　2.马家窑文化竖目人面彩陶　3.甘肃秦安大地湾彩陶钵
（H235：7）　　4、5.内蒙古赤峰岩画中的双竖目纹　6.河南偃师二里头遗址陶器眼纹（ⅣT22⑥：11）
7.巴阳岩画丙的双竖目纹（e1、e2）　8.重庆涪陵镇安遗址1996年出土陶豆/灯形器上的镂孔竖目纹

乎两种，一种是水平面上的方位垂直，另一种是立面上的上下垂直。三星堆祭祀坑的凸目兽耳铜兽面，大约就是第一种"纵目"；而第二种情况，以巴阳岩画丙的竖目和陶器上的竖目为代表，正是与我们日常所见横眼相反的眼睛，是标准的纵目。

考诸纳西族《创世纪：纳西族民间史诗》[①]、哈尼族《兄妹传人类》[②]、彝族《查姆：彝族创世史诗》[③]等创世神话，以及与彝族同系的阿细人《阿细的先基》[④]创世史诗，都有直眼人和横眼人的记载。直眼人通常象征着妖魔鬼怪、蒙昧和邪恶，而横眼则象征着神、文化和纯正。然而，对直眼人和横眼人所描述事件的时间序列进行考察后，特别是彝族独眼人时代—直眼人时代—横眼人时代或者盲人时代—直眼人时代—蟋蟀的横眼人时代—筷子横眼人的创世神话，日本学者伊藤清司等认为，较为异常的眼睛形状象征着较为蒙昧的、没有文化的时代，横眼人可代表有文化的、开化的时

---

①　云南省民族民间文学丽江调查队搜集翻译整理：《创世纪：纳西族民间史诗》，昆明：云南人民出版社，1960年。

②　刘元庆、阿罗：《兄妹传人类》，《华夏地理》1983年第4期。

③　郭思九、陶学良整理：《查姆：彝族创世史诗》，北京：中国国际广播出版社，2016年。

④　云南省民族民间文学红河调查队搜集翻译整理：《阿细的先基》，昆明：云南人民出版社，1959年。

代①。尹荣方进一步认为，"'竖目人'或者'直眼人'是混沌的象征"，是历法创制前的时代②。结合文献对蚕丛"始祖"的说法，可以认为，竖目岩画很可能代表了更早的祖先神——始祖神。

而且，关于直眼人的神话中，他们生出的后代往往是野猪、猿、蛇一类的非人动物。在中国史前玉器中，常见人与动物合一的"人面"雕刻，一些专家将其视为"神祖面""神祖灵"①。肖家屋脊文化时期，出土的与人面有关的玉器可分为三类：一类是带獠牙的人面或兽面，其向两侧还伸出所谓"弯角形"装饰，实为鸟、兽身躯的一部分（图8-3-11，1、2）；二类为带平顶帽人头像，无獠牙、"弯角形"等装饰（图8-3-12，1、2）；三类为带尖顶帽长颈人面或双人面。上述第一类具有动物特征人面玉雕虽无竖目，但应该就是传说中的始祖神形象，第二类人面为下文将要论证的祖神形象，第三类为巫师或其他神职人员形象。

《楚辞》中多有动物为"纵目"的记载，《招魂》："豺狼从目，往来侁侁些。"《大招》："豕首纵目，被发鬤只。"④二里头遗址一期既有双纵目纹，二期也有双眼呈竖目的绿松石龙形饰（图8-3-11，4）⑤。河南新密新砦遗址二期晚段出土陶片上也有饰双竖目的兽面纹⑥，论者大多以为该兽面为龙头纹（图8-3-11，3）。考虑到夏人崇拜龙，后来的中华民族亦以龙为图腾，号称"龙的传人"，因此，我们认为二里头文化的竖目纹，很可能也代表了夏人传统的始祖神，由于其始祖神与图腾相结合，故可以称之为"图腾始祖神"。

四川盆地的三星堆文化及后来的十二桥文化圈（含以成都平原为中心的十二桥文化、四川盆地东部的石地坝文化、陕南地区的宝山文化、鄂西地区的石地坝文化）盛行的眼目纹均是受二里头文化影响传播而来，其中的双竖目纹应直接来自二里头文化，而3个凸目兽耳铜面具（图8-3-11，5～7）⑦，其凸目则是受二里头文化影响产生的另一种形式的"纵目"，兽耳则具有肖家屋脊文化玉雕始祖神的传统，是本地早期蜀人的一种动物图腾始祖神。有的学者认为，凸目兽耳面具是三星堆人祭祀的至上

---

① ［日］伊藤清司、马孝初、李子贤：《眼睛的象征——中国西南少数民族创世神话的研究》，《民族译丛》1982年第6期，第39～44页。

② 尹荣方：《横目人与纵目人的象征意义》，《文史知识》2010年第1期。

① 邓淑苹：《再论神祖面纹玉器》，邓聪：《东亚玉器》，香港：御印堂，1998年，第45～60页。

④ 林家骊译注：《楚辞》，北京：中华书局，2009年，第212、228页。

⑤ 中国社会科学院考古研究所：《二里头1999～2006（贰）》图6-4-3-2E、彩版一二一，北京：文物出版社，2014年，第1004页。

⑥ 顾万发：《试论新砦陶器盖上的饕餮纹》，《华夏考古》2000年第4期，第76页。

⑦ 四川省文物考古研究所：《三星堆祭祀坑》，北京：文物出版社，1999年，第195、197页。

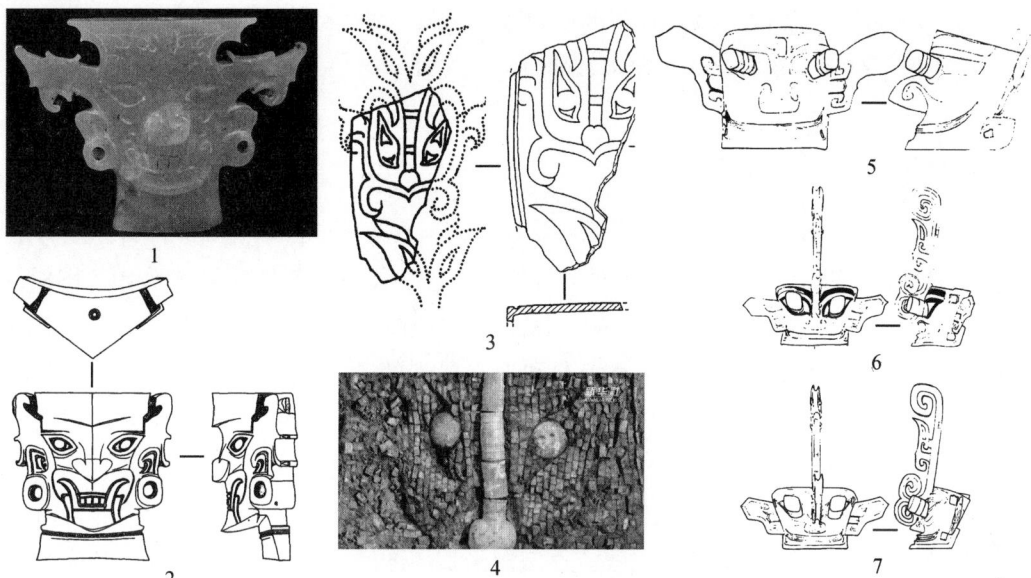

图8-3-11　始祖神面与图腾祖先神

1.湖北天门谭家岭玉神面（W9：7）　　2.湖北天门肖家屋脊遗址玉神面（W6：32）　　3.河南新密新砦遗址
陶片上的兽面纹及复原图（99HXXT1H24：1）　　4.河南偃师二里头遗址绿松石龙形饰头部俯视（VM3：5）
5.四川广汉三星堆遗址出土B型兽面具（K2②：148）　　6、7.四川广汉三星堆遗址出土A型兽面具
（K2②：142、K2②：144）

神——太阳神。但我们从甲骨文的记录知道，商人相信在世凡人不能直接与"上帝"交通，只有殷王死后才能"宾于帝"，回归天庭随侍"上帝"；"上帝"不直接与在世凡人联系，而是通过先公、先王的灵魂降祸或降福。死后的殷王，即"先王""先公"等，是现时诸王联系"上帝"的唯一渠道，所以殷人祭祀的对象主要是祖先而非"上帝"。即使到了西周时期，能够以"像设"的方式成为受祭者的依然非祖先莫属，如《史记·周本纪》："武王上祭于毕。东观兵，至于盟津。为文王木主，载以车，中军。"[①]新近发掘的三星堆八号坑神坛，正方形坛面之上，共有13个装束与姿态各异的人像，其中，坛面上主要表现的是四个力士，肩扛井架杠，将硕大的神兽抬起；有四个高冠华服的凸目神人，两耳为兽耳，口露獠牙，端坐在四方云台之上[②]。这四个凸目兽耳獠牙神人，当为三星堆人的某几代始祖神，其所呈现的场景与形象，与武王祭文王木主有某些相似之处。

---

① （汉）司马迁撰，（南朝）裴骃集解，（唐）司马贞索隐，（唐）张守节正义：《史记》，北京：中华书局，1999年，第87页。

② 龚海莹：《三星堆遗址　古蜀文明惊天下》，《人民画报》2022年第8期。

综上所述，考虑到巴阳岩画丙的竖目与二里头文化竖目的高度相似性，我们认为，它应该是刻划岩画者群体的始祖神的符号化，其主要起"护佑"的功用。

（五）人头像

2个人头像，刻划清晰生动，生态形貌逼真，与真人相同。湖北石家河肖家屋脊遗址瓮棺内除前文提到的獠牙始祖神面玉雕外，另外也发现第二类玉雕人头像（图8-3-12，1、2），这类玉雕人头像大多为着平顶冠，耳挂玦饰，长阔口，下巴略尖，下面雕一节颈部。玉器专家通常将这类玉器和上文提到的"始祖神"面，统称为"神祖面"[①]，即祖先神纹饰。巴阳岩画丙的人头像除没有玦饰，下颌方颐外，整体上与之相似，应有一定的承继关系。

三星堆遗址一号和二号祭祀坑除凸目兽耳始祖神铜面具外，另一类为标准人面具和人头像，与肖家屋脊文化的第二类人面玉雕形似（图8-3-12，6、7）；第三类为或站或跪或坐的完整人像，通常持捧法器、祭器等，主体应该是巫师、祭祀和其他神职人员。人面具和人头像应该是插放在一些木质类的托具上的，当为受祭的对象，代表时代早晚不同或不同部族的一般祖先神。由于从凸目兽耳面具、人面具、人头像呈现从抽象到具象的变化，我们认为，人面具代表的祖先神又早于人头像代表的祖先神。

巴阳岩画丙的人头像与三星堆祭祀坑出土人头像更为接近，后者大体可分为带冠人头像（部分冠为有机质已腐烂，头顶有梢孔）、平顶人头像、圆顶人头像三大类。巴阳岩画丙和三星堆祭祀坑的人头像均具有蒜头鼻、阔嘴、方颐、耳孔和颈下部两侧向内收的特征。其中，巴阳岩画丙中的斜顶冠人面像、平顶人面像与三星堆遗址的平顶冠人头像、平顶人头像造型思路、风格形态接近。

巴阳岩画丙人头像上下排列、两个头像构成一组的模式，应该与当时的某种固定结构程式有关（图8-3-12，5）。俄罗斯远东地区岩画[②]和黑龙江左岸下游的萨卡-阿梁岩画中[③]，可以见到两个横排的骷髅头式岩画；在宁夏中卫岩画中，则常见竖排式人面岩画（图8-3-12，3、4）[④]，且这类岩画往往呈现有无头发、椎髻、冠帽的区别，很可能代表着性别差异，应该代表着男女夫妇祖先神的形象。

---

① 邓淑苹：《再论神祖面纹玉器》，邓聪：《东亚玉器》，香港：御印堂，1998年，第45～60页。

② 转引自肖波、王俊铮：《内蒙古与俄罗斯远东地区人面像岩画年代及相关问题研究》图1：15、16，《形象史学》2022年第2期，第182页。

③ 转引自肖波、王俊铮：《内蒙古与俄罗斯远东地区人面像岩画年代及相关问题研究》图3：1、2，《形象史学》2022年第2期，第185页。

④ 周兴华：《中卫岩画》，银川：宁夏人民出版社，1991年，第300、360页。

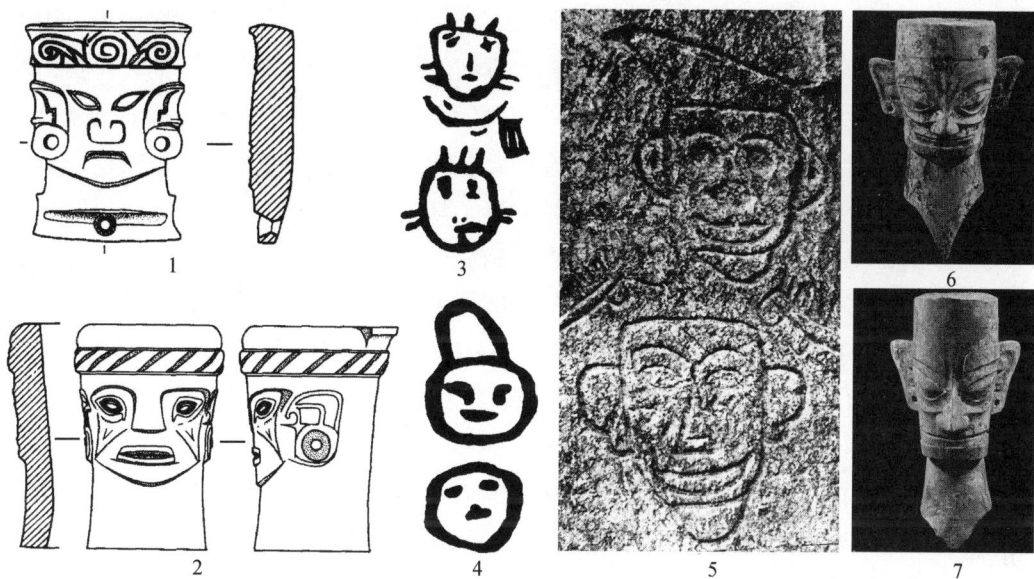

图8-3-12　巴阳岩画丙与铜器、玉器、岩画上的人头像对比

1、2. 湖北肖家屋脊遗址玉雕人头像（W6：4、W7：14）　　3、4. 宁夏中卫岩画（A1079、D242）　　5. 巴阳岩画丙
戴冠人面像（c1）、平顶人面像（c2）　　6. 三星堆一号祭祀坑Ba型铜人头像（K1②：11）　　7. 三星堆二号祭祀坑
Ba型铜人头像（K2②：15）

（六）鸮

鸮通常被视为"不祥之鸟""不孝鸟"。但在夏商时期，鸮被视为神圣之物。商
代人以鸟为图腾，又将鸮作为崇拜的对象，把青铜卣、尊、觥等重要的祭祀礼器做成
猫头鹰造型或添加为纹饰。据统计，在目前所见的51件商代动物造型纹饰的青铜容器
中，鸮鸟形象的就达33件，占据绝大多数[1]。早在红山文化时期，鸮就以玉器形式出现
了。学界对商代的鸮形器有以下几种解释：鸮与兵刑之事相联系，象征战争的胜利；
鸮是圣神女神的化身；鸮表示勇武的战神，有避兵作用；鸮是商族的图腾崇拜。但也
有研究者指出，鸮是与黑夜、梦幻和死亡发生关系的猛禽，因而人们对它充满了敬畏
的心理，并由此产生了种种有关的崇拜；由于鸮形器通常发现于墓葬之中，这类物件
可能又都含有镇墓兽的作用，用来保证人生"长夜"的安全[2]。

商以后，由于鸮鸟被认为具有预报死亡、代表黑暗的意象，鸮鸟在日常生活中日
益被视为恶鸟，但在丧葬升天等宗教活动中，鸮仍然具有多方面的意义。鸮鸟形象在

---

[1]　于筱筝：《商周写实类动物造型青铜容器相关问题研究》，山东大学硕士学位论文，2019年。

[2]　刘敦愿：《夜与梦之神的鸱鸮》，刘敦愿：《刘敦愿文集》，北京：科学出版社，2012年，
第151～179页。

画像石、画像砖上较为常见。李重蓉统计到26块汉代鸮鸟画像石①。在这些画像石中，有鸮鸟与建筑、与云气纹、与神兽仙人三大方面的组合，不同场景下分别具有护佑辟邪、引导升仙、凸显神圣性的功能。鸮鸟在汉代帛画、漆棺、铜器等器物上也能见到一些。如广西贵县罗泊湾秦至西汉早期的提梁漆绘铜筒（M1：42），器表饰四段彩绘画面，自下而上讲述墓主升天的四个连续故事，其中第二段（自上而下为第三段）画面又分三组，第一组为骑豹人（古骆越人崇狗，也有学者认为该动物为狗；从神兽上的斑点看，笔者认为也不排除为梅花鹿的可能性），豹（狗）前肢昂起，后肢猛蹬，似正在升天。豹（狗）后"有一猫头鹰，正面站立"，该鸟头部向两侧斜向伸出线条，正是鸮鸟的耳状羽毛②。从鸮鸟与墓主骑兽图的位置关系看，应当具有护佑墓主升天的含义。

巴阳岩画丙的鸮鸟及台架，位于整幅画面靠中的最高处，鸮鸟具有居高临下的尊崇感。下侧台架专门架设四个竖向短支架，显然是有设计的，凸显鸮鸟非同寻常的地位。结合上文的分析，我们认为该鸟也应该具有护佑的意义。

（七）树

树在湖南桂阳千家坪遗址距今约7000年前的白陶上就已经出现，如在T2G1②：77陶罐领部，刻划有两座月亮屋，其间则刻有太阳屋，屋尖顶下为太阳，下面的柱形结构两端各刻有一棵三角形的树（图8-3-13，1）③。安徽凌家滩新石器时代遗址则发现雕三角形神树的玉片（87M4：68-1）④。三星堆遗址祭祀坑出土多株神树，新近发掘的三号坑出土玉琮的两个相对的侧面各刻划一棵树（图8-3-13，2）⑤。树题材在南方岩画中也可见到，巴阳峡太公沱岩画上亦见有两棵矮树，牛尾石岩画则被三棵由高到低的神树分割为三个空间（图8-3-13，3），可能分别代表建木和东西方的若木、扶木；云南沧源勐省点岩画中，其中一幅岩画在一棵树下站立2名巫师模样的人，各伸一手欲触摸树枝，树前则有7名巫师模样的人，这类应该也是与升天相关的祭树岩画。及至汉

---

① 李重蓉：《汉代的"鸮"：艺术史、信仰史与农史的考察》，《中国农史》2022年第6期，第11~28页。

② 广西壮族自治区博物馆：《广西贵县罗泊湾汉墓》图三三，北京：文物出版社，1988年，第36、37页。

③ 湖南省文物考古研究院、科技考古与文物保护利用湖南省重点实验室：《桂阳千家坪》图八四：3，北京：科学出版社，2022年，第209页。

④ 安徽省文物考古研究所：《凌家滩——田野考古发掘报告之一》图三四：1，北京：文物出版社，2006年，第58页。

⑤ 四川省文物考古研究院、上海大学文化遗产与信息管理学院：《三星堆遗址祭祀区三号坑出土神树纹玉琮》，《四川文物》2023年第1期。

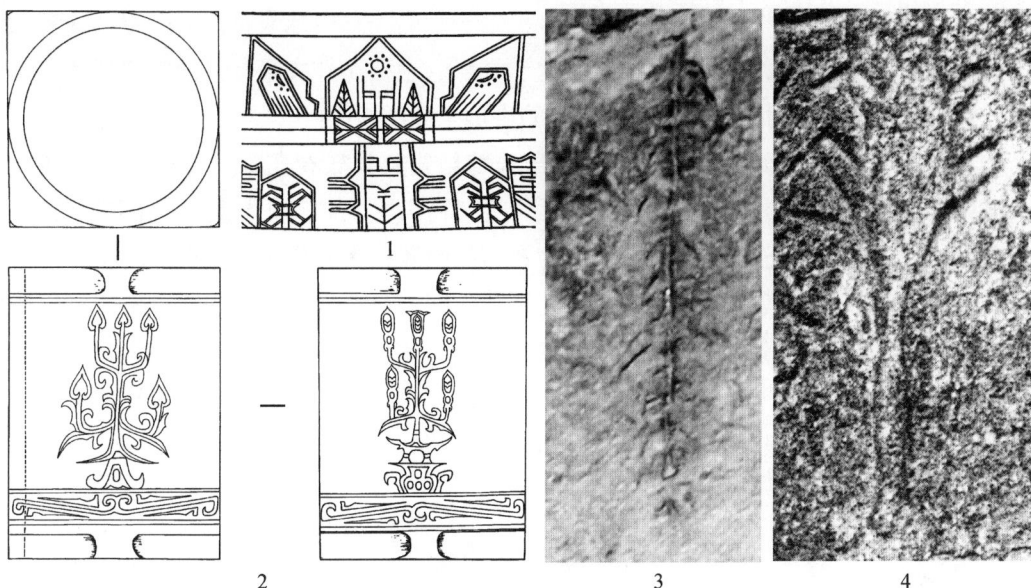

图8-3-13　陶器、玉器和岩画上的宇宙树

1.湖南桂阳千家坪遗址出土陶罐刻纹局部（T2G1②：77）　2.四川三星堆遗址三号坑出土玉琮（K3qw：236）

3.重庆云阳牛尾石岩画　4.重庆云阳巴阳岩画丙（i）

代，一些汉画像阙间或石棺后挡端仍刻有树的形状，有学者通过对苏鲁豫皖四省汉代石椁墓神树画像的分析，认为石椁画像中的神树实为神话中的宇宙树建木，更是亡灵升天的工具[①]。

三星堆三号坑出土神树纹玉琮，琮通常被认为是中国史前人类的宇宙模型，那么，位于相对的侧面的两棵树很可能代表东、西方的与太阳升降有关的扶木、弱木。巴阳岩画丙的树（图8-3-13，4），位于整幅岩画的中心下部，且与三星堆玉琮神树一样，树枝分两段，下部斜倚出2枝，上部为3枝，树根部向外斜伸，与玉琮上的其中一棵神树表达方式一致。可见，作为具有原始宗教作用的岩画，其中的树不应当是普通的树，而是具有特定的含义。因此，巴阳岩画丙的树应与亡灵升天的通天树（宇宙树）有关。

（八）其他

亭作为一种古老的建筑门类，大约出现在商周时期，其功能是供人休憩。汉以前的亭主要分为城郭中的街亭、市亭、都亭、旗亭、门亭，以及交通干道上的邮亭、驿亭。魏晋以来，随着园林建筑的发展，亭的性质也发生了变化，逐渐出现了供游览观

---

① 王倩：《汉代石椁墓神树图像方位结构研究》，《民族艺术研究》2020年第3期。

赏的亭。清朝皇家在北京长安左门外建有皇堂子，内院有祭神殿，拜天圜殿。尚神殿等，是实施萨满祭祀（包括元旦拜天、堂子月祭、春秋立杆大祭等）的重要场所，其中的拜天圜殿（周壁封闭）与巴阳岩画丙的亭形象高度相似。

关于巨鱼尾（或天梯），笔者在《送魂与祭祀：比较视角下的云阳大梁岩画》一文中释作巨鱼尾，并从生物地理、神话传说、诗词文献和巴阳峡内其他两幅岩画材料角度给出了理由：巴阳峡是长江上极为知名的险滩，大黄鱼（胭脂鱼）不惧水急浪高，溯游而上产卵，故被当时的人视为江神，从而产生了江神崇拜与江神祭祀。巴阳峡的似巨鱼尾岩画（其中一条紧邻肋骨式船），应该表现的是巨鱼在江中兴风作浪露出鱼尾的场景。当然，由于缺少直接的文献记录，也不能排除该岩画为天梯或天柱的可能，为远古时期神职人员通天或神下到世间的工具。

五、意 义 阐 释

岩画是一定社会和自然环境下的产物，岩画总是反映着当时当地的社会需求，并发挥着相应的社会作用，产生适当的社会功能。三峡地区的早期岩画，目前所知仅见于巴阳峡及附近地区、郦道元《水经注》所记西陵峡附近之"人滩"这两处，后者现在已不知所终。有趣的是，巴阳峡和人滩，均是古人长江航行的两处险滩所在，巴阳峡也是三峡水运交通之要冲，历史上曾设巴阳驿，因多种原因成为远古的神圣空间。巴阳峡峡谷长达数千米，枯水季节最窄处仅80余米，同时是长江中上游洄游鱼类必经之地，是长江著名的鱼产卵场。可以想见，在巴阳峡两岸围绕渔猎、航运等有不少人生存发展，既要面对惊涛骇浪和生死转换，又有丰富的自然资源和商品过境，其间必定催生出丰富的精神生活。以巴阳峡最窄处的云阳县巴阳镇巴阳村佘家嘴遗址为例，峡上有"宽阔的河漫滩堆积和自然台地"[①]，时代从夏商延续到唐宋元明清，其中还发现了一处唐代的"与宗教祭祀有关的活动场所"。

从考古学文化来看，巴阳峡两岸及其上下端附近广布着数十处遗址和墓葬，时代从新石器时代晚期延续至明清时期，几乎没有缺环。其中，与大梁岩画丙第二大组主体遗存同时的考古学文化为三星堆文化峡江类型和石地坝文化早期，其中石地坝文化早期大致和成都平原十二桥文化早期时代相当，属于有亲缘关系的两支考古学文化。

---

① 厦门大学考古队：《云阳佘家嘴遗址2002年度发掘简报》，重庆市文物局、重庆市水利局：《重庆库区考古报告集·2003卷（二）》，北京：科学出版社，2019年，第934页。

属于这一时期的遗址较多，如巴阳峡东出口南岸的云阳大地坪遗址[①]，东出口北岸的云阳丝栗包遗址、伍家湾遗址[②]、三坝溪[③]，巴阳峡内两岸的云阳东阳子遗址、晒经遗址[④]、佘家嘴遗址[⑤]，以及巴阳峡西入口附近的万州大地嘴、巴豆林遗址[⑥]、中坝子遗址等，可以说是三峡地区三星堆文化时期的一个重要中心。这些遗址普遍出土小平底罐、高柄豆、高柄灯形器、鸟头柄勺、圈纽器盖、鬶、盉等三星堆文化典型陶器，其中尤以大地坪遗址、丝栗包遗址、中坝子遗址遗物数量最为丰富。这些遗址出土的瘦袋足盉、细花边罐，应该是受到了二里头文化的影响传播而来。大地坪遗址出土的鸟头柄勺，鸟头刻划人面纹，和成都平原三星堆文化的同类器有别。三坝溪遗址出土了1件牛卜骨、4件鱼鳃卜骨，展示了当时这一带原始宗教和占卜祭祀盛行的情况。伍家湾遗址还出土了玉斧、穿孔玉刀的残片，说明当时的社会分层和礼制已发展到新高度。考虑到属于十二桥文化早期的三星堆遗址祭祀坑出土了大量具有"萨满教性"的金器和铜器[⑦]，在三星堆文化同宗、石地坝文化和十二桥文化相近的文化大背景下，巴阳峡考古文化的主人必然也有相近的某些萨满似的早期宗教活动，而岩画就十分适合巴阳峡地质环境呈现的临水岩壁景观，巴阳岩画丙的含义在底层逻辑上与这一时期四川盆

---

①　株洲市博物馆、湖南省文物考古研究所、云阳县文物管理所：《云阳大地坪遗址2003年度第二次发掘简报》，重庆市文物局、重庆市水利局：《重庆库区考古报告集·2003卷（五）》，北京：科学出版社，2019年，第3166～3236页。

②　内蒙古文物考古研究所、包头市文物管理处、重庆市文物局：《云阳伍家湾遗址2001年度发掘报告》，重庆市文物局、重庆市移民局：《重庆库区考古报告集·2001卷》，北京：科学出版社，2007年，第610～632页。

③　成都文物考古研究院、绵阳博物馆、云阳县文物管理所：《云阳三坝溪墓群（遗址）2003年度发掘简报》，重庆市文物局、重庆市水利局：《重庆库区考古报告集·2003卷（三）》，北京：科学出版社，2019年，第1946～1968页；成都文物考古研究院、绵阳博物馆、云阳县文物管理所：《云阳三坝溪墓群（遗址）2003年度第二次发掘简报》，重庆市文物局、重庆市水利局：《重庆库区考古报告集·2003卷（五）》，北京：科学出版社，2019年，第2968～3041页。

④　安徽省文物考古研究所、云阳县文管所：《云阳晒经遗址2002年度发掘简报》，重庆市文物局、重庆市水利局：《重庆库区考古报告集·2003卷（二）》，北京：科学出版社，2019年，第877～907页。

⑤　厦门大学考古队：《云阳佘家嘴遗址2002年度发掘简报》，重庆市文物局、重庆市水利局：《重庆库区考古报告集·2003卷（二）》，北京：科学出版社，2019年，第909～936页。

⑥　重庆市文物考古所、重庆市文物局、重庆市万州区博物馆：《万州巴豆林遗址发掘报告》，重庆市文物局、重庆市移民局：《重庆库区考古报告集·2001卷》，北京：科学出版社，2007年，第1409～1424页。

⑦　［美］伊丽莎白·C.约翰逊，石应平译：《商人礼仪艺术中的萨满教特征及对四川广汉三星堆新近发现的推测（摘要）》，四川大学博物馆、中国古代铜鼓研究学会：《南方民族考古（第二辑）》，成都：四川科学技术出版社，1990年，第65～67页。

地内的原始宗教文化表达相一致。

　　从上文对巴阳岩画丙各构成要素的内涵解读中，我们知道，每一个符号的意义和象征都是多向度的。按照结构主义理论的看法，图像是一个符号体系，其意义由各种符号建构而成。也就是说，单独的符号与图像是不具意义的，其意义存在于它与其他符号与图像之间的关联之中。因此，要阐释某个单独符号、图像的意义，必须将其置于图像体系与图像生成情境中。

　　具体到巴阳岩画丙，我们应当认识到它与巴阳峡内的其他岩画，以及相关联的考古学文化之间存在一定密切联系，其岩画中的单个母题的含义很大程度上也应保持着延续性。例如，巴阳岩画丙和大梁岩画中的肋骨式船均应有相似的意义，即送魂这一核心主题。又如，巴阳岩画丙的两个人面既然与三星堆祭祀坑铜人头相近，根据新近的考古发现，一些研究者认为，三星堆祭祀坑的器物与附近的宗庙有关。如果我们确定竖目是始祖神无误的话，其神力当然应该是最大的。按照商代甲骨的记载，张光直、吉德伟、普鸣等均认为整个商代的祖先神祠里的祖先都是有等级的，按后来周代文献的记载，上甲是商的最高祖先，大乙则是商王朝建立者成汤的祭名。这一等级结构反映了每位祖先的权能大小：越老的祖先权能越大。商人通过祖先神出面引导自然神灵和帝：人取悦最近去世的祖先（近祖远公），最近去世的祖先取悦更早的祖先（远祖远公），后者再取悦帝。由此可以大致推测：双竖目、人面、蹲踞人、亭，有可能分别象征始祖神、近世祖先神、祭司/巫师、宗庙。虽然这些图像是在不同时期完善的，但它们是按一种既定的、完整的流程去逐步呈现的。

　　关于人面、眼睛与动物组合，类似的母题在黑龙江下游、阴山、贺兰山等岩画中较为常见。例如，阴山韩乌拉山峰一带的第23组岩画，画面左上方有一人面像，右上角有一重圈纹，"大约表示一只眼睛"。两者之间是一只北山羊，画面下方骆驼、北山羊等动物，或静立，或行走，或奔驰，姿态各异[①]（图8-3-14）。从画面情况看，人面、眼睛等有看护、保护动物资源的意思，人面和眼睛自然应与祖先神有关，起着守护神的作用。

　　关于动物和肋骨式船的组合在世界其他地方也有广泛分布。俄罗斯叶尼塞河中游米卢辛斯克盆地的图巴河沿岸分布着大量肋骨船岩画，盛行肋骨船和动物组合（图8-3-15，3）、肋骨式船和萨满组合题材。其中动物较多的图案通常被认为是

图8-3-14　阴山岩画中的人面、眼睛与动物

---

　　① 盖山林：《阴山岩画》图397，北京：文物出版社，1986年，第102、103页。

放牧、狩猎，而以肋骨式船为主的岩画被认为是船棺水葬。从沙洛博利诺的一幅人、
动物组合图案看，带角的人头顶上方不远处有一字，与商周时期甲骨文、金文中的
"巫"字完全一样（图8-3-15，1）[①]，可见这类岩画中的人物多与萨满或巫术有关。沙
洛博利诺的另一艘被认为是船棺水葬的岩画，肋骨式船上的人具有明显的圆形头部和
分开的双脚，但却不表现双手，其上有一头戴动物角的巫师/萨满，其形象明显比船上
的人形轮廓高大得多（图8-3-15，2）[②]。可见肋骨式船上的"人"绝不是像有的学者认
为是驾船、放牧、狩猎的人，而表现的是人的"灵魂"。我们注意到，大多数此类肋
骨式船上的"人"仅表现大头和身体的剪影，结合其他地区岩画，可以推测，肋骨式
船岩画上的"人"，很可能经历了从表现相对完整的人到表达局部完整，再到以短竖
线形式（图8-3-15，4）象征的阶段性过程。这样看来，肋骨式船和动物的组合应该是
表达送魂的观念仪式。

图8-3-15　西伯利亚沙洛博利诺巫师、肋骨式船、动物岩画
1."巫"字（右上角）、萨满、动物岩画　2.岩画中的萨满（上）和亡者（下）岩画　3."动物群落、水葬船棺
和萨满"岩画　4.水葬船棺岩画

　　瑞典、芬兰等北欧地区盛行肋骨式船岩画。其中芬兰阿斯图万萨乐米岩画也见肋
骨式船、动物、巫师、手足印等，与巴阳岩画丙有较高的相似度。萨乐米岩画共分四
部分："左半部分"有1条肋骨式船、1名巫师，另外还有1只较完整的麋鹿；"中央部
分"又分三区，其中左侧至少有1只动物、1条鱼、1条坐2人的小船、1条肋骨式船、
2个人、2只熊掌印；"右半部分"由四组图案组成，其中第一组有1人、1条肋骨式

　　① 　重庆市文化遗产研究院、重庆文化遗产保护中心：《穿越西伯利亚——2017年中俄联合考
古》，北京：科学出版社，2020年，第66页。
　　② 　重庆市文化遗产研究院、重庆文化遗产保护中心：《穿越西伯利亚——2017年中俄联合考
古》，北京：科学出版社，2020年，第65页。

图8-3-16　芬兰阿斯图万萨乐米岩画右半部分

船、1个手掌印，第二组由1人、1条肋骨式船、1麋鹿组成，另一组由2条肋骨式船、2人、2只动物组成。右半部分第二组的一条肋骨式船的前端画着一个中心有十字形的圆，据认为是一个太阳符号；"上半部分"图案由1条肋骨式船、1人、3只麋鹿组成（图8-3-16）[①]。对阿斯图万萨乐米岩画的阐释，一种意见认为是狩猎岩画，一种认为是表达丰产愿望。十字图案在四川珙县麻塘坝、九盏灯的岩画上也有发现，该类岩画与悬棺葬具有共生关系，一般认为是表达祈求太阳神光芒四照，保佑死者灵魂安息，生者得到庇佑[②]。安娜-莉娜·希克拉认为，该岩画属于萨满教信仰传统，目的是从大地之主那里讨得猎物的灵魂，或将获得的猎物灵魂送回森林或动物群的守护者[③]。笔者认为，从岩画构成看，动物岩画并不处于岩画的中心，也不是必然的标配，而肋骨式船却与动物相反，其太阳舟的形象通常与升天有关，故该画面内容展现的应该是助亡者灵魂升天。

埃及红海至尼罗河间的沙漠干谷崖壁发现5处（6个点）前王朝时期的岩画，上面有大量的"方船"、动物和人（主要是酋长、巫觋、船员），其中的"方船"又分三类：第一类是船上有短竖线，并有伸出船舷的桨；第二类船上有短竖线，但无桨；第三类既无短竖线也无桨。上述第二类船属于本文探讨的肋骨式船，并且在干谷岩画中占主体。埃及沙漠干谷为远古季节性河道遗存，至今仍然有不定期洪水流过干谷，造成人员伤亡。其中的一些带有肋骨式船的岩画可能反映的正是干谷内亡者灵魂升天的原始宗教仪式。这些岩画有的有10多艘肋骨式船，船周往往雕刻有带角动物，其中部分长角者应该是牡鹿（图8-3-17，1、6）。有的船上有旗帜，有的有建筑和设施，其中DR-1、WB-4岩画中的部分（图8-3-17，2、4）船中间的方形设施与巴阳岩画丙a6号船中间的设施颇相近。此外，船上（图8-3-17，4、5）或船旁（图8-3-17，3）一般站立1或2名高大人物，双手环举或环腰，应该是当时的巫师或祭司。其中WB-4中的一条船前面还有6名行走者，当为引导肋骨式船升天的导引者（图8-3-17，6）。船上的短竖线数量不等，其中巴莱米亚干谷WB-4岩画一艘大船上均匀刻划69条短竖线（图8-3-17，

---

① ［苏联］萨瓦捷耶夫：《芬兰岩画（节译）》，陈弘法编译：《亚欧草原岩画艺术论集》，北京：中国人民大学出版社，2005年，第273~281页。

② 崔陈：《珙县悬棺岩画初探》，《四川文物》1993年第2期。

③ ［芬兰］安娜-莉娜·希克拉著，卢晓辉译：《芬兰岩画、动物祭祀仪式与萨满教世界观》，《民族艺术》1997年第1期。

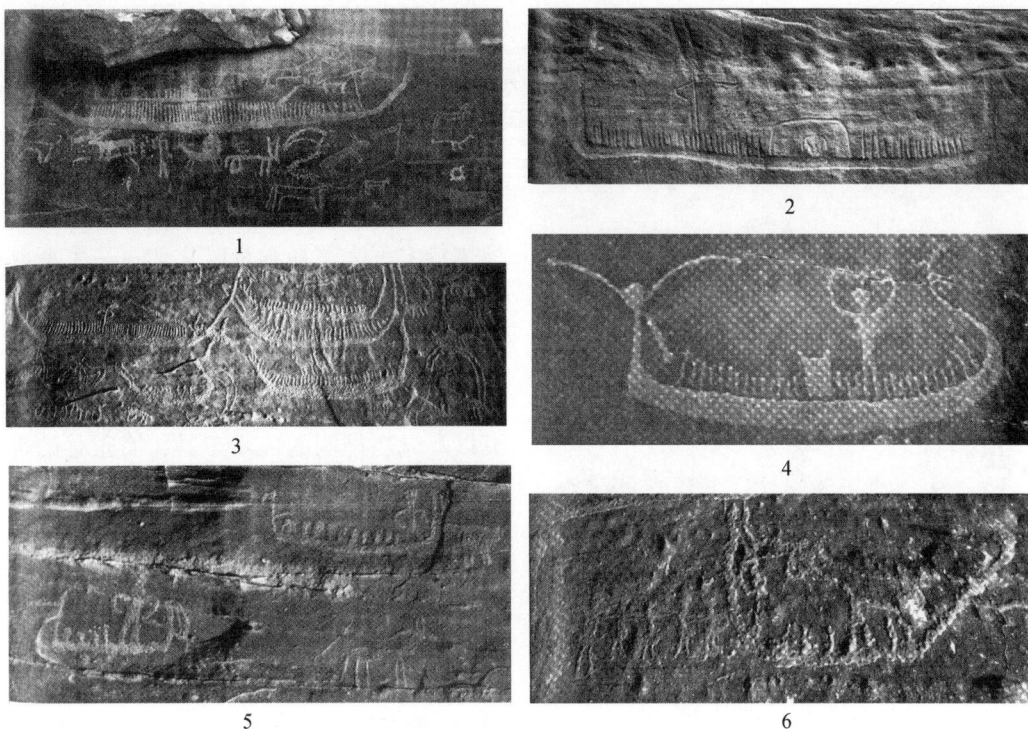

图8-3-17 埃及沙漠巴莱米亚干谷发现的肋骨船

1. WB-4岩画之一 2. DR-1岩画之一 3. DR-1岩画之二 4. WB-4岩画之二 5. MAM-2岩画 6. WB-4岩画之三

1），有的短线还隐约能观察出人形状的雏形，与高大的巫师形成鲜明对比，代表亡者的灵魂[①]。

埃及沙漠干谷的肋骨式船岩画年代处于距今五六千年前，此后，这种船演变为埃及青铜时代的太阳船[②]。在阿塞拜疆[③]、芬兰、瑞典[④]的岩画和埃及的早期墓葬壁画中，常见有太阳的形象，即船头和船中央刻划中央带"十"字形或周缘有芒晕的太

① ［英］戴维·罗尔著，李阳译：《传说——文明的起源》，北京：作家出版社，2000年，第273页。

② A. A. 福尔莫佐夫著，路远译：《苏联境内的原始艺术遗存》图11：1，西安：陕西师范大学出版社，1992年，第42页。

③ 阿塞拜疆世界文化遗产戈布斯坦（Gobustan）岩画中存有距今约10000～6000年前的肋骨式船岩画。其船形岩画中一种为似肋骨式船，在船身上的短竖线上又加斜向短线；另一种为标准的肋骨式船，又分船底弧收较急和坦弧两种船。戈布斯坦的肋骨式船大多为单船，也有与似肋骨式船在一起的两条船。参见张淇馨：《浅谈阿塞拜疆共和国戈布斯坦岩画》，《闽台缘》（文史集刊）2020年第1期，第78～81页。

④ A. A. 福尔莫佐夫著，路远译：《苏联境内的原始艺术遗存》图11：2，西安：陕西师范大学出版社，1992年，第42页。

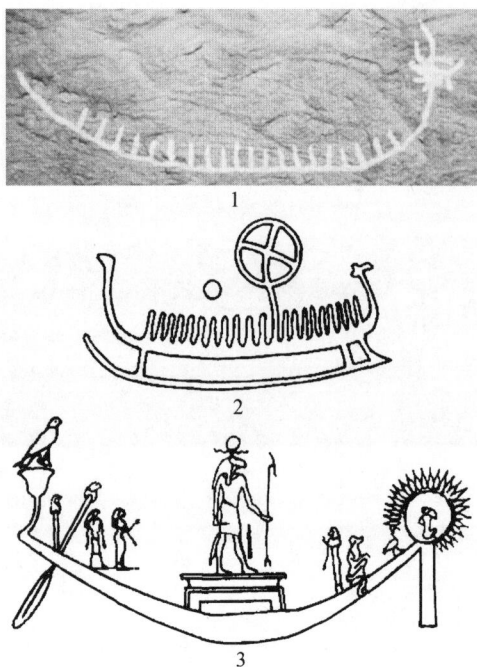

图8-3-18　太阳船的演变
1. 阿塞拜疆戈布斯坦"吉格里斯"肋骨船岩画
2. 瑞典鲍古斯列那双层肋骨船岩画　3. 埃及第比斯神庙
太阳船壁画

阳，表达船载太阳升落的意思。而且这种太阳船很可能存在肋骨式向无肋骨式的演变路径（图8-3-18）。根据埃及神话，太阳白天沿着天上的尼罗河航行，而晚上在通向地下世界的门口，从白昼之船——曼德热特上下来，换乘夜晚之船——麦斯克捷特。在古埃及，太阳船进一步被用于丧葬仪式——供法老追随埃及神话中的太阳神穿越天河时乘坐——负责在冥界摆渡亡灵以及充当神明的代步工具，有很强的神秘力量。在国王谷出土的一幅新王朝时期的纸草画中（图8-3-19），描画了双眼、太阳、太阳船、死者和船上代表灵魂的近似短竖线等，表达出在隼形的造物神、守护神荷鲁斯的保护下，国王的灵魂乘坐太阳船，穿越天河，抵达太阳神拉，被太阳光线照射复活的情景[1]。

关于岩画中的某些船具有送魂升天的功能，笔者在《送魂与祭祀：比较视角下的云阳大梁岩画》一文中，已经提到过贵州习水县良村区三叉河乡岩上墓群第5号崖墓墓口[2]、习水县泥坝乡飞龙山村1号崖墓上的所谓"捕鱼图"岩画[3]，其题材除了均有鹬鸟船、巨鱼、大鸟外，两墓墓门两侧还有双阙图案，右阙有拜谒人图案；此外飞龙山M1左阙下还有由凿刻的坑点构成的神兽图案（报告中未提到），应即文献所说的守护昆仑山的开明神兽。从汉画像石、鎏金铜馆饰等上的双阙和神兽来看，应是天门的象征，因此两处崖墓岩画表达的应是船载墓主灵魂升天的内容。类似的船在中外均有相似的功能。

综上所述，我们可以将巴阳岩画丙的整体内涵描述如下：这是一幅展现夏商时期巴阳峡古人宇宙观和生死观的岩画。肋骨式船上为死去的亡魂，巫师乘坐小船施行送魂仪式；巫师在送魂过程中，通过猛兽（虎蹄印）、鹿等动物可以升天，而天神则通

① ［英］海伦·斯特拉德威克：《古埃及》，上海：上海科学技术文献出版社，2008年，第110、111页。

② 黄泗亭：《贵州习水县发现的蜀汉岩墓和摩崖题记及岩画》，《四川文物》1986年第1期，第67～69页。

③ 李飞：《崖上阴宅：习水崖墓调查记》，贵州省博物馆：《贵博论丛（第一辑）》，桂林：广西师范大学出版社，2020年，第72～95页。

保护旅行的
荷鲁斯眼睛

太阳

太阳的光线

船头王位的
标志

太阳神拉的
太阳船

代表宇宙力量
的太阳船舵

死者被太阳光
线给予生命

图8-3-19　埃及国王谷出土新王朝时期纸草画

过神树、天梯下来与巫师相会，或迎接亡魂；鸮鸟既常在死亡等丧葬场景中出现，也有护佑死者升天的意义；同时，整个仪式是在部族始祖神、近祖神的守护下进行，以助亡魂升天成功并顺利复活。

第九章　巫风烈烈

巴蜀文化中存在若干神话，是把它们当作信史，还是荒诞不经的传说？笔者在撰写本章第一节《国王与巫师：巴蜀诸王双重身份的考察》时，即有好友关于"鳖灵治水不可信"的提醒。从传统史学和考据史学的视角看，不讨论这些怪力乱神成为不成文的准则。但身为现代的历史文化研究者知道，史学方法只是研究过去问题的一个视角。一切历史文本都有其历史逻辑和历史结构，反映着不同的历史背景，问题在于是考证文本描述内容的真伪，还是还原文本的写作情景和作者那个时代的普遍认同？还是透过文本看当时人的思维结构和精神世界？以及人们为什么要这样书写历史？……

巴蜀文化中，有若干现象以同样的形式反复出现，笔者多年前就已注意到这一问题，于是抱着研究文化事象的态度，试图探寻其中含有的规律性。巴蜀的文化事象着重讨论作为文化的历史书写研究，在若干文化现象中，既有巴、蜀各自的呈现，也有巴蜀共同的表征。

如巴文化中的"赤黑二穴""巴蛇食象""崇虎与杀虎""廪君与盐神"现象，其基底即为"二元对立"的原始思维，这种二元对立思维的盛行，可以在巴文化尖底器、圜底器两大陶器体系的奇妙结合中找到最初的物质结构，可以从东周时期嘉陵江与渝西地区盛行船棺葬、三峡地区盛行箱式木椁墓的并存中找到答案，可以从板楯蛮、廪君蛮的社会组成中发现"既对立又统一"的问题实质。

又如，巴文化、蜀文化皆盛行"尚五"的文化现象，从"廪君五姓"到"巴子兄弟五人流落五溪"，从"五丁力士"到"五色帝"（《华阳国志·蜀志》称：开明王朝"未有谥列，但以五色为主，故其庙称青、赤、黑、黄、白帝也"[①]），均可作为明证，而在新都马家大墓中，则发现了以五件为一套的随葬品制度，这些以"五"为至上的思想观念的形成，大概与巴蜀文化的地理方位观念有关。

本章的两篇文章主要讨论巴蜀首领与巫、巴蜀首领与图腾动物的关系。其中，巴蜀首领兼大巫师的文化事象，反映了由王而巫或由巫而王的历史发展进程，巴人、蜀人的国王既是巫师，又是政治上的掌权者，国王与巫师的双重身份互相强化。而巴蜀首领的图腾化身文化事象，研究者过去均较为忽视，这一巴蜀文化的精神内核历史悠久，对后来巴蜀的道教思想等都产生了巨大影响。虽然上述文化事象非巴蜀所独有，

---

① （晋）常璩撰：《二十五别史·华阳国志》，济南：齐鲁书社，2000年，第27页。

但在巴蜀文化中表现得尤其强烈，类似的研究可为扩大和加深巴蜀文化研究方向予以启发。进入文明社会后，像三星堆祭祀坑、城洋铜器群这类考古文化仍然是巴蜀文化的大传统，后来由神入礼，逐渐转化为文化小传统，但仍是我们理解巴蜀文化内涵和特质的关键。

第一节　国王与巫师：巴蜀诸王双重身份的考察

人类出现原始信仰后，沟通人、神之间的部分人员后来逐渐发展为巫觋。人类学和考古学的研究表明，至少在旧石器时代晚期就已经有巫觋的雏形了（以下简称巫师）。巫师们利用自己独有的宗教知识和宗教服务，特别是公共巫术，获取超额的经济收益和政治权益，并逐渐成为当地社会上层的重要组成分子。在国家产生过程中，鉴于在形塑地方精神和整合社会方面的独特能力，以及预见未来或降陟神祇方面所具有的价值，巫师因而往往同时兼具社会管理者职能，成为氏族部落的实际统领者。

相反，一些天才型、英雄型社会领袖在带领部族向更高社会转型的过程中，往往需要巫师的协助和配合，以显示他们得到神祇的旨谕，并彰显其权力来自神授，甚至他们自身就是神的化身，证明其权力与统治的合法性。在这一过程中，社会领袖们往往也会觊觎巫师的权力，以便更加方便地借神权施行自己的行政权。

在早期信仰和原始宗教阶段，神权与王权之间除少数时候存在尖锐斗争和权力分割外，大多数时候，基于利益的一致性，他们间是相互和谐共存、相互合作的，是一种共谋关系。这种关系进一步发展，通常会形成社群领袖兼具巫师或巫师兼任社群领袖的情况，这在亚洲和美洲的古代萨满社会中尤为常见。

中国上古时期的国王或部族首领同时兼有首巫、大巫的情况也较常见，特别是在西周以前，当时的国家和地方性邦国通常是神、王相结合的政权性质。例如，与大禹有关的一种"禹步"，据考证就是一种典型的巫术步伐，禹就是大巫。又如，商王室信奉至上神——帝（或称"上帝"），商王则自称帝子，而商代的第一个王——商汤，曾经遭遇天大旱，他就把自己的头发割掉，发誓假如再不下雨，他就死掉，把自己献给神明。

一、考古所见巴蜀巫师与祭祀遗存

从四川广汉三星堆遗址、成都金沙遗址，以及汉中城洋铜器群和宝山遗址等看，早期巴蜀文化中祭祀遗迹较为普遍地存在，祭祀遗存虽然不能说与巫术活动完全相关，但其中往往有巫师参与其中，且祭祀活动——特别是大型公共祭祀活动——通常是由上层社会举办的，因而成为观察巫师、国王或首领兼及巫师（祭司）的重要窗口。

三星堆遗址的两个器物坑①，既出土了大量铜面具、铜人，也出土了神树、神坛等带有巫术、祭祀性质的文物。铜凸目人像应为祖先神，动物形面具为自然神，而其他的人头像则很可能是祭司或巫师，这类戴面具的人头像与后世的傩很相似，即利用面具通神并代神传达旨谕。此外，三星堆二号祭祀坑出土的K2③：296号神坛中部的4个持藤条形物品的戴冠立人、神坛顶部的20个持握立人，以及K2③：325号捧璋跪坐人像、K2③：48号跪坐顶尊人像、K2③：201-4号玉边璋上的立人像和跪坐人像等，按《说文》"灵，巫也。以玉事神"②的说法，上述人像都应该是当时的巫师。祭司属于宗教神职人员，从事祭祀等公共活动。同时，由于祭司在沟通神、人当中所具有的特殊功能，部分人也常常从事具有巫术性质的宗教活动，是当时的高级巫师和占卜师。三星堆遗址、金沙遗址分别出土了象征国王权力的金杖、金冠带，其上均见有"鸟""鱼""箭（或禾穗）""人面"图案，其中，鸟、鱼纹在萨满文化中是穿越不同世界的灵物，"箭（或禾穗）"纹则是通天之树，五齿冠人面与东周、汉代的三齿冠巫师形象接近，黄金权杖在古代埃及、西亚是国王的标配，因此，整幅图案和黄金载体是上古神、王结合模式政权的经典遗物。另外，三星堆2号器物坑出土的大型铜立人像（图9-1-1），被视为当时的大巫师或大祭司，不排除该铜像就是蜀王本尊，为巫、王一体的具体体现。王仁湘在讨论这尊铜像时也指出："在小国寡民时代，王具有多重身份，既是号令平民众生的国君，又是统领大小巫师的群巫之长。立人像穿着礼服，手奉祭器，似乎正在主持一次隆重的祭典。立人像身穿衮衣，具有王者身份；又见它立于高台之上，手握神器，同时又具有巫者身份。"③

成都的金沙遗址，近年来出土文物上万件，种类有金器、铜器、玉器、石器、漆木器、骨器、陶器、象牙、野猪獠牙、鹿角等，这些重要遗物（除陶器外）主要集中出土于金沙遗址发掘Ⅰ区"梅苑"东北部区域，发现了63处可能与宗教祭祀活动相关的遗迹④。各遗迹单位的出土器物有较大差异，有以出土金器、铜器、玉器为主的遗迹，这些器物的规格极高，制作都极精细，大多无使用痕迹；有以出土象牙为主的遗迹，长1.2～1.8米的象牙极有规律地放置在一起，有的象牙还被整齐地切割过，方向一致地摆放着；有以出土野猪獠牙和鹿角为主的遗迹，獠牙无一例外都是野猪的下犬

① 四川省文物考古研究所：《三星堆祭祀坑》，北京：文物出版社，1999年。

② （汉）许慎撰，（清）段玉裁注：《说文解字注》，上海：上海古籍出版社，1981年，第54页。

③ 王仁湘：《古蜀人的艺术魅力》，《人民日报》2021年4月17日第8版。

④ 成都市文物考古研究所：《成都金沙遗址Ⅰ区"梅苑"东北部地点发掘一期简报》，成都文物考古研究所、成都金沙遗址博物馆：《金沙遗址考古发掘资料集（一）》，北京：科学出版社，2013年，第69～141页。

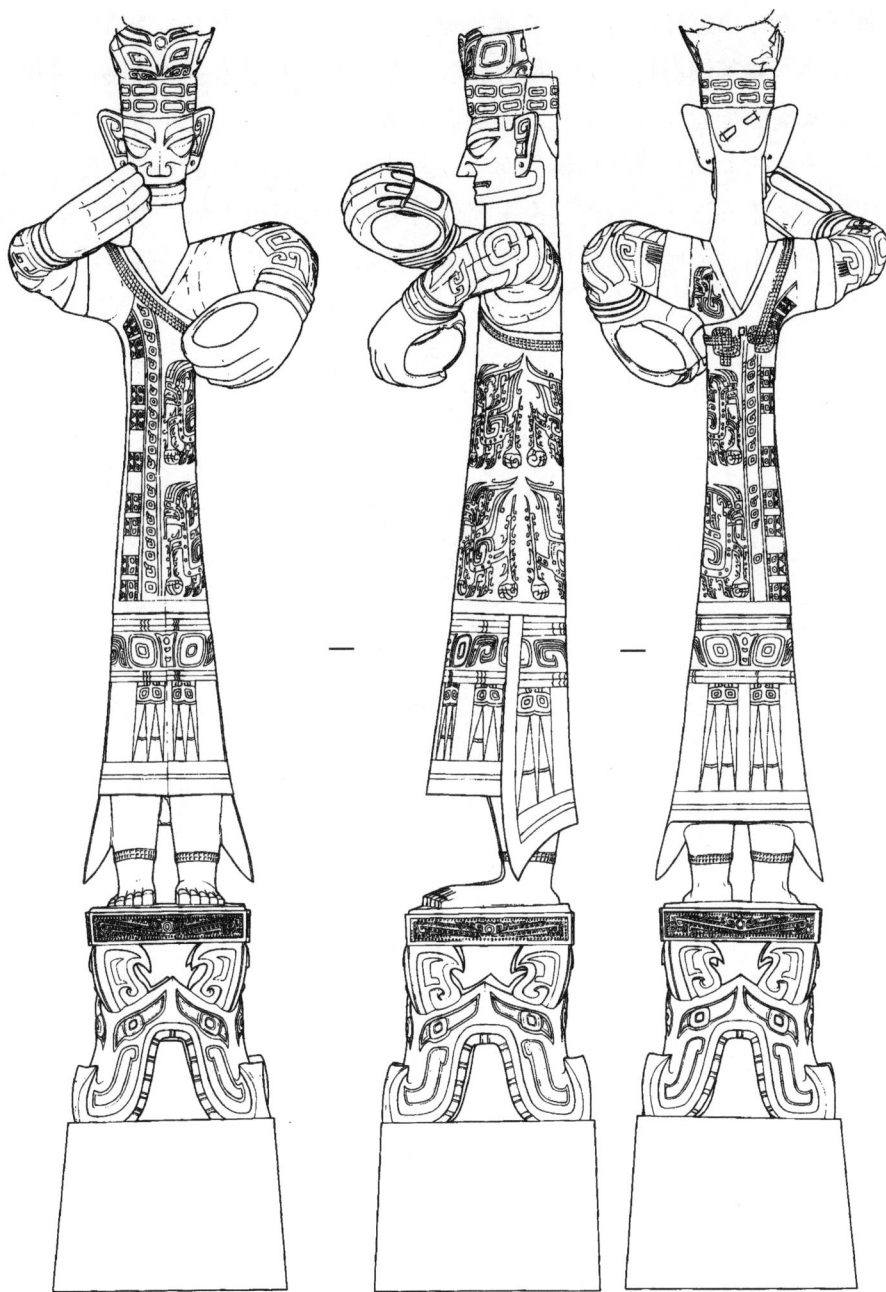

图9-1-1　四川广汉三星堆器物坑出土大型铜立人像（K2②：149、150）

齿，在獠牙与鹿角中还伴随着一些玉器、美石和象牙；有以出土大量石璧、石璋为主的遗迹，这些石器都倾斜摆放着，层层叠压；有以出土卜甲为主的遗迹，卜甲均为龟腹甲，上有密集的烧灼而成的圆孔。学者们推测这些文物可能是与古蜀王国重要的宗教祭祀活动密切相关的礼仪性用器。而金沙遗址Ⅰ区"梅苑"东北部应是一处宗教祭祀活动区。金沙遗址被认为可能是商末至西周早期的蜀王国都邑，甲骨、野猪獠牙和鹿角等的大量出土，说明该遗址还存在占卜和巫术行为，其上层管理者中有巫师存在（图9-1-2）。

图9-1-2　四川成都金沙遗址出土铜太阳冠立人像（C17）

　　在巴文化区域，考古发现的祭祀遗存和巫文化遗物比较丰富。陕西汉中城固宝山遗址，其文化因素较为复杂，既有商文化的罍、鬲、十字孔豆等陶器，也有灯形器、高柄豆、扁腹壶等蜀文化陶器，但更多的圜底釜、圜底罐、小（尖）底杯等陶器具有巴文化特征，该遗存总体上应属于早期巴文化。宝山遗址发现大量烧烤坑，有的坑内还发现龟背甲，报告推定可能和祭奠活动有关[①]。湖北荆门漳河车桥发现5座墓葬，4座墓葬为楚墓、1座为狭长形墓（长2米，宽0.5米），墓内有一剑一戈，剑为典型的扁茎无格柳叶形剑、戈为三角援戈，从墓葬形制和出土器物看，该墓当为典型的战国时期流落到楚地的巴文化人群墓葬。所出铜戈，内部正、反两面刻有"兵避大武（或释为'太岁'）"古文字，援部两面各浅浮雕一神人头上插雉羽，双耳珥蛇，腰缠两蛇，一手操龙，一手握双头怪兽，一足踏日，一足踏月，胯下伏龙（图9-1-3）[②]。该雕刻形象虽为太岁神，但墓主当为祈兵之巫师。在战争前运用巫术是巴人的传统，巴人参与武王伐纣，前歌后舞，或即为巫舞。另，在重庆巫山的一些汉墓中，亦见有操蛇之方相俑（图9-1-4），可见巫巴山地巫风颇盛。

　　无独有偶，与宝山文化分布地域相重合、时代大体相同的有城固、洋县铜器群（以下简称"城洋铜器群"）。城洋铜器群自20世纪50年代以来，陆陆续续发现了26

图9-1-3　湖北荆门车桥墓地M5出土
"兵避太岁"铜戈（战国）

图9-1-4　重庆巫山麦沱墓地出土
陶操蛇俑（汉）

---

　　①　西北大学文博学院：《城固宝山——1998年发掘报告》，北京：文物出版社，2002年，第176页。

　　②　王毓彤：《荆门出土的一件铜戈》，《文物》1963年第1期。

批，分布在14个地点，出土铜器654件（一说443件）。集中分布于湑水河和汉江两岸的东西长约40、南北宽约10千米的地域内①。埋藏地点多位于江河两岸的土台上，埋藏坑有长方形坑或圆形坑，推测主要与祭祀等宗教仪轨有关。城洋铜器群中有数量巨大的商式铜罍、尊、鼎、鬲、瓿、盘、瓿、瓿、爵、斝等，说明是一个高等级贵族集团历年留下的遗存。该器物群有代表仪式用的铜镰形器，显然应与政治礼仪有关。同时，也发现铜璋一类祭祀山川的器物，以及小型铜神树残枝、可能是神树上的铜鸟形器，另外还有巫师或神职人员佩戴的铜面具，足见当时的巴文化上层人员和巫师神职人员间密切而不可分割的关系。

历年来，湖北和重庆三峡地区至少在10余个地点出土了卜骨，体现了巴人尚巫、俱事鬼神的文化传统。

湖北长阳香炉石遗址发现了大量晚商、西周时期的卜骨，其原料为鱼的鳃骨，显示了巴文化族群占卜方面因料取材的独特性。长阳县东北面崖墓为商至西周早期的墓葬，其中的6号人骨身材高大，随葬品中有1件商时期的牛肩胛卜骨和1件精致的大型骨匕。这枚出自死者头部左侧的卜骨，上面凿有100多个大小不等的圆孔，全长42厘米，是我国目前发现最大的卜骨②。发掘者王善才认为，6号墓的墓主就是一位巴人首领，否则不会有如此重要的遗物。

重庆酉阳清源遗址商时期文化遗存中，M1、M6均为仰身直肢墓葬，两墓骨架头部均随葬2件有钻灼痕的龟甲③，应该是当地社会的巫师（图9-1-5）。据报道，四川达州宣汉罗家坝东周巴人墓地，在2019～2020年的发掘中，清理墓葬75座，发现了龟甲、鹿角等与占卜、巫术相关的文物，其中共8座墓葬出土龟甲10余片，最大的长40、宽30厘米，小的约有10厘米见方④。这8座墓葬——特别是83号墓——随葬品数量较多、墓葬等级较高、部分墓葬出土成套的占卜工具，应该是巴人上层社会人士。此外，在一座小孩墓中也出现了卜骨，发掘者推测，当时的占卜者或巫师可能已经出现了职位世袭的制度，体现了宗教权力的日益独占。

重庆忠县中坝遗址DT0202筛选出土182件卜甲骨（307块甲骨残片拼合而成，另有几百件无火卜痕的龟壳残片），出土层位从新石器时代延续至秦代。中坝遗址卜

① 曹玮：《汉中出土商代青铜器》，成都：巴蜀书社，2006年。

② 湖北省清江隔河岩考古队：《湖北清江香炉石遗址的发掘》，《文物》1995年第9期；湖北省清江隔河岩考古队、湖北省文物考古研究所：《清江考古》，北京：科学出版社，2004年，第196～299页。

③ 重庆市文物考古所、重庆文化遗产保护中心、四川大学历史文化学院考古学系：《酉阳清源》，北京：科学出版社，2009年，第59～61页。

④ "四川考古"：《四川宣汉罗家坝遗址考古首次发现战国时期龟甲》，"四川考古"微信公众号2021年3月23日。

图9-1-5　重庆酉阳清源遗址随葬龟甲的墓葬（右侧）

骨统计发现453个卜符，可能代表人们曾进行了453次占卜，哈佛大学傅罗文教授认为："反映了社会中的一批特定成员——控制仪式活动或在某种程度掌控盐业生产的人——通过占卜预测未来。这些拥有管理特权的贵族在更大的社会体系中扮演着重要角色。……中坝、瓦渣地遗址的甲骨似乎暗示，专业占卜师参与了盐业生产，因为他们与生产管理层存在联系，抑或管控盐的贵族本身即为占卜者。"[①]

二、文献所见巴蜀巫师与首领

关于巴蜀历史的文献中，也有巫师、巫术、以巫命名的国家、巫师降（下）、陟（上）的通天的山等。古代巴蜀文化的巫师最早见载于《山海经》。

《山海经·海内西经》说："开明东有巫彭、巫抵、巫阳、巫履、巫凡、巫相，夹窫窳之尸，皆操不死之药以距之。"[②]窫窳传说是黄帝时代的人臣，《海内西经》又说："窫窳者，蛇身人面，贰负臣所杀也。"[③]应该也是一位以蛇为图腾的巫师。上述

---

① 傅罗文：《中坝甲骨：早期盐业遗址中的占卜证据》，李水城、罗泰：《中国盐业考古（第三集）——长江上游古代盐业与中坝遗址的考古研究》，北京：科学出版社，2013年，第266～309页。

② 方韬译注：《山海经》，北京：中华书局，2009年，第213页。

③ 方韬译注：《山海经》，北京：中华书局，2009年，第213页。

的开明，很可能即指后来治蜀的开明族，六巫在开明的东面，开明之东既可能仍在蜀地，也可能属巴，则六巫的神话大概出自巴蜀地区。郭璞说这六巫"皆神医也"，古者巫即医也，《广雅·释诂》曾明确指出"医，巫也"①，他们操不死之药，足见其在先民心目中非一般意义上的巫。

开明东之六巫外，又有灵山十巫的记载。《大荒西经》："有灵山，巫咸、巫即、巫朌、巫彭、巫姑、巫真、巫礼、巫抵、巫谢、巫罗十巫，从此升降，百药爰在。"②关于灵山所在，袁珂先生《山海经校注》认为：灵山疑即巫山。巫山在古巴国境内，则十巫虽然并非都是巴文化族群的巫师，但古人认为其通天之处在巴之巫山。此十巫当中，只有巫彭、巫抵与开明之东的六巫相同，这样算来，远古传说中与巴蜀有关的巫师共有十四名，大概都是以巫封神之人。

巫咸、巫彭还见诸其他史籍，他们是有名的商巫。《史记·殷本纪》载："伊陟赞言于巫咸。巫咸治王家有成，作咸艾，作太戊。""帝祖乙立，殷复兴。巫贤任职"③。王逸《楚辞章句》："彭、咸，殷贤大夫。""巫咸，古神医也，当殷中宗之世降下也。"④而《世本》记"巫咸初作医""巫咸作筮""巫咸作鼓"，宋衷注："巫咸，尧臣也，以鸿术为帝尧医。"⑤这两个在史籍中屡次出现的殷巫中，彭、咸"其名并见于卜辞。彭之世次莫考，疑与大乙同时，咸当大戊之世"⑥。巫咸其实是一个大巫，以后成为巫师集团崇拜的大神，故《世本·作篇》曰："古者巫咸初作巫。"秦惠王作《诅楚文》，则称巫咸为"丕显大神"⑦。

除了这十四巫外，古代巴文化人群活动范围内还有以巫著称的国家。

一是巫咸国。《山海经·海外西经》："巫咸国在女丑北，右手操青蛇，左手操赤蛇，在登葆山，群巫所从上下也。"⑧登葆山或说即今重庆巫溪县的宝源山。国以巫师而名，其首领当为灵山十巫中的巫咸，是由巫师而国王的典型例子（图9-1-6）。

---

① （清）王念孙著，钟宇讯点校：《广雅疏证》，北京：中华书局影印，1983年，第126页。

② 方韬译注：《山海经》，北京：中华书局，2009年，第250、251页。

③ （汉）司马迁撰，（南朝）裴骃集解，（唐）司马贞索隐，（唐）张守节正义：《史记》，北京：中华书局，1999年，第73、74页。

④ （汉）王逸：《楚辞章句》，《景印文渊阁四库全书》第1062册，台北：台湾商务印书馆，1986年，第12页。

⑤ （汉）宋衷注，（清）王谟辑，周谓卿点校：《世本》，济南：齐鲁书社，1999年，第68、69页。

⑥ 张光直：《商代的巫与巫术》，《中国青铜时代（二）》，北京：生活·读书·新知三联书店，1990年，第41页。

⑦ （战国）秦惠文王：《诅楚文》，（宋）章樵：《古文苑》第1332册，台北：台湾商务印书馆，1986年，第582页。

⑧ 方韬译注：《山海经》，北京：中华书局，2009年，第187页。

二是巫载国。巫载国地在今重庆市巫溪县、巫山县一带，时代约为夏商时期。《山海经·大荒南经》云："有载民之国。帝舜生无淫，降载处，是谓巫载民。巫载民盼姓，食谷，不绩不经，服也；不稼不穑，食也。爰有歌舞之鸟，鸾鸟自歌，凤鸟自舞。爰有百兽，相群爰处。百谷所聚。"① 《海外南经》云："载国在其东，其为人黄，能操弓射蛇。"② 盼，指头很大的样子。此国之民皆盼姓，灵山十巫中有巫盼，巫盼当是这个国家的巫师和首领（图9-1-7）。又据董其详先生考证认为："巫载"或说即"巫蜒"③。巫蜒是巴文化族群之一部，廪君部即是巫蜒之后，故《世本》云："廪君之先，故出巫诞。"④

图9-1-6　《山海经》中巫咸国操蛇巫师图

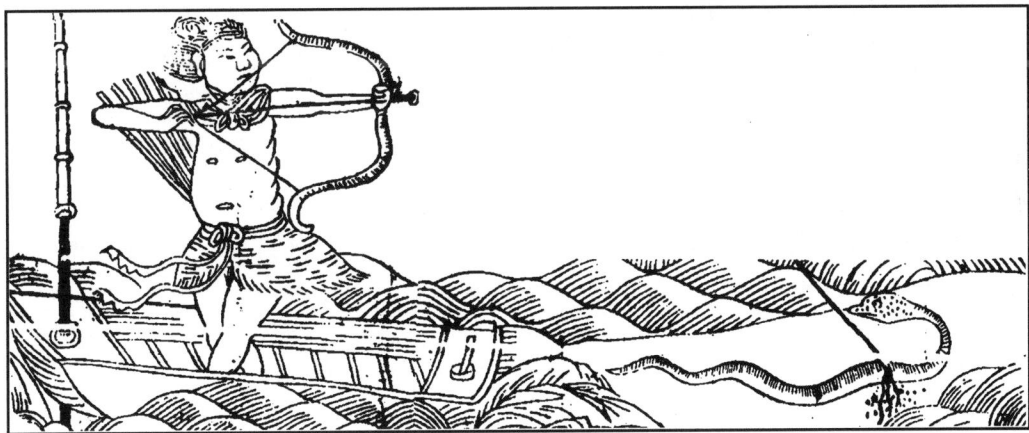

图9-1-7　《山海经》中载国之载民操弓射蛇图⑤

① 方韬译注：《山海经》，北京：中华书局，2009年，第241页。
② 方韬译注：《山海经》，北京：中华书局，2009年，第180页。
③ 董其详：《巴蜀社会性质初探》，董其祥：《巴史新考续编》，重庆：重庆出版社，1993年，第165～183页。
④ （宋）范晔撰，（唐）李贤等注：《后汉书》，北京：中华书局，1999年，第1919页。
⑤ 马昌仪：《古本山海经图说》，桂林：广西师范大学出版社，2007年，第718页。

　　上述巫师均是被后人封神的大巫师。巴蜀文化中还有一些不太知名的兼有巫师职能的首领人物。

　　文献所记最早与巴文化族群有关的巫师是孟涂。孟涂约当夏初之时，《山海经·海内南经》："夏后启之臣曰孟涂，是司神于巴，巴人讼于孟涂之所，其衣有血者乃执之，是请生。居山上，在丹山西。"①又《今本竹书纪年》卷三亦有简略记载："今本（帝启）八年，帝使孟涂如巴莅讼。"②关于丹山所在，一说在今秭归。郭璞注："丹山，在丹阳南，巴属也。今建平郡丹阳城，秭归县城东七里，即孟涂所居也。"《水经注》也说："丹山西，即巫山者也。"③另一说在豫、鄂、陕交界附近的丹淅之会。按《山海经·海内南经》，丹山在丹阳南，丹阳就是今丹江之阳地区，具体在今丹江与河南淅水相交的丹淅之汇。今河南淅川县及其周围地区丹淅之汇称丹阳，是迄今所见有确史可稽的最古丹阳地名。《史记·韩世家》载韩宣惠王二十一年，秦、魏与楚战于丹淅之地，"败楚将屈丐，斩首八万于丹阳"。《索隐》注丹阳："故楚都，在今均州。"④唐之均州，即丹淅之地，在今湖北丹江口市。此事还见于《史记》之《秦本记》、《楚世家》及《资治通鉴》等。《史记·秦本纪》记秦惠文王更元十三年。"庶长章击楚于丹阳，虏其将屈丐，斩首八万。"⑤《楚世家》曰："（楚怀王）十七年春，与秦战丹阳，斩甲士八万。"⑥《史记·屈原贾生列传》说得更明白："怀王怒，大兴师伐秦。秦发兵击之，大破楚师于丹、淅，斩首八万。"⑦可见丹阳在丹淅之地，丹淅之地称丹阳，显然是因其地处丹江之北而得名。笔者认为，夏代的"丹山西"，当以丹淅之会以西为是，即现在汉水上游末段与丹江交汇的北岸以西的大片地区，这也与后来文献记载巴人活跃于汉水上游相符。之所以郭璞认为丹阳在秭归东，是因为楚人后来起于丹淅之会，后逐渐南迁，并将丹阳、丹山的地名带到了三峡地区。

---

　　①　方韬译注：《山海经》，北京：中华书局，2009年，第206页。

　　②　王国维：《今本竹书纪年疏证》，《古本竹书纪年》附四，济南：齐鲁书社，2000年，第51页。

　　③　（北魏）郦道元注，（清）王先谦校：《合校水经注》，北京：中华书局，2009年，第533页。

　　④　（汉）司马迁撰，（南朝）裴骃集解，（唐）司马贞索隐，（唐）张守节正义：《史记》，北京：中华书局，1999年，第1513、1514页。

　　⑤　（汉）司马迁撰，（南朝）裴骃集解，（唐）司马贞索隐，（唐）张守节正义：《史记》，北京：中华书局，1999年，第149页。

　　⑥　（汉）司马迁撰，（南朝）裴骃集解，（唐）司马贞索隐，（唐）张守节正义：《史记》，北京：中华书局，1999年，第1410页。

　　⑦　（汉）司马迁撰，（南朝）裴骃集解，（唐）司马贞索隐，（唐）张守节正义：《史记》，北京：中华书局，1999年，第1934页。

　　夏启派孟涂到巴地主持诉讼裁判，这在远古常常是巫师的职责。史载孟涂为夏臣，实为借夏的盛名而增加权威而已，与假借天意相同。这个孟涂在诉讼中用神的名义裁判，很明显传达了他是一名巫师的信息。"其衣有血者乃执之"[①]，郭璞注曰"不直者则血见于衣"，更是确切无疑的"巫判"。所以袁珂先生说："孟涂之所为，盖巫术之神判也。"孟涂要在群巫上下的、巫风颇盛的巴文化地区"司神"，没有可以服人的巫术手段是难以想象的。

　　"孟涂"这个人名究竟是什么意思呢？杨明先生等认为："孟涂实为孟涂（于菟）之误写。"[②]"于菟"在古代本义即指虎。《左传·宣公四年》说："初，若敖娶于䢵，生斗伯比。若敖卒，从母畜于邔。淫于邔之子女，生子文焉。邔夫人使弃诸梦中。虎乳之。邔子田，见之，惧而归。夫人以告，遂使收之。楚人谓乳穀，谓虎'于菟'，故命之曰'斗穀于菟'。"[③]汉代扬雄《方言》也说："虎，陈、魏、宋、楚之间，或谓之'李父'；江、淮、南楚之间，谓之'李耳'，或谓之'于菟'。"[④]《广雅疏证》卷三三"释兽"条云："于菟，虎文貌。……虎有文谓之于菟。"[⑤]文通纹，可见有纹虎谓之"于菟"。果如此，孟涂就是以灵虎为助手的巫师，虎或许就是其图腾，后文还将进一步论述。

三、巴蜀国王的双重身份

　　扬雄《蜀王本纪》："蜀王之先，名蚕丛，后代名曰柏濩，后者名鱼凫。此三代各数百岁，皆神化不死。其民亦颇随王化去。"又载："后有一男子，名曰杜宇。从天堕，止朱提。有一女子名利，从江源井中出，为杜宇妻。乃自立为蜀王，号曰望帝。治汶山下邑曰郫，化民往往复出。"[⑥]虽然这是汉代人神化后的早期蜀王故事，但也可隐约看到当时蜀王所具有的不同于常人的神力，正是古代蜀王兼具大巫师（大祭司）才能拥有的。

　　古代巴蜀诸王兼具首巫较为明显者，当属廪君和鳖灵。

　　①　方韬译注：《山海经》，北京：中华书局，2009年，第206页。

　　②　杨明、白九江：《图腾遗风——巴人、土家人的虎崇拜》，待刊稿。

　　③　（周）左丘明传，（晋）杜预注，（唐）孔颖达正义：《春秋左传正义》，北京：北京大学出版社，2000年，第701、702页。

　　④　（汉）扬雄撰，（晋）郭璞注：《輶轩使者绝代语释别国方言》，《景印文渊阁四库全书》第221册，台北：台湾商务印书馆，1986年，第332页。

　　⑤　（清）王念孙著，钟宇讯点校：《广雅疏证》，北京：中华书局影印，1983年，第383页。

　　⑥　（汉）扬雄著，张震泽校注：《扬雄集校注》，上海：上海古籍出版社，1993年，第244、245页。

（一）廪君

廪君是最有名的巴人巫师。《后汉书·南蛮西南夷列传》记载：

> 巴郡南郡蛮，本有五姓：巴氏、樊氏、瞫氏、相氏、郑氏。皆出于武
> 落钟离山。其山有赤、黑二穴，巴氏子生于赤穴，四姓之子皆生黑穴。未有
> 君长，俱事鬼神，乃共掷剑于石穴，约能中者，奉以为君。巴氏子务相乃独
> 中之，众皆叹。又令各乘土船，约能浮者，当以为君。余姓悉沉，唯务相独
> 浮。因共立之，是为廪君。乃乘土船，从夷水至盐阳。盐水有神女，谓廪君
> 曰：“此地广大，鱼盐所出，愿留共居。”廪君不许。盐神暮辄来取宿，旦
> 即化为虫，与诸虫群飞，掩蔽日光，天地晦冥。积十余日，廪君伺其便，因
> 射杀之，天乃开明。廪君于是君乎夷城，四姓皆臣之。廪君死，魂魄世为白
> 虎。巴氏以虎饮人血，遂以人祠焉。[①]

廪君原名务相。按《山海经·海内西经》所说“开明东……巫相”[②]，务相的
“务”，与“巫”音同，所以我们推测“务相”实际上就是“巫相”，前文已经说
过，巫相是著名巫师之一，则廪君最初当为巫师。

或说“廪”与“灵”通，“廪君”即“灵君”。在古代南方，灵就是巫。王逸《说
文》中说：“灵，巫也。”[③]王国维在《宋元戏曲史》中则解释得更加清楚，他说：
“楚辞之灵殆以巫而兼尸之用者也。其词谓巫曰灵。盖群巫之中必有像神衣服形貌动作
者，而视为神之依凭，故谓之曰灵。”[④]可见，廪君实为一名会巫术的“巫君”。

“巴氏、樊氏、瞫氏、相氏、郑氏”五姓部落，“巴氏之子生于赤穴，四姓之子
生于黑穴”，此赤、黑二穴，若为他们的居所，实在太小，不可能容下五个部落或氏
族居住，因此可能是两个祭祀场所或图腾圣地。这两个祭祀场所或图腾圣地，巴氏独
居赤穴，而四姓同居于一黑穴，可见巴氏地位和信仰（尚赤）不同于其他四姓。图腾
圣地是与图腾祖先有关的神圣之地，它是图腾魂或婴儿魂栖息之所，又是图腾圣物储
藏空间，在举行宗教仪式或其他活动时，一般也都在图腾圣地。在澳大利亚的原始部

---

① （宋）范晔撰，（唐）李贤等注：《后汉书》卷86《南蛮西南夷列传》，北京：中华书局，
1999年，第1918页。

② 方韬译注：《山海经》，北京：中华书局，2009年，第213页。

③ （汉）许慎撰，（清）段玉裁注：《说文解字注》，上海：上海古籍出版社，1981年，第
54页。

④ 王国维撰：《宋元戏曲史》，上海：上海古籍出版社，1998年，第3页。

落社会，图腾圣地或在有岩石之处，或为山洞，或在有水池之地，或为峡谷，或在有树木之处。巴人的赤、黑二穴，无疑也发挥着原始宗教圣地的作用。

掷剑石穴，应是一种祭祀中的巫术活动；浮土船，也应是一种巫术活动，我们怀疑由于五姓遭水灾，分属五姓的巫师各施本领来挽救族人，只有务相所造船才使得众人脱险。巴氏子务相在掷剑中获胜，又在与水灾的抗争中做出贡献，因而获得较高的威望，遂成为五姓的国王——廪君。

但是廪君这个称号的由来，却与其作为巫师的地位密不可分。由于被神化的图腾普遍被认作是以人的形象向其礼拜者显现，巫师很容易因人们假想他具有神奇权力而取得神的化身的声誉。务相是以通达图腾神的巫师形象出现的，由于这支巴人的图腾是老虎，故廪君死化白虎是再自然不过的。鉴于廪君在五姓巴人中的特殊地位，廪君所做的一切，是他的强大的巫术影响下的结果，所以在古代巴人眼里，廪君的死仍然是生的延续，他仍以图腾神——白虎的生命形式存在，他与白虎是一体的。正如列维-布留尔所认为的，在原始人眼里，"巫师本人也可以变成野兽"，他举例说："在英属圭亚那，'不同寻常的大胆接近人的美洲虎，常常使得即使勇敢的猎人也要失去勇气，猎人立刻想到它可能是卡耐依马老虎。……这些卡耐依马动物附着嗜血成性的并喜欢吃人肉的人的魂。'——这个信仰与我们在中非遇见的那种把巫师当成吃人的人来害怕的信仰相似。"[①]我们看到，廪君神话中，正是由于廪君变作了白虎，而老虎有时候是要伤害人的，为了避免这种伤害，所以"以人祠焉"。

廪君向外扩张过程中也展示了浓烈的巫术色彩。廪君到达盐水后，盐水女神"暮辄来取宿，旦即化为虫"，分明说的是母系氏族的走婚制（对偶婚，本应当是廪君"暮辄来取宿"，但后人按封建伦理觉得不理解，就传成了盐水女神"暮辄来取宿"），晚上同住，白天离开，家庭十分松散，这种家庭结构，令比其进步许多的廪君不满意，当然"廪君不许"。"旦即化为虫"，虫为盐水女神的图腾，显然隐含着盐水女神企图用她的图腾强加于廪君巴人。又《世本》记廪君与盐水女神："使人操青缕以遗盐神，曰：'婴此，即相宜，与女俱生，宜将去。'盐神受而婴之，廪君即立阳石上，应青缕而射之，中盐神，盐神死，天乃大开。"[②]

盐神以"虫"的形式隐藏在众"虫"中，廪君不易分辨，遗缕方得射杀，这是一种接触巫术。当然，这可能并非真正消灭了盐水女神部落，而是说通过运用巫术的方式迫使其改变了虫图腾。即使廪君是通过战争才达到目的的，也不能否认廪君以其巫术神话来解释他的胜利的历史真实。事实上，巫师固然因其身份之便而成为国王，而国王也常常需借助巫术的力量而巩固其地位。弗雷泽说："在未开化的野蛮社会

---

① ［法］列维-布留尔：《原始思维》，北京：商务印书馆，1995年，第378、379页。

② （汉）宋衷注，（清）王谟辑，周谓卿点校：《世本》，济南：齐鲁书社，1999年，第54页。

中，许多酋长和国王所拥有的权威，在很大程度上应归之于他们兼任巫师所获得的声誉。"①有时候，即使他做的某一件事不是依靠巫术获得的，他也要宣扬那是由于他强大的巫术力量所致。因为这样才能使他的臣民对他保持足够的尊敬和崇拜。

同时，我们应当注意到，在所有的文献中，都没有提到廪君死以前的巴文化社会有崇拜白虎的习俗，而只是生前隐约地表现出他们有崇虎的习俗而已。如有的认为"巴"有虎意；如"廪"为"虎"的别译等，从这方面来看，廪君生前的巴文化族群只是对虎很崇拜。可是，自从廪君"死化白虎"后，文献凡是说到虎必称"白虎"，如板楯蛮"射杀白虎""白虎夷人""白虎之后"等，由此可见，巴人的图腾有一个从"虎"到"白虎"的发展历程，其中的重大转折就是从廪君"死化白虎"开始的。

那么，廪君巴人为何要将自己的虎图腾转变为白虎图腾呢？如果仅仅认为自然界存在"白虎"或"白额虎"，并以为白虎最奇特、最有力量，那就失之简单了。事实上，"白虎"图腾有着深刻的象征意义。先秦以来，"白虎"就有象征"仁义"的意义。《诗经·驺虞》说："仁如驺虞，则王道成也。""驺虞"即白虎。《毛诗正义》说："驺虞，白虎黑文，不食生物，有志信之德则应之。""驺虞……不食生物，不履生草，应信而至者也。"②《驺虞》还是周乐之一，具有象征提倡仁义、王道的重大意义③。在土家族民间故事中，《义虎》《老巴子求医》《樵哥》等讲的都是关于虎助人的仁义行为④。所以《虎荟》说："白虎者，仁兽也。"巴人五姓的赤、黑二穴，表明他们分别以赤、黑二色为尊。廪君依靠其强大实力，征服了黑穴四姓，但廪君死后，这样的强力人物不再存在，所以继任者采取了一种妥协姿态，以象征仁义的白色作为所有姓氏都能接受的文化色。其方式即以廪君化白虎来完成这种转变。

（二）鳖灵

另一个与巫相关的国君是鳖灵。杨雄《蜀王本纪》记载：

> 望帝积百余岁，荆有一人名鳖灵，其尸亡去，荆人求之不得。鳖灵尸随江水上至郫，遂活，与望帝相见。望帝以鳖灵为相。时玉山出水，若尧之

① ［英］詹·乔·弗雷泽著，徐育新、汪培基、张泽石译：《金枝》，北京：中国民间文艺出版社，1987年，第93页。

② （汉）毛亨传，（汉）郑玄笺，（唐）孔颖达疏：《毛诗注疏》，《景印文渊阁四库全书》第69册，台北：台湾商务印书馆，1986年，第146页。

③ 刘纲纪：《试谈巴文化的渊源、特征及"白虎"的含义》，《湖北民族学院学报（社会科学版）》1990年第2期。

④ 杨颜玲：《土家族虎、鹰、蛇图腾神话考略》，《恩施教育学院学报》1996年第1期。

洪水。望帝不能治，使鳖灵决玉山，民得安处。鳖灵治水去后，望帝与其妻通，惭愧，自以德薄，不如鳖灵，乃委国授之而去，如尧之禅舜。鳖灵即位，号曰开明帝。帝生卢保，亦号开明。望帝去时，子鹃鸣，故蜀人悲子鹃鸣而思望帝。[①]

鳖灵虽然是蜀的国君，但他却来自荆楚。童恩正先生认为鳖灵实为巴人，理由一是"在春秋时代，'巴楚数相攻伐'，楚人能否越过巴国，千里迢迢地在川西建立一个政权，实属可疑"。其次，"从历史记载来看，《华阳国志·蜀志》：'蜀王封其弟于葭萌，号为苴侯。'……苴就是巴。蜀王之弟称苴侯，可以反证蜀王本人也应该是巴族"[②]。也有学者认为，鳖灵与崇伯鲧有极大关系，鲧与鳖灵都有治水的神话，鲧死后曾化为鳖；另崇即丛也，鳖灵称帝后号丛帝，故鳖灵即传说中的崇伯鲧[③]，并认为庸与崇应当是一国之异称。

鳖灵的西奔与楚、秦、巴三国灭庸有关。庸国的范围大致在今湖北竹山县、房县至重庆奉节县一带，公元前611年庸国灭亡，这一地区的麇人、戎人、䍻人、儵人、鱼人等均遭灭顶之灾，百濮则"各走其邑"[④]。而䍻与鳖一声之转。儵则为鱼，《山海经》形容"其状如鸡而赤毛，三尾、六足、四目，其音如鹊"[⑤]。《康熙字典》则指其"性好游"，与鳖灵"随水而上"相合。鳖灵部族当为上述人群中的一支。又《山海经·中次十一经》："从山，从水出于其上，潜于其下，其中多三足鳖，枝尾，食之

---

①　（汉）扬雄著，张震泽校注：《扬雄集校注》，上海：上海古籍出版社，1993年，第245、246页。

②　童恩正：《古代的巴蜀》，重庆：重庆出版社，1998年，第78页。

③　孙华：《鳖灵名义考——兼论鳖灵与蜀开明氏的关系》，《四川文物》1989年第5期。

④　《左传·文公十六年》："楚大饥，戎伐其西南，至于阜山，师于大林。又伐其东南，至于阳丘，以侵訾枝。庸人帅群蛮以叛楚。麇人帅百濮聚于选，将伐楚。于是申、息之北门不启。楚人谋徙于阪高。蒍贾曰：'不可。我能往，寇亦能往。不如伐庸。夫麇与百濮，谓我饥不能师，故伐我也。若我出师，必惧而归。百濮离居，将各走其邑。谁暇谋人？'乃出师。旬有五日，百濮乃罢。自庐以往，振廪同食。次于句澨。使庐戢黎侵庸，及庸方城。庸人逐之，囚子扬窗。三宿而逸，曰：'庸师众，群蛮聚焉，不如复大师，且起王卒，合而后进。'师叔曰：'不可。姑又与之，遇以骄之。彼骄我怒，而后可克，先君蚡冒所以服陉隰也。'又与之遇，七遇皆北，唯䍻、儵、鱼人实逐之。庸人曰：'楚不足与战矣。'遂不设备。楚子乘驲，会师于临品，分为二队，子越自石溪，子贝自仞以伐庸。秦人、巴人从楚师，群蛮从楚子盟，遂灭庸。"参见（周）左丘明传，（晋）杜预注，（唐）孔颖达正义：《春秋左传正义》，北京：北京大学出版社，2000年，第649～651页。

⑤　方韬译注：《山海经》，北京：中华书局，2009年，第56页。

无蛊迹。"①按《尔雅·释鱼》："鳖三足，贲。"②（图9-1-8）"从山"之鳖，王蜀后曰丛帝，为应有之义。庸国之人群大多为濮系人群，这与巴国底层人群的构成成分相似，故鳖灵人群虽然出自荆，但兼有巴、楚文化的共同特征。

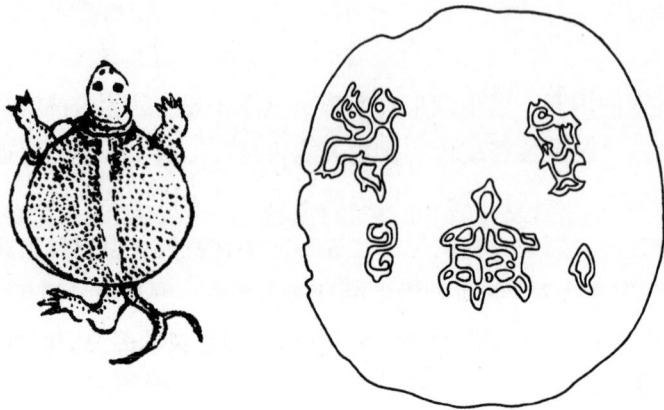

图9-1-8　《山海经》中的三足鳖③与成都三洞桥出土铜勺（战国）上的鳖④

　　关于鳖灵的事迹有一些不经的神话故事。《华阳国志·序志》："荆人鳖灵死，尸化西上，后为蜀帝。"⑤《后汉书》卷五九张衡《思玄赋》有云："鳖令殪而尸亡兮，取蜀禅而引世。"李贤注："鳖令，蜀王名也。令音灵。殪，死也。禅，传位也。引，长也。"⑥关于"尸"的意思，笔者在《国王与动物：古代巴蜀的图腾化身信仰》一文中指出有四种意思：①尸体；②特指夷人，即华夏周边的少数民族；③头断而不死者为尸，引申为一个氏族部落首领被诛后，余众仍自生存，远徙独立之部；④神主或神像。从鳖灵化尸的故事看，其"尸"意更接近第三、四种。先说第三种，鳖灵"其尸亡去"，与笔者前文所分析的庸国被秦、楚、巴三国灭亡后，部分族群分散逃亡相合，而鳖灵部族向西逃亡后，其部族人群在川西平原得以重整，形成一股极强的新的政治势力，"至郫遂活"或许就是指的余部重整焕发活力的意思。第四种意思在古代主要是指代表部族的祖先神。周人祭祀祖先与诸神时，皆使一人端坐受礼，以像其神，不得言动，称之为尸。《史记·周本纪》："武王上祭于毕。东

①　方韬译注：《山海经》，北京：中华书局，2009年，第161页。

②　（晋）郭璞注，（宋）邢昺疏：《尔雅注疏（十三经注疏）》卷9《释鱼》，北京：北京大学出版社，1999年，第332页。

③　马昌仪：《古本山海经图说》，桂林：广西师范大学出版社，2007年，第675页。

④　成都市文物管理处：《成都三洞桥青羊小区战国墓》，《文物》1989年第5期。

⑤　（晋）常璩撰：《二十五别史·华阳国志》，济南：齐鲁书社，2000年，第200页。

⑥　（宋）范晔撰，（唐）李贤等注：《后汉书》，北京：中华书局，1999年，第1300、1301页。

观兵，至于盟津。为文王木主，载以车，中军。"①《礼记·曲礼》曰："孙可以为王父尸，子不可以为父尸。"②也就是隔代之人才可以扮演祖先神的模样（中国古代的祖孙昭穆制度），以代表祖先享用后人的祭祀。《诗》曰："公尸来燕"（《大雅》）、"皇尸载起"（《小雅》），即"尸"在祭礼完毕后才能起而言动。从个意义上讲，"鳖灵之尸"应是鳖灵部族的祖先神，鳖灵则是具有通达或操纵神灵的大巫师。

关于治水问题。《华阳国志》载："会有（火）〔水〕灾，其相开明，决玉垒山以除水害。"③玉垒山，据《汉书·地理志》"绵虒"下原注云："玉垒山，湔水所出，东南至江阳入江。"④《说文》"湔"字下记"湔水出蜀郡绵虒玉垒山，东南入江"。刘琳在《华阳国志校注》中指出，湔水为今白沙河玉垒山，即湔水发源地以北的九顶山，即都江堰水利工程内江"宝瓶口"一侧山体⑤。而《水经注·江水》引来敏《本蜀论》说："时巫山峡而蜀水不流，帝使令凿巫峡通水，蜀得陆处。"⑥晋张华注《禽经》引汉代李膺《蜀志》又云："其后巫山龙斗，壅江不流，鳖灵乃凿巫山，开三峡，降丘宅，土人得陆居。"⑦则言明指巫山。从当时蜀国地望和洪水的影响及治理可行性看，鳖灵所治之水当以前说为是。

鳖灵又作鳖令。前文已经说过，"灵"就是"巫"，则鳖灵意即鳖地或鳖部族的大巫师。由巫而令，与廪君由巫而君相似。不但如此，鳖灵同样也有由令而君的经历。就像廪君一样，鳖灵为君后，就将原部族名称（或图腾）改为"开明"，所建朝代为"开明朝"，历代国君均以神灵之名号开明帝（开明是开明王朝国君的统称，每一国君又有具体称呼，如《华阳国志·蜀志》："开明位号曰丛帝。丛帝生卢帝。"⑧鳖灵不但有开明之称，其后九世则又称开明，可见，开明的确是蜀国君的一种总号）。关于"开明"，《山海经·海内西经》记昆仑山上有神名"开明神"，其形象"身大类虎而九首，皆人面东向"，《西次三经》或说为"虎身而九尾，人面而

---

① （汉）司马迁撰，（南朝）裴骃集解，（唐）司马贞索隐，（唐）张守节正义：《史记》，北京：中华书局，1999年，第87页。

② （汉）郑玄注，（唐）孔颖达疏：《礼记正义》，北京：北京大学出版社，2000年，第86页。

③ （晋）常璩撰：《二十五别史·华阳国志》，济南：齐鲁书社，2000年，第27页。

④ （汉）班固撰，（唐）颜师古注：《汉书》卷28《地理志下》，北京：中华书局，1964年，第1598页。

⑤ （晋）常璩撰，刘琳校注：《华阳国志校注》，成都：巴蜀书社，1984年，第184、185页。

⑥ （北魏）郦道元注，（清）王先谦校：《合校水经注》，北京：中华书局，2009年，第523页。

⑦ （晋）张华注：《禽经》，《景印文渊阁四库全书》第847册，台北：台湾商务印书馆，1986年，第57页。

⑧ （晋）常璩撰：《二十五别史·华阳国志》，济南：齐鲁书社，2000年，第27页。

虎爪"，《西山经》又记其上有神名"陆吾"，其状均类虎。又《毛诗·召南·驺虞》："驺虞（即陆吾），义兽也，白虎黑文。"[1]可见"开明"就是白虎，这和廪君作为巫师有虎意、死后化白虎是一样的。

通过以上分析，我们发现廪君与鳖灵具有惊人的文化内核相似性。

四、总　　结

巴人、蜀人的国王既是巫师又是政治上的掌权者。国王与巫师的双重身份互相强化。英国学者弗雷泽在《金枝》中论述巫师兼国王时写道："就巫术成为公共职务而影响了原始社会的素质而言，它趋向于将管理权集中在最能干的人手中。""在野蛮社会中，还有另一类常见的可称之为'公众巫术'的事例，即一些为了整个部落里的共同利益而施行的巫术。不论在什么地方，只要见到这类为了公共利益而举行的仪式，即可明显地看出巫师已不再是一个个体巫术的执行者，而在某种程度上成了一个公务人员。这种官吏阶层的形成在人类社会政治与宗教发展史上具有重大意义。当部落的福利被认为是有赖于这些巫术仪式的履行时，巫师就上升到一种更有影响和声望的地位，而且可能很容易地取得一个首领或国王的身份和权势。""公众巫师占据着一个具有很大影响的位置，如果他是个慎重能干的人，就可以一步步爬上国王或酋长的宝座。"[2]

当一名巫师夺取走一个尚处于部落社会的民主权力，从而建立起专制国家时，他必须通过对外的具有扩张性的战争来巩固他的这种权力。他常常要利用原始宗教或原始信仰的名义，与外部势力进行斗争，在此过程中，权力得以加强，社会得以形成新的结构。"一个部落只要不再被那个胆小的、意见不一的长老会议所左右而是服从于一个单一坚强果断的人的引导，它就变得比邻近部落强大，并进入一个扩张时期。这在人类历史的早期阶段，就十分有利于社会生产和智力的进步。"[3]鳖灵的神话表明，其部族虽然始于"亡去"，但在成都平原一带复活为一支强大的新势力，通过治水这种高度组织化的行为，逐渐扩充了自己的权力，并掌控了杜宇王朝的实际统治权，所

---

[1]　（汉）毛亨传，（汉）郑玄笺，（唐）孔颖达疏：《毛诗注疏》，《景印文渊阁四库全书本》第69册，台北：台湾商务印书馆，1986年，第146页。

[2]　[英]詹·乔·弗雷泽著，徐育新、汪培基、张泽石译：《金枝》，北京：中国民间文艺出版社，1987年，第70、73、93页。

[3]　[英]詹·乔·弗雷泽著，徐育新、汪培基、张泽石译：《金枝》，北京：中国民间文艺出版社，1987年，第73页。

谓的"帝遂委以政事，法尧舜禅授之义"①，不过是在权力丧失下的被迫行动。事实上，杜宇朝故老是看得很清楚的，"时适二月，子鹃鸟鸣，故蜀人悲子鹃鸟鸣也"②。说明当时的蜀人就知道杜宇朝国君是在不情愿的情况下交出权力的，且蜀人极为怀念故君，而对外来的新君隐隐含有排斥之意。此外，开明二世卢帝继续扩张，"攻秦至雍"，从而进一步加强了军功权。

廪君死化白虎的神话同时也表明，廪君生前是被巴人视作虎的化身而存在的，所以他死后才会又变回白虎。由于廪君作为巫师与白虎等同起来，同时又是国君，所以很明显地控制着政治和宗教两方面的权力。通过宗教祭祀权的独享可以达到控制宗教权力的目的。关于这一点，"巴氏以虎饮人血，遂以人祠焉"，这句话说得很明白，是巴氏而非被征服的樊氏、曋氏、相氏、郑氏去"以人祠"，虽然此处说的是祭祀廪君化作的白虎。之所以巴氏能够独享祭祀权，除了廪君本身的原因外，还与虎最先是作为巴氏的图腾有关。五姓与赤穴、黑穴的故事，巴氏独祭一穴，很可能是由于其图腾与四姓不同，后来通过廪君与四姓的比赛，才使四姓同奉虎图腾，但这并不能说明四姓具有了同等权力的祭祀权，只是同宗一图腾罢了。

鳖灵部族以开明神兽作为王朝的象征，并逐渐发展为全蜀人的神，进一步整合了蜀人社会，改造了当地的信仰体系。春秋中晚期以前，蜀地青铜器上很少见到虎纹装饰或虎纹巴蜀符号，此后，这类符号越来越多，正是信仰体系发生变化的真实写照。童恩正先生指出："在国家的形成过程中，如果某氏族或家族成了一个政治团体的统治者，那么他们崇拜的祖先可能成为全政治团体的神，或甚至成为全民族的神。"③这一点，廪君部族白虎图腾的形成和发展也是最好的说明。

第二节 国王与动物：古代巴蜀的图腾化身信仰

图腾化身信仰是古代原始人群图腾信仰体系的构成要素之一。图腾崇拜是指关于人与某一图腾有亲缘关系的信仰。所谓图腾化身信仰，即远古人类相信，图腾具有某种人格化的力量，某些特殊的人具有图腾神格的魅力，人和图腾之间可以互相转化。图腾信仰的来源是基于最初人们相信人类与动植物的起源具有同一性，继而认为人和现存动植物（包括其他非生命物体等，下同）具有亲属关系，并将某些相关的特定对象引申为图腾。图腾化身信仰可分为几个阶段：图腾化身为人的信仰；巫师化身为图

① （晋）常璩撰：《二十五别史·华阳国志》，济南：齐鲁书社，2000年，第27页。
② （晋）常璩撰：《二十五别史·华阳国志》，济南：齐鲁书社，2000年，第27页。
③ 童恩正：《中国古代巫、巫术、巫术崇拜及其相关问题》，湖南省文物考古研究所：《长江中游史前文化暨第二届亚洲文明学术讨论会论文集》，长沙：岳麓书社，1996年，第313页。

腾的信仰；图腾祖先化身信仰。这几个层次，互为表里，也是图腾化身信仰的几个发展阶段。图腾化身为人是基础和内核，巫师化身信仰是通往祖先化身信仰的必然历程，图腾祖先化身信仰则是这一观念发展的顶峰。在古代的巴蜀，图腾祖先化身信仰是最主要的表现形式。

一、早期巴蜀的图腾化身信仰

所谓图腾祖先化身信仰，即相信祖先是由图腾化身而来的，同时相信祖先也具有化身为图腾的能力。图腾祖先化身信仰是一种观念系统，是人与图腾相互关系中的一个重要历程。图腾祖先化身信仰又可分为三种：一是相信祖先由图腾所变或所化；二是相信祖先由某女子或男子与图腾动物以及图腾化身的男子（女子）婚配而生；三是认为祖先死后能化身为图腾动植物。

祖先由图腾变化而来观念的产生，与两个有关图腾的长期争论不休的问题相联系：一是早期人类对于孕育的懵懂无知；二是母系社会的对偶婚制度，人们只知其母，不知其父。这两方面的原因，导致人类将自身与图腾相联系。图腾化身信仰的三种外在表现形式，就其产生的深层原因而言，可以转换为"人是由什么变来的""人死后变成什么"两个问题，而这正是早期人类关怀的终极命题，并最终产生的答案。笔者认为，图腾祖先化身信仰的前两种形式消亡年代要晚于第三种形式。在发展程度较高的族群中，由于鬼魂观念的产生和发展，"人死后变为什么"便不成为问题了，而集中于第一个问题的思考；但一些较原始的族群对后者的思考依然执着。前者如"天命玄鸟，降而生商"的传说，后者如"廪君死化白虎"的神话。

在中国远古历史传说中，中华民族的人文先祖就有与动物互化的记载。如鲧就曾有化为动物的不同传说。《左传·昭公七年》："昔尧殛鲧于羽山，其神化为黄熊，以入于羽渊。"[①]《山海经·海内经》："帝令祝融杀鲧于羽郊。鲧复生禹。"郭璞注："鲧死三岁，不腐，剖之以吴刀，化为黄龙也。"[②]《拾遗记》卷三则说："尧命夏鲧治水，九载无绩。鲧自沉于羽渊，化为玄鱼。"[③]黄熊、黄龙和玄鱼，均应为鲧部族图腾的不同说法，鲧死后化为动物，正好反映了夏人信仰体系中其先祖化身为图腾的观念结构。

---

① （周）左丘明传，（晋）杜预注，（唐）孔颖达正义：《春秋左传正义》，北京：北京大学出版社，2000年，第1433、1434页。

② 袁珂校注：《山海经校注》，上海：上海古籍出版社，1980年，第173页。

③ （晋）王嘉撰，（梁）萧绮录，齐治平校注：《拾遗记》，北京：中华书局，1981年，第33页。

《史记·殷本纪》记："殷契，母曰简狄，有娀氏之女，为帝喾次妃。三人行浴，见玄鸟坠其卵，简狄取吞之，因孕生契。"①这种由于吞鸟卵而孕生的故事，在部分现代少数民族中以不同的神话传说形式存在，是化身信仰的一种晚期残存形式。汉代王充在其《论衡·诘术篇》中则称："古者，因生以赐姓，因其所生赐之姓也。若夏吞薏苡而生，则姓以苡氏。商吞燕子而生，则姓为子姓。周履大人迹，则姬氏其立名也。"②这实际上是说，夏商周三族的祖先具有神性，是由各自的图腾化身而来，这种观念较之某人由某种图腾直接变化而来显然更为发展了。

在古代巴蜀历史上，图腾祖先化身信仰主要体现在巴蜀诸王与各种动物的关系上。

（一）颛顼化鱼妇：巫师化身为图腾的实例

《山海经·大荒西经》中有下面一段关于鱼凫化身的记载：

> 有鱼偏枯，名曰鱼妇。颛顼死即复苏。风道北来，天乃大水泉，蛇乃化为鱼，是为鱼妇。颛顼死即复苏。③

在这则晦涩难懂的神话中，蛇与鱼、颛顼与鱼妇、偏枯与复苏、风与水等构成了一组组既对立又统一的结构性隐喻，体现了从一种状态到另一种状态的变化。其中风与水是外在条件，偏枯与复苏是一种生命态的变迁，颛顼与鱼妇体现巫师施法的形象表征，蛇与鱼的转化是该事件的文化内核。

张勋燎先生认为，鱼凫、鱼复、鱼腹等都是鱼凫的不同记音④。笔者认为，此处的"鱼妇"，同样应为鱼凫。一般认为，鱼凫族的图腾是一种水鸟，也有的认为是鸟与鱼两个部族的联合体，鸟、鱼图腾并存。但是这段话明明提到鱼凫是由蛇化来的，当如何理解呢？原来蛇是早期巴文化族群、蜀文化族群的一种祖先图腾。从文献记载来看，巴与蛇相联系似乎不晚于夏，如"巴蛇食象""羿屠巴蛇于洞庭"，巴是部族名，蛇是动物，巴蛇连用，显系巴的图腾为蛇，若文献言"姬周"（姬，迹也）、"白虎复夷"也。而在成都金沙遗址，则出土了多件嘴涂朱丹的石盘蛇。后来由于各

---

① （汉）司马迁撰，（南朝）裴骃集解，（唐）司马贞索隐，（唐）张守节正义：《史记》，北京：中华书局，1999年，第67页。

② 黄晖：《论衡校释》，北京：中华书局，1990年，第1033页。

③ 方韬译注：《山海经》，北京：中华书局，2009年，第258页。

④ 张勋燎：《古代巴人的起源及其与蜀人、僚人的关系》，四川大学博物馆、中国古代铜鼓研究学会：《南方民族考古（第一辑）》，成都：四川大学出版社，1987年，第45~71页。

种原因，巴、蜀的蛇图腾进一步发展演化，就转化为鸟（鱼）、虎等图腾了[①]，并在这一过程中吞并了其他图腾的一些部族，如"巴蛇吞象"的记载（图9-2-1，2）。

图9-2-1　《山海经》中的互人与巴蛇食象图[②]

1.互人图　2.巴蛇食象图

这段话实际讲的是颛顼扮巫师表现蛇图腾转变为鱼图腾的一幅图景，是以一种特别的方式回忆蛇向鱼转化的过程。"鱼妇"就是"鱼凫"，"蛇乃化为鱼，是为鱼妇"，鱼、鱼凫都是这个图腾的表现形式。按《史记·五帝本纪》记载，颛顼为黄帝重孙，昌意之子，即高阳，封于蜀[③]。"颛顼死即复苏"，暗指巫术活动中颛顼表演"蛇"死而化"鱼"的图腾景观。同书又载"有互人之国，其为人，人面而鱼身"（图9-2-1，1），也是说的这个道理。按郝懿行《山海经笺疏》的说法，"互人"即《海内南经》的"氐人国"，"氐互二字盖以形近而讹，俗作氐，正作互字也"。一般认为，蜀人有氐羌成分。《大荒西经》中"颛顼化鱼妇"的故事记录于氐人国的条目后，"有氐人之国，炎帝之孙名曰灵契。灵契生互人，是能上下于天"[④]。在早期社会，能上下通天的一般是大巫师，所以才有后来重、黎"绝天地通"之事见载。由此可知，互人也是巫师，故也有"蛇乃化为鱼"的图腾转化过程。《山海经·海外南经》说："虫为蛇，蛇号为鱼。"晋郭璞注："以虫为蛇，蛇为鱼也。"[⑤]又《淮南子·坠形训》也记载了后稷死后，半体化生为鱼的故事，"后稷垅在建木西，其人死

---

① 杨铭：《土家族与古代巴人》，重庆：重庆出版社，2002年，第154～157页。

② 马昌仪：《古本山海经图说》，桂林：广西师范大学出版社，2007年，第875页。

③ （汉）司马迁撰，（南朝）裴骃集解，（唐）司马贞索隐，（唐）张守节正义：《史记》，北京：中华书局，1999年，第8页。

④ 方韬译注：《山海经》，北京：中华书局，2009年，第258页。

⑤ 方韬译注：《山海经》，北京：中华书局，2009年，第278页。

复苏，其半鱼，在其间"①。三星堆遗址出土的其中一种神树，或认为即是建木。

蛇向鸟（鱼凫）的转化是一个连续的融合过程。早期文物上的鸟与蛇确有融合在一起的例子，如三星堆出土的鸟装铜人像，其足即是鸟头蛇身的合体②。在稍晚的器物上，则常见鸟、鱼、蛇同饰于一器的情况，如成都三洞桥发现的铜勺③，"勺面饰龟、鸟、鱼三种图像"，以及云纹和蛇头图像。蛇化为鱼，并不表明完全抛弃了蛇图腾的精神内核，就图腾的外在形式而言，表现为新图腾融合旧图腾。

（二）三代的神化：早期的图腾祖先化身信仰

扬雄《蜀王本纪》载："蜀王之先，名蚕丛，后代名曰柏濩，后者名鱼凫。此三代各数百岁，皆神化不死。其民亦颇随王化去。鱼凫田于湔山，得仙，今庙祀之于湔。时蜀民稀少。"④《华阳国志·蜀志》亦云："有蜀侯蚕丛，其目纵，始称王。……次王曰柏灌。次王曰鱼凫。鱼凫王田于湔山，忽得仙道，蜀人思之，为立祠。"⑤

上述所记的"神化不死"或"得道仙去"，显然是用后来的神仙思想牵强附会早期的历史传说。至于蚕丛、柏濩、鱼凫三代各数百岁，当然也不是说三个国王，而是指三朝各延续了几百年，并以统治阶层所崇奉的图腾作为三代的名称。蚕丛之名，可能与蜀人发明养蚕或以养蚕闻名有关，遂以为图腾。蜀的得名亦始于此，"蜀"在甲骨文中的形状，若一只虫，其上顶着一只大眼睛。在四川广汉三星堆遗址的两个器物坑里，就出土了不少的铜"眼形器"，三星堆高柄陶豆上有的也饰有眼睛，重庆涪陵镇安遗址出土陶豆上也见眼形镂孔装饰（图9-2-2）⑥。或许这些正是蚕丛"其目纵"的一种反映。柏濩，有的书作柏灌，其人不可考，有人认为濩（灌）字左下为"隹"⑦，是一种短尾鸟，或许是一种与鸟有关的动物。鱼凫前文已经有叙述。与此相应的是三星堆遗址发现许多鸟头把勺，也许可以联系上。"神化不死"的着重点不在"不死"，而在

---

① 何宁撰：《淮南子集释》，北京：中华书局，1998年，第362页。

② 孙华先生认为四川广汉三星堆遗址祭祀坑K2③：264号"铜兽首冠人像"和K2③：327号"铜人身鸟爪形足人像"或许应为一个个体，并称为"鸟装铜人像"。参见四川省文物考古研究所：《三星堆祭祀坑》图八四、图八七，北京：文物出版社，1999年，第167、171页；孙华：《四川盆地的青铜时代》，北京：科学出版社，2000年，第254~258页。

③ 吴怡：《记成都出土的几件雕有图腾纹饰的青铜器》，《成都文物》1986年第3期。

④ （汉）扬雄著，张震泽校注：《扬雄集校注》，上海：上海古籍出版社，1993年，第244、245页。

⑤ （晋）常璩撰：《二十五别史·华阳国志》，济南：齐鲁书社，2000年，第27页。

⑥ 资料尚未发表。笔者1999年参观涪陵博物馆时见到过这批标本，现部分标本在该馆展出。

⑦ 孙华：《四川盆地的青铜时代》，北京：科学出版社，2000年，第342页。

于"神化"。何谓"神化"，在当时的历史条件下，只能理解为时人相信国王死后能化身为图腾动物，故才曰"不死"。这样一种化身图腾的能力，也被赋予一部分臣民，所以"其民亦颇随王化去"，这正是图腾化身信仰存在于一般民众的现象。

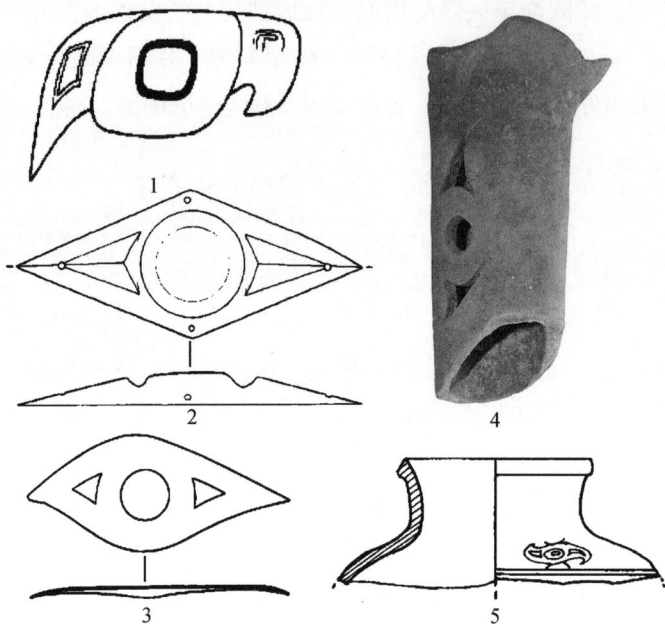

图9-2-2　眼形器和眼形装饰

1、2.四川广汉三星堆遗址祭祀坑K2出土　3.四川成都金沙遗址出土　4.重庆涪陵镇安遗址出土陶豆柄

5.湖北长阳香炉石遗址陶罐

二、杜宇与鳖灵的图腾化身能力

（一）杜宇化子鹃

《华阳国志·蜀志》记："后有王曰杜宇，教民务农，一号杜主。时朱提有梁氏女利，游江原，宇悦之，纳以为妃。移治郫邑，或治瞿上。（七）[巴]国称王，杜宇称帝，号曰望帝，更名蒲卑。……会有（火）[水]灾，其相开明，决玉垒山以除水害。帝遂委以政事，法尧舜禅授之义，（遂）禅位于开明。帝升西山隐焉。时适二月，子鹃鸟鸣，故蜀人悲子鹃鸟鸣也。"[①]

《华阳国志》记杜宇"升西山隐焉"，而蜀人以"子鹃鸟鸣"联系杜宇。杜宇与子规鸟的关系，师旷《禽经》就说："江左曰子规，蜀曰杜宇，又云杜鹃，出蜀

---

①　（晋）常璩撰：《二十五别史·华阳国志》，济南：齐鲁书社，2000年，第27页。

中。"①这里明确指出，子规即杜宇，我们由此可以这样理解：杜宇朝的图腾或许就是子规鸟（杜鹃），所以蜀民才会将"子鹃鸟鸣"与杜宇升隐西山相联系。

我们再看一看有关这一传说的其他记载。《宋本太平寰宇记》卷七二"益州"引扬雄《蜀王本纪》、来敏《本蜀论》等云："蜀之先肇于人皇之际。……其后有王曰杜宇。宇称帝，号望帝。……望帝使鳖泠凿巫山，蜀得陆处。望帝自以德不如相，因禅位于鳖泠，号开明。遂自亡去，化为子鹃鸟。故蜀人闻子鹃鸣，曰：是我望帝也。"②

这段话则更确切指出杜宇"化为子鹃鸟"，而且蜀人亦言"是我望帝也"。左思《蜀都赋》说："鸟生杜宇之魄。"即望帝杜宇本是神鸟所化。以上说明，蜀人在杜宇时代，杜宇的图腾可能是子鹃（子归）鸟，所以人们相信杜宇"化为子鹃鸟"，正是祖先化身为图腾信仰的反映。

（二）鳖灵化尸

另一个与"化身"相关的国君是鳖灵（鳖令）。鳖灵虽然是蜀的国君，但他却不是土生土长的蜀人。文献记载鳖灵是荆人，如《蜀王本纪》叙述："荆有一人名鳖灵，其尸亡去，荆人求之不得。鳖灵尸随江水上至郫，遂活，与望帝相见。望帝以鳖灵为相。时玉山出水，若尧之洪水。望帝不能治，使鳖灵决玉山，民得安处。鳖灵治水去后，望帝与其妻通，惭愧，自以德薄，不如鳖灵，乃委国授之而去，如尧之禅舜。鳖灵即位，号曰开明帝。"③

鳖，人们常认为是一地名，即鄨，乃汉之牂柯县。在今遵义、绥阳、桐梓等地，从汉到南北朝，此地一直设有鄨县或鳖县。鄨县以鄨水得名。清人洪亮吉《贵州水道考》说："今之湘江（遵义附近）即汉之鄨水。"《汉书·地理志》："不狼山，鄨水所出，东入沅。"④或以为，此水多鳖，实应作鳖水，鄨为后起新造字，因建县于鳖水旁，故从邑，敝声。

鳖灵，《风俗通义》引《楚辞》又作鳖令，来敏《本蜀论》则作鄨令。《说文·玉部》："灵，巫也，以玉事神。"⑤令者命也。鳖灵即一部族中以巫而为首领

①　（晋）张华注：《禽经》，《景印文渊阁四库全书》第847册，台北：台湾商务印书馆，1986年，第56页。

②　（宋）乐史撰：《宋本太平寰宇记》，北京：中华书局，2000年，第78页。

③　（汉）扬雄著，张震泽校注：《扬雄集校注》，上海：上海古籍出版社，1993年，第245、246页。

④　（汉）班固撰，（唐）颜师古注：《汉书》，北京：中华书局，1964年，第1602页。

⑤　（汉）许慎撰，（清）段玉裁注：《说文解字注》，上海：上海古籍出版社，1981年，第54页。

的人。关于"尸"，有的认为即尸体之意。或认为尸即夷也，《周礼》注："夷之言尸，尸也者，谓夷即尸也。"殷墟卜辞中多有"佳尸"之名，《卜辞综述》所列，则有"东佳尸""南佳尸""西佳尸""东北尸"之称，史家释"佳尸"为淮夷。或认为尸有神祖之意。《尔雅》释尸云："尸、职，主也。"[1]《礼记·郊特牲》云："尸，神像也。祝，将命也。"[2]《史记·周本纪》："武王上祭于毕。东观兵，至于盟津。为文王木主，载以车，中军。"[3]《山海经》中常见尸字，如女丑之尸、祖状之尸、奢比之尸、窫窳之尸等。可见这个尸应是鳖灵部族的神或图腾，鳖灵则是具有通达或操纵神灵的大巫师。鳖灵死，其尸（图腾）亡去，至郫遂活，与颛顼死即复苏的文化内核完全一致。

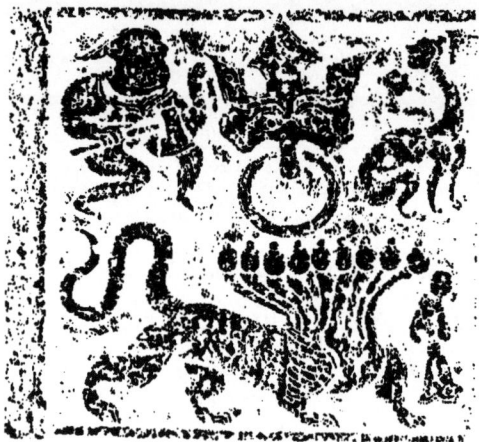

图9-2-3　山东济宁县城南庄汉画像石上的
九头人面兽（开明）

但是鳖灵死而复苏后又化身为什么呢？文献中虽未明言，却仍可窥其一斑。鳖灵为君后号为"开明"。关于"开明"，《山海经·海内西经》记昆仑山之虚"面有九门，门有开明兽首之"。其形象"身大类虎而九首，皆人面，东向立昆仑上"（图9-2-3）[4]，《西次三经》或说为"虎身而九尾，人面而虎爪"[5]，《西山经》又记其上有神名"陆吾"，其状均类虎。又《毛诗·召南·驺虞》："驺虞（即陆吾），义兽也，白虎黑文。"[6]可见"开明"就是白虎，成都平原出土的东周时期青铜器上多饰有虎纹，这应当就是鳖灵的图腾，也是鳖灵所化身的对象。

---

① （晋）郭璞注，（宋）刑昺疏：《尔雅注疏（十三经注疏）》卷1《释诂》，北京：北京大学出版社，1999年，第23页。

② （汉）郑玄注，（唐）孔颖达疏：《礼记正义》，北京：北京大学出版社，2000年，第955页。

③ （汉）司马迁撰，（南朝）裴骃集解，（唐）司马贞索隐，（唐）张守节正义：《史记》，北京：中华书局，1999年，第87页。

④ 方韬译注：《山海经》，北京：中华书局，2009年，第40页。

⑤ 方韬译注：《山海经》，北京：中华书局，2009年，第211、213页。

⑥ （汉）毛亨传，（汉）郑玄笺，（唐）孔颖达疏：《毛诗注疏》，《景印文渊阁四库全书》第69册，台北：台湾商务印书馆，1986年，第146页。

三、晚期的图腾祖先化身信仰：图腾祖先保护神的确立

（一）廪君化虎

古代巴人认为，他们的首领廪君死后化作了白虎，他的魂魄仍然以白虎的形式存在。《后汉书·南蛮西南夷列传》引《世本》说："巴郡南郡蛮，本有五姓：巴氏、樊氏、曋氏、相氏、郑氏。皆出于武落钟离山。其山有赤、黑二穴，巴氏之子生于赤穴，四姓之子皆生黑穴。……廪君于是君乎夷城，四姓皆臣之。廪君死，魂魄世为白虎。巴氏以虎饮人血，遂以人祠焉。"[①]《全唐文》卷七四四卢求《成都记序》也说："昭襄王时，又曰白虎为患，意廪君之魂也。"[②]此处"意"当为"盖"之笔误。

或说"廪"与"灵"通，"廪君"即"灵君"。在古代南方，灵就是巫。《说文解字》中说："灵，巫也。"[③]王国维在《宋元戏曲史》中则解释得更加清楚，他说："楚辞之灵殆以巫而兼尸之用者也。其词谓巫曰灵。盖群巫之中必有像神衣服形貌动作者，而视为神之依凭，故谓之曰灵。"[④]可见，廪君与鳖灵一样，实为一名会巫术的"巫君"。

现在的土家族，其族源主体即古代的巴人[⑤]。土家语呼"虎"为"利"，有人认为即"廪"之音转别译，廪君或利君，实即虎君。扬雄《方言》：虎，陈、魏、宋、楚之间，或谓之"李父"；江、淮、南楚之间，谓之"李耳"[⑥]。土家语称公虎为"李爸"（Li—pa），母老虎为"李你卡"（La—ni.ka）[⑦]。李爸（Li—pa）可能就是"李父"，而"李你卡"就是"李耳"；"爸"与"父"，"耳"与"你"，在声音上是相通的，不过是属性词置后与汉语语法结构不同而已，系性别词后置。"廪"

---

① （宋）范晔撰，（唐）李贤等注：《后汉书》卷86《南蛮西南夷列传》，北京：中华书局，1999年，第1918页。

② （清）董诰等编：《全唐文》，北京：中华书局影印，1983年，第7701页。

③ （汉）许慎撰，（清）段玉裁注：《说文解字注》，上海：上海古籍出版社，1981年，第54页。

④ 王国维撰：《宋元戏曲史》，上海：上海古籍出版社，1998年，第3页。

⑤ 潘光旦：《湘西北的土家与古代的巴人》，中央民族学院研究部：《中国民族问题研究集刊（第4辑）》（内部刊物），1955年，第413~598页。

⑥ （汉）扬雄撰，（晋）郭璞注：《輶轩使者绝代语释别国方言》，《景印文渊阁四库全书》第221册，台北：台湾商务印书馆，1986年，第332页。

⑦ 潘光旦：《湘西北的土家与古代的巴人》，中央民族学院研究部：《中国民族问题研究集刊（第4辑）》（内部刊物），1955年，第531页。

有"虎"意，实际上与其有"巫"意并不矛盾，虎为廪君部之图腾，巫与虎之间的关系当非同一般，巫则常以虎图腾名义出现。这就是廪君（虎君）称号的真正含义所在。在廪君传说事迹承载地的湖北清江流域土家族地区，长阳香炉石遗址出土有商代"巫"字纹陶器盖（图9-2-4），足见早期巴文化中巫师就已具有独特地位了。

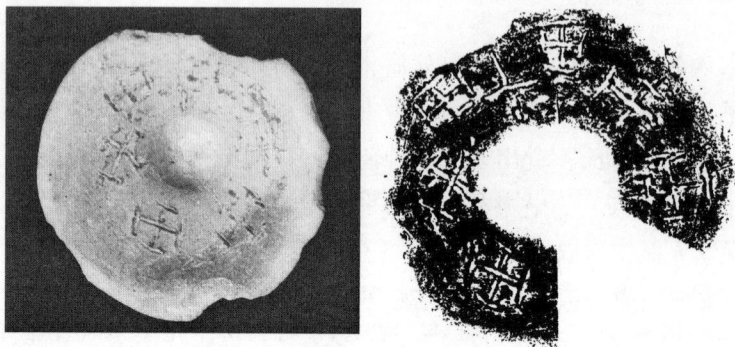

图9-2-4　湖北长阳香炉石遗址出土"巫"字纹陶器盖（T29③：114）[①]

由于被神化的图腾普遍被看作是以人的形象向其崇拜者显现，巫师很容易因人们假想他具有神奇的能力而取得神的化身的形象。廪有虎意，虎是晚期巴人的图腾，正说明务相是以通达虎图腾神的巫师形象出现的。正是由于以上原因，所以巴人才认为"廪君死，魂魄世为白虎"。在他们的眼里，廪君的死不过是生的延续，仍化作白虎以图腾神的形式存在，廪君与白虎是一体的。正如列维-布留尔所认为的，在原始人眼里，"巫师本人也可以变成野兽"[②]。我们看到，廪君神话中，正是由于廪君变作了白虎，而老虎有时候是要伤害人的，为了避免这种伤害，所以"以人祠之"。

传说中的廪君化白虎处在湖北长阳县白虎垅，又作白虎堖，或说化身于归州白岩界。民国二十五年（长阳）《县志四区采访册》载："廪君之生也，出于赤穴，死也化为白虎，迹涉怪诞，异人异事，理有固然。廪君望岩而叹，山崖为崩，其有功于夷水，必多生；而廪君之死，神之白虎，有陇宜也。""巴人廪君化白虎处：白虎陇，在长阳西渔峡口东村，与村左青龙寺相对，维石岩岩，虎视眈眈，旧志谓廪君化白虎处指此，故渔峡口东村称为白虎陇。"

（二）盐水女神化虫

在廪君化白虎之前，文献还有盐水女神化虫的记载。《后汉书·南蛮西南夷列

---

① 湖北省清江隔河岩考古队、湖北省文物考古研究所：《清江考古》，北京：科学出版社，2004年，第260、306页。

② ［法］列维-布留尔：《原始思维》，北京：商务印书馆，1995年，第378、379页。

传》记廪君："乃乘土船，从夷水至盐阳。盐水有神女，谓廪君曰：'此地广大，鱼盐所出，愿留共居。'廪君不许。盐神暮辄来取宿，旦即化为虫，与诸虫群飞，掩蔽日光，天地晦冥。积十余日，廪君伺其便，因射杀之，天乃开明。"[①]

廪君向外扩张的第一个目标是率族人迁徙至盐阳，吞并盐水女神。在此之前，廪君只是做了五姓的首领，这时，"四姓皆臣之"了。我们看一看在这一过程中的巫术色彩。廪君到达盐水后，盐水女神"暮辄来取宿，旦即化为虫"，分明说的是母系氏族的走婚制（对偶婚，本应当是廪君"暮辄来取宿"，但后人按封建伦理觉得不理解，就传成了盐水女神"暮辄来取宿"），晚上同住，白天离开，家庭十分松散，这种家庭结构，令比其进步许多的廪君很不满意，当然地"廪君不许"。"且即化为虫"，虫或为盐水女神的图腾，"与诸虫群飞"，盐神化为"虫"隐藏在众"虫"之中，显见该部族都有化身的能力，这种化身信仰是较早期的形态。许多学者认为，盐水女神尚处于母系社会，廪君比其先进许多。而廪君部族的化身能力为廪君独享。化身能力仅为巫师或祖先所有，是化身能力由一般向个别集中的结果。

（三）土家族的化身神话

巴人到了六朝时期，其中迁居到江汉平原的一支又称貙人。晋人干宝《搜神记》卷一二《貙人化虎》记："江汉之域，有貙人。其先，廪君之苗裔也，能化为虎。……于是即出之。寻视，乃化为虎，上山走。或云：'貙虎化为人，好着紫葛衣，其足无踵。虎有五指者，皆是貙。'"[②]此处明确指出，貙人为廪君后裔。貙人当然不可能真化虎，或许是古代的幻术，这种幻术及其广泛传说反映了貙人对其祖先廪君化身神话的追忆和传承，以及族群观念的认同意识。

晋人张华《博物志》卷二《外国》说："江陵有猛人，能化为虎。俗又曰虎化为人，好著紫葛人，足无踵。"[③]从所述的地域与文化特征看，"猛人"或为貙人。但是猛人与廪君、貙人不同的是，他们不仅仅能化为虎，而且有虎化为人的情况。

又《太平寰宇记》卷一七一载爱州军宁县："拾獠多变为虎，其家相承有虎鬼，代代事之。若变成生虎，巫即杀鸡向林祭之，打竹弩弦作声诅咒云云。"[④]杀鸡祭祀与巴人"以人祠焉"何其相似；而打竹弩诅咒与"板楯射杀白虎"的文化内核一致。所

---

①　（宋）范晔撰，（唐）李贤等注：《后汉书》卷86《南蛮西南夷列传》，北京：中华书局，1999年，第1918页。

②　（晋）干宝著，马银琴、周广荣译注：《搜神记》，北京：中华书局，2009年，第229、230页。

③　（晋）张华撰，范宁校证：《博物志校证》，北京：中华书局，1980年，第24页。

④　（宋）乐史等撰，王文楚等点校：《太平寰宇记》，北京：中华书局，2007年，第3272页。

以也有学者认为，僚人和巴人有某些关系，后世所谓僚人，其中的个别人群应包括了巴人后裔[①]。

土家族的族源主体是古代巴人，现已几成共识。土家族的化身神话也相应地体现古代巴人的图腾化身观念。

前文曾说到白虎垅这一地名，关于其来历，又有另一种化虎的传说：很古的时候，一个白头发白胡子的老头来到登星岭（有人说他是白虎星），没过几年就死了。死后，一位姓覃的好心人在埋他的时候，这个老头变成一只白虎升了天。从此，这个地方就叫白虎垅。后来，姓覃的有托白虎升天之意，也就以白虎作了他们的族称，取名"白虎垅堂"[②]。

土家族普遍信奉的白帝天王，死后也化作了三只白虎。白帝天王又被称作白虎天王、白虎夷王。据历史学家考证，白帝天王起源于渝东奉节白帝城白帝庙白龙化身典故[③]。从流传在土家族地区的白帝天王起源故事看，与此是有一些渊源关系的。白帝天王的母亲蒙易神婆，感井中白龙闪射的三道白光而孕生白帝天王三兄弟，显然这个故事与白帝城白帝庙白龙传说的化身相似。白帝天王三兄弟，有功于朝廷。后来，皇帝怕他们造反，将兄弟三人毒死。他们死后，化作三只白虎。

图腾化身观念，在土家族那里也体现为始祖的诞生来源于图腾动物，即图腾化身为人。酉水地区传说土家族最早的始祖神名叫卵玉，是从蛋里跳出来的一个姑娘，她饮虎奶长大，有神力，能箭开天地。后来吞桃而孕，生下八儿一女，使世上从此有了人类。

土家族也有与商周时期感图腾而孕生的类似神话。传说古代有个姑娘，因踩着路上的白虎脚印而孕，并生下了一个孩子[④]。土家族传说中的另一位女性始祖神，土语呼为苡禾姑娘，她吃山茶而孕，生下八兄弟，靠吃虎奶长大成人，成为土家族崇拜的男性氏族祖先神——"八部大王"。

另一种图腾化身信仰是动物化身为人并与人结合而生图腾祖先。流行于鄂西土家族的传说反映了"利巴"就是"虎"的土家族称呼。相传天上白虎星君下界，白天化作白虎帮一个土家族姑娘守护羊群，夜里变成小伙子与姑娘同宿于岩洞。白虎与姑娘生育了七男七女。姑娘教他们呼白虎为"利巴"。后来，白虎返归天界，七兄弟姊

① 张勋燎：《古代巴人的起源及其与蜀人、僚人的关系》，四川大学博物馆、中国古代铜鼓研究学会：《南方民族考古（第一辑）》，成都：四川大学出版社，1987年，第45～72页。

② 《长阳土家族》内部印刷本，1984年编印，第18页。

③ 潘光旦：《湘西北的土家与古代的巴人》，中央民族学院研究部：《中国民族问题研究集刊（第4辑）》（内部刊物），1955年，第522～528页。

④ 杨昌鑫：《简论土家族的白虎神话》，《中国少数民族神话学术讨论会论文》（油印本），1984年。

妹只得互配婚姻，繁衍为今日的土家族。土家族祖源神话中最有代表性的是《虎儿娃》。传说老虎抢走了一位新娘，这只虎与人结合后，生下一个孩子。这个孩子半边人形，半边虎形，既有人一般的聪明，又有虎一般的勇猛，人们就叫他"虎儿娃"。虎儿娃结婚后繁衍的后代，就成为后来的土家人。

四、结　语

古代巴蜀的图腾化身信仰可能与后来起源于四川地区的道教羽化升仙思想有关，至少是其重要的渊源。道教思想的源流从考古学上或可追溯到夏商时期的三星堆文化。三星堆遗址祭祀坑出土的青铜神树，有人就认为可能与后来的摇钱树有一脉相承的关系；另外就是一种面具，可能为人头下骑动物头[1]，高大伦亦认为，三星堆的跪坐青铜人像可能是置于铜虎形器上面的，由此构成另一组巫师骑动物形象[2]。而这样的形象可能与道教的龙虎鹿三蹻有关。

图腾化身信仰能力由一般向个别的转移，其实质是原始宗教权力的控制问题。以廪君为例，由于廪君作为巫师与白虎等同起来，同时又是巴国国王，所以很明显地他控制着政治和宗教两方面的权力。通过宗教祭祀权的独享可以达到控制宗教权力的目的。关于这一点，"巴氏以虎饮人血，遂以人祠焉"这句话说得很明白，是巴氏而非被征服的樊氏、曋氏、相氏、郑氏去"以人祠"，虽然此处说的是祭祀廪君化作的白虎。之所以巴氏能够独享祭祀权，除了廪君本身的原因外，还与白虎最先是作为巴氏的图腾有关。首先，巴氏的"巴"有"虎"的意思，在上古音韵中，巴即为虎的声转，巴的图腾可能系虎而得名；其次，《后汉书·南蛮西南夷列传》说五姓出于武落钟离山，巴氏独生于赤穴，四姓生于黑穴，这两个石穴可能为祭祀场所，巴氏独祭一穴，很可能是由于其图腾与四姓不同，后来通过廪君与四姓的比赛，才使四姓同奉白虎图腾的，但这并不能说明四姓具有了同等权力的祭祀权，只是同宗一图腾罢了。童恩正先生也说："在国家的形成过程中，如果某一氏族或家族成了一个政治团体的统治者，那么他们崇拜的祖先可能成为全政治团体的神，或甚至成为全民族的神。"[3]白虎图腾正是随着巴氏的对外征服和扩张而成为全巴族的图腾的。

事实上，动物在巫师通神方面具有很重要的作用，这是巫师与图腾动物互化现象产生的重要原因。《左传·宣公三年》记楚庄王伐陆浑之戎，遂至于雒，观兵于周

①　张明华：《张家坡玉柄形器上的原始信息》，《中国文物报》2002年8月16日第7版。
②　高大伦：《成都金沙商周遗址出土"玉眼形器"的初步研究》，《四川文物》2002年第2期。
③　童恩正：《中国古代巫、巫术、巫术崇拜及其相关问题》，湖南省文物考古研究所：《长江中游史前文化暨第二届亚洲文明学术讨论会论文集》，长沙：岳麓书社，1996年，第313页。

疆。周定王使王孙满劳楚子，楚子向王孙满问鼎的大小轻重。王孙满说："在德不在鼎。昔夏之方有德也，远方图物，贡金九牧，铸鼎象物，百物而为之备，使民知神、奸。故民入川泽、山林，不逢不若。魑魅罔两，莫能逢之。用能协于上下，以承天休。"①张光直先生曾详细论证了这个"物"就是指的动物②，也有的认为是"牺牲"。简单地说，就是夏人铸鼎象物，使人知道哪些动物是助人的神，即助人通天地的，哪些动物是不助人通天地的。由此可知，动物中有若干是帮助巫觋通天地的，而它们的形象在古代便铸在青铜彝器上。

在远古巴人中，以动物通天地是很盛行的。《山海经·海外西经》说："巫咸国在女丑北，右手操青蛇，左手操赤蛇。"③足见蛇即早期巴文化巫师通天地的道具之一。蛇的能力巨大，以致有"巴蛇食象，三岁而出其骨"的神话传说。鸟是另一种通神的动物。三星堆遗址一号和二号器物坑出土较多这方面的遗物。三星堆一号器物坑出土的一件龙虎尊（K1：158、258）上所饰"虎口衔人"纹样（图9-2-5）④，与著名的"乳虎食人卣"等几件青铜器有着同样的母题：兽形都张开大口，而人头都放在口下。"这是巫师借他们的动物以及动物吹气成风的力量，正是指对他们通天地的神能而来的。"⑤三星堆神树及玉圭（即所谓牙璋）上的立鸟等也具有比较明显的通神功能。此外，春秋战国时的巴蜀青铜器多装饰虎、象、鸟、蛇等各种动物纹样，其中部

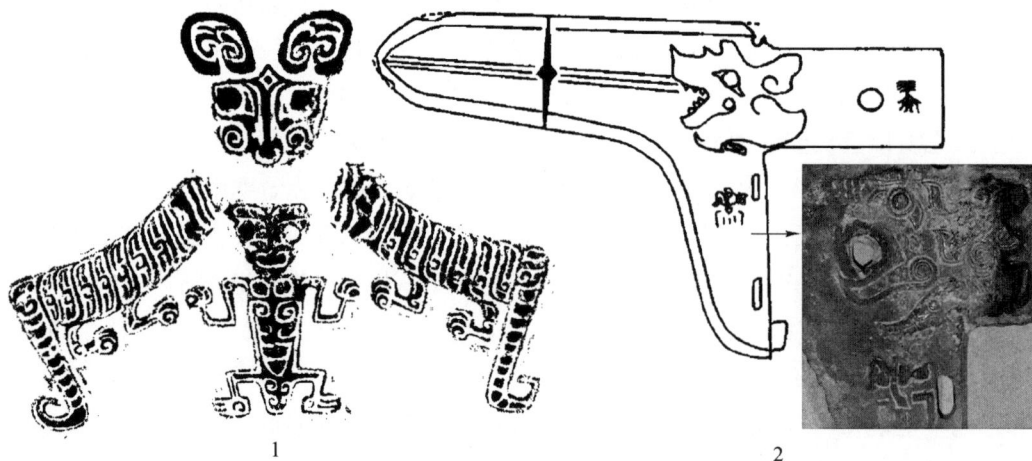

図9-2-5　巴蜀青铜器上的虎与人

1.四川广汉三星堆遗址铜尊（K1：158、258）肩部纹饰　2.重庆余家坝墓地铜戈纹饰（2000M8：4）

①　（周）左丘明传，（晋）杜预注，（唐）孔颖达正义：《春秋左传正义》，北京：北京大学出版社，2000年，第692～694页。

②　[美]张光直：《商周青铜器上的动物纹样》，《考古与文物》1981年第2期。

③　方韬译注：《山海经》，北京：中华书局，2009年，第187页。

④　四川省文物考古研究所：《三星堆祭祀坑》图二三，北京：文物出版社，1999年，第35页。

⑤　[美]张光直：《商周青铜器上的动物纹样》，《考古与文物》1981年第2期。

分应该是通神功能的反映。

　　随着历史的发展，现代土家族巫师在施行巫术时已较少借助动物了，但并非完全弃用。土家族巫师被称作梯玛就有一种意思是"骑马的神巫，意即'马神'"[①]，这个"马神"，理应是以借马通神而十分著名所致。

　　化身信仰在现实中的表现方式，更多地体现为巫师扮演动物进行表演。如土家族巫师有的要戴面具（傩面），面具均为兽面，也是这个意思。另外，土家族巫师常用的道具中有牛角，要穿八幅罗裙。过去的八幅罗裙是用虎皮做的，虎、牛在巴文化的青铜器上则是常见的装饰。除了穿戴上打扮得像动物外，巫师还要模仿动物的各种动作和习性，来达到所要的目的。在三星堆遗址二号坑中，就出土铜鸟足人像（K2③：327）[②]，被认为是扮作鸟人的巫师，他们装扮成鸟的形象，并施加一定的巫术，其灵魂就可以脱离躯体成为飞鸟而遨游上天[③]。

　　古代巴蜀图腾化身信仰的实质，就是某些人借图腾化身能力，来宣扬他通神的功能，并代表神传达旨意，以达到控制部族的目的，这在后来图腾化身能力仅为巫师和统治者所拥有以后，表现得尤其明显。

---

①　彭荣德：《梯玛与梯玛歌》，《鄂西大学学报（社会科学版）》1989年第1期。

②　四川省文物考古研究所：《三星堆祭祀坑》图八七，北京：文物出版社，1999年，第171页。

③　孙华：《四川盆地的青铜时代》，北京：科学出版社，2000年，第254～258页。

第十章　符号的意义

广义的符号，是通过对各种象征物进行意义的感知，这个象征物就是符号，它可以是具体的物，也可以是写实或抽象的图案，还可以是语言、文字，也可以是各种触觉感受到的各种感觉，等等。符号学最早的创设者是语言学家索绪尔和哲学家皮尔斯，语言学和逻辑学自然也成了符号学的主要学术支撑。事实上，符号学主要研究的是符号的共时性结构，而符号的形成大多来自古代，有其生成发展的历史，历史符号学研究有助于发现长时段尺度下符号及其象征意义的形成和变迁。

与任何古代文化一样，关于巴文化符号的研究，涉及的范围相当广泛，这当中最容易联想到的就是"巴蜀符号"了。巴蜀符号是古代巴蜀文化符号研究的一部分，按照笔者的设想，首先应该开展巴蜀符号的研究，但考虑到已有许多人对此做出过解读，如果没有深入的体系性思考、大时空对比和方法上的突破，短时间内很难有新的收获。所以本章收录的几篇文章，除第一篇与巴蜀符号有关外，另外两篇实际上是涉及东亚早期历史中的普遍性文化现象的文章。

虎是自然界的动物之王，它与巴文化结合后，产生了奇特的人文意义。虎图案的若干型别划分，展现了从形符到意符到象征符号的系列符号。可见，不同的虎图案在传达不同的意义。其中丙类虎图案在巴蜀文化中延续时间最长，最具典型性，其起源地可能在甘、陕地区。虎——特别是白虎，在巴文化中有着特别的象征意义，通常意味着廪君巴人的祖先神。对于白虎的祭祀，显示出巴文化社会独特的族群权力结构，即只有巴氏可以独祭白虎。当然，虎在巴蜀文化中有多重含义，其依附的载体不同，表达的意义也不一样，如兵器上的虎图案，应该有祈求祖先神护佑的功用。

本章第二篇《从"通天拜日"到"绝地天通"——由罗家坝巴文化墓地神人骑虎图案说起》一文，通过辨析，发现了罗家坝墓地中的神人骑虎图案。人骑动物这一古代艺术母题，与古代巫师通天/神有关。在史前时代，通天拜日是远古萨满原始宗教仪式的反映，神人兽面纹则是古人沟通天地、连接人神的符号化表达。大约在新石器时代和青铜时代相交时，中原地区实行"绝地天通"宗教改革，通天的萨满仪式逐渐从巫觋到天上通神转变到在地面或高处通神，相关的仪式场景发生了巨大变化，而且使神权与王权更进一步融合，通神的权力被进一步集中到少数人手中。

本章第三篇《转生之神——从巴蜀文化心形纹谈起》一文，对巴蜀文化中的心形纹进行了类型学分析，并抽离出空心心形纹和豁口纹两个元符号，创造性地提出西周波曲纹与麟纹内的装饰，绝大多数是由心形纹或其构成单元——空心心形纹、豁口纹演变而来的观点。通过跨文化的广泛对比和溯源，可以认为心形纹是由心形神面发展而来的，而早期心形神面饰总是与墓葬存在联系，并指向古人认为它具有引导死者转生的意义，心形神面像和其他图像中的鱼形元素是协助人们从一个世界突破到另一个世界的重要工具。

第一节　巴蜀虎图案与虎崇拜

四川盆地是我国重要的古文明中心之一，早在商周至战国时，这里就并存过巴、蜀两国。"蜀之为国，肇于人皇，与巴同囿。至黄帝，为其子昌意娶蜀山氏之女，生子高阳……封其支庶于蜀，世为侯伯，历夏商周。"[1]由此可见，巴蜀的历史与中原一样亘古久远。20世纪80年代以来，在成都平原进行的宝墩—三星堆—十二桥文化遗址群的一系列发掘，证实了巴蜀地区在距今四千多年以前就已经有了较为发达的文化。20世纪90年代以来，三峡文物大抢救建立了四川盆地内时间序列最长、最完整的先秦考古学文化，使巴蜀文化的脉络第一次完整清晰地呈现出来。但由于盆地内地形封闭，交通不便，自古与外界的经济文化交流相对较少，所以这种文化从一诞生起就体现出了很鲜明的地方特色，而虎图案又是巴蜀文化中最具特色的现象之一。

一、虎图案总体特征

虎图案在巴蜀地区出现很早，且延续时间相当长，但只是在春秋战国时期才较盛行。它的分布地域很广，到目前为止，主要发现地点有四川昭化宝轮院、重庆九龙坡冬笋坝、涪陵小田溪、万州新田、云阳李家坝等巴文化人群活动区，以及四川彭州竹瓦街、郫都红光、荥经同心村、大邑五龙、什邡城关镇等蜀文化人群活动区。此外，在陕西汉中、鄂西、湘西北等地也发现较多的虎图案。这些地方，上自商周、下至春秋战国，皆是巴人和蜀人起源与活动的重要地域，所以也将其列入本文的讨论范围。

饰有虎图案的巴蜀器物数量众多，大体上可分为以下几类。

（1）青铜礼器。数量极少，如湖北江陵江北农场出土虎尊[2]（图10-1-1，3）。

---

① （晋）常璩撰：《二十五别史·华阳国志》卷3《蜀志》，济南：齐鲁书社，2000年，第26页。

② 何驽：《湖北江陵江北农场出土商周青铜器》，《文物》1994年第9期。

（2）青铜乐器。具有代表性的首推虎纽錞于。虎纽錞于出土和采集地点主要在重庆以及与之相连的湘西北、鄂西、黔北。重庆涪陵小田溪出土的编钟横木上的簨，亦有4件虎头饰[①]（图10-1-1，5）。

（3）装饰品。主要是一些直接铸成的虎形器物，如三星堆的金箔虎形饰[②]（图10-1-1，4）、金沙遗址出土的青铜虎[③]、涪陵水盈村崖墓虎形带钩[④]（图10-1-1，8）、城固虎形面具[⑤]等。

（4）雕塑品。如1986年广汉三星堆出土的青铜虎形器等[⑥]（图10-1-1，2），成都金沙遗址"梅苑"地点出土的石虎[⑦]等（图10-1-1，6）。

（5）兵器。虎图案主要集中在戈、矛、剑、钺等青铜兵器上，尤以戈、矛上的虎图案最多，占虎图案的大多数。

虎图案表现形式丰富多样，仅在巴蜀兵器上的虎图案就有三十多种，并多施于"戈的援本部，矛的骹部，剑的基部"[⑧]。

综合各类器物上的虎图案，以虎的存在形态大体可分以下三类。

（一）甲类

圆雕虎。根据表现部位完整程度分为二型。

A型　全身像。据姿态又可分为二亚型。

Aa型　立姿。可分三式。

Ⅰ式：短腿。如广汉三星堆器物坑出土铜虎形器（K1∶62），桃尖耳，龇牙，长腹下垂，短腿，尾长而上卷（图10-1-1，2）。

---

①　四川省博物馆、重庆市博物馆、涪陵县文化馆：《四川涪陵地区小田溪战国土坑墓清理简报》，《文物》1974年第5期。

②　四川省文物考古研究所：《三星堆祭祀坑》，北京：文物出版社，1999年，第60～62页。

③　四川博物院：《先秦至两汉——巴蜀文物精品集》，成都：西南交通大学出版社，2019年，第80页。

④　国务院三峡工程建设委员会办公室、国家文物局：《三峡文物保护》，北京：科学出版社，2018年，第250页。

⑤　曹玮：《汉中出土商代青铜器》，成都：巴蜀书社，2006年，第552～601页。

⑥　四川省文物考古研究所：《三星堆祭祀坑》，北京：文物出版社，1999年，第33、35页。

⑦　成都市文物考古研究所：《成都金沙遗址Ⅰ区"梅苑"东北部地点发掘一期简报》，成都文物考古研究所、成都金沙遗址博物馆：《金沙遗址考古发掘资料集（一）》，北京：科学出版社，2013年，第135、136页。

⑧　刘瑛：《巴蜀兵器及其纹饰符号》，文物编辑委员会：《文物资料丛刊（7）》，北京：文物出版社，1983年，第20页。

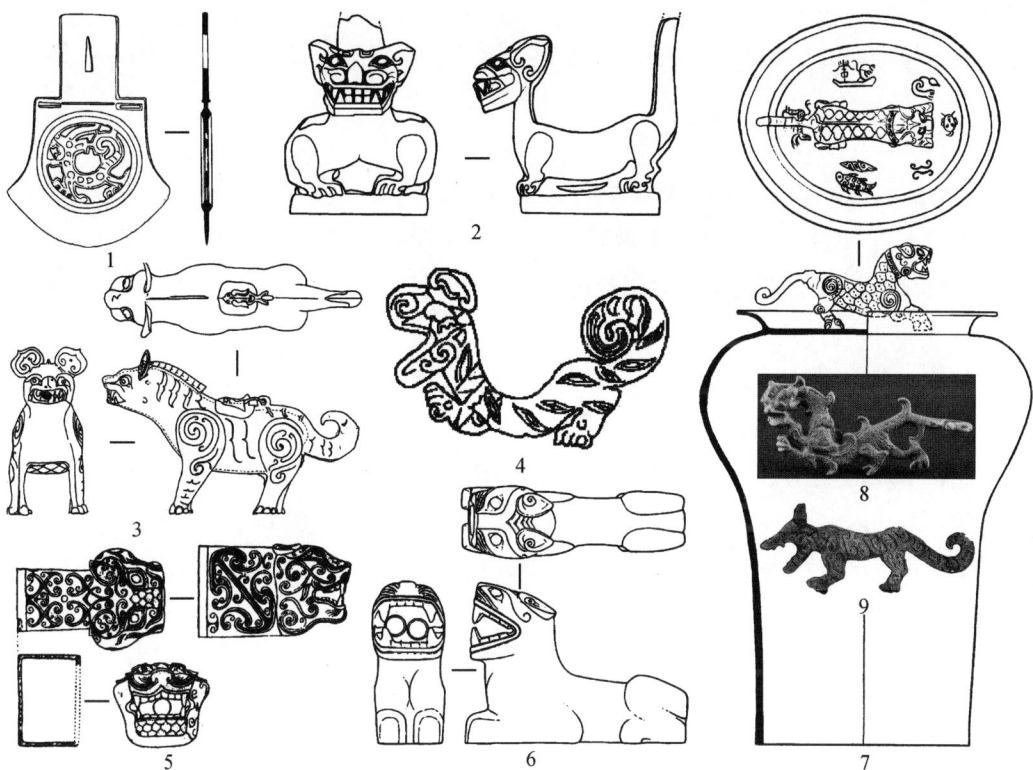

图10-1-1　甲、乙类虎形雕塑

　　1、4.乙类A型Ⅰ式（城固五郎乡虎纹钺、广汉三星堆器物坑K1：11-1金箔虎形饰）　2.甲类Aa型Ⅰ式（广汉三星堆器物坑K1：62铜虎形器）　3.甲类Aa型Ⅱ式（江陵江北农场虎尊）　5.甲类B型（涪陵小田溪墓群编钟架M1：36虎头饰）　6.甲类Ab型（成都金沙遗址"梅苑"地点C：211石虎）　7.甲类Aa型Ⅲ式（涪陵小田溪M12：36虎纽錞于）　8.乙类B型（涪陵北拱水盈村崖墓虎形铜带钩）　9.乙类A型Ⅱ式（成都金沙遗址采集）

　　Ⅱ式：长直腿。如江陵江北农场虎尊，桃尖耳，龇牙，短腹，腿饰涡纹，粗尾后卷（图10-1-1，3）。

　　Ⅲ式：屈腿。如涪陵小田溪M12：36虎纽錞于[1]，尖耳，张嘴，腹饰斑纹，腿饰涡纹，拖尾上卷（图10-1-1，7）。

　　Ab型　卧姿。如成都金沙遗址"梅苑"地点出土石虎（C：211），尖耳，圆眼，张口，露獠牙（图10-1-1，6）。

　　B型　虎头。涪陵小田溪墓群出土编钟架上的虎头饰（M1：36），错银，尖耳，圆眼，张口，露齿，獠牙明显（图10-1-1，5）。

_____

　　① 四川省博物馆、重庆市博物馆、涪陵县文化馆：《四川涪陵地区小田溪战国土坑墓清理简报》，《文物》1974年第5期。

（二）乙类

片状虎。均半弧形。据翼的有无分二型。

A型　无翼。按躯体弯曲程度可分二式。

Ⅰ式：弯曲呈"C"形。半蹲状，短腿。如城固五郎乡虎纹铜钺（图10-1-1，1）[①]、广汉三星堆器物坑出土金箔虎形饰（K1：11-1）等（图10-1-1，4），均张嘴，凹弧腹，短腿，上卷尾。

Ⅱ式：躯体微弧。站立，较高。如成都金沙遗址采集的青铜虎，器体扁平，大头，张口露齿，竖耳，长尾上翘状，背面有两个小环形纽（图10-1-1，9）[②]。

B型　翼虎。涪陵北拱水盈村崖墓虎形铜带钩，张嘴，凹弧腹，前腹出翼，四腿（图10-1-1，8）。另巫山下西坪墓群、巫山高唐六组汉墓、秭归卜庄河墓群均出土该型虎纹带钩，恩施博物馆亦收藏有此类铜器，均为汉代，范围为原巴国分布地。

（三）丙类

刻纹虎或浮雕虎。可分为四型。

A型　双身虎。如广汉三星堆一号坑铜尊（K1：158、258）上的"二虎衔一人"纹饰[③]（图10-1-2，6）。这类虎纹是商代南方地区铜尊上固有的母题，其双身是身体侧面向两面的展开图。

B型　侧身虎。为虎的侧立图，常刻划一耳，前后两足，尾较短，露齿吐舌，眼睛复杂多变。有的头部饰角，身饰云纹、斑纹或目纹，其势蹲伏欲起，状极凶猛。这类虎纹目前仅见于戈、矛、剑、钺等巴蜀青铜兵器上，在各类虎纹中数量最多。可分为三亚型。

Ba型　翼虎。据头部与身躯之比可分为三式。

Ⅰ式：大头。如云阳李家坝M43：1戈上虎纹[④]，虎身由援至内上横向布局，在内孔处甚弯曲，虎颈、虎腹有翼，"C"形爪，短尾上卷，虎身刻划繁复（图10-1-2，1）。

[①]　曹玮：《汉中出土商代青铜器》，成都：巴蜀书社，2006年，第232、233页。

[②]　笔者在三星堆遗址博物馆参观时发现，这类虎纹在三星堆遗址也有出土，金沙遗址的片状铜虎很可能是从三星堆祭祀坑所在的时代遗留下来的。

[③]　四川省文物考古研究所：《三星堆祭祀坑》，北京：文物出版社，1999年，第33、35页。

[④]　四川大学历史文化学院考古系、云阳县文物管理所：《云阳李家坝巴人墓地发掘报告》图二六：1、图二七：1，重庆市文物局、重庆市移民局：《重庆库区考古报告集·1997卷》，北京：科学出版社，2001年，第276～278页。

Ⅱ式：头略显大。如宣汉罗家坝M44：52铜剑上的虎纹[1]，张口露齿，长舌及地，颈、腹饰分叉状翼，长尾上卷，虎身刻划略简（图10-1-2，2）。

Ⅲ式：头较小。如涪陵小田溪M20：12铜剑上的虎纹[2]，张口，吐舌，舌上卷至上唇外，腹饰双叉形翼，长尾回卷，长躯，虎身无细部刻划（图10-1-2，3）。

Bb型　无翼虎。据腹部形态可分为四式。

Ⅰ式：大头。万州博物馆、成都南郊战国墓均可见，均饰于双翼式三角援戈上。如万州博物馆藏青铜三角翼戈虎纹[3]，张口，吐长舌，长腹甚曲，矮足，"C"形爪，长尾略勾（图10-1-2，4）。

Ⅱ式：头较大。如云阳李家坝M45：2戈上虎纹[4]，立耳，张嘴露齿，吐长舌，舌尖上卷，长腹略曲，顺胡而下，"C"形爪，长尾回卷（图10-1-2，5）。

Ⅲ式：头略大。如冬笋坝M84：3铜剑虎纹[5]，立耳，张嘴露齿，长腹略曲，长尾回卷（图10-1-2，7）。

Ⅳ式：头小。如湖南常德虎纽錞于腹壁虎纹，较具象，小头，长颈，腹部略短而显直，屈腿，长尾回卷[6]（图10-1-2，9）。

Bc型　简化虎。据简化形式分三式。

Ⅰ式：略显简化。如宣汉罗家坝M33：100铜戈虎纹，虎头为侧视图，虎身为俯视图，张口露齿，两耳前斜，眼睛刻划生动，细长颈、细长腹，足部外张，"C"形爪，短尾上卷[7]（图10-1-3，5）。

Ⅱ式：刻划较简单。如宣汉罗家坝M2：5铜戈虎纹，头部正视图，虎身侧视图。立耳，弧腰，弓背，尾下垂，尾尖上卷[8]（图10-1-3，6）。

---

① 四川省文物考古研究院、达州市文物管理所、宣汉县文物管理所：《宣汉罗家坝》图二〇〇：1，北京：文物出版社，2015年，第201、203页。

② 四川省文物考古研究所：《三星堆祭祀坑》图二七，北京：文物出版社，1999年，第1366页。

③ 重庆市万州区博物馆：《沧桑万州·古代篇》，武汉：长江出版社，2011年，第91页。

④ 四川大学历史文化学院考古系、云阳县文物管理所：《云阳李家坝巴人墓地发掘报告》图二六：3、图二七：3，重庆市文物局、重庆市移民局：《重庆库区考古报告集·1997卷》，北京：科学出版社，2001年，第276～278页。

⑤ 照片采自实物。线图参见四川省博物馆：《四川船棺葬发掘报告》插图37：1，北京：文物出版社，1960年，第37页。

⑥ 熊传新：《湖南出土的古代錞于综述》，《考古与文物》1981年第4期。

⑦ 四川省文物考古研究院、达州市文物管理所、宣汉县文物管理所：《宣汉罗家坝》图一四九：1，北京：文物出版社，2015年，第154页。

⑧ 四川省文物考古研究院、达州市文物管理所、宣汉县文物管理所：《宣汉罗家坝》图四七：1，北京：文物出版社，2015年，第56、58页。

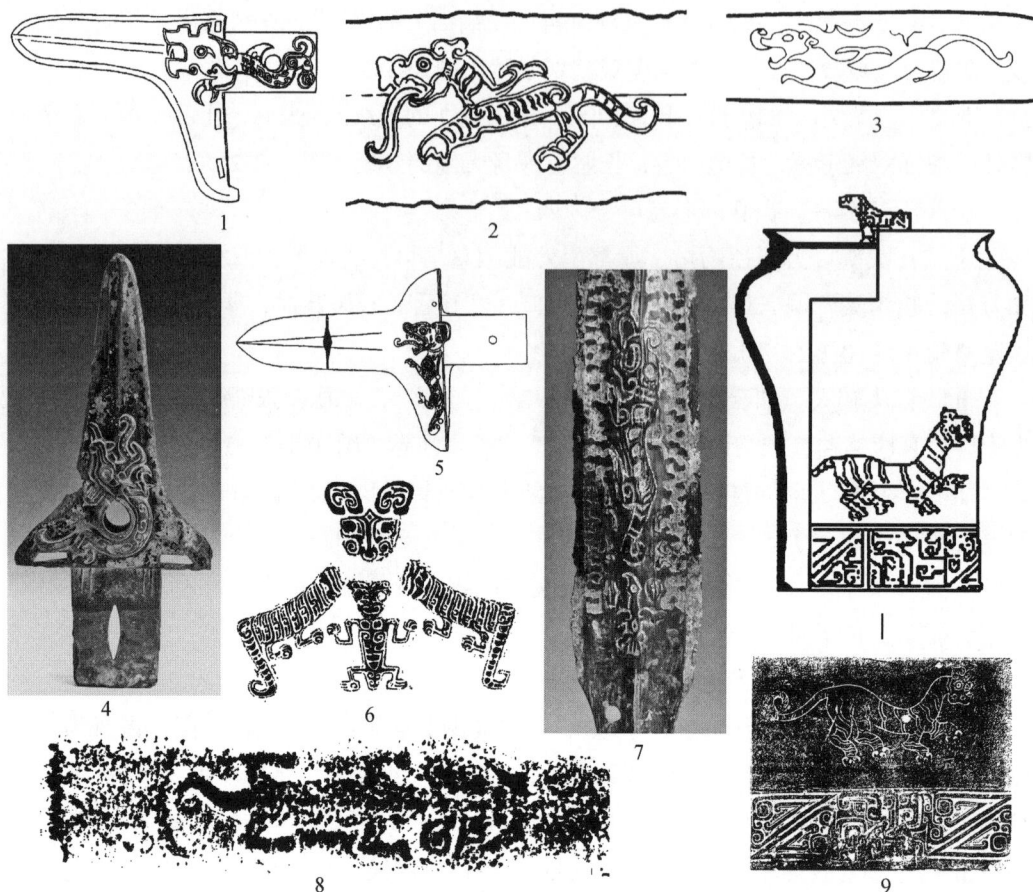

图10-1-2　丙类A、B、C型虎图案

1.丙类Ba型Ⅰ式（云阳李家坝M43：1铜戈）　2.丙类Ba型Ⅱ式（宣汉罗家坝M44：52铜剑）　3.丙类Ba型Ⅲ式（小田溪M20：12铜剑）　4.丙类Bb型Ⅰ式（万州博物馆藏虎纹青铜三角翼戈）　5.丙类Bb型Ⅱ式（云阳李家坝M45：2铜戈）　6.丙类A型（广汉三星堆器物坑K1：158、258铜尊"虎食人"纹饰）　7.丙类Bb型Ⅲ式（冬笋坝M84：3铜剑）　8.丙类C型（万州大坪M26：1铜矛）　9.丙类Bb型Ⅳ式（湖南常德虎纽錞于腹壁虎纹）

　　Ⅲ式：简化较甚。多见于巴蜀符号。如云阳李家坝铜矛①，简化的一根线条代表虎颈、虎身，其余部分亦寥寥数笔，但虎的整体形象依然生动（图10-1-3，7）。另什邡城关M25：21铜剑上亦有此类纹饰，不过头部已简化为一条线，腹部较弯曲②。

　　C型　俯视虎。如什邡城关M10：9铜矛上的虎纹。又如万州大坪M26：1铜矛上的

————————

　　①　重庆市文物局：《三峡文物珍存——三峡工程重庆库区地下文物卷》，北京：北京燕山出版社，2003年，第72页。

　　②　四川省文物考古研究院、德阳市文物考古研究所、什邡市博物馆：《什邡城关战国秦汉墓地》图二八一：3、图二八四：2，北京：文物出版社，2006年，第260、262页。

虎纹①，昂首，身首画面皆呈被俯视状态，四足向身体两侧外展，小腿前曲，似爬行状，拖尾平卷（图10-1-2，8）。

D型　虎头纹。又分二亚型。

Da型　侧视图。宣汉罗家坝M33：111，位于戈阑与援交界处，侧头，张口，吐舌②（图10-1-3，1）。

Db型　正视或俯视图。按简化程度可分三式。

Ⅰ式：较具象。如宣汉罗家坝M33：98，位于三角援戈阑与援交界处，立耳，斜方眼，獠牙外张，吐长舌为援脊。虎头上有驭虎人双手③（图10-1-3，2）。

Ⅱ式：略简化。如云阳李家坝M15：1铜矛上的巴蜀符号④，其下虎头纹若Db型Ⅰ式，但面部线条已简化（图10-1-3，3）。又如什邡城关M14：2铜矛上的虎头纹，与李家坝M15：1铜矛上的巴蜀符号相似，但虎头上部较后者更简化一点⑤。

Ⅲ式：简化较甚。涪陵小田溪、九龙坡冬笋坝出土戈上均见。以九龙坡冬笋坝M9：23铜戈上的虎头为例⑥，通过简单的几个线条，即表达出斜立耳、斜眼，虎齿省略，吐舌为脊（图10-1-3，4）。

此外，还有一种与虎相关的纹饰——虎斑纹。虎斑纹通常饰于巴蜀青铜剑上，这是战国中晚期阶段才出现的一种纹饰。

总的说来，绝大多数巴蜀虎图案都具有一些共同特征，如张口、卷尾，虎头刻划较精细、夸张。这些虎图案，或自成一体，或与其他纹饰相结合，在器物上显得很醒目、很突出。虎图案的制作工艺多样，或范铸或阴刻或透雕或浮雕或压模，显示了古代巴蜀在青铜工艺上的高度成就。

---

① 重庆市文物局、重庆移民局：《万州大坪墓地》图二六：4、图三九：9，北京：科学出版社，2006年，第23、39、40页。

② 四川省文物考古研究院、达州市文物管理所、宣汉县文物管理所：《宣汉罗家坝》图一四九：2，北京：文物出版社，2015年，第154页。

③ 四川省文物考古研究院、达州市文物管理所、宣汉县文物管理所：《宣汉罗家坝》图一五一：1，北京：文物出版社，2015年，第148、149页。

④ 四川大学历史文化学院考古系、云阳县文物管理所：《云阳李家坝巴人墓地发掘报告》图三七：2、图版一四：5，重庆市文物局、重庆市移民局：《重庆库区考古报告集·1998卷》，北京：科学出版社，2003年，第376页。

⑤ 四川省文物考古研究院、德阳市文物考古研究所、什邡市博物馆：《什邡城关战国秦汉墓地》图八七：3、图九〇：2、图版九二，北京：文物出版社，2006年，第84、88页。

⑥ 照片采自实物。线图参见四川省博物馆：《四川船棺葬发掘报告》插图42：9，北京：文物出版社，1960年，第45页。

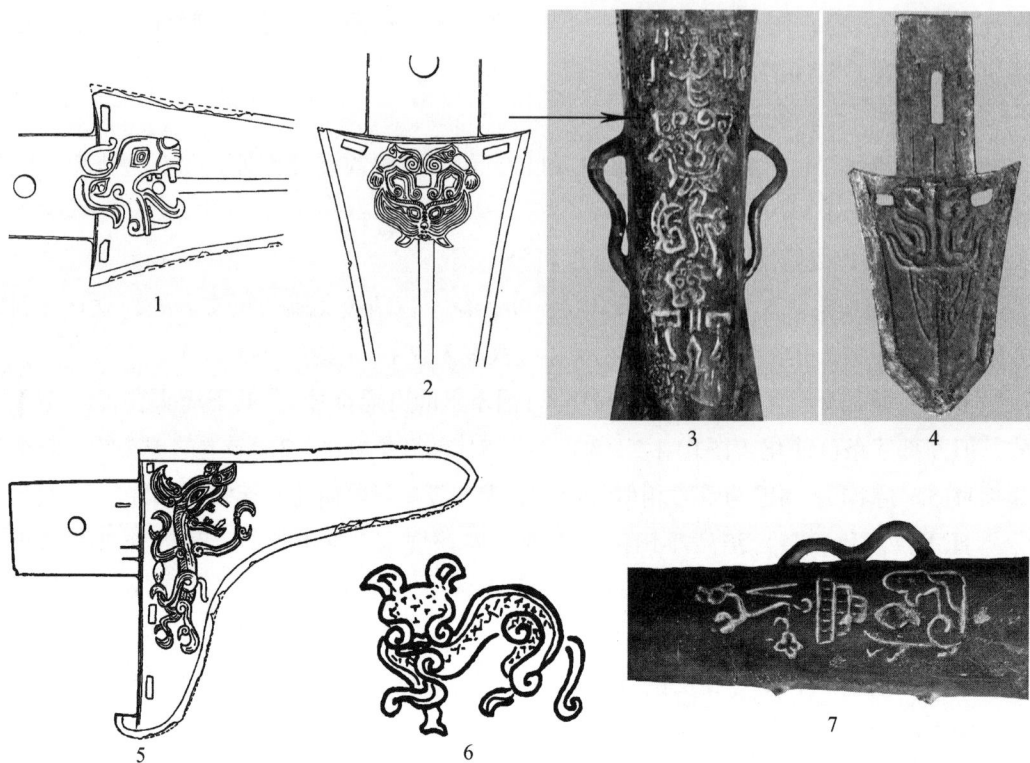

图10-1-3　丙类B、D型虎图案

1. 丙类Da型（宣汉罗家坝M33：111铜戈）　2. 丙类Db型Ⅰ式（宣汉罗家坝M33：98铜戈）　3. 丙类Db型Ⅱ式（云阳李家坝M15：1铜矛）　4. 丙类Db型Ⅲ式（冬笋坝M9：23铜戈）　5. 丙类Bc型Ⅰ式（宣汉罗家坝M33：100铜戈）　6. 丙类Bc型Ⅱ式（宣汉罗家坝M2：5铜戈）　7. 丙类Bc型Ⅲ式（云阳李家坝铜矛）

二、虎图案的演变及源流

关于上述三类虎图案的年代顺序，甲类、乙类除虎纽錞于上的虎纽为战国中晚期至汉代、编钟篪头上的虎形饰为战国晚期、虎形铜带钩为东汉外，余均为商代晚期（三星堆一号坑可到商中期末）至西周早期。

丙类虎图案数量最多，占虎图案的绝大多数。首先，三星堆铜尊上的虎纹时代为商代晚期，与安徽阜南月儿河等地出土的龙虎尊相似，都表现虎食人的母题，应与巴蜀文化无关。其余虎图案绝大多数装饰于戈、矛、剑、钺铜兵器上，尤以戈、矛、剑上最多，而只有1件装饰于汉代铜錞于上。巴蜀兵器，以铜戈的时代变化最明显。冯汉骥、童恩正、宋治民都曾讨论过巴蜀铜戈的演变，结合上述诸家对铜戈的型、式划分，参之以近年新的考古发现，再对照《巴蜀符号集成》[①]一书各符号的年代，可将丙类虎图案的年代演变和盛衰的趋势总结如表10-1-1。

---

① 严志斌、洪梅：《巴蜀符号集成》，北京：科学出版社·龙门书局，2019年。

表10-1-1　巴蜀虎图案的类型与时代

时代	甲类			乙类		丙类						
	A		B	A	B	A	B			C	D	
	Aa	Ab					Ba	Bb	Bc		Da	Db
商代晚期	I	√		√		√						
西周早期	II											
春秋晚期至战国早期									I、II		√	I
战国中期							I、II	I、II	II、III	√		II
战国晚期至西汉早期	III		√				II、III	II、III	III			II、III
西汉中期至东汉					√			IV				

从表10-1-1情况看，丙类虎图案出现于春秋晚期至战国早期，这与青铜器上巴蜀符号的较多出现时间一致。例如，此前彭州竹瓦街铜戈上主要是中原式兽面纹，忠县瓦渣地遗址西周铜剑、戈上均为素面，而到了成都市金沙遗址"黄河"地点、国际花园地点、星河路西延线地点等蜀文化墓葬，春秋晚期至战国早期的部分兵器上出现了少量蝉纹等巴蜀符号。

丙类虎图案盛行于战国中期，战国晚期至西汉早期日益衰落，西汉中期以后，基本消失不见，目前仅见Bb型IV式一种。这一情况与巴蜀符号的盛衰规律一致。

丙类虎图案最早出现于巴文化地区。宣汉罗家坝M33年代为春秋晚期至战国早期，是该遗址年代最早的一座东周墓。该墓随葬的铜戈上已经出现了丙类Bc型I式、Da型、Db型I式虎纹和虎头纹，蜀文化地区的丙类虎图案应该是从巴文化地区传播过去的。

丙类虎图案在兵器上存在两种装饰情况。第一种是独立存在的虎图案，戈上主要分布于阑援处，虎头纹、虎纹均有，虎耳在阑上有的外张，以便固柲。虎纹有的身躯伸入内上，有的顺胡下延，有的做成浅浮雕状。剑和矛上的这类独立虎纹较少，一般较大，较之巴蜀符号所占空间更大一些。第二种是巴蜀符号中的虎纹，往往形体较小，与其他符号共同组成一组巴蜀符号。

关于巴蜀虎图案的渊源，其造型的基础样式大多可追溯到商代。例如，三星堆出土和金沙遗址采集的乙类A型II式片状镶嵌铜虎形饰（图10-1-1，9），与陕西西安老牛坡86XIⅢM41出土的两件铜虎形饰如出一辙（图10-1-4，1、2）[1]，均为张口、竖耳、曲体、卷尾，区别主要体现在虎身纹饰和足的形状方面，后者不见心形纹，足为鸟爪形。丙类虎图案可能最早来源于商文化。晚商时期中原地区常见曲内直援铜

---

① 刘士莪：《老牛坡》图二五八：3、4，西安：陕西人民出版社，2002年，第298页。

戈，有的戈内弯曲部分装饰有所谓"夔纹"，有首、口、眼、耳、弯曲的身躯和回勾的尾，形状完整，与一般的夔纹表达形式不一样，其张口的形式颇有虎口衔内的意境（图10-1-4，3）①。近似的曲内戈在陕西城固五郎乡（图10-1-4，4）②、西安老牛坡（86ⅩⅠⅢM41：38）③亦有发现，只是虎纹更像是设在内的曲部内。

　　西周早期，丙类虎图案上的虎纹移到戈援的本部和阑之间，虎纹更为具象，虎尾变上翘，且相关图案的发现进一步集中到陕西、甘肃一带。甘肃灵台县白草坡墓地M2出土的兵器中，有8件铜戈上装饰有虎纹，戈的形制有三角援戈（即原简报Ⅰ式戈，又称戟）、直援戈、短胡一穿戈，其中尤以短胡一穿戈上装饰虎纹较多。虎图案的装饰形饰，有虎头纹、虎纹两种。虎头为侧面像，除1件跨阑外（图10-1-5，1），余均位于援本处，张口露齿，虎耳包阑（图10-1-5，2、3）。虎纹亦为侧面像，虎头位于援本处，张口露齿，虎耳包阑，虎躯顺胡而下，头远较身躯大（图10-1-5，4）④。这两种形式的虎纹形象、载体和空间布局，在后来巴蜀铜戈上均能见到，并且是虎纹的主流表现形式。灵台县白草坡墓地M1出土的半环形钺，将钺表面大部铸成虎形，虎身随钺屈肢成半环形，虎头与钺銎融合为一体，钺背上半部刻划出虎爪和虎尾（图10-1-5，5）。此外，陕西长安沣西客省庄西周早期墓M12，随葬的一件短胡一穿戈，援末上也铸有虎头纹，其下似有一虎足（图10-1-6，1）；沣西张家坡第二地点的M218出土的短胡一穿戈，见有似固柲的虎耳，应为虎纹的极简化形式（图10-1-6，2）⑤。

　　检索文献还可以发现，宝鸡弨国墓地竹园沟墓地BZM4、BZM13、BZM19三座墓葬中均出土侧视虎头纹铜戈（图10-1-7，1~3）⑥，BZM7出土侧视虎头纹铜钺（图10-1-7，4）⑦。与灵台白草坡墓地的虎纹戈相比，戈上的虎头纹似乎更简单一些，也没有表现整头虎的纹饰，虽然这几座墓葬也是西周早期成、康时期的墓葬，但较白草坡、张家坡、客省庄的器物形制和纹饰特征略早，或许是该类虎形装饰兵器在西周早期的一个扩散源。弨国墓地与上述铜兵器同出的还有铜柳叶形剑、尖底罐、圜底罐等，一般均认为其与早期巴蜀文化有亲缘关系，有的学者认为是城洋铜器群的主人北迁的后裔，与巴文化可以联系；有的认为是蜀国鱼凫王朝在西周早期鸟、鱼联盟解体后，鱼

① 中国社会科学院考古研究所：《安阳殷墟花园庄东地商代墓葬》图五二：4，北京：科学出版社，2007年，第57页。

② 曹玮：《汉中出土商代青铜器》，成都：巴蜀书社，2006年，第342页。

③ 刘士莪：《老牛坡》图二四八：3，西安：陕西人民出版社，2002年，第287页。

④ 甘肃省博物馆文物队：《甘肃灵台白草坡西周墓》，《考古学报》1977年第2期。

⑤ 中国科学院考古研究所：《沣西发掘报告》图八六：1，北京：科学出版社，1963年，第118页。

⑥ 卢连成、胡智生：《宝鸡弨国墓地》，北京：文物出版社，1988年，第74、162、203页。

⑦ 卢连成、胡智生：《宝鸡弨国墓地》，北京：文物出版社，1988年，第115页。

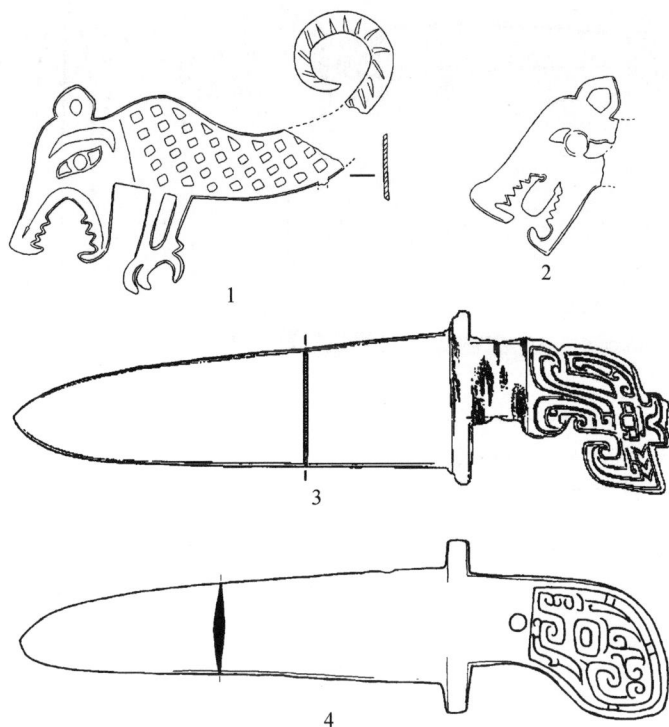

图10-1-4　商代晚期其他地区的虎图案

1.陕西西安老牛坡铜虎形饰（86ⅩⅠⅢM41∶8）　2.陕西西安老牛坡铜虎首（86ⅩⅠⅢM41∶22）

3.河南安阳殷墟花园庄东地墓葬（M52∶8）　4.陕西城固五郎乡（铜14）

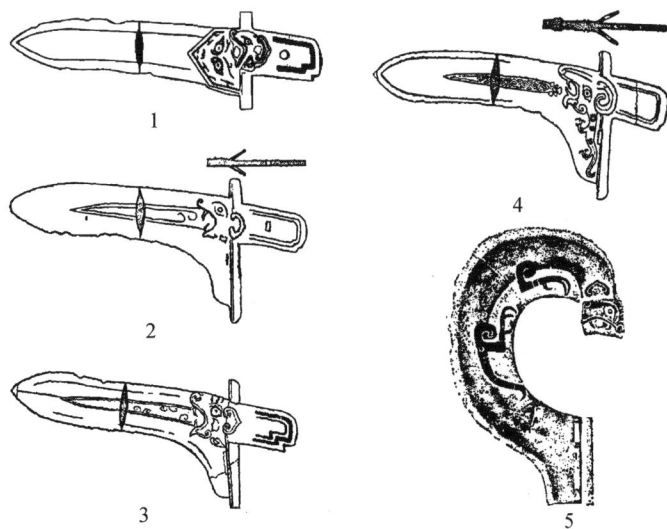

图10-1-5　甘肃灵台白草坡墓地出土虎纹铜戈、虎纹铜钺

1.直援戈（M2∶26）　2～4.短胡戈（M2∶18、M2∶54、M2∶12）　5.半环刃钺（M1∶58）

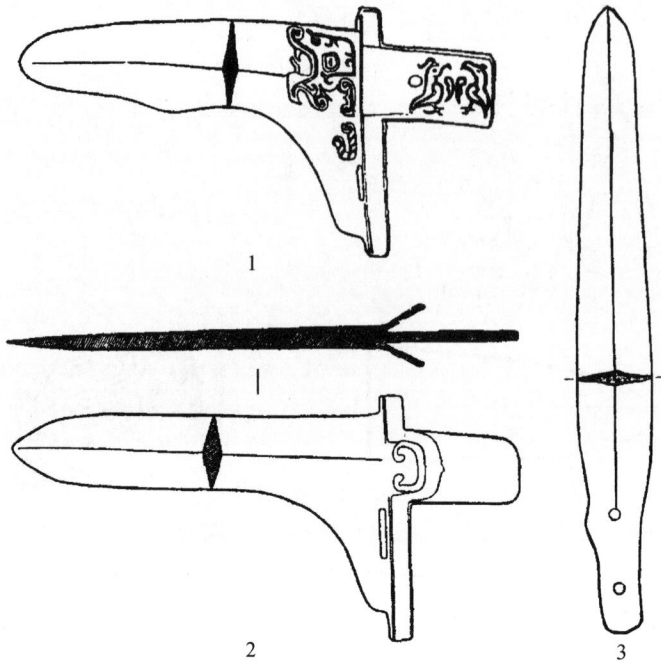

图10-1-6　陕西沣西西周早期墓葬出土铜戈和铜剑

1、2. 短胡戈（客省庄KM12：5、张家坡CM218：5）　3. 柳叶形剑（张家坡CM206：4）

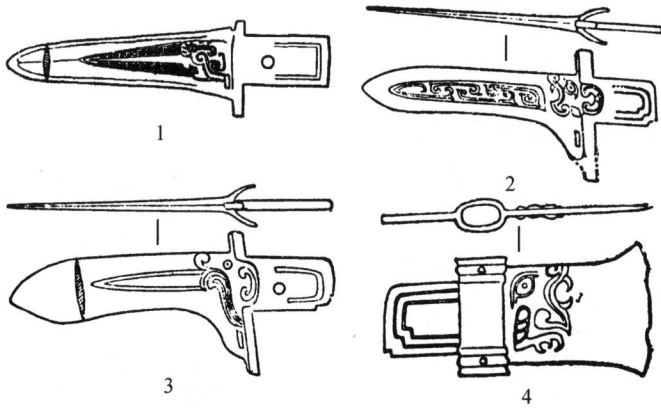

图10-1-7　陕西宝鸡強国墓地竹园沟出土虎头纹铜兵器

1. 长条援戈（BZM13：168）　2、3. 短胡戈（BZM19：61、BZM4：107）　4. 銎内钺（BZM7：19）

人的一支北迁的结果。

　　从以上情况看，巴蜀文化的丙类虎图案，应来源于商文化的曲内戈，传播到具有早期巴蜀文化性质的城洋地区和关中地区（老牛坡M41青铜人面具、兽面具等具有城洋铜器群的铜器，也有浓烈的早期巴蜀文化特征），至西周早期，丙类虎图案的基本特征初步定型于陕、甘一带。至于西周早期时关中、陇东地区制造虎纹铜戈的起因，当是受巴蜀文化影响而来的。一是应该存在城洋铜器群虎纹曲内戈与宝鸡弓国墓地虎纹戈的传承关系。二是存在可能经由老牛坡M41这类具有早期巴蜀文化因素的墓葬向关中和陇东地区传播的可能。三是也不排除因西周早期关中、陇东与巴蜀之间存在直接文化交流而导致的影响，如灵台白草坡墓地出土镂空双剑鞘和柳叶形剑，这种双剑鞘在东周时期巴蜀文化的高等级墓葬中较为常见；又如沣西张家坡墓地M206出土铜柳叶形短剑（原报告定为铜匕首）（图10-1-6，3），柳叶形剑在商代晚期的三星堆器物坑（K1∶280）[1]、城洋铜器群中（铜280）[2]就已出现，这是否暗示着具有柳叶形剑文化的人将虎纹戈的设计思想带到了丰镐地区呢？这种可能性不能排除。

我们也应注意到，晚期巴蜀文化的丙类虎图案和西周早期的虎纹存在时间断层，这很可能是由于陕南地区缺少西周至春秋时期的考古发现。前文提到，M33是宣汉罗家坝墓地最大的一座墓葬，也是目前最早出现丙类虎图案的墓葬。据《宣汉罗家坝》考古报告介绍，M33在该遗址中属于最早的第一期墓葬，且第一期目前仅发现1座墓葬。M33内随葬了大量楚文化和中原文化的礼器，该墓的突然出现，应该考虑是从陕南或鄂西北汉水上游地区的人群向四川盆地东部迁移的结果，这一迁移背景与文献记载春秋晚期"巴国分远"有关，即巴国政治中心在春秋晚期开始进入四川盆地东部。也就是说，罗家坝M33铜兵器上的丙类虎图案，并非突然出现，而是在巴文化中心迁移之前就一直存在，只是由于缺少"断层"时期的考古发现罢了。这里不能不提及的是，弓国墓地竹园沟的几座墓葬是历代弓国国君和其夫人的墓葬，灵台白草坡M1、M2是诸侯王级的墓葬，沣西张家坡、客省庄西周早期出土虎纹兵器的墓则应该是都城附近贵族的墓葬，因此，以后如果要在春秋晚期之前的汉水上游巴文化墓葬里发现丙类虎纹铜兵器，很可能只会在高等级墓葬里出现。而虎图案铜兵器在普通墓葬里的大量出现，大概要到战国早期及以后。

三、虎图案的族属及反映的部族关系

虎图案在各类巴蜀纹饰中地位非常突出，分布相当广泛，表明它有十分特殊的意义。夏商周至战国时期，巴蜀地区民族成分复杂，虎图案是由什么民族创造的呢？这与巴文化族群有关。巴文化族群是一个古老的族群，包含了许多支系，其主体族群的起源，历来有氐羌、百濮、三苗、东夷等诸说。本文认为，巴文化主体族群源于三苗说较为可信。有专家认为，三苗本来可能就指后来的巴、濮、蛮三大支系。三苗的

① 四川省文物考古研究所：《三星堆祭祀坑》图五〇，北京：文物出版社，1999年，第96、97页。

② 曹玮：《汉中出土商代青铜器》，成都：巴蜀书社，2006年，第404页。

活动地域，主要在古洞庭湖和彭泽湖地区，包括今鄂西地区、汉水中下游地区，文献记载的古巴人活动区域也大致未出这一范围。《说文解字》："巴，虫也，或曰食象它。"[①]即早期的图腾动物或部族神与蛇相关。又《山海经·海内经》："南方……有人曰苗民，有神焉，人首蛇身。"[②]"（羿）屠巴蛇于洞庭"，可见巴与三苗有极密切的关系。巴人在长期的历史发展进程中，不断融合其他民族的人民，形成了多个部族。上文所说的巴蛇之巴，就是一支较大的巴人支系。他们原居于洞庭湖一带，大概在尧时代，"三苗在江淮、荆州数为乱。于是舜归而言于帝，请流共工于幽陵，以变北狄；放驩兜于崇山，以变南蛮；迁三苗于三危，以变西戎；殛鲧于羽山，以变东夷：四罪而天下咸服"[③]。大概在"迁三苗于三危"时，巴迁居到汉上游一带。至春秋晚期，在秦、楚、蜀等强敌的压力下，巴文化族群中的一部分退居大巴山和嘉陵江流域[④]。这部分巴人崇蛇，与其后迁入重庆腹地的廪君之巴相会合，并接受了廪君之巴的信仰。

　　除了崇蛇巴人之外，崇虎巴人也是一个很大的巴人支系。这部分巴人很早以前就有崇虎的传统，虎就是他们的图腾。东周以前，巴文化人群主要分布于鄂西和汉水中上游地区，这些地方的崇虎遗物多有发现。如江陵出土的西周青铜虎形尊[⑤]，城固出土的青铜虎形面具等[⑥]，何驽认为应"与巴文化有关"[⑦]。商周时期的崇虎人群曾建立过方国——虎方。甲骨文中就有关于虎方的记载。如"……贞，令望乘众与舍虎方？十一月"[⑧]"……舆其舍虎方，告于大甲，十一月""虎方其涉河，东狱其缺"[⑨]等多条。李学勤先生认为，虎方应近于汉水流域[⑩]。又安康出土的青铜器《史密簋》："唯十又一月，王命归俗，史密曰东征，敆南夷、卢、虎会杞夷、舟夷藿不坠，广伐

　　①　（汉）许慎撰，（清）段玉裁注：《说文解字注》，上海：上海古籍出版社，1981年，第1296页。

　　②　方韬译注：《山海经》，北京：中华书局，2009年，第276页。

　　③　（汉）司马迁撰，（南朝）裴骃集解，（唐）司马贞索隐，（唐）张守节正义：《史记》卷1《五帝本纪》，北京：中华书局，1999年，第22页。

　　④　邓少琴：《巴蜀史迹探索》，成都：四川人民出版社，1983年，第65页。

　　⑤　何驽：《湖北江陵江北农场出土商周青铜器》，《文物》1994年第9期。

　　⑥　祝培章等：《陕西省城固、宝鸡、蓝田出土和收集的青铜器》，《文物》1966年第1期。

　　⑦　何驽：《湖北江陵江北农场出土商周青铜器》，《文物》1994年第9期。

　　⑧　郭沫若主编，胡厚宣总编：《甲骨文合集》第二卷第三册第6667片，北京：中华书局，1982年，第1023页。

　　⑨　罗振玉：《殷墟书契考释》，宋镇豪、段志洪：《甲骨文献集成》第七册，成都：四川大学出版社，2001年，第44页。

　　⑩　李学勤：《殷代地理简论》，北京：科学出版社，1959年，第31页。

东国……"①有名的宋代安州六器中的《中方鼎》铭:"唯王命南宫伐反虎方之年。壬命中先省南国贯行,执王应……"以上器物皆出于汉水流域,所记虎方亦不应出此范围,故邓少琴先生认为,虎方实际上就是指西周时的巴方②。刘先枚先生也考证说:"虎方为南国之南民族,即春秋时期的巴人,因以虎为图腾,故名虎方。"③国以虎名,足见商周时巴人崇虎之风颇盛。

春秋战国时,崇虎之风在廪君之巴中又发展到了新的阶段。《后汉书·南蛮西南夷列传》载:

> 巴郡南郡蛮,本有五姓:巴氏、樊氏、瞫氏、相氏、郑氏……未有君长,俱事鬼神,乃共掷剑于石穴,约能中者,奉以为君。巴氏子务相乃独中之,众皆叹。又令各乘土船,约能浮者,当以为君。余姓悉沉,唯务相独浮。因共立之,是为廪君……廪君于是君乎夷城,四姓皆臣之。廪君死,魂魄世为白虎。巴氏以虎饮人血,遂以人祠焉。④

过去的论者多据此认为,巴人崇虎是廪君死化白虎以后才开始的。实则不然,仔细推敲这段文字,笔者认为应作如是理解:巴文化族群在廪君之前就已立过国,如文献记载中的虎方、巴方、巴子国等,后在商周王朝的打击下,逐渐衰落以至瓦解。至春秋战国,居住在三峡、鄂西、汉水流域的一部分巴文化族群又在楚的强大压力下,不得不向西、向南迁移。在此过程中,巴文化族群中的一支(务相)逐渐强大,建立起新的国家——廪君巴国,务相成为国君(廪君),由于巴氏在务相之前就有崇虎习俗("巴氏以虎饮人血"和前文所叙崇虎遗物以及虎方等可说明),但到这时,务相巴人开始独掌宗教祭祀权,占有通达祖神意旨的手段,廪君也成为白虎的化身,并在之后开创了政治与原始宗教合一的国家。"魂魄世为白虎"隐含的意思就是务相的继任者都被视为白虎的化身,控制着政治和宗教两方面的权力。

关于宗教祭祀权的独享,"巴氏以虎饮人血,遂以人祠焉"这句话说得很明白,是巴氏而非被征服的樊氏、瞫氏、相氏、郑氏去"以人祠",显然,廪君之巴所属人群已经形成有差别地位的二元结构。至于政治与宗教权力的统一,可从务相本人就

---

① 张懋镕、赵荣、邹东涛:《安康出土的史密簋及其意义》,《文物》1989年第7期。

② 邓少琴:《巴蜀史迹探索》,成都:四川人民出版社,1983年,第102页。

③ 刘先枚:《"湖北金石志"周楚重器铭文拾考》,《江汉考古》1991年第3期。

④ (宋)范晔撰,(唐)李贤等注:《后汉书》卷86《南蛮西南夷列传》,北京:中华书局,1999年,第1919页。

是巫觋的身份得证。《世本》云："廪君之先，故出巫诞。"①又《山海经·海内西经》："开明东，有巫彭、巫抵、巫阳、巫履、巫凡、巫相。"②笔者疑巫相、务相是同一巴方言的汉语不同音译，若此说成立，务相本为巫觋，后成为国君，则政教合一不就理所当然了吗？

值得注意的是，巴文化崇虎习俗自夏商时始，经春秋战国一直延续到现代。巴文化族群的后裔土家族现在还残留着较深的崇虎习俗。土家族的得名，据认为就与虎有关，楚人呼"虎"为"于菟"①，"于菟"连缀急读就是"土"音，故有专家认为土家族名就是白虎夷的音译，或可备一说。土家族也自认为他们的祖先是廪君，新中国成立前，年年都要杀人祭"廪君神"，俗称"还人头愿"。土家族的摆手舞、跳丧舞，舞姿多模仿虎的动作，跳舞时巫师手中所持小旗上的图案多画着虎形象。此外，土家族的白虎神位、白虎神话等无不昭示崇虎、祭虎已深入他们生活的方方面面④。

虎图案既然与巴文化有关，而巴境"东至鱼复，西至僰道，北接汉中，南极黔涪"⑤，这个疆域大体限于今重庆地区，对于以成都平原为中心的蜀地发现的虎图案较之巴地数量多、时代早又做何解释呢？这与巴蜀同源有关。

巴蜀虽同源，但早期辗转迁入成都平原的移民对虎的崇拜并不明显，或者属于比较普通的崇拜。例如，金沙遗址发现的石虎，呈跪爬状，缺少威猛感；该遗址发现的同为石质的戴枷锁的跪人像，为地位较为低下的奴仆和异族俘虏；另外就是石盘蛇，也缺少作为崇拜对象的神秘威严的形象。

此外，直到春秋后期，迁入了与务相之巴同崇虎的鳖灵部之后，蜀地的虎信仰才开始流行起来，到战国早期，各种虎图案也相应地增多了。《水经注》卷三三引来敏《本蜀论》说："荆人鳖令死，其尸随水上，荆人求之不得。令到汶山下，复生，起见望帝。望帝者，杜宇也……望帝立以为相，时巫山峡而蜀水不流，帝使令凿巫峡通水，蜀得陆处。望帝自以德不若，遂以国禅，号曰开明。"⑥此处的"荆人"当指"巴人"，论者多有共识⑦。至于"开明"，《山海经·海内西经》记昆仑山有神名"开明神"，《西山经》又记其上有神名"陆吾"，其状均类虎。又《毛诗·召南·驺虞》

①　（宋）范晔撰，（唐）李贤等注：《后汉书》卷86《南蛮西南夷列传》，北京：中华书局，1999年，第1919页。

②　方韬译注：《山海经》，北京：中华书局，2009年，第213页。

①　（汉）扬雄撰，（晋）郭璞注：《輶轩使者绝代语释别国方言》，《景印文渊阁四库全书》第221册，台北：台湾商务印书馆，1986年，第332页。

④　杨昌鑫：《土家族风俗志》，北京：中央民族学院出版社，1989年。

⑤　（晋）常璩撰：《二十五别史·华阳国志》，济南：齐鲁书社，1998年，第2页。

⑥　（北魏）郦道元注，（清）王先谦校：《合校水经注》，北京：中华书局，2009年，第523页。

⑦　童恩正：《古代的巴蜀》，成都：四川人民出版社，1979年，第70~73页。

毛传云："驺虞（即陆吾），义兽也，白虎黑文。"[1]可见"开明"就是白虎。据有的研究者所指出的，鳖灵应来源于汉水上游末端南岸的古庸国，春秋时，秦、楚、巴三国灭庸后，其中一部分庸人南入奉节、巫山一带，沿江西上，进入成都平原，于是有了鳖令"尸随水上"的传说。西周春秋时期，庸国与巴国政治中心同在汉水上游，并接壤。与巴国一样，庸人有大量的巴文化人群和百濮，进入成都平原的鳖令族很可能与巴文化有紧密联系，甚至不排除就是巴文化族群的一支。

虎作为崇虎巴人的图腾，后随着他们的强盛和廪君巴国的建立，遂成为整个巴人的象征。虎即代表巴，巴的族徽就是虎。从这个层面上我们可以看到很多有趣的虎图案。在鄂西发现的不少虎座立鸟，下面的虎一般身躯较小，且显得畏葸瑟缩，而立于虎上的凤鸟形体高大，雄姿英发。凤是楚文化的象征，整个虎座立鸟实际上就是用凤战胜虎来表现楚人战胜巴人的雕像[2]，这符合巴文化族群在楚人压力下不断南迁、西迁的历史事实。文献中也屡次提到楚巴相争的情况，如"巴人叛楚而伐那处……楚子御之，大败于津"，"巴人伐楚，围鄾。……（楚）败巴师于鄾"等[3]。

四、虎的功用及所反映的社会性质

从廪君的传说和崇虎习俗看，巴文化人群的宗教信仰尚处于祖先崇拜阶段。就形象上严格说，各类虎图案生动活泼，写实性强，尚未完全脱离虎的自然属性，抽象力不够，未形成天—祖一体的人格神，属于较低级的信仰。

自廪君巴国建立后，虎作为崇拜对象，被统治者视为权力的来源和稳固统治的基础。国王既是政治生活的主人，又是掌握原始宗教最高权力的巫觋头目，自身也成了虎的化身。从出土的器物看，虎纹频繁地出现在青铜兵器上，而巴蜀符号中的"王"字却屡屡出现于巴蜀印上，虎纹和"王"较少共存于同一器物，刘豫川先生据此认为，虎的本义即为"王"，而"王"大概即指巴人的酋长[4]。这一看法是有一定道理的。

①　（汉）毛亨传，（汉）郑玄笺，（唐）孔颖达疏：《毛诗注疏》，《景印文渊阁四库全书》第69册，台北：台湾商务印书馆，1986年，第146页。

②　张正明、滕壬生、张胜琳：《凤斗龙虎图像考释》，《江汉考古》1984年第10期。

③　（周）左丘明传，（晋）杜预注，（唐）孔颖达正义：《春秋左传正义》，北京：北京大学出版社，2000年，第297、298、1959页。

④　刘豫川：《巴蜀符号印章的初步研究》，《文物》1987年第10期。有学者进一步认为，巴蜀符号中的"王"与金文"王"字相同，是从中原汉字借鉴过来的，图语中的"王"字当释为部族酋长，"祭酒"等（参见李复华、王家祐：《关于"巴蜀图语"的几点看法》，《贵州民族研究》1984年第4期）。

　　虎所蕴含的政治意义还体现在虎的通天地作用上。张光直先生在论述"虎食人卤"时指出，商周青铜器上的动物纹样是用来"协于上下""沟通天地"的，张开的兽（虎）口具有把两个不同的世界（如生与死、天与地）分割开来的宗教意义[①]。巴蜀的虎图案大多口张得特别大，且早期也有虎口衔人的例子，晚期也见虎纹下侧有佩剑（刀）椎髻人像的例子（图10-1-8）。此外，在晚期巴蜀虎图案中，可以见到一些"神人驭虎"的形象，例如，宣汉罗家坝遗址三角援铜戈上的丙类Db型Ⅰ式虎头纹，虎头与自然界的老虎高度相似，但虎头上左右各有一只人手，手指清晰，手臂粗壮，其内侧有一双旋纹眼，似为俯身驭虎而行、通天地的巫师的抽象表达符号[②]（图10-1-8），出土该铜戈的M33是罗家坝最大、随葬品最丰富、等级最高的墓葬，而当时的巫与部族首领往往一体，可见神人驭虎图案与特定的人员有关，具有特殊的含义。因此，巴蜀的一些虎图案应具有通天地的功能。通天地的手段与政治权力有直接而紧密的联系，廪君死化白虎的传说，表明了这种手段已被以国君为首的上层统治阶级所独占。张光直先生指出，占有这种手段便享有了统治的资格[③]。可见，虎包含的政治权力不仅体现为它本身就是统治者的象征和化身，而且统治者通过民众对虎的崇拜和自己对虎的祭祀权和通天地手段的独占，证明其统治的合理性和合法化，并进而谋取政治上的特权。

图10-1-8　四川宣汉罗家坝遗址铜戈（M33∶102）上的"神人骑虎纹"拓片、照片

---

　　①　［美］张光直：《商周青铜器上的动物纹样》，《考古与文物》1981年第2期。

　　②　四川省文物考古研究院、达州市文物管理所、宣汉县文物管理所：《宣汉罗家坝》图一四〇：3、图一五五：2、图版六五：3，北京：文物出版社，2015年，第148、150页。

　　③　张光直：《考古学专题六讲》，北京：文物出版社，1986年，第107页。

　　虎还是巴人祭祖的对象，以人祭虎是最重要的祭祖仪式。开州余家坝①（图10-1-9）、峨眉符溪②等地发现的"以人祭虎图"，是这种仪式在巴蜀青铜器上的具体表现。鼙鼓、号歌是祭祖仪式的组成部分。《蛮书》卷一〇引《夔城图经》："巴氏祭其祖，击鼓为祭，白虎之后也。"③《舆地纪胜》引《晏公类要》："伐鼓以祭祀，叫啸以兴哀。"④便是明

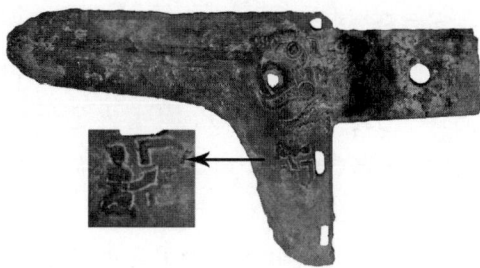

图10-1-9　重庆余家坝墓地出土铜戈上的虎纹与佩刀人（M8∶4）

证。巴文化人群虽盛行祖先崇拜，但发育很不完备。一般而言，宗教祭祀要通过一定的"中介物"来沟通神人关系。在中原通过青铜礼器、玉器以及附着其上的动物纹饰等在宗教活动中起作用⑤；在晚期巴蜀则为铸有虎图案的青铜器，尤以青铜兵器为主。这种文化选择是由巴频繁的战争和迁徙历史决定的。中原文化安土重迁，宗庙重器不得随意搬动；巴文化族群战争不断，迁徙无常，青铜兵器携带方便，祭拜随意，不拘形式，与中原烦琐隆重的祭祖仪式形成鲜明对比。

　　青铜兵器上的虎图案还有厌胜的性质。《华阳国志·巴志》云："周武王伐纣，实得巴蜀之师，著乎《尚书》。巴师勇锐，歌舞以凌殷人，［殷人］倒戈，故世称之曰'武王伐纣，前歌后舞'也。"⑥这里的"歌舞"，大概就是"其歌必号，共众必跳"的祭祖厌胜仪式。巴文化族群在战争中的这种仪式，让我们联想到主要饰于青铜戈上的独立虎形浅浮雕和刻纹虎，这种纹饰头极大，张口吐舌，做腾跃状，似随时准备出击，异常凶猛。在战争中，它既能恐吓敌人，又能带给己方力量和士气，以鼓舞勇猛作战，如有的研究者所言，以虎之勇猛去表现士兵的勇武和克敌制胜的天职正是这一图形的真实寓意所在⑦。还有的就虎图案装饰的瓦形鳞甲认为其有增加巫术力量的意义⑧，巴蜀青铜剑上的虎斑纹亦有此种功能。虎所具有的这种作用，在巴文化人群的

　　①　山东大学考古学系、重庆市文化局、开县文物管理所：《重庆开县余家坝墓地2000年发掘简报》，《华夏考古》2003年第4期。

　　②　陈黎清：《四川峨眉县出土一批战国青铜器》图七：7，《考古》1986年第11期，第984、986页。

　　③　（唐）樊绰撰，向达校注：《蛮书校注》，北京：中华书局，1962年，第260页。

　　④　（宋）王象之撰：《舆地纪胜》，北京：中华书局，1992年，第2461页。

　　⑤　［美］张光直：《商周青铜器上的动物纹样》，《考古与文物》1981年第2期。

　　⑥　（晋）常璩撰：《二十五别史·华阳国志》，济南：齐鲁书社，2000年，第2页。

　　⑦　徐良高：《商周青铜器"人兽母题"纹饰考释》，《考古》1989年第5期。

　　⑧　童恩正：《我国西南地区青铜戈的研究》，《考古学报》1979年第4期。

一支后裔板楯蛮中还存在。板楯蛮"兵器以金银为饰，虎皮衣楯，便弩射"①，即在战斗中使用的楯上蒙上虎皮，以期制敌避邪。晚期巴蜀青铜器上的翼虎，与《山海经》记载"穷奇"形象相似，《海内北经》记："穷奇状如虎，有翼，食人从首始，所食被发。在蜪犬北。一曰从足。"②穷奇被古人视为四大凶兽，将吃人的翼虎装饰在铜兵器上，其目的就是恐吓敌人③。

关于虎所反映的社会性质的变化，主要体现在务相之巴向阶级社会的转化和巴蜀神王政权制的瓦解两个方面。

务相之前，巴文化人群已立过国，但巴氏却"未有君长，俱事鬼神"，表明巴文化人群的各支系所处的社会发展水平极不平衡，有的巴文化人群已进入等级社会，有的尚处于复杂社会的边缘。五姓巴人至"廪君死，魂魄世为白虎"后，也急剧地向阶层社会转化了。转化的标志，就是"以人祠虎"这种人祭的出现。人祭广泛流行于神王合一社会，是神王社会的一大特征。作为人祭的人牲，显系下层人士或战俘，表明廪君巴国已经进入了神王控制的社会。

巴的国家制度，处于较低的水平，对其控制地域内众多人群内部的政治组织的发展影响较小，约到战国中后期便已呈衰落之势。一方面，巴的政权组织具有原始的武力控制性，到了此时，巴国内乱，阶级斗争激烈，又加之秦、楚等国的强力打击，神王贵族政权遭到严重削弱；另一方面，秦、楚等巴的近邻已经或正在向世俗社会、平民社会转化，大大影响了巴的政权基础。它在文化上的反映，尤以蜀地最明显，表现在战国早中期虎图案在各类纹饰中还占绝对优势，但到晚期，龙凤倍增，虎图案则大大减少了④。龙凤是秦、楚等战国封建国家的文化标识之一，它们在巴蜀器物上的出现与日俱增，并压倒虎图案，可见蜀人已大规模接受中原文化，那么，随之而来的政治制度、先进的生产关系等不能不对其产生强烈影响。

在巴国，由于秦灭巴蜀后对他们治理方式的不同，神王贵族制的瓦解相对较慢一些，虎图案在很长时间里还占主导地位。但神王合一、贵族治理体系的衰落，已呈必然之势。《后汉书·南蛮西南夷列传》记"板楯蛮"云："秦昭襄王时有一白虎，常从群虎数游秦、蜀、巴、汉之境，伤害千余人。昭王乃重募国中有能杀虎者，赏邑万家，金百镒。时有巴郡阆中夷人，能作白竹之弩，乃登楼射杀白虎。"⑤此处的"白虎"，虽指巴上层宗教贵族，乃不争的事实，但板楯蛮敢于射杀白虎，说明虎在他们心目中的形象已趋没落。自这次叛乱遭镇压后，巴人的政教合一制就正式开始瓦解，

① （梁）萧子显撰：《南齐书》，北京：中华书局，1972年，第1009页。

② 方韬译注：《山海经》卷12《海内北经》，北京：中华书局，2009年，第217页。

③ 方韬译注：《山海经》卷12《海内北经》，北京：中华书局，2009年，第218页。

④ 冯一下：《试析巴蜀器物上的龙凤虎纹饰》，《四川文物》1987年第1期。

⑤ （宋）范晔撰，（唐）李贤等注：《后汉书》，北京：中华书局，1999年，第1920页。

从而摆脱神王贵族制的束缚，形成了与中原一样的"巴、夏居城郭"现象。同时，巴文化族群的宗教信仰也发生了深刻的变化。《舆公娄要》谓："白虎事道，蛮蜑人与巴人事鬼。"①说明巴文化族群已经有相当程度的汉化，并改信道教，只有退入深山中的一部分巴文化族群还保持着不太强烈的原始信仰，现今发现的大部分虎纽錞于就是这部分巴人的遗物。自西汉早期后，虎图案几乎绝迹了。

五、结　语

虎图案是巴蜀青铜器上出现频率最高的纹饰之一，它的演变过程，正是巴蜀社会意识形态变化驱动的结果。通过上文的分析，我们发现虎图案有着深刻的文化内涵，部分地反映了古巴文化族群宗教信仰、文化生活的面貌，巴文化族群内部的部族情况和巴与蜀、秦、楚的政治文化交流状况。虎作为崇虎巴人的象征，可以释读文献中许多不明其意的记载，并通过对某些文献的重新诠释，获得新的认识。总之，虎图案是巴蜀文化中的一种重要的文化现象，它从三星堆文化开始出现到虎纽錞于的渐趋消亡，一直贯穿巴蜀历史的始终，是巴蜀历史的见证。

补记：（1）本文原以《巴蜀虎形纹饰与虎崇拜》文章名刊于《巴渝文化④》②，为笔者读大学期间的习作。囿于笔者当时的学识，以及近年来巴蜀考古的新进展，原文的很多认识已经过时甚至是错误的。

（2）本次收录时，一是将原文章名改为《巴蜀虎图案与虎崇拜》，以更切题。二是笔者对文章的主体部分——"虎图案总体特征""虎图案的演变及源流"全部进行了重写，原文的内容、线图和类型学研究几乎全部摒弃，采用了最新的考古材料和笔者的研究成果。三是对"虎图案的族属及反映的部族关系""虎的功用及所反映的社会性质"进行了部分改写，改写部分虽然有部分观点与笔者现在的持论有一些出入，但总体上尊重了原文的观点，只对部分明显表述存在问题的内容进行了修改。

---

① （宋）王象之撰：《舆地纪胜》，北京：中华书局，1992年，第2461页。
② 重庆市博物馆：《巴渝文化④》，重庆：重庆出版社，1999年，第116～131页。

第二节　从"通天拜日"到"绝地天通"
——由罗家坝巴文化墓地神人骑虎图案说起

一、引子：虎头纹还是神人骑虎纹？

　　四川宣汉罗家坝巴文化墓地M33是该墓地最大的一座墓葬，出土文物数量也最多，时代当在"春秋晚期至战国早期"[①]。以往大家对M33出土的铜容器和刻纹铜器研究较多，而其中的一种饰正视虎头纹的三角援铜戈不太引人注意，笔者发现这种虎头纹实为"神人骑虎"纹，在巴蜀文化中颇为罕见。

　　《宣汉罗家坝》考古报告介绍的"神人骑虎"纹铜戈共有3件：①M33：102，刃部残；近援本处的圆穿周围可见浮雕的俯视虎头纹；器表可见编织物包裹的痕迹；残长21、援长14、内长7、内宽5厘米（图10-2-1，1）。②M33：98，近援本处的圆穿周围可见浮雕的俯视虎头纹；通长21、援长14、内长7、内宽4.8厘米（图10-2-1，2）。③M33：106，近援本处的圆穿周围可见浅浮雕的虎纹；器表编织物包裹的痕迹明显；通长21.2、援长14.4、内长6.8、内宽5厘米。从器物描述和相关线图、拓片看，这三件器物形态基本一致，除M33：106上的虎纹不太清晰外，其余两器上的虎纹几乎完全一样。

　　但是，仔细审视M33：102和M33：98戈援本部的虎头纹，会发现并不像《宣汉罗家坝》考古报告描述的那么简单。该"虎头纹"由两部分或三部分组成，即虎头、手，或虎头、手、旋眼。

　　先说虎头。该纹饰下部为虎头的正视图，上部为尖弧形双耳，其下为牛角形虎眉，两眉相交向下汇成虎鼻，鼻两侧有菱形眼，眼鼻两侧斜出虎条斑纹或虎须，鼻下为倒"T"形口，口侧向下斜伸出两獠牙。除虎耳外，该虎极为写实，与自然界的老虎头部正视像极为相似，为虎纹确切无疑（图10-2-2）。

　　再看虎头上的纹饰。这部分由分散在虎头顶上两侧的两只手组成。手纹包括手掌、前臂、后臂三部分，斜放在虎耳后。从描绘的线图看，两手掌由掌体和微曲的五指组成。从该器照片看，掌体极短或几乎没有，五指较长，指前端微屈。两手腕间各戴一镯。前臂粗壮。后臂与前臂呈近90°转折，胳膊较粗，臂末端云纹回卷。该纹饰虽然掌体铸造不规范，但从掌和臂的整体形态，一指短、四指长等特征，并比较战国中

---

　　①　四川省文物考古研究院、达州市文物管理所、宣汉县文物管理所：《宣汉罗家坝》，北京：文物出版社，2015年，第334页。

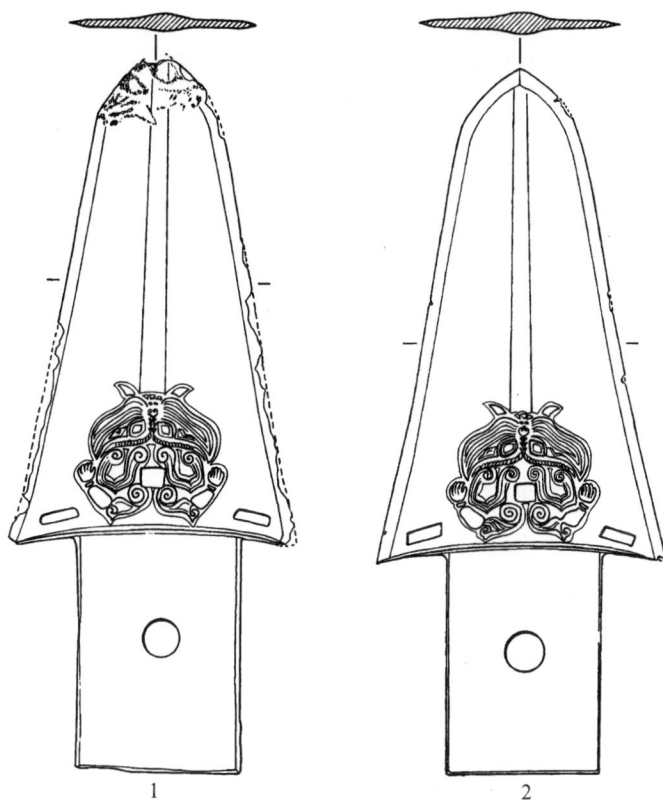

图10-2-1　四川宣汉罗家坝墓地出土虎头纹三角援铜戈

1. M33：102　2. M33：98

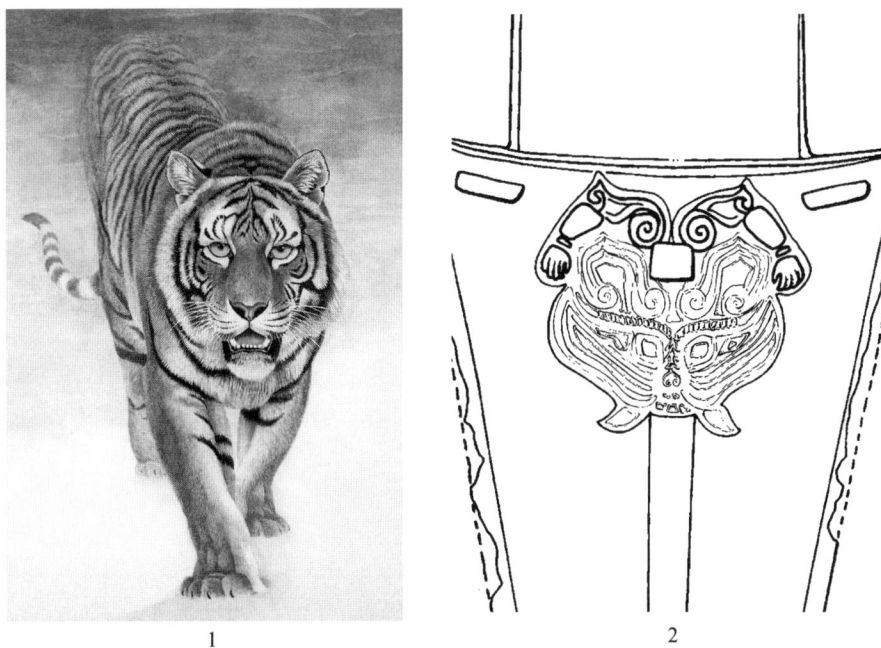

图10-2-2　虎头纹正视图与自然界老虎的比较

1. 老虎写生图（采自网络）　2. 四川宣汉罗家坝墓地铜戈虎头纹（M33：102）

晚期的手心纹，仍可以确定该纹饰为似人的手纹。关于后臂部分，特别是尾端的卷云纹形状，又颇似一对旋眼，也可以将其看作是独立的眼睛。在古代雕刻纹饰里，神人或神兽往往用旋纹眼表达。

从"神人骑虎"纹手的形态看，两手掌略屈，呈抓握状，两前臂呈钝角向两侧分开，与旋纹一起构成一幅似紧贴虎背驾驭的人或神（部分），故我们将这幅图案命名为"神人骑虎"图。

罗家坝的"神人骑虎"图案是不是由巴蜀地区战国中晚期流行的巴蜀符号组合的呢？M33出土铜器有蟠虺纹、蟠螭纹、夔龙纹、兽面纹、涡纹、水陆攻战纹等具有中原文化、楚文化特征的纹饰，另有"神人骑虎"纹、俯身虎纹（图10-2-3，1）、侧视虎头纹（图10-2-3，4）、五角星纹+鸟纹、亚腰台+双弧纹、手心纹等少数几种带有地域特征的图案。其中，手心纹在《宣汉罗家坝》中仅文字提到，器物图未见纹饰线图，使我们失去了比较的基础。第一，除五角星纹+鸟纹、亚腰台+双弧纹和所谓的手心纹为通常所说的巴蜀符号外，"神人骑虎"纹、俯身虎纹、侧视虎头纹均为独立的图案，在兵器类器物上占据主体地位，不应该是巴蜀符号。例如，该墓M33：101三穿中胡戈，戈援本部装饰侧视大虎头纹，亚腰台+双弧纹则位于胡部，纹饰与虎头纹分开，且两者大小悬殊（图10-2-3，3）。第二，这类虎图案比巴蜀符号大得多，也不具有后者的组合关系，在战国中晚期中，独立的虎图案与符号中的虎纹大小、形象都有明显差异。第三，M33出土的几种虎图案主要装饰在戈上，该墓出土的三角援戈上也有装饰兽面纹的，兽面纹的位置、大小、布局形式与虎头纹相仿（图10-2-3，2）。第四，与巴蜀符号中手心纹最像的手（或手与旋眼）纹，存在一些差异，如巴蜀符号中的手心纹未见戴镯者，前臂结尾处的旋纹圈数较少，手指直长，拇指与其他指明显叉开等。第五，巴蜀符号中未见双手与虎或虎头紧贴的组合，手心

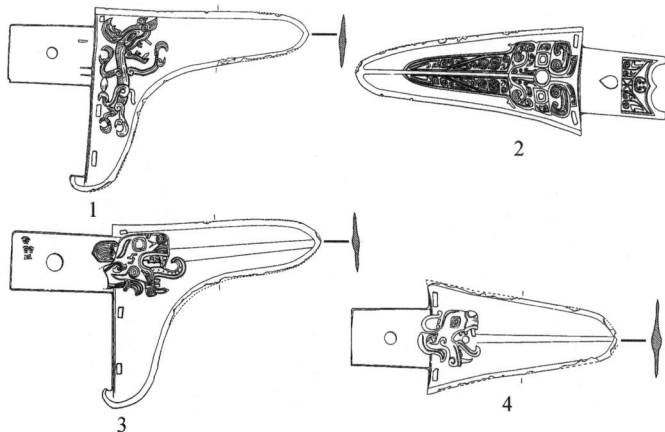

图10-2-3　四川宣汉罗家坝M33出土铜戈上的虎纹、虎头纹和兽面纹

1.俯视虎纹中胡戈（M33：100）　2.兽面纹三角援戈（M33：116）　3.侧视虎头纹中胡戈（M33：101）

4.侧视虎头纹三角援戈（M33：111）

纹中的手纹绝大多数为单手，偶见极个别双手者，两手前臂也是摆成直线，整体呈"凹"形。综上所述，笔者认为，"神人骑虎"图案不是巴蜀符号。

二、通天拜日：良渚文化神人兽面纹的性质

与神人骑虎相似的图案，我们首先会联想到良渚文化的"神人兽面纹"（图10-2-4）[①]。通常认为，神人兽面纹由"神人"和"神兽"组成，另外也常常可见鸟纹。其中，既有独立的鸟纹，也有与神人兽面纹结合在一起的鸟纹。而对于这种结合，有神人与鸟纹合体的鸟人说、神兽与鸟合体的鸟兽说等。

天极（天中）
天穹
日晕
神人面

鸟身
鸟目、兽目
（太阳）

神兽面
獠牙（神性）

鸟爪、兽足

图10-2-4 浙江余杭反山墓地玉琮上的神人兽面纹（M12∶98）图解

神人兽面纹的内涵有神人骑兽、神鸟驮兽两个有较大影响的认识。关于"神人骑兽说"，张光直先生认为类似的神人兽面像，人就是巫师的形象，兽是蹻（可以上天入地，与鬼神来往的龙、虎、鹿等动物），神像分为人像和兽像两大母题，上部人像表现的是巫师的形象，下部兽像则是协助巫师沟通天地的伙伴——"蹻"[②]。关于"神鸟驮神兽"说，以李新伟先生的认识最具代表，他认为，獠牙神兽为天极之神的动物形象，"神人"是人和鸟的结合体，整幅图案是巫师（应该也是统治者）在萨满仪式

① 浙江省文物考古研究所：《反山》图三八，北京：文物出版社，2005年，第43、56页。
② ［美］张光直：《中国古代史在世界史上的重要性》，张光直：《考古学专题六讲》，北京：文物出版社，1986年，第8~10页。

中与神鸟沟通结合，成为"人面神鸟"，获得并发挥驮负天极神兽、维护天体正常运转的能力①。笔者认为，要搞清神人兽面纹的意义，还需要回到其具体构成要素和依托场景上来。

神人兽面纹中的獠牙神兽，学者们一般认为是虎，也有认为是猪、"龙凤复合体"、饕餮等。獠牙神兽的意义，除了天极之神、巫师沟通天地的坐骑等观点外，认为是太阳神的代表的说法也较有影响。从高庙文化白陶的刻纹来看，既有神鸟驮负獠牙神兽或与獠牙神兽前后排列在一起的情况，也有神鸟驮负太阳纹的情况，还有神鸟驮负太阳纹、后面排列獠牙神兽的情况（图10-2-5，4）②。可见獠牙神兽和太阳纹各有不同的纹饰表达，它不能直接指代太阳。至于少量处于太阳纹中间的獠牙神兽，应该是通天神兽从地面升到太阳后两者关系的图案写照。总体上看，神兽是天极代表和太阳神兽的观点差别不大，作为天极代表和太阳神兽的看法需要更多依据。参考后世文献和人类学对萨满教的研究，神兽当以助巫师沟通天地，"协于上下，以承天休"③的"蹻"看法更合理。

作为巫师的"神人"通过什么沟通上天（太阳）呢？笔者认为是太阳神鸟。结合一些神人兽面纹中的鸟纹看，典型鸟纹通常是由一只鸟加身体中部的一个大重圈纹组成，这个重圈纹有的认为是蛇，有的认为是所谓的"兽目"。因为后来一些似"兽目"的重圈纹的出土，现在已很少有人认为是蛇了。由于鸟上的重圈纹是单个的，而有的鸟是俯视的也仅见一个重圈（图10-2-5，5）④，且有的鸟明显为人首鸟身，故重圈不太可能是兽目。鸟与圆形图案的关系，在浙江河姆渡遗址已出现多件双鸟负日的图像（图10-2-5，2）⑤；高庙文化的湖南桂阳千家坪遗址圈足盘底部，刻划有胸部饰太阳纹的大鸟图案（图10-2-5，1）⑥，仰韶文化泉护村遗址和马家窑文化遗址中多见飞鸟负日（图10-2-5，3）⑦、飞鸟顶日彩陶纹样；山东大汶口文化中亦见飞鸟（抽

　①　李新伟：《良渚文化"神人兽面"图像的内涵及演变》，《文物》2021年第6期。

　②　湖南省文物考古研究所：《凤舞潇湘——桂阳千家坪出土陶器（上）》，北京：故宫出版社，2020年，第225页。

　③　（周）左丘明传，（晋）杜预注，（唐）孔颖达正义：《春秋左传正义》，北京：北京大学出版社，2000年，第694页。

　④　浙江省文物考古研究所：《瑶山》图三三，北京：文物出版社，2003年，第33、35页。

　⑤　浙江省文物考古研究所：《河姆渡——新石器时代遗址考古发掘报告》图一九四：5，北京：文物出版社，2003年，第284、285页。

　⑥　湖南省文物考古研究所：《凤舞潇湘——桂阳千家坪出土陶器（上）》，北京：故宫出版社，2020年，第170页。

　⑦　北京大学考古学系著，中国社会科学院考古研究所编：《华县泉护村》，北京：科学出版社，2003年。

图10-2-5　各地出土的神鸟、太阳和人面纹

1. 湖南桂阳千家坪遗址白陶盘（M41：1）　　2. 浙江余姚河姆渡遗址象牙蝶（鸟）形器（T226③B：79）　　3. 陕西华县泉护村遗址彩陶盆（H165：402）　　4. 湖南桂阳千家坪遗址白陶簋（T1301②：69）　　5. 浙江余杭瑶山墓地冠状饰负日鸟纹（M2：1）　　6. 浙江余杭反山墓地玉琮负日鸟纹（M12：98）　　7、8. 山东莒县凌阳河遗址大汶口文化陶缸上的纹饰　　9. 浙江余杭反山墓地玉冠状饰（M15：7）　　10. 浙江余杭瑶山玉三叉形器（M7：26）

象鸟纹）负日纹、连山飞鸟负日纹的大陶缸（图10-2-5，7、8）[1]。可见，阳鸟负日是新石器时代文化中广为普遍表达当时天文认知的一种图案。良渚文化中鸟背上的重圈图案，从侧面看，主要是一种与神人兽面纹中所谓神兽的眼基本一致的图案，因此有人将其视为"兽目纹"。从神人兽面上的所谓"兽目纹"看，该纹饰是由上部的圆形重圈纹和下部的椭圆形纹（即所谓眼睑）共同构成的。上部画三道垂直短线形式的重圈纹，在高庙文化和河姆渡文化中的太阳纹（一般画四道）已有雏形，与鸟身体呈叠压关系，因此，圆形重圈最初应该是太阳纹。从良渚文化玉琮鸟纹上的重圈纹看（图10-2-5，6）[2]，下层的椭圆形纹饰，其外沿线与鸟身的外沿线是连在一起的，意味着下层的椭圆形为鸟身，上部圆形重圈纹才是太阳纹。总之，我们认为玉琮鸟纹上层的圆形重圈应当是"太阳"的象征，重圈下部的椭圆形则为鸟的身体的一部分，整个

———————————

① 山东省文物管理处、济南市博物馆：《大汶口——新石器时代墓葬发掘报告》，北京：文物出版社，1974年，第118页。

② 浙江省文物考古研究所：《反山》图三八，北京：文物出版社，2005年，第43、56页。

图案是鸟和太阳的合体；而神人兽面纹中的眼睛，融合了"鸟目"的形状（更早的高庙文化中的兽面通常只有嘴和獠牙，不见眼目），可能兼有太阳、鸟目、兽目的三重功能，是鸟、兽、日合一的体现。

　　神人兽面纹中的介形冠（或称宝盖纹），通常被认为是羽冠或鸟的尾羽（俯视），也有的研究者认为是太阳的象征。笔者认为，介形冠的所谓羽线呈放射状向外排列，这与羽冠竖向平行排列不一样，也与鸟羽的形象不同，反倒与日晕相似。湖北秭归东门头遗址采集的城背溪文化太阳人石刻（图10-2-6，1）[①]、广西左江花山岩画中的部分人物（图10-2-6，5）[②]，其头顶太阳；云南沧源岩画有的人头散发太阳光芒（图10-2-6，3）、有的整个上身处于太阳光芒下（图10-2-6，2）、有的手掌散发太阳光芒（图10-2-6，4）[③]；类似的在内蒙古、太平洋美拉尼西亚（图10-2-6，8）[④]等地的岩画中也能找到例证；南西伯利亚卡拉科尔文化的石棺彩绘上也能见到头顶着大半圈日晕的萨满图案（图10-2-6，6、7）[⑤]，这些应该都是远古人类巫师与太阳沟通时的写照。日晕是太阳处于特殊气象下的一种现象，笔者认为该图符是表达神人与太阳进行沟通时，太阳就会处于一种特殊状态，是人与太阳神之间已处于沟通状态的表征（图10-2-7）。《释名》说："晕者，阴阳交接之气，阳唱阴和之象。"正说明日晕就是天与地、人与神交接时太阳的样子。日晕外侧的介形外框，正代表着天穹；介字形冠的尖顶，为天穹之顶——"天极"，是上天的制高点。天极，在中国传统文化中，指北极星所在的天空，为天的制高点（王充《论衡·谈天》"极为天中"）[⑥]。因此，介形冠表达的是特殊状态下的太阳和天穹的象征。介形冠在河姆渡文化中已经出现，如河姆渡遗址T29④：46敞口盆腹部装饰的鸟禾纹[⑦]，左侧图案为两鸟两日，两日上部为一弧形，弧

　　①　国务院三峡工程建设委员会办公室、国家文物局：《秭归东门头》图四九，北京：科学出版社，2010年，第73、75页。

　　②　广西少数民族社会历史调查组：《花山崖壁画资料集》"花山崖壁画局部临摹图（五）"，南宁：广西民族出版社，1963年。

　　③　蒋书庆：《破译天书：远古彩陶花纹揭秘》，上海：上海文化出版社，2001年，第48页。

　　④　李洪甫：《太平洋岩画——人类最古老的民俗文化遗迹》图141，上海：上海文化出版社，1997年，第339页。

　　⑤　Кубарев В Д. Памятники каракольской культуры Алтая. Новосибирск, 2009; Кубарев В Д. Загадочные росписи Каракола. Новосибирск, 2013: 64, 98.

　　⑥　王充《论衡·谈天》："极为天中，方今天下在天极之南。"《晋书·天文志上》："北斗七星在太微北，七政之枢机，阴阳之元本也。故运乎天中，而临制四方，以建四时，而均五行也。"参见黄晖：《论衡校释》卷11《谈天》，北京：中华书局，1990年，第477页；（唐）房玄龄等撰：《晋书》，北京：中华书局，1974年，第209页。

　　⑦　浙江省文物考古研究所：《河姆渡——新石器时代遗址考古发掘报告》图二九：1，北京：文物出版社，2003年，第46、47页。

图10-2-6　石刻和岩画中的"太阳人"形象
1.湖北秭归东门头遗址采集石刻　2～4.云南沧源岩画　5.广西左江花山岩画　6、7.南西伯利亚卡拉科尔文化的石棺彩绘　8.美拉尼西亚岩画

形符号上即为介形冠，这里的介形冠很可能就是表达天穹的，后来才出现了与神人组合在一起的情况（意味着神人与天穹、太阳合一）。

关于神人兽面纹中的倒梯形人面，通常被认为是巫师。从反山墓地M15：7玉冠状饰（图10-2-5，9）、瑶山M7：26玉三叉形器上的纹饰看（图10-2-5，10）[1]，这个神人有长长的鸟颈。神人下部的鸟，除了我们上面说的重圈纹下层的椭圆形代表鸟身外，神人兽面纹底部的三趾爪，近年来人们也认识到三趾爪不仅是兽足，而且兼具鸟

---

① 浙江省文物考古研究所：《瑶山》图九一，北京：文物出版社，2003年，第76、78页。

图10-2-7　良渚文化"神人兽面纹"介形冠
与日晕叠合图

足，加上上部的人面和人手，这幅部分隐于兽面后的图案，是鸟与人的结合体。

由此，我们认为完整的良渚文化神人兽面纹是由五大基本元素组成的：神人、神兽、阳鸟、太阳（日晕）、天穹。神人兽面纹所要展现的情景是乘坐往返天地的神兽（虎）的巫师，与背负太阳（天的象征）而出的神鸟，在天穹的最高处——天极（天中）相遇，代表人界和地界的巫师、神兽，与代表上天的阳鸟和太阳（处于天极位），相互结合转型，实现"天人合一"，从而达到沟通天地、连接人神的目的。

在通神状态中，五大元素很好地进行了融合，各以局部来代表其整体：太阳和天穹以日晕和介形轮廓表示其与来自人间的使者进行了沟通，并以介形冠的形式与人首结合为冠；巫师上承日晕，下骑神兽，双手触日，又与鸟结合成鸟人；阳鸟驮负着太阳，与人首（有的还有人手）结合，又与神兽共享双目、双足。神人兽面纹的本质是"通天拜日"纹，它并不简单地是神人与神兽、神人与神鸟的结合，而是五大构成元素形成的一个整体。在各类良渚文化玉器上，这种图案又有简化和简省（如有的介形冠简省了日晕，有的将神人简化为倒梯形外框），从而形成各种形式的神人兽面纹。

这是一种远古东亚常见的萨满仪式的再现，是展现通天拜日的一幅场景。萨满式原始宗教通常认为宇宙是由天界、人界和地界组成的，每一界又可分为若干层。其中，支撑天界的有天地柱，还有许多沟通天界、人界和地界的若干宇宙树。同时，我们注意到，在良渚文化玉琮上，往往存在神人兽面纹（包括简化的带介形冠的神人兽面纹）和所谓的简化神人兽面纹（没有介形冠）两种纹饰。如果说前者是正处于天、地、神、人沟通（即成功通神）情况的图景，后者则是表达巫师（萨满）去沟通上天过程中的图案。后一种图案有以下几个特点。

（1）没有介形冠和日晕（介形冠是判断两种纹饰异同的关键）；

（2）完整图案由简化的神人、兽面和负日鸟纹组成（有的没有负日鸟纹）；

（3）神人、兽面、负日阳鸟相互隔离，神人在琮的射缝上，兽面和阳鸟在射缝下侧；

（4）神兽没有獠牙；

（5）图案位于琮射角的两个射面上，而完整的神人兽面纹位于琮的直槽（露出的琮筒）上，从空间上确定了二者的不同。

这五个特点充分说明了两类神人兽面纹是不同的，且两者还见于同一器上（图10-2-8），说明后者并不是前者的简化版和重复表达。由于所谓第二种"简化神人兽面纹"没有介形冠，且其人、鸟、兽构成元素相互分离，故可以判断它描绘的是过程中的、尚未变身转型和"天人合一"前的通天拜日纹，在这一过程中，由于神人、神兽、神鸟尚未进入天极（天中），故神人不见介形冠和日晕，神兽没有獠牙（獠牙是获得神性的重要标志），不应被称为"神人兽面纹"。

罗家坝"神人骑虎"图案与良渚文化"神人兽面"纹有极为相似的表征。从形式上看，罗家坝M33仅以双手代表神人，这双手与反山墓地M12：98玉琮上精雕细刻的神人的双手非常相像，两者均搭在神兽（老虎）头上。但罗家坝"神人骑虎"纹不但简略了人面，还简省了太阳和阳鸟。这种简省应该能找到一些中间的变化环节。其中，陕西神木石峁遗址皇城台大台基石墙上发现的6号人面石雕（约前2000～前1800年）[①]，人面为圆形头，头侧长耳上吊有耳环；头下两侧斜伸出卷尾状纹饰，应为神兽头部的两角；两侧有两只上臂平抬、下臂下垂、五指向下伸直的手；推测完整图案应为神人骑兽图（图10-2-9）。这两只手的形状和布局与罗家坝神人骑虎图的手相似。

图10-2-8　浙江余杭反山墓地玉琮上反映通天拜日过程和结果的两种"神人兽面纹"（M12：98）

---

① 孙周勇、邵晶：《石峁遗址皇城台大台基出土石雕研究》，《考古与文物》2020年第4期。

图10-2-9　陕西神木石峁遗址皇城台大台基出土6号"神人骑兽"纹石雕

三、"民神杂糅"：新石器时代末期的通天拜日

在山东龙山文化中，"通天拜日纹"以一种更简省的形式存在。山东日照两城镇遗址采集的玉圭上可以见到介形冠[①]，该玉圭背面为双层一大一小介形冠，正面冠两侧有抽象的立鸟，背面像有两个相对的平置立鸟。立鸟纹下为旋纹眼兽面。兽面下似有简化的三趾鸟足（图10-2-10，1、2）。这一时期的通天拜日纹有下列特点。

（1）代表天穹的介形冠的形状略有改变，形似飞檐建筑屋顶；

（2）介形冠内简省了太阳的日晕芒线；

（3）鸟以冠下向两边斜伸出的尾部出现；

（4）大多数神人的面部消失不见。

但台北故宫博物院藏"神祖面纹"玉圭[②]（图10-2-10，3、4），仍然完整表达了通天拜日的内涵。该玉圭背面的纹饰与两城镇玉圭上的纹饰相似，但正面的图案却有所不同。正面"神祖面纹"介形冠为重檐屋顶式，并向两侧伸出帽檐式穹顶。该像神面上侧有双眉、杏仁眼、蒜瓣鼻、獠牙嘴。最让人瞩目的是，神面上部左右两侧各饰简化的细小鸟纹，下部双耳着玉玦——太阳的象征，玉玦两侧有长颈卷尾的大头神人各一个，这类神人通常被视作正在转形变身通天的巫师。上海博物馆藏鹰攫人首纹玉器[③]，下部为背立的蜷身双人，其上为鹰的正面图，鹰两侧肩各有一两足站立的动物

---

① 刘敦愿：《记两城镇遗址发现的两件石器》，《考古》1972年第4期。

② 台北故宫博物院：《故宫古玉图录》图2，台北故宫博物院印行，1982年。

③ 上海博物馆：《上海博物馆》，北京：文物出版社，1985年，第128页。

图10-2-10　龙山文化时期的通天拜日纹

1、2.山东日照两城镇采集玉圭正、背面纹饰　　3、4.台北故宫博物院藏玉圭正、背面纹饰

5.上海博物馆藏鹰攫人首纹玉佩

纹，应该是正在变身的巫师由神鸟、神兽引导通天的情景（图10-2-10，5）。

　　到新石器末期和夏代早期的肖家屋脊文化时期，"通天拜日纹"又有了新变化。该文化中常见一种"双鸟兽面"玉饰，以湖南澧县孙家岗M149：1玉牌饰（图10-2-11，1）[①]、湖北天门谭家岭W9：7玉神面（图10-2-11，4）[②]最为典型。孙家岗M149：1玉牌饰两面的"通天拜日纹"完全一致，其顶部为平顶介形冠（此时仍有尖顶介形冠），其下有小型的、更趋简化的尖顶介形冠。冠下左右两侧的所谓动物角实为一对变形鸟纹（王仁湘先生曾有简论）[③]。主体兽面与上述台北故宫博物院藏玉圭正面纹饰相似。有的兽面下部两侧有简化的、抽象的变身神人。这一时期的"通天拜日纹"有的更趋简化和简省，如介形冠有的尖顶内凹，有的向下形成倒八字。一般的纹饰则省略了神人的构图。有趣的是，在肖家屋脊文化的大多数片状玉饰中，通常正面为獠牙神面，背面必然是无獠牙的神面（图10-2-11，3）。笔者理解是将巫师安排到了背面，巫师通过转形变身术，进入神兽体内（商代南方铜器上常见"虎食人"图

---

　　① 湖南省文物考古研究所、澧县博物馆：《湖南澧县孙家岗遗址墓地2016～2018年发掘简报》，《考古》2020年第6期。

　　② 湖北省文物考古研究所、北京大学考古文博学院、天门市博物馆：《石家河遗珍——谭家岭出土玉器精粹》，北京：科学出版社，2019年，第1页。

　　③ 王仁湘：《"对鸟"艺术的主题扫描：兽面的涅槃》，"器晤"微信公众号2016年7月30号，总112题。

图10-2-11　肖家屋脊文化通天拜日纹饰

1.湖南澧县孙家岗遗址玉牌饰（M149：1）　　2.湖北天门谭家岭遗址玉双人（巫师）头像（W9：2）　　3.美国史密塞纳美术馆藏肖家屋脊文化高冠玉神面　4.湖北天门谭家岭玉神面（W9：7）　　5.湖北天门谭家岭遗址虎脸座双鹰玉饰（W8：13）　　6.湖北天门谭家岭遗址戴冠鸟兽纹玉牌饰（W8：11）　　7.湖北天门肖家屋脊遗址玉神人头像（W6：32）

案，即为此一意象的表达），具有了神兽的神性，便形成了正面的獠牙神面，所以，我们可以观察到獠牙兽面集合人、兽、鸟的部分元素，大概就是这个原因。

　　"四不象"神面的出现，是远古"民神杂糅"的体现。这一阶段的通天拜日纹，大多简化和转变为玉神面的形式，其主要分布地为两湖地区的肖家屋脊文化。肖家屋脊文化中除了玉神面通天纹外，还发现鸟兽纹牌饰（图10-2-11，6）、虎脸座双鹰（图10-2-11，5）、双人头像（巫师，图10-2-11，2）、神人头像（图10-2-11，7）等各类与通天过程相关的玉器。两湖地区的肖家屋脊文化通常被认为与三苗有关。"及少皞之衰也，九黎乱德，民神杂糅，不可方物。夫人作享，家为巫史，无有要质。"[①]肖家屋脊文化时期通天纹玉器在湖北天门肖家屋脊遗址、谭家岭遗址、罗家柏岭遗址和荆州枣林岗遗址、钟祥六合遗址，以及湖南澧县孙家岗遗址等都有发现，呈现"家

---

　　①　（春秋）左丘明撰，（吴）韦昭注：《国语》卷18《楚语下》，《景印文渊阁四库全书》，台北：台湾商务印书馆，1986年，第158页。

为巫史""民神同位"的特点。当然，这并不是说家家户户皆可为巫，而是指各大部族集团均有自己的巫史，不利于建立统一的地域化政权。类似的情况在良渚文化时期更为普遍，在10处以上高等级贵族墓地发现玉琮，且玉琮上有神人兽面纹。肖家屋脊文化时期，已在颛顼时期实行宗教改革的中原北方地区，以"苗民弗用灵"[①]（灵即巫，即不用专职巫师）为理由，在尧、舜、禹时代曾三次征伐过三苗，致使肖家屋脊文化的玉器大量流落到陶寺、石峁等城址。

四、"绝地天通"：巴蜀文化中的通神与祀神

夏商周时期，"通天拜日纹"消失不见（现存商周通天拜日玉器均为早期遗留），代之而起的是表达宇宙观念、祀神以及通神的遗物。这一转化的背景，是王国社会诞生后，王权为压制神权，实行宗教改革"绝地天通"，使天、地"无相侵渎"[②]，从而"天神无有降地，地祇不至于天"[③]，人间巫觋普遍失去了到上天通神的机会。从考古出土遗物看，具体表现在五元素合一的通天拜日纹消失，天穹纹不再见，兽面纹一般则不具有獠牙（仅在南方个别地区个别器物上仍有少量存在）。当然，"绝地天通"不是说人、神间不再相通，而是将"民""神"沟通等级化、层次化、礼仪化[④]，"家祭""宗祭""族祭""国祭"各归其位，不得越礼，"非其所祭而祭之，名曰淫祀，淫祀无福"[⑤]。因此，祭天就成为王国或方国统治阶层的特权。此外，沟通方式也从巫师"通天"变成了巫师"通神"。以国祭为例，原先巫师可乘坐动物到天界与神沟通，现在只能通过到达高山、高台、祭台等祭祀天神，请求天神下降到人界与巫师相通。这一转变发生的时间，大约发生在新石器末期，而南方地区的转变，是受到中原地区武力征服后才逐渐发生的。

在中原北方地区，仍然可以见到巫师通神转形变身的玉器、铜器，以及巫师幻想灵魂进入动物体内与神相通的图案。陕西神木石峁遗址发现的双虎人面纹石雕，类

① （汉）孔安国传，（唐）孔颖达疏：《尚书正义》卷19《吕刑》，北京：北京大学出版社，1999年，第535页。

② 《国语·楚语》等均有记载。其中《国语·楚语》记"命南正重司天以属神，命火正黎司地以属民，使复旧常，无相侵渎，是谓绝地天通"。参见（春秋）左丘明撰，（吴）韦昭注：《国语》卷18《楚语下》，《景印文渊阁四库全书》，台北：台湾商务印书馆，1986年，第159页。

③ 《尚书·吕刑》伪孔安国传"乃命重黎，绝地天通，罔有降格"。（汉）孔安国传，（唐）孔颖达疏：《尚书正义》卷19《吕刑》，北京：北京大学出版社，1999年，第539页。

④ 李禹阶：《中国文明起源中的巫及其角色演变》，《中国社会科学》2020年第6期。

⑤ （汉）郑玄注，（唐）孔颖达疏：《礼记正义（十三经注疏）》卷5《曲礼下》，北京：北京大学出版社，2000年，第180页。

似的"虎食人"母题在商代——特别是南方——青铜器上多有发现。另外，安徽阜南县月儿河和四川广汉三星堆一号器物坑均出有商代晚期龙虎尊（K1∶158、258）[①]，龙位于尊肩部，下部虎饰于尊腹部，虎口衔人，这展现了人通过虎蹻，灵魂进入虎体内，与从天上来的神龙交会的情景，是上古"铸鼎象物"[②]的具象表达。殷墟等地所出的玉石器上则有人、虎合体和人、虎、鸟以及人、鸟合体的形象。河南鹿邑长子口墓葬出土的商末周初虎（鸮）首踞坐人形玉饰（图10-2-12，1）[③]，其纹饰从正面看为一虎首踞坐人，从背面看为一鸮。殷墟西北冈王陵1001号大墓翻葬坑出土大理石人身虎首踞坐神像（图10-2-12，3）[④]，该像前肢仍保留虎爪。河南浚县大赉店出土人首鸟身形玉佩（图10-2-12，2）[⑤]，胸前及后背饰豁口纹，上身两侧饰翅羽，下身饰鸟尾。这类将虎头、人身或人身、鸟身巧妙地表现在一起的器物，虽说是匠心独具，巧夺天工，然而却是有一定的图像渊源的，应当与古代通神过程中神人、神兽、神鸟相互交合变身的神话有关。

这种情况在中国西南地区的三星堆-金沙文明中仍然表现突出。位于长江上游地区的三星堆-金沙文明，未受中原武力征服，神、巫的特点依然较为鲜明。直到蜀参与武王伐纣后，受周王朝以礼立国的影响，巴蜀文明中的萨满式神巫信仰才逐渐消退。

三星堆-金沙文明中与祭司祭祀、巫师通神和太阳崇拜相关的遗迹和器物均有一些。特别是三星堆遗址发现的2个器物坑和新近发掘的6个器物坑，坑内堆积大量的整层灰烬，部分器物有烧熔痕迹。《尔雅·释天》："祭天曰燔柴，祭地曰瘗埋，祭山曰庪悬，祭川曰浮沉。"郭璞释"燔柴"："既祭，积薪烧之。"[⑥]可见三星堆器物坑与统治阶层祭天有较大关系。三星堆遗址、金沙遗址与祭天和太阳崇拜有关的遗物有三类。

第一类是反映宇宙观的神树。三星堆二号坑出土了三株神树，其中K2②∶94（图

---

① 四川省文物考古研究所：《三星堆祭祀坑》图二三，北京：文物出版社，1999年，第33、35页。

② （周）左丘明传，（晋）杜预注，（唐）孔颖达正义：《春秋左传正义》，北京：北京大学出版社，2000年，第693页。

③ 河南省文物考古研究所、周口市文化局：《鹿邑太清宫长子口墓》，郑州：中州古籍出版社，2000年，第179页；杨伯达：《中国美术全集·玉器一》，合肥：黄山书社，2012年，第146页。

④ 梁思永未完稿，高去寻辑补，李济总编辑：《侯家庄·第二本·1001号大墓》图版柒贰，台北："中央研究院历史语言研究所"出版，1962年。

⑤ 古方：《中国出土玉器全集（5）》，北京：科学出版社，2005年，第111页。

⑥ （晋）郭璞注，（宋）刑昺疏：《尔雅注疏（十三经注疏）》卷6《释天》，北京：北京大学出版社，1999年，第200页。

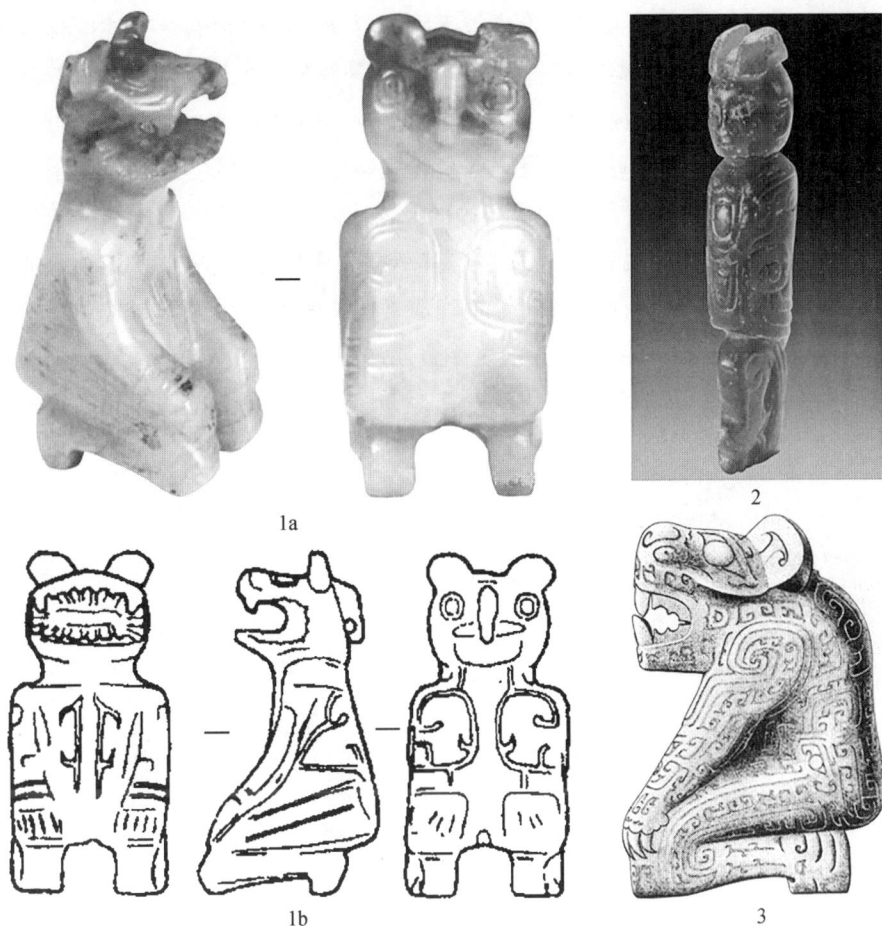

图10-2-12　巫师变身通灵动物的玉石雕塑
1a、1b.河南周口鹿邑县长子口墓葬出土虎（鸮）首踞坐人形玉饰　2.河南浚县大赉店出土人首鸟身形玉佩
3.河南殷墟西北冈王陵1001号大墓翻葬坑大理石人身虎首踞坐神像

10-2-13，1）[①]、K2②：194两棵神树（分别被编为Ⅰ、Ⅱ号神树）为拱形（连山纹）底座，神树树干分三层斜出树枝，每层用圆环分隔，树枝上有花果和立鸟，立鸟应该就是负日的阳鸟。其中，K2②：94神树一侧有一龙自上而下延展，暗示了天神、太阳神、祖神等骑神龙正从天而下[②]；而K2②：194神树底座三个山面上各有1个跪坐的巫

---

① 　四川省文物考古研究所：《三星堆祭祀坑》图版八一，北京：文物出版社，1999年，第214、218页。

② 　《正统道藏》洞真部众术类《太上登真三蹻灵应经》："夫三蹻经者，上则龙蹻、中则虎蹻、下则鹿蹻。"萨满将世界分为上界（天界）、中界（人界）、下界（地界，即地下），可见龙是天上的神仙上下于天的坐骑，虎是人界巫师通神的坐骑。关于虎蹻，本文神人骑虎图和下文谈到的神人骑龙（实为虎）图可资说明。

师或祭司，暗示了连山属于人界，希望神下到人界来与巫师相通。上述两株神树形态基本一致，可以认为是同一类神树。K2③：272小神树分两个枝干（据最新修复出的形态是三个枝干，被编为Ⅲ号神树）[①]，也斜出三层分枝（可能代表了该层又分三层小宇宙），其中最顶部枝干上各站立一只"鸟身人面神像"，该像为方脸、大眼、高鼻、大耳（图10-2-13，2），与神坛上的鸟身人面像相似，推测是巫师与阳鸟的结合体。

　　三星堆的神树让我们很容易联系起远古萨满教中的宇宙树，宇宙树也是通天之树，连接着天地人神。在《山海经》等稍晚成书的文献中，传说建木是"众帝所自上下"的、连接天地的神树，位于"天地之中也"[②]，与萨满信仰的天地柱功能相似。而扶木、若木是驮太阳、承阳鸟休息的地方，是天地的东极和西极，因此许多学者将三

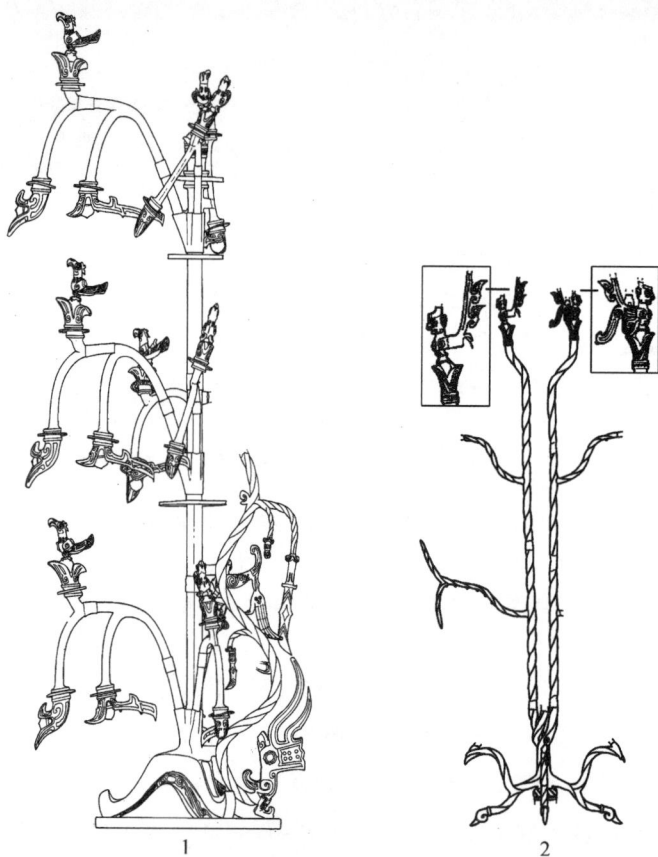

图10-2-13　四川广汉三星堆遗址二号坑出土Ⅰ、Ⅲ号铜神树
1. Ⅰ号（K2②：94）　　2. Ⅲ号（K2③：272）

---

　　①　四川省文物考古研究所：《三星堆祭祀坑》图一三五，北京：文物出版社，1999年，第221、226页。

　　②　《淮南子·坠地训》中记载："建木在都广，众帝所自上下，日中无景，呼而无响，盖天地之中也。"

星堆遗址二号坑出土的两株大神树和一株小神树分别与若木、扶木和建木进行对应。但是三星堆遗址、金沙遗址还出土了不少玉琮，有学者推测良渚文化时期的玉琮也是连接天、地的天地柱。我国历史文献中将天地柱称为"天柱"。颛顼"绝地天通"宗教改革前，"共工与颛顼争天子，不胜，怒而触不周之山。使天柱折，地维绝"[1]，不周山即为天柱。最近三星堆遗址三号器物坑新出的玉琮，射面浅刻两株神树，神树树座为连山座，树干、树枝与二号坑的Ⅰ、Ⅱ号神树相似，两株神树分别画在玉琮相对的两个射面上，这暗示了另一种可能性：玉琮为连接天极（天中）和地中的天地柱，而青铜神树为太阳东升西落所在的扶木和若木（对应两种神树）。

　　第二类是反映向天界献祭的神坛。以三星堆二号坑K2③：296神坛为例[2]，根据孙华等的复原研究，最下层为两只神兽，神兽间为驭手；神兽之上为四名奉物神人（巫师）；巫师之上为一方形铜尊，铜尊的连山式圈足底部为一长颈倒梯形人首，与良渚文化中的鸟人合一的神面相近。尊中部肩前后各布置一人首鸟身雕塑，左右各有一只立鸟[3]。尊顶部残缺，孙华先生和王仁湘先生均做过复原推测，不过王仁湘先生复原神坛顶部为巫师立像，与绝地天通后巫师、祭师不能出现在天界相冲突（图10-2-14）。两个方案复原部分均装饰有太阳纹（涡纹）和龙纹。K2③：296神坛反映的是巫师乘坐地界的神兽在人界向天界献祭（尊）的过程，而不再是此前的人神交会后的图景。相近的青铜器在新近发掘的八号器物坑也有发现，其中一件青铜神兽上站立一神人（巫师）；另一件较完整的神坛，下部跪坐神人，神人头上则立蕉叶形底座盘，蕉叶座叶片间探出鸟身人首雕塑，盘壁四面装饰象征太阳的涡纹，盘上再立四圆柱（圆柱以上残，估计代表天柱），圆柱以类似神树上的圆环抱箍，每一圆柱上饰立体的头下尾上的爬龙，四立柱顶上又有方盘，其上再立小圆柱，再往上则已残缺。从这些情况看，神兽、神人、鸟身人首像、献祭神坛（铜尊或四柱）、神龙、太阳纹的相互关系总是从下往上排列的，体现出萨满原始宗教三层世界观的独特认知（猜测新出的四柱神坛又分三层四柱，意味着天界又分三小层）。但这类器物又体现出与史前的通天拜日纹不一样的地方，即神兽、神人始终不能出现在神鸟、神龙和太阳相同层的高度，这正是"绝地天通"后，人间只能通过献祭的形式去讨好天界（贿神赂神），让神乘坐神龙降落人界（甲骨文中称神下凡为"降"），巫师通过爬上高山（如《山海经》中记载的"灵山""登葆山"）、高台（如考古发现的成都羊子山土台）或乘坐飞翔的鸟兽去与神相会（甲骨文中称为"陟"），然后神通过巫师传达旨意的写照。

---

　　① 黄晖：《论衡校释》卷11《谈天》，北京：中华书局，1990年，第469页。

　　② 四川省文物考古研究所：《三星堆祭祀坑》图一三一，北京：文物出版社，1999年，第219、220页。

　　③ 四川省文物考古研究所：《三星堆祭祀坑》图一三九，北京：文物出版社，1999年，第232、233页。

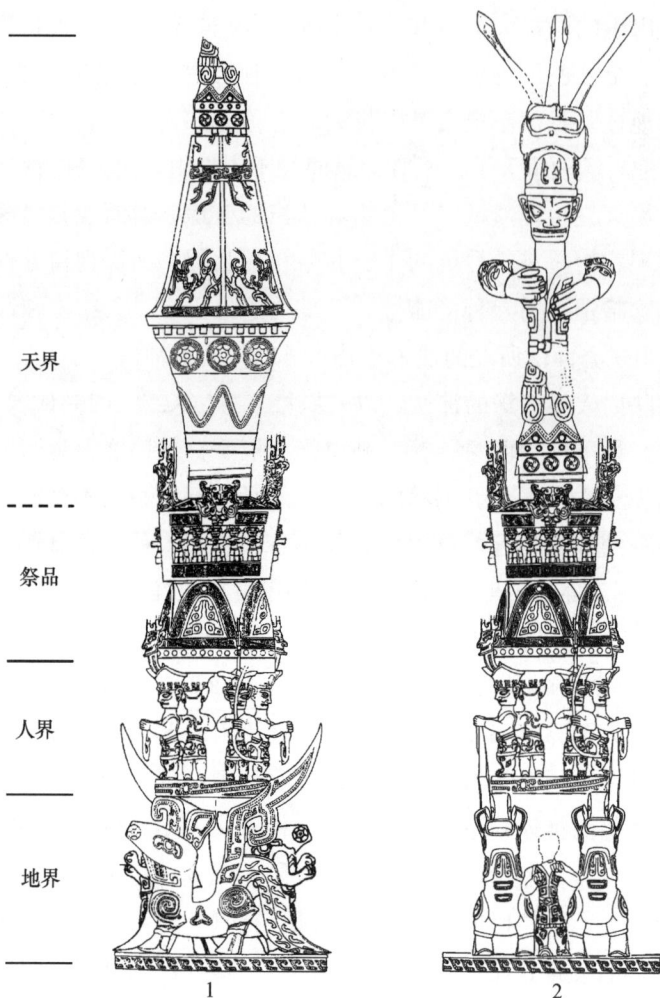

图10-2-14　四川广汉三星堆遗址二号坑铜神坛（K2③：296）的两种复原图及分界示意图
1. 孙华复原方案（笔者加工）　2. 王仁湘复原方案

　　第三类是通神五元素及其相互之间组合关系的遗物。三星堆二号坑出土多件铜车轮形器（图10-2-15，2）[1]，可能是传说中太阳神出行时阳车的车轮[2]，是三星堆文化太阳崇拜的间接见证。金沙遗址出土铜璧环形三鸟饰（图10-2-15，5）、金"四鸟绕日"饰（图10-2-15，3），则是史前阳鸟负日图像的进一步发展。三星堆

---

　　① 四川省文物考古研究所：《三星堆祭祀坑》图一四四：1，北京：文物出版社，1999年，第235、239页。

　　② 有的研究者将这类车轮形器直接视为太阳，但在西亚地区，具有人格神特点的太阳神出行时，往往乘坐由神兽拖行的四轮车出行。三星堆二号坑至少有6件铜车轮形器，新近发掘的八号坑至少又出土一件，所以我们倾向认为车轮形器是太阳神的座驾的代表。

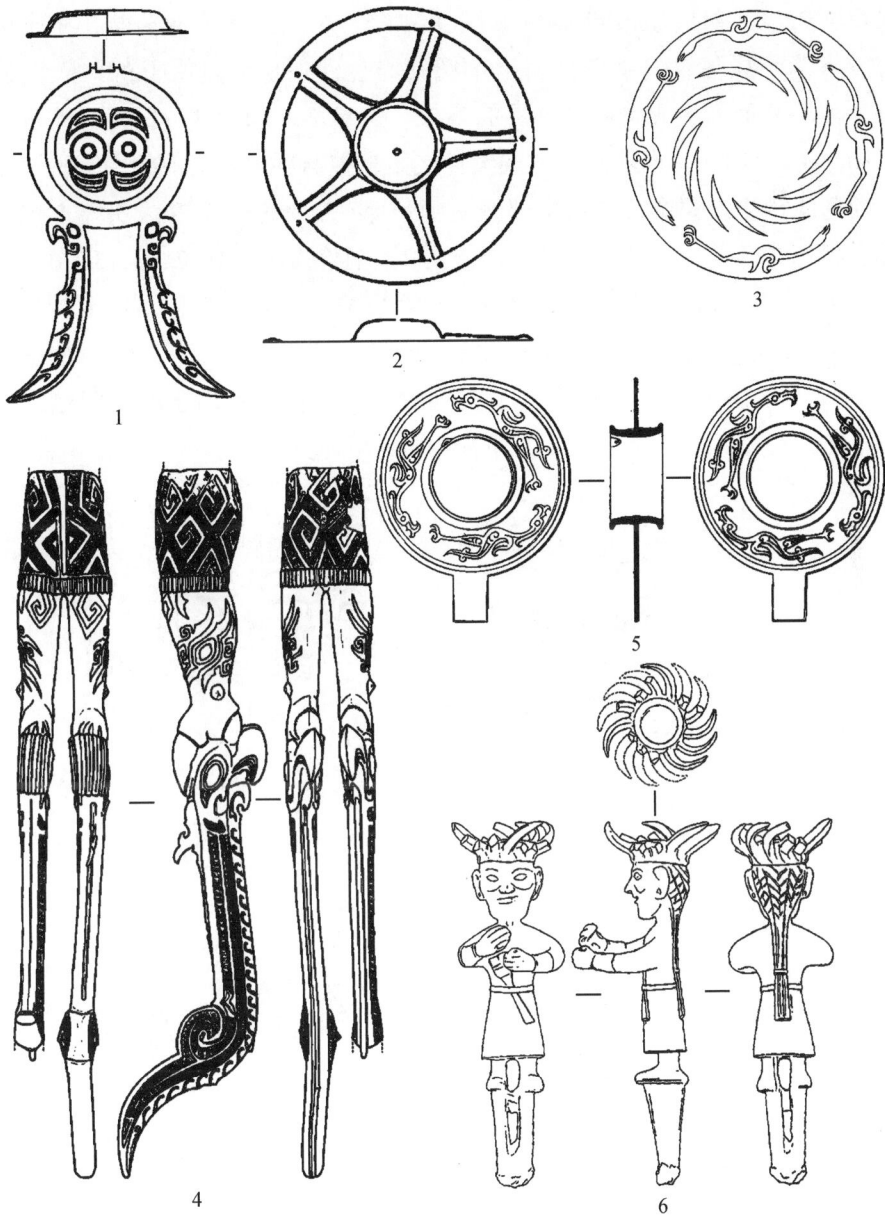

图10-2-15　四川广汉三星堆遗址器物坑和成都金沙遗址出土通神的文物

1.三星堆圆形铜挂饰（K2③：115-7）　2.三星堆铜车轮形器（K2③：1）　3.金沙遗址"四鸟绕日"金箔饰
（C：477）　4.三星堆铜人身鸟爪形足人像（K2③：327）　5.金沙遗址铜璧环形三鸟饰（C：588）

6.金沙遗址铜立人像（C：17）

二号器物坑K2③：115-7圆形铜挂饰（图10-2-15，1）[①]，考古报告指出上部为圆形共目纹，下为二凤鸟纹，笔者认为上部图案与金沙遗址金冠带上的"人面纹"相似，应为神鸟驮负天神或始祖神下界的景象。三星堆K2③：327铜人身鸟爪形足人像（图10-2-15，4）[②]，也是阳鸟驮载天神或始祖神与巫师相会前的图案。三星堆新近出土的鸟绕捧物人铜像，神鸟尾部绕巫师颈部，身体和鸟头在人头左上侧，呈现似要带人起飞的样子。三星堆二号坑出土的B型铜兽面（图10-2-16，1～3），报告将兽面下部承托的纹饰称为一对"夔龙"，其形象与二号坑出土鸟形铜铃相似（图10-2-16，4），也与良渚玉器上的重圈鸟纹相似（图10-2-16，5、6），应该是承托太阳的阳鸟[③]。三星堆二号坑戴通天冠的大立人、金沙遗址出土的太阳冠铜立人像（图10-2-15，6），可能是有能力与太阳神相通的巫师。

图10-2-16　四川广汉三星堆遗址二号坑出土的B型铜兽面下部承托"夔龙"
与铜鸟形铃、良渚文化神鸟的比较

1～3.四川广汉三星堆遗址二号坑出土铜兽面（K2③：231、K2③：227、K2③：230）　4.四川广汉三星堆二号坑出土鸟形铜铃（K2③：103-8）　5、6.浙江余杭反山墓地出土冠状饰上的鸟纹（M22：11、M12：100）

---

① 四川省文物考古研究所：《三星堆祭祀坑》图一七五：5，北京：文物出版社，1999年，第298、300页。

② 四川省文物考古研究所：《三星堆祭祀坑》图八七，北京：文物出版社，1999年，第169、171页。

③ 四川省文物考古研究所：《三星堆祭祀坑》图一三二，北京：文物出版社，1999年，第198、201页。

　　三星堆-金沙文明衰落后，巴蜀地区的通神拜日信仰衰落。陕西宝鸡強国墓地茹家庄车马坑出土的3件人虎形车辕首饰[①]和竹园沟出土的1件人首虎纹铜钺[②]（图10-2-17），人与虎的相对位置关系展示了神人骑虎的意义。这或许是本文开始提到的罗家坝巴文化墓地"神人骑虎"图案中间发展形态的另一物证。战国时期，巴蜀文化青铜中还发现戴山形冠的神人骑虎图。卫聚贤在《巴蜀文化》一文中发表了1件据传出自白马寺的战国铜戟（双翼式铜戈），铜戟上有两幅"骑龙图"和一幅俯视"龙纹"（图10-2-18，1、2、5）[③]，但所谓的龙纹无角，倒与战国时巴蜀青铜器上的

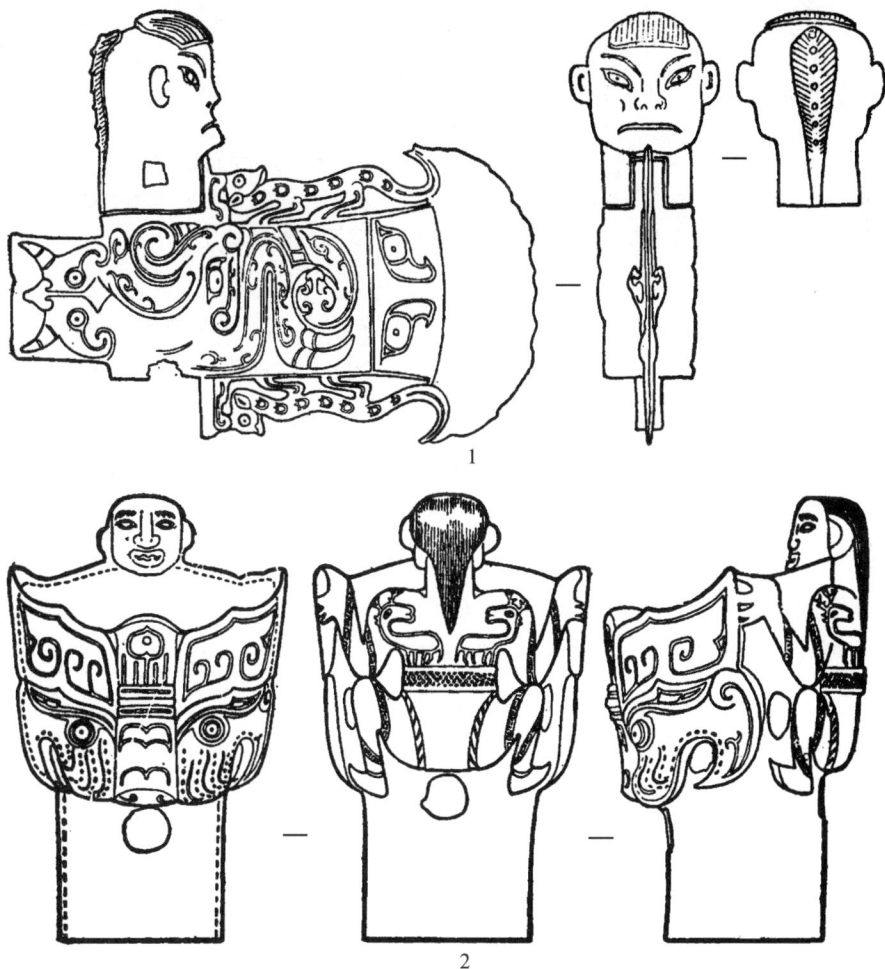

图10-2-17　陕西宝鸡強国墓地出土人兽纹青铜钺、车辕首饰

1.竹园沟墓地出土铜钺（BZM13：169）　　2.茹家庄墓地车马坑出土铜车辕首饰（BRCH1：1-1）

---

① 卢连成、胡智生：《宝鸡強国墓地》图二七二，北京：文物出版社，1988年，第401、403页。

② 卢连成、胡智生：《宝鸡強国墓地》图六〇，北京：文物出版社，1988年，第72、73页。

③ 卫聚贤：《巴蜀文化》，《说文月刊》1941年第3卷第4期。

图10-2-18　战国神人骑虎纹神人冠饰与三星堆器物坑冠饰对比

1、2、5.战国铜戡（双翼式戈）及其纹饰　3.四川广汉三星堆二号器物坑金箔四叉形器（K2③：120）

4.四川广汉三星堆一号器物坑金杖上的人面图案（K1：1）

一些虎纹相似，应该就是"神人骑虎"通神最直接的表达。这件铜戡上的神人，头着三山冠，与三星堆遗址一号坑出土的象征权力的金杖上的神人（图10-2-18，4）[①]和二号坑出土的金箔四叉形器（冠饰，图10-2-18，3）[②]对比，后者为五山冠、四山冠，可能所代表的人的等级更高一些。其中五山冠为最高等级，其形象镌刻在黄金权杖上，暗示他是国王兼群巫之长。

在战国时期，巴蜀符号中还普遍出现带翅的翼虎，想必其具备飞行的能力，是一种具备神性的老虎（图10-2-19）。这种翼虎应该是驮负巫师的神兽，以便达到一定高度，使巫师与从上天下来的神相通。《后汉书》记载五姓巴人首领，"廪君死，魂魄世为白虎"[③]。可见，巴人认为白虎是有神性的，廪君死化白虎，表明廪君具有通神的能力。巴蜀符号中的翼虎，或许就是白虎。廪君死后，"巴氏（注意并不包括樊、暉、相、郑其他四氏）以虎饮人血，故以人祠焉"，巴氏进一步垄断了祖先神的祭祀权。

---

① 四川省文物考古研究所：《三星堆祭祀坑》图三四：1，北京：文物出版社，1999年，第60、61页。

② 四川省文物考古研究所：《三星堆祭祀坑》图一九五：1，北京：文物出版社，1999年，第352、354页。

③ （宋）范晔撰，（唐）李贤等注：《后汉书》，北京：中华书局，1999年，第1918页。

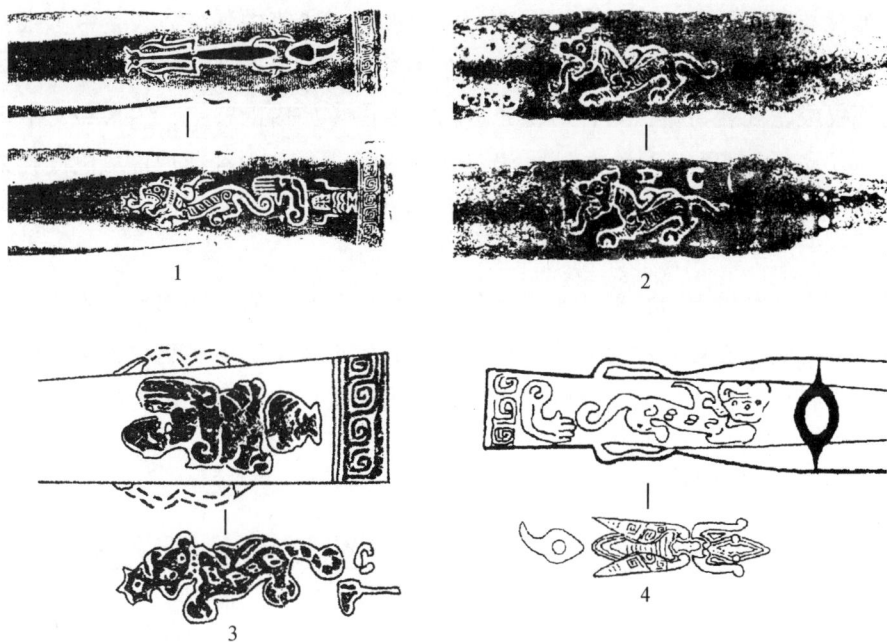

图10-2-19 巴蜀符号中的翼虎

1.四川荥经县同心村铜矛（M24：18） 2.四川宣汉县罗家坝铜剑（M44：52） 3.四川犍为县金进乡万年村
铜矛（M6：2） 4.重庆云阳县李家坝铜矛（M54：1）

五、结 语

从良渚神人兽面纹看，中国远古时代——特别是在长江流域——盛行通天拜日图像，其出现的背景，是远古萨满原始宗教仪式的反映。神人兽面纹是由天穹、日晕、神人、神鸟、神兽五元素构成的，反映了古人通天拜日的特殊场景，是古人沟通天地、连接人神的图案化表达。大约在新石器时代末期，中原地区在颛顼时代实行"绝地天通"宗教改革，并在尧、禹时以"苗民弗用灵"的理由征服了南方的三苗，使通天的萨满仪式逐渐式微。此后，萨满式宗教从巫觋到天上通神转变到在地面或高处通神，相关的仪式场景发生了巨大变化。巴蜀地区在三星堆-金沙文明时期，仍然存在特征非常突出的萨满宗教景观，不过相关雕塑和艺术图案的表现形式已与此前有很大不同，既有表现原来就有的神树宇宙观，也有表现祭天祀神的神坛，还有大量反映人、鸟、兽关系的去通神的遗物，展现了三星堆-金沙文明顽固的萨满式神巫传统，这在同时期的长江流域乃至中国所罕见。此后，此种通神的孑遗——特别是巫觋骑兽的母题——一直到战国时期仍然可见。

正如上文所讨论的那样，"绝地天通"是一场宗教改革，是建立新政治秩序在重塑宗教体系方面的关键一步。"绝地天通"后不但通神仪式、通神内涵发生了改变，而且使神权与王权更进一步融合，通神的权力被进一步集中到少数人手中。张光直指出，"政治权力在中国的成长，为几个内在联系的因素所促动：亲族层序系统，统治者的道德权威，武装力量，对神对祖先沟通的独占（如借助祭祀、艺术和文字运用等手段），以及对财富本身的独占"[①]。巴人务相称廪君、廪君死化白虎、巴氏独祭祖先神的传说，是体现祀神权力逐渐被统治者独占的典型范例。

　　补记：本文成稿于2021年，其中对于三星堆遗址新发掘的6个器物坑出土文物以及其与早前器物坑出土器物的拼合情况，文中描述依据的是现场参观和新闻报道资料，未引用本文刊印时公布的最新资料，有的并不确切甚至有错误，这是读者阅读本文时需要注意的。

第三节　转生之神——从巴蜀文化心形纹谈起

一、巴蜀文化中的心形纹

　　最近，笔者在翻阅陕西省汉中市城洋铜器群的资料时，注意到4件商代晚期铜钺装饰有所谓"抽象人面纹"（图10-3-1）。4件铜钺均于1980年出土于城固县龙头镇龙头村，形制、大小、纹饰基本一致。以铜3-2号钺为例，该器通高15.9、銎4.6～6.7厘米，残重901克，圆形弧刃，椭圆銎口，两侧有半环状耳，銎口下有两道弦纹，饰以"抽象人面纹"[②]。

　　城固铜钺上的抽象人面纹有一个共同特点：人面头顶不封闭，下凹，整体略呈心形。所谓眼睛，并不是商周时期盛行的"臣"字眼或圆眼，而是从脸上眼位处，起旋线向外、向下形成脸部心形轮廓。嘴形也与众不同，下唇上弧，上唇中间凸起呈"介"形顶，颇像豁口（以下简称"豁口"）。当然，4件器物的嘴形略有小异，一种嘴大张，一种嘴略开而嘴角上翘。这种"抽象人面纹"均无鼻、无角、无耳，极为简化但却相当传神。

　　城洋铜器群中的"人面纹"在四川广汉市三星堆遗址祭祀坑和成都市金沙遗址中也有发现，与之最相近的是各类独立的所谓"神面""人面纹""蝉纹"，材质有铜、金、玉、琥珀、象牙等。这类纹饰，由于顶部下凹，上大下小，颇似人的心脏，故笔者以下统称为"心形纹"。以巴蜀文化为中心，心形纹大致可分为四型。

---

① ［美］张光直：《美术·神话与祭祀》"序"，沈阳：辽宁教育出版社，2002年，第5页。
② 曹玮：《汉中出土商代青铜器》，成都：巴蜀书社，2006年，第239～244页。

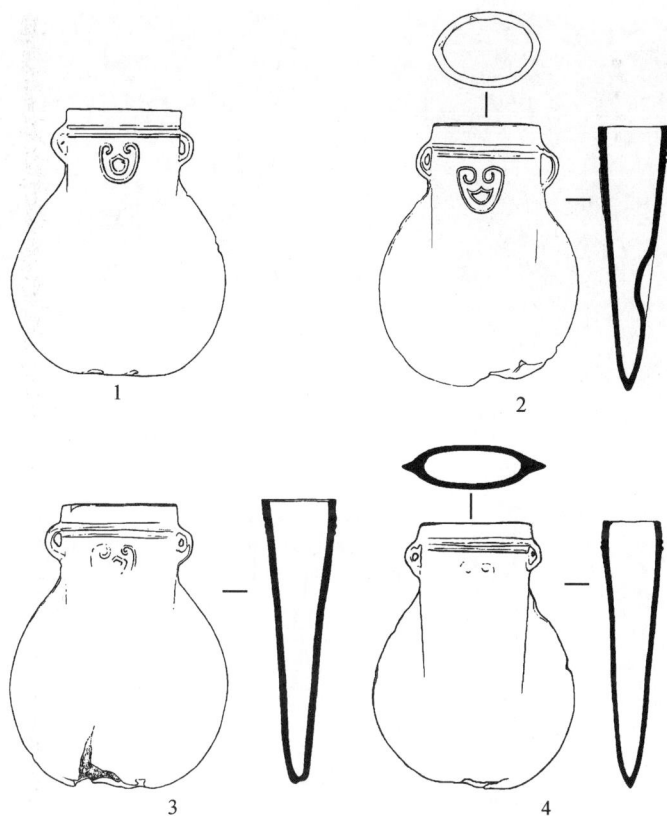

图10-3-1 陕西城固县出土"抽象人面纹"（A型心形纹）铜钺

1.铜3-1 2.铜3-2 3.铜3-3 4.铜3-4

A型 旋眼、豁口。以成都金沙遗址"铜人面形器"（C：317）[①]最为典型，该器心形外廓，凹顶，椭圆底，在铜片表面彩绘人面纹，两旋眼紧靠，豁嘴，大口（图10-3-2）。此外，广汉三星堆遗址二号祭祀坑出土的喇叭座顶尊铜跪坐人像（K2③：48），其上部尊盖上也有两个A型心形纹（图10-3-4，3）。陕西宝鸡茹家庄强国墓地出土强伯铜鎣腹与三足承接处饰大虎头兽面三组（BRM1乙：18）[②]，虎耳为标准A型心形纹（图10-3-4，5）。

---

① 成都市文物考古研究所：《成都金沙遗址Ⅰ区"梅苑"东北部地点发掘一期简报》图二〇，成都文物考古研究所、成都金沙遗址博物馆：《金沙遗址考古发掘资料集（一）》，北京：科学出版社，2013年，第90页。

② 卢连成、胡智生：《宝鸡强国墓地》图二一三、图二一五，北京：文物出版社，1988年，第305~307页。

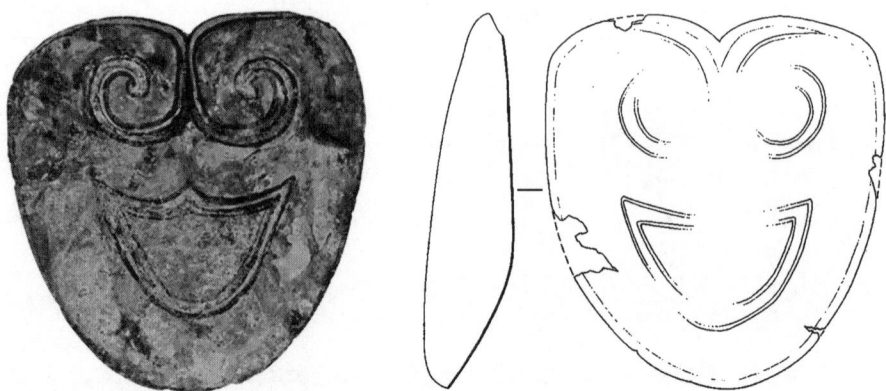

图10-3-2　成都金沙遗址出土"铜人面形器"上的A型心形纹（C：317）

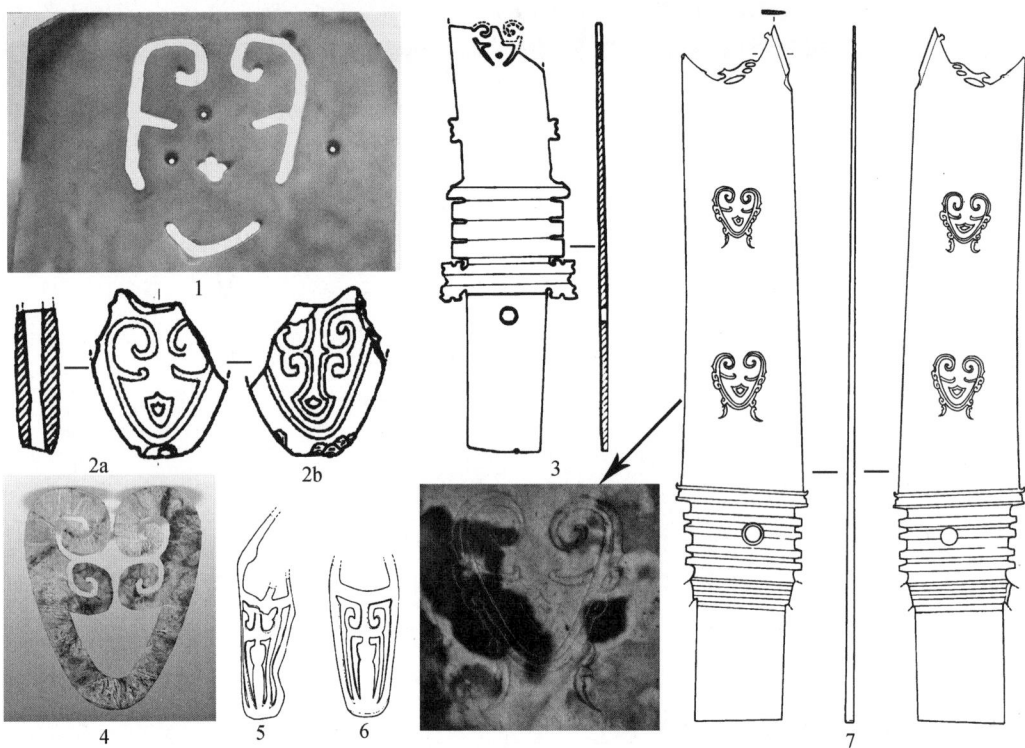

图10-3-3　广汉三星堆遗址、成都金沙遗址出土心形纹和空心心形纹

1、3. Ba型心形纹（金沙遗址出土玉璋、三星堆遗址K1：90）　　2a、7. Bb型心形纹（三星堆遗址K1：9琥珀坠形饰、金沙遗址2001CQJC：141玉双阑鸟峰戈形器）　2b. C型心形纹（三星堆遗址K1：9琥珀坠形饰）　4. Bc型空心心形纹（金沙遗址L8③：26金人面形器）　5、6. D型心形纹（三星堆遗址K2③：9鞋背形镂空器、三星堆遗址K2②：120-1鞋背形镂空器）

另外，在早蜀文化中也有变异形式的A型心形纹。三星堆遗址二号祭祀坑的圆形铜挂饰（K2③：39）[①]，外圈饰一周8个A型心形纹，每个大小一致，豁嘴，旋眼明显，两层旋，但旋转方向为逆时针方向（图10-3-4，4）。三星堆遗址二号祭祀坑大型铜立人像，其座台侧面纹饰（K2②：149、150）也应属于A型心形纹（图10-3-4，1）[②]，但上部旋眼移到两侧略偏下，旋柄在上侧，与其他A型旋眼纹相反，呈逆时针方向。

上述城洋铜器群铜钺上的"抽象人面纹"也可归入A型。四川宣汉罗家坝巴文化墓地M36：7铜带钩上也有两个A型心形纹[③]，其中一个为豁口，另一个以小点代替嘴（图10-3-4，2）。

B型　在旋眼和豁口之间，左右两边各向中间伸出一短横线、弧线或卷云纹。该型纹饰上部均不封口。又可分为三亚型。

Ba型　旋眼和豁口间以短横线隔开。如三星堆遗址一号祭祀坑出土的一件残玉璋（K1：90）[④]，器身中部镂空"蝉纹"图案，"蝉纹"不完整，经笔者复原应为Ba型心形纹（图10-3-3，3）；但由于是镂空，该心形纹上部旋眼与短横线间不连接，底部也不封口，口部以椭圆形孔代替。金沙遗址出土的一件玉璋上也可见此类镂空纹饰（图10-3-3，1），其心形纹底部与上部不连接，尖宽底，以"十"字形镂孔表示口部[⑤]。

Ｂｂ型　旋眼和豁口间以上弧线隔开。金沙遗址出土玉双阑鸟峰戈形器（2001CQJC：141）[⑥]，该器器身中部的两面分别阴刻大致对称的四个心形纹（《金沙淘珍——成都市金沙村遗址出土文物》称为变形蝉纹），形制基本一样，外轮廓用三线条构成，其余部分用双线条构成，两侧边还用双线勾画出云纹，尾端两侧分别有装饰，心形纹内的嘴为豁口（图10-3-3，7）。三星堆遗址一号祭祀坑出土的琥珀坠形饰（K1：9），上端已残，推测为心形，两面均用双线条阴刻"蝉纹"[⑦]，一面为"蝉背

①　四川省文物考古研究所：《三星堆祭祀坑》图一九二：1、2，北京：文物出版社，1999年，第345页。

②　四川省文物考古研究所：《三星堆祭祀坑》拓片九，北京：文物出版社，1999年，第102、103页。

③　四川省文物考古研究院、达州市文物管理所、宣汉县文物管理所：《宣汉罗家坝》图一七七：2，北京：文物出版社，2015年，第178页。

④　四川省文物考古研究所：《三星堆祭祀坑》图一六五：6，北京：文物出版社，1999年，第300页。

⑤　资料承金沙遗址博物馆王方提供。

⑥　成都市文物考古研究所、北京大学考古文博院：《金沙淘珍——成都市金沙村遗址出土文物》，北京：文物出版社，2002年，第48～51页。

⑦　四川省文物考古研究所：《三星堆祭祀坑》图四一：7，北京：文物出版社，1999年，第80、81页。

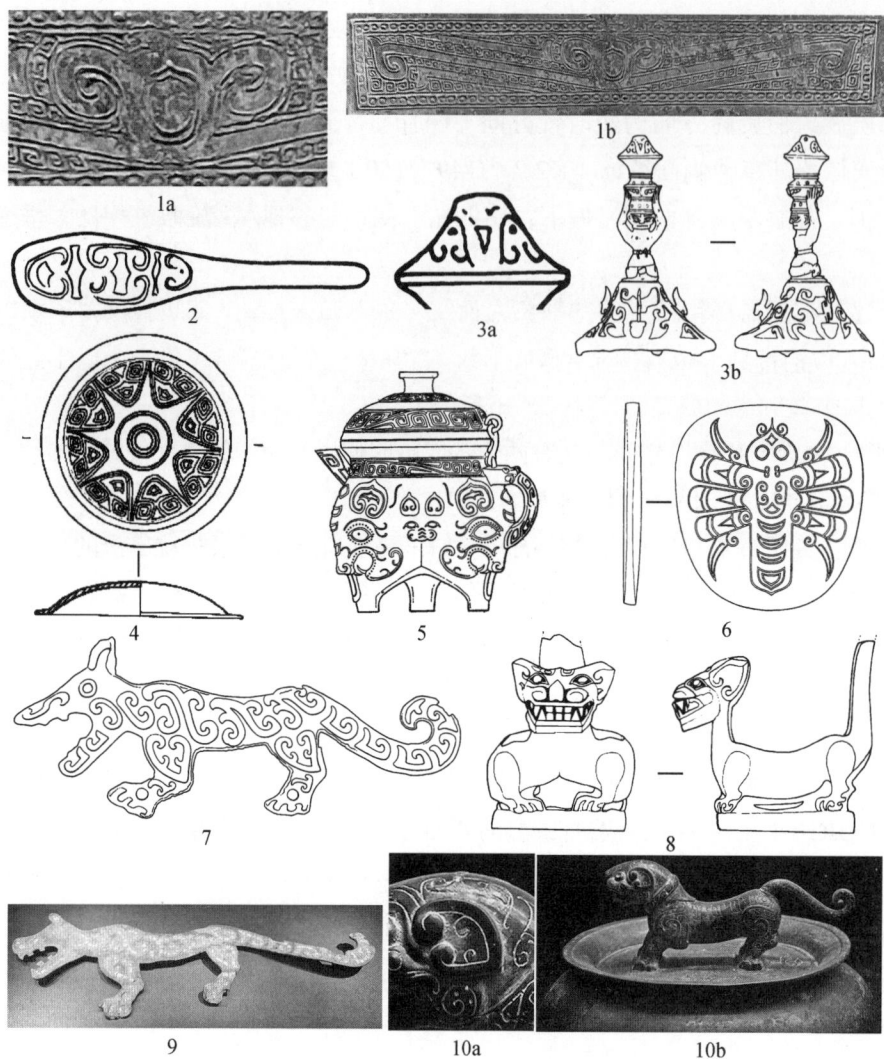

图10-3-4　巴蜀文化中的心形纹和空心心形纹

1～5. A型心形纹（三星堆遗址K2②：149、150大型铜立人像座台侧面，宣汉罗家坝墓地M36：7铜带钩，三星堆遗址K2③：48铜喇叭座顶尊跪坐人像，三星堆遗址K2③：39圆形铜挂饰，宝鸡茹家庄墓群BRM1乙：18铜鍪）

6. Bc型心形纹（金沙遗址2001CQJL6：174蝉纹玉片）　7、9. Bb型空心心形纹（金沙遗址ⅠT8201⑤：1铜虎形饰、1981年三星堆遗址采集铜虎形饰）　8. A型空心心形纹（三星堆遗址K1：42铜虎形器）　10. Bc型空心心形纹（万州甘宁水库采集青铜虎纽錞于）

纹"（图10-3-3，2a），另一面为"蝉腹纹"，其中的"蝉背纹"为Bb型心形纹。

　　Bc型　旋眼和豁口间以卷云纹隔开。金沙遗址出土的阳刻蝉纹玉片（2001CQJL6：174）[①]，器呈圆角方形，一面以减地技法雕刻出蝉纹，蝉纹背部饰一

────────────

① 成都文物考古研究院、成都金沙遗址博物馆：《金沙遗址祭祀区出土文物精粹》，北京：文物出版社，2018年，第240页。

典型Bc型心形纹饰，下部为弧边三角豁口，该蝉纹六翅四脚，和普通蝉纹存在较大区别（图10-3-4，6）。

C型　从豁口外两侧向上伸出下卷云纹。如三星堆遗址一号祭祀坑出土的琥珀坠形饰上的"蝉腹纹"（K1：9）[1]，上部为旋眼，下部为豁口，豁口下部和左右有大半圈弧线包围，至口上侧向上延伸两条线，至纹饰中部再往外侧两边各自形成下卷云纹，并与旋眼相接（图10-3-3，2b）。

D型　顶底均不封口，且空白上下贯通。如三星堆遗址二号祭祀坑的两件铜鞋背形镂空器（K2③：9、K2②：120-1）[2]，上部旋眼方折，下部轮廓线和口部均不封口，中间左右两侧各伸出短横线（图10-3-3，5、6）。

二、心形纹的构成及其发展

心形纹饰也大量出现在中原地区的青铜器、玉器等上面。其中，蝉背上的心形纹较多，此外也出现在兽耳（图10-3-5，3）、鸮腹（图10-3-5，2）、鹰腹、虎尾（背）、象腹等纹饰或雕塑上。中原地区标准豁口的心形纹并不太多，往往衍生出三角形、"T"形、波折纹等各种变体。此外，中原地区的心形纹和巴蜀地区的心形纹大体上存在一些区别，主要体现在前者底部呈三角形尖底或近尖底，后者一般为半圆弧底或弧边尖底（图10-3-5，4）。三星堆遗址二号祭祀坑出土的商式铜罍（K2③：205）的盖部有两个对称分布的B型心形纹、腹部兽面下也有一个心形纹（图10-3-5，1）[3]，均呈三角形尖底，与其他的巴蜀文化心形纹明显不同，显然是从商文化中直接传播过来的。

心形纹饰是由两个子纹饰构成的，这两个纹饰可以拆分，并各自独立存在。这两个构成单元一个是心形纹的外轮廓及其内连接部分的旋眼和中间部分的横线（弧线、卷云纹），另一个是豁口。前者可简称为空心心形纹。空心心形纹在巴蜀文化中十分盛行。

①　四川省文物考古研究所：《三星堆祭祀坑》图六二：2、图版三八：5，北京：文物出版社，1999年，第117、118页。

②　四川省文物考古研究所：《三星堆祭祀坑》图一九二：1、2，北京：文物出版社，1999年，第345页。

③　四川省文物考古研究所：《三星堆祭祀坑》图一五一、拓片二七九，北京：文物出版社，1999年，第276、279页。

（一）空心心形纹

A型空心心形纹常用于装饰动物耳朵，如宝鸡茹家庄墓地铜鬶（BRM1乙：18）三足间均饰小兽面纹，兽耳即为A型空心心形纹（图10-3-4，5）。另外，三星堆遗址一号祭祀坑出土的K1：42铜虎形器（图10-3-4，8）[①]、K1：11金箔虎形饰[②]、二号祭祀坑出土的K2③：296铜神坛底部神兽[③]和金沙遗址采集的C701铜龙形器[④]等动物类纹饰、雕塑，其双耳均装饰此类图案。在中原地区，A型空心心形纹也能见到一些，如殷墟西北冈王陵出土的一件玉蝉背上也有A型尖角空心心形纹（图10-3-5，7）。

B型空心心形纹也较多。巴蜀文化中的B型空心心形纹主要是Bb、Bc型。1981年三星堆遗址采集的镶贝铜虎形饰（图10-3-4，9）[⑤]和金沙遗址出土的ⅠT8201⑤：1铜虎形饰（图10-3-4，7）[⑥]的前后大腿上、奉节文管所收藏的战国虎纽錞于虎纽前腿上均装饰十分明显的Bb型空心心形纹。宣汉罗家坝墓地M33出土的4件喇叭口罐、3件盘口罐器腹条纹下均似有两组共6个Bb型空心心形纹[⑦]。典型的Bc型空心心形纹为金沙遗址出土的L8③：26金人面形器（图10-3-3，4）[⑧]，该器整体造型似为一抽象的"人面"或"神面"，上大下小呈心形，上端不封闭，两端对称向下内旋，"心"内还有两个相对上卷、对称的卷云纹，下部虽无豁口，但边框与卷云纹之间围成的空白与豁口外形一致。巴文化地区战国至汉代的虎纽錞于，凡虎耳保存较好的，大都可以见到虎耳装饰有Bc型空心心形纹，尤以万州甘宁水库采集的虎纽錞于（图10-3-4，10）最具代表性，但可能是时代变化的原因，其内侧隔断为下卷云纹。此外，三星堆遗址二号祭祀坑编号为K2：70号铜罍腹部兽面纹嘴下也饰有商文化特征的Bc型空心尖角心形纹[⑨]，

①　四川省文物考古研究所：《三星堆祭祀坑》图二二，北京：文物出版社，1999年，第35页。

②　四川省文物考古研究所：《三星堆祭祀坑》图三四：3、图版一五：3，北京：文物出版社，1999年，第61、62页。

③　四川省文物考古研究所：《三星堆祭祀坑》图一四九，北京：文物出版社，1999年，第233页。

④　成都文物考古研究院、成都金沙遗址博物馆：《金沙遗址祭祀区出土文物精粹》，北京：文物出版社，2018年，第91页。

⑤　笔者在参观三星堆遗址博物馆展览时拍摄资料。

⑥　成都文物考古研究院、成都金沙遗址博物馆：《金沙遗址祭祀区出土文物精粹》，北京：文物出版社，2018年，第86、87页。

⑦　四川省文物考古研究院、达州市文物管理所、宣汉县文物管理所：《宣汉罗家坝》图一四六：1~7，北京：文物出版社，2015年，第134、135页。

⑧　成都文物考古研究院、成都金沙遗址博物馆：《金沙遗址祭祀区出土文物精粹》，北京：文物出版社，2018年，第103页。

⑨　四川省文物考古研究所：《三星堆祭祀坑》图八六：15，北京：文物出版社，1999年，第263页。

殷墟妇好墓出土的M5：390玉鹰胸部上也有Bc型空心心形纹（图10-3-5，5）[①]。

（二）豁口纹

豁口是心形纹的另一个组成因子。豁口的图案在三星堆遗址中有少量发现。例如，三星堆遗址二号祭祀坑出土的K2③：107青铜公鸡（图10-3-5，8）[②]，胸前的尖顶圆圈纹颇似豁口的原始形态，该纹饰下的左右两侧，则分饰两个豁口纹饰。陕西汉中城固五郎乡出土的1964CHWaT：5镂空龙纹铜钺[③]，龙纹身上也有不标准的豁口纹饰。宝鸡茹家庄㢕国墓地BRM1乙：18铜鍪上的大虎头兽面，虎的两耳、两眼间饰有3个竖向排列的豁口纹（图10-3-4，5）。重庆巫山双堰塘遗址出土西周骨凤鸟雕塑，头部装饰1个豁口纹[④]。战国至汉代巴文化地区的虎纽錞于盘面上，个别鸟纹、鱼纹的身体也装饰豁口纹。涪陵小田溪墓地M10：35鸟形铜尊颈部和胸部装饰有豁口纹，胸部正中有一个标准的豁口纹[⑤]。

在南方其他地区，也可见到少量豁口纹。如江西新干商代大墓出土的XDM：58铜伏鸟双尾虎（图10-3-5，9）[⑥]，不但其颈背、臀部各有1个B型心形纹，其额头、背脊和双尾上均饰成排豁口纹，另在其前后四足上，也都分别饰有3～4个豁口纹饰。豁口纹在殷墟文化中较为多见，主要出现在龙、虎图案的尾部，在头部、背脊、腿部等部位上也能见到一些，另外也偶见于兽面、鹿、牛、鸱鸮等动物上。如妇好墓M5：853号铜盘底部的蟠龙纹（图10-3-5，6）[⑦]，蟠龙眼部前有2个小豁口、眼下有1个大豁口，躯体上则有数十个豁口前后排列以装饰龙身。商文化中还存在较多变异的豁口，有的豁口往往没有上部的豁尖。

————————

　①　中国社会科学院考古研究所：《殷墟妇好墓》，北京：文物出版社，1980年，第164、166页。

　②　四川省文物考古研究所：《三星堆祭祀坑》图一八三：1，北京：文物出版社，1999年，第333页。

　③　曹玮将该钺称为虎纹钺，赵丛苍则命名为龙纹钺。从图案西部结构看，该纹饰头部有长角，应为龙纹钺。参见曹玮：《汉中出土商代青铜器》，成都：巴蜀书社，2006年，第233页；赵丛苍：《城洋青铜器》，北京：科学出版社，2006年，第49页。

　④　国务院三峡工程建设委员会办公室、国家文物局：《三峡文物保护》，北京：科学出版社，2018年，第172页。

　⑤　重庆市文物考古所、重庆市文物局：《涪陵小田溪墓群发掘简报》图一六，重庆市文物局、重庆市移民局：《重庆库区考古报告集·2002卷·中》，北京：科学出版社，2010年，第1356页。

　⑥　江西省博物馆、江西省文物考古研究所、新干县博物馆：《新干商代大墓》图六九，北京：文物出版社，1997年，第133页。

　⑦　中国社会科学院考古研究所：《殷墟妇好墓》图二一，北京：文物出版社，1980年，第33页。

图10-3-5　空心心形纹、豁口纹

1. 三星堆遗址K2③：205铜罍尖角心形纹　2、3、7. 殷墟西北冈王陵出土玉鸮、虎纹石磬、玉蝉上的心形纹、空心心形纹　4. 妇好墓玉器柄心形纹（M5：1324）[①]　5. 妇好墓玉鹰心形纹（M5：390）[②]　6. 妇好墓铜盘底部蟠龙豁口纹（M5：853）　8. 三星堆二号祭祀坑铜公鸡胸口豁口纹（K2③：107）　9. 江西新干商代大墓铜伏鸟双尾虎上的尖角心形纹、豁口纹（XDM：58）

（三）心形纹的发展：波曲纹与鳞纹

心形纹及其组成因子不但在商代晚期至西周时期散见于各类器物上，而且与波曲纹结合，形成了新的纹样。广汉三星堆铜神树圆座（K2③：55）下部有两层"类波曲

---

① 中国社会科学院考古研究所：《殷墟妇好墓》，北京：文物出版社，1980年，第142页。

② 中国社会科学院考古研究所：《殷墟妇好墓》图八六：15，北京：文物出版社，1980年，第164、166页。

纹"带（图10-3-6，1）①，上层波曲纹的上、下曲内均满饰回纹作为地纹，其间有两个对称的旋目纹，构成标准的A型空心心形纹；下层波曲纹的上、下曲内则饰两个圆目纹，圆目下有一个豁口的外形，内填"回"字形地纹。如果将上层波曲纹内的旋眼与下层波曲纹内的圆目纹对换，或者将下层波曲纹内的豁口移到上层波曲纹内的旋纹下，则可以生成标准的A型心形纹。

波曲纹，又叫环带纹、波纹、波浪纹。李零认为，波曲纹其实应改叫山纹、山形纹或连山纹②。孙华先生讨论了西周波曲纹的构成和来源，认为"三星堆文化和十二桥文化的这些波曲纹相似的纹饰和构图元素，其年代早于西周青铜器上波曲纹（图10-3-6，1）……周文化铜器上波曲纹的产生可能受到了四川盆地青铜文化的影响"③。关于波曲纹内上、下曲内所填纹饰，从三星堆玉边璋和李零所说连山纹看应该是神面一类的纹饰。容庚提出波曲纹内共有七种纹饰，其中绝大部分为本文所讨论的心形纹及其变体④，这可在西周早期波曲纹中装饰标准的心形纹得到佐证。例如，山西绛县横水西周墓地青铜尊（M1011∶54）⑤、提梁卣（M1011∶55）⑥，其腹部波曲纹的上曲内装饰豁口纹和新月形图案，下曲内装饰倒装A型心形纹和新月形图案（图10-3-6，2、5）。山西翼城大河口墓地霸伯簋（M1017∶35）的盖顶四角山峰形捉手的内面，也饰有倒装的Bc型心形纹（图10-3-6，3）⑦。可见，波曲纹内的神面，大多数应该是心形神面。

西周中晚期至春秋早期波曲纹内的图案得到进一步发展，既有鸟纹（图10-3-7，1）⑧、兽面纹（图10-3-7，2）⑨等纹饰，但最常见的还是所谓"公"字纹（图10-3-7，

① 四川省文物考古研究所：《三星堆祭祀坑》，北京：文物出版社，1999年，第230页。

② 李零：《山纹考：说环带纹、波纹、波曲纹、波浪纹应正名为山纹》，《中国国家博物馆馆刊》2019年第1期。

③ 孙华：《铜器波曲纹的构成与来源——三星堆、十二桥文化与周代波曲纹的关系》，《四川文物》2021年第1期。

④ 容庚：《商周彝器通考》，容庚：《容庚学术著作全集》上册，北京：中华书局，2012年，第131页。

⑤ 山西省考古研究院、运城市文物工作站、绛县文物局联合考古队，山西大学北方考古研究中心：《山西绛县横水西周墓地1011号墓发掘报告》图一七，《考古学报》2022年第1期，第91页。

⑥ 山西省考古研究院、运城市文物工作站、绛县文物局联合考古队，山西大学北方考古研究中心：《山西绛县横水西周墓地1011号墓发掘报告》图二四，《考古学报》2022年第1期，第95页。

⑦ 山西省考古研究所、临汾市文物局、翼城县文物旅游局联合考古队，山西大学北方考古研究中心：《山西翼城大河口西周墓地1017号墓发掘》图二〇：4，《考古学报》2018年第1期。

⑧ 上海博物馆青铜器研究组：《商周青铜器纹饰》图832，北京：文物出版社，1984年，第288页。

⑨ 上海博物馆青铜器研究组：《商周青铜器纹饰》图829，北京：文物出版社，1984年，第287页。

图10-3-6　商代末期至西周早期的波带纹、重鳞纹与心形纹、豁口纹

1.三星堆铜神树圆座下部类波曲纹（K2③：55）　2.山西绛县横水西周墓地青铜尊波曲纹（M1011：54）

3.山西翼城大河口墓地霸伯簋（M1017：35）　4.正父庚壶（西周早期）腹部垂鳞纹　5.山西绛县横水西周墓地

青铜提梁卣波曲纹（M1011：55）

5）[1]和"只"字纹（图10-3-7，4）[2]。"公"字纹和"只"字纹实为同一种纹饰，是在波曲纹内上曲、下曲之间形成的倒装。标准的"公"字纹和"只"字纹均是由旋目纹和豁口纹所构成（图10-3-7，6）[3]，只不过这一时期有相当一部分"公"字纹和"只"字纹的旋目变异为成对的半弧形，有的两两相对，有的两两相背。另外，部分豁口上部中间的豁尖也消失了。

西周时期盛行的所谓鳞纹，也应该是由商代晚期即已广泛存在的豁口纹演变而来。商代晚期，豁口纹除装饰在动物身上外，已经开始在青铜盘的口沿外装饰横向

---

①　上海博物馆青铜器研究组：《商周青铜器纹饰》图830，北京：文物出版社，1984年，第287页。

②　上海博物馆青铜器研究组：《商周青铜器纹饰》图827，北京：文物出版社，1984年，第286页。

③　上海博物馆青铜器研究组：《商周青铜器纹饰》图835，北京：文物出版社，1984年，第290页。

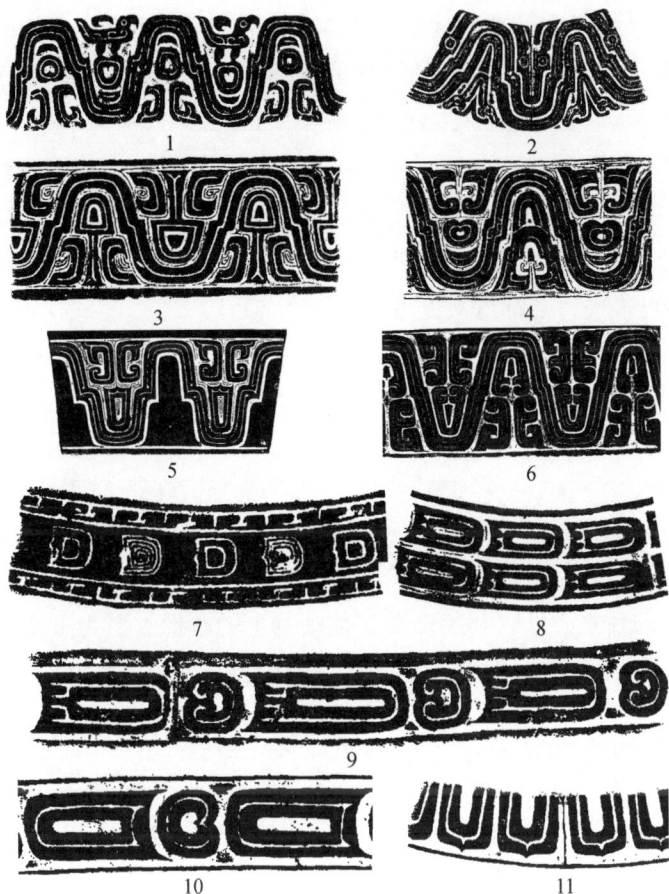

图10-3-7　西周中晚期的波曲纹、鳞纹

1~6. 波曲纹及上下曲内神面（波曲鸟纹鼎、几父壶、夫叔簠、小克鼎、叔硕父甗、虢季子白盘）

7~11. 鳞纹（贞盘、叔相父簋、武生鼎、伯㡙父鼎、史颂簋）

（7为商代末期）

豁口纹（图10-3-7，7）[①]，这为西周青铜器带状鳞纹的先河。西周的豁口纹发展出两种排列形式，一种是前后排列式，包括单行、双行（图10-3-7，8）[②]、豁口与A型空心心形纹相间（图10-3-7，9[③]、10[④]）等具体形式；另一种是新出现的左右排列式

[①]　上海博物馆青铜器研究组：《商周青铜器纹饰》图845，北京：文物出版社，1984年，第294页。

[②]　上海博物馆青铜器研究组：《商周青铜器纹饰》图850，北京：文物出版社，1984年，第295页。

[③]　上海博物馆青铜器研究组：《商周青铜器纹饰》图873，北京：文物出版社，1984年，第300页。

[④]　上海博物馆青铜器研究组：《商周青铜器纹饰》图879，北京：文物出版社，1984年，第301页。

（图10-3-7，11）①，包括单排和重叠等具体形式。前后排列多个豁口纹是延续商代豁口纹的传统形式，主要见于商代动物纹样的背部和尾部，西周则多用于器物腹部的条带状装饰。

空心心形纹和豁口纹——特别是空心心形纹在东周时期仍然大量存在，部分甚至可延续到汉代。空心心形纹中的部分变体，通常也被误认为云纹或云雷纹。而豁口纹则常装饰在鸟身上，作为鸟羽的表达形式。这一时期，心形纹、空心心形纹、豁口纹的早期意义大多已丧失，装饰意义更为突出。

三、心形纹：具有神性的独特纹饰

从数量上看，在商代晚期至西周早期，中原地区的心形纹饰数量最多，似乎是这一纹饰的中心分布区。但考虑到这一阶段中原地区的心形纹绝大多数装饰在蝉纹上，而巴蜀文化地区的独立心形纹和装饰在其他动物上的心形纹更为丰富，我们推测早期巴蜀文化可能才是心形纹的重要中心，至少是与中原并列的两大中心。

（一）具有神性的心形纹

在中国史前和商周所见的彩陶、玉器、铜器等器物上，旋眼往往被视为神的眼睛。心形纹的旋眼和上述通称的旋眼还有所不同，主要是无睛旋眼，而且旋的层数也少，应该是一种结合了头部凹顶形态的极简的旋眼。笔者还注意到，在夫叔簠（图10-3-7，3）等器物的波曲纹上下曲内的"公"字纹和"只"字纹的半弧形（即旋目的变体）内，可以观察到细小的眼睛的形状②，可说明心形纹的旋纹的确是由有睛的旋眼发展而来的。

心形纹主要装饰在玉器、黄金、铜器、象牙器上面，这些质地的器物往往是古代上层统治者和宗教人员使用的。三星堆遗址、金沙遗址本身即被视为古蜀都城，揭露的器物坑等被视为与祭祀有关。三星堆、金沙出土的装饰有心形纹的玉璋，通常被看作是祭天或祭山川的礼器。琥珀坠形饰、金人面饰、铜人面饰、玉蝉纹牌饰在当时都是极为珍贵的物品，佩戴于身以求护佑。装饰有心形纹的铜大立人座、顶尊人像，这些人像一般被视为大巫师。出土的一些青铜动物本身就具有通神或协助巫师通神的功能，给这些动物的耳部、腿部、腹部、嘴部、背部装饰、标识心形纹，是为了标识或

---

① 上海博物馆青铜器研究组：《商周青铜器纹饰》图886，北京：文物出版社，1984年，第305页。

② 上海博物馆青铜器研究组：《商周青铜器纹饰》图833，北京：文物出版社，1984年，第288页。

赋予其不同于普通动物的神性。

笔者曾撰文讨论城洋铜器群和宝山文化是早期巴文化的政治中心问题[①]。城固铜器群中与"抽象人面纹"（A型心形纹）钺同时存在的，还有另一种简体人面纹钺，因此可以推测，钺上的"抽象人面纹"一定有较普通人面不一样的意义。考虑到这种钺的形状更像是斧，作为杀伐的武器，或许暗示了"心形纹"具有死而转生的隐喻。战国时期巴文化铜虎纽錞于，要么出土于高等级墓葬（如涪陵小田溪M2、M12，渠县城坝M45，奉节永安镇M66），要么出土于所谓窖藏（一般在高山上或江河旁），前一种情况显示了这类器物的等级，后一种情况显示了其山川祭祀的功能。那么，一些虎纽錞于盘上虎耳、虎腿、鸟纹上的心形纹，当然也有赋予并标识动物神性的意义。

心形纹在中原地区商文化中的动物纹中也较多存在，而豁口纹在龙虎上则非常常见，其意义当与巴蜀文化中的同类纹饰接近。此外，商文化铜器的蝉背上往往填充有心形纹，这或许与蝉具有"高洁意义，更有复育再生的意义"有关。心形纹加持在蝉身上，一是可以赋予蝉的神性，二是二者均具有转生的意义，功能被加持，所以得到极大的推广和流行。事实上，晚商蝉纹之外的心形纹多出现在殷都安阳，而其中又以妇好墓中的这类心形纹最甚，妇好是商王武丁的妻子，这展示了心形纹可能具有的特殊意义。

古代"国之大事，在祀与戎"，从青铜器来说，礼器则与祀有关，兵器与戎有关。商周时期的青铜容器，通常是被作为礼器来承载的。张光直讨论商周青铜器上的动物纹样时，运用萨满教理论，认为这些动物纹样具有协助巫师沟通天地的意义[②]。那么，西周时期广泛盛行的波曲纹和鳞纹，就不应当仅限于装饰的意义，它也一定具有某种原始宗教所包含的神性。西周早期的正父庚壶腹部垂鳞纹（图10-3-6，4）[③]，每一个垂鳞纹内均有一个A型心形纹。从波曲纹的相关祖型看，三星堆青铜器群的"连山纹"（如K2③：201石边璋、K2③：296"铜神坛"尊形器上的纹饰）和"类波曲纹"，其所附着的器物均与当时蜀文化社会顶层的宗教祭祀活动有关。由此不难推测，西周青铜器中的波曲纹和鳞纹，也应当具有这种神圣性。

从上面的讨论可知，心形纹及其构成单元空心心形纹、豁口纹有赋予神性、变形转生的意义。当然，心形纹在发展过程中，越来越具有装饰性，其神性也逐渐被遗忘也是不争的事实。特别是动物的耳部、尾部、羽毛上的心形纹和豁口纹，以及西周早期以后的图案化纹饰，显然装饰意义更强一些。

---

① 白九江：《试论城洋铜器群的文化属性》，重庆中国三峡博物馆：《长江文明2022（3）》，成都：四川美术出版社，2022年，第1～16页。

② ［美］张光直：《商周青铜器上的动物纹样》，《考古与文物》1981年第2期。

③ 上海博物馆青铜器研究组：《商周青铜器纹饰》图880，北京：文物出版社，1984年，第302页。

（二）心形纹、巫师与虎

笔者注意到，心形纹还是当时顶级巫师的必要装饰之一。

殷墟妇好墓出土的编号M5：372的踞坐玉人像（图10-3-8，1）[①]，上腹部饰一对弯角形纹饰，其下为一对菱形眼，眼睛两侧为两个半括形的耳朵纹样，紧接着的下侧饰两个上下排列的Bc型空心心形纹，空心纹样中间的隔断云纹一个向上、一个向下。空心心形纹还出现在妇好墓编号为M5：373的所谓半蹲裸体玉人像的腹部（图10-3-

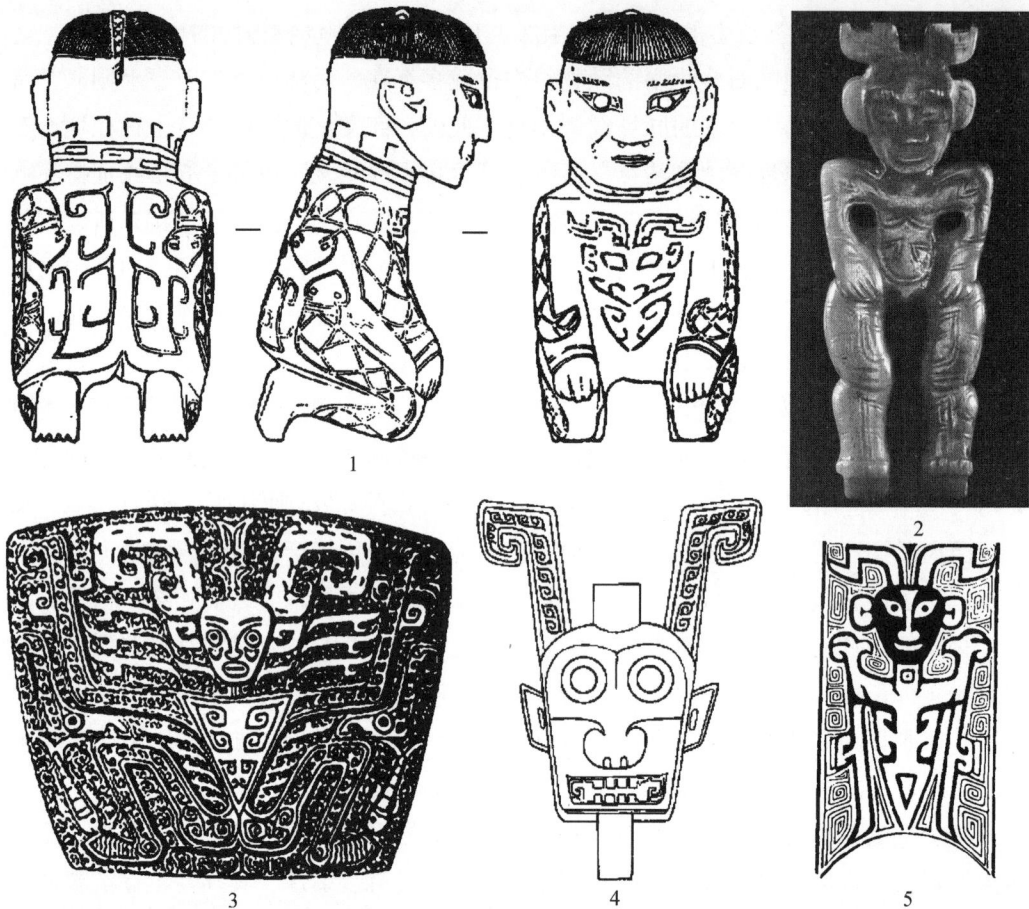

图10-3-8　饰心形纹的人像

1.殷墟妇好墓踞坐玉人像（M5：372）　2.殷墟妇好墓半蹲裸体玉人像正面（M5：373）　3.日本泉屋博古馆藏立鸟青铜鼓上的蹲踞人　4.江西新干商代大墓铜双面神人头像（XDM：67）　5.陕西铜川红土镇出土铜弓形器人面纹

---

① 中国社会科学院考古研究所：《殷墟妇好墓》图八〇，北京：文物出版社，1980年，第151、153页。

8，2）①。日本泉屋博古馆收藏的、可能出自湖北崇阳的商代立鸟青铜鼓②，鼓上有一蹲踞式人物，其腹部饰有两个大小相套的尖角空心心形纹，其中内侧小心形纹为Bb型空心心形纹，外侧的大心形纹以内侧的小心形纹为其豁口，构成一个Bc型心形纹（图10-3-8，3）。同样的蹲踞式人物形象还出现在陕西铜川红土镇铜弓形器上（图10-3-8，5）③，其躯体部分由Bc型心形纹构成（躯体整体似为蝉形）。如果仔细观察，会发现后三者蹲踞人物形象头上均饰有弯曲的角，而这种腹饰心形纹的曲角人物又被作为整体成为妇好墓M5：372的踞坐玉人像的腹部装饰，也就是说，妇好墓M5：372的踞坐玉人像腹部装饰的是一个人像，而这个人像腹部又装饰心形纹。这种曲角人像在江西新干大洋洲商墓中也有出土——铜双面神人头像（图10-3-8，4）④，只是由于该器只有头部，所以见不到腹部的心形纹饰。根据人类学的研究，近现代萨满通天时通常穿戴动物服，头上戴动物角或动物骷髅头；据汤惠生的研究，蹲踞状人物是一种跨文化图像，广泛分布于世界各地，通常被认为与巫师有关⑤。考虑到上述纹饰铜器基本上是在商周王室或地方性政治宗教中心出土的，可以推测，蹲踞式、动物角、心形纹是商代顶级巫师（或群巫之长）的典型形象标配，其腹部的心形纹，大约具有借心形纹的神性，赋予或增加巫师变身或转生能力的意义。

循着这个思路，笔者发现三星堆遗址一号祭祀坑K1：158、258青铜龙虎尊上的"虎噬人"图案（图10-3-9，1）⑥，虎一头双身，虎口张开，虎耳呈空心心形纹，虎尾饰豁口纹，其中虎口下的人为蹲踞状，头没于虎口中，圆眼，腹部饰Bc型心形纹。无独有偶，安徽阜南月儿河青铜龙虎尊上的"虎噬人"图案（图10-3-9，2），虎耳装饰A型空心心形纹，虎尾装饰一排豁口纹，虎口含1名蹲踞式人物，该人圆眼，腹部装饰D型心形纹⑦。从以上两例可以看到，虎噬人图案中老虎装饰有豁口、空心心形纹，人腹部也均有心形纹，这些人和上文的巫师均属同一大类人物，虎为被赋予了神性的神兽，可能协助巫师通天地。

关于虎噬人形象，在南方和北方还有另外的表现形式。传出自湖南宁乡的两件

① 中国社会科学院考古研究所：《殷墟妇好墓》彩版二五，北京：文物出版社，1980年。

② 叶舒宪：《千面女神》，上海：上海社会科学院出版社，2004年，第146页。

③ 上海博物馆青铜器研究组：《商周青铜器纹饰》图986，北京：文物出版社，1984年，第344页。

④ 江西省博物馆、江西省文物考古研究所、新干县博物馆：《新干商代大墓》图六八，北京：文物出版社，1997年，第132页。

⑤ 汤惠生：《原始艺术中的"蹲踞式人形"研究》，《中国历史博物馆馆刊》1996年第1期。

⑥ 四川省文物考古研究所：《三星堆祭祀坑》，北京：文物出版社，1999年，第33～39页。

⑦ 葛介屏：《安徽阜南发现殷商时代的青铜器》，《文物》1959年第1期。

图10-3-9　各类虎噬人图案

1. 四川三星堆遗址K1：158、258铜龙虎尊　2. 安徽阜南月儿河铜龙虎尊　3. 司母戊方鼎耳拓片　4. 湖南出土大禾人面方鼎　5. 日本泉屋博古馆藏虎噬人卣　6. 河南妇好墓M5：799青铜钺　7. 河南殷墟石鼓兽噬人图案

"虎噬人"卣，一件收藏于法国赛尔努奇博物馆[1]，一件收藏于日本泉屋博古馆[2]，两件器物造型一致，即卣呈老虎的形状，老虎一侧抱立一人，人头位于虎口下，面向左侧，人手紧抱虎身，人足半蹲状分立于老虎身侧（图10-3-9，5）。如果将虎噬人卣的虎去掉的话，该人物形状也呈蹲踞式，但由于背向外面，腹部紧贴虎身，所以我们看不到巫师的腹部装饰情况。但该虎的唇部左右两侧，各装饰两个并列的豁口纹，双耳内刻有Bc型心形纹，说明该虎是被心形纹饰赋予了神性的神兽。美国弗利尔美术馆收

①　Elisseeff V. Bronzes Archaiques Chinois au Musée Cernuschi. Archaic Chinese Bronzes, Vol. 1, L'Asiatheque, 1977: 46.

②　李学勤：《试论虎食人卣》，四川大学博物馆、中国古代铜鼓研究会：《南方民族考古（第一辑）》，成都：四川大学出版社，1987年，第37～44页。

藏的一件商代青铜觥，觥足上也有虎噬人的装饰①，人虽正面向外，但由于双手遮掩，我们依然无法观察到其腹部纹饰，但其交叠于腹前的双手臂上，分别刻有5个豁口纹。北方地区商代晚期的虎噬人形象，人一般仅见人头，无法了解其着装情况，但司母戊方鼎耳上的虎噬人图案（图10-3-9，3）②，老虎后大腿上有类A型空心心形纹，其小腿上左右两虎分别刻有大小相次的6个、9个豁口纹。殷墟妇好墓也有双虎噬人纹青铜钺（图10-3-9，6）③，虎尾纹饰较模糊，但大体上可看出与司母戊方鼎上的虎纹图案相同。著名的大禾人面方鼎④，两侧鼎耳上各饰一对所谓夔龙纹，夔龙纹的布局形式与司母戊方鼎耳上的虎纹一致，实为老虎的抽象形式，与下面鼎身上的人面共同构成另一种形式的"虎噬人"样式（图10-3-9，4）。

　　研究表明，在萨满世界中，通过"出神"，存在一种萨满变形为动物助手的信念，且历史悠久。灵性动物助手是萨满根本且重要的神圣力量来源，它们向萨满传递所需信息，辅助萨满治病等。在萨满文化所表达的上、中、下三层世界中，存在多种屏障或过渡地带，只有动物助手才能轻松穿越所有屏障，承载萨满到处旅行。灵性动物助手可以有很多种，在商文化中，为何选择老虎作为助手呢？"动物助手以现实中的动物原型为框架，却又凌驾于其上，展现出超高本领与非同寻常的一面。这些'非同寻常的一面'是萨满出神时内在心理画面的真实展示，作为萨满神圣力量的来源，辅助萨满进行各项工作。同时，出神状态中呈现的动物助手与现实中的动物原型关系密切，动物原型能力越高，动物助手的力量就越大。"⑤正如我们上面指出的那样，商文化中发现的虎噬人图像主要在商王室和各地方政治宗教中心，虎又是自然界中最凶猛的动物，能驾驭并出神为老虎的巫师拥有穿越更多层世界的能力，使用这类母题的对象当然也是最高等级巫师出神变形的图像表达。

　　巫师出神并变形为动物，往往形成动物和人合一的图像。典型的实证有殷墟西北冈王陵 1001 号大墓翻葬坑大理石虎首人身神像⑥、殷墟妇好墓蹲坐玉熊（M5：430）⑦

　　① Pope　A J. The Freer Chinese Bronzes: Vol. 1 Catalogue. Washington: Smithsonian Institute, 1967: 45.

　　② 郭胜强：《司母戊大方鼎简介》，《史学月刊》1983年第2期。

　　③ 中国社会科学院考古研究所：《殷墟妇好墓》，北京：文物出版社，1980年，第105、106页。

　　④ 高至喜：《商代人面方鼎》，《文物》1960年第10期。

　　⑤ 刘晓霞、纳日碧力戈：《萨满文化中的动物助手研究》，《贵州民族研究》2021年第6期。

　　⑥ 梁思永未完稿，高去寻辑补，李济总编辑：《侯家庄·第二本·1001号大墓》图版柒壹、图版柒贰，台北："中央研究院历史语言研究所"出版，1962年，第92页。

　　⑦ 中国社会科学院考古研究所：《殷墟妇好墓》图八四：8，北京：文物出版社，1980年，第160、161页。

和人身鸟首石怪鸟（M5∶1119）[①]、河南周口长子口墓出土虎（鸮）首人身玉雕[②]等。巫师出神变形为动物的行为，同时也意味着其生命和肉体的转生，这正是心形纹的主要功能。

四、心形纹的来源

关于上文的心形纹饰，《汉中出土商代青铜器》《成都金沙遗址Ⅰ区"梅苑"东北部地点发掘一期简报》等称为人面纹，而《三星堆祭祀坑》《金沙淘珍——成都市金沙村遗址出土文物》等将其称为蝉纹。

在中原地区，蝉纹是指有头、腹、尾、足的一种昆虫装饰，有相当一部分蝉纹的腹部装饰与本文所称的心形纹一致。中原地区的蝉纹，有的简省了足，有的变形严重。当前大多数研究者认为，心形纹是从蝉背上的装饰提炼出来的一种纹饰。王仁湘先生在《一只玉蝉在古蜀的轮回》一文中指出："这附于神虫身上的图形，并非一个没有意义的刻划，它显然是古代艺术家提炼出来的一个符号，我们倾向'蝉纹'说，而且是蝉背纹。"

（一）心形纹不是蝉背纹

那么，心形纹饰究竟是不是蝉背上单独提取出来的呢？从大量的商周铜器纹样看，似乎这是不容置疑的结论。但我们仔细审视一下，这个结论并非无懈可击。有以下几条理由。

第一，心形纹和蝉纹的出现时间不一致。蝉雕塑及其背部的纹饰至少在良渚文化、大汶口文化中已经出现。肖家屋脊文化（后石家河文化）时期已出现较多的玉蝉，均不带心形纹。考古所见带心形纹的蝉纹出现的时代是商代晚期（具体可到殷墟一期晚段）。也就是说，心形纹与蝉的结合是突然出现的。

第二，心形纹和蝉纹、蝉雕塑有各自发展的逻辑。从源头上来说，正如在后面的论述中所展示的那样，心形纹的两个要素——空心心形纹和豁口纹至少在新石器晚期即已出现，且并不在蝉身上。从流向上来看，蝉纹和蝉雕塑一直延伸到东周、秦、汉，心形纹在部分战国青铜器上仍然可见，但装饰心形纹（即所谓蝉背纹）的蝉纹在西周中期及之后却已消失，说明从西周中期开始两者已分道扬镳，心形纹、蝉纹是两

---

①　中国社会科学院考古研究所：《殷墟妇好墓》图一〇一，北京：文物出版社，1980年，第202、203页。

②　河南省文物考古研究所、周口市文化局：《鹿邑太清宫长子口墓》，郑州：中州古籍出版社，2000年，第179页。

种可独立运用的纹饰，各有其发展演变逻辑。

第三，与带有心形纹的蝉纹存在的同一时期，心形纹也出现在象、虎、牛、人、鹰、鸮等其他类别的动物图案上；此外，商代晚期至西周早期，蝉纹与心形纹结合较多的时期，同时也有大量蝉纹背面不刻划心形纹的。可见心形纹、蝉背纹并不能画等号。

综上所述，笔者认为，心形纹并不是从蝉纹上提取下来的纹饰，而是由于在商代晚期突然与蝉纹结合而被视为了标准蝉背纹。金沙村遗址出土玉双阑鸟峰戈形器（2001CQJC：141）上的心形纹（图10-3-3，7），两侧有耳，耳下还有昆虫形耳饰（即所谓的"歧羽纹"），这与台北故宫博物院藏龙山文化晚期玉圭"神祖面纹"[1]两耳下有变形卷缩人像的表达形式相近，因此，这应该是一种拟人化的心形纹。可以推断，心形纹有其独立的意义，很可能与人或人格神有关。孙华指出："该图案整体造型很像一个人面，头上相对内卷的线条可能表现的是头上的双羽冠，其下两道横线代表着眼睛或眉毛，再下面的斧钺形则应当表示嘴巴或鼻子，脸两侧有表示耳朵的小卷曲，头下端的两条八字形羽状饰，通过与上面列举的三星堆二号坑出土的带双鸟的圆形铜挂饰进行比较，可以知道这两根羽毛状纹饰实际上就是两只简化的鸟，而两只鸟上面的人面也应当就是与三星堆一号坑黄金杖和金沙村黄金带上相同的神面。"应该说，这一认识是很有见地的。当然，孙华先生的某些具体看法也有修正的必要，如他认为头上相对内卷的线条可能表现的是头上的双羽冠，笔者认为实为旋眼。旋眼是上古时期对神眼睛的一种表达方式。

（二）新石器末期至商代早期心形纹寻踪

那么，心形纹的源头在哪里呢？梅元末治《河南安阳遗物の研究》所公布的一件安阳石鼓，腹部纹饰为一兽面噬人图案（图10-3-9，7）[2]，兽口衔人头，人身呈蹲踞式站立，腹部出现两个成对的竖立的云纹，该双竖云纹下部加上豁口即为本文的心形纹。该图案兽面为抽象的图案，与上述所见具体的虎纹不同，或许时代要稍早。现存明显早于殷墟的虎噬人图案有郑州商城宫殿区第五夯土基址小区C8T62内叠压夯土层的带有虎噬人图案的陶簋残片拓本（C8T62③：9）[3]，该层为"商代二里岗下层二期文化层"。该虎噬人图案在残陶片的上下所饰宽窄弦纹中间，左侧为一个刻有面、眼、鼻、口、耳的人头像，头下有颈；在人头左侧刻有一只形似跪立状的侧面虎，口大张，目前视，做欲吞噬人头状（图10-3-10，2）。该虎噬人图案与殷墟铜器上的双虎噬

---

① 台北故宫博物院：《故宫古玉图录》图2，台北：台北故宫博物院印行，1982年。

② 梅原末治：《河南安阳遗物の研究》，京都：桑名文星堂，1984年，第1～34页。

③ 河南省文物考古研究所：《郑州商城——一九五三年——一九八五年考古发掘报告》图一六三，北京：文物出版社，2001年，第267、270页。

人图案一脉相承，惜不见人身图案，但人头顶部正中作桃形，口部也颇有后来心形纹口部的形状。从该人头纹形状看，不排除心形纹的来源即是某种特殊的人（神）面。

　　心形纹中的豁口图案在山西襄汾陶寺遗址中发现雏形。该遗址属于夏代早期的都城式遗址，发现3件绘黑彩龙纹的红陶盘，其中两件陶盘上龙鳞像某种兽头，一端若张开的兽口，另一端颇像豁口的豁尖。另一件陶盘的龙鳞与后世的豁口纹基本接近[①]，只是缺少豁尖（图10-3-10，1）。

図10-3-10　夏代至早商时期的豁口纹与心形人（神）面
1. 山西陶寺遗址陶龙盘　2. 河南郑州商城"虎噬人"陶篮拓本（C8T62③：9）

　　目前我们找不到夏代晚期至商代早期的标准的心形纹。但是在龙山时代至相当于夏代早期的后石家河文化（肖家屋脊文化）阶段，有一些玉器上面的神面符合心形纹的一些基本特征。如美国史密塞纳美术馆藏后石家河文化高冠玉神面（图10-3-11，1），正面的高冠中部有两个与A型空心心形纹相似的纹饰。背面的神面为圆眼，外有一圈旋纹，鼻左右向中间各伸出一条上卷云纹，嘴顶部向上凸出呈豁口状，底部略平齐。该神面与正面神面的近"臣"字形眼不同，后者的嘴部无豁口，且伸出獠牙。高冠玉神面上的空心心形纹、上卷云纹、豁口合并，就可以得到Bb型心形纹。同样的题材也见于美国国家博物馆藏后石家河文化玉神面（图10-3-11，2）、美国芝加哥艺术博物馆藏后石家河文化玉神面牌饰（图10-3-11，4）。山东日照两城镇的玉圭图案也有旋眼和豁口（图10-3-11，3），且两者间有线条隔断，其背面图案虽然也有旋眼神面，但并不具备豁口图案。从以上情况看，这类图案为玉器双面神的其中一面，两面神各有不同，其中一面有旋眼（有的旋眼内还有圆眼）、隔断、豁口，与另一面的杏眼、獠牙嘴不同，可能是一种动物神面。这种动物神面符合商代晚期以来心形纹的三大基本特征，或许其就是心形纹的来源——特别是豁口纹的来源。至于这类神面要素向心形纹、豁口纹演变的时间，大约就在夏代晚期至商代早期。

---

　　①　陈星灿：《中国出土彩陶全集（2）》图100，北京：科学出版社·龙门书局，2021年，第146页。

图10-3-11　龙山文化晚期、肖家屋脊文化玉神面

1.美国史密塞纳美术馆藏后石家河文化高冠玉神面　2.美国国家博物馆藏后石家河文化玉神面

3.山东日照两城镇玉圭图案　4.美国芝加哥艺术博物馆藏后石家河文化玉神面牌饰

（三）心形纹与仰韶文化人面鱼纹睁眼神

龙山文化晚期和后石家河文化的双面神玉器，让笔者联想到陕西汉中龙岗寺遗址出土的仰韶文化尖底陶罐上的花纹[①]。H23：1号陶尖底罐腹部饰两排12个人面纹，每排6个（图10-3-12）。人面像分两种：第一种似闭目沉思状，眼睛和鼻子均用短直线表示，口呈方形；第二种做双目圆睁状，双眼之间上部呈心形内凹，嘴为扁圆形。每排人面像闭目者与睁眼者交替排列，各3个，下排和上排的人面像按睁、闭眼错位排列。这些睁眼人面，圆眼，扁圆嘴，额部桃尖分开，与心形纹极其近似。

这种睁眼、闭眼二元对立人面应该就是仰韶时代广泛盛行的人面鱼纹简化版。按

---

① 陕西省考古研究所：《龙岗寺——新石器时代遗址发掘报告》，北京：文物出版社，1990年，第34、35页。

图10-3-12　陕西汉中龙岗寺遗址陶尖底罐上的
睁眼、闭眼神面（II23：1）

照柴克东的统计①，迄今为止发现的16例人面鱼纹图案全部出自半坡时期的儿童瓮棺葬墓中（图10-3-13）。其中7例发现于半坡遗址②，3例发现于姜寨遗址③，2例发现于何家湾遗址④。从图案造型来看，人面作圆形或椭圆形，眼及耳梢以上作黑彩，眉或作空白的弯曲线状或涂黑。鼻作倒"丁"字形或垂三角形。绝大多数眼睛用两条直线段表示，为闭眼状，只有姜寨的1例和西乡何家湾的1例用圆圈表示，做睁眼状，且眉间线条下凹。姜寨1例中表示眼睛的圆圈中间还有一黑点，作为瞳孔。人面的两耳或呈弯曲钩形，或两边各加一条小鱼。两嘴角或呈交叉形，或各衔一条小鱼。对于这类人面鱼纹，现在的研究者通常认为是人面鱼身神像的三维视图展开，即头部尖顶为鱼身俯视，口含两鱼为鱼身左右展开的侧视图。

我们注意到，人面鱼纹盆主要用作儿童瓮棺葬的盖具，大型尖底罐也多是儿童瓮棺葬的葬具，小型尖底罐多作为墓葬随葬品。萨满教认为人有多个灵魂。如赫哲族认为人有三个灵魂，其一是翰仁——有生命之魂，人死亡而离开躯体消失；其二是哈尼——思想之魂，人的思想和梦中所见，人死亡后，它不消失，请萨满把它送入阴间，否则会伤害人和牲畜；其三是法加库——转生之魂，按品行转世为人或动物⑤。因此，人面鱼纹很可能是表达婴儿死亡和转生观念的图案，闭眼人面与死亡或死而仍未复苏相关，睁眼人面与转生、复苏相关。

---

① 柴克东：《仰韶"彩陶鱼纹"的神话内涵新解——兼论中国古代的女神崇拜》，《文化遗产》2019年第5期。

② 中国社会科学院考古研究所、陕西省西安半坡博物馆：《西安半坡——原始氏族公社聚落遗址》，北京：文物出版社，1963年，第166页。

③ 西安半坡博物馆、陕西省考古研究所、临潼县博物馆：《姜寨——新石器时代遗址发掘报告》图九〇：4、5，北京：文物出版社，1988年，第112页。

④ 陕西省考古研究所、陕西省安康水电站库区考古队：《陕南考古报告集》图八四：6、图八五，西安：三秦出版社，1994年，第132、133页。

⑤ 冯恩学：《俄国东西伯利亚和远东考古》，长春：吉林大学出版社，2002年，第26页。

图10-3-13　仰韶文化彩陶盆中的人面鱼纹
1~5. A型（西安半坡遗址）　6. B型（临潼姜寨M176）

至于人面脸上眼睛部位颇似面罩的图案，很可能是巫师（萨满）所戴类似后来的傩面。人面鱼纹的鱼则与古代萨满教中的平行宇宙观有关，该观念认为，河流下、中、上游分别对应着天堂、人间和地下，婴儿死后，萨满作法为其从地下重返地上的人间转生，而鱼则具有协助将其从河流下游带回中游和上游的能力。具有类似意义的图案很多，如陕西临潼马陵遗址出土的彩陶神面鱼纹瓶上有戴尖顶帽的睁眼神面[①]，两眼以上由一组中心下凹的波折线组成，神面两侧各有1条头向下的鱼（图10-3-14，1）；又如陕西临潼姜寨遗址出土的神面鱼纹尖底罐（ZHT37H493：32）[②]，闭眼神面两侧各有1条鱼，每条鱼衔一条曲线与人面连接，似在拖着人面移动（图10-3-14，2）；类似的人面两侧鱼纹应该均属于此图案的简化版（图10-3-13，3、4）。笔者还注意到，前述日本泉屋博古馆藏立鸟青铜鼓的蹲踞人一侧也有头向下的鱼（图10-3-8，3）。

---

①　陈星灿：《中国出土彩陶全集（6）》，北京：科学出版社·龙门书局，2021年，第100、101页。

②　陈星灿：《中国出土彩陶全集（6）》图90，北京：科学出版社·龙门书局，2021年，第78页；西安半坡博物馆、陕西省考古研究所、临潼县博物馆：《姜寨——新石器时代遗址发掘报告》图181：1，北京：文物出版社，1988年，第255页。

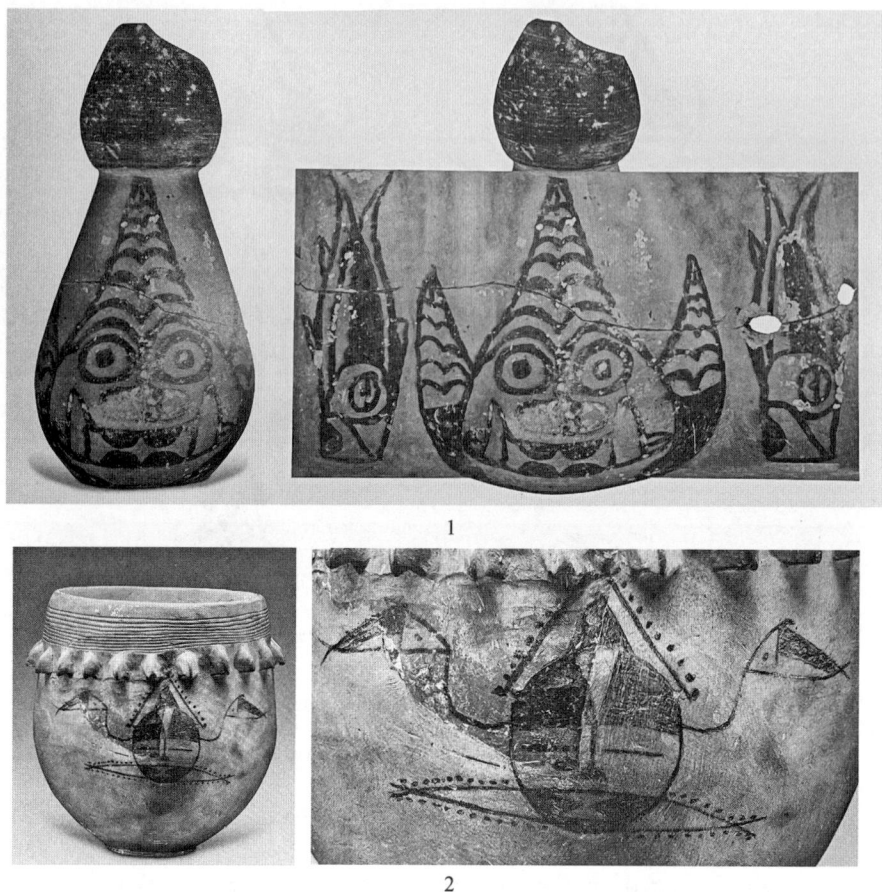

图10-3-14　仰韶文化彩陶中的睁眼、闭眼人面鱼身神面与双鱼的关系
1.陕西临潼马陵遗址出土神面鱼纹瓶　2.陕西临潼姜寨遗址出土神面鱼纹尖底罐（ZHT37H493：32）

　　综上可以推测，仰韶文化的彩陶睁、闭眼人面鱼纹神面，是巫师变形为灵性动物后，在另外的灵性动物助手（人面鱼纹两侧的具象的鱼）的帮助下，表达使婴儿死亡后转生的过程。其中，闭眼神是正在变形，将婴儿从地下世界穿越河流带到人界或天界的过程，睁眼神是表达婴儿复苏转生的结果。

　　对比心形纹顶部下凹、旋眼、豁嘴的主要特征，可以认为，心形纹的早期来源可追溯到仰韶文化的睁眼神面或巫师扮演的睁眼神，其寓意与萨满教中的婴儿死而转生原始信仰有关。

（四）中国东北与西伯利亚心形人面纹的考古发现

　　与仰韶人面鱼纹睁眼神有相近特点的雕塑在内蒙古洪格立图红山文化墓葬中有出土（图10-3-15，11、12）[①]，其中的两件陶塑雕像眉宇与心形纹的桃形凹顶相似。与此

---

　　①　苏布德：《洪格力图红山文化墓葬》，《内蒙古文物考古》2000年第2期，第17～19页。

图10-3-15　考古出土早期心形人面雕塑和图案

1～5.河北易县北福地陶假面（F2：1、F1：54、F1：74、F1：32、H76：3）　6～8.俄罗斯沃兹涅谢诺夫卡遗址
9.西伯利亚出土鸟形图像残片　10.南西伯利亚奥库涅夫文化心形冠人面　11、12.内蒙古洪格立图墓葬出土陶
人面饰　13.安徽蚌埠双墩遗址人头雕塑（86T0720③：290）　14.内蒙古赵宝沟遗址陶人面饰（F103①：6）

雕塑形象存在文化渊源的图案在我国东北地区和中、俄黑龙江流域均有较多发现。俄罗斯境内新石器时代晚期的沃兹涅谢诺夫卡文化（距今约4300～3700年，年代约相当于我国龙山晚期至夏代，近年发掘的我国黑龙江小南山遗址晚期遗存也属于该文化①）中发现大量心形人面像陶片，这类纹饰由篦点纹制作而成，心形人面像顶部下凹是其共有特征，其眼睛有杏眼（A型）和圆眼（B型）两种：A型较为具象，绘出人的嘴、鼻特征（图10-3-15，6）；B型又分为二亚型，Ba型嘴鼻较具象（图10-3-15，7左侧中间和右上侧像；图10-3-15，8），Bb型用两个倒水滴形眼睛和一个正水滴形嘴组合成

———————

①　李有骞：《我国首次发现沃兹涅谢诺夫卡文化》，《中国文物报》2015年12月25日第2版。

人面（图10-3-15，7左侧上下二像）①；最重要的发现是陶鹰的胸部饰有心形人面像（图10-3-15，9），这与商代殷墟妇好墓的玉鹰构思惊人地一致②。在南西伯利亚奥库涅夫文化（约公元前3000纪中期至公元前2000纪早期）中，发现戴心形冠人面萨满头像（图10-3-15，10）③，这个心形冠应该是当时的抽象神像，具有后世A型空心心形纹的特点。

　　由此上溯，河北易县北福地遗址第一期文化（约距今8000～7000年）陶房内出土了10余件相对完整的陶假面（图10-3-15，1～5），大小与真人面相若，报告认为是"一种与宗教或巫术有关的特制品"④。值得注意的是，该类假面面具的眼睛多为倒水滴形，眼睛顶部围合的形状也具有心形纹顶部的特征，应该是后来沃兹涅谢诺夫卡文化、孔东文化中Bb型心形人面像水滴形眼睛的祖型。内蒙古敖汉旗赵宝沟遗址出土连眉中间下凹的雕塑（图10-3-15，14）⑤。安徽蚌埠双墩遗址的人头陶塑眉宇呈内凹的波折纹，双眼下的成排黥面小孔颇似巴蜀文化Bb型心形纹的隔断（图10-3-15，13）⑥。

（五）亚洲北部岩画中的心形人面

　　心形人面纹在岩画中有大量发现，大致可分为三类。

　　第一类为心形人面轮廓像（图10-3-16，1～8）。该类图像较多出现于俄罗斯叶尼塞河中部地区、阿穆尔河（我国称为黑龙江）下游地区，在中国北方也有极少量可见。中国黑龙江下游的萨卡奇·阿梁（舍卡奇-阿连）岩画的两具神面中（图10-3-16，

---

　　①　冯恩学：《俄国东西伯利亚与远东考古》图50：1～3，长春：吉林大学出版社，2002年，第215页。

　　②　黑龙江下游地区新石器文化包括前后相继的奥西波夫卡文化、马雷舍沃文化、孔东文化和沃兹涅谢诺夫卡文化。其中，在沃兹涅谢诺夫卡遗址中发现了后三个文化的叠压关系。也有学者主张孔东文化和沃兹涅谢诺夫卡文化是同一个文化，为其不同发展阶段。孔东文化盛行螺旋纹，其中有的陶器上的螺旋纹已经具备心形纹的雏形。

　　③　转引自王鹏：《论南西伯利亚及周边地区青铜时代早期的"月形器"》图一三：4，《考古》2022年第3期。

　　④　河北省文物研究所（段宏振）：《北福地——易水流域史前遗址》，北京：文物出版社，2007年，第110～134、245页。

　　⑤　中国社会科学院考古研究所：《敖汉赵宝沟——新石器时代聚落》，北京：中国大百科全书出版社，1997年，第137页。

　　⑥　安徽省文物考古研究所、蚌埠市博物馆：《蚌埠双墩——新石器时代遗址发掘报告》，北京：科学出版社，2008年，第407页。

2）①，圆眼上部额头和下部鼻子处均出现了标准的A型空心心形纹，其构思与奥库涅夫文化中的人面头顶心形冠（图10-3-15，10）颇为接近。叶尼塞河中部"戈罗多夫墙"岩画上的人面像（图10-3-16，6），则与巴蜀文化中的Ba型空心心形纹相似。萨卡奇·阿梁岩画中还有骷髅式的岩画（图10-3-16，3），骷髅头顶正中下凹，很可能是心形纹最初的思想来源。骷髅头岩画在内蒙古阴山岩画中也有分布。其余的带轮廓的人面像，均圆眼、张嘴、轮廓为心形（图10-3-16，1、4、5、7、8）。该类图案起源早，延续时间长。其中，萨卡奇·阿梁岩画中的空心心形纹、骷髅头图案被认为可与沃兹涅谢诺夫卡文化同时②，时代最早；另外的完整人面像，时代相对较晚，如图10-3-16的1、5来自塔加尔文化墓葬石墙，已经进入铁器时代，年代约当公元前7～前1世纪。

第二类为无轮廓人面像（图10-3-16，9～16）。主要分布在俄罗斯叶尼塞河上游、中游地区，在中国内蒙古西部阴山至新疆阿勒泰地区也有分布。这类人面像通常用倒水滴形眼和嘴构成不标准的心形图案，部分有后期添加的外轮廓。除岩画中的这类图案外，有的也出现在墓葬石板上，如叶尼塞河上游地区的乌准-哈尔墓葬石板上所见尤多（图10-3-16，10、11、13），2013年发掘的中国新疆阿勒泰哈巴河托干拜2号墓地石棺内侧也出现了若干心形人面像雕刻（图10-3-16，12）③。在俄罗斯境内墓葬石板上的无轮廓人面像基本都属于奥库涅夫文化，年代约当距今4500～3700年④。而新疆阿勒泰哈巴河托干拜2号墓地石板墓也被认为约当距今4000年。

第三类为尖顶或圆弧顶的心形人面像，顶部的连续弧线构成了心形人面上部的凹顶（图10-3-16，17～20）。此类岩画主要分布在内蒙古西部的阴山地区至黑龙江流域，其岩画形象与仰韶文化人面鱼纹中的睁眼人面和红山文化中的类似陶塑高度相似，其年代当在新石器时代中期偏晚。

上述三类岩画和石刻虽然呈现出第三类、第二类、第一类由早到晚的发展序列，但考虑到水滴形心形人面像与考古发现的北福地第一期文化遗存、黑龙江流域的沃兹涅谢诺夫卡文化和孔东文化中水滴形心形人面间一望而知的演变关系，可以判断心形

---

① 冯恩学：《俄国东西伯利亚与远东考古》图50：4，长春：吉林大学出版社，2002年，第215页；李洪甫：《太平洋岩画——人类最古老的民俗文化遗迹》彩版图一、图31，上海：上海文化出版社，1997年，第54页。

② 冯恩学：《俄国东西伯利亚与远东考古》图50：1～3，长春：吉林大学出版社，2002年，第222页。

③ 会浮现出四个桃心形状的面孔，看上去和墓穴外的草原石人极为相似，其中一面孔下方连接着一个纺锤形的身体。参见《新疆发现四千年古墓石棺 墓内惊现心形人面像》，人民网2016年8月3日。

④ 王鹏：《奥库涅夫文化的考古发现与研究》，中国社会科学院考古研究所、夏商周考古研究室：《三代考古（九）》，北京：科学出版社，2021年，第647～675页。

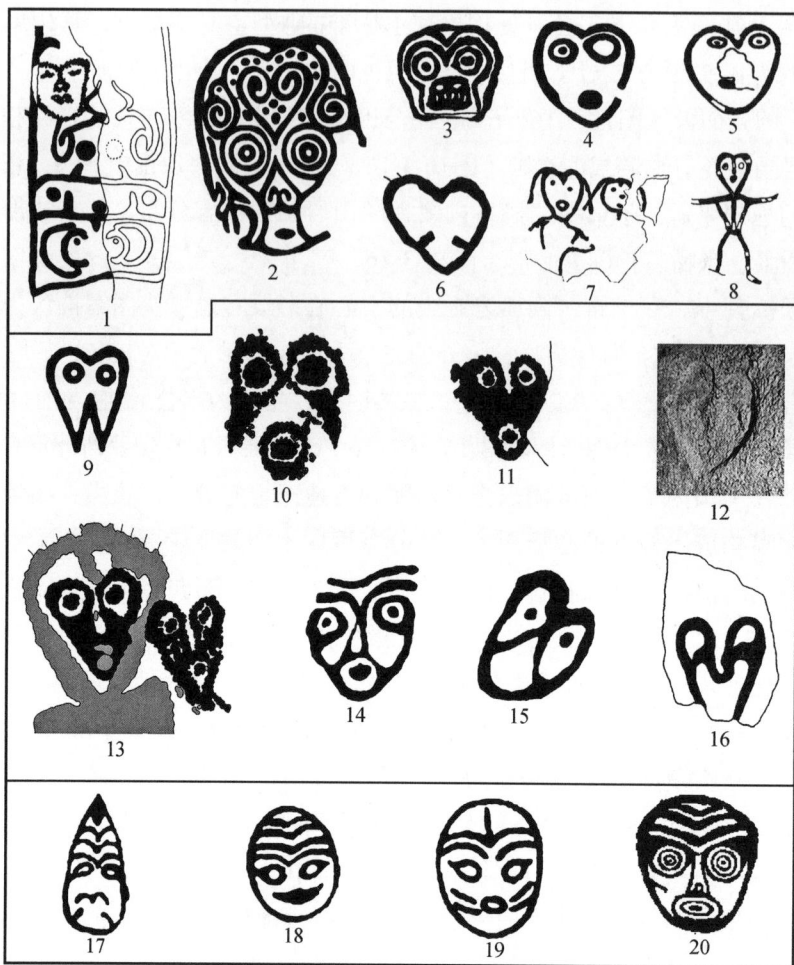

图10-3-16　亚洲北部岩画中的心形人面像

1.俄罗斯叶尼塞河中部上阿斯基兹附近石柱　2～4.黑龙江下游萨卡奇·阿梁岩画　5.俄罗斯叶尼塞河中部上阿斯
基兹第72号石柱上的图像　6.俄罗斯叶尼塞河中部"戈罗多夫墙"岩画　7.俄罗斯叶尼塞河中部普洛斯库利亚科
娃洞穴岩画　8.俄罗斯安加拉河下游卡缅卡岩画　9.内蒙古岩画　10、11、13.俄罗斯哈卡斯共和国图伊姆河岸边
希拉区乌准-哈尔墓葬石板上的人面像　12.新疆阿勒泰哈巴河托干拜2号墓地石棺内侧心形人面像雕刻
14.内蒙古磴口县墨勒赫图沟人面像[①]　15.宁夏贺兰山　16.叶尼塞河中游　17.内蒙古磴口县托林沟人面像[②]
18、19.内蒙古阴山岩画像　20.黑龙江熊山村岩画人面像[③]

（图注中除注明出处者外，余均引自А.Л.扎伊卡、肖波：《南西伯利亚岩画中的心形人面像》，宁夏岩画研究
中心：《岩画研究2018》，银川：宁夏人民出版社，2019年，第258～275页；肖波、А.Л.扎伊卡：《亚洲北部
地区"水珠形"眼睛人面像岩画年代研究》，《北方文物》2017年第1期）

---

①　盖山林：《阴山岩画》图964，北京：文物出版社，1986年，第240页。

②　盖山林：《阴山岩画》图1019，北京：文物出版社，1986年，第254页。

③　李洪甫：《太平洋岩画——人类最古老的民俗文化遗迹》图328，上海：上海文化出版社，
1997年，第53页。

人面像可能存在两个来源：一个是以河北易县北福地第一期文化遗存假面为源头，另一个是以仰韶文化和红山文化睁眼神为代表的源头。这两个源头在新石器晚期汇流，在黑龙江流域存在以心形轮廓为外形的多种人面像。

五、结　　论

心形纹是一种跨文化符号，大多数时间盛行于中国北方和西伯利亚地区，在中国南方地区也有少量发现，特别是商晚期至西周早期的巴蜀文化心形纹丰富多样，颇具特色。

（1）心形纹是由心形神面发展而来的，心形神面可能存在不同的文化源头，其中一个起源地应该在我国内蒙古东部、辽西和冀中北地区；另一个起源可能是稍晚的仰韶文化。典型的心形神面出现在新石器时代晚期的黑龙江下游地区，心形轮廓内已包含多种形式的神面图案。心形神面开始装饰到鹰的胸部。铜石并用时代的西伯利亚南部和我国内蒙古西部至新疆北部是心形神面像分布的中心地带。

（2）心形神面是如何演变成商代晚期殷墟和巴蜀文化的心形纹的，目前还找不到中间证明材料，需要通过以后的考古材料去证实或证非。但是石峁遗址中的石刻显然受到了奥库涅夫文化石刻的影响，其中过去采集的一些小石人头，不乏额部有多道连续凹弧线者，与本文岩画分类中的第三类心形纹存在演化关系。此外，郑州商城虎噬人陶片中的典型心形轮廓人头，暗示了其与早期心形神面的联系。

（3）如果本文的推断成立，心形神面似乎在青铜时代有两个走向：一个走向是西伯利亚南部和中国北部草原地带，延续原有的图案形式，发展到铁器时代的塔加尔文化仍然大量存在；另一个走向则吸收了后石家河文化、龙山文化的双面神的一种豁尖口部图案元素，发展出了抽象心形纹，很快在晚商文化中流行开来，并以蝉为主要对象、包含多种动物的融合，同时还传播到早期巴蜀文化，且形成了自己的细微风格。到了西周中期后，心形纹及其构成因子——豁尖，继续演变成波曲纹内的图案装饰和鳞纹（重环纹）。

（4）在许多情况下，早期心形神面饰总是与墓葬存在联系，如仰韶文化的瓮棺葬具上的人面鱼纹，后石家河文化瓮棺内的双面神玉器，以及奥库涅夫文化、塔加尔文化墓葬石柱和石板上的心形纹，无不指向古人认为它具有引导死者转生的意义。北福地遗址的陶假面虽然出土于房址中，但由于该聚落还发现了祭坛，这种陶假面的祭祀或巫术功能也是显而易见的。由于心形神面所具有的此种能力，商代的顶级巫师在作法时，通常都穿着心形纹巫衣，而相关的动物，也都有这种符号及其元素，以获得带领巫师或墓葬主人变身并穿越不同世界的能力。

（5）以心形纹构图形式出现的神面，从仰韶文化和后石家河文化瓮棺葬看，可能与史前人类的头骨——特别是婴儿头骨知识有关，即顶部下凹表达的是头骨囟门，由于囟门未闭，被古人或者巫师认为是灵魂通天的窗口，因而被赋予了转生的意义。仰韶婴儿的瓮棺葬所盖陶盆，往往底部有一孔，应该与囟门连接，形成转生灵魂的一道通路。

（6）根据近代西伯利亚萨满文化的宇宙观，那里存在水平的世界模型和垂直的宇宙结构的立体宇宙观，其上、中、下部均分别代表着天界、人界、地界。河流是水平世界的世界轴（世界河），心形神面像和其他图像中的鱼形元素是协助人们从一个世界突破到另一个世界的重要工具。后来，随着人们活动范围的扩大和对水平世界的认识日益深入，心形神面像逐步简化并最终完全消失。

第十一章　族群记忆

　　精细而准确的族群描述——特别是上古族群，向来十分困难。将考古学文化与族群对应的研究取向，在历史研究者和考古工作者中甚为普遍，而我们知道，这从方法论上显然存在明显缺陷——除非发现有与族群相关的文字材料。但是，考古学者研究物质遗存的最终目的是"透物见人"，而历史学者研究古代人群需要二重甚至三重证据法，因此，族群又是每一个研究古代人群的学者难以回避的问题。通过考古学文化与文献记录之间的时空耦合，或者对族群某些特征在物质文化上的反映，仍然可以对族群做一些背景性的、侧面的研究。

　　事实上，在本书的不同章节里，我们已经讨论过巴文化族群的一些重要问题，特别是在《考古学视野下的巴文化：概念、问题与方法》一文中，从理论上阐明了考古学上研究巴人与巴文化族群的路径和方法问题。本章第一节《巴文化族群考》讨论了三个问题。第一是狭义的巴人问题，其起源有黄帝和太皞两说，从考古发现的物质文化遗存看，当以世系清楚的后说的可能性更大。考诸《山海经》等文献，以考古学文化之间的互动和文化因素的流动为依据，大致可以知道，从太皞到咸鸟到后照的历史，或许与山东和淮河中上游的龙山文化对河南王湾三期文化、江汉石家河文化的影响可以联系，狭义巴人族源的迁徙或许隐藏在尧舜禹分别对三苗的征伐历史背景中。第二是巴文化族群的两大主体构成——板楯蛮与廪君蛮，可以从葬俗特征得到大致分辨。关于船棺葬俗，最初有属于巴人葬俗的看法，并以巴人成蜀来解释成都平原发现的船棺葬。随着后者船棺葬的增多，又出现了船棺全部属于蜀人葬俗的观点，以致有学者怀疑罗家坝、冬笋坝船棺主人也属于蜀人。通过本文的辨析，我们认识到，以板楯蛮为代表的巴文化人群可能是四川盆地东部嘉陵江流域船棺葬的主人，而三峡地区及周边的箱式木椁墓应该属于以廪君蛮为代表的巴文化族群。第三个问题是巴地的众多中小族群的辨析。

　　本章讨论的第二个问题是巴蔓子的族源、时代问题。通过考察巴蔓子姓氏渊源、"请师于楚"的时间、"许以三城"的具体城址，可以明确蔓子来源于邓国或郑国之曼氏，后辗转迁入四川盆地东部，其请师于楚的时间发生在公元前323～前321年最为可能，所许之城应为鱼邑、朐忍、忠州三城。

　　对于像巴人巴国这样的缺少自己文字的族群，通过其他民族的、晚近的文字记录的历史，存在层累的叠加的历史问题，在探讨族源这样古老的历史记忆时，注重文献与考古二重证据法、外加神话学的三重证据法，抽丝剥茧尤其重要，即使不能获得准确的、翔实的历史细节，也有助于我们更好地、更深入地理解上古不同文化、不同族群之间的文化交流、文化与族群认同、族群发展变迁等问题。

第一节　巴文化族群考

在古代巴国曾经分布的范围内，先后存在众多大大小小的族群。这些族群共享相近的物质文化、精神文化和制度文化——巴文化，可统称为巴文化族群。巴文化族群即广义上的巴人，它包括狭义巴人在内的诸多人群。在这里，我们所说的族群是由更小的人群单位构成的，本文所要探讨的就是巴文化族群的构成及其考辨。

但是这里为什么不用"民族"一词呢？这是因为民族是一个现代概念，中国古代"民"与"族"往往各有所指，连缀为"民族"首见于《南齐书》，已经是较晚时期的记录了。中国古代"民族"一词词义指向繁多，与现代民族概念多有不同。与此同时，现代民族概念在不同政治体系、文化背景下也存在差异，概念标准也不一样，更与古代的"族""人"（如周人、楚人）相去甚远。此外，夏商周时期，不同族群、人群的发育分化还处于早期阶段，传统文献中的"族""人"既有较大的、以文化认同为准则的民族，也有较小的、以血缘或地域划分利益群体的部落或团体。

一、巴人的形成及其名称变异

巴文化族群中最重要的组成部分就是狭义巴人。古代人群分合、变迁极大，巴人并不是一个远古就天然存在的人群，有其自身形成、发展和消融的历史，经历了巴部族到巴方、巴国的人的变化，因而有血缘意义上、文化意义上和地域意义上的"巴人"之分，这三者间的内涵和外延既有交叉，更有诸多不同。

（一）早期巴人的形成与迁徙

我们先来讨论狭义的"巴人"，即早期巴人是如何形成的。

《华阳国志》称巴人"五帝以来，黄帝、高阳之支庶，世为侯伯"[①]。这应该是在中华大一统意识下，后人对祖先谱系的附会，以示华夏正统，也是后来许多人群共

---

① 　（晋）常璩撰：《二十五别史·华阳国志》，济南：齐鲁书社，2000年，第2页。

有的一种攀附现象，可信度不高。成书于战国时期的《山海经·海内经》记载："西南有巴国。太皞生咸鸟，咸鸟生乘厘，乘厘生后照，后照是始为巴人。"[1]这段记载较为详细，说明了巴人的来源，反映了那一时期人们对巴人祖源的记忆。宋代史学家罗泌《路史·后记》卷一对巴人始祖的记载稍有不同："伏羲生咸鸟；咸鸟生乘厘，是司水土，生后炤；后炤生顾相，降处于巴，是生巴人。"[2]将两条记录对比可以知道：一是将太皞直接改为伏羲，太皞亦作太昊，汉以来又说号伏羲氏，故《路史》径改其名，太皞、伏羲在战国及以前实则为不同的人或人群；二是后照之后增加了顾相；三是顾相"降处于巴，是生巴人"，这说明顾相之前的咸鸟、乘厘、后照并未在后来的巴地，到顾相时才迁移过来，与巴地发生联系；四是巴人始祖的图腾可能经历了从鸟到蛇的转变，咸鸟应该是与鸟崇拜相关的祖先，待顾相降处于巴后，巴地属南蛮，南蛮（三苗）崇蛇，《说文》释巴亦为蛇。

从考古发现上看，新石器时代末期至夏代早期，分布在今河南中、西部汝州、登封、新密、禹州一带的王湾三期文化，大约可分为早、晚两个阶段。早期阶段受到江汉地区石家河文化的影响，同时，石家河文化、王湾三期文化早期在发展过程中又都受到了山东龙山文化的影响[3]。王湾三期文化晚期开始向南扩张，越过南阳盆地进入江汉地区，石家河文化众多城址遭到毁弃，江汉地区（包括鄂西北等地）进入后石家河时代（肖家屋脊文化）。后石家河文化时代，王湾三期文化晚期与江汉地区原有的土著文化以及从三峡东出的中坝文化晚期（或称老关庙遗存、老关庙文化）碰撞，在三峡地区形成了颇具特点的"白庙遗存"。白庙遗存反过来对中坝文化晚期也有一定的影响和渗透[4]。

文献记载龙山时代中原华夏集团对南方苗蛮集团有三次大的征伐。最早一次南征在帝尧时代。"尧战于丹水之浦，以服南蛮"[5]，华夏集团开始扩张到了今河南西南部、鄂西北一带的丹水、淅水一带。其后，舜也对三苗进行了一次重大打击。"（舜）迁三苗于三危，以变西戎。"即将三苗中的一部分贵族迁到了今甘肃（一说三危在川西北）一带[6]，但大部分苗民仍留在当地。由于"苗民弗用灵"[7]（灵即巫

① 方韬译注：《山海经》，北京：中华书局，2009年，第275页。

② （宋）罗泌撰：《路史》，《景印文渊阁四库全书》第383册，台北：台湾商务印书馆，1986年，第78页。

③ 杨新改、韩建业：《禹征三苗探索》，《中原文物》1995年第2期。

④ 白九江：《重庆地区的新石器文化——以三峡地区为中心》，成都：巴蜀书社，2010年，第230～234页。

⑤ 张玉春等：《吕氏春秋译注》，哈尔滨：黑龙江人民出版社，2003年，第652页。

⑥ 俞伟超：《三星堆蜀文化与三苗文化的关系及其崇拜内容》，《文物》1997年第5期。

⑦ （汉）孔安国传，（唐）孔颖达疏：《尚书正义》卷19《吕刑》，北京：北京大学出版社，1999年，第535页。

也），即苗民不愿信奉华夏的神祇，于是"舜却苗民，更易其俗"①。第三次则是在大禹时代。"昔者三苗大乱……高阳乃命玄宫，禹亲把天之瑞令，以征有苗，四电诱祇，有神人面鸟身，若瑾以待，搤矢有苗之祥，苗师大乱，后乃遂几（微）。禹既已克有三苗焉，磨为山川，别物上下。卿制大极，而神民不违，天下乃静。则此禹之所以征有苗也。"②禹征三苗较为彻底，此征后，三苗、有苗这类词汇就很少见诸文献了。

　　大概是在禹征三苗后，石家河文化衰亡，江汉地区和鄂西一带代之而起的是肖家屋脊文化、白庙遗存这类具有很强王湾三期文化晚期因素的考古学文化了。尧舜禹时代的三次征伐可为豫、鄂这一时期的文化变迁做文献注脚。巴人始祖顾相很可能就是在尧、舜时代随华夏集团大军"降处于巴"的。《墨子·节葬》记载："舜西教乎七戎，道死，葬南巴之中。"③说明至少在舜死之前，顾相（或后照）带领的部分留在了今大巴山、巫山东侧的山地与平原交界地带，这一带正是后来巴文化最早隆兴之地。顾相为笼络和融入当地战败的苗蛮，又改图腾为蛇，并开始被称作"巴人"，其族

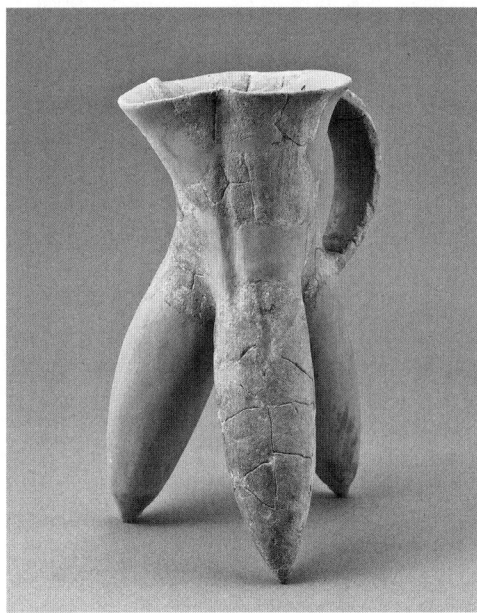

图11-1-1　重庆万州中坝子遗址出土商代陶鬶

群正式形成。太皞为中原文化传说中的人物，生活于东方，也有的认为在豫东南的淮河流域，结合王湾三期文化中的海岱地区龙山文化因素看［以陶鬶为代表，在石家河文化、肖家屋脊文化中为新出现的器物类型，三星堆文化峡江类型、朝天嘴类型和其后的石地坝文化均可见到陶鬶（图11-1-1），而陶鬶在成都平原极为少见］，很可能其传播途径是通过淮河影响到王湾三期文化的，巴人始祖正是在这一背景下进入中原地区。东夷崇鸟，故巴人始祖有"咸鸟"。到了夏禹时代，这支巴人又参与禹征三苗事件，"有神人面鸟身，若瑾以待，搤矢有苗之祥"，或许暗示了包括崇鸟的巴人先祖在内的人群参与伐三苗的

---

① 张玉春等：《吕氏春秋译注》，哈尔滨：黑龙江人民出版社，2003年，第652页。

② 辛志凤、蒋玉彬等：《墨子译注》卷5《非攻下》，哈尔滨：黑龙江人民出版社，2003年，第120、121页。

③ 今本《墨子》作"南巳"。《后汉书》卷49《王符传》李贤注引《墨子》作"南巴"。（清）毕沅校注《墨子》认为，"南巳实当作南巴，形相近，字之讹也"。参见（宋）范晔撰，（唐）李贤等注：《后汉书》，北京：中华书局，1999年，第1637页；（清）毕沅校注：《墨子》卷6《节葬下》，清乾隆四十九年灵岩山馆刻本。

情况。

　　鸟图腾改为蛇图腾后，始有"巴""巴人"之名。巴字的本意为蛇的象形。《说文》："巴，虫也；或曰食象它，象形。"①这里的"它"即蛇。蛇是后起字，它字加虫旁与不加虫旁后来分为音义不同的两个字。由此知道，巴字最初就是蛇的象形。"巴""它"在甲骨文中写法极相近，可能为了区分巴蛇（食象蛇）和其他蛇，才又将"巴"和"它"两字分开，然后又将"巴"作为定语，与"蛇"连用，形成"巴蛇"一词。

　　蛇是这支号为"巴"的人群的图腾神。巴蛇图腾的形象是什么呢？《海内经》又说："南方……有人曰苗民，有神焉，人首蛇身。"②三苗本为生活在江汉地区至三峡的古族，巴人始祖虽然很可能从中原而来，但只是做了当地的统治者，作为一个族群，必定要混合当地的大量土著，甚至可以认为其本底人群就是土著。这是巴人发展阶段的第一次混合，也正是古代民族形成的通例。

　　早期巴人在南方定居下来后，《华阳国志》曾记载巴参与"禹合诸侯于涂山"③的会盟大会。此后，禹的儿子启还曾经派孟涂"入巴莅讼"④，主持司法工作，可见那时的巴人还是服从于夏王国的。巴人在此期间，曾经吞并了一部分象图腾人群。《山海经·海内南经》："巴蛇食象，三岁而出其骨。"⑤这一神话叙事不像表面的那么简单，而是暗含着如下的隐喻：以蛇为象征的人群吞并以象为图腾的一部分人群，而且经过了三年的斗争过程。"象"最初也在洞庭湖岳阳一带，后来逐渐扩大到湘北和湘西一带，给后世留下了诸多带象的地名，同时，文献记载的"善卷""卷人"也是象人的一部分，而商周时期的宁乡铜器群上多见象纹（图11-1-2）。据研究，湖南简称"湘"也得名于"象"⑥。

　　① （汉）许慎撰，（清）段玉裁注：《说文解字注》，上海：上海古籍出版社，1981年，第1296页。

　　② 方韬译注：《山海经》，北京：中华书局，2009年，第276页。

　　③ （周）左丘明传，（晋）杜预注，（唐）孔颖达正义：《春秋左传正义》，北京：北京大学出版社，2000年，第1890页。《华阳国志·巴志》记禹"会诸侯于会稽，执玉帛者万国，巴蜀往焉"。参见（晋）常璩撰：《二十五别史·华阳国志》，济南：齐鲁书社，2000年，第2页。

　　④ 孟涂司巴在丹山，丹山有巫山、秭归等说。笔者认为在今汉水东北支流丹、淅附近。田敏等学者也有类似认识。参见田敏：《夏代巴人地域考》，《湖北民族学院学报（哲学社会科学版）》1994年第1期。

　　⑤ 方韬译注：《山海经》，北京：中华书局，2009年，第207页。

　　⑥ 余云华：《巴蛇食象：被曲解的婚姻神话》，《四川大学学报（哲社版）》2006年第5期。

图11-1-2　湖南醴陵仙霞公社狮形山出土铜象尊①

　　但随着巴人势力的逐渐增大，夏王朝对其越来越不安。夏王太康被具有东夷性质的有穷氏后羿取代后，"后羿自鉏迁于穷石，因夏民以代夏政"②。近年来新确认的介于王湾三期文化和二里头文化之间的新砦文化，普遍认为很可能就是后羿代夏和少康中兴前的遗存③。后羿代夏后亦穷兵黩武，发动了对南方蛇巴的战争。据《淮南子·本经篇》记："（羿）断修蛇于洞庭。"④南朝宋人庾仲雍《江源记》说："昔羿屠巴蛇于洞庭，其骨若陵，故曰巴陵。"⑤这里的羿，结合考古学文化变迁情况看，当为"后羿代夏"的羿。巴陵来源于汉代即存在的"巴丘"。虽然"羿屠巴蛇"是比较晚近的记录，但考虑到肖家屋脊文化和白庙遗存的消失，此后二里头文化在江汉地区的出现，以及陕南地区巴文化的兴起，此说当不是巧合，很可能是"蛇巴"的一部分被追杀于古洞庭湖，有一部分则向西或西北迁往汉水上游地区了。汉水上游地区的汉中、安康盆地，新石器晚期文化中虽然已出现少量四川盆地的文化因素，但仍可确定为龙

　　①　熊传新：《湖南醴陵发现商代铜象尊》，《文物》1976年第7期。

　　②　（周）左丘明传，（晋）杜预注，（唐）孔颖达正义：《春秋左传正义》，北京：北京大学出版社，2000年，第959页。

　　③　李伯谦：《新砦期遗存——"后羿代夏"确有其事的证据》，《黄河·黄土·黄种人（华夏文明）》2017年第1期。

　　④　《淮南子》所记羿为尧时代之羿，笔者结合考古学文化的变迁认为很可能是后羿代夏之羿。参见何宁撰：《淮南子集释》，北京：中华书局，1998年，第577页。

　　⑤　（唐）李吉甫撰，贺次君点校：《元和郡县图志》卷27《江南道三》，北京：中华书局，1983年，第657页。

山文化（客省庄二期文化）的分布地，虽然目前夏晚期的考古学文化还不清楚，但商代时的宝山文化总体上属于巴文化（图11-1-3），与新石器末期考古学文化传承关系极弱，性质完全不同，应该与夏晚期时陕南的文化变迁有关。

图11-1-3　陕西城固五郎庙出土商代双头蛇纹铜戈

进入陕南地区的这部分"巴蛇"在后期文献上可找到一些间接证明。按《山海经》介绍川西北高原之"牦马"时说："（牦马）在巴蛇西北，高山南。"①可以推知巴蛇当在四川盆地或陕南地区，而四川盆地西有蜀国，东周时期巴文化政治中心才迁到盆地东部，与牦马并不相邻，陕南汉中盆地倒是与其地理相近。陕南地区也的确存在过"食象蛇"和崇蛇之人。《山海经·海内经》又云："西南有巴国。……有巴遂山，渑水出焉。又有朱卷之国，有黑蛇，青首，食象。"②这里的"渑水"，即"沔水"。古代汉水上游也称"沔水"，今汉中有勉县，为沔县更名而来。而巴遂山就是汉中、安康盆地南侧之山，今名大巴山。邓少琴先生认为，古代的"巴山"就是"蛇山"③。另《水经注》记载汉中有巴山、巴岭山、巴溪等④。笔者以及众多专家论证汉中盆地宝山文化和城洋铜器群与巴文化有关，商代甲骨文记载之巴方也大约在汉水上游，可说明早期巴人的形成和迁徙情况。

综上所述，狭义巴人的先祖源于东方，为崇鸟人群，后迁居于中原，因随华夏集团征伐三苗而降处于巴，其族群混成于大巴山东段、巫山与江汉平原西侧之间的山丘与平原交界地区至洞庭湖一带，后来改以蛇为图腾或人群象征，始有巴地、巴人之名和巴蛇之图腾，过程中还曾吞并了一部分象人。此后，在代夏的有穷氏后羿打击下，一部分巴人迁移到汉水上游建立方国形式的政治实体，才有了商代"巴方"之实，并创造了宝山文化，留下了恢宏的城洋铜器群。

留在鄂西地区的巴人，到夏代晚期至商代早期时，与东进的三星堆文化混合，形成朝天嘴文化；商代中期开始，在四川盆地东部的尖底器文化和鄂西地区传统的圜底

---

① 方韬译注：《山海经》，北京：中华书局，2009年，第207页。
② 方韬译注：《山海经》，北京：中华书局，2009年，第275页。
③ 邓少琴：《巴蜀史稿》，重庆地方史资料组，1986年，第50页。
④ （北魏）郦道元著，（清）王先谦校：《合校水经注》，北京：中华书局，2009年，第451～471页。

器文化的共同作用下，分别形成了路家河文化和石地坝文化两个具有巴文化族属特征的考古学文化，但并未形成强大的、有影响力的政治实体。

（二）"巴人"名称的泛化

商代，殷墟卜辞中有十多条关于巴方的记载[①]，主要是武丁时期集中征伐巴方的事情，但也有少量关于赏赐的记录。顾颉刚等认为，武丁与妇好征伐的巴方处于汉水流域[②]。总体说来，巴与殷商关系除武丁时期对抗较为激烈外，其余大多数时间关系尚好，殷商也将巴方视为外服中的甸服。这从城洋铜器群中多见商文化铜器可窥一隅[③]，显示了双方长久而持续的文化交流。

西周时期，巴人的政治中心仍位于汉水上游。《逸周书 · 王会解》记载"巴人以比翼鸟"[④]朝贡周天子，据学者考证，西南地区的比翼鸟主要出产在汉中一带。

东周巴人的记载以《左传》为代表，多次出现"巴人"之名。

《左传》中三处六次提到"巴人"。该书记载，公元前676年，"及文王即位，与巴人伐申而惊其师，巴人叛楚而伐那处，取之，遂门于楚。阎敖游涌而逸，楚子杀之，其族为乱。冬，巴人因之以伐楚"[⑤]。此处三次用到"巴人"。公元前611年，"楚大饥，戎伐其西南，……秦人、巴人从楚师，群蛮从楚子盟。遂灭庸"[⑥]。这里不但出现了巴人，而且有麇、楚、庸、裨、鯈、鱼等，值得注意的是，凡参与战争的国家，均被呼为"某人"。公元前477年，"巴人伐楚，围鄾。……三月，楚公孙宁、吴由于、薳固败巴师于鄾"[⑦]。上述文献记录的巴人主要是巴国参战人员，即所谓"巴师"。当然，由于处于战争中，这仅是文本意义上的巴人，可以推知，《左传》中的"巴人"一词应该泛指巴国之人，而不是单指崇蛇的巴人。

---

① 关于甲骨文中的"巴"，目前大多数古文字学家并没有确认该字就是上古历史中的"巴"，这是读者在阅读本条说明时需要注意的。

② 参见顾颉刚、章巽编著，谭其骧校订：《中国历史地图集》（古代史部分），北京：地图出版社，1955年，第2页；童书业：《古巴国辨》，《中国古代地理考证论文集》，上海：中华书局，1962年，第121、122页。

③ 赵丛苍：《城洋青铜器》，北京：科学出版社，2006年；张天恩：《打开早期巴蜀文化秘密的一把钥匙——评介城固宝山》，《四川文物》2005年第1期。

④ 佚名撰，袁宏点校：《逸周书》，济南：齐鲁书社，2000年，第83页。

⑤ （春秋）左丘明著，杨伯峻编著：《春秋左传注》（修订本），北京：中华书局，1990年，第209、210页。

⑥ （春秋）左丘明著，杨伯峻编著：《春秋左传注》（修订本），北京：中华书局，1990年，第617、619页。

⑦ （春秋）左丘明著，杨伯峻编著：《春秋左传注》（修订本），北京：中华书局，1990年，第1713页。

春秋晚期，由于巴在与楚的争战中失利，于是"巴国分远"，巴文化政治中心再次迁移到四川盆地东部。《文选》宋玉《对楚王问》："客有歌于郢中者，其始曰《下里》《巴人》，国中属而和者不过数千人。其为《阳阿》《薤露》，国中属而和者数百人。其为《阳春》《白雪》，国中属而和者不过数十人。"[①]这里的《巴人》是一首战国时期的"古歌"，与《下里》为不同的歌[②]。文中提到的"客"，应该是会演唱各种地方歌曲的"门客"，演唱者并不一定是巴人，但其所唱《巴人》歌名，是取自早已有之的巴人代表性曲调，故简称《巴人》。这也从一个侧面可以看出，战国时期楚人对巴国之人是作为一个整体看待的。

秦汉时期，《华阳国志》三处用到"巴人"一词。《巴志》"巴郡陈纪山，为汉司隶校尉，严明正直。……巴人歌曰：'筑室载直梁，国人以贞真……'"[③]又记江州"县下有清水穴，巴人以此水为粉，则膏晖鲜芳；贡粉京师，因名粉水"[④]。《公孙述刘二牧志》记"巴人日叛。乃以羲为巴郡太守，屯阆中御鲁"[⑤]。秦汉以来，巴地人口繁多，部族驳杂，这三处巴人，当指巴国、巴郡之地的人，当然其中包括还未汉化的一些原巴国人群后裔。

以上文献所记东周以来的巴人，主要是巴师、巴国之人或巴地之人，已演变为通称，而非专指某个具有族性特征的人群，即我们所说的巴文化人群——广义巴人。同时，在六朝至唐宋文献记录中，又将巴人与其他少数民族（其中部分人群为巴国属民后裔）并列，如《三国志》谓"巴、賨、由、蜑"[⑥]，《襄城图经》记有"夷蜑""巴夏"[⑦]，《晏公类要》"有巴人焉，有白虎人焉，有蛮蜑人焉"[⑧]，这里的巴人，由于"巴夏居城郭"，应该是已经基本汉化的巴人，但仍然在身份上认同自己的传统，故

①　（梁）萧统编，（唐）李善注：《文选》卷45《对楚王问》，《景印文渊阁四库全书》第591册，台北：台湾商务印书馆，1986年，第777页。

②　《太平御览》卷573引《古乐志》曰："古歌曲有阳陵、白露、朝日……下里、巴人、八阕、唐歌……；汉歌曲有大风……"《巴人》被列于汉之《大风》之前，归入先秦时期，可见起源较早。《文选》马融《长笛赋》："中取度于《白雪》《渌水》，下采制于《延露》《巴人》。"参见（宋）李昉等撰：《太平御览》，北京：中华书局，1960年，第2588页。（梁）萧统编，（唐）李善注：《文选》卷28《长笛赋》，《景印文渊阁四库全书》第591册，台北：台湾商务印书馆，1986年，第309页。

③　（晋）常璩撰：《二十五别史·华阳国志》，济南：齐鲁书社，2000年，第4、5页。

④　（晋）常璩撰：《二十五别史·华阳国志》，济南：齐鲁书社，2000年，第10页。

⑤　（晋）常璩撰：《二十五别史·华阳国志》，济南：齐鲁书社，2000年，第66页。

⑥　（晋）陈寿撰，（宋）陈乃乾校点：《三国志》卷8《张鲁传》，北京：中华书局，1964年，第263页。

⑦　（唐）樊绰撰，向达校注：《蛮书校注》卷10，北京：中华书局，1962年，第261页。

⑧　（宋）王象之撰：《舆地纪胜》，北京：中华书局，1992年，第2461页。

与夏又相区别。这类巴人与广义的"巴人"并存于不同文献中，这是我们在阅读古文献时要注意区别的。

（三）作为文化认同的"巴人"

上文讨论了他者及后来者对"巴人"一词的应用。但另一方面，作为"我"的称呼其实更为重要，它反映一个族群或一个地域的人对自身的身份认可和文化认同，以及对团体、地域和国家的归属感。无论狭义的"巴人"还是广义的"巴人"，他们有自称吗？自称是什么？

由于巴人有自己的语言，我们现在已经找不到早期巴人的自称了。但在汉代，与巴族属有关的武陵蛮，"名渠帅曰精夫，相呼曰姎（今音yāng，古音wāng）徒"。李贤注引《说文》释姎，"女人自称，我也"[1]。到了晋代，巴人自称"阿姸"。姸音陽，《尔雅·释诂下》："陽，予也。"郭璞注："《鲁诗》云：陽如之何。今巴濮之人自呼'阿姸'。"[2]这里的"阿姸"应该是该地域内多数人的自称，似乎不限族别。巴人后裔土家族则自称"毕兹卡"或"比际（毕基）卡"，卡在土家语中乃"家""族"的意思。可见，土家人的真正自称是"毕兹""比际"。但由于今天的土家族混合了巴人和其他少数民族，这一名称是否就是古代巴人的自称我们还不能完全确信。有专家从音韵学角度考察，认为"毕兹""比际"有虎意，则其很可能是晚期巴国四川盆地东部崇虎诸人群的自称。

当巴人身处"异域"时，其对故乡的认同往往更加强烈，并通常转化为身份认同和文化认同。《华阳国志》卷九《李特志》记李特："……祖世本巴西宕渠賨民，……自巴西之宕渠迁入汉中。魏武定汉中，……移于略阳（今甘肃清水县北）北土，复号曰'巴人'。"[3]这样看来，在巴地，无论賨、夷，走出巴文化地区后，认同"巴人"这个总体称呼是要重于自己的小族称的。

二、两大族群集团

从巴人在汉水上游立国到春秋晚期，至迟在春秋战国之交，其政治中心已迁往今

---

① （宋）范晔撰，（唐）李贤等注：《后汉书》，北京：中华书局，1999年，第1911页。

② 明杨慎曾引"今巴濮之人自呼'阿姸'"误《尔雅》为《方言》，《康熙字典》据以收入。今学者邓少琴亦以为出自扬雄《方言》。参见（晋）郭璞著，（宋）刑昺疏：《尔雅注疏（十三经注疏）》，北京：北京大学出版社，1999年，第28页。

③ （晋）常璩撰：《二十五别史·华阳国志》，济南：齐鲁书社，2000年，第117页。

四川盆地东部，上层统治者亦逐渐放弃了汉水上游故地①。正如我们在前文所述，在汉水上游的巴人，主要是崇蛇巴人，巴国上层统治者应该主要来自这一部族。进入四川盆地东部后，这一地区的原始人群和先前由江汉西部迁入的巴人支系较多，因为要治理广大新领地，原血缘意义上的巴人（主要是上层统治者、贵族、军士等国家机器中的人南迁，一般社会底层大多仍留在当地）由于逐渐分散，以及治理的需要，加之人数不多，估计绝大多数逐步融入了地方部族。

在四川盆地东部和鄂西南地区，存在两个大的人群集团，构成了战国时期巴国的主要人口，是巴国境内最大的两个族群，也是四川盆地东部的基础族群。

（一）五姓廪君种

廪君巴人早期生活在夷水流域，其族群由五个姓氏的人群组成。这支巴人留下了不少神话传说。《后汉书·南蛮西南夷列传》载：

> 巴郡南郡蛮，本有五姓：巴氏、樊氏、曋氏、相氏、郑氏。皆出于武落钟离山。其山有赤、黑二穴，巴氏之子生于赤穴，四姓之子皆生黑穴。未有君长，俱事鬼神，乃共掷剑于石穴，约能中者，奉以为君。巴氏子务相乃独中之，众皆叹。又令各乘土船，约能浮者，当以为君。余姓悉沉，唯务相独浮。因共立之，是为廪君。乃乘土船，从夷水至盐阳。盐水有神女，谓廪君曰："此地广大，鱼盐所出，愿留共居。"廪君不许。盐神暮辄来取宿，旦即化为虫，与诸虫群飞，蔽掩日光，天地晦冥。积十余日，廪君伺其便，因射杀之，天乃开明。廪君于是君乎夷城，四姓皆臣之。②

这段文字应源自西汉刘向整理的战国时已形成的《世本》③，东汉应劭《风俗通义》也有类似记载④。《晋书》卷一二〇《李特》对廪君的记录更详细，可能增加了一些传说成分⑤。

---

① 《华阳国志》记巴国战国时境域"北接汉中"，表明汉中地区已不属于巴国。从《史记》等文献看，汉中在战国时期主要是蜀、秦——后来还有楚互相争夺之地。参见（晋）常璩撰：《二十五别史·华阳国志》，济南：齐鲁书社，2000年，第2页。

② （宋）范晔撰，（唐）李贤等注：《后汉书》卷86《南蛮西南夷列传》，北京：中华书局，1999年，第1918、1919页。

③ （清）王谟辑：《汉唐地理书钞》，北京：中华书局，1961年，第311～380页。

④ （东汉）应劭撰，吴树平校释：《风俗通义校释》，天津：天津人民出版社，1980年，第439页。

⑤ （唐）房玄龄等撰：《晋书》，北京：中华书局，1974年，第3021、3022页。

夷水，按《后汉书》的记载，当在今鄂西清江流域。考诸《水经注》，我国古名"夷水"的河流有多条，著名者有晋南汾水支流、陇南漾水支流、鄂西北蛮水（汉水上游南岸支流）、鄂西南清江。由于清江得名夷水更晚，从早期巴人的活动地域看，廪君神话中的夷水当为鄂西北房陵一带的蛮河的可能性较大[①]。大概在后来这支巴文化人群迁移到了今清江流域，并将夷水的地名和祖先故事带到了这一带。

关于廪君的族属，《后汉书·巴郡南郡蛮传》注引《世本》曰："廪君之先，故出巫诞。"[②]巫诞，巫为地名，诞为族名，即是巫地之诞。巫当指今大巫山地区及其周边一带。诞，别本或作蜒、蜑、蛋。蜒人在秦汉以后屡见于文献，常与獽、夷、賨、蛮等族杂居。

廪君人群主要分布于清江流域和长江三峡地区，其崇虎传统可能在南迁之前就已经形成了（图11-1-4、图11-1-5）。学者认为，蜀国开明氏为"荆人"，其来源就是秦、楚、巴三国灭庸时西迁的部分庸人[③]。庸国主要分布在汉水南侧的夷水及其周边更大的范围，与早期廪君蛮地理位置相近，故均崇虎，这也是战国时期巴蜀地区铜器形制、符号相似的重要原因。

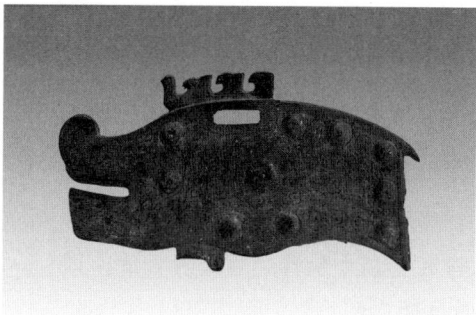

图11-1-4　湖北长阳清江出土商代猪形特磬

图11-1-5　重庆奉节永安镇战国墓（M99）
出土虎纽器盖（周缘有8只小虎）

（二）七姓板楯蛮

板楯蛮，因作战以木板为盾，故又称"板楯蛮"。其渠帅有"罗、朴、昝、鄂、度（庹）、夕、龚七姓"[④]，加上普通百姓，实际上可能远不止七姓。

---

① 段渝：《试论宗姬巴国与廪君蛮夷的关系》，贾大泉：《四川历史研究文集》，成都：四川省社会科学院出版社，1987年，第19～35页。

② （宋）范晔撰，（唐）李贤等注：《后汉书》卷86《南蛮西南夷列传》，北京：中华书局，1999年，第1919页。

③ 孙华：《蜀人渊源考》，《四川文物》1990年第4期。

④ （晋）常璩撰：《二十五别史·华阳国志》，济南：齐鲁书社，2000年，第2页。

板楯蛮主要沿嘉陵江和渠江流域居住，后来也向南扩张至今重庆主城周边①，向东扩张至云阳一带。部落首领有王、侯、邑君、邑长之分。《华阳国志》记载：

> 秦昭襄王时，白虎为害，自（秦）［黔］、蜀、巴、汉患之。秦王乃重募国中："有能煞虎者邑万家，金帛称之。"于是夷朐忍廖仲、药何、射虎秦精等乃作白竹弩于高楼上，射虎，中头三节。白虎常从群虎，瞋恚，尽搏煞群虎，大呴而死。秦王嘉之曰："虎历四郡，害千二百人。一朝患除，功莫大焉。"欲如（要）［约］，王嫌□其夷人，乃刻石为盟要：复夷人顷田不租，十妻不算；伤人者，论；煞人雇死，倓钱。盟曰："秦犯夷，输黄龙一双。夷犯秦，输清酒一锺。"夷人安之。②

刘邦为汉王，发夷人定三秦，以其军功复其渠帅七姓，不输租赋，"余户乃岁入賨钱，口四十"③。由于巴人呼赋为賨，故板楯蛮又称为賨人。賨人"以射白虎为业"，自秦汉以来屡享复除，故又号"白虎复夷"；晋世又有"弜头虎子"之号。

板楯七姓"其人勇敢能战"。汉代两次镇压入侵汉中之羌，号为神兵。时人评价"若微板楯，则蜀、汉之民为左衽矣"，后"车骑将军冯绲南征……亦倚板楯。近益州之乱……太守李颙以板楯平之"④。賨人后裔李特曾在晋朝时起义，其子李雄于304年建立了大成政权。后来到李雄侄儿李寿在位时，改国号为汉。至迟唐初，板楯仍有活动，贞观年间仍被视为中央帝国四夷次序的南蛮⑤。

（三）两个差异的族群

廪君蛮和板楯蛮构成了晚期巴国境内的主要族群，丧葬形式等皆有所不同。

近年来的考古发现显示，嘉陵江干流的阆中彭城坝遗址⑥、渠江流域的宣汉罗家坝

---

① 板楯蛮盛行船棺。重庆九龙坡冬笋坝墓地出土大量船棺和仿船棺墓。参见前西南博物院、四川省文物管理委员会：《四川巴县冬笋坝战国和汉墓清理简报》，《考古通讯》1958年第1期；四川省博物馆：《四川船棺葬发掘报告》，北京：文物出版社，1960年。

② 《后汉书》为"阆中夷人"。参见（晋）常璩撰：《二十五别史·华阳国志》，济南：齐鲁书社，1998年，第3、4页；（宋）范晔撰，（唐）李贤等注：《后汉书》卷86《南蛮西南夷列传》，北京：中华书局，1999年，第1920页。

③ （宋）范晔撰，（唐）李贤等注：《后汉书》，北京：中华书局，1999年，第1920页。

④ （晋）常璩撰：《二十五别史·华阳国志》，济南：齐鲁书社，2000年，第8页。

⑤ 董卣《广州画跋》"上王会图叙录"条："其南首以交趾、沅溪、哀牢、夜郎，而板楯、尾濮、西口、附国、笮都等次之。"参见安澜：《画品》（丛书本），上海：上海人民美术出版社，1982年，第255页。

⑥ 资料未发表。四川省文物考古研究院2019年在有关学术研讨会上披露了船棺葬的发现。

遗址①、渠县城坝遗址②，以及重庆主城附近长江边的冬笋坝（今属九龙坡区，图11-1-6）发现战国以来的船棺葬③。另外还发现大量仿船棺葬，即墓内未见船形葬具，但墓坑和船棺葬墓坑形制一致或接近，或可称狭长形土坑墓。从战国晚期开始，船棺葬、仿船棺葬数量逐渐减少，窄长方形土坑木椁墓较多出现，到西汉早期时，演变为宽长方形土坑墓并完全占据主导地位。

　　三峡地区的考古发现成果较多，云阳李家坝④、开州余家坝⑤、万州大坪⑥墓地的春秋、战国之交至战国中期墓葬，基本为窄长方形竖穴土坑木椁墓（图11-1-7）。以涪

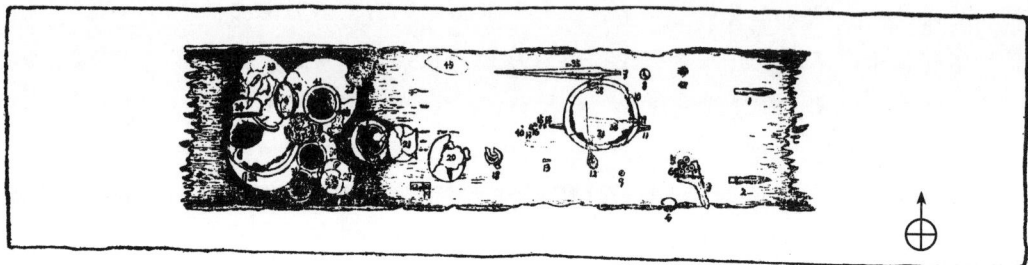

图11-1-6　重庆九龙坡冬笋坝墓地20世纪50年代发掘的战国中晚期船棺墓（M50）

1、2. 铜矛　3. 铜戈　4. 铜钺　5. 半两钱　6、9. 铜环　7、11. 铜剑　8. 玉剑首　10. 铜盘　12. 铜带钩
13. 尖形铁物　14～17、39、40. 铜印　18. 铜桥币（铜璜形饰）　19. 铜镦　20～22、41、46. 陶罐
23、25～28. 陶豆　24. 铁削　29. 铜鍪　30. 陶壶　31、34. 陶钵　32. 铜甑　33. 铜釜　35、38. 铜镞
36、37. 铜削　42. 金粉痕　43. 篾纹　44. 铁钉痕　45. 漆器痕

①　四川省文物考古研究院、达州市文物管理所、宣汉县文物管理所：《宣汉罗家坝》，北京：文物出版社，2015年。

②　戴竺芯：《四川渠县城坝遗址考古再获重大进展　发现"賨人"贵族船棺墓葬》，中国考古网2020年3月16日。

③　四川省博物馆：《四川船棺葬发掘报告》，北京：文物出版社，1960年。2020年9～12月，重庆市文化遗产研究院在冬笋坝墓地再次发掘一批船棺葬。

④　四川联合大学历史系考古专业：《1994～1995年度四川云阳李家坝遗址的发掘》，四川大学考古专业：《四川大学考古专业创建三十五周年纪念文集》，成都：四川大学出版社，1998年，第374～422页；四川大学历史文化学院考古系、云阳县文物管理所：《云阳李家坝东周墓地发掘报告》，重庆市文物局、重庆市移民局：《重庆库区考古报告集·1997卷》，北京：科学出版社，2001年，第244～288页；四川大学历史文化学院考古系、云阳县文物管理所：《云阳李家坝巴人墓地发掘报告》，重庆市文物局、重庆市移民局：《重庆库区考古报告集·1998卷》，北京：科学出版社，2003年，第348～388页；四川大学历史文化学院、重庆市云阳县文物管理所、四川大学考古学系：《重庆云阳李家坝遗址2000年度发掘简报》，《江汉考古》2016年第6期。

⑤　山东大学考古系：《四川开县余家坝战国墓葬发掘简报》，《考古》1999年第1期；山东大学考古学系、重庆市文化局、开县文物管理所：《重庆开县余家坝墓地2000年发掘简报》，《华夏考古》2003年第4期；山东大学东方考古研究中心、重庆市文化局、开县文物管理所：《重庆市开县余家坝墓地2002年发掘简报》，《江汉考古》2004年第3期。

⑥　重庆市文物局、重庆移民局：《万州大坪墓地》，北京：科学出版社，2006年，第6～57页。

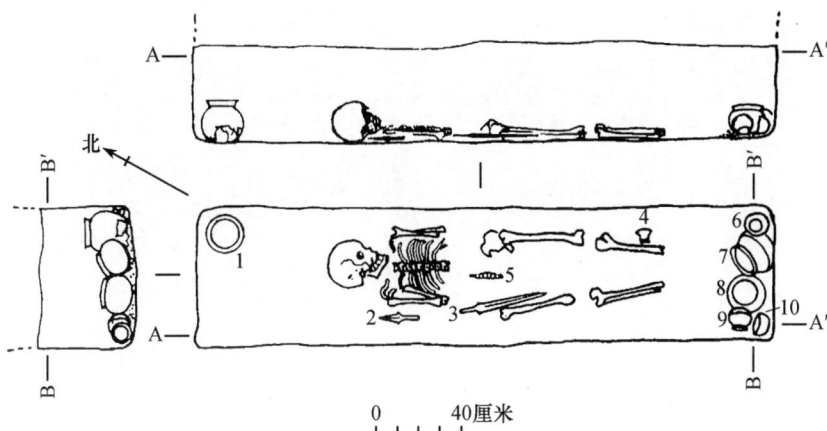

图11-1-7 重庆万州大坪墓地战国早期窄长坑墓（M108）
1. 陶壶 2. 铜矛 3. 铜剑 4. 铜钺 5. 琉璃管 6~9. 陶罐 10. 陶钵

陵小田溪[①]、奉节永安镇[②]等为代表的战国晚期至西汉早期的墓地，主要是各种宽长方形竖穴土坑墓（图11-1-8）。以上情况说明，这一地区的墓葬有从窄变宽的趋势。同时，三峡地区战国中期开始出现较多典型楚文化墓葬，一般巴文化墓葬的随葬品受楚文化的影响也较大。

两种葬俗大约从战国晚期开始出现互嵌现象。例如，忠县崖脚墓地在战国中期晚段至战国晚期早段的楚文化墓葬后，开始出现楚文化墓葬和巴文化墓葬并行的情况，巴文化墓葬的表现形式主要是仿船棺墓（狭长形土坑墓）[③]，涪陵小田溪最早的M7也是狭长形土坑墓（平面上一端大一端小，很可能是船棺墓，图11-1-9），这可能暗示秦灭巴国后，进一步驱逐了楚国在峡江地区的势力，西部的板楯蛮人群之一部分很可能移民到了三峡地区。

另外，也有人指出廪君人群崇虎，而板楯蛮不崇虎的文化差异。笔者并不认同这种观点。一是从考古发现看，嘉陵江流域的青铜器和三峡地区的青铜器上均盛行老虎

① 四川省博物馆、重庆市博物馆、涪陵县文化馆：《四川涪陵地区小田溪战国土坑墓清理简报》，《文物》1974年第5期，第61~80页；四川省文物管理委员会、涪陵地区文化局：《四川涪陵小田溪4座战国墓》，《考古》1985年第1期，第14~17、32页；四川省文物考古研究所、涪陵地区博物馆、涪陵市文物管理所：《涪陵市小田溪9号墓发掘简报》，四川省文物考古研究所：《四川考古报告集》，北京：文物出版社，1998年，第186~196页。

② 资料现存重庆市文化遗产研究院。部分资料参见重庆市文物考古所、重庆文化遗产保护中心：《重庆文物考古十年》，重庆：重庆出版社，2010年，第65、67~69、73~75页。

③ 北京大学考古文博学院三峡考古队、重庆市忠县文物管理所：《忠县崖脚墓地发掘报告》，重庆市文物局、重庆市移民局：《重庆库区考古报告集·1998卷》，北京：科学出版社，2003年，第679~734页。

图11-1-8　重庆云阳李家坝遗址战国中期箱式木椁墓

图11-1-9　重庆涪陵小田溪战国晚期仿船棺墓（M7）平面图
1.陶豆　2.铜刀　3.陶壶　4~8.陶釜　9.玉璜

装饰，两地的巴蜀符号上也都能见到老虎图像。二是板楯蛮号"白虎复夷""弜头虎子"，显然他们是崇虎的。三是《后汉书》和《华阳国志》上所载的板楯蛮射杀白虎事，并非他们崇拜的真白虎，而很可能是当时巴人上层的宗教和政治集团，因不满秦统一后政治利益的损害，而起来作乱的一些反叛团体。

　　之所以这样说，是因为纵横秦、蜀、巴、汉四地而害千二百人的老虎太不合常理。另外，成年虎为独居动物，自然界中不存在大规模群居、群游的虎群。再者，白虎因中箭"尽搏杀群虎，大响而死"亦违动物本性。从"廪君死化白虎"的传说看，白虎既是崇虎巴人的最高神，也是其最高统治者身份的隐喻。因此，白虎"搏杀群虎"很可能是反叛团体因内讧而失败的一种民间隐晦叙事。

三、巴境内的其他族群

按《华阳国志》记载，战国时期巴国的属民有"濮、賨、苴、共、奴、獽、夷、蜑之蛮"[①]。

（一）濮

濮由众多分散在各地的人群组成，故称"百濮"。上古时期主要分布于从江汉平原到四川盆地至云贵高原的广大地区。《逸周书·王会解》记载商代初年，成汤令伊尹为四方献令说："正南瓯邓、桂国、损子、产里、百濮、九菌，请令以珠玑、玳瑁、象齿、文犀、翠羽、菌鹤、短狗为献。"[②]可见濮人很早以来就呈离居状态，支系众多，故称"百濮"。同篇又记载周初成周之会，"卜人以丹砂"[③]，王先谦补注："盖濮人也。"武王伐商于牧野作誓，《尚书》提到参与者有"庸、蜀、羌、髳、微、卢、彭、濮人"[④]，有的专家认为，这次重要战争，巴人就隐在濮人中，或以为巴人属于濮系人群的一支。

《左传》文公十六年（前611年）："夫麇与百濮，谓我饥不能师，故伐我也。若我出师，必惧而归。百濮离居，将各走其邑。谁暇谋人？"[⑤]《释例》解释濮人"无君长揔统，各以邑落自聚"，显然具有散居的社会特征。

周以来，楚从蚡冒"始启濮"，到武王"开濮地而有之"的拓展历程，足见楚国基层民众也有众多濮人。当时的大国中，庸、夔等国民众亦以濮民为主。以三峡东端的夔国为例，《国语·郑语》："夫荆子熊严生子四人：伯霜、仲雪、叔熊、季䌷。"韦昭《注》云："熊霜之世，叔熊逃奔濮而从蛮俗。"又注"芈姓，夔、越不足命也"，并说："夔、越，芈姓之别国，楚熊绎六世孙曰熊挚，有恶疾，楚人废之，立其弟熊延。挚自弃于夔，其子孙有功，王命为夔子。"又曰："蛮芈，谓叔熊在濮从蛮俗。"[⑥]可见，夔国也主要是由百濮之一支构成的。

---

① （晋）常璩撰：《二十五别史·华阳国志》，济南：齐鲁书社，2000年，第3页。

② 佚名撰，袁宏点校：《逸周书》，济南：齐鲁书社，2000年，第84页。

③ 佚名撰，袁宏点校：《逸周书》，济南：齐鲁书社，2000年，第83页。

④ （汉）孔安国传，（唐）孔颖达疏：《尚书正义》，北京：中华书局，1999年，第284页。

⑤ （春秋）左丘明著，杨伯峻编著：《春秋左传注》（修订本），北京：中华书局，1990年，第617、619页。

⑥ （周）左丘明撰，（吴）韦昭注：《国语》，《景印文渊阁四库全书》第406册，台北：台湾商务印书馆，1986年，第144~146页。

巴国的濮人甚众，左思引扬雄《蜀都赋》说"左绵巴賨，百濮所充"①。这支濮人主要分布在今嘉陵江中下游一带，其中又以在合川者最有名。《舆地纪胜》卷一五九引《益部耆旧传》载："楚襄王灭巴子，封庶子于濮江之南，号铜梁侯。"②铜梁，山名，在今合川附近。濮江当即今涪江，濮、涪音近而讹。《舆地纪胜》引《图经》说合川钓鱼山双墓的来历："巴王、濮王会盟于此，酒酣击剑相杀，并墓而葬。"③今合川还有濮湖乡、濮岩寺等地名留存。

（二）賨

賨，巴人呼赋为"賨"。赋为钱则谓"賨钱"，为布者则谓"賨布"，享受租赋优惠的人群则谓"賨人"。长沙走马楼西汉简牍"无阳䏡夷乡啬夫襄人收賨案"两简④，记载长沙王五年，长沙内史府急调武陵郡无阳县四年的賨税，粜卖为钱，输给临沅（属武陵郡）食官、厩，偿还用以抵押的賨价钱。当时可以用"船""肠"等物资折算"当米"，官府再将这些物资出售变为賨钱。故賨并不是一个独立的人群。

正如上文所言，秦、汉中央政权对巴人廪君蛮、板楯蛮行羁縻，租赋皆有节省，故賨人主要是指板楯蛮、廪君蛮，但又不绝对，可能还有当时的其他少数民族。《后汉书》记廪君蛮后裔之武陵蛮，"岁令大人输布一匹，小口二丈，是谓賨布"⑤。所以汉代武陵蛮中的各类夷人也有称"賨人"的。四川渠县汉代有賨城之称，重庆奉节县甲高双河口（与云阳县交界）出土"汉归义賨邑侯"羊纽金印，为賨人存在的明证。蜀地亦有賨人，《华阳国志·蜀志》说蜀有"滇、獠、賨、僰，僮仆六百之富"⑥。这里的賨人，可能是流落或贩卖到蜀地的巴賨。

（三）苴

苴原为巴国在汉中时的属民。战国时，巴国政治中心南迁，汉中屡为蜀、秦、楚

---

①　（清）高步瀛著，曹道衡、沈玉成点校：《文选李注义疏》，北京：中华书局，1985年，第924页。

②　（宋）王象之撰：《舆地纪胜》卷159《合州》之"铜梁山"，北京：中华书局，1992年，第4321页。

③　（宋）王象之撰：《舆地纪胜》卷159《合州》之"双墓"，北京：中华书局，1992年，第4326页。

④　长沙简牍博物馆、长沙市文物考古研究所：《长沙市走马楼西汉古井及简牍发掘简报》，《考古》2021年第3期。

⑤　（宋）范晔撰，（唐）李贤等注：《后汉书》，北京：中华书局，1999年，第1912页。

⑥　（晋）常璩撰：《二十五别史·华阳国志》，济南：齐鲁书社，1998年，第26页。

所争夺。巴失苴后，或有部分苴民南入于巴。汉中为蜀控制时，"蜀王别封弟葭萌于汉中，号苴侯，命其邑曰葭萌焉"[①]。《汉中志》载："晋寿县，本葭萌城，刘氏更曰晋寿。水通于巴西，又入汉川。"[②]地在今四川广元市以西、剑门关之北，嘉陵江西岸的老昭化。

苴古读为巴。《史记·张仪列传》记："苴蜀相攻击，各来告急于秦。"《集解》释"苴"引谯周《古史考》说："益州'天苴'读为'苞黎'之'包'，音与'巴'相近，以为今之巴郡。"《索隐》释曰："苴音巴。谓巴、蜀之夷相攻击也。今字作'苴'者，按巴苴是草名，今论巴，遂误作'苴'也。或巴人，巴郡本因芭苴得名，所以其字遂以'苴'为'巴'也。注'益州天苴读为芭黎'，天苴即巴苴也。谯周，蜀人也，知'天苴'之音读为'芭黎'之'笆'。按，芭黎即织木葺为苇篱也，今江南亦谓苇篱曰芭篱也。"[③]可见，苴不仅读为苞、芭，且意义也与巴同。1951年在四川昭化宝轮院出土的船棺葬[④]，或以为即苴人的墓葬。

由于苴阻挡了蜀与秦的交通，所以蜀国曾一度征服了苴人，并封其弟为苴侯。但苴人为巴文化系统的人群，苴侯也不得不顺从民心，与巴王交好。故《华阳国志》记载："苴侯与巴王为好，巴与蜀仇，故蜀王怒，伐苴侯。苴侯奔巴，求救于秦。"[⑤]这导致了后来巴、蜀两国的灭亡。

（四）共

关于共人的历史文献很少。"共人"之名最早见于甲骨文，"贞，我共人伐巴方"（《合集》6467）[⑥]。河南新乡辉县一带历年出土"子龚"鼎、"子龚"尊、"子龚"簋等10余件商代铭文铜器，以徐旭生为代表的学者认为，"共"与"龚"同音，辉县古时称"共县"，为共工氏旧地。龚人崇龙，传曾为夏王室豢龙，商代封于河南辉县一带，后屡叛殷，约商末周初被灭国。

《路史·国名纪三》记高阳氏之后有"供人"[⑦]。《逸周书·王会解》："且瓯文

① （晋）常璩撰：《二十五别史·华阳国志》，济南：齐鲁书社，1998年，第28页。

② （晋）常璩撰：《二十五别史·华阳国志》，济南：齐鲁书社，1998年，第22页。

③ （汉）司马迁撰，（南朝）裴骃集解，（唐）司马贞索隐，（唐）张守节正义：《史记》，北京：中华书局，1999年，第1798、1799页。

④ 四川省博物馆：《四川船棺葬发掘报告》，北京：文物出版社，1960年。

⑤ （晋）常璩撰：《二十五别史·华阳国志》，济南：齐鲁书社，2000年，第28页。

⑥ 胡厚宣：《甲骨文合集释文》第1册，北京：中国社会科学出版社，2009年，第2页。

⑦ （宋）罗泌撰：《路史》，《景印文渊阁四库全书》第383册，台北：台湾商务印书馆，1986年，第298页。

蜃。共人玄贝。海阳大蟹。"孔晁注曰："共人，吴越之蛮。"①或为商末被灭国后的龚人逃亡吴越后的共人，后逐渐演变并被视为百越之一支。

大概在战国时代，吴越之共人沿江西进入重庆。《吕氏春秋》载鲁定公四年（前506年），"吴阖庐选多力者五百人，利趾者三千人，以为前阵。与荆战。五战五胜，遂有郢。东征至于庳庐，西伐至于巴、蜀"②。可以大致推断共人就是这一时期进入四川盆地东部的。或以为鄂西、三峡和渝东地区的悬棺葬即共人墓葬，因为悬棺最早见于江西、福建一带，鄂西、渝东悬棺应从吴越地区扩散而来。且悬棺多为船形，应为水上人群死后的葬具。但也有学者认为，大三峡地区的悬棺葬应为獽人、蜒人等的遗存，因为蜒人也是百越中的一支扩散而来的。

另板楯蛮七姓中之龚姓当亦为共人，也有论者认为今酉阳龚滩为共人曾居住之地。

（五）奴

奴或即卢。卢原为居住在陇东南西汉水之庐戎，商时期一部分东出沿汉水迁徙。汉中白马石、安康马家营等遗址发现商周石板墓（图11-1-10），多随葬具有巴文化特点的陶圜底罐，同时部分墓葬亦有双耳陶器，具有甘陇寺洼文化的因素和氐羌民族的特征，或即为迁徙途中的遗存。商中晚期以来，进一步迁徙到今湖北十堰、襄阳以南地区。

卢人最早见于《尚书·牧誓》中，助武王伐纣之西土八国有"庸、蜀、羌、髳、微、卢、彭、濮人"③，卢即在其中。陕西安康出土西周中期的铜器"史密簋"④，其内铭文记载了周王命师俗、史密带南方少数民族军队和齐师东征的事情，其中的少数民族有卢、虎、燮等，专家认为卢为《尚书·牧誓》中武王伐纣之卢，西周时在汉水与丹江交界之西、荆山之东一带。《史记·周本纪》亦记伐纣时与西土"庸、蜀、羌、髳、微、卢、彭、濮人"八国，张守杰《正义》引《括地志》说："房州竹山县及金州，古卢国。"⑤《水经注》卷二八《沔水篇》："襄阳县之故城也，王莽之相阳矣，楚之北津戎也，今大城西垒是也。其土，古鄀、都、卢、罗之地。"⑥又中庐县，亦释为"即春秋庐戎之国"，庐即卢。鲁桓公十三年（前699年），卢戎与罗国联军大败楚国。其后卢为楚灭，一部分向西南越过大巴山进入四川盆地东部，建有

① 佚名撰，袁宏点校：《逸周书》，济南：齐鲁书社，2000年，第82页。

② 张玉春等：《吕氏春秋译注》，哈尔滨：黑龙江人民出版社，2003年，第186页。

③ （汉）孔安国传，（唐）孔颖达疏：《尚书正义》，北京：中华书局，1999年，第284页。

④ 李启良：《陕西安康市出土西周史密簋》，《考古与文物》1989年第3期。

⑤ （汉）司马迁撰，（南朝）裴骃集解，（唐）司马贞索隐，（唐）张守节正义：《史记》，北京：中华书局，1999年，第89、90页。

⑥ （北魏）郦道元著，（清）王先谦校：《合校水经注》，北京：中华书局，2009年，第464页。

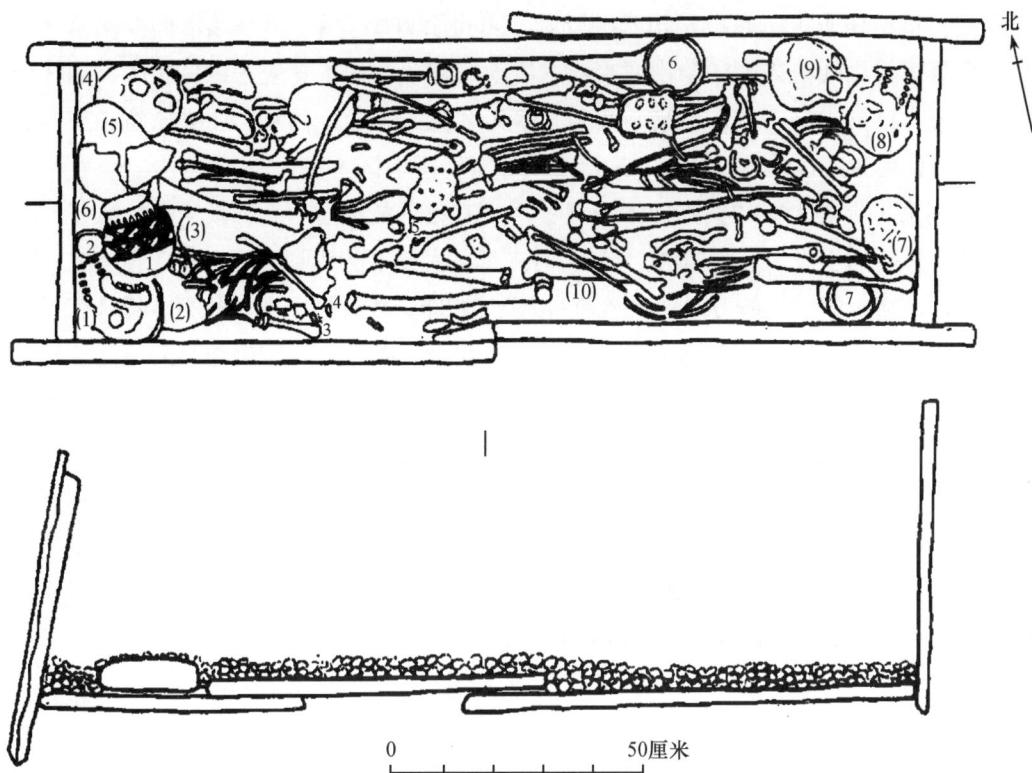

图11-1-10　陕西紫阳县马家营遗址M3石板墓平、剖面图[1]

1、2、6、7. 陶罐　3～5. 石箭头

卢城。《华阳国志》说："长老言：'宕渠盖为故賨国。今有賨城、卢城。'"[2]今四川宣汉罗家坝遗址不排除即为古卢城的可能。又说巴东郡有"奴、獽、夷、蜑之蛮民"[3]，可见巴东也有奴人，巴东郡在今万州、开州、云阳、奉节一带。

（六）獽

《华阳国志·巴志》记西汉巴郡和东汉以来的涪陵郡分布有獽人群落。《水经·江水注》记载："江水东迳壤涂，而历和滩。"[4]壤涂地在今重庆万州区境内，现有瀼溪镇。又说白帝城"东傍东瀼溪，即以为隍，西南临大江"[5]。《读史方舆纪要》卷六九夔州府奉节县"大瀼水"条引《舆地纪胜》（现本缺夔州府）："公孙述于东

---

①　陕西省考古研究所、陕西省安康水电站库区考古队：《陕南考古报告集》，西安：三秦出版社，1994年，第333页。

②　（晋）常璩撰：《二十五别史·华阳国志》，济南：齐鲁书社，2000年，第13页。

③　（晋）常璩撰：《二十五别史·华阳国志》，济南：齐鲁书社，2000年，第11页。

④　（北魏）郦道元著，（清）王先谦校：《合校水经注》，北京：中华书局，2009年，第528页。

⑤　（北魏）郦道元著，（清）王先谦校：《合校水经注》，北京：中华书局，2009年，第531页。

瀼水滨，垦稻田东屯，东屯稻田水畦延袤，可得百许顷。"①奉节瀼溪即今草堂河。今字典释瀼为山间流入大江的小河水或水流动的样子，而本意应为因古獽人喜居住于山前通于大江的小溪，从事渔猎，而名其水为"瀼"。今江西瑞昌、安徽黄山亦有瀼溪，或可认为獽人也是百越民族，后沿江西迁至巴国地区。

《隋书·地理上》"梁州"下记载："又有獽、蜒、蛮、賨，其居处，风俗、衣冠、饮食，颇同于僚。"②《蜀志》记汉时广都县民朱辰为巴郡太守，死于任上，"郡獽民北送及墓。獽、蜑鼓刀辟踊，感动路人"③，即獽民、蜑民敲着长刀，捶胸顿足，以表哀痛。《太平寰宇记》卷七六"简州"亦载："有獽人，言语与夏人不同，嫁娶但鼓笛而已。遭丧乃立竿悬布置其门庭，殡于其所。至其体骸燥，以木函置山穴中。李膺《益州记》云：'此四郡獽也。'"④

也有学者提出，獽人的标志是螳螂⑤。螳螂又作蟷、𧒽。郭璞注《尔雅·释虫》："蟷𧒽，螳蜋别名。"又引《方言》："鲁以南谓之蟷蟓，三河之域谓之螳蜋。"⑥《说文》："蟷，蟷蟓。皆螳螂别名。""蜋，螳蜋也。螳蜋与蟷蟓一语小异耳。"⑦蟓、獽相通。螳螂纹在巴蜀文化青铜器上较多见。

（七）夷

夷本为中原华夏对周边少数民族的通称。巴国之夷，一是指对所有少数民族的泛称，如《华阳国志》谈到"阆中夷""白虎复夷""胸忍夷"，另汉末涪陵郡诸县北"又有蟾夷也"⑧。二是对一些不知名少数民族的专称，《华阳国志·巴志》："南浦县：郡南三百里。晋初置，主夷。"⑨樊绰《蛮书》卷一〇引《夔城图经》云："夷、蜑居山谷，巴、夏居城郭，与中土风俗、礼乐不同。"⑩

① （清）顾祖禹撰，贺次君、施和金点校：《读史方舆纪要》，北京：中华书局，2005年，第3251页。

② （唐）魏徵、令狐德棻撰：《隋书》，北京：中华书局，1973年，第830页。

③ （晋）常璩撰：《二十五别史·华阳国志》，济南：齐鲁书社，2000年，第35页。

④ （宋）乐史撰，王文楚等点校：《太平寰宇记》，北京：中华书局，2007年，第1537页。

⑤ 刘弘：《巴蜀图像符号中所见螳螂为"獽"之图腾考》，《四川文物》1987年第4期。

⑥ （晋）郭璞注，（宋）刑昺疏：《尔雅注疏（十三经注疏）》卷9《释虫》，北京：北京大学出版社，1999年，第317页。

⑦ （汉）许慎撰，（清）段玉裁注：《说文解字注》，上海：上海古籍出版社，1981年，第1070页。

⑧ （晋）常璩撰：《二十五别史·华阳国志》，济南：齐鲁书社，2000年，第13页。

⑨ （晋）常璩撰：《二十五别史·华阳国志》，济南：齐鲁书社，2000年，第12页。

⑩ （唐）樊绰撰，向达校注：《蛮书校注》卷10，北京：中华书局，1962年，第261页。

又，前文长沙走马楼"无阳脽夷乡啬夫襄人收赍案"西汉中期竹简牍（图11-1-11）[①]，其上的"巴人""胡人""仆（濮？）人""襄人""强秦（秦人？）"等人名恐与族群有关，由于杂居于此，故以族名作为人名的代称和便称，而所在的武陵郡无阳县"脽夷乡"则是为上述通称为"夷人"的杂居人群所设的乡一级自治机构。

（八）诞

诞通蜑、蜒、但、鮔等。《后汉书》引《世本·氏姓篇》："廪君之先，故出巫诞。"[②]《说文》："蜑，南方夷也。""鱼，水虫也。"[③]邓少琴先生认为，蜑之初文为鮔，从鱼，习于水者也[④]。《玉篇·鱼部》："鮔，鱼似蛇。"《汉语大字典》释同"鳝"。《山海经·海外西经》："女祭、女戚在其北，居两水间。戚操鱼鮔，祭操俎。"[⑤]祭、戚是苗蛮的女巫，戚巫操鮔，鮔为蜑之初文，故曰"巫蜑"。

蜑之一名，最早见于《淮南子·说林训》："使但吹竽，使工厌窍，使中节而不可听，无其君形者也。"[⑥]说的是蜑人擅乐。三国时，但则以"蜑"称述。《三国志·吴书》卷五五："武陵蛮夷反乱，攻守城邑，乃以盖领太守。……自春迄夏，寇乱尽平。诸幽邃巴、醴、由、蜑邑侯君长，改操易节，奉礼请见，郡境遂清。"[⑦]可见，蜑人在三国时还有邑侯、邑君，具有自治的特征。《华阳国志·巴志》常以"夷蜑""獽蜑"并称，并记巴东郡有"有奴、獽、夷、蜑

图11-1-11 "无阳脽夷乡啬夫襄人收赍案"竹简牍

1. 简3　2. 简17

---

① 长沙简牍博物馆、长沙市文物考古研究所：《长沙市走马楼西汉古井及简牍发掘简报》，《考古》2021年第3期。

② （宋）范晔撰，（唐）李贤等注：《后汉书》，北京：中华书局，1999年，第1918、1919页。

③ （汉）许慎撰，（清）段玉裁注：《说文解字注》，上海：上海古籍出版社，1981年，第1013页。

④ 邓少琴：《巴蜀史稿》，重庆地方史资料组，1986年，第49页。

⑤ 方韬译注：《山海经》，北京：中华书局，2009年，第186页。

⑥ 刘文典撰，冯逸、乔华点校：《淮南鸿烈集解》，北京：中华书局，1989年，第563页。

⑦ （晋）陈寿撰，（宋）裴松之注：《三国志》卷55《黄盖》，北京：中华书局，1999年，第1285页。

之蛮民"①，涪陵郡"土地山险水滩，人多戆勇，多獽、蜑之民"②，可知其主要分布在三峡地区和乌江下游地区。

南北朝时期，蜑人仍可见于三峡以东的武陵山区，《通典·州郡典》载，古荆州，"齐并因之，州境之内，含带蛮蜑"③。台北故宫博物院藏传唐阎立本摹南朝梁元帝萧绎《职贡图》而作《王会图》，画幅中有二十四国，其中最后有"女蜑国"④，与"建平蛮"并列（梁在今巫山、秭归、恩施等地设有建平郡），当在荆州以西至三峡长江南北的鄂、湘、渝交邻地区（图11-1-12）。《北史·蛮传》载天和元年（566年）王亮讨蛮"唯有一小路，缘梯而上，蛮蜑以为峭绝，非兵众所行"⑤。这一时期，蜑则从与夷、獽相连，变成了与蛮相连。

关于蜑人的风俗，唐代樊绰《蛮书》卷一〇引《夔城图经》："夷、蜑居山谷，巴、夏居城郭，与中土风俗礼乐不同。"⑥《舆地纪胜》卷七四引《晏公类要》谓：

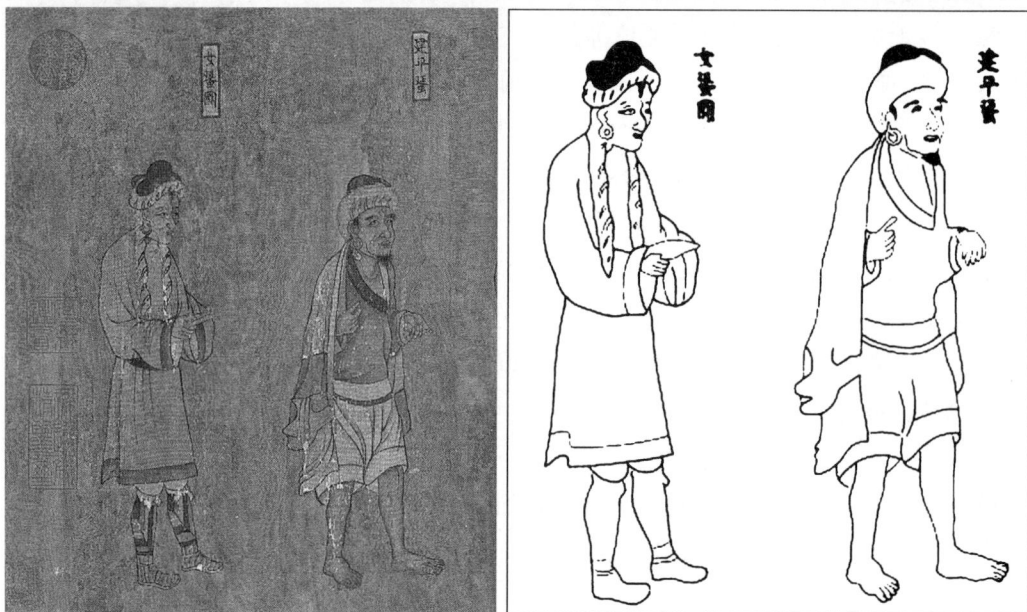

图11-1-12　台北故宫博物院藏传阎立本绘《王会图》中的"女蜑国""建平蛮"

---

① （晋）常璩撰：《二十五别史·华阳国志》，济南：齐鲁书社，2000年，第11页。

② （晋）常璩撰：《二十五别史·华阳国志》，济南：齐鲁书社，1998年，第12页。

③ （唐）杜佑撰：《通典·州郡典十三》卷183，北京：中华书局，1988年，第4863页。

④ 故宫博物院编辑委员会：《故宫书画图录》第十五册"唐阎立本王会图卷"条，台北：故宫博物院，1995年，第25~28页。

⑤ （唐）李延寿撰：《北史·蛮传》卷95，北京：中华书局，1974年，第3153页。

⑥ （唐）樊绰撰，向达校注：《蛮书校注》，北京：中华书局，1962年，第261页。

"白虎事道，蛮蜒人与巴人事鬼。"①《隋书·南蛮传》亦称："南蛮杂类，与华人错居。"其一曰蜒，"俱无君长，随山洞而居"②。分别点出了蜒人与其他人群交错杂居，居于山谷、山洞和崇巫鬼的风俗、信仰特点。

四、结　语

古代族群来源复杂，在几百上千年里迁徙频繁。考察巴文化族群，必须将考古和传统文献相结合，大范围观察史前人群的关系和移动，才有可能得出更合理的结论。巴文化族群中的狭义巴人，在迁徙发展过程中，不断混合其他人群，才形成所谓狭义的巴人、巴方，最后因南迁，其主体又逐渐散佚融合进入四川盆地东部和鄂西地区的原巴人和其他巴文化族群中。西汉中期以后，大多数巴文化族群逐渐汉化，那些基本汉化后但保留有历史记忆的人群仍被称为巴人，但与夏商时期的巴人内涵已很不一样了。

立国四川盆地东部的巴国，其统治者虽然是从汉水上游南迁的狭义巴人，但其人群主体却是土著的七姓板楯蛮和同样从汉水上游末端南岸南迁的五姓廪君蛮，这两大族群均崇拜虎，构成了巴国统治的基础人群。此外，巴文化族群还包括若干相对较小的族群，这些族群汉以后仍分布在山谷溪涧等偏远地区者，长期保有自己的族群特性，存在了从汉代到唐代的很长一段时间。

巴文化分布地的族群数量很多，以上不免挂一漏万。例如，早期巴文化甚或先巴文化阶段，在大巫山地区还存在"灵山十巫"，又有"民盼姓"的"载民之国"。后巴文化阶段，这一地区在文献中还有醴、由等各种少数族群，其与巴文化时期的族群是一种什么关系？由于文献缺征，遽难回答。

西汉中期以后，巴文化族群多已逐渐融入汉文化族群中，但仍有部分族群始终保留自己的特性，并与其他族群一道，几经混合，逐渐演化出今日的土家族。土家族与汉、六朝时期的武陵蛮有渊源关系，而武陵蛮又称五溪蛮，是战国秦、楚等凌巴后，部分巴文化族群向东南迁徙，与当地土著相混合形成的③。到宋代，这一地区的"土人""土丁"又融合了汉民族和其他迁移到此的少数民族（通称"客人"），经元明清而逐渐发展为土家族。潘光旦考察和考证了土家族和巴文化族群的关系，指出了土家族主要是由巴人（笔者注：实为巴文化族群）演化而来，这一认识至今仍不过时。

---

① （宋）王象之撰：《舆地纪胜》，北京：中华书局，1992年，第2461页。

② （唐）魏徵、令狐德棻撰：《隋书》，北京：中华书局，1973年，第1831页。

③ 《太平御览》引《十道志》："故老云：楚子灭巴，巴子兄弟五人流入黔中，汉有天下，名曰酉、辰、巫、武、沅等五溪，为一溪之长，故号五溪（蛮）。"参见（宋）李昉等撰：《太平御览》，北京：中华书局，1960年，第835页。

第二节　巴蔓子考辨

　　巴蔓子是历史上少有的几个留下姓名和故事的古代巴国名人，历来为后人所赞颂和传扬（图11-2-1）。巴蔓子的事迹，最早见于蜀汉学者谯周撰写的《三巴记》，该书现已不存。宋《太平御览》卷三六四、卷五五六两次引用《三巴记》中有关"曼子"的记载。其中卷五五六《礼仪部·葬送四》：

　　　　谯周《三巴记》曰：巴国有乱，巴国将毕（军，）曼子请师于楚，楚人与师。曼子已平巴国，既而楚遣使请城，曼子曰："吾诚许子之君矣！持头往谢楚王，城不可得。"乃自刿，以头与楚子。楚子叹曰："吾得臣若巴曼子，何以城为？"乃以上卿礼葬曼子头，巴国葬其身亦然。①

　　现存文献记载巴蔓子故事时间最早、内容最详细的是成书于东晋的《华阳国志》。《华阳国志·巴志》记载如下：

　　　　周之季世，巴国有乱。将军蔓子请师于楚，许以三城。楚王救巴。巴国既宁，楚使请城。蔓子曰："藉楚之灵，克弭祸难。诚许楚王城，将吾头往谢之，城不可得也。"乃自刿，以头授楚使。王叹曰："使吾得臣若巴蔓子，用城何为！"乃以上卿礼葬其头。巴国葬其身，亦以上卿礼。②

　　《华阳国志》这段记载较之《三巴记》更为详细，故事的完整性也超过《三巴记》，应该是在《三巴记》基础上形成的，成为今人研究巴蔓子的主要文献（图11-2-2）。

---

　　①　《太平御览》卷364《人事部·头下》记载相对简略："《三巴记》曰：巴有将军曼子请于楚，以平巴乱。楚使请城，曼子曰：'城不可得。'乃自刿其头与楚，楚义之，以上卿礼葬其头，巴以上卿礼葬其身。"参见（宋）李昉等撰：《太平御览》，北京：中华书局，1960年，第1677、2515页。

　　②　（晋）常璩撰：《二十五别史·华阳国志》，济南：齐鲁书社，2000年，第3页。

图11-2-1 巴蔓子画像
（柯苇供图）

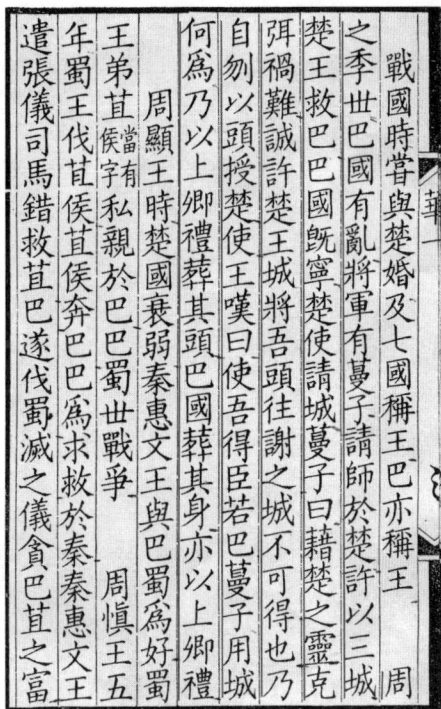

图11-2-2 《华阳国志》中关于巴蔓子的记载

一、巴蔓子姓氏渊源考

巴蔓子，又称巴曼子，《三巴记》作"曼子"，《华阳国志》则称"蔓子"。《太平御览》成书较《华阳国志》晚，引《三巴记》不用"蔓子"而用"曼子"，可见引用的是早期文献原文。先秦时"曼""蔓"音均同"萬"，但多"曼"姓而极少"蔓"氏，后者仅见楚"蔓成然"一人[①]，故当以"曼子"为准。鉴于后世文献及今人已惯用"蔓子"，因此本文仍沿用。

巴蔓子的姓氏究竟为何？先秦时期姓、氏有别，姓为血统，氏往往和封地、职官等有关。秦汉以降，姓、氏不分，开始混一。"巴蔓子"，其前所冠"巴"字：一种可能是表示国别，另一种可能表示姓氏。从文献记载巴蔓子名称演变情况看，"巴"

---

① 笔者遍查史料，先秦"蔓"氏仅见楚成王时楚国大夫"蔓成然"，其本名斗成然，芈姓，因采邑于蔓，故称蔓成然。目前我们尚不知楚国"蔓"地之人与曼氏有何关系，但从《左传》关于蔓成然的记叙看，成然之邑"蔓"系夺于邓、郑的可能性较大，而邓、郑之曼是笔者下文讨论的蔓子祖先渊源地。参见（周）左丘明传，（晋）杜预注，（唐）孔颖达正义：《春秋左传正义》，北京：北京大学出版社，2000年，第1509～1518页。

不是巴蔓子的姓是肯定的。《三巴记》和《华阳国志》分别作"蔓子""曼子"，到了明嘉靖《四川总志》、清代《巴县志》等明清文献和民间传说中，才出现"巴"与"蔓（曼）子"连接为"巴蔓（曼）子"的情况。从《左传》《后汉书》等早期文献的文例看，巴人名的出现均已包括姓氏和名字（如韩服、范目），蔓子当然不能例外。因此，"巴"不是蔓子的姓氏，应该是国别，"曼"才是其姓。其实，巴蔓子为曼（蔓）姓古人是分得很清楚的，笔者现场考察忠县丁房双阙上的明代忠州知州贺国桢《巴国忠贞祠铭》和清代忠州知州成文运《忠贞祠铭》，均称巴蔓子为"蔓公"，而明代叶贵鼎所著《巴王庙》诗则尊为"曼公"①。"巴""曼"姓不分在近代以来才成为问题，如各地以"巴蔓子""巴将军"命名的雕像、墓葬（图11-2-3）、非遗故事、白酒品牌等②。

图11-2-3　重庆渝中巴蔓子墓

---

① 同治《忠州直隶州志》录贺国桢《巴国忠贞祠铭》："昔在周季，列国纷争，维我曼公，守此巴人。"成文运《忠贞祠铭》："于维曼公，正气高风。"虽将蔓改为曼，但并不与巴相连。叶贵鼎《巴王庙》诗亦写道："勇奋全巴日，忠昭谢楚时。曼公何处去，千载系遐思。"分别参见（清）侯若源、庆徵总纂，柳福培纂修：《忠州直隶州志》卷12《艺文志下》第32、33页，卷12《艺文志上》第43页，同治十二年刻本。

② 仍有学者认为"巴蔓子应是姓巴名蔓子，出自巴国王族。"参见赵炳清：《略论巴蔓子》，李禹阶：《三峡考古与多学科研究》，重庆：重庆出版社，2007年，第335页。

"曼"姓从何而来？古代巴人比较重要的支系有两支：一支是靠近巴东部的"廪君种"，其姓氏有"巴氏、樊氏、瞫氏、相氏、郑氏"；另一支是靠近巴西部的"板楯蛮"，秦至汉初时渠帅有"罗、朴、督（昝）、鄂、度（庹）、夕、龚"七姓[①]。另春秋巴人有韩服，秦、西汉巴人有廖仲药、何射虎、秦精、清、范目、落下闳等，东汉有"白虎夷王资伟""白虎夷王谢节""夷侯养达伯""邑长改兰世兴""邑长爰文山"等。以上均不见"曼"姓。有学者认为，"蔓"与"樊"同韵，在先秦音系中，虽"蔓"为明母，而"樊"为帮母，但都是重唇音。从"樊"到"蔓"，一声之转而已。"蔓"姓就是巴人"廪君种"中的"樊"姓[②]。"蔓"与"樊"姓同见于《华阳国志》，两者为同一姓之声转很难让人信服。

蒙文通先生根据《说文解字》"鄤，蜀广汉乡也"[③]的解释，则认为"蔓是地名，蔓子应该是小国之君。蔓子是巴国的将军。就证明广汉县在涪江以东的境土就是巴地，就是蔓子之国"。又认为"蔓子是部落诸侯，所以称子"[④]。这一认识是值得商榷的。汉高祖、武帝"分巴割蜀，以成犍、广"[⑤]，广汉郡下有广汉县，地在今盐亭、遂宁、射洪、潼南、合川西北一带，属古代巴、蜀交界之地[⑥]。笔者认为，文献上从未有蔓国的记载，巴、蜀两国下的部落诸侯称"子"也缺少依据（如苴国称"苴侯"，另见上文"夷王""夷君""夷侯""邑长"等）。广汉之"鄤"很可能是巴亡后迁曼氏于此得名，也可能与秦灭蜀"移秦民万家实之"有关。另外，即使是此"鄤"地在秦灭巴蜀之前已经存在，也很可能与东周时期秦、楚、巴、蜀反复争夺南郑，故有南郑曼氏南迁巴蜀的可能。因此，曼氏当非土著，历史上也没有"蔓子之国"。关于南郑曼氏来源，后文有具体论证。

笔者认为，"曼"不是巴地土著姓氏，西周时期以曼姓封国者仅邓国一家，巴"曼"应与此有关。邓与巴国历史上有很深的联系。《左传》"昭公九年"记周王使

① （宋）范晔撰，（唐）李贤等注：《后汉书》，北京：中华书局，1999年，第1918、1920页。

② 王峰：《巴蔓子考论》，《民族研究》1998年第1期。

③ （汉）许慎撰，（清）段玉裁注：《说文解字注》，上海：上海古籍出版社，1981年，第535页。

④ 蒙文通：《巴蜀史的问题》，《四川大学学报（社会科学版）》1959年第5期。

⑤ 《华阳国志·巴志》记载："天下既定，高帝（汉高祖）乃分巴、蜀置广汉郡。孝武帝（汉武帝）又两割置犍为郡。故世曰'分巴割蜀，以成犍、广'也。"参见（晋）常璩撰：《二十五别史·华阳国志》，济南：齐鲁书社，2000年，第4页。

⑥ 《元和郡县图志》："遂州，禹贡梁州之域，秦为蜀郡地，汉分置广汉郡，今州又为广汉郡之广汉县地。"（唐）李吉甫撰，贺次君点校：《元和郡县图志》，北京：中华书局，1983年，第851页。又《中国历史地图集（第二册）》亦大致将广汉县标于上述正文所述范围内。参见谭其骧主编：《中国历史地图集（第二册）》，北京：中国地图出版社，1996年，第29、30页。

詹桓伯辞于晋："巴、濮、楚、邓，吾南土也。"①《华阳国志·巴志》说巴"与秦、楚、邓为比"②，可见，巴、邓春秋时为邻国。邓国在今湖北襄阳至河南邓州一带，而巴国主体当时亦位于汉水上游一带（襄阳以上为汉水上游）。邓国始于商王武丁封其叔父曼季于邓。《世本》说"邓为曼姓"，《说文解字》记"邓，曼姓之国"③。《史记·楚世家》有"文王二年，伐申过邓"的记录，裴骃《集解》引服虔注"邓，曼姓"④。可见，邓国统治者的确姓"曼"。

邓国以曼姓留名史籍者有"曼姬"。《史记·司马相如列传》："于是郑女曼姬，被阿緆，揄纻缟，杂纤罗，垂雾縠。"《集解》引郭璞曰："曼姬谓邓曼。"⑤历史上见载于史的有两个邓曼。一个邓曼是春秋时邓侯之女、楚武王夫人、楚文王之母，是武王、文王的得力助手，事迹见于《左传》桓公十三年⑥、庄公四年⑦，汉代刘向评价其能"识天道"⑧。另一个邓曼是郑庄公夫人邓曼，《左传》桓公十一年："郑庄公卒。初，祭封人仲足有宠于庄公，庄公使为卿，为公娶邓曼。生昭公。"⑨

春秋时，巴国与邓国曾通商，后因"邓南鄙鄾人"而导致巴、楚一度共同伐邓。《左传》桓公九年："巴子使韩服告于楚，请与邓为好。楚子使道朔将巴客以聘于邓。邓南鄙鄾人攻而夺之币，杀道朔及巴行人。楚子使薳章让于邓，邓人弗受。夏，楚使斗廉帅师及巴师围鄾。邓养甥、聃甥帅师救鄾。三逐巴师，不克。斗廉衡陈其师于巴师之中，以战，而北。邓人逐之，背巴师，而夹攻之。邓师大败，鄾人宵溃。"⑩从这段记录看，当时巴与邓欲交好，鄾人杀巴客商及楚使。倚仗楚为邓外甥之国（时

---

① （周）左丘明传，（晋）杜预注，（唐）孔颖达正义：《春秋左传正义》，北京：北京大学出版社，2000年，第1460页。

② （晋）常璩撰：《二十五别史·华阳国志》，济南：齐鲁书社，2000年，第3页。

③ （汉）许慎撰，（清）段玉裁注：《说文解字注》，上海：上海古籍出版社，1981年，第761页。

④ （汉）司马迁撰，（南朝）裴骃集解，（唐）司马贞索隐，（唐）张守节正义：《史记》，北京：中华书局，1999年，北京：中华书局，1999年，第1391、1392页。

⑤ （汉）司马迁撰，（南朝）裴骃集解，（唐）司马贞索隐，（唐）张守节正义：《史记》，北京：中华书局，1999年，第2295页。

⑥ （周）左丘明传，（晋）杜预注，（唐）孔颖达正义：《春秋左传正义》，北京：北京大学出版社，2000年，第229页。

⑦ （周）左丘明传，（晋）杜预注，（唐）孔颖达正义：《春秋左传正义》，北京：北京大学出版社，2000年，第257页。

⑧ （汉）刘向著，张涛译：《列女传译注》，济南：山东大学出版社，1990年，第91页。

⑨ （周）左丘明传，（晋）杜预注，（唐）孔颖达正义：《春秋左传正义》，北京：北京大学出版社，2000年，第225页。

⑩ （周）左丘明传，（晋）杜预注，（唐）孔颖达正义：《春秋左传正义》，北京：北京大学出版社，2000年，第216、217页。

武王夫人曼姬为邓侯之女），邓国骄横不道歉，终遭巴楚联军打击。公元前678年，楚国终于灭邓。可能正是巴楚联军伐邓或楚灭邓时，一部分邓国王室贵族到了巴国，后因"巴国分远"而随之辗转迁入今重庆忠县至江州一带，这很可能就是蔓子"曼"姓的来历，人们像称呼"邓曼"一样，呼其为"巴曼（子）"。

　　曼姓人氏在东周时的郑国也有分布，曼子也不排除来自郑国。除上文提到的郑庄公夫人、郑昭公之母邓曼外，曼氏在郑国颇有一定影响。春秋晚期时，郑国大夫有公子"曼满"，由于想做卿官，后来为郑人所杀[①]。郑国最著名的曼姓人士是将军"曼伯"，曼伯曾率军"败燕师""拒周王"，事见《左传》隐公五年[②]、桓公五年[③]。曼人在郑国还有聚居地，其地名为"鄤"，《左传》成公三年："诸侯伐郑……郑公子偃帅师御之，使东鄙覆诸鄤，败诸丘舆。"[④]《后汉书·郡国志》也提到河南新城县（今荥阳市）："有鄤聚，古鄤氏，今名蛮中。"[⑤]河南平顶山市应国墓地出土多件西周晚期"邓公簋"，铜簋内底均有"登（邓）公乍（作）应嫚毗滕簋其永宝用"铭（图11-2-4），即邓国国君为女儿嫚毗出嫁至应国而制作的陪嫁滕器，希望她珍惜并长久传承[⑥]。春秋早期的湖北枣阳市郭家庙曾国墓地出土2件曾亘嫚鼎（M17：1、M17：2），两器鼎铭均为"曾亘嫚非禄，为尔行器，尔永祜福"[⑦]，意为曾亘嫚早夭（西周、春秋时期，将青年逝世称"不禄""非禄"），专门为她筑鼎随葬祝福。曾亘嫚当为嫁到曾国的嫚女。《西清古鉴》收录"隰仲鼎"，为西周夔龙纹方形鼎，鼎铭"□作隰仲宝尊彝"（图11-2-5）[⑧]。上述"鄤""嫚""隰"当通"曼"。《后

　　①　《左传》宣公六年："郑公子曼满与王子伯廖语，欲为卿。伯廖告人曰：'无德而贪，其在《周易》《丰》三之离，弗过之矣。'间一岁，郑人杀之。"参见（周）左丘明传，（晋）杜预注，（唐）孔颖达正义：《春秋左传正义》，北京：北京大学出版社，2000年，第706、707页。

　　②　（周）左丘明传，（晋）杜预注，（唐）孔颖达正义：《春秋左传正义》，北京：北京大学出版社，2000年，第112页。

　　③　（周）左丘明传，（晋）杜预注，（唐）孔颖达正义：《春秋左传正义》，北京：北京大学出版社，2000年，第190页。

　　④　（周）左丘明传，（晋）杜预注，（唐）孔颖达正义：《春秋左传正义》，北京：北京大学出版社，2000年，第818页。

　　⑤　（宋）范晔撰，（唐）李贤等注：《后汉书》，北京：中华书局，1999年，第2310页。

　　⑥　平顶山市文管会：《河南平顶山市发现西周铜簋》，《考古》1981年第4期；张肇武：《平顶山市又出土一件邓公簋》，《考古与文物》1983年第1期；张肇武：《平顶山市出土周代青铜器》，《考古》1985年第3期。

　　⑦　襄樊市考古队、湖北省文物考古研究所、湖北孝襄高速公路考古队：《枣阳郭家庙曾国墓地》，北京：科学出版社，2005年，第63页。

　　⑧　（清）梁诗正等：《西清古鉴》卷2（景印摛藻堂四库全书荟要本），台北：世界书局，1985年，第57、58页。

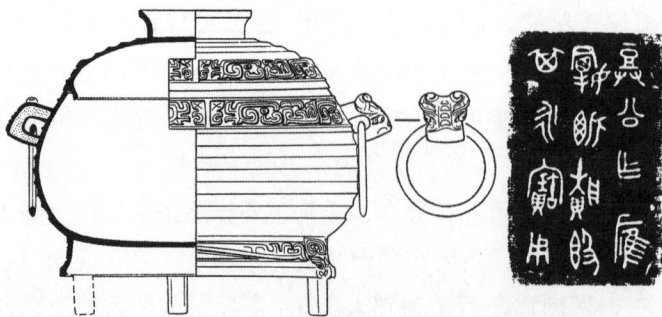

图11-2-4　河南平顶山市应国墓地出土邓公簋及铭文（M105：4）

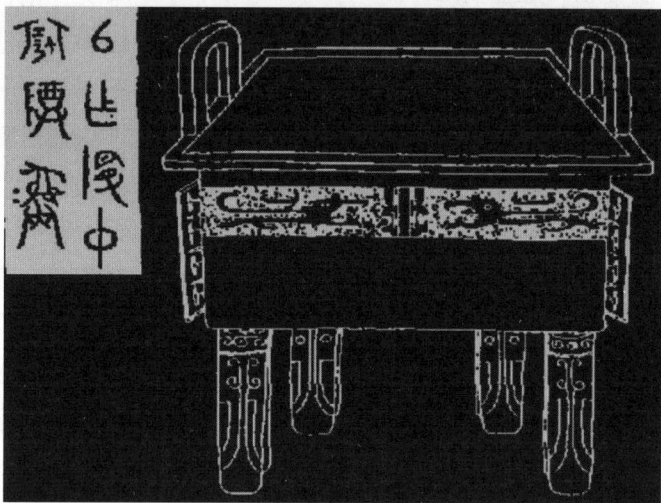

图11-2-5　《西清古鉴》收录"隰仲鼎"图

汉书》李贤注"《左传》昭公十六年楚杀鄾子"事，笔者查阅显示，《左传》中"楚子诱戎曼子杀之"与曼子、曼姓人士不是一回事[1]。但这一记录从一个侧面显示至迟到三国时期，"鄾"和"曼"是相通的，郑国的"鄾"地，的确是曼氏族人的聚居地之一。

　　如果巴国曼氏来自郑地，最有可能是通过汉中的南郑间接入巴的。南郑地名始见于秦厉共公二十六年（前451年）[2]。名称来源以北魏郦道元《水经注·沔水》引《耆

---

① 　《公羊传》昭公十六年："楚子诱戎曼子杀之。"《左传》《谷梁传》二传均作"戎蛮子"。戎曼子可能就是春秋时期的"卢戎"，亦为巴国近邻。参见（汉）公羊寿著，（汉）何休解诂，（唐）徐彦疏：《春秋公羊传注疏》，上海：上海古籍出版社，2014年，第580页。

② 　《史记·秦本纪·六国年表》：（秦厉共公）二十六（年），"左庶长城南郑"。参见（汉）司马迁撰，（南朝）裴骃集解，（唐）司马贞索隐，（唐）张守节正义：《史记》，北京：中华书局，1999年，第551页。

旧传》"南郑之号始于郑桓公。桓公死于犬戎，其民南奔，故以南郑为称"[1]的说法较为学界认同。其中的"郑民"当然也包括早在商晚期就已存在的曼氏。公元前611年楚、秦、巴三国灭庸后，南郑成为三国反复争夺地。战国时期南郑先属秦，后入蜀，再后为秦、蜀、楚反复争夺。南郑曼氏入巴，或许与三国灭庸有关，也不排除南郑地近于巴，一部分曼氏因历代战乱流落到了巴国，或自南郑入"广汉郪乡"（也可能是秦灭巴后，曼氏族人迁入巴蜀交界的"广汉郪乡"），再零星入巴。

巴蔓子何以被呼为"曼子"呢？先秦时期能称为"子"的，均为有一定社会地位的成年男子。一种是社会贤达，有极高威望和学识；另一种是有道德和贡献的贵族。蔓子当以后说为是。

由此可见，无论是来自邓国之"曼"，还是郑国之"曼"，均说明巴蔓子的祖先不是巴国土著，而是来自中原地区（图11-2-6）。

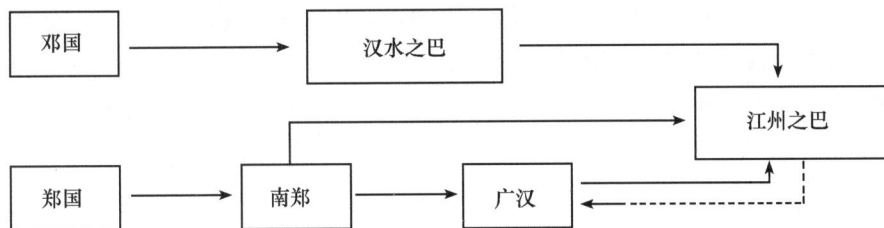

图11-2-6 曼氏迁巴路线推测图

（汉水之巴指"巴国分远"之前巴的代称，江州之巴指巴国政治中心迁入今四川盆地东部后巴的代称）

二、巴蔓子"请师于楚"时间考

《三巴记》中两条文献未见蔓子"请师于楚"的时间，《华阳国志·巴志》明确记载为"周之季世"，约为战国时期，但具体时间文献均未明言。

孙华将蔓子故事的背景与楚"肃王四年（前377年），蜀伐楚，取兹方"[2]相联系，"这次事件当与蜀伐巴有关"，蜀人趁巴国衰弱伐巴至楚，后楚国受巴国邀请，出兵救巴，趁机占领了巴国长江沿岸的大片国土[3]。笔者认为，蜀伐巴与所谓"巴国有乱"的文献本意不同，中国古代的"乱"主要是指内乱。此外，公元前377年的时间也与笔者下文将要讨论的《华阳国志》所称的"及七国称王，巴亦称王"的年代有较大差异。任乃强在《华阳国志校补图注》中认为，蔓子故事"不及年度，盖亦民间传说

① （北魏）郦道元著，（清）王先谦校：《合校水经注》卷34《沔水》，北京：中华书局，2009年，第453页。

② （汉）司马迁撰，（南朝）裴骃集解，（唐）司马贞索隐，（唐）张守节正义：《史记》，北京：中华书局，1999年，第1407页。

③ 孙华：《巴蜀为郡考》，《社会科学研究》1985年第2期。

之言也。其事，当出于巴王已都阆中之后"①，并认为"巴都阆中"的时间在秦灭巴前，是巴国最后的都城，这一时间大体可从。

　　进一步考察，《华阳国志》关于巴国历史的叙事是有时间轴的。大的方面，是按照"周之仲世""周之季世""周显王时""秦昭襄王时"的行文顺序表述的。蔓子"请师于楚"事件是在"周之季世"这一大时代下，介于"及七国称王，巴亦称王"和"苴私亲于巴"之间，其后才是"秦灭巴蜀"（前316年）的历史事件。战国七雄中，除了楚国在春秋时已称王外，战国时期齐、魏分别于公元前353年、前344年称王，后齐威王与魏惠王于公元前334年"会徐州相王"，正式称王。而秦、燕、韩相继在公元前325年、前323年称王。赵国虽于公元前306年才正式称王，但《史记·鲁周公世家》记鲁平公即位，"是时六国皆称王"②，时为公元前323年。后赵武灵王自谦一度免王称君。故七国称王的下限可以定在公元前323年。战国诸雄称王的高潮在公元前325～前323年，作为南方弱国的巴，称王时间不太可能早于秦、燕、韩、赵等强国。从《华阳国志》在表述"巴亦称王"、《水经注·江水》"七国称王，巴亦王焉"的语义看，应该是七国称王后，巴才称王的。由此，巴国称王的时间上限不会早于公元前353年，在公元前323年后可能性更大。

　　《华阳国志》在记叙秦正式灭巴之前，还记载有"周显王时，巴国衰弱，秦惠文王与巴、蜀为好。蜀王弟苴私亲于巴，巴、蜀世战争"③，作为张仪"伐蜀""取巴"的铺垫。而周显王于公元前368～前321年在位。由此，巴蔓子"请师于楚"的年代不晚于秦灭巴蜀，将下限定在公元前321年则更为符合《华阳国志》文意。

　　这样，拟合上述几个年代，可以确定巴蔓子"请师于楚"的时间范围当不出公元前353～前316年，而发生在公元前323～前321年最为可能。

三、巴蔓子"许以三城"辨

　　巴蔓子"许以三城"是哪三城？现无文献可稽。任乃强先生认为："江州以东地面，只留王族重臣镇之。蔓子所镇地近于楚，有叛乱时，为距巴都已远，故缘世婚，求助于楚。其许楚三城，仍当请之于巴王。巴王不许，故蔓子以头谢楚王也。蔓子所治，不当是江州。江州有乱，巴王自能平之，不至求助于楚。"他并根据《明一统

　　①　（晋）常璩著，任乃强校注：《华阳国志校补图注》，上海：上海古籍出版社，1987年，第12页。

　　②　（汉）司马迁撰，（南朝）裴骃集解，（唐）司马贞索隐，（唐）张守节正义：《史记》，北京：中华书局，1999年，第1290页。

　　③　（晋）常璩撰：《二十五别史·华阳国志》，济南：齐鲁书社，2000年，第3页。

志》载巴蔓子墓在施州卫都亭山，都亭山在利川西七岳山麓，其地距今重庆万州区较近，在秦以前为朐忍盐行区等原因，"疑巴蔓子所镇即是朐忍。其叛乱区即在施南。所许三城在施南区"①。

应该说，仍乃强先生对于蔓子所镇之地近于楚这一背景判断是可以认同的，但其关于"三城"在施南区的看法缺少根据。任乃强先生此后在《四川上古史新探》一书中改变了看法，认为"巴东长江盐泉区发生过一次民变。当地镇将巴蔓子不能平定，曾借楚军来平定了。楚国大概就是此役取去了巫山、鱼国和巴乡这三座城邑的地而"②。巫山至少在春秋晚期时已归于楚，考古发现春秋中晚期至战国时期巫山地区已是楚文化的分布区，故任乃强的这一看法仍有修正的必要。

战国时期，巴国控制的地区缺少大块平原，除个别资源富集地外（如盐泉），人群活动主要集中在长江、嘉陵江、乌江、渠江沿线。此时，三峡地区东部本就在楚国的控制下，其索要的三城，不太可能是"飞地"，当在靠近楚国的三峡西部地区。秦灭巴之前，楚已凌巴。秦灭巴后的一段时间，秦、楚又反复在今三峡地区、渝东南等地争夺，故秦始置巴郡六县时，三峡西部地区无县，后随秦国势力的东进，巴郡增至九县，江州以东则设朐忍、鱼复、枳三县。至迟不晚于西汉居摄年间，在三峡西部朐忍和枳之间，又增设临江县③。虽然这三县在秦灭巴前，没有建城的文献记录，但从相关的考古发现推测，这些县邑应该有历史基础，战国时期就已有类似城的聚落了（不一定有城墙，三峡考古发现，巫、朐忍等战国秦汉县城的夯土城垣始筑年代最早不过西汉）。

鱼复在春秋时就是鱼人的聚居地，是三峡的门户。战国时期，巴国于今奉节白帝城一带曾设拒楚的扞关，汉代改江关④。考古发现奉节战国时期的墓葬几乎集中在今

---

①　（晋）常璩著，任乃强校注：《华阳国志校补图注》，上海：上海古籍出版社，1987年，第12页。

②　任乃强：《四川上古史新探》，成都：四川人民出版社，1986年，第257页。

③　《汉书·地理志》："临江，莽曰监江。"参见（汉）班固撰，（唐）颜师古注：《汉书》，北京：中华书局，1964年，第1603页。

④　扞关有多处，一在奉节，一在湖北清江。清江扞关与廪君活动有关，奉节扞关主要见于战国时期。《华阳国志·巴志》曰："巴楚数相攻伐，故置扞关、阳关及沔关。"《史记·张仪列传》云："大船积粟，起于汶山……下水而浮，一日行三百余里……不至十日而距扞关。"《集解》于此下引"徐广曰：巴郡鱼复县有扞水关"。汉代奉节则设江关，《汉书·地理志》称："鱼复，江关，都尉治。"江关应是扞关的延续。参见（晋）常璩撰：《二十五别史·华阳国志》，济南：齐鲁书社，2000年，第9页；（汉）司马迁撰，（南朝）裴骃集解，（唐）司马贞索隐，（唐）张守节正义：《史记》，北京：中华书局，1999年，第1804页；（汉）班固撰，（唐）颜师古注：《汉书》，北京：中华书局，1964年，第1603页。

白帝城至永安镇的几千米沿江地带，具体地点有营盘包墓地①、上关遗址②、瞿塘关遗址③、宝塔坪墓地④、永安镇遗址⑤共5处。其中永安镇遗址发现27座战国墓葬，既有巴文化墓葬，也有楚文化墓葬，还有巴、楚文化器物共存一墓的复合文化墓葬。可见，在先秦时期，这一带已经发展为重要的军事要地，成为巴、楚纷争和文化交融的重地（图11-2-7）。

图11-2-7　重庆奉节永安镇遗址揭露的战国巴、楚文化墓葬和汉代墓葬
（袁东山供图）

---

①　重庆市文物局、重庆市移民局：《奉节营盘包墓地》，北京：科学出版社，2016年，第8~13页。

②　重庆市文物考古所：《奉节上关遗址发掘简报》，重庆市文物局、重庆市移民局：《重庆库区考古报告集·1998卷》，北京：科学出版社，2003年，第276~298页。

③　重庆市文物考古所：《奉节瞿塘关遗址发掘报告》，重庆市文物局、重庆市移民局：《重庆库区考古报告集·1999卷》，北京：科学出版社，2006年，第202~234页。

④　重庆市文物局、重庆市移民局：《奉节宝塔坪》，北京：科学出版社，2010年，第27~33页。

⑤　李伯谦：《中国出土青铜器全集（18）》，北京：科学出版社·龙门书局，2018年，第80、82、84、87、91、100、104页；重庆市文物考古所、重庆文化遗产保护中心：《重庆文物考古十年》，重庆：重庆出版社，2010年，第65、67~69、73~75页。

胸忍在秦代已设县，其产盐历史悠久，至迟在西汉已"有橘官、盐官"①。考古工作者在云阳旧县坪遗址发现"胸"字陶器刻文、"胸忍"封泥、木牍、胸忍令景云碑和大型建筑台基，使得汉、晋胸忍县故址得以确认②。旧县坪遗址战国时期遗存也比较丰富，除发现东周时期陶器外③，2001年发掘的一个储物坑，坑底出土了几件木牍，其中一件上墨书"廿廿年"，结合地层关系、同出文物和在位王年综合判断，应是战国秦昭王的纪年（图11-2-8）。C区为冶铸区，年代跨战国到东汉，有大量陶石范、范模和窑、炉等。另外，遗址中还发现战国木椁墓。这些迹象说明旧县坪遗址从战国开始已经具有某种区域中心地位。

图11-2-8　重庆云阳旧县坪遗址
出土战国晚期"廿廿年"木牍

临江设县的历史虽然较晚，但作为区域经济中心的历史悠久。临江是十分重要的盐产地，王莽时期曾称监江，"监"在上古时期通"盐"，后来专门作为盐产地的行政管辖机构——盐监。临江在东汉至六朝时期仍长设"盐官"④，其行政治理的历史传承有序。考古发现表明，忠县中坝遗址是迄今中国考古发现最早的制盐遗址，特别是其新石器时代晚期至东周的制盐遗存，是四川盆地规模最大、延续时间最长的，是三峡地区先秦文明的重要经济基础⑤。遗址中发现的大量先秦卜甲骨，反映了盐业管理活动的长期存在⑥。而从遗址沿䔾井河谷下至长江口的崖脚墓地，则发现了

---

①　《汉书·地理志》："胸忍，容毋水所出，南入江。有橘官、盐官。"参见（汉）班固撰，（唐）颜师古注：《汉书》，北京：中华书局，1964年，第1603页。

②　王洪峰：《云阳旧县坪遗址发掘收获》，《中国文物报》2004年12月15日第1版。

③　黑龙江省文物考古研究所：《云阳县旧县坪遗址发掘报告》，重庆市文物局、重庆市移民局：《重庆库区考古报告集·1998卷》，北京：科学出版社，2003年，第417～453页。

④　《华阳国志·巴志》记临江县"有盐官，在监、涂二溪，一郡所仰。其豪门亦家有盐井"。参见（晋）常璩撰：《二十五别史·华阳国志》，济南：齐鲁书社，2000年，第10页。

⑤　四川省文物考古研究院、北京大学考古文博学院、美国加州大学洛杉矶分校、中国科技大学科技史与科技考古系、自贡市盐业历史博物馆：《中坝遗址的盐业考古研究》，《四川文物》2007年第1期。

⑥　傅罗文：《中坝甲骨：早期盐业遗址中的占卜证据》，李水城、罗泰：《中国盐业考古（第三集）——长江上游古代盐业与中坝遗址的考古研究》，北京：科学出版社，2013年，第294～337页。

一批战国中晚期的巴、楚文化墓葬[1]，展现了两国对这一重要盐业工场控制权的轮替情况（图11-2-9）。盐业经济中心、盐业控制的出现，意味着这一地区必然存在早期的行政管理机构。

此外，枳处于乌江和长江交汇处，战略地位重要，多年来小田溪墓地清理了战国至西汉墓葬25座[2]，大多数为高等级巴文化墓葬，应是文献中记载的巴"先王陵墓"所

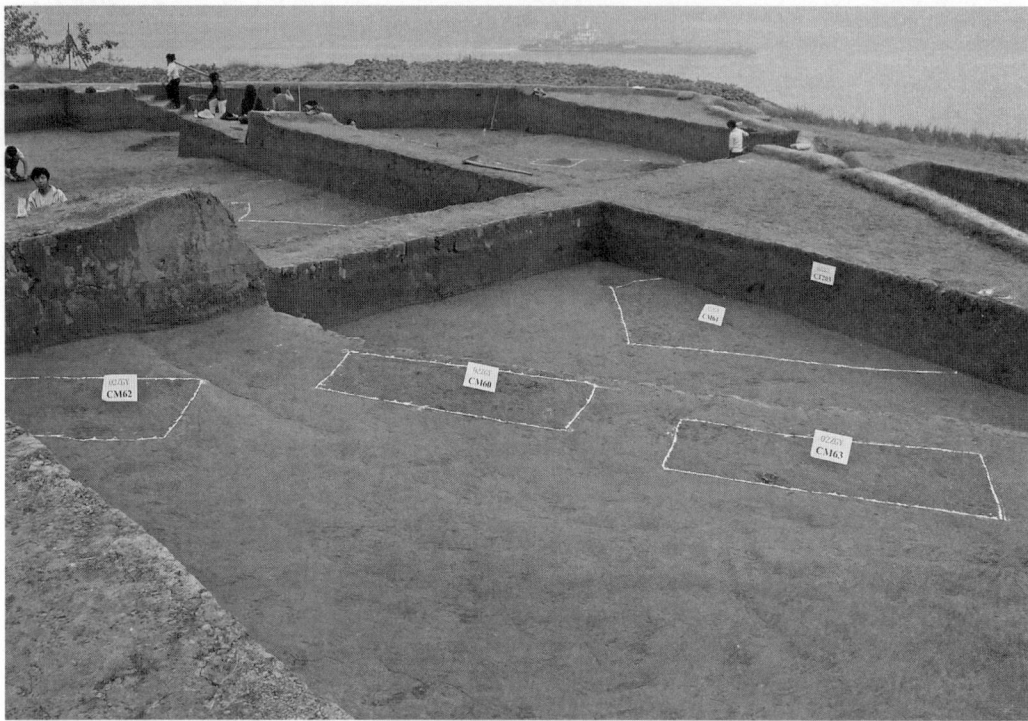

图11-2-9　重庆忠县崖脚墓地战国楚文化墓葬发掘场景

（邹后曦供图）

① 　北京大学考古文博学院三峡考古队、重庆市忠县文物管理所：《忠县崖脚墓地发掘报告》，重庆市文物局、重庆市移民局：《重庆库区考古报告集·1998卷》，北京：科学出版社，2003年，第679～734页；北京大学考古文博学院三峡考古队、重庆市忠县文物保护管理所：《忠县𰻗井沟遗址群崖脚（半边街）墓地1999年度发掘报告》，重庆市文物局、重庆市移民局：《重庆库区考古报告集·2002卷》，北京：科学出版社，2010年，第1413～1483页。

② 　四川省博物馆、重庆市博物馆、涪陵县文化馆：《四川涪陵地区小田溪战国土坑墓清理简报》，《文物》1974年第5期；四川省文物管理委员会、涪陵地区文化局：《四川涪陵小田溪四座战国墓》，《考古》1985年第1期；四川省文物考古研究所、涪陵地区博物馆、涪陵市文物管理所：《涪陵市小田溪9号墓发掘简报》，四川省文物考古研究所：《四川考古报告集》，北京：文物出版社，1998年，第186～196页；重庆市文物考古所、重庆市文物局：《涪陵小田溪墓群发掘简报》，重庆市文物局、重庆市移民局：《重庆库区考古报告集·2002卷》，北京：科学出版社，2010年，第1339～1375页；重庆市文化遗产研究院、重庆市涪陵区博物馆、重庆市文物局：《重庆涪陵小田溪墓群M12发掘简报》，《文物》2016年第9期。

在地，在战国时期当有相当于城邑性质的聚落。枳东的平都，曾一度作为"巴子"的都城，其在战国时已有城邑当不容置疑。今重庆最东端的巫山，春秋时已属楚，战国时设巫郡，秦昭襄王三十年（前277年）废郡置县，隶南郡。这样，江州以东的三峡西部地区在汉代至少曾有六县，其沿革大体可以上溯至战国时期的邑聚、关口和盐监之地。六城之中，巫县在春秋中晚期以来本属楚。而平都、枳最靠西，且是巴都和巴祖陵重地，蔓子断不敢许与楚国。因此，笔者认为，蔓子许楚三城之地，当为靠近楚国的鱼复、朐忍、临江三地。

四、巴蔓子史实背景的考古学观察

三国时谯周著《三巴记》记录了巴蔓子的事迹。此后，西晋陈寿在《三国志·蜀志·关张马黄赵传》中记严颜怒斥张飞"我州但有断头将军，无有降将军也"[1]。暗示蔓子"刎首留城"在汉末已经成为巴郡的精神象征。东晋常璩自述《华阳国志》："乃考诸旧纪，先宿所传并《南裔志》，验以《汉书》，取其近是，及自所闻，以著斯篇。"[2]由此可见，蔓子忠、信两全的故事流传有序，故事细节可能不准确，但史实基本构架和背景应当是可信的。

楚在巴国之东，楚师入巴必然经过三峡地区。前文考证，蔓子许楚为鱼复（今奉节）、朐忍（今云阳）、临江（今忠县）三县。20世纪90年代以来的三峡文物抢救，为我们从物质上管窥巴蔓子故事的历史背景提供了可能。笔者曾经撰文分析研究先秦楚文化的西进问题，指出楚文化自形成以来对峡江地区较大影响共有三次：第一次是在西周晚期至春秋早期，楚文化已经影响到了重庆巫山地区，可能与这一时期的夔国有关；第二次是在春秋中、晚期，在鄂西、巫山地区都发现了非常典型而单纯的楚文化遗存，与楚灭夔和楚、秦、巴三国灭庸有关，楚国占领了巫山地区并巩固了统治；第三次是在战国中期晚段至晚期早段，约在秦灭巴、蜀前后不久[3]。

其中，第三次西渐在重庆市奉节、云阳、万州、忠县等地留下了大量的楚文化墓葬，代表性地点有奉节上关、云阳平扎营、万州大丘坪、忠县崖脚等，呈现出较大规模成片分布特点，墓葬规模以小型墓为主，也有少量大、中型墓葬。从这批楚文化墓葬看，有以下情况值得注意。

其一，这些墓葬随葬品主要以鼎、敦、壶和鼎、豆、壶为基本组合，也有少量的鼎、盒、壶组合，与楚国核心地区战国中、晚期陶器形制、器物组合较一致。其时代

① （晋）陈寿撰，（宋）裴松之注：《三国志》，北京：中华书局，1999年，第700页。
② （晋）常璩撰：《二十五别史·华阳国志》，济南：齐鲁书社，2000年，第200页。
③ 白九江：《从三峡地区的考古发现看楚文化的西进》，《江汉考古》2006年第1期。

大体涵盖蔓子请师于楚、秦灭巴蜀，乃至此后秦、楚对峡江地区的反复争夺等历史事件的时代。

其二，这些楚文化墓葬分布西界与"许以三城"范围吻合。考古发现成规模的战国楚文化墓葬群分布最西的是崖脚墓地，在忠县城东侧，零星楚墓分布最西的地点目前仅见忠县与丰都交界处的凤凰嘴遗址。这显示从战国中期以来，楚人已经越过瞿塘峡，到达了忠县地区。楚文化墓葬出现在巫山以西的三峡的范围，与上文分析后来设置的鱼复、朐忍、临江三县，完全是吻合的。

其三，这一时期的楚文化墓葬绝大多数分布在长江沿岸地带，且非常单纯，而在长江干流距离不远的支流和内陆地区，主要分布着巴文化，如云阳小江内的李家坝遗址发现了大量巴文化墓葬、巴楚复合文化墓葬[①]，而单纯的楚文化墓葬较少。忠县𫗴井河的中坝遗址是一处制盐遗址，也只发现了少量的楚文化遗物。相关墓葬中也未发现明确属于战死者的迹象。这些现象说明：巴、楚两种文化、两种人群相处较和谐，呈现楚领城郭要塞、巴居乡野聚落的情况，而不像是楚国通过大规模战争进入巴境，更像是蔓子"请师于楚"，楚顺势占领的结果。

如果上述推断无误的话，说明楚国的确曾经较长时期占领过"三城"之地，楚虽以"上卿礼"葬蔓子头，但并没有退出所占巴地。这种占领状况一直延续到秦灭巴后，楚、秦仍多次在三峡、黔中一带互争雄长，这在《战国策》《史记》《华阳国志》中多有记载。

五、结　　论

重庆人具有"坚韧顽强、开放包容、豪爽耿直"的个性和文化[②]。这样的个性和文化，其源头可以追溯到古代巴人。通过对巴蔓子相关史实的考察，可以看到古代巴国与中原文化千丝万缕的联系，我们认识到巴国人群来源和结构的复杂性，体现出巴文

① 巴楚复合文化墓葬，主要是指三峡地区的一些战国墓葬中，巴文化器物（巴文化兵器、釜、鍪等）与楚文化器物（主要是鼎、敦、壶组合）共存一墓的情况，且两种文化因素所占比例较为平衡。如李家坝遗址97M33、98M45等。参见四川大学历史文化学院考古系、云阳县文物管理所：《云阳李家坝东周墓地发掘报告》，重庆市文物局、重庆市移民局：《重庆库区考古报告集·1997卷》，北京：科学出版社，2001年，第244~288页；四川大学历史文化学院考古系、云阳县文物管理所：《云阳李家坝巴人墓地发掘报告》，重庆市文物局、重庆市移民局：《重庆库区考古报告集·1998卷》，北京：科学出版社，2003年，第348~388页。

② 孟小军：《以社会主义核心价值观为引领，培育新时代重庆人文精神》，《重庆日报》2018年4月26日第4版。

化高度的"开放包容"性。

巴蔓子堪称巴人之魂，其"坚韧顽强""豪爽耿直"的个性，在危难时刻升华为爱国奉献、无私无畏、守信重诺的人文精神，是巴人精忠报国的典型代表，是古代巴人的民族英雄。巴蔓子死后，现重庆市渝中区、忠县、湖北省恩施等地都传有巴蔓子墓存在，有巴蔓子故事流传，历代巴渝人民还修建蔓子祠、开展"三月会"、撰写怀念诗词等来纪念巴蔓子，以强化共同的历史记忆，故巴蔓子精神仍有历史意义和现实价值（图11-2-10）。

但巴蔓子在处理内乱上所采取的方式值得商榷。虽然春秋晚期就有"巴姬"联姻于楚[①]，战国时，巴"尝与楚婚"[②]，两国一直是亲戚之国，但巴蔓子犯了政治幼

图11-2-10　《守土有责！应效巴将军刎首存城！》木刻版画
（《忠报》1941年3月30日第3版）

稚病，引外来势力平息内乱，无异于引狼入室。此后不久，巴、蜀因直相争，巴惮于楚，未吸取引楚入巴的教训，转而求救于"虎狼"之秦，终致灭国。

补记：感谢刘豫川先生提供《西清古鉴》的材料。本文原刊于《南方民族考古（第二十三辑）》[③]，收入本书时，补充了部分读者喜闻乐见的图片。

---

① 《左传》"昭公十三年"："初，共王无冢适，有宠子五人，无适立焉。乃大有事于群望，而祈曰：'请神择于五人者，使主社稷。'乃偏以璧见于群望曰：'当璧而拜者，神所立也，谁敢违之？'既乃与巴姬密埋璧于大室之庭；使五人齐，而长入拜。"参见（周）左丘明传，（晋）杜预注，（唐）孔颖达正义：《春秋左传正义》，北京：北京大学出版社，2000年，第1518页。

② （晋）常璩撰：《二十五别史·华阳国志》，济南：齐鲁书社，2000年，第3页。

③ 白九江：《巴蔓子考辨》，四川大学博物馆、四川大学考古学系、成都文物考古研究院：《南方民族考古（第二十三辑）》，北京：科学出版社，2021年，第407~419页。

第十二章　总　　论

文化，是一个如此复杂、如此多元的流行概念，任何试图全面把握其准确内涵和绝对真相且获得广大公众认可的努力都是徒劳的。作为一种已经消失的古文化，要想在前贤基础上进一步走进巴文化，必须依靠新材料、新方法、新理论去把握她，必须从多学科、新思想、新视野角度去认知她。本书前面章节试图从不同方面去理解巴文化，应该说有一定的收获和突破，本章总论则试图从巴文化特点上进一步归纳，并将前面各部分主要内容概括在一起，以便建立巴文化学术研究的总体框架。

巴文化有其自身发生、发展、演变和消融的过程。从考古上看，其文化源头越来越清晰，但其从文化到文明的转变则具有受外来影响的特点；在发展和演变过程中，既有持久性和迁移性问题，也有中心性不够强的问题；在文化特点的消融方面，虽然主体的华夏化时间节点比较清晰，但其尾声和遗绪却一直延伸到很晚，这是和同处长江上游的蜀文化所不同的。当前，考古学已经成为巴文化研究中的主力，其在物质文化序列、文化发展进程、社会发展状态、文化交流融合等方面的研究具有不可比拟的优势，其提供的物质样态、文化构成、图案文本等内容丰富了巴文化研究的新材料。

关于巴文化的文献记录并不多，但对其几个关键历史事件却在晚期文献中有追述。对这些文献进行梳理、考证和重新阐释很有必要，通过与考古学研究的整合，回到事件自身的情境，可以发现诸多被前人忽略甚至曲解的历史。要注意从神话学角度把握巴文化历史书写中较为普遍的神圣叙事，从而揭示神圣叙事后的历史背景以及历史中本来广泛存在的原始宗教、巫鬼信仰、宇宙知识等问题，这种史前的文化大传统，到了原史时代逐渐变成了文化小传统，因而容易被历史文化研究者视为不可信的怪力乱神而被忽视。

作为一种文明形态，巴文明主要是指青铜时代的巴文化国家所创造的一系列政治制度、意识形态和生产形态等。巴文化国家应该是受外部刺激而产生的次生国家，这种外部刺激主要是中原夏商文明。从若干考古迹象看，早期巴文化国家可能具有宗教立国的特点，其王权和神权结合较紧密，有些时候，最高统治者似乎更像是一个高级酋邦首领。虽然后来神权地位有所下降，但从战国巴蜀符号、神圣化历史叙事等的表现内容，可以认为原始宗教在巴文明中始终扮演着非常重要的作用。巴文明时期的社会，受到地理环境的制约，呈现出若干部族共存的局面，具有大分散、小聚居的特点，绝大多数聚落规模不大，城邑不设城墙，社会总财富不丰富，等级分化程度不高。巴文明农业生产在相当大地区具有某些低度生产的特点，反倒是盐业、丹砂业以及特产，在其生产中具有早熟的特点，或许可以作为文明起源和进程中的工商模式予以深入研究。

第一节　巴的人文特点与精神传承

巴文化有着独特而丰富的人文内涵。巴人所生活的大山大水，塑造了敦厚直率的风土人情；巴国辗转迁徙的曲折历史，造就了巴人忠诚劲勇的品格；巴人多元族群的组成结构，形成了开放包容的气度。《华阳国志》说巴国“其民质直好义，土风敦厚，有先民之流”①。彭邦本讨论了巴文化的核心价值，认为可以用“忠勇信义、开放包容、崇尚统一”十二字来概括②。另外，也有提出重庆人具有“坚韧顽强、开放包容、豪爽耿直”的个性和文化③，这种个性和文化应该是传承了古代巴人的个性。类似的研究还有很多，很有价值和见地。但本文不打算就这种见仁见智的问题展开讨论，而是就巴文化中具体的人文内涵特点做一些归纳。巴文化人群构成较复杂，除了狭义的巴人外，有廪君蛮、板楯蛮等基础人群，其属还有“濮、賨、苴、共、奴、獽、夷、蜑之蛮”④。笔者认为，由于巴文化所在的地区存在相似的自然环境，相关人群有着共同的历史和相近的生活习俗，因而总体上具有“尚勇武”“崇巫鬼”“喜歌舞”“善工商”的特点。此前，王川平等对这四个特点也有类似的归纳⑤。下面，拟就这四个具有代表性的特点进一步申述之。

一、尚　勇　武

巴文化人群尚勇武，这在《华阳国志》中有多处描述。关于“勇”的表述，就有“勇锐”“劲勇”“戆勇”“勇敢”四个形容词。其中，“巴师勇锐”是对早期巴人军队说的，形容其勇往直前、充满锐气的气势。“天性劲勇”则是形容秦至西汉初的

①　（晋）常璩撰：《二十五别史·华阳国志》，济南：齐鲁书社，2000年，第2页。

②　彭邦本：《巴文化历史地位与核心价值》，《中华文化论坛》2016年第12期。

③　孟小军：《以社会主义核心价值观为引领，培育新时代重庆人文精神》，《重庆日报》2018年4月26日第4版。

④　（晋）常璩撰：《二十五别史·华阳国志》，济南：齐鲁书社，2000年，第3页。

⑤　王川平、李大刚：《中国地域文化通览·重庆卷》，北京：中华书局，2014年，第7、8页。

賨人（以板楯蛮为主）的民风，另外也用来形容汉末以后的巴东郡"郡与楚接，人多劲勇"①。东汉光合年间，板楯七姓叛乱，益州计曹掾程苞向汉皇形容"其人勇敢能战"，建议"不烦征伐"②，宣诏降赦。"人多慧勇"则见于涪陵郡，意指因"多獽、蜑之民"③，故人愚笨、鲁莽而好勇，有蔑视之意。《风俗通义》谈到"巴有賨人"时，则非常简单、干脆以"剽勇"来形容④。

当然，《华阳国志》在使用"勇"这一词汇时，并不仅仅用来形容巴文化人群。例如，在描述蜀文化人群的整体性格时，也谈到"君子精敏，小人鬼黠；与秦同分，故多悍勇"⑤。另外，也形容武都郡"其人半秦，多勇慧"⑥，阴平郡"人民刚勇"⑦。但总体上来说，描述蜀人、汉中之人勇的用词量、词汇丰富度不及四川盆地东部的巴文化人群，而且在形容巴文化人群之勇时往往还要举战争的例子。可见，尚勇武的确是巴文化人群的重要精神特征。

巴文化人群英勇而善战，他们不怯战、不畏战。巴文化人群多次参加中国历史上的重要战争，维护正义、推翻暴政。其中较重要者有两次：第一次是巴人参与周武王伐纣，"巴师勇锐，歌舞以凌殷人，［殷人］倒戈"⑧。当然，对于巴人是否参与武王伐纣，学术界尚有争议。在此之前，商人多次伐巴方而刻于甲，因此，巴人参与武王伐纣亦非不可能。第二次是"汉高帝灭秦，为汉王，王巴、蜀。阆中人范目，有恩信方略，知帝必定天下，说帝，为募发賨民，要与共定秦。秦地既定，封目为长安建章乡侯。帝将讨关东，賨民皆思归；帝嘉其功而难伤其意，遂听还巴。谓目曰：'富贵不归故乡，如衣绣夜行耳。'徙封阆中慈乡侯。目固辞，乃封渡沔（县）侯。故世谓'三秦亡，范三侯'也"⑨。

为捍卫巴国权益，巴文化人群曾多次与邻国发生战争。巴国与楚、邓、庸发生过多次战争，见诸《左传》的有公元前703年（桓公九年）的巴、楚伐邓；公元前676、前675年（庄公十八、十九年），巴、楚联军伐申，后巴师伐楚，巴败于楚；公元前611年（文公十六年），楚、秦、巴三国联合灭庸；公元前477年（哀公十八年），巴

① （晋）常璩撰：《二十五别史·华阳国志》，济南：齐鲁书社，2000年，第12页。
② （晋）常璩撰：《二十五别史·华阳国志》，济南：齐鲁书社，2000年，第8页。
③ （晋）常璩撰：《二十五别史·华阳国志》，济南：齐鲁书社，2000年，第12页。
④ （东汉）应劭撰，吴树平校释：《风俗通义校释》，天津：天津人民出版社，1980年，第439页。
⑤ （晋）常璩撰：《二十五别史·华阳国志》，济南：齐鲁书社，2000年，第26页。
⑥ （晋）常璩撰：《二十五别史·华阳国志》，济南：齐鲁书社，2000年，第23页。
⑦ （晋）常璩撰：《二十五别史·华阳国志》，济南：齐鲁书社，2000年，第24页。
⑧ （晋）常璩撰：《二十五别史·华阳国志》，济南：齐鲁书社，2000年，第2页。
⑨ （晋）常璩撰：《二十五别史·华阳国志》，济南：齐鲁书社，2000年，第4页。

人伐楚围鄾，楚公孙宁、吴由于等败巴师于鄾[①]。战国时期，因"苴侯私亲于巴，巴与蜀仇"，导致"巴、蜀世战争"[②]。

巴文化人群中的板楯蛮及其后裔尤其尚武。汉代，板楯蛮屡有战功，两出汉中阻止羌人入侵，"号为神兵"，又随车骑将军冯绲南征，再平"益州之乱"，汉末益州计曹掾程苞誉其有"忠功"[③]。东汉时期，"板楯数叛"。程苞认为，主要是板楯"含怨呼天，叩心穷谷，愁于赋役，困乎刑酷，邑域相聚，以致叛戾，非有深谋至计，僭号不轨"。"但选明能牧守，益其资谷，安便赏募，从其利隙，自然安集，不烦征伐也。"[④]后来汉中央政府依其建议，叛乱"一朝清戢"。可见，巴人尚武但不好战，主要是反苛政、反暴政，助力国家统一。

从考古发现看，四川盆地东部战国墓葬多有铜兵器随葬，种类有剑、矛、戈、钺、镞等。云阳李家坝遗址1997年发掘的东周墓地，有14座墓葬随葬兵器，占随葬陶器、铜器墓葬（33座）的42.4%。"推测随葬有兵器的墓，其墓主可能为男性，而不随葬兵器的墓，墓主可能多为女性。"[⑤]从兵器位置看，均在葬具（棺）内，而陶器多在葬具外，可见兵器多为随身物品。2020年发掘的九龙坡冬笋坝战国至西汉墓地，墓葬中发现了3组两两对应的墓葬，左侧墓葬出土兵器，右侧墓葬基本不出土兵器，其中2座右侧墓葬还出土纺轮，这种更小的墓组可能体现的是男左女右的夫妻异穴并葬。从以上情况看，巴文化人群成年男子可能普遍随身携带兵器（图12-1-1），有人人尚勇的性格，人人皆可为兵。

历史上，巴以出劲卒、良将著称。秦司马错伐巴蜀的理由之一，就是认为"巴有劲卒"，楚地可得。汉末有名的赤甲军则取自涪陵郡，蜀丞相诸葛亮亦发其劲卒三千人为连弩士。除劲卒外，巴亦出名将。战国有巴蔓子将军，西汉有车骑将军冯绲、范三侯范目，汉末有马德信、王子均、勾孝兴、张伯岐建功立事。故《华阳国志》形容巴东郡"人多劲勇，少文学，有将帅才"[⑥]，巴西郡则具"巴有将，蜀有相"之美誉[⑦]。巴地出"名将"和"劲卒"长盛不衰，"其人性质直，虽徙他处，风俗不

---

① （春秋）左丘明著，杨伯峻编著：《春秋左传注》（修订本），北京：中华书局，1990年，第124、125、209、210、617、619、1713页。

② （晋）常璩撰：《二十五别史·华阳国志》，济南：齐鲁书社，2000年，第3页。

③ （晋）常璩撰：《二十五别史·华阳国志》，济南：齐鲁书社，2000年，第8页。

④ （晋）常璩撰：《二十五别史·华阳国志》，济南：齐鲁书社，2000年，第8页。

⑤ 四川大学历史文化学院考古系、云阳县文物管理所：《云阳李家坝东周墓地发掘报告》，重庆市文物局、重庆市移民局：《重庆库区考古报告集·1997卷》，北京：科学出版社，2001年，第244~288页。

⑥ （晋）常璩撰：《二十五别史·华阳国志》，济南：齐鲁书社，2000年，第12页。

⑦ （晋）常璩撰：《二十五别史·华阳国志》，济南：齐鲁书社，2000年，第13页。

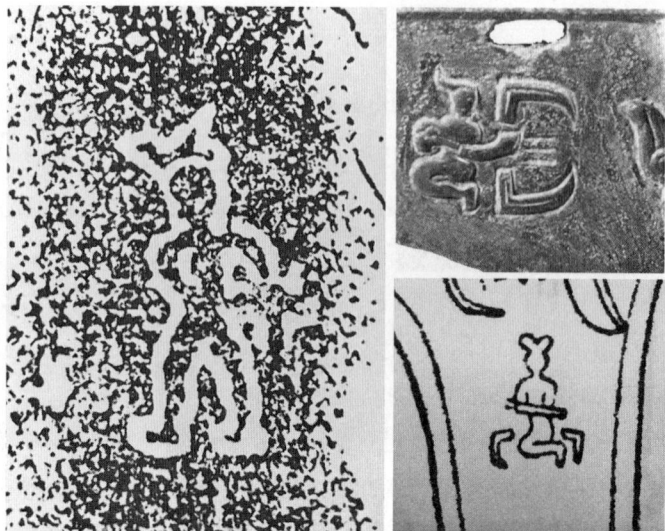

图12-1-1　重庆地区出土巴蜀符号中的佩剑/刀人形象（战国）

变"[1]，一直延伸到近现代，成为争取民族进步，维护国家统一的脊梁之一。

巴文化人群的尚勇武精神，与其所处环境有一定关系。如巴郡治江州"地势侧险"，其东则"滨江山险"，涪陵郡"土地山险水滩"，"阆中有渝水，賨民多居水左右"。山高水长是巴人日常生活的重要组成部分，渔猎在经济中仍占有一定辅助地位，无论是翻山越岭，还是操楫推舟，必然锻炼其体魄，坚强其心智，勇敢其精神。

二、崇　巫　鬼

巫鬼文化为中国传统宗教兴起的先声。巫本是早期社会普遍的原始信仰，是认识、处理人与自然关系的一种初级方式，但巴文化人群地处的高山大川为先秦时期的人们提供了宗教想象，因而这里的巫更为著名。

巴、楚之交的巫山、巫溪东周已有巫县之名，并诞生了巫咸、巫载两个早期巫国，其"灵山十巫"和"开明东六巫"传说奇特[2]。夏代，夏启派孟涂"司神于巴"，

---

① （晋）常璩撰：《二十五别史·华阳国志》，济南：齐鲁书社，2000年，第12页。

② 《山海经·大荒西经》："有灵山，巫咸、巫即、巫盼、巫彭、巫姑、巫真、巫礼、巫抵、巫谢、巫罗十巫，从此升降，百药爱在。"又有开明六巫。《山海经·海内西经》："开明东有巫彭、巫抵、巫阳、巫履、巫凡、巫相，夹窫窳之尸，皆操不死之药以距之。窫窳者，蛇身人面，贰负臣所杀也。"分别参见方韬译注：《山海经》，北京：中华书局，2009年，第213、250、251页。

以衣有血而行"巫讼"①。商汤伐桀，"斩耕厥前"，耕尸（尸，巫术中的神主）无首而立，"降于巫山"②。先秦时期的白虎巴人，巫风甚烈，"廪君之先，故出巫诞""未有君长，俱事鬼神"③。巴国江州以东，"其人半楚"④，楚俗"信巫鬼，重淫祀"⑤。巴国西南境僰道县"民失在征巫，好鬼妖"⑥。巴文化神话中，亦多充满巫术色彩。如廪君五姓巴人执剑石穴、盐神变虫、死化白虎等⑦。考古发现，直至汉代，巫山、奉节地区仍出土一些裸女俑（图12-1-2）、操蛇俑等具有区域巫鬼文化特色的器物。由此可见，巫鬼文化是巴文化人群的重要精神底色（图12-1-3）。

图12-1-2　重庆巫山胡家包墓群出土裸女俑（东汉）

巴人崇巫鬼的另一个体现是好占卜。三峡、清江和乌江下游地区的考古，在15处遗址发现新石器晚期至唐宋间——主要是商代至战国时期——遗址中多有以鱼鳃骨、牛肩胛骨、龟甲钻凿的无字卜骨，个别墓葬则葬以卜骨。其中，忠县中坝遗址一个探方就筛选出土182件占卜甲骨（307块甲骨残片拼合而成，另有几百件无火卜痕的龟壳残片）⑧。乌江下游的酉阳清源遗址发现随葬卜骨和龟甲的墓葬⑨。湖北清江长阳

---

① 方韬译注：《山海经》，北京：中华书局，2009年，第206页。今本《竹书纪年》亦有"（帝启）八年，帝使孟涂如巴莅讼"的记载。参见王国维：《今本竹书纪年疏证》，《古本竹书纪年》附四，济南：齐鲁书社，2000年，第51页。

② 《山海经·大荒西经》："有人无首，操戈盾立，名曰夏耕之尸。故成汤伐夏桀于章山，克之，斩耕厥前。耕既立，无首，走厥咎，乃降于巫山。"参见方韬译注：《山海经》，北京：中华书局，2009年，第256页。

③ （宋）范晔撰，（唐）李贤等注：《后汉书》，北京：中华书局，1999年，第1918、1919页。

④ （晋）常璩撰：《二十五别史·华阳国志》，济南：齐鲁书社，2000年，第7页。

⑤ （汉）班固撰，（唐）颜师古注：《汉书》卷28《地理志下》，北京：中华书局，1964年，第1327页。

⑥ （晋）常璩撰：《二十五别史·华阳国志》，济南：齐鲁书社，2000年，第39页。

⑦ （宋）范晔撰，（唐）李贤等注：《后汉书》，北京：中华书局，1999年，第1918、1919页。

⑧ 傅罗文：《中坝甲骨：早期盐业遗址中的占卜证据》，李水城、罗泰：《中国盐业考古（第三集）——长江上游古代盐业与中坝遗址的考古研究》，北京：科学出版社，2013年，第266~309页。

⑨ 重庆市文物考古所、重庆文化遗产保护中心、四川大学历史文化学院考古学系：《酉阳清源》，北京：科学出版社，2009年，第165~170页。

图12-1-3　陕西城固洋县铜器群铜人面具、人面纹钺、"心"形纹钺、兽面具（商代）

香炉石遗址（东北面崖洞墓）不但有随葬牛卜骨的墓葬，出土西周陶器上还有"巫"的原始字形符号[①]。这些墓葬主人生前即有可能就是巫师。

　　由巫鬼而巫道。中国本土道教，其起源经历了由道家结合巫鬼信仰到早期道教的历史进程。其中，巴文化人群亦对其有重要贡献。早在战国末期，巴人中的賨人鹖冠子著《鹖冠子》一书，开巴渝道家学术先河[②]。故《北史》也说"巴俗事道，尤重老子之术"[③]。秦、汉、三国时期，巴蜀地区（含汉中）传统巫术仍普遍发挥巨大作用，但随

　　①　湖北省清江隔河岩考古队、湖北省文物考古研究所：《清江考古》，北京：科学出版社，2004年，第196~299页。

　　②　鹖冠子，战国末期賨人，著有《鹖冠子》一书，全书贯穿道家思想。《汉书》卷30《艺文志》称其"楚人，居深山，以鹖为冠"。东汉学者应劭则认为"鹖冠子，楚賨人，以鹖为冠，因氏焉"。注者引《通志·氏族略》为"賨人以鹖冠为姓。鹖冠子著书"。这里的楚賨人可能是今大武陵山区行政上属楚地的纳嵊布等的巴人。参见（汉）班固撰，（唐）颜师古注：《汉书》，北京：中华书局，1964年，第1730页；（东汉）应劭撰，吴树平校释：《风俗通义校释》"佚文"之"姓氏"，天津：天津人民出版社，1980年，第503页。

　　③　（唐）李延寿撰：《北史》卷66《泉仙传》，北京：中华书局，1974年，第231页。

着佛教的传入，在道家思想、原始巫术和巴蜀文化的长期孕育下，终于在东汉晚期的巴蜀诞生了我国最重要的本土宗教——道教，即传统道家走上了鬼道设教的道路。具体地看，巴文化对早期道教的贡献有：①汉顺帝时期的"女服贼"，利用"鬼道"思想鼓动发展信徒，并发动起义。②顺帝末年（约144年），巴郡人服直利用原始道教，自称"天王"，攻占巴郡数县。③正一道创始人张陵曾任巴郡江州令，其感受到的巫鬼文化氛围对其创教应有一定影响。④五斗米道创始人张修，为巴郡人，初为巴賨巫师，汉熹平年间（172～178年），后于汉中平元年（184年）造反，《后汉书》李贤注引刘艾："时巴郡巫人张修疗病，愈者雇以五斗米，号为'五斗米师'"[①]，其传教区域主要在巴郡、汉中郡一带。⑤汉末，正一道张鲁于汉中袭杀张修，因袭张修教法，并"增饰之"，"以鬼道教民，自号'师君'"[②]，张鲁治巴、汉近二十年，以五斗米道建立了政教合一的地方政权。五斗米道的信众主要是巴賨之人，"汉末，张鲁居汉中，以鬼道教百姓"，来学道者，初称"鬼卒"。"賨人敬信巫觋，多往奉之。"[③]张鲁得到巴地各夷王、渠帅、大姓的支持，如巴七姓夷王杜濩、朴胡、袁约，另有江州波、毋大姓，涪陵徐、蔺、谢、范大姓等，这些人从中平元年即跟从张修破江州，后又追随至汉中"以鬼道教"。

三、喜 歌 舞

源远流长的巴歌渝舞是传统中华文化的耀眼明珠。巴人及其后裔能歌善舞，"巴渝舞"和"巴讴"是巴文化的重要特色，在中国古代身体艺术中占有一席之地。从歌舞性质看，虽然这两种歌舞都又唱又跳，但以巴讴为代表的踏歌属于民歌民舞，而巴渝舞属于武舞，后来发展为宫廷舞。

巴渝舞的历史可追溯到商代，在武王伐纣的战争中，巴人"前歌后舞"就名噪一时。"周武王伐纣，实得巴蜀之师，著乎《尚书》。巴师勇锐，歌舞以凌殷人，［殷人］倒戈，故世称之曰'武王伐纣，前歌后舞'也。"[④]秦末，刘邦征募賨人北定三秦，賨人"初为汉前锋，陷阵，锐气喜舞。帝善之，曰：'此武王伐纣之歌也。'乃令

① （宋）范晔撰，（唐）李贤等注：《后汉书》，北京：中华书局，1999年，第349页。

② （晋）陈寿撰，陈乃乾校点：《三国志》卷8《张鲁传》，北京：中华书局，1964年，第263页。

③ （唐）房玄龄等撰：《晋书》卷120《李特传》，北京：中华书局，1974年，第3022页。

④ （晋）常璩撰：《二十五别史·华阳国志》，济南：齐鲁书社，2000年，第2页。

乐人习学之。今所谓'巴渝舞'也"①，这就是后来历朝历代名震宫廷的"巴渝舞"的由来。

巴渝舞从汉代开始进入宫廷，演练兵法阵列"以飨四夷宾客"②。据《汉书·礼乐志》记载，巴渝舞曲有《矛渝本歌曲》等四篇。汉代巴渝舞在宫廷由"巴俞鼓员三十六人""巴四会员十二人"及若干持矛、弩的舞员组成，以"应古兵法"③。曹魏初年，由于巴渝舞曲"其辞既古，莫能晓其句度"，王粲在巴渝籍将领李管、种玉的指导下，从回忆武功、宣扬礼乐的角度重填新词，作《矛渝》《弩渝》《安台》《行辞》四篇，统称为《俞儿舞歌》，并对舞蹈进行改造，歌舞均气势恢宏④。从魏黄初三年（222年）到六朝早期，人们对巴渝舞的歌词、曲风、舞蹈动作等进行了多次改造，先后改称为"昭武舞""宣武舞"，且更多地被用于官方祭祀场合。南朝齐梁时期，这种舞蹈又恢复了"巴渝"旧名，舞员仅八人，"舞容闲婉，曲有姿态"⑤，已改变了刚勇雄健的战舞性质，成为缠绵婉约的巴渝"丽曲"。至唐武则天后，巴渝舞不见史载，逐渐式微。

巴讴的历史不晚于战国时期，《文选·对楚王问》记楚国"客有歌于郢中者，其始曰《下里》《巴人》，国中属而和者数千人。其为《阳阿》《薤露》，国中属而和者数百人。其为《阳春》《白雪》，国中属而和者不过数十人。引商刻羽，杂以流徵，国中属而和者不过数人而已"⑥。此处的客，为当时盛行的门客，不一定是巴人。而其所唱之《巴人》，则为巴讴的一种流行曲调，因采风于巴而得名。

文献多称巴讴为"巴歈"，为避免引起与巴渝舞的歧义，故本文称"巴讴"。汉桓宽《盐铁论》卷二《刺权》："抚流徵于堂上，鸣鼓巴歈作于堂下。"⑦《说文解字》："歈，歌也。从欠俞声。《切韵》曰：'巴歈，歌也。'"《康熙字典》："歈，音俞，巴歈，歌名，本作渝。"巴讴还称作"嫭歌"。西汉扬雄《蜀记》：

---

① （晋）常璩撰：《二十五别史·华阳国志》，济南：齐鲁书社，2000年，第4页。巴渝舞之名最早见于三国时谯周所著《三巴记》，《艺文类聚》卷43《乐部》："《三巴记》曰：阆中有渝水，賨民锐气喜舞，高祖乐其猛锐，数观其舞，使乐人习之，故名巴渝舞。"参见（唐）欧阳询撰，汪邵楷校：《艺文类聚》，上海：上海古籍出版社，1999年，第786页。

② 《汉书·西域传》："天子……设酒池肉林，以飨四夷之客，作巴俞都卢、海中砀极、漫衍鱼龙、角抵之戏以观视之。"参见（汉）班固撰，（唐）颜师古注：《汉书》，北京：中华书局，1964年，第3928页。

③ （汉）班固撰，（唐）颜师古注：《汉书》，北京：中华书局，1964年，第1073、1074页。

④ （唐）房玄龄等撰：《晋书》卷120《李特传》，北京：中华书局，1974年，第694页。

⑤ （后晋）刘昫等撰：《旧唐书》卷29《音乐二》，北京：中华书局，1975年，第1067页。

⑥ （梁）萧统编，（唐）李善注：《文选》卷45《对楚王问》，《景印文渊阁四库全书》第591册，台北：台湾商务印书馆，1986年，第777页。

⑦ 王利器校注：《盐铁论校注》，北京：中华书局，1992年，第121页。

"嫷，讴歌，巴土人歌也。"左思《魏都赋》："或明发而嫷歌。"①《集韵·筱韵》："嫷，巴歌。"②李善注《魏都赋》引张载："何宴曰：'巴子讴歌，相引牵，连手而跳歌也。'"③具有后世踏歌的性质。这种"连手而跳歌"的形式，在重庆綦江区二墩岩崖墓崖棺上可以见到图像实证。该雕刻有5人牵手踏歌画像（首尾2人似各执摇响器），另有领舞（似在击鼓）1人、跪坐吹箫1人④（图12-1-4）。另外，在开州红华村采集的东汉画像砖上，也可见到类似的牵引跳跃的图像⑤（图12-1-5）。作为民间性质的巴讴，生命力极为强大。

从晚期文献看，巴讴有沧悲忧伤之情。唐代温会《奉陪段相公晚夏登张仪楼》："欲和关山意，巴歌调更哀。"⑥陆游《剑南诗稿》卷二《松滋小酌》："此地最凄凉，……巴歌犹断肠。"卷三《荔枝楼小酌》："巴歌闻罢更凄然。"⑦卷六《城上》："巴曲声悲怯断肠。"宋曾丰《缘督集》卷八《别陆德隆黄叔万》："哀乐归巴曲。"⑧均显示了巴讴的曲风和意境。

后巴文化时期，巴讴主要用在三个方面。一是具有挽歌性质。唐代樊绰《蛮书》

图12-1-4　重庆綦江二墩岩崖墓连手舞蹈画像（东汉）

图12-1-5　重庆开州红华村采集"镇沛（？）作"连手舞蹈画像砖（东汉）

① （梁）萧统著，（唐）李善注：《文选》卷6《魏都赋》，北京：中华书局，1977年，第109页。

② （宋）丁度等：《集韵》，上海：上海古籍出版社，1985年，第305页。

③ （梁）萧统著，（唐）李善注：《文选》卷6《魏都赋》，北京：中华书局，1977年，第111页。

④ 相邻两座崖墓有两幅踏歌画像。崖棺上的画像依次为牵手者、吹箫人、领舞者，墓室后壁上者依次为吹箫人、领舞者、牵手者。另在綦江区横山镇兴隆村施家山二号崖墓门楣上方有多达九人的浮雕舞蹈画面。林必忠：《巴渝舞管窥》，王静：《巴渝舞论》，重庆：重庆出版社，1993年，第116页。

⑤ 国务院三峡工程建设委员会办公室、国家文物局：《三峡文物保护》，北京：科学出版社，2018年，第210页。

⑥ （唐）温会：《奉陪段相公晚夏登张仪楼》，中华书局编辑部点校：《全唐诗》卷231，北京：中华书局，1999年。

⑦ （宋）陆游撰，（宋）陆子虡编：《剑南诗稿》，《景印文渊阁四库全书》第1162册，台北：台湾商务印书馆，1986年，第31、59、102页。

⑧ （宋）曾丰：《缘督集》，《景印文渊阁四库全书》第1156册，台北：台湾商务印书馆，1986年，第86页。

卷一〇引《夔城图经》："巴氏祭其祖，击鼓为祭。""夷事道，蛮事鬼。初丧鼙鼓以道哀，其歌必号，其众必跳。此乃盘瓠白虎之勇也。"[1]据《后汉书·孝献帝纪》引《续汉书》，魏青龙二年献帝亡，丧葬礼仪有"羽林孤儿、巴俞嫚歌者六十人，为六列"[2]，可见其一度还进过宫廷。作为挽歌的巴讴一直延续于巴人及其后裔中，并演变为当代土家族的"撒尔嗬"。二是作为日常生活和节庆赛会活动的演出。宋王象之《舆地纪胜》卷七四《踏啼之歌》引《晏公类要》："巴人、蛮蜑人好巴歌，名曰踏啼。注云：荆楚之风，夷夏相半，有巴人焉，有白虎人焉，有蛮蜑人焉。巴人好歌，名'踏啼'。"[3]《夔城图经》生动地描述了节庆期间踏蹄的盛况："俗传正月初夜，鸣鼓连腰以歌，为踏蹄之戏。"[4]三是向雅化方向演化为诗歌。南朝时期，巴讴演化出了竹枝歌（踏歌），刘禹锡《竹枝词》序："故余亦作《竹枝词》九篇，俾善歌者扬之，附于末，后之聆巴歈，知变风之自焉。"并指出巴歈歌的伴舞形式是"吹短笛，击鼓以赴节""扬袂睢舞"[5]。《太平寰宇记》记达州巴渠县民俗："其民俗集会，则击鼓，踏木牙，唱竹枝歌为乐。"[6]竹枝歌在隋唐时期的三峡地区极为流行，"蛮儿巴女齐声唱""巴女骑牛唱竹枝""巴童巫女竹枝歌"正是这种状况的真实写照。竹枝歌后来被诗人改变为一种新的诗歌形式——竹枝词，最著名者当属刘禹锡的"杨柳青青江水平，闻郎江上踏歌声。东边日出西边雨，道是无晴却有晴"。竹枝词由于以吟咏男女爱情、地方风土、生产生活为特色，至今仍盛行不衰，成为中华诗歌文化中的一朵奇葩。

四、善　工　商

巴文化所分布的地理环境独特，"土植五谷，牲具六畜"。但相对于长江两端的成都平原、江汉平原而言，巴地的农业并不发达。考古发现一些商周时期遗址以黍、稷旱作农业为主，水稻只起辅助作用。笔者认为，农业并非巴国立国的根基，工、商才是巴国财富的主要来源。

---

① （唐）樊绰撰，向达校注：《蛮书校注》，北京：中华书局，1962年，第260页。

② （宋）范晔撰，（唐）李贤等注：《后汉书》，北京：中华书局，1999年，第258页。

③ （宋）王象之撰：《舆地纪胜》，北京：中华书局，1992年，第2461页。

④ （唐）樊绰撰，向达校注：《蛮书校注》，北京：中华书局，1962年，第260、261页。

⑤ （宋）郭茂倩辑：《乐府诗集（二）》，《景印文渊阁四库全书》第287册卷81《竹枝》，台北：台湾商务印书馆，1986年，第43页。

⑥ （宋）乐史撰，王文楚等点校：《太平寰宇记》卷137《达州》之"巴渠县"，北京：中华书局，2007年，第2678页。

《华阳国志》记巴地物产丰富，有"桑、蚕、麻、苎、鱼、盐、铜、铁、丹、漆、茶、蜜、灵龟、巨犀、山鸡、白雉，黄润、鲜粉，皆纳贡之。其果实之珍者，树有荔芰，蔓有辛蒟，园有芳蒻、香茗、给客橙、（蔆）［葵］。其药物之异者，有巴戟、天椒。竹木之贵者，有桃支、灵寿"①，这些物产中，值得重视的有盐丹砂、茶、辛蒟、给客橙等。其中丹砂产于古涪陵地区，《逸周书》记成周之会"卜（濮）人以丹砂"②，重庆九龙坡冬笋坝、四川宣汉罗家坝战国墓③和贵州务川④（图12-1-6）、重庆彭水郁山汉墓⑤中曾出土朱砂、丹砂，现代的重庆彭水、秀山一带仍有民间采炼丹砂手工业活动（图12-1-7），足见丹砂为巴地早期延续时间长且极为重要的特色工业。战国、秦时，巴寡妇清"其先得丹穴，而擅其利数世，家亦不訾"，最终"礼抗万乘，名显天下"⑥，成为与范蠡、白圭、猗顿、乌氏倮等齐名的大商人。

此外，巴文化分布区也是茶树栽培的重要发源地。巴国属民之苴，一读为chá，据说以种茶而得名。陆羽《茶经·茶之源》："茶者，南方之嘉木也，一尺二尺，乃至数十尺。其巴山峡川有两人合抱者，伐而掇之，其树如瓜芦，叶如栀子，花如白

图12-1-6 贵州务川大坪汉墓群M7随葬的丹砂

（李飞供图）

---

① （晋）常璩撰：《二十五别史·华阳国志》，济南：齐鲁书社，2000年，第2页。

② 佚名撰，袁宏点校：《逸周书》，济南：齐鲁书社，2000年，第83页。

③ 四川省文物考古研究院、达州市文物管理所、宣汉县文物管理所：《宣汉罗家坝》，北京：文物出版社，2015年，第293页。

④ 李飞：《丹砂之路：汉代务川朱砂的开采与汉文化南渐》，《当代贵州》2017年第23期。

⑤ 重庆九龙坡冬笋坝战国墓、彭水郁山汉墓出土朱砂材料尚未正式公布。

⑥ （汉）司马迁撰，（南朝）裴骃集解，（唐）司马贞索隐，（唐）张守节正义：《史记》卷129《货殖列传》，北京：中华书局，1999年，第2466页。

图12-1-7　重庆秀山溪口丹矿遗址
现代丹砂淘洗盘
（牛英彬供图）

蔷薇，实如栟榈，蒂如丁香，根如胡桃。"①按陆羽的介绍，茶"其名一曰茶，二曰槚，三曰蔎，四曰茗，五曰荈"。其中巴人之茶为"香茗"，成为后世茶的代称，三峡人民为种茶、制茶做出了突出的贡献。巴"给客橙"至迟在汉代已十分有名，江州、鱼复曾专设橘官管理柑橘生产，胸忍则建有橘圃。《史记》谓"蜀、汉、江陵千树橘"，种橘户"此其人皆与千户侯等"②。唐代都濡县（今贵州务川、重庆彭水之一部分）有"蒟酱山"③，应为古代巴地产蒟酱所留名，巴蜀地区由辛蒟而制成的蒟酱，西汉时曾远销南越，促进了秦汉时期西南地区与岭南地区的交流④。另外，巴地的巴乡清酒、江州堕林粉等食品饮料工业也颇有特色。

但巴文化经济发展中最重要、对地域文明贡献最大、对当时区域国际形势影响最著者，则当为盐业。从考古发现看，巴渝地区大约在距今4600年前就在忠县哨棚嘴遗址、中坝遗址开始制盐了，在目前东亚考古发现中是最早的（图12-1-8）。商周时期，巴渝地区的陶器制盐可能已扩张到巫溪宁厂白鹿盐泉、云阳汤溪白兔盐井、彭水郁山飞水井一带。其中，中坝遗址在商至战国时期达到鼎盛，形成了深达12米、分布面积50000平方米的庞大制盐废弃堆积，其规模大、延续时间长、商业化程度高，是世界陶器制盐时代的典型遗址⑤。

巴渝盐业是巴蜀文明出现的重要催化剂，是巴国繁荣发展的主要财富源。在三峡地区的巫溪，因有宁厂盐卤，五帝时代已产生巫咸、巫载两个早期原始国家，其能"不绩不经，服也；不稼不穑，食也"⑥，学者们多以为是因盐致富使然。巴人廪君蛮所处时代有盐水神女，其地"盐阳"乃"鱼盐所出"，后廪君"射杀之"，因盐而就近"君乎夷城"⑦。商周时期，巴文化政治中心应位于汉水上游，春秋晚期南迁四川盆

①　（唐）陆羽：《茶经》，北京：中华书局，2010年，第1页。

②　（汉）司马迁撰，（南朝）裴骃集解，（唐）司马贞索隐，（唐）张守节正义：《史记》卷129《货殖列传》，北京：中华书局，1999年，第2474页。

③　（宋）乐史撰，王文楚等点校：《太平寰宇记》，北京：中华书局，2007年，第2865页。

④　（汉）司马迁撰，（南朝）裴骃集解，（唐）司马贞索隐，（唐）张守节正义：《史记》卷116《西南夷列传》，北京：中华书局，1999年，第2283页。

⑤　孙智彬、左宇、黄健：《中坝遗址的盐业考古研究》，《四川文物》2007年第1期。

⑥　方韬译注：《山海经》，北京：中华书局，2009年，第241页。

⑦　（宋）范晔撰，（唐）李贤等注：《后汉书》卷120，北京：中华书局，1999年，第1918页。

图12-1-8　重庆忠县中坝遗址深达12米的制盐堆积剖面
（孙智彬供图）

地东部后，能够迅速立足并成为"东至鱼复，西至僰道，北接汉中，南极黔涪"[①]的区域大国，其中一个重要原因应该是控制了三峡地区丰富的盐产，具有支撑区域大国的雄厚财富。

　　秦灭巴、蜀后，充分认识到巴蜀盐业的重要性。李冰（山西池盐解池附近人）"识察水脉，穿广都盐井"[②]后，大力在巴蜀地区发展井盐生产，巴蜀地区的盐业产地迅速从三峡和乌江下游地区扩展到巴蜀全境。汉代以来，四川盆地东部的朐忍、临江、汉发、西充等地均凿有盐井，且"盐、铁五官各有丞、史"。由于盐业的兴旺发达，在盐产地出现了很多豪强大姓和知名历史人物，以巴郡临江县为例，就有严就、严颜家族；有晋初"纳言左右""实作常伯"的文立文氏家族；有"在吴为孙氏虎臣"的甘宁甘氏家族。考古工作者还在古临江县范围内发现忠县无铭阙、丁房阙、乌杨阙（图12-1-9）、邓家沱阙、武陵阙，是全国发现汉阙最多的地方之一，可见当时由盐而富、由商而学、学优则仕的强宗大族发家之路。

---

① （晋）常璩撰：《二十五别史·华阳国志》，济南：齐鲁书社，2000年，第2页。
② （晋）常璩撰：《二十五别史·华阳国志》，济南：齐鲁书社，2000年，第31页。

图12-1-9　重庆忠县乌杨石阙（东汉至三国）

（可能是严颜家族的墓阙）

五、传 承 发 展

除以上四方面外，我们还可以举出神话传说、装饰服饰、语言符号等多方面的内容，足见巴人、巴国人文厚重，多彩多姿。总体上看，巴文化人群素朴敦重，"其民质直好义，土风敦厚，有先民之流""无造次辨丽之气"[①]。其尚勇武之精神，是中国古代地域精神的代表，在反抗苛政暴政、促进国家统一方面做出了巨大贡献；其崇巫鬼之风，虽显神秘古朴，但在促进中国本土道教形成方面贡献了重要的思想；其喜歌舞之俗，彰显了开朗热烈但又忧伤敦厚的精神面貌，竹枝歌为中国古典文学增添了新诗歌类型；其善工商之特长，创中国远古井盐采煎之先，为区域文明发展奠定了重要的物质基础。巴文化展现的主要人文特点，可以归纳为"奋勇向前、道法自然、喜乐阳光、创新发展"的精神。

一方水土养一方人，历经3000多年波澜壮阔的历史风云，在重庆，由巴文化继续发展衍变出了熔巴渝文化、三峡文化、少数民族文化等于一炉的、具有浓郁地方特色的优秀传统文化。宋元（蒙）战争山城防御体系使"上帝折鞭"，影响世界，攻防双方坚韧顽强、英雄辈出，战争与和平的智慧在这里发挥得淋漓尽致。以大足石窟为代表的石刻三教合一，庄严生动、兼容并包，是外来文化中国化的最好注解。重庆自古

---

① （晋）常璩撰：《二十五别史·华阳国志》，济南：齐鲁书社，2000年，第2、3页。

是"商贾争占之埠"，明清时期商帮会聚，"户口实繁""九门舟集如蚁"[①]，因重工崇商而跃升"全川财富地"。三峡文化灿若繁星，盐业、诗词、战争、三国、航运等文化犹如一颗颗珍珠，连缀成一条历史悠久的文化长廊。少数民族文化丰富多彩，渝东南土、苗世居，秦良玉"以巾帼效命疆场"享誉中华，摆手舞、西兰卡普惊艳巴渝。这些巴文化精神基础上的传承发展，可进一步归结为"不畏艰险、劈波斩浪"的自强不息精神，"正直公道、信义为先"的重信尚义品德，"家住三峡瞿塘下，惯经风浪不知愁"的乐观豁达性格。在新时代的今天，我们只要本着去芜取精的原则，一定能够闪耀出更加夺人的光彩。

第二节　巴文化纲要

一、巴文化的概念

按照文化的一般定义，巴文化是指古代巴人及与巴人关系密切的人群共同创造的，具有一定时间和空间范畴，且有鲜明自身特征的一批古代物质文化、精神文化、制度文化的总和。巴文化是一个动态的变迁过程，不同时期的巴文化，具有不同的文化要素组合，总体上既具有延续性、传承性，也具有阶段性、创新性，具有发生、发展、繁荣、变迁和消融的自身客观规律。

对于古代巴文化族群活动过的地区的文化，从族属文化的角度看，除巴文化外，还有"先巴文化""前巴文化""后巴文化"等细分概念。所谓的先巴文化，是指巴文化正式确立前，巴文化族群先祖创造的物质与非物质遗存的总和，是巴文化的源头文化，两者在主体上具有较强的传承关系。所谓的前巴文化，是指巴文化正式确立前，在后来巴文化分布地域内的、与巴文化没有明显传承关系的物质与非物质遗存的总和，两者之间总体上是替代关系。所谓的后巴文化，是指巴文化作为一个主体整体消失后，仍然在个别地区或当地汉文化中存留的少量巴文化族群特征的物质与非物质文化因素的集合[②]。

巴文化是中国古代一支重要的地域文化。1941年，卫聚贤在研究购自成都忠烈祠街古董商店的一批春秋战国青铜器时，注意到"万县、什邡（四川）、慈利（湖北）、长杨（湖北）、峡来亦有此特异的花纹兵器等出土，包括古巴国在内，故又改

① （清）王尔鉴：《巴县志》卷2《坊厢》。

② 白九江：《考古学视野下的巴文化：概念、问题与方法》，重庆中国三峡博物馆、重庆博物馆：《长江文明2020（3）》，成都：四川美术出版社，2020年，第1～11页。

此文为《巴蜀文化》"①。这是"巴蜀文化"首次被正式命名，主要指的东周时期巴蜀地区的青铜文化。由于巴、蜀两地山水相连，地理相邻，文化相近，后来"巴蜀文化"的概念得以拓展和扩大，成为四川盆地古代文化的统称。随着考古新发现和研究的深入，人们逐渐认识到巴和蜀在物质文化上既有非常密切的联系，又存在一定的区别，于是逐渐分化出了"巴文化"和"蜀文化"两个概念，而将巴蜀文化作为一个更大的地域文化系统来看待。

按照现在人们经常使用的巴文化概念，巴文化又可分为狭义巴文化和广义巴文化。

（一）狭义巴文化

关于巴人、巴国、巴文化的历史文献不多，考古发现还存在诸多不足，学术界对巴文化概念的具体准确界定尚未达成一致。一般说来，狭义巴文化有两个不同层面的含义：一是古代巴人的文化；二是古代巴国的文化。

这两者之间的内涵既有交叉联系又有明显的区别。这是由于巴国境内既有巴人，也有其他一些族群存在；同时，巴人分布的地域并不限于巴国分布的范围，如在战国时的楚都郢城就有不少巴人。此外，巴人的历史大于巴国历史的上限、下限，巴国的疆域也处于不断变动状态，这就决定了巴人文化和巴国文化既有相似的内涵，也有不同的外延。

（二）广义巴文化

泛指古代巴人及与巴人关系密切的族群在巴国活动过的地域范围内的文化。

广义巴文化一是地域范围较为广大，主要包括现今重庆市辖区，四川省东部、陕南部分地区、鄂西部分地区、湘西北部分地区、黔北部分地区等历史上巴文化人群生活、活动过的地方；二是时间延续较长，包括巴文化族群整体消融后这一地区仍存的各类零散巴人活动遗留下来的各类物质文化和非物质文化遗产（也称后巴文化）。

广义巴文化一般是把它作为地域文化来看待的，是将其作为一个时空整体的地方文化的集合，而不刻意区分巴文化族群、非巴文化族群文化的不同，重在强调这一范围内具有稳定特征的、大体相同的、连续发展的文化形态，巴只是作为一个抽象后的代表性名称指代。

中华文化是由若干地域文化构成的统一体。巴文化与蜀文化既相互独立，同时又因相近的基底构成巴蜀文化，巴蜀文化与楚文化、秦文化、吴越文化等都是中华文化的重要组成部分和主要来源。

本文主要讨论的是广义巴文化。

---

① 卫聚贤：《巴蜀文化》，《说文月刊》1941年第4期。

（三）巴文化与相关文化概念辨析

1. 巴蜀文化

巴蜀文化是由巴文化和蜀文化共同构成的。两者间既有一定的共性，也有较多差异。巴蜀文化之得名，源于1941年、1942年《说文月刊》的两期名为《巴蜀文化专号》及其文章[①]。《说文月刊》所说的"巴蜀文化"，既包括卫聚贤文中所指的古蜀国、古巴国的文化，即他的《巴蜀文化》一文的内容；也包括巴蜀地区自古以来的文化，即两辑《巴蜀文化专号》所涵盖的内容。前者后来也指狭义的巴蜀文化，后者也被称为广义的巴蜀文化。

巴文化是巴蜀文化中富有活力的重要组成部分。巴蜀文化是以巴蜀地区为依托，北及天水、汉中，南涉滇东北、黔西北，生存和发展于长江上游流域，具有历史延续性表现形式的区域文化。巴文化与蜀文化始源独立又交融发展，二者在不断地交流、碰撞、融合过程中，形成了我中有你、你中有我的互融格局，造就了巴蜀文化刚柔相济、文质互补、阴阳相和的文化共同体。

2. 巴楚文化

巴楚文化是指曾在巴地又曾是楚地界域上，先后受巴文化和楚文化浸染，从而显示出巴、楚文化共同特征的地域文化。巴楚文化是近年来部分地方文化工作者提出的新概念，既包括物质文化，又包括民族民俗文化。

《华阳国志》记载，东汉巴郡太守但望上疏分巴，"江州以东，滨江山险，其人半楚，姿态敦重；垫江以西，土地平敞，精敏轻疾。上下殊俗，情性不同"[②]。之所以用"其人半楚"形容，一是早在西周末年至春秋时期，巴、楚就时而结盟，时而战争，双方政治、军事交流与冲突较频繁；二是在战国中期偏晚，楚国曾西侵巴国，考古发现的成规模的楚文化墓葬群至少已向西分布到今重庆忠县，文献记载楚曾得枳（今涪陵），还曾灭巴国，"封庶子于濮江之南，号铜梁侯"[③]；三是巴文化受楚文化强烈影响，在其东部有一些共同的文化元素，如均崇巫鬼。

巴楚文化的分布范围主要是三峡东部地区，可以视为楚国统治下吸纳了大量楚文

---

①　卫聚贤：《巴蜀文化》，《说文月刊》1941年第4期；卫聚贤：《巴蜀文化》，《说文月刊》1942年第7期。

②　（晋）常璩撰：《二十五别史·华阳国志》，济南：齐鲁书社，2000年，第7页。

③　（宋）王象之撰：《舆地纪胜》卷159《合州》之"铜梁山"，北京：中华书局，1992年，第4321页。

化因素的巴文化。巴楚文化不是一个考古学的概念，巴文化器物群和楚文化器物群区别明显，远远大于巴文化和蜀文化之间的区别。

3. 巴渝文化

20世纪80年代，重庆学者提出了"巴渝文化"的概念。"巴渝"一词出现于汉代，最早见于三国时谯周《三巴记》描述巴渝舞。巴渝作为地域概念最初是指嘉陵江中下游和渠江流域。后来巴渝的概念逐渐扩大，如三峡地区出现了巴渝辞，江州一度改名为渝州。

现今人们提出的巴渝文化，主要是对现重庆地区历史文化的一种统称（大多数时候是指古代重庆历史文化）。巴渝文化的内涵较庞杂，它更多反映现行行政区域的历史文化。人为划定的行政区域是这一文化的基本框架。

巴渝文化是在巴文化基础上的继承和发展。巴渝文化与巴文化存在较大不同：时间下限方面，巴文化主体在西汉中期消融，巴渝文化为近代以前；空间方面，巴文化包括广义巴人、巴国曾活动过的地区，而巴渝文化以现重庆市为限（目前尚未见到嘉陵江、渠江流域四川地区段称巴渝文化的）；内涵方面，巴渝文化与巴文化呈交叉关系，既有相同部分，更有差异部分。

巴渝文化的提出有其必要性，它体现一个地方的文化自觉、文化自信，有利于增强地域文化的凝聚力，有利于增强文化识别性，树立地域文化品牌。巴渝文化的提出有其存在的客观基础：现重庆地区大致相近的地理环境、相对的历史进程、相似的生产生活状况、相同的民风民俗、事实上的行政分割等，使巴渝文化得以在学理上成立。

提倡传承发扬巴渝文化并不是要否定巴蜀文化，也不是要抛弃巴文化，而是在巴文化、巴蜀文化基础上的细化、深化。

二、巴的历史变迁

根据后缀的不同，巴有巴人、巴国、巴文化、巴文明等不同含义。在此，有必要分清巴文化族群与巴人、巴文化国家与巴国的关系。关于巴文化族群与巴人的关系，后文我们会详谈，此不赘述。

关于巴文化国家与巴国，从纵向看，商代巴方、西周巴子国与东周巴国是否具有承袭关系？虽然这种可能性是存在的，但现在还没有实证。从横向来看，西周时期与巴子国共存的夔国（上层统治者为楚人，基层民众为濮人；考古遗存显示既有部分楚文化特征的陶器，也有大量巴文化陶器）、东周时期与巴国共存的苴国（民众为巴国属民，春秋战国早期时为巴属国，此后巴国势力退出汉中盆地，秦、楚、蜀三国在此多有争夺，苴一度为蜀的属国，后蜀王封其弟葭萌为苴王，但苴国长期与巴国交好），应该都属于具有浓厚巴文化色彩的国家。此外，又以同一时期为例，廪君所立巴国与文献中提到的四川盆地东部巴国是不是一个巴国？在这些问题未完全弄清楚以前，应该区分巴人与巴文化族群、巴国与巴文化国家等概念，这是读者在阅读以下内容时需要注意的。

（一）"巴"字的含义

关于"巴"的含义，古代主要有三种观点：一是指蛇虫。汉代许慎《说文》："巴，虫也，或云食象它，象形。"①它字本意即蛇，古谓蛇为大虫，故《说文》又言"它，虫也，从虫而长"②。二是来自嘉陵江水系形状。此说最早见于蜀汉谯周《三巴记》："阆、白二水合流，自汉中至始宁城下入武陵，曲折三回，有如巴字，亦曰巴江。经竣峡中谓之巴峡，及此水也。"③后世诸家多有各种不同引用。三是来自植物"苴"名。《史记·张仪列传》唐司马贞《索隐》释"苴、蜀相攻击"之"苴"："苴音巴……或巴人、巴郡本因芭、苴得名，所以其字遂以'苴'为'巴'也。"④

现代学者提出了一些新的看法，主要有三种观点：一是坝。徐中舒《巴蜀文化续论》认为，巴音坝，巴人就是生活在坝上的人⑤。二是白虎。彭英明在《试论湘鄂西土家族"同源异支"——廪君蛮的起源及其发展述略》中认为："'巴'亦可能是白虎部落'白'字的转音，'巴人'也就是'虎人'。"⑥三是鱼。张勋燎《古代巴人的起源及其与蜀人、僚人的关系》认为："根据大量民族学和民俗学材料，我认为它应该是我国南方壮傣语系民族中的'鱼'的读音，'巴'就是鱼。"⑦

在这些说法中，以汉许慎的说法最早，也最具权威。这是因为最早的巴文化政治

---

① （汉）许慎撰，（清）段玉裁注：《说文解字注》，上海：上海古籍出版社，1981年，第1296页。

② （汉）许慎撰，（清）段玉裁注：《说文解字注》，上海：上海古籍出版社，1981年，第1189页。

③ （蜀）谯周撰：《三巴记》，刘纬毅：《汉唐方志辑佚》，北京：北京图书馆出版社，1997年，第39页。

④ （汉）司马迁撰，（南朝）裴骃集解，（唐）司马贞索隐，（唐）张守节正义：《史记》，北京：中华书局，1999年，第1798、1799页。

⑤ 徐中舒：《巴蜀文化续论》，《四川大学学报》1960年第1期。

⑥ 彭英明：《试论湘鄂西土家族"同源异支"——廪君蛮的起源及其发展述略》，《中南民族学院学报（哲学社会科学版）》1984年第3期。

⑦ 张勋燎：《古代巴人的起源及其与蜀人、僚人的关系》，四川大学博物馆、中国古代铜鼓研究学会：《南方民族考古（第一辑）》，成都：四川大学出版社，1987年，第45~71页。

中心在汉水上游，巴文化主体人群不讲中原语言，也没有自己的文字，所以后来的很多说法臆测的成分较多。

（二）巴人起源

巴文化陶器以圜底器和尖底器延续始终，从考古学文化上来看，巴人可能起源于新石器时代晚期的三峡东部和江汉平原西部地区。《元和郡县图志》引南朝宋庾仲雍《江源记》说"昔羿屠巴蛇于洞庭，其骨若陵，故曰巴陵"[①]或可注脚。

巴国最早见于《山海经·海内经》的记载。"西南有巴国。太皞生咸鸟，咸鸟生乘厘，乘厘生后照，后照是始为巴人。"[②]宋代史学家罗泌《路史·后记》载："伏羲生咸鸟；咸鸟生乘厘，是司水土，生后炤；后炤生顾相，降处于巴，是生巴人。"[③]将《山海经》中的太皞改为了伏羲，增加了顾相，将巴人先祖追溯到中原祖先传说时代的人物。上述文献也提醒我们，到了后照或顾相时代，由于迁徙到巴这个地方，才始有巴人之称。对于顾相，也有专家联系到《后汉书》"廪君种"的祖先务相，务相出于巴姓，因此相当多的观点认为廪君是巴人始祖。

《华阳国志·巴志》则将巴先祖与黄帝、高阳一系联系起来："五帝以来，黄帝、高阳之支庶，世为侯伯。"[④]但高阳在上古神州之西，更可能与蜀人先祖关系密切一些。当然，《华阳国志》谈到的巴与黄帝的关系，很可能是巴文化族群中的板楯蛮，作为川中丘陵的土著，在实行船棺葬俗方面与古蜀人群一致，其族源应该接近，这也体现了巴文化族群的多元性和起源的二元性。到了夏朝早期的时候，巴国曾经向大禹致贡，夏也派大臣孟涂到巴主持诉讼。"（禹）会诸侯于会稽，执玉帛者万国，巴蜀往焉。"[⑤]《山海经·海内南经》云："夏后启之臣曰孟涂，是司神于巴，巴人讼于孟涂之所，其衣有血者乃执之，是请生。居山上，在丹山西。"[⑥]说明夏代早期，巴文化已向北扩展到丹山以西一带。此丹山当在现丹、淅之水下游或以南，即现豫西南、鄂西北一带的山区，丹山西即汉水上游地区。

---

① （唐）李吉甫撰，贺次君点校：《元和郡县图志》卷27《江南道三》，北京：中华书局，1983年，第657页。

② 方韬译注：《山海经》，北京：中华书局，2009年，第275页。

③ （宋）罗泌撰：《路史》，《景印文渊阁四库全书》第383册，台北：台湾商务印书馆，1986年，第78页。

④ （晋）常璩撰：《二十五别史·华阳国志》，济南：齐鲁书社，2000年，第2页。

⑤ （晋）常璩撰：《二十五别史·华阳国志》，济南：齐鲁书社，2000年，第2页。

⑥ 方韬译注：《山海经》，北京：中华书局，2009年，第206页。

（三）商代巴方

到了商代的时候，巴国被视为商王朝的"甸服"，即外围的附属国。甲骨文中有一些巴方的记录（图12-2-1）。

第一类是殷王亲征或派人伐巴方。"贞，王从沚戛伐巴方"（《合集》93）、"贞，沚戛启巴，王惟之从"（《合集》6461）、"贞，沚戛启王，从伐巴方，受有佑"（《合集》6471）、"贞，王从沚戛伐巴"（《合集》6475）、"贞，令妇好其沚戛伐巴方，受有佑"（《合集》6479）、"贞，妇好其从沚戛伐巴方，王自东探伐，陷于妇好位"（《合集》6480）、"贞，我共人伐巴方"（《合集》6467）、"贞，令偶册，呼从伐巴"（《合集》6468）、"贞，王从奚伐巴方"（《合集》811）、"贞，王从奚伐巴"（《合集》6477）。

图12-2-1　河南殷墟遗址出土妇好伐巴方甲骨拓片

第二类是用俘获的巴人祭祀先祖。"贞，御巴于妣"（《合集》15114）、"御巴于……庚"（《合集》15113）。

第三类是记载殷王至巴方占卜，巴方成为殷之附庸。"贞，在巴，兹用"（《合集》1824）、"戊寅卜，王贞从巴"（《合集》28148）、"商（赏）于巴奠（甸）"（《屯南》1059）。

需要说明的是，甲骨文中的"巴"，学界并未达成一致意见，一是认为此"巴"非后来文献记载的"巴"，二是也有释为"儿""印""抑"的。

商代中、晚期巴方政治中心很可能位于汉水上游，即今汉中盆地东部、安康盆地一带。考古学上的宝山文化有可能即为其创造，"城固、洋县铜器群"应与其相关。目前考古工作者已在鄂西北的郧县辽瓦店子等遗址发掘到较单纯的二里岗文化、殷墟文化早期遗存，巴、商分界很可能在今陕西、湖北交界的汉水上游地区。

（四）周代巴子国

商末，巴人有可能参与了武王伐纣的战争。《华阳国志·巴志》写道："周武王伐纣，实得巴蜀之师，著乎《尚书》。巴师勇锐，歌舞以凌殷人，［殷人］倒戈，故世称之曰'武王伐纣，前歌后舞'也。武王既克殷，以其宗姬于巴，爵之以子。古者，远国虽大，爵不过子，故吴、楚及巴皆曰子。"①而现今所见《尚书》中并没有提到巴人参与武王伐商。也有学者认为，《尚书》提到的西土八国中某些部族应该属于巴文化族群，如濮人。此外，巴本不属于姬姓，也有学者以"以其宗姬于巴"的不同版本，解释是周王室以联姻的形式而封巴为子国。

《左传》记载，武王伐纣后，周视巴国为南边的护卫国。周王曾派使者詹桓伯斥责晋国"我自夏以后稷，魏、骀、芮、岐、毕，吾西土也。……巴、濮、楚、邓，吾南土也"。孔颖达《正义》解释："然则巴、楚、邓，中夏之国，唯濮为远夷耳。"②

周代时巴人需时常向周王朝进贡，巴人贡品中最著名的特产是比翼鸟。《逸周书·王会解》记载："巴人以比翼鸟。方炀以皇鸟。蜀人以文翰。"③从各种文献推测，西周巴子国政治中心可能仍位于今湖北十堰以上的汉水上游。

（五）春秋时期的巴国

春秋时期，巴国"班佊秦、楚，示甸、卫也"④，仍为周的主要屏藩。这一时期巴国还活跃于汉水上游一带，与秦、楚、邓等国为邻。《华阳国志·巴志》记载："周之仲世，（巴）虽奉王职，与秦、楚、邓为比。"⑤此间，巴国与楚国多次结盟，又时常与楚国、邓国、庸国交战。《左传》中具体有以下几条：

公元前703年，"巴子使韩服告于楚，请与邓为好。楚子使道朔将巴客以聘于邓。邓南鄙鄾人攻而夺之币，杀道朔及巴行人。楚子使蒍章让于邓，邓人弗受。夏，楚使斗廉帅师及巴师围鄾。邓养甥、聃甥帅师救鄾。三逐巴师，不克。斗廉衡陈其师于巴师之中，以战，而北。邓人逐之，背巴师，而夹攻之。邓师大败，鄾人宵溃"⑥。

公元前676年，"及文王即位，与巴人伐申而惊其师，巴人叛楚而伐那处，取之，遂门于楚。阎敖游涌而逸，楚子杀之，其族为乱。冬，巴人因之以伐楚"。"十九年春，楚子御之，大败于津。"⑦

① （晋）常璩撰：《二十五别史·华阳国志》，济南：齐鲁书社，2000年，第2页。

② （周）左丘明传，（晋）杜预注，（唐）孔颖达正义：《春秋左传正义》，北京：北京大学出版社，2000年，第1459、1460页。

③ 佚名撰，袁宏点校：《逸周书》，济南：齐鲁书社，2000年，第83页。

④ （晋）常璩撰：《二十五别史·华阳国志》，济南：齐鲁书社，2000年，第14页。

⑤ （晋）常璩撰：《二十五别史·华阳国志》，济南：齐鲁书社，2000年，第3页。

⑥ （周）左丘明传，（晋）杜预注，（唐）孔颖达正义：《春秋左传正义》，北京：北京大学出版社，2000年，第216、217页。

⑦ （周）左丘明传，（晋）杜预注，（唐）孔颖达正义：《春秋左传正义》"庄公十八年、十九年"，北京：北京大学出版社，2000年，第297、298页。

公元前611年，"楚大饥，戎伐其西南，至于阜山，师于大林。又伐其东南，至于阳丘，以侵訾枝……麇人帅百濮聚于选，将伐楚……楚子乘驲，会师于临品，分为二队，子越自石溪，子贝自仞以伐庸。秦人、巴人从楚师，群蛮从楚子盟，遂灭庸"①。

公元前477年，"巴人伐楚，围鄾。……三月，楚公孙宁、吴由于、蘬固败巴师于鄾"②。

春秋末年的这场战争，以巴国的失败而告终，巴文化政治中心由此南迁进入三峡及四川盆地东部，即以今重庆辖区为中心的地区。《华阳国志·巴志》记述道："巴人伐楚，败于鄾。是后，楚主夏盟，秦擅西土，巴国分远。故于盟会希。"③

（六）战国时的巴国

巴国从秦、楚、巴三国灭庸后就已开始经营四川盆地东部了。"文十六年，与秦、楚灭庸。（巴）以后不见。"④公元前477年的巴楚战争，使巴国将其重心完全放到四川盆地东部，并逐步退出了汉水流域，不再参与江汉诸姬和楚国的纷争。战国中期，巴国改"巴子"称号为巴王。《华阳国志·巴志》说："及七国称王，巴亦称王。"⑤其疆域空前扩张，达到前所未有的范围。文献记"其地东至鱼复（奉节），西至僰道（宜宾），北接汉中，南极黔涪"⑥，但"北接汉中"一语，则表明放弃了汉中东部、安康一带故地。由于巴国的扩张，必然与蜀的势力范围发生冲突，由此引致"巴蜀世战争"。

战国早期，楚国向巴国大举进攻，开始了经营西南的事业。楚国不断向西进逼，巴国步步败退，接连丧失了大片领土，长江一线被迫退守鱼复。《华阳国志·巴志》介绍巴郡时言："巴楚数相攻伐，故置扞关（今重庆奉节）、阳关（今重庆涪陵）及沔关。"⑦可见巴郡有三处关卡，都为巴人防御楚国而设。公元前377年（楚肃王四

① （周）左丘明传，（晋）杜预注，（唐）孔颖达正义：《春秋左传正义》，北京：北京大学出版社，2000年，第649～651页。

② （周）左丘明传，（晋）杜预注，（唐）孔颖达正义：《春秋左传正义》"哀公十八年"，北京：北京大学出版社，2000年，第1959页。

③ （晋）常璩撰：《二十五别史·华阳国志》，济南：齐鲁书社，2000年，第3页。

④ （周）左丘明传，（晋）杜预注，（唐）孔颖达正义：《春秋左传正义》，北京：北京大学出版社，2000年，第217页。

⑤ （晋）常璩撰：《二十五别史·华阳国志》，济南：齐鲁书社，2000年，第3页。

⑥ （晋）常璩撰：《二十五别史·华阳国志》，济南：齐鲁书社，2000年，第31页。

⑦ （晋）常璩撰：《二十五别史·华阳国志》，济南：齐鲁书社，2000年，第9页。

年），"蜀伐楚，取兹方"①。一说为巴、蜀联军伐兹方；一说为蜀出汉中，沿汉水而下伐楚方城（鄂西北房县一带，原为庸方城）。当以后说更合理。

战国中叶以后，楚国兵锋进一步西指，在峡江地区，进逼至今重庆忠县一带。公元前361年（楚宣王九年），巴国南部江山——黔中之地被楚国攻占。《史记·秦本纪》载："（秦）孝公元年……楚自汉中，南有巴、黔中。"②《史记·西南夷列传》说："楚威王时，使将军庄蹻将兵循江上；略巴、（蜀）黔中以西。"③

通过以上战争，楚国逐渐完成了对巴国的战略包围，巴国领土范围被大大压缩，巴国处于亡国的危险之中。

（七）巴国的灭亡

秦国也早有"举巴蜀，并汉中"之心。秦、楚对巴国的侵逼，使巴国政治中心屡次迁移，形成了历史上有名的"巴子四都"："巴子时虽都江州（今重庆市市区），或治垫江（今合川），或治平都（今丰都）。后治阆中（今四川阆中）。其先王陵墓多在枳。"④

公元前316年，因为位于今广元至汉中南部一带的苴国与巴国交好，蜀国震怒，派兵伐苴。苴侯逃奔巴国，巴国向秦国求救。秦趁巴、蜀交战之机，起兵伐蜀，灭蜀后"贬蜀王更号为侯，而使陈庄相蜀"⑤。同年，秦将张仪又"贪巴、苴之富，因取巴，执王以归"⑥，巴国灭亡了。

秦灭巴后，一方面设置巴郡（图12-2-2）；另一方面在原巴国的统治采取羁縻之治，即仍然保留巴人上层贵族，不变更其政治体制，以巴治巴，而且采取秦人与巴上层统治者通婚的办法，来安抚巴人。《后汉书·南蛮西南夷列传》："及秦惠王并巴中，以巴氏为蛮夷君长，世尚秦女，其民爵比不更，有罪得以爵除。"⑦巴君长成为秦国治下享有较大自治权的地方名义首脑，其国虽灭，尚不绝祀。

---

① （汉）司马迁撰，（宋）裴骃集解，（唐）司马贞索隐，（唐）张守节正义：《史记》卷40《楚世家》，北京：中华书局，1999年，第1407页。

② （汉）司马迁撰，（南朝）裴骃集解，（唐）司马贞索隐，（唐）张守节正义：《史记》，北京：中华书局，1999年，第145页。

③ （汉）司马迁撰，（宋）裴骃集解，（唐）司马贞索隐，（唐）张守节正义：《史记》卷116《西南夷列传》，北京：中华书局，1999年，第2282页。

④ （晋）常璩撰：《二十五别史·华阳国志》，济南：齐鲁书社，2000年，第9页。

⑤ （汉）司马迁撰，（南朝）裴骃集解，（唐）司马贞索隐，（唐）张守节正义：《史记》，北京：中华书局，1999年，第1800页。

⑥ （晋）常璩撰：《二十五别史·华阳国志》，济南：齐鲁书社，2000年，第3页。

⑦ （宋）范晔撰，（唐）李贤等注：《后汉书》，北京：中华书局，1965年，第1919页。

图12-2-2 贵州兴仁交乐墓群M14出土东汉"巴郡守丞"鎏金铜印[①]

（彭学斌供图）

（八）巴人与土家族

巴国灭亡后，经过秦、汉的统治，大部分巴文化族群逐渐被华夏化。那些保留民族习俗和文化的巴文化人群，在文献中一直到两晋、南北朝时期仍被偶尔提到，并与其他少数民族并列。也有一部分巴文化人群由于反抗汉朝的统治而被强制迁到湖北江夏一带，称为"沔中蛮"或"江夏蛮"，至6世纪时与号称盘瓠之后的蛮族混合而难以分辨。

真正保留巴人文化和习俗的可能是五溪蛮。五溪蛮是巴国灭亡后，一部分巴上层贵族逃往今渝、鄂、湘、黔接合部的大武陵山一带，与当地原有的巴文化族群结合而留下的，即著名的"水散巴渝下五溪"。《太平御览》卷一七一引《十道志》说："故老云：楚子灭巴，巴子兄弟五人流入黔中，汉有天下，名曰酉、辰、巫、武、沅等五溪，为一溪之长，故号五溪（蛮）。"[②]《太平寰宇记》卷一二〇也说："五溪。谓酉、辰、巫、武、沅等五溪。古老相传云楚子灭巴，巴子兄弟五人流入五溪，各为一溪之长。"[③]

五溪蛮一直到唐宋，绵延千余年，保持着比较稳定的民族特征。宋代以来，该地区继之而起的，是被派作"土"司、应募当"土"兵、被称为"土人"或"土家"的

① 贵州省博物馆考古组：《贵州兴义、兴仁汉墓》，《文物》1979年第5期。

② （宋）李昉等撰：《太平御览》，北京：中华书局，1960年，第835页。

③ （宋）乐史撰，王文楚等点校：《太平寰宇记》卷120《黔州》，北京：中华书局，2007年，第2396、2397页。

一群人。巴人融合其他少数民族和部分早年迁入湘、渝、鄂、黔接壤处的汉族移民，经历漫长的岁月，逐步形成了今日的土家族。土家人有"血祭白虎"的习俗，不同地方的土家族有敬虎和赶虎的宗教行为，这与早期巴文化人群的原始信仰存在明显联系（图12-2-3）。

图12-2-3　酉水流域湖南永顺县土家族跳茅古斯舞祭祀八部大神

三、巴文化族群

（一）巴人支系

早期巴人是逐渐形成的。分为崇蛇巴人、崇虎巴人两个主要的支系。按《说文》的说法，"巴，食象它"，它即蛇。有的专家认为，崇蛇巴人主要居于今大巴山地区和汉水上游地区。崇虎巴人以大三峡地区、武陵山区较为常见。

比较明确属于巴人支系的是廪君五姓巴人和板楯七姓巴人，很可能是早期崇蛇巴人、崇虎巴人在晚期的遗留。

到了战国时期，巴国的属民有"濮、賨、苴、共、奴、獽、夷、蜑之蛮"[①]。这些人群，可能既有部分属于巴人的分支，如賨、苴，更多地则属于分布在巴国境内的少数民族，均属于广义的巴文化族群。

---

① （晋）常璩撰：《二十五别史·华阳国志》，济南：齐鲁书社，2000年，第3页。

（二）五姓巴人

廪君巴人早期生活在清江流域，其人群由五个姓氏的人组成。这支巴文化人群留下了不少神话传说。

《后汉书·南蛮西南夷列传》载："巴郡南郡蛮，本有五姓：巴氏、樊氏、曋氏、相氏、郑氏。皆出于武落钟离山。其山有赤、黑二穴，巴氏之子生于赤穴，四姓之子皆生黑穴。未有君长，俱事鬼神，乃共掷剑于石穴，约能中者，奉以为君。巴氏子务相乃独中之，众皆叹。又令各乘土船，约能浮者，当以为君。余姓悉沉，唯务相独浮。因共立之，是为廪君。乃乘土船，从夷水至盐阳。盐水有神女，谓廪君曰：'此地广大，鱼盐所出，愿留共居。'廪君不许。盐神暮辄来取宿，旦即化为虫，与诸虫群飞，蔽掩日光，天地晦冥。积十余日，廪君伺其便，因射杀之，天乃开明。廪君于是君乎夷城，四姓皆臣之。"[①]

相似的记载亦见于东汉应劭《风俗通义》、《晋书》卷二〇《李特》，均源自西汉刘向整理的更早时形成的《世本》。许多研究者认为，廪君是巴人的源头。

北宋《太平寰宇记》载："武落钟山，一名难留山，在（长阳）县西北七十八里。本廪君所出处也。"[②]可见，这支巴人曾生活在以鄂西清江流域为中心的地区。关于廪君的时代，《天平寰宇记》引《世本》说："廪君种不知何代。"人类学家潘光旦推测"最迟为夏代初年"[③]。而历史学家段渝认为，巴国原在汉水上游，与楚相争失败后，"春秋末叶，巴国已南下清江，作为暂时的栖身之所"[④]。从清江流域的考古发现看，该区域在夏代晚期至早商时期为白庙文化遗存，商代晚期至西周时期主要分布着路家河文化（香炉石文化）及其后继土著文化（图12-2-4），春秋中期至战国中期为比较单纯的楚文化遗存，战国晚期至西汉初，巴文化在当地强劲复苏，廪君的时代要么可能早到夏商周时期，要么可能晚至秦灭巴蜀后。

---

① （宋）范晔撰，（唐）李贤等注：《后汉书》，北京：中华书局，1999年，第1918页。
② （宋）乐史撰，王文楚等点校：《太平寰宇记》卷147《峡州》，北京：中华书局，2007年，第2864页。
③ 潘光旦：《湘西北的"土家"与古代的巴人》，中央民族学院研究部：《中国民族问题研究集刊（第4辑）》，1955年，第413~598页。
④ 段渝：《先秦巴文化与巴楚文化的形成》，《华中师范大学学报（人文社会科学版）》2004年第6期。

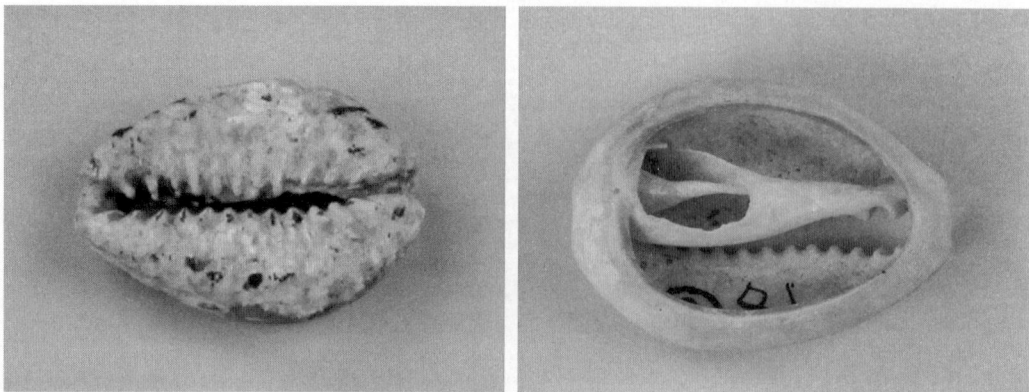

图12-2-4　湖北长阳香炉石遗址出土商代海贝

（三）七姓巴人

板楯蛮，因作战以木板为盾，故又称"板楯蛮"。其渠帅有"罗、朴、昝、鄂、度（庹）、夕、龚七姓"①，加上普通百姓，实际上可能远不止七姓。

板楯蛮主要分布在汉代巴郡阆中（今属四川）和宕渠（今四川渠县、达州）一带，沿渝水（今嘉陵江）和渠江两岸居住（图12-2-5）。部落首领有王、侯、邑君、邑长之分。《华阳国志》记载："秦昭襄王时，白虎为害，自（秦）[黔]、蜀、巴、汉患之。秦王乃重募国中：'有能煞虎者邑万家，金帛称之。'于是夷朐忍廖仲、药何、射虎秦精等乃作白竹弩于高楼上，射虎，中头三节。白虎常从群虎，瞋恚，尽搏煞群虎，大响而死。秦王嘉之曰：'虎历四郡，害千二百人。一朝患除，功莫大焉。'欲如（要）[约]，王嫌□其夷人，乃刻石为盟要：复夷人顷田不租，十妻不算；伤人者，论；煞人雇死，倓钱。盟曰：'秦犯夷，输黄龙一双。夷犯秦，输清酒一锺。'夷人安之。"②

刘邦为汉王，发夷人定三秦，以功复其渠帅鄂、罗、朴、昝、度（庹）、夕、龚七姓，不输租赋，"余户乃岁入賨钱，口四十"③。由于巴人呼赋为賨，故板楯蛮又称为賨人（賨人不限于板楯蛮，从出土秦汉简牍看，湘西北一带的巴文化人群也有称为賨人的）。賨人"以射白虎为业"，自秦汉以来屡享复除，故又号"白虎复夷"；晋世又有"弜头虎子"之号。

①　（晋）常璩撰：《二十五别史·华阳国志》，济南：齐鲁书社，2000年，第2页。

②　（晋）常璩撰：《二十五别史·华阳国志》，济南：齐鲁书社，2000年，第3、4页。

③　（宋）范晔撰，（唐）李贤等注：《后汉书》，北京：中华书局，1999年，第1920页。

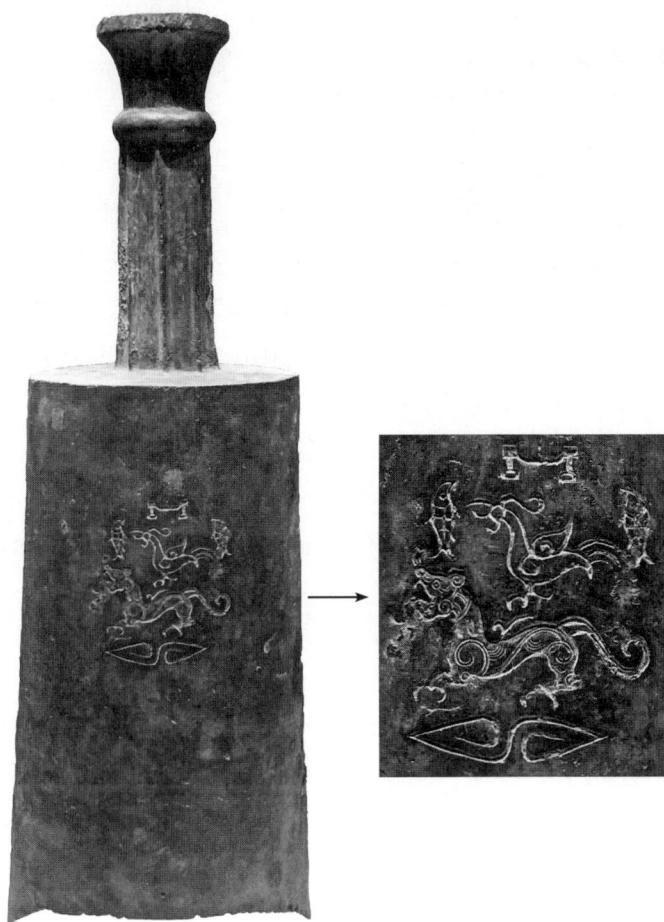

图12-2-5 四川渠县城坝遗址（汉代宕城所在地）征集的战国至秦代铜钲[①]

板楯七姓"其人勇敢能战"。汉代两镇入侵汉中之羌，号为"神兵"。时人评价"若微板楯，则蜀、汉之民为左衽矣"，后"车骑将军冯绲南征……亦倚板楯。近益州之乱……太守李颙以板楯平之"[②]。宕人后裔李特曾在晋朝时起义，其子李雄于304年建立了大成政权。后来到李雄侄儿李寿在位时，改国号为汉。所以历史上又称"成汉"。

---

① 四川省文物考古研究院、渠县博物馆：《城坝遗址出土文物》，上海：上海古籍出版社，2014年，第7、17页。

② （晋）常璩撰：《二十五别史·华阳国志》，济南：齐鲁书社，2000年，第8页。

（四）巴国属民

1. 濮

濮由众多分散在各地的人群组成，故称"百濮"，上古时期主要分布于从江汉平原到四川盆地的广大区域。武王伐商于牧野作誓，提到参与者有"庸、蜀、羌、髳、微、卢、彭、濮人"[①]。周以来，楚从蚡冒"始启濮"到武王"开濮地而有之"[②]的拓展历程，楚地基层民众有相当多濮人。庸、夔等国民众亦以濮民为主。

巴国濮人甚众，左思引扬雄《蜀都赋》说"左绵巴赍，百濮所充"[③]。这支濮人主要分布在今嘉陵江中下游一带，其中又以在合川者最有名。《舆地纪胜》卷一五九引《益部耆旧传》载："楚襄王灭巴子，封庶子于濮江之南，号铜梁侯。"[④]铜梁，山名，在今合川附近。濮江当即今涪江，濮、涪音近而讹。今合川还有濮湖乡、濮岩寺等。

濮人"无君长惣统，各以邑落自聚"[⑤]，具有散居的社会特征。

2. 苴

苴原为巴国在汉中时的属民。春秋战国之交，巴国政治中心已完全南迁，汉中屡为蜀、秦、楚所争夺，巴已失苴，或有部分苴民入巴。汉中为蜀控制时，《史记·张仪列传》载"苴、蜀相攻击"[⑥]。后来，蜀完全控制了苴，并封其弟为苴侯。《华阳国志》记载："蜀王别封弟葭萌于汉中，号苴侯，命其邑曰葭萌焉。苴侯与巴王为好，巴与蜀仇，故蜀王怒，伐苴侯。苴侯奔巴，求救于秦。"[⑦]

---

① （汉）孔安国传，（唐）孔颖达疏：《尚书正义》，北京：北京大学出版社，1999年，第284页。

② （汉）司马迁撰，（南朝）裴骃集解，（唐）司马贞索隐，（唐）张守节正义：《史记·楚世家》，北京：中华书局，1999年，第1391页。

③ （清）高步瀛疏，曹道衡、沈成玉点校：《文选李注义疏》，北京：中华书局，1985年，第924页。

④ （宋）王象之撰：《舆地纪胜》卷159《合州》之"铜梁山"，北京：中华书局，1992年，第4321页。

⑤ （周）左丘明传，（晋）杜预注，（唐）孔颖达正义：《春秋左传正义》，北京：北京大学出版社，2000年，第649、650页。

⑥ （汉）司马迁撰，（南朝）裴骃集解，（唐）司马贞索隐，（唐）张守节正义：《史记》，北京：中华书局，1999年，第1798页。

⑦ （晋）常璩撰：《二十五别史·华阳国志》，济南：齐鲁书社，2000年，第28页。

3. 共

共人最早见于甲骨文，"贞，我共人伐巴方"（《合集》6467）。河南新乡辉县一带历年出土"子龚"鼎、"子龚"尊、"子龚"簋等10余件商代铭文铜器，以徐旭生为代表的学者认为，"共"与"龚"同音，辉县古时称"共县"，为共工氏旧地。龚人崇龙。《逸周书·王会解》："且瓯文蜃。共人玄贝。海阳大蟹。"孔晁注曰："共人，吴越之蛮。"①应为商代末被灭国后的龚人逃亡吴越后的共人。大概在春秋战国时代，共人沿江西上进入重庆，一说三峡部分悬棺葬主人即为共人，一说板楯七姓中的"龚"当即共人。

4. 奴

奴或即卢。卢原为居住在陇东南西汉水之卢戎，夏商时期一部分东出沿汉水迁徙。汉中白马石等遗址发现夏商时期的石板墓和双耳陶器②，或即为迁徙途中的遗存。商中晚期以来，进一步迁徙到今十堰、襄阳以南地区。《水经注》卷二八《沔水篇》："城北枕沔水，即襄阳县之故城也，王莽之相阳矣，楚之北津戎也……其土，古鄀、都、卢、罗之地。"③又中庐县，亦释为"春秋庐戎之国"。庐即卢，《左传》记公元前611年，楚国闹饥荒，"戎伐其西南"，即卢戎讨伐楚国西南之境，其后卢为楚灭。卢戎灭亡后，一部分卢人向西南越过大巴山进入四川盆地东部，建有卢城。《华阳国志》说："长老言：'宕渠盖为故賨国。今有賨城、卢城。'"④今达州宣汉县罗家坝遗址或即为古卢城（图12-2-6）。

5. 獽

《华阳国志·巴志》记西汉巴郡和东汉以来的涪陵郡都分布有獽人群落。《水经·江水注》记载："江水东迳壤涂，而历和滩。"⑤壤涂，地在今重庆万州区境内。又说鱼复故城东傍"獽溪"，即今重庆奉节县草堂河。獽溪今名瀼溪，说明獽通瀼，可见獽人为山间溪水边居住的人。

《隋书·地理志》"梁州"下记载："又有獽、蜒、蛮、賨，其居处、风俗、衣

---

① 佚名撰，袁宏点校：《逸周书》，济南：齐鲁书社，2000年，第82页。
② 陕西省考古研究所、陕西省安康水电站库区考古队：《陕南考古报告集》，西安：三秦出版社，1994年，第358~387页。
③ （北魏）郦道元著，（清）王先谦校：《合校水经注》，北京：中华书局，2009年，第464页。
④ （晋）常璩撰：《二十五别史·华阳国志》，济南：齐鲁书社，2000年，第13页。
⑤ （北魏）郦道元著，（清）王先谦校：《合校水经注》，北京：中华书局，2009年，第528页。

图12-2-6　　四川宣汉罗家坝遗址33号战国墓

冠、饮食，颇同于僚。"①《太平寰宇记》卷七六"简州"亦载："有獽人，言语与夏人不同，嫁娶但鼓笛而已。遭丧乃立竿悬布置其门庭，殡于其所。至其体骸燥，以木函置山穴中（图12-2-7）。李膺《益州记》云：'此四郡獽也。'"②简州即今之简阳，可见獽人有一部分迁徙到了川中丘陵西部。

也有学者提出，螳螂又作蠰、嚷，蠰与獽相通，獽人的图腾是螳螂③。螳螂纹在巴蜀青铜器上较多见，在湖北秭归兵书宝剑峡悬棺内随葬的青铜矛上亦见（图12-2-8）。

6. 夷

本为中原华夏对周边少数民族的通称，巴国之"夷"，一是指对所有少数民族的泛称，如"阆中夷""白虎复夷""板楯蛮夷"；二是对一些不知名少数民族的统称，如《华阳国志》记载有"朐忍夷"，又说涪陵郡诸县北"又有蟾夷也"④。

①　（唐）魏徵、令狐德棻撰：《隋书》，北京：中华书局，1973年，第830页。

②　（宋）乐史撰，王文楚等点校：《太平寰宇记》，北京：中华书局，2007年，第1537页。

③　刘弘：《巴蜀图像符号中所见螳螂为"獽"之图腾考》，《四川文物》1987年第4期。

④　（晋）常璩撰：《二十五别史·华阳国志》，济南：齐鲁书社，2000年，第13页。

图12-2-7 兵书宝剑峡崖壁上的先秦悬棺

图12-2-8 兵书宝剑峡悬棺随葬铜矛正、背面的虎纹和螳螂纹[①]

---

① 湖北省文物局:《峡江遗珍——三峡工程湖北段出土文物图集》,北京:文物出版社,2009
年,第126页。

7. 诞

《世本·氏姓篇》（清秦嘉谟辑补本）："廪君之先，故出巫诞。"《说文》："蜑，南方夷也。"邓少琴先生认为，蜑之初文为鱼旦，从鱼，习于水者也。鱼实际上是蜑①。《说文》说："鱼，水虫也。"②所以蜑的图腾可能是鱼。蜑之一名，在三国时，已见称述。《三国志·吴书》卷五五："武陵蛮夷反乱，攻守城邑，乃以盖领太守。……自春迄夏，寇乱尽平。诸幽邃巴、醴、由、蜑邑侯君长，改操易节，奉礼请见，郡境遂清。"③嗣后《华阳国志·巴志》常以"夷蜑""獽蜑"并称，并记巴东郡有"有奴、獽、夷、蜑之蛮民"，涪陵郡"多獽、蜑之民"，可知其主要分布在三峡地区和乌江下游地区。

直至北周、隋时期，仍有蜑人存在。《晏公类要》谓："白虎事道，蛮蜑人与巴人事鬼。"④《隋书·南蛮传》云："南蛮杂类，与华人错居，曰蜒、曰獽……俱无君长，随山洞而居。"⑤唐以来，三峡和武陵山区的蜑人融入汉人中，而闽粤蜑人则开始活跃起来。

四、宗 教 信 仰

巴文化族群的信仰主要处于祖先神崇拜阶段，仍然存有大量图腾崇拜的残余，特别是动物化身信仰，是包括巴文化在内的远古巴蜀文化宗教信仰的特色。另外，巴文化族群对巫和巫术有特殊的偏好，是中国古代巫文化的重要分布地。巴文化族群的巫鬼信仰，与后来起源于川渝地区的道教有非常重要的联系。

（一）图腾崇拜

巴文化社会仍然保留了大量原始社会图腾信仰的残余。这主要体现在不同的巴文化部族，可能存在不同的动物崇拜，这些图腾动物分别代表了不同阶段、不同支系的部族。巴文化的图腾动物主要有蛇、象、虎、鳖、虫等。

---

① 邓少琴：《巴蜀史稿》，重庆地方史资料组，1986年，第49页。

② （汉）许慎撰，（清）段玉裁注：《说文解字注》，上海：上海古籍出版社，1981年，第1013页。

③ （晋）陈寿撰，陈乃乾校点：《三国志》卷55《黄盖》，北京：中华书局，1964年，第1285页。

④ （宋）王象之撰：《舆地纪胜》，北京：中华书局，1992年，第2461页。

⑤ （唐）魏徵、令狐德棻撰：《隋书》，北京：中华书局，1973年，第1831页。

1. 蛇

东汉许慎《说文》将"巴"释为："虫也，或云食象它，象形。"即是说，巴这个字的含义就是虫，也有人说是吃象的蛇。《山海经·海内南经》又载："巴蛇食象，三岁而出其骨。"[①]

《淮南子·本经训》："尧乃使羿断修蛇于洞庭，擒封豨（即大猪）于桑林。"[②]"修蛇"是为避淮南王刘长的讳，改"长蛇"而成的。宋《路史·后记》（卷二〇）"屠长它于洞庭"句，罗萍注云："长它即所谓巴蛇，在江岳间，其墓，今巴陵之巴丘，在州治侧。"[③]南朝宋时庾仲雍著《江源记》："昔羿屠巴蛇于洞庭，其骨若陵，故曰巴陵。"[④]古地理书《浔阳记》载："羿斩巴蛇于洞庭，委其骨成丘。"上述"巴蛇"，应当是一支以蛇为图腾的巴人。同时，位处今重庆巫山巫溪一带的古代巫咸国的巫师，有的双手操蛇，有的以射蛇为业。《山海经·海外西经》说："巫咸国在女丑北，右手操青蛇，左手操赤蛇。"[⑤]该书中还有"蛇山""蛇巫之山"，论者或以为就是现今的巴山、巫山。

按前文提到，巴文化的源头在三峡东部和江汉平原西部，这倒与上述文献记载大致可参照。因此，崇蛇巴人可能是较古老的巴人，后人往往以巴蛇称之，也有的称之为"龙蛇巴人"。巴蜀符号"手心纹"中的"心"纹，通常被认为就是蛇头的形状（图12-2-9）。崇蛇巴人约在夏商之际扩展到四川盆地北边的大巴山、陕西汉中、安康盆地一带，创造了宝山文化。

2. 象

象部族可能是一个不大的早期巴文化部落，其故事详见"巴蛇食象"的成语。"巴蛇吞象"隐含着巴蛇可能吞并过一个以"象"为图腾的部落。《山海经·海内经》对这事象的记载是："西南有巴国。……有黑蛇，青首，食象。"[⑥]《楚辞·天问》惊叹："一蛇吞象，厥大何如？"[⑦]这些都是对巴蛇吞象的隐喻。

---

① 方韬译注：《山海经》，北京：中华书局，2009年，第207页。
② 何宁撰：《淮南子集释》，北京：中华书局，1998年，第577页。
③ （宋）罗泌撰：《路史》卷20《后记十一》，《景印文渊阁四库全书》第383册，台北：台湾商务印书馆，1986年，第184页。
④ （唐）李吉甫撰，贺次君点校：《元和郡县图志》卷27《江南道三》，北京：中华书局，1983年，第657页。
⑤ 方韬译注：《山海经》，北京：中华书局，2009年，第187页。
⑥ 方韬译注：《山海经》，北京：中华书局，2009年，第275页。
⑦ 林家骊译注：《楚辞》，北京：中华书局，2010年，第83页。

图12-2-9　　"手心纹"中的"心纹"也被视作"蛇头纹"
（均重庆云阳李家坝遗址出土）

在考古发现的实物上，直到西周春秋时期，忠县瓦渣地遗址仍见有象骨①。可见，巴地古人以象为图腾并不奇怪。巴蜀地区战国时的青铜器上偶见卧象纹（也有的认为是长喙鸟纹）②的形象存在（图12-2-10）。这种象身体较小，象鼻刻划则有些夸张，又长又粗，一端卷曲。另在宣汉罗家坝遗址亦出土象纹带钩③。

3. 虎

虎在巴文化人群中影响广泛，到了廪君时代，因其死化白虎的传说，进一步将虎崇拜发展成白虎崇拜，虎的神性得到加强，同时融入了英雄祖先崇拜的内涵。秦灭巴后，巴郡白虎为乱，又有胊忍夷射杀白虎之事，白虎成为巴文化人群上层统治者的代称。在今天的土家族地区中，南部的土家族有赶白虎的传统，北部的土家族有敬白虎的传统，这应当源自战国晚期巴文化崇虎又射虎的传统。

---

①　黄蕴平、朱萍：《忠县瓦渣地遗址T363动物遗骸初步观察》，重庆市文物局、重庆市移民局：《重庆·2001三峡文物保护学术研讨会论文集》，北京：科学出版社，2003年，第273~278页。

②　卧象纹在四川什邡城关、绵竹清道，重庆云阳李家坝遗址均有发现。其中，《四川什邡城关战国秦汉墓葬发掘报告》称为"卧象纹"。参见四川省文物考古研究院、德阳市文物考古研究所、什邡市博物馆：《什邡城关战国秦汉墓地》，北京：文物出版社，2006年，第112~185页。

③　四川省文物考古研究院、达州市文物管理所、宣汉县文物管理所：《宣汉罗家坝》图一七七：6，北京：文物出版社，2015年，第177、178页。

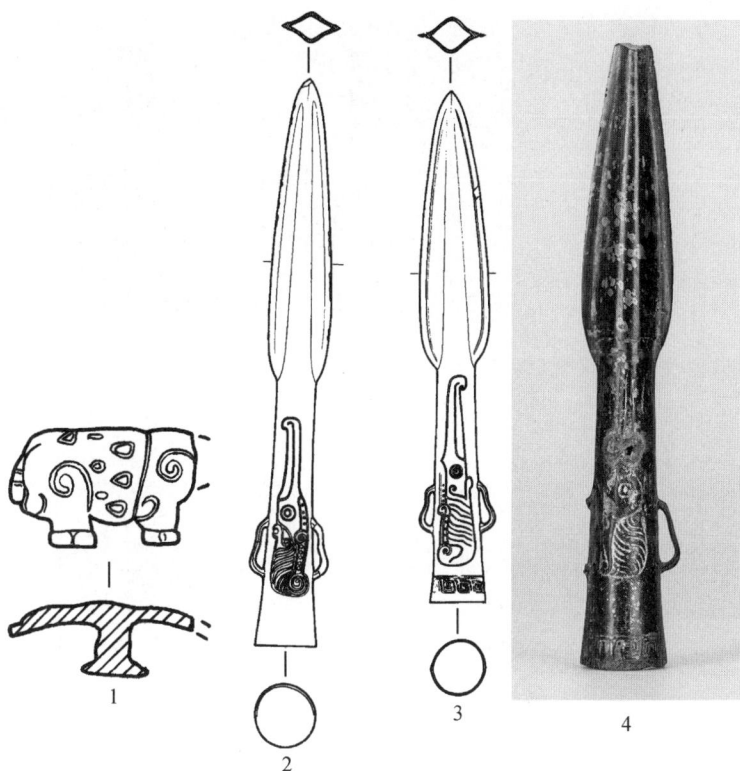

图12-2-10 铜器上的卧象纹

1.四川宣汉罗家坝M36∶3 2.四川什邡城关M1∶18 3.四川什邡城关M2∶1 4.重庆云阳李家坝[①]

虎的形象在陕西城洋铜器群和四川阆中彭城坝的镂空虎纹铜钺上可见到，时代均为商代晚期。东周以来，各类兵器——特别是铜戈上常装饰比较具象的老虎形象（图12-2-11）。巴蜀符号中，也能见到大量的抽象的虎纹。

4. 鳖

鳖是巴文化部族中一支崇拜的对象，即鳖灵部族。鳖灵虽然是蜀的国君，但他却是巴文化族群或与巴文化有密切关系的人群。文献记载鳖灵为"荆人"。如《蜀王本纪》叙述道："荆有一人名鳖灵，其尸亡去，荆人求之不得。"[②]童恩正先生认为鳖灵实为巴人，理由一是"在春秋时代，'巴楚数相攻伐'，楚人能否越过巴国，千里迢

---

① 重庆中国三峡博物馆：《神秘的巴国——走进长江文明主题展系列》，成都：四川美术出版社，2021年，第86页。

② （汉）扬雄著，张震泽校注：《扬雄集校注》，上海：上海古籍出版社，1993年，第245、246页。

图12-2-11　重庆云阳李家坝遗址出土战国俯视虎纹铜矛①

迢地在川西建立一个政权，实属可疑"。其次，"不论是文献记载或地下发掘的文物
中，我们都看不出开明族统治时期的蜀文化与楚文化有任何密切的联系。"最后，
"从历史记载来看，《华阳国志·蜀志》：'蜀王封其弟于葭萌，号为苴侯。'……
苴就是巴。蜀王之弟称苴侯，可以反证蜀王本人也应该是巴族。"②如果鳖灵为巴人，
为什么历史记载又称为荆人呢？这可能是"因为巴地的东部以后为楚国占领，成为楚
的范围，秦人又从楚国夺得这一地区，所以称之为楚地或荆地，而本地的土人也可以
称为'楚人'或'荆人'了"③。

　　鳖灵也可能出自庸国。庸国和巴国基层百姓中，濮人都占有很重要的地位。公
元前611年，楚、秦、巴三国灭庸后，其中的一部分人群西迁，所以说"荆人求之不
得"。在巴蜀符号中，龟是一个很重要的符号，或许与鳖灵有关。

---

　　①　四川大学历史文化学院考古系、云阳县文物管理所：《云阳李家坝巴人墓地发掘报告》，重
庆市文物局、重庆市移民局：《重庆库区考古报告集·1997卷》图二六：3、图二七：3，北京：科学
出版社，2001年，第276～278页。

　　②　童恩正：《古代的巴蜀》，成都：四川人民出版社，1979年，第25页。

　　③　童恩正：《古代的巴蜀》，成都：四川人民出版社，1979年，第25页。

5. 虫

崇虫巴人或许极为古老。《说文》说："巴，虫也。"①巴字在金文中的写法就像一条虫。蛇（它）为长虫之专称。《山海经·海外南经》说"虫为蛇，蛇号为鱼"，晋郭璞注："以虫为蛇，蛇为鱼也。"②有可能蛇部族后来转变信仰，其图腾变为鱼。

著名的巴文化崇虫人群是盐水女神。《后汉书》记载巴人首领廪君到达盐水（今鄂西清江）后，盐水女神"愿留共居"，廪君不许，于是盐水女神"暮辄来取宿，且即化为虫"③，而且还"与诸虫群飞"。这里的虫是另一种飞虫。

巴蜀地区战国青铜器符号组合中多有条形虫纹（螳螂），另外也常见一种蝉虫。重庆涪陵小田溪墓地M20出土扁茎柳叶形剑，近茎部位有类似"圣甲虫"一样的符号（图12-2-12），或许就是巴文化人群崇拜的虫图腾的遗绪。

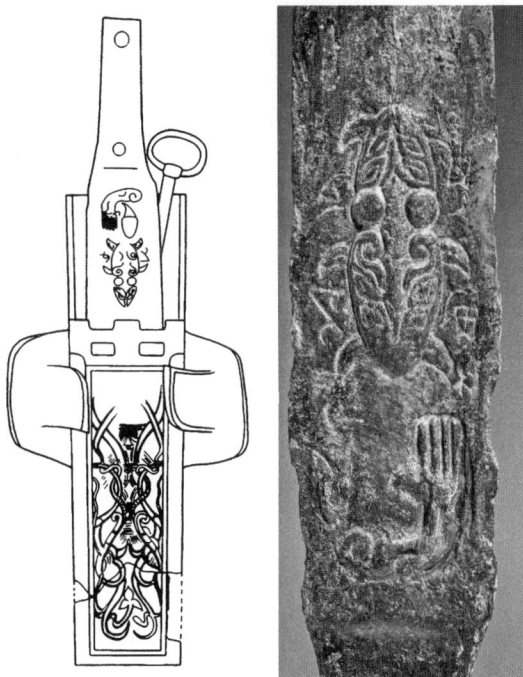

图12-2-12 重庆涪陵小田溪墓群出土铜柳叶形剑（M20：12）上的圣甲虫纹（战国至秦）④

---

① （汉）许慎撰，（清）段玉裁注：《说文解字注》，上海：上海古籍出版社，1981年，第1296页。

② 方韬译注：《山海经》，北京：中华书局，2009年，第278页。

③ （宋）范晔撰，（唐）李贤等注：《后汉书》，北京：中华书局，1999年，第1919页。

④ 重庆市文物考古所、重庆市文物局：《涪陵小田溪墓群发掘简报》，重庆市文物局、重庆市移民局：《重庆库区考古报告集·2002卷》，北京：科学出版社，2010年，第1339～1375页。

除了上述动物外，巴蜀符号中还常常能见到鸟、鱼、蛙、螳螂等动物和植物形象，以及眼睛等符号，这些符号既可能是图腾崇拜的孑遗，也可能是巴文化部族的徽记（图12-2-13）。

图12-2-13　四川大学博物馆藏錞于盘内的巴蜀符号[①]

（二）化身信仰

所谓图腾祖先化身信仰，即相信祖先是由图腾化身而来的，同时相信祖先也具有化身为图腾的能力。古代巴蜀历史上，图腾祖先化身信仰主要体现在巴蜀诸王与各种动物的关系上。以蜀人为例，有"杜宇化子鹃""鳖灵化尸"的传说。《蜀王本纪》："荆有一人名鳖灵，其尸亡去，荆人求之不得。鳖灵尸随江水上至郫，遂活，与望帝相见……鳖灵即位，号曰开明帝。"[②]即化尸复活后变为开明。开明可能与开明兽有关，即前文论证的白虎。

廪君化虎是与巴文化人群直接相关的化身信仰传说。《全唐文》卷七四四卢求《成都记序》说："……昭襄王时又有白虎之患，盖廪君之魂也。"[③]传说中的廪君化白虎处在长阳县白虎垅，《长阳县志》卷一《白虎垅》："廪君之生也，出于赤穴，死也化为白虎，迹涉怪诞，异人异事，理有固然。廪君望岩而叹，山崖为崩，其有功于夷水，必多生；而廪君之死，神之白虎，有陇宜也。"[④]

---

① 四川大学博物馆：《四川大学博物馆藏品集萃（铜器卷）》，成都：四川大学出版社，2006年，第19页。

② （汉）扬雄著，张震泽校注：《扬雄集校注》，上海：上海古籍出版社，1993年，第245、246页。

③ （清）董诰等：《全唐文》，北京：中华书局影印，1983年，第7701页。

④ （清）朱庭荣修，彭世德等撰：（道光）《长阳县志》卷1《地理志》之"古迹"，道光二年刻本。

还有一个化身例子是"女神化虫"。《后汉书·南蛮西南夷列传》记廪君："乃乘土船,从夷水至盐阳。盐水有神女,谓廪君曰:'此地广大,鱼盐所出,愿留共居。'廪君不许。盐神暮辄来取宿,旦即化为虫,与诸虫群飞,掩蔽日光,天地晦冥。积十余日,廪君伺其便,因射杀之,天乃开明。"[①]

古代巴蜀的图腾化身信仰可能与后来起源于四川地区的道教羽化升仙思想有关,至少是其重要的渊源。

(三)祖先崇拜

巴文化人群除崇拜虫、蛇、象、鳖等外,很早的时候也崇拜虎。虎也是部分巴文化人群的图腾神。东周以前,巴文化人群中的相当大部分分布在鄂西和汉水上游地区,这些地方的崇虎痕迹多有发现。

但是,春秋以前,虎可能只是部分巴文化人群的图腾神,到了春秋时期,巴的虎崇拜进一步发展成了白虎崇拜,而且与五姓巴人首领相联系,实现了从图腾神崇拜向祖先神崇拜的转变。

这种转变主要体现在廪君和鳖灵死化白虎的情况。《后汉书》记五姓巴人首领:"廪君死,魂魄世为白虎。巴氏以虎饮人血,故以人祠焉。"这就完成了白虎与首领祖先神的融合,而且每年以人进行祭祀。鳖灵为蜀君后,将原有名称改为"开明"。关于"开明",《山海经·海内西经》记昆仑山上有神名"开明神",其形象"身大类虎而九首,皆人面东向"[②],《西次三经》或说为"虎身而九尾,人面而虎爪"[③],可见"开明"就是白虎。鳖灵变开明和廪君死化白虎的精神内核是一样的。

《蛮书》卷一〇说:"巴氏祭其祖,击鼓为祭,白虎之后也。"[④]巴人的白虎崇拜在土家人那里也得到继承,土家人把白虎作为"家神"奉祀。土家向王崇拜也属于祖先崇拜。清道光《长阳县志》:"先祖所立向王庙,向王者,古之廪君务相氏,有功夷水,故土人祀之。"

从文物上看,虎图案是巴蜀青铜器上最常见的符号。主要有三种形态:第一种是圆雕,见于铜虎纽錞于之纽。第二种是单独的虎形浮雕,主要见于铜戈,有横向跨阑、内、刃的,有纵向延伸到胡上的。第三种为刻划符号,以宣汉罗家坝遗址为例,在44件有组合符号(不包括第二类)的铜器上(其中1件为陶豆),其中20件器

---

① (宋)范晔撰,(唐)李贤等注:《后汉书》卷86《南蛮西南夷列传》,北京:中华书局,1999年,第1918页。

② 方韬译注:《山海经》,北京:中华书局,2009年,第213页。

③ 方韬译注:《山海经》,北京:中华书局,2009年,第40页。

④ (唐)樊绰撰,向达校注:《蛮书校注》,北京:中华书局,1962年,第260页。

物上有虎形符号^①。如果剔除7件铜印、1件陶豆，虎纹占有符号的青铜器的比例达55.56%。

（四）獭祭祖先

巴文化族群对祭祖非常看重。《华阳国志·巴志》载："其祭祀之诗曰：'唯月孟春，獭祭彼崖。永言孝思，享祀孔嘉。彼黍既洁，彼（仪）［牺］惟泽。蒸命良辰，祖考来格。'"^②这首诗歌反映了巴人后裔表达思念祖先的心情并祭祀祖先的场景。所谓"獭祭"，又称"獭祭鱼"，古人观察到水獭食鱼时，常把鱼陈列在水边，如陈物而祭，称为祭鱼。后比喻写作时追求辞藻，罗列典故。巴人的獭祭，指的是祭祀时陈列很多祭品，像水獭捕鱼一样陈列鱼获。

獭祭主要用作祭祖。西汉时宕渠县出名人，车骑将军冯绲、桂阳太守李温等"皆建功立事，有补于世"。当地人常在三月举行水上祭祀，迎接二子之灵还乡里，"水暴涨，郡县吏民莫不于水上祭之"^③，这大概就是獭祭彼崖的后续演变形式。

云阳县大梁岩画A表达的内容就与水上祭祀有关，其所处位置也在长江巴阳峡峡谷江滩的岩石上，通常会定期被江水淹没，或许与"獭祭彼崖"的对象有关。涪陵小田溪墓地两次出土青铜俎（图12-2-14），该铜俎还配以多件铜豆、铜夹，《山海经·海外西经》："祭操俎。"^④就是说要用俎来盛放祭祀食品。

（五）杀人祭祀

"廪君死，魂魄化为白虎。巴氏以虎饮人血，故以人祠焉"，说明崇虎巴人在祭祀祖先时，往往还要杀人祭祀。人祭在远古社会中较为常见，如商人就有人祭的传统。巴蜀青铜戈上也多次发现有人"以人祭虎"图案，是这一文化事象的明证。

历史上，土家族地区一直保留有杀人祭祀的传统。战国宋玉《招魂》中说南方有杀人祭鬼的习俗。《北史·韦珍传》载：孝文初，朝廷"令珍为使，与诞（即太阳蛮酋恒诞，内属后拜为征南将军、东荆州刺史、襄阳王）招慰蛮左。珍至桐柏山，穷淮源，宣扬恩泽，莫不怀附。淮阳旧有祠堂，蛮人恒用人祭之。珍乃晓告曰：'天地明灵，即人之父母，岂有父母甘子肉味？自今宜悉，以酒脯代用。'群蛮从约，自此而

---

① 四川省文物考古研究院、达州市文物管理所、宣汉县文物管理所：《宣汉罗家坝》，北京：文物出版社，2015年。

② （晋）常璩撰：《二十五别史·华阳国志》，济南：齐鲁书社，2000年，第2页。

③ （晋）常璩撰：《二十五别史·华阳国志》，济南：齐鲁书社，2000年，第14页。

④ 方韬译注：《山海经》，北京：中华书局，2009年，第186页。

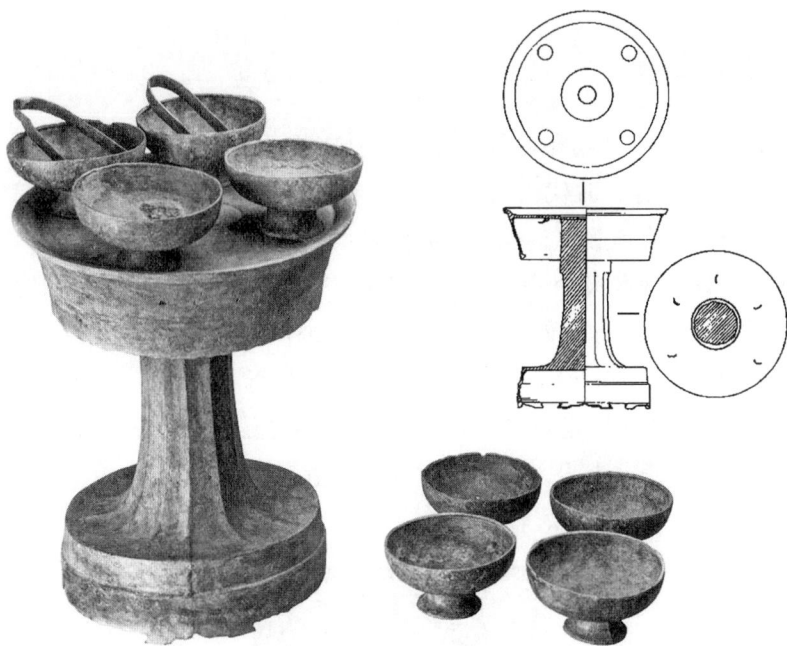

图12-2-14 涪陵小田溪墓群M12出土铜俎、豆、夹组合
（方刚供图）

改"①。"蛮左"是古代巴人的后裔，恒诞在巴人活动区内"遂习其俗"，自称"施王"。据《恩施县志》载，东晋末，恒诞"窜蛮中，自称施王，筑城临施水，号施王囤，子孙世袭。至后周保定初始平，以其地置施州"，"施王囤在卫城南十五里"②。施水即古夷水，今清江。施州即今恩施。

土家族地区"旧有祠堂，蛮人恒用人祭之"，供奉廪君白虎神祠堂后称之为向王庙。蛮人即土家人，用人作祭品是巴人祭祀廪君用"人祀"习俗的传承。《宋会要辑稿》："巴峡之俗，杀人为牺牲以祀鬼，以钱募人求之，谓之采牲。"③可见宋代这一地区仍有杀人祭鬼的风俗。《宋史·太宗本纪》有淳化年间"湖南杀人祭鬼"的记载。淳化二年（991年），"荆湖路转运使言，富州向万通杀皮师胜父子七人，取五脏及首以祀魔鬼，朝廷以其远俗勿问"④。"南江蛮"向氏是土家族的一个大姓，向万通是土家族的首领。明末永顺土家族土司祭祀，还"杀人亦献首其庙。……闻楚徼外，保靖、石柱、酉阳诸土官皆然"。"杀人祭祖"乃是"人祀"祖传习俗的保留，一百多年以前，龙坪田姓土家还给白虎神举行过"还人头愿"的人祭。

---

① （唐）李延寿撰：《北史》，北京：中华书局，1974年，第958页。

② （清）多寿、修罗等撰：《恩施县志》，武汉：湖北人民出版社，2014年，第6页。

③ （清）徐松：《宋会要辑稿》，北京：中华书局，1957年，第6496、6497页。

④ （元）脱脱等撰：《元史》卷493《蛮夷一》，北京：中华书局，1977年，第14174页。

（六）甲骨占卜

近年来，鄂西清江流域香炉石、重庆忠县中坝、四川宣汉罗家坝等10多处遗址考古发现了一系列甲骨，时代由新石器时代末期延续到汉、唐，以商周时期甲骨为主。甲骨的材料，既有龟腹甲，也有牛肩胛骨，还有鱼鳃骨。而鱼鳃盖骨主要见于重庆、鄂西地区，其他地区极少见。一次性出土甲骨最多的是在忠县中坝遗址。该遗址DT0202筛选出土了182件卜甲骨（307块甲骨残片拼合而成，另有几百件无火卜痕的龟壳残片），统计发现有453个卜符，可能代表人们曾进行了453次占卜行为[1]。瓦渣地遗址T363发现商至西周的龟甲也较多，共36件[2]。酉阳清源遗址发现商周时期葬龟甲的墓葬（图12-2-15）[3]。研究表明，巴文化甲骨钻、凿、灼形态多样，但整体上与中原相比，还显得比较单一、原始和落后。

图12-2-15　重庆酉阳清源遗址出土商周时期龟甲（H13：1）[4]

巴文化占卜之俗，与《世本》中记载的巴人"俱事鬼神"背景有关。与巴文化族群盛行巫术，多巫师有关，譬如更早的"灵山十巫"的传说。早期巴文化族群占卜

---

① 傅罗文：《中坝甲骨：早期盐业遗址中的占卜证据》，李水城、罗泰：《中国盐业考古（第三集）——长江上游古代盐业与中坝遗址的考古研究》，北京：科学出版社，2013年，第266～309页。

② 四川省长江流域文物保护委员会文物考古队：《四川忠县瓦井沟遗址的试掘》，《考古》1962年第8期。

③ 重庆市文物考古所、重庆文化遗产保护中心、四川大学历史文化学院考古学系：《酉阳清源》，北京：科学出版社，2009年，第59～61页。

④ 重庆市文物考古所、重庆文化遗产保护中心、四川大学历史文化学院考古学系：《酉阳清源》彩版一五，北京：科学出版社，2009年，第169页。

与政治中心有关，后来逐渐向下层民众发展，经历了由上层走向普通大众，由占卜国家、部族大事转向手工业、运输、农业等与下层人民生产生活相关的变迁，占卜的对象也越来越宽泛。例如，到了唐宋时期，三峡的龟卜更多地与畲田有关。刘禹锡曾经写道"钻龟得雨卦，上山烧卧木"[①]，描写的就是三峡人为求得播种的最佳时机，钻龟占卜求雨的情景。龟卜比较费钱，下层民众于是用瓦来占卜，杜甫诗云"瓦卜传神语，畲田费火声"[②]，说的就是这个意思。

五、巴文化考古

考古学上的巴文化研究，主要着重对巴文化遗存进行定性，建立巴文化的年代标尺，对巴文化发展的阶段性进行分期，并对其分布地域进行分区，进而通过对巴文化遗存的研究，探索巴文化的起源、传承与消融，了解巴人的社会结构与性质、经济属性、精神文化等，并与周边的蜀、楚、秦等文化进行比较，以揭示他们的相互影响与文化交流，进而阐释他们之间的关系。

通过几十年的考古工作，重庆地区、川东地区、鄂西地区、陕南地区有关巴文化的考古有了极大的收获。最为重要的是，四川盆地东部、鄂西地区夏商周三代时期考古学文化序列已经基本建立，为这一区域古代文化研究提供了时空坐标。考古学文化是研究族属文化的重要基础，是族属文化的重要载体；巴文化考古学文化谱系的建立，对研究巴文化起源与流变有极为重要的价值。

（一）史前考古与巴文化

史前时期，重庆地区既存在大量旧石器时代文化遗址，也发现距今约两百万年的"巫山人"牙齿化石，但由于人类的起源、迁徙的复杂性，以及晚期智人对此前原始人类的替代与融合，考古学上不把旧石器时代文化和旧石器时代人类与历史时期的人群挂钩联系。

进入新石器时代后，现重庆辖区及周边地区的考古文化风起云涌。旧石器时代末期和新石器时代初期（距今1万年前后），重庆地区出现了"横路遗存"，可能属于"前陶新石器时代"。新石器时代中期偏早阶段的考古遗存，目前的发现集中在奉

---

① 刘禹锡：《畲田行》，中华书局编辑部点校：《全唐诗》卷354，北京：中华书局，1999年，第3978页。

② 杜甫：《戏作俳谐体遣闷二首》，中华书局编辑部点校：《全唐诗》卷231，北京：中华书局，1999年，第2538页。

节县，鱼复浦遗址年代大约在距今9000～8000年。新石器时代中期偏晚的考古遗存主要是丰都玉溪遗址，绝对年代约距今7800～6300年。新石器时代晚期偏早阶段，以丰都玉溪遗址上层、江津鼎锅浩遗址等为代表的遗存被称为"玉溪上层文化"，其绝对年代约当距今6300～5300年。新石器时代晚期偏晚阶段，"玉溪坪文化"崛起，绝对年代约当距今5300～4600年。新石器时代末期的重庆三峡地区，主要分布着"中坝文化"，其绝对年代约当距今4600～3700年①。中坝文化晚期时，在鄂西三峡地区及三峡东口存在着一支叫作"白庙文化"或"白庙遗存"（也称"石板巷子文化"）的遗存，该遗存既有江汉平原后石家河文化（或称肖家屋脊文化）的大量因素，也有中原王湾三期文化的元素，还有一些三峡西段中坝文化晚期的因素，特别是出现了一些圜底器，是值得注意的。

新石器时代晚期的重庆新石器文化陶器主要是各类平底器和少量尖底器，中坝文化晚期（也称"老关庙文化"），普遍出现了尖底缸，这类尖底器的底部，后来出现于峡江地区的夏商时期考古遗存中，并进而演变出了商代中晚期以来巴文化中习见的尖底杯。

（二）夏商周时期的巴文化考古

1. 三星堆文化

夏代晚期至商代早期，三峡地区的文化面貌为之大变，正式跨入青铜时代门槛。在渝东地区，夏代晚期至商代早、中期属于三星堆文化的分布范围，这一地区普遍发现小平底罐、高柄豆、灯形器、高脚双耳杯、圈纽器盖、鸟头把勺、贯耳壶、盉等典型的三星堆文化陶器，典型遗存有云阳丝栗包、大地坪、万州中坝子、忠县老鸹冲、王家堡、哨棚嘴、中坝、涪陵蔺市等遗址，重庆地区三星堆文化的西界可到渝西江津区大土遗址。巫山大宁河流域还发现了青铜礼器——三羊三鸟尊，它与三星堆遗址两个器物坑的铜尊形制相似，时代相当。

重庆地区的三星堆文化可能不是早期的典型巴文化，除其中有少量厚胎尖底杯、圜底釜/罐等后来的巴文化因素外，其他文化因素在后来的巴文化中并不占主流。

2. 朝天嘴文化

夏代末期至商代早期，鄂西地区分布着朝天嘴文化。朝天嘴文化器形以圜底器为多，平底器次之，有少量三足器和圈足器。器类有釜、侈口圆腹罐、有肩罐、豆、

---

① 白九江：《重庆地区的新石器文化——以三峡地区为中心》，成都：巴蜀书社，2010年，第21～24页。

盆、灯座形器、钵、尖底杯、器盖、簋、盘、瓮、缸等。纹饰以绳纹为主，另有一些戳印的"S"纹、云雷纹等中原文化因素的纹饰[①]。

该文化中出现少量的浅弧盘高柄豆、灯座形器、鸟头形把勺、圈纽器盖等与成都平原三星堆文化风格一致的器物，但仍以釜、圆腹罐、有肩罐的数量最多，约占整个陶器群的半数以上，颇具地方特色，这部分文化因素应与早期巴文化有关。

3. 宝山文化

宝山文化分布于陕南地区汉中盆地东部和安康盆地，可能是受路家河文化、石地坝文化北上影响而来，同时见有晚期三星堆文化、中原商文化的影响。相关遗址有安康盆地的紫阳白马石、马家营、汉中盆地的城固宝山等遗址。学术界有"白马石类型"[②] "宝山文化"[③] 等称谓。宝山文化约当中原二里岗上层偏晚至殷墟第三期。宝山文化中既有一些陶鬲、罍、簋等商文化因素，又有一些高柄豆等三星堆文化晚期的因素，也有大量折腹尖底杯、大口深腹罐、圜底釜等南边巴文化的器物。对于陕南地区同时期考古学文化，过去曾有商文化、早期蜀文化、早期巴文化等不同认识，但这类文化遗存中的圜底釜、尖底杯，为宝山文化的定性奠定了基础。

4. 石地坝文化

重庆地区发现的商代中晚期至西周早期遗址数量众多，主要有忠县邓家沱、丰都石地坝、涪陵镇安等遗址，出土的典型陶器有小平底罐、尖底盏、炮弹形尖底杯、角状尖底杯、"8"形捏瓣纽器盖、高柄器盖、矮柄折腹豆、高领壶、卷沿盆、船形杯、圜底釜、圜底罐等，其文化特征与成都平原的十二桥文化接近。角状尖底杯、母口尖底盏、船形杯、卷沿盆、花边圜底罐（釜）等有强烈的地方特征，该类遗存应为十二桥文化圈下的一个地方文化类型，可以称之为"石地坝文化"[④]。

---

① 王凤竹：《三峡地区朝天嘴商代遗存研究》，湖北省文物事业管理局、湖北省三峡工程移民局：《2003三峡文物保护与考古学研究学术研讨会论文集》，北京：科学出版社，2003年，第198~210页；于孟洲：《鄂西峡江地区朝天嘴文化研究》，《考古》2010年第3期。

② 王炜林、孙秉君：《汉水上游巴蜀文化的踪迹》，中国考古学会：《中国考古学会第七次年会论文集（1989）》，北京：文物出版社，1992年，第236~248页。

③ 西北大学文博学院：《城固宝山——1998年发掘报告》，北京：文物出版社，2002年，第182页。

④ 白九江、李大地：《试论石地坝文化》，李禹阶：《三峡考古与多学科研究》，重庆：重庆出版社，2007年，第67~90页。

5. 路家河文化①

　　路家河文化是一支从商代二里岗下层至殷墟前段，分布在鄂西渝东地区，以长江三峡（从宜昌南津关至奉节瞿塘峡西口）和清江流域为中心地区的考古学文化，也有的称"香炉石文化"②。属于路家河文化的遗存有宜昌中堡岛遗址上层、杨家嘴、三斗坪、白狮湾、长府沱、下岸、长阳香炉石遗址等。路家河文化陶器以圜底器为主，器类主要有圜底釜、圜底罐、鬲、鬶、罍、假腹豆、大口缸、鼓腹杯、灯座形器等。长江干流的路家河文化遗存受到商文化一定程度影响，而清江流域的香炉石遗存等受商文化影响较小。

6. 瓦渣地文化

　　西周中期至春秋中期。渝东地区这一阶段的典型遗存有忠县瓦渣地遗址、石地坝遗址，酉阳邹家坝遗址商周时期第二段等，其典型陶器既有早期传承下来的尖底盏、尖底杯，同时开始大量出现花边口釜、花边口罐、圜底钵等。这类文化遗存有的学者称之为"瓦渣地文化"③。

7. 李家坝文化

　　春秋晚期至战国，这一时期属于晚期巴文化阶段，考古发现的墓葬较多，如开州余家坝、云阳李家坝、涪陵小田溪、镇安、万州中坝子、曾家溪、北碚庙嘴等。这一时期的巴文化陶器主要有花边口圜底罐、侈口束颈圜底釜、大口圜底釜、单耳或双耳鍪、尖底盏、矮足盏形豆、釜甑等。铜器大量出现，铜容器有饰辫索纹耳的鍪、釜、釜甑等，兵器有柳叶形剑、柳叶形弓耳或弧耳矛、常饰虎纹的戈（包括三角援戈、双翼式戈等）、舌形钺和折肩束腰圆刃钺、镞等，工具有斧、斤、刀、凿、削、锯等，乐器有虎纽錞于，其他尚见巴蜀符号印章、璜形饰等。对于此一阶段的考古文化，或有"冬笋坝文化""李家坝文化"④之建议。

　　此外，楚文化遗存在此阶段大量出现，深入渝东峡江腹地。春秋晚期至战国早期，巫山地区完全为楚文化所占领。到了战国中期阶段，奉节、云阳、万州、忠县等

　　①　长江水利委员会：《宜昌路家河——长江三峡考古发掘报告》，北京：科学出版社，2002年，第116～123页。

　　②　王善才：《香炉石遗址与香炉石文化》，《四川文物》2001年第2期。

　　③　孙华：《峡江地区的先秦文化》，《国学研究（第6卷）》，北京：北京大学出版社，1999年，第501～515页。

　　④　罗二虎：《晚期巴文化李家坝类型初论》，《四川大学学报（哲学社会科学版）》2004年第5期。

地的墓葬中发现了大量的楚文化墓葬。战国中期以后，重庆三峡地区的墓葬偶见越文化因素的遗物，当为楚灭越后带到巴地的结果。战国晚期至西汉初年，四川盆地东部也出现了一些中原文化因素，这一方面是秦灭三晋后，其文化因素也开始在巴地出现并逐渐生根；另一方面西汉统一全国后，自身的文化特征也在逐步形成，巴蜀地区不可避免地会卷入这一进程。

（三）巴文化铜器群

巴文化的典型铜器在早期并不彰显。重庆巫山大宁河出土铜尊与三星堆器物坑出土铜尊相近。城洋铜器群中商文化铜器占较大比例，出现了部分具有巴蜀文化特征的铜器，如柳叶形剑、镰形器、人面具等。东周以来，巴文化铜器与蜀文化铜器差别不大，但这一地区的钲、錞于、俎、鸟形尊等未见或极少见于蜀文化。典型巴文化铜器多饰有巴蜀符号。

巴文化铜器发现较多，但多较零散，集中出土的地点有文化性质尚存争议的城洋铜器群，此外，罗家坝铜器群、城坝铜器群、李家坝铜器群、余家坝铜器群、永安镇铜器群、小田溪铜器群、冬笋坝铜器群、曾家溪（大坪）铜器群等较为典型。以下举五例介绍。

1. 城洋铜器群

与宝山文化同时代，在其分布地域内有著名的"城固洋县铜器群"[①]。城洋铜器群自20世纪50年代以来，陆陆续续发现了26批，分布在14个地点，出土铜器654件。城洋铜器群集中分布于湑水河和汉江两岸的东西约40千米、南北约10千米的地域内。埋藏地点多位于江河两岸的土台上，埋藏坑有长方形坑或圆形坑。推测主要与祭祀等礼仪活动有关。器类有鼎、簋、鬲、尊、罍、瓿、提梁卣壶、盘、觚、爵、斝、觥、戈、钺、戚、矛、镞、刀、剑、弯形器、泡、面具、饰件等二十多类。在宝山文化发现以前，学界对城洋铜器群的文化性质存在争议，但多数同意其与早期巴蜀文化关系极为密切。现在，由于宝山文化的分布范围、所处时代与城洋铜器群大致一致，再考虑到早期巴人活动在汉水上游一带，城洋出土的镂空虎纹铜钺在阆中彭城镇也有相似的铜器出土，因此大体可以确定，城洋铜器群就是宝山文化主人所创造的，并与早期巴文化有关，是早期巴文化的政治中心。

---

① 曹玮：《汉中出土商代青铜器》，成都：巴蜀书社，2006年；赵丛苍：《城洋青铜器》，北京：科学出版社，2006年。

2. 罗家坝铜器群①

罗家坝墓地位于四川达州市宣汉县，东周时期49座墓出土铜器531件，包括礼器、生活工具、生产工具、兵器、服饰器及杂器等，有箭镞、戈、矛、剑、钺、镦、斧、削刀、凿、斤、刻刀、锯、刀、銎、釜、盆、壶、敦、鼎、缶、簠、甗、罍、豆、鉴、匜、盒、器座、勺、匕、带钩、铃、印章、璜、镜、挂饰、鱼钩、练、瓶形饰、长方形饰件、装饰品、鸟头饰件等。报告将该墓地分为六期，时代从春秋晚期延续至西汉中期。其中出土铜器较多的有春秋晚期至战国早期的M33，共131件，上述铜礼器绝大部分出土于该墓。另外战国早期的M2亦出土18件铜器，铜容器有敦、壶，以水陆攻战宴乐弋射纹铜豆较重要。其他墓葬以巴蜀式兵器、工具为主，偶见銎、釜、釜甑生活用器，与普通巴蜀文化墓葬无异。

3. 永安镇铜器群

出土于重庆市奉节永安镇遗址②。该遗址发掘了100多座战国至两汉时期墓葬。战国墓葬有27座，出土礼器、生活用器、乐器、兵器、工具、车马器、杂器等大量铜器。其中M99出土鼎、錞于、钲、勺、枓、樽、剑、戈、矛、钺、弩机、镞、斧、斤、凿、锯、带钩、包金铜泡、鎏金车軎、釦饰等数十件铜器，M66出土罍（缶）、鼎、壶、敦、洗、簠、匜、提梁盉、器盖、鎏金带钩、衔饰、错银铜车軎、车轭冒等约20件铜器。M28出土鼎、提梁盉、匜、箕、釜甑（三长足）等7件铜器。永安镇铜器群的时代为战国中、晚期，既有数量较多的楚文化铜器，也有大量典型的巴文化铜器。

4. 小田溪铜器群

出土于重庆市涪陵小田溪墓地③。1972年、1980年、1983年、1993年、2002年、

① 四川省文物考古研究院、达州市文物管理所、宣汉县文物管理所：《宣汉罗家坝》，北京：文物出版社，2015年。

② 李伯谦：《中国出土青铜器全集（18）》，北京：科学出版社·龙门书局，2018年，第80、82、84、87、91、100、104页；重庆市文物考古所、重庆市文化遗产保护中心：《重庆文物考古十年》，重庆：重庆出版社，2010年，第65、67～69、73～75页。

③ 四川省博物馆、重庆市博物馆、涪陵县文化馆：《四川涪陵地区小田溪战国土坑墓清理简报》，《文物》1974年第5期；四川省文物管理委员会、涪陵地区文化局：《四川涪陵小田溪四座战国墓》，《考古》1985年第1期；四川省文物考古研究所、涪陵地区博物馆、涪陵市文物管理所：《涪陵市小田溪9号墓发掘简报》，四川省文物考古研究所：《四川考古报告集》，北京：文物出版社，1998年，第186～196页；重庆市文物考古所、重庆市文物局：《涪陵小田溪墓群发掘简报》，重庆市文物局、重庆市移民局：《重庆库区考古报告集·2002卷》，北京：科学出版社，2010年，第1339～1375页；重庆市文化遗产研究院、重庆市涪陵区博物馆、重庆市文物局：《重庆涪陵小田溪墓群M12发掘简报》，《文物》2016年第9期，第4～27页。

2007年共6次发掘，清理战国至汉代墓葬25座，出土铜礼器、乐器、生活用器、车马器、兵器、杂件等，共450多件（不含1983年涪陵博物馆清理出土铜器）。其中，出土铜器量较大的墓葬有M1（105件）、M12（103件），出土铜器较多的有M2（21件）、M3（39件）、M9（46件）、M10（38件）、M15（46件）等，出土少量铜器的M4（9件）、M5（10件）、M20（9件）等。礼器有壶（锺）、鼎、尊、罍、盒、俎、豆等，乐器有编钟（甬钟）、钲、镈于、铃等，生活用器有釜、鍪、釜甑、盘、勺等，生产工具有削、锯、斤等，兵器有戈、矛、剑、钺、盔、镞等，另有车马器、服饰用器等。比较重要的铜器有M1出土的14件套编钟、罍，M1、M12出土的俎、豆，M3、M12出土的错银铜壶，M10出土鸟形尊，M12出土甬钟、钲、镈于、玉具剑等。小田溪铜器群的主体时代约为战国晚期至秦。

5. 冬笋坝铜器群

出土于重庆市九龙坡区铜罐驿镇冬笋坝墓地（原巴县辖范围）。该墓地于1954年、1955年、1957年进行了四次考古发掘，共清理战国至汉代墓葬81座[①]。2020年，重庆市文化遗产研究院又清理墓葬28座。五次发掘中出土较多船棺葬和仿船棺葬。铜兵器以剑、矛、钺、戈为主，另有镞、胄等，工具有斧、削、锯，铜炊器主要为釜、鍪、釜甑，铜礼器有壶、盘，杂器有带钩、印章、镜、环等。器物比较简单，缺少重器，可能是一处平民墓地。冬笋坝铜器群的时代大多数为战国晚期至西汉初。

（四）巴文化的消融

巴国灭亡后，巴地的邑落社会依然存在，为有效管理巴蜀地区的"蛮夷"和众多"夷王""夷君""邑君""邑长"，避免激化矛盾，秦国创新治理之策，根据因俗而治的原则，创造性采用了羁縻之策。《后汉书·南蛮西南夷列传》："及秦惠王并巴中，以巴氏为蛮夷君长，世尚秦女，其民爵比不更，有罪得以爵除。其君长岁出赋二千一十六钱，三岁一出义赋千八百钱。其民户出幏布八丈二尺，鸡羽三十鏃。"[②]秦昭襄王时，进一步完善了巴地板楯蛮的羁縻制度。他以重金招募板楯蛮射杀白虎，"以其夷人，不欲加封"为借口，"乃刻石盟要，复夷人顷田不租，十妻不算，伤人者论，杀人者得以倓钱赎死。盟曰：'秦犯夷，输黄龙一双；夷犯秦，输清酒一

---

① 沈仲常、王家祐：《记四川巴县冬笋坝出土的古印及古货币》，《考古通讯》1955年第6期；前西南博物院、四川省文物管理委员会：《四川巴县冬笋坝战国和汉墓清理简报》，《考古通讯》1958年第1期；四川省博物馆：《四川船棺葬发掘报告》，北京：文物出版社，1960年。

② （宋）范晔撰，（唐）李贤等注：《后汉书》，北京：中华书局，1999年，第1919页。

图12-2-16　岳麓秦简中记载迁原赵国贵族入巴郡运盐的竹简

锤。'夷人安之。"①

由于秦对巴实行羁縻之治，秦代至西汉初，巴文化借助秦的政治力量曾有短暂复兴，其分布范围还有所扩张。巴文化墓葬从中心区域扩张到此前被楚占领的鄂西三峡地区、湘西北等地区。另外，秦多次将中原移民迁入巴蜀（图12-2-16），在巴蜀地区推行《为田律》，落实"初为田""开阡陌"的辕田制土地之策，使巴地经济社会逐步发生了改变，特别是秦帝国统一全国后，巴地社会风尚大变，《华阳国志》总结"原其由来，染秦化故也"②。西汉建立后，这种变化更由经济社会层面发展到文化层面，汉武帝推行大一统政策，实行独尊儒术，全面加强中央集权以后，具有地域特色的巴文化主体基本消失，只有少量的物质文化因素还存在。在社会层面上，大量巴文化人群得以彻底汉化，都能秦言、汉语，读汉字了，仅在一些边远的邑落，还有部分人保留着自己的语言和传统习俗。

六、巴文化神话

巴文中神话故事较多，是中华上古神话体系的一部分。这些神话有一定的母题，如"无头尸"、"尸"、化身动物等。这些神话还具有从夸张的神界逐步演变为现实英雄神的趋势，而且越是晚近，英雄神话越明显。

（一）巴蛇食象

《山海经·海内南经》："巴蛇食象，三岁而出其骨。其为蛇青、黄、赤、黑。"③

《楚辞·天问》："一蛇吞象，厥大何如？"④

巴蛇食象可能反映的是崇蛇巴人吞并崇虎部落的故事。灵，王国维认为："楚辞之灵殆以巫而兼尸之用者也。其词谓

---

① （宋）范晔撰，（唐）李贤等注：《后汉书》，北京：中华书局，1999年，第1920页。

② （晋）常璩撰：《二十五别史·华阳国志》，济南：齐鲁书社，2000年，第33页。

③ 方韬译注：《山海经》，北京：中华书局，2009年，第207页。

④ 林家骊译注：《楚辞》，北京：中华书局，2010年，第83页。

巫曰灵。盖群巫之中必有像神衣服形貌动作者，而视为神之依凭，故谓之曰灵。"[1]故巴蛇吞象故事也有可能是巴巫师通过蛇吞象表演，展示远古部族兼并的历史记忆。

（二）灵山十巫

《山海经·大荒西经》："有灵山，巫咸、巫即、巫盼、巫彭、巫姑、巫真、巫礼、巫抵、巫谢、巫罗十巫，从此升降，百药爰在。"[2]巫盼与"载民之国"盼姓有关。

又有开明六巫。《山海经·海内西经》："开明东有巫彭、巫抵、巫阳、巫履、巫凡、巫相，夹窫窳之尸，皆操不死之药以距之。窫窳者，蛇身人面，贰负臣所杀也。"[3]巫相或以为是早期巴首领廪君务相。

灵即巫，开明东为巴。这些巫很可能是说的古巫山地区巫师的事。其中有的巫在其他史籍中可见，并不都在巫山，灵山很可能是古巫师传说的圣地。

（三）载民之国

《山海经·大荒南经》："有载民之国。帝舜生无淫，降载处，是谓巫载民。巫载民盼姓，食谷，不绩不经，服也；不稼不穑，食也。爰有歌舞之鸟，鸾鸟自歌（图12-2-17），凤鸟自舞。爰有百兽，相群爰处。百谷所聚。"[4]

传载民之国在大巫山地区。其不经不绩，不稼不穑，而能服、食，应与这一地区的宁厂天然盐泉资源的开发有关。

（四）孟涂司讼

《山海经·海内南经》："夏后启之臣曰孟涂，是司神于巴，巴人讼于孟涂之所，其衣有血者乃执之，是请生。居山

图12-2-17 重庆巫山双堰塘遗址出土西周骨雕鸾鸟（2001KCWDST921④：1）

（易军供图）

① 王国维撰：《宋元戏曲史》，上海：上海古籍出版社，1998年，第3页。
② 方韬译注：《山海经》，北京：中华书局，2009年，第250、251页。
③ 方韬译注：《山海经》，北京：中华书局，2009年，第213页。
④ 方韬译注：《山海经》，北京：中华书局，2009年，第241页。

上，在丹山西。"①

丹山，在古荆山一带，位于汉水上、中游交界处以西的南北狭长山脉，是夏商时期巴国分布的东北界。孟涂司神以衣服上是否有血来判断，可能是通过类似杀牲占卜的形式确定的，具有早期巫判的性质。将是否对错委决于上天，说明孟涂很可能是一名大巫师。

（五）夏耕之尸

《山海经·大荒西经》："有人无首，操戈盾立，名曰夏耕之尸。故成汤伐夏桀于章山，克之，斩耕厥前。耕既立，无首，走厥咎，乃降于巫山。"②

先秦时期，尸的意义十分丰富，主要有以下几种：①指军队布阵陈列，纪律严明，像尸体一样一动不动。②中原地区的人民对周边的"夷人"有时也称尸。③《山海经》中对那些头虽断但仍不死的人称为尸，其本意大概是一个氏族部落首领被诛后，余众仍自生存，并远徙他乡。④指神或祖先的像。传说武王伐纣时，就将已死的文王木像载于马车之上。⑤商周时期的人们祭祀祖先与诸神时，让一个人端坐在上，表示那就是神或祖先，接受大家的祭礼，并不得动弹直到仪式完毕，这个端坐之人就叫作尸。

在巴蜀文化中，有"夏耕之尸"、"鳖灵之尸"和开明东之六巫所夹"窫窳之尸"。"夏耕之尸"显然更适用第三种意思，这些神话反映了夏商之交时，部分失败的夏人逃到了巫山一带的历史背景。

（六）廪君化虎

《后汉书·南蛮西南夷列传》引《世本》："巴郡南郡蛮，本有五姓：巴氏、樊氏、曋氏、相氏、郑氏。皆出于武落钟离山。其山有赤、黑二穴，巴氏之子生于赤穴，四姓之子皆生黑穴。未有君长，俱事鬼神，乃共掷剑于石穴，约能中者，奉以为君。巴氏子务相乃独中之，众皆叹。又令各乘土船，约能浮者，当以为君。余姓悉沉，唯务相独浮。因共立之，是为廪君。乃乘土船，从夷水至盐阳。盐水有神女，谓廪君曰：'此地广大，鱼盐所出，愿留共居。'廪君不许。盐神暮辄来取宿，旦即化为虫，与诸虫群飞，掩蔽日光，天地晦冥。积十余日，廪君伺其便，因射杀之，天乃开明。廪君于是君乎夷城，四姓皆臣之。廪君死，魂魄世为白虎。巴氏以虎饮人血，遂以人祠焉。"③

---

① 方韬译注：《山海经》，北京：中华书局，2009年，第206页。

② 方韬译注：《山海经》，北京：中华书局，2009年，第256页。

③ （宋）范晔撰，（唐）李贤等注：《后汉书》，北京：中华书局，1999年，第1918页。

《蛮书》卷一〇："巴氏祭其祖，击鼓而祭，白虎之后也。""巴人好踏蹄，歌白虎，伐鼓以祭祀，叫啸以兴哀。"[1]

赤、黑二穴，可能分别是廪君巴人巴氏和其他四姓的图腾圣地。整个神话既充满了巫术性质，又具有英雄神话的特征。

（七）盐神化虫

同"廪君神话"。后来演化出的"巫山神女"或是"盐水女神"传说的继续和发展。

战国时楚国宋玉《高唐赋》称："昔者，先王尝游高唐，怠而昼寝，梦见一妇人，曰：'妾，巫山之女也，为高唐之客，闻君游高唐，愿荐枕席。'王因幸之。"[2] 神女临去时称自己"旦为朝云，暮为行雨"，与盐水女神"愿留共居""旦即化为虫"等内核何其相似乃尔。

这类动物化身神话，在巴蜀文化中还有杜宇化杜鹃、鳖灵化尸等，是当时或后来巴蜀人民对英雄人物及其事迹的一种神性表达与记录。

七、文化习俗

（一）着装装饰

巴人"俗素朴，无造次辨丽之气"。《蜀王本纪》说："（蜀人）椎髻左衽，不晓文字，未有礼乐。"[3]考古证实，"不晓文字，未有礼乐"不实，"椎髻左衽"倒是符合实物的。巴人的情况应该与此差不多。《南齐书》卷五八《蛮传》："蛮俗布衣、徒跣，或椎髻，或剪发。"[4]这里谈论的蛮人是廪君之后的巴建蛮、酉溪蛮、酉阳蛮等，剪发当为后来其他民族混杂进来的习俗。考古发现的青铜器上的巴蜀符号，巴文化人群的形象均为"椎髻"，即将头发绾成一个棒槌状，也有两个椎髻的，并立于头顶（图12-2-18）。单个椎髻既有立于顶上的，也有偏向一侧的。双角的巴人，可能属于板楯蛮夷，也被称为"弜头虎子"。《华阳国志》："汉兴，亦从高祖定秦，有功。高祖因复之，专以射白虎为事，户岁出賨钱口四十。故世号白虎复夷。一曰板楯

---

① （唐）樊绰撰，向达校注：《蛮书校注》，北京：中华书局，1962年，第260页。

② （梁）萧统编，（唐）李善注：《文选》卷19《高唐赋》，《景印文渊阁四库全书》第1329册，台北：台湾商务印书馆，1986年，第324页。

③ （汉）扬雄著，张震泽校注：《扬雄集校注》，上海：上海古籍出版社，1993年，第243、244页。

④ （梁）萧子显撰：《南齐书》，北京：中华书局，1972年，第1009页。

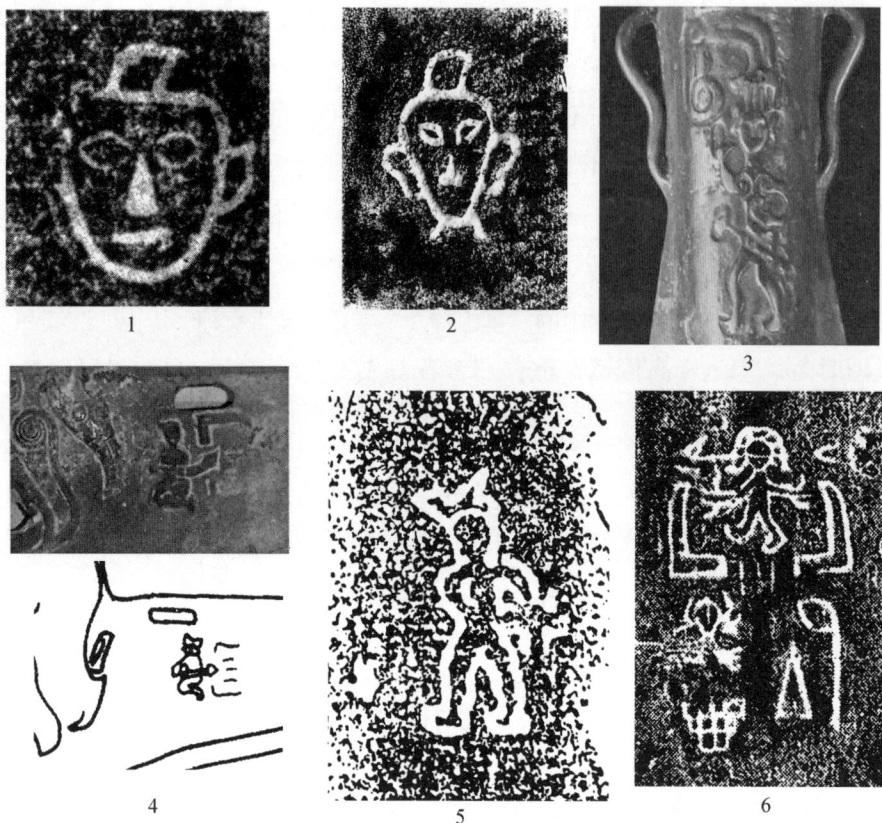

图12-2-18　巴蜀符号中的巴文化人群形象

1. 湖南张家界市熊家岗村铜錞于盘面单髻人面　2. 重庆涪陵小田溪2002M12：36錞于盘面单髻人面　3. 重庆云阳
　李家坝98YLⅡM45：11铜矛单髻佩刀（削）立人像　4. 重庆开州余家坝2000年M8：4铜戈单髻跪坐佩刀人
（图片与线图的对比）　5. 重庆九龙坡冬笋坝M6：8铜矛双髻佩剑（？）立人像　6. 四川宣汉罗家坝M40：2铜剑
女性立人像

蛮，今所谓'弜头虎子'者也。"①"弜"，《说文》云："彊也。"彊之一义，应从
《释名》卷四《首饰篇》："彊，其性凝，强以制服乱发也。"②即将头发绾成或包裹
成椎状。

关于巴人的衣着，应该是交领左衽，即前侧衣服右襟压于左襟，叠合处在身体左
侧。巴人男子普遍配饰青铜短剑，这从一些墓葬的考古发现和图语上可以推断。南齐
书又记巴蛮"兵器以金银为饰，虎皮衣楯，便弩射"③。巴人在打仗的时候，往往手持

---

① （晋）常璩撰：《二十五别史·华阳国志》，济南：齐鲁书社，2000年，第4页。

② （汉）刘熙：《释名》，《景印文渊阁四库全书》第221册，台北：台湾商务印书馆，1986
年，第406页。

③ （梁）萧子显撰：《南齐书》，北京：中华书局，1972年，第1009页。

木盾牌，盾牌上用老虎皮装饰，以恐吓敌人。当然，虎皮不易得，很可能是在盾牌上画上老虎的纹饰，谓之"虎皮衣楯"。

巴文化人群的上层贵族也佩戴玉器。重庆渝北洛碛赵家湾[①]、涪陵小田溪等墓地均发现玉器。小田溪M12出土玉璧、玉玦、玉环、玉璜、双龙形玉饰、玉鸟形牙饰、桃形玉饰、玉珠、玉管、蜻蜓眼（玻璃）、玛瑙等，经研究可以复原为一套完整的玉组佩（图12-2-19）[②]，它彰显了墓主人的尊贵。

此外，在巴文化墓葬中，也普遍出土铜璜形器，过去考古学者习称为"桥形器"，这种璜形器出土时往往多件叠在一起，许多专家认为是"桥形币"，即巴文化人群的货币。根据最新的考古发现，这种璜形器往往和带钩同出，应该是悬挂在腰带上的装饰，所谓"桥形币"为仿玉璜的铜器，整器为当时有一定身份者所佩戴（图12-2-20）。东周时期，巴文化墓地普遍出现铜带钩，其中罗家坝墓地出土两件铜马（简讯称猪，20余件沿腰带排列）和铜车组成的革带饰，可见当时的贵族腰饰十分豪华。

（二）居住习俗

在居址选择方面，巴文化人群一般多靠近水而居，如《华阳国志》记"賨民多居水左右"[③]。考古发现的商周至战国时期遗址绝大多数靠近长江、嘉陵江、乌江或其支流边的平缓台地上，这便于交通和充分利用水资源，也有利于发展农业。此外，在江北多功城遗址、万州天生城遗址、云阳盘石城遗址，近年来考古发现也见有少量新石器晚期至东周时期的堆积，并出土了部分陶片。垫江林场在20世纪80年代的生产建设活动中，亦曾出土磨光石钺、石镞及大量绿松石装饰品，可见，当时这些山塬顶部已有人类活动，很可能与当时的高山祭祀有关，另一种可能是以山为城，起防御作用。这和后来这些地方被作为宋元（蒙）山城、明清山寨的作用差不多。

关于巴文化人群房屋形态，《华阳国志》记东汉巴郡太守但望上疏提到郡治江州："地势刚险，皆重屋累居，数有火害，又不相容。结舫水居五百余家，承三江之会，夏水涨盛，坏散颠溺，死者无数。"[④]说明当时在陆者多干栏建筑、吊脚楼建筑，且还有一些水上人家结舫而居。

①　重庆市文化遗产研究院、重庆市渝北区文物管理所：《重庆渝北赵家湾墓群M1发掘简报》，《文物》2019年第6期。

②　重庆中国三峡博物馆：《神秘的巴国——走进长江文明主题展系列》，成都：四川美术出版社，2021年，第64、65页；代丽鹃：《涪陵小田溪M12出土组玉佩刍议》，《江汉考古》2022年第1期。

③　（晋）常璩撰：《二十五别史·华阳国志》，济南：齐鲁书社，2000年，第4页。

④　（晋）常璩撰：《二十五别史·华阳国志》，济南：齐鲁书社，2000年，第7页。

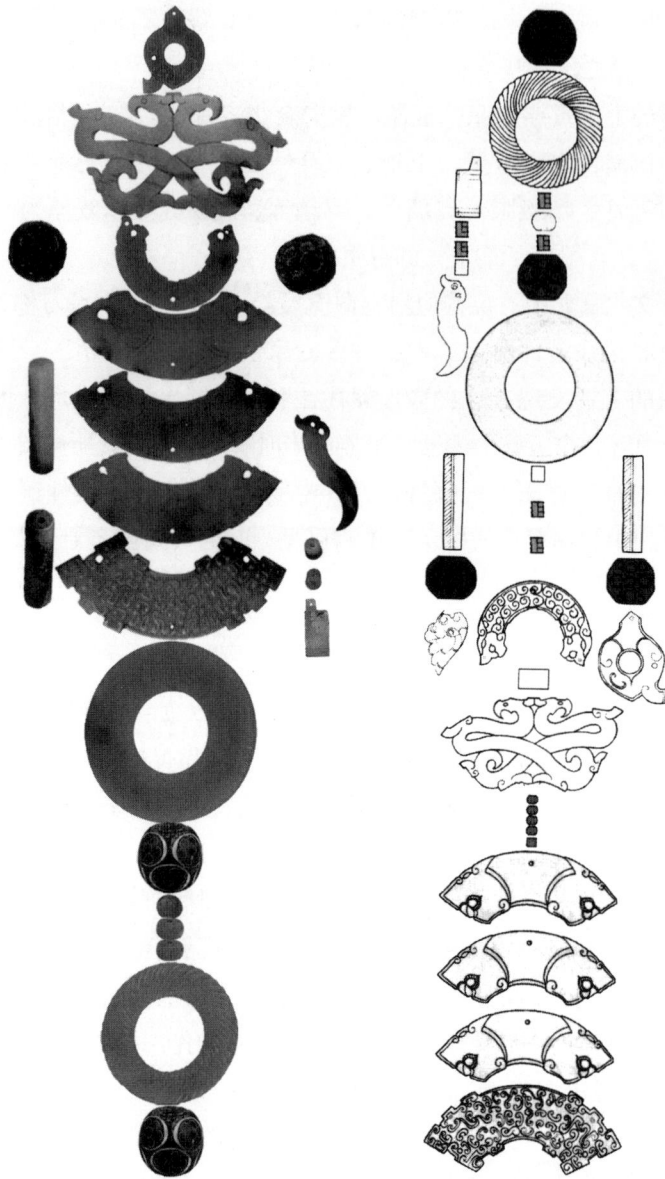

图12-2-19　重庆涪陵小田溪墓群M12出土玉组佩两种复原方案
（左侧依彭学斌，右侧依代丽鹃）

从考古发现看，丰都玉溪坪遗址出土商周陶房屋模型一件，可复原为长方形三勾连搭屋顶，坡度大，屋身上部似穿插式平梁，形成顶部阁楼，下部似为柱间板壁式，面阔两间，侧开方窗，正面开二门（图12-2-21）。酉阳邹家坝遗址发现10座西周时期房址，大都为长方形两开间，地面有火烤痕，屋内设火塘，陈设陶釜，遗留纺轮等，墙壁为竹骨泥墙，可能是核心家庭居所（图12-2-22）。三峡地区多个遗址发现柱洞式

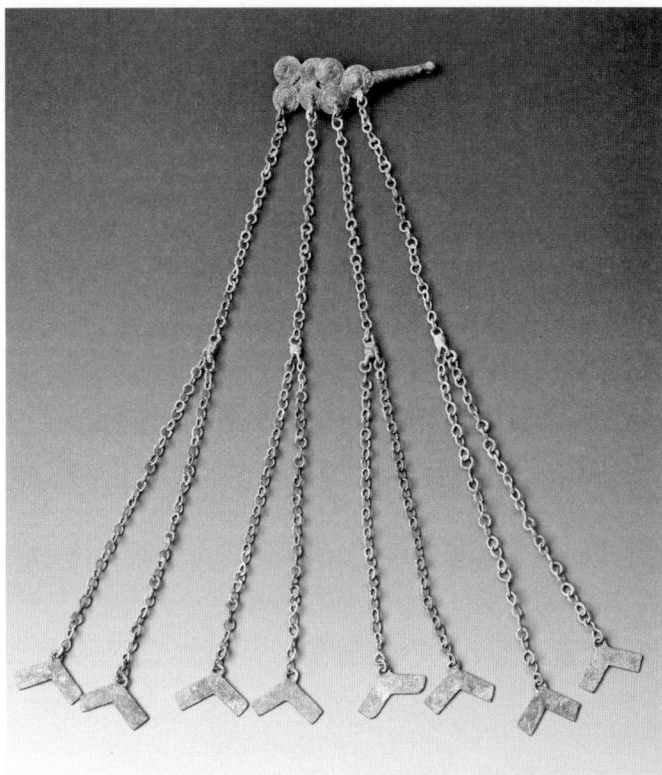

图12-2-20　重庆万州大坪墓地出土东周铜链条挂璜带钩（M136∶18）[①]

图12-2-21　重庆丰都玉溪坪遗址出土商周时期陶房模型正侧面

[①]　重庆市文物局、重庆市移民局：《万州大坪墓地》，北京：科学出版社，2006年，第47页。

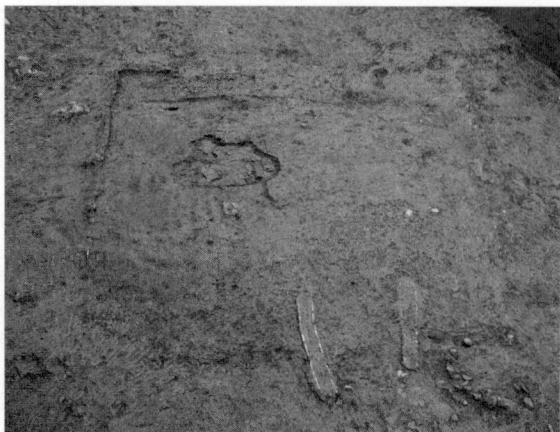

图12-2-22　酉阳邹家坝遗址揭露的商周时期房址（F11）

房址，有的有红烧土块，应该为干栏式建筑的遗留[①]。云阳丝栗包遗址发现商代的多座长方形、方形的单间式地面房屋，屋内通常有火塘1个。三峡地区东汉墓葬多见陶房模型，有的陶房下部为干栏式碓房，与渝东南地区现代土家族房屋功能布局相似。

（三）丧葬习俗

在巴文化分布区，存在木椁墓、船棺葬、独木棺葬、悬棺葬、岩穴葬等多种形态，这也与巴人支系多、巴国境内民族多的历史有关。

其中，木椁墓和船棺葬是两大主要丧葬习俗。土坑竖穴木椁墓区，分布于重庆主城（不含）以下的长江三峡及周边地区，除在重庆云阳李家坝遗址发现1座独木棺[②]、忠县崖脚墓地发现一批狭长形木椁墓（仿船棺）[③]、涪陵小田溪M7[④]等少量葬

① 重庆市文物考古所、重庆文化遗产保护中心：《酉阳邹家坝》，北京：科学出版社，2011年，第117~140、284、285页。

② 四川大学历史文化学院考古系、云阳县文物管理所：《云阳李家坝巴人墓地发掘报告》，重庆市文物局、重庆市移民局：《重庆库区考古报告集·1998卷》，北京：科学出版社，2003年，第364、365页。

③ 北京大学考古文博学院三峡考古队、重庆市忠县文物管理所：《忠县崖脚墓地发掘报告》，重庆市文物局、重庆市移民局：《重庆库区考古报告集·1998卷》，北京：科学出版社，2003年，第680~730页；北京大学考古文博学院三峡考古队、重庆市文物局、忠县文物保护管理所：《忠县瓦渣地遗址群崖脚（半边街）墓地1999年度发掘报告》，重庆市文物局、重庆市移民局：《重庆库区考古报告集·2002卷》，北京：科学出版社，2010年，第1413~1483页；北京大学考古文博学院三峡考古队、重庆市文物局、忠县文物保护管理所：《忠县瓦渣地遗址群崖脚（半边街）墓地发掘报告》，重庆市文物局、重庆市移民局：《重庆库区考古报告集·2000卷》，北京：科学出版社，2007年，第905~963页。

④ 四川省文物管理委员会、涪陵地区文化局：《四川涪陵小田溪四座战国墓》，《考古》1985年第1期。

式有所区别的墓葬外，余下要么是较为典型的楚文化墓葬，要么是长方形宽坑巴文化墓葬（图12-2-23），后者可能与廪君五姓巴人有联系。船棺葬分布在今嘉陵江流域，除重庆北碚庙嘴墓地没有船棺葬外，已经公布资料的有重庆九龙坡区冬笋坝墓地（图12-2-24）[①]、四川宣汉罗家坝墓地[②]，以及对于属于巴、蜀还有争议的广元昭化宝轮院墓地，另外就是新近发现尚未公布报告的四川渠县城坝遗址[③]、阆中彭城坝遗址。由于嘉陵江流域与成都平原皆盛行船棺葬，可以推测，这一区域的人群应该主要是当地的土著，即文献记载的以板楯蛮为代表的众多巴国"属民"。

悬棺葬主要分布在长江三峡地区和渝东南乌江下游流域，位于临水的江河岩壁上。从已经考古清理过的悬棺看，其棺木多为船棺形式，无论是随葬的青铜容器，还是兵器，都与典型的巴文化相同。战国悬棺很可能是巴国境内的少数民族。岩穴葬主要分布在鄂西清江流域，利用崖壁上的洞穴作为墓葬，一般为合葬墓，时代从新石器时代延续至商周时期（图12-2-25）。

巴文化族群首领墓葬还存在陪葬现象。例如，四川宣汉罗家坝遗址33号大墓，旁边就有三个殉人；李家坝遗址的一座墓葬，也发现有殉人。

（四）巴歌渝舞

巴人善歌舞，"巴讴"和"巴渝舞"均为巴人文化的重要特色。早在商代，巴人"前歌后舞"就名噪一时。《华阳国志》记载："周武王伐纣，实得巴蜀之师，著乎

图12-2-23　重庆云阳李家坝遗址2001ⅡM40竖穴土坑木椁墓（战国）

①　四川省博物馆：《四川船棺葬发掘报告》，北京：文物出版社，1960年。

②　四川省文物考古研究院、达州市文物管理所、宣汉县文物管理所：《宣汉罗家坝》，北京：文物出版社，2015年。

③　陈卫东：《四川渠县城坝遗址2019年度考古发掘》，《大众考古》2020年第2期。

图12-2-24　重庆九龙坡冬笋坝墓地2020年发掘
　　　　　　的88号船棺墓

图12-2-25　重庆奉节瞿塘峡内风箱峡悬棺
（笔者摄）

《尚书》。巴师勇锐，歌舞以凌殷人，〔殷人〕倒戈，故世称之曰'武王伐纣，前歌后舞'也。"[①]

到了战国时期，动听的《下里》《巴人》民歌响彻了三峡地区和江汉平原，以致现代"下里巴人"成为大众的、受大众欢迎的文化的代名词。《文选·对楚王问》记载楚都中的巴人："客有歌于郢中者，其始曰《下里》《巴人》，国中属而和者数千人。其为《阳阿》《薤露》，国中属而和者数百人。其为《阳春》《白雪》，国中属而和者不过数十人。引商刻羽，杂以流徵，国中属而和者不过数人而已。"[②]

秦末，巴人中的賨人"天性劲勇"，被刘邦征募为前锋部队，北定三秦，賨人在冲锋陷阵时，"锐气喜舞"，刘邦十分高兴，说："此武王伐纣之歌也。"后来他命令宫中的乐人"习学之"[③]，经常观赏。这就是后来历朝历代名震宫廷的"巴渝舞"的由来。巴渝舞常被汉室用来招待四夷宾客和演练兵法阵列，三十六个鼓手在旁敲打出雄浑激荡的鼓声，数十人手持长矛、弩机，进退若激，刚劲雄健而阵容庞大，由此显示

①　（晋）常璩撰：《二十五别史·华阳国志》，济南：齐鲁书社，2000年，第2页。

②　（梁）萧统编，（唐）李善注：《文选》卷45《对楚王问》，《景印文渊阁四库全书》第1329册，台北：台湾商务印书馆，1986年，第777页。

③　（晋）常璩撰：《二十五别史·华阳国志》，济南：齐鲁书社，2000年，第4页。

出大汉帝国的声威，具有威慑和安抚的作用。

　　从三国曹魏时期到六朝早期，人们对巴渝舞的歌词、曲风、舞蹈动作等逐渐进行了改造，并先后改称为"昭武舞""宣武舞"，且更多地被用于祭祀。巴渝舞从雄健、活泼向庄重、肃穆的风格转变。传统的巴渝舞到了南朝齐梁时期，又恢复了"巴渝"的旧名，受当时审美情趣的变化，其艺术面貌也焕然一新，具有了缠绵婉约的"丽曲"性质，在钟磬琴瑟、笙笛箫篪等乐器的伴奏下，"舞容闲婉，曲有姿态"[①]，已完全改变了巴渝舞的原生态特点。到南朝时，在王粲基础上进一步改编，晋制《宣武舞歌》四篇。矛俞舞："乃作巴渝，肆武士。剑弩齐列，戈矛为之始。进退疾鹰鹞，龙战而豹起。"剑俞舞："疾逾飞电，回旋应规，武节齐声，或合或离。"弩俞舞："体难动，往必速，重而不迟。退若激，进若飞，五音协，八音谐。"[②]

　　巴讴又称"巴歙"。西汉扬雄《蜀记》说："媒，讴歌，巴土人歌也。"其形式是"巴子讴歌，相引牵，连手而跳歌也"[③]，具有后世踏歌的性质。巴讴在三国时一度还进过宫廷，"羽林孤儿、巴俞媒歌者六十人，为六列"[④]。巴讴还是文献记载最早的踏踢舞歌之一。《晏公类要》："巴人、蛮蜑人好巴歌，名曰踏啼。"[⑤]《夔城图经》生动地描述了节庆期间踏踢的盛况："俗传正月初夜，鸣鼓连腰以歌，为踏踢之戏。"[⑥]这种"连手而跳歌"的形式，在重庆綦江区二墩岩崖墓、开州红华村汉砖上可以见到图像。从晚期文献看，巴讴有沧悲忧伤之情。"欲和关山意，巴歌调更哀。""此地最凄凉……巴歌犹断肠。""巴歌闻罢更凄然。"南朝时期，巴讴演化出了竹枝歌，竹枝歌是踏歌的歌词部分，后又被文人改编为竹枝词。刘禹锡在《竹枝词》序中指出，"竹枝，巴歙也"[⑦]。竹枝词由于以吟咏男女爱情、地方风土、生产生活为特色，至今仍盛行不衰，成为中华诗歌文化中的一朵奇葩。

（五）巴蜀符号

　　在巴蜀物质文化中，最能凝聚人目光的东西，要算青铜器上的各种符号了，这些图案被学者称为"巴蜀符号"。巴蜀符号起源于商周时期，大规模运用于春秋晚期至西汉早期，自那以后，这些符号随着巴蜀古族的消融和汉化而突然消失，失去了踪迹。

---

①　（后晋）刘昫等撰：《旧唐书》卷29《音乐二》，北京：中华书局，1975年，第1067页。

②　（梁）沈约撰：《宋书》卷10《乐二》，北京：中华书局，1974年，第572页。

③　（宋）丁度等编：《集韵》，上海：上海古籍出版社，1985年，第305页。

④　（宋）范晔撰，（唐）李贤等注：《后汉书》，北京：中华书局，1999年，第258页。

⑤　（宋）王象之撰：《舆地纪胜》，北京：中华书局，1992年，第2461页。

⑥　（唐）樊绰撰，向达校注：《蛮书校注》，北京：中华书局，1962年，第260、261页。

⑦　（宋）郭茂倩辑：《乐府诗集（二）》，《景印文渊阁四库全书》第287册卷81《竹枝》，台北：台湾商务印书馆，1986年，第43页。

巴蜀符号出现的器物种类包括剑、矛、戈、钺、削、錞于、罍、箭镞、印章、漆耳杯、勺子等。严志斌、洪梅统计了835件巴蜀符号器物，其中有272种符号，2844个符号单字。巴蜀符号有人形12种，动物形26种，植物形33种，器物形31种，建筑形20种，几何形150种等（图12-2-26～图12-2-31）[①]。有的单符和单符通常形成较固定的组合，再由上述单符和一些固定组合单符构成更大的符号群。

巴蜀符号的具体内涵目前还无破解。但总的说来，巴蜀符号是一种看图像以解语意的寓意符号，简单地说，就是看符号表达简单意义。这些符号以一种望文生义的状态存在着。有的认为是一种由巫师诵读的韵语、成语、诗句或吉祥谚语、历史典故。有的人认为是一种标记、族徽、图腾孑遗。也有学者认为是吉祥语。从与巴蜀符号印章并存的汉字印章推测，一部分巴蜀符号可能是在表达吉祥语，也可能与巫术当中的符咒有关，后来被巴蜀地区的道教符咒有所借用。

除巴蜀符号外，在巴蜀地区的青铜戈等上面还铸刻有一些看起来颇像汉字的符

图12-2-26　巴蜀符号中的几何形单符
（依严志斌、洪梅）

[①] 严志斌、洪梅：《巴蜀符号集成》，北京：科学出版社·龙门书局，2019年，第xiii页。

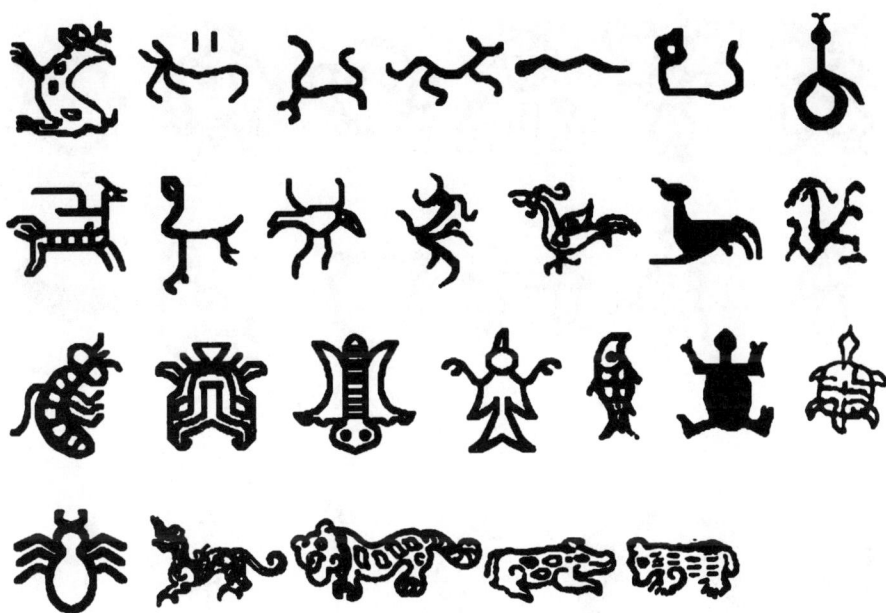

图12-2-27 巴蜀符号中的动物形单符

（依严志斌、洪梅）

图12-2-28 巴蜀符号中的植物形单符

（依严志斌、洪梅）

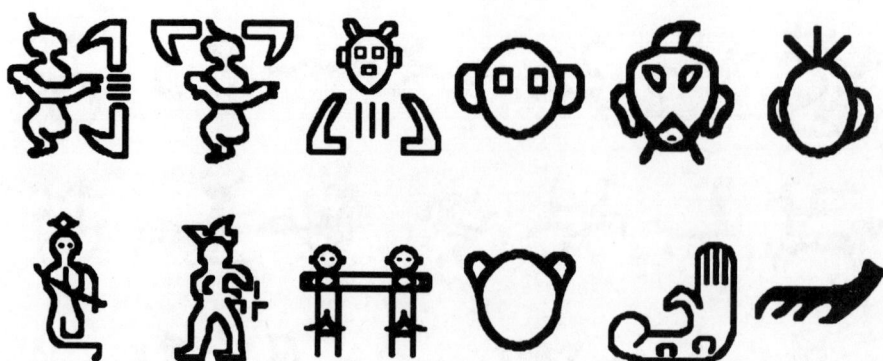

图12-2-29　巴蜀符号中的人物形单符

（依严志斌、洪梅）

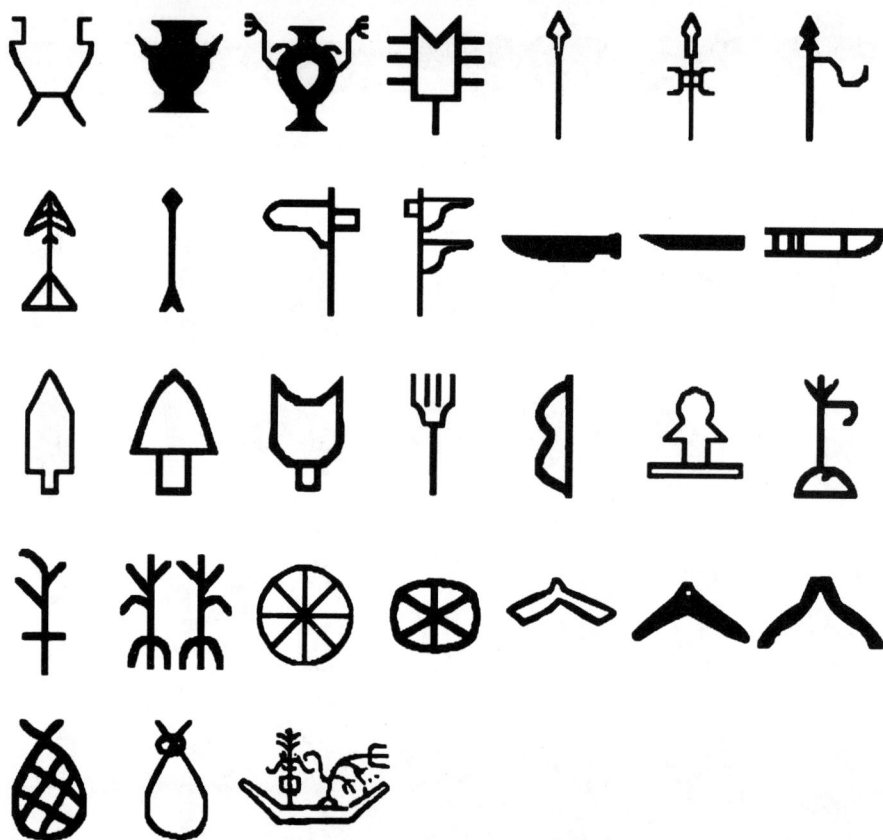

图12-2-30　巴蜀符号中的器物形单符

（依严志斌、洪梅）

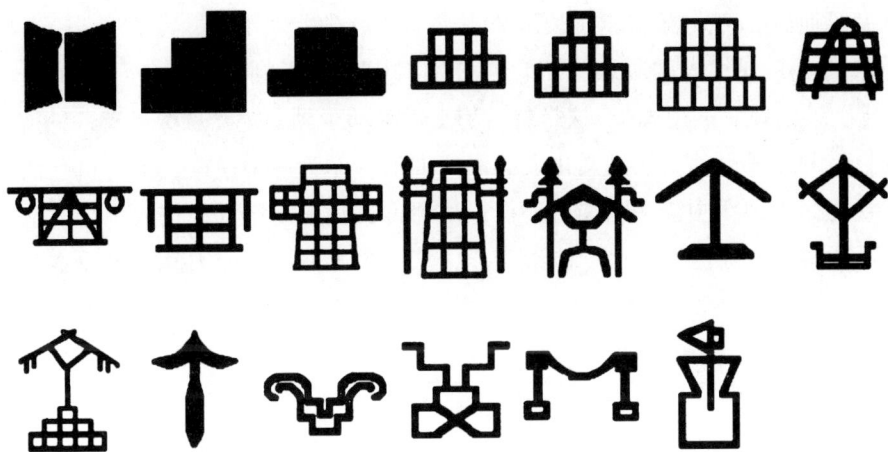

图12-2-31 巴蜀符号中的建筑形单符

（依严志斌、洪梅）

号，它与一般的巴蜀符号完全不同。中国社会科学院历史研究所原所长李学勤教授仔细研究了这些文字，他把这些脱离了象形而走向符号化的符号称为"巴蜀文字乙"，而把那些所谓的"巴蜀符号"称为"巴蜀文字甲"[①]。"巴蜀文字乙"与当时的中原文字在结构、形态、造字方法、书写等方面非常接近。

战国晚期，秦国不但努力在巴蜀地区推行秦国话，而且大力拓展中原系文字的生存空间。在巴蜀地区，很快出现了一些刻写有中原文字的铜器；那些代表身份、表达吉祥的印章，除了继续使用传统的图符外，也开始出现"中仁""万岁""暉"等汉字。

汉字的大量使用，是巴蜀符号神秘消失的原因。但是，巴蜀符号神秘的内涵，以及如何释读，仍然是一个未解之谜。

（六）巴言巴语

巴文化人群大多应有自己的语言。《晋书·乐志》提到巴渝舞有舞曲四篇，"其辞既古，莫能晓其句度"[②]。曹魏初，著名学者王粲因难解其意重填词作新四篇。可见，巴语是客观存在的。长沙走马楼西汉简牍"无阳胜夷乡啬夫襄人收赍案"（前124年）简记载，当地夷民（与巴文化人群有关，如人名有"巴人""胡人""襄人"）"皆不能楚言"，邑史与土著间的对话尚需"译讯人"做翻译[③]。

---

① 李学勤：《论新都出土的蜀国青铜器》，《文物》1982年第1期。

② （唐）房玄龄等撰：《晋书》，北京：中华书局，1974年，第693页。

③ 长沙简牍博物馆、长沙市文物考古研究所：《长沙市走马楼西汉古井及简牍发掘简报》，《考古》2021年第3期。

据专家研究，"胸忍""灵叉""陬堨""彭排""不律""賨"……这些陌生而怪异的词汇，现代人闻所未闻，它们分别对应着"蚯蚓""大龟""鱼""木盾牌""笔""口赋"的意思[①]。这是著名历史学家邓少琴先生，从散见于各种古代典籍中，收集整理的早已消失的巴文化人群语言词汇。作为一个民族，拥有自己的语言是一个重要的标识。秦国统一巴蜀后，首先从语言文化上对巴人和蜀人进行改造，他们推行一系列政策，让巴蜀人民"能秦言"，从一个侧面说明巴人和蜀人原本是有自己的语言的。

（七）巴文化诗歌

西汉以来，巴地"乡党有主文歌咏之音"。虽然大部分巴文化人群逐渐华夏化，所作诗歌也近于汉乐府等华夏诗文，但这些诗歌——特别是民间诗歌——仍具有少量地域特征和传统特色，展现出巴文化在汉化过程中的遗绪。体现巴文化的诗歌主要收录在《华阳国志》中。

生产生活之诗有："川（厓）［崖］惟平，其稼多黍。旨酒嘉谷，可以养父。野惟阜丘，彼稷多有。嘉谷旨酒，可以养母。"

祭祀之诗有："唯月孟春，獭祭彼崖。永言孝思，享祀孔嘉。彼黍既洁，彼（仪）［牺］惟泽。蒸命良辰，祖考来格。"

好古乐道之诗有："日月明明，亦惟其夕；谁能长生，不朽难获。"又有："惟德实宝，富贵何常。我思古人，令问令望。"[②]

爱情之诗有："关关黄鸟，爰集于树。窈窕淑女，是绣是黼。惟彼绣黼，其心匪石。嗟尔临川，邈不可获！"

歌颂政德、名宦之诗有："习习晨风动，澍雨润乎苗。我后恤时务，我民以优饶。"又有："望远忽不见，惆怅尝徘徊。恩泽实难忘，悠悠心永怀。"又有："筑室载直梁，国人以贞真。邪娱不扬目，枉行不动身。奸轨辟乎远，理义协乎民。"又有："肃肃清节士，执德寔固贞。违恶以授命，没世遗令声。"

讽刺乱政之诗有："狗吠何喧喧，有吏来在门。披衣出门应，府记欲得钱。语穷乞请期，吏怒反见尤。旋步顾家中，家中无可与。思往从邻贷，邻人已言匮。钱钱何难得，令我独憔悴。"又有："混混浊沼鱼，习习激清流。温温乱国民，业业仰前修。"又有："明明上天，下土是观。帝选元后，求定民安。孰可不念，祸福由人。愿君奉诏，惟德日亲。"[③]

---

① 邓少琴：《巴蜀史迹探索》，成都：四川人民出版社，1983年，第36～38页。

② 以上均参见（晋）常璩撰：《二十五别史·华阳国志》，济南：齐鲁书社，2000年，第2页。

③ 以上参见（晋）常璩撰：《二十五别史·华阳国志》，济南：齐鲁书社，2000年，第4、5页。

八、生产经济

（一）农业生产

《山海经·海内经》记上古巴蜀地区："爰有膏菽、膏稻、膏黍、膏稷，百谷自生，冬夏播琴。"[①]《华阳国志·巴志》载巴人："土植五谷，牲具六畜。"[②]说明古代的巴文化地区农业生产和家畜饲养业与中原地区已经没有大的差别了。

在20世纪50年代忠县哨棚嘴遗址发掘时，在一座灰坑内出土过大量粟和稷（小米）。忠县中坝遗址在86份浮选样品中共发现各种炭化植物种子1235粒。经过鉴定和统计，这些出土植物种子中的绝大多数是农作物遗存，包括黍（Panicum miliaceum）、粟（Setaria italica）和稻谷（Oryza sativa）三种谷物的炭化籽粒，分别占谷物总数比例的53.9%、43.7%、2.4%[③]。涪陵古坟坝遗址商周时期包含出土黍（图12-2-32）、粟（图12-2-33）和稻谷（图12-2-34）三种谷类作物，一种豆类作物（红小豆），其中粟粒占农作物总数的59.46%，黍占总数的28.35%，水稻占总数的10.81%，红小豆占总数的1.35%[④]。2001年度巫山双堰塘遗址西周遗存的发掘中，在不同地点和层位提取土样进行浮选，发现了类似小米和狗尾草籽粒的炭化颗粒，但却不见稻谷遗骸[⑤]。

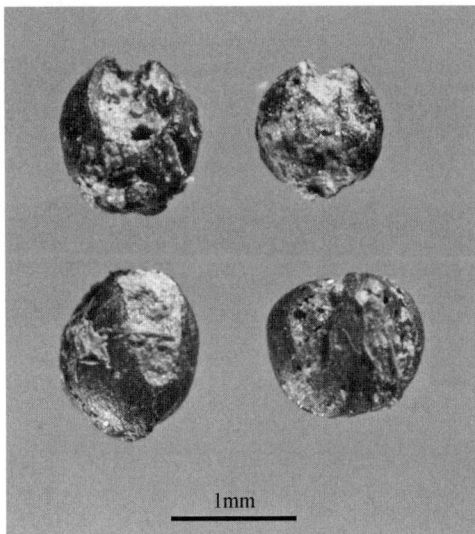

1mm

图12-2-32　重庆涪陵古坟坝遗址出土商周时期粟
（马晓娇供图）

① 方韬译注：《山海经》，北京：中华书局，2009年，第273页。
② （晋）常璩撰：《二十五别史·华阳国志》，济南：齐鲁书社，2000年，第2页。
③ 赵志军、傅罗文：《中坝遗址浮选结果分析报告》，李水城、罗泰：《中国盐业考古（第三集）——长江上游古代盐业与中坝遗址的考古研究》，北京：科学出版社，2013年，第362~376页。
④ 马晓娇、白九江、肖碧瑞：《涪陵古坟坝遗址出土植物遗存分析》，重庆市文化遗产研究院、重庆文化遗产保护中心：《重庆文物考古论集（第一辑）》，北京：科学出版社，2021年，第278、288页。
⑤ 梁中合、贾笑冰、赵春青：《巫山双堰塘遗址考古发现典型西周陶窑》，《中国文物报》2002年6月14日头版。

图12-2-33　重庆涪陵古坟坝遗址出土商周时期黍

（马晓娇供图）

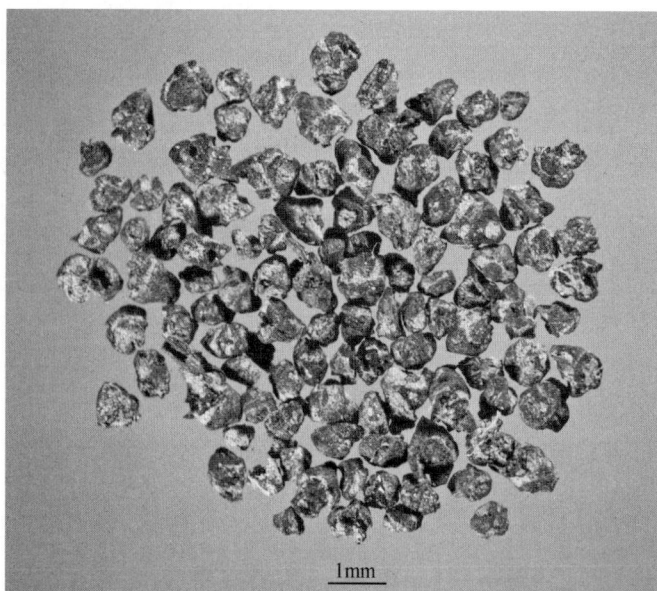

图12-2-34　重庆涪陵古坟坝遗址出土商周时期稻谷基盘

（马晓娇供图）

由此可知，当时的农业主要是旱作农业，农作物主要是粟和稷。《华阳国志》记巴人之诗："川（厓）［崖］惟平，其稼多黍。旨酒嘉谷，可以养父。野惟阜丘，彼稷多有。嘉谷旨酒，可以养母。"[①]这首诗中只提到粟和稷，可见当时这两种农作物在农业生产中的主体地位。

商周时期巴文化人群也种植少量水稻，在渝东南乌江流域考古发现这一时期的疑似稻田遗迹。万州中坝子遗址发现商周时期的水田遗迹，清理出一片凹凸不平的水田耕作面、人脚印2个、牛蹄印6个、1条小水沟、一片水田作物的植株遗痕[②]。《华阳国志》亦记江州汉魏时期"县北有稻田，出御米"。稻米大约在个别平坝和水源丰富的梯田小规模生产。

总体上看，巴地江州以西，特别是嘉陵江流域，旱作农业较发达，稻田比例可能要高一些。江州以东，稻作较少，旱作占比高但基础差，农业不发达，一直到汉唐时期，"畲田费火声"的原始耕作仍较为常见。

（二）渔猎与家畜饲养

巴地"山林泽渔"，特别是三峡和乌江下游地区，渔猎经济和家畜饲养在相当长时期内占有重要地位（图12-2-35）。

乌江下游西阳清源遗址商周时期遗存考古发现鹿、猪（含野猪和家猪）、狗、牛，也有少量虎、黑熊、犀、象、熊猫等其他大型动物和竹鼠、猪獾等小型动物。另外，鱼、龟鳖等淡水动物资源也是重要的补充。其狩猎对象集中于野猪和鹿科动物，野生动物占绝大多数，其中鹿科动物占57.9%，猪占19.24%，家畜中狗占4.09%，牛的比例约2.61%，加上家猪的话，家畜所占比例约在20%[③]。

三峡地区忠县瓦渣地遗址T363发现的动物种类有田螺、河蚌、草鱼、白鲢、花鲢、鲤鱼、青鱼、鲇鱼、小型的鲤科鱼类、鲈形目、鲟鱼、猪獾、狗、仓鼠、豪猪、竹鼠、犀、黄牛、水鹿（？）、麂、麝、猪和家鸡等23种。其中狗、黄牛、猪和家鸡为家畜，其余的都是狩猎和捕捞的野生动物[④]。

---

① （晋）常璩撰：《二十五别史·华阳国志》，济南：齐鲁书社，2000年，第2页。

② 西北大学考古队、万州区文物管理所：《万州中坝子遗址发掘报告》，重庆市文物局、重庆市移民局：《重庆库区考古报告集·1997卷》，北京：科学出版社，2001年，第351页。

③ 重庆市文物考古所、重庆文化遗产保护中心、四川大学历史文化学院考古学系：《酉阳清源》，北京：科学出版社，2009年，第246、247页。

④ 黄蕴平、朱萍：《忠县瓦渣地遗址T363动物遗骸初步观察》，重庆市文物局、重庆市移民局：《重庆·2001三峡文物保护学术研讨会论文集》，北京：科学出版社，2003年，第273～278页。

图12-2-35　重庆云阳丝栗包遗址揭露的51号鱼骨和石器灰坑（商）

重庆忠县中坝遗址DT0202筛选出土13万余件动物骨骼，出土的所有动物中鱼和哺乳动物占绝对多数。这两个纲的动物骨骼占所有可鉴定标本数量的96%，重量占97%。鸟和两栖爬行动物在动物组合中数量较少。根据标本数，鱼类是哺乳动物数量的近3倍，但只占哺乳动物质量的一半。商周时期最常见的哺乳动物是家养的猪，另外较多的有大型鹿类（白唇鹿、马鹿、麋鹿）和中小型鹿类。另有黄牛、犀牛、狗骨、狐和貉。其他的食肉动物包括熊、水獭、紫貂、貂、猫和獾，另有灵长类动物（包括短尾猴、扁鼻猴）、兔子、竹鼠等。鱼类最常见的有草鱼、鲢鱼，此外还有鳙鱼、鲤鱼（野生鲤鱼和黑龙江鲤鱼）、鲇鱼（鲇形目）、长江鲟等[①]。中坝出土的动物组合反映了两个明显的趋势：一是鱼类随着时间的变化越来越重要，可能与捕鱼技术从钓鱼到网捕的转变有关；二是动物多样性程度也与日俱增，家猪越来越少，可能与制盐遗址越来越专业化有关。同时，遗址可能还利用盐制作腌肉。

三峡东部地区，秭归卜庄河遗址的家畜有家猪、狗和山羊，占全部动物总数的

---

① 傅罗文：《新石器时代和青铜时代中坝遗址的动物资源开发》，李水城、罗泰：《中国盐业考古（第三集）——长江上游古代盐业与中坝遗址的考古研究》，北京：科学出版社，2013年，第225~355页。

6%[①]；秭归何光嘴遗址有家猪、狗、羊、水牛、鸡、鸭，占3.1%[②]。周代家畜种类基本与商代相同，但在数量上有所增加，如卜庄河遗址家畜占动物群总数的38.71%、秭归官庄坪遗址占33%[③]，与前期相比增幅较大。整体来看，三峡东部地区夏商周时期家畜的种类和数量随着时间推移都在不断增加，至少在商代，我国传统的六畜均已在峡江地区出现，但所占比例始终较低，未能超过野生动物。

（三）物产贡纳

巴地物产丰富。《史记・货殖列传》："巴蜀亦沃野，地饶卮、姜、丹砂、石、铜、铁、竹、木之器。"[④]《华阳国志》记有："桑、蚕、麻、苎，鱼、盐、铜、铁、丹、漆、茶、蜜、灵龟、巨犀、山鸡、白雉，黄润、鲜粉，皆纳贡之。其果实之珍者，树有荔芰，蔓有辛蒟，园有芳蒻、香茗、给客橙、（葵）［葵］。其药物之异者，有巴戟、天椒。竹木之贵者，有桃支、灵寿。"[⑤]这些物产中，值得重视的有盐、丹砂、茶、辛蒟、给客橙等。盐和丹砂下文会专门介绍。

巴茶虽然产量不大，但三峡也是茶树栽培的重要发源地，其"香茗"成为后世茶的代称，三峡人民为种茶、制茶做出了突出的贡献。

巴"给客橙"至迟在汉代已十分有名，江州、鱼复专设橘官管理柑橘生产；朐忍则建有橘圃，种橘户"此其人皆与千户侯等"。

巴蜀地区的辛蒟，段玉裁认为"即扶留藤也"，叶可食用，实如桑葚而长，可为酱。由辛蒟而制成的蒟酱，西汉时曾远销南越，促进了秦汉时期西南地区与岭南地区的交流。

另外，江州堕休粉（或称堕林粉）等食品业也颇有特色，《华阳国志》记江州"县下有清水穴，巴人以此水为粉，则膏晖鲜芳；贡粉京师，因名粉水；故世谓江州堕休粉也"[⑥]。

---

① 武仙竹、卢德佩：《卜庄河遗址动物群研究报告》，国务院三峡工程建设委员会办公室、国家文物局：《秭归卜庄河》，北京：科学出版社，2008年，第836～878页。

② 国务院三峡工程建设委员会办公室、国家文物局：《秭归何光嘴》，北京：科学出版社，2003年，第118～131页。

③ 武仙竹、周国平：《湖北官庄坪遗址动物遗骸研究报告》，国务院三峡工程建设委员会办公室、国家文物局：《秭归官庄坪》，北京：科学出版社，2005年，第603～618页。

④ （汉）司马迁撰，（南朝）裴骃集解，（唐）司马贞索隐，（唐）张守节正义：《史记》卷129《货殖列传》，北京：中华书局，1999年，第2467页。

⑤ （晋）常璩撰：《二十五别史・华阳国志》，济南：齐鲁书社，2000年，第2页。

⑥ （晋）常璩撰：《二十五别史・华阳国志》，济南：齐鲁书社，2000年，第10页。

荔枝亦为巴文化特产，其产地集中在今涪陵、重庆主城至四川泸州一带，其中江州"有荔荂园，至熟，二千石常设厨膳，命士大夫共会树下食之"[①]，涪陵荔枝到隋唐成为皇室贡品。

（四）凿井制盐

在古代巴国地区，今清江、大宁河均曾被呼为"盐水"，是出产盐的地方。清江的"盐水神女"更是对廪君说："此地广大，鱼盐所出，愿留共居。"

考古发现表明，新石器时代晚期，忠县中坝遗址就已经大规模手工产盐了，是目前所知中国最早工业化生产盐的遗址。至夏商周时期，中坝遗址的盐业堆积更是蔚为大观，考古发现的巨量陶尖底杯（图12-2-36）、陶花边圜底罐（图12-2-37）分别是商周时期和东周时期的制盐陶器。重庆地区的盐资源，主要有两种形式：一种是自然出露的盐泉，如宁厂白鹿泉、彭水郁山飞水井；另一种是地下卤水出露，通过凿井获得，如云阳白兔井等[②]。

战国时期，楚国兵锋西指，屡屡进逼巴国，在忠县中坝遗址附近的崖脚墓地发现了大量的战国中期至晚期偏早阶段的楚文化墓葬，专家研究其很可能就是为控制巴国的盐资源而来[③]。

图12-2-36　重庆忠县中坝遗址出土西周时期
制盐陶器——角状尖底杯
（孙智彬供图）

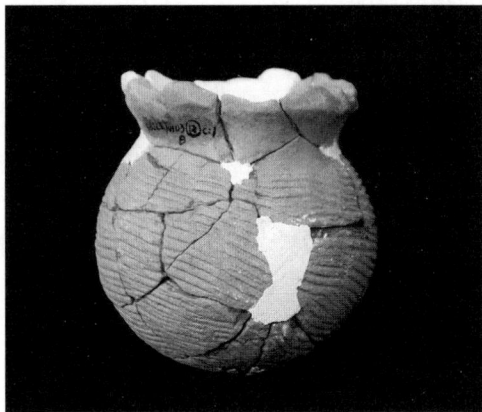

图12-2-37　重庆忠县中坝遗址出土东周时期
制盐陶器——花边圜底罐
（孙智彬供图）

①　（晋）常璩撰：《二十五别史·华阳国志》，济南：齐鲁书社，2000年，第10页。

②　白九江：《考古学视野下的四川盆地古代制盐技术——以出土遗迹、遗物为中心》，《盐业史研究》2014年第3期。

③　白九江：《从三峡地区的考古发现看楚文化的西进》，《江汉考古》2006年第1期。

（五）采炼丹砂

《说文》："丹，巴越之赤石也。巴郡、南越皆出丹沙。《蜀都赋》：丹沙赩炽出其坂。谓巴也。"[1]因丹砂色红，象征生命和阳气，人类很早就有使用丹砂的历史。距今6000多年前河姆渡遗址居民就已用朱砂作彩绘颜料。"丹"字字形像采丹的井，《史记》所谓丹穴也。蜀、吴二都赋注皆云：出山中，有穴。廪君五姓巴人四姓皆出黑穴，唯务相出于赤穴，此赤穴有可能就是出丹砂之穴。

丹砂亦称朱砂、辰砂，出产于古涪陵及武陵山区的又称"巴砂"。丹砂一是可入药，据说秦代已开始提倡饵服天然丹砂；二是提炼水银的材料；三是可作为颜料，殷墟的甲骨文、西周的织物、春秋战国的盟书等，都广泛地用丹砂做红色颜料。由于丹砂与血色相同，因此方士把它与生命和灵魂联系在一起。

采炼丹砂是巴人的一项重要产业。古涪陵地区出产丹砂，《逸周书》记成周之会"卜（濮）人以丹砂"[2]。巴清是丹砂产业的重要代表，其先祖一直经营着这项产业。《史记·货殖列传》："巴蜀亦沃野，地饶卮、姜、丹砂。"[3]战国晚期至秦，巴清因经营丹砂成为与范蠡、白圭、猗顿、乌氏倮等齐名的大商人。"而巴（蜀）寡妇清，其先得丹穴，而擅其利数世，家亦不訾。清，寡妇也，能守其业，用财自卫，不见侵犯。秦皇帝以为贞妇而客之，为筑女怀清台。夫倮鄙人牧长，清穷乡寡妇，礼抗万乘，名显天下，岂非以富邪？"[4]《汉书·货殖传》也有类似的记载。

近年来，在贵州务川大坪发掘了47座汉墓，其中24座发现粉末状或颗粒状朱砂，占墓葬总数的51%，其中最早的朱砂墓葬在西汉早期[5]。四川宣汉罗家坝有5座先秦墓葬在人骨下撒有朱砂，"是其埋葬习俗的一部分"[6]。在2019～2020年的发掘中，罗家坝墓群又发现6座随葬朱砂的墓葬，占墓葬总数的17%。此外，近年来在重庆九龙坡冬笋坝战国墓地、彭水县汉墓也有发现随葬朱砂的汉墓的报道。可见，丹砂业在巴渝地区有极为悠久的历史。

① （汉）许慎撰，（清）段玉裁注：《说文解字注》，上海：上海古籍出版社，1981年，第401页。

② 佚名撰，袁宏点校：《逸周书》，济南：齐鲁书社，2000年，第83页。

③ （汉）司马迁撰，（南朝）裴骃集解，（唐）司马贞索隐，（唐）张守节正义：《史记》，北京：中华书局，1999年，第2467页。

④ （汉）司马迁撰，（南朝）裴骃集解，（唐）司马贞索隐，（唐）张守节正义：《史记》，北京：中华书局，1999年，第2466页。

⑤ 李飞：《丹砂之路：汉代务川朱砂的开采与汉文化南渐》，《当代贵州》2017年第23期。

⑥ 四川省文物考古研究院、达州市文物管理所、宣汉县文物管理所：《宣汉罗家坝》，北京：文物出版社，2015年，第293页。

（六）铜铁冶铸

《华阳国志·巴志》记载该地盛产铜和铁并作为贡品。大概在商代，三峡地区就已经出现了早期的青铜铸造业。宜昌中堡岛遗址出土商代铜器锸1、鱼钩3、簪1和镞1[①]。秭归王家坝遗址出土商代铜刀1、铜钩1、铜器残片2[②]。万州塘房坪遗址出土青铜镞7、锥形器1和镞2[③]。巫山双堰塘遗址出土西周时期青铜器29件，同时还发现少量铜渣和铜矿石块[④]。丰都石地坝遗址出土西周时期铜器3件和石镞范2件，为三镞一组的复合范（图12-2-38，1）[⑤]。这些青铜器和冶铸遗迹表明，峡江地区的早期青铜器是由本地生产而非外地传入的。铸铜主要以石范作模，双范合铸。制作的器类也多以箭镞、刀、钺等小型铜器为主。东周时期，铸铜业规模比前期有所扩大，这从该地区东周时期各遗址出土青铜器的种类、数量和出土石范的数量即可见一斑。从战国晚期开始，三峡地区开始大量使用陶范，云阳旧县坪遗址出土制作铜戈（图12-2-38，2）、钺等的范，并有陶吹风管等。

三峡地区发现的铁器时代可早到春秋中期，但主要是在一些楚文化遗址中发现的。宜昌上磨垴遗址出土春秋时期凹口铁锸、铁铲，还发现冶铸遗迹，并伴出较多草木灰、炉渣、铜渣、铁渣、红烧土块和陶范碎块等冶铸残迹[⑥]。巴文化遗址中的铁器，

①　国家文物局三峡考古队：《朝天嘴与中堡岛》，北京：文物出版社，2001年，第243、244页。

②　湖北省文物考古研究所：《秭归王家坝遗址发掘简报》，国家文物局、国务院三峡工程建设委员会办公室、国家文物局：《湖北库区考古报告集·第一卷》，北京：科学出版社，2003年，第734、735页。

③　陕西省考古研究所、万州区文物管理所：《万州塘房坪遗址发掘报告》，重庆市文物局、重庆市移民局：《重庆库区考古报告集·1997卷》，北京：科学出版社，2001年，第491页；重庆市文化局三峡办、陕西省考古研究所三峡考古队：《万州塘房坪遗址发掘报告》，重庆市文物局、重庆市移民局：《重庆库区考古报告集·1998卷》，北京：科学出版社，2003年，第589页。

④　中国社会科学院考古研究所长江三峡工作队、巫山县文物管理所：《巫山双堰塘遗址发掘报告》，重庆市文物局、重庆市移民局：《重庆库区考古报告集·1997卷》，北京：科学出版社，2001年，第57~59页；中国社会科学院考古研究所长江三峡工作队、巫山县文物管理所：《巫山双堰塘遗址发掘报告》，重庆市文物局、重庆市移民局：《重庆库区考古报告集·1998卷》，北京：科学出版社，2003年，第68页。

⑤　重庆市文物考古所、丰都县文物管理所：《丰都石地坝遗址商周时期遗存发掘报告》，重庆市文物局、重庆市移民局：《重庆库区考古报告集·1999卷》，北京：科学出版社，2006年，第712、713页。

⑥　湖北省文物考古研究所：《宜昌上磨垴周代遗址发掘简报》，国务院三峡工程建设委员会办公室、国家文物局：《湖北库区考古报告集·第一卷》，北京：科学出版社，2003年，第737~750页。

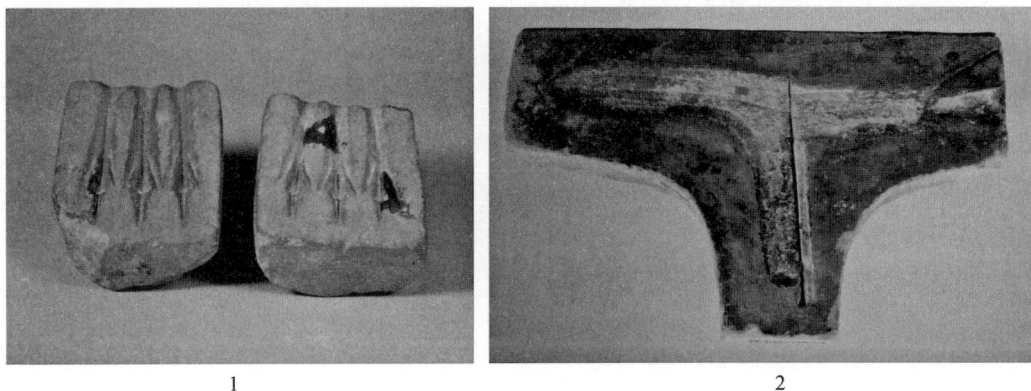

图12-2-38　三峡地区出土石范
1. 重庆丰都石地坝遗址镞范　2. 重庆云阳旧县坪遗址戈范

最早出现于战国中期阶段，主要地点有云阳李家坝[①]、万州麻柳沱[②]、涪陵镇安[③]、九龙坡冬笋坝等，相关铁器已有较多地方特征。巴文化铁器的产生和使用源头应当有两个：楚人的势力向西深入峡江地区，带来了铁器以及冶铁技术，它极大地促成了巴文化地区铁器的产生和使用，而秦灭巴蜀，也从北方地区带来了自己的铁器及炼铁技术。

① 四川联合大学历史系考古专业：《1994～1995年度四川云阳李家坝遗址的发掘》，四川大学考古专业：《四川大学考古专业创建三十五周年纪念文集》，成都：四川大学出版社，1998年，第374～422页；四川大学历史文化学院考古系、云阳县文物管理所：《云阳李家坝东周墓地发掘报告》，重庆市文物局、重庆市移民局：《重庆库区考古报告集·1997卷》，北京：科学出版社，2001年，第244～288页；四川大学历史文化学院考古系、云阳县文物管理所：《云阳李家坝巴人墓地发掘报告》，重庆市文物局、重庆市移民局：《重庆库区考古报告集·1998卷》，北京：科学出版社，2003年，第348～388页；四川大学历史文化学院、重庆市云阳县文物管理所、四川大学考古学系：《重庆云阳李家坝遗址2000年度发掘简报》，《江汉考古》2016年第6期。

② 上海大学文物考古研究中心、万州区文物管理所：《万州麻柳沱遗址发掘报告》，重庆市文物局、重庆市移民局：《重庆库区考古报告集·1997卷》，北京：科学出版社，2001年，第381～421页；重庆市博物馆、万州区文管所、复旦大学文博系：《万州麻柳沱遗址发掘报告》，重庆市文物局、重庆市移民局：《重庆库区考古报告集·1998卷》，北京：科学出版社，2003年，第539～559页。

③ 北京市文物研究所三峡考古队、重庆市涪陵区博物馆：《涪陵镇安遗址发掘报告》，重庆市文物局、重庆市移民局：《重庆库区考古报告集·1998卷》，北京：科学出版社，2003年，第850～894页；北京市文物研究所三峡考古队、重庆市涪陵区博物馆：《涪陵镇安遗址发掘报告》，重庆市文物局、重庆市移民局：《重庆库区考古报告集·1999卷》，北京：科学出版社，2006年，第747～782页；北京市文物研究所、重庆市文物局、重庆市涪陵区博物馆：《2001、2003年度涪陵镇安遗址发掘报告》，重庆市文物局、重庆市移民局：《重庆库区考古报告集·2001卷》，北京：科学出版社，2007年，第1930～1980页。

（七）巴乡清酒

巴人善酿。《华阳国志·巴志》提到用粮食酿酒，出售以养家的诗歌："故其诗曰：'川（匡）［崖］惟平，其稼多黍。旨酒嘉谷，可以养父。野惟阜丘，彼稷多有。嘉谷旨酒，可以养母'。"①

古代巴人的酒，以"巴乡清"著称于世。《水经·江水注》记载："江水又迳鱼腹县之故陵……江之左岸有巴乡村。"注曰："村人善酿，故俗称'巴乡清'，郡出名酒。"②

"巴乡清"极为名贵，饮誉遐迩，以致秦昭王与板楯蛮订立盟约时，规定"秦犯夷，输黄龙一双。夷犯秦，输清酒一锺"③。清酒酿造时间长，冬酿夏熟，色清味重，为酒中上品。1998年，重庆市博物馆考古队在发掘江北小岩头东汉墓群时，其中一座砖室墓内出土灰陶广肩小口罐，罐口覆钵，用黄泥封闭罐与盖接口处，该陶罐内存液体，在将该器运回博物馆的路上，因颠簸导致陶罐壁裂缝扩大，酒香顿时溢满车内，或为巴地清酒④。巴人善酿清酒，表明其酿酒技术已达到相当高的水平。

九、巴文化名人

巴人气节尤强，"朝廷有忠贞尽节之臣"。商周时期，由于文献失载，我们大约只能从后人的记录中知道廪君、盐水神女、巴国使臣韩服等。战国以来，巴人及其后裔名人较多，以下择其要者略述如下。

（一）巴蔓子

巴蔓子是历史上少有的几个留下姓名和故事的古代巴国名人，历来为后人所赞颂和传扬。巴蔓子的事迹，最早见于蜀汉学者谯周撰写的《三巴记》，该书现已不存。《华阳国志·巴志》载："周之季世，巴国有乱。将军蔓子请师于楚，许以三城。楚王救巴。巴国既宁，楚使请城。蔓子曰：'藉楚之灵，克弭祸难。诚许楚王城，将吾头往谢之，城不可得也。'乃自刎，以头授楚使。王叹曰：'使吾得臣若巴蔓子，用

---

① （晋）常璩撰：《二十五别史·华阳国志》，济南：齐鲁书社，2000年，第2页。

② （北魏）郦道元著，（清）王先谦校：《合校水经注》，北京：中华书局，2009年，第530页。

③ （晋）常璩撰：《二十五别史·华阳国志》，济南：齐鲁书社，2000年，第4页。

④ 笔者和李大地押运该器回博物馆，所用车辆为《华西都市报》记者采访车辆，记者亦乘坐于车内，《华西都市报》曾有相关报道。

城何为！'乃以上卿礼葬其头。巴国葬其身，亦以上卿礼。"①

据考证，巴蔓子为"曼"姓，其祖先可能与春秋邓国曼氏有关，后来辗转迁移到巴文化地区②。曼子生活的时代大约在巴国被秦灭亡前不久。

（二）鹖冠子

鹖冠子，其身份归属存争议。《汉书·艺文志》称其"楚人，居深山，以鹖为冠"③。东汉学者应劭《风俗通·姓氏》则认为"鹖冠子，楚賨人，以鹖为冠，因氏焉"④。賨为巴文化中享受口赋优惠的专称，若为賨人，或与楚西渐巴国有关，或战国晚期至汉初分属于楚地的巴文化人群。鹖冠子是战国晚期著名思想家、道学家、兵学家，"居深山，以鹖为冠"，故名。壮年病，双耳失聪，终生不仕，唯著书立说，以大隐著称，著有《鹖冠子》一书。刘勰、陈子昂、杜甫等对《鹖冠子》一书博辩宏肆的文辞、天下大同的政治主张称道不已。《汉书·艺文志》有书目《鹖冠子》一篇，列为道家，书尚存。

（三）范目

范目是秦末汉初巴郡阆中人，有谋略胆识，帮助刘邦攻战三秦立下大功。《华阳国志》载："汉高帝灭秦，为汉王，王巴、蜀。阆中人范目，有恩信方略，知帝必定天下，说帝，为募发賨民，要与共定秦。秦地既定，封目为长安建章乡侯。帝将讨关东，賨民皆思归；帝嘉其功而难伤其意，遂听还巴。谓目曰：'富贵不归故乡，如衣绣夜行耳。'徙封阆中慈乡侯。目固辞，乃封渡沔（县）侯。故世谓'三秦亡，范三侯'也。目复（请）除民罗、朴、昝、鄂、度（庹）、夕、龚七姓不供租赋。"⑤

常璩对范目评价颇高，将其与曼子并列。说"若蔓子之忠烈，范目之果毅，风淳俗厚，世挺名将，斯乃江、汉之含灵，山岳之精爽乎！"

① （晋）常璩撰：《二十五别史·华阳国志》，济南：齐鲁书社，2000年，第3页。

② 白九江：《巴蔓子考辨》，四川大学博物馆、四川大学考古学系、成都文物考古研究院：《南方民族考古（第二十三辑）》，北京：科学出版社，2021年，第407～419页。

③ （汉）班固撰，（唐）颜师古注：《汉书》，北京：中华书局，1964年，第1369页。

④ （东汉）应劭撰，吴树平校释：《风俗通义校释》"佚文"之"姓氏"，天津：天津人民出版社，1980年，第503页。

⑤ （晋）常璩撰：《二十五别史·华阳国志》，济南：齐鲁书社，2000年，第4页。

（四）洛下闳

洛下闳为西汉阆中人，古代天文学家，成就了中国古代天文学的第一个高峰。落下闳在天文上的贡献有二：一是精于天体运行计算，参与历法修订。《汉书》卷二一《律历志》说为编制太初历法："乃选治历邓平……及与民间治历者凡二十余人，方士唐都、巴郡落下闳与焉，都分天部，而闳运算转历。"①《太初历》首次记录了五星运行的周期，比古罗马的《儒略历》早了58年；《太初历》使用了落下闳首创的连分数推算历法，较西方早了1600多年，是中国历史上第一部较科学、成系统的历法，也是当时世界上最先进的历法之一。二是他制作了员仪，用来演示天象。《晋书·天文志》说："洛下闳、鲜于妄人等造员仪以考历度，后贾逵又加黄道，张衡又作浑象以漏水转之，星中出没与天相应。"②洛下闳的浑天仪尽管还较简单，但它却是目前已知的最早的浑天仪，对中国古代天文学的发展做出了重大贡献。

（五）冯绲

冯绲（102~167年），字鸿卿，巴郡宕渠人，冯焕之子，东汉名将、车骑将军。少学《春秋》《司马兵法》，乐善好施，举为"孝廉"。其父蒙冤，勇为辩护，调京任右郎中、御史中丞等。奉令督扬州、徐州军事，升任陇西太守、辽东太守，弭除边患。回朝任京兆尹，升任廷尉，继任太常。汉桓帝永寿初年（155年），拜为车骑将军，率兵十万之众平定长沙等地叛乱，回朝转河南尹。任内，曾整修宕渠县治地——賨城，并改名为"车骑城"。逝后，汉桓帝命蔡邕为其撰写碑文，名《车骑将军冯绲碑》。《后汉书》有《冯绲传》③。

（六）其他名人

其他巴文化名人尚多，《华阳国志》列汉代巴郡就有谯黄、陈纪山、严王思、杨厚、任文公、冯鸿卿、庞宣孟、玄文和、赵温柔、龚升侯、杨文义、严永、严就、黄错、陈髦、张璠、赵芬、冯尤、王祈、李温、胡良、文恺、陈禧、黄闻、毋成、阳誉、乔就、张绍、牟成、平直、龚荣、龚扬、赵敏、扶徐、淳于长宁等，这些人有文学、政干、孝子、隐士、名儒、俊士等，皆"播名立事、言行表世者，不胜次载者也"④。

---

① （汉）班固撰，（唐）颜师古注：《汉书》，北京：中华书局，1964年，第975页。
② （唐）房玄龄等撰：《晋书》，北京：中华书局，1974年，第284页。
③ （宋）范晔撰，（唐）李贤等注：《后汉书》，北京：中华书局，1999年，第860~863页。
④ （晋）常璩撰：《二十五别史·华阳国志》，济南：齐鲁书社，2000年，第6页。

东汉至晋，巴地名人尤多，有学者、政才谯周、陈寿、罗宪、叔布、荣始、周群、程弘、马盛衡、龚德绪、黄公衡、马德信、王子均、勾孝兴、张伯岐等。其他尚有临江甘宁，"在吴为孙氏虎臣也"。晋初临江文立，在晋室"实作常伯，纳言左右"。成汉皇帝李雄，"宕渠之厮伍、略阳之黔首耳，起自流隶，获君士民，其长人之魄，良有以也"①。

十、人文特点

巴人的精气神是中国古代山地水居民族的典型代表，总体观之，巴文化有以下人文特点得到专家们的一致认可。

（一）尚勇武

在人们的眼中，巴人"人多劲勇"，他们以刚毅尚武闻名。早在参与武王灭商的战斗中，就被评价为"巴师勇锐，歌舞以凌殷人"，到了秦末汉初，阆中渝水賨"天性劲勇。陷阵，锐气喜舞"。"巴将蜀相"是古已有之的印象。

从目前已经发掘的战国巴人墓葬来看，相当多的墓室都有兵器，兵器类型有柳叶形铜剑、柳叶形铜矛、铜戈、铜钺等（图12-2-39）。其中铜剑有长剑和短剑之分，以短剑为主，短剑可能是巴人男子随身佩带的防身武器。重庆云阳李家坝遗址1997年发掘的东周墓地，有14座墓葬随葬有兵器，占随葬有陶器、铜器墓葬（33座）的42.4%②。重庆九龙坡冬笋坝墓地2020年的发掘发现，一般男性墓均随葬有青铜兵器1件及以上，区别于随葬陶纺轮的女性墓。巴文化"其人性质直，虽徙他处，风俗不变"③，以致今日，尚勇武仍是今日重庆人的性格基因。

（二）崇巫鬼

巴人更是一个巫风烈烈的民族。在人类生产力相对低下的时代，三峡的山水丛林最容易产生巫觋和巫术。巫溪县、巫山县、巫山山系、巫峡……带"巫"的地名主要集中在三峡地区。

---

① （晋）常璩撰：《二十五别史·华阳国志》，济南：齐鲁书社，2000年，第14页。
② 四川大学历史文华学院考古系、云阳县文物管理所：《云阳李家坝东周墓地发掘报告》，重庆市文物局、重庆市移民局：《重庆库区考古报告集·1997卷》，北京：科学出版社，2001年，第244～288页。
③ （晋）常璩撰：《二十五别史·华阳国志》，济南：齐鲁书社，2000年，第12页。

图12-2-39　重庆万州大坪墓群M127战国墓铜柳叶形剑、双耳矛、镞出土情况

　　巫山，古代又被称为灵山。《大荒西经》上说："有灵山，巫咸、巫即、巫肦、巫彭、巫姑、巫真、巫礼、巫抵、巫谢、巫罗十巫，从此升降，百药爰在。"[1]《海内西经》又说："开明东有巫彭、巫抵、巫阳、巫履、巫凡、巫相，夹窫窳之尸，皆操不死之药以距之。"[2]在远古时期，大巫山地区则分布着"巫"国。一是巫咸国。那儿的巫师都是弄蛇的高手，他们"右手操青蛇，左手操赤蛇"。另一个国家是巫载国。巫载国的图腾是"黄熊"，他们的巫师则与巫咸国完全相反，操着大弓，专事射蛇。

　　巴人"信巫鬼、重淫祀""俱事鬼神""巴俗尚鬼""唯巫言是用"……这些文献对巴人习俗的描述，无不体现巴人浓烈的崇巫之风（图12-2-40）。

图12-2-40　重庆彭水县高谷镇出土汉代蹲踞巫师画像砖
（笔者摄）

---

① 方韬译注：《山海经》，北京：中华书局，2009年，第250、251页。
② 方韬译注：《山海经》，北京：中华书局，2009年，第213页。

（三）喜歌舞

这里的舞包括舞蹈和音乐。巴人善歌舞，锐气喜"舞"，其记载不绝于书。除"武王伐纣，前歌后舞"[①]外，《上林赋》："巴渝宋蔡，淮南干遮。"[②]巴渝歌舞汉以来驰名天下。此外，巴人祭祖时也要"击鼓而祭。"[③]

另外，"巴人好踏蹄"，这种踏蹄舞，想必是巴渝舞在民间的孑遗。綦江二墩岩汉代崖墓，可见牵手踏蹄舞蹈的画像场面。

从考古发现看，古代巴文化分布地区普遍出土铜甬钟、铜钲、铜錞于。按朱世学的统计，巴文化地区有53个地点（48个窖藏，墓葬5座）出土铜钟96件[④]，27个地点出土铜钲41件[⑤]，而錞于则有85个地点124件[⑥]。钟、钲、錞于单独1件或数件出土的情况都有，但也偶见成组编器的现象。例如，1972年，涪陵小田溪墓地M2出土1套14件错金铜编钟[⑦]；1971年，湘西泸溪县潭溪镇大陂流村出土大小不一的1组9件铜钲（高40.3~41.4厘米）（图12-2-41）[⑧]；1983年，湘西石门县新关镇安乐村熊家岗河滩边出土1套15件铜錞于（高43~53.5厘米）（图12-2-42）[⑨]。甬钟、钲、錞于既可在战斗时起号令作用，也可作生活中的乐器，而编钟、钲、錞于则应该是巴文化上层贵族使用的、具有礼仪性质的乐器群。其中，钲、錞于往往又形成固定的组合，一并出土。

巴人后裔土家人盛行跳"摆手舞"，则又是汉、六朝时期踏蹄舞的现代传承。可见，巴人喜舞是巴人的天性，一直代代相传。

---

① （晋）常璩撰：《二十五别史·华阳国志》，济南：齐鲁书社，2000年，第2页。

② （清）高步瀛著，曹道衡、沈成玉点校：《文选李注义疏》，北京：中华书局，1985年，第1852页。

③ （唐）樊绰撰，向达校注：《蛮书校注》，北京：中华书局，1962年，第260页。

④ 朱世学：《巴式编钟的考古发现与研究》，《三峡大学学报（人文社会科学版）》2014年第5期。

⑤ 朱世学：《巴式铜钲的考古发现与研究》，《重庆三峡学院学报》2015年第2期。

⑥ 朱世学：《虎纽錞于的考古发现与研究》，湖北省三峡文化研究会、湖北省高等院校人文社会科学重点研究基地、三峡大学三峡文化与经济社会发展研究中心、湖北省非物质文化遗产三峡大学研究基地：《三峡文化研究（第十一辑）》，武汉：湖北人民出版社，2016年，第59~69页。

⑦ 四川省博物馆、重庆市博物馆、涪陵县文化馆：《四川涪陵地区小田溪战国土坑墓清理简报》，《文物》1974年第5期。

⑧ 《中国音乐文物大系》总编辑部：《中国音乐文物大系·湖南卷》，郑州：大象出版社，2006年，第138、158页。

⑨ 錞于、钲是否为具有不同音阶的编乐，目前还存在争议，现有的成组的錞于、钲也不具有依次大小变化的形状。

图12-2-41　湖南泸溪县潭溪镇大陂流村出土1组9件铜钲（战国）[①]

图12-2-42　湖南石门县新关镇安乐村熊家岗出土的1组15件铜錞于（战国—秦）[②]

（前排左右2件小錞于为其他地点出土）

（四）善工商

巴地农业生产条件差，但是物产丰饶，矿产丰富，交通扼四川盆地东出通廊，水运发达，故古代手工业、商业贸易发达。前文对制盐、炼丹砂、酿酒等已有详述，此不赘言。

---

① 重庆中国三峡博物馆：《神秘的巴国——走进长江文明主题展系列》，成都：四川美术出版社，2021年，第61页。

② 重庆中国三峡博物馆：《神秘的巴国——走进长江文明主题展系列》，成都：四川美术出版社，2021年，第62页。

有工必有商,据《史记》所言:"巴蜀民或窃出商贾,取其笮马、僰僮、髦牛,以此巴蜀殷富。"①《说文》段玉裁注"犀"引《楚语》:"巴浦之犀、牦、兕、象,其可尽乎。"②这些物产中既有巴文化地区自产的犀、兕,也有巴文化人群从西南夷贩运来的牦、象,故楚人皆以为乃巴浦(当同"濮")物产。前文还提到巴蜀的蒟酱,西汉时曾远销南越,可见巴文化贸易对象极为多元和广泛。巴地扼蜀水口,四川盆地货物运输、人员往来必经巴渝之地,这正是巴地商业兴盛的来由。

工商文化是重庆城市发展的重要推动力。宋代以后,重庆、夔州商埠兴盛,是川东重要的物资集散地。近代,重庆作为最早开埠的西部城市,以火柴制造为开端,棉纺、冶金、玻璃、电力、丝纺、采煤等近代工业相继出现,在四川乃至整个中国西部地区处于领先地位。抗战时期,重庆更成为整个大后方的经济中心。新中国成立后,重庆作为国内重要的重工业基地,是国家重要的战略大后方。时至今日,丰厚的工商文化积淀,在重庆建设长江上游经济中心、金融中心、内陆开放高地和国内重要的中心城市的进程中,仍将发挥重要的推动作用。

十一、总 结

巴文化是中华文化重要而独特的组成部分,有着独特而丰富的人文内涵。《华阳国志》说巴地"其民质直好义,土风敦厚,有先民之流"③。当代专家认为可以用"忠勇信义、开放包容、崇尚统一"十二字来概括巴人精神。也有认为可以用"随遇而安、坚韧不拔的生活态度;天人合一、敬畏自然的处世哲学;追慕先进、善于学习的进取精神"来表达巴文化的精神特点。但无论怎么说,巴人文化和精神不但有历史价值,对于激发包括重庆在内的四川盆地东部及周边地区在内的当代人,依然具有十分重要的时代价值。

---

① (汉)司马迁撰,(南朝)裴骃集解,(唐)司马贞索隐,(唐)张守节正义:《史记》卷116《西南夷列传》,北京:中华书局,1999年,第2282页。

② (汉)许慎撰,(清)段玉裁注:《说文解字注》,上海:上海古籍出版社,1981年,第112页。

③ (晋)常璩撰:《二十五别史·华阳国志》,济南:齐鲁书社,2000年,第2页。

后　记

　　编著一本文集比编著一本专著还辛苦，因为现在这两类书笔者都体验过了。正如读者看到的，这本《文献·文物·文明：巴文化考古探索》实际上是笔者的一本论文集。在编写过程中，有三累：一累每篇独立成章，有的已单独发表，有的可以独立发表，哪篇都马虎不得，处处都要认真研究；二累参考文献和图片多，本来从单篇可读性看，不需要那么多图片，但在收录进文集时，为增加信息量（许多照片是多年积累来的），特意增加了不少图片，线图既有重庆市文物考古研究院朱雪莲、师孝明等的描绘，也有自己用电脑加工的，另外绝大多数线图的排版工作是由笔者自己完成；三累缺少单纯时间来专注做本书，时间断断续续长达两年多，每次重新捡起来都要再熟悉一下上次中断的工作和资料。

　　不过学术研究的乐趣胜过辛苦。学术研究在抽丝剥茧中有一种发现的快感，虽然不是每一次的观点和结论都正确，但在无限的接近中，有一种和学术对象做朋友的感觉，不断将研究工作变成当代人的知识生产，为社会提供更为丰厚和广阔的历史认知，甚至供社会去转化为当下的某些文化产品，这不正是我们考古工作者的价值所在吗？就巴文化的相关知识而言，正从以前仅靠少量文献知识到现在大量的巴文化遗址和出土文物，使其从虚拟的、想象的转变为可感触的、体验的对象。无论是书本知识还是博物馆展览，我们今天能了解的巴文化比20世纪40年代才提出巴蜀文化概念时不知要深入多少！

　　事实上，以笔者所在的单位为例，在巴文化研究转化利用方面近年来就做了不少事。一是推进"考古中国"重大项目"川渝地区巴蜀文明进程研究"，发掘了冬笋坝、小田溪、梧桐土遗址，开展了涪江流域、綦江流域、小江流域、汝溪河流域早期遗存专项调查；二是参与巴文化研究会相关学术活动，牵头重启编撰出版《巴渝文化⑤》，其中不少文章是关于巴文化方面的内容；三是在院区"枇杷山书院"里，充分运用巴蜀文化元素，建成了巴蜀图语墙，与研学机构合作推出巴蜀符号拓片课程，获得了社会的好评；四是在库房开辟"巴风渝韵——重庆考古标本展"，将近年来巴文化考古成果和研究成果及时展出。下一步，我们还将开发巴文化文创产品等，为社会提供更为丰富的巴文化服务。

　　在此需要特别说明的是，本书中部分章节为与相关学术同人合著，有的还是这些朋友主要执笔的。他们是邹后曦、袁东山、李大地、蒋晓春、代玉彪、方刚、范鹏等，这些虽然已在相关文章后有一些说明，但仍要在此重申，笔者不是为掠美而来，纳入本书的目的实为形成系统化的文本结构。同时还要感谢为本书提供资料和照片的朋友，特别是邹后曦、方刚、彭学斌等，鉴于篇幅所限，此不一一列名。最后要感谢科学出版社的王光明，为本书的出版付出了辛勤的劳动。

白九江

2024年2月5日